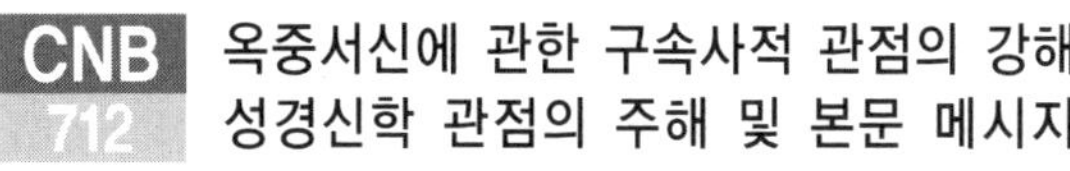

옥중서신

송 영 찬

2022년

교회와성경

지은이 | 송영찬

서울 총신대(1973-76년, B.A)와 수원 합동신학대학원대학교(1983-85년, M. Div)에서 신학을 공부했다.
기독교문사 편집실에서 기독교대백과사전 제작에 참여했고(1980-82년), 대한예수교장로회 전북노회에서 목사 안수를 받았으며(1987년), "하나님의 편지"(1986-88년), "그리스도인"(1988-95년) 등을 발행하며 집필 활동을 하였다.
기독교개혁신보 편집국장으로 재직했으며(1996-2016년), 2018년부터 샤로수교회에서 설교자로 봉사하고 있다.

저서 및 출판 예정 도서

- CNB 701 예수 그리스도(2005년, 서울 : 칼빈아카데미)
  예수 그리스도를 가장 선명하게 소개하고 있는 마태복음 1-4장에서 사도 마태가 말하고자 하는 예수 그리스도에 대해 성경신학에 근거한 구속사적 관점에서 관찰하고, 이를 통해 이 시대의 교회가 추구해야 할 신앙의 좌표를 제시하고 있다.

- CNB 702 산상수훈 연구(2020년, 서울 : 교회와 성경)
  마태복음 5장-7장의 산상수훈의 강령과 하나님 나라의 삶에 대한 구속사적 이해를 통해 하나님 나라의 본질을 추적하고 하나님 나라를 세워 나가야 하는 이 땅의 교회와 성도들이 마땅히 나타내어야 할 삶의 정형 및 교회가 이 땅에서 세워 나가는 하나님 나라의 문화와 존재 의의를 제시하고 있다.

- CNB 703 교회와 문화(출판 예정)
  그동안 발표한 신학 관련 단편들을 한 자리에 모은 ANTHOLOGY로 바른 교회관과 신자의 삶에 대한 단상들을 살펴보고 하나님 나라의 백성으로 이 땅에서 살아가야 할 구체적인 삶의 정형들을 제시하고 있다.

- CNB 704 세례와 성찬(2006년, 서울 : 깔뱅)
  예수 그리스도의 지상 사역의 핵심은 새 언약을 수립하신 일이다(마 26:26-29). 이 새 언약에 기초하여 교회가 탄생했다. 이 교회의 핵심적인 실질을 세워나가기 위해 주어진 세례와 성찬에 대한 올바른 이해를 조명함으로써 교회들이 바로 서 가야 할 길을 제시하고 있다.

- CNB 705 교회와 사명(2006년, 서울 : 깔뱅)
  교회가 발휘하는 능력의 근원과 회원의 의식을 통해 역사 속에서 교회가 존재하는 의미로서 어떻게 사명을 구현할 것인가를 조명하고 하나님 나라의 구현을 위한 구체적인 삶의 형태들을 찾아 우리 시대에 있어야 할 교회상과 삶의 정형을 제시하고 있다.

- CNB 706 교회와 신앙(2006년, 서울 : 깔뱅)
  교회의 속성과 더불어 교회의 회원된 성도의 자기 인식, 즉 교회아(敎會我)로서의 자기 발견에 대해 살펴봄으로써 주의 군사로 장성하여 하나님의 나라를 구체적으로 세워나가야 하는 시대적인 사명 의식을 재확인하고 그에 따른 신앙의 자태를 제시하고 있다.

- CNB 707 파노라마 구약성경(2007년, 서울 : 깔뱅)
  구약성서를 이해하기 위한 입문서로 구속사적 관점에서 구약의 역사를 간략하게 살펴보는 50편의 글과 4편의 부록으로 구성되었으며 구약의 메시지인 하나님의 나라와 하나님의 언약에 대한 안목을 제시하고 있다.

- CNB 708 창세기의 메시지 : 하나님의 언약(2006년, 서울 : 깔뱅)
  4개의 언약을 중심으로 하나님의 구속 사역을 진행시키고 있는 창세기에서 언약 중심의 구속사를 조명하기 위해 성경신학에 근거해 창세기의 메시지를 관찰하고, 언약 공동체인 오늘날의 교회가 추구해야 할 신앙의 자태를 제시하고 있다.

- CNB 709 출애굽기의 메시지 : 시내산 언약과 십계명(2006년, 서울 : 깔뱅)
  신약의 교회를 모형으로 보여주는 이스라엘 교회의 속성을 보여주고 있는 시내산 언약을 중심으로 구약 교회의 태동과 장차 태어날 신약 교회 사이의 관계를 조명함으로써 이 시대의 교회가 추구해야 할 역사 의식을 제시하고 있다.

- CNB 710 역대기의 메시지 : 다윗 왕국과 언약(2006년, 서울 : 깔뱅)
  "왕국 언약에 기초하여 역사 속에 등장한 교회의 완벽한 전형이자 하나님 나라의 모형이었던 다윗 왕국의 역사를 탐구하고 역대기가 소망했던 새로운 왕국의 재건에 담긴 의미를 찾음으로써 우리 시대의 교회가 추구해야 할 성격을 제시하고 있다.

- CNB 711 아가서 : 하나됨의 신비(2018년, 서울 : 교회와 성경)
  아가서의 메시지를 성경신학적 관점에서 해설함으로써 혼인제도를 통한 가정의 세움이 궁극적으로 신약의 교회를 통해 새 하늘과 새 땅으로 묘사되는 에덴동산의 회복에 담겨 있는 의미를 밝히고 있다.

옥중서신

골로새서 / 빌레몬서 / 에베소서 / 빌립보서

CNB 712

옥중서신

A STUDY OF THE PRISON EPISTLES OF PAUL
by Youngchan Song

Published by the Church & Bible Publishing House

초판 인쇄 | 2022년 1월 15일
초판 발행 | 2022년 1월 22일

발행처 | 교회와성경
주소 | 평택시 특구로 43번길 90 (서정동)
전화 | 070-4894-7722
등록번호 | 제2012-03호
등록일자 | 2012년 7월 12일

발행인 | 문민규
지은이 | 송영찬
편집주간 | 송영찬
편집 | 신명기
디자인 | 조혜진

총판 | (주) 비전북출판유통
주소 | 경기도 파주시 월롱산로 64
전화 | 031-907-3927(대) 팩스 031-905-3927

값은 표지에 있습니다.
파손된 책은 구입처나 출판사에서 교환해 드립니다.
ISBN 978-89-98322-41-0 93230

Printed in Seoul of Korea

CNB시리즈 서 문

CNB The Church and The Bible 시리즈는 개혁신앙의 교회관과 성경신학적 구속사 해석에 근거한 신 · 구약 성경 연구 시리즈이다.

이 시리즈는 보다 정확한 성경 본문 해석을 바탕으로 역사적 개혁 교회의 면모를 조명하고 우리 시대의 교회가 마땅히 추구해야 할 방향을 제시함으로써 교회의 삶과 문화를 창달하는 것을 그 목적으로 하고 있다.

따라서 이 시리즈는 진지하게 성경을 연구하며 본문이 제시하는 메시지에 충실하고 있다. 그렇다고 이 시리즈가 다분히 학문적이거나 또는 적용이라는 의미에 국한되지 않는다. 학구적인 자세는 변함 없지만 궁극적으로 하나님의 나라를 지향함에 있어 개혁주의 교회관을 분명히 하기 위해 보다 더 관심을 가진다는 의미이다.

본 시리즈의 집필자들은 이미 신 · 구약 계시로써 말씀하셨던 하나님께서 지금도 말씀하고 계시며, 몸된 교회의 머리이자 영원한 왕이신 그리스도께서 지금도 통치하시며, 태초부터 모든 성도들을 부르시어 복음으로 성장하게 하시는 성령께서 지금도 구원 사역을 성취하심으로써 창세로부터 종말에 이르기까지 거룩한 나라로서 교회가 여전히 존재하고 있음을 그 무엇보다도 중요하게 여기고 있다.

아무쪼록 이 시리즈를 통해 계시에 근거한 바른 교회관과 성경관을 가지고 이 땅에 진정한 그리스도인의 삶과 문화가 확장되기를 바라는 바이다.

시리즈 편집인

송영찬 목사, 교회와성경 편집인, 샤로수교회, M.Div.
이광호 목사, 한국개혁장로회신학교 교장, 실로암교회, Ph.D.

〈표〉 바울의 생애

제1기 사역 _ 회심과 예루살렘 방문

32/33년	바울의 회심
33-35년	시내산 방문 (예수님으로부터 계시를 받은 곳으로 보임)
	다메섹과 아라비아 사역
35/36년	회심 후 첫 번째 예루살렘 방문
36-45년	길리기아, 수리아 사역
	삼층천 경험 (42년경)
45년	바나바의 초청으로 수리아 안디옥 사역
46년	두 번째 예루살렘 방문 (기근을 위한 안디옥 교회 연보 전달)

제2기 사역 _ 제1차 전도여행과 예루살렘 공의회

46-48년	제1차 전도여행
	① **갈라디아서** (48/49년, 안디옥에서 예루살렘으로 가는 도중)
49년	세 번째 예루살렘 방문
	예루살렘 공의회

제3기 사역 _ 제2, 3차 전도여행과 예루살렘 성전 소요 사건

50년	제2차 전도여행 (50-52년)
51-52년	고린도 사역
	② **데살로니가전서** (51년 초, 고린도)
	③ **데살로니가후서** (51년, 고린도)
	④ **히브리서** (51/52년, 고린도)
52년 여름	네 번째 예루살렘 방문
52년	제3차 전도여행 (52-57년)
52-55년	에베소 사역
	⑤ **고린도전서** (55년 봄, 에베소)
55-57년	마게도냐, 일루리곤, 아가야 사역
	⑥ **고린도후서** (56년초, 마게도냐)
	⑦ **로마서** (57년 봄, 고린도)
57년 5월	다섯 번째 예루살렘 방문과 유대인 소요 사건

제4기 사역 _ 가이사랴와 로마의 옥중 생활

57-59년	가이사랴 옥중 생활
59년 9월	로마로 항해
60년 2월	로마에 도착
60-62년	로마 가택 연금
	⑧ **골로새서**
	⑨ **빌레몬서**
	⑩ **에베소서**
	⑪ **빌립보서**

제5기 사역 _ 로마 구금 이후 전도 활동과 순교

62-64년	로마 옥에서 풀려난 후 계속적인 전도 활동 (서바나?, 에베소, 그레데, 마게도냐, 드로아, 밀레도, 고린도, 니고볼리, 로마 등에서 사역)
	⑫ **디모데전서** (62/63년, 마게도냐)
	⑬ **디도서** (63년, 마게도냐 혹은 니고볼리로 향하던 도중)
64/65년?	바울의 체포와 두 번째 투옥
	⑭ **디모데후서** (64년 혹은 67년?, 로마)
64(68?)년	바울의 순교

〈지도〉 로마시대의 지도

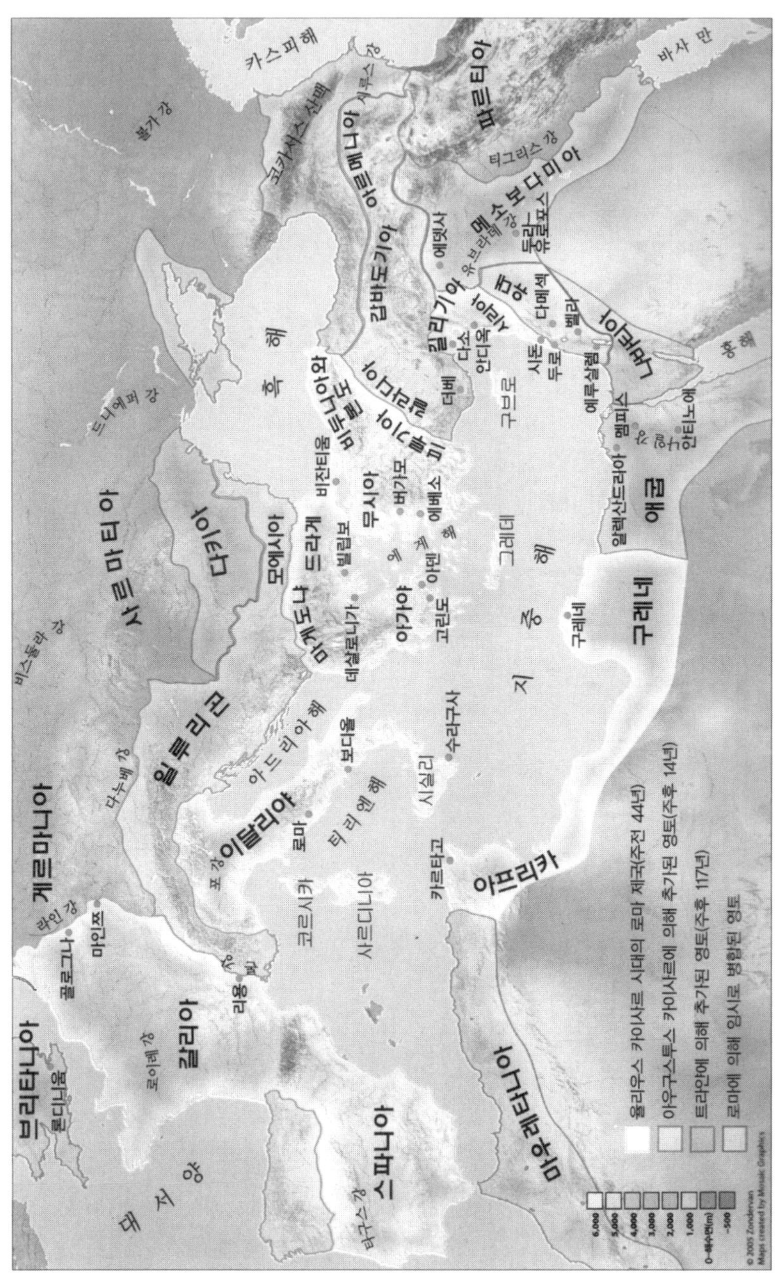

대서양
브리타니아
론디니움
갈리아
리옹
마인츠
라인 강
게르마니아
다누베 강
포 강
이탈리아
로마
코르시카
사르디니아
스파니아
타구스 강
마우레타니아
카르타고
아프리카
시실리
수라구사
아드리아 해
일루리곤
비스툴라 강
사르마티아
다키아
모에시아
흑해
마게도냐
데살로니가
빌립보
드라게
비잔티움
아가야
고린도
아덴
에게 해
무시아
버가모
에베소
비두니아와 본도
갈라디아
길리기아
다소
안디옥
구브로
수리아
다메섹
시돈
두로
예루살렘
나바티아
알렉산드리아
멤피스
애굽
안티노에
그레데
구레네
지중해
카스피해
코카서스 산맥
볼가 강
아르메니아
갑바도기아
에뎃사
유브라데 강
메소보다미아
티그리스 강
파르티아
바사 만
홍해
율리우스 카이사르 시대의 로마 제국(주전 44년)
아우구스투스 카이사르에 의해 추가된 영토(주후 14년)
트라얀에 의해 추가된 영토(주후 117년)
로마에 의해 임시로 병합된 영토
6,000
5,000
4,000
3,000
2,000
1,000
0-해수면(m)
-500
© 2005 Zondervan
Maps created by Mosaic Graphics

옥중서신

골로새서 / 빌레몬서 / 에베소서 / 빌립보서

2022년

교회와성경

감사의 글

이 책의 출판을 위해 후원해 주신
박연수 장로님, 송양이 권사님, 이강숙 권사님,
이광호 목사님과 무명의 후원자님께
감사를 드립니다.

늘 마음으로 함께하고 응원하는
장순직 목사님과 이재복 목사님께
감사를 드립니다.

그리고 2019년 7월 14일부터 시작된 옥중서신 강해에
담담하게 한마음으로 참여하고 응원해 준
샤로수교회 회원들에게 감사를 드립니다.

머리말

골로새서, 빌레몬서, 에베소서, 빌립보서는 바울의 옥중서신으로 분류되며, 바울 신학에 있어서 가장 심오한 교회론을 담고 있다. 무엇보다도 옥중서신은 높이 올리우신 그리스도 예수에 대한 이해를 바탕으로 그리스도와 연합되어 한 몸이 된 교회에 관한 바울의 교회론이 잘 나타나 있다.

따라서 옥중서신을 대할 때에는 '그리스도 예수와 한 몸인 교회'에 대하여 바울이 어떻게 이해하고 있는가에 깊은 관심을 가져야 한다. 이러한 이해를 바탕으로 이땅에 살고 있는 교회의 회원으로서 복음에 합당한 삶이 어떠해야 하는가를 찾아 나서야 한다.

때문에 바울 사도가 옥중서신에서 피력하고 있는 교회론은 신학적 담론을 떠나, 교회의 본질과 정체성을 완벽하게 보여주고 있다는 사실을 놓쳐서는 안 될 것이다.

이런 이유에서 포스트모더니즘으로 불리는 이 시대의 특성을 고려한다면, 2천 년 전에 바울 사도가 소아시아 교회에 보낸 이 서신들이야말로 우리 시대의 교회가 추구해야 할 방향성과 관련해 가장 강력한 해답으로 주어졌음을 의심치 않는다.

필자는 2019년 7월 14일부터 2021년 8월 8일까지 샤로수교회에서 51회에 걸쳐 옥중서신을 강설하는 기쁨을 누렸다. 이렇게 강설한 원고를 수정보완에서 한 권으로 책으로 엮었다.

이 책의 처음 원고는 2007년도에 작성되었으며, 대한성서공회의 개역한글판을 기본으로 인용하였다. 그동안 몇 번의 원고 수정을 거치면서 필요에 따라 개역개정판을 인용하기도 했다. 때로는 필자가 사적으로 번역하기도 했다. 헬라어는 비잔틴 사본(RP Byzantine Majority Text 2005)을 주로 인용했다. 어느 역본을 택하든 최대한 원어의 의미를 담아내려고 노력했다.

그동안 필자는 〈히브리서〉를 바울의 후기 저술로 의견을 표명해 왔었다. 이번에 옥중서신을 교열하는 과정에서 〈히브리서〉를 바울의 초기 저술로 수정했다. 이와 관련해 독자들의 양해를 구하는 바이다.

이 책을 통해서 우리 시대의 교회가 그리스도 예수와 한 몸을 이루는 온전한 교회로 거듭 세워지기를 바라는 마음 간절하다. 오랫동안 〈CNB 시리즈〉를 지지하고 응원해 준 독자들에게 마음을 담아 감사를 드린다.

2022년 1월 5일
관악산 아래 커피향이 진한 슬리핑피쉬 카페에서
저자 아룀

차 례

CNB 시리즈 서문 / 5

바울의 생애 / 6

로마시대의 지도 / 7

머리말 / 11

옥중서신

〈서 론〉 문화의 해체 시대에 교회가 추구해야 할 길 (빌 4:8-9) 19

골로새서

〈개 요〉 38

〈서 론〉 우주론적 기독론에 근거한 교회의 사명 (골 2:6-10) 58

1 _ 그리스도의 몸인 교회가 누리는 영광 (골 1:1-2) 75

2 _ 복음 위에 있는 보편적인 교회의 특성 (골 1:3-8) 90

3 _ 그리스도의 구속과 교회로의 부르심 (골 1:9-14) 106

4 _ 그리스도의 초월성과 복음의 완전성 (골 1:15-29) 122

5 _ 그리스도 안에 있는 지혜와 지식의 충족성 (골 2:1-5) 139

6 _ 교회를 위협하는 거짓 가르침에 대한 경계 (골 2:6-19a) 155

7 _ 세상의 초등학문에 대한 경계 (골 2:19b-23) 172

8 _ '이미-아직' (already-not yet)의 긴장 가운데 있는 교회 (골 3:1-4) 189

9 _ 옛 사람을 벗는 것으로 나타나는 하나님의 충만함 (골 3:5-11) 206

10 _ 새 사람을 입는 것으로 나타나는 하나님의 충만함 (골 3:12-17) 223

11 _ 가정과 사회에서 구현되는 '하나님의 평강' (골 3:18-4:1) 240

12 _ 복음의 진보와 함께 하는 성도들의 삶 (골 4:2-6) 258

13 _ 복음의 진보와 보편적 교회의 사명 (골 4:7-18) 276

• 참고도서 / 294

빌레몬서

〈서 론〉 믿음과 사랑의 증인으로서 교회 (몬 1:20-21) ······ 296
1 _ 경건한 삶으로 확인되는 믿음의 일치성 (몬 1:1-7) ······ 312
2 _ 경건한 삶으로 확인되는 사랑의 일치성 (몬 1:8-25) ······ 329

• 참고도서 / 347

에베소서

〈개 요〉 ······ 350
〈서 론〉 바울의 복음과 교회의 사명 (엡 2:8-10) ······ 372
1 _ 새로운 존재로 창조함을 받은 교회 (엡 1:1-2) ······ 390
2 _ 성부 하나님의 주권적인 선택과 그 영광 (엡 1:3-6) ······ 405
3 _ 성자 하나님의 구속 역사와 그 영광 (엡 1:7-12) ······ 421
4 _ 성령 하나님의 인침과 그 영광 (엡 1:13-14) ······ 436
5 _ 하나님의 능력 안에 있는 교회 (엡 1:15-23) ······ 453
6 _ 하나님의 선한 일과 새롭게 지음받은 교회 (엡 2:1-10) ······ 469
7 _ 그리스도의 터 위에 세워진 우주적인 교회 (엡 2:11-22) ······ 487
8 _ 그리스도의 새 창조와 사도직의 성격 (엡 3:1-7) ······ 504
9 _ 교회의 존재 목적과 바울의 사도직 수행 (엡 3:8-13) ······ 521
10 _ 하나님의 영광으로 충만한 교회 (엡 3:14-21) ······ 537
11 _ 교회의 통일성과 다양성 (엡 4:1-16) ······ 551
12 _ 새로운 질서 가운데 있는 교회와 그 삶의 윤리 (엡 4:17-32) ······ 567
13 _ 새로운 존재로 지음받은 교회의 속성들 (엡 5:1-21) ······ 582
14 _ 우주적 통일을 목표로 하는 혼인제도 (엡 5:22-33) ······ 598
15 _ 교회가 추구할 새로운 공동체로서의 질서들 (엡 6:1-9) ······ 612
16 _ 종말을 바라보는 교회의 역사 의식과 사명 (엡 6:10-24) ······ 628

• 참고도서 / 647

빌립보서

〈개 요〉 650
〈서 론〉 높이 올리우신 그리스도의 교회가 누리는 기쁨 (빌 4:4-9) 681
1_ 그리스도의 교회가 누리는 은혜와 평강 (빌 1:1-2) 698
2_ 복음을 위한 바울의 투쟁에 동참한 빌립보 교회 (빌 1:3-11) 714
3_ 복음의 진보를 위해 존재하는 교회 (빌 1:12-30) 730
4_ 겸손과 자기희생적 사랑으로 하나인 교회 (빌 2:1-4) 747
5_ 그리스도의 낮아지심에 나타난 기독론 (빌 2:5-8) 760
6_ 그리스도의 높아지심에 나타난 기독론 (빌 2:9-11) 774
7_ 그리스도의 모범을 따르는 교회에게 주어진 약속 (빌 2:12-16) 790
8_ 빌립보 교회를 위한 바울의 계획 (빌 2:17-3:1a) 805
9_ 할례의 인간적 성취와 그 만족에 대한 경계 (빌 3:1b-3) 820
10_ 성도들이 갖추어야 할 '그리스도를 아는 지식' (1) (빌 3:4-11) 835
11_ 성도들이 갖추어야 할 '그리스도를 아는 지식' (2) (빌 3:4-11) 850
12_ 현세의 완전함을 주장하는 이들에 대한 경계 (빌 3:12-21) 866
13_ 교회의 화합과 하나됨에 대한 바울의 이해 (빌 4:1-3) 880
14_ 고난 가운데서도 교회가 누릴 기쁨과 평강 (빌 4:4-9) 893
15_ 빌립보 교회에 대한 바울의 기쁨과 사도적 축도 (빌 4:10-23) 907

• 참고도서 / 923

성구색인 / 925

옥중서신

19

〈옥중서신 서론〉

문화의 해체 시대에 교회가 추구해야 할 길

빌립보서 4:8-9

4:8 끝으로 형제들아 무엇에든지 참되며 무엇에든지 경건하며 무엇에든지 옳으며 무엇에든지 정결하며 무엇에든지 사랑 받을 만하며 무엇에든지 칭찬 받을 만하며 무슨 덕이 있든지 무슨 기림이 있든지 이것들을 생각하라 9 너희는 내게 배우고 받고 듣고 본 바를 행하라 그리하면 평강의 하나님이 너희와 함께 계시리라

에덴동산에서 아담이 축출당한 이후부터 인류의 역사는 줄곧 '에덴의 회복'을 그 정점으로 치닫고 있었다. 그 절정에 예수 그리스도의 성육신과 십자가의 죽음 그리고 사망으로부터의 부활과 승천이 자리하고 있다. 이후부터 시작된 교회의 역사는 재림하실 영광의 그리스도 예수를 향해 꾸준히 전진하고 있다.

이러한 교회의 역사는 전적으로 하나님의 경륜 가운데서 진행되고 있다. 이처럼 인류 전체의 역사는 하나님의 경륜 가운데 새로운 하나님의 나라(the kingdom of God)를 구현하고 있다. 이런 점에서 인류의 역사를 '하나님 나라의 역사'라고 정의할 수 있다.

반면에 인류의 역사는 언제나 하나님 나라의 관점에서 바라보는 '에덴의 회복'을 기반으로 하는 새 하늘과 새 땅만을 추구하고 있는 것은 아니다. 인류 역사의 이면에는 하나님 나라의 역사와는 결이 다른 '세속사'(secular history)라고 하는 또 다른 흐름이 있다. 이 세속사는 하나님 나라의 역사와 상반되는 성격을 가지며, 이미 첫 사람 아담에 의해 에덴동산에서부터 시작되었다.

첫 사람 아담은 "동산 각종 나무의 열매는 네가 임의로 먹되 선악을 알게 하는 나무의 열매는 먹지 말라 네가 먹는 날에는 반드시 죽으리라"(창 2:16,17)는 하나님의 말씀을 거역했다. 아담은 '선악을 알게 하는 나무'(the tree of the knowledge of good and evil)로부터 열매를 취함으로써 하나님의 말씀을 범하는 죄를 지었다. 그리고 아담은 이후 죄의 지배를 받게 되었다.

그 결과 아담의 후손들 역시 죄의 지배를 받게 됨으로써 반신국(the anti-kingdom of God) 성향을 가지게 되었다. 이때부터 세속사는 죄를 지은 아담의 반신국적인 성향을 유지하려는 성격을 그 특징으로 가지고 있다.

에덴동산에서 아담이 추방된 이후부터 인류의 역사에는 ① 하나님의 경륜 가운데서 도도하게 흐르고 있는 하나님 나라의 역사와 ② 범죄한 아담의 타락 이후에 하나님의 말씀 통치를 거역하고자 하는 반신국적 성격의 세속 역사라고 하는 두 개의 커다란 줄기가 흐르고 있다.

이에 하나님 나라의 역사와 대척점에 서 있는 세상의 역사, 곧 세속사가 가지고 있는 성격을 규명하고, 반신국적인 성향을 가지고 있는 세속사의 흐름 속에서 교회가 마땅히 추구할 길이 무엇인가를 명확하게 정립할 필요가 있다.

1. 세속사의 정점에 서 있는 반신국 세력의 정체

반신국적인 성격을 가진 세속사의 성격을 가장 현저하게 보여준 인물이 바로 아담의 아들 가인(Cain)이다. 가인은 힘으로 형제 아벨을 무참히 죽이고, 아벨의 피를 땅에 흘리게 한 최초의 살인자였다(창 4:8). 가인은 정당하지 않고 비열하고 무참한 방법으로 힘을 사용하여 형제 아벨의 생명을 해치고 자신의 목적을 이루었다.

이러한 가인의 부당한 행위를 책망하며 "네 아우 아벨이 어디 있느냐?"고 물으시는 하나님을 향하여 "내가 알지 못하나이다 내가 내 아우를 지키는 자니이까"라고 자신의 책임을 회피하려고 했다(창 4:9). 이를 가리켜 카인이즘(Cainism)이라고 정의할 수 있다.

카인이즘은 한마디로 힘을 숭배하는 초인주의(Super humanism)와 연결되어 있다. 초인주의는 만물을 창조하신 하나님께서 약속하신 '은혜언약'(창 3:15)을 거부하고 오직 인간이 가지고 있는 힘을 숭배한다. 초인주의는 오직 자신의 '힘'을 숭배하고, 자신의 힘으로 자기 인생을 스스로 경영하려고 하는 이념이라 할 수 있다.

초인주의에 근거하여 '힘을 숭배하는 이념'은 가인의 혈통을 통해 가시적인 형태로 드러나게 되었다. 가인의 5대 자손인 라멕(Lamech)은 카인이즘을 대표하는 인물이다. 라멕은 힘을 숭배하는 초인주의를 구체적인 형체인 '칼'과 같은 무기로써 구현하였다.

"라멕이 아내들에게 이르되 아다와 씰라여 내 목소리를 들으라 라멕의 아내들이여 내 말을 들으라 나의 상처로 말미암아 내가 사람을 죽였고 나의 상함으로 말미암아 소년을 죽였도다 가인을 위하여는 벌이 칠 배일진대 라멕을 위하여는 벌이 칠십칠 배이리로다 하였더라"(창 4:23,24)는 '칼의 노래'에서 보는 것처럼 라멕은 무기를 사용해 사람을 죽이고, 그 무기를 자랑하고 있다.

하나님을 떠난 인류의 역사는 인간의 힘을 숭배하는 초인주의 지배 아래에 있게 되었으며, 이것이 '세속사'의 성격이다. 라멕은 이러한 세속사의 성격을 인류의 역사에서 유형의 형상인 '칼'로 가시화시키고 이를 숭배한 것이다. 이처럼 '칼'로써 힘을 숭배하는 종교로 가시화시킨 것을 가리켜 라메키즘(Lamechism)이라고 부를 수 있다.

이 라메키즘이 숭배하는 '칼'은 역사 속에서 다양한 문화적 형태로 나타났다. 라메키즘은 동식물을 숭배하는 토템(totemism)을 비롯해 물신 숭배(fetishism), 정령 숭배(animism), 무속신앙(shamanism) 등으로 표출되었다. 이런 형상들은 힘을 상징하는 '칼'을 숭배하는 라메키즘의 변형들이다. 그리고 이러한 라메키즘은 최종적으로 배금주의(mammonism)로 정착되었다. 돈이 곧 힘인 셈이다.

이처럼 다양하게 표출된 형상을 숭배의 대상으로 삼게 됨으로써 종교화된 것을 가리켜 우상 숭배(idolatry)라고 한다. 그리고 세속사의 흐름 속에서 우상 숭배에 좀 더 고도한 문화들이 결합되면서 다양한 형태의 종교로 발전되었다. 고대의 조로아스터교, 힌두교, 불교, 유대교를 비롯해 유대교의 또 다른 아류인 이슬람교, 마리아를 숭배하는 로마천주교 등과 같은 여러 형태의 세속 종교들이 여기에 속한다.

이러한 세속 종교들의 이데올로기(ideology)를 뒷받침하는 인간의 학문이 지혜에 관한 학문인 '철학'(philosophy)이다. '철학'이라는 말은 희랍어 필로소피아(*φιλοσοφία*)로 '지혜에 대한 사랑'이라는 의미를 가진다. 하지만 철학에서 말하는 '지혜'란 다름 아닌 철학이 추구하고 있는 종교적인 이념일 따름이다. 그들에게 있어서 '지혜'란 곧 신에게 이르는 길에 대한 것이었다. 이것은 에덴동산에서 하나님으로부터 추방당한 아담 이후에 모든 인간의 내면에 잠재된 의식이기도 하다.

사실 지혜를 추구하는 철학이라는 이름으로 위장된 종교의 이데올로기가 추구하고 있는 실체는 가인과 라멕이 숭배했던 초인주의가 지향하는 힘에 대한 숭배 욕구에 근거하고 있다. 이것을 가리켜 '힘의 철학' (Philosophy of Power)이라고 한다.

독일 철학자 니체(Friedrich Wilhelm Nietzsche, 1844-1900)가 주장했던 이 '힘의 철학'은 세속 역사 속에서 시대마다, 그리고 지역과 종족마다 다양한 형태의 문화라는 이름으로 지금도 여전히 고개를 내밀고 있다.

결국 모든 종교의 이면에 견고하게 자리하고 있는 '힘의 철학'이 소위 '문화'라는 이름으로 다양한 형태로 탈바꿈하면서 세속사의 흐름을 이끌고 있다. 이처럼 한 시대의 지배적인 지적 · 정치적 · 사회적 동향을 나타내는 사상적 경향을 가리켜 인본주의 철학에서는 소위 '시대정신' (Zeitgeist : spirit of the age)이라고 한다.

이러한 '시대정신'은 근래에 형성된 것이 아니라 이미 세속사의 흐름 속에서 세상을 지배하는 힘으로 작용하고 있었다. 소위 힘의 화신으로 불리는 제왕들에 의해 건설된 '제국'(Empire)도 이 범주에 들어 있다.

사실 제국을 지지하고 있는 그 힘은 다름 아닌 종교였다. 현대적 개념의 국가가 등장하기 전까지는 종교 없는 제국 혹은 국가나 도성은 존재할 수 없었다. 유대교와 이슬람은 아직도 종교와 국가를 동일시하고 있다. 결국 '제국'이란, 그 근본을 살펴볼 때 하나님의 언약으로부터 추방된 가인이 '힘의 철학'을 상징하여 건설한 에녹 성(the city of Enoch, 창 4:17)의 확장판일 따름이다.

이런 이유에서 카인의 초인주의, 칼을 숭배하는 라멕의 라메키즘, 이를 기반으로 발생한 다양한 토착 종교인 우상 숭배, 나아가 고등 종교를 비롯해, 힘의 철학에 기초하고 있는 각종 문화 형태와 제국주의 등과 같은 '시대정신'은 모두 다 범죄한 아담으로부터 시작된 반신국 사상에 따른 이데올로기의 분신들에 불과하다. 그리고 인류는 누구나 예외 없이 어떤 형태로든 이러한 반신국적인 이데올로기에 사로잡혀 있을 뿐이다.

하나님께서 이러한 반신국 사상을 근본적으로 무너뜨리고 성육신하신 예수 그리스도의 오심과 더불어 새로운 질서의 세계(고후 5:17)를 이 땅에 심으신 것이 교회이다. 때문에 교회는 언제나 반신국 세력을 상징하는 힘의 종교인 라메키즘을 계승한 우상 숭배자들로부터 공격의 대상이 되었다.

교회 시대가 시작될 때부터 힘의 화신으로 이미 세속사에서 굳건하게 자리잡고 있었던 세력이 로마제국이었다. 로마의 황제들은 자기 자신을 자칭 '신'으로 여겼다. 이 로마제국의 비호 아래에서 유대교를 포함한 온갖 잡다한 우상 숭배자들이 교회를 대적했다. 그리고 시간이 흐르면서 그 적대 세력의 중심에는 마침내 교회의 탈을 쓰고 마리아를 숭배하는 로마천주교가 자리하고 있다.

이 우상 숭배자들은 할 수만 있다면 어떻게든지 그리스도의 몸인 교회를 공격하고 무너뜨리려고 온갖 작태를 그치지 않고 있다. 그들이 종교의 형태를 갖추었든 갖추지 않았든, 혹은 그들의 종교 사상인 힘의 철학을 갖추고 있든 아니면 잠정적인 이데올로기의 형태로 감추어져 있든, 그들은 언제든지 힘만 갖추면 교회를 공격하고 파괴하려고 했다. 이것이 세속사의 기본적인 성격이다. 이런 점에서 교회는 언제나 세속사의 흐름을 냉철하게 지켜보고 있어야 한다.

로마천주교가 지배하던 중세를 거치고 16세기 이후 세속사의 흐름은 '계몽주의'(Enlightenment)를 거치며 제2차 세계대전(1939년 9월 1일-1945년 9월 2일) 이후에 이르러 '포스트모더니즘'(Postmodernism)으로 집약되었다. 이 '포스트모더니즘'은 확장된 회의주의(Skepticism), 주관주의(Subjectivism), 상대주의(Relativism)가 혼합된 성격을 가지고 있다.

포스트모더니즘의 특징은 한마디로 탈 중심적 다원적 사고, 그리고 탈 이성적 사고를 기반으로 하는 해체(deconstruction)라고 말할 수 있다. 이런 이유에서 포스트모더니즘의 시대를 가리켜 소위 '문화의 해체 시대'(Era of deconstruction of culture)라고 정의하기도 한다.

그러나 문화의 해체가 추구하는 목적은 세속사에서 나타난 모더니즘(Modernism)이 추구했던 이성 중심의 다양한 문화를 부정하고 해체하는 데 있지 않다. 정작 그것이 추구하고 있는 목적은 다름 아닌 하나님 나라인 '교회'의 해체인 것이다. 곧 지금까지 '시대정신'으로 표명된 세속사가 추구해 왔던 것처럼 포스트모더니즘은 창조주 하나님이 인류와 맺은 언약을 파기하는 데 그 목적을 두고 있다.

작금 소위 문화의 형태라는 탈을 쓰고 전 세계적으로 번지고 있는 진화론(theory of evolution)을 비롯해 페미니즘(Feminism)이나 동성애(Homosexuality) 등등 다양한 세속 문화의 흐름은 '문화의 해체'(Deconstruction of culture)라는 캐치프레이즈(catch phrase)를 내걸고 '교회'를 공격하는 또 다른 형태일 따름이다.

이러한 현상은 처음 이땅에 교회가 세워질 때부터 지금까지 줄곧 지속되어 왔었고 초인주의를 추구하면서 힘의 철학에 뿌리를 두고 있는 카인이즘이 각 시대마다, 지역마다 그 옷만 갈아입었을 뿐 전혀 새로운 것이 아니다.

2. 죄악에 빠져 있는 인류에 대한 하나님의 계획

하나님은 인류의 대표인 아담에게 "생육하고 번성하여 땅에 충만하라, 땅을 정복하라, 바다의 물고기와 하늘의 새와 땅에 움직이는 모든 생물을 다스리라"(창 1:28)고 말씀하셨다. 이것이 인류가 존재하는 근본적인 존재 의미이다. 이런 점에서 모든 인류는 아담이 받은 이 사명을 수행해야 하는 위치에 있다.

그렇지만 아담의 범죄 이후 모든 인류는 이러한 존재 의미를 수행할 수 없게 되었다. 그 결정적인 사건이 바로 형제 아벨을 죽인 가인의 살인을 통해 확인되었다. 그리고 그 결과는 모든 인류가 홍수의 심판을 받고 죽는 것으로 귀결되었다(창 7:11,12,21-24).

이후 하나님은 노아를 통해 아담과 맺은 언약을 재확인해 주셨다(창 9:1-7). 이런 점에서 노아 언약은 아담과 맺은 언약의 갱신과 같은 의미를 가진다. 그러나 여전히 인류는 아담의 죄로 인해 갖게 된 원죄로부터 근본적인 치료가 없이는 인류에게 주어진 기본적인 존재 의미를 수행할 수 없었다. 그 결정적 사건이 바로 바벨탑 사건이었다(창 11:1-9).

이에 하나님은 인류가 이 원죄로부터 자유로울 수 있는 길을 마련해 주셨다. 그 길은 아브라함과 맺은 언약을 통해 약속되었다(창 12:1-3). 하나님은 이 약속에 따라 아브라함의 후손들을 한 민족으로 부르시고 그들을 '제사장 나라'(a kingdom of priests)로 삼으셨다(출 19:4-6).

하나님은 이 제사장 나라인 이스라엘에게 "내가 애굽 사람에게 어떻게 행하였음과 내가 어떻게 독수리 날개로 너희를 업어 내게로 인도하였음을 너희가 보았느니라"(출 19:4)고 하시면서 그들을 애굽으로부터 불러내신 이유를 명확하게 지적해 주셨다. 곧 "세계가 다 내게 속하였나니 너희가 내 말을 잘 듣고 내 언약을 지키면 너희는 모든 민족 중에서 내 소유가 되겠고 너희가 내게 대하여 제사장 나라가 되며 거룩한 백성이 되리라"(출 19:5,6)고 말씀하셨다.

하나님께서 이스라엘 백성을 세상 열방 민족들로부터 구별하여 불러내신 이유는 ① 그들이 제사장 나라로서 하나님과 온 세상 민족들 사이에서 중보자가 되어 그들을 하나님에게로 이끌어 오기 위함이며, ② 그 사명을 수행함에 있어 다른 방식으로 하는 것이 아니라 그들이 거룩한 백성으로서 전적으로 하나님께 예배하는 일에 온전히 자기 자신을 헌신해야 함을 분명하게 말씀하셨다.

이러한 하나님의 의지는 시내산 언약으로 이스라엘에게 주신 율례와 법도들 그리고 성전 예배를 통해 분명하게 계시되었다(출 20-24장). 이런 점에서 제사장 나라로 부름받은 이스라엘은 율법과 성전을 통해 계시해 주신 하나님의 뜻을 따라 자신의 위치를 점검하고 만국 백성들이 하나님의 통치 안으로 들어오게 하는 중보자 역할을 수행해야 했다.

이처럼 하나님께서는 이스라엘을 부르신 후 그들을 제사장 나라로 삼으시고, 이스라엘을 통해 모든 만국 백성을 하나님의 총회로 부르심으로써, 만국 백성을 아담의 원죄로부터 구원해 내시고 아담에게 주어진 인류의 존재 의미를 수행하게 하셨다.

그리고 하나님은 이스라엘이 제사장 나라로서 하나님을 예배하는 일과 만국 백성을 하나님께로 인도하는 중보자로서의 사명을 수행하고, 제사장 나라로서 사명을 충실하게 수행할 수 있도록 하기 위해 선지자 제도를 세우셨다.

3. 이스라엘 나라에 선지자 제도를 세우신 하나님의 의도

성전국가인 이스라엘 왕국에 하나님께서 세우신 선지자 제도는 열국 백성들을 죄악으로부터 구원해 내기 위한 은혜로우신 하나님의 계획에 속한다. 이런 점에서 이스라엘 왕국에 선지자 제도를 세우신 하나님의 의도를 보다 정확하게 이해할 필요가 있다.

첫째, 모세와 같은 선지자의 출현을 바라보게 하셨다.

모세가 가나안에 들어가기 전 제2세대 이스라엘 백성들에게 선언한

"네 하나님 여호와께서 너희 가운데 네 형제 중에서 너를 위하여 나와 같은 선지자 하나를 일으키시리니 너희는 그의 말을 들을지니라"(The LORD your God will raise up for you a prophet like me from among your own brothers. You must listen to him, 신 18:15)라고 남긴 말처럼 이후 하나님은 모세를 대신하여 하나님께서 직접 세우신 선지자를 통해 그의 백성들에게 말씀하신다고 약속하셨다.

이 약속과 관련해 하나님은 "내가 그들의 형제 중에서 너와 같은 선지자 하나를 그들을 위하여 일으키고 내 말을 그 입에 두리니 내가 그에게 명령하는 것을 그가 무리에게 다 말하리라"(신 18:18)고 하셨다. 곧 선지자는 하나님으로부터 받은 말을 전하는 사명을 가진다.

그리고 "누구든지 내 이름으로 전하는 내 말을 듣지 아니하는 자는 내게 벌을 받을 것이요"(신 18:19)라고 하심으로써 선지자의 말씀 선포는 하나님의 말씀 선포이며 그 말씀을 거역하는 자에게는 죽음에 이르게 될 것이라고 경고하셨다.

더불어 하나님은 "만일 어떤 선지자가 내가 전하라고 명령하지 아니한 말을 제 마음대로 내 이름으로 전하든지 다른 신들의 이름으로 말하면 그 선지자는 죽임을 당하리라"(신 18:20)고 말씀하신 후 "만일 선지자가 있어 여호와의 이름으로 말한 일에 증험도 없고 성취함도 없으면 이는 여호와께서 말씀하신 것이 아니요 그 선지자가 제 마음대로 한 말이니 너는 그를 두려워하지 말지니라"(신 18:22)고 하셨다. 이 말씀을 통해서 참 선지자와 거짓 선지자를 분별할 수 있다.

둘째, 모든 선지자들은 엘리야의 메시지를 기본으로 하고 있다.

갈멜산에서 엘리야는 이스라엘 백성들에게 "너희가 어느 때까지 둘 사이에서 머뭇머뭇 하려느냐 여호와가 만일 하나님이면 그를 따르고 바알이 만일 하나님이면 그를 따를지니라"(왕상 18:21)고 말하면서 백성들의 결단을 요구하고 있다.

그 자리에서 엘리야는 "아브라함과 이삭과 이스라엘의 하나님 여호와여 주께서 이스라엘 중에서 하나님이신 것과 내가 주의 종인 것과 내가 주의 말씀대로 이 모든 일을 행하는 것을 오늘 알게 하옵소서 여호와여 내게 응답하옵소서 내게 응답하옵소서 이 백성에게 주 여호와는 하나님이신 것과 주는 그들의 마음을 되돌이키심을 알게 하옵소서"(왕하 18:36,37)라며 이스라엘 백성들의 회개를 촉구하였다.

이후 모든 선지자들은 하나님을 향한 백성들의 신앙을 바르게 함과 하나님을 떠난 백성들을 하나님께 돌이키게 하는 메시지를 선포하고 있다는 점에서 선지자 제도에 담겨 있는 의미를 확인할 수 있다.

셋째, 모든 선지자의 메시지를 대표한 선지자가 요나 선지자이다.

하나님의 명령을 거역한 요나는 죽음을 상징하는 스올에서 "주께서 나를 깊음 속 바다 가운데에 던지셨으므로 큰 물이 나를 둘렀고 주의 파도와 큰 물결이 다 내 위에 넘쳤나이다 내가 말하기를 내가 주의 목전에서 쫓겨났을지라도 다시 주의 성전을 바라보겠다 하였나이다"(욘 2:3,4)라며 하나님께 기도하였다. 이후 요나는 니느웨에 가서 하나님의 말씀을 선포하고 그들에게 구원을 가져다주었다.

여기에서 요나는 자신의 죽음이라는 과정을 통해서 열국 만민들에게 구원의 복음을 전하는 존재로 거듭 태어나게 된다. 이러한 요나의 죽음과 다시 태어남은 가까이는 이스라엘 백성들의 사명(출 19:4-6) 각성을 상징하고 있다. 곧 제사장 나라로서의 사명을 망각한 이스라엘의 죽음을 상징하는 심판을 통해서 그들이 회개하고 하나님께 돌아서서 이스라엘의 사명을 각성하고 수행하는 위치에 서게 될 것을 요나가 자신의 삶을 통해 보여주고 있다.

이 사실은 좀 더 멀리는 그리스도의 죽으심과 부활을 통해 열국 만민들에게 구원의 복음이 전파될 것을 상징하고 있음을 예수님의 말씀을 통해서 확인할 수 있다.

서기관과 바리새인 몇이 주님을 찾아와서 "선생님이여 우리에게 표적 보여주시기를 원하나이다"(마 12:38)라고 요청하자 우리 주님은 "악하고 음란한 세대가 표적을 구하나 선지자 요나의 표적 밖에는 보일 표적이 없느니라"(마 12:39)고 말씀하시며 이 세대를 가리켜 '악하고 음란한 세대'(A wicked and adulterous generation)라고 지적하셨다(마 16:1-4 참고).

그리고 "요나가 밤낮 사흘 동안 큰 물고기 뱃속에 있었던 것 같이 인자도 밤낮 사흘 동안 땅 속에 있으리라"(요 12:40)라고 말씀하시며 악하고 음란한 세대에게 자신의 십자가 사건을 그 표적으로 제시해 주셨다. 여기에서 예수님은 자신의 죽음과 부활이 이스라엘에게 주어진 제사장 나라의 사명을 성취하는 것과 긴밀한 관련이 있음을 보여주셨다.

여기에서 '악하다'(*πονηρὰ*)는 말은 "내가 붙드는 나의 종, 내 마음에 기뻐하는 자 곧 내가 택한 사람을 보라 내가 나의 영을 그에게 주었은즉 그가 이방에 정의를 베풀리라"(사 42:1)는 이사야의 예언을 인용하여 예수께서 "보라 내가 택한 종 곧 내 마음에 기뻐하는 바 내가 사랑하는 자로다 내가 내 영을 그에게 줄 터이니 그가 심판을 이방에 알게 하리라"(마 12:18)는 말씀에서 지적하신 것처럼, 주의 성령으로 열방 민족들에게 복음을 전하는 일을 방해하는 모든 행위들을 가리키고 있다.

그 악한 행위를 대표하는 자가 바로 '어둠의 권세'(눅 22:53)를 행하는 사탄이다. 바울은 "그 때에 너희는 그 가운데서 행하여 이 세상 풍조를 따르고 공중의 권세 잡은 자를 따랐으니 곧 지금 불순종의 아들들 가운데서 역사하는 영이라"(엡 2:2)고 명확하게 그 정체를 밝히고 있다.

요한 사도는 "또 아는 것은 우리는 하나님께 속하고 온 세상은 악한 자 안에 처한 것이며"(요일 5:19)라는 말에서 이 사탄을 가리켜 '그 악한 자'(ὁ πονηρός)라고 명확하게 밝히고 있다. 이 '악한 자'에게 사로잡혀 있는 사람들을 가리켜 예수님은 '이 악한 세대'(τῇ γενεᾷ ταύτῃ τῇ πονηρᾷ, 마 12:49)라고 지적하셨다.

그리고 '음란하다'(μοιχαλὶς)는 말은 "세상과 벗된 것이 하나님과 원수 됨을 알지 못하느냐 그런즉 누구든지 세상과 벗이 되고자 하는 자는 스스로 하나님과 원수 되는 것이니라"(약 4:4)는 말씀처럼 사람들이 세상을 벗으로 삼고 있음을 가리키고 있다. 앞서 언급한 것처럼 '세상'은 하나님과 원수된 것으로 반신국 사상인 카인이즘을 그 특징으로 가지고 있다.

따라서 '악하고 음란한 세대'(Γενεὰ πονηρὰ καὶ μοιχαλὶς)라는 말은 열방 민족들에게 복음이 전하여지는 것을 막고 있으면서, 오히려 세상을 벗으로 삼고 하나님과 원수가 되어 있는 그 당시 유대인들이 과거 제사장 나라로서의 사명을 수행하지 않고 있던 구약의 이스라엘 백성들과 다르지 않음을 확실하게 보여주고 있다.

이상에서 보는 것처럼 열국 만민들을 하나님의 회중으로 부르기 위한 지상 사명을 수행하도록 선택된 이스라엘 왕국이 제사장 나라로서 올바르게 그 사명을 수행하기 위해 하나님께서 선지자들을 보내셨다.

이런 점에서 구약의 선지서들은 하나님께서 아담과 노아와 아브라함과 맺은 언약의 사상을 기본으로 하고 있는 시내산 언약에서 제시한 율법의 정신과 성전 예배의 당위성을 담고 있다. 이것은 훗날 히브리서의 핵심적인 신학으로 자리하고 있다. 그리고 이 율법과 성전에 담겨 있는 하나님 사랑과 이웃 사랑의 정신은 만국 백성 모두를 그 상대로 하고 있다. 선지자들이 이스라엘의 백성들을 상대로 혹은 열국 백성들을 상대로 그들의 죄악을 지적한 근거는 바로 이 언약들이다.

따라서 선지자들을 이해함에 있어 언제나 그 메시지의 근본에 담겨 있는 언약 사상을 먼저 염두에 두어야 한다. 그리고 선지자들이 이스라엘 백성이든 열국 백성이든 그들의 죄로부터 하나님께 돌아설 것을 촉구하고 있는 것은 바로 이 언약의 성취와 깊은 관련이 있다.

특히 이스라엘을 향한 선지자들의 외침은 출애굽 사건에서 확인된 것처럼 이스라엘을 제사장 나라(출 19:4-6)로 부르셨다는 사실을 근거로 이스라엘이 본연의 사명을 수행하기 위한 위치로 돌이키기 위한 것임을 기억해야 한다.

이러한 선지자들의 역할은 교회 시대가 시작되면서 사도들에게 계승되었다. 이런 점에서 바울 사도가 교회들에게 보낸 서신들을 주의 깊게 살피는 것은 매우 의미 있다 할 것이다.

4. 열방 민족들을 위해 바울 서신서들을 교회에 주신 하나님의 의도

바울은 14권의 서신들을 기록했다. 바울은 모든 복음의 기초가 되는 '이신칭의'(the righteousness through faith in Christ)의 신학을 천명한 갈라디아서를 비롯해 데살로니가전 · 후서, 히브리서, 고린도전 · 후서, 로마서에 이어서 옥중서신으로 불리는 골로새서, 빌레몬서, 에베소서, 빌립보서를 기록하고 목회서신(디모데전 · 후서, 디도서)을 기록했다. 이것은 사도 바울의 사역이 가지는 성격과 관련된다.

바울은 중요한 도시의 중심에 교회를 세우는 일에 자신의 사역을 집중했다. 사도행전이 보도하고 있는 것처럼 바울은 에베소에서 약 2년 그리고 고린도에서 약 1년 6개월을 제외하고 대부분 지역에서는 3개월 이상 머물지 않았다.

때문에 바울은 자신이 복음을 전도함으로써 세워진 교회들에게 자신의 부재중임에도 불구하고 그들과 함께 하고 있으며, 그 교회들이 지속해서 바울의 지도 아래에 있다는 사실을 확인하기 위해 편지를 쓰게 되었다.

이런 점에서 바울의 편지는 곳곳에 세워져 있는 교회들에게 공식적이고 명령적인 임재(*παρουσία* : presence)의 기능을 수행했다. 비록 바울이 그 교회를 방문 중에 있더라도 그 편지는 여전히 '사도의 임재' 기능을 수행하고 있었다.[1)]

바울은 이 편지들이 교회의 공식적인 예배를 위해 성도들이 모여 있는 동안에 읽혀질 것을 기대했다. 이런 점에서 바울의 서신들에는 신앙고백, 찬양, 영광송, 찬송, 기도 그리고 사도적 복의 선포인 강복선언(Benediction)과 같은 요소들로 가득 차 있다. 이런 요소들은 공적인 예배의 순서로 점차 자리하게 되었다.

사도의 서신들은 보는 것이 아닌 듣는 것에 의해 회중에게 전달되었고, 바울의 편지를 소리내어 읽는다는 것(살전 5:27)은 그 편지의 내용이 그것을 들음으로써 이해하고 회상할 수 있는 적합한 내용이었음을 의미한다.

이 사실은 바울의 서신들이 시간을 초월하는 성격을 갖고 있었으며 그 교회의 환경, 특징 그리고 강점과 문제점들을 잘 나타내 주고 있음을 보여준다. 심지어 에베소서와 같이 특정한 교회가 아닌 회람 성격이 강한 서신이라 할지라도 역시 그 시대의 교회에서 볼 수 있는 성격을 잘 나타내 주고 있다.

바울은 설교자로서 그리고 교회의 교사로서 그가 행했던 노력은 "믿음은 들음에서 나며 들음은 그리스도의 말씀으로 말미암았느니라"(롬 10:17)는 말과 같이 수신자들의 고유한 언어로 복음을 듣도록 하는 것에

---

1) Fred B. Craddock, 빌립보서, 김도일 역, 서울, 장로교출판사, 2001, p. 31-32.

기울어져 있었다.

그리고 바울이 디모데에게 "너는 말씀을 전파하라 때를 얻든지 못 얻든지 항상 힘쓰라 범사에 오래 참음과 가르침으로 경책하며 경계하며 권하라"(딤후 4:2)고 권고했던 것처럼 바울의 서신들은 성도들이 구체적인 복음의 방법으로 평생을 살아가도록 하는 데 그 초점이 맞추어져 있다.2)

이러한 바울 사도의 열망을 우리는 빌립보서 4장에서 찾을 수 있다.

> "끝으로 형제들아 무엇에든지 참되며 무엇에든지 경건하며 무엇에든지 옳으며 무엇에든지 정결하며 무엇에든지 사랑 받을 만하며 무엇에든지 칭찬 받을 만하며 무슨 덕이 있든지 무슨 기림이 있든지 이것들을 생각하라 너희는 내게 배우고 받고 듣고 본 바를 행하라 그리하면 평강의 하나님이 너희와 함께 계시리라" (빌 4:8,9).

이 사실은 이후 존재하는 모든 교회들 역시 사도들이 전해 준 서신, 곧 복음의 내용을 담은 서신들을 듣게 함으로써 성도들의 삶을 보장하고 지도해야 한다는 사실을 보여주고 있다. 이것은 "우리가 보고 들은 바를 너희에게도 전함은 너희로 우리와 사귐이 있게 하려 함이니 우리의 사귐은 아버지와 그의 아들 예수 그리스도와 더불어 누림이라"(요일 1:3)고 명확하게 선언한 요한의 편지에서도 확인된다.

그러므로 우리 시대의 교회들은 무엇보다도 먼저 사도가 이 서신들을 통해 교회의 성도들에게 주고자 했던 메시지를 대할 때 사도의 파루시아(임재)를 통해서 사도가 선포한 그 말을 바르게 듣고 이해하는 일에 최선을 다해야 한다. 이 길만이 하나님의 나라인 교회가 문화의 해체 시대에 온 땅에 참된 구원의 메시지를 선포하는 유일한 방법이 될

---

2) Fred B. Craddock, 빌립보서, p. 35.

것이다.

이러한 관점에서 우리는 바울의 옥중서신 4권을 보다 심도 있게 공부하고자 한다. 이로써 우리는 문화의 해체 시대에도 불구하고 교회가 복음 안에서 그리스도의 은혜와 평강을 누리는 가운데 초인주의를 추구하는 힘의 철학에 뿌리를 두고 있는 각종 세속적 사상들과, 이러한 세속적 사상들에 물들어 있는 거짓 복음을 기꺼이 배척함으로써 참된 하나님 나라인 교회를 함께 세워가야 할 것이다.

| 기 도 |

우리의 아버지이신 하나님.

이 세상일을 보면 거대한 악의 세력이 하나님을 알려고 하는 일을 방해하고, 그럼으로써 어떻게 해서든지 수많은 사람을 지옥으로 이끌어 가려고 하는 것을 보옵나이다.

수많은 캐치프레이즈를 내걸고, 사람의 말만 바꾸었을 뿐이지 그들의 이면에는 오로지 힘을 숭배하고, 칼을 숭배하는 라메키즘이 자리하고 있고, 어떻게 해서든지 남을 해쳐서라도 자신의 목적을 성취하려고 하는 카인이즘이 그 안에 담겨 있는 것을 역사 속에서 확인하게 되나이다.

힘의 철학이 팽배하고 있는 포스트모더니즘의 21세기에 와서, 우리의 교회가 마땅히 추구할 길은 사도가 우리 교회에게 전한 하나님의 그 말씀, 곧 그리스도의 임재를 상징하는 말씀을 통하여 우리가 마땅하게 성도로서 살아가는 길을 찾는 것이 옳은 일임을 고백하나이다.

우리가 옥중서신을 통하여 사도의 가르침을 듣고 보고 배워서, 이를 통하여 참된 길을 올바로 세워가는 일에 우리를 인도하여 주옵소서.

주 예수 그리스도의 이름으로 기도합니다. 아멘.

골로새서

〈골로새서 개요〉

골로새서에 대한 신학적 논점들은 크게 세 가지로 압축된다. ① 골로새 교회를 위협하고 있는 거짓 사상의 정체, ② 골로새서의 기록 연대와 장소, ③ 골로새서의 저자와 진정성 등에 대한 논점들이 그것이다.

이 논점들과 관련해 골로새 교회가 처한 지리적, 사회적 환경 그리고 골로새 교회의 설립 배경과 골로새서의 저작 동기 및 주제들을 탐구할 필요가 있다. 이러한 탐구를 통해 본서의 신학적 논제들에 대한 올바른 이해의 접촉점을 찾을 수 있기 때문이다.

1. 골로새 교회의 지형학적, 종교적 환경

1) 골로새의 지리적, 사회적 환경

골로새(Colosse)는 고대의 브루기아(Phrygia, 지금의 터키 서부)의 남부를 흐르는 매안더 강(the Maeander)의 지류인 리쿠스 강(Lycus) 계곡에 자리 잡고 있었다. 에베소에서 내륙으로 약 160km 떨어진 산세가 아름다운 골로새는 에베소로부터 동방으로 이르는 주요 상업 도로에 위치해 있었다. 골로새는 서아시아와 동아시아를 연결하는 교통의 요새였으며 리쿠스 계곡(Lycus valley)으로 들어가는 관문이었다.

골로새 관문을 지나 동쪽으로 아바메아 – 비시디아 안디옥 – 이고니

온 - 루스드라 - 더베를 통과해 동아시아의 시실리아(Cicly) 관문을 거쳐 다소까지 연결되었다. 다소에서는 실루기아 만을 넘어 수리아의 안디옥에 이르게 되고, 다시 남쪽으로 방향을 바꾸면 두로와 가이사랴를 거쳐 예루살렘까지 연결되었다.

골로새는 직조 산업의 중심지로서 상업적으로 널리 알려져 있었다. 특히 리쿠스 계곡의 드넓고 양지바른 목초지에서 자라는 양떼들에게서 질 좋은 양모를 거두어 염색하는 산업이 발달했다. 이 계곡의 물은 의류 염색에 최적의 조건을 갖추고 있었으며 이 지방에서 의류 공업이 발달하게 된 직접적인 이유였다. 이 도시의 이름은 그 염색된 양모의 특정한 색깔인 검은 자줏빛 광택을 일컫는 콜로시누스(colossinus)라는 이름에서 유래되었다.[3] 더불어 번창한 염료 산업과 함께 의류업자들은 많은 부를 축적할 수 있었다.

골로새서에는 인접한 도시인 히에라볼리(Hierapolis, 4:13)와 라오디게아(Laodicea, 2:1; 4:3-16)가 함께 등장하는데 바울 시대에 이 도시들은 로마의 속주인 아시아도에 편입되어 있었다. 서쪽으로는 에게 해와 동쪽 끝으로는 유프라테스 강을 잇는 동서 무역로에 자리하고 있는 골로새는 상업을 중심으로 번영을 누렸다. 하지만 바울이 제2차, 제3차 전도 여행을 하던 때만 해도 무역로가 바뀌어 있어서 골로새는 자주 이용하지 않는 길목이 되어 있었다. 오히려 이웃 도시인 라오디게아와 히에라볼리가 번창하고 있었다.

히에라볼리는 화산 지대로서 증기와 온천이 발달해 있었으며 특히 광천수로 유명해서 '자연의 욕탕'이라고 하였으며 많은 사람이 모여들었다. 땅 속 깊은 곳에서 증기가 품어져 나오는 동굴이나 온천은 미

---

3) Ralph P. Martin, 신약의 초석 II, 원광연 역, 고양, 크리스챤다이제스트, 1993. p. 314.

신적인 사람들에게 그들이 섬기는 신들과 관계되어 신앙의 대상이 되었으며, 이로 인해 많은 신전이 건설되었다. 이 도시는 신비적인 아마존의 여왕 히에라(Ἱέρα : Hiera) 숭배와 관련된 것으로 알려져 있다.

라오디게아는 골로새보다 천혜의 조건을 더 많이 갖추고 있어서 자연스럽게 골로새보다 라오디게아가 번창하게 되었다. 요양이나 위락 또는 휴식을 찾는 사람들은 히에라볼리로, 무역이나 정치에 관심 있는 부자들은 라오디게아로 몰리게 되었으며 상대적으로 골로새는 명성을 잃어가고 있었다.4)

안티오쿠스 3세(BC 223-187년)는 메소포타미아와 바빌론에서 2만 세대의 유대인들을 루가오니아와 부루기아로 이주시켰기 때문에 이 지역에는 상당수의 유대인이 섞여 살고 있었다. 이 유대인들은 리쿠스 계곡에서 번성했으며 친족들과 동향인들을 많이 끌어들여 다른 지역보다 유대인들이 많이 있었다.

BC 133년 버가모 왕국의 마지막 통치자인 앗탈루스(Attalus) 3세가 로마 원로원과 백성들에게 버가모 왕국을 유증함으로써 골로새에는 많은 헬라인들이 모여들기 시작했다. 골로새는 브루기아 원주민을 비롯해 이방 지역에서 이주해 들어온 유대인들과 헬라인들이 뒤섞여 살고 있었다. 전형적인 이교의 도시였고 유대인들과 헬라인들이 섞여 살았다는 것은 토착 종교 및 헬라의 종교 그리고 유대교 등이 서로 혼합된 상태로 존재했음을 보여준다.

BC 62/61년 로마 총독 플라쿠스(Flaccus)는 브루기아의 유대인들이 라오디게아 지방에서 20파운드의 금을 반출하여 예루살렘 성전을 위한 세금으로 보내지 못하도록 명령을 내린 일도 있었다. 이것은 유대인 성인 남자 11,000명에 상당하는 성전세였다.5) 사도행전에는 브루기아에

---

4) William Handriksen, 골로새서, 신현필 역, 서울, 아가페출판사, 1983. p. 26.

5) Ralph P. Martin, 신약의 초석 II, p. 315.

서 온 유대인들이 오순절 절기에 참여했음을 보도하고 있다(행 2:10).

바울이 에베소에서 사역하던 기간(AD 52-55년)에 에바브라에 의해(골 1:7; 4:12) 복음이 리쿠스 계곡에 전파된 것으로 보아(행 19:10) 골로새 교회는 토착 종교들과 유대교 그리고 헬라 종교들로부터 적지 않은 도전을 받았던 것으로 보인다.6) 바울은 골로새서에서 이러한 토착 종교와 유대교 혼합주의 그리고 헬라 철학 등이 골로새 교회에 영향을 미칠 수 있다는 점에 대해 깊은 관심을 기울이고 있다.

이 지역이 화산지대라는 것은 지진 발생의 빈도가 그만큼 높다는 것을 암시한다. 이 세 도시들은 네로 황제 통치 시기인 AD 61년 초에 강력한 지진으로 파괴되었다.7) 부요한 라오디게아 주민들은 로마 정부의 지원 없이도 도시를 재건했지만 다른 두 도시들은 사정이 그렇지 못했다. 골로새는 이 지진으로 말미암아 심각한 타격을 받았다. 이 서신을 받았던 골로새 교회를 비롯해 히에라볼리 교회와 라오디게아 교회 역시 막강한 지진 피해를 당한 것으로 보인다.8)

이후 골로새는 AD 7-8세기에 사라센인들(Saracens)의 지배를 받았으며 이때쯤 골로새는 지진으로 인해 몰락의 길을 가고 있었다. 골로새 주민들은 남쪽으로 약 5km 떨어져 있는 카드무스 산(Mt. Cadmus) 기슭의 초누스(Chonus, 후에 Honaz로 불림)로 이주했으나 AD 12세기에 와서 완전히 사라졌다.9)

---

6) F. F. Bruce, 바울, 박문제 역, 고양, 크리스챤다이제스트, 1992. p. 437.

7) D. A. Caeson, 신약개론, 엄성옥 역, 서울, 은성출판사, 2006. p. 593.

8) J. Calvin, 골로새서, 존 칼빈성경주석출판위원회 역, 서울, 성서교재간행사, 1990. p. 533.

9) William Handriksen, 골로새서, p. 28.

2) 브루기아 지방의 종교적 특성

골로새가 속해 있던 브루기아 지방의 종교적 형태는 여러 가지 특별한 요소들이 담겨 있었다. 당시 브루기아에는 '아시아의 어머니'라고 불리는 대지의 여신 키벨레(*Κυβέλη* : Cybele) 숭배가 성행하고 있었다. 모든 브루기아 사람들이 이 여신을 숭배할 정도였다. 키벨레 여신의 숭배는 황홀경(ecstasy) 속에서 진행되는 축제들과 더불어 금욕적인 실천이 동반되었다. 축제 참가자들은 황홀경에 빠져서 자기 몸에 상처를 입히는 극단적인 행위도 서슴지 않았다(골 2:23).

당시 헬라 세계는 농사와 수태를 관장하는 여신 이시스(Isis) 숭배가 널리 퍼져 있었다. 아울러 비시디아 안디옥에서 섬기던 토속 종교인 '멘 아스캐누스'(Men Ascaenus) 숭배 의식도 로마에까지 널리 퍼져 있었다. 이 제사 의식은 열광적인 황홀경과 치유 의식으로 구성되어 있었다. 브루기아에서는 이러한 토속 종교와 더불어 키벨레 여신 숭배가 혼합되어 있었다.[10)]

브루기아 지방의 토속 종교와 더불어 유대교도 이 지역에서 번창하고 있었다. 유대교는 육체의 할례 의식, 음식의 규례, 구약시대의 경륜(economy)에 속하는 특별한 절기 등의 준수 및 의식들에 중요성을 부여하고 있었다. 하지만 이 지역의 유대인들은 토속 종교의 영향을 받고 있었다. 브루기아 유대인 회당들은 헬레니즘적 사상과 토속 종교적 혼합주의에 의해 노출되어 있었다. 이런 점에서 골로새 교회에 위협을 주었던 유대주의는 비 유대적인 철학과 혼합되어 탄생한 일종의 지방적 변종으로 브루기아판 유대교였던 것으로 보인다.

이 변종의 유대주의는 창조와 율법의 수여에 있어서 중보 역할을 했던 천사들에게 특별한 위치를 부여하고 있었다. 천사가 창조 사역에서

10) Ralph P. Martin, 신약의 초석 II, p. 315-316.

중보 역할을 했다는 주장은 필로(Philo, BC 35 – AD 40)나 저스틴(Justin Nartyr, AD 100–165)에게서도 발견되는데 하나님께서 천사들을 통해 천지를 창조하셨다고 주장했다.

마찬가지로 유대교에서는 율법을 수여함에 있어서 천사가 중보 역할을 하였다고 주장하면서 율법을 준수하는 것은 천사들에 대한 마땅한 순종으로 여겼고 율법을 범하는 것은 천사들을 노하게 하는 것으로 여겼다. 그리고 율법을 범하는 사람들은 천사들에게 빚을 지고 종노릇을 하는 것이라고 여겼다.

때문에 그들은 전통적인 유대교의 율법 준수만이 아니라 이에 더하여 엄격한 금욕을 통해서 천사들을 달래야 한다고 주장했다. 그들의 주장에 따르면 천사들뿐만 아니라 하늘과 땅을 중보하는 아이온들(aeons),[11] 즉 해, 달, 별과 같은 천체들까지도 하나님과 사람 사이의 의사소통을 조정하기 때문에 인간을 향하신 하나님의 모든 계시와 하나님을 향한 인간의 모든 예배는 천사들의 중보와 허락에 의해서만 그 목적을 달성할 수 있다는 신앙관을 가지고 있었다.[12]

---

11) 고대 영지주의 체계들에서 아이온들(aeons)은 지고한 신의 다양한 발출물들이다. 그리고 이 지고한 신은 다른 이름으로는 하나인 존재(One), 모나드(Monad), 아이온 텔레오스(Aion teleos : 완전한 아이온), 뷔토스(*Βυθος* : 심연, 심원한 존재), 프로아르케(*προαρχη* : 태초 이전의 존재), 헤 아르케(*ἡ ἀρχή* : 태초의 존재), 빛의 에노이아(Ennoia of the Light : 빛의 생각), 또는 시게(*Σιγη* : 침묵)라고 불린다. 이 최초의 존재는 또한 하나의 아이온이기도 하다. 이 최초의 존재로부터 일련의 다른 발출물들이 생겨난다. 이 일련의 발출물들 중 제일 첫째 발출물은 양성일체(兩性一體)인 바르벨로(Barbelo)이다. 그리고 바르벨로로부터 하위 아이온들의 쌍들이 발출된다. 이 아이온들의 쌍들은 시저지들(syzygies)이라 불리는 남성-여성의 쌍으로 흔히 발출된다. 몇몇 문헌들은 이 시저지들의 총 개수가 15쌍, 즉 30인 것으로 말하고 있다. 아이온들 전체는 플레로마, 즉 빛의 세계(region of light)를 구성한다. 그리고 플레로마의 가장 하급의 지역들이 어둠(darkness), 즉 물질 세상에 가장 가까이 있는 세계이다(https://ko.wikipedia.org/wiki/영지주의#아이온).

12) F. F. Bruce, 바울, p. 443.

3) 골로새 교회를 위협한 사상의 정체

골로새 교회에 위협을 주는 사상은 다분히 헬라 철학의 영향을 받은 것이었다. 헬라 철학에서는 '우주의 초급 영들'(the elemental spirits of the universe, 개역개정은 '세상의 초등 학문', 골 2:8,20)로 불리는, 곧 우주를 구성하는 기본 요소들인 불과 흙과 물과 공기를 신적 존재로 여기고 있었다. 미트라교(Mithraism)에서는 페르시아의 우주관과 점성술의 영향을 받아 네 가지 기본 요소들이 구원의 신비와 연결되어 있었고 이것들을 신으로 섬기고 있었다.13)

이런 점에서 리쿠스 계곡에 있는 도시들은 브루기아의 토속 신앙과 페르시아의 조로아스터교(Zoroastrianism)14)로부터 기원되는 요소들과, 키벨레 여신 숭배로부터 오는 일종의 황홀경과 같은 체험을 통해 지혜(sophia)를 얻음으로써 구원에 이른다는 신비주의와 더불어 헬라주의적

---

13) 미트라 밀교(Mithraic Mysteries 또는 Mysteries of Mithras)는 미트라(Mithras)라는 신을 주된 신앙 대상으로 하는 밀의종교(mystery religion)이다. 미트라 밀교는 기원후 1세기부터 4세기까지 로마 제국에서 로마 군인들 사이에서 널리 믿어진 컬트 종교였다. 로마인들은 또한 이 종교를 페르시아 밀교(Mysteries of the Persians)라고도 칭하였다. 현대의 역사가들은 이 종교를 미트라교(Mithraism)라고 부르며 때로는 로마 미트라교(Roman Mithraism)라고도 한다. 미트라 밀교 숭배자들은 7계위로 이루어진 복잡한 비전 전수(initiation) 체계를 가지고 있었다. 미트라 밀교의 비전가들은 자신들을 '신덱시오이'(syndexioi)라 불렀는데 이 말은 '악수로 하나 된 사람들'을 뜻한다. 미트라 밀교의 숭배자들은 지하 신전에서 만나 예배 의식을 가졌는데, 이 지하 신전의 유적이 지금도 다수 존재한다. 미트라 밀교의 예배 장소 또는 지하 신전을 미트라에움(Mithraeum)이라 한다(https://ko.wikipedia.org/wiki/미트라교).

14) 조로아스터교(Zoroastrianism), 마즈다교(Mazdaism) 혹은 배화교(拜火教)가 창시된 시기는 기원전 1800년에서 기원전 640년경으로 다양하다. 이 종교는 중동의 박트리아 지방에서 자라수슈트라가 세웠다. 차라투스트라(Zarathustra)가 그리스어에서 변한 게 조로아스터다. 기원전 600년경 페르시아의 왕 다리우스 1세 때 오늘날 이란 전역에 퍼졌으며, 기원전 5세기 이미 그리스 지방까지 전해진 것으로 보인다. 조로아스터교는 창조신 아후라 마즈다(Ahura Masda)를 중심으로 선과 악 이분법으로 세계를 구분한 게 특징이다(https://ko.wikipedia.org/wiki/조로아스터교).

문화가 혼합된 관념들이 뒤섞여 있었다.15) 이러한 혼합주의로 말미암아 발생한 브루기아판 유대교는 철학이 주는 지혜와 신비로운 지식(γνωσις : knowledge)에 참여하여 일련의 연속적인 비결(비밀) 전수를 통하여 더 깊은 신비들을 탐구함으로써 '완전'에 이른다는 신앙이 팽배해 있었다.

이 브루기아판 유대교의 주장에 따르면 하나님의 충만이 신적인 존재로부터 생성되어 나오는 과정을 통해서 하늘로부터 땅에 이르기까지 온 우주에 퍼지게 되는데 이것은 신성을 가지고 있는 존재인 아이온(aeon)들이라고 믿었다. 이 아이온들은 천체들에 거주하는 신들이며 이것들이 인간의 운명과 삶을 지배하고 통제하기 때문에 사람들은 이 아이온들을 섬겨야 한다고 여겼다. 사람들이 신적인 영역에 들어가는 것은 이 아이온들의 손에 달려 있으며 그리스도는 천사들처럼 아이온들과 같은 존재들 가운데 하나로 여겼다.

그들에게 있어서 기독교 세례는 단지 예비적인 입문에 불과했다. 때문에 진리의 길을 따라 더 심오한 곳으로 올라가기를 바라는 사람들은 금욕적인 생활을 추구함으로써 마침내 그들이 영적인 세계, 즉 빛의 나라의 시민들이 될 때까지 모든 물질적 요소들을 버려야 한다고 주장했다. 이것은 또 다른 금욕주의와 배타주의로 발전했다.16)

그러나 이러한 종교적 주변 상황이 골로새 교회에 이단이 존재했다는 증거는 아니었다. 바울은 로마서와 빌립보서에서도 그릇된 가르침과 잘못된 행위들을 경계하고 있는 것을 볼 수 있는데(롬 16:17-20; 빌 3:2,18,19) 실제로 그러한 것들이 로마 교회와 빌립보 교회에 침투했다고

---

15) Ralph P. Martin, 신약의 초석 II, p. 317.

16) F. F. Bruce, 바울, p. 444.

단정할 수 없다. 그렇다면 골로새 교회에서도 역시 이단들이 교회 안에 존재했다고 단정할 필요는 없다.

하지만 브루기아 지방의 토속 신앙과 헬라 철학의 영향을 받은 변종 유대교 신앙의 혼합된 종교 형태가 골로새 교회에 위협적인 요소로 작용하고 있었음이 분명하다. 특히 유대교에 근거를 두고 있는 이 변형된 혼합주의 유대인들이 기독교에 대해 보다 적극적인 공세를 취했을 가능성도 배제할 수 없다. 당시 유대교는 각 지역 회당을 중심으로 이교도들을 개종시키기 위해 혈안이 되어 있었다.

특히 유대인들은 기독교 성도들을 유대교로 전향시키기 위해 수단과 방법을 가리지 않고 골로새 교회에 자기들의 영향력을 최대한 발휘했을 것이다. 그 가운데 과격한 일부 유대인들은 골로새 교회 성도들에게 자기들의 사상을 주입하기 위해서 필사의 노력을 다했음이 분명하다. 이들은 할례, 음식 규례들, 안식일, 월삭과 유대의 역법에 따른 규정들과 규례 등 율법주의적인 가르침을 골로새 교회 성도들에게 강요했던 것으로 보인다.17)

브루기아판 유대교도들의 정체는 갈라디아서(AD 48/49년)에 나타난 유대화주의자들 혹은 고린도전 · 후서(AD 55-56년)에 나타난 거짓 교사들과는 분명히 구별되고 있다. 갈라디아의 유대주의자들과 고린도의 거짓 교사들은 소위 기독교 신앙을 기본적으로 고백하는 기독교인들이라고 자처했었다.

이와는 달리 빌립보서(AD 62년)에 나타난 거짓 교사들이 유대교도들이었던 것처럼, 골로새서에 나타난 이 거짓 가르침을 전파하는 사람들의 정체 역시 브루기아 지역에 있는 변종 유대교에 근거하고 있는 유대인들이었음이 분명하다. 이런 점에서 볼 때 빌립보서와 골로새서에서는 바울 사도가 유대인이든 유대교로 개종한 사람들이든 모두 유대교

---

17) F. F. Bruce, 바울, p. 442.

도들을 상대로 기독교 신학 사상을 변론하고 있다는 공통점을 가지고 있다.

동시에 골로새서의 내용들은 에베소서가 '교회 안에 계신 그리스도'(Christ in his Church)를 중심으로 ① 그리스도 안에 있는 하나님의 목적 ② 그리스도 안에 있는 하나님의 충만성 ③ 그의 몸인 교회 안에 있는 그리스도의 충만성에 대해 변론하고 있는 것과 같은 동일한 맥락을 이루고 있다.

이것은 골로새서와 에베소서 그리고 빌립보서가 기독교를 유린하려고 하는 교회의 외적인 세력들, 즉 이방 토속 신앙과 헬라 철학 그리고 유대교도들의 유대주의를 상대로 하고 있음을 보여주고 있다.

2. 저자와 기록 장소 및 연대

1) 골로새서 저자와 진정성에 대한 이론들

골로새서 저자와 진정성에 대한 이론들은 주로 문학적 측면과 교리적 측면에서 다루어지고 있다.

① 문학적 측면에서 볼 때 골로새서와 다른 바울 서신들 사이에서 나타나는 문체상의 차이는 여건의 변화나 주제의 변화에 따라 달라질 수 있기 때문에 골로새서가 다른 바울 서신서들보다 문체가 훨씬 더 정교하다든지, 더 많은 종속절이나 소유격 결합이 많다든지, 생소한 단어들을 많이 사용하고 있다는 점을 들어 바울의 저작설을 부인하거나, 에베소 학파들에 의해 골로새서가 가필되었다고 주장한다는 것은 타당한 근거라고 할 수 없다.

사실 골로새서에는 다른 서신서들과 달리 두드러진 문체의 특성이 나타나고 있는데 주로 거짓 가르침에 대해 언급하고 있는 문맥에서 발견된다. 이런 특성은 이전의 다른 서신서들에서 다루지 않은 주제들에 대한 논증으로부터 나온 것으로 오히려 자연스러운 현상으로 보아야 한다.[18)]

② 교리적 측면에서 볼 때 골로새서에 나타난 거짓 가르침은 2세기에 발달한 영지주의(Gnosticism)[19)]와 밀접한 연관이 있어 보인다. 이것이 사실이라면 골로새서는 바울의 저작이라고 주장할 근거가 약해진다.

그러나 골로새서에 등장하고 있는 충만(1:19; 2:9), 비밀(1:26,27; 2:2; 4:3), 만세(1:26), 지혜(1:9,28; 2:3,23; 3:16; 4:5), 지식(2:3), 모든 정사와 권세의 개념(1:16; 2:10,15) 등의 용어들이 충분히 발전된 발렌티누스주의(Valentinianism)[20)]나 영지주의(Gnosticism)의 체계를 보여준다고 할지라도 이것이 골로새서가 2세기에 저작되었다고 주장할 근거는 되지 못한다.

오히려 2세기 영지주의 체계들과 비교해 볼 때 골로새서에 나타난 거짓 가르침은 조로아스터교(Zoroastrianism)의 영향을 받은 초기 영지

---

18) Donald Guthrie, 신약 서론, 김병국, 정광욱 공역, 고양, 크리스챤다이제스트, 1996. p. 519.

19) 영지주의(靈知主義, Gnosticism)는 고대에 존재하였던 혼합주의 종교 운동 중 하나로, 다양한 분파가 존재하지만 전반적으로 불완전한 신인 데미우르고스가 완전한 신의 영(프네우마)을 이용해 물질을 창조하였고, 인간은 참된 지식인 그노시스(γνωσις : Gnosis)를 얻음으로써 구원을 얻을 수 있다는 구조를 지닌다(https://ko.wikipedia.org/wiki/영지주의).

20) 발렌티누스주의(Valentinianism) 또는 발렌티누스파(Valentinians)는 기원후 2세기에 발렌티누스(Valentinus: c.100년 - c.160년/180년)에 의해 설립된 나스티시즘(Gnosticism, 영지주의) 운동의 한 분파이다. 발렌티누스주의는 당시의 주요한 나스티시즘 운동 분파들 중의 하나였다. 발렌티누스주의가 영향력을 미친 지역은 아주 광범위하였는데 로마에만 국한되지 않고 소아시아, 시리아, 이집트 그리고 북서아프리카에까지 영향력을 미쳤다(https://ko.wikipedia.org/wiki/발렌티누스파).

주의의 형태로 보아야 한다. 이러한 형태는 헬레니즘과 동방 사상이 혼합된 지역에 있는 유대교에서 많이 발견되기 때문이다.21)

③ 골로새서의 고차원적 기독론은 비 바울적이며 오히려 요한복음의 로고스(Logos)22) 교리의 하나로 여길 수 있다. 하지만 다른 어떤 서신서들보다 골로새서는 그리스도의 으뜸 되심, 그의 아버지와의 관계, 우주와 천사들, 확장된 형태의 교회론 등을 서술하고 있다. 또한 바울의 기독론은 골로새 이전의 서신들(롬 9:5; 고전 8:6; 고후 4:4) 그리고 바로 직후에 쓰인 빌립보서(빌 2:6) 그리고 좀 더 후기에 쓰인 서신들(딤전 3:16; 딤후 2:13) 등에서도 고루 분포되어 나타난다.

그밖에 골로새서는 바울의 저작으로 인정되는 로마서와 빌립보서의 내용과 매우 밀접한 내용들을 담고 있다는 점에서도 바울 저작설과 본서의 진정성을 의심할 이유가 없다.23)

④ 골로새서와 빌레몬서의 관계는 두 서신이 서로 다른 시기에 보내졌다는 주장을 거부하고 있다. 두 서신 모두 문안 인사에서 바울과 디

---

21) F. F. Bruce, 바울, p. 433.

22) 철학 사상에서 로고스(Logos)는 그 어원 상 '말'을 뜻하며 곧 말해질 수 있는 것, 이성의 원리를 의미한다. 일반적으로는 스토아학파가 중시한 개념으로, 스피노자 등의 사상가들이 차용했다고 알려져 있지만, 실제로는 서구 철학의 대전제이자 가장 주요한 개념 중 하나가 로고스였다. 소위 자연철학이라 여겨지는 밀레토스 학파의 저작에서도 이미 로고스 개념에 대한 탐구가 진행되고 있으며, 플라톤에 이르러서는 이성으로서의 로고스와 직관으로서의 누스의 구분이 보다 엄밀해졌다. 또한, 아리스토텔레스에 이르면 로고스는 미토스와 구분되는 하나의 세계관으로, 신화적 세계관과 이성적 세계관을 구분 짓는 기준이 된다. 이후 근세 유럽을 휩쓸었던 계몽주의의 열풍은 바로 세계를 로고스가 지배하는 질서정연한 체계로 파악하고자 했던 시도였고, 이런 시도는 칸트와 니체에 이르러 각각 다른 방식으로 완성된다 (https://namu.wiki/w/로고스).

23) William Handriksen, 골로새서, p. 52-54.

모데를 언급하고 있다(골 1:1; 몬 1절). 두 서신 모두 당시 바울과 함께 있었던 아리스다고, 마가, 에바브라, 누가, 데마의 문안 인사를 언급하고 있다(골 4:10-14; 몬 23,24절). 두 서신 모두 수신자 중 하나인 아킵보를 언급하고 있다(골 4:17; 몬 2절). 두 서신 모두 오네시모를 언급하고 있다(골 4:9; 몬 10절). 그리고 이 편지들은 두기고에 의해 전달되었다(골 4:7,8; 몬 12절; 엡 6:21,22, 에베소서 역시 두기고 편으로 전달되었다).

이상의 논증들에서 보는 것처럼 바울에 의해 골로새서와 빌레몬서가 그리고 에베소서가 같은 시기에 기록되었음을 확인할 수 있다. 또한 처음에 "하나님의 뜻으로 말미암아 그리스도 예수의 사도 된 바울과 형제 디모데는"(골 1:1)으로 시작된 본 서신이 "나 바울은 친필로 문안하노니 나의 매인 것을 생각하라 은혜가 너희에게 있을지어다"(골 4:18)로 끝마치고 있다는 사실은 본서의 저자가 바울이라는 점을 입증해 주고 있다.

2) 골로새서의 기록 장소 및 연대

골로새서는 바울의 서신서들 중에서 옥중서신으로 불리는 편지에 속한다. 옥중서신은 바울의 편지 네 개가 옥중에서 기록되었던 사실에 근거하고 있다(엡 3:1; 4:1; 6:20; 골 4:3,10,18; 빌 1:7,13,14; 몬 9절).

그 중에 골로새서와 빌레몬서 그리고 에베소서는 두기고에 의해 각각 수신자들에게 전달되었다(골 4:7,8; 엡 6:21,22). 그리고 두기고는 바울이 빌레몬에게 돌려보낸 오네시모와 함께 골로새로 여행했다(몬 12절). 이 사실들은 골로새서, 빌레몬서, 에베소서가 거의 같은 장소와 시기에 기록되었음을 보여주고 있다. 반면에 빌립보서는 에바브로디도에 의해 전달되었다는 점에서(빌 2:25-29; 4:18) 저작 장소와 시기가 다를 수 있다.

사도행전과 바울 서신에 의하면 바울이 옥중 생활을 한 곳으로 빌립보(행 16:23–40), 에베소(고전 15:32; 고후 1:8–11), 예루살렘(행 21:33–23:30), 가이사랴(행 23:35–29:32), 로마(행 28:16–31)를 보도하고 있다.

이 가운데 빌립보는 제외되어야 한다. 왜냐하면 빌립보에서는 하루만 투옥되었기 때문에 옥중서신을 기록할 수 있는 여건이 아니기 때문이다. 또한 예루살렘도 제외되어야 하는데 당시 바울은 유대인들과 극한적인 대립 상태에 있었고 외부 방문객들과 만날 처지가 아니었기 때문이다. 그렇다면 골로새서의 기록 장소는 에베소, 가이사랴, 로마 중 한 곳으로 압축된다.

골로새서의 기록 장소에 대한 학자들의 다양한 견해는 골로새서의 저작 연대와 관련되어 바울의 신학 사상이 어떻게 흐르고 있는가를 판가름하게 하는 것과 연결된다. 특히 '그리스도의 몸으로서 교회'와 관련된 바울의 사상이 어떻게 발전되고 있는가를 판가름하는 중요한 자료들이 된다는 점에서 본서의 기록 장소와 연대는 바울 신학의 이해와 더불어 중요한 이슈가 되었다. 이것은 상대적으로 교회를 그리스도의 몸으로 보는 바울의 교회관을 통해 골로새서의 기록 연대를 결정하는 결정적 근거를 찾을 수 있음을 의미한다.

고린도전서와 로마서에서는 기독교인의 공동체적 삶이 몸의 여러 지체 사이에서 상호 의존성에 비유되고 있으며 이때 머리는 다른 지체들과 똑 같이 몸에 속한 동일한 지체로 묘사되고 있다. 고린도전서에서는 교회를 그리스도의 몸(고전 12:27)으로, 로마서에서는 '그리스도 안에서 한 몸'(롬 12:5)으로 표현한다. 교회를 그리스도의 몸으로 보는 사상은 공동체를 한 인격으로 취급하는 히브리 사상의 전통에 따랐을 가능성이 높다.24)

---

24) F. F. Bruce, 바울, p. 450.

하지만 바울은 이 전통을 자신이 다메섹에서 만난 그리스도의 계시에 따라 재해석했을 가능성이 높다. "사울아 사울아 네가 어찌하여 나를 핍박하느냐"(행 9:4)라는 부활하신 그리스도의 음성은 바울이 핍박하고 있는 교회를 그리스도와 하나의 유기체로 각인시키기에 충분했다. 바울에게 있어서 그리스도와 그의 백성은 너무도 긴밀하게 연합되어 있었기 때문에 때때로 그리스도와 그의 백성을 합하여 '그리스도'라고 부를 수 있었다(고전 12:12).

반면에 교회를 '그리스도의 몸'이라고 정의할 때, 이 정의는 '교회는 그리스도의 몸으로서 교회의 생명과 모든 다른 자원들을 머리이신 그리스도로부터 끌어온다'라고 설명함으로써 비로소 진리가 된다. 따라서 고린도전서와 로마서에서 보여주고 있는 바울의 교회관은 그리스도를 '몸인 교회의 머리'(골 1:18)라고 이해함으로써 보다 더 분명한 신학적 해석이 가능해진다.

그리스도를 '몸인 교회의 머리'라고 하는 바울의 교회관은 그리스도를 '옛 창조의 머리'뿐만 아니라 '새 창조의 머리'로 찬양하는 송영(골 1:15-20)에 근거하고 있다. 여기에서 바울은 '머리'의 개념을 모든 피조물보다 먼저 나신 자가 아닌 부활을 통하여 죽은 자로부터 먼저 나신 자로서 교회를 생겨나게 하고, 교회를 다스리시며, 그의 백성들과 긴밀하게 연합되어서 그 백성들의 생명이 그리스도로부터 나온다는 의미로 이해하고 있다.25)

따라서 "온 몸이 머리로 말미암아 마디와 힘줄로 공급함을 얻고 연합하여 하나님이 자라게 하심으로 자라느니라"(골 2:19)는 바울의 교회관은 분명히 교회를 '그리스도의 몸'으로 묘사하고 있는 고린도전서나 로마서보다 발전된 개념을 가지고 있다.

---

25) F. F. Bruce, 바울, p. 449.

이것은 골로새 교회를 위협하고 있는 거짓 가르침이 그리스도를 최고의 자리에서 끌어내리려고 하는 공격에 대한 바울의 주장으로 그리스도의 초월성(supremacy)을 정당하게 확보하기 위함이었다. 이때 교회를 상징하는 '몸'은 이전의 서신서들처럼 '영혼'과 관련된 것이 아니라 그리스도를 상징하는 '머리'와 상호 연관을 맺으면서 사용되고 있다.

이상의 논증은 골로새서가 에베소에서 기록되었을 가능성을 배제한다. 왜냐하면 바울은 에베소 사역 기간에 고린도전서를 기록했고 그 이후에 로마서를 기록했기 때문에 골로새서는 분명히 바울의 에베소 사역 이후에 기록되었다는 사실에 힘을 실어주고 있다. 또한 바울이 에베소에 구금되었던 상태(고후 1:8-10)에서는 골로새서에 나타나는 다소 안정되어 보이는 분위기나 바울과 함께하고 있던 사역자들과 관계와도 일치하지 않는다.

골로새서는 누가가 바울과 함께하고 있음을 증거하고 있다(골 4:14; 몬 24절). 하지만 바울이 에베소 사역을 하던 중에 누가는 빌립보에 머물고 있었으며(행 16:40) 3차 여행을 마칠 무렵에 바울과 합류했다(행 20:6). 이후 누가는 줄곧 바울과 함께 로마까지 동행했다(행 27:1).

한편 바울의 옥중 생활에는 많은 조력자들이 있었다. 누가, 아리스다고, 마가, 에바브라, 데마(골 4:10-14; 몬 23,24절) 등이 바울과 함께 있었다. 그리고 디모데는 충성스럽게 끝까지 바울과 함께 있었다. 또한 골로새서를 기록할 당시 유스도(Justus) 역시 바울과 함께 있었다(골 4:11). 이처럼 바울은 자신을 돕고 있는 조력자들을 옥중서신에서 일일이 언급하고 있다.

하지만 어느 곳에서도 빌립과 그의 유명한 네 딸에 대한 언급이 없다는 사실은 옥중서신이 가이사랴에서 기록되지 않았음을 시사하고 있다. 바울은 예루살렘에서 투옥되기 직전에 전도자 빌립의 환대를 받은 바 있었다(행 21:8). 사도행전은 침묵하고 있지만 만일 바울이 가이사랴의 옥중에서 서신들을 기록했다면 빌립에 대해 언급하지 않을 이유가 없다.

또한 "아시아 해변 각처로 가려 하는 아드라뭇데노 배에 우리가 올라 향해할 새 마게도냐의 데살로니가 사람 아리스다고도 함께 하니라"(행 27:2)는 누가의 보도는 아리스다고가 바울의 가이사랴 옥중 생활 이후부터 로마 옥중 생활까지 함께하였음을 입증해 주고 있다. 물론 아리스다고가 가이사랴에서 바울과 함께 있었다 할지라도 가이사랴에서 아리스다고의 역할은 "나와 함께 갇힌 아리스다고"(골 4:10)라고 바울이 묘사하고 있는 것처럼 지대한 역할을 할 수 없었음이 분명하다.

바울이 비록 옥중에 갇혀 있는 상태에서도 이처럼 많은 조력자들과 함께 있었다는 것은 그곳이 바울에게 있어서는 왕성한 기독교 선교의 중심지였음을 의미한다(골 4:3,4,11). 이러한 사실들은 옥중서신이 로마에서 기록되었음을 시사해 주고 있으며 골로새서 역시 바울이 로마 옥중 생활 동안(AD 60-62년)의 비교적 초기에 기록되었음이 분명하다.

한편 AD 61년 초에 골로새는 지진으로 큰 피해를 입었다. 때문에 바울이 이 소식을 알고서도 아무런 언급을 하지 않았다는 것은 동정심 많은 바울에게 어울리지 않는다. 이 사실은 골로새서와 빌레몬서 및 에베소서가 61년 초 이전에 기록되었음을 시사해 주고 있다.26)

3. 골로새서의 내용적 구조

골로새서의 내용적 구조는 다음과 같다.

26) D. A. Caeson, 신약개론, p. 593.

I. 인사말(Salutation)

문안(1:1,2) : 골로새 교회에 대한 바울과 디모데의 문안

II. 감사(Thanksgiving)

A. 감사(1:3-8) : 신실한 사역자 에바브라의 복음 사역으로 골로새 교회에 복음이 심어진 것에 대해 감사하고 있다.

B. 기도(1:9-12) : 골로새 성도들이 가치 있는 삶을 살기 위해 하나님의 뜻을 아는 지식을 가질 것과 하나님의 능력으로 강해질 것과 기쁨으로 인내하며 성도들이 하나님의 기업을 얻었음을 알게 되기를 위해 기도하고 있다.

III. 본문(Body of the Letter)

A. 그리스도와 그의 복음의 완전성과 충족성(1:13-1:23)

골로새 교회에 영향을 미치고 있는 거짓 가르침을 다루기 전에 교리적인 해설을 통해 그리스도와 그의 복음에 대한 기독론적 이해를 제시하고 있다.

1) 서론적 권면(1:13,14) : 그리스도를 통해 죄인을 위한 구원과 죄 사함이 주어진다.

2) 하나님의 아들 그리스도의 충만한 영광(1:15-23)

① 그리스도의 위격(15-18절)

② 그리스도의 사역(19-23절)

B. 그리스도를 선포하는 복음의 충만한 영광(1:24-2:5)

그리스도는 만물을 위해 행하신 화목의 사역을 골로새 교회를 위해서도 행하시며 성도들은 흠 없이 하나님께 드려지도록 그리스도를 통해 화목 되었음을 밝히고 바울의 사역은 이 희망의 복음을 선포하는 것과 비록 그리스도를 위한 고난을 받고 있지만 내주하시는 그리스도라는 공개된 비밀을 선포하고 있음을 밝히고 있다.

1) 복음의 고귀함(1:24,25)

2) 복음의 보편성(1:26,27)

3) 복음의 완전성과 충족성(2:1-5)

C. 복음에 대한 변증적인 진술(2:6-23)

그리스도의 복음에 근거하여 믿음에 굳게 서기 위해 골로새 교회를 위협하는 거짓 가르침에 대한 위험을 경계하고 있다.

1) 서론적 권면(2:6,7)

2) 헛된 철학과 민중 신앙과 전통에 대한 경계(2:8-23)

① 그리스도 안에 신성의 모든 충만이 있으므로 그 안에서 충만을 받기 때문이다(9,10절)

② 그리스도 안에서 참된 할례, 즉 그리스도와 함께 새 생명과 죄 사함과 모든 악한 권세들에 대한 승리를 받았기 때문이다(11-15절)

③ 그리스도 안에서 구약의 의식적인 그림자들이 그 실체와 성취를 찾았으므로 의식의 준수, 음식 및 절기에 관한 규례는 의미가 없으며(16,17절) 천사숭배는 그리스도가 교회의 유일한 머리되신다는 사실을 손상시킬 뿐이다(18,19절)

④ 그리스도 안에서 너희가 우주의 초보적 영들에 대해서와 금욕주의에 대해서 죽었으므로 인간의 지혜는 관념적인 탐닉을 제어하는 데 전혀 가치가 없다(20-23절)

IV. 도덕적이고 윤리적인 가르침(Moral and Ethical Instruction)

앞서 제시한 교리에 근거한 기독론에 따라 완전히 충족하신 그리스도 안에서 성도들의 삶에 대하여 구체적으로 권면하고 있다.

A. 기독교적 삶의 교리적 근거(3:1-4) : 성도들의 삶은 하나님 안에서 그리스도와 함께 감추어져 있기 때문에 그의 마음의 열망들은 그의 주님과 같이 위의 것에 초점을 맞추어야 한다.

B. 옛 생활과 새 생활(3:5-17)

1) 그리스도와 연합한 성도들은 악한 욕망과 함께 옛 사람의 모습을 벗어버려야 한다(3:5-9).

2) 성도들의 삶의 방식과 목적이 그리스도를 닮아 인종이나 계층에 상관없이 보편적으로 적용되는 새 사람의 행위를 입어야 한다. 이 새로운 삶은 은혜, 사랑, 평강, 감사, 하나님의 말씀을 통한 성장, 서로 섬김으로 나타나야 한다(3:10-17).

C. 기독교인의 가정생활(3:18-4:1)

1) 아내와 남편은 상호 존경해야 한다(3:18,19)

2) 자녀는 순종이, 부모는 절제가 있어야 한다(3:20,21)

3) 종은 그리스도의 종이며 주께 봉사하듯 상전에게 순종하고 상전은 하늘에 계신 주인을 기억하면서 자신의 종들을 정의롭게 대해야 한다(3:22-4:1).

D. 일반적인 기독교인의 행위(4:2-6) : 기도에 항상 힘쓰며 감사함으로 깨어 있을 것과 특별히 외인들에 대해 지혜로 행할 것을 권면하고 있다.

V. 맺는 말(Closing)

1) 두기고와 오네시모의 추천(4:7-9)

2) 바울의 동역자들이 전하는 문안(4:10-14)

3) 라오디게아 교회와 아킵보에 대한 전언(4:15-17)

4) 바울의 인사와 축도(4:18)

〈골로새서 서론〉

우주론적 기독론에 근거한 교회의 사명

골로새서 2:6-10

2:6 그러므로 너희가 그리스도 예수를 주로 받았으니 그 안에서 행하되
7 그 안에 뿌리를 박으며 세움을 받아 교훈을 받은 대로 믿음에 굳게 서
서 감사함을 넘치게 하라 8 누가 철학과 헛된 속임수로 너희를 사로잡을
까 주의하라 이것은 사람의 전통과 세상의 초등 학문을 따름이요 그리스
도를 따름이 아니니라 9 그 안에는 신성의 모든 충만이 육체로 거하시고
10 너희도 그 안에서 충만하여졌으니 그는 모든 통치자와 권세의 머리시라

골로새서는 "바울 신학에 대한 직접적인 증언이며 새로운 강조점들과 뉘앙스를 지닌 발전된 형태의 바울 신학에 대한 증언"[27]이다. 이러한 특성을 가지고 있는 골로새서는 신약시대의 교회와 관련해 다음과 같은 유익을 주고 있다.

① 구원과 관련된 모든 권세는 오직 그리스도에게만 있으며 그밖의 다른 어떤 것도 우리를 구원할 수 없다.

---

27) I. Howard Marshall, 신약성서신학, 박문재, 정용신 역, 고양, 크리스챤다이제스트, 2006. p. 447.

② 성도들이 받은 복음은 그리스도 안에서 받은 것으로, 더욱 조심해서 끝까지 그리스도를 붙들게 한다.

③ 모든 하나님 나라의 교훈들은 하나님의 능력과 사역과 하나님으로부터 나오는 모든 열매를 깨닫도록 함으로써 지속해서 그리스도로부터 생명을 얻도록 해준다.[28]

④ 복음과 상관없이 세상에서 오랫동안 물들어 살던 성도들에게 예전의 습관성 죄악으로 되돌아가는 것을 방지하고, 교회의 신실한 가르침을 굳건히 보존할 것을 제시하고 있다.[29]

1. 골로새 교회의 설립 배경

AD 52-55년에 수리아 안디옥을 출발해 제3차 전도 여행을 시작한 바울은 다소와 시실리아 관문을 거쳐 서쪽으로 향해 여행하면서 교회들을 든든히 한 후 골로새 관문을 통과하여 에베소에 이르러 복음 전도 사역을 하였다(행 18,19장).

에베소 중심의 복음 전도 사역을 마칠 즈음 바울은 예루살렘 교회의 가난한 성도들을 위한 연보에 많은 관심을 기울이고 있었다. 예루살렘 교회의 가난한 자들을 위한 연보는 예루살렘 교회 지도자들이 바울에게 요청한 것이었다(갈 2:10). 그 이전에 바울은 예루살렘 교회가 기근으로 힘들어 할 때 안디옥 교회의 연보를 예루살렘 교회에 전달한 바 있었다(행 11:28-30; 12:25). 이후부터 바울은 예루살렘 교회에 재정적인 지원을 위하여 많은 관심을 기울이고 있었다.[30]

바울의 에베소 사역은 매우 성공적이었다. 두란노 서원을 중심으로

28) J. Calvin, 골로새서, p. 533.
29) William Handriksen, 골로새서, p. 39.
30) F. F. Bruce, 바울, p. 166-167.

바울은 일하기 좋은 오전과 늦은 오후에는 그를 따르는 제자들과 더불어 생업에 종사하면서 휴식을 취하는 시간대에 따로 모여 복음을 강론하며 2년을 보냈다. 누가는 "두 해 동안 이같이 하니 아시아에 사는 자는 유대인이나 헬라인이나 다 주의 말씀을 듣더라"(행 19:10)고 보도하고 있다.

이 사실은 초대교회의 출발을 알리는 예루살렘 교회로부터 시작해 시리아의 안디옥 교회에 이어 마침내 에베소 교회가 세계 복음 전도의 발판으로 전개되고 있음을 보여주고 있다.31) 이후 바울은 복음을 들고 로마에까지 가겠다는 계획을 세우고 있었다. "마게도냐와 아가야를 거쳐 예루살렘에 가기로 작정하여 이르되 내가 거기 갔다가 후에 로마도 보아야 하리라"(행 19:21)고 한 바울의 계획은 에베소 사역의 결실을 그 발판으로 하고 있다.

바울이 제2차, 3차 전도 여행에서 브루기아 지방을 지나간 것으로 알려져 있고(행 16:6; 18:23) 에베소에서 사역을 진행하고 있었지만(행 19:1-20:1) 직접 골로새를 방문하지는 않은 것으로 보인다(골 1:9; 2:1-5). 에바브라와 빌레몬도 이때 회심했을 가능성이 높다(몬 19,23절). 에베소에서 바울은 그의 사역의 절정기를 누리고 있었으며 에베소 인근의 도시들에게 사람들을 보내어 복음을 전했다.

이즈음 골로새와 히에라볼리 그리고 라오디게아에 교회들이 세워지고 있었다. 바울에 의해 에바브라는 골로새뿐 아니라 히에라볼리와 라오디게아에서도 사역한 것으로 보인다(골 4:12,13). 그리스도의 신실한 일꾼이라는 찬사를 받고 있는 에바브라(골 1:7)는 바울의 대리인으로 골로새 성도들과 특별한 관계를 유지하였으며 동시에 바울과도 깊은 관계를 가지고 있었다(골 4:17). 후에 에바브라가 옥에 갇혀 있는 바울을 방

31) J. Calvin, 사도행전 II, 존 칼빈성경주석출판위원회 역, 서울, 성서교재간행사, 1990. p. 211.

문한 것도 이러한 배경 때문이었다.

자의든 타의든 에바브라는 바울과 함께 갇힌 바 되었으며(몬 23절), 따라서 이 편지가 보내질 당시 그는 골로새 교회로 돌아가지 못했다. 두기고는 바울의 명을 받아 이 편지를 골로새 교회에 전달했다. 두기고는 바울의 구금 생활에 대한 상황을 전달해 주었으며 골로새 성도들이 복음을 듣고 하나님의 은혜를 깨닫도록 해 준 에바브라 역시 바울과 함께 구금되었음을 알리고 골로새 교회를 격려했던 것으로 보인다.

골로새 교회는 압비아(몬 2절)를 비롯해 주로 골로새 지역의 회심자들로 구성되어 있었다. 아킵보는 골로새 교회의 목회자였을 가능성이 높다(골 4:17). 빌레몬과 그의 가족들 그리고 빌레몬의 종 오네시모 역시 골로새에 살고 있었다. 오네시모는 비록 도망친 노예였지만, 골로새 교회 안에서 형제로 여기고 회원으로 받아들여졌을 것으로 보인다. 골로새 교회는 빌레몬의 집(몬 2절)과 또 다른 그룹인 눔바의 집에서 모였던 것으로 보인다(골 4:15).

2. 골로새서의 저작 동기

에바브라가 구금 중에 있는 바울을 찾아왔을 당시 그는 골로새 교회가 사도의 권면을 받아들여서 잘 자라고 있으며(골 1:6), 믿음에 견고히 서고자 하는 결단을 가지고 있다고 보고했다(골 2:5-7). 이것은 골로새 교회가 아직 세워진 지 오래지 않았음을 간접적으로 암시하고 있다. 또한 에바브라는 골로새 교회가 믿음에 대한 위협을 받고 있다는 사실도 보고했다(골 2:4,8,16).

에바브라가 언급한 골로새 교회의 위협 요소는 기독론과 긴밀한 관련이 있었다. 에바브라는 골로새 교회를 위협하는 사상에 대해 구체적으로 언급하지 않고 있으며, 바울 역시 그 사상의 정체에 대해 분명하게 언급하지 않고 있다. 때문에 이 거짓 사상이 골로새 교회 내부에 침투한 소위 거짓 교사들로부터 나온 것인지, 아니면 골로새 교회를 둘러싸고 있는 주변의 철학적 사상의 영향에 대해 언급한 것인지는 확실치 않다.

그러나 골로새 교회가 당면한 이 문제들은 복음을 부인하는 사상이었으며 부분적으로 사도적 복음 선포(*κῆρυγμα*)를 왜곡시키고 있다는 점에서 바울은 이 거짓 사상을 명확하게 규명할 필요가 있었다. 이 거짓 사상에 대한 정체는 밝힐 수 없지만 바울의 반대 논증을 통해 대략적인 윤곽을 찾을 수는 있다. 이 거짓 사상의 주장은 다음과 같이 요약된다.

① 하나님의 충만함은 하나님으로부터 발현되어 일련의 신성한 방사체인 아이온들(aeons)을 통해 하늘에서 땅까지 뻗쳐 공급된다. 이런 이유에서 아이온들, 즉 영체 또는 신적 존재들은 공경을 받아야 하며 사람들은 기본적인 영적 존재들(elemental spirits), 천사들, 별들에 거하는 신들에게 경의를 표해야 한다. 이 아이온들은 인간의 삶과 운명을 지배하고, 그것들이 지키는 신적 영역에 인간들이 들어갈 수 있는 권한을 가지고 있다. 그리스도는 그 중 하나이며 많은 신적 존재 중 하나에 불과하다.

② 신의 세계로 들어가는 통과 예식으로 사람들은 천국 실체에 대한 비전을 준비해야 하는데 금욕적인 혹독한 훈련이나 자기 부정과 같은 금욕을 수행해야 한다. 특히 음식이나 술로부터의 절제, 금식과 자학을 통해 거룩한 절기에 대한 준수, 인간의 몸에 대한 금욕과 독신 등의 수련과 금기를 통해 신적인 충만한 삶을 얻을 수 있다.[32]

이러한 거짓 사상들은 어떤 점에서는 마치 기독교의 메시지와 흡사

---

32) Ralph P. Martin, 에베소서, 골로새서, 빌레몬서, 김춘기 역, 서울, 한국장로교출판사, 1991, p. 124.

한 것처럼 보이면서도 실제로는 복음을 해치고 있었다. 겉으로는 보편적인 신앙과 인간으로부터 초월하신 하나님을 인정하고 있었다. 그러나 에바브로는 참 복음과 거짓 사상들을 명확하게 분석하고 정리하여 효과적으로 대응하기 위해 바울의 도움을 청하게 되었다.

바울은 이러한 사상을 사람의 전통과 '세상의 초등 학문'(*τα στοιχωια* : the elementary principles)이라고 지적하고 이에 대한 기독교적 사상을 제시하였다(골 2:8). 바울이 지적하고 있는 이 거짓 사상들의 내용을 정리하면 다음과 같다.

① 그것은 신지론적(theosophic)이었다. 그들은 심오한 지식(*γνωσις*), 하나님께로부터 오는 지혜 또는 일종의 비술(occult)을 소유하고 있다고 주장하며 그것을 다른 사람들에게 줄 수 있는 능력이 있다고 주장했다(골 1:9,28; 2:3,8,23; 3:16; 4:5).

② 그것은 의식적(ritualistic)이었다. 그들은 할례를 강조하고(골 2:11; 3:11) 음식법과 절기의 준수를 강조했다(골 2:16,17).

③ 그것은 금욕적(ascetic)이었다. 그들은 금욕할 내용을 제시하고(골 2:21) 육체를 아주 심하게 다루었다(골 2:23).

④ 그것은 마술적(magic)이었다. 그들은 '왕권들이나 주권들이나 통치자들이나 권세들'(thrones, powers, rulers, authorities, 골 1:16; 2:10,15)과 세상의 초등 학문(the basic principles of this world, 골 2:8,20)과 천사들(골 2:18)을 숭배해야 한다고 주장했다.

그들은 이 혼합주의적인 '사상'이 복음을 대치(supplant)하는 것이 아니라 복음을 보충(supplement)한다고 주장하면서 골로새 성도들을 기독교의 초보 단계를 넘어서서 충만하고 완전한 단계로 이끌어 준다고 주장했다.

이에 대해 바울은 성도들이 악한 '사상'으로부터 보호받기 위해 하나님과 사람 사이의 중보자이신 그리스도 이외에 그 어떠한 하늘의 천체들에게 마술적으로 빌거나 의식적인 행위와 금욕적인 행위들을 함으로써 그 매개체들과의 접촉을 통해 하나님의 충만에 이르는 길은 없다고 분명히 밝히고 있다.33)

3. 골로새서의 저작 목적

바울은 예수 그리스도의 유일하고도 최종적인 위대성과 그의 속죄 사역의 충족성을 제시하고 복음이 가르치는 우주적 그리스도의 주되심과 그 광대한 풍성함과 그 놀라운 위대성을 통해 거짓 사상을 비판하고 실현된 종말론을 강조함으로써 '이미 그러나 아직 아닌'(already but not yet)의 긴장 가운데 있는 교회의 실체를 보여주고 있다.

바울은 ① 이미 흑암의 폭정에서 건짐 받아 성도들은 하나님의 아들이 통치하시는 나라로 옮긴 바 되었으며(골 1:13) ② 이미 그 아들과 함께 일으키심을 받았기 때문에(골 2:12; 3:1,3) ③ 아직 하나님의 충만에 이르지는 않았다고 밝힘으로써 ④ 성도들이 율법주의적인 행위나 특별한 지식, 환상적인 체험 등으로 하나님의 충만에 이르는 것이 아님을 강조하고 있다.

바울은 그리스도께서 이미 골로새 성도들의 구원을 위해 필요한 모든 일을 행하셨기 때문에 성도들이 받은 복음이야말로 결코 구원에 미흡한 점이 하나도 없음을 밝히고 있다.

바울은 신성의 충만함이 예수 그리스도의 인격에서 구현되었으며, 예수의 십자가 죽음을 통하여 구원과 화해의 사역이 완성되었으며, 믿음으로 그리스도와 연합한 모든 성도들은 영적 자유를 누리고 있음을

33) Robert L. Reymond, 바울의 생애와 신학, 원광연 역, 고양, 그리스챤다이제스트, 2003.p. 290-292.

제시함으로써 골로새 성도들이 참된 복음으로부터 이탈되지 않고 든든히 설 수 있도록 하고 있다.34) 이렇게 함으로써 바울은 교회를 위협하는 거짓 주장들에 대해 모든 성도들이 강력하게 투쟁해야 할 것을 권면하고 있다.

아울러 골로새서에는 거짓 사상에 대한 경계와 더불어 바울의 목회적 관심이 담겨 있다. 그 내용은 다음과 같다.

① 바울은 골로새 성도들에게 영혼을 파멸케 하는 이전의 악한 행실로 되돌아가지 않도록 경계하고(골 1:21,23; 3:5-11) 예수 그리스도를 완전하고 부족함이 없는 구세주(골 2장)로 받아들이기를 거부하는 자들의 주장에 현혹되지 않도록 권면하고 있다.

② 바울은 성도들의 관심을 '하나님이 사랑하시는 아들의 나라'(τὴν βασιλείαν τοῦ Υἱοῦ τῆς ἀγάπης αὐτοῦ)에게 돌려 그들로 하여금 그리스도, 즉 보이지 않는 하나님의 형상이시며 모든 창조물보다 먼저 나신 분이며 교회의 머리이시고 만물의 으뜸이시며 그 안에서 믿는 자들이 충만함을 얻게 되는 그리스도를 믿고 사랑하고 경배할 것을 촉구하고 있다(골 1:13-18; 2:8,9).

③ 바울은 지금 자신과 함께 구금되어 있는 에바브라가 언제나 골로새 교회를 위해 기도하고 있으며 깊은 관심을 쏟고 있음을 알림으로써 실신한 사역자인 에바브라에 대한 골로새 성도들의 존경심을 고취시키고 있다(골 1:7; 4:12,13).

④ 바울은 골로새 성도들에게 용서와 자비의 덕을 강조하고 있다. 이것은 온유한 마음의 중요성과 주종 관계에 대해 다소 길게 쓴 내용(골 3:12-14; 3:22-4:1)에서 확인되는 것처럼 오네시모의 일과 관련된 골로새

---

34) Ralph P. Martin, 에베소서, 골로새서, 빌레몬서, p. 125.

성도들의 염려 때문으로 보인다.[35)]

이러한 마음을 담은 골로새서와 더불어 빌레몬서를 바울은 두기고를 통해 전달하게 했는데(골 4:7-9) 이때 빌레몬에게 돌아가는 오네시모도 동행하게 했다. 또한 두기고는 바울이 에베소 교회를 비롯해 에베소 교회 근처에 있는 소아시아 교회들에게 보내는 회람 서신을 휴대하고 있었다(엡 6:21,22).

4. 골로새서의 주제

바울은 골로새 교회를 위협하는 사상들에 대해 중요한 두 가지 문제를 해결해야 했다. 하나는 그리스도와 관련된 교리적 논제였고 다른 하나는 기독교인의 삶과 관련된 실천적 논제였다.

① 그리스도와 관련된 교리적 논제(Doctrinal Issues Related to Christ)

바울이 볼 때 골로새 지방에서 떠돌고 있는 거짓 사상들의 위험성은 그것이 교회의 머리이신 그리스도와 연합을 단절시킴으로써 교회를 영적 생명의 근원으로부터 끊어버려서 결국 하나님께로 나아갈 수 없게 하는 데 있었다. 바울이 교회의 주이신 그리스도의 우주적인 화목의 역할에 대해 강조하고 있는 이유도 여기에 있다(골 1:15-20). 여기에서 바울은 그리스도의 직분과 관련해 두 가지 면을 강조하고 있다.

a) 그리스도는 창조에 있어서 우주적인 동인(動因)이며(골 1:15-17) 동시에 하나님 자신과 그의 피조 세계와의 조화를 회복시키는 화해자이시다(골 1:18-20). 때문에 하나님과 그리스도 사이에 그리고 그리스도와 교회 사이에 '아이온'이 끼어들 틈새가 전혀 없다.

---

35) William Handriksen, 골로새서, p. 39-40.

b) 그리스도 안에는 신성의 충만함의 총체(the fullness of fullness)가 거하고 있으며 이는 하나님의 기쁨이 된다(골 1:19). 이로써 교회는 그리스도 안에서 생명의 충만함을 누리게 된다(골 2:9,10). 따라서 그리스도는 교회의 구원과 안전을 보장해주는 유일한 분이시다.[36]

이러한 내용을 담고 있는 바울의 기독론(the Christology of Paul, 골 1:15-20)은 '우주론적 기독론'(the Cosmological Christology)과 '구원론적 기독론'(the Soteriological Christology)으로 구성되어 있다.

a) '우주론적 기독론'에 따르면 그리스도는 다른 모든 피조물 및 창조 자체보다도 먼저 계신 분이시다. 사실상 만물은 그리스도에 의해 창조되었을 뿐만 아니라 그를 위해 창조되었다. 그리스도는 우주의 중심이시며 모든 정사와 권세 및 모든 세력들, 다시 말해 그리스도의 권위 아래에 있는 모든 피조물을 다스리신다.

또한 그리스도는 하나님의 형상이시며 하나님의 모든 충만을 소유하신 분이시다. 이러한 진술들은 그리스도께서 하나님과 동등됨을 나타내기에 충분하다. 나아가 그리스도는 교회의 머리로 묘사되고 있는데 이때 교회는 그리스도의 몸이다.

b) '구원론적 기독론'은 그리스도의 구속 사역에 관한 내용을 담고 있다. 여기에서 그리스도의 구속 사역은 십자가 안에서 그리스도께서 그의 모든 대적들을 물리치셨다는 바울의 증거(골 2:14)를 통해 확인되고 있다. 바울은 골로새 지방의 거짓 사상들이 그리스도를 잘못 제시하고 있는 주장들에 반대하여 그리스도의 측량할 수 없는 초월성을 증명하고 있다.[37]

36) Ralph P. Martin, 신약의 초석 II, p. 322.

37) Donald Guthrie, 신약 서론, p. 517.

그리스도의 화해 사역은 그 범위가 전 포괄적이어서 심지어 헬라주의적 세계에서 적대시하는 이질적인 권세들까지도 그리스도의 사역 범위에 들어 있다. 부활하신 주님께서 그들의 창조주이시며 통치자이시기 때문이다. 그리스도는 태초에 그것들의 존재를 있게 하셨으며(골 1:16) 또한 죽음을 이기심으로써 천사의 권세나 마귀의 권세 등 온 우주의 권세들을 다스리는 머리의 위치에 오르셨다(골 2:10). 따라서 사람들이 가장 두려워했던 모든 악한 권세들에게 승리를 거두셨으므로(골 2:15) 그리스도는 부활을 기점으로 새로운 시대에 만물의 으뜸으로서 자신의 지위를 누리신다(골 1:18).

반면에 거짓 사상에 빠져 있는 사람들은 하나님께서 멀리 계시므로 아이온(aeon)들과 같은 중재자들의 기나긴 고리를 통해서만 빛의 세계에 들어가는 것으로 오해하고 있었다. 그리고 그리스도를 그 중재자들 중의 하나로 여기고 있었다. 이들에게 있어 그리스도의 구속은 영혼이 좀 더 높은 세계로 올라가기 위한 과정으로 오해되어 있었다.

이것은 예수의 죽음에 대한 진지한 가치를 거부하는 것과 같다. 이러한 사상을 가진 상태에서는 신이 인간의 세계에 수직적으로 온다는 성육신을 생각조차 할 수 없다. 이런 이유로 그들의 주장에 따르게 되면 예수 그리스도는 신이 인간의 몸을 입고 왔다는 가현설(假現設)[38]이나 혹은 인간 예수는 신이 아니지만 하나님에 의해 아들로 선택을 받았다는 양자론(養子論)[39]에 빠지게 된다.[40]

---

38) 가현설(假現說 : Docetism)은 '보이다' 라는 '도케오' (δοκέω)에서 나온 말로 예수의 몸은 실체가 아니며 사람들에 보이는 환상일 뿐이라는 주장이다. 이들은 하나님의 아들 예수 그리스도는 참된 인간의 몸을 가지지 않았고 신이 인간 예수처럼 보였을 뿐이라고 주장함으로써 인간 예수를 부정한다.

39) 양자론(養子論 : Adoptianismus)은 유대교의 에비온파의 영향을 받은 사상으로 인간 예수가 성령의 세례를 받을 때 하나님의 영을 받아 하나님의 아들이 되었다고 주장함으로써 예수님의 신성을 부정한다.

40) Ralph P. Martin, 에베소서, 골로새서, 빌레몬서, p. 128.

거짓 사상들에 대한 답변을 통해 바울은 다른 서신서들보다 더 자세하게 우주론적 기독론에 대한 교리를 발전시키고 있다. 바울의 우주론적 기독론은 고린도전서와 로마서에서도 발견된다. 바울에게 있어 만물은 그리스도로부터 나왔으며(고전 8:6) 이 그리스도는 하나님의 능력이며 지혜이시다(고전 1:24).

하나님은 자기 백성들의 영광을 위해 성령을 통하여 만세 전에 작정하셨던 그 감춰진 지혜를 자기 백성들에게 드러내셨다. 그러나 이 사실을 모르고 세상의 권세들은 영광의 주를 십자가에 못 박았고 스스로 파멸을 자초했다(고전 2:6-10). 반면에 그리스도의 죽음으로 이 적대적인 세력들로부터 그의 백성들이 해방되었다. 그리고 그 해방은 적절한 절차를 거쳐서 온 우주에까지 이르게 될 것이다(롬 9:19-22).

바울은 이러한 '우주론적 기독론'과 '구원론적 기독론'을 하나로 묶어 골로새서에서 더 완전하고 체계적으로 발전시키고 있다. 무엇보다 돋보이는 것은 그리스도를 옛 창조의 머리이실 뿐만 아니라 새 창조의 머리로도 묘사하고 있다는 점이다. 새 창조에서 그리스도는 '시작'이다. 그러나 이번에는 모든 창조물보다 먼저 나신 분이 아니라 부활을 통하여 죽은 자로부터 먼저 나신 분이시다.

옛 창조에서 그리스도가 모든 정사와 권세를 지으시고 다스리신다는 의미에서 그들의 '머리'이시다(골 2:10). 반면에 새 창조와 관련하여 그리스도는 교회를 생겨나게 하셨고 교회를 다스린다는 의미에서 그리고 그의 백성과 연합되어 있기 때문에, 나아가 그 백성들의 생명은 그리스도가 죽은 자로부터 먼저 나신 자로서 살아가는 그 생명에서 시작된다는 점에서 그리스도는 그의 몸인 교회의 '머리'이시다(*αὐτός ἐστιν ἡ κεφαλὴ τοῦ σώματος τῆς ἐκκλησίας*, 골 1:18).

이 사상은 교회를 그리스도의 몸(고전 12:27)이나 그리스도 안에서 한 몸(롬 12:5)이라고 묘사한 것보다 한층 더 진보하고 있음을 보여주고 있다.41) 특별히 이 사상은 에베소서에서도 구체적으로 발전되어 나타나고 있다. 에베소서에는 부활하신 그리스도의 몸으로서 '보편적인 교회'에 대한 바울의 사상이 잘 나타나 있다.

하나님의 기업(엡 1:11), 그리스도의 몸, 그의 충만(엡 1:22,23), 하나님의 걸작(엡 2:10), 하나의 새 사람(엡 2:15), 하나님의 권속(엡 2:19), 하나님의 거하실 처소(엡 2:21,22), 복음으로 그리스도 예수 안에 있는 상속자(엡 3:6), 하나님의 지혜를 나타내기 위한 하나님의 도구(엡 3:10), 그리스도의 장성한 분량이 충만한 몸(엡 4:12,13), 온전히 성장한 완전한 사람(엡 4:13), 그리스도의 신부(엡 5:23-32), 하나님이 사랑하시는 대상(엡 5:25), 몸된 그리스도의 지체(엡 5:30), 사탄에 대항하여 싸우는 하나님의 전사(엡 6:11-18) 등의 개념에서 이를 확인할 수 있다.

이처럼 교회와 관련하여 바울은 다양하게 묘사하고 있는데, 교회의 이해에 대한 이러한 바울의 신학적 진보들은 골로새서와 에베소서가 고린도전서나 로마서보다 훨씬 발전된 교회관으로 나타나고 있다.

② 기독교인의 삶과 관련된 실천적 논제(Practical Issues Related to Christian Life)

골로새 교회에 위협을 주고 있는 거짓 사상들은 전적으로 인간적 전통에 근거하고 있었다(골 2:8,22). 반면에 골로새 교회는 에바브라로부터 하나님의 은혜에 대해 배웠으며(골 1:7) 그들이 받은 복음은 진리의 말씀으로 사도적 전통에 근거한 하나님의 메시지였다. 골로새 성도들은 이 메시지를 받아 그리스도 예수 안에서(ἐν Χριστῷ Ἰησοῦ) 믿음을 갖게 되었다(골 1:4).

인간의 전통은 할례와 음식 규범이나 금욕적 실천 또는 마술적 신비

41) F. F. Bruce, 바울, p. 450.

와 같은 것으로 사람들이 만든 것이며 사람들을 더욱 전통과 규범에 얽매이게 할 뿐이다. 이러한 규제와 규범은 어둠에 속한 것으로 그 안에서 생명을 찾을 수 없다. 그러나 사도가 선포한 복음은 그리스도의 죽음과 부활에 대한 것으로 그리스도 안에서 모든 얽매임으로부터 해방시킨다. 사도가 전한 복음은 그리스도 안에서 참된 자유를 누리는 기독교적 삶의 핵심이다(골 2:17).

바울에게 있어 종교의 본질은 그리스도이며, 그에 따른 도덕성의 근원은 옛 본질인 자아와 죄에 대하여는 죽고 하나님의 은혜로 죽음과 부활을 경험하는 것이다(골 2:11-13; 3:9-12). 이런 점에서 교회는 ① 기독교적 도덕성이 규정되는 곳이며, ② 성도들이 하나님의 가족으로 함께 살 수 있는 영역이며, ③'자신의 몸인 교회 안에 거하시는 그리스도'(Christ living in his body which is the church)를 인식한 새 인간성이 있는 곳이다.

따라서 바울의 윤리적 규범들은 그리스도의 몸된 교회의 구성원답게 사는 것으로 압축된다. 이런 의미에서 성도들의 삶을 규정하는 도덕은 코이노니아(*κοινονια*), 즉 성도들의 친교에 근거하고 있다.42)

이런 점에서 성도들은 새로운 삶의 형태로 특징짓는 윤리적 자질(골 3:11,12)에 근거한 사랑으로 한 몸(골 3:15)을 이루기 위해 부름을 받은 존재이다. 성도들에게 있어 인간의 규례와 규범들은 이미 그리스도의 십자가에 못 박혔다(골 2:14). 반면에 성도들은 전 삶을 충만케 하러 오신(골 2:10) 주 예수에게 헌신하기 위해 부름을 받았다. 그러므로 성도들은 기쁨으로 누리는 삶과 세상에 대한 승리의 확신을 가지고 하나님께 감사해야 한다(골 3:17,23). 이것이 복음 위에 서 있는 사도적 전통에 근거한 성도들의 삶이다.

---

42) Ralph P. Martin, 에베소서, 골로새서, 빌레몬서, p. 132.

사실 거짓 사상들은 헛된 속임수에 불과하다(골 2:8). 왜냐하면 이것들은 사악한 사람들의 특징인 육신의 생각에서 나온 것이기 때문이다(골 2:18). 사람들은 자신의 종교적이고 환상적인 경험으로 신비한 지식을 얻는 것처럼 생각한다. 그리고 이러한 은밀한 지식은 특정한 몇몇 사람들만이 얻을 수 있는 것처럼 자랑함으로써 기독교의 참된 진리에 대한 오만과 배타성을 가지게 만든다.

사람들이 만들어 놓은 금욕과 같은 것에서 이 사실을 확인할 수 있다(골 2:23). 때문에 이것들은 하나님의 은혜에 의존하는 겸손한 인간이 되게 하는 어떤 방법도 제시하지 않는다. 대신에 인간의 자기 성취적 교만을 확장시키며 자신이 다른 사람들 또는 성도들보다 더 좋은 행운을 가지고 있는 것처럼 착각하게 만든다.

혹 사람들의 전통을 따르는 이들 중에 겸손을 주장하는 경우도 있다. 하지만 그들의 겸손은 꾸며진 겸손(a voluntary humility, 골 2:18, 23)이며 거짓된 경건과 다를 바 없다. 그들은 자신의 겸손을 자랑하면서 정작 자신들은 선택된 엘리트에 속하려는 욕망을 불태우고 있기 때문이다.[43]

반면에 기독교의 복음은 일부 사람들에 의해 전용되는 비밀스러운 것이거나 소수의 사람만 소유하기 위해 제한되지 않는다. 복음은 보편성을 가지고 누구에게나 열려 있으며 하나님의 은혜로 주어진 것이기 때문에 가식적인 종교적 열망이나 꾸며진 겸손 따위를 필요로 하지 않는다.

교회는 자기들만으로 만족하는 폐쇄적 구성원들 안에 있는 비밀스러운 집단이 아니다. 오히려 천하의 모든 그리스도인들과 함께하기 위해 하나님에 의해 선택된 성도들이다(골 1:23). 따라서 성도들은 지혜를 얻을 수 있는 것처럼 속이는 거짓 종교에 더 이상 속아 넘어갈 이유가

43) Ralph P. Martin, 에베소서, 골로새서, 빌레몬서, p. 133.

없다.

바울 사도는 이런 거짓 종교를 가리켜 자의적 숭배(self-imposed worship)와 꾸며진 겸손(a voluntary humility)과 몸을 학대하는 것(harsh treatment of the body)이라고 밝히고 있다. 이런 것들은 얼핏 지혜롭게 보일지 모르지만 정작 육체의 욕망을 제어하는 데는 조금도 유익이 없다(골 2:23). 그들이 말하는 고도의 지적인 지혜라는 것은 결국 텅 빈 망상에 불과할 따름이다.

| 기 도 |

우리의 아버지이신 하나님.

하나님께서 오늘 우리에게 보여주신 이 놀라운 은총에 다시 한 번 감사를 드리옵나이다.

하나님은 온 우주에서 그리스도 예수를 가장 뛰어난 분으로, 가장 초월적인 분으로 삼으셨으며, 그리스도 예수 외에는 그 어떤 것으로도 구원을 얻을 수 없도록 하셨나이다.

그런데도 사람들은 마치 이 세상 만물이 신이나 되는 것처럼, 또는 해와 달과 별에게 절하고 그것들을 숭배함으로써, 그것들이 하나님이 계시는 빛의 세계로 나아갈 수 있는 것처럼 오해하고 있나이다.

이런 일은 2천 년 전 골로새 지방에서만 있었던 것이 아니라, 바로 우리 안에도 이런 거짓된 복음이 숨어 있는 것을 보옵나이다. 우리가 그리스도 예수 외에 어떤 다른 것으로 마치 무엇을 얻을 수 있는 것처럼 착각하거나, 혹은 그리스도 예수 외에 다른 것에서 위로를 얻으려고 하는 악한 심성이 우리 안에 숨어 있음을 고백하나이다.

하나님 아버지, 우리가 마치 부적이나 운수나 바라보는 미련한 사람들이 되지 아니하고, 우리를 위해 친히 구속을 성취하신 그리스도 예수 외에 그 어떤 것으로도 만족하지 아니하고, 그런 것으로 구원을 얻을 수 없다는 사실을 명확하게 깨닫게 하옵소서.

이제 골로새서를 통하여 이러한 내용을 구체적으로 살펴볼 때 우리 안에 지혜를 더하여 주옵시고, 세상 사람들이 말하는 거짓 복음에 넘어가지 않도록 우리를 더욱 군건하고 단단하게 일으켜 주옵소서.

주 예수 그리스도의 이름으로 기도합니다. 아멘.

75

〈1〉

그리스도의 몸인 교회가 누리는 영광

골로새서 1:1,2

1:1 하나님의 뜻으로 말미암아 그리스도 예수의 사도 된 바울과 형제 디모데는 2 골로새에 있는 성도들 곧 그리스도 안에서 신실한 형제들에게 편지하노니 우리 아버지 하나님으로부터 은혜와 평강이 너희에게 있을지어다

골로새서의 신학은 바울의 초기 서신들에서 발견되는 것과는 몇 가지 차이점들을 보여준다. 그 차이점 중에서 가장 관심을 끌고 있는 내용은 바울의 기독론(the Christology of Paul)에 대한 이해에서 확인된다.

골로새서에는 바울의 '우주론적 기독론'(the Cosmological Christology)이 잘 나타나 있다. 곧 만물의 머리로서 그리스도의 초월적인 지위(골 1:18; 2:10,19)와 신성의 충만으로 충만케 되어 있는 그리스도(1:19; 2:9,10)에 대한 명시적인 이해가 훨씬 분명하게 서술되어 있다.

이러한 우주론적 기독론은 바울의 '구원론적 기독론'(the Soteriological Christology)에서 그 절정을 이루고 있다. 골로새서에서 그

리스도는 '우주적 실체로 인식되고 있는 교회'의 머리이시다(골 1:18). 우주적인 교회의 머리이신 '그리스도 예수 안에서'(*ἐν Χριστῷ Ἰησοῦ*) 성도들은 구속을 받고 죄 사함을 받아서 하나님과 화해를 이루고 있다(골 1:20,22).

이렇게 시작된 성도들의 새 생명은 그리스도 안에 감춰져 있으며(골 3:3), 그리스도와 더불어 죽고 그리스도와 함께 다시 살리심을 받았다(골 3:1). 그런데 이 모든 일들은 영원 전 삼위일체 하나님의 예정(엡 1:3-14) 안에서 이미 이루어진 내용들이라는 바울의 독특한 신학인 '예정론'에 근거하고 있다. 이러한 내용들은 분명히 이전의 바울 서신서들보다 발전된 바울의 교회관을 보여주고 있다.

당시 골로새 지역에 있는 교회들은 ① 인간의 삶을 위협하고 있다고 생각하는 영적인 세력들(aeons)에게 상당한 중요성을 부여하고 있는 헬라 철학과, ② 부르기아 사람들의 삶에 실질적인 영향력을 미치고 있는 우상을 숭배하는 토속 종교들, ③ 이러한 철학과 토속 종교의 영향으로 초기 영지주의적 성격을 가지고 있는 변형된 유대교의 혼합된 교리들에 의해 도전을 받고 있었다.

영적인 세력들이 사람들을 보호하고 신적 충만으로 인도한다는 이들의 거짓 주장은 사람들에게 육체의 악한 감옥으로부터 구출하여 신들의 세계에서 누릴 수 있는 영적인 충만을 약속하는 것처럼 보였기 때문에 매우 매력적이었다. 골로새 교회 성도들이 이 거짓 주장에 노출되어 있다고 에바브라가 바울에게 보고한 것을 감안해 본다면 그만큼 이 거짓 주장이 골로새 지역에서 상당한 영향력을 미치고 있다는 사실을 감지할 수 있다.

이런 현상은 골로새 지방에만 있었던 것이 아니다. 지금 우리가 살고 있는 세상에서도 얼마든지 그와 비슷한 현상들을 찾아볼 수 있다. 아주 작게는 신문 지상에서 흔히 볼 수 있는 '오늘의 운세'로부터 시작해서 소위 철학과 종교들이라고 하는 고차원적인 학문과 경전들이 사람들에게 유토피아(Utopia)를 제공할 것처럼 사람들을 미혹하고 있다.

그런데 이 단어 유토피아는 1516년에 영국의 사상가로 알려진 토마스 모어(Thomas More)가 헬라어에서 가져온 '없다'라는 의미의 '*ου*'와 '장소'라는 단어 '*τοπος*'를 조합한 말로 '어디에도 없는 곳'이라는 의미를 가진다. 한마디로 유토피아라는 말은 현실 세상에서는 존재하지 않는 이상적인 장소를 가리킨다. 사람들은 그것을 '낙원' 또는 '무릉도원'과 같은 의미로 사용하고 있다. 결국 사람들은 실존하지 않는 허구의 세상을 가정해서 만들어 놓고 그것이 마치 '유토피아'인 것처럼 꿈꾸고 있다.

사람들이 이 거짓 환상에 빠져서 살고 있는 현상은 하나님을 떠난 인류가 이 세상에 살고 있는 동안에 끊임없이 나타나고 있다. 비록 2천 년 전 골로새가 있던 소아시아 지방에서만이 아니라 지금도 전 세계 어느 곳에 살고 있든 사람들은 시간과 공간을 넘어 여전히 미덥지 않은 거짓 주장들을 펼치거나 혹은 그 거짓 주장에 미혹되어서 인생을 낭비하고 있다.

때문에 바울은 성도들이 받은 '그리스도의 복음'으로 이 거짓 주장들을 타파하고 굳건한 믿음으로 성도들이 하늘의 시민으로서 살아가는 삶을 진전시킬 수 있도록 하기 위해 무엇보다도 먼저 '그리스도의 초월성'(the supremacy of Christ)에 대해 강조할 필요가 있었다.

서두의 간단한 문안 인사(1,2절)에 이어 바울은 골로새 교회 성도들이 ① 그리스도에 대한 믿음과 ② 성도들 사이의 사랑과 ③ 하늘에 쌓아둔 소망이라는 삼각 축을 사용하여 그리스도의 복음 안에 있는 성도들의 특성을 요약함으로써 골로새 교회 성도들의 영적 진보에 감사를 드리고 있는 이유도 여기에 있다(3-5절).

여기에서 '소망'은 하늘에서 성도들을 기다리고 있는 것으로 이미 그리스도에게 수여되었고 장차 그의 백성들에게 주어질 '그리스도의 영광'을 가리키고 있다("하나님이 그들로 하여금 이 비밀의 영광이 이방인 가운데 얼마나 풍성한지를 알게 하려 하심이라 이 비밀은 너희 안에 계신 그리스도시니 곧 영광의 소망이니라", 골 1:27).

따라서 바울이 성도들의 믿음과 사랑을 고무시키고 있는 것은 장차 그들이 누리게 될 구원의 열매에 대한 소망을 고취시키기 위함임을 알 수 있다. 이 소망에 대한 성도들의 지식은 복음을 들음으로써 주어진 것으로(5절) 복음 전파는 성도들의 회심을 형성함에 있어 가지를 뻗고 자라나서 열매를 맺게 하는 원동력이 된다(6절).

다른 서신서들과 마찬가지로 바울의 감사(3-8절)와 기도(9-14절)의 내용은 바울이 골로새서에서 다루고자 하는 주제들을 요약하고 있다. 이어 바울은 '그리스도에 대한 찬송'(15-20절)을 통해 독특한 '바울의 기독론'을 찬송하고 있다.

바울은 이 찬송에서 그리스도는 보이지 않는 하나님의 형상이시며 만물의 창조에 참여하신 분이며(우주론적 기독론) 우주적인 교회의 머리되심(구원론적 기독론)을 찬양하고 있다. 만물과 교회가 모두 그리스도를 위해 창조되었다는 이 내용은 신약에서는 유일하게 여기에서만 나온다.44) 이 찬송은 '삼위일체 하나님의 예정론'을 다루고 있는 에베소서의 '베라카'(berakah : 하나님께 드리는 찬송의 문학적 형태, 엡 1:3-14)처럼 이 서신의 주제를 담고 있다.

본 서신의 주제를 밝힌 바울은 그리스도의 초월적인 지위의 결과에 근거하여 하나님과 인간 사이에서 이루신 그리스도의 화해 사역에 대

---

44) D. A. Caeson, 신약개론, 엄성옥 역, 서울, 은성출판사, 2006. p. 585.

해 언급하고(21-23절) 자신은 이 복음의 종으로서 온 세상에 전파하는 사역자임을 강조하고 있다.

바울의 사역은 오랫동안 비밀에 부쳐져 있다가 이제 계시가 된 하나님의 계획에 대한 것이다("영원부터 만물을 창조하신 하나님 속에 감추어졌던 비밀의 경륜이 어떠한 것을 드러내게 하려 하심이라", 엡 3:9). 이와 관련해 "이 비밀은 만세와 만대로부터 감추어졌던 것인데 이제는 그의 성도들에게 나타났고 하나님이 그들로 하여금 이 비밀의 영광이 이방인 가운데 얼마나 풍성한지를 알게 하려 하심이라 이 비밀은 너희 안에 계신 그리스도시니 곧 영광의 소망이니라"(골 1:26,27)고 밝히고 있다. 이것은 역사 이래로 바울의 복음 사역에 담겨 있는 독특성이다.

이러한 바울의 복음 사역은 성도들에게 소망을 주시는 그리스도의 '영광'을 밝히 드러냄으로써 성도들로 하여금 자신들이 장차 누리게 될 '영광에 대한 소망'을 불러일으키게 하는 것이다. 이로써 바울은 더 이상 골로새 성도들이 거짓 가르침에 미혹되지 않도록 이끌어 주고 있다(24-29절).

1. 바울의 사도권에 대한 이해 (골 1:1)

바울의 인사말(Greeting)은 전통적인 헬라 문학 양식을 띠고 있다. 일반적으로 헬라인들은 '기쁨이 있기를, 즐거움이 있기를'(*χαιρειν, χαριε, χαριρετε*)이라는 인사말로 문안을 하였다. 히브리인들은 평강(שלום)으로 인사말을 사용하였다.

반면에 바울은 "하나님의 뜻으로 말미암아 그리스도 예수의 사도 된 바울과 형제 디모데는 골로새에 있는 성도들 곧 그리스도 안에서 신실한 형제들에게 편지하노니 우리 아버지 하나님으로부터 은혜와 평강이 너희에게 있을지어다"(골 1:1,2)라고 인사말을 하고 있다. 바울의 인사말은 기독교적 메시지로 가득 차 있다는 점에서 헬라인들이나 히브리인들의 전통적 문학 양식과 차별된다.

바울은 '은혜와 평강'(χαρις και ειρηνη)으로 이 헬라인들이나 히브리인들의 인사말을 대체하고 있다. '은혜와 평강'은 구약에서 사용된 하나님의 '자비(חסד, 인자하심 또는 인애)와 평강'에 대한 변형으로 주로 기도문에 사용되었다. 이때 '은혜'는 모든 실제적인 복의 근원이며 '평강'은 그 복의 종국적인 결과를 의미한다.45)

먼저 바울은 자신의 사도권과 관련해 부활하신 주님의 특별한 사자라는 자신의 역할과 권위에 대해 분명한 입장을 밝히고 있다. 이 주장은 고린도후서(고후 1:1)나 에베소서(엡 1:1)에서도 동일하게 발견되는데, 자신의 사도권이 '하나님의 뜻으로 말미암아'(διὰ θελήματος Θεοῦ) 주어졌다는 사실에서 강화되고 있다. 바울은 자신이 구함으로써 사도가 된 것이 아니었다.

반면에 당시 떠돌이 지도자들은 스스로 자청하여 자기들이 교회의 지도자들이나 된 것처럼 행세를 하고 다녔었다. 이것은 거짓 주장을 일삼는 사람들의 특성이기도 하다. 그들은 마치 자기들에게만 무슨 지혜를 얻는 특별한 비결이나 있는 것처럼 사람들을 미혹하고 그 대가로 금품을 요구하는 것을 당연한 것으로 여기고 있었다.

바울은 그들과 달랐다. 바울의 사도권은 다메섹에서 부활하신 주님을 만나 회심할 때 주어졌다(행 9장). 그 전까지 바울은 "나도 육체를 신뢰할 만하며 만일 누구든지 다른 이가 육체를 신뢰할 것이 있는 줄로 생각하면 나는 더욱 그러하리니 나는 팔일 만에 할례를 받고 이스라엘 족속이요 베냐민 지파요 히브리인 중의 히브리인이요 율법으로는 바리새인이요 열심으로는 교회를 박해하고 율법의 의로는 흠이 없는 자라"(빌 3:4-6)고 하면서 '율법의 의로는 흠이 없는 자'라고 할 정도로 대단

45) F. F. Bruce, 데살로니가전후서, 김철 역, 서울, 솔로몬, 1999. p. 63.

한 자부심을 가지고 있었던 완벽한 히브리인이었다.

그러나 바울은 다메섹에 가는 도중에 부활하신 그리스도 예수를 만남으로써 탄탄대로를 달리고 있던 자신의 모든 삶을 송두리째 내버리게 되었다. 이 날의 경험으로 말미암아 바울은 "무엇이든지 내게 유익하던 것을 내가 그리스도를 위하여 다 해로 여길 뿐더러 또한 모든 것을 해로 여김은 내 주 그리스도 예수를 아는 지식이 가장 고상하기 때문이라"(빌 3:7,8)고 말할 정도도 예전에 자신이 누리고 있었던 모든 특권들을 깨끗이 벗어버렸다.

부활하신 그리스도 예수를 만난 바울은 비로소 하나님에 의해 이스라엘 바깥에 있었던 사람들과 나라의 임금들과 나아가 이스라엘의 자손들에게까지도 복음을 전파하기 위해 사도로 선택되었다(행 9:15). 때문에 바울은 자신이 '하나님의 뜻으로 말미암아'(by the will of God) 사도가 되었음을 당당하게 증언할 수 있었다. 이것은 바울의 사도권이 자기 자신의 열망에 대한 문제가 아님을 보여주고 있다.46)

이런 점에서 바울은 자신을 '하나님의 뜻으로 말미암아 그리스도 예수의 사도된 바울'(*Παῦλος ἀπόστολος Χριστοῦ 'Ιησô διὰ θελήματος Θεοῦ*, 고후 1:1; 엡 1:1)이라고 밝히고 있다. 여기에서 바울은 자신을 기름부음 받으신 구세주이신 그리스도의 공식 대행자이며 대변자로 소개한다. 이것은 부활하신 그리스도께서 바울을 통해 그리스도의 교회들에게 편지를 보내고 계심을 강조하기 위함이다.

① 이 서신을 받는 골로새 교회가 바울과 형제 디모데를 통하여 부활하신 주님으로부터 편지를 받고 있다는 것은 그들이 모든 것을 초월하신 그리스도 예수로부터 이 편지를 받고 있다는 사실을 강화시키고 있

46) Grant Osborne, 빌립보서, 골로새서, 빌레몬서, 전광규 역, 서울, 한국성서유니온, 2007, p. 210.

다. 성도들은 만물 위에 계시고 만유의 주이신 그리스도 예수로부터 오는 편지를 받는 영광을 누리고 있는 것이다.

이 사실은 지금 우리에게도 여전히 유효하다. 우리가 이 서신을 읽을 때 우리는 단지 성경의 한 구절을 읽는 것이 아니라 이 서신을 기록하고 보내시는 분이 바로 부활하신 그리스도 예수이시며, 그 영광스러운 만유의 주께서 사도를 통해 우리에게 말씀하고 있다는 사실을 명심해야 한다.

② 동시에 이 편지는 그리스도 예수의 임재(*παρουσία*)를 상징하고 있다는 점에서 그들이 그리스도의 통치와 보살핌 아래 있다는 사실을 각인시키고 있다. 바울 사도가 교회들에게 보낸 서신은 사도가 친히 그들을 방문하는 것과 동일한 권위를 가지고 있다. 이때 바울의 서신은 사도의 임재(presence)를 상징하고 있다는 점에서 그리스도의 사도인 바울의 서신은 곧 부활하신 그리스도 예수의 임재라는 권위를 행사하고 있다. 부활하신 그리스도께서는 사도의 서신을 통해 친히 자신의 교회들에게 현현하시는 방식을 기뻐하신다.

마찬가지로 부활하신 그리스도께서는 지금도 사도들의 서신을 통해 여전히 자신의 교회에 임재하시기를 기뻐하신다. 때문에 우리가 사도들의 서신을 대할 때, 그리스도를 영접하듯이 그 서신의 기록자인 사도를 대해야 한다. 우리가 이 사실을 명확하게 인식하고 있다면 지금도 성경으로 친히 우리에게 말씀하시는 그리스도의 음성을 듣는 기쁨과 영광을 누리게 된다.

③ 이런 점에서 사도의 서신을 받는 모든 교회들은 교회의 주님이신 그리스도의 명령과 권위에 절대 복종해야 한다. 이럴 때 이 편지를 받는 성도들은 바울과 디모데에게 '그리스도 안에서 신실한 형제들'(*πιστοῖς ἀδελφοῖς ἐν Χριστῷ*)이다.

때문에 바울이 인사말에서 '우리의 형제 디모데'(Timothy our brother, 개역개정은 '형제 디모데'로 번역함)를 열거하고 있는 것은 바울 자신뿐만 아니라 디모데의 권위를 앞세우기 위함이 아니다. 바울과 디모데 역시 부활하신 그리스도의 임재 앞에서 골로새 성도들과 동일한 형제의 위치에 있기 때문이다.

바울과 디모데는 진정한 교회의 통치자이신 그리스도 예수 안에서 골로새 교회 성도들과 똑같은 형제들이다. 이와 같은 의미에서 바울은 '골로새에 있는 성도들 곧 그리스도 안에서 신실한 형제들'에게 편지하고 있다. 아울러 이 사실은 지금 바울의 서신에 담겨 있는 인사말을 받고 있는 우리 역시 골로새 성도들과 동일한 위치에 있음을 강화시키고 있다. 곧 우리 역시 바울과 디모데로부터 '그리스도 안에서 신실한 형제들'이라고 문안 인사를 받고 있는 것이다.

하지만 이 편지는 '그리스도 예수의 사도 된 바울'이 가지고 있는 사도권과, 그 사도권이 상징하고 있는 그리스도로부터 주어진 권위를 가지고 있다는 점에서는 구별되어야 한다.47) 바울 자신은 교회의 머리이신 그리스도 앞에서 골로새 교회 성도들과 동일한 형제의 위치에 있다 할지라도 자신을 사도로 부르신 그리스도의 권위를 대행하는 사도의 위치에 있다는 점(골 1:1)에서는 구별되어야 한다.

2. 새 시대의 경륜에 속한 바울의 교회 이해 (골 1:2)

바울이 '골로새에 있는 성도들'(*ἐν Κολοσσαῖς ἁγίοις*)이라고 부르고 있는 개념은 하나님께서 출애굽한 이스라엘을 향해 "세계가 다 내게 속하였나니 너희가 내 말을 잘 듣고 내 언약을 지키면 너희는 모든 민족 중에서 내 소유가 되겠고 너희가 내게 대하여 제사장 나라가 되며

---

47) William Handriksen, 골로새서, p. 62.

거룩한 백성이 되리라"(출 19:5,6)고 하신 말씀, 곧 '거룩한 백성'(a holy nation)이라는 개념으로부터 가져왔다.

'거룩한 백성'인 성도들은 ① 하나님의 신실한 언약 안에 있으며, ② 오로지 하나님을 바르게 예배하기 위해 부름을 받은 선민으로 하나님의 기업에 속하고, ③ 온 땅에 이 복된 사실을 널리 전파하기 위한 제사장 나라의 사명을 수행하기 위해 구별되었다.

그들을 가리켜 '거룩한 백성'(a holy nation)이라고 한 것은 그들 각자 한 사람 한 사람이 하나의 민족에 속해 있음을 강조하기 위함이다. 이것은 구약의 이스라엘 교회나 신약의 새 이스라엘인 교회가 그리스도 예수 안에서 한 민족이라는 사실을 명확하게 이해할 것을 요구하고 있다.

특별히 이 사상은 그리스도께서 세우신 성례전을 통해 보다 정확하게 그 의미가 밝혀진 바 있다. 이와 관련해 바울은 "우리가 축복하는 바 축복의 잔은 그리스도의 피에 참여함이 아니며 우리가 떼는 떡은 그리스도의 몸에 참여함이 아니냐 떡이 하나요 많은 우리가 한 몸이니 이는 우리가 다 한 떡에 참여함이라"(고전 10:16,17)고 밝히 말한 바 있다.

여기에서 바울은 과거 출애굽한 이스라엘이 하나님의 선민이라는 사실을 상기시킴으로써 이제 골로새 성도들이 새 시대의 이스라엘로서 하나님의 기업을 받는 위치에 있음을 강조하고 있다. 곧 새 시대의 성도들인 '신실한 형제들' 곧 그리스도를 믿는 '믿음의 형제들'은 그리스도와 함께 연합됨으로써 하나님의 부르심에 합당한 형제들이 되었음을 의미하고 있다.

이처럼 그리스도와 성도들의 연합체가 곧 '교회'('*εκκλησια*'는 선택된 혹은 구별된 회중을 의미한다)이며 그리스도는 그의 몸인 교회의 '머리'이시다(*αὐτός ἐστιν ἡ κεφαλὴ τοῦ σώματος τῆς ἐκκλησίας*, 골 1:18)는 사상은 바울이 발견한 놀라운 신학적 해석이다.

이에 근거하여 바울은 구약의 경륜 가운데서 부름을 받았던 이스라엘의 존재에 대한 역사적 사명을 이제 새로운 신약의 경륜 가운데서 부름을 받은 성도들, 즉 새 시대의 교회에게 적용하고 있다. 이것은 전적으로 교회에 대한 바울의 신학적인 이해에 근거하고 있다. 이로써 바울은 '교회'를 '새 시대의 이스라엘'로 부각시키고 있다(롬 9-12장).

이들에게 '우리 아버지 하나님으로부터 은혜와 평강이 너희에게 있을 지어다'(*χάρισ ὑμῖν καὶ εἰρήνη ἀπὸ Θεοῦ Πατρὸς ἡμῶν*)라고 기원한다는 것은 사도로서 누리는 최고의 특권이다. '새 시대의 이스라엘'로 부름을 받은 교회, 곧 거룩한 백성(a holy nation)인 성도들에게 있어서 '하나님은 우리 아버지이시다'(God is our Father). 이로써 교회로 부름을 받은 성도들은 하나님의 자녀로 불리는 영광을 누리게 된다.

3. 새 시대의 경륜에 속한 교회가 누릴 영광 (골 1:2)

일찍이 바울은 성도들을 향하여 하나님과의 관계에 관하여 "너희가 아들인고로 하나님이 그 아들의 영을 우리 마음 가운데 보내사 아바 아버지라 부르게 하셨느니라"(갈 4:6)고 하였다. 또한 "무릇 하나님의 영으로 인도함을 받는 그들은 곧 하나님의 아들이라 너희는 다시 무서워하는 종의 영을 받지 아니하였고 양자의 영을 받았으므로 아바 아버지라 부르짖느니라"(롬 8:15)고 하였다. 하나님은 자신의 자녀들에게 아드님의 영이신 성령으로 인침으로써 그들을 친히 자녀로 삼으셨다.

이 일은 삼위일체 하나님의 예정에 속한 것이다. 이와 관련해 바울은 "그 안에서 너희도 진리의 말씀 곧 너희의 구원의 복음을 듣고 그 안에서 또한 믿어 약속의 성령으로 인침을 받았으니 이는 우리의 기업에 보증이 되사 그 얻으신 것을 구속하시고 그의 영광을 찬송하게 하려 하심이라"(엡 1:13,14)고 밝힌 바 있다. 이 말씀처럼 성도들은 '진리의 말씀'

곧 '너희의 구원의 복음을 듣고 그 안에서 또한 믿음'으로써 하나님의 자녀가 되는 놀라운 선물을 받게 되었다.

이 하나님의 자녀들에게 '은혜와 평강'(χάρις καὶ εἰρήνη)이 주어지는 것은 너무나 자연스럽고 당연한 일이다. '은혜'는 그리스도께서 그의 속죄를 위한 죽음의 결과이며, 그 은혜로써 하나님의 자녀인 성도들에게 값없이 주어진 하나님의 복이 곧 '평강'이다(엡 2:1-10; 요 14:27). 따라서 '은혜와 평강'은 결코 나누이지 않고 한 몸과 같으며 복음을 듣고 믿는 성도들에게 주이진 복이다. 그리고 이 은혜와 평강은 사람들이 추구하고 있는 모든 지각을 초월하는 것으로 오로지 신적 기원을 가지고 있다(빌 4:7).

따라서 바울 사도가 골로새 교회 성도들을 향하여 하나님의 은혜와 평강이 함께 하기를 기원하고 있다는 것은 "그리하면 모든 지각에 뛰어난 하나님의 평강이 그리스도 예수 안에서 너희 마음과 생각을 지키시리라"(빌 4:7)는 말과 같이 인간의 모든 지식과 지혜를 초월하시는 하나님으로부터 은혜와 평강이 성도들에게 주어진다는 사실을 강조하고 있다. 이것은 하나님만이 성도들의 진정한 구원자이시며 보호자이심을 선언함과 같다. 이 사실을 모르는 사람들은 스스로 지식과 지혜를 얻음으로써 신들의 세계에 오를 수 있을 것이라고 오해하고 있었다.

때문에 바울은 "종말로 형제들아 무엇에든지 참되며 무엇에든지 경건하며 무엇에든지 옳으며 무엇에든지 정결하며 무엇에든지 사랑할 만하며 무엇에든지 칭찬할 만하며 무슨 덕이 있든지 무슨 기림이 있든지 이것들을 생각하라 너희는 내게 배우고 받고 듣고 본 바를 행하라 그리하면 평강의 하나님이 너희와 함께 계시리라"(빌 4:8,9)고 명백하게 말하고 있다.

사람들에게는 진실한 것, 존경할 만한 것, 의로운 것, 순수한 것, 사랑할 만한 것, 칭찬할 만한 것, 탁월한 미덕이나 칭송할 만한 것들이 늘 최고의 관심사였다. 그리고 이런 덕목들을 추구하는 것이 지성인이고 그것들을 추구하는 것이 진정한 인생의 구원을 얻는 것처럼 착각하고 있다.

그러나 바울은 이런 것들로써 사람이 신의 세계에 도달할 수 있다거나 그것으로 진정한 은혜와 평강을 얻을 수 있다고 말하지 않는다. 오히려 바울은 "너희는 내게 배우고 받고 듣고 본 바를 행하라"(What you have learned and received and heard and seen in me practice these things)고 말한다.

이처럼 바울의 복음을 듣고 행하는 것만이 영원 전에 있었던 삼위일체 하나님의 예정에 따라 우리가 하나님의 자녀가 되었음을 확인하는 유일한 길이다. 이런 점에서 바울은 "진리의 말씀 곧 너희의 구원의 복음을 듣고 그 안에서 또한 믿어 약속의 성령으로 인침을 받았으니"(엡 1:13)라고 명확하게 밝히고 있다.

이럴 때 비로소 바울은 '평강이신 하나님이 성도들과 함께 계신다' (the God of peace will be with you)고 골로새 성도들에게 약속하고 있다. 이것이 바로 새 시대의 이스라엘, 곧 하나님의 선민으로 부름을 받은 교회가 누리고 있는 '은혜와 평강' 안에 담겨 있는 의미이다.

이런 점에서 성도들이 하나님의 '은혜와 평강'을 누린다는 것은 우주를 초월하신 그리스도께서 친히 자신의 몸인 교회의 머리가 되심으로써 부활하여 승귀의 자리에 오르신 그리스도의 영광을 통하여 자신의 몸인 교회를 영광스럽게 하신다는 사실에 대한 확실한 증표이다.

마치는 말

바울은 인사말을 통해 골로새 성도들에게 다음과 같은 중요한 사실을 밝히고 있다.

첫째, 그들이 받는 이 서신은 '하나님의 뜻으로 말미암아 그리스도 예수의 사도'로부터 보내진 것으로 이것은 이 서신의 발신자는 우주를 초월하신 그리스도 예수임을 밝히고 있다. 따라서 이 서신을 받는다는 것은 그리스도의 파루시아(임재)를 통해 성도들은 여전히 그리스도의 통치 아래에 있으며 우리는 그리스도의 말씀을 믿음과 순종으로 받아들여야 함을 강조하고 있다. 이것은 바울이 자신의 사도권을 어떻게 이해하고 있는가를 잘 보여주고 있다.

둘째, 바울은 교회를 구약의 경륜체인 거룩한 백성(a holy nation)의 연속선상에서 이해하고 그들을 '성도들'이라고 부르고 있다. 이 사실은 구약 이스라엘의 역사적인 사명 의식(출 19:4-6)을 신약의 교회가 계승하고 있음을 강조함으로써 교회는 ① 하나님을 예배하기 위해 이 세상으로부터 구별되었으며 ② 온 땅에 그리스도의 복음을 증거하는 것을 그 사명으로 가지고 있음을 인식시키고 있다.

셋째, 우주를 초월하신 그리스도는 친히 자신의 몸인 교회의 머리이시며, 부활하시여 승귀의 몸이 되신 그리스도께서 영광의 자리에 계신 것처럼 교회는 이제 그 그리스도의 영광의 자리에 이르게 되었음을 보여주고 있다. 그 결정체가 바로 교회는 하나님으로부터 주어지는 은혜와 평강을 누리는 존재임을 부각시키고 있다.

이 모든 사실은 이미 영원 전에 삼위일체 하나님의 예정에 따라 성취된 일이며, 우리는 이제 거룩한 백성으로 이땅에 살고 있다는 사실을 마음에 단단하게 새겨야 할 것이다.

| 기 도 |

우리의 아버지이신 하나님.

하나님께서는 영원 전에 이미 우리를 하나님의 거룩한 백성으로 택하시고 이제 때를 따라 우리 모두를 교회로 부르셨다는 사실에 대해 생각해 보았습니다.

이 놀라운 일들이 그저 우연히 발생한 것이 아니며 성부 하나님의 예정과 작정에 따라 성취된 일임에 우리는 그저 감사를 드리지 않을 수 없습니다. 이 또한 그리스도 예수의 구속 안에서 이루어졌으며, 성령께서 확고하게 인침으로써 그 어떤 상황에서도 우리에게 주어진 이 놀라운 은혜와 평강은 결코 취소되지 않는다는 사실에 대해 또한 감사를 드립니다.

우리가 이처럼 구별된 한 나라의 백성이라는 사실을 알고 그저 그것으로 만족하지 아니하고 여전히 말씀을 통해 우리를 다스리시고 인도하시고 보호하시는 우리 주 예수 그리스도의 은혜 안에서 하나님의 백성으로 담대하게 이땅에서 살아가는 믿음을 가지게 되기를 소원하옵나이다.

이러한 일들에 대해 우리의 나태함과 무지함과 교만을 불쌍하게 여겨주시고 우리가 더욱 더 그리스도 예수를 믿는 믿음 안에서 확고하게 우리의 존재 의미를 깨닫고 거룩한 백성으로 우리의 시대적 사명을 수행하겠다는 담대함을 가지게 하옵소서.

주 예수 그리스도의 이름으로 기도합니다. 아멘.

〈2〉

복음 위에 있는 보편적인 교회의 특성

골로새서 1:3-8

1:3 우리가 너희를 위하여 기도할 때마다 하나님 곧 우리 주 예수 그리스
도의 아버지께 감사하노라 4 이는 그리스도 예수 안에 너희의 믿음과 모
든 성도에 대한 사랑을 들었음이요 5 너희를 위하여 하늘에 쌓아 둔 소망
으로 말미암음이니 곧 너희가 전에 복음 진리의 말씀을 들은 것이라 6 이
복음이 이미 너희에게 이르매 너희가 듣고 참으로 하나님의 은혜를 깨달
은 날부터 너희 중에서와 같이 또한 온 천하에서도 열매를 맺어 자라는
도다 7 이와 같이 우리와 함께 종 된 사랑하는 에바브라에게 너희가 배웠
나니 그는 너희를 위한 그리스도의 신실한 일꾼이요 8 성령 안에서 너희
사랑을 우리에게 알린 자니라

바울은 인사말(Greeting, 골 1:1,2)을 통해 새 시대의 이스라엘로 부름을 받은 교회가 누릴 영광으로 하나님으로부터 은혜와 평강이 골로새 성도들에게 있기를 선언하고 있다. 그리고 이 모든 일들은 오로지 영원 전에 이루어진 삼위일체 하나님의 예정(엡 1:3-14)에 따라 된 것이며, 복음을 듣고 믿은 성도들에게 약속된 이 하나님의 복은 이미 그들에게 주

어지기로 작정되었던 것임을 밝히고 있다. 이것이 바로 새 시대의 경륜에 속한 교회가 누릴 기쁨이다.

이어서 바울은 '감사와 기도'(Thanksgiving and Prayer, 골 1:3-14)를 통해 이 복된 그리스도의 복음 위에 서 있는 교회의 특성이 무엇인가를 보다 명확하게 밝히고 있다.

1. 그리스도의 아버지이신 하나님 (골 1:3)

바울은 골로새 교회의 믿음과 충성에 대하여 "우리가 너희를 위하여 기도할 때마다 하나님 곧 우리 주 예수 그리스도의 아버지께 감사하노라"(골 1:3)고 하면서 하나님께 감사를 드리고 있다. 그 감사의 대상은 '우리 주 예수 그리스도의 아버지이신 하나님께'(*τῷ Θεῷ Πατρὶ τοῦ κυρίου ἡμῶν Ἰησοῦ Χριστοῦ*, 롬 15:6; 엡 1:3; 골 1:3; 벧전 1:3)라고 묘사되어야 한다.

왜냐하면 하나님은 오로지 자기 아들 가운데서 자신을 나타내셨을 뿐이다. 이 방법만이 성도들이 하나님께 이르기를 바랄 때 문을 열어주는 유일한 열쇠이다.48) 일찍이 예수님은 "내가 곧 길이요 진리요 생명이니 나로 말미암지 않고는 아버지께로 올 자가 없느니라 너희가 나를 알았더면 내 아버지도 알았으리로다 이제부터는 너희가 그를 알았고 또 보았느니라"(요 14:6,7)고 말씀하셨다. 이런 이유에서 예수 그리스도는 하나님에게 이르게 하는 유일한 길이시다.

그리스도는 하나님을 '내 아버지'(마 26:39,42)라고 부를 수 있는 권리와 '나와 아버지는 하나이니라'(*ἐγὼ καὶ ὁ Πατὴρ ἕν ἐσμεν*, 요 10:30; 14:9)고 주장할 수 있는 유일한 권위를 가지신 분이시다. 따라서 자기 아들을 통해 계시된 하나님 외에 다른 신(神)을 하나님으로 안다는 것은 합당하지 않다.

---

48) J. Calvin, 골로새서, p. 537.

그리스도는 본질상 하나님의 아들이면서도 자기 백성을 위해 자기의 피를 값으로 지불하심으로써 '우리 주님'이 되셨고 자기 백성들의 주권적인 주인이 되셨다(빌 2:5-11).

또한 바울이 고린도후서에서 "찬송하리로다 그는 우리 주 예수 그리스도의 하나님이시요 자비의 아버지시요 모든 위로의 하나님이시며 우리의 모든 환난 중에서 우리를 위로하사 우리로 하여금 하나님께 받는 위로로써 모든 환난 중에 있는 자들을 능히 위로하게 하시는 이시로다"(고후 1:3,4)라고 찬송한 것처럼 하나님은 성도들에게 '자비의 아버지시요 모든 위로의 하나님'이 되신다. 그 결과 성도들은 하나님의 자녀로 인정을 받을 수 있는 길이 열리게 되었다.

따라서 성도들은 우리 주 예수 그리스도의 아버지이신 하나님을 비로소 아버지라 부를 수 있게 되었으며 모든 영적인 복을 그 아버지로부터 그리스도를 통하여 누리게 된다. 이런 점에서 하나님은 성도들로부터 감사의 대상이시며, 하나님의 자녀인 골로새 성도들로 인하여 바울이 하나님께 감사하는 이유가 된다.

이런 의미에서 바울은 "우리가 너희를 위하여 기도할 때마다 우리 주 예수 그리스도의 아버지이신 하나님께 감사하노라"(골 1:3)고 밝히고 있다. 바울이 하나님께 감사하는 내용은 4-8절에 자세히 나와 있다. 여기에서 바울은 기독인으로서의 신분과 자신들의 신앙에 대한 증거가 골로새 성도들의 일상적인 삶과 생활에서 구체적으로 나타나 보였기 때문에 그들과 함께 기뻐하고 있다.

이러한 표현은 수신자들을 칭찬함으로써 친밀한 관계를 확신시켜준다. 아울러 바울은 이후 전개될 골로새서의 내용을 미리 암시함으로써 골로새 성도들의 확고한 신앙과 성장하는 신앙에 대한 바울의 감사를 통해 자신의 대행자이며 동시에 "우리와 함께 종 된 사랑하는 에바브라에게 너희가 배웠나니 그는 너희를 위한 그리스도의 신실한 일꾼"(골

1:7)인 에바브라가 그들에게 전한 바울의 메시지에 대한 신실함을 계속 보여줄 것을 기대하고 있다.49)

2) 그리스도 예수 안에 있는 교회 (골 1:4-5a)

바울은 하나님께 감사하는 이유로 "이는 그리스도 예수 안에 너희의 믿음과 모든 성도에 대한 사랑을 들음이요 너희를 위하여 하늘에 쌓아 둔 소망을 인함이니"(골 1:4-5a)라고 밝히고 있다. 바울은 이 소식을 에바브라로부터 들었다.

그 소식은 대부분 고무적이어서 골로새 성도들의 ① 믿음, ② 사랑, ③ 소망에 대하여 바울은 경의를 표하고 있다. 이것은 에바브라가 감옥에 있는 바울에게 전해 준 내용을 요약한 것이다. 아울러 이 세 가지 덕목은 기독교 도덕성의 요약으로 바울이 "그런즉 믿음, 소망, 사랑, 이 세 가지는 항상 있을 것인데 그 중의 제일은 사랑이라"(고전 13:13)고 한 말에서 이미 제시한 바 있다.

① 믿음 : '그리스도 예수 안에 있는 너희의 믿음'(*τὴν πίστιν ὑμῶν ἐν Χριστῷ Ἰησοῦ*)은 전적으로 골로새 성도들이 그리스도 예수와 연합되어 한 몸을 이룸으로써 나타나게 되는 믿음을 강조하고 있다. 이 믿음은 이미 바울이 갈라디아서에서 밝힌 것처럼 이신칭의(the Righteousness Through Faith in Christ)에 근거한 믿음이다.

곧 골로새에 있는 성도들의 믿음은 "사람이 의롭게 되는 것은 율법의 행위로 말미암음이 아니요 오직 예수 그리스도를 믿음으로 말미암는 줄 알므로 우리도 그리스도 예수를 믿나니 이는 우리가 율법의 행위로써가 아니고 '그리스도를 믿음으로써 의롭다 함을 얻으려 함이라'(*δικαιωθῶμεν ἐκ πίστεως Χριστοῦ* : we may be justified by faith in Christ)

49) Ralph P. Martin, 에베소서, 골로새서, 빌레몬서, p. 151.

율법의 행위로써는 의롭다 함을 얻을 육체가 없느니라"(갈 2:16)는 말씀에 근거하고 있는 바로 그 믿음이다. 아울러 이 믿음은 기름부음을 받으신 구세주이신 그리스도께 대한 그들의 영속적인 신뢰와 전인격적인 복종이기도 하다.

② 사랑 : 죄인들을 자기에게로 이끄신 다음 그들을 다시 성도들로 변화시키시는 그리스도 예수께서는 동시에 그들 상호간을 더욱 친밀한 관계 속으로 이끄신다. 이런 까닭에 예수께서 "새 계명을 너희에게 주노니 서로 사랑하라 내가 너희를 사랑한 것 같이 너희도 서로 사랑하라 너희가 서로 사랑하면 이로써 모든 사람이 너희가 내 제자인 줄 알리라"(요 13:34,35)라고 말씀하신 것처럼 모든 성도들은 자기의 동료 성도들이 어느 곳에 거주하든지 어떤 종족이든지 각자의 마음속에 서로를 소중하게 간직하게 된다(빌 1:7,8; 요일 4:7-11). 이것이 바로 '성도들에 대한 사랑' 곧 '모든 성도들에게 향하고 있는 너희들의 사랑'(*τὴν ἀγάπην ἣν ἔχετε εἰς πάντας τοὺς ἁγίους*, 골 1:4)이다.

따라서 '그리스도 예수 안에 있는 너희의 믿음', 즉 그리스도 예수에 대한 믿음은 모든 성도들에 대한 사랑을 동반하며 아울러 그들을 향한 사랑을 통해 골로새 성도들은 그리스도 예수를 믿는 믿음에 근거하여 살게 된다. 이때 그들의 사랑, 곧 모든 성도들을 사랑하는 그 사랑은 하나님을 향한 추상적이고 자아도취에 빠진 이념적인 사랑이 아니었다. 그보다는 그리스도 안에서 한 몸으로 연합됨으로써 서로 형제가 된 성도들을 향해 실천하는 실천적인 사랑이었다. 이것은 그리스도께서 친히 우리에게 모범으로 보여주신(빌 2:5-8) 그 사랑에 근거하고 있다.

이런 점에서 믿음이 그리스도인의 삶에 있어서 수직적인 요소로서 그리스도에 대한 신뢰와 의존을 가리킨다면 사랑은 수평적인 요소로서 다른 성도들과의 관계를 가리킨다.50)

---

50) Grant Osborne, 빌립보서, 골로새서, 빌레몬서, p. 216.

③ 소망 : 그리스도에 대한 믿음은 그리스도의 임재하심과 더불어 기쁘고 선명하며 아름다운 약속들에 대한 말씀 그리고 구속의 행위들과 함께 소망을 불러일으킨다(마 9:2; 14:27; 막 5:36; 6:50; 8:23; 11:11 등). 이 소망은 동시에 믿음과 사랑의 기초가 되기도 한다.

소망은 믿음과 사랑에 대하여 힘 있고 유익하게 반응한다(요 3:16-18). 왜냐하면 성도들의 소망은 단순한 소원이 아니라 하나님의 약속이 성취될 것이라는 열렬한 동경이며, 확신에 찬 기대이며, 참을성 있는 기다림이기 때문이다. 이런 점에서 골로새 성도들의 믿음과 동일한 모든 성도들에 대한 사랑은 인간의 감정에 근거한 것이 아니라 '너희를 위하여 하늘에 쌓아 둔 소망으로 말미암은'(*διὰ τὴν ἐλπίδα τὴν ἀποκειμένην ὑμῖν ἐν τοῖς οὐρανοῖς*) 것이라고 바울은 말한다.

성도들의 소망을 쌓아둔 곳은 하늘이다. 그곳은 부활하신 그리스도께서 아버지께 올라가 함께 거하고 계신 바로 그 장소이다. 따라서 그 소망은 미래에 성취될 것이다(not yet). 그러나 이 소망은 현재 성도들의 삶으로 구현되는 믿음과 사랑의 실체이다(already).

즉 "우리 주 예수 그리스도의 아버지 하나님을 찬송하리로다 그의 많으신 긍휼대로 예수 그리스도를 죽은 자 가운데서 부활하게 하심으로 말미암아 우리를 거듭나게 하사 산 소망이 있게 하시며 썩지 않고 더럽지 않고 쇠하지 아니하는 유업을 잇게 하시나니 곧 너희를 위하여 하늘에 간직하신 것이라"(벧전 1:3,4)는 말씀에서 베드로 사도가 언급한 바로 그 '살아있는 소망'(living hope, 벧전 1:3)이기도 하다.

따라서 성도들은 우리 안에 준비되어 있는 소망을 고대한다. 즉 우리가 거침없는 믿음과 사랑으로써 그리스도인의 삶을 살게 해 주는 바로 그 소망을 가지고 있다. 이로써 성도들은 하늘에서 하나님과 더불어 누릴 영광스러운 영원한 삶이 약속되어 있음을 서로 확인하게 된다.

이 소망이 진정으로 실현될 수 있는 것은 "하나님이 그들로 하여금 이 비밀의 영광이 이방인 가운데 어떻게 풍성한 것을 알게 하려 하심이라 이 비밀은 너희 안에 계신 그리스도시니 곧 영광의 소망이니라"(골 1:27)는 말씀처럼 그 소망이 그리스도 중심의 확신이기 때문이다. 따라서 그 소망은 생명력이 있는 힘이다.

동시에 그 소망은 요한 사도가 "사랑하는 자들아 우리가 지금은 하나님의 자녀라 장래에 어떻게 될지는 아직 나타나지 아니하였으나 그가 나타나시면 우리가 그와 같을 줄을 아는 것은 그의 참모습 그대로 볼 것이기 때문이니 주를 향하여 이 소망을 가진 자마다 그의 깨끗하심과 같이 자기를 깨끗하게 하느니라"(요일 3:3,4)고 밝힌 것처럼 성도들을 성결케 하는 능력으로 성도들에게 역사한다.

왜냐하면 성도들은 이미 최초의 보증으로 받은 바 있는 그 영광에 대한 소망으로 말미암아(고후 1:21,22; 5:5; 엡 1:13,14) 우리를 위해 존재케 하셨던 분이신 주 예수 그리스도에 대한 믿음을 가졌기 때문이다.[51] 그리고 이 소망에 대한 믿음이 하나님에 대해 더 강한 믿음을 가지게 하고 다른 사람들을 더 깊이 사랑하게 한다.[52]

이 소망은 바로 하나님에 의해 성도들에게 주어지는 '빛 가운데서 성도의 기업'(골 1:12)이기도 하다. 이 기업은 우리 주님께서 "오직 너희를 위하여 보물을 하늘에 쌓아 두라"(마 6:20)고 말씀하신 그 보물이다.

---

51) "우리를 너희와 함께 그리스도 안에서 굳건하게 하시고 우리에게 기름을 부으신 이는 하나님이시니 그가 또한 우리에게 인치시고 보증으로 우리 마음에 성령을 주셨느니라"(고전 1:21-22) ; "그 안에서 너희도 진리의 말씀 곧 너희의 구원의 복음을 듣고 그 안에서 또한 믿어 약속의 성령으로 인침을 받았으니 이는 우리 기업의 보증이 되사 그 얻으신 것을 속량하시고 그의 영광을 찬송하게 하려 하심이라"(엡 1:13-14).

52) Grant Osborne, 빌립보서, 골로새서, 빌레몬서, p. 219.

베드로 사도가 이 기업에 대해 "썩지 않고 더럽지 않고 쇠하지 아니하는 기업을 잇게 하시나니 곧 너희를 위하여 하늘에 간직하신 것이라"(벧전 1:4)고 말한 바로 그 기업이다. 이 기업을 가리켜 '산 소망' 곧 '살아있는 소망'이라고 한다.

이 기업, 곧 우리가 하늘에서 얻어서 누리게 될 참 생명에 대한 살아있는 소망은 장차 우리에게 나타날 영광이며(롬 8:18) 하늘에 있는 우리의 시민권과 관련을 맺고 있는 평강과 기쁨이다(빌 3:20). 이와 관련해 바울은 믿지 않는 자들의 상태와 성도들이 장차 누리게 될 상태를 정확하게 비교하여 밝히고 있다.

> "내가 여러 번 너희에게 말하였거니와 이제도 눈물을 흘리며 말하노니 여러 사람들이 그리스도의 십자가의 원수로 행하느니라 그들의 마침은 멸망이요 그들의 신은 배요 그 영광은 그들의 부끄러움에 있고 땅의 일을 생각하는 자라 그러나 우리의 시민권은 하늘에 있는지라 거기로부터 구원하는 자 곧 주 예수 그리스도를 기다리노니 그는 만물을 자기에게 복종하게 하실 수 있는 자의 역사로 우리의 낮은 몸을 자기 영광의 몸의 형체와 같이 변하게 하시리라"(빌 3:18-21).

우리 주님은 "너희는 마음에 근심하지 말라 하나님을 믿으니 또 나를 믿으라 내 아버지 집에 거할 곳이 많도다 그렇지 않으면 너희에게 일렀으리라 내가 너희를 위하여 처소를 예비하러 가노니 가서 너희를 위하여 처소를 예비하면 내가 다시 와서 너희를 내게로 영접하여 나 있는 곳에 너희도 있게 하리라"(요 14:1-3)고 약속하셨다. 따라서 성도들은 영원한 기업에 대한 약속을 확신할 수 있으며 이미 안전한 곳에 그 보물을 쌓아둔 것처럼 안심하게 된다.53)

이것이 바로 그리스도 안에 있는 믿음과 그리스도 예수 안에서 한 몸이 된 성도들이 나누는 사랑으로 서로가 확인하게 되는 소망, 곧 장차

---

53) J. Calvin, 골로새서, p. 539.

성도들이 그리스도 예수 안에서 누리게 될 참된 영광과 영원한 기업에 대한 소망이다.

3. 온 천하로 확장되는 복음과 교회 (골 1:5b-6)

바울은 골로새 성도들이 진리의 말씀, 곧 복음을 듣고 믿었을 때 그리스도께서는 그들에게 하늘에 쌓아 둔 소망을 주셨음을 강조하고 있다. 바울이 하늘에 쌓아둔 소망과 관련해 "곧 너희가 전에 복음 곧 진리의 말씀을 들은 것이라"(*ἣν προηκούσατε ἐν τῷ λόγῳ τῆς ἀληθείας τοῦ εὐαγγελίου*, 골 1:5b)고 하는 이유가 여기에 있다. 여기에서 '복음'(*τοῦ εὐαγγελίου*)과 '진리의 말씀'(*τῷ λόγῳ τῆς ἀληθείας*)은 동격으로 예수 그리스도께서 자신의 죽음과 장사됨과 부활을 통해 죄의 문제를 해결하셨다는 내용을 가리킨다.

이와 관련해 바울은 "형제들아 내가 너희에게 전한 복음을 너희에게 알게 하노니 이는 너희가 받은 것이요 또 그 가운데 선 것이라 너희가 만일 내가 전한 그 말을 굳게 지키고 헛되이 믿지 아니하였으면 그로 말미암아 구원을 받으리라"(고전 15:1,2)고 권면하면서 "내가 받은 것을 먼저 너희에게 전하였노니 이는 성경대로 그리스도께서 우리 죄를 위하여 죽으시고 장사 지낸 바 되셨다가 성경대로 사흘 만에 다시 살아나사"(고전 15:3,4)라는 말로 그리스도의 십자가와 부활을 그 복음의 내용이라고 밝힌 바 있다.

골로새 성도들이 이 진리의 말씀인 복음을 통해 소망의 메시지를 들을 때 이미 하늘에 쌓아둔 기업을 받았다는 것은 그들에게 이미 전파된 복음의 내용 외에 또 다른 어떤 조건이나 요소들이 필요하지 않음을 강조하기 위함이다. 이렇게 함으로써 바울은 그들이 바울로부터 받았던 계시를 더욱 확실하고 견고히 붙잡도록 하기 위해 복음을 '진리의 말씀’(τῷ λόγῳ τῆς ἀληθείας)이라고 부르고 있다.

이처럼 믿음, 사랑, 소망은 복음의 중요한 내용이며 동시에 복음으로 살아가는 성도들의 삶을 규명하는 실체이기도 하다. 이런 점에서 믿음, 사랑, 소망은 하나로 결합되어 있으며 복음에 근거하고 있는 성도들의 삶을 나타냄에 있어서 이것 외에 그 어느 것 하나라도 더 이상 필요하지 않다(골 2:2,3).

반면에 골로새 교회를 위협하는 거짓 가르침은 믿음, 소망, 사랑에 한 가지 덕목인 ‘지식’(γνῶσις)을 추가했다. 그들은 하나님께 받아들여지기 위해 특별한 지식이 있어야 한다고 주장했다(2:8). 그러나 그들이 주장하는 지식(γνῶσις)은 어디까지나 인간의 학문과 경험과 탐구로부터 나온 부산물에 지나지 않는다.[54] 바울에게 있어서 중요한 것은 “무엇을 아는가?”에 있는 것이 아니라 정작 “누구를 아는가?”에 있었다.

때문에 바울은 그리스도를 아는 것이 곧 하나님을 아는 것임을 강조하기 위해 거짓 가르침이 주장하는 인간적인 지식에 대한 논증이야말로 헛된 철학과 민중 신앙과 전통에 대한 것에 지나지 않음을 분명하게 밝히고 있다(골 2:8-23). 왜냐하면 하나님을 모르는 것이 바로 죄이며, 하나님을 알려고 하지 않는 것이 바로 악이기 때문이다.

반면에 복음은 하나님을 바르게 아는 지식과 이로 인하여 보다 더 하나님을 알아가려고 하는 소망을 가지게 한다. 이런 관점에서 바울은 거짓 가르침의 주장에 대해 반박하기 전에 먼저 “그리스도가 누구인가?”에 대한 해명을 제시하고 있다(골 1:13-2:7). 그리스도를 아는 것만이 앎

---

54) 헬라어 그노시스(γνῶσις : knowledge)는 경험적 지식을 의미한다. 종교적인 문맥에서 ‘그노시스적(Gnostic)’이라고 말할 때는 일반적 의미의 서술적 지식을 의미하는 것이 아니라 신성(divine)에 직접 참여함으로부터 온 신비적 또는 내부 밀교적인 경험을 가지는 것으로 이해된다. 이들에게 있어 구원에 도달하게 하는 직접적인 수단 또는 원인은 이러한 신비적인 경험으로써 얻은 지식으로서의 ‘신을 아는 것’이다.

서 말한 것처럼 하나님을 아는 유일한 길이기 때문이다.

바울은 골로새 성도들이 받은 복음의 특성에 대해 "이 복음이 이미 너희에게 이르매 너희가 듣고 참으로 하나님의 은혜를 깨달은 날부터 너희 중에서와 같이 또한 온 천하에서도 열매를 맺어 자라는도다"(골 1:6)라고 설명하고 있다.

골로새 성도들이 받은 복음은 몇몇 숨겨진 사람들만 받아들이고 비밀리에 신앙하는 밀교(密教)처럼 감추어진 복음이 아니었다. 그들이 받은 복음은 열매를 맺는 것처럼 능력의 강한 내적인 활동을 가지고 있어서 생명이 있는 포도나무처럼 온 천하에 가지를 뻗고 확장되는 것으로 나타난다. 복음은 더 이상 숨길 수 있는 비밀이 아니기 때문이다. 이제 그리스도 예수께서 오신 이후 이 복음은 천하 만민에게 밝히 드러나게 된 것이다.

누가는 사도행전에서 "주께서 이같이 우리에게 명하시되 내가 너를 이방의 빛으로 삼아 너로 땅 끝까지 구원하게 하리라 하셨느니라 하니 이방인들이 듣고 기뻐하여 하나님의 말씀을 찬송하며 영생을 주시기로 작정된 자는 다 믿더라 주의 말씀이 그 지방에 두루 퍼지니라"(행 13:47-49)라고 보도함으로써 이제 복음이 널리 전파되고 있음을 밝힌 바 있다. 그리고 "이에 이고니온에서 두 사도가 함께 유대인의 회당에 들어가 말하니 유대와 헬라의 허다한 무리가 믿더라"(행 14:1)고 할 정도로 복음을 들은 수많은 사람들이 회개하고 예수를 그리스도라고 믿는 일들이 일어나고 있었다.

이렇게 복음이 확장되는 과정에서 비록 때로는 고난이 있다 할지라도 복음의 활동은 결코 위축되지 않는다. 오히려 핍박을 받을수록 더 널리 전파되며 온 천하에서 그 열매를 맺는다.55) 여기에서 복음의 보

55) 박윤선, 바울서신, 서울, 영음사, 1985. p. 282.

편적인 특성을 확인할 수 있다.

복음은 결코 사람에게 의존하지 않는다. "영생을 주시기로 작정된 자는 다 믿더라"(행 13:48)는 말씀처럼 오직 복음의 진전은 사람을 사용하시기를 기뻐하시는 하나님께서 친히 이루시는 역사이다. 골로새 성도들은 이러한 복음의 능력과 감사의 이유가 되는 복음의 진전을 친히 경험하고 있었고 동시에 그 복음의 진전에 있어서 그 사실을 증거하는 증인들이기도 하다.

4. 성령의 열매를 맺는 교회 (골 1:7,8)

리쿠스 계곡에 전해진 복음은 그 계곡 안에 갇혀있는 것이 아니라 온 땅에 널리 퍼져 있어서 어디서든지 복음의 결실을 확인할 수 있게 되었다. 이 놀라운 일은 하나님의 은혜로 말미암아 결코 복음을 받을 만한 가치가 없는 자들을 향하신 하나님께서 주신 은혜의 결과였다. 따라서 이 복음에 대한 각성은 결코 변덕스러운 철학적 행위나 혼합된 유대주의에 의해서도 혼탁해지지 않는다.

골로새 성도들 가운데서와 마찬가지로 모든 곳에 있는 모든 성도들 역시 그 말씀을 듣고 받아들였던 그 날부터 계속해서 점진적으로 열매를 맺고 있었다. 이 복음의 보편적인 특성이 골로새 교회에서 계속 열매를 맺고 있다는 사실에 대해서 바울은 하나님께 감사하고 있다.

그리고 이 모든 일의 처음을 시작한 에바브라에 대해 "이와 같이 우리와 함께 종 된 사랑하는 에바브라에게 너희가 배웠나니 그는 너희를 위하여 그리스도의 신실한 일꾼이요 성령 안에서 너희 사랑을 우리에게 고한 자니라"(골 1:7,8)고 말하고 있다.

이것은 에바브라가 골로새 교회에 전한 복음이 바울의 복음과 동일한 것으로 복음의 보편성을 확인해 주기 위함이다. 이렇게 함으로써 에바브라가 전한 복음은 유일하고 참된 복음이며 이것과 충돌을 일으키는 사상이나 체계는 복음이 아님을 강조하고 있다.

따라서 에바브라가 전한 복음을 거부하는 자들은 바울과 디모데의 가르침을 거부하는 것과 같다. 이런 점에서 바울은 에바브라야말로 그리스도의 신실한 일꾼, 즉 바울과 디모데와 같이 그리스도를 대표하는 일꾼(골 1:7)이라고 부른다.

바울은 이 에바브라를 통해 지금 자신이 하나님께 감사하고 있는 골로새 성도들에 대한 보고를 들었다. "그리스도 예수 안에 너희의 믿음과 모든 성도에 대한 사랑을 들음이요"(4절)라고 첫머리에서 밝혔던 것처럼 바울은 에바브라가 '성령 안에서 너희 사랑을 우리에게'(8절) 전달해 주었다고 말하고 있다.

여기에서 바울이 신뢰하고 있는 에바브라가 골로새 성도들의 사랑에 대해 열렬하게 설명했다는 사실을 강조하고 있는 것은 골로새 성도들의 영적 상태의 실상을 매우 고무적인 것으로 보고했음을 암시하고 있다.[56]

특별히 바울은 골로새 성도들에게서 발견되는 사랑을 '성령 안에서 너희 사랑을'이라고 밝힘으로써 그들의 사랑은 성령으로 말미암아 맺은 결실임을 강조하고 있다. 그들이 맺은 사랑은 성령에 의해 마음속에 심기어지고 육성된 결실이었다(롬 15:30; 갈 5:22; 엡 3:16,17). 이것은 마치 사랑을 그 속성으로 가지고 계신 성령께서 사랑을 성도들의 속성으로 삼으셨음을 보여주고 있다.

성령께서 서로 사랑할 수 있는 힘을 주시기 때문에 성도들은 자기들의 이웃과 공동체뿐 아니라 훨씬 벗어난 모든 곳에서도 성령의 사랑으로 서로 영향을 미칠 수 있었다. 사랑은 결코 단순한 감정이 아니라 행

56) William Handriksen, 골로새서, p. 77.

동이자 태도이기 때문에 성도들은 사랑하지 않는 것에 대한 핑계를 찾을 수 없다(4-6절).

이상의 감사의 내용에서 바울이 성부 하나님(2,3절), 성자이신 그리스도 예수(3-7절), 제 삼위가 되시는 성령(8절)에 대해 언급하고 있는 것은 골로새 성도들이 복음 안에서 믿음으로 자라고 사랑의 결실을 맺으며 영원한 기업의 소망을 가지고 있는 그 모든 원인이 삼위일체 하나님의 은혜와 역사하심에 있음을 분명히 밝히고 있다.

마치는 말

에바브라로부터 복음을 받은 골로새 교회는 믿음과 사랑과 소망이라는 복음의 열매를 맺고 있었다. 그들의 믿음은 '그리스도 예수 안에 있는 너희의 믿음'(골 1:3)이라고 할 정도로 그리스도 예수와 연합되어 한 몸을 이룸으로써 나타나게 되는 바로 그 믿음이었다. 또한 그들의 사랑은 '모든 성도들에게 향하고 있는 너희들의 사랑'(골 1:4)이라고 할 정도로 철저하게 이신칭의 믿음 안에서 한 몸 된 교회의 회원들을 향하고 있었다. 뿐만 아니라 그들의 소망은 '너희를 위하여 하늘에 쌓아 둔 소망'(골 1:5)이라고 할 정도로 '살아있는 소망'(벧전 1:3)이었다.

이 사실은 그들이 에바브라로부터 받은 복음이야말로 '진리의 말씀'(골 1:5)으로 그들이 구원에 이름에 있어서 그들이 받은 복음의 내용 외에 또 다른 어떤 조건이나 요소들이 필요하지 않음을 강조하고 있다. 그들은 이 복된 복음을 창고에 쌓아두지 않았다. 오히려 그들이 받은 복음은 그들을 더욱 복음을 전파하는 일에 있어서 생동감이 넘치게 만들었다. 그 결과 "이 복음이 이미 너희에게 이르매 너희가 듣고 참으로 하나님의 은혜를 깨달은 날부터 너희 중에서와 같이 또한 온 천하에서도 열매를 맺어 자라는도다"(골 1:6)라고 바울이 경의를 표할 정도로 곳곳에서 그들은 믿음과 사랑과 소망이라는 복음의 열매를 맺고 있었다.

복음은 관념이나 이념이나 사상이나 상상의 산물이 아니다. 또는 철학과 같은 사변적인 산물도 아니다. 복음은 그 복음을 받은 사람들에게는 십자가 사건이며 동시에 부활의 사건이다. 또한 이 복음은 영원 전에 삼위일체 하나님의 협약으로 예정된 것(엡 1:3-14)으로 지금 역사의 현장에서 그 열매를 맺는 하나님의 일이기도 하다. 2천 년 전에 골로새 교회 성도들이 받았던 그 복음이 포도나무처럼 온 세상에 가지를 뻗어서 마침내 우리에게까지 이르게 된 것이다. 우리가 바로 그 열매이며 증인이다.

| 기 도 |

온 땅에 복음을 부어주시는 우리의 아버지이신 하나님.

하나님께서 작정하신 복음의 열매가 시간과 공간을 넘어 온 땅에 널리 펼쳐지는 놀라운 일에 대해, 그리고 믿음과 사랑과 소망을 그 열매로 맺게 하시는 그 복음의 능력으로 온 땅에 교회들이 세워지고 있다는 사실에 대해 생각해 보았습니다.

무엇보다도 복음을 받은 교회는 다른 것으로 그 특성을 나타내지 않고 오로지 참된 믿음과 사랑과 소망의 열매를 맺음으로써 자신들의 삶을 통해 그 사실을 증거한다는 사실을 통해 우리 또한 그 놀라운 자리에 서게 해 주심에 감사를 드립니다.

우리의 믿음의 선조인 골로새 교회 성도들이 맺은 믿음과 사랑과 소망의 열매들이 이처럼 온 땅에 펼쳐짐으로써 하나님의 작정과 그리스도의 구속과 성령의 인침을 친히 드러낸 것처럼 우리 또한 이러한 교회의 보편적인 특성을 우리의 삶을 통해 드러내기를 소원하옵나이다.

그동안 역사 속에서 친히 하나님의 일을 이루어 가시는 하나님의 섭리에 대해 우리가 민감하게 반응하지 않고, 때로는 그러한 일들이 지금도 여전히 시간과 공간 속에서 성취되고 있음에도 불구하고 무관심했던 우리의 무지함을 불쌍히 여겨주시옵소서.

이제라도 우리가 믿음의 선배들이 일구어 놓은 거룩한 교회를 계승하는 일과 그 교회를 널리 세상에 드러내는 일에 우리의 온 마음과 정성을 다 쏟아 부어 살아가기를 소원하오니, 주여 우리에게도 복음의 열매가 날마다 맺혀지는 은혜를 더하여 주옵소서.

주 예수 그리스도의 이름으로 기도합니다. 아멘.

〈3〉

그리스도의 구속과 교회로의 부르심

골로새서 1:9-14

1:9 이로써 우리도 듣던 날부터 너희를 위하여 기도하기를 그치지 아니하
고 구하노니 너희로 하여금 모든 신령한 지혜와 총명에 하나님의 뜻을
아는 것으로 채우게 하시고 10 주께 합당하게 행하여 범사에 기쁘시게
하고 모든 선한 일에 열매를 맺게 하시며 하나님을 아는 것에 자라게 하
시고 11 그의 영광의 힘을 따라 모든 능력으로 능하게 하시며 기쁨으로
모든 견딤과 오래 참음에 이르게 하시고 12 우리로 하여금 빛 가운데서
성도의 기업의 부분을 얻기에 합당하게 하신 아버지께 감사하게 하시기
를 원하노라 13 그가 우리를 흑암의 권세에서 건져내사 그의 사랑의 아
들의 나라로 옮기셨으니 14 그 아들 안에서 우리가 속량 곧 죄 사함을
얻었도다

바울은 "하나님의 뜻으로 말미암아 그리스도 예수의 사도 된 바울과 형제 디모데는 골로새에 있는 성도들 곧 그리스도 안에서 신실한 형제들에게 편지하노니 우리 아버지 하나님으로부터 은혜와 평강이 너희에게 있을지어다"(골 1:1,2)라는 인사말(Greeting)을 통해 골로새 교회가 그

리스도의 몸된 교회로서 누리는 영광에 대해 밝혔다. 여기에서 바울은 골로새 교회가 하나님께서 주시는 '은혜와 평강'(*χάρις καὶ εἰρήνη*)으로 말미암아 '그리스도의 몸된 교회가 누리는 영광'을 기원하고 있다. 그 내용은 크게 세 가지 의미를 담고 있다.

첫째, 그들이 받는 이 서신은 '하나님의 뜻으로 말미암아 그리스도 예수의 사도'(*ἀπόστολος Χριστοῦ Ἰησοῦ διὰ θελήματος Θεοῦ*)로부터 보내진 것이며, 그분은 지금 하늘에 계신 그리스도 예수이시며, 이 서신은 그리스도 예수의 파루시아(*παρουσία*: 임재)를 상징하며, 이 서신을 받는 성도들이 그리스도의 말씀을 믿음과 순종으로 받아들인다는 것은 그들이 그리스도의 통치 아래에 있다는 사실을 보여주고 있다. 이로써 바울은 모든 성도들이 지금도 그리스도의 말씀 통치 안에서 하나의 동일한 믿음을 가지는 신실한 형제로서 함께 그리스도의 영광에 참여하고 있다는 사실을 보여주고 있다.

둘째, 바울이 이 서신을 받는 이들을 가리켜 '성도들'(*ἁγίοις*)이라고 부름으로써 그들이야말로 옛 이스라엘 곧 구약의 경륜체인 거룩한 백성(a holy nation)의 역사적인 존재 의식(출 19:4-6)을 계승하는 적법한 위치에 있으며, 성도들은 거룩한 백성으로서 ① 하나님을 예배하기 위해 이 세상으로부터 구별되었으며 ② 온 땅에 그리스도의 복음을 증거하는 것을 그 사명으로 가지고 있다는 사실을 보여주고 있다. 이로써 바울은 모든 성도들이 하나님의 거룩한 경륜(*οἰκονομία*: economy)에 참여하고 있다는 사실을 보여주고 있다.

셋째, 우주를 초월하신 그리스도는 친히 자신의 몸인 교회의 머리이시며(*αὐτός ἐστιν ἡ κεφαλὴ τοῦ σώματος, τῆς ἐκκλησίας*, 골 1:18), 부활하여 승귀의 몸이 되신 그리스도께서 영광의 자리에 계신 것처럼 교회는 이제 그리스도와 연합하여 한 몸이 되었기 때문에 그리스도의 영광의 자리에 이르게 되었다. 그 결정체가 바로 그리스도로부터 모든 능력을 부여 받은 그리스도의 몸인 교회이기에 비록 아직은 지상에 있는 교회라 할지라도 하나님으로부터 주어지는 은혜와 평강을 누리는 존재가 되었다는 사실을 보여주고 있다.

인사말에 이어서 바울은 골로새 성도들이 에바브라를 통해 받은 복음 안에서 믿음으로 자라고 사랑의 결실을 맺으며 영원한 기업의 소망을 가지고 있는 것에 대해 하나님께 감사(Thanksgiving)를 드리고 있다(골 1:3-8).

> "우리가 너희를 위하여 기도할 때마다 하나님 곧 우리 주 예수 그리스도의 아버지께 감사하노라 이는 그리스도 예수 안에 너희의 믿음과 모든 성도에 대한 사랑을 들었음이요 너희를 위하여 하늘에 쌓아 둔 소망으로 말미암음이니 곧 너희가 전에 복음 진리의 말씀을 들은 것이라 이 복음이 이미 너희에게 이르매 너희가 듣고 참으로 하나님의 은혜를 깨달은 날부터 너희 중에서와 같이 또한 온 천하에서도 열매를 맺어 자라는도다 이와 같이 우리와 함께 종 된 사랑하는 에바브라에게 너희가 배웠나니 그는 너희를 위한 그리스도의 신실한 일꾼이요 성령 안에서 너희 사랑을 우리에게 알린 자니라" (골 1:3-8).

첫째, 바울이 골로새 성도들에게서 나타나는 복음의 결실에 대해 하나님께 감사하는 내용은 무엇보다도 먼저 그들이 믿음과 사랑과 소망이라는 복음의 열매를 맺고 있었다는 점이다. 그들의 믿음은 '그리스도 예수 안에 있는 믿음' (골 1:3)이었으며 그리스도 예수와 연합되어 한 몸을 이룸으로써 나타나게 되는 바로 그 믿음이었다. 그들의 사랑은 '모든 성도들에게 향하고 있는 사랑' (골 1:4)이었으며 철저하게 그리스도를 믿는 이신칭의 믿음 안에서 한 몸 된 교회의 회원들을 향하는 사랑이었다. 또한 그들의 소망은 '너희를 위하여 하늘에 쌓아 둔 소망'(골 1:5)이었으며 장차 성도들이 그리스도 예수 안에서 누리게 될 참된 영광과 영원한 기업에 대한 '살아있는 소망'(living hope, 벧전 1:3)이었다.

둘째, 바울이 골로새 성도들로 인해 하나님께 감사하는 두 번째 내용은 '진리의 말씀'(τῷ λόγῳ τῆς ἀληθείας, 골 1:5)으로써 그들이 구원을 받음에 있어서 이 복음의 내용 외에 또 다른 어떤 조건이나 요소들이 필요하지 않은 온전한 복음을 받았으며, 그 복음으로 말미암아 골로새 성도들이 더욱 복음을 전파하는 일에 있어서 생동감이 넘치게 만들었다는 점이다. 그 결과 "이 복음이 이미 너희에게 이르매 너희가 듣고 참으로 하나님의 은혜를 깨달은 날부터 너희 중에서와 같이 또한 온 천하에서도 열매를 맺어 자라는도다"(골 1:6)라고 할 정도로 골로새 성도들의 믿음과 사랑과 소망이라는 복음의 열매는 그들이 가는 곳곳에서 맺혀지고 있었다. 골로새 교회 성도들은 이러한 복음의 능력과 감사의 이유가 되는 복음의 진전을 친히 경험하고 있었고 동시에 그 복음의 진전에 있어서 그 사실을 증거하는 증인들이었다.

셋째, 바울이 골로새 성도들로 인해 하나님께 감사하는 세 번째 내용은 그들에게서 나타나는 사랑은 '성령 안에서 맺혀진 사랑'으로서 그들이 베푼 사랑은 성령으로 말미암아 맺은 결실이라는 점이다. 그들의 사랑은 성령에 의해 마음속에 심기어지고 육성된 결실이었으며(롬 15:30; 갈 5:22; 엡 3:16,17) 이것은 마치 사랑을 그 속성으로 가지고 계신 성령께서 사랑을 성도들의 속성으로 삼으셨음을 보여주고 있다. 성령께서 서로 사랑할 수 있는 힘을 주시기 때문에 성도들은 자기의 이웃과 공동체뿐 아니라 훨씬 멀리 떨어져 있는 모든 곳에서도 성령의 사랑으로 서로 영향을 미칠 수 있었다.

이어 바울은 골로새 교회로 인해 하나님께 감사하는 내용을 보다 구체적으로 제시함에 있어 골로새 교회를 위해 하나님께 기도하는 것을 기뻐하고 있다. 이 기도(Player, 골 1:9-14)의 내용은 앞으로 전개될 골로새서의 주제들에 대한 것으로, 이 골로새서를 통해 하나님께서 친히 자기 백성들을 올바른 길로 이끌어 주실 것이라는 확고한 신뢰를 바탕으로 진행되고 있다.

1. 교회가 가장 먼저 알아야 할 것 (골 1:9)

바울이 골로새 성도들을 위해 하나님께 기도하는 가운데 간구하는 것은 "이로써 우리도 듣던 날부터 너희를 위하여 기도하기를 그치지 아니하고 구하노니 너희로 하여금 모든 신령한 지혜와 총명에 하나님의 뜻을 아는 것으로 채우게 하시고"(골 1:9)에서 나타나는 것처럼 그들이 하나님의 뜻을 아는 것에 두고 있다.

무엇보다도 먼저 바울은 골로새 교회가 '모든 지혜와 총명으로 하나님의 뜻을 아는 것으로 충만해지기를'(*ἵνα πληρωθῆτε τὴν ἐπίγνωσιν τοῦ θελήματος αὐτοῦ ἐν πάσῃ σοφίᾳ καὶ συνέσει πνευματικῇ*) 간구하고 있다. 이 세 가지 요소들은 '신령한'(*πνευματικῇ*)이라는 형용사에 의해 수식되고 있는데 여기에서 신령하다는 말은 합당한 간구가 되도록 도와주는 성령에 직접 호소한다는 의미를 가지고 있다.57) 이것은 '지혜와 총명으로 하나님의 뜻을 아는 것'이 성령님의 내주하시는 은혜에 근거하고 있음을 암시하고 있다.

① 지혜(*σοφίᾳ*: wisdom)는 신비롭고 은밀한 것이 아니라 계시를 통해 이미 밝혀진 하나님의 뜻을 알고 행하는 실천적인 과업과 연관되어 있다(렘 22:16). 한마디로 말해서 지혜는 '하나님을 아는 것'(Knowing God)

---

57) Ralph P. Martin, 에베소서, 골로새서, 빌레몬서, p. 152.

에 대한 것이다. 앞서 바울은 하나님을 가리켜 '우리 주 예수 그리스도의 아버지이신 하나님에게'(τῷ Θεῷ Πατρὶ τοῦ κυρίου ἡμῶν Ἰησοῦ Χριστοῦ, 골 1:3; 롬 15:6; 엡 1:3; 골 1:3; 벧전 1:3)라고 밝힌 바 있다. 따라서 예수 그리스도를 통하지 않고서는 하나님이 누구신지 알 수 없다. 이 말은 예수 그리스도에 관한 것, 곧 복음을 통해서만 하나님을 알 수 있음을 의미한다.

그리스도께서는 하나님의 본성을 지니신 분이시며 하나님께 속한 모든 특성과 자질을 지니신 분으로 신성(神性)에 있어서 '그리스도는 하나님이시다'는 의미를 가진다. 예수님은 "나와 아버지는 하나이니라"(ἐγὼ καὶ ὁ Πατὴρ ἕν ἐσμεν, 요 10:30; 14:9)고 말씀하실 수 있는 유일한 분이시다. 이로써 인류가 하나님을 아는 길은 바로 예수 그리스도를 통해서만 가능하다. 이 길 외에 다른 방법은 없다.

② 총명(συνέσει : understanding)은 '지혜'에 근거한 것으로 구체적인 하나님의 뜻에 복종한다는 구약성서에 근거하고 있다(욥 28:12-28). 누가는 어린 시절 예수께서 유월절에 성전 유대 랍비들과 듣기도 하고 묻기도 한 일과 관련해 "듣는 자가 다 그 지혜와 대답을 놀랍게 여기더라"(눅 2:47)고 기록하고 있다. 여기에서 지혜로 번역된 말(원어는 συνέσει)은 '총명' 혹은 '명철'이라는 단어이다. 사실 '지혜와 총명'은 서로 하나의 몸통과 다를 바 없다. 지혜는 총명의 원인이며 총명은 지혜의 열매이다.

특별히 지혜와 총명은 '선악을 분별하는 일'과 깊은 관련이 있다. 솔로몬이 기브온 산당에서 일천번제를 드렸을 때 하나님께서는 솔로몬에게 무엇이든 구하라고 하셨다. 솔로몬은 "누가 주의 이 많은 백성을 재판할 수 있사오리이까 듣는 마음을 종에게 주사 주의 백성을 재판하여 선악을 분별하게 하옵소서"(왕상 3:9)라고 구하였다.

하나님은 “내가 네 말대로 하여 네게 지혜롭고 총명한 마음을 주노니 네 앞에도 너와 같은 자가 없었거니와 네 뒤에도 너와 같은 자가 일어남이 없으리라”(왕상 3:12)고 응답해 주셨다. 하나님께서 지혜롭고 총명한 마음을 솔로몬에게 주신 것은 솔로몬이 아버지인 다윗처럼 “성실과 공의와 정직한 마음으로 주와 함께 주 앞에서”(왕상 3:6) 올바르게 행하기 위함임을 알 수 있다.

이처럼 바울은 골로새 성도들이 ‘신령한 지혜와 총명으로’ 말미암아 ‘하나님을 아는 것’으로 충만하기를 간구하고 있다. 이때 ‘아는 것’(ἐπίγνωσιν: knowledge)은 도덕적 선택을 해야 할 때를 인식한다는 의미로 단순히 종교적이거나 신성한 활동에 국한된 것이 아니라 모든 삶의 활동에서 하나님을 기쁘게 하려는 성도들의 갈망이 포함되어 있다.

2. ‘하나님을 아는 지식’에서 계속 성장해야 하는 교회(골 1:9-11)

하나님에 대하여 아는 것은 그 지식에 일치하는 삶과 분리되지 않는다. 그러므로 참 지식은 순종을 낳으며, 성령께서 주시는 하나님의 뜻에 대한 지식이 없다면 순종도 없다. 이러한 의미에서 바울은 성도들을 위하여 “주께 합당히 행하여 범사에 기쁘시게 하고 모든 선한 일에 열매를 맺게 하시며 하나님을 아는 것에 자라게 하시고 그 영광의 힘을 좇아 모든 능력으로 능하게 하시며 기쁨으로 모든 견딤과 오래 참음에 이르게”(골 1:10,11) 되기를 하나님께 간구하고 있다.

여기에서 우리는 “오직 너희는 그리스도 복음에 합당하게 생활하라”(빌 1:27)는 바울의 권면을 상기할 필요가 있다. ‘생활하라’(πολιτεύεσθε: to live as a citizen : 시민으로 살다)는 말은 자유 국가의 시민으로서 의무를 다한다는 의미를 가지고 있다. 여기에서 시민권(πολιτευμα)이라는 단어도 등장한다(빌 3:20).

성도들의 생활 방식은 하나님의 자녀로 부름을 받은 ‘고귀한 소명’

(출 19:4-6)에 합당해야 한다. 그리고 그 행위는 하나님의 거룩한 백성이라는 신분에 어울려야 한다.[58] 그 모습이 바로 그리스도를 닮은 모습으로 나타나야 한다. 때문에 성도들은 지속적으로 성장을 해야 하며 장성한 만큼 주께 합당한 삶을 살아야 한다. 이런 의미에서 바울은 골로새 교인들이 '하나님을 아는 것에서 자라나기를'(*αὐξανόμενοι τῇ ἐπιγνώσει τοῦ Θεοῦ*) 위하여 간구하고 있다. 이러한 삶만이 하나님을 기쁘시게 한다.

하나님을 기쁘시게 한다는 것은 모든 선한 일에(*ἐν παντὶ ἔργῳ ἀγαθῷ*) 열매를 맺음으로써 하나님을 기쁘시게 할 수 있다. 이 '선한 일'은 하나님께서 예수 그리스도를 이땅에 보내신 일과 깊은 관련을 가지고 있다. 이와 관련해 베드로 사도는 "만유의 주 되신 예수 그리스도로 말미암아 화평의 복음을 전하사(*εὐαγγελιζόμενος εἰρήνην διὰ Ἰησοῦ Χριστοῦ*) 이스라엘 자손들에게 보내신 말씀 곧 요한이 그 세례를 반포한 후에 갈릴리에서 시작하여 온 유대에 두루 전파된 그것을 너희도 알거니와 하나님이 나사렛 예수에게 성령과 능력을 기름 붓듯 하셨으매 그가 두루 다니시며 선한 일을 행하시고 마귀에게 눌린 모든 사람을 고치셨으니 이는 하나님이 함께 하셨음이라"(행 10:36-38)고 증거한 바 있다. 이때 '선한 일'에 대해 베드로 사도는 '화평의 복음을 전하는 것'과 연관시키고 있다.

그러므로 '선한 일'이라는 것은 그리스도의 구속으로 말미암아 누리게 된 하나님과의 화평을 얻기 위한 수단이 아니라 그리스도로 말미암아 얻은 구속의 결과로 성도들의 삶을 통하여 자연스럽게 나타나는 것을 가리킨다. 바울은 이 선한 일과 관련해서 "우리는 그가 만드신 바라 그리스도 예수 안에서 선한 일을 위하여 지으심을 받은 자니 이 일

---

58) Grant Osborne, 빌립보서, 골로새서, 빌레몬서, p. 228.

은 하나님이 전에 예비하사 우리로 그 가운데서 행하게 하려 하심이니라"(엡 2:10)고 밝히고 있다.

이것은 성도들을 향한 하나님의 계획으로 성도들은 그리스도 안에서 선한 일을 위하여 창조되었다. 이것은 창조 전부터 있었던 하나님의 예정이며, 인치는 하나님의 영을 주신 하나님의 영원한 작정이다(엡 4:30). 따라서 성도들의 삶 가운데 나타나는 '선한 일'은 그들이 하나님과 누리는 화평을 통해 온 세상 사람들에게 화평의 복음을 전하는 것이다.

이처럼 성도들이 하나님을 기쁘시게 하는 삶을 살아가기 위해 성도들은 무엇보다도 먼저 하나님을 아는 지식에서 자랄 때 참으로 하나님을 기쁘시게 할 수 있다. 하나님의 성품과 방법 그리고 기대하시는 것들을 더 많이 알아갈수록 성도들은 자신의 삶을 하나님께서 기쁘시게 하는 삶으로 만들 수 있기 때문이다.

이런 이유에서 바울은 성도들로 하여금 모든 견딤과 오래 참음으로 하나님께서 기뻐하시기까지 인내할 수 있기를 하나님께 간구하고 있다. 견딤과 오래 참음은 고난과 반대가 있어도 굳건히 서서 하나님께서 성도들에게 주신 과업인 '선한 일'을 수행하는 모습을 묘사하고 있다. 무엇보다도 견딤과 오래 참음은 성령의 선물이며(롬 15:5; 갈 5:22) 하나님의 언약 성취를 향한 소망과 믿음에 근거하고 있다(롬 8:25; 살전 1:3; 딤후 4:2,8; 히 6:12)는 점에서 성도들의 품성, 곧 인격을 대표하고 있다.[59]

이런 점에서 바울은 골로새 성도들이 하나님의 영광스러운 권능에서 나오는 능력으로 강하게 하시기를 간구하고 있다. 하나님의 영광스러운 능력은 우주를 창조하시고 예수님을 부활하게 하신 능력이다. 이 능력이 임하게 됨으로써 성도들은 자신들에게 주어진 사명, 즉 믿음과 세상을 향한 복음의 증거를 성취할 수 있으며 그 과정에서 만나게 되는

59) William Handriksen, 골로새서, p. 86.

어떤 고난도 견디며 참을 수 있게 된다.

이럴 때 성도들은 바울이 빌립보 교회에 보낸 편지에서 "내가 궁핍하므로 말하는 것이 아니니라 어떠한 형편에든지 나는 자족하기를 배웠노니 나는 비천에 처할 줄도 알고 풍부에 처할 줄도 알아 모든 일 곧 배부름과 배고픔과 풍부와 궁핍에도 처할 줄 아는 일체의 비결을 배웠노라 내게 능력 주시는 자 안에서 내가 모든 것을 할 수 있느니라"(빌 4:11-13)고 말한 것처럼 이땅에서 바울처럼 어떤 고난 가운데서도 복음을 따라 살아가게 된다. 바로 이 모습이 그리스도를 닮아가는 교회가 지향해야 할 특성이다.

3. 구속받은 성도들에게 약속된 영광스러운 기업 (골 1:12)

골로새 교회 성도들이 하나님을 아는 것(골 1:9)과 더욱 더 하나님을 알아가는 일에 있어서 성장함으로써(골 1:10,11) 바울은 성도들이 하나님으로부터 성도들이 받아 누리게 될 기업에 합당한 위치에 서게 될 것을 위하여 간구하고 있다. 이와 관련해 바울은 "우리로 하여금 빛 가운데서 성도의 기업(*τοῦ κλήρου τῶν ἁγίων*)의 부분을 얻기에 합당하게 하신 아버지께 감사하게 하시기를 원하노라"(골 1:12)고 하나님께 간구하고 있다.

이 간구의 내용은 하나님께서 구약시대에 이스라엘을 위하여 가나안 땅을 기업으로 마련하시고 그 땅을 여러 지파들에게 분깃으로 나누어 주셨던 역사적 사실을 기억하게 한다(창 31:14; 민 18:20; 수 13:16). 그와 마찬가지로 이제 하나님은 온 세계 가운데서 이끌어 내신 성도들에게(엡 2:12,13) 하나님 나라의 기업(*κλῆρος* : inheritance) 중 한 부분을 소유하도록 하셨다.

그리스도의 복음을 알기 전에 성도들은 본래 진노의 자식들로 태어나서 하나님 나라와 상관이 없는 존재들이었다. 하지만 하나님은 그리스도 안에서 성도들을 양자로 삼으셨으며 이 값없는 입양(入養)은 전적으로 하나님의 주권적인 선택에 달려 있다(엡 1:3-14). 성도들이 복음을 받아들이고 하나님의 아는 지식에 있어서 충만해지는 일은 성령의 사역과 긴밀한 관련이 있다.

여기에서 바울은 엄위하신 하나님의 성호대신 '아버지'로 호칭함으로써 이점을 보다 더 분명히 하고 있다. 아버지이신 하나님께로부터 받은 중생의 영, 즉 성령은 그들이 하나님의 양자가 되었다는 증표이다.60) 이것은 교회가 베푸는 세례의 가장 기본적인 정신이다.61) 바울은 이 사실을 분명히 하기 위해 '우리로 하여금 빛 가운데서 성도의 기업의 부분'을 얻게 하셨음을 강조하고 있다.

이처럼 성도들은 구속받은 사실, 즉 어두움으로부터 이끌리어 빛으로 옮겨져서 교회(εκκλησιας)라는 말처럼 하나님께 부름을 받은 성도들로 구별되어 드려짐으로써 하나님의 기업에 참여하게 되었다. 따라서 성도들이 하나님으로부터 받은 기업은 하나님의 절대 주권에 속한 은혜이며 인간의 공로와는 아무런 상관이 없다. 왜냐하면 하나님의 기업은 성도들에게는 은혜로 받아들여지는 것이며 그들이 노력해서 벌어들이는 것이 아니기 때문이다.

하나님은 성도들이 기업을 받기 위해서 그들 자신으로서는 무가치한 사람들을 가치 있게 만드셨을 뿐 아니라 성도들로 하여금 그 기업의 한

60) J. Calvin, 골로새서, p. 544.

61) 웨스트민스터신앙고백서 제28장 세례, 제6절. 세례의 효력은 그것이 집행되는 그 순간에 꼭 발생되는 것은 아니다(요 3:5, 8). 그럼에도 불구하고 이 의식을 옳게 집행하게 되면 하나님께서 정해 놓으신 때에, 하나님 자신의 뜻하신 바 계획을 따라서 약속된 은혜를 받도록 되어 있는 사람(어른이든 유아이든)에게 성령으로 말미암아 그 은혜가 제공될 뿐만 아니라, 또한 실제로 나타나고 부여된다(갈 3:27; 딛 3:5; 엡 5:25, 26; 행 2:38, 41).

부분을 소유할 수 있도록 하셨다(고후 3:5). 이것을 가리켜 바울은 '성도의 기업의 부분을 얻기에 합당하게 하셨다' 라고 밝히고 있다.

4. 그리스도를 통한 구원과 죄 사함에 대한 이해 (골 1:13,14)

이제 바울은 골로새 성도들은 '그의 사랑하는 아들인 예수 그리스도의 아버지' 께서 자기의 절대 주권적인 은혜 속에서 성도들로 하여금 충만하고 자유로운 구원의 영역에 존재하는 성도들의 기업의 한 부분을 받기에 합당하도록, 또한 받을 만한 자격이 있도록 만드셨다는 사실을 분명히 밝히고 있다. 그러므로 성도들은 원칙상 이미(already) 구원의 영역, 즉 "그의 사랑하는 아들의 나라"로 옮겨졌다(13절, 엡 2:13).

이 사실에 대해 바울은 "그가 우리를 흑암의 권세에서 건져내사 그의 사랑의 아들의 나라로 옮기셨으니 그 아들 안에서 우리가 구속 곧 죄 사함을 얻었도다"(골 1:13,14)라고 명확하게 밝히고 있다. 하나님의 양자로서 하늘의 기업을 받게 된 성도들의 실천적인 이 경험은 어떤 물리적인 변화이거나 자동적으로 일어나는 과정이 아니라 죄의 용서에 기초한 도덕적 변화이다. 이 내용과 관련된 구체적인 설명은 그리스도의 우월성(The Supremacy of Christ, 골 1:15-23)을 다룬 구절에서 보다 명확하게 서술하고 있다.

성도들은 이전까지는 '흑암의 권세'(τῆς ἐξουσίας τοῦ σκότους: the domain of darkness) 안에 갇혀 있었다. 그러나 이제는 '그의 사랑하는 아들의 나라'(τὴν βασιλείαν τοῦ υἱοῦ τῆς ἀγάπης αὐτοῦ: the kingdom of the Son He loves)로 옮겨졌다. 여기에서 바울은 '우리' 라고 함으로써 자기 자신과 골로새 성도들을 동시에 그리스도의 복음 안에서 이루어진 기독교적 경험 안으로 초대하고 있다.

이 경험은 다분히 바울 자신에게서 발생한 사건으로 부활하신 그리스도 예수를 만났던 사건을 반영하고 있다(행 9:3-9). 사탄의 권세에서 '그의 사랑하는 아들의 나라'로 옮겨지게 하기 위한 죄 사함과 그 결과로 기업을 받았다는 이 기독교적 경험은 골로새 성도들에게도 이미 발생한 사실이었다. 이 사실을 가리켜 바울은 "그 아들 안에서 우리가 속량 곧 죄 사함을 얻었도다"(*ἐν ᾧ ἔχομεν τὴν ἀπολύτρωσιν, τὴν ἄφεσιν τῶν ἁμαρτιῶν*: in whom we have redemption, the forgiveness of sins, 골 1:14)라고 명확하게 밝히고 있다.

바울은 골로새 성도들이 이 기독교적 경험을 체험했다는 사실을 확인시키기 위해 여기에서 '속량' 곧 '구속'과 '죄 사함'이라는 성례전의 용어들을 사용하고 있다. 바울은 히브리서에서 이와 관련해 중요한 내용을 다음과 같이 진술하고 있다.

> "그리스도께서는 장래 좋은 일의 대제사장으로 오사 손으로 짓지 아니한 것 곧 이 창조에 속하지 아니한 더 크고 온전한 장막으로 말미암아 염소와 송아지의 피로 하지 아니하고 오직 자기의 피로 영원한 속죄를 이루사 단번에 성소에 들어가셨느니라 염소와 황소의 피와 및 암송아지의 재를 부정한 자에게 뿌려 그 육체를 정결하게 하여 거룩하게 하거든 하물며 영원하신 성령으로 말미암아 흠 없는 자기를 하나님께 드린 그리스도의 피가 어찌 너희 양심을 죽은 행실에서 깨끗하게 하고 살아 계신 하나님을 섬기게 하지 못하겠느냐 이로 말미암아 그는 새 언약의 중보자시니 이는 첫 언약 때에 범한 죄에서 속량하려고 죽으사 부르심을 입은 자로 하여금 영원한 기업의 약속을 얻게 하려 하심이라 유언은 유언한 자가 죽어야 되나니 유언은 그 사람이 죽은 후에야 유효한즉 유언한 자가 살아 있는 동안에는 효력이 없느니라 이러므로 첫 언약도 피 없이 세운 것이 아니니 모세가 율법대로 모든 계명을 온 백성에게 말한 후에 송아지와 염소의 피 및 물과 붉은 양털과 우슬초를 취하여 그 두루마리와 온 백성에게 뿌리며 이르되 이는 하나님이 너희에게 명하신 언약의 피라 하고

> 또한 이와 같이 피를 장막과 섬기는 일에 쓰는 모든 그릇에 뿌렸느니라 율법을 따라 거의 모든 물건이 피로써 정결하게 되나니 피흘림이 없은즉 사함이 없느니라" (히 9:11-22).

예수님의 구속은 전형적인 구약의 속죄 제물을 가리키는 어린양으로서 십자가에서 자신을 속죄 제물로 드림으로써 마침내 죄 사함을 위한 최종적인 성취를 이루어 내셨다. 그리고 마침내 구속을 받은 성도들에게 영원한 기업을 주시기 위해 다시 오실 것이다(히 9:26,28).

그러므로 아직(not yet) 성도들의 기업에 대한 완전한 소유는 미래에 속한다. 이런 점에서 기업은 성도들을 위하여 하늘에 쌓아둔 소망이 된다(골 1:5,27). 이러한 하나님의 경륜에 대한 이해가 있을 때 "우리로 하여금 빛 가운데서 성도의 기업의 부분을 얻기에 합당하게 하신 아버지께 감사하게 하시기를 원하노라"(골 1:12)는 바울의 간구와 같이 비로소 성도들은 하나님께 진정으로 감사를 드릴 수 있는 것이다.

마치는 말

바울은 '은혜와 평강'(*χάρις καὶ εἰρήνη*)이라는 인사말(Greeting, 골 1:1,2)을 통해 골로새 성도들에게 '그리스도의 몸된 교회가 누리는 영광'을 제시하고 이어서 하나님께 드리는 감사(Thanksgiving, 골 1:3-8)를 통해 그들이 받은 복음 곧 '진리의 말씀'(*τῷ λόγῳ τῆς ἀληθείας*, 골 1:5)으로 말미암아 '믿음과 사랑과 소망'이라는 복음의 열매를 맺고 있음에 감사를 드린 후에 하나님께 간구하는 기도(Player, 골 1:9-14)를 통해 골로새 교회 성도들이 누리고 있는 소망의 기업으로 말미암아 하나님께 감사하는 삶을 살아가기를 기대하고 있다.

이 기도를 통해서 바울은 성도들로 하여금 하나님께 감사하는 삶을 살기 위해 먼저 ①'모든 지혜와 총명으로 하나님의 뜻을 아는 것으로 충만해 지기를'(골 1:9) 간구하고 있다. 그리고 ② 골로새 성도들이 지속적으로 성장을 해서 장성한 만큼 주께 합당한 삶을 살아가도록 하기 위해서 바울은 골로새 교인들이 '하나님을 아는 것에서 자라나기를'(골 1:10) 위하여 간구하고 있다. 또한 ③ 예전에 흑암의 권세 아래 있던 골로새 성도들이 이제 하나님께서 사랑하시는 아들의 나라로 옮겨짐으로써 성도들에게 약속된 하나님 나라의 기업(κλῆρος : inheritance)을 받게 되었다는 사실을 통해 성도들이 하나님께 감사하게 되기를 기도하고 있다(골 1:12).

이 모든 일들은 ④ 성도들에게 어떤 권한이나 자격이나 충분한 대가를 요구할 만한 공로가 있어서가 아니라 바울이 명시하고 있는 것처럼 "그 아들 안에서 우리가 속량 곧 죄 사함을 얻었도다"(골 1:14)는 말처럼 온전히 그리스도께서 자기 자신을 속죄 제물로 드리심으로 이루어졌음을 강조하고 있다. 이러한 일련의 기도 내용은 이후 전개될 골로새서의 주요 주제들이기도 하다.

| 기 도 |

친히 사랑하시는 아들을 통해 밝은 빛으로 우리를 불러내신 우리의 아버지이신 하나님.

하나님께서는 세상을 창조하시기 전에 사랑하는 주의 백성들을 택하시고 그들을 주님 나라에 합당한 삶을 살도록 하기 위하여 성도들로 구별하셨습니다. 이제 때를 따라 그리스도 예수께서 친히 십자가에서 자기 자신을 속죄 제물로 바치심으로써 흑암의 권세 아래에 있던 주의 백성들을 속량하셨사오니 이에 감사를 드리옵나이다.

우리가 이 놀라운 복음으로 말미암아 구속을 받았음으로 무엇보다도 먼저 하나님을 아는 지식에서 날마다 더욱 장성하여서 하나님 나라의 시민다운 삶을 살아가고, 이로써 골로새 성도들이 모범을 보였던 것처럼 믿음과 사랑과 소망의 열매를 맺기를 원하옵나이다.

이러한 우리의 모습을 하나님께서 참으로 기뻐하신다는 사실을 배웠으니, 그동안 우리의 믿음 없는 것과 하나님을 아는 일에 열심을 다하지 않은 것을 불쌍히 여겨주옵소서. 이제부터라도 우리의 삶에서 믿음과 사랑과 소망의 열매를 맺음으로 하나님께 기쁨이 되기를 소원하옵나이다. 우리의 연약함을 불쌍히 여기시어 더욱 강건한 믿음으로 주의 길을 따라갈 수 있도록 은혜를 더하여 주옵소서.

주 예수 그리스도의 이름으로 기도합니다. 아멘.

〈4〉

그리스도의 초월성과 복음의 완전성

골로새서 1:15-29

1:15 그는 보이지 아니하는 하나님의 형상이시요 모든 피조물보다 먼저
나신 이시니 16 만물이 그에게서 창조되되 하늘과 땅에서 보이는 것들과
보이지 않는 것들과 혹은 왕권들이나 주권들이나 통치자들이나 권세들이
나 만물이 다 그로 말미암고 그를 위하여 창조되었고 17 또한 그가 만물
보다 먼저 계시고 만물이 그 안에 함께 섰느니라 18 그는 몸인 교회의 머
리시라 그가 근본이시요 죽은 자들 가운데서 먼저 나신 이시니 이는 친
히 만물의 으뜸이 되려 하심이요 19 아버지께서는 모든 충만으로 예수 안
에 거하게 하시고 20 그의 십자가의 피로 화평을 이루사 만물 곧 땅에 있
는 것들이나 하늘에 있는 것들이 그로 말미암아 자기와 화목하게 되기를
기뻐하심이라 21 전에 악한 행실로 멀리 떠나 마음으로 원수가 되었던 너
희를 22 이제는 그의 육체의 죽음으로 말미암아 화목하게 하사 너희를
거룩하고 흠 없고 책망할 것이 없는 자로 그 앞에 세우고자 하셨으니
23 만일 너희가 믿음에 거하고 터 위에 굳게 서서 너희 들은 바 복음의
소망에서 흔들리지 아니하면 그리하리라 이 복음은 천하 만민에게 전파
된 바요 나 바울은 이 복음의 일꾼이 되었노라 24 나는 이제 너희를 위하
여 받는 괴로움을 기뻐하고 그리스도의 남은 고난을 그의 몸된 교회를
위하여 내 육체에 채우노라 25 내가 교회의 일꾼 된 것은 하나님이 너희
를 위하여 내게 주신 직분을 따라 하나님의 말씀을 이루려 함이니라

26 이 비밀은 만세와 만대로부터 감추어졌던 것인데 이제는 그의 성도들
에게 나타났고 27 하나님이 그들로 하여금 이 비밀의 영광이 이방인 가운
데 얼마나 풍성한지를 알게 하려 하심이라 이 비밀은 너희 안에 계신 그
리스도시니 곧 영광의 소망이니라 28 우리가 그를 전파하여 각 사람을
권하고 모든 지혜로 각 사람을 가르침은 각 사람을 그리스도 안에서 완
전한 자로 세우려 함이니 29 이를 위하여 나도 내 속에서 능력으로 역사
하시는 이의 역사를 따라 힘을 다하여 수고하노라

골로새 교회에 대한 인사(1,2절)에 이어 신실한 동역자인 에바브라에 의해 골로새 교회에 복음이 전해진 사실을 하나님께 감사하고(3-8절) 그 복음에 합당한 삶을 통하여 그리스도를 닮아감으로써 교회의 속성을 나타낼 것을 하나님께 간구하는 기도로(9-14절) 바울은 서론을 마치고 있다.

이어 바울은 본격적으로 골로새 교회를 위협하는 거짓 가르침에 대해 반론을 전개시키기 위하여 먼저 '그리스도와 그의 복음의 완전성과 충족성'에 대한 신학적 논증을 통해 그리스도의 초월성과 복음의 완전성을 제시하고 있다(1:15-2:23).

골로새서 1장 15-20절은 기독론이 담긴 그리스도에 대한 찬송시(讚頌詩)이다. 학자들 중에는 바울 이전부터 있던 찬송시를 바울이 편집해 사용했다고 보는 이들이 있지만 이런 논란은 사변적이고 불필요해 보인다.[62] 이 찬송시에서는 ① 그리스도의 위격과 관련된 '우주를 지배하시는 그리스도의 초월성'(15-17절)에 대해 그리고 ② 그리스도의 사역과 관련된 '교회의 머리이신 그리스도'(18-20절)를 찬송하고 있다.

62) Ralph P. Martin, 에베소서, 골로새서, 빌레몬서, p. 155.

1. '우주를 지배하시는 그리스도의 초월성' (골 1:15)

그리스도는 창조의 전 영역을 그의 전능하신 손 안에 붙잡고 계시는 분이시다. 이 사실과 관련해 바울은 "그는 보이지 아니하는 하나님의 형상이시요 모든 피조물보다 먼저 나신 이시니"(골 1:15)라고 분명히 말하고 있다. 이로써 바울은 그리스도와 관련해 두 가지 사실을 명백하게 밝히고 있다.

1) 그리스도는 '보이지 아니하시는 하나님의 형상'이시다.

첫 사람 아담은 단지 하나님의 형상으로 창조되었다는 이유만으로도 피조물을 다스리는 통치권을 받았다(창 1:27). 그러나 그리스도는 창조되지 않은 '하나님의 형상'이시다(골 2:3,9). 그리스도가 하나님의 형상이시라는 사실은 "그리스도는 계시된 하나님"이라는 의미이기도 하다(고후 4:4).

이 사상은 '그는 근본 하나님의 본체시나 하나님과 동등 됨을 취할 것으로 여기지 아니하시고 오히려 자기를 비워 종의 형체를 가져 사람들과 같이 되셨다'(빌 2:6,7)는 성육신 신학의 근거가 되었다. 이로써 하나님은 그 아들 안에서 보이지 않는 하나님을 나타내 보이셨으며(딤전 1:17; 6:16) 그 결과 사람들은 보이지 아니하는 하나님을 볼 수 있게 되었다.63)

보이지 않는 하나님이 영원부터 영원까지 존재하시는 분이기 때문에 그 아들 역시 영원히 하나님의 형상으로 존재하신다. 이런 점에서 그리스도는 결코 피조물이 될 수 없다. 따라서 그리스도는 모든 피조물보다 탁월하신 분이시다.

---

63) William Handriksen, 골로새서, p. 106

2) 그리스도는 '모든 창조물보다 먼저 나신 분'이시다.

그리스도는 모든 피조물과의 관련 속에서 먼저 나신 분의 존엄성과 권한을 소유하고 계신 분이시다. 이 사실은 모든 피조물들이 그리스도로 말미암아 창조되었음을 강조하고 있다. 이런 점에서 그리스도는 창조에 있어서 유일한 원인이 되신다.

이러한 바울의 사상은 "태초에 말씀이 계시니라 이 말씀이 하나님과 함께 계셨으니 이 말씀은 곧 하나님이시니라 그가 태초에 하나님과 함께 계셨고 만물이 그로 말미암아 지은 바 되었으니 지은 것이 하나도 그가 없이는 된 것이 없느니라"(요 1:1-3)는 말씀을 통해서도 확인된다.

온 우주는 말씀, 곧 로고스(Logos)가 유일한 질료(質料) 64)의 근원이다. 이것은 하나님께서 '말씀을 하심으로써' 모든 우주의 질료들이 존재하였다는 모세의 창조론에 근거하고 있다. "하나님이 가라사대 빛이 있으라 하시매 빛이 있었고 그 빛이 하나님의 보시기에 좋았더라 하나님이 빛과 어두움을 나누사 빛을 낮이라 칭하시고 어두움을 밤이라 칭하시니라 저녁이 되며 아침이 되니 이는 첫째 날이니라"(창 1:3-5)에서 이 사실을 확인할 수 있다.

2. 바울의 우주론적 기독론 (골 1:16,17)

그리스도는 '보이지 아니하시는 하나님의 형상'이시며 '모든 창조물보다 먼저 나신 분'이시라는 바울의 사상은 '우주론적 기독론'(the Cosmological Christology)으로 정의된다. 우주론적 기독론에 근거하여 바울은 "만물이 그에게 창조되되 하늘과 땅에서 보이는 것들과 보이지

---

64) 질료(質料)란 무언가로 만들어질 수 있는 가능태(dynamis)를 의미한다. 이 질료를 통해 만들어진 형상을 가리켜 현실태(energeia)라고 한다. 이런 점에서 질료는 형상이 될 수 있는 가능태라고 하며, 형상은 질료의 현실태라고 한다.

않는 것들과 혹은 보좌들이나 주관들이나 정사들이나 권세들이나 만물이 다 그로 말미암고 그를 위하여 창조되었고 또한 그가 만물보다 먼저 계시고 만물이 그 안에 함께 섰느니라"(골 1:16,17)고 선언하고 있다.

여기에서 먼저 바울은 ① 만물이 그리스도를 위해 창조되었다고 말한다(16절). 헬라 철학, 특히 스토아학파에서는 세상을 존재하게 하고 보존하는 수단으로 '지혜' 곧 '로고스' 사상을 가지고 있었다. 하지만 어떤 철학자도 지혜 또는 로고스가 모든 피조물의 최종적인 목적이라고 말한 적은 없었다. 오직 바울만이 ② 그리스도야말로 만물의 머리이시며 완성이시며 오로지 그 만물들은 그리스도의 지배 아래 있다고 강조한다(17절).

3. '교회의 머리이신 그리스도' (골 1:18-20)

우주론적 기독론에 근거하여 바울은 "그는 몸인 교회의 머리시라 그가 근본(*ἀρχή*: beginning)이시요 죽은 자들 가운데서 먼저 나신 이시니 이는 친히 만물의 으뜸이 되려 하심이요"(골 1:18)라고 선언하고 있다. 여기에서 좀 더 나아가 바울은 우주론적 기독론을 '구원론적 기독론'(the Soteriological Christology)으로 연결시키고 있다.

여기에서 바울에게 있어서 독특한 사상은 모든 피조물의 머리이며 지배자이신 우주적인 그리스도와 교회를 연결시키고 있다는 점이다. 이런 점에서 "그는 몸인 교회의 머리시라"(*αὐτός ἐστιν ἡ κεφαλὴ τοῦ σώματος, τῆς ἐκκλσίας*, 18절)고 하는 바울의 관점은 교회에 대하여 이전과는 전혀 새로운 지평을 열고 있다. 이때 '머리'이신 그리스도는 모든 창조물보다 먼저 나신 분이시면서 또한 '죽은 자들 가운데서 먼저 나신 분이시다.'

여기에서 '근본'(*ἀρχή*: beginning)과 '죽은 자들 가운데서 먼저 나신 분' 이라는 두 가지 표현은 "아버지께서는 모든 충만으로 예수 안에 거하게 하시고"(골 1:19)에서 바울이 지적하고 있는 것처럼 하나님의 충만으로 나타나신 우주적인 주님의 승리를 경축하는 말이다.

하나님의 계획은 그리스도의 부활(resurrection)과 승귀(exaltation)가 역사의 새로운 시작임을 보여주는 것으로 시작된다. 이것은 그리스도의 구속적 활동이 전 우주를 포괄하고 있음을 명백하게 밝히고 있다. 그리스도 안에서 하나님은 만물을 자기와 화목케 하기를 기뻐하신다. 이때 그리스도는 화해로 표현된 하나님의 목적에 따라 우주를 조화롭게 하는 대리자가 되신다.

이에 대해 바울은 "그의 십자가의 피로 화평을 이루사 만물 곧 땅에 있는 것들이나 하늘에 있는 것들을 그로 말미암아 자기와 화목케 되기를 기뻐하심이라"(골 1:20)라고 말한다. 따라서 '근본' 과 '죽은 자들 가운데서 먼저 나신 분' 이라는 표현은 기독론에 보다 특별한 의미를 제공해 주고 있다. 즉 우주적인 그리스도가 누리는 영광은 곧 바울의 십자가 신학에서 재해석되어야 한다. 십자가와 부활로 말미암아 부활하신 그리스도는 새로운 경륜의 백성, 곧 새 이스라엘인 교회의 창설자이시기 때문이다(롬 8:29).

아담은 하나님의 아들이며 낙원의 왕이라는 하나님의 형상으로 지음을 받았다. 그러나 아담은 죄의 노예가 됨으로써 죽음과 썩어짐이라는 옛 질서의 기원이 되었다. 반면에 두 번째 아담으로 오신 그리스도는 십자가와 부활 사건을 통해 인간 역사의 새로운 시작과 새로운 인류의 조상이 되었다. 특별히 이 사실은 교회라고 말하는 인간성의 새로운 차원으로 역사 속에서 구현되었다. 이런 점에서 바울은 그리스도를 가리켜 "그는 몸인 교회의 머리라"(골 1:18)고 선언한다.[65]

---

65) Ralph P. Martin, 에베소서, 골로새서, 빌레몬서, p. 160.

이 찬송시는 하나님의 모든 것이 우주의 여러 형상에서 분산되어 나타나는 것이 아니라 오직 그리스도 안에서만 나타난다는 의미에서 그리스도를 하나님의 형상으로 그리고 '아버지께서는 모든 충만으로 예수 안에 거하게 하신다'(19절)는 말로 그 의미를 분명히 하고 있다.

이것은 골로새 교회를 위협하고 또한 그리스도만으로는 충분치 않다는 거짓 가르침의 주장을 반박하며 동시에 구원을 위하여 바라고 있는 모든 선한 것들은 그리스도의 충만함에서부터 나오지 않으면 안 된다는 사실을 밝혀주고 있다. 하나님께서는 자기 아들로 말미암은 방법이 아니고서는 자기 자신이나 은사들을 인간들에게 주시지 않기 때문이다.66)

그리스도 찬송시는 결국 '교회의 주인은 누구인가'(15-17절) 그리고 '교회는 무엇인가'(18-20절)를 정의하고 있다. 교회의 주인인 그리스도는 만물을 초월하신 분이시다. 그리고 교회는 우주적 그리스도의 피로 말미암아 탄생한 새로운 인류이다. 이때 그리스도는 그의 몸인 교회의 머리가 되신다.

이에 바울은 "그의 십자가의 피로 화평을 이루사 만물 곧 땅에 있는 것들이나 하늘에 있는 것들이 그로 말미암아 자기와 화목하게 되기를 기뻐하심이라"(골 1:20)고 찬송을 드리고 있다. 이로써 바울은 그리스도께서 흘리신 대속의 '피'에 근거하여 새로운 시대를 여는 우주적 주님께 복종함으로써 기독교적인 새 삶을 시작하는 교회가 그리스도의 유일한 주권과 모든 영적 세력들에 대한 그의 현재적 승리를 고백하도록 이끌고 있다(이 내용은 2장의 주요 주제이다).

"그의 십자가의 피로 화평을 이루사 만물 곧 땅에 있는 것들이나 하늘에 있는 것들이 그로 말미암아 자기와 화목하게 되기를 기뻐하심이라"(골 1:20)고 바울이 지적하고 있는 것처럼 우주 가운데 그리스도의 손

66) J. Calvin, 골로새서, p. 553.

이 미치지 않는 것은 아무 것도 없다. 모든 것이 그리스도의 권세 아래에 있다. 따라서 그리스도께서 교회의 머리이시기 때문에 교회를 해치려는 이질적인 어둠의 권세와 세력은 하나도 없다. 만일 그리스도를 통해 하나님과 화해하지 않는 것들이 있다면 그들에게는 멸망만 주어질 뿐이다(계 20:7-10).

이런 이유에서 바울은 '그리스도의 화해'에 담긴 의미를 자세하게 밝히고 있다. 골로새 성도들은 한때 하나님에게서 멀리 떠나 있었으며 하나님의 원수였다. 그들의 생각과 행위는 죄, 곧 하나님을 바르게 알지 못하기 때문에 하나님을 향해 적의를 드러내기도 했다. 그러나 인간의 몸으로 오신 그리스도는 인간이 되시어 자신의 피로 하나님과 화평을 이루셨다(20절).

4. 교회의 시작을 알리는 그리스도의 화해 (골 1:21-23)

그리스도는 비록 죄가 없으셨지만 죄 있는 인간과 마찬가지로 죄에 대한 하나님의 형벌을 감당하셨다. 그리고 완전한 형벌, 즉 죽음을 감당하심으로써 인간을 억압하는 죄의 권세를 깨뜨리셨다. 따라서 그리스도의 몸인 교회는 교회의 머리이신 그리스도께서 그러셨던 것처럼 죄에 대한 승리를 주장할 수 있게 되었으며 하나님과 화목하게 되었다.

이에 바울은 "전에 악한 행실로 멀리 떠나 마음으로 원수가 되었던 너희를 이제는 그의 육체의 죽음으로 말미암아 화목케 하사 너희를 거룩하고 흠 없고 책망할 것이 없는 자로 그 앞에 세우고자 하셨으니"(골 1:21,22)라고 선포하고 있다.

① '거룩하다'(ἁγίους)는 말은 모든 죄악으로부터 정결케 되어 하나님과 그의 사역을 위해 전적으로 구별되어 있는 상태를 의미한다. ②

'흠이 없다'(ἀμώμους)는 말은 온전한 희생 제물처럼 하나님께 드려짐에 있어 아무런 결점이 없는 상태를 의미한다(빌 2:15). ③'책망할 것이 없다'(ἀνεγκλήτους)는 말은 "누가 능히 하나님의 택하신 자들을 송사하리요 의롭다 하신 이는 하나님이시니"(롬 8:33)라는 말씀처럼 나무랄 데 없는 상태를 의미한다.

그리스도의 화해 행위는 성도들을 '거룩하고 흠 없고 책망할 것이 없는 자로' 하나님 앞에 세우기 위함이다. 여기에서 '세운다'(παραστῆσαι)는 말은 종말론적 의미를 포함하며 예수께서 영광의 구름을 타시고 재림하실 때의 한 시점으로 이해된다. 따라서 이 구절은 '무릇 단에 접촉하는 것이 거룩하리라'(출 29:37) 또는 '그것들을 지성물로 구별하라 무릇 이것에 접촉하는 것이 거룩하리라'(출 30:29)는 말씀에서 보는 것처럼 종말론적이든 제의적이든 심판 날에 있어서 하나님의 백성에게 어떤 유죄 선고도 주어지지 않을 것을 약속하는 하나님의 말씀과 관련된다.

이때 성도들의 삶은 마침내 부활로 귀결되며 하나님의 사랑스런 자녀로 그분 앞에 서게 된다. 그 앞에서는 두려움이 없는데 하나님께서 이미 성도들을 자신과 화목하게 하셨으며 그 앞에(in his sight) 받을 만하게 만드셨기 때문이다. 따라서 성도들에게는 신실하고 도덕적으로 예민한 삶이 요구된다. 바울은 이 사실과 관련하여 "만일 너희가 믿음에 거하고 터 위에 굳게 서서 너희 들은 바 복음의 소망에서 흔들리지 아니하면 그리하리라"(골 1:23)는 말로써 성도들을 격려하고 있다.

굳게 서서 흔들리지 않는다는 것은 이 맥락에서 바울의 메시지, 즉 바울이 전한 복음과 연결된다. 바울의 복음은 '거룩하고 흠 없고 책망할 것이 없는 자로' 하나님 앞에 세우기 위한 그리스도의 화해 사역을 말하고 있으며 이것이 곧 바울이 말하고 있는 '복음의 소망'(τῆς ἐλπίδος τοῦ εὐαγγελίου)이다.

"이 복음은 천하 만민에게 전파된 바요 나 바울은 이 복음의 일꾼이 되었노라"(23절)는 말처럼 바울은 이 복음을 계층과 집단, 나이, 인종, 성별 등에 상관없이 모든 사람들에게 전했다. 거짓 가르침이 주장하는 것처럼 지적인 엘리트라는 선택된 집단들만이 영적 실체를 갖는다는 것은 허황된 이야기에 불과하다. '복음의 소망'은 온 세상에 사는 그 누구나 가질 수 있는 보편성을 가지기 때문이다.[67] 이것이 바울의 복음과 거짓 가르침과 확실하게 나타나는 차별되는 점이다.

5. 복음 전파 사역(Paul's Ministry to the Church)에 대한 이해(골 1:24-29)

바울은 모든 성도들을 '복음의 소망' 안에 굳건히 세우기 위해 복음의 일꾼이 되었다고 밝히고 있다. "내가 이제 너희를 위하여 받는 괴로움을 기뻐하고 그리스도의 남은 고난을 그의 몸된 교회를 위하여 내 육체에 채우노라"(골 1:24)는 바울의 고백처럼 교회를 세우는 것이 사도의 직무이다. 바울은 하나님의 구속 사업의 완전한 수행을 위하여 자신이 고난을 받는 것은 십자가에서 고난 받기까지 구속을 완성하신 그리스도의 모범을 따르는 것으로 이해하고 있다.

따라서 교회를 세워나가기 위한 바울의 고난은 교회의 시작을 위한 그리스도의 고난에 따른 연속성을 가지고 있다. 이것은 하나님께서 복음을 확장하고 교회를 세움으로써 성도들을 구원하시고자 하는 자신의 계획을 이루기 위해 사도들을 부르신 목적이었다. 이러한 하나님의 부르심에 대한 바울의 이해는 "내가 교회의 일꾼 된 것은 하나님이 너희를 위하여 내게 주신 직분을 따라 하나님의 말씀을 이루려 함이니라"(골 1:25)에서 확인된다.

"우리가 환난 받는 것도 너희의 위로와 구원을 위함이요"(고후 1:6)라

67) Grant Osborne, 빌립보서, 골로새서, 빌레몬서, p. 249.

는 바울의 말처럼 '하나님이 너희를 위하여' 자신을 사도로 부르셨으며 바울은 그 직분을 수행하기 위해 기꺼이 고난 가운데서도 하나님의 말씀을 전하였다.

본문에서 '내게 주신 직분을 따라'는 말은 이러한 의미를 포함하고 있다. 여기에서 '하나님의 말씀을 이룬다'는 말은 종족이나 국적 혹은 사회적 지위를 막론하고 모든 사람들에게 모든 영광스러운 충만을 통해 완성하신 그리스도를 선포한다는 의미이다.68) 이때 "모든 믿는 자에게 구원을 주시는 하나님의 능력"(롬 1:16)이 나타나게 된다. 이 능력은 바울이 전한 복음을 통해 하나님께서 나타내시는 능력이다.

바울은 이 놀라운 하나님의 능력을 나타내기 위해 사도로 부름을 받았다. 하나님께서 바울에 대하여 "이 사람은 내 이름을 이방인과 임금들과 이스라엘 자손들 앞에 전하기 위하여 택한 나의 그릇이라"(행 9:15)고 하신 하나님의 말씀처럼 바울은 세계 모든 민족들에게 복음을 전하기 위한 사도가 되었다.

이 사실은 만세전부터 감춰진 하나님의 비밀에 속했지만 이제 바울이 사도로 부름을 받아 복음을 전파하게 됨으로써 더 이상 비밀에 속하지 않게 되었다. 이 비밀에 대해 바울은 "이는 이방인들이 복음으로 말미암아 그리스도 예수 안에서 함께 후사가 되고 함께 지체가 되고 함께 약속에 참예하는 자가 됨"(엡 3:16)과 같이 이방인들이 새 이스라엘의 기업을 받는 하나님의 계획이라고 밝힌 바 있다.

이와 같은 의미에서 "이 비밀은 만세와 만대로부터 옴으로 감추었던 것인데 이제는 그의 성도들에게 나타났고 하나님이 그들로 하여금 이 비밀의 영광이 이방인 가운데 어떻게 풍성한 것을 알게 하려 하심이라 이 비밀은 너희 안에 계신 그리스도시니 곧 영광의 소망이니라"(골 1:26,27)고 밝히고 있다. 이전까지 복음은 유대인들에게는 거리끼는 것

68) William Handriksen, 골로새서, p. 131.

이며 이방인들에게는 미련한 것이었다(고전 1:23). 그러나 사도의 복음 전파로 교회가 세워지게 되었고 새로운 시대가 열리게 되었다.

이것은 교회 시대를 여신 그리스도의 새 창조의 결과였다. 따라서 이제 복음은 모든 성도들에게 풀어야 할 비밀이 아니라 영광스러운 풍성함으로 가득 찬 보물 상자를 선물로 받는 것과 같다. 이 선물은 바로 그리스도 자신이시다. 그리스도는 자신의 성령을 통하여 자신의 모든 영광스런 부요함으로 성도들 안에 친히 내주하시는 분이시다.69)

바울이 전파한 것은 바로 그 하나님의 '비밀'이었다. 그러나 더 이상 전파된 이 복음은 비밀이 아니다. 그리스도께서 모든 성도들 안에 자신의 영광스런 부요함으로 내주하시는 선물이 되셨기 때문이다. 각 사람의 마음속에 내주하시는 그리스도는 성도들에게 그들의 소망에 대한 확신, 즉 그리스도의 영광스럽고 영원한 나라에 거한다는 확신을 주신다. 성도들은 그리스도 안에 있으며 그리스도께서는 성도들 안에 계시기 때문에 성도들은 그리스도의 영광을 함께 누릴 수 있게 된 것이다.70)

따라서 바울이 전파한 복음이야말로 거짓 가르침이 주장하는 몇몇 소수의 사람들만이 가질 수 있는 폐쇄적인 지혜나 로고스가 아닌 보편적인 진리였다. 거짓 가르침을 전하는 자들은 중요하고 은밀한 지식이 대다수 성도들에게는 감추어져 있으며 오로지 소수의 사람들만 가질 수 있다고 주장했다. 그러나 바울이 전파한 그리스도는 모든 성도들에게 그들이 필요로 하는 지식을 친히 공급해 주시는 분이시다. 이것은 그리스도 외에 다른 것으로부터 더 완전하게 될 수 있는 길이 없음을 의미한다. 오직 그리스도로부터 주어진 지식만이 성도들을 완전케 하기 때문이다.

이런 의미에서 바울은 "우리가 그를 전파하여 각 사람을 권하고 모

69) William Handriksen, 골로새서, p. 132.

70) Grant Osborne, 빌립보서, 골로새서, 빌레몬서, p. 261.

든 지혜로 각 사람을 가르침은 각 사람을 그리스도 안에서 완전한 자로 세우려 함이니"(골 1:28)라고 말한다. 그리스도 안에 완전케 하는 지혜가 있기 때문에 바울은 그리스도를 전파한다. 그리고 하나님께서는 그리스도에 대한 비밀을 공적으로 전파하기 위해 바울을 사도로 부르셨기 때문에 바울에게서 그리스도를 배워야 만이 완전함에 이를 수 있다.71) 이것은 거짓 가르침을 전하는 자들로부터 골로새 성도들을 분리시키기 위함이다. 따라서 바울은 자신과 자기 동역자들의 가르침만이 사람들의 행위와 지식을 완전하게 해 주는 유일한 길임을 강조하고 있다.

그리스도에 대한 바울과 그의 동역자들의 선포는 '경계하는 것'(νουθετοῦντες: 개역개정은 '권하고')과 '가르치는 것'(διδάσκοντες)으로 구성되어 있다. '경계하는 것'이라는 말은 '훈계하는 것'(admonishing)으로 회개와 결부되며 사람의 행위와 마음의 태도와 관련이 있다. '가르치는 것'은 믿음과 교회의 신앙고백과 결부되며 사람의 지성과 관련이 있다. 이로써 믿음으로부터 이탈하는 성도들을 경계하고 그들에게 있을 수 있는 혼동을 바로 잡으며 복음의 진리로 그들을 강하게 이끌 수 있다.

또한 이 경계함과 가르침은 거짓 가르침이 주장하는 것처럼 어떤 특정한 엘리트 집단을 위한 것이 아니라 모든 성도들을 위한 것으로 바울이 그리스도로부터 받은 모든 지혜를 가지고 각 사람들을 그리스도 안에서 완전한 자로 세우게 한다. 여기에서 '세운다'(παραστήσωμεν: we may present)는 말은 종말에 성도들을 하나님의 심판대 앞에 세운다는 것을 암시한다. 이때 그리스도 안에 있는 성도들은 완전한 상태로 하나님 앞에 서 있게 될 것이다.

모든 성도들은 그 날의 완전함에 이르기까지 지금 그리스도와 연합하여짐으로써 온전해지고 장성하게 되며 교리와 믿음과 행위에 대해

---

71) J. Calvin, 골로새서, p. 565.

완전한 가르침을 받고 있어야 한다. 하나님께서는 오직 그리스도와의 관계를 통해서만 이 일을 가능하게 하시기 때문이다. 이 그리스도와의 관계는 내주하시는 성령의 능력을 힘입어 성도들이 그리스도께서 재림하시는 그날까지 믿음과 성숙 면에서 자라도록 이끌어 주는 유일한 통로이다.72) 바로 이 일을 위해 바울은 자신의 수고를 마다하지 않는다.

이에 바울은 골로새 성도들을 향해 "이를 위하여 나도 내 속에서 능력으로 역사하시는 이의 역사를 따라 힘을 다하여 수고하노라"(골 1:29)고 말하고 있다. 여기에서 '힘을 다해 수고한다'(κοπιῶ ἀγωνιζόμενος)는 말은 원형 경기장의 운동선수들에게서 보는 격렬한 육체의 훈련과 다툼과 투쟁을 묘사하고 있다. 그러나 바울은 자신의 힘으로 이 일을 하지 않는다.

'내 속에서 능력으로 역사하시는'(τὴν ἐνεργουμένην ἐν ἐμοὶ ἐν δυνάμει) 그리스도에 의해 바울은 능력을 덧입고 권능을 받으며 활력을 받아서 일을 하고 있다. 바울은 이 일을 수행함에 있어 하나님의 능력이 필요함을 인식하고 있었다. 그리고 하나님은 바울이 일하는 때 그 능력을 공급해 주신다(고전 15:10). 이것은 바울의 목표가 곧 하나님의 목표와 일치하고 있음을 의미한다.

마치는 말

바울은 '그리스도의 몸된 교회가 누리는 영광'이 담긴 '은혜와 평강'(χάρις καὶ εἰρήνη)이라는 인사말(Greeting, 골 1:1,2)로 골로새서를 시작한다. 이어 골로새 성도들이 받은 복음 곧 '진리의 말씀'(τῷ λόγῳ τῆς ἀληθείας, 골 1:5)으로 말미암아 '믿음과 사랑과 소망'이라는 복음의 열매를 맺고 있는 것에 대하여 하나님께 감사(Thanksgiving, 골 1:3-8)를

72) Grant Osborne, 빌립보서, 골로새서, 빌레몬서, p. 263.

드린다. 그리고 골로새 성도들이 누리고 있는 '소망의 기업'으로 말미암아 하나님께 감사하면서 살아가기를 구하는 기도(Player, 골 1:9-14)로 서론을 마치고 있다.

이제 골로새서 본론으로 들어가면서 바울은 가장 먼저 그리스도의 초월성을 제시하고 있다. 바울의 기독론이 잘 나타나 있는 이 '그리스도의 찬송시'(골 1:15-20)에서 ① 그리스도의 위격과 관련된 '우주를 지배하시는 그리스도의 초월성'(15-17절)과 ② 그리스도의 사역과 관련된 '교회의 머리이신 그리스도'(18-20절)라는 두 가지 관점에서 그리스도의 초월성을 보여주고 있다.

그리스도는 '보이지 아니하시는 하나님의 형상'이시며 '모든 창조물보다 먼저 나신 분'이시라는 바울의 '우주론적 기독론'(the Cosmological Christology)은 "그는 몸인 교회의 머리시라"(골 1:18)는 '구원론적 기독론'(the Soteriological Christology)에서 그 절정을 이루고 있다.

이 내용을 통해서 바울은 교회란 그리스도께서 흘리신 대속의 '피'에 근거하여 새 시대를 여는 우주적인 주님께 복종함으로써 기독교적인 새 삶을 시작하고 있다는 사실을 강조한다. 여기에서 바울은 ① 그리스도의 초월성에 근거한 주권과 모든 영적 세력들에 대한 승리에 대한 믿음을 고취시킴으로써 ② 성도들로 하여금 언제 어느 상황에서든 최후의 승리를 가져오실 그리스도를 바라보도록 이끌고 있다.

바울이 전한 복음의 내용은 성도들을 '거룩하고 흠 없고 책망할 것이 없는 자로' 하나님 앞에 세우기 위한 그리스도의 화해 사역에 대한 것이었다. 이것이 곧 바울이 말하고 있는 '복음의 소망'(τῆς ἐλπίδος τοῦ εὐαγγελίου)이다(골 1:23). 바울은 이 복음의 소망을 위해 기꺼이 자신에게 주어진 사명을 수행할 것을 성도들 앞에 다짐할 수 있었다.

이것은 ① 이 모든 일들이 만세 전부터 작정하신 하나님의 예정이 때를 따라 성취된다는 확고한 믿음을 골로새 성도들로 하여금 믿고 받아들이도록 하기 위함이었다(골 1:25-28). 그리고 ② 이 모든 일들은 바울에게 역사하시는 우주적인 그리스도의 권능이라는 사실을 확실하게 보여줌으로써(골 1:29) 기독교적인 새 삶을 시작하는 교회가 종말의 날까지 그리스도에 대한 믿음을 지킬 수 있도록 독려할 수 있었다.

이처럼 사도가 전한 복음의 특성으로 말미암아 2천 년이 지난 지금 우리도 동일한 복음을 소유하게 되었고 동일한 소망을 누릴 수 있게 되었다. 이런 점에서 우리 역시 골로새 성도들과 함께 복음의 권능에 함께 참여하고 있다는 사실에 대해 자부심을 가져야 할 것이다.

| 기 도 |

우리를 하나님 앞에서 거룩하고 흠 없고 책망할 것이 없는 자로 세우기 위해 그리스도를 통해 구속의 완성을 이루심으로써 복음의 소망을 간직하게 하시는 우리의 아버지이신 하나님.

하나님의 형상이신 성자께서 기꺼이 자신을 비어 종의 형체를 취하시고 십자가에서 죽으심으로써 모든 죄악으로부터 우리를 속량해 주심에 감사를 드리옵나이다. 무엇보다도 모든 세상의 권세들을 굴복시키고 하늘 보좌 위에 높이 올리우신 그리스도 예수와 우리를 한 몸으로 이루게 하심으로써 모든 죄악으로부터 은혜와 평강을 누리게 하셨사온즉, 우리는 그저 주께서 주시는 은혜만으로도 부족함이 없음을 고백하옵나이다.

"그의 십자가의 피로 화평을 이루사 만물 곧 땅에 있는 것들이나 하늘에 있는 것들이 그로 말미암아 자기와 화목하게 되기를 기뻐하심이라"(골 1:20)고 사도 바울을 통해 우리를 친히 하나님께서 기뻐하시는 새로운 존재로 불러주셨음에도 불구하고 여전히 세상의 재물과 유혹에 마음을 빼앗기고 있는 우리의 믿음 없음을 불쌍히 여겨 주옵소서.

우리가 이 복된 자리에 이르게 된 것은 힘을 다해 수고하기를 마다하지 않은 사도들이 우리에게 전해 준 복음의 권능이라는 사실을 마음에 담고 어느 순간이든 어느 상황이든 사도들의 수고가 헛되지 않도록 우리에게 믿음을 더하여 주옵소서.

주 예수 그리스도의 이름으로 기도합니다. 아멘.

〈5〉

그리스도 안에 있는 지혜와 지식의 충족성

골로새서 2:1-5

2:1 내가 너희와 라오디게아에 있는 자들과 무릇 내 육신의 얼굴을 보지
못한 자들을 위하여 얼마나 힘쓰는지를 너희가 알기를 원하노니 2 이는
그들로 마음에 위안을 받고 사랑 안에서 연합하여 확실한 이해의 모든
풍성함과 하나님의 비밀인 그리스도를 깨닫게 하려 함이니 3 그 안에는
지혜와 지식의 모든 보화가 감추어져 있느니라 4 내가 이것을 말함은 아
무도 교묘한 말로 너희를 속이지 못하게 하려 함이니 5 이는 내가 육신으
로는 떠나 있으나 심령으로는 너희와 함께 있어 너희가 질서 있게 행함
과 그리스도를 믿는 너희 믿음이 굳건한 것을 기쁘게 봄이라

골로새 교회의 목회를 담당하고 있는 에바브라가 로마에 구금되어 있는 바울을 방문하여 골로새 교회에 대한 상황과 더불어 교회가 당면한 위험성을 보고하였다. 에바브라는 골로새 지방의 악한 폐습들이 골로새 교회를 위협하고 있으며, 골로새 지역의 토속 종교와 헬라 종교 그리고 유대교 등이 혼합된 사상을 전하는 자들이 골로새 지방의 성도들에게 잘못된 지식을 전파하고 있다고 전했다. 아울러 골로새 교회 성

도들이 그리스도에 대해 여전히 충성하고 있다는 내용도 전해 주었다(골 1:7,8).

골로새 교회의 소식을 들은 바울은 그리스도 예수 안에 있는 골로새 교회 성도들의 믿음과 모든 성도들에 대한 그들의 사랑에 대해 하나님께 감사를 드리고 있다(골 1:3-6). 그리고 골로새 교회가 빛 가운데서 성도들이 장차 받게 될 기업에 대한 소망으로 더욱 견실해지기를 위해 기도하고 있다(골 1:9-14). 이로써 더욱 풍성한 하나님의 은혜를 받은 골로새 교회가 미혹하는 자들의 잘못된 사상으로부터 하나님의 뜻을 분별해 낼 수 있는 지혜를 통해 영적으로 풍성한 삶을 견지해 나갈 것을 기대하면서 이 서신서를 작성하고 있다.73)

무엇보다도 바울은 '그리스도와 그의 복음의 완전성과 충족성'을 골로새 성도들에게 밝힘으로써 외부로부터 오는 잘못된 사상들로부터 골로새 교회가 더욱 든든하게 서야 할 것에 깊은 관심을 가지고 있었다. 이에 바울은 먼저 그리스도에 대해 그리고 복음에 대해 골로새 성도들의 이해를 돕고 있다.

바울은 우주론적 기독론을 주제로 하는 찬송시(골 1:15-20)를 통해 ① 그리스도의 신분과 관련해서 만유와의 관계 속에서 그리스도의 우선성(priority)과 우월성(superiority)을 제시하고(골 1:15-17) ② 그리스도의 사역과 관련해서는 창조의 목적이신 그리스도께서 죽은 자 가운데서 살아나신 첫 번째 인류의 시조가 되심으로써 새로운 질서의 세계인 교회의 머리되심을 밝히고 있다(골 1:18-20).

그리스도는 만유를 창조하신 분이시며 만유가 존재하는 원인이 되신다. 마찬가지로 이제 새롭게 열리게 된 교회의 머리가 되심으로써 그리스도는 성도들과 관련하여 유일한 우주의 권세자가 되신다. 따라서 성도들이 구원을 받기 위하여 그리스도 외에 다른 것들에게 복종할 이유

73) William Handriksen, 골로새서, p. 141.

가 없다. 하나님의 능력은 그리스도 안에 있으며 그 외에 다른 것들에게 분배되지 않았기 때문이다.

그리스도에 대한 이러한 논증은 그리스도가 이 세상과 교회 속에 있는 모든 통치자들과 권세들에 대하여 우월하시다는 것과 오직 그리스도만이 세상을 화목시키는 수단이라는 것을 강조하고 있다. 바울은 하나님께서 그리스도를 십자가 위에서 그의 죽음을 통해 화목제를 드리게 하심으로써 만유를 하나님 자신과 화목케 하는 수단으로 선택하셨음(골 1:21-23)을 증거한 후 그리스도를 선포하는 복음 안에 있는 충만한 영광에 대해 밝히고 있다(골 1:24-29).

골로새 성도들은 예전에 하나님과 원수가 되어 있었지만 그리스도의 십자가를 통해 하나님과 화목하게 됨으로써 심판 날에 하나님은 성도들에게서 그 어떤 흠이나 죄책도 찾지 않으신다. 따라서 골로새 성도들이 하나님의 백성으로 현재 누리고 있는 지위는 그리스도에 대한 믿음에 근거하고 있으며, 그들의 믿음은 그리스도 안에서 하나님의 화해 행위에 대한 응답이다. 이로써 성도들과 하나님 사이에 화평을 이루는 새로운 관계가 형성되었다. 그러므로 성도들은 복음에 토대를 둔 그들의 소망을 종말의 때까지 발전시켜 나가야 한다.74)

바울은 이러한 복음을 위한 사역자로 부르심을 받았기 때문에 하나님과 화목케 하는 그리스도의 복음을 온 땅에 전파하고 있음을 밝히고 있다. 바울은 이 복음을 전함에 있어 그리스도께서 십자가의 고난을 통해 교회의 시작을 여셨던 것처럼 자신은 교회를 세워나가기 위해 기꺼이 고난받는 것을 피하지 않는다. 이것은 그만큼 복음이 귀하다는 의미를 포함하며 또한 복음은 몇몇 사람들에게만 알려진 폐쇄된 지혜가 아

---

74) I. Howard Marshall, 신약성서신학, p. 452.

니라 널리 알리는 개방성과 보편성을 가지고 있다고 증거하고 있다.

이상의 논증을 통해 바울은 오직 그리스도만이 만유와 교회 속에서 우월하고 오직 그리스도만이 화해자라는 것을 강조함으로써 이제 모든 사람들이 그리스도의 화해 사역 속에 포함되어 있기 때문에 세상 모든 사람들은 복음을 들어야 한다는 당위성을 제시하고 있다(골 1:27). 이것은 옛 경륜, 곧 구약시대에서는 하나님의 비밀로 감추어져 있었지만 이제 하나님께서 모든 언약의 자손들을 위해 바울을 통하여 계시하신 이 비밀을 제대로 아는 것만이 그리스도 안에서 참된 지식을 얻는 길이 되기 때문이다(골 1:28,29).

이런 이유에서 바울은 ① 처음 골로새 성도들이 에바브라로부터 받은 복음을 굳건히 지킬 것을 권면하고 있다(골 2:1-5). 이어 ② 교회를 위협하는 잘못된 사상들에 근거하고 있는 거짓 가르침, 즉 '토속 종교'와 '철학'으로 혼합된 유대교의 거짓 가르침들을 경계하면서 그리스도 안에 있는 신성의 모든 충만함과 죄 사함과 관련된 지혜의 근본을 제시하고 있다(골 2:6-23).

1. 그리스도 예수 안에 있는 교회들 (골 2:1,2)

바울이 전한 복음은 오랫동안 감추어 왔으나 이제는 하나님의 은혜로 말미암아 명확하게 계시된 비밀이며, 그 내용은 "영광의 소망이신 너희 안에 계신 그리스도"(골 1:27)로 압축된다. 이 복음을 밝혀진 '비밀'이라고 하는 이유는 "십자가의 도가 멸망하는 자들에게는 미련한 것이요 구원을 받는 우리에게는 하나님의 능력이라"(고전 1:18)는 바울의 말처럼 복음이 어떤 이들에게는 여전히 감추어져 있고 어떤 이들에게만 명확하게 밝혀지기 때문이다.

이와 관련해 바울은 "하나님의 지혜에 있어서는 이 세상이 자기 지혜로 하나님을 알지 못하므로 하나님께서 전도의 미련한 것으로 믿는 자들을 구원하시기를 기뻐하셨도다"(고전 1:21)라고 전제하고, "유대인은 표적을 구하고 헬라인은 지혜를 찾으나 우리는 십자가에 못 박힌 그리스도를 전하니 유대인에게는 거리끼는 것이요 이방인에게는 미련한 것이로되 오직 부르심을 받은 자들에게는 유대인이나 헬라인이나 그리스도는 하나님의 능력이요 하나님의 지혜니라"(고전 1:22-24)고 명확하게 밝혀 증거한 바 있다.

이러한 복음에 대한 바울의 정의는 하나님의 말씀에 대한 전체적인 조망을 제시함으로써 그리스도께서 골로새 성도들의 마음과 생활 속에서 그의 영이신 성령을 통하여 살아 역사하신다는 사실을 강조하기 위함이다. 그리고 그리스도께서 성도들과 연합하여 한 몸인 교회로 있다(골 1:18)는 이 사실이야말로 그리스도께서 성도들에게 영광스러운 미래를 위한 소망이 되시며, 이때 성령께서는 그 사실에 대한 보증이 되심을 강조하고 있다.

바울이 "영광의 소망이신 너희 안에 계신 그리스도"(골 1:27)를 담은 복음을 전파하는 목적은 "각 사람을 권하고 모든 지혜로 각 사람을 가르침은 각 사람을 그리스도 안에서 완전한 자로 세우려 함"(골 1:28)에 있었다. 그리고 "이를 위하여 나도 내 속에서 능력으로 역사하시는 이의 역사를 따라 힘을 다하여 수고하노라"(골 1:29)고 밝히고 있다.

이러한 바울의 수고는 자신이 세운 교회들과 개인적으로 알고 있는 사람들에게만 국한되지 않았다. 비록 바울이 전혀 만난 적이 없었다 할지라도 이미 복음 위에 서 있는 교회는 바울에게 관심의 대상이었다. 특별히 골로새 교회는 바울이 5-6년 전 에베소에서 사역하고 있던 기간(AD 52-55년)에 에바브라를 통해 골로새 지방에 복음을 전하게 함으로써 세워진 교회였다. 당시 에바브라는 리쿠스 계곡에 있는 골로새를

비롯해 라오디게아와 히에라볼리에서 복음을 전하고 교회를 세웠던 것으로 보인다.75)

이 지역에는 오래 전부터 토착 종교와 헬라 종교가 혼합된 형태로 있었으며 이 혼합된 종교의 영향을 받아들인 변질된 유대교가 자리잡고 있었다. 당시 유대교는 어떻게든지 많은 이방인들을 개종시키려고 하는 극단적인 전도 활동을 펼치고 있었기 때문에 유대교의 변질된 거짓 가르침이 리쿠스 계곡에 있는 성도들의 신앙을 위협하고 있었다.

무엇보다도 과격한 일부 유대인들이 골로새 교회 성도들에게 변질된 유대교의 사상을 주입하기 위해 필사적인 노력을 행하고 있었다. 그들은 할례, 음식 규례들, 안식일, 월삭과 유대의 역법에 따른 규정들과 규례 등 모세로부터 받은 율법의 정신을 훼손한 사악한 율법주의적인 가르침을 골로새 교회 성도들에게 강요했다.76)

때문에 에바브라를 통해 복음을 받은 골로새 지방에 새롭게 세워진 교회들에게는 이 변질된 유대교가 적지 않은 위협의 대상이 되어 있었다. 바울은 골로새 지방에 있는 교회들이 거짓 가르침에 맞서며 그리스도를 통한 하나님의 구원 계획에 충실하도록 하기 위하여 신앙 안에서 일치를 이루며(이 주제는 빌레몬서에서 구체적으로 다루고 있다) 서로 격려하면서 사랑으로 성도들의 교통이 이루어지고 유지되기를 바라고 있었다.77)

이러한 심정은 "내가 너희와 라오디게아에 있는 자들과 무릇 내 육신의 얼굴을 보지 못한 자들을 위하여 어떻게 힘쓰는 것을 너희가 알기

75) F. F. Bruce, 바울, p. 437.

76) F. F. Bruce, 바울, p. 442.

77) Grant Osborne, 빌립보서, 골로새서, 빌레몬서, p. 264.

를 원하노니 이는 저희로 마음에 위안을 받고 사랑 안에서 연합하여 원만한 이해의 모든 부요에 이르러 하나님의 비밀인 그리스도를 깨닫게 하려 함이라"(골 2:1,2)는 바울의 말 속에 녹아져 있다.

바울이 AD 46-48년에 있었던 제1차 전도여행과, AD 49년 예루살렘 공의회 이후인 AD 50-52년에 있었던 제2차 전도여행을 하던 중에는 이곳 골로새 지방에는 교회가 없었다. 때문에 바울은 이들을 방문할 기회가 없었다. 하지만 바울이 에베소에서 사역하고 있던 제3차 전도여행 기간(AD 52-57년)에는 상황이 많이 달라져 있었다.

사도행전을 통해 확인할 수 있는 것처럼 "이같이 두 해 동안을 하매 아시아에 사는 자는 유대인이나 헬라인이나 다 주의 말씀을 듣더라"(행 19:10)고 누가가 보도하고 있는 것처럼 이 기간 동안에 아시아에 있는 많은 사람들이 바울을 통해 복음을 듣고 있었다.

그렇다면 이 기간 동안에 리쿠스 계곡 지역에 있던 성도들도 일부는 바울로부터 복음을 들었을 가능성이 높다. 그 가운데는 바울과 개인적인 친분을 맺은 이들도 있었다(골 4:12-17; 몬 1,2절). 그후 바울이 에베소를 떠난 후에도 이 지역 교회들은 지속적으로 발전하였기 때문에 그때로부터 5-6년이 지난 지금 로마에 구금되어 있는 바울과는 서로 얼굴을 알지 못하는 적지 않은 성도들이 그곳에 있었다.

바울은 리쿠스 계곡에 있는 교회들이 변질된 유대교가 주장하는 거짓 가르침으로 인하여 신앙의 위협을 당하고 있다는 점에 대해 서로 얼굴은 알지 못하지만 바울 자신이 얼마나 그들을 애틋하게 사랑하고 있으며, 그들이 영적 위험에 봉착하고 있다는 점에서 상당히 안타까워하고 있는가를 밝힘으로써 교회의 머리이신 그리스도 안에서 한 몸이 된 지체들에 대한 애정을 여기에서 표현하고 있다.

따라서 바울은 혼신의 힘을 다해 이들 성도들이 '마음에 위안을 받고 사랑 안에서 연합하여 원만한 이해의 모든 부요에 이르러 하나님의 비밀인 그리스도를 깨닫게 하려'(골 2:2)는 심정으로 이 서신을 기록하고 있음을 피력하고 있다.

2. 교회를 완전케 하는 '그리스도의 지혜와 지식' (골 2:3)

바울의 관심은 오직 하나이다. ① 그리스도는 유일하시고 전능하신 구세주이시며, 성도들에게 있어 유일한 믿음의 대상이심을 선포하는 것이다. 그리고 ② 그리스도야말로 성도들이 필요로 하는 모든 지혜의 원천이시며, 성도들의 신뢰와 찬송의 대상으로서 그리스도의 위엄과 부요함을 진술하는 데 그 목적이 있었다.78)

이에 바울은 먼저 그리스도와 그의 복음의 완전성과 충족성에 대한 신학적 이해를 촉구하고(골 1:13-23) 골로새 성도들이 에바브라로부터 받은 복음을 굳건히 지킬 것을 권면하면서(골 2:1-5) 그들이 받은 복음의 내용에 대한 구체적인 변증을 전개시키고 있다(골 2:6-23).

이런 점에서 바울은 지금 자신이 리쿠스 계곡에 있는 성도들에게 바라는 것이 무엇인가를 밝히 말함으로써 자신의 사랑이 진실로 사도적인 사명임을 보여주고 있다. 이것은 리쿠스 계곡에 있는 성도들을 향해 그토록 큰 관심을 갖게 된 것이 결코 근거 없는 열망이 아니라 자신의 직분이 마땅히 그것을 요구하고 있음을 강조하기 위함이다. 이에 바울은 성도들이 '하나님의 비밀인 그리스도를 깨달아'(골 2:2) 그의 부요하심에 참여하기를 바라고 있다.

'하나님의 비밀인 그리스도를 깨닫는다'(*εἰς ἐπίγνωσιν τοῦ μυστηρίου τοῦ θεοῦ, Χριστοῦ*)는 말은 ① 복음이야말로 오직 믿음으로만 이해될 수 있고 이성으로나 인간적인 이해의 통찰력으로는 불가능하

78) William Handriksen, 골로새서, p. 151.

며, ② 하나님은 그리스도 안에서가 아니고서는 달리 알려지지 않는다는 것과 ③ 반드시 그리스도가 알려진 곳에서만 하나님이 알려진다는 점을 지시하고 있다(요일 2:22,23).

따라서 그리스도를 떠나서 하나님을 알고 있다는 것은 하나님 대신 자기 스스로 고안한 우상을 섬기는 것과 다름이 없다. 아울러 그리스도를 모르는 사람들은 그 어떤 지혜를 추구하든 그것으로 그들이 하나님께 인도될 수도 없다.79)

이에 바울은 "그 안에는 지혜와 지식의 모든 보화가 감취어 있느니라"(골 2:3)고 단언하고 있다. 그리스도는 모든 지혜와 지식의 원형이시며 원천이시다. 성도들은 그리스도로부터 지혜와 지식을 공급받는다. 세상에서 찾을 수 있는 모형적 지혜로는 천상에 있는 원형의 지혜를 결코 완전하게 보여줄 수 없다. 이런 점에서 그리스도의 지혜와 지식은 원초적이며 창조적이며 모든 우주 안의 어떤 지혜도 감히 성취할 수 없는 것을 성취한다.

① 하나님의 지혜는 이스라엘 안에 있던 자들과 그 바깥에 있던 자들을 그리스도를 통하여 화합하여 하나가 되게 하시며(엡 2:11-18), 그 하나된 그들을 그리스도 예수와 한 몸을 이룬 교회로 부르심으로써 하나님 자신과 화합하게 만드시되(골 1:20) 전혀 불가능하게 보이는 십자가를 통해 이 위대한 이적을 행하신 것에서 확연하게 나타난다(고전 1:21-25).

② 또한 하나님의 지혜는 이 십자가를 통해 죄인의 죽음을 요구하는 자신의 공의와, 죄인의 구원을 요구하는 자신의 사랑을 모두 충족하게 함으로써 분명하게 역사 속에 나타난다. 이 하나님의 지혜로 율법과 복음이 십자가 위에서 서로 만나 하나가 되게 하셨다(롬 5:8; 12:13; 16:27; 시 85:10).

---

79) J. Calvin, 골로새서, p. 569.

이러한 사실에 대하여 바울은 로마서 3장 19-26절에서 다음과 같이 명확하게 진술하고 있다.

> "우리가 알거니와 무릇 율법이 말하는 바는 율법 아래에 있는 자들에게 말하는 것이니 이는 모든 입을 막고 온 세상으로 하나님의 심판 아래에 있게 하려 함이라 그러므로 율법의 행위로 그의 앞에 의롭다 하심을 얻을 육체가 없나니 율법으로는 죄를 깨달음이니라 이제는 율법 외에 하나님의 한 의가 나타났으니 율법과 선지자들에게 증거를 받은 것이라 곧 예수 그리스도를 믿음으로 말미암아 모든 믿는 자에게 미치는 하나님의 의니 차별이 없느니라 모든 사람이 죄를 범하였으매 하나님의 영광에 이르지 못하더니 그리스도 예수 안에 있는 속량으로 말미암아 하나님의 은혜로 값 없이 의롭다 하심을 얻은 자 되었느니라 이 예수를 하나님이 그의 피로써 믿음으로 말미암는 화목제물로 세우셨으니 이는 하나님께서 길이 참으시는 중에 전에 지은 죄를 간과하심으로 자기의 의로우심을 나타내려 하심이니 곧 이 때에 자기의 의로우심을 나타내사 자기도 의로우시며 또한 예수 믿는 자를 의롭다 하려 하심이라" (롬 3:19-26).

이처럼 하나님의 지혜는 육적 이스라엘을 거부하고 그리스도 예수 안에서 새롭게 형성된 '온 이스라엘'인 교회를 구원하는 결과(롬 11:25,26)를 가져오게 하였다.80)

3. 복음을 파수하는 하나님의 군대로서 '교회' (골 2:4,5)

'감추어진 보화'(골 2:3)는 숨겨져 있다는 것이 아니라 그리스도와의 관계를 갈망하는 성도들이 얻을 수 있게 쌓아두거나 저장되어 있음을 의미한다. 다시 말하면 누군가에게 꼭 필요한 보화를 잘 보관한다는 것은 그 값진 보화가 아무런 상관이 없는 사람들에게 함부로 드러나지 않

---

80) William Handriksen, 골로새서, p. 155.

도록 하기 위함이다.

이 말은 구주 예수 그리스도 외에 다른 지혜나 지식을 찾지 말아야 했던 성도들에게 커다란 위로가 되었음이 확실하다. 단지 이미 지혜와 지식을 소유하고 있지만 성숙과 완전한 이해에 도달하기 위해 성도들은 끊임없이 그리스도 안에 감추어진 지혜와 지식의 보화를 구해야 한다. 이렇게 함으로써 성도들은 '하나님의 비밀인 그리스도'에 대해 '원만한 이해의 모든 풍성함'에 이르게 되는 것이다(골 1:27).

이렇게 될 때 성도들은 "내가 이것을 말함은 아무도 교묘한 말로 너희를 속이지 못하게 하려 함이니"(골 2:4)라고 바울 사도가 힘써 강조하고 있는 것처럼 거짓 가르침의 '교묘한 말'(*πιθανολογίᾳ*: persuasive speech) 곧 가증스럽게 가공된 말에 속지 않게 된다. '교묘한 말'이란 '그럴 듯한 말'이라는 의미로 거짓 가르침의 속성을 지시하고 있다.

지금 리쿠스 계곡에 있는 유대인들은 그들이 그토록 자랑했던 율법, 곧 모세가 그들에게 전해준 율법을 토속 종교와 헬라 철학을 도입하여 혼합시킴으로써 율법의 참된 가르침과 정신을 변질시키고, 그 거짓된 교훈이 마치 진정한 모세의 전통을 계승하고 있는 것처럼 교묘한 말로써 골로새 교회 성도들을 미혹하고 있었다.

따라서 구약의 가르침을 근거로 에바브라를 통해 참된 복음, 즉 "영광의 소망이신 너희 안에 계신 그리스도"(골 1:27)를 담은 복음의 내용을 받아들였던 골로새 성도들은 모세를 앞세운 변질된 유대교의 전통과 절기와 할례와 같은 예식들이 마치 복음을 더욱 완성시키고 보완할 수 있는 것처럼 오해할 수 있는 상황이었다. 또한 유대인들은 어떻게 해서든 이들 골로새 성도들을 유혹하려고 모든 수단을 동원하고 있었기 때문에 바울로서는 염려하지 않을 수 없었다.

하지만 바울은 지금까지 리쿠스 계곡의 성도들이 그럴듯한 유대인들의 거짓 가르침에 동요하지 않고 있다는 사실에 대해 매우 고무적인 현상으로 지켜보고 있다. 그리고 계속해서 바울은 "이는 내가 육신으로는 떠나 있으나 심령으로는 너희와 함께 있어 너희가 질서 있게 행함과 그리스도를 믿는 너희 믿음이 굳건한 것을 기쁘게 봄이라"(골 2:5)라는 말로 그들을 힘차게 격려하고 있다.

바울은 그들이 그리스도를 믿는 믿음에 있어서 '질서 있게 행함'(ταξις: 규모, 대열)과 '굳건한 것'(στερεωμα: 진영)을 지속적으로 지켜 나가기를 기대하고 있다. 여기에서 사용된 '규모'(ταξις)는 적을 무찌르기 위해 군대가 적진을 향해 전진하는 질서 정연한 대열을 가리킨다. 그리고 '굳은 것'(στερεωμα)은 적의 공격에 효과적으로 대항하기 위한 군대의 진영을 가리키는 용어들이다.

이것은 마치 전쟁터에서 어떤 적을 만나든지 흐트러짐 없는 대열과 진영을 갖추고 적의 다양한 공격을 능수능란하게 대적함으로써 물리치기 위해 잘 훈련된 군사들의 모습을 연상시키고 있다. 이런 점에서 리쿠스 계곡의 성도들은 '마귀의 궤계를 능히 대적하기 위하여 하나님의 전신 갑주'(엡 6:11)를 입고 있는 하나님의 군대였다. 바울은 에베소서를 마치면서 하나님의 군대인 교회를 향해 이렇게 격려하고 있다.

> "끝으로 너희가 주 안에서와 그 힘의 능력으로 강건하여지고 마귀의 간계를 능히 대적하기 위하여 하나님의 전신 갑주를 입으라 우리의 씨름은 혈과 육을 상대하는 것이 아니요 통치자들과 권세들과 이 어둠의 세상 주관자들과 하늘에 있는 악의 영들을 상대함이라 그러므로 하나님의 전신 갑주를 취하라 이는 악한 날에 너희가 능히 대적하고 모든 일을 행한 후에 서기 위함이라"(엡 6:10-13).

앞서 바울 사도가 "내가 이것을 말함은 아무도 교묘한 말로 너희를 속이지 못하게 하려 함이니 이는 내가 육신으로는 떠나 있으나 심령으로는 너희와 함께 있어 너희가 질서 있게 행함과 그리스도를 믿는 너희 믿음이 굳건한 것을 기쁘게 봄이라"(골 2:4,5)는 말로 골로새 성도들을 격려하고 있는 내용은 지금 우리 시대의 교회와 성도들에게도 커다란 위로와 용기를 주고 있다.

에바브라가 골로새 성도들에게 복음을 전한 시기는 대략 바울의 제3차 전도 여행 중 에베소 중심의 사역이 진행 중이었던 AD 53-54년경이었다면, 그로부터 불과 6-7년의 시간이 지났을 뿐이다. 그렇다면 당시 골로새 교회가 세워진 지 그리 오랜 시간이 지난 것이 아니었다. 그럼에도 불구하고 그들은 변질된 유대교의 거짓 교훈에 대해 명확하게 그 사악한 정체를 판별하고 있었다.

이 사실은 전적으로 그들이 받은 복음의 능력에 근거하고 있다. 그들은 확실하게 하나님을 아는 지식과 그리고 하나님을 아는 지식에서 장성하는 일에 있어서 확연하게 그 증거를 보여주고 있었다(골 1:9,10).

뿐만 아니라 그들이 과거 흑암에서 살았던 생활의 터전을 떠나 새로운 빛의 세계로 옮겨짐으로써 겪어야 할 모든 사회적인 불이익과 그로 인하여 몸소 감당해야 할 많은 고난 중에서도 성도들에게 약속된 하나님의 기업을 소망하면서 굳건하게 그리스도 안에서 믿음과 사랑과 소망의 열매를 맺고 있었던 것이다(골 1:11,12).

그러한 굳건한 믿음의 터전 위에 서 있었던 골로새 교회 성도들은 바울조차도 기이하게 여길 정도로 복음의 능력을 자신들의 삶 속에서 밝히 드러낼 정도였다. 이것은 순전히 바른 복음으로 나오는 능력이 아닐 수 없다. 그들을 향해 바울이 "이는 그들로 마음에 위안을 받고 사랑 안에서 연합하여 확실한 이해의 모든 풍성함과 하나님의 비밀인 그리스도를 깨닫게 하려 함"(골 2:2)이라고 말하는 것처럼, 바울은 더욱더 그들의 확고한 믿음 위에 하나님을 아는 참된 지식의 근본이 되는 그리스도가 누구인가를 더 분명하게 제시하기 위해 이 서신을 보내고 있다.

마치는 말

'그리스도의 몸된 교회가 누리는 영광'을 담은 '은혜와 평강'(χάρις καὶ εἰρήνη)이라는 인사말(Greeting, 골 1:1,2)과, 골로새 성도들이 받은 복음 곧 '진리의 말씀'(τῷ λόγῳ τῆς ἀληθείας, 골 1:5)으로 말미암아 '믿음과 사랑과 소망'이라는 복음의 열매를 맺고 있는 것에 대하여 하나님께 드리는 감사(Thanksgiving, 골 1:3-8)에 이어서 골로새 성도들이 누리고 있는 소망의 기업으로 말미암아 하나님께 감사하는 삶을 살아가기를 하나님께 간구하는 기도(Player, 골 1:9-14)로써 서론을 마친 바울은 이제 골로새서 본론으로 들어감에 있어 먼저 교회의 머리이신 그리스도가 누구이신가에 초점을 맞추고 있다.

본론에 들어감에 있어 바울은 먼저 기독론의 정수를 담고 있는 '그리스도의 찬송시'(골 1:15-20)를 통해 ① 그리스도의 위격과 관련된 '우주를 지배하시는 그리스도의 초월성'(15-17절)이라는 '우주론적 기독론'(the Cosmological Christology)과 ② 그리스도의 사역과 관련된 '교회의 머리이신 그리스도'(18-20절)라고 하는 '구원론적 기독론'(the Soteriological Christology)을 주제로 찬송을 올리고 있다.

그리스도는 '보이지 아니하시는 하나님의 형상'이시며 '모든 창조물보다 먼저 나신 분'이시라는 바울의 우주론적 기독론은 "그는 몸인 교회의 머리시라"(골 1:18)는 '구원론적 기독론'을 통해서 교회는 그리스도께서 흘리신 대속의 '피'에 근거하여 새 시대를 여는 우주적 주님께 복종함으로써 기독교적인 새 삶을 시작하게 된다는 사실을 강조하고 있다. 이로써 바울은 성도들로 하여금 그리스도의 초월성에 근거한 주권과 모든 영적 세력들에 대한 승리에 대한 믿음을 고취시키면서 언제 어느 상황에서든 최후의 승리를 가져오실 그리스도를 바라보도록 이끌고 있다.

이처럼 바울의 복음 사역은 성도들로 하여금 '거룩하고 흠 없고 책망할 것이 없는 자로' 하나님 앞에 세우기 위한 그리스도의 화해 사역에 대한 것이며, 이것이 곧 바울이 말하고 있는 '복음의 소망'(*τῆς ἐλπίδος τοῦ εὐαγγελίου*)이라는 사실을 밝혀주고 있다(골 1:23). 바울이 이 복음의 소망을 위해 기꺼이 자신에게 주어진 사명을 수행하고 있는 것은 이 모든 일들이 만세 전부터 작정하신 하나님의 예정이 때를 따라 성취되었다는 확고한 믿음을 골로새 성도들로 하여금 믿고 받아들이도록 하기 위함이었다(골 1:25-28). 그리고 이 모든 일들은 바울에게 역사하시는 우주적인 그리스도의 권능이라는 사실을 확실하게 보여줌으로써(골 1:29) 기독교적인 새 삶을 시작하는 교회가 종말의 날까지 그리스도에 대한 믿음을 지킬 수 있도록 독려하고 있다.

이러한 흐름 가운데 마침내 바울은 ① 그리스도는 유일하시고 전능하신 구세주이시며, 성도들에게 있어 유일한 믿음의 대상이시며, ② 그리스도야말로 성도들이 필요로 하는 모든 지혜의 원천이시며, 성도들의 신뢰와 찬송의 대상이심을 성도들에게 명확하게 제시하고 있다(골 2:2,3). 이로써 바울은 "너희가 질서 있게 행함과 그리스도를 믿는 너희 믿음이 굳건한 것을 기쁘게 봄이라"(골 2:5)고 말한 것처럼 성도들이야말로 복음을 파수하는 하나님의 군대로서 날마다 그리스도를 아는 지혜와 지식에서 성장해 나가야 할 것을 기대하고 있다.

이 사실은 이미 확고한 복음 위에 서 있는 성도들이라 할지라도 그리스도를 알아감에 있어서는 날마다 더욱더 그리스도 안에 있는 지혜와 지식의 보화(골 2:3)를 찾기 위해 끊임없이 노력해야 한다는 사실을 강조하고 있다. 우리 역시 사도로부터 동일한 복음을 받았다 한다면, 2천 년 전에 골로새 교회 성도들이 보여준 모범으로부터 결코 멀리 떨어져 있지 않아야 할 것이다.

| 기 도 |

우리로 하여금 하나님의 비밀인 그리스도를 알 수 있도록 하시고, 이로써 우리가 더욱 더 그리스도를 믿는 믿음 안에서 질서 있게 행하고 굳건한 믿음을 갖기를 기뻐하시는 우리의 아버지이신 하나님.

하나님께서는 만세전부터 이 모든 복음의 비밀을 우리에게 친히 보여주시기 위해 아담 이래로 인류의 역사 가운데서 친히 하나님의 경륜이 무엇인가를 믿음의 선진들을 통해 보여주셨고, 이제 때를 따라 하나님의 아드님이신 예수 그리스도를 보내셔서 십자가를 통해 우리의 모든 죄악을 속량해 주심에 감사를 드리옵나이다.

또한 사도들을 통해서 그동안 비밀처럼 보였던 이 복음의 내용을 확실하게 보고 듣고 깨닫게 함으로써 그리스도 안에 있는 지혜와 지식의 보화들을 마음껏 누리게 해 주시고, 또한 우리의 믿음 없음을 불쌍히 여기셔서 친히 그리스도께서 머리가 되시는 교회를 통하여 우리의 믿음을 더욱 온전하게 붙잡아 주시오니 이 또한 감사를 드립니다.

주여, 우리가 얼마나 나약하고 빈약한 생각을 앞세워 우리의 알량한 지식으로 이 놀라운 하나님의 경륜과 복음을 대신하려고 했었는지 참으로 애통하고 안타까움을 금할 수 없습니다. 우리의 믿음 없음을 불쌍히 여겨주옵소서.

이제 우리는 하나님의 군대로서 전열과 진영을 바로 세우고 복음을 헤하려고 하는 악한 무리의 도전을 무찌르며, 그리스도의 몸된 교회의 본을 세워 나갈 수 있도록 은혜를 더하여 주옵소서.

주 예수 그리스도의 이름으로 기도합니다. 아멘.

155

〈6〉

교회를 위협하는 거짓 가르침에 대한 경계

골로새서 2:6-19a

2:6 그러므로 너희가 그리스도 예수를 주로 받았으니 그 안에서 행하되
7 그 안에 뿌리를 박으며 세움을 받아 교훈을 받은 대로 믿음에 굳게 서
서 감사함을 넘치게 하라 8 누가 철학과 헛된 속임수로 너희를 사로잡을
까 주의하라 이것은 사람의 전통과 세상의 초등 학문을 따름이요 그리스
도를 따름이 아니니라 9 그 안에는 신성의 모든 충만이 육체로 거하시고
10 너희도 그 안에서 충만하여졌으니 그는 모든 통치자와 권세의 머리시
라 11 또 그 안에서 너희가 손으로 하지 아니한 할례를 받았으니 곧 육의
몸을 벗는 것이요 그리스도의 할례니라 12 너희가 세례로 그리스도와 함
께 장사되고 또 죽은 자들 가운데서 그를 일으키신 하나님의 역사를 믿
음으로 말미암아 그 안에서 함께 일으키심을 받았느니라 13 또 범죄와 육
체의 무할례로 죽었던 너희를 하나님이 그와 함께 살리시고 우리의 모든
죄를 사하시고 14 우리를 거스르고 불리하게 하는 법조문으로 쓴 증서를
지우시고 제하여 버리사 십자가에 못 박으시고 15 통치자들과 권세들을
무력화하여 드러내어 구경거리로 삼으시고 십자가로 그들을 이기셨느니
라 16 그러므로 먹고 마시는 것과 절기나 초하루나 안식일을 이유로 누구

든지 너희를 비판하지 못하게 하라 17 이것들은 장래 일의 그림자이나 몸
은 그리스도의 것이니라 18 아무도 꾸며낸 겸손과 천사 숭배를 이유로 너
희를 정죄하지 못하게 하라 그가 그 본 것에 의지하여 그 육신의 생각을
따라 헛되이 과장하고 19a 머리를 붙들지 아니하는지라

리쿠스 계곡에 있는 교회를 위협하는 거짓 가르침에 대항하는 지역 교회들은 하나님의 전신갑주로 무장되어 있어야 한다. 이 하나님의 군대는 적진을 타파하기 위한 군대의 대열과 적의 공격으로부터 자신을 지키기 위한 단단한 진영을 갖추고 있어야 한다(골 2:5). 아울러 성도들은 그 군대의 핵심에 계시는 그리스도의 명령과 지휘를 따라야 한다.

앞서 바울은 그리스도를 가리켜 지혜와 지식의 보고(寶庫)이며 이를 통해 '원만한 이해의 모든 부요'(골 2:2)에 이르게 될 것을 밝힌 바 있다. 따라서 성도들이 그리스도 안에 있다면 어떠한 적들의 공격에도 결코 요동하지 않고 굳건하게 대열과 진영을 유지할 수 있다.

1. 복음을 파수해야 하는 교회들 (골 2:6,7)

바울은 리쿠스 계곡의 성도들이 그동안 보여준 신앙의 견고함을 기뻐하고 있다. 에바브라를 통해 알려진 것처럼 그들은 하나님의 은혜를 깨달은 날부터 지속적으로 복음의 열매를 맺고 있었다(골 1:6). 이것은 그들이 이미 받은 복음으로부터 주어진 결과였다. 그들은 에바브라로부터 진정한 복음을 받았기 때문이다. "그러므로 너희가 그리스도 예수를 주로 받았으니"(골 2:6)라는 바울의 말처럼 그들이 받은 것은 그리스도에 대한 교리나 이론이라는 학문이 아니라 '그리스도 예수를 주로

받았다'는 사실이다.

'받았다'(παρελάβετε: you have received)는 말은 전수받았다는 말로 마음에 모셔들인 것 그 이상을 가리킨다. 이 말은 한 사람이나 한 세대에서 다음 사람이나 다른 세대로 전통과 교훈이 전달되고 보호된다는 의미를 가진다. 따라서 하나님으로부터 바울에게로 그리고 바울로부터 에바브라에게로 전수된 복음이 이제 에바브라로부터 골로새 성도들에게 전달되었으며, 골로새 성도들은 바울이 하나님으로부터 그 복음을 받은 것처럼 예수 그리스도를 '주'(κυριος)로 영접했음을 의미한다.

여기에서 '주'(κυριος)는 구약에서 말하는 '여호와'(the LORD)를 지칭하는 하나님의 이름이다. 이것은 골로새 성도들이 바울을 통해 하나님으로부터 복음의 선포와 교훈을 받음과 동시에, 자신들의 신앙고백과 세례의 과정을 거쳐 그리스도의 몸의 지체로 새로운 신분을 갖게 되었음을 의미한다.

이런 의미에 근거하여 바울은 골로새 성도들에게 "그 안에 뿌리를 박으며 세움을 입어 교훈을 받은 대로 믿음에 굳게 서서 감사함을 넘치게 하라"(골 2:7)고 권고하면서 거짓 가르침에 대한 경계를 유도하고 있다.

식물이 뿌리를 통해 흙에서 자양분을 공급받듯이 성도들은 그리스도 안에 뿌리를 박아 생명력을 얻어야 한다. 그리고 마치 건물이 점진적으로 지어져서 마침내 그 모양을 갖추게 되듯이 성도들 또한 세움을 받아야 한다. '세움을 입는다'(ἐποικο δομούμενοι: being built up)는 말은 현재 시제로서 계속 진행하고 있는 행동을 보여주고 있다.

나아가 성도들은 믿음에 굳게 서야 한다. '굳게 서다'(βεβαιούμενοι: being strengthened in)는 말은 법적 용어로 계약이 체결되었음을 지시한

다. 이 역시 현재 시제로 계속 진행하고 있는 행동을 요구하고 있다.81)

이것은 계약이 체결됨으로써 법적 구속력을 가지는 것과 같다. 성도들의 믿음, 즉 기독교 신앙이 확고해져서 계약을 파기해서는 안 되는 것처럼 거짓 교훈에 대해서도 지속적으로 견고하게 섬으로써 자신들이 받은 복음을 끝까지 보존해야 할 것을 요구하고 있다.

구원의 복음을 주심으로 그 안에 뿌리를 박고 자라나서 믿음에 있어 확고하게 된 성도들은 ① 그리스도께서 자신들을 위해 행하신 일에 대해 비로소 바르게 이해하게 되고 ② 그리스도에 대한 감사를 표함으로써 성도들의 믿음과 행함을 나타내게 된다.

2. 헛된 철학에 대한 경계 (골 2:8-10)

신실한 종 에바브라에 의해 성도들에게 전수된 것이 진정한 바울의 전승이라면 그 반대되는 전승은 골로새 교회를 위협하는 것들이다. 그러므로 성도들은 자신을 지켜서 누군가 그들을 사로잡아 감으로써 전쟁의 노획물과 같이 되지 않도록 해야 한다.

이 거짓 가르침에 대해 바울은 '철학' '헛된 속임수' '사람의 유전' '세상의 초등 학문' 등으로 규정하고 있다. 이런 것들은 그리스도를 따르는 것이 아니다. 이에 대해 바울은 "누가 철학과 헛된 속임수로 너희를 노략할까 주의하라 이것이 사람의 유전과 세상의 초등 학문을 좇음이요 그리스도를 좇음이 아니니라"(골 2:8)고 강력하게 경계하고 있다.

'철학'(*φιλοσοφιας*)이란 말은 '지혜에 대한 사랑'이라는 뜻으로 지혜를 추구하는 학문을 가리킨다. 여기에서 바울은 '철학'과 '헛된 속임수'(*κενῆς ἀπάτης*: empty deception)를 동격으로 사용하고 있는데, 이것은 사람들이 자기 자신의 이해력으로 현명하게 되기를 바라면서 고

---

81) Grant Osborne, 빌립보서, 골로새서, 빌레몬서, p. 271.

안해 내는 모든 것, 즉 이성의 허울좋은 핑계들과 확실치 않은 모든 지식을 가리키고 있다.82)

문제는 이 철학이 사람들에게 어떤 유익을 주지 않기 때문이 아니라 거짓된 지혜를 가지고 사람들의 마음을 포로로 삼는다는 점에 있다. 이런 의미에서 바울은 '헛된 속임수'라고 한다. 결국 철학은 사람의 머리에서 나오는 모든 거짓된 교훈에 불과하다. 이것은 사람들로 하여금 진리를 깨닫지 못하게 현혹함으로써 '그리스도 안에 있는 지혜와 지식의 모든 보화'(3절)까지도 볼 수 없게 만든다. 이런 것들은 사람들을 노략해서(*συλαλωγων*, 사로잡다) 사람들이 가지고 있는 보화까지도 약탈하는 것과 같다.

이 거짓 가르침은 많은 것을 약속하는 것처럼 보이지만 정작 아무것도 가져다주지 않는다. 이런 점에서 철학은 헛된, 즉 충만함과 대조되는 공허한 속임수에 불과하다. 진정한 철학은 예수 그리스도에게 초점을 맞추어야 한다. 이때 철학은 그리스도를 낮은 위치에 두지 않아야 하며 인간의 노력에 초점을 맞추어서도 안 된다. 그러나 사람의 속성은 이점에서 결코 자유롭지 못하다. 오히려 사람들은 그리스도 대신에 헛된 속임수인 '사람의 유전과 세상의 초등 학문'에 길들여져 있다.

'사람의 유전'(*τὴν παράδοσιν τῶν ἀνθρώπων*: the tradition of men)이라는 말은 사도적 전통이 아닌 사람의 생각으로 만들어 놓은 종교적 의식이나 규례이며, 이것들은 하나님의 메시지에 근거한 것이 아니다. 그리고 '세상의 초등 학문'(*τὰ στοιχεῖα τοῦ κόσμου*: the elements of the world)이란 그리스도께서 강림하시기 전에 사람들이 각자 자기 방식의 학문적 노력을 통해 구원을 성취하고자 얻어낸 지식이나 방편들, 즉 법과 규례와 의식에 관한 교훈들을 의미한다.83)

---

82) J. Calvin, 골로새서, p. 573.

83) William Handriksen, 골로새서, p. 160.

이런 것들, 곧 사람의 유전이나 세상의 초등 학문에 불과한 철학은 결코 "그 안에 뿌리를 박으며 세움을 입어 교훈을 받은 대로 믿음에 굳게 서서 감사함을 넘치게 하라"(골 2:7)는 말씀을 성취할 수 없다.

예를 들면 유대주의자들의 초등 학문으로는 그리스도에 대한 참된 신앙에 이르지 못할 뿐이며 오히려 모세의 율법을 변질시켜 바리새인들의 의식(儀式 : ritual)과 같은 형식주의를 만들어 낼 뿐이다. 이런 헛된 속임수에 빠지게 되면 유대인들이 할례나 절기나 음식법을 지키는 것처럼 그리스도에 대한 신앙을 형식이나 예전으로 대신하려고 한다.

헛된 철학이 추구하는 것과는 달리 바울은 진정한 철학이 추구하는 궁극적인 관심사인 '신성'(*Θεότητος* : Deity)으로 눈길을 돌리고 있다. "그 안에는 신성의 모든 충만이 육체로 거하시고 너희도 그 안에서 충만하여졌으니 그는 모든 정사와 권세의 머리시라"(골 2:9,10).

여기에서 바울은 철학의 최고봉인 신지학적(theosophic) 사고 체계를 제시하면서 상대적으로 인간들이 추구하는 철학은 ① 그리스도를 하나님과 세상을 연결하는 유일한 중재자로 여기지 않으며(18절) ②그리스도의 충만함을 보다 열등한 위치로 끌어내림으로써 그리스도에 대한 대립적 주장을 하기 때문에 이에 대해 강하게 반론을 제기하고 있다.84)

오히려 바울은 하나님을 아는 지식을 앞세우면서 동시에 그리스도에 관하여 지금까지 세상 학문으로서는 전혀 도달할 수 없는 새로운 개념을 제시하고 있다. 이에 바울은 '그 안에는 신성의 모든 충만이 육체로 거하시고'(*ὅτι ἐν αὐτῷ κατοικεῖ πᾶν τὸ πλήρωμα τῆς θεότητος σωματικῶς*)라고 명확하게 밝혀서 말하면서 두 가지 사실을 지적하고 있다.

① 그리스도는 하나님과 함께 계시는 또 하나의 신이 아니시다. 그리

---

84) Ralph P. Martin, 에베소서, 골로새서, 빌레몬서, p. 164.

스도는 성부와 성령과 완전한 동일본질의 동등성을 가지셨으며 그리스도와 하나님은 유사성(similarity)이 아닌 동일본체성(consubstantiality)이시다. 오히려 하나님의 충만이 그리스도 안에 유례없이 그리고 극도로 내주하신다. 이런 점에서 그리스도께서 가지신 신성의 완전함이 육체, 곧 성육신하신 그리스도 안에 거한다.

② 그리스도는 하나님보다 못한 분이 아니시다. 그리스도는 단지 하나님과 사람 사이의 중개자 역할을 하는 천사 계급에 속한 분이 아니시며 구원과 바른 삶을 위해 필요한 모든 것을 소유하신다.

이러한 바울의 이해는 그리스도께서 '육체로'는 '보이지 아니하시는 하나님의 형상'(골 1:15)이라는 말에서 밝힌 것처럼 신성의 충만(πλήρωμα: fullness)이 그리스도 안에서 현현되어 구체적 표현을 입고 온전히 실현되었음을 강조하고 있다. 이로써 바울은 인간이 만든 종교나 철학 또는 이런 것들을 통해서 얻은 지식으로는 그 어떤 것도 그리스도께서 주시는 것, 즉 구원 및 하나님과의 올바른 관계를 줄 수 없다고 못박고 있다.

내주하시는 하나님의 본질의 충만함은 완벽하게 그리스도 안에 집약되어 있기 때문에 구원에 필요한 도움이나 영적 완성을 그리스도가 아닌 다른 어느 곳에서도 찾을 필요가 없는 것이다.[85]

나아가 신성의 모든 충만이 그리스도 안에 거할 뿐 아니라 모든 신자는 그리스도 안에서 그 신성의 충만함(완전함)을 받는다. 이때 그리스도는 성도들이 현재의 삶에서 그리고 미래의 삶에 필요한 모든 것을 채워주시는 생명의 원천이시다. 이런 점에서 바울은 '너희도 그 안에서 충만하여졌으니'라고 말한다.

따라서 그리스도 안에서 세례를 받아 함께 장사된 성도들은 그리스

85) William Handriksen, 골로새서, p. 164.

도 안에서 신성의 충만함을 덧입었기 때문에 또다시 자신들의 구원을 위해 '모든 정사와 권세들'에게 호소한다는 것은 있을 수 없다. 왜냐하면 그리스도는 '모든 정사와 권세의 머리'(ἡ κεφαλὴ πάσης ἀρχῆς καὶ ἐξουσίας)이시기 때문이다.

이 말은 그리스도가 만유의 통치자가 되신다는 의미이며 그리스도를 힘입을 때 그 어떤 악한 존재라 할지라도 성도들을 해칠 수 없음을 분명히 보여주고 있다. 이런 이유에서 성도들은 그리스도 외에 아무 것도 필요하지 않다. 그들은 그리스도 안에서 구원받고 바르게 사는 데 필요한 모든 것을 소유하고 있기 때문이다.

3. 혼합된 유대주의에 대한 경계 (골 2:11-19a)

8-10절에서 밝힌 것처럼 성도들은 바울의 복음을 통해 '예수를 주'로 받았기 때문에 세상의 철학에서 말하는 '지식'을 찾을 이유가 없다. 이어서 바울은 골로새 교회를 위협하고 있는 구체적인 세력인 변질된 유대주의와 그들의 주장을 반박함으로써 이들에 대한 강한 경계를 지시하고 있다.

성도들은 '모든 정사와 권세의 머리'이신 그리스도 예수 안에 있기 때문에 세상 철학에 물든 유대주의자들이 말하고 있는 가공된 '하나님'을 찾을 필요가 없다. 이런 이유에서 바울은 "또 그 안에서 너희가 손으로 하지 아니한 할례를 받았으니 곧 육적 몸을 벗는 것이요 그리스도의 할례니라"(골 2:11)고 강한 어조로 유대주의자들이 주장하는 손으로 행한 할례를 경계하고 있다.

바울은 여기에서 유대인들이 행하는 할례와는 달리 성도들이 받은 '손으로 하지 않은 할례'를 가리켜 '그리스도의 할례'(τῇ περιτομῇ τοῦ Χριστοῦ)라고 밝힘으로써 그리스도의 죽으심과 부활하심으로 인하여, 곧 십자가에서 죽으셨지만 사망의 권세를 이기고 부활하심으로써 더 이상 유대인들이 행하는 육적인 할례는 법적인 효력이 없음을 강조하고 있다.

손으로 행하는 할례를 요구하는 율법과 손으로 하지 않는 영적 할례인 복음을 서로 뒤섞는 것은 두 개의 몸을 가진 그리스도를 만들어내는 것과 같다. 그러나 율법과 복음은 한 분 그리스도만을 말한다. 율법은 오실 그리스도를, 복음은 오신 그리스도를 말한다. 따라서 그리스도가 오신 이후에 율법은 오신 그리스도를 말하는 복음으로 말미암아 재해석되어야 한다. 왜냐하면 그림자는 그 실체를 통해 정확하게 이해되기 때문이다.86)

여기에서 바울은 기독교 진리의 핵심 사상을 밝히고 있다. 기독교 진리는 우주의 세력을 행사하는 천체들이나 천사들에게 있지 않고 오로지 그리스도 안에 충분히 내제되어 있기 때문이다. 따라서 참 진리는 부분이 아닌 완성의 모든 충만함으로 성육신하신 예수 안에 있다(9절). 이것은 신성의 외투에 불과한 할례와 같은 것으로 또는 자기들만 가지고 있다는 특별한 세상적 '지식'으로 그리스도 안에 있는 신성의 충만한 참 지식을 얻을 수 없음을 분명히 하고 있다.

나아가 바울은 지상에서 살았던 인간 예수가 하나님의 사역을 완성하는 유일한 인간이었다고 말하고 있는 것이 아니다. 그리스도의 성육신 교리는 하나님이 친히 인간의 몸을 입고 예수로 이땅에 나타나셨다는 가현론(假現論, Docetism)도 아니며, 마리아에게서 태어난 인간 예수에게 성령의 세례로 신성이 입혀져서 하나님의 아들이 되었다고 주장하는 양자론(養子論, Adoptianismus, 그리스도의 양자설)도 거부한다.

오히려 바울은 신성의 충만함이야말로 참된 인간적인 삶을 사는 것으로 나타나는데 그것은 이 세상에서 완전한 하나님의 형상이시며 동

86) J. Calvin, 골로새서, p. 577.

시에 성육신하신 예수의 삶을 통해서 이루어진다는 사실을 강조하고 있다.

그러므로 성육신하신 그리스도의 인격과 그 인격의 성취에 대한 바울의 기독론은 그 영향력이 세상과 교회에 대하여 직접적으로 연관되는 구원론으로 연결된다(10절). 즉 그리스도 안에 나타난 하나님의 충만한 본질은 성도들이 그리스도 안에서 충만한 삶을 살게 되는 원천이다.

그 대표적인 예를 할례에서 볼 수 있다. 할례는 하나님과 맺은 언약의 표시로 주어졌다(창 17:9-14). 할례는 하나님의 백성인 이스라엘이라는 신분과 기업과 특권을 상기시키는 신체상의 표시이며, 죄의 옛 생활을 끊어버림과 마음의 정결 그리고 하나님께 대한 헌신을 상징한다(신 10:16; 렘 4:4; 겔 44:7). 이것의 의미는 '육적 몸을 벗는 것'이다. 즉 죄악된 본성으로부터 완전히 이탈하는 것으로 집약된다. 따라서 그리스도의 죽음으로 말미암아 더 이상 하나님의 백성이라는 사실을 증명하기 위한 육체의 할례는 필요하지 않게 되었다.

왜냐하면 성도들은 '손으로 하지 아니한 할례', 즉 성도들의 마음에 그리스도께서 행하신 영적인 일, 즉 죄악된 옛 본성을 벗어버리게 하는 일을 하셨기 때문이다(골 3:9,10). 그리스도에 의해 행해진 진정한 '할례'의 성취는 예수께서 어린아이 때 받은 육신의 할례가 아니라 십자가에서 죽으실 때 이루신 것이다. 여기에서 중요한 사상은 '육의 몸을 벗는 것'이다(11절).

이와 같은 의미에서 바울은 "너희가 세례로 그리스도와 함께 장사한 바 되고 또 죽은 자들 가운데서 그를 일으키신 하나님의 역사를 믿음으로 말미암아 그 안에서 함께 일으키심을 받았느니라"(골 2:12)라고 강조한다. 성도들이 받은 세례는 그리스도와 함께 죽고 그와 함께 다시 살아난 역사적인 사실에 관한 표적(sign)과 인침(seal)이다.

이 세례는 복음, 즉 '죽은 자들 가운데서 그를 일으키신 하나님의 역사'에 대한 복음이 선포될 때 역사하시는 능력으로 죽은 자들 가운데서 그리스도를 일으키신 전능하신 하나님께서 성도들에게 불러일으키는 믿음에 대한 정당한 반응이다.

여기에서 바울은 성도들이 살아가는 '삶의 충만함'이 어떻게 구현되고 있는가를 밝히고 있다. 이에 대한 구체적인 내용은 ① 육의 몸을 벗는 것으로 죽음으로부터 벗어나 영적 깨달음에서 오는 새 삶(13절) 그리고 ② 승리자이신 그리스도께서 모든 적들과 권세들을 진멸시킴으로써 성도들이 하나님 앞에서 용서받은 새로운 모습으로 서게 된다는 사실(14절)에서 나타난다.87)

이와 관련해 바울은 "또 너희의 범죄와 육체의 무할례로 죽었던 너희를 하나님이 그와 함께 살리시고"(골 2:13)라고 해석하고 있다. 하나님께서 성도들을 살리셨다(making alive)는 것은 ①'우리에게 모든 죄를 사하시고'(13절), ②'우리를 거스르고 불리하게 하는 법조문으로 쓴 증서를 지우시고 제하여 버리사 십자가에 못 박으시고'(14절), ③'통치자들과 권세들을 무력화하여 드러내어 구경거리로 삼으시고 십자가로 그들을 이기셨느니라'(15절)는 말로 표현되는 일련의 일들로써 다음과 같이 설명된다.88)

① 죄를 사하심 : 세례는 그리스도와의 연합과 그의 언약에 들어감과 그리스도의 몸인 교회에의 연합을 상징하는 표이며 성령의 인침이다(고전 12:13). 그 결과 성도들은 육의 몸을 벗는 새로운 존재로 태어나게 되었다. 그리고 이 세례는 하늘의 주인에게 복종하는 새 삶을 시작함에 있어서 사람의 손으로 하지 않은 하나님의 사역과 관련된다.

87) Grant Osborne, 빌립보서, 골로새서, 빌레몬서, p. 166.

88) William Handriksen, 골로새서, p. 171.

이것이 '부활'이 가져다주는 능력이며 하나님과의 관계를 갖게 되는 새 삶의 시작을 의미한다. 이때 세례는 새 옷을 입기 위해 이전에 입었던 옷을 벗어버리는 행위로 묘사된다. 곧 새 생명을 입기 위해 죽음이라고 하는 옛 옷을 벗어야 하는 것이다. 이처럼 새로운 존재로 태어난 상태를 가리켜 바울은 하나님께서 우리의 죄를 사하신 것으로 설명한다. 구원 사역을 통해 최우선적으로 제거되어야 했던 것은 바로 원죄로부터 시작된 우리의 죄과였다(13절).

② 법조문으로 쓴 증서를 제거하심 : 죄를 사하셨다는 사실은 더 이상 성도들에게 부채가 없음을 의미한다. 빚을 진 사람은 증서(certificate of debt, 차용증서 또는 채무 확인서)에 명시된 규약으로 말미암아 행동에 제한을 받아야 한다. 이와 같이 율법은 범죄자의 대적자이며 고발자와 같아서 "무릇 율법 행위에 속한 자들은 저주 아래 있나니 기록된 바 누구든지 율법 책에 기록된 대로 온갖 일을 항상 행하지 아니하는 자는 저주 아래 있는 자라 하였음이라"(갈 3:10)는 말처럼 사람들을 거스르며 대적하였다.

율법에는 많은 법조문들이 있어서 무수한 규칙과 규례, 곧 금식과 절기와 음식과 제사 등에 관한 숱한 규정들로 사람들의 행동을 제한한다. 만일 그리스도가 없었다면 사람들은 율법의 법조문과 같은 증서에 얽매여 있어야 했다. 그러나 그리스도의 죽음과 함께 율법도 죽었다. 따라서 율법의 법조문들은 십자가에 못 박힘으로써 더 이상 성도들을 제한할 수 없게 되었다.

③ 통치자들과 권세들(*τὰς ἀρχὰς καὶ τὰς ἐξουσίας*: the rulers and authorities)의 무장 해제 : 십자가의 죽음으로써 예수님은 자신을 노예화하려고 집착하고 있는 통치자들과 권세들을 무력화시키셨다. 악한 세력들의 공격 목표가 예수님의 육체였기 때문에 예수님은 자신의 육

체를 벗어버림으로써 이들의 도모를 무력화시키신 것이다.

그 결과 십자가의 승리는 예수님을 죽이려 했던 적, 즉 하나님께 대항하고 교회를 향하여 무자비하게 대적하는 사탄의 세력들인 통치자들과 권세들을 무장해제시키고 오히려 십자가에서 그들을 정복하고 포로로 잡은 사건이었다. 따라서 성도들은 더 이상 통치자들과 권세들의 속박 아래 있지 않게 되었으며 아이온(aeon)으로 상징되는 그것들을 숭배할 이유가 없다(15절).

이러한 맥락에서 바울은 "그러므로 먹고 마시는 것과 절기나 초하루나 안식일을 이유로 누구든지 너희를 비판하지 못하게 하라 이것들은 장래 일의 그림자이나 몸은 그리스도의 것이니라"(골 2:16,17)고 못 박고 있다. 사람들을 거스르며 대적하는 율법의 규례들은 사람들을 비난(κρινέτω: condemn)함으로써 사람들로 하여금 죄책을 가지게 하거나 주저하게 만들어 더 이상 자유롭지 못하게 한다.89)

하지만 이 율법의 규례들은 사실 그림자에 불과했으며 그 그림자의 실체인 몸은 곧 '그리스도의 것'이다. 따라서 그리스도께서 자신의 몸을 십자가에서 찢기어 죽음으로써 폐지하신 규례들을 가지고 성도들을 종속시키려 하는 그 어떤 주장이라 할지라도 그것들은 마치 찢어져서 더 이상 법적 효력을 가질 수 없는 차용증서와 같을 뿐이다.

이어서 바울은 "아무도 꾸며낸 겸손과 천사 숭배를 이유로 너희를 정죄하지 못하게 하라 그가 그 본 것에 의지하여 그 육신의 생각을 따라 헛되이 과장하고 머리를 붙들지 아니하는지라"(골 2:18-19a)고 밝히고 있다.

'꾸며낸 겸손과 천사 숭배'(ἐν ταπεινοφροσύνῃ καὶ θρησκείᾳ τῶν ἀγγέλων)라는 말은 하나님 앞에서 그 자신을 너무나 하찮은 존재로 여

89) J. Calvin, 골로새서, p. 583.

기고 감히 하나님 앞에 나갈 수 없기 때문에 천사들의 중보(mediation)를 통해 하나님께 나아가기 위한 방법으로 천사들을 숭배해야 한다고 주장하는 자들을 빗대어 한 말이다.90)

그들은 사람이 미천해졌기 때문에 사람들을 도와줄 중보자를 구하지 않으면 안 된다고 하면서 스스로 자기 자신을 낮추고 있다. 하지만 이러한 낮춤은 거짓 겸손에 지나지 않는다. 오로지 천사와 같은 중보자들의 도움을 구하기 위한 위선에 불과하기 때문이다.

그러나 그리스도께서 자기 자신을 낮추신 것은 성도들이 비록 비참한 죄인이라 할지라도 성도들로 하여금 직접 그리스도에게 자신들을 맡기도록 하기 위함이었다. 때문에 스스로 자신을 낮춤으로써 그리스도가 아닌 천사들의 중보를 통해 하나님께 나갈 수 있다는 생각이야말로 그리스도의 낮아지심을 무력하게 만드는 거짓 겸손일 뿐이다.

그들이 이처럼 '꾸며낸 겸손'과 '천사 숭배'를 하는 이유는 '그가 그 본 것에 의지하여 그 육신의 생각을 따라 헛되이 과장하고 머리를 붙들지 아니하는지라'는 말로 설명된다. 그들은 자기들이 환상 중에 본 것에 커다란 자부심을 갖고 있었다. 그들이 주장하는 환상은 입문 의식의 일부이며 우주의 위대한 비밀을 계시하는 행위인데 이것들은 일부 소수의 엘리트만 경험할 수 있다고 강조했다.

때문에 그들은 자기들만이 하나님을 독점하고 있다고 자랑했다. 하지만 그것은 결국 헛된 과장에 불과할 따름이다. 그들은 실제로는 영적이 아닌 육체적인 영역에 얽매여 있고 지배당하고 있었으며 그리스도가 아니라 자기들의 환상과 비밀 의식(secret ceremony)에 지배당하고 있었다.91)

---

90) William Handriksen, 골로새서, p. 182.

91) Grant Osborne, 빌립보서, 골로새서, 빌레몬서, p. 288.

마치는 말

바울은 골로새서 2장을 시작하면서 ① 그리스도는 유일하시고 전능하신 구세주이시며, 성도들에게 있어 유일한 믿음의 대상이시며, ② 그리스도야말로 성도들이 필요로 하는 모든 지혜의 원천이시며, 성도들의 신뢰와 찬송의 대상이심을 성도들에게 명확하게 제시한 바 있다(골 2:2,3). 그리고 "너희가 질서 있게 행함과 그리스도를 믿는 너희 믿음이 굳건한 것을 기쁘게 봄이라"(골 2:5)고 말한 것처럼 성도들이야말로 복음을 파수하는 하나님의 군대로서 날마다 그리스도를 아는 지혜와 지식에서 성장해 나가야 할 것을 기대하고 있다.

이것은 확고한 복음 위에 서 있는 성도들이라 할지라도 그리스도를 알아감에 있어서 날마다 더욱더 그리스도 안에 있는 지혜와 지식의 보화(골 2:3)를 찾기 위해 끊임없이 노력해야 한다는 사실을 강조하고 있다.

이러한 이유에서 이제 바울은 그리스도의 군대가 된 성도들로 하여금 강력한 전열과 진영을 갖추기 위해서 먼저 그리스도 예수를 주로 받았다는 사실과 그리스도 예수 안에서 굳게 서 있어야 할 것을 당부하고 있다(골 2:6,7). 그리고 세상의 철학으로 변질된 유대교의 주장에 맞서서 하나님의 본질의 충만함은 완벽하게 그리스도 안에 집약되어 있기 때문에 구원에 필요한 도움이나 영적 완성을 그리스도가 아닌 다른 어느 곳에서도 찾을 필요가 없다고 밝히고 있다(골 2:8-10).

이에 바울은 그리스도 예수 안에서 성도들이 살아가는 '삶의 충만함'이 세례 예식을 통해 확인된 것처럼 육의 몸을 벗고 죽음으로부터 벗어나 영적인 깨달음을 누리고, 십자가의 죽음에서 승리하신 그리스도께서 모든 적들과 권세들을 진멸시킴으로써 성도들이 하나님 앞에서 용서받은 새로운 모습으로 서게 되었다는 사실을 재확인해 주면서(골

2:11-19a) “온 몸이 머리로 말미암아 마디와 힘줄로 공급함을 얻고 연합하여 하나님이 자라게 하심으로 자라느니라”(골 2:19b)는 말로써 성도들이 전적으로 그리스도 예수와 연합되어 있다는 사실을 명확하게 보여주고 있다.

이제 교회는 더 이상 거짓 가르침을 주장하는 자들이 말하는 지식과 덕과 기쁨을 증진하기 위해 다른 어떤 힘의 원천을 찾아 헤맬 필요가 없다(빌 4:8,9). 인체가 마디와 힘줄로 적절히 지탱되고 연합될 때 정상적인 성장을 하게 되는 것처럼 교회 역시 지체의 각 부분이 하나님의 보전의 배려 아래 서로간에 사랑의 유대를 지탱하고 유지할 때 은혜에서 은혜로, 영광에서 영광으로 나아가게 된다.92)

| 기 도 |

우리를 그리스도 예수 안에서 함께 십자가에서 죽고 부활하게 함으로써 그리스도와 더불어 하나님의 충만하심에 참여하기를 기뻐하시는 우리의 아버지이신 하나님.

하나님을 알지도 못하는 죄로부터, 그리고 하나님을 알려고도 하지 않는 악으로부터 우리를 구원하시기 위해 친히 아드님을 이땅에 보내셔서 우리가 전혀 볼 수도 없고 만질 수도 없고 알 수도 없었던 하나님의 충만한 신성을 그리스도 예수 안에서 보고 만지고 알게 해 주심에 감사를 드리옵나이다.

성육신하신 예수 그리스도께서 친히 하나님을 보여주시지 않으셨다면 우리는 여전히 죄악 가운데서 벗어날 수 없었으며, 영원한 심판으로부터 구원을 받을 수 없었을 것이옵니다. 그럼에도 불구하고 우리는 세상의 학문과 인간들이 추구하는 지식에 마치 구원의 빛이 있고 참 생명의 길이 있는 것처럼 잘못 알았기에 평생을 죄악 속에서 벗어날 수 없었을 것이옵니다.

92) William Handriksen, 골로새서, p. 187.

하지만 이제는 "너희가 세례로 그리스도와 함께 장사되고 또 죽은 자들 가운데서 그를 일으키신 하나님의 역사를 믿음으로 말미암아 그 안에서 함께 일으키심을 받았느니라"(골 2:11)는 가르침에 따라서 비로소 밝은 빛의 세계로 들어서게 해 주시오니 참으로 감사를 드리지 않을 수 없사옵나이다.

우리에게 이 놀라운 은혜를 주셨사오니 오로지 그리스도 예수 안에서 세움을 받고 교훈을 받은 대로 참된 믿음에 굳게 서서 하나님께 감사하는 삶으로 가득 채워지게 하옵소서.

주 예수 그리스도의 이름으로 기도합니다. 아멘.

〈7〉

세상의 초등 학문에 대한 경계

골로새서 2:19b-23

2:19b 온 몸이 머리로 말미암아 마디와 힘줄로 공급함을 받고 연합하여
하나님이 자라게 하시므로 자라느니라 20 너희가 세상의 초등 학문에서
그리스도와 함께 죽었거든 어찌하여 세상에 사는 것과 같이 규례에 순종
하느냐 21 (곧 붙잡지도 말고 맛보지도 말고 만지지도 말라 하는 것이니
22 이 모든 것은 한때 쓰이고는 없어지리라) 사람의 명령과 가르침을 따
르느냐 23 이런 것들은 자의적 숭배와 겸손과 몸을 괴롭게 하는 데는 지
혜 있는 모양이나 오직 육체 따르는 것을 금하는 데는 조금도 유익이 없
느니라

골로새서 2장 8-19절에 따르면 리쿠스 계곡에 있는 교회들을 위협하고 있는 거짓 가르침의 주장은 다음과 같이 정리할 수 있다.

① 하나님께 나아가기 위해서는 육체를 부정하고, 음식 규례 및 엄격한 금욕주의를 따라야 한다.

② 하나님께 나아가기 위해서는 천사와 같은 중보자를 통해서만 가능하다.

③ 신적 현존에 들어가 숭배자나 귀의자가 되기 위해서는 금식과 금욕적 행동을 요구하는 일련의 과정을 받아들여야 한다.

이들의 주장 이면에는 금욕주의나 혹은 천사 숭배와 같은 인위적인 겸손을 앞세워서 자기를 부인하려는 종교적 형식과 실천을 옹호하려는 의도가 숨겨져 있다. 이러한 행위들은 바울이 전파한 복음보다 더 우월하고 만족스러운 자기 제어와 황홀경과 같은 환상적 체험을 가져올 수 있다고 주장되었다.

이러한 주장들은 당시 사람들에게는 상당히 매력적인 종교 행위로 보일 수 있었다. 왜냐하면 ① 거짓 가르침에 따른다는 것은 무아지경이나 황홀경(ecstasy)을 체험하게 됨으로써 지금보다 더 고상한 단계로 올라가는 것처럼 보였으며, ② 이런 단계에 도달한다는 것은 다른 사람들보다 한 수 위의 특별한 그룹인 '뛰어난 그리스도인'(super christians)이 될 수 있다는 인간의 욕망을 자극하기 때문이다.93)

반면에 바울은 하늘로부터 계시된 영적인 지혜와 지식의 보화가 되시는 그리스도를 거부하는 사람들의 주장을 단호하게 비판하고 있다. 인간이 자기 자신의 이해력을 의지하면서 전적으로 세상 지식의 통찰력을 따라 행하는 사람들은 "이를 네게 알게 한 이는 혈육이 아니요 하늘에 계신 내 아버지시니라"(마 16:17)고 하신 그리스도의 가르침을 거부하는 것과 같다. 하나님의 말씀과 성령의 조명이 없는 지혜와 지식은 결코 견실함을 가지지 못한다. 이런 것들은 공허하고 허망한 과장일 뿐이다. 왜냐하면 이런 거짓 주장들은 그리스도와 관련되어 있지 않으며 그리스도에게 의존해 있지도 않기 때문이다.

---

93) Grant Osborne, 빌립보서, 골로새서, 빌레몬서, p. 172.

1. 머리이신 그리스도와 연결되어 있는 교회 (골 2:19b)

만물은 그리스도에게서 나오고 그리스도는 만물의 머리이시다(골 1:16,17). 때문에 천사 숭배와 같은 방법으로 신성에 도달한다는 거짓 가르침은 만물의 머리이신 그리스도와 무관한 것들에게 구원의 희망을 두는 것과 같다. 그리스도는 구원을 이루시기에 있어서 전능하신 분이시며 지혜와 지식의 모든 보화가 그 안에 담겨 있다(3,9,10절). 이에 바울은 "온 몸이 머리로 말미암아 마디와 힘줄로 공급함을 얻고 연합하여 하나님이 자라게 하심으로 자라느니라"(골 2:19b)고 밝히고 있다.

그들이 머리이신 그리스도와 연결되지 않았다는 것은 그리스도가 아닌 다른 것들에게 희망을 두고 있다는 사실에서 확인된다. 이것은 머리와 분리된 사지가 생명을 잃어버리는 것과 같이 그리스도를 머리로 모시지 않는 가르침은 그 안에 생명이 없음을 의미한다. 그리스도와의 관계를 상실한다는 것은 구원의 실체를 얻는 길을 상실한 것과 같다. 반면에 그리스도와 연합한다는 것은 그리스도 안에 있는 신성의 충만함(*πλήρωμα τῆς θεότητος*, 10절) 속에서 삶을 살 수 있는 열쇠가 된다.

마디와 힘줄은 몸의 모든 지체를 서로 연결시킴으로써 머리로부터 오는 생명력을 온 몸에 미치게 해 준다. 때문에 그리스도의 몸인 성도들은 머리이신 그리스도 아래 서로 연결되어 있을 때에만 성장할 수 있다(고전 12:12-31). 우리 주님께서도 "나는 포도나무요 너희는 가지니 저가 내 안에 내가 저 안에 있으면 이 사람은 과실을 많이 맺나니 나를 떠나서는 너희가 아무 것도 할 수 없음이라"(요 15:5)고 말씀하신 바 있다.

'하나님이 자라게 하심으로 자라느니라'(*αὔξει τὴν αὔξησιν τοῦ Θεοῦ*: grows with a growth which is from God)는 말의 의미가 여기에 있다.

하나님은 모든 것을 성장하게 하시는 것이 아니라 그리스도와 연합되어 있는 상태에서만 성장하게 하시기 때문이다.94) 이와 관련해 바울은 에베소서(엡 4:13-24)에서 보다 확실하게 해설하고 있다.

> "우리가 다 하나님의 아들을 믿는 것과 아는 일에 하나가 되어 온전한 사람을 이루어 그리스도의 장성한 분량이 충만한 데까지 이르리니 이는 우리가 이제부터 어린 아이가 되지 아니하여 사람의 속임수와 간사한 유혹에 빠져 온갖 교훈의 풍조에 밀려 요동하지 않게 하려 함이라 오직 사랑 안에서 참된 것을 하여 범사에 그에게까지 자랄지라 그는 머리니 곧 그리스도라 그에게서 온 몸이 각 마디를 통하여 도움을 받음으로 연결되고 결합되어 각 지체의 분량대로 역사하여 그 몸을 자라게 하며 사랑 안에서 스스로 세우느니라 그러므로 내가 이것을 말하며 주 안에서 증언하노니 이제부터 너희는 이방인이 그 마음의 허망한 것으로 행함 같이 행하지 말라 그들의 총명이 어두워지고 그들 가운데 있는 무지함과 그들의 마음이 굳어짐으로 말미암아 하나님의 생명에서 떠나 있도다 그들이 감각 없는 자가 되어 자신을 방탕에 방임하여 모든 더러운 것을 욕심으로 행하되 오직 너희는 그리스도를 그같이 배우지 아니하였느니라 진리가 예수 안에 있는 것 같이 너희가 참으로 그에게서 듣고 또한 그 안에서 가르침을 받았을진대 너희는 유혹의 욕심을 따라 썩어져 가는 구습을 따르는 옛 사람을 벗어 버리고 오직 너희의 심령이 새롭게 되어 하나님을 따라 의와 진리의 거룩함으로 지으심을 받은 새 사람을 입으라"(엡 4:13-24).

여기에서 바울이 밝히 말하고 있는 것처럼 '하나님이 자라게 하심으로 자라느니라'(골 2:19b)는 말씀은 "우리가 다 하나님의 아들을 믿는 것과 아는 일에 하나가 되어 온전한 사람을 이루어 그리스도의 장성한 분량이 충만한 데까지 이르"는 것이며 동시에 "이는 우리가 이제부터 어린 아이가 되지 아니하여 사람의 속임수와 간사한 유혹에 빠져 온갖

94) J. Calvin, 골로새서, p. 588.

교훈의 풍조에 밀려 요동하지 않게 하려 함이라"(엡 4:13,14)는 말씀을 통해 그 의미가 더욱 확실하게 드러나고 있다.

아울러 이 말씀은 "진리가 예수 안에 있는 것 같이 너희가 참으로 그에게서 듣고 또한 그 안에서 가르침을 받았을진대 너희는 유혹의 욕심을 따라 썩어져 가는 구습을 따르는 옛 사람을 벗어 버리고 오직 너희의 심령이 새롭게 되어 하나님을 따라 의와 진리의 거룩함으로 지으심을 받은 새 사람을 입으라"(엡 4:21-24)는 말에서 그 의미가 강조되고 있다.

여기에서 분명하게 알 수 있는 것처럼 하나님의 '자라게 하심'(*τὴν αὔξησιν τοῦ Θεοῦ*)은 무엇보다도 우리가 하나님의 아들을 믿는 것과 아는 일을 통해서만 가능하다는 사실이다. 이것 외에 다른 것으로는 결코 우리가 자랄 수 없다. 이렇게 하나님의 자라게 하심으로 장성할 때 하나님은 ① 우리를 사람들의 속임수와 간사한 유혹에 빠져 온갖 거짓 풍조에 밀려 요동하지 않게 하시며, 나아가 ② 속임수와 간사한 유혹으로 온갖 거짓 풍조에 빠져 있던 옛 사람을 벗어 버리고 하나님을 따라 의와 진리의 거룩함으로 지으심을 받은 새 사람을 입게 되는 것이다.

2. 기독론에 근거한 바울의 논증(골 2:20)

이처럼 허황된 거짓 가르침에 대한 바울의 반론은 전적으로 기독론적 관점에 연결되어 있다.

첫째, 그리스도는 보이지 않는 하나님의 형상이시기 때문에(골 1:15) 하나님께서는 성육신하신 그리스도를 통해 자신을 계시하신다. 이 사실을 모를 때 사람들은 하나님께 접근하는 방법을 꿈과 같은 환상으로 얻을 수 있다고 생각한다. 이런 생각은 그들이 그리스도로부터 단절되어 있음을 증거한다(19절).

둘째, 그리스도는 만물을 창조하셨으며 만물의 경배를 받으시는 분이시다(골 1:16). 하늘과 땅에서 보이는 것들과 보이지 않는 것들과 혹은 보좌들이나 주관자들이나 정사들이나 권세들이나 만물은 오로지 그리스도를 위해 존재한다. 이 사실을 거부할 때 사람들은 천사와 같은 세력들을 통해 하나님께 접근하기 위해 그것들을 숭배해야 한다고 오해한다.

셋째, 그리스도는 교회의 유일한 중보자인 하나님의 아들이시다. 그리스도는 '죽은 자들 가운데서 먼저 나신 자'로서 교회의 머리이시다(골 1:18). 따라서 하나님은 그리스도 외에 다른 중보자를 우리에게 주시지도 않으셨고, 그리스도 외에 다른 중보자를 필요로 하지 않으신다. 모든 피조물이 그 아들이신 그리스도 예수 안에서 자신을 나타내신 하나님께 복종해야 하는 것처럼 천사들 역시 하나님께 복종하는 존재일 뿐이지 중보자가 아니다.

넷째, 그리스도는 자신의 피로 죄인들을 하나님과 화해시키셨다(골 1:20). 때문에 그리스도의 화해 사역이 아닌 다른 방법, 즉 율법의 규례(規例 : dogmas, ordinances)나 의식(儀式 : liturgy)과 같은 것으로 그리스도의 십자가를 대신할 수 없다. 율법의 규례들은 십자가의 그림자에 불과할 따름이다. 만일 이러한 율법의 규례들로 돌아가도록 한다면 그것은 과거로 되돌아가게 하는 것으로 실체가 아닌 그림자 속에 머무르는 행위와 같다.

앞서 바울은 거짓 가르침에 대해 "내가 이것을 말함은 아무도 교묘한 말로 너희를 속이지 못하게 하려 함이니"(골 2:4)라고 경계하면서 이 교묘한 말을 가리켜 사람의 유전을 따르는 철학과 헛된 속임수라고 지적한 바 있다(8절).

심지어 하나님의 율법을 앞세운다 할지라도 율법은 예식과 규례의 법전이며 구원에 이르는 방편으로는 십자가에 못 박혀 죽었기 때문에 그 효력이 폐지되었다. 따라서 그 이후로는 먹는 것과 마시는 것 등에 대한 사람들이 만든 교훈들 역시 폐지되어야 한다고 강조했다(14,16절). 따라서 사람들이 만든 규례와 규정 및 그것들에 바탕을 둔 가르침들은 한갓 유치한 교훈이나 세상의 초등 학문에 불과하다.

이와 같은 초등 학문은 그리스도 및 그리스도의 구원과 아무런 관련이 없다. 이에 바울은 "너희가 세상의 초등 학문에서 그리스도와 함께 죽었거든 어찌하여 세상에 사는 것과 같이 규례에 순종하느냐"(골 2:20)고 말하면서 최종적인 결론으로 이끌고 있다.

사람들의 육체적 욕망에 근거하고 있는 세상의 초등 학문(*τῶν στοιχείων τοῦ κόσμου*: the elementary principles of the world)과 율법의 규례들(ordinances)이라는 것들은 더 이상 그리스도 예수 안으로 부름을 받은 성도들에게는 아무런 효력을 발생하지 않는다. 이것은 성도들이 그리스도와 함께 십자가에 못 박혀 죽었던 것과 마찬가지로 성도들 역시 그것들에 대해서 죽은 것과 같기 때문이다.

"내가 율법으로 말미암아 율법을 향하여 죽었나니 이는 하나님을 향하여 살려 함이니라 내가 그리스도와 함께 십자가에 못 박혔나니 그런즉 이제는 내가 산 것이 아니요 오직 내 안에 그리스도께서 사신 것이라 이제 내가 육체 가운데 사는 것은 나를 사랑하사 나를 위하여 자기 몸을 버리신 하나님의 아들을 믿는 믿음 안에서 사는 것이라"(갈 2:19,20)는 바울의 말과 같이 성도들은 율법을 향하여 죽임을 당하였고 율법 또한 성도들을 향하여 죽임을 당했다.

이것은 바울이 강조하고 있는 이신칭의 신학에 근거하고 있다. 바울은 이신칭의에서 말하는 믿음과 관련하여 "사람이 의롭게 되는 것은 율법의 행위로 말미암음이 아니요 오직 예수 그리스도를 믿음으로 말미암는 줄 알므로 우리도 그리스도 예수를 믿나니 이는 우리가 율법의 행위로써가 아니고 그리스도를 믿음으로써 의롭다 함을 얻으려 함이라 율법의 행위로써는 의롭다 함을 얻을 육체가 없느니라"(갈 2:16)고 명확하게 선언한 바 있다.

성도들은 그리스도와 함께 죽었으며 그리스도의 은혜로 말미암아 율법의 규례들로부터 자유하게 되었으므로 율법의 규례들에게 더 이상 속박되어 있지 않다.95) 이 사실이 분명하다면 우리는 '하나님이 자라게 하심으로 자라느니라'(19절)는 원칙에 따라서 "너희가 세상의 초등학문에서 그리스도와 함께 죽었거든 어찌하여 세상에 사는 것과 같이 규례에 순종하느냐"(갈 2:20)는 바울 사도의 가르침에 귀를 기울여야 할 것이다.

3. 영적인 하나님 나라의 원리 (골 2:21-23)

거짓 가르침을 주장하는 자들은 육체의 방종을 해결하기 위해 철저한 금욕주의를 강조한다. 이와 관련해 바울은 그들이 주장하고 있는 내용을 가져와서 "곧 붙잡지도 말고 맛보지도 말고 만지지도 말라 하는 것이니"(골 2:21)라는 말로써 좀 더 적나라하게 그들의 잘못된 주장들을 반박하고 있다.

처음에 그들은 음식을 손으로 '붙잡지 말라'(*μὴ ἅψῃ*: don't handle)고 말한다. 이것은 마치 음식을 먹기 위해 손으로 음식을 집고 있는 모습을 연상케 한다. 그들은 영적으로 신비한 삶을 보장하는 금욕을 위해서 손으로 음식을 집고 있는 행위를 매우 유치한 것처럼 비하시키고 있다.

---

95) William Handriksen, 골로새서, p. 189.

그러고 나서 사람들이 자기들의 가르침에 따르게 되면 이번에는 '맛보지 말라'(μηδὲ γεύσῃ: don't taste)고 한다. 다시 말하면 음식을 입에 넣는 행위를 금하게 한다. 그리고 좀 더 높은 수준의 심화된 상태를 위해 나중에는 아예 음식을 '만지지도 말라'(μηδὲ γεύσῃ: don't touch)고 주장한다.

마치 이 장면은 에덴동산에서 최초 하와가 범죄한 상태가 어떠했는지를 돌아보게 한다. "여자가 뱀에게 말하되 동산 나무의 열매를 우리가 먹을 수 있으나 동산 중앙에 있는 나무의 열매는 하나님의 말씀에 너희는 먹지도 말고(must not eat) 만지지도 말라(must not touch) 너희가 죽을까 하노라 하셨느니라"(창 3:2,3)고 말하는 장면을 연상케 한다.

알다시피 하나님은 사람에게 먹지 말라고 말씀하시지 않으셨다. "여호와 하나님이 그 사람에게 명하여 이르시되 동산 각종 나무의 열매는 네가 임의로 먹되 선악을 알게 하는 나무의 열매는 먹지 말라 네가 먹는 날에는 반드시 죽으리라 하시니라"(창 2:16,17)고 말씀하셨다.

하나님이 규정하신 말씀은 오로지 동산 중앙에 있는 선악을 알게 하는 나무의 열매에 한해서 먹지 말라고 하신 것이었다. 왜냐하면 모든 과일을 먹을 수 있음에도 불구하고 그 하나를 먹지 말라고 규정하신 것은 그 하나를 하나님과 피조물 사이에 맺은 약정의 표시로 남겨두기 위함이었기 때문이다. 그런데도 하와는 하나님과 맺은 이 거룩한 약정과는 상관이 없는 새로운 규정, 곧 "먹지도 말고(must not eat) 만지지도 말라(must not touch)"는 새로운 규정을 만들어 내었다.

마찬가지로 그들이 주장하고 있는 거짓 가르침 역시 갈수록 새로운 규례를 만듦으로써 점점 사람들을 옭아매고 있었다. 그들은 처음에는 음식을 손으로 움켜쥐지 말라고 하면서, 마치 음식을 탐하는 것은 저급한 사람들이 하는 것처럼 분위기를 조장함으로써 사람들의 내면에 감추어져 있는 욕망을 제어하라고 제시한다.

그러고 나서는 아예 음식을 입에 넣지도 말라고 부추긴다. 이런 분위기에서 음식을 먹는 행위는 아주 흉악한 범죄를 저지르는 것과 같은 것으로 취급한다. 이렇게 분위기가 만들어지고 난 후에는 아예 음식을 '만지지도 말라'(must not touch)고 다그친다.

이 세상에서 사람들에게 음식을 '만지지도 말라'고 규정을 만들 수 있는 권한을 가진 사람은 아무도 없다. 심지어 하나님도 그렇게 말씀하지 않으셨다. 오히려 하나님은 범죄한 아담을 향해서도 "네가 네 아내의 말을 듣고 내가 네게 먹지 말라 한 나무의 열매를 먹었은즉 땅은 너로 말미암아 저주를 받고 너는 네 평생에 수고하여야 그 소산을 먹으리라"(창 3:17)고 말씀하셨다. 비록 범죄한 이유 때문에 평생 땀을 흘려야 하는 수고를 할지라도 땅의 소산인 음식을 먹지도 말고 만지지도 말라고 하지 않으셨다.

그런데도 이런 거짓 주장을 하는 사람들은 사람들의 욕망을 저지하거나 제어할 능력도 없음에도 불구하고 엉뚱한 규례를 만들어 그 욕망을 저지하거나 제어하라고 부추기고 있었다. 그러나 이런 규례를 가지고서는 사람들의 본능적 욕구뿐만 아니라 근본적인 동기에서 나오는 실체적인 문제들에 대하여서도 아무런 도움을 주지 못한다. 왜냐하면 외적인 규범이나 규례를 통해서는 근본적인 변화로 인해 얻을 수 있는 궁극적인 목적을 얻을 수 없기 때문이다.96)

이러한 규정들, 즉 '붙잡거나 맛보거나 만지지 말라'(Do not handle! Do not taste! Do not touch!)는 그들의 종교적 규정들은 하나님의 거룩한 율법과 아무 상관이 없는 규칙 준수에 그 초점이 맞추어져 있다. 그 초점들은 어떻게 하면 그 규칙을 잘 지킬 수 있으며, 규칙 준수를 즐거워

---

96) Ralph P. Martin, 에베소서, 골로새서, 빌레몬서, p. 173.

할 수 있는가에 그 목적이 있다. 그리고 그런 규칙을 잘 지키면 마치 어둠의 세계에서 벗어나 빛의 세계에라도 들어갈 수 있을 것처럼 사람들을 미혹하고 있다.

하지만 어떤 규례나 규정이든지 그것은 인간의 도덕적, 영적 상태의 고양을 그 목적으로 하여야 한다. 따라서 죄에 대한 승리와 완전한 구원에 대한 소망을 자연적인 욕구를 제어하는 것에 둔다는 것은 실로 그지없이 어리석은 규정이 아닐 수 없다. 앞서 바울이 제시한 원칙은 분명하다. '하나님이 자라게 하심으로 자라느니라'(골 2:19b). 따라서 이처럼 사람들이 만들어 낸 규정이나 규례와 같은 것들은 영적인 하나님의 나라에서는 아무런 가치도 없다.

이러한 규정들은 한 때 쓰이고는 없어지는 일시적인 것에 지나지 않는다. 때문에 바울은 "이 모든 것은 쓰는 대로 부패에 돌아가리라"(골 2:22a)고 못 박고 있다. 이 말은 언젠가는 부패하여 썩어 없어질 음식물의 문제가 천국에 있어서는 중요한 것이 아니기 때문에(롬 14:17; 고전 6:13) 음식물을 먹거나 먹지 않거나 하는 규정으로써 사람들을 정죄하는 것은 옳지 않다는 의미이다.97)

여기에서 바울은 유대인들의 음식 규례(레 11:1-23)를 염두에 두고 있음이 분명하다. 하나님께서 과거 출애굽한 이스라엘 백성들에게 음식 규례를 제정하신 후에 명확하게 밝혀 말씀하시기를 "나는 여호와 너희의 하나님이라 내가 거룩하니 너희도 몸을 구별하여 거룩하게 하고 땅에 기는 길짐승으로 말미암아 스스로 더럽히지 말라 나는 너희의 하나님이 되려고 너희를 애굽 땅에서 인도하여 낸 여호와라 내가 거룩하니 너희도 거룩할지어다"(레 11:44,45)라고 하셨다. 이 말씀을 통해서 왜 음식 규례를 정하셨는지 확실하게 그 의미를 알 수 있다.

---

97) 박윤선, 바울서신, p. 331.

하나님은 이스라엘 백성들로 하여금 세상 사람들이 살아가는 삶의 질서와는 전혀 다른 새로운 질서, 곧 세상 사람들과 구별된 삶의 방식을 살게 함으로써 그들이 하나님께 속한 백성이라는 사실을 인식하고, 하나님께서 세속과 구별되어 거룩하신 것처럼 그들 역시 세속과 구별되어 거룩한 백성으로 살아가도록 하기 위함이었다.

그러나 이러한 음식 규례는 어디까지나 성전 중심의 제사 제도와 긴밀한 관련이 있다. ① 성전에서 행해지는 각종 예식과 희생 제물들은 오실 메시아이신 예수 그리스도의 희생 제사를 예표하고 있으며, ② 이스라엘 백성들은 장차 오실 메시아이신 예수 그리스도의 희생 제사를 완성하기까지 성전을 봉사하기 위한 삶을 살아가고 있다는 사실을 먹고 사는 일상의 삶 속에서 깊이 인식하도록 하기 위함이었다.

따라서 예수 그리스도께서 오셔서 성전 예식과 희생 제사를 성취하셨기 때문에 더 이상 이 모든 예식과 희생 제사는 더 이상 필요하지 않게 되었다. 동시에 세속과 구별된 이스라엘의 먹고 사는 삶의 방식을 규정한 규례까지도 더 이상 요구하지 않게 되었던 것이다.

우리 주님께서도 "입으로 들어가는 모든 것은 배로 들어가서 뒤로 내어버려지는 줄을 알지 못하느냐"(마 15:17)고 말씀하셨듯이 먹는 것이 더 이상 그 누구에게도 규례가 될 수 없다. 그리고 이 사실은 "하나님께서 깨끗하게 하신 것을 네가 속되다 하지 말라"(행 10:15)고 유대인이었던 베드로에게 하신 말씀으로 명확하게 확인되었다.

이에 바울은 "하나님의 나라는 먹는 것과 마시는 것이 아니요 오직 성령 안에서 의와 평강과 희락이라"(롬 14:17)고 말한다. 하나님을 경배하고 참된 경건을 구하고 거룩을 추구하는 일들은 이처럼 먹고 마시는 것을 규정함으로써 이루어지는 것이 아니다. 그것은 오직 성령 안에서 누리는 평강과 희락을 통해서만 구현되는 것이다. 그리고 이러한 삶은 현재 교회를 중심하는 성도들의 삶을 이끌어 가는 원칙으로 주어져 있는 것이다.

이런 점에서 바울은 거짓 가르침을 추종하는 행위를 가리켜 "사람의 명과 가르침을 좇느냐"(골 2:22b)고 지적하고 있다. 이런 거짓 가르침은 사람들이 만들어 놓은 명령이며 가르침이다. 그들은 자기들이 만들어 놓은 규정과 규칙을 마치 하나님의 명령과 같은 수준에 올려놓고 있었다. 그리고 자기들의 규정이 하나님의 은혜를 받거나 누릴 수 있는 조건이나 되는 것처럼 주장하고 있었다.

이사야 선지자가 "주께서 가라사대 이 백성이 입으로는 나를 가까이 하며 입술로는 나를 존경하나 그 마음은 내게서 멀리 떠났나니 그들이 나를 경외함은 사람의 계명으로 가르침을 받았을 뿐이라"(사 29:13)고 지적했듯이 그들의 가르침은 사람의 계명에 불과한 것으로 이미 하나님의 경외로부터 멀리 떠나 있었던 것이다.

그러므로 바울은 "이런 것들은 자의적 숭배와 겸손과 몸을 괴롭게 하는 데 지혜 있는 모양이나 오직 육체 좇는 것을 금하는 데는 유익이 조금도 없느니라"(골 2:23)고 단정지어 말하고 있다.

거짓 가르침에서 주장하는 천사 숭배나 또는 금욕이나 절제는 누구에게나 쉽게 호감이 가는 주제임에 틀림없다. 천사 숭배와 같이 외형적으로 드러나는 신앙적인 규칙들과 그것을 따르는 강력한 금욕과 같은 모양들은 사람들을 현명하고 영적인 것처럼 보이게 만든다. 그러나 그것은 죽은 시체들로 가득 차 있어서 썩는 냄새가 진동하지만 겉으로는 깨끗하게 가공된 회칠한 무덤과 같은 '지혜의 외모'(개역개정은 '지혜 있는 모양')만 보여줄 뿐이다. 진정한 지혜는 오직 지혜의 근원이신 그리스도 안에서만 볼 수 있을 뿐이다.98)

---

98) Grant Osborne, 빌립보서, 골로새서, 빌레몬서, p. 291.

이처럼 '사람의 명과 가르침'에 근거한 자의적 숭배(self-imposed worship)는 인간이 만든 종교일 뿐이며 그것은 본질상 그리스도에게 초점을 맞출 수 없다(18,19절). 이것은 하나님의 객관적 계시, 즉 하나님께서 사도에게 계시해 주신 복음에 의하여 실행하는 종교가 아니다. 이런 숭배는 하나님 앞에 가증할 뿐이다.

심지어 '몸을 괴롭게 하는 것'(harsh treatment of the body)과 같이 극단적인 고행주의가 사람들 앞에서는 '겸손'으로 보일 수 있다. 그러나 그들은 이처럼 가공된 거짓 겸손(false humility)을 통해서 자신의 노력으로 남보다 먼저 높은 정상에 도달하려고 한다. 때문에 이런 자의적 숭배와 거짓 겸손과 몸을 괴롭게 하는 일들은 정작 자신의 육체, 즉 육신의 생각(문자적으로는 '육신의 마음')과 같은 욕망을 종교의 토대로 삼는 것일 뿐이며 그것으로 자신들의 욕망을 제어할 수 없다.[99]

영적인 그리스도의 나라는 결코 변하거나 부패하지 않는 항구적이면서도 기본적인 원리를 가지고 있다. 그리스도의 죽으심은 모든 율법의 규례들을 성취하셨으므로 더 이상 율법의 규례들은 성도들과 더불어 병행할 수 없다. 하나님만이 유일하신 율법의 수여자시기 때문에 예수 그리스도의 복음 외에 다른 곳에서 규례들을 받는다는 것은 그것이 아무리 훌륭한 것이라 할지라도 헛된 것에 불과할 따름이다.

마치는 말

골로새서는 성도들로 하여금 그리스도가 머리이신 교회의 회원으로서 가치 있는 삶을 살기 위해 무엇보다도 먼저 ① 하나님의 뜻을 아는 지식을 가질 것과 ② 하나님의 능력으로 강해질 것과 ③ 기쁨으로 인내

99) Ralph P. Martin, 에베소서, 골로새서, 빌레몬서, p. 173.

하며 성도들이 하나님의 기업을 얻었음을 알게 되기를 위해 바울이 골로새 교회에 보낸 서신이다(골 1:9-12).

이런 점에서 바울은 먼저 우주적인 기독론을 바탕으로 그리스도와 그의 복음의 완전성과 충족성에 대하여(골 1:13-23) 설명하고 오직 그리스도를 통해서 죄인을 위한 구원과 죄 사함이 주어진다는 사실을 밝히고 있다.

이러한 기독론을 바탕으로 바울은 그리스도를 선포하는 복음의 충만한 영광(1:24-2:5)에 대해 자세하게 설명하고 있다. 바울의 구원론적 기독론이 잘 나타나고 있는 이 설명을 통해 ① 그리스도는 만물을 위해 행하신 화목의 사역을 골로새 교회를 위해서도 행하시며 ② 성도들은 흠 없이 하나님께 드려지도록 그리스도를 통해 화목 되었음을 밝히고 ③ 바울의 사역은 이 희망의 복음을 선포하는 것과 ④ 비록 그리스도를 위한 고난을 받고 있지만 내주하시는 그리스도라는 공개된 비밀을 선포하고 있음을 밝히고 있다.

이어 바울은 복음에 대한 변증적인 진술(골 2:6-23)을 통해 그리스도의 복음에 근거하여 믿음에 굳게 서기 위해 골로새 교회를 위협하는 거짓 가르침에 대한 위험을 경계하고 있다. 여기에서 바울은 다음과 같이 몇 가지 중요한 내용들을 제시하고 있다.

① 그리스도 예수 안에 신성의 모든 충만이 있으므로 그 안에서만 신성의 충만을 받을 수 있다(골 2:9,10).

② 그리스도 예수 안에서 참된 할례, 즉 그리스도와 함께 새 생명과 죄 사함과 모든 악한 권세들에 대한 승리를 받을 수 있다(골 2:11-15).

③ 그리스도 예수 안에서 구약의 의식적인 그림자들이 그 실체와 성취를 찾았으므로 의식의 준수, 음식 및 절기에 관한 규례는 의미가 없으며(골 2:16,17) 천사 숭배는 그리스도가 교회의 유일한 머리되신다는 사실을 손상시킬 뿐이다(골 2:18,19).

④ 그리스도 예수 안에서 세상의 초등 학문과, 음식 규례들과, 같은 사람이 만들어 놓은 지혜는 관념적인 탐닉을 제어하는 데 전혀 가치가 없다(골 2:20-23).

바울은 성도들이 이러한 헛된 것에 미혹되지 않기를 바라고 있다. 이런 이유에서 바울은 지금까지 전개된 기독교 교리의 근거인 기독론에 따라 완전히 신성으로 충만하신 그리스도 예수 안에서 성도들의 삶에 대하여 구체적으로 어떻게 살아야 할 것인가를 3장 1절부터 4장 6절에 걸쳐 자세하게 권면하고 있다.

| 기 도 |

그리스도 예수의 십자가의 피로써 만물 곧 하늘에 있는 것들이나 땅에 있는 것들이 모두 하나님과 화평을 이루기를 기뻐하시는 우리의 아버지이신 하나님.

하나님께서는 세상의 초등 학문이나 사람들이 만들어 놓은 규례로써는 결코 하나님을 알게 하거나 보여주시지 않으셨고 친히 신성의 충만함을 그 몸에 지니신 그리스도 예수 안에서만 하나님을 바르게 알 수 있는 지혜와 지식의 보화로 삼아 주심에 참으로 감사를 드리옵나이다.

이제 우리는 참된 지혜와 지식의 보화가 되시는 그리스도 예수 안에서 하나님의 뜻을 아는 지혜와 지식을 얻고, 이로써 교회의 머리가 되시는 그리스도와 연합하여 한 몸을 이룸으로써 하나님의 능력으로 굳게 다져진 군사들인 새 사람이 되어서, 이 세상의 어떤 고난과 고통 가운데서도 기쁨으로 인내하며 하나님께서 친히 성도들을 위해 예비하신 하나님의 기업을 누리게 되기를 소원하옵나이다.

비록 세상 사람들은 자기들이 만들어 놓은 온갖 지혜와 지식으로 힘을 구축하고, 그 힘을 바탕으로 반신국적인 사상과 문화를 앞세워 우리 성도들을 어떻게든지 넘어뜨리려고 할지라도 우리는 굳건한 믿음으로 하늘의 소망을 바라보며 담대하게 살아갈 수 있도록 은혜를 더하여 주옵소서.

우리가 혹시라도 이 세상 속에서 헛된 것들에 미혹되어 넘어지지 않도록 그리고 어떠한 고난 속에서도 우리의 믿음을 포기하지 않도록 우리를 붙잡아 주시고, 우리의 연약함을 불쌍히 여기시어 무엇보다도 그리스도 예수를 믿는 믿음을 고백하는 교회의 보살핌 속에서 참된 믿음의 길을 걸어갈 수 있도록 이끌어 주옵소서.

주 예수 그리스도의 이름으로 기도합니다. 아멘.

〈8〉

'이미 - 아직' (already-not yet)의 긴장 가운데 있는 교회

골로새서 3:1-4

3:1 그러므로 너희가 그리스도와 함께 다시 살리심을 받았으면 위의 것을
찾으라 거기는 그리스도께서 하나님 우편에 앉아 계시느니라 2 위의 것
을 생각하고 땅의 것을 생각하지 말라 3 이는 너희가 죽었고 너희 생명이
그리스도와 함께 하나님 안에 감추어졌음이라 4 우리 생명이신 그리스도
께서 나타나실 그 때에 너희도 그와 함께 영광 중에 나타나리라

골로새 교회는 어쩌면 전혀 의식하지 못한 상태에서 에바브라가 그들에게 전해준 복음을 위협하는 것으로 보이는 거짓 가르침에 노출되어 있었다. 이 거짓 가르침은 에바브라를 통해 바울이 선포한 복음, 즉 바울의 케리그마(*κῆρυγμα*: 복음 선포)를 왜곡시킬 가능성이 있었다.

때문에 바울은 그들의 거짓 가르침의 정체성에 대하여 정확하게 규명해야만 했다. 골로새서에서는 이 거짓 가르침에 대해서 명확하게 밝혀서 말하고 있지 않지만 바울은 그들의 주장에 대해 반박함으로써 골로새 교회가 여전히 복음 안에서 굳건히 세워져 가기를 바라고 있다.

바울의 논증을 통해 추측할 수 있는 거짓 가르침의 정체는 브루기아 지방의 비교적 자유롭고 개방적인 디아스포라 유대교도들의 혼합된 유대주의였음을 알 수 있다. 이 디아스포라 유대교는 헬라의 신비 종교의 사색적 관념들과의 접촉으로 인해 전통적인 유대교와는 전혀 다른 모습으로 변질되어 있었다.

이 변질된 유대주의자들은 ① 신학적으로는 그리스도를 아이온(aeon)들 중 하나로 여기고, 아이온들의 상하 통치 체계 속에 집어넣음으로써 그리스도의 초월성을 부인하였다. 그리고 ② 윤리적으로는 혹독한 자기 절제와 황홀경과 같은 환상을 추종하는 혼합적인 종교로 전락되어 있었다.100) 이런 이유에서 바울은 그리스도에 대한 기독론과 복음에 대한 사도적 전통에 보다 깊은 관심을 기울이고 있다.

골로새서 1장에서 바울은 우주론적 기독론을 중심으로 자신의 교리를 제시하고 있다.

① 그리스도를 통해서만 죄인을 위한 구원과 죄 사함이 온다(1:13,14).

② 그리스도는 보이지 아니하는 하나님의 형상이시다(1:15).

③ 그리스도는 모든 피조 세계의 근원이며 주관자이시다(1:16,17).

④ 그리스도는 교회, 즉 영적 피조 세계의 머리이며 자신 안에 거하는 신성의 충만함으로 만물을 하나님과 화목케 하신다(1:18-20).

이처럼 우주론적 기독론에 근거하여 바울은 만물을 하나님과 화목케 하시는 그리스도께서 골로새 교회를 위해서도 역사하심으로써 골로새 성도들을 흠 없이 하나님께 드렸음을 강조한다. 그리고 바울 자신은 이 희망의 복음을 선포하는 사도로 부름 받았으며 더 이상 감추어진 비밀이 아닌 공개된 비밀, 즉 성도들을 위한 생명의 복음 선포를 수행하고 있음을 밝히고 있다(1:21-29).

---

100) Ralph P. Martin, 신약의 초석 II, p. 320.

2장에서 바울은 골로새 교회와 더불어 라오디게아 및 히에라볼리에 있는 교회들이 비밀, 즉 복음에 관한 지식으로 믿음 안에 굳게 설 것을 권면하고 있다. 바울은 복음이 널리 퍼져 곳곳에서 열매를 맺고 있음을 상기시키고 그들이 받은 복음을 끝까지 보존해야 할 것을 요청하고 있다(2:1-5). 이어 바울은 일반적으로 복음의 본질을 훼손할 수 있는 사상의 위험성을 알리고 있다(2:6,7).

첫째, 바울은 소위 '철학'이라고 불리는 '헛된 속임수'와 변질된 유대교가 주장하는 '사람들의 유전(遺傳)'이 기독교 신앙에 가져다 줄 수 있는 위협적인 요소들을 지적한다(2:8-10). 이 과정에서 바울 신학의 핵심적 요소가 발견된다. 그것은 그리스도의 인격과 구원의 성취에 대한 기독론의 영향력이 세상과 교회에 대하여 직접적으로 연관되는 구원론으로 연결되고 있다는 점이다(2:10). 여기에서 바울은 그리스도 안에 나타난 하나님의 충만한 본질이 그리스도 안에서 충만한 삶을 살고 있는 성도들의 원천임을 강조하고 있다.

둘째, 바울은 '삶의 충만함'이 어떻게 구현되고 있는가를 밝히고 있다.101) 성도들의 충만한 삶은 혼합된 신학에 근거한 유대주의자들의 사상을 극복하고 그리스도의 충만한 신성과, 아울러 율법적 의식(儀式) 및 어둠의 권세들에 대한 그리스도의 승리를 통해(2:11-17) 천사 숭배와 금욕주의 같은 초등 학문으로 말미암아 미혹되지 않는 삶으로 제시된다(2:18-23).

셋째, 바울은 이상의 논리적인 전개를 위해 바울의 케리그마(κῆρυγμα), 즉 사도적 전통(traditions)을 강조하고 있다. 사도적 전통은 인간적 전통과 반대되는 것으로(2:6,7) 그의 가르침은 하나님이 주신 메

---

101) Ralph P. Martin, 에베소서, 골로새서, 빌레몬서, p. 166.

시지로 진리를 삼고 있으며, 이 가르침을 받은 교회들은 그리스도 위에서 신적인 진리에 뿌리를 내리고 자라나 열매를 맺는 것으로 묘사된다(1:6). 따라서 교회는 인간적인 전통이 아닌 사도적 전통에 의지하여 하나님의 은혜를 받았음을 각성하고 거짓 가르침으로부터 이 복음을 굳건히 지켜야 할 사명이 있음을 인식해야 한다.

이와 관련해 3장에서 바울은 ① 그리스도와 함께 죽었지만(2:20) 그리스도와 함께 부활한 성도들의 특권을 제시하고 있다(3:1-4). 이 단락은 1-2장에서 다뤘던 교리적인 면을 3장에서 실천적인 면으로 전환하는 연결고리 역할을 하고 있다. 이어 ② 부활한 성도들이 구현해야 할 삶의 구체적인 정황들을 제시한다(3:5-17). 이러한 논증에 근거하여 바울은 ③ 머리를 그리스도로 하고 있는 교회라고 하는 통일된 공동체 안에서 다양한 형태로 존재하는 구성원들의 역할에 대해 자세하게 규명하고 있다(3:18-4:1). 바울은 이 실천적인 논증을 통해 그리스도 안에 있는 하나님의 충만함(골 2:10)이 성도들의 삶 속에서 어떻게 구현되고 있는가를 밝혀 나가고 있다.

2장의 논증을 통해 바울은 유대인들과 성도들에게 모두 영향을 줄 수 있는 음식 문제들과 절기 문제들을 집중적으로 다루었다. 그리고 이러한 문제들은 더 이상 중요하지 않음을 제시했다.

왜냐하면 이런 문제들은 ① 과거 율법 아래에서는 그리스도를 예표하기 위한 그림자와 같은 역할을 했었지만 이제 그리스도께서 오심으로써 일종의 지시봉과 같은 역할을 했던 율법의 규례들과 의식(儀式)들이 더 이상 필요하지 않게 되었기 때문이다. 마찬가지로 ② 꾸며낸 겸손이나 금욕적인 신앙의 모습 그리고 미신적인 천사 숭배도 그리스도 안에서는 이제 성도들에게 아무런 가치가 없는데 이런 것들은 교회 속에서 영적인 성장의 참된 원천인 그리스도와 아무런 상관이 없기 때문이다.

대신에 바울은 그리스도와 함께 죽었지만(2:20) 그리스도와 함께 부활한 성도들의 특권을 제시함으로써(3:1–4) 성도들에게는 세상에서 얻을 수 없는 그리스도 안에 있는 새 생명이 있음을 확신시키고 있다.

1. 그리스도 안에 있는 새 생명의 특성 (골 3:1,2)

골로새 교회와 그 주변 교회들을 위협하고 있던 문제들에 대하여 해답을 제시한 바울은 이제 성도들이 그리스도와 연합된 상태에서 자신들의 삶 속에 지속적인 진보를 이루기 위한 구체적인 권면으로 주제를 옮기고 있다. 왜냐하면 앞서 밝힌 것처럼 '그리스도 안에 있는 신성의 충만함'(골 2:9,10)이 성도들의 삶 속에서 구체적으로 구현되어야 하기 때문이다.

따라서 바울은 먼저 그리스도로 말미암아 다시 살리심을 받아서 얻게 된 새 생명이 어떻게 발현되어야 하는가를 밝히고 있다. 무엇보다도 성도들은 장래의 영광에 대한 소망을 가지고 있지만(골 1:26,27) 아직 실현되지 않은 소망이라는 점에서 현재 그들이 가지고 있는 소망은 그리스도 안에 감춰져 있기 때문이다.102)

이에 바울은 "그러므로 너희가 그리스도와 함께 다시 살리심을 받았으면 위의 것을 찾으라 거기는 그리스도께서 하나님 우편에 앉아 계시느니라"(골 3:1)고 말한다. 이 말은 다분히 "너희가 세상의 초등 학문에서 그리스도와 함께 죽었거든 어찌하여 세상에 사는 것과 같이 (사람들이 만든) 규례에 순종하느냐"(골 2:20)는 구절과 평행을 이루고 있다.

이처럼 '그리스도와 함께 죽었거든'(골 2:20)에서 언급했던 소극적 측면들에 이어 여기에서 바울은 '그리스도와 함께 다시 살리심을 받았

102) I. Howard Marshall, 신약성서신학, p. 457.

으면'이라고 논리를 전환함으로써 성도들로 하여금 적극적인 측면들로 시선을 돌리게 하고 있다. 이 두 문장 모두 성도들이 자신들의 삶을 고양시킨 경험, 즉 그들이 세례받을 때의 경험을 생각하게 한다.103)

그리스도 안에 있는 신성의 충만함을 이루기 위한 첫 번째 소극적 방법은 그리스도와 함께 죽는 것이었다. 이 말은 죽음으로써 '육적 몸을 벗는 것'이며 '그리스도의 할례' 곧 손으로 하지 않는 할례를 받는 것으로 압축된다(골 2:11). 두 번째 적극적인 방법은 그리스도와 함께 다시 살리심을 받는 것이다(골 3:1). 이 말은 결국 '새 사람을 입는 것'이며 '자기를 창조하신 자의 형상을 좇아 지식에까지 새롭게 하심을 받는 것'으로 압축된다(골 3:10). 이러한 바울의 신학은 웨스터민스터 신앙고백서(1648년)와 대요리문답(1648년)에서 보다 잘 정리되어 고백되고 있다.

웨스터민스터 신앙고백서 제28장에서는 세례(洗禮)에 대하여 이렇게 정의하고 있다.

> 세례는 예수 그리스도께서 제정하신 신약의 성례로서(마 28:19; 막 16:16), 세례 받은 당사자를 유형 교회에 엄숙하게 가입시키는 것을 뜻할 뿐만 아니라(고전 12:13; 갈 3:27,28), 그 당사자에게는 은혜언약의 표호와 인호가 되며(롬 4:11; 골 2:11,12), 그가 예수 그리스도에게 접붙임을 받고(갈 3:27; 롬 6:50) 중생하고(딛 3:5) 죄를 사함 받고(행 2:38; 22:16; 막 1:4), 예수 그리스도를 통하여 새 생명 가운데서 행하기로 하나님께 헌신하는(롬 6:3,4) 표호요 인호이다. 이 성례는 그리스도 자신이 친히 명하신 것이기에 세상 끝 날까지 그의 교회 안에서 계속 집행되어야 한다(마 28:19,20).

웨스터민스터 대요리문답 제165문답에서는 세례에 대하여 이렇게

103) Ralph P. Martin, 에베소서, 골로새서, 빌레몬서, p. 174.

정의하고 있다.

> 문 : 세례가 무엇입니까?
> 답 : 세례는 그리스도께서 '성부와 성자와 성령의 이름으로 물로 씻음' 을 정하신 신약의 한 성례인데, 이것은 그리스도 자신에게 접붙이고, 그의 피로 죄 사함을 받고, 그의 영으로 거듭나고, 양자가 되어 영생에 이르는 부활의 표와 인침입니다. 이로써 세례 받은 당사자들은 엄숙히 보이는 교회에 가입하게 되고, 전적으로 오직 주께만 속한다는 약속을 공개적으로 고백함을 맺게 하는 것입니다.

기독교가 아닌 다른 모든 종교와 신앙은 그 본질이 무엇인지도 알지 못하면서 소위 '구도자의 길' 이라고 하는 가상의 세계를 추구한다. 그것들에게 있어서 공통점은 그들이 섬기는 신(神)과 관련하여 윤리적으로 죄의식이 없다는 점이다. 오로지 그들은 자신들이 섬기는 종교의 형식과 예전에 따라 치성을 드리고 공덕을 쌓기만 하면 된다고 말한다.

때문에 그들은 죄의 문제를 해결할 중보자가 필요하지 않다. 오로지 자신들의 치성과 공덕으로 말미암아 그들이 섬기는 신에게 정성을 드리고 신의 마음을 흡족하게 해줌으로써 신에게 공덕을 인정 받고 마침내 미지의 세계인 극락(極樂)이나 하늘나라 혹은 신천지에 도달하는 길을 추구할 따름이다.

그렇기 때문에 거짓 가르침을 주장하는 자들은 새 생명을 얻기 위해 보통 사람들로서는 알 수 없는 신비한 영적인 지식(*γνῶσις* : Gnosis)을 알아야 하고, 그 방식 중 하나는 사람들이 감당할 이유가 없는 극단적인 금욕생활을 요구하는 무거운 짐을 짊어지게 하는 것이다.

이와 관련해 웨스터민스터 대요리문답 제60문답을 통해 이 사실을 보다 확실하게 정리할 수 있다.

제60문 : 복음을 들어본 적이 없어서 예수 그리스도를 알지 못하고 믿지도 못하는 사람들은 자연의 빛을 따라 삶으로써 구원을 받을 수 있습니까?

답 : 복음을 들어본 적이 없어서 예수 그리스도를 알지도 못하고 믿지도 못하는 사람들은 자연의 빛을 따라, 혹은 그들이 믿는 종교를 따라 아무리 열심히 산다고 하더라도 구원을 받지 못합니다. 즉 그리스도 안에서만 구원이 있고 그 밖에는 다른 어떤 구원도 없는 것이니, 그리스도는 그의 몸된 교회만을 구원하시는 구세주이십니다.

대요리문답에서 분명히 밝히고 있는 것처럼 자연의 빛을 따라 혹은 그들이 믿는 종교를 따라 아무리 열심히 산다고 해서 그들의 공덕이 그들을 구원에 이르게 할 수 없다. 그럼에도 불구하고 사람들은 자기들이 쌓은 공덕으로 신의 노여움을 달랜다면 영원한 생명을 얻을 수 있을 것이라고 여전히 사람들을 부추기고 있다.

베드로 사도 역시 이와 관련해 "이 예수는 너희 건축자들의 버린 돌로서 집 모퉁이의 머릿돌이 되었느니라 다른 이로써는 구원을 받을 수 없나니 천하 사람 중에 구원을 받을 만한 다른 이름을 우리에게 주신 일이 없음이라"(행 4:11,12)고 명쾌하게 선언한 바 있다.

반면에 죄에 대하여 죽고 하나님의 능력으로 중보자이신 그리스도와 함께 살리심을 받은 성도들은 성령의 능력을 통해 하나님으로부터 새 생명을 받았으므로 거짓 가르침이 말하는 것처럼 새 생명을 얻으려고 더 이상 금욕생활이나 황홀경에 접하는 일에 힘쓰고 노력할 이유가 없다.

그렇지만 성도들이 죄에 대하여 죽고 새 생명에 대하여 다시 살리심을 받았다는 사실은 이 세상에서, 지금 여기에서 그들의 삶으로 표현되어야 하는 현실이어야 한다. 따라서 새 생명을 입은 성도들은 "오직 너희를 위하여 보물을 하늘에 쌓아 두라 거기는 좀이나 동록이 해하지 못하며 도둑이 구멍을 뚫지도 못하고 도둑질도 못하느니라 네 보물 있는 그 곳에는 네 마음도 있느니라"(마 6:20,21)는 주님의 말씀처럼 자신들의 마음을 하늘에 두어야 한다.

바울은 이 말씀을 받아 '너희가 그리스도와 함께 다시 살리심을 받았으면 위의 것을 찾으라' 고 말한다. '찾으라' (ζητεῖτε: keep seeking)는 말은 '마음을 쏟다' 는 의미이다. 이 말은 "위의 것을 생각하고 땅의 것을 생각하지 말라"(골 3:2)에서 '생각하라' 는 단어와 평행을 이루고 있다. 여기에서 '생각하라' (φρονεῖτε: set your mind on)는 단어 역시 '마음을 두다' 는 의미이다.

따라서 '위의 것을 〈계속해서〉 찾으라' (τὰ ἄνω ζητεῖτε: keep seeking the things above)는 말은 '위에 있는 것들에게 마음을 두라' 또는 '위에 있는 것들에게 마음을 쏟으라' 는 의미가 된다. '위의 것' (τὰ ἄνω)은 교회의 머리이신 그리스도께서 승천하셔서 하나님 우편에 계신 곳을 바라보며 그곳에 속한 것들, 즉 승리하신 그리스도와 그리스도를 중심으로 하는 영적 사실들(요 8:23; 빌 3:20,21)을 가리키며, 이것은 우리가 바라보아야 하는 의미적인 위치를 제시하고 있다.

여기에서 바울은 "너희는 아래에서 났고 나는 위에서 났으며 너희는 이 세상에 속하였고 나는 이 세상에 속하지 아니하였느니라 그러므로 내가 너희에게 말하기를 너희가 너희 죄 가운데서 죽으리라 하였노라 너희가 만일 내가 그인 줄 믿지 아니하면 너희 죄 가운데서 죽으리라"(요 8:23,24)고 말씀하신 예수님의 가르침을 염두에 두고 있음이 분명하다. 따라서 성도들은 위에 있는 것들에게 마음을 둠으로써 참 자유와 참 지혜를 얻게 된다. 이때 성도들은 그리스도의 중보 사역에 의하여 '위의 것' 에 참여하고 누리게 된다.[104]

---

104) 박윤선, 바울서신, p. 335.

이런 의미에서 바울은 “위의 것을 생각하고 땅의 것을 생각하지 말라”(τὰ ἄνω φρονεῖτε, μὴ τὰ ἐπὶ τῆς γῆς: Set your mind on the things above, not on the things that are on earth, 골 3:2)고 말한다. 성도들의 마음은 아래 있는 것, 즉 현세적이고 일시적인 세상과 대조되는 위에 있는 것, 즉 영적이고 영원한 세상에 계속해서 마음을 쏟아 부어야 한다.

여기에서 ‘땅의 것’은 ‘세상의 초등 학문’과 같은 세상의 기초적인 원리(골 2:20)와 인간의 유전과 가르침(골 2:22,23)을 가리키고 있다. “이런 것들은 자의적 숭배와 겸손과 몸을 괴롭게 하는 데는 지혜 있는 모양이나 오직 육체 따르는 것을 금하는 데는 조금도 유익이 없느니라”(골 2:23)라고 바울이 지적한 것처럼 구원을 얻는 일에는 아무런 쓸모가 없는 것들이다. 그러므로 성도들은 이러한 땅의 것들로부터 마음을 돌려서 ‘위의 것’, 즉 승리하신 그리스도와 그리스도를 중심으로 하는 영적 사실들에 마음을 두어야 한다. 이로써 성도들은 그리스도 안에 있는 새 생명의 특성을 발휘하게 되는 것이다.

2. 그리스도의 군대로 존재하는 ‘교회’ (골 3:3,4)

이제 바울은 가장 지고한 권세인 승귀하신 그리스도에게 신앙의 초점을 맞추고 있다. 그리스도는 “이제부터는 인자가 하나님의 권능의 우편에 앉아 있으리라”(눅 22:69)는 말씀처럼 하나님 우편에 앉아 계신 분으로 최상의 권능을 행사하시는 분이시며, 다윗이 시편에서 “여호와께서 내 주에게 말씀하시기를 내가 네 원수들로 네 발판이 되게 하기까지 너는 내 오른쪽에 앉아 있으라 하셨도다”(시 110:1)에서 노래한 것처럼 그리스도는 모든 원수들을 심판하시는 분이시다. 이때 하나님의 우편은 권능과 권위 그리고 심판자와 중보자이신 그리스도의 위치와 지위를 가리킨다.

이런 의미에서 성도들은 "허물로 죽은 우리를 그리스도 예수와 함께 살리셨고 (너희가 은혜로 구원을 얻은 것이라) 또 함께 일으키사 그리스도 예수 안에서 함께 하늘에 앉히시니"(엡 2:6,7)라는 말과 같이 승귀의 사실을 이 땅에서 경험하고 있어야 한다.

이것이 바로 "너희가 세례로 그리스도와 함께 장사되고 또 죽은 자들 가운데서 그를 일으키신 하나님의 역사를 믿음으로 말미암아 그 안에서 함께 일으키심을 받았느니라"(골 2:12)고 바울이 말한 것처럼 '그리스도와 함께 다시 살리심을 받았다'는 실제적인 경험이기도 하다.

바울은 이 사실, 즉 성도들이 그리스도와 함께 하나님의 능력으로 살리심을 받은 사실에 대해 "이는 너희가 죽었고 너희 생명이 그리스도와 함께 하나님 안에 감추어졌음이라 우리 생명이신 그리스도께서 나타나실 그 때에 너희도 그와 함께 영광 중에 나타나리라"(골 3:3,4)는 말로 더욱 자세하게 설명하고 있다.

'너희가 죽었고'(ἀπεθάνετε)라는 부정과거 시제는 그리스도께서 죽으셨을 때 성도들도 함께 죽었다는 사실을 강조하고 있다. 그 일은 약 2,000년 전 역사의 한 시점에서 발생했으며, 그때에 그리스도의 죽음 안에서 모든 성도들도 죽은 것과 같다.

이것은 마치 땅에 심긴 씨앗처럼 그리스도의 영광이 감추어진 것과 같이 성도들의 생명 역시 이 세상에서 감추어져 있으며, 그 생명은 그리스도께서 재림하시는 때에 비로소 드러나게 될 것이다. 이런 점에서 성도들의 영적인 생명은 하나님 안에 더불어 있게 하신 그리스도와 함께 연합되어 감추어진 내적인 생명이다. 이처럼 새 생명은 신비이며 비밀에 속한다.105)

이 새 생명을 가리켜 바울은 '우리의 생명이신 그리스도'(ὁ Χριστὸς

105) Grant Osborne, 빌립보서, 골로새서, 빌레몬서, p. 297.

ἡ ζωὴ ἡμῶν)와 동일하게 연결시키고 있다. 이 말은 그리스도의 생명이야말로 성도들에게는 생명의 근원이며 원형이 된다는 의미이다. 성도들은 ① 성령의 인침과 성령께서 주시는 믿음으로 말미암아 그리스도와 연합되어 있으며, ② 교회의 머리이신 그리스도로부터 생명을 공급받고 있다(골 2:19)는 점에서 성도들이 가지고 있는 새 생명을 가리켜 '우리의 생명이신 그리스도'라고 바울은 밝혀주고 있다.

그렇지만 여기에서 우리가 확실히 알아야 할 것은 성도들의 새 생명이 생명이신 그리스도와 동질성(homogeneity)을 가지고 있다 할지라도 그리스도의 생명과 같은 동일성(sameness)을 가지고 있지는 않다는 사실이다. 뿐만 아니라 이 말은 성도들의 생명을 가리켜 그리스도의 생명이 확장된 형태(expanded form)라는 의미도 아니다. 그리스도와 성도들은 생명의 본질에 있어서는 서로 동질이지만, 그리스도의 생명과 성도들의 새 생명은 서로 동일하지 않기 때문이다.

우리는 이 사실을 성도들은 이미(already) 새 생명을 받았지만 그리스도의 재림 때에 소유하게 될 완전함과 영원한 몸을 아직(not yet) 온전히 소유하고 있지 않다는 점에서 확인할 수 있다. 이런 점에서 바울은 우리의 새 생명이 그리스도 안에 '감추어져 있다'(κέκρυπται : has been hidden)고 말한다.

이것은 안전하게 숨겨져 있으며 사람들의 눈에 띄지 않게 감추어져 있다는 의미이다. 그럼에도 불구하고 "그가 모든 원수를 그 발 아래에 둘 때까지 반드시 왕 노릇 하시리니 맨 나중에 멸망받을 원수는 사망이니라"(고전 15:25,26)는 말씀처럼 성도들이 지금 받은 새 생명은 그리스도의 재림과 함께 드러낼 영광, 다시 말하면 사망을 이기는 영광을 그 새 생명 안에 소유하고 있는 것이다(고전 15:20-28). 그리고 이 사실은 단지 미래의 소망에 불과한 것이 아니라 이미 성취된 사실이기도 하다.106)

---

106) Ralph P. Martin, 에베소서, 골로새서, 빌레몬서, p. 174.

이와 관련해 바울은 빌립보서에서 이 사실을 분명하게 밝혀 말하고 있다.

> "내가 여러 번 너희에게 말하였거니와 이제도 눈물을 흘리며 말하노니 여러 사람들이 그리스도의 십자가의 원수로 행하느니라 그들의 마침은 멸망이요 그들의 신은 배요 그 영광은 그들의 부끄러움에 있고 땅의 일을 생각하는 자라 그러나 우리의 시민권은 하늘에 있는지라 거기로부터 구원하는 자 곧 주 예수 그리스도를 기다리노니 그는 만물을 자기에게 복종하게 하실 수 있는 자의 역사로 우리의 낮은 몸을 자기 영광의 몸의 형체와 같이 변하게 하시리라"(빌 3:18-21).

때문에 성도들은 하늘의 시민권자로 하나님께서 약속하신 새 하늘과 새 땅을 고대하며 죄와 질병과 악의 세상을 해방시키실 하나님의 새로운 질서를 기다려야 한다. 그동안에 성도들은 이땅에 있는 하늘의 식민시(colony)인 이 세상 속에서 그리스도와 함께 죄의 악한 세력들과 싸우는 그리스도의 군사들이어야 한다. 이런 점에서 교회는 그리스도의 군사들로 구성된 하늘나라의 군대이다.

교회가 하늘나라의 군대라고 하는 개념은 출애굽한 이스라엘 백성에게서 가져온 개념이다. 하나님은 출애굽을 앞두고 이스라엘을 가리켜 "내 군대, 내 백성 이스라엘 자손"(출 7:4)이라고 부르셨다. 그렇지만 명색이 하나님의 군대인 이스라엘 백성들에게서는 군대로서 그 어떤 조직이나 무기도 갖추고 있지 않았다.

그런 상태에서 마침내 하나님의 군대인 이스라엘은 중무장한 바로의 군대와 전쟁을 치르게 되었다. 그런데 그 전쟁은 하나님께서 애굽과 바로의 군대를 향해 10가지 재앙을 내리는 것으로 드러났다(출 7:8-12:36). 다시 말하면 하나님께서 애굽과 바로의 군대들을 향해 행하신 10가지 재앙들은 곧 하나님의 군대인 이스라엘과 바로의 군대인 애굽과의 전쟁이었던 것이다. 그리고 그 전쟁에서 치러진 최후 결정적인 전투가 바로 유월절 사건이었다.

이 전쟁과 관련해 모세는 "이스라엘 자손이 애굽에 거주한 지 사백삼십 년이라 사백삼십 년이 끝나는 그 날에 여호와의 군대가 다 애굽 땅에서 나왔은즉 이 밤은 그들을 애굽 땅에서 인도하여 내심으로 말미암아 여호와 앞에 지킬 것이니 이는 여호와의 밤이라 이스라엘 자손이 다 대대로 지킬 것이니라"(출 12:40-42)고 기록하면서 이 전쟁은 하나님의 군대가 승리한 사건이었다는 사실을 분명히 밝히고 있다.

여기에서 이스라엘을 여호와의 군대 곧 하나님의 군대라고 부르는 의미를 확인할 수 있다. 그들이 치렀던 전쟁은 결국 하나님의 전쟁이었으며, 이 말은 곧 하나님께서 친히 그 전쟁을 치르셨다는 사실을 강조하고 있다. 따라서 하나님의 군대인 이스라엘은 역사 속에서 친히 하나님께서 행하시는 전쟁을 경험하고 그 사실을 증거하는 증인으로 존재하게 되었던 것이다.

바울은 이러한 개념을 이제 이스라엘의 정체성을 계승한 교회에게 적용하고 있다. 이런 의미에서 하나님의 군대인 교회의 성도들은 역사 속에서 죄와 질병과 악의 세상으로부터 해방시키시는 하나님의 전쟁에 친히 참여하고 경험하고 승리를 거둠으로써 그 사실을 역사 속에서 증거하는 위치에 서 있어야 한다.

이때 교회의 머리이며 만물의 머리이신 그리스도께서는(골 1:18) 그의 군사들이 살아갈 능력을 공급하시는 분이시다(골 2:19). 그리고 그의 군사들에게 미래에 대한 소망 안에서 그리스도의 재림을 준비하게 하신다(골 3:4). 여기에서 바울은 그리스도의 재림을 준비하는 이땅의 성도들이 하나님의 군대로서 어떻게 하나님의 충만함을 이루기 위해 살아가야 할 것인가에 대한 구체적인 내용들을 다음 단락(골 3:5-4:6)에서 자세하게 제시하고 있다.

마치는 말

2장에서 바울은 복음에 대한 변증적인 진술(골 2:6-23)을 통해 그리스도의 복음에 근거하여 믿음에 굳게 서기 위한 몇 가지 중요한 내용들을 밝힌 바 있다.

① 그리스도 예수 안에 신성의 모든 충만이 있으므로 그 안에서만 신성의 충만을 받을 수 있다(골 2:9,10).

② 그리스도 예수 안에서 참된 할례, 즉 그리스도와 함께 새 생명과 죄 사함과 모든 악한 권세들에 대한 승리를 받을 수 있다(골 2:11-15).

③ 그리스도 예수 안에서 구약의 의식적인 그림자들이 그 실체와 성취를 찾았으므로 의식의 준수, 음식 및 절기에 관한 규례는 의미가 없으며(골 2:16,17) 천사숭배는 그리스도께서 교회의 유일한 머리가 되신다는 사실을 손상시킬 뿐이다(18,19절).

④ 그리스도 예수 안에서 세상의 초등 학문과 음식 규례들과 같은 사람이 만들어 놓은 지혜는 관념적인 탐닉을 제어하는 데 전혀 가치가 없다(20-23절).

이러한 복음에 대한 변증에 이어 바울은 지금까지 자신이 밝힌 기독교 교리의 근거인 그리스도의 기독론에 따라 완전히 신성으로 충만하신 그리스도 예수 안에서 성도들의 삶에 대하여 구체적으로 어떻게 살아야 할 것인가를 이제부터 서술하고 있다(골 3:1-4:6).

먼저 바울은 그리스도 안에 있는 새 생명의 특성(골 3:1,2)으로써 그리스도 안에 있는 신성의 충만함을 이루기 위해서는 먼저 소극적 방법으로 그리스도와 함께 우리가 죽음으로써 '육적 몸을 벗는 것'(골 2:11)처럼 이제 적극적인 방법으로 그리스도와 함께 다시 살리심을 받아(골 3:1) '새 사람을 입는 것' 이며, 이로써 '자기를 창조하신 자의 형상을 좇아 지식에까지 새롭게 하심을 받는 것' 으로 연결된다(골 3:10). 그러기 위해 성도들은 땅의 것들로부터 마음을 돌려 '위의 것', 즉 승리하신 그리스도와 그리스도를 중심으로 하는 영적 사실들에 마음을 둠으로써 그리스도 안에 있는 새 생명의 특성을 발휘해야 한다.

이와 관련해 바울은 "이는 너희가 죽었고 너희 생명이 그리스도와 함께 하나님 안에 감추어졌음이라 우리 생명이신 그리스도께서 나타나실 그 때에 너희도 그와 함께 영광 중에 나타나리라"(골 3:3,4)고 성도들을 격려하면서 성도들은 하늘의 시민권자로 하나님께서 약속하신 새 하늘과 새 땅을 고대하며 죄와 질병과 악의 세상을 해방시키실 하나님의 새로운 질서를 기다려야 한다. 그동안에 성도들은 이땅에 있는 하늘의 식민시(colony)인 이 세상 속에서 그리스도와 함께 죄의 악한 세력들과 싸우는 그리스도의 군사들이어야 한다고 격려하고 있다.

이것은 지금 지상에 있는 성도들은 '이미-아직'(already-not yet)의 긴장 가운데 있기 때문이다. 이런 점에서 교회의 성도들은 역사의 현장에서 죄와 질병과 악의 세상으로부터 해방시키시는 하나님의 전쟁에 친히 참여하고 경험하고 승리를 거두는 하나님의 군대이다. 또한 그 사실을 역사의 현장에서 증거하는 위치에 서 있음으로 해서 그들은 그리스도 안에 있는 새 생명의 특성을 발휘하게 되는 것이다.

| 기 도 |

그리스도 예수와 함께 죽었던 우리를 그리스도 예수와 함께 다시 살리심을 받게 하심으로 우리에게 새 생명을 입혀주신 우리의 아버지이신 하나님.

아버지이신 하나님께서 창세 전에 친히 우리를 하나님의 자녀로 삼으시고, 또한 하나님의 자녀인 우리를 하나님과 화목하게 하시려고 성자이신 그리스도와 더불어 우리의 죄악을 속량할 계획을 세우시고, 이 모든 일에 성령께서 친히 인치시고 보증해 주셨음에 대하여 감사와 찬송을 올리옵나이다.

이제 하나님의 자녀로 택함을 받은 우리에게 그동안 비밀로 감추어 왔던 복음을 듣고 알게 하시어 어둠의 세계에서 벗어나 빛의 세계로 이끌어 주시고, 또한 친히 역사의 현장에서 우리가 이 복된 복음으로 말미암아 하나님을 바르게 알 수 있는 지혜와 지식으로 충만케 해 주심에 감사를 드리옵나이다.

이처럼 복된 자리에 부름받은 우리이기에 땅의 것에 더 이상 얽매이지 않고 오로지 하늘을 바라보면서 재림하실 그리스도 예수를 소망으로 삼고 우리의 생명이신 그리스도께서 오실 때까지 이 복된 자리를 단단히 지켜나가는 믿음을 더하여 주옵소서.

그날이 오기까지 옛 이스라엘을 하나님의 군대로 부르셨던 것처럼 이제 우리는 새롭게 하나님의 군대로 부름받았다는 사실을 마음에 새기고, 하나님께서 우리를 구원하시기 위해 행하신 그 모든 일들을 온 세상에 증거하면서 담대한 믿음으로 이 교회를 반듯하게 세워 나갈 수 있도록 은혜를 내려주시옵소서.

주 예수 그리스도의 이름으로 기도합니다. 아멘.

〈9〉

옛 사람을 벗는 것으로 나타나는 하나님의 충만함

골로새서 3:5-11

3:5 그러므로 땅에 있는 지체를 죽이라 곧 음란과 부정과 사욕과 악한 정
욕과 탐심이니 탐심은 우상 숭배니라 6 이것들로 말미암아 하나님의 진
노가 임하느니라 7 너희도 전에 그 가운데 살 때에는 그 가운데서 행하였
으나 8 이제는 너희가 이 모든 것을 벗어 버리라 곧 분함과 노여움과 악
의와 비방과 너희 입의 부끄러운 말이라 9 너희가 서로 거짓말을 하지 말
라 옛 사람과 그 행위를 벗어 버리고 10 새 사람을 입었으니 이는 자기를
창조하신 이의 형상을 따라 지식에까지 새롭게 하심을 입은 자니라 11 거
기에는 헬라인이나 유대인이나 할례파나 무할례파나 야만인이나 스구디
아인이나 종이나 자유인이 차별이 있을 수 없나니 오직 그리스도는 만유
시요 만유 안에 계시니라

골로새 교회의 신앙을 위협하고 있는 변질된 혼합주의 유대교 사상에 대해 우주론적 기독론(골 1:15-20)을 근거로 기독교 신앙을 변증하고 있는 바울은 "너희가 세례로 그리스도와 함께 장사한 바 되고 또 죽은 자들 가운데서 그를 일으키신 하나님의 역사를 믿음으로 말미암아 그

안에서 함께 일으키심을 받았느니라"(골 2:12)고 제시한 후, 이 내용에 대한 신학적 논증을 전개해 오고 있다.

먼저 바울은 '너희가 세례로 그리스도와 함께 장사한 바 된 일'이 가지고 있는 의미들을 밝히고 그것들을 통해 그리스도 안에 있는 하나님의 풍성함이 어떻게 성도들에게 구현될 것인가를 교리적으로 논증하였다(골 2:13-23). 이러한 바울의 논증은 우주론적 기독론에 근거한 구원론적 기독론에 따른 사도적 전승으로서 복음의 내용과 깊이 관련되어 있다.

이 복음의 핵심 사상에 대해 바울은 "이 비밀은 만세와 만대로부터 옴으로 감춰었던 것인데 이제는 그의 성도들에게 나타났고 하나님이 그들로 하여금 이 비밀의 영광이 이방인 가운데 어떻게 풍성한 것을 알게 하려 하심이라 이 비밀은 너희 안에 계신 그리스도시니 곧 영광의 소망이니라"(골 1:27,28)는 말로 압축하고 있다.

바울에게는 '이 비밀의 영광이 이방인 가운데 어떻게 풍성한 것을 알게 하려 하심이라'고 묘사된 하나님의 계획이 역사 안에서 구체적으로 어떻게 성취되고 있는가에 관심이 집중되어 있다. 이런 이유에서 바울은 "우리가 그를 전파하여 각 사람을 권하고 모든 지혜로 각 사람을 가르침은 각 사람을 그리스도 안에서 완전한 자로 세우려 함이니 이를 위하여 나도 내 속에서 능력으로 역사하시는 이의 역사를 따라 힘을 다하여 수고하노라"(골 1:28,29)고 확인함으로써 복음 사역의 의미를 밝힌 바 있다.

이어 바울은 '그리스도와 함께 장사한 바 된 일'(골 2:12)에 대한 신학적 해설을 통해서 이 일은 '육의 몸을 벗는 것'이며 세상에 대하여 죽은 것이기 때문에 더 이상 세상의 일들에 가치를 두지 않아야 한다는 사실을 강조하고 있다. 이것은 세상의 초등 학문인 철학과 같은 속임수나 혹은 사람들이 조작한 종교적인 예식이나 금욕적 행위들로서는 구원과 관련해 성도들은 그것들로부터 아무런 유익을 얻을 수 없다는 점을 분명히 밝히고 있다.

또한 성도들이 '그리스도와 함께 하나님의 능력으로 살리심을 받은 사실'(골 3:1)을 통해 "우리 생명이신 그리스도께서 나타나실 그 때에 너희도 그와 함께 영광 중에 나타나리라"(골 3:4)고 밝히고, 그리스도의 재림을 준비하는 이땅의 성도들이 '하나님의 충만함'을 이루기 위해 어떻게 이땅에서 살아야 할 것인가에 대한 실천적인 내용들을 전개시키고 있다.

1. 점진적인 성화의 과정에 있는 성도들 (골 3:5)

"위의 것을 생각하고 땅의 것을 생각하지 말라"(골 3:2)는 바울의 권면은 그리스도의 재림을 소망하고 그 날을 위해 준비하는 성도들에게 주어졌다. 이 권면은 '이미 그러나 아직 아닌'(already - not yet) 긴장 가운데 있는 성도들의 위치와 관련된다. 성도들은 이미 그리스도와 함께 죽었고 그리스도와 더불어 함께 살리심을 받았다.

이러한 상태에 있는 성도들은 과거 출애굽한 이스라엘 백성을 가리켜 하나님께서 "내 군대, 내 백성 이스라엘 자손"(출 7:4)이라고 부르심으로써 그들이 '여호와의 군대'(출 12:40-42)로 불렸던 것처럼, 이제 구약시대의 이스라엘을 계승한 신약시대의 교회는 하나님의 군대라는 사실을 인식하고 하나님 나라의 군사로서 이땅에 살고 있다는 사실을 명심해야 한다.

이처럼 성도들이 하나님의 군사로 부름을 받았다 할지라도 그들은 완전한 상태에 이르게 된 것은 아니다. 성도들은 여전히 이 세상에 만연되어 있는 반신국적인 사상들의 유혹과 죄악된 본성의 악행, 즉 세상적인 본성에 노출되어 있다. 바울은 이 상태를 가리켜 "너희가 육신대로 살면 반드시 죽을 것이로되 영으로써 몸의 행실을 죽이면 살리니 무릇 하나님의 영으로 인도함을 받는 사람은 곧 하나님의 아들이라"(롬 8:13,14)고 말하면서 성도들로 하여금 '몸의 행실'(롬 8:13)을 죽이라고 권면한 바 있다.

이와 같은 맥락에서 바울은 "그러므로 땅에 있는 지체를 죽이라 곧 음란과 부정과 사욕과 악한 정욕과 탐심이니 탐심은 우상 숭배니라"(골 3:5)라고 말한다. '땅에 있는 지체를 죽인다'는 말은 '몸의 행실을 죽인다'는 말과 서로 평행을 이루고 있다. 여기에서 '죽이라'(νεκρώσατε)는 말은 부정과거 시제로 '죽은 것으로 여긴다'는 의미이며, 앞서 바울이 '너희가 죽었다'(3절)는 말과 서로 역설적 관계를 형성하지만 둘 다 모두 '땅에 있는 것'과 관련된다.

앞서 3절에서 바울은 '땅의 것을 생각하지 말라'는 이유로 성도들이 '죽었음'을 강조한 반면에, 여기에서는 '너희가 이미 죽었기 때문에 땅에 있는 지체, 즉 세상에 속한 육체의 본성에 대해 죽은 것으로 여기라'는 의미로 사용하고 있다.107) 이때 세상적 본성은 바로 성도들의 자아(ego), 곧 구속을 받기 이전의 상태인 옛 사람을 가리키며 여기에서는 '자기 부정'의 의미로 사용되고 있다.

아울러 바울은 옛 사람의 상태를 규정하기 위해서 다섯 가지 육체의 본성들을 제시하고 있다. 곧 ① 음란과 ② 부정과 ③ 사욕과 ④ 악한 정욕과 ⑤ 탐심 등이 옛 사람의 본성이라고 명확하게 밝히고 있다. 여기에서 예로 들고 있는 이 다섯 가지 육체의 본성들은 모두 인간의 내면에 뱀처럼 똬리를 틀고 자리를 잡고 있는 육체적 특성들이다. 그런데 이런 옛 사람의 특성들은 하나님 나라의 본성과 철저하게 대척적인 관계에 있다는 점에서 보다 더 확실한 이해를 필요로 한다.

---

107) Grant Osborne, 빌립보서, 골로새서, 빌레몬서, p. 300.

여기에서 언급하고 있는 다섯 가지 옛 사람의 본성들과 관련해 바울은 '육체의 욕심'(갈 5:16), '육체의 소욕'(갈 5:17) 또는 '육체의 일'(갈 5:19,20)이라고 규정하면서 "육체의 소욕은 성령을 거스르고 성령은 육체를 거스르나니 이 둘이 서로 대적함으로 너희가 원하는 것을 하지 못하게 하려 함이니라"(갈 5:17)고 밝히 말한 바 있다.

결국 육체의 본성들은 그 성격상 성령께 적극적으로 반항하고 있다는 점에서 철저하게 반 신국적이라는 사실을 알 수 있다. 반 신국적이라는 말은 이미 에덴동산에서 아담과 하와가 하나님께서 금지한 언약의 말씀을 순종하지 않았던 사실에서 그 성격을 확인할 수 있다.

"여호와 하나님이 그 사람을 이끌어 에덴동산에 두어 그것을 경작하며 지키게 하시고 여호와 하나님이 그 사람에게 명하여 이르시되 동산 각종 나무의 열매는 네가 임의로 먹되 선악을 알게 하는 나무의 열매는 먹지 말라 네가 먹는 날에는 반드시 죽으리라 하시니라"(창 2:15-17)는 말씀을 통해서 우리가 확인할 수 있는 것은 본래 ① 적극적으로는 하나님께서 인류에게 주신 에덴동산을 다스리며 지키라는 사명을 수행하고, ② 소극적으로는 선악을 알게 하는 나무의 열매는 먹지 않음으로써 하나님의 말씀에 순종하는 삶을 살아야 했다.

그러나 "여자가 그 나무를 본즉 먹음직도 하고 보암직도 하고 지혜롭게 할 만큼 탐스럽기도 한 나무인지라 여자가 그 열매를 따먹고 자기와 함께 한 남편에게도 주매 그도 먹은지라 이에 그들의 눈이 밝아 자기들의 몸이 벗은 줄을 알고 무화과나무 잎을 엮어 치마로 삼았더라"(창 3:6,7)는 기록에서 보는 것처럼 아담과 하와는 하나님의 말씀에 순종하지 않았고 대신에 자의적인 판단으로 자신들의 탐욕을 하나님의 말씀이 자리하고 있는 위치에 올려두고 말았다.

이것은 "뱀이 여자에게 이르되 너희가 결코 죽지 아니하리라 너희가 그것을 먹는 날에는 너희 눈이 밝아 하나님과 같이 되어 선악을 알 줄 하나님이 아심이니라"(창 3:4,5)고 꼬드기는 사탄의 속이는 말을 하나님의 말씀보다 더 우위에 두었다는 사실에서 확인할 수 있다.

이처럼 에덴동산에서 발생했던 역사적 사실을 바탕으로 바울은 옛 사람인 아담이 추구했던 정욕과 탐심의 길을 더 이상 성도들이 좇아가지 않은 상태로 새롭게 창조되었다는 사실을 강조하고 있다. 이로써 바울은 이제 성도들이야말로 제2의 아담으로 오신 예수 그리스도와 연합되어짐으로써 성도들의 신분이 그 이전과 완전히 달라졌음을 확실하게 드러내고 있다. 이러한 새 창조의 경험은 "그리스도 예수의 사람들은 육체와 함께 그 정욕과 탐심을 십자가에 못 박았느니라"(갈 5:24)는 바울의 선언에서도 확인된다.

옛 사람은 죽고 장사되었기 때문에 성도들은 신분상 이제 아무 죄도 없으며 완전하게 의롭게 된 것이다(골 2:11-13). 이처럼 성도들은 세상에 속한 육체의 본성에 있어서 이미 죽었다는 그 사실을 통해 바울은 성도들이 더 이상 세상에 속하지 않고 하나님 나라에 속해 있다는 사실을 적극적으로 강조하고 있다.

하지만 지금 이땅에서 살고 있는 성도들의 상태는 그 신분과 완전하게 일치한 상태가 된 것은 아니다. 앞서 바울은 '땅에 있는 지체를 죽은 것으로 여기라'는 권면한 바 있다. 이 말은 '위의 것을 찾으라', '즉 위의 것에 마음을 두라'와 동의어이며 재림하실 그리스도를 준비하는 성도들의 삶에 대한 것임을 강조한 바 있다. 이것은 성도들에게서 발견되는 점진적 성화의 한 특성이며108) 그 궁극적인 완성은 '자기를

108) 하이델베르크 교리문답 제114문. 하나님께로 돌이킨 사람들은 이 계명들을 온전히 지킬 수 있습니까? 답. 아닙니다. 가장 거룩한 사람들이라도 그들이 이생에 있는 동안에는 단지 이러한 순종을 겨우 시작할 뿐입니다(전 7:20; 롬 7:14, 15; 고전 13:9; 요일 1:8). 그럼에도 불구하고, 그들은 하나님의 계명 가운데 두세 개만 아니라 계명 전부를 따라 살기 위해 열정적인 뜻을 품고 출발하는 것입니다(시 1:1, 2; 롬 7:22-25; 빌 3:12-16).

창조하신 자의 형상을 좇아 지식에까지 새롭게 하심을 받는 것'(10절)으로 완성된다는 점에서 성도들은 점진적인 성화의 과정에 있다는 사실을 보여주고 있다.

2. 벗어버린 옛 사람의 품성들 (골 3:5-8)

바울은 세상적 본성, 즉 몸의 행실에서 찾을 수 있는 가장 원시적인 속성들로부터 '땅에 있는 지체를 죽은 것으로 여기라'는 문제를 제기하고 있다. 곧 '음란과 부정과 사욕과 악한 정욕과 탐심'이 그것이다. 이것들은 본능적 쾌락을 추구하는 모든 것들의 근원을 보여주기 위해 점진적으로 삶의 표면적인 행동으로부터 내면의 깊숙한 곳으로 이동하고 있다. 그 최후의 자리에 열 번째 계명에서 언급하고 있는 '탐심'(*πλεονεξίαν*: covetousness)이 자리하고 있다. 탐심은 모든 사람들의 내면에 담겨 있는 모든 악의 근원이다.

이 탐심의 초점은 욕망의 충족에 맞추어져 있다는 점에서 결국 인간에게 있어서는 자신의 욕망보다 더 앞서는 것이 없다는 사실을 정확하게 지적하고 있다. 인간의 욕망은 하나님보다도 자기를 앞세우는 것이며, 그리스도의 자리에 자신을 그 자리에 대치시키는 것이다. 이것은 또한 '위의 것'에 마음을 두는 것(1-3절)과 극적인 대조를 이루고 있다.

앞서 아담과 하와가 사탄의 꼬드김에 속아서 하나님 대신에 사탄의 말을 어떻게 추종했는가를 살펴보아 알고 있는 것처럼, 인간의 탐심이 유물론적 개념이든지 혹은 정신적인 욕망이든지 간에 이것들은 하나님을 대신하기 때문에 제2계명에서 명백하게 금지하고 있는 우상 숭배와 다를 바 없다.109)

원래 인간은 자연을 정복하고 다스려 온 땅에 하나님의 지혜와 영광

109) Ralph P. Martin, 에베소서, 골로새서, 빌레몬서, p. 175.

을 높이 드러내기 위해 창조 되었다. 이것은 인간이 하나님으로부터 부여받은 사명으로 모든 피조물들 위에 존재하는 최고의 위치에 있음을 의미한다. 그러나 아담이 죄를 범한 이후 자연은 인간을 대적하기 시작했고 인간들은 자연 안에서 생존을 유지하기 위해 자연의 도전을 막아내야만 했다.

그러나 자연을 상대로 싸운다는 것은 인간의 힘이 미력하기 때문에 사람들은 초자연적인 능력을 행사할 수 있는 신적인 실체의 필요성을 느끼고 거기에 생명을 의존하려는 욕구가 자연스럽게 발생하게 되었다. 반면에 아담이 타락한 이후 인간의 인식 작용이 전적으로 부패했기에 창조주이신 하나님을 바르게 알거나 유추해 낼 수 없게 되었다. 때문에 사람들은 하나님을 대신하여 자연스럽게 신적 존재를 대신할 어떤 대상을 찾아 나서게 되었다. 결국 하나님에 대한 그릇된 인식 곧 잘못된 지식으로 인해 사람들은 우상 숭배에 빠지게 되었던 것이다.

바울 사도는 "하나님을 알되 하나님을 영화롭게도 아니하며 감사하지도 아니하고 오히려 그 생각이 허망하여지며 미련한 마음이 어두워졌나니 스스로 지혜 있다 하나 어리석게 되어 썩어지지 아니하는 하나님의 영광을 썩어질 사람과 새와 짐승과 기어다니는 동물 모양의 우상으로 바꾸었느니라"(롬 1:21-23)고 말함으로써 인간의 마음이 암매하고 허망해져서 하나님의 영광을 썩어질 사람의 형상이나 금수의 형상으로 만들었다고 지적한 바 있다.

여기에서 '하나님을 알되 하나님으로 영화롭게' 한다는 내용은 제1계명을 가리키며, 사람의 첫 번째 존재의 목적(대요리문답 제1번)을 가리킨다. 그리고 그 반대편에 있는 제10계명이 바로 탐심이고 그 탐심의 결과가 우상 숭배이다. 다시 말하면 제1계명에서 말하고 있는 하나님에 대한 올바른 지식이 결여된 사람들이 생존에 대한 욕구나 혹은 절대자에 대한 종교적인 갈망을 채우기 위해 자기들이 처한 상황에서 가까운 인격체나 생물체를 통해 그럴듯한 상을 만들어 낸 것이 바로 우상이다. 그렇기 때문에 사람들이 만들어 낸 우상은 신의 속성을 처음부터 발휘하는 것이 아니라 사람들이 요구하는 신에 대한 욕망을 가지고 있는 것처럼 여길 뿐이다.

그 예로써 가나안 사람들이 숭배했던 다곤(Dagon : 고대 셈족이 섬겼던 풍요의 신)이나 바알(Baal : 가나안 지방에서 섬겼던 다산의 신)은 농경 생활에서 절대적으로 필요로 하는 다산이나 비를 주장하는 신이라고 여겼던 것처럼, 우상 자신이 스스로 신적 특성을 발휘하기보다는 자연의 도전을 받고 있는 인간들의 필요를 대신해서 자연을 제압하는 힘을 가진 존재인 것처럼 여겨질 따름이었다.

따라서 이런 신들은 인격적인 존재라기보다는 어떤 힘을 상징하는 존재에 불과하기 마련이다. 즉 신의 요구나 필요를 위해 인간이 존재하는 것이 아니라 인간의 욕구와 필요를 위해 가공된 신이 존재하게 된 것이다. 이처럼 인간의 염원(念願)을 담고 있는 구상체(構想體)가 바로 우상이다. 결국 인간은 하나님께서 자신들에게 주신 사명을 포기하고 하나님 대신에 자신들의 욕구 충족을 위해 반 신국적인 우상을 만들게 된 것이다. 이런 악한 행위들로 인해 사람들은 하나님의 진노와 심판의 대상이 되었을 뿐이다.

하나님의 완전한 도덕적 본성은 죄와 악이 처벌받지 않는 것을 절대로 용납하지 않으신다. 때문에 "이것들로 말미암아 하나님의 진노가 임하느니라"(골 3:6)는 바울의 경고는 철저하게 하나님의 속성에 근거하고 있다.

여기에서 '진노가 임한다'(*ἔρχεται ἡ ὀργὴ*)는 말은 높은 첨탑이 번개를 끌어들이는 것처럼 죄가 하나님의 진노를 끌어들이고 있는 모양을 묘사하고 있다. 이것은 악한 자들에게 경고한 것처럼 종말에 임하는 최후의 심판[110]을 의미하지만, 사람들이 행하고 있는 일상적인 악행들에 대해 일일이 심판하시는 하나님의 형벌도 여기에 포함된다.

하나님의 심판은 때로 범죄하는 자들을 그대로 내버려두는 것으로도 나타나기도 한다(롬 1:18,24,26,28). 그러나 종말에는 영원한 형벌, 곧 영원한 죽음의 상태인 지옥의 형벌로 나타내시기 때문에(계 6:17) 아무도 이 하나님의 형벌을 피할 수 없다. 사실 성도들도 새 생명을 받기 이전에는 우상 숭배로 이어지는 음란과 부정과 사욕과 악한 정욕과 탐심이라는 욕망에 사로잡혀 있었다. 이것은 옛 사람의 전형적인 모습이며 당연히 하나님의 심판을 받아야 할 대상이었음을 의미한다.

이점에 대해 바울은 "너희도 전에 그 가운데 살 때에는 그 가운데서 행하였으나 이제는 너희가 이 모든 것을 벗어 버리라 곧 분함과 노여움과 악의와 비방과 너희 입의 부끄러운 말이라"(골 3:7,8)고 권면하고 있다. 본문에서 지시하고 있는 '전에(ποτε) – 이제(νυνὶ)' 라는 시간의 전환점은 회심 전과 후를 가리키며, 지금까지 바울이 강조하고 있는 윤리적 권면의 중심을 이루고 있다. 이 말은 옛 사람이 어떤 모습이었는지를 단적으로 보여줌으로써 '그리스도 안에 있는 하나님의 충만함'(골 2:10)이 새 사람이 된 성도들의 삶 속에서 어떻게 구현되어야 하는가를 확실하게 보여주고 있다. 그 모습이 바로 '이 모든 것을 벗어버리는 것' 이다.

---

110) 웨스트민스터 신앙고백서 제33장 최후심판 제1항은 이 사실을 다음과 같이 명확하게 고백하고 있다. "하나님께서는 예수 그리스도로 말미암아 의로써 세상을 심판하실 한 날을 정해 놓으셨다(행 17:31). 예수 그리스도에게는 모든 심판하는 권세가 성부로부터 주어져 있다(요 5:22, 27). 그 날에 타락한 천사들이 심판을 받을 뿐만 아니라(고전 6:3; 유 6; 벧후 2:4), 이 땅에 살았던 모든 사람들이 그리스도의 심판대 앞에 서서 자기들의 생각과 말과 행동의 전말을 밝히고, 그들이 선악 간에 몸으로 행한 것에 따라서 보응을 받게 될 것이다(고후 5:10; 전 12:14; 롬 2:16; 14:10, 12; 마 12:36-37)."

'벗어버리다' (ἀπόθεσθε : put off, put away)는 말은 새 옷을 입기 위해 헌 옷을 벗는 것을 의미하며, 할례와 같이 표피를 제거하거나 그리스도라는 새 옷을 입기 위해 이전의 죄악에 머물던 삶을 벗어버리는 것을 상징한다. 이 사실은 이미 성도들이 세례를 받는 것으로 경험되었으며 이것은 옛 사람의 가치관을 무가치한 것으로 여기는 것으로 표면화된다. 그 모습 중 하나가 ① 분냄(anger)과 ② 노여움(wrath)(개역개정은 이 둘을 하나로 묶어서 '분(憤)' 으로 번역했다)과 ③ 악의와 ④ 비방(훼방)과 ⑤ 부끄러운 말들을 벗어버리는 것이다.

이 다섯 가지의 단계는 개인적인 죄악에 대한 앞선 다섯 가지의 단계(곧 ① 음란과 ② 부정과 ③ 사욕과 ④ 악한 정욕과 ⑤ 탐심이니 탐심은 우상 숭배니라, 골 3:5)와는 달리 인간의 내면으로부터 시작해 밖으로 표출되는 형태로 나타나게 되며 마침내 이웃에게 악을 행하는 단계에까지 이르고 있다. 내면의 분으로부터 여러 단계를 거쳐 악한 외부적인 표현으로 발전되는 것은 결국 이웃과의 분열을 가져오게 한다.111)

비록 이 목록들이 말과 관련된 것이지만 말하는 능력은 인간의 가장 두드러진 특징이라는 점에서 분냄과 노여움과 악의와 비방과 부끄러운 말들은 인간의 죄악된 모습을 대표하고 있다. 이상에서 열거한 열 가지 목록들은 전적으로 옛 사람에게서 발견되는 대표적인 사례일 뿐이며 그리스도 예수의 몸된 교회에서는 결코 용납되어서는 안 될 역겨운 일들이기도 하다.

3. 그리스도께서 여신 새 창조 시대의 특성들 (골 3:9,10)

'땅에 있는 지체를 죽은 것으로 여기라' 는 것은 결국 '육적 몸을 벗는 것' (골 2:11)으로 압축된다. 그 대표적인 속성이 바로 '거짓말' (ψεύδεσθε : do lie)이다. 이 거짓말은 창세기 3장에 등장하는 아담과 하와

---

111) William Handriksen, 골로새서, p. 213.

의 연속적인 거짓말을 연상케 한다(창 3:9-13). 이 거짓말은 전형적인 옛 사람의 속성이며 여기에서는 옛 사람을 대표하고 있는 '아담'을 그 대표 인물로 내세우고 있다.

반면에 거짓의 극적인 대조는 '지식', 즉 '하나님을 아는 지식'이다. 이것은 새 사람의 전형적인 속성이며 여기에서는 제2의 아담으로 오신 '예수 그리스도'를 그 대표 인물로 내세우고 있다. 따라서 그리스도인이 된다는 것은 첫 사람 아담 안에 있는 옛 질서를 떠나는 것이며, 마지막 아담인 그리스도의 오심으로써 결정된 새 시대로 들어가는 것을 의미한다.112)

이런 점에서 바울은 "너희가 서로 거짓말을 하지 말라 옛 사람과 그 행위를 벗어 버리고 새 사람을 입었으니 이는 자기를 창조하신 이의 형상을 따라 지식에까지 새롭게 하심을 입은 자니라"(골 3:9,10)고 말한다.

여기에서 새 사람을 '입었으니'(*ἐνδυσάμενοι*: having put on)라는 말은 한 번 그 상태가 되면 계속해서 그 상태를 유지하고 있음을 강조하면서 앞서 '이제는 너희가 이 모든 것을 벗어버리라'(8절)는 단회적 상태와 전혀 다른 새로운 상태를 묘사해 주고 있다. 이때 '벗어버렸다'는 것은 하나님의 진노의 대상인 옛 사람을 죽이는 것을 상징하며(8절), '입는다'는 것은 죽음에서 부활하여 새로운 사람으로 거듭 태어난 상태를 가리키고 있다.

하나님께서 자신의 형상(*εἰκών*: an image)대로 첫 사람 아담을 창조하셨던 것처럼(창 1:26,27) 성도들의 마음과 삶 속에 새 사람을 창조하신 바로 그분의 형상, 즉 하나님의 형상이 새 사람의 표준이며 척도이고 목표가 된다. 그리고 이 새 사람은 옛 사람인 아담과 달리 '하나님의 구속적인 사랑' 곧 "그가 우리를 흑암의 권세에서 건져내사 그의 사랑의 아들의 나라로 옮기셨으니 그 아들 안에서 우리가 속량 곧 죄 사함을

---

112) Ralph P. Martin, 에베소서, 골로새서, 빌레몬서, p. 177.

얻었도다"(골 1:13,14)에 대한 경험적인 지식을 가지고 있다. 이 '하나님의 구속적인 사랑'은 그리스도께서 오실 때까지 감추어져 있었던 비밀(골 1:26; 2:2; 엡 1:9)이었으며 구약시대에서는 그림자로 존재했었다.

그러나 이제 성도들은 악의 세력으로부터 벗어나 예수 그리스도의 고난과 승귀, 즉 십자가의 죽으심과 부활하시고 승천하신 일에 참여함으로써 하나님의 나라로 들어가는 결정적인 삶의 변화를 경험했다(골 2:11,15). 이 사실은 성도들이 받은 세례의 경험으로 확인되었다(골 2:12, 13,20). 그리고 이러한 경험을 통해 성도들은 자신들의 거점이 되시는 그리스도와 연합되었던 것이다(골 3:1,3).

따라서 성도들은 이미 버려진 옛 본질의 세계, 즉 이 세상을 떠나서 이제 새롭게 들어가게 된 새 본질의 세계인 오는 세상에 속해 있는 것이다. 이것은 이 세상으로부터 장차 오는 세상으로의 영역적인 이전을 의미하며, 새로운 질서의 세계에 속했음을 강조한다. 바울은 이 사실을 새 창조로 설명하면서, 새로운 세상의 구성원이 되는 것으로 다음과 같이 묘사하고 있다.

> "그가 모든 사람을 대신하여 죽으심은 살아 있는 자들로 하여금 다시는 그들 자신을 위하여 살지 않고 오직 그들을 대신하여 죽었다가 다시 살아나신 이를 위하여 살게 하려 함이라 그러므로 우리가 이제부터는 어떤 사람도 육신을 따라 알지 아니하노라 비록 우리가 그리스도도 육신을 따라 알았으나 이제부터는 그같이 알지 아니하노라 그런즉 누구든지 그리스도 안에 있으면 새로운 피조물이라 이전 것은 지나갔으니 보라 새 것이 되었도다"(고후 5:15-17).

이 새로운 질서의 세계는 거짓으로 분열된 옛 사람의 속성을 거부한다. "거기에는 헬라인이나 유대인이나 할례파나 무할례파나 야만인이나 스구디아인이나 종이나 자유인이 차별이 있을 수 없나니 오직 그리스도는 만유시요 만유 안에 계시니라"(골 3:11)는 말처럼 오직 그리스도 예수 안에서 온 인류의 통일을 가져온다.

이 나라에서는 편협한 민족 신앙, 국수주의, 배타주의가 힘을 얻을 수 없다. 이 나라는 마치 한 몸에 여러 지체가 있어 서로 하는 일이 다르다 할지라도 유기적인 통일성을 이루는 것처럼 모든 민족, 모든 사람들이 조화를 이루는 나라이다.

그리스도 안에서 성도들은 인종, 문화, 사회적 지위에 관계없이 구원을 받는다. 그 안에서 모든 사람들은 자신들이 죄를 범하여서 하나님의 영광에 이르지 못한다는 것을 고백한다(롬 3:23). 그리고 "한 분이신 주께서 모든 사람의 주가 되사 그를 부르는 모든 사람에게 부요하시도다"(롬 10:12)는 말씀처럼 누구든지 주의 이름을 부르는 자마다 구원을 얻는다. 그리스도 예수 안에서는 누구든지 새 사람이 되는 것을 막을 법이 없다.

바울은 옛 생활을 벗고 새 생활을 입은 성도들이 그리스도 안에서 통일을 이루게 되는 결정적 원인으로 '오직 그리스도는 만유시요 만유 안에 계시니라'(*ἀλλὰ πάντα καὶ ἐν πᾶσιν Χριστός*. Christ is all, and is in all. 골 3:11)는 말로써 이 단락을 결정짓는다. 이 말은 '모든 것을 충족시키는 주와 그리스도로서 그리스도는 만유이시다'는 말이며, 오직 그리스도만이 처음과 나중을 붙잡고 있다는 의미이다.

민족, 종교, 사회적 배경, 사회적 신분이 어떤 것이든 간에 모든 성도들 속에 임재하시는 그리스도의 중보의 영은 각 개인과 전체 속에서 자기를 창조한 자의 형상을 좇아 완전한 지식에까지 새롭게 하시는 분이시다. 이처럼 그리스도는 새 사람이 된 성도들에게 새 창조와 점진적인 완성을 보증하시는 유일한 분이시다.113)

---

113) William Handriksen, 골로새서, p. 222.

마치는 말

3장을 시작하면서 바울은 예수 그리스도와 함께 죽었지만(골 2:20) 그리스도와 함께 부활한 성도들에게서 그리스도 예수 안에 있는 새 생명의 특성(골 3:1,2)이 발현되어야 한다는 사실을 강조한 바 있다. 곧 새 생명의 특성은 그리스도 안에 있는 신성의 충만함을 이루기 위한 것으로 ① 소극적으로는 그리스도와 함께 우리가 죽음으로써 '육적 몸을 벗는 것'(골 2:11)이며 ② 적극적으로는 그리스도와 함께 다시 살리심을 받아(골 3:1) '새 사람을 입는 것'으로 나타나게 된다.

새 사람을 입는다는 것은 땅의 것들로부터 마음을 돌려 '위의 것', 즉 승리하신 예수 그리스도와 승귀하신 그리스도 예수를 중심으로 하는 영적 사실들에 마음을 둠으로써 그리스도 예수 안에 있는 새 생명의 특성을 발휘하는 것을 의미한다. 이때 성도들은 하늘의 시민권자로 하늘의 식민시(colony)인 이 세상 속에서 성도들에게 생명을 공급하시는 그리스도 예수와 함께 죄의 악한 세력들과 싸우는 하나님 나라의 군사로 살아야 한다.

이처럼 '이미-아직 아닌'(already-not yet)의 긴장 가운데 살고 있는 하나님 나라의 군사인 교회의 성도들은 그들이 살고 있는 삶의 현장에서 죄와 질병과 악 그리고 고난과 환란으로부터 해방시키시는 하나님의 전쟁에 친히 참여하고 경험하고 승리를 거둠으로써 그 사실을 역사 속에서 증거하는 위치에 서 있게 된다. 이때 성도들은 "우리 생명이신 그리스도께서 나타나실 그 때에 너희도 그와 함께 영광 중에 나타나리라"(골 3:4)는 소망으로 가득 차게 되는 것이다.

새 생명의 특성을 발현하는 성도들을 위해 바울은 성도들이 이 세상에서 살아야 할 삶의 자태에 대해 구체적으로 하나씩 밝혀주고 있다. 그 첫 번째의 모습이 바로 '옛 사람을 벗는 것으로 나타나는 하나님의 충만함'에 대한 것이다. 여기에서 하나님의 충만함은 다른 것이 아니라 하나님에 관한 지식으로 가득 차 있는 상태를 의미한다(골 3:10).

이 과정에 이르기 위해 먼저 성도들은 '땅에 있는 지체를 죽이라'는 명령을 수행해야 한다. 이것은 곧 육체의 정욕을 죽이는 것으로, 육체의 정욕은 하나님을 아는 지식과 정 반대의 결과인 우상 숭배를 가져오는 결정적인 원인이기 때문이다. 사실 성도들은 그리스도를 알기 '이전'(*ποτε*)에는 하나님의 심판과 진노 아래에 있을 수밖에 없었다(골 3:7). 그러나 '이제'(*νυνὶ*) 성도들은 이 모든 육체의 소욕을 벗어버리고 새 사람을 입은 새로운 존재가 되었다(골 3:10). 그 결정체가 바로 우리를 창조하신 하나님의 형상을 따라 지식에까지 새롭게 하심을 입은 것으로 나타나게 된 것이다.

이 모든 과정은 '오직 그리스도는 만유시요 만유 안에 계시니라'(*ἀλλὰ πάντα καὶ ἐν πᾶσιν Χριστός*. Christ is all, and is in all. 골 3:11)고 고백되는 그리스도 예수로 말미암아 성도들은 옛 생활을 벗어 버리고 새 생명을 입어서 마침내 재림하실 그리스도 예수 안에서 만물이 통일을 이루게 되는 그 날까지 이르게 되는 것이다. 이것이 바로 그리스도의 재림을 기다리며 준비하는 이 땅의 성도들이 '하나님의 충만함' 곧 하나님을 아는 지식에서 충만함을 이루어 가는 과정이다. 이 사실을 바탕으로 바울은 이제 '새 사람을 입는 것으로 나타나는 하나님의 충만함'(골 3:12-17)에 대한 우리의 관심을 불러일으키고 있다.

| 기 도 |

그리스도 예수 안에서는 누구든지 새 사람이 되는 것을 막을 벽이 없게 하기 위하여 만유의 주이신 그리스도 예수 안에서 우리가 한 몸이 되게 하신 우리의 아버지이신 하나님.

그리스도 예수 안에 있는 신성의 충만함 가운데서 우리로 하여금 온전히 하나님을 알게 하는 참된 지식으로 충만케 하시기 위하여 음란과 부정과 사욕과 악한 정욕과 탐심으로 상징되는 우리의 옛 사람을 벗게 하시고 이로써 우리의 사악한 본성인 분냄과 노여움과 악의와 비방과 부끄러운 말들을 벗어버리게 해 주심에 감사와 찬송을 올리옵나이다.

이제 하나님의 자녀가 된 우리는 "새 사람을 입었으니 이는 자기를 창조하신 이의 형상을 따라 지식에까지 새롭게 하심을 입은 자니라"(골 3:10)는 사도의 선언과 같이 하나님의 형상에 걸맞은 하나님에 관한 바른 지식으로 충만케 하는 일에 우리의 온 힘을 기울이고 그 일을 방해하는 온갖 세상의 악한 세력들을 향해 부단히 싸워 이기는 길을 갈 수 있도록 은혜를 날마다 더하여 주시기를 바라옵나이다.

무엇보다도 옛 사람과 그 행위를 벗어버리고 새롭게 하나님의 형상으로 지음받은 새 사람으로서 흑암의 권세들을 과감하게 물리침으로써 만유를 통일하시기 위해 다시 오실 그리스도 예수에 대한 믿음을 고백하고 맞이하는 영광의 자리에 이르게 하옵소서.

이제 우리는 하나님의 형상을 좇아 완전한 지식에 이르기까지 복된 교회의 가르침을 따르고 온전한 하나님의 군대로서 어떤 고난과 환난을 당한다 할지라도 굳건한 믿음으로 승리할 수 있도록 은혜를 더하여 주옵소서.

주 예수 그리스도의 이름으로 기도합니다. 아멘.

〈 10 〉

새 사람을 입는 것으로 나타나는 하나님의 충만함

골로새서 3:12-17

3:12 그러므로 너희는 하나님이 택하사 거룩하고 사랑 받는 자처럼 긍휼
과 자비와 겸손과 온유와 오래 참음을 옷 입고 13 누가 누구에게 불만이
있거든 서로 용납하여 피차 용서하되 주께서 너희를 용서하신 것 같이
너희도 그리하고 14 이 모든 것 위에 사랑을 더하라 이는 온전하게 매는
띠니라 15 그리스도의 평강이 너희 마음을 주장하게 하라 너희는 평강을
위하여 한 몸으로 부르심을 받았나니 너희는 또한 감사하는 자가 되라
16 그리스도의 말씀이 너희 속에 풍성히 거하여 모든 지혜로 피차 가르치
며 권면하고 시와 찬송과 신령한 노래를 부르며 감사하는 마음으로 하나
님을 찬양하고 17 또 무엇을 하든지 말에나 일에나 다 주 예수의 이름으
로 하고 그를 힘입어 하나님 아버지께 감사하라

그리스도의 재림을 준비하는 이땅의 성도들이 '하나님의 충만함'(골 2:10)을 이루기 위해 어떻게 살아야 할 것인가에 대한 실천적인 내용으로 바울은 옛 사람을 벗어버리고 새 사람을 입어야 할 것(골 3:3-11)이라고 제시한 바 있다. 이어서 바울은 우리에게 새 사람을 입은 성도들의

삶이 어떠해야 하는가를 구체적으로 제시해 주고 있다.

이렇게 하는 것은 "하나님이 그들로 하여금 이 비밀의 영광이 이방인 가운데 얼마나 풍성한 것을 알게 하려 하심이라 이 비밀은 너희 안에 계신 그리스도시니 곧 영광의 소망이니라"(골 1:27)는 말씀의 실천적인 내용을 구현하기 위함이다.

앞 단락에서 바울은 이전에 성도들이 그리스도께서 오시기 이전에 그들이 살았던 때의 특징이었던 부정적인 면들을 구체적으로 제시하였다(5-10절). 옛 사람의 본성으로 제시된 이 부정적인 면들은 곧 ① 음란과 ② 부정과 ③ 사욕과 ④ 악한 정욕과 ⑤ 탐심 등이며 그 결과 사람들은 하나님 대신에 우상을 자기 중심에 두게 된다(골 3:5).

그러한 삶이 외형적으로 또 다른 부정적인 모습으로 드러나는데 곧 ① 분냄과 ② 노여움과 ③ 악의와 ④ 비방(훼방)과 ⑤ 부끄러운 말들이 이에 해당한다. 이것들의 결정체가 바로 거짓말이다(골 3:8,9). 이러한 옛 사람들의 모습들은 한마디로 '불안' 으로 압축된다.

이와는 달리 이 단락에 와서는 그리스도께서 오심으로써 성도들의 변화된 새 삶을 제시해 주고 있다. 새롭게 성도들이 사는 모습의 특징은 '그리스도의 평강' (*ἡ εἰρήνη τοῦ Χριστοῦ*, 15절)으로 압축된다.

1. 성도들이 입은 새 사람의 품성들 (골 3:12-14)

'그리스도는 만유시요 만유 안에 계시니라' (Christ is all, and is in all. 골 3:11)는 말씀처럼 그리스도는 모든 만물이 구속함을 입음과 하나님의 신성으로 충만케 함(골 2:9)에 있어서 필요한 '모든 것' (Everything in Christ)이 되신다. 또한 "이 모든 날 마지막에는 아들을 통하여 우리에게 말씀하셨으니 이 아들을 만유의 상속자로 세우시고 또 그로 말미암아 모든 세계를 지으셨느니라"(히 1:2)는 말씀처럼 그리스도는 만유가 존재하게 하는 첫 번째 원인이시며, 유일하게 만유를 신성으로 충만케 하시는 분이시다.

그러므로 그리스도 예수 안에서 모든 성도들은 구속함을 받고 그리스도 예수와 한 몸을 이루어 하나님의 신성으로 충만하게 됨으로써 그리스도의 내주하시는 성령의 능력에 의해 새 사람으로 지음 받은 새로운 창조물이 되었다(고후 5:17).

따라서 성도들은 아직 이 세상에 있지만 ① 그리스도 예수의 몸과 연합되어 만유의 주되신 그리스도 예수와 한 몸을 이루고 있으며, ② 그리스도의 몸인 교회에 속한 성도들은 하나님 나라가 성장함에 있어 한 몸된 지체로서 하늘에 속한 시민답게(골 3:20) 고유한 역할을 감당해야 한다. 이점에 있어 바울은 그리스도의 몸된 교회 안에서 새롭게 태어난 성도들, 곧 새 사람에게서 나타나는 인격적인 속성들에 대해 다음과 같이 제시하고 있다.

> "그러므로 너희는 하나님이 택하사 거룩하고 사랑 받는 자처럼 긍휼과 자비와 겸손과 온유와 오래 참음을 옷 입고 누가 누구에게 불만이 있거든 서로 용납하여 피차 용서하되 주께서 너희를 용서하신 것 같이 너희도 그리하고 이 모든 것 위에 사랑을 더하라 이는 온전하게 매는 띠니라"(골 3:12-14).

바울이 성도들을 가리켜 '하나님의 택하신 거룩하고 사랑하신 자'(*ὡς ἐκλεκτοὶ τοῦ Θεοῦ ἅγιοι καὶ ἠγαπημένοι*)라고 한 말은 "곧 창세 전에 그리스도 안에서 우리를 택하사 우리로 사랑 안에서 그 앞에 거룩하고 흠이 없게 하시려고 그 기쁘신 뜻대로 우리를 예정하사 예수 그리스도로 말미암아 자기의 아들들이 되게 하셨으니"(엡 1:4,5)라는 말씀을 통해서 보다 정확하게 정의된다.

곧 ① 하나님의 주권적인 선택의 '사랑 안에서' 그 기쁘신 뜻대로 우리를 예정하셨으며, ② 이제 예수 그리스도로 말미암아 우리는 하나님의 아들들이 되게 하셨다는 사실이 보다 명확하게 나타나게 된다. 이처럼 성도들로 하여금 하나님과 함께 영광스러운 미래를 누리도록 하나님께서 그들을 예정하셨다는 점에서 하나님의 선택은 가장 큰 사랑의 행위가 된다. 이때 사랑은 성도들이 추구할 거룩(ἅγιοι)의 근거인 동시에 목적이 된다.

본문에서 바울은 성도들을 가리켜 '하나님이 택하신 백성'이며 동시에 '거룩하고 사랑받는 자'라고 하는데 이것은 하나님의 예정과 그리스도께서 행하신 구속의 결과로 주어진 것이다. '택하다'(ἐκλεκτοὶ: chosen out)는 말은 특별한 목적과 운명을 위해, 그리고 특별히 하나님을 예배하기 위해 불러내었다는 의미를 가진다. 여기에서 교회('εκκλησια'는 선택된 혹은 구별된 회중을 의미한다, 골 1:18)라는 말도 나왔다. 이들을 가리켜 성도들이라고 부른다.

구약에서 성도들의 개념은 "내가 애굽 사람에게 어떻게 행하였음과 내가 어떻게 독수리 날개로 너희를 업어 내게로 인도하였음을 너희가 보았느니라 세계가 다 내게 속하였나니 너희가 내 말을 잘 듣고 내 언약을 지키면 너희는 모든 민족 중에서 내 소유가 되겠고 너희가 내게 대하여 제사장 나라가 되며 거룩한 백성이 되리라 너는 이 말을 이스라엘 자손에게 전할지니라"(출 19:4-6)고 하나님께서 말씀하신 내용에서 그 의미가 가장 잘 나타나 있다.

이것은 그 누구도 자신의 업적이나 선행을 이유로 하나님께 택함받기를 요구할 수 없음을 분명히 하고 있다.114) 그리고 '택하심'은 하나님의 통치가 이루어지는 성도들의 모든 삶의 현장에 영향을 미치는 것이지 추상적인 개념이거나 단순히 명예를 주기 위함이 아니다.

---

114) Grant Osborne, 빌립보서, 골로새서, 빌레몬서, p. 309.

이런 점에서 하나님의 '택하심'은 ① 결코 되돌릴 수 없는 불가역적인 하나님의 주권적 행위이며 동시에 ② 하나님께서 자기 자녀들을 향한 한없이 쏟아부어주시는 사랑의 행위인 것이다. 이러한 하나님의 선택과 관련해 웨스트민스터 신앙고백서 제3장 하나님의 영원한 작정, 제6절에서는 다음과 같이 명확하게 밝혀 고백하고 있다.

> 하나님께서 택한 자들을 영광에 이르도록 작정하신 것처럼, 그는 그의 영원하고 가장 자유로운 뜻과 의사(意思)에 의하여, 그것을 위한 모든 방법(수단)들을 미리 정하셨다(벧전 1:2; 엡 1:4,5; 2:10; 살후 2:13). 그러므로 선택받은 자들은 아담 안에서 타락했으나 그리스도로 말미암아 구속받으며(살전 5:9,10; 딛 2:14), 때를 따라서 역사하시는 성령으로 말미암아 그리스도 안에서 유효하게 부르심을 받아 믿음에 이르게 되며, 의롭다 함을 받으며, 양자되며, 성화되며(롬 8:30; 엡 1:5; 살후 2:13), 그리고 믿음을 통하여 구원에 이르기까지 그의 능력으로 보호된다(벧전 1:5). 이처럼 오직 택함 받은 자 외에는 다른 아무도 그리스도로 말미암아 구속받거나 유효하게 부르심을 받거나, 의롭다 함을 받거나, 양자되거나, 성화되거나, 구원받지 못한다(요 17:9; 롬 8:28; 요 6:64,65; 10:26; 8:47; 요일 2:19).

바울은 애굽에서 그의 백성을 불러내시려는 목적을 모세에게 말씀하셨던 역사적 사실을 기억하고 있었음이 분명하다. "하나님이 이르시되 내가 반드시 너와 함께 있으리라 네가 그 백성을 애굽에서 인도하여 낸 후에 너희가 이 산에서 하나님을 섬기리니 이것이 내가 너를 보낸 증거니라"(출 3:12).

이처럼 이스라엘을 하나님을 섬기기 위해 선택하신 것은 영원부터 하나님께서 예정하신 일에 속한 것이며, 이 사실은 동시에 지금 몸된 교회의 회원으로 선택을 받은 우리의 심령과 생활에 커다란 원동력을 제공하고 있다. 또한 이 선택은 구원에서 뿐만 아니라 하나님을 예배함에 대해서도 동일하게 역사하고 있으며, 그 궁극적 목적은 하나님의 영광이며 하나님을 기쁘시게 하는 일이다(엡 1:4-6). 이런 점에서 바울은 성도들이 하나님의 선택을 받았다는 것은 구별됨(성결)과 동시에 하나님의 사랑을 받은 것이라고 말한다(살전 1:4; 살후 4:13).

바울이 성도들을 가리켜 '거룩하고 사랑받는 자'(ἅγιοι καὶ ἠγαπημένοι)라고 한 말은 과거 이스라엘 백성들에게 사용되었던 용어들이다(사 5:1; 호 2:23). 바울은 이러한 내용을 재해석하면서 "호세아의 글에도 이르기를 내가 내 백성 아닌 자를 내 백성이라, 사랑하지 아니한 자를 사랑한 자라 부르리라 너희는 내 백성이 아니라 한 그 곳에서 그들이 살아 계신 하나님의 아들이라 일컬음을 받으리라 함과 같으니라"(롬 9:25,26)고 명확하게 밝혀주고 있다.

이 사상은 베드로 사도에 의해서도 재확인되고 있다. "너희는 택하신 족속이요 왕 같은 제사장들이요 거룩한 나라요 그의 소유가 된 백성이니 이는 너희를 어두운 데서 불러 내어 그의 기이한 빛에 들어가게 하신 이의 아름다운 덕을 선포하게 하려 하심이라 너희가 전에는 백성이 아니더니 이제는 하나님의 백성이요 전에는 긍휼을 얻지 못하였더니 이제는 긍휼을 얻은 자니라"(벧전 2:9).

이처럼 이스라엘에게 주어졌던 과거의 영광스런 자격의 호칭들, 곧 '거룩하고 사랑받는 자'(ἅγιοι καὶ ἠγαπημένοι)라는 호칭들이 이제는 신약의 새 이스라엘, 즉 새 시대의 교회에게 적용되었다(롬 11:25,26). 교회는 곧 새 이스라엘이기 때문이다. 따라서 과거에 이스라엘 백성이 그러했듯이 새 시대의 교회 회원들 역시 하나님으로부터 '거룩하고 사랑받는 자'에 합당한 '긍휼과 자비와 겸손과 온유와 오래 참음'(kindness, humility, gentleness and patience〈longsuffering〉)으로 새 옷을 입게 된 것이다.

여기에 열거하고 있는 다섯 속성들은 "오직 성령의 열매는 사랑과 희락과 화평과 오래 참음과 자비와 양선과 충성과 온유와 절제니 이같은 것을 금지할 법이 없느니라"(갈 5:22,23)는 말씀처럼 하나님의 백성에게서 나타나는 열매이며, 성령께서 그의 백성에게 주시는 은사에 해당된다. 성령의 열매로 묘사되는 이 은사들은 하나님의 속성에 대한 묘사로 하나님의 선민이 된 성도들이라면 자연스럽게 하나님의 속성을 발현하는 것으로 나타나기 마련이다.

이처럼 하나님의 택하신 백성인 성도들은 '육적 몸을 벗는 것' 뿐 아니라 '하나님의 성품을 입는 것' 으로 하나님의 드높은 성품을 발현하게 되는 것이다. 그리고 성령의 열매로 묘사되고 있는 모든 성도들의 성품들을 가리켜 바울은 '사랑' 이라고 정의하고 있다.

이와 관련해 우리 주님께서 산상수훈에서 말씀하신 것처럼 이러한 하나님의 속성들을 발현한다는 것은 "그러므로 하늘에 계신 너희 아버지의 온전하심과 같이 너희도 온전하라"(*Ἔσεσθε οὖν ὑμεῖς τέλειοι ὡς ὁ Πατὴρ ὑμῶν ὁ οὐράνιος τέλειός ἐστιν*: Shall be therefore you perfect, even as your Father which is in heaven is perfect, 마 5:48)는 말씀의 실천적인 삶의 구현이기도 하다.

2. 평강의 실체로 나타나는 성도들의 삶 (골 3:13-17)

예수님은 하나님 나라의 백성에게서 발견되는 성품에 대해 말씀하시면서 ① 그들의 내면적인 상태에 대하여 심령이 가난한 자, 애통해 하는 자, 온유한 자, 의에 주리고 목마른 자라는 모습으로 묘사하시면서 그들이 하나님의 나라에 속해 있다고 말씀하셨다. 그리고 ② 그들의 외면적인 상태로 긍휼히 여기는 자, 마음이 청결한 자, 화평케 하는 자라고 그들의 모습을 묘사하시면서 그들이 하나님 나라에 속해 있다고 말씀하셨다(마 5:7–9).

이처럼 예수님은 하나님 나라에 속한 백성들의 내적인 상태와 외적인 상태를 밝혀 말씀해 주심으로써 하나님 나라가 표방하는 일곱 가지의 복된 상태를 말씀해 주셨다. 이러한 성품들을 제시함으로써 예수님은 하나님 나라가 어떤 활동이나 그 결과로 나타나는 현상이라는 사실을 드러내기 전에 먼저 하나님 나라의 존재(being)에 대해서 언급하셨다.

즉 하나님의 나라는 일곱 가지의 복된 상태로 드러나게 되며 이런 상태야 말로 하나님 나라를 표상하는 본체론적(ontology)인 내용이라고 말씀하신 것이다. 이렇게 함으로써 예수님은 일곱 가지의 복된 상태로써 하나님의 나라가 그의 백성들을 통해 어떻게 이루어지고 있는가를 명확하게 보여주셨던 것이다.

예수님은 이 복된 일곱 가지 상태들을 지니고 있는 성도들을 가리켜 이 세상과 관련해서 '의를 위하여 핍박을 받는 자'(마 5:10)라고 하셨다. 더불어 "나로 말미암아 너희를 욕하고 박해하고 거짓으로 너희를 거슬러 모든 악한 말을 할 때에는 너희에게 복이 있나니 기뻐하고 즐거워하라 하늘에서 너희의 상이 큼이라 너희 전에 있던 선지자들도 이같이 박해하였느니라"(마 5:11,12)는 말씀은 하나님의 나라를 추구하는 자들, 즉 예수 그리스도의 제자된 성도들이라면 이 세상에서 살아감에 있어 마땅히 부딪치게 될 고난, 핍박, 박해가 있을 것을 말씀하셨다.

예수께서는 그의 제자로서 살아야 될 참된 삶의 모습으로써 "아무든지 나를 따라오려거든 자기를 부인하고 날마다 제 십자가를 지고 나를 따를 것이니라"(눅 9:23)고 명확하게 말씀하신 바 있다. 여기에서 십자가를 진다는 것은 고난과 핍박을 받는 어떤 행위만을 의미하는 것이 아니다.

그것은 곧 ① 심령이 가난하고 ② 애통하고 ③ 온유하고 ④ 의에 주리고 목마른 자로서 이 세상에 대하여 ① 긍휼히 여기고 ② 마음이 청결하고 ③ 화평케 하는 자로 살아가는 삶 그 자체, 곧 하나님의 백성으로서 그 특성을 드러내는 삶이 바로 십자가를 지는 삶이라고 가르치셨다.115) 그러한 특성을 가지고 살아가는 성도들에게서 하나님의 나라가 구현되고 그들은 필연적으로 이땅에서 의를 위하여 박해를 받는 것으로 증거가 된다는 것이다.

그러므로 본문에서 바울이 "누가 누구에게 불만이 있거든 서로 용납하여 피차 용서하되 주께서 너희를 용서하신 것 같이 너희도 그리하고"(골 3:13)라는 말은 하나님의 백성으로서 짊어지고 있는 십자가의 삶을 구체적으로 구현하고 있는 삶의 모습에 대한 것이라 할 수 있다.

다시 말하면 그리스도의 제자된 성도들이 설령 자신이 어떤 고난이나 핍박이나 박해 가운데 있다 할지라도 그리스도께서 지신 십자가의 삶을 살아가야 한다는 것이다. 그렇다면 그리스도의 몸된 교회에 속한 형제들 사이에 혹시 불만이 있다 할지라도 서로 용납하고 사랑으로 승화시키는 일은 그다지 어려운 일이 아니다.

헬라어 본문은 "서로 용납하고 피차 용서하라(*ἀνεχόμενοι ἀλλήλων, καὶ χαριζόμενοι ἑαυτοῖς*: bearing with one another, and forgiving each other), 누가 누구에게 불만이 있을지라도(*ἐάν τις πρός τινα ἔχῃ μομφήν*: whoever has a complaint against anyone) ; 주께서 너희를 용서하신 것 같이 너희도 그리하라(*καθὼς καὶ ὁ χριστὸς ἐχαρίσατο ὑμῖν, οὕτως καὶ ὑμεῖς*: just as the Lord forgave you, so also should you)"는 순서로 되어 있다.

여기에서 바울은 성도들 사이에서 서로 용납하고 피차 용서해야 할 이유로 성도들이 세례를 받음으로써 경험한 사실, 즉 "주께서 너희를 용서하신 것 같이 너희도 그리하라"는 역사적인 사실을 그 근거로 제

---

115) 송영찬, 하나님의 나라, 서울, 여수룬, 1995, p. 56-57.

시하고 있다. 그리스도와 함께 십자가의 삶을 살아가는 성도들이라면 아무도 이 역사적인 사실을 부정하거나 부인할 수 없다.

여기에서 한 발 더 나아가 바울은 서로 용납하고 용서하는 것이야 말로 이땅에서 살아가는 성도들 사이에 있어야 할 '사랑의 표지'라고 제시하고 있다. 곧 "이 모든 것 위에 사랑을 더하라 이는 온전하게 매는 띠니라"(*ἐπὶ πᾶσιν δὲ τούτοις τὴν ἀγάπην, ἥτις ἐστὶν σύνδεσμος τῆς τελειότητος*, 골 3:14)고 말하고 있다. 이때 '사랑의 표지'를 가늠하는 유일한 기준으로써 바울은 "주께서 너희를 용서하신 것과 같이 너희도 그리하라"는 말씀을 그 근거로 제시하고 있다.

그러므로 서로 용납하고 피차 용서한다는 것은 하나님 나라에 속한 성도들이라면 "이 모든 것 위에 사랑을 더하라"는 말씀처럼 가슴에 붙은 이름표와 같이 '사랑의 표지'를 착용하고, 기꺼이 우리 주님이 십자가를 지시기까지 그러하셨던 것처럼 서로를 용납하면서 이 세상에서 살아가야 하는 것이다. 왜냐하면 하나님의 사랑을 받는 성도들이라면 의당히 그리스도께서 십자가로 구속하신 하나님의 백성들과 한 마음을 이루어야 하며, 나아가 서로 마음을 모아 반 신국 성향을 가진 이 세상의 적대 세력들과 부딪쳐 싸워야 하기 때문이다.

하나님께서는 성도들을 위해 하나님께서 행하시는 모든 일들에 기꺼이 자기 백성인 성도들이 참여하기를 원하신다. 때문에 바울은 성도들로 하여금 그 어떤 상황 가운데서도 하나님의 성품인 사랑을 드러내도록 하라고 격려하고 있다. 극심한 박해와 고난과 환란과 핍박을 받는 상태에 있을지라도 성도들 사이에서 그 어떤 불만이나 불평이 있어서는 안 되기 때문이다. 이런 이유에서 바울은 성도들의 결정적인 삶의 자세를 가리켜 '그리스도의 평강'(*ἡ εἰρήνη τοῦ Χριστοῦ*)이라고 한다.

"그리스도의 평강이 너희 마음을 주장하게 하라"(*καὶ ἡ εἰρήνη τοῦ*

Χριστοῦ βραβευέτω ἐν ταῖς καρδίαις ὑμῶν, 골 3:15)에서 묘사하고 있는 것처럼 기꺼이 십자가마저도 감당하신 그리스도는 언제나 하나님과의 관계에 있어서는 본질적인 '평강'(ἡ εἰρήνη)을 유지하셨다. 이 말은 "그리스도께서는 하나님과의 관계에서 평강이 아닌 것이 없다"는 의미이기도 하다. 동시에 이 말은 성도들에게 본을 보이신 그리스도를 옷 입고 있는 성도들에게서도 하나님과 관계에 있어서는 '평강'이어야 한다는 사실을 강조하고 있다.

정통적인 사본들(RP Byzantine Majority Text 2005, Greek Orthodox Church, Scrivener's Textus Receptus 1894, Stephanus Textus Receptus 1550)에서는 '그리스도의 평강'(ἡ εἰρήνη τοῦ Χριστοῦ) 대신에 '하나님의 평강'(ἡ εἰρήνη τοῦ Θεοῦ)으로 되어 있다. 이 역시 성도들과 하나님과의 관계에 있어서 본질적으로 '평강'이어야 한다는 사실을 강조하고 있다.

결국 성도들은 어느 상황에서도 하나님의 평강이 자기 자신들을 다스리게 해야 한다. 왜냐하면 "너희는 평강을 위하여 한 몸으로 부르심을 받았나니"(εἰς ἣν καὶ ἐκλήθητε ἐν ἑνὶ σώματι, 골 3:15)라는 말씀처럼 교회는 곧 '평강'으로 정의되기 때문이다. 이 평강은 ① 그리스도의 공로로 인하여 성도들에게 주어졌으며, ② 성령을 통하여 지금도 주어지고 있으며, ③ 구주이신 주께서 풍성케 하시는 바로 그 평강이다.[116]

이 평강을 통해 성도들은 완전한 조화와 부족함 없이 전체가 통합되는 흠이 없는 '온전함'에 이르게 된다(엡 4:13). 이 원리야말로 '그는 몸인 교회의 머리라'(골 1:18)는 정의를 가장 완전하게 성취하는 원동력이다. 왜냐하면 이사야가 우리 주의 탄생과 관련해 "이는 한 아기가 우리에게 났고 한 아들을 우리에게 주신 바 되었는데 그의 어깨에는 정사를 메었고 그의 이름은 기묘자라, 모사라, 전능하신 하나님이라, 영존하시

116) William Handriksen, 골로새서, p. 228.

는 아버지라, 평강의 왕이라 할 것임이라"(사 9:6)고 예언했던 것처럼 그리스도는 '평강의 왕'이시기 때문이다.

이런 점에서 바울은 '또한 너희는 감사하는 자가 되라'(*καὶ εὐχάριστοι γίνεσθε*, 골 3:15)고 말한다. 하나님과의 '평강'은 ① 하나님께서 구원을 베푸시고 ② 그리스도 안에서 구속함을 받고 ③ 성령의 인침의 결과로 성도들에게 주어졌다. 이로부터 삼위일체 하나님은 성도들로부터 '감사'의 대상이 되신다.

여기에서 바울은 '감사하는 것'(*εὐχάριστοι*)을 예배의 예전(liturgy)과 같은 의미로 제시하면서 "그리스도의 말씀이 너희 속에 풍성히 거하여 모든 지혜로 피차 가르치며 권면하고 시와 찬송과 신령한 노래를 부르며 감사하는 마음으로 하나님을 찬양하고 또 무엇을 하든지 말에나 일에나 다 주 예수의 이름으로 하고 그를 힘입어 하나님 아버지께 감사하라"(골 3:16,17)고 말하고 있다.

곧 ① 그리스도의 말씀이 너희 속에 풍성히 거하여 모든 지혜로 피차 가르치며 권면하고, ② 시와 찬송과 신령한 노래를 부르며 감사하는 마음으로 하나님을 찬양하고, ③ 또 무엇을 하든지 말에나 일에나 다 주 예수의 이름으로 하고 그를 힘입어 하나님 아버지께 감사하라는 이 모든 일들은 오늘날 교회의 공적 예배의 규정적 원리로 주어지고 있다. 동시에 바울은 그 예배의 연속선상에 있는 성도들의 삶 속에서 '감사'는 모든 생활의 실천적 의미로 나타난다(골 3:18-4:6).

그러므로 '그리스도의 말씀으로 피차 가르치며 권면하고 시와 찬송과 신령한 노래'(16절)로 묘사되는 예배뿐 아니라 '무엇을 하든지 주 예수의 이름으로 하라'(17절)고 묘사되는 일상의 삶(3:18-4:6)은 하나님의 평강을 구현하는 '감사'로부터 시작되어야 한다. 이것은 하나님께 드리는 예배와 일상의 삶이 결코 구별되지 않으며 그 바탕에는 '하나님의 평강' 을 구현함에 있음을 알 수 있다. 이것은 '평강을 위하여 너희가 한 몸으로 부르심을 받았나니'(15절)라는 말씀에서 이미 확인된 바 있다.

3. 평강을 구현하는 그리스도의 말씀 통치 (골 3:15-17)

'그리스도의 평강이 너희 마음을 주장하게 하라'(골 3:15)는 당위성은 '그리스도의 말씀이 너희 속에 풍성히 거하여'(골 3:16)라는 말로 귀결된다. 왜냐하면 그리스도의 말씀이 없이는 평강도 없기 때문이다. 복음에 순종할 때 비로소 평강이 자리하게 된다.

따라서 '그리스도의 평강이 너희 마음을 주장하게 하라' 는 권면은 말씀(λόγος)이신 그리스도의 통치를 의미한다. 그리스도의 말씀이 모든 성도들의 생각과 말과 행동과 심지어 감추어진 욕망과 숨겨진 동기까지 다스릴 때 비로소 '평강' 을 그 열매로 얻게 되기 때문이다.117)

이처럼 그리스도의 말씀으로 다스려질 때 "모든 성경은 하나님의 감동으로 된 것으로 교훈과 책망과 바르게 함과 의로 교육하기에 유익하니 이는 하나님의 사람으로 온전케 하며 모든 선한 일을 행하기에 온전케 하려 함이니라"(딤후 3:16,17)는 말씀처럼 비로소 성도들은 온전함에 이르게 된다. 이 온전함은 궁극적으로 그리스도의 재림을 통해 얻어질 열매이지만 지금 이 땅에서 살고 있는 성도들에게 요구되는 상대적 온전함을 지시한다.

그리스도의 말씀 통치는 ① '모든 지혜로 피차 가르치며 권면하고' ② '시와 찬송과 신령한 노래를 부르며 마음에 감사함으로 하나님을 찬양하고' ③ '무엇을 하든지 말에나 일에나 다 주 예수의 이름으로 하고 그를 힘입어 하나님 아버지께 감사하라' 는 구체적이고 실천적인

---

117) William Handriksen, 골로새서, p. 230.

삶의 형태로 나타나야 한다(골 3:16,17). 특별히 '가르치는 것과 권면' 그리고 '시와 찬송과 신령한 노래'는 예배에 있어서 그리스도의 말씀 통치와 긴밀한 관련이 있다.

웨스트민스터 신앙고백 제21장 '예배와 안식일' 제2항과 5항에서는 예배와 관련해 다음과 같이 규정하고 있다.

> 제2항 : 종교적 예배는 성부와 성자와 성령 하나님께 드려야 하며 또한 오직 그에게만 드려야 한다(마 4:10; 요 5:23; 고후 13:14). 천사나, 성자들이나 다른 어떤 피조물들에게도 드려서는 안 된다(골 2:18; 계 19:10; 롬 1:25). 그리고 아담의 타락 이후로는 중보가 없이 드릴 수가 없고, 또한 다만 그리스도 이외의 어떤 다른 중보로도 드릴 수가 없다(요 14:6; 딤전 2:5; 엡 2:18; 골 3:17).
>
> 제5항 : 경건한 마음으로 성경을 읽는 것과(행 15:21; 계 1:3), 흠 없는 설교와(딤후 4:2), 하나님께 순종하여 사려 분별과 믿음과 경외심을 가지고 하나님의 말씀을 정성껏 듣는 것과(약 1:22; 행 10:33; 마 13:19; 히 4:2; 사 66:2), 마음에 은혜로 시편을 노래하는 것과(골 3:16; 엡 5:19; 약5:13), 그리스도께서 정하신 성례를 합당하게 집행하고 값있게 받는 것은 하나님께 드리는 통상적인 종교적 예배의 모든 요소들이다(마 28:19; 고전 11:23-29; 행 2:42).

초기 예배에서 찬양은 시편, 그리스도의 찬송시(골 1:15-20), 베라카(엡 1:3-17) 등 성령의 영감을 받은 시적인 찬송들에 의하여 행하여졌다. 성도들은 이 찬양을 통해 믿음을 방어하는 무기를 얻어 자신들의 신앙을 굳건히 세울 수 있었다.

이런 점에서 초대 교회의 예배는 감상적이거나 내향적인 찬양을 하는 느슨한 형태가 아니었다.[118] 이러한 바울의 권면은 우리의 선배들을 통해 엄숙하게 작성된 예배모범(1645년)에 있는 '시편찬송에 대하여'라는 항목에서 다음과 같이 명확하게 제시되고 있다.

---

118) Ralph P. Martin, 에베소서, 골로새서, 빌레몬서, p. 179.

> 하나님을 공적으로 찬송하는 것은 그리스도인의 의무이다. 회중에서 함께, 또 개인적으로 가정에서 시편을 찬송할 것이다. 시편을 찬송하는 데 있어서 목소리는 곡조에 맞게 엄숙하게 낼 것이다. 그러나 제일 조심할 것은 이해를 가지고 마음에 은혜를 가지고 주님께 노래를 해야 하는 것이다.

아울러 교훈과 권면 역시 찬송과 함께 예배의 형식에서 중요한 위치를 차지하고 있었다. 이 역시 예배모범에 있는 '말씀의 설교에 대하여' 항목에서 다음과 같이 규정하고 있다.

> 말씀의 설교는 구원에 이르게 하는 하나님의 능력이요 복음의 직분에 속하는 가장 위대하고 가장 탁월한 역사에 속하므로, 일하는 자가 부끄러움을 당하지 않고 자기도 구원하고 그 말씀을 듣는 자들을 구원하도록 수행되어야 한다.

나아가 그리스도의 말씀 통치는 예배에 국한된 것이 아니었다. '무엇을 하든지 말에나 일에나 다 주 예수의 이름으로' 행해야 한다는 것은 하나님의 평강을 유지해야 하는 성도들에게 당연히 요구되는 실천적인 삶의 형태였다. 이로써 성도들은 일상의 모든 삶의 현장에서 하나님과 평강을 유지함에 있어서 그리스도를 힘입어 하나님 아버지께 감사하는 삶을 살아가게 되는 것이다.

마치는 말

앞에서 살펴본 것처럼 성도들의 예배와 일상의 삶은 옛 사람에 속한 본성들과 완전히 단절된 새 사람의 품성의 발현이다. 즉 ① 음란, ② 부정, ③ 사욕, ④ 악한 정욕, ⑤ 탐심 등과 같은 옛 사람의 부정적인 모습으로 인해 드러나는 ① 분냄, ② 노여움, ③ 악의, ④ 비방(훼방), ⑤ 부끄러운 말들과 같은 모습들을 벗어버리는 것에서 새 사람의 삶이 시작이 되는 전환점이 시작된다.

바울은 이 상태를 가리켜 “너희도 전에 그 가운데 살 때에는 그 가운데서 행하였으나 이제는 너희가 이 모든 것을 벗어 버리라”(골 3:7,8)라고 권면한 바 있다. 곧 ‘전에(*ποτε*) – 이제(*νυνί*)’라는 시간의 전환점을 통해 회심 전과 후를 명확하게 구분함으로써 옛 사람의 속성을 벗어버리고 이제는 ‘그리스도 안에 있는 하나님의 충만함’(골 2:10)으로 나타나는 새 사람을 입은 성도들의 삶으로 전환되었다

그 결과 가장 먼저 “새 사람을 입었으니 이는 자기를 창조하신 이의 형상을 따라 지식에까지 새롭게 하심을 입은 자니라”(골 3:10)는 말씀처럼 하나님의 신성으로 충만한 성도들에게 가장 극적인 변화는 하나님을 아는 지식으로의 충만함이다. 이처럼 하나님을 아는 지식에서 새롭게 된 성도들을 가리켜 “너희는 하나님이 택하사 거룩하고 사랑 받는 자”(골 3:12)라고 하는 것이다.

이처럼 새 시대의 경륜에 속한 교회의 회원이 된 성도들은 ① 긍휼과 ② 자비와 ③ 겸손과 ④ 온유와 ⑤ 오래 참음으로 그 특성을 드러내게 된다. 이 모습이야말로 새 사람을 입은 전형적인 성도들의 모습이다. 그리고 이들은 교회로 부름을 받은 만큼 이제는 전적으로 새로운 삶의 질서를 따라 이 세상에서 살아야 한다. 그것이 바로 성도들간에 서로 용서하고 모든 것 위에 사랑을 더하는 모습으로 나타나게 되는데, 이것이 바로 그리스도의 통치 안에서 성도들의 평강이며, 이를 통해서 성도들은 온전하게 하나님께 감사하는 삶을 살아가게 되는 것이다(골 3:15).

성도들은 하나님의 사랑을 받는 거룩한 교회의 회원으로 부름을 받았다. 이제 성도들의 모든 삶은 전적으로 하나님께 감사하는 삶으로 전환되어야 한다. 그것이 바로 그리스도의 구속함을 받은 성도들만이 이 땅에서 누릴 수 있는 최고의 특권이 아닐 수 없다. 이런 점에서 바울은

"그리스도의 말씀이 너희 속에 풍성히 거하여 모든 지혜로 피차 가르치며 권면하고 시와 찬송과 신령한 노래를 부르며 감사하는 마음으로 하나님을 찬양하고 또 무엇을 하든지 말에나 일에나 다 주 예수의 이름으로 하고 그를 힘입어 하나님 아버지께 감사하라"(골 3:16,17)고 우리를 격려하고 있는 것이다.

| 기 도 |

그리스도 예수 안에서 우리가 구속을 받고 한 몸을 이루어 하나님의 신성으로 충만하게 되기를 기뻐하시는 우리의 아버지이신 하나님. 하나님의 그 기뻐하심 가운데 우리는 성령의 능력으로 인침을 받고 새 사람으로 지음받은 새로운 창조물이 되게 해 주심에 감사를 드리옵나이다.

이제 이러한 하나님의 영원하신 계획 안에서 우리는 그리스도 예수의 몸과 연합되어 만유의 주되신 그리스도 예수와 한 몸을 이루게 되었으며, 그리스도의 몸인 교회에 속한 성도들로서 하늘에 속한 시민답게 우리의 성품까지 새롭게 되었다는 사실을 통해 하나님의 신성으로 충만한 삶을 살아가기를 소원하옵나이다.

무엇보다도 먼저 하나님을 아는 지식으로 새로워지고, 이를 바탕으로 우리의 삶이 하나님의 사랑을 받는 위치에 서 있음을 깨닫고, 이로써 우리가 그리스도 예수 안에서 한 몸을 이루었다는 이 놀라운 사실을 우리의 일상의 삶 속에서 친히 드러내고 증거하는 삶을 살아야 할 것이옵나이다.

이에 우리는 그리스도의 말씀으로 충만한 가운데 참된 교회의 표지를 드러내고 교회의 가르침에 순종하는 삶을 통하여 하나님의 백성다운 삶을 이루어 갈 수 있도록 날마다 은혜를 내려주시옵소서. 우리가 신령과 진정으로 삼위일체 하나님을 예배하는 일에 더욱 힘을 쏟고, 일상의 삶이 온전히 하나님께 감사의 예물이 될 수 있도록 지혜를 더하여 주옵소서.

주 예수 그리스도의 이름으로 기도합니다. 아멘.

〈 11 〉

가정과 사회에서 구현되는 '하나님의 평강'

골로새서 3:18 - 4:1

3:18 아내들아 남편에게 복종하라 이는 주 안에서 마땅하니라 19 남편들
아 아내를 사랑하며 괴롭게 하지 말라 20 자녀들아 모든 일에 부모에게
순종하라 이는 주 안에서 기쁘게 하는 것이니라 21 아비들아 너희 자녀를
노엽게 하지 말지니 낙심할까 함이라 22 종들아 모든 일에 육신의 상전들
에게 순종하되 사람을 기쁘게 하는 자와 같이 눈가림만 하지 말고 오직
주를 두려워하여 성실한 마음으로 하라 23 무슨 일을 하든지 마음을 다하
여 주께 하듯 하고 사람에게 하듯 하지 말라 24 이는 기업의 상을 주께
받을 줄 아나니 너희는 주 그리스도를 섬기느니라 25 불의를 행하는 자는
불의의 보응을 받으리니 주는 사람을 외모로 취하심이 없느니라 4:1 상
전들아 의와 공평을 종들에게 베풀지니 너희에게도 하늘에 상전이 계심
을 알지어다

바울은 골로새서 3장을 시작하면서 "그러므로 너희가 그리스도와 함께 다시 살리심을 받았으면 위의 것을 찾으라 거기는 그리스도께서 하나님 우편에 앉아 계시느니라"(골 3:1)고 선언하면서 그리스도와 함께

죽었던 성도들이(골 2:20) 그리스도와 함께 다시 살리심을 받음으로써 새로운 신분에 이르렀음을 확고하게 밝힌 바 있다.

이처럼 새로운 신분으로 태어난 성도들을 가리켜 "너희가 서로 거짓말을 하지 말라 옛 사람과 그 행위를 벗어 버리고 새 사람을 입었으니 이는 자기를 창조하신 이의 형상을 따라 지식에까지 새롭게 하심을 입은 자니라"(골 3:9,10)고 정의하고 있다. 여기에서 '거짓말'은 옛 사람의 특성인 반면에 '새 사람'의 특성으로 바울은 '하나님의 형상을 따라 지식에까지 새롭게 하심을 입은 자'라고 제시하고 있다.

이러한 과정을 통해 바울은 이 시대의 성도들이야말로 무엇보다도 먼저 하나님을 아는 지식에 있어서 새로워져야 할 것을 요청하면서 ① 옛 사람을 벗고 새 사람을 입은 성도들에게서 하나님의 신성이 충만하게 나타나게 되며(골 2:9,10) ② 그 결정적인 원인으로 '오직 그리스도는 만유시요 만유 안에 계시니라'(*ἀλλὰ πάντα καὶ ἐν πᾶσιν Χριστός*, Christ is all, and is in all. 골 3:11)는 우주적인 기독론에 근거하여 모든 성도들이 통일을 이루게 될 것을 바라보고 있다.

앞서 바울은 ① 옛 사람을 벗는 것으로 나타나는 하나님의 충만함(골 3:5-11)과 ② 새 사람을 입는 것으로 나타나는 하나님의 충만함(골 3:12-17)에 대해 다룬 바 있다. 그리고 이처럼 하나님의 충만함을 받은 성도들에게서 나타나는 공통적인 특성으로 "그리스도의 평강이 너희 마음을 주장하게 하라 너희는 평강을 위하여 한 몸으로 부르심을 받았나니 너희는 또한 감사하는 자가 되라"(골 3:15)고 권면하면서 새 사람의 속성으로 나타나는 '그리스도의 평강'을 제시한 바 있다.

그렇다면 새 사람의 특성으로 나타나는 '하나님의 형상을 따라 지식에까지 새롭게 하심을 입은 자'(골 3:10)는 필연적으로 '그리스도의 평강'을 그 속성으로 가지게 되며, '그리스도의 평강'을 구현하는 구체적인 성도들의 삶은 "너희는 평강을 위하여 한 몸으로 부르심을 받았나니 너희는 또한 감사하는 자가 되라"(골 3:15)는 말씀으로 이어지게 된다.

이때 '감사하는 것'(εὐχάριστοι)에 대한 구체적인 내용에 대해 바울은 "그리스도의 말씀이 너희 속에 풍성히 거하여 모든 지혜로 피차 가르치며 권면하고 시와 찬송과 신령한 노래를 부르며 감사하는 마음으로 하나님을 찬양하고 또 무엇을 하든지 말에나 일에나 다 주 예수의 이름으로 하고 그를 힘입어 하나님 아버지께 감사하라"(골 3:16,17)고 성도들에게 제시하고 있다.

이 내용은 예배의 예전(liturgy)과 같은 의미로 우리에게 주어졌다는 점에서 '그리스도의 평강'과 성도들의 삶으로 드리는 '예배'는 서로 긴밀한 관련이 있음을 알 수 있다. 이런 의미에서 먼저 새 사람의 속성으로 나타나는 '그리스도의 평강'에 담긴 의미를 좀 더 살펴보고자 한다.

1. 새 사람의 속성으로 나타나는 '그리스도의 평강' (골 3:10-17)

1) 불안으로 나타나는 옛 사람과 평강으로 나타나는 새 사람

새 사람으로서 살아야 할 합당한 삶에 대해 살펴보기 전에 먼저 옛 사람의 속성들을 살펴볼 필요가 있다. 이미 언급한 것처럼 옛 사람의 속성들인 ① 음란과 ② 부정과 ③ 사욕과 ④ 악한 정욕과 ⑤ 탐심으로 말미암아 외형적으로 나타나게 되는 악한 행위들인 ① 분냄과 ② 노여움과 ③ 악의와 ④ 비방(훼방)과 ⑤ 부끄러운 말들을 행하는 자들은 근본적으로 '불안'이 그 안에 자리하고 있다.

바울은 이 '불안'의 상태를 가리켜 한 마디로 "너희가 서로 거짓말을 하지 말라"(μὴ ψεύδεσθε εἰς ἀλλήλους : Do not lie to one another, 골 3:9)

는 말로 집약하고 있다. 여기에서 '거짓말'은 옛 사람과 그 행위에 대한 가장 정확한 표현이다.

'거짓말'은 최초 에덴동산에서 아담과 하와가 사탄의 꼬드김을 당했던 사실을 기억하게 한다. 익히 알고 있는 것처럼 하나님께서 선악을 알게 하는 나무의 열매를 먹는 날에는 "반드시 죽으리라"(창 2:17)고 하신 말씀을 거역하게 만들기 위해서 사탄은 하와에게 "너희가 결코 죽지 아니하리라"(창 3:4)고 거짓말을 했었다. 이런 점에서 최초의 거짓말은 인류를 죄악에 빠뜨리는 가장 악한 범죄 행위이며, 아담과 하와가 사탄의 거짓말에 현혹되었다는 것은 인류가 사탄에게 속한 사탄의 자식들이 되었다는 실질적인 증거가 되었다.

때문에 예수님은 이점을 가리켜 "너희는 너희 아비 마귀에게서 났으니 너희 아비의 욕심대로 너희도 행하고자 하느니라 그는 처음부터 살인한 자요 진리가 그 속에 없으므로 진리에 서지 못하고 거짓을 말할 때마다 제 것으로 말하나니 이는 그가 거짓말쟁이요 거짓의 아비가 되었음이라"(요 8:44)고 정확하게 사탄의 정체를 밝히셨던 것이다.

반면에 바울은 "새 사람을 입었으니 이는 자기를 창조하신 이의 형상을 따라 지식에까지 새롭게 하심을 입은 자니라"(골 3:10)고 하면서 거짓말을 하는 것, 곧 거짓의 아비인 사탄에게 속한 것과는 정 반대인 새 사람의 특성으로서 '하나님에 대한 지식'을 제시하고 있다. 새 사람으로서 하나님에 대한 지식을 갖게 된다는 것은 처음 지음을 받은 아담이 그러했던 것처럼 성도들 역시 하나님의 형상으로 새롭게 지음받은 것과 같은 의미를 가지는 것이다.

이와 같이 새롭게 지음 받아서 '하나님에 대한 지식'을 갖게 된 새 사람인 성도들은 ① 긍휼과 ② 자비와 ③ 겸손과 ④ 온유와 ⑤ 오래 참음이라는 특성을 발휘하게 된다. 이로써 지식에까지 새롭게 창조함을 받은 새 사람은 "주께서 너희를 용서하신 것 같이 너희도 그리하라"(골 3:13)는 말씀에 따라 누구에게든지 불만이 있거든 서로 용납하여 피차 용서함으로써 하나님의 속성인 사랑으로 온전하게 하나의 공동체를 이룸으로써 '그리스도의 평강'을 자신들의 삶 속에서 이루어 나가게 되는 것이다(골 3:15).

이처럼 '거짓말'로 표현되는 옛 사람의 속성을 가진 자들에게서는 '하나님을 아는 지식'으로 표현되는 '그리스도의 평강'을 찾을 수 없다. 또한 하나님을 향하여 가장 온전하게 드려지는 감사, 곧 참된 예배의 모습도 찾을 수 없다. 따라서 '하나님에 대한 지식'을 갖게 된 성도들만이 예전에 그들이 살았던 옛 사람에 근거한 성품이 아닌 새 사람에 합당한 삶, 곧 하나님이 기뻐하시는 거룩한 산 제물로 하나님께 드리는 삶을 살아가게 되는 것이다(롬 12:1).

그러한 삶이 바로 예배를 삶의 중심에 두고 살고 있는 성도들의 삶이다. 이미 바울 사도가 제시하고 있는 교회의 예배 예전과 관련해 성도들은 ① "그리스도의 지혜로 피차 가르치며 권면하는 것"으로 표현되는 말씀 선포의 가르침과 다스림의 사역과 봉사, ② "시와 찬송과 신령한 노래를 부르며 마음에 감사함으로 하나님을 찬양하는 것"으로 표현되는 예배의 예전적인 내용인 찬송과 기도와 헌상, ③ "무엇을 하든지 말에나 일에나 다 주 예수의 이름으로 하고 그를 힘입어 하나님 아버지께 감사하는 삶"으로 표현되는 성도들의 구체적인 일상의 삶에 대한 내용(골 3:16,17) 등을 지속적으로 유지하기 위해서는 그들이 속한 삶의 모든 정황에서 '거짓말'로 특징지어지는 옛 사람들이 살고 있는 삶과 철저하게 구별되어 있어야 하는 것이다.

이런 이유에서 바울은 성도들이 살아가는 삶의 터전인 교회를 중심으로 하는 각각의 가정과 그들이 속한 사회에서 하나님의 평강을 구현하는 삶의 실천적인 내용들을 제시하고 있다(골 3:18-4:1). 이러한 내용은 에베소서 5장 21절-6장 9절의 단락에서 보다 구체적으로 제시되어 있다. 그리고 에베소서 6장 10-20절에서는 악의 권세들에 대한 성도들의 대처 방안으로 지혜롭고 성령 충만한 성도들이 살아가는 새로운 삶의 모습을 제시하고 있다.

2) 그리스도의 평강이 구현되는 성도들의 삶

"그리스도의 평강이 너희 마음을 주장하게 하라"(골 3:15)는 권면은 "무엇을 하든지 말에나 일에나 다 주 예수의 이름으로 하고 그를 힘입어 하나님 아버지께 감사하라"(골 3:14)고 하는 좀 더 포괄적인 권면 안에 포함되어 있다.

따라서 ① 골로새서 3:18-4:1에서 언급하고 있는 가정과 사회의 질서, 그리고 ② 골로새서 4:2-6에서 언급하고 있는 성도들의 기본적인 삶의 질서에 대한 권면은 '평강을 위하여 너희가 한 몸으로 부르심을 받았나니 또한 너희는 감사하는 자가 되라'(15절)는 말씀의 실천적인 삶의 규범임을 알 수 있다.

바울이 제시하고 있는 이러한 실천적인 삶의 규범들(3:18-4:6)은 다른 곳에서도 동일하게 나타나고 있다(엡 5:22-6:9; 딤전 2:8-15; 6:1,2; 딛 2:1-10; 벧전 2:13-3:7). 이 병행 구절들에 나타난 공통점은 남편, 아내, 자녀, 주인, 종에 대한 실천적 권면들에 대한 것이다.

특이하게 이 내용들은 헬라 철학, 특히 지혜를 추구한다고 하는 스토아학파를 통해 널리 알려진 격언들을 인용하고 있다는 점이다. 이것은 바울이 당시 일반 사회에서 널리 일상적으로 회자되고 있는 지혜로운 삶의 방식에 대한 금언들을 인용함으로써 성도들이 익숙하게 알고 있는 이 내용들을 하나님 나라의 정신이나 그 백성들이 드러내어야 할 속성으로 재해석 해줌으로써 성도들의 실제적인 삶에 보다 친밀하게 적용시키기 위함으로 보인다.

이런 관점에서 가정규례(Haustafeln)라고 불리는 이 규범들은 성도들이 살아가고 있는 일상적인 사회 속에서의 익숙한 삶을 바탕으로 하나님 나라의 백성으로 살아가고 있는 성도들의 가정과 사회 안에서 각자의 신분에 따른 내용을 그 규정으로 담고 있는 것이다.119)

에베소서에서는 성도들이 이 세상에서 살아가는 지혜로운 삶이 성령으로부터 시작되며, 성령의 충만함 속에서 ① 서로 덕을 세우고, ② 예배에 참여하고, ③ 항상 감사하는 생활 곧 예배를 중심으로 하고 있는 교회 공동체의 삶을 살아가야 할 것에 그 초점을 맞추고 있다(엡 5:19,20). 여기에 바울은 ④ 그리스도를 경외함으로써 서로 복종하라(엡 5:21)는 원칙을 추가하고 있다.

"그리스도를 경외함으로 피차 복종하라"(엡 5:21)는 이 대원칙은 ① 부부간의 관계(엡 5:22-33)와 ② 부모와 자식 간의 관계(엡 6:1-4) 그리고 ③ 상전과 종과의 관계(엡 6:5-9)를 지혜롭고 성령 충만한 삶으로 유지시켜 나가기 위한 기본적인 원칙으로 제시하고 있다. 그리고 이 원칙은 교회 공동체를 구성하고 있는 회원들 사이의 상호 복종이야말로 '모든 겸손과 온유로 하고 오래 참음으로 사랑 안에서 서로 용납해야 한다'(엡 4:2)는 좀 더 포괄적인 권면 안에 포함되어 있다.

마찬가지로 골로새서에서도 이 내용은 좀 더 우주적인 개념으로부터 그 근거를 제시하고 있다. 곧 "오직 그리스도는 만유시요 만유 안에 계시니라"(골 3:11)는 우주적인 기독론이라고 하는 대원칙을 그 근거로 제시하고 있다. 여기로부터 바울은 하나님 나라의 백성들에게서 확인되는 삶의 정체성으로 논리를 전개시키고 있다.

"그러므로 너희는 하나님이 택하사 거룩하고 사랑 받는 자처럼 긍휼

---

119) Ralph P. Martin, 에베소서, 골로새서, 빌레몬서, p. 181.

과 자비와 겸손과 온유와 오래 참음을 옷 입고 누가 누구에게 불만이 있거든 서로 용납하여 피차 용서하되 주께서 너희를 용서하신 것 같이 너희도 그리하고 이 모든 것 위에 사랑을 더하라 이는 온전하게 매는 띠니라"(골 3:12-14)는 말씀을 통해 바울은 우주적인 기독론으로부터 시작해 ① 하나님께 예배하기 위해 거룩한 부름을 받은 성도들이 하나님으로부터 사랑을 받았던 사실을 제시하고, ② 성도들로 하여금 일상의 삶에서 '사랑'의 증표를 나타내야 할 것을 요청하고 있는 것이다.

이처럼 사랑의 표지가 추구하는 최종적인 결과가 바로 "그리스도의 평강이 너희 마음을 주장하게 하라"(골 3:15)는 말씀으로 성도들에게 주어지고 있다. 따라서 일상에서 성도들의 삶은 ① 그들이 하나님으로부터 거룩한 백성으로 부름을 받았다는 삶의 열매, ② 그에 근거한 인생의 가장 기본이 되는 삶의 형태로 하나님께 드려지는 예배의 연장선상에서 이루어져야 한다.

이 내용에 대해서 바울은 로마서에서 "그러므로 형제들아 내가 하나님의 모든 자비하심으로 너희를 권하노니 너희 몸을 하나님이 기뻐하시는 거룩한 산 제물로 드리라 이는 너희가 드릴 영적 예배니라 너희는 이 세대를 본받지 말고 오직 마음을 새롭게 함으로 변화를 받아 하나님의 선하시고 기뻐하시고 온전하신 뜻이 무엇인지 분별하도록 하라"(롬 12:1,2)는 말씀을 통해 이미 확실하게 밝힌 바 있다.

2. 평강을 구현하는 상호 복종의 삶 (골 3:18-4:1)

앞서 살펴본 것처럼 "그리스도의 평강이 너희 마음을 주장하게 하라"(골 3:15)는 말씀에 근거하여 바울은 먼저 성도들의 가정생활과 사회생활의 규범(골 3:18-4:1)에 대해 다음과 같이 명쾌하게 제시하고 있다.

① 아내들아 남편에게 복종하라 이는 주 안에서 마땅하니라, 남편들아 아내를 사랑하며 괴롭게 하지 말라

② 자녀들아 모든 일에 부모에게 순종하라 이는 주 안에서 기쁘게 하는 것이니라, 아비들아 너희 자녀를 노엽게 하지 말지니 낙심할까 함이라

③ 종들아 모든 일에 육신의 상전들에게 순종하되 사람을 기쁘게 하는 자와 같이 눈가림만 하지 말고 오직 주를 두려워하여 성실한 마음으로 하라 무슨 일을 하든지 마음을 다하여 주께 하듯 하고 사람에게 하듯 하지 말라 이는 기업의 상을 주께 받을 줄 아나니 너희는 주 그리스도를 섬기느니라 불의를 행하는 자는 불의의 보응을 받으리니 주는 사람을 외모로 취하심이 없느니라, 상전들아 의와 공평을 종들에게 베풀지니 너희에게도 하늘에 상전이 계심을 알지어다

이 문단에서 가장 두드러지게 나타나고 있는 정신은 '상호 복종'이다. 신약성서 외의 다른 세상 문헌들에서는 구성원들 사이에 상호 복종은 나타나지 않는다. 반면에 신약성서의 가정 규범과 사회 규범은 상호 복종이 그 핵심을 이루고 있다. 이 규범의 배후에 있는 근본적인 동기인 상호 복종은 전적으로 기독교적인 요소이며 이것은 그리스도의 주권에 대한 복종(골 3:23-25)에 그 근거를 두고 있다.

이와 같은 맥락에서 바울은 '아내들아 남편에게 복종하라'는 당시 사회적 규범을 기독교적 관점으로 승화시켜서 '남편에게 복종하는 것이 마땅하다'고 말하고 있다(골 3:18). 아울러 바울은 남편들에게도 상호 복종의 원칙을 적용시키면서 "남편들아 아내를 사랑하며 괴롭게 하지 말라"(골 3:19)고 강조하고 있다.

동일한 맥락에서 바울은 '자녀들아 모든 일에 부모에게 순종하라'는 사회적 규점을 기독교적 관점으로 승화시켜서 '주 안에서 누리는

기쁨으로 여기라' 고 권하고 있다(골 3:20). 바울은 당시 사회에서는 찾아볼 수 없는 상호 복종의 원칙을 부모와 자녀들 사이에도 적용하고 있다. "아비들아 너희 자녀를 노엽게 하지 말지니 낙심할까 함이라"(골 3:21)는 권면은 오로지 기독교적인 삶의 규범 안에서만 가능하다.

또한 바울은 '종들아 모든 일에 육신의 상전들에게 순종하라' 고 말하면서 이 사회적 관념을 초월하여 기독교적 관점에 따라 재해석하고 있다. 곧 "사람을 기쁘게 하는 자와 같이 눈가림만 하지 말고 오직 주를 두려워하여 성실한 마음으로 하라"(골 3:22)는 새로운 삶의 규범을 제시하고 있다. 이러한 권면은 당시 사회에서는 전혀 상상할 수도 없는 고차원적인 내용이 아닐 수 없다.

나아가 바울은 '상전들아 의와 공평을 종들에게 베풀지니 너희에게도 하늘에 상전이 계심을 알지어다' (4:1)고 말함으로써 상전들 역시 하나님께 복종해야 할 것을 제시하고 그에 근거하여 '종들에게 의와 공평을 베풀라' 고 권고하고 있다.

이상에서 보는 것처럼 그리스도의 주권에 대한 복종(골 3:23-25)이라고 하는 기독교적 규범에 따른 상호 복종 관계는 '평강을 위하여 너희가 한 몸으로 부르심을 받았나니 또한 너희는 감사하는 자가 되라' (골 3:15)는 좀 더 포괄적인 말씀 안에 그 근거를 두고 있다.

1) 부부관계 (골 3:18,19)

"아내들아 남편에게 복종하라 이는 주 안에서 마땅하니라"(골 3:18)는 권면은 "남편들아 아내를 사랑하며 괴롭게 하지 말라"(골 3:19)는 권면과 서로 병행을 이루고 있다. 아내들이 남편을 복종할 이유는 창조질서에 근거한다(창 2:23). 그렇지만 이 복종은 아내가 남편보다 열등하다는 것을 의미하지 않는다. 뿐만 아니라 남편이 아내보다 월등한 위치에 있다는 것을 의미하지 않는다. 우리는 이 사실을 하나님께서 제정하신 혼인의 원리 안에서 확인할 수 있다.

"여호와 하나님이 아담에게서 취하신 그 갈빗대로 여자를 만드시고 그를 아담에게로 이끌어 오시니 아담이 이르되 이는 내 뼈 중의 뼈요 살 중의 살이라 이것을 남자에게서 취하였은즉 여자라 부르리라 하니라"(창 2:21-23)의 말씀처럼 아담이 먼저 지음을 받았고 하와는 아담으로부터 지음을 받았다.

여기에서 알 수 있는 것처럼 하나님께서 지으신 아담을 위하여 돕는 배필인 하와를 아담의 몸으로부터 지으셨다는 것은 하나님께서 어떤 의도를 가지고 아담과 하와를 각각 순차적으로 지으셨다는 사실이다. 이 사실은 무엇보다도 하나님과 아담 사이에 맺어진 언약과 깊은 관련이 있다.

하나님은 아담을 지으시고 친히 아담과 언약을 맺으셨다. "여호와 하나님이 그 사람에게 명하여 이르시되 동산 각종 나무의 열매는 네가 임의로 먹되 선악을 알게 하는 나무의 열매는 먹지 말라 네가 먹는 날에는 반드시 죽으리라 하시니라"(창 2:16,17). 이때 아담은 하나님과 맺은 언약의 당사자의 위치에 서 있게 된다.

그후 하나님은 이 언약을 수행함에 있어 "여호와 하나님이 이르시되 사람이 혼자 사는 것이 좋지 아니하니 내가 그를 위하여 돕는 배필을 지으리라 하시니라"(창 2:18)는 말씀처럼 아담에게 돕는 배필을 주심으로써 아담과 하와가 한 몸이 되어 하나님과 맺은 언약을 따라 살게 하셨다. 이때 아담은 하와에게 하나님과 맺은 언약의 중보자 위치에 서게 된다. 그리고 하와는 중보자인 아담을 통해 하나님과 맺은 언약의 당사자 위치에 서게 되었다.

이로써 아담은 하와에게 하나님께서 주신 계시의 내용을 온전하게 전달하는 중보자의 직무를 행함으로써 자신의 위치를 굳건하게 세우게 된다. 아울러 하와는 아담으로부터 전해 받은 계시의 내용을 받아들이고 행함으로써 자신의 위치를 굳건하게 세우게 된다. 이처럼 아담은 계시의 전달자로서 자신의 위치를, 그리고 하와는 계시의 수용자로서 자신의 위치를 하나님 앞에서 행하게 되는 것이다.

나아가 아담과 하와는 "남자가 부모를 떠나 그의 아내와 합하여 둘이 한 몸을 이룰지로다"(창 2:24)라는 혼인의 제도에 근거하여 하나님과 맺은 언약에 있어서 동등한 위치에 서게 되는 것이다. 이러한 언약의 전달과 수용의 차원에 근거하여 바울은 아내된 자들에게 "남편에게 복종하라 이는 주 안에서 마땅하니라"고 말하고 동일한 원칙에서 남편된 자들에게 "아내를 사랑하며 괴롭게 하지 말라"는 말로써 상호 복종의 규범을 제시하고 있다.

바울 당시에는 문화적으로 상당한 위치를 자랑하고 있던 헬라 세계와 로마인들조차도 여자를 남자와 동등한 위치에 두지 않고 여자를 남자보다 열등한 존재로 여겼을 뿐이다.120) 오로지 기독교에서만 "너희는 유대인이나 헬라인이나 종이나 자주자나 남자나 여자 없이 다 그리스도 예수 안에서 하나이니라"(갈 3:28)고 함으로써 각계각층의 사람들이 상호 복종을 위한 상호 동등성(mutual equivalence)을 가지고 있음을 밝히고 있다.

이런 점에서 바울은 아내와 남편을 그리스도와 교회 사이에서 발견되는 사랑의 관계로 제시한다. 이때 남편과 아내의 사랑은 각각 성적인 대상으로만 여겼던 것보다 훨씬 더 높은 숭고한 사랑으로 승화된다. 바울은 이 사랑을 가리켜 교회에 대한 그리스도의 깊고 희생적인 사랑으로 묘사하고 있다.

---

120) William Handriksen, 골로새서, p. 241.

따라서 "아내들이여 자기 남편에게 복종하기를 주께 하듯 하라 이는 남편이 아내의 머리 됨이 그리스도께서 교회의 머리 됨과 같음이니 그가 바로 몸의 구주시니라 그러므로 교회가 그리스도에게 하듯 아내들도 범사에 자기 남편에게 복종할지니라"(엡 5:22-24)는 말씀과 같이 아내들은 계시의 전달자인 남편에게 복종하는 것으로써 그리스도의 몸인 교회를 반듯하게 세우고 증거하게 되며 이로써 가장 복된 아내의 자리를 지키게 된다.

아울러 "남편들아 아내 사랑하기를 그리스도께서 교회를 사랑하시고 그 교회를 위하여 자신을 주심 같이 하라 이는 곧 물로 씻어 말씀으로 깨끗하게 하사 거룩하게 하시고 자기 앞에 영광스러운 교회로 세우사 티나 주름 잡힌 것이나 이런 것들이 없이 거룩하고 흠이 없게 하려 하심이라"(엡 5:25-27)는 말씀처럼 남편들은 하나님의 말씀을 온전하게 전달함으로써 아내를 구원에 이르게 해야 한다. 이를 위해 남편은 그리스도께서 행하신 희생적 사랑에 근거하여 한 아내의 남편으로서 진정한 권위를 가지게 된다.

2) 부모와 자녀 관계 (골 3:20,21)

"자녀들아 모든 일에 부모에게 순종하라 이는 주 안에서 기쁘게 하는 것이니라"(골 3:20)는 권면 역시 "아비들아 너희 자녀를 노엽게 하지 말지니 낙심할까 함이라"(골 3:21)는 말과 서로 병행을 이르고 있다. 자녀들은 로마 사회에서 아버지의 소유물 중 하나처럼 천대받고 있었다. 스토아학파에서는 자녀들이 부모의 발을 씻어 주거나, 부모의 잠자리를 준비하거나, 부모가 외출에서 돌아 올 때 서서 기다리는 것 등으로 부모를 기쁘게 해야 한다고 가르치고 있었다.121)

그러나 바울은 가시적이고 외형적인 혹독한 의무를 자녀들에게 요구

---

121) Ralph P. Martin, 에베소서, 골로새서, 빌레몬서, p. 181.

하지 않는다. 오히려 바울이 자녀들에게 순종하라고 권면하는 근본적인 이유는 그것이 하나님을 기쁘시게 하는 일이기 때문이라고 밝히고 있다. '하나님께서 기뻐하신다'는 이 약속은 "네 부모를 공경하라 그리하면 너의 하나님 나 여호와가 네게 준 땅에서 네 생명이 길리라"(출 20:12)에서 약속한 하나님의 기업과 관련되어 있다.

이런 점에서 바울은 제5계명을 '약속이 있는 첫 계명'이라고 재해석하면서 부모를 순종하고 존경하는 것이 하나님의 나라를 기업으로 받고 누림에 있어 그 사실을 확증하는 중요한 사실임을 강조하고 있다. 이에 바울은 "자녀들아 주 안에서 너희 부모에게 순종하라 이것이 옳으니라 네 아버지와 어머니를 공경하라 이것은 약속이 있는 첫 계명이니 이로써 네가 잘되고 땅에서 장수하리라"(엡 6:1-3)고 자녀들에게 복된 소식을 전하고 있다.

이와 같은 이유에서 바울은 부모들에게 주의 교양과 훈계로 자녀들을 양육할 것을 권하면서 "아비들아 너희 자녀를 노엽게 하지 말고 오직 주의 교훈과 훈계로 양육하라"(엡 6:4)고 권하고 있다. 부모들은 자녀들을 주의 교훈과 훈계로 양육함으로써 자녀들을 그리스도께 이끄는 의무를 가지고 있으며, 이것을 떠나 다른 그 어떤 것으로써 자녀들에게 권위를 주장할 수 없는 것이다.

3) 종과 상전의 관계 (골 3:22-4:1)

"종들아 모든 일에 육신의 상전들에게 순종하되 사람을 기쁘게 하는 자와 같이 눈가림만 하지 말고 오직 주를 두려워하여 성실한 마음으로 하라"(골 3:22)는 말은 "상전들아 의와 공평을 종들에게 베풀지니 너희에게도 하늘에 상전이 계심을 알지어다"(골 4:1)는 말과 병행을 이룬다. 이 관계에서 종과 상전들은 공통적으로 '하나님을 두려워하라'는 요구를 받고 있다.

종들은 지상에서 상전을 성실하게 섬기는 것에 대한 실제적인 평가를 주님으로부터 장차 받게 될 미래적 상급으로 대신함으로써 용기를 가지게 한다. 이것은 종들로 하여금 매일 매일 일상적인 삶을 살아가게 하는 원동력을 제공하고 있다. 자신의 인생에 대한 아무런 대가를 구할 수 없는 현실과 달리 그들의 행동에 대해 공평하게 평가하시는 주님에 대한 바울의 약속은 그들이 사람에게 속한 것이 아니라 주님께 속한 자유인임을 일깨우게 한다.122)

왜냐하면 그들의 주인은 다름 아닌 '주이신 그리스도'이기 때문이다. 이에 바울은 "무슨 일을 하든지 마음을 다하여 주께 하듯 하고 사람에게 하듯 하지 말라"(골 3:23)고 권면한다.

이와 관련해 바울은 에베소서에서 "종들아 두려워하고 떨며 성실한 마음으로 육체의 상전에게 순종하기를 그리스도께 하듯 하라 눈가림만 하여 사람을 기쁘게 하는 자처럼 하지 말고 그리스도의 종들처럼 마음으로 하나님의 뜻을 행하고 기쁜 마음으로 섬기기를 주께 하듯 하고 사람들에게 하듯 하지 말라 이는 각 사람이 무슨 선을 행하든지 종이나 자유인이나 주께로부터 그대로 받을 줄을 앎이라"(엡 6:5-8)고 권면하고 있다.

바울의 권면처럼 육신의 상전이 아니라 살아 계셔서 우주를 통치하는 왕이신 그리스도를 섬기는 일이야말로 이 땅에 속한 모든 성도들의 의무이다. 반면에 "불의를 행하는 자는 불의의 보응을 받으리니 주는 외모로 사람을 취하심이 없느니라"(골 3:25)는 말씀처럼 그리스도로부터 '유업의 상'을 받는 일과 '불의의 보응'을 받는 일에는 종이나 상전이나 각각의 신분에 따른 차별된 이익을 요구할 수 없게 만든다. '주

122) William Handriksen, 골로새서, p. 248.

이신 그리스도' 치우침이 없는 분이시기 때문이다. 따라서 종에게 요구하고 있는 이 의무들은 동시에 상전들에게도 동일하게 요구된다.

이에 바울은 "상전들아 의와 공평을 종들에게 베풀지니 너희에게도 하늘에 상전이 계심을 알지어다"(골 4:1)라고 권고하고 있다. 에베소서에서는 "상전들아 너희도 그들에게 이와 같이 하고 위협을 그치라 이는 그들과 너희의 상전이 하늘에 계시고 그에게는 사람을 외모로 취하는 일이 없는 줄 너희가 앎이라"(엡 6:9)고 명확하게 선을 긋고 있다.

하나님은 그들이 상전이기 때문에 종들보다 더 많은 유업의 상을 주시는 분이 아니시다. 아울러 종들이기 때문에 그들에게 불의의 보응을 더 많이 주시는 분이 아니시다. 하나님은 그들이 상전이든 종이든 상관하지 않으시며 "각 사람이 무슨 선을 행하든지 종이나 자유인이나 주께로부터 그대로 받을 줄을 앎이라"(엡 6:5)는 말씀처럼 동일하게 상대하신다.

마치는 말

이상에서 살펴 본 바울의 가르침은 당시 사회에서는 전혀 상상할 수 없을 정도로 획기적인 내용이 아닐 수 없다. 무엇보다도 남편과 아내, 부모와 자녀, 종과 상전으로 묘사되는 각각의 관계는 복종과 사랑, 순종과 격려, 순종과 공평이라는 상호 의무가 존재한다.

아울러 바울이 제시하고 있는 이러한 기독교적 상호 복종과 의무는 '그리스도의 평강이 너희 마음을 주장하게 하라 평강을 위하여 너희가 한 몸으로 부르심을 받았나니 또한 너희는 감사하는 자가 되라'(골 3:15)는 말씀의 실천적 과제이며, 이를 통해 하나님의 충만한 본질이 그리스도 안에서 살고 있는 성도들에게 어떻게 구현되고 있는가를 잘 보여주고 있다(골 2:10).

특별히 "새 사람을 입었으니 이는 자기를 창조하신 이의 형상을 따라 지식에까지 새롭게 하심을 입은 자니라"(골 3:10)는 말씀처럼 새 사람이 된 성도들은 "그리스도의 말씀이 너희 속에 풍성히 거하여 모든 지혜로 피차 가르치며 권면하고 시와 찬송과 신령한 노래를 부르며 감사하는 마음으로 하나님을 찬양하고 또 무엇을 하든지 말에나 일에나 다 주 예수의 이름으로 하고 그를 힘입어 하나님 아버지께 감사하라"(골 3:16,17)는 바울의 권면에 따라 예배 중심의 삶을 살아야 한다.

이처럼 교회의 예배로부터 자신의 삶을 시작하고 있는 성도들의 부부 관계와 부모와 자녀 관계 그리고 사회생활의 관계에 관한 삶의 규범들을 통해 모든 성도들은 비로소 하나님의 평강을 실질적으로 누리게 되는 것이다.

| 기 도 |

"너희는 평강을 위하여 한 몸으로 부르심을 받았나니 너희는 또한 감사하는 자가 되라"(골 3:15)는 말씀을 따라 살도록 우리에게 그리스도의 말씀으로 풍성하게 은혜를 주시기를 기뻐하시는 우리의 아버지이신 하나님.

무엇보다도 우리가 그리스도의 말씀을 따라 얻은 지혜로 피차 가르치고 권면하며 합당한 방식으로 찬양과 기도와 헌상하는 것으로 나타나는 참된 교회 예배의 예전으로 하나님께 경배를 드릴 수 있도록 은혜주심에 감사를 드리옵나이다.

이러한 은혜 안에서 성도로 구별된 삶을 살아가기 위하여 남편은 하나님의 말씀을 전달하는 위치에서 그리스도께서 교회를 사랑하듯이 아내를 사랑하고, 아내는 그 말씀을 따라 순종하는 위치에서 교회가 주께 복종하듯이 남편에게 순종함으로써 온전한 성도의 삶을 이루게 될 것이옵나이다.

아울러 부모는 자식들에게 말씀을 봉사하는 위치에서, 자녀는 그 말씀을 따라 다음 세대의 교회 일군으로 성장하는 것으로 하나님께서 여전히 온 세상에 그리스도의 말씀으로 충만케 하신다는 사실을 친히 증거하는 삶을 살아야 할 것이옵나이다.

또한 사회생활에서 상관과 하급자 사이에서도 하나님께서 동일하게 상급을 주신다는 원칙을 따라 살게 함으로써 하나님의 평강이 우리의 삶에서 온전히 이루어져야 할 것이옵나이다.

이제 우리는 그리스도께 복종하듯 상호 복종의 원칙을 따라 온전한 하나님의 교회를 세워나가고, 이를 통하여 복된 주님의 영광을 따라 살 수 있도록 은혜를 더하여 주옵소서.

주 예수 그리스도의 이름으로 기도합니다. 아멘.

〈 12 〉

복음의 진보와 함께 하는 성도들의 삶

골로새서 4:2-6

4:2 기도를 계속하고 기도에 감사함으로 깨어 있으라 3 또한 우리를 위하
여 기도하되 하나님이 전도할 문을 우리에게 열어 주사 그리스도의 비밀
을 말하게 하시기를 구하라 내가 이 일 때문에 매임을 당하였노라 4 그리
하면 내가 마땅히 할 말로써 이 비밀을 나타내리라 5 외인에게 대해서는
지혜로 행하여 세월을 아끼라 6 너희 말을 항상 은혜 가운데서 소금으로
맛을 냄과 같이 하라 그리하면 각 사람에게 마땅히 대답할 것을 알리라

옥중서신 중에서 에베소서, 빌립보서, 골로새서에는 우주 만물이 창조되기 전 그리스도의 선재(先在)와 더불어 하나님께서 창조하신 모든 실체들에 대한 그리스도의 현재 및 미래적 우월성에 대한 다양한 개념들이 담긴 풍부한 우주론적 기독론이 담겨 있다.

특히 에베소서와 골로새서에서는 '능력'(δυνάμις)에 대한 용어들과 더불어 하나님을 반대하고 성도들의 삶을 위협할 수 있는 모든 존재들과 관련해 그리스도의 우월적 능력에 대한 강조가 주목할 정도로 빈번하게 등장한다(골 1:11,29; 엡 1:19,20,21; 3:7,16,20; 6:10). 특히 그리스도의

부활과 높아지심뿐 아니라 그리스도의 지위와 권세가 창조된 세계를 거슬러 영원 전까지 올라간다는 의식이 강하게 발전되고 있다.123)

이런 점에서 골로새서의 핵심 주제는 그리스도의 우선성(priority)과 우월성(superiority)으로 압축된다(골 1:15-20). 이것은 골로새서가 교회를 위협하고 있는 거짓 가르침에 대한 논증이라는 저술 목적과 관련된다. 이 거짓 가르침은 서론에서 언급한 것처럼 이방 종교 및 헬라 철학과 혼합된 유대교를 그 배경으로 하고 있었다(골 2:8,16,18,20).

1. 거짓 가르침에 대한 바울의 경계 (골 1:15-3:25)

골로새 교회를 위협한 거짓 가르침은 ① 특정한 날을 지키고 음식을 구별하며 의식을 강조하는 유대적 배경과 ② 금욕과 천사 숭배 및 신비로운 '지혜'를 강조하는 이교적 요소들과 ③ 지식의 우월성을 강조하고 구원은 믿음이 아닌 지식을 통해 온다는 헬라 철학이 혼합되어 있었다. 이러한 주장을 따르는 그들에게 있어서 물질은 근본적으로 악한 존재이며 비물질적인 것만 선한 것으로 받아들여졌다.

이런 거짓 가르침을 따르게 되면 선하신 하나님은 악한 세상과 접촉하지 않을 것이라고 주장하게 된다. 그들의 주장에 따르면 선하신 하나님께서 악한 인간의 몸을 입을 수 없기 때문에 그리스도는 인성과 신성을 동시에 지닐 수 없다는 것이다.124) 이러한 그들의 이원론적인 사상에 따른 잘못된 주장은 소위 그리스도의 가현설(Docetism) 혹은 양자설(Adoptianismus : 양자론)의 기초가 되었다.

서양에서의 이원론(dualism)은 고대 종교인 조로아스터교의 영향에 따른 것으로 이 세상은 선(Good)을 상징하는 빛의 원리인 '아후라 마즈

123) I. Howard Marshall, 신약성서신학, p. 459.

124) Grant Osborne, 빌립보서, 골로새서, 빌레몬서, p. 202.

다'(Ahura Masda)와 악(Evil)을 상징하는 어둠의 원리인 '앙그라 마이뉴'(Angra Mainyu)가 서로 대립하고 투장하는 장소이며, 최후에는 '아후라 마즈다'가 승리함으로써 마침내 빛의 왕국이 건설된다는 교리에 근거하고 있다.125)

이러한 이론에 근거하여 이원론은 빛과 어둠(light and darkness), 선과 악(good and evil), 영과 물질(spirit and matter)이 서로 대립하고 투쟁하는 것으로 나누인다. 이런 영향을 받은 거짓 가르침은 영이신 하나님께서 물질인 육체와 서로 대립하기 때문에 결코 하나가 될 수 없다고 주장한다.

이런 사상을 가지고 서양 철학자들은 하나님의 아들이라고 불리는 예수는 참된 인간의 몸을 가지지 않았고 신이 인간 예수처럼 보였을 뿐이라는 가현설(Docetism)을 주장함으로써 성육신하신 예수의 인성을 부정한다. 또 다른 측면에서 유대교에 심취한 사람들은 인간 예수가 성령의 세례를 받을 때 하나님으로부터 성령을 받아서 하나님의 아들이 되었다는 양자론(Adoptianismus)을 주장함으로써 예수 그리스도의 신성을 부정한다.

이 거짓 가르침들은 하나님과 인간 사이에 장벽을 세워두고 인간이 하나님과 접촉하기 위해서는 신성을 가진 존재들(aeon)을 통해서만 가능하다고 주장했다. 따라서 인간은 이 아이온들을 섬기며 금욕주의와 황홀경과 같은 경험을 통해 특별한 지식(γνῶσις)을 얻음으로써 비로소 하나님께 접근할 수 있다고 강조했다.

그들에게 있어 그리스도는 신성을 가진 존재들, 즉 아이온들 중 하나에 불과했으며 우주의 주이시며 교회의 머리이신 그리스도를 부정했다. 이런 이유로 바울은 우주적인 기독론에 근거하여 그리스도의 우선성과 초월성을 강조한다. 이 사실을 밝힘으로써 바울은 골로새 교회가

---

125) https://namu.wiki/w/앙그라%20마이뉴

거짓 가르침에 미혹되지 않고 복음 위에 든든히 서야 할 것을 제시하고 있다.

1) 그리스도의 초월성과 그의 복음의 탁월성

골로새서 1장에서 바울은 ① 보이지 않는 하나님의 형상이시며 창조를 이루시고 모든 피조물 위에 뛰어나며 만물 안에서 탁월하신 그리스도의 주권을 강조했다. 그리고 ② 십자가에서 흘리신 피로 성도들과 모든 피조물을 하나님과 화목시킴으로써 우주의 주가 되시며 교회의 머리가 되신 그리스도의 초월성에 초점을 맞춘다(1:15-20).

성육신하신 그리스도는 육체로 오신 하나님이시며, 모든 창조물과 새로운 창조물의 주(*κυριος*)이신 '만유의 주'가 되신다(골 3:11). 그리스도는 영원하며 선재하신 분으로 전능하시며 하나님과 동등하시다. 그 안에는 신성의 모든 충만이 육체로 거하신다.

이러한 우주론적 기독론은 성도들을 하나님께 인도함에 있어 그리스도 외에 다른 존재나 세력이 개입되었다는 주장이나 인간편에서의 공로가 되는 관습들, 즉 금욕주의나 의식주의나 천사 숭배 혹은 인간의 철학과 지식과 전통들을 철저하게 배제시키고 있다. 여기에서 바울은 그리스도께서 성도들을 하나님과 화목케 하신 유일한 분이며(1:22) 성도들 안에 임재하는 '영광의 소망'(*ἡ ἐλπὶς τῆς δόξης*, 1:27)이 되심을 제시하고 있다.126)

2장에서 바울은 그리스도를 선포하는 복음의 완전성과 충만성을 강조함으로써 복음에 대한 변증적인 진술을 시도하고 있다. 여기에서 바울은 ① 그리스도 안에 지혜와 지식의 모든 보화가 감추어져 있으며(골 2:3) ② 신성의 모든 충만이 육체로 그 안에 거하고 있으며(골 2:9)

126) D. A. Caeson, 신약개론, p. 599.

③ 성도들은 그리스도 안에서 충만해졌음을 강조하고 있다(골 2:10). 아울러 ④ 하나님께서는 범죄로 죽었던 성도들을 그리스도와 함께 살리셨으며(골 2:13) 성도들을 거스르고 대적하는 율법의 규례로 쓴 증서들을 도말하여 십자가에 못 박으셨기 때문에(골 2:14) 성도들은 세상의 초등 학문과 율법의 규례들에 대하여 죽은 존재가 되었음을 밝히고 있다(골 2:20).

성도들의 죄가 용서받았고 하나님과 화목 되었다는 것은 그들에게 새로운 신분, 즉 새로운 피조물이 되었음을 의미한다. 이것은 그리스도의 새 창조 사역의 결과이며 그리스도와의 연합을 가능하게 하는 원인이 된다. 무엇보다도 성도들이 그리스도와 함께 장사되고 죽었다는 사실과 다시 삶으로써 부활에 참여했다는 사실은 성도들이 그리스도와 연합되었다는 결정적 증거가 된다.127)

3장에서 바울은 ① 이미 십자가에서 죽은 성도들은 그리스도와 함께 다시 산 존재가 되었으며(골 3:1) ② 부활하신 그리스도께서 만유이시며 만유 안에 거하시는 것처럼(골 3:11) 성도들은 하나님의 백성으로서(골 3:12) 그리스도를 통하여 아버지 하나님께 감사, 곧 성령과 진리로 예배할 것을 권면하고 있다(골 3:17).

2) 새로운 존재로서 성도들의 위치

이상의 논증을 통해 바울은 그리스도의 초월성과 아울러 십자가에서 자기 백성을 위해 죽음으로써 이루신 구원의 완성을 제시하고 있다. 이때 십자가는 하나님의 목적을 거스르는 모든 세력들을 제거하는 능력으로 묘사된다(골 2:15). 무엇보다도 십자가는 새 사람의 탄생을 알리는 '옛 사람과 그 행위'를 벗어버리는 것(골 3:9)을 상징한다.

---

127) Grant Osborne, 빌립보서, 골로새서, 빌레몬서, p. 204.

이로써 성도들은 "새 사람을 입었으니 이는 자기를 창조하신 자의 형상을 좇아 지식에까지 새롭게 하심을 받는 자"(골 3:10)가 되었다. 따라서 새롭게 하심을 받은 자들은 그리스도 안에서 한 몸이 되어 만유 안에서 통일을 이루게 된다(골 3:11). 이것은 머리되신 그리스도 안에서 교회의 하나됨에 대한 신학적 해석이다.

이상과 같은 그리스도의 초월성과 십자가의 구속을 알리는 복음과 교회의 하나됨을 통하여 바울은 그리스도 안에 있는 하나님의 충만함이 성도들의 삶을 통해 어떻게 구현되고 있는가를 소상하게 밝히고 있다.

그 결정체가 바로 교회의 예배 예전과 관련해 성도들은 ① "그리스도의 지혜로 피차 가르치며 권면하는 것"으로 표현되는 말씀 선포의 가르침과 다스림의 사역과 봉사, ② "시와 찬송과 신령한 노래를 부르며 마음에 감사함으로 하나님을 찬양하는 것"으로 표현되는 예배의 예전적인 내용인 찬송과 기도와 헌상, ③ "무엇을 하든지 말에나 일에나 다 주 예수의 이름으로 하고 그를 힘입어 하나님 아버지께 감사하는 삶"으로 표현되는 성도들의 구체적인 일상의 삶에 대한 내용(골 3:16,17)인 것이다.

여기에서 바울은 그리스도께서 모범을 보이신 순종의 정신에 근거하여 남편과 아내와의 관계, 부모와 자식과의 관계, 상전과 종과의 관계에서 '상호 복종'이라는 새로운 삶의 질서를 제시함으로써(골 3:19-4:1) 성도들의 삶 속에서 구현되는 하나님의 충만함을 제시하고 있다.

2. 복음의 진보를 위한 성도들의 삶 (골 4:2-6)

성도들은 새 생명의 속성들을 옷 입도록 부르심을 받았다. "그러므로 너희는 하나님이 택하사 거룩하고 사랑 받는 자처럼 긍휼과 자비와 겸손과 온유와 오래 참음을 옷 입고 누가 누구에게 불만이 있거든 서로 용납하여 피차 용서하되 주께서 너희를 용서하신 것 같이 너희도 그리하고 이 모든 것 위에 사랑을 더하라 이는 온전하게 매는 띠니라"(골 3:12-14)는 말씀처럼 성도들은 거룩하도록 부르심을 받았고 하나님에 의해서 사랑받는 하나님의 택한 백성들이다. 또한 하나님에 의해 죄 사함을 받았기 때문에 다른 사람들을 용서함으로써 사랑을 실천해야 한다.

나아가 성도들은 한 몸의 지체들이기 때문에 "그리스도의 평강이 너희 마음을 주장하게 하라 너희는 평강을 위하여 한 몸으로 부르심을 받았나니 너희는 또한 감사하는 자가 되라"(골 3:15)는 말씀처럼 서로 하나님의 평강 가운데 살아야 한다. 이것은 그리스도의 말씀이 그들 안에 살아 있음으로써 가능하게 된다. 이런 점에서 바울은 "또 무엇을 하든지 말에나 일에나 다 주 예수의 이름으로 하고 그를 힘입어 하나님 아버지께 감사하라"(골 3:17)는 말로써 성도들이 행하는 것은 무엇이든지 '주 예수의 이름'(*ἐν ὀνόματι Κυρίου Ἰησοῦ*)으로 행하여야 할 것을 요구한다.

1) 새로운 존재로서 성도들의 삶의 원칙

남편과 아내, 부모와 자녀, 상전과 종의 관계에서도 이 원칙이 적용되며 모두 '주 안에서'(*ἐν Κυρίῳ*) 행하라(골 3:18,20,22,23)는 말에 의해 구속받는다. '주 안에서' 행한다는 것은 성도들이 행하는 모든 것을 결정하시는 '주 예수 그리스도'와 연합됨으로써 생겨난 새로운 생활 속에서 자신의 삶을 살아간다는 개념을 집약적으로 보여주며 그리스도 예수에 대한 순종이 요구된다.128)

특별히 그리스도 예수는 만물에 대한 머리로서 지위를 가지셨으며

---

128) I. Howard Marshall, 신약성서신학, p. 458.

신성의 충만으로 충만하신 분이시다(골 1:19; 2:9,10). 이처럼 골로새서에서 그리스도는 우주적 실체로 인식되고 있는 교회의 머리로 이해된다. 그 안에서 ① 성도들은 구속을 받고 죄 사함을 받아서 하나님과 화해를 이루고 있으며, ② 그들의 새 생명은 그리스도 안에 감춰져 있고 아직 나타나지 않았지만 그들은 그리스도와 더불어 죽었고 다시 살리심을 받았다.

이런 점에서 '주 예수 안에서'의 개념은 다분히 실천적인 성격을 내포하고 있다. 바울이 가정과 사회의 기초적 관계를 '주 안에서' 상호 복종의 관계로 정의하는 것도 이 때문이다.

이에 바울은 성도들에게 "기도를 항상 힘쓰고 기도에 감사함으로 깨어 있으라"(골 4:2)고 말한다. 이것은 성도들이 속한 가족과 사회의 범위를 넘어 우주적인 개념으로의 확장이기도 하다. 성도들이 속한 사회는 가시적인 범위를 훨씬 넘어서는 우주적인 교회임을 명심해야 한다. 이것이 '주 안에서'(*ἐν Κυρίῳ*)라는 또 다른 의미이기도 하다.

성도들은 만물 위에 뛰어나신 그리스도 예수와 하나가 된 존재이다. 때문에 성도들의 삶은 보통의 사람들이 살아가는 삶과 구별되어야 하며, 하나님의 사랑을 받는 특별한 존재로 살아가게 된다. 이런 이유에서 하나님의 풍성함을 구현하는 성도들의 삶은 세상의 방법이나 철학이나 유전이나 의식에 의존하지 않는다. 이 사실을 보다 분명하게 고백하는 삶이 바로 기도로 증거된다.

'기도를 항상 힘쓰고'(*τῇ προσευχῇ προσκαρτερεῖτε*: Devote yourselves to prayer)라는 말은 한두 번 기도하는 것으로 끝나지 않고 우리가 꾸준히 기도를 계속하고 있어야 할 것을 지시하고 있다. 왜냐하면 기도는 ① 하나님을 의존하고 있다는 것을 인정하고, ② 성도들 가운데 계신 하나님의 임재를 실감하며, ③ 그분께 온전히 순종하기로 결단하는 것 위에 세워지기 때문이다.129) 항상 기도에 힘써야 할 이유가 여기에 있다.

그리고 '기도에 감사함으로 깨어 있으라'(γρηγοροῦντες ἐν αὐτῇ ἐν εὐχαριστίᾳ : watching in it with thanksgiving)는 권면은 "그리스도의 말씀이 너희 속에 풍성히 거하여 모든 지혜로 피차 가르치며 권면하고 시와 찬송과 신령한 노래를 부르며 마음에 감사함으로 하나님을 찬양하고 또 무엇을 하든지 말에나 일에나 다 주 예수의 이름으로 하고 그를 힘입어 하나님 아버지께 감사하라"(골 3:16,17)는 권면과 연결되어 있다.

마음에 감사함으로 하나님을 찬양하는 것과 기도에 감사함으로 깨어 있는 것은 '그리스도의 말씀'이 풍성함에 근거하고 있다. 이것은 성도들의 삶이 로고스이신 그리스도 안에 있다는 사실을 다시 확인하고 있다. 따라서 성도들은 다시 오심으로써 만유를 충만케 하시며 완성케 하시는 그리스도(골 3:11)를 고대하는 마음으로 항상 깨어 있어야 한다.

특히 '감사'가 예전(liturgy)에 따른 용어로 하나님을 경배하는 의미를 포함한다는 점에서 이 권면은 "그러므로 형제들아 내가 하나님의 모든 자비하심으로 너희를 권하노니 너희 몸을 하나님이 기뻐하시는 거룩한 산 제물로 드리라 이는 너희의 드릴 영적 예배니라 너희는 이 세대를 본받지 말고 오직 마음을 새롭게 함으로 변화를 받아 하나님의 선하시고 기뻐하시고 온전하신 뜻이 무엇인지 분별하도록 하라"(롬 12:1,2)는 말씀과 관련된다.

성도들의 삶은 하나님께 드릴 영적 예배(τὴν λογικὴν λατρείαν)로 집약되기 때문이다. 이런 점에서 성도들의 가족 관계와 사회생활의 기본 개념으로 상호 복종은 영적 예배의 연속선상에서 더욱 강화됨을 알 수 있다.

---

129) Grant Osborne, 빌립보서, 골로새서, 빌레몬서, p. 328.

특별히 여기에서 우리는 은혜의 방도로써 교회에게 주어진 ① 말씀과 ② 성례와 ③ 기도를 중심으로 이어지는 교회의 예배와 성도들의 삶의 관계에 대해 깊은 관심을 기울일 필요가 있다. 여기에서 가장 중요한 핵심은 곧 '말씀'이다. 성례를 가리켜 '보이는 말씀'이라고 한 것도 이 사실을 강조하고 있다. 더불어 기도 역시 철저하게 말씀을 중심으로 하고 있으며 무엇보다도 기도는 하나님의 경륜(엡 1:3-14)과 직접적인 관련이 되어 있다는 점에서도 이 사실을 확인할 수 있다.

때문에 바울이 자신의 사도 사역과 '그리스도의 비밀'(*τὸ μυστήριον τοῦ Χριστοῦ*), 즉 복음을 밝히는 사역에 동참하도록 성도들을 권면하는 이유도 여기에 있다. 이런 관점에서 바울은 "또한 우리를 위하여 기도하되 하나님이 전도할 문을 우리에게 열어주사 그리스도의 비밀을 말하게 하시기를 구하라 내가 이것을 인하여 매임을 당하였노라 그리하면 내가 마땅히 할 말로써 이 비밀을 나타내리라"(골 4:3,4)고 권면하고 있다.

2) 복음의 진보를 위해 살아가는 바울의 모범

기도의 부탁에 대한 바울의 의중은 "모든 기도와 간구로 하되 무시로 성령 안에서 기도하고 이를 위하여 깨어 구하기를 항상 힘쓰며 여러 성도를 위하여 구하고 또 나를 위하여 구할 것은 내게 말씀을 주사 나로 입을 벌려 복음의 비밀을 담대히 알리게 하옵소서 할 것이니 이 일을 위하여 내가 쇠사슬에 매인 사신이 된 것은 나로 이 일에 당연히 할 말을 담대히 하게 하려 하심이니라"(엡 6:18-20)에서 보다 분명하게 나타나고 있다.

사도적 선포의 주제(골 1:26; 2:2)인 '그리스도의 비밀'(*τὸ μυστήριον τοῦ Χριστοῦ*)은 여기에서 바울이 로마에서 구금되어야 했던 직접적인 원인이었다. 또한 골로새 성도들에게 바울이 매임에서 풀려나 '전도할

문' 을 열기를 원하는 바울의 사역에 동참하도록 권면하는 근거이기도 하다.130)

여기에서 바울이 원하는 바는 자신이 구금된 생활로부터 풀려나는 것이 아니다. 오히려 바울은 "하나님이 말씀의 문(개역개정은 '전도의 문'으로 번역하고 있다)을 우리에게 열어주사 그리스도의 비밀을 말하게 하시기를"(ὁ Θεὸς ἀνοίξῃ ἡμῖν θύραν τοῦ λόγου, λαλῆσαι τὸ μυστήριον τοῦ Χριστοῦ : God will open up to us a door for the word, so that we may speak forth the mystery of Christ) 위해 기도할 것을 요청하고 있다. 바울이 원하는 것은 '내게 말씀을 주사 나로 입을 벌려 복음의 비밀을 담대히 알리게 하옵소서'(엡 6:19)에 대한 것이다.

바울에게 있어서 매여 있음은 '말씀의 문' 이 닫혀 있음을 의미하지 않는다. 바울은 비록 매여 있다 할지라도 복음의 비밀을 담대히 전함에 있어 결코 위축되어 있지 않았다. 이것은 복음이 세상으로 확대되기를 원하는 사도의 갈망을 담고 있지만 이보다 더 철저하게 감금된다 할지라도 그것이 복음의 말씀을 전하는 문을 닫지 못한다는 사실을 바울이 잘 알고 있음을 보여주고 있다.131)

오히려 바울은 "형제들아 나의 당한 일이 도리어 복음의 진보가 된 줄을 너희가 알기를 원하노라"(빌 1:12)라고 말하고 있는 것처럼 바울의 갇힘이 오히려 복음의 진보를 나타내는 결과를 가져오고 있었다. 이와 관련해 누가는 "바울이 온 이태를 자기 셋집에 유하며 자기에게 오는 사람을 다 영접하고 담대히 하나님 나라를 전파하며 주 예수 그리스도께 관한 것을 가르치되 금하는 사람이 없었더라"(행 28:30,31)고 보도하고 있다.

130) Ralph P. Martin, 에베소서, 골로새서, 빌레몬서, p. 183.

131) William Handriksen, 골로새서, p. 256.

'그리스도의 비밀'(*τὸ μυστήριον τοῦ Χριστοῦ*, 골 1:26), 또는 '하나님의 비밀'(골 2:2), 또는 '복음의 비밀'(엡 6:19)이란 그리스도는 구약에서 말하는 이스라엘의 후손들뿐 아니라 신약시대에 이르러 세상사람 누구나 받을 수 있는 완전한 구원의 근원이 되신다는 의미를 가진다. 이 비밀은 더 이상 감추어지지 않았다. 이 비밀은 하나님의 경륜 가운데 완전히 드러난 비밀이기 때문이다.

앞서 바울이 "새 사람을 입었으니 이는 자기를 창조하신 이의 형상을 따라 지식에까지 새롭게 하심을 입은 자니라 거기에는 헬라인이나 유대인이나 할례파나 무할례파나 야만인이나 스구디아인이나 종이나 자유인이 차별이 있을 수 없나니 오직 그리스도는 만유시요 만유 안에 계시니라"(골 3:10,11)라고 말한 것처럼 이 비밀은 신분, 지위, 성별, 국적을 막론하고 모든 사람들의 마음과 생활 가운데 계시되었다.

뿐만 아니라 이 비밀은 사도 누가가 "우리 중에 이루어진 사실에 대하여 처음부터 목격자와 말씀의 일꾼 된 자들이 전하여 준 그대로 내력을 저술하려고 붓을 든 사람이 많은지라"(눅 1:1,2)에서 증언하고 있는 것처럼 이미 이루어진 '사실'이기도 하다. 이것은 복음이 적대적인 헬라 철학의 좁은 배타주의와 달리 모든 것을 품는 데까지 나아가고 있다는 증거이다.132)

3) 성도들의 삶을 통해 구현되는 복음의 진보

바울에게 있어서 복음의 진보는 항상 최대 관심사였다. "외인을 향하여서는 지혜로 행하여 세월을 아끼라"(골 4:5)고 한 말도 복음의 진보와 관련된다. 여기에서 '외인을 향하여서는 지혜로 행하라'(*ἐν σοφία περιπατέω πρός ὁ ἔξω* : conduct yourselves with wisdom toward outsiders)는 말은 불신자들을 향하여 성도들이 지혜롭게 대처해야 할 것을 지시하

---

132) Ralph P. Martin, 에베소서, 골로새서, 빌레몬서, p. 183.

고 있다. 왜냐하면 불신자들의 복음에 대한 평가는 결국 복음을 믿는 성도들의 품행과 행실에 달려 있기 때문이다.

지혜롭게 행한다는 것은 전파하는 복음이 받아들여지게 되는 가장 효과적인 방법이다. 이때 '지혜'(*σοφία*)는 복음으로 표현되는 하나님의 뜻에 대한 인간의 응답이다(골 1:9,28). 그 결과에 대해 바울은 "그가 우리를 흑암의 권세에서 건져내사 그의 사랑의 아들의 나라로 옮기셨으니 그 아들 안에서 우리가 속량 곧 죄 사함을 얻었도다"(골 1:13,14)라고 분명하게 밝힌 바 있다.

또한 "그 안에는 지혜와 지식의 모든 보화가 감추어져 있느니라"(골 2:3)는 말씀처럼 성육신하신 그리스도에 의하여 나타난 이 세상 안에서 살아가는 삶의 새로운 형태인 '지혜'를 염두에 두고 있다. 다시 말하면 지혜는 철저하게 로고스이신 그리스도의 성육신을 통해서만 주어지는 것이다. 이런 점에서 '지혜'는 로고스(LOGOS)이신 그리스도, 즉 그리스도의 말씀이 성도들 안에 풍성히 거하고 있는 상태를 보여주는 하나의 증표이기도 하다(골 3:16). 이 또한 복음의 진보를 통해서 주어지는 하나님의 은혜에 속한다.

이런 점에서 바울은 성도들에게 '세월을 아끼라'(*τὸν καιρὸν ἐξαγοραζόμενοι*)고 말하고 있다. 세월을 아낀다는 말은 '기회를 모두 사라'(opportunity to buy up)는 의미로 그리스도를 위해 한 영혼을 얻기 위한 노력이야말로 그 어떤 것과도 바꿀 수 없을 정도로 가치가 있음을 강조하고 있다. 이와 관련해 우리 주님은 마태복음 13장에서 천국과 관련된 7가지 비유를 말씀하신 바 있다.

이 비유 중에서 "천국은 마치 밭에 감추인 보화와 같으니 사람이 이를 발견한 후 숨겨 두고 기뻐하며 돌아가서 자기의 소유를 다 팔아 그 밭을 사느니라 또 천국은 마치 좋은 진주를 구하는 장사와 같으니 극히 값진 진주 하나를 발견하매 가서 자기의 소유를 다 팔아 그 진주를 사느니라"(마 13:44-46)고 말씀하셨다. 여기에서 중요한 핵심은 보화나 진주가 아니라 자신의 소유를 다 팔아야 할 정도로 그 일이 시급하다는 사실에 달려 있다.

이 말은 "세월을 아끼라 때가 악하니라"(엡 5:16)는 말과 같이 만물의 마지막이 서둘러 가까이 오고 있다는 점을 강조하고 있다. 따라서 성도들은 복음으로 다른 사람을 얻기 위해 늘 최선을 다해야 한다.

이와 관련해서 바울은 성도들에게 "너희 말을 항상 은혜 가운데서 소금으로 맛을 냄과 같이 하라 그리하면 각 사람에게 마땅히 대답할 것을 알리라"(골 4:6)고 권면하고 있다. 여기에서 '소금으로 맛을 내다'(ἅλατι ἠρτυμένος : as though seasoned with salt)는 말을 통해 바울은 믿음을 일으키지 못하는 어떤 말이든지 그것들은 모두 맛이 없는 것으로 치부하고 있다.133)

이 내용은 철저하게 복음을 그 내용으로 가지고 있는 말씀 곧 로고스를 중심에 두고 있다. 이처럼 성도들의 말, 즉 언어생활에 대한 가르침은 "무릇 더러운 말은 너희 입 밖에도 내지 말고 오직 덕을 세우는 데 소용되는 대로 선한 말을 하여 듣는 자들에게 은혜를 끼치게 하라"(엡 4:29)는 말씀을 통해 더 분명해진다.

당시 대다수 성도들은 오랜 이방 생활과 종교에 물들어 있던 중에 하나님의 교회로 부름을 받았다. 하지만 그들의 일상 언어와 생활 관습이 교회에 속한 삶으로 그렇게 빨리 변화된 것은 아니었다. '더러운 말'은 그들이 이방 종교와 생활 속에서 다른 사람들과 주고받은 부도덕한 말이나 불경한 말들이다. 이것들이 교회 생활에 아무런 대책 없이 난입하게 될 경우 그 해악은 이루 말할 수 없다.134)

---

133) J. Calvin, 골로새서, p. 612.

134) William Handriksen, 에베소서, p. 277.

특히 개종하기 이전에 일삼았던 외설, 독설적 언어, 악의적인 소문 등은 새롭게 부름받은 교회 공동체적 삶을 깨뜨리는 해악을 가져왔다. '덕을 세운다는 것'(πρὸς οἰκοδομὴν : for edification)은 일반적인 학문이나 교훈들이 말하는 것처럼 개인의 도덕적 함양을 고취하는 것에 그 목적이 있는 것이 아니다. 우리가 덕을 세우는 목적은 "이는 성도를 온전하게 하여 봉사의 일을 하게 하며 그리스도의 몸을 세우려 하심이라"(엡 4:12)는 말씀처럼 오로지 그리스도의 몸된 교회를 세우는 데 있어야 한다.

이처럼 복음의 진보는 전인(全人)의 삶으로 표현되는 인격, 즉 ① 믿음 ② 사랑 ③ 소망과 깊은 관계가 있다. 아울러 그리스도 안에 있는 하나님의 풍성함을 구현하는 성도들에게서 나타나는 새로운 인격의 실천적 모습이 곧 복음의 진전으로 구현된다. '선한 말을 하여 듣는 자들에게 은혜를 끼치게 하라'(엡 4:29)고 한 이유가 여기에 있다. 은혜를 끼친다는 말은 '소망에 관한 이유를 묻는 자에게는 대답할 것을 항상 예비하는 것'과 관련된다.

이 말은 "너희 마음에 그리스도를 주로 삼아 거룩하게 하고 너희 속에 있는 소망에 관한 이유를 묻는 자에게는 대답할 것을 항상 준비하되 온유와 두려움으로 하고 선한 양심을 가지라"(벧전 3:15,16)는 베드로 사도의 말에서 보다 분명하게 확인된다. 따라서 성도들은 성령께서 친히 이 일을 하도록 그들을 도우실 것이기 때문에 아무것도 두려워할 이유가 없다.135)

왜냐하면 앞서 "그리스도의 말씀이 너희 속에 풍성히 거하여 모든 지혜로 피차 가르치며 권면하고 시와 찬송과 신령한 노래를 부르며 감사하는 마음으로 하나님을 찬양하고 또 무엇을 하든지 말에나 일에나

135) William Handriksen, 골로새서, p. 261.

다 주 예수의 이름으로 하고 그를 힘입어 하나님 아버지께 감사하라" (골 3:16,17)고 바울이 말한 것처럼 성도들은 참된 지혜 곧 로고스이신 그리스도, 즉 그리스도의 풍성한 말씀 안에서 살고 있기 때문이다.

마치는 말

성도들(ἁγίοις)은 새 생명을 발현하는 것에서 가장 확실하게 그 특성을 드러내게 된다. 그리고 새 생명의 특성은 하나님께서 그들을 이 세상에서 구별하여 선택하셨다는 역사적인 사실인 홍해 사건을 통해 밝힌 것처럼(출 19:4-6), 성도들이 하나님을 예배하는 것으로 현저하게 드러나게 된다. 따라서 새 시대를 시작하고 있는 교회 시대에서 가장 두드러진 성도들의 특성은 매 주일 교회로 모여 공적 예배를 행하는 것에서 온전한 모습을 구현하게 된다.

거짓과 위선과 포악으로 가득한 이 어두움의 세상에서 바울은 골로새 교회 성도들에게 무엇보다도 먼저 그들이 복음에 합당한 삶을 살아가기 위해 하나님께 온전한 예배를 드리는 것으로부터 시작된다는 사실을 누차 강조하고 있다(골 3:16,17). 이 예배는 은혜의 방도인 ① 말씀과 ② 성례와 ③ 기도가 그 중심의 자리에 있으며, 성도들은 ① 찬송과 ② 헌상과 ③ 구제를 통해 자신들이 하나님의 은혜 안에 있음을 직접 경험하게 된다.

이로부터 성도들은 하나님의 은혜를 받는 백성으로서 ① 믿음과 ② 사랑과 ③ 소망을 가지고 이 세상에서 성도로서 온전한 삶을 추구하게 된다(골 1:3-5). 그 첫 번째 삶의 정형으로 바울은 상호 복종의 원칙을 제시하고 부부관계, 부모와 자녀 관계, 상급자와 하급자와의 관계가 '주 안에서'(ἐν Κυρίῳ) 구현되어야 할 것을 밝힌 바 있다(골 3:18-4:1). 그처럼 성도들의 삶은 '주 안에서' 진행되는 가정과 사회생활을 바탕으로 이제는 두 번째 삶의 정형으로 우주적인 교회의 사명을 향해 우리의 시선을 돌리고 있다.

곧 하나님의 경륜에 따른 기도와 감사 그리고 하나님의 은혜를 온 세상에 전하는 복음 전파를 위해 성도들은 교회의 머리이신 그리스도의 인도 아래 일사분란하게 나아가야 한다. 특별히 이 모든 삶의 정형에서 바울은 무엇보다도 먼저 '말씀'을 그 중심에 두고 있다. 이것이 바로 '그리스도의 비밀'(*τὸ μυστήριον τοῦ Χριστοῦ*, 골 1:26), 또는 '하나님의 비밀'(골 2:2), 또는 '복음의 비밀'(엡 6:19)이라고 하는 복음이다.

이제 참된 교회에 속한 성도들은 이 복음의 진보를 위한 군사로 부름받았다는 사실을 가슴에 새겨야 한다. 그리고 모든 성도들은 한 마음 한 뜻이 되어 복음의 진보를 위해 힘차게 나아가야 한다(골 1:6).

| 기 도 |

"또 무엇을 하든지 말에나 일에나 다 주 예수의 이름으로 하고 그를 힘입어 하나님 아버지께 감사하라"(골 3:17)는 말씀처럼 새 생명을 받은 성도들로 하여금 온전히 '주 안에서' 살아갈 수 있도록 은혜를 베풀어 주시는 우리의 아버지이신 하나님.

우리를 만세전부터 택하시고 성도들로 부르심으로써 세상의 악한 권세를 향해 영적 전쟁을 수행할 수 있는 권세를 주시고, 모든 성도들이 그리스도의 인도하심 가운데 그 어떤 상황에서도 말씀 중심의 삶을 살아가게 해 주심에 감사를 드리옵나이다.

우리에게 그 어떤 선한 것이 있어서가 아니라 오로지 교회의 머리이신 그리스도로부터 공급받은 생명력을 발현하는 이러한 말씀 중심의 삶을 통해서 지금도 하나님께서 하나님의 나라를 친히 세워나가시며, 그 놀라운 일에 친히 우리가 참여할 수 있게 하시오니 이 또한 감사를 드립니다.

주께서 우리에게 무한의 은혜를 주셨사오니, 우리는 믿음과 사랑과 소망으로 단단하게 무장하고 이 세상의 정사와 권세들과의 영적 전쟁에서 승리하게 될 것이옵나이다. 하오니 주여, 이러한 영적 전쟁 앞에서 비굴하거나 비겁하지 않도록 이끌어 주셔서 참된 교회의 표지를 온 세상에 드러냄으로 우리가 하나님 나라의 군사들이라는 사실을 친히 경험하게 하시옵소서.

이로써 우리가 하나님의 군대가 되었다는 사실이 날마다 우리의 삶을 통해 나타나게 하옵소서.

주 예수 그리스도의 이름으로 기도합니다. 아멘.

〈 13 〉

복음의 진보와 보편적 교회의 사명

골로새서 4:7-18

4:7 두기고가 내 사정을 다 너희에게 알려 주리니 그는 사랑 받는 형제요
신실한 일꾼이요 주 안에서 함께 종이 된 자니라 8 내가 그를 특별히 너
희에게 보내는 것은 너희로 우리 사정을 알게 하고 너희 마음을 위로하
게 하려 함이라 9 신실하고 사랑을 받는 형제 오네시모를 함께 보내노니
그는 너희에게서 온 사람이라 그들이 여기 일을 다 너희에게 알려 주리
라 10 나와 함께 갇힌 아리스다고와 바나바의 생질 마가와 (이 마가에 대
하여 너희가 명을 받았으매 그가 이르거든 영접하라) 11 유스도라 하는
예수도 너희에게 문안하느니라 그들은 할례파이나 이들만은 하나님의 나
라를 위하여 함께 역사하는 자들이니 이런 사람들이 나의 위로가 되었느
니라 12 그리스도 예수의 종인 너희에게서 온 에바브라가 너희에게 문안
하느니라 그가 항상 너희를 위하여 애써 기도하여 너희로 하나님의 모든
뜻 가운데서 완전하고 확신 있게 서기를 구하나니 13 그가 너희와 라오디
게아에 있는 자들과 히에라볼리에 있는 자들을 위하여 많이 수고하는 것
을 내가 증언하노라 14 사랑을 받는 의사 누가와 또 데마가 너희에게 문
안하느니라 15 라오디게아에 있는 형제들과 눔바와 그 여자의 집에 있는
교회에 문안하고 16 이 편지를 너희에게서 읽은 후에 라오디게아인의 교
회에서도 읽게 하고 또 라오디게아로부터 오는 편지를 너희도 읽으라
17 아킵보에게 이르기를 주 안에서 받은 직분을 삼가 이루라고 하라
18 나 바울은 친필로 문안하노니 내가 매인 것을 생각하라 은혜가 너희에
게 있을지어다

바울은 골로새서를 시작하면서 "우리가 너희를 위하여 기도할 때마다 하나님 곧 우리 주 예수 그리스도의 아버지께 감사하노라"(골 1:3)고 하면서 골로새 교회 성도들이 믿음과 사랑과 소망 위에 굳건하게 서 있음에 대해 하나님께 감사하였다. 그 감사의 내용에 대하여 "이는 그리스도 예수 안에 너희의 믿음과 모든 성도에 대한 사랑을 들었음이요 너희를 위하여 하늘에 쌓아 둔 소망으로 말미암음이니 곧 너희가 전에 복음 진리의 말씀을 들은 것이라"(골 1:4,5)고 밝히고 있다.

곧 ① 그들이 받은 복음으로 말미암아 발생한 '그리스도 예수 안에 있는 믿음'과 ② 그 믿음에 근거한 '성도들에 대한 사랑'과 ③ 그 사랑의 실천적인 열매인 '하늘에 쌓아 둔 소망'에 대하여 바울은 기꺼이 하나님께 감사를 드렸던 것이다. 그리고 이처럼 바울이 하나님께 감사를 드릴 수 있었던 것은 "너희가 전에 복음 진리의 말씀을 들은 것이라"고 밝힌 것처럼 골로새 교회 성도들은 에바브라로부터 복음 곧 진리의 말씀을 들음으로부터 시작되었다는 사실을 가장 근본적인 원인으로 밝히고 있다.

그 결과 "이 복음이 이미 너희에게 이르매 너희가 듣고 참으로 하나님의 은혜를 깨달은 날부터 너희 중에서와 같이 또한 온 천하에서도 열매를 맺어 자라는도다"(골 1:6)라고 밝혔던 것처럼 골로새 교회 성도들은 그들이 들은 복음 곧 진리의 말씀에 따라 믿음과 사랑과 소망의 실천적인 삶의 열매들이 온 세상에 씨앗처럼 뿌려지고 마침내 그 씨앗들이 자라서 세상 곳곳에서 복음의 열매들이 맺어지고 있음에 대해 하나님께 감사를 드릴 수 있었다.

이제 바울은 골로새서를 마치면서 처음 바울이 하나님께 감사의 기도를 드렸던 것처럼 앞으로도 계속해서 골로새 교회 성도들에게 믿음과 사랑과 소망을 불러일으킨 복음 곧 지혜의 말씀을 따라 온 세상에 동일한 복음의 열매를 맺는 일에 있어 기꺼이 골로새 교회 성도들이 한 마음으로 바울과 더불어 이 복음의 진보에 함께 참여하고 동역자가 되어 주기를 간절히 당부하고 있다.

바울은 "외인에게 대해서는 지혜로 행하여 세월을 아끼라 너희 말을 항상 은혜 가운데서 소금으로 맛을 냄과 같이 하라 그리하면 각 사람에게 마땅히 대답할 것을 알리라"(골 4:5,6)고 권하면서 성도들이 살아가는 일상의 삶 속에서 무엇을 하든지 그리스도의 복음을 확장시키고 드러내는 삶을 살아가야 한다고 강조했다.

이와 같은 맥락에서 바울은 복음의 진보를 이루기 위해 함께 그리스도의 군사로 살아가는 증인들을 소개함으로써 골로새 교회 성도들이 즐거운 마음으로 이 거룩한 영적인 전쟁에 참여하는 명예를 누리게 되기를 바라고 있다.

1. 복음의 진보를 이루기 위한 보편적 교회의 사명 (골 4:7-17)

바울은 비록 로마 옥에 구금되어 있거나 복음을 위해 극심한 위험 속에 있다 할지라도 복음을 증진시키고 모든 교회들을 위해 일함에 있어서 자신이 사용되기를 결코 게을리 하지 않았다. 몸은 갇혀 있어도 그의 마음은 더 멀리, 더 넓은 곳까지 분주하게 돌아다녔다.

바울은 필요한 때 적합하고 지각 있는 동역자들을 보내서 성도들을 확신시키고 거짓 사도들과 거짓 복음과 거짓 가르침에 대항하여 싸웠다. 그리고 성도들이 참된 복음의 교사들로부터 배운 교훈들을 굳건히 지키도록 독려했다.[136] 이 사실을 보다 분명히 보여주기 위해 바울은 두기고와 오네시모를 비롯한 여섯 명의 신실한 형제들이자 동역자들을 골로새 교회에 소개하고 있다.

---

136) J. Calvin, 골로새서, p. 613.

1) 복음의 진보를 위해 희생한 두기고

바울은 먼저 골로새서를 전달하고 있는 두기고를 소개하고 있다. "두기고가 내 사정을 다 너희에게 알려 주리니 그는 사랑 받는 형제요 신실한 일꾼이요 주 안에서 함께 종이 된 자니라 내가 그를 특별히 너희에게 보내는 것은 너희로 우리 사정을 알게 하고 너희 마음을 위로하게 하려 함이라"(골 4:7,8)는 바울의 소개말은 두기고가 바울과 더불어 거짓 복음에 대항하여 함께 싸웠던 그리스도의 신실한 용사라는 사실을 강하게 드러내고 있다.

바울은 골로새서를 보내면서 자신의 옥중 생활에서 겪고 있는 많은 곤란과 불편을 성도들에게 호소하지 않는다. 오히려 바울은 자신이 갇혀 있는 동안에도 어떻게 복음의 진보가 이루어지고 있는가를 두기고를 통해 골로새 성도들에게 전하게 하였다.

"이 복음이 이미 너희에게 이르매 너희가 듣고 참으로 하나님의 은혜를 깨달은 날부터 너희 중에서와 같이 또한 온 천하에서도 열매를 맺어 자라는도다"(골 1:6)라고 첫머리에 언급했던 것처럼 바울은 골로새 성도들이 처음 복음을 받은 이후로부터 계속해서 그들을 통해 복음의 진보가 이루어지고 널리 펼쳐지고 있다는 사실을 밝힌 바 있다. 이를 통해 바울은 골로새 성도들이 위로를 받고 그들이 에바브라로부터 받은 복음을 더욱 더 굳건하게 지키고 세워나가게 될 것을 기대하고 있다.

두기고(*Τυχικὸς*)는 바울의 절친한 친구였으며 아시아 출신으로 제3차 전도 여행 끝 무렵부터 바울과 함께 하고 있었다(행 20:4). 예루살렘 성도들을 위한 연보를 전달하기 위해 교회의 사절이 된 두기고는 바울이 예루살렘 성전에서 구금되어 가이사랴를 거쳐 로마로 이송되어 감옥에 갇혀 있는 동안에도 줄곧 함께 있었다.

바울은 자신을 위해 기꺼이 희생하고 있는 두기고를 특사로 삼아 골로새 교회의 사절로 보내는 것을 기쁨으로 여겼다. 바울이 두기고를 가리켜 '그는 사랑을 받는 형제요 신실한 일꾼이요 주 안에서 함께 된 종이라' 고 소개하고 있다는 점에서도 이를 확인할 수 있다.

아울러 바울은 두기고편에 빌레몬에게 보내는 서신인 빌레몬서와 더불어 우리에게 에베소서로 알려진 서신, 즉 에베소를 비롯해 소아시아에 있는 교회들에게 보내는 회람 서신도 전달하도록 하였다(몬 8-22절; 엡 6:21,22). 나이 많은 바울이 이처럼 교회들에게 서신을 보내는 이유는 오직 하나였다.

그것은 "형제들아 나의 당한 일이 도리어 복음의 진보가 된 줄을 너희가 알기를 원하노라"(빌 1:12)는 바울의 말처럼 이 사실을 알림으로써 하나님의 약속에 근거한 복음의 진보가 이루어지고 있다는 사실을 통해 성도들로 하여금 위로를 받도록 하기 위함이었다. 이에 바울은 '너희 마음을 위로하게 하려 함이라' 고 분명히 그 목적을 밝히고 있다.

2) 복음 진보의 결과를 증명하는 오네시모

골로새 성도들에게 복음의 진보를 확인해 주는 또 다른 증인들이 있었다. 그는 골로새에서 도망쳐온 노예인 오네시모였다. 바울은 오네시모에 대해 "신실하고 사랑을 받는 형제 오네시모를 함께 보내노니 그는 너희에게서 온 사람이라 그들이 여기 일을 다 너희에게 알려 주리라"(골 4:9)는 말로 소개하고 있다.

오네시모가 누구인가에 대한 이야기를 골로새 성도들이라면 모르는 사람이 없었다. 하지만 바울을 만난 오네시모는 더 이상 도망쳐 온 노예가 아니었다. 그는 어느 사이 바울에게는 '신실하고 사랑을 받는 형제 오네시모' 가 되어 있었다. 이 일은 오직 복음만이 일으킬 수 있는 근본적이고 절대적인 변화였다(골 1:3–8). 때문에 바울은 오네시모의 상전인 빌레몬에게 우리에게 빌레몬서로 알려진 서신을 보냄으로써 오네시모를 노예가 아닌 형제로 받아들일 것을 요청할 수 있었다.

확실치 않지만 빌레몬서가 이처럼 온전히 보존되어 정경으로 교회에 주어졌다는 것은 빌레몬이 바울의 요청을 받아들였다는 간접적인 증거가 된다. 오네시모를 로마 교회와 바울에게 속한 모든 것을 알리는 사절로 두기고와 함께 골로새로 파송함으로써 바울 사도는 빌레몬을 포함한 골로새 교회 성도들을 향해 하나님의 변화시키는 은혜를 따라 살아가도록 격려하고 있음이 분명하다.

여기에서 '오네시모'(*Ὀνησίμῳ*)라는 이름이 '유용한, 유익한'(useful)이라는 의미를 가지고 있었던 점도 시사하는 바가 있다.[137] 오네시모는 상전에게 피해를 끼쳤던 예전의 인물이 더 이상 아니었다. 이제 오네시모는 빌레몬뿐만 아니라 빌립보 교회 성도들이 신앙에 있어서 진보를 이루기 위한 유익한 존재로 변화되어 있었다. 이 사실이야말로 빌립보 성도들에게는 복음의 진보를 확실하게 알리는 증표였다.

3) 복음의 진보를 증명하는 증인들

복음의 진보를 알리는 더 많은 증인들도 있었다. 그 가운데 바울은 여섯 명을 제시하고 있는데 유대인으로는 아리스다고, 마가, 예수라고 하는 유스도를 언급하고 있다(골 4:10,11). 이어 헬라인으로는 에바브라, 누가, 데마를 각각 언급하고 있다(골 4:12–14).

① 먼저 바울은 "나와 함께 갇힌 아리스다고"(골 4:10)라고 하면서 아리스다고를 소개한다.

---

137) William Handriksen, 골로새서, p. 263.

아리스다고(Ἀρίσταρχος)는 데살로니가에서 바울을 만났으며 바울의 3차 여행 때 동행했다. 그는 에베소에서 폭동이 일어났을 때 가이오와 함께 구금되었다(행 19:29). 아리스다고는 세군도와 두기고와 더불어 바울과 함께 아가야에도 동행했다(행 20:4). 이들은 예루살렘 교회를 위한 연보를 위해 바울이 이방 교회들에게 파송했었던 인물들이다. 아리스다고는 바울이 가이샤라에서 2년 동안 구금되어 있을 때 바울의 모든 생활을 감당했으며, 로마까지 동행하면서 바울을 도왔었다(행 27:2). 아리스다고는 에바브라처럼 바울을 시중들기 위해 스스로 그리스도의 이끄심에 사로잡힌 인물이었다.

② 이어 바울은 "바나바의 생질 마가와 (이 마가에 대하여 너희가 명을 받았으매 그가 이르거든 영접하라)"(골 4:10b)는 말로 마가를 소개하고 있다.

두 번째 복음서의 저자인 마가(Μᾶρκος)는 바나바와 함께 했던 바울의 첫 번째 전도 여행 도중에 집으로 되돌아간 일로 두 번째 전도 여행에서는 바울에 의해 거절된 바 있었다(행 15:36-41). 이 일로 바나바와 바울이 각기 다른 전도 여행을 떠나게 되었지만 후에 마가는 바울과 서로 화해하게 되었다(몬 24절; 딤후 4:11). 마가는 그동안 베드로의 복음 사역에 참여하고 있었다(벧전 5:13).

이 서신을 기록할 즈음 마가는 바울과 가까운 곳에 있었으며 소아시아로 여행할 계획을 가지고 있었고 그 여정에는 골로새도 포함되었던 것으로 보인다.138) 이에 바울은 마가를 영접해 줄 것을 골로새 교회에 당부하고 있다. 마가의 소아시아 방문은 베드로의 서신을 전하기 위함으로 보인다(벧전 1:1,2; 3:1; 5:13). 이처럼 마가가 성장하여서 복음의 진보에 한 부분을 감당하고 있다는 사실 역시 골로새 교회 성도들에게 큰 위로와 용기가 되었음이 분명하다.

---

138) William Handriksen, 골로새서, p. 267.

③ 세 번째로 바울은 "유스도라 하는 예수도 너희에게 문안하느니라"(골 4:11a)며 유스도를 소개하고 있다.

'예수 유스도'(*Ἰησοῦς ὁ λεγόμενος Ἰοῦστος*)라는 이름은 히브리어 '여호수아' 혹은 '예수아'와, '의' 혹은 '옳음'이라는 라틴어(유스도, 히브리어는 צדך)의 결합어이다. 이 이름은 시드기야(렘 1:3, 여호와는 의로우시다, 여호와의 의로우심)라는 의미를 가진다. 빌레몬서에서는 나머지 다섯 사람의 이름만 등장하고 있는데 이 사람의 이름 외에는 알려진 바가 없다.

바울이 이들 세 사람을 가리켜 "그들은 할례파이나 이들만은 하나님의 나라를 위하여 함께 역사하는 자들이니 이런 사람들이 나의 위로가 되었느니라"(골 4:11b)고 말하면서 '할례당'이라고 한 것은 이들이 유대 그리스도인이라는 의미이며, 이들이 로마에서 복음의 진보를 위해 바울을 돕는 동역자들이라는 사실을 강조하고 있다. 이들은 바울과 더불어 '하나님 나라를 위하여 함께 역사하는 자들'이었다. '역사한다'는 말은 그들이 복음을 전하기 위해 필요한 은사를 받은 사람들임을 암시한다.139)

바울이 복음을 가리켜 '하나님의 나라'라고 동격으로 사용하고 있는 것은 복음의 내용이 바로 하나님의 나라에 대한 것이기 때문이다(행 28:31). 이때 하나님의 나라는 분명히 현존하는 실체로서 하나님의 통치 아래 있으며 그리스도의 오심으로 이미 시작된 구원의 시대를 가리키고 있다. 하나님께서는 사람의 마음 가운데 하나님의 다스림이 있게 하기 위해 바울과 그의 동역자들을 사용하셨다(골 1:13).

사도가 이 세 사람만이 자기에게 위로가 된 유대 그리스도인 동역자라고 언급한 것은 나머지 자기 동족들은 오히려 바울에게 깊은 실망을 안겨 주었음을 암시하고 있다. 그만큼 아리스다고와 마가와 유스도로

---

139) J. Calvin, 골로새서, p. 614.

부터 받은 협력에 대해 바울은 감사하지 않을 수 없었다.

④ 네 번째로 바울은 "그리스도 예수의 종인 너희에게서 온 에바브라가 너희에게 문안하느니라 그가 항상 너희를 위하여 애써 기도하여 너희로 하나님의 모든 뜻 가운데서 완전하고 확신 있게 서기를 구하나니 그가 너희와 라오디게아에 있는 자들과 히에라볼리에 있는 자들을 위하여 많이 수고하는 것을 내가 증언하노라"(골 4:12,13)는 말로 에바브라를 소개하고 있다.

에바브라(Ἐπαφρᾶς)는 골로새뿐 아니라 라오디게아와 히에라볼리에 있는 교회들을 돌보는 목회자였다. 특별히 바울은 에바브라를 가리켜 '그리스도 예수의 종'(δοῦλος Χριστοῦ Ἰησοῦ)으로 표현하고 있는데, 이 말은 바울 자신(롬 1:1; 갈 1:10; 빌 1:1; 딛 1:1)과 디모데(빌 1:1) 그리고 에바브라에 대해서만 사용하고 있다. '그리스도 예수의 종'이라는 말은 '예수께서 값을 주고 사심으로서 주님의 소유가 되었다'는 의미를 가진다. 이 말은 온전히 주님께 속해서 오직 충성을 다하여 기쁜 마음으로 주를 섬기기 위해 선택된 사역자임을 지시한다.

에바브라는 바울이 에베소에서 사역하던 기간(행 19장)에 바울의 지도 아래 리쿠스 계곡에 복음을 전파한 사역자로 이 지역에 있는 교회들의 형편을 보고하기 위해 바울을 방문했었다(골 1:7). 바울은 에바브라의 보고를 통해 이 지역 교회들이 처한 형편을 소상히 접하게 되었고 골로새서를 기록하게 되었다. 특별히 에바브라는 이 지역 교회의 목회자로서 골로새 교회에 하나님의 도우심이 있어서 그들이 또한 빗나가지 않고 참된 믿음 가운데 굳게 서도록 주님께서 도우시기를 위해 기도하고 있었다.

바울은 에바브라의 기도가 가져온 결과나 목적이 '하나님의 모든 뜻 가운데 완전히 보증되었다'고 덧붙여 묘사하고 있다. 이것은 에바브라가 마음 속 깊이 사랑하고 있는 교회들이 미혹되지 않기를 바라고 있는 간절한 모습을 보여주고 있다. 이런 점에서 바울은 골로새 성도들이 에바브라의 기도를 기억하고 전능하신 구주 예수 그리스도를 믿는 그들의 신앙고백에 충실할 것을 강조하고 있다.140)

거짓 가르침의 위협을 받고 있는 교회에 대한 바울의 염려가 바로 이것이었다. 바울은 거짓 가르침으로부터 벗어나는 길은 완전해질 수 있다는 확신이나 신령한 지식에 있는 것이 아니라 그들이 그리스도 안에 있는 참된 지혜에 대한 사도의 가르침에 충실히 따르는 것임을 분명히 하고 있다(골 1:28; 2:3).

⑤ 다섯 번째로 바울은 "사랑을 받는 의사 누가"(골 4:14a)를 소개하고 있다.

바울의 오랜 친구 가운데 한 사람은 사랑을 받는 누가(*Λουκᾶς*)였다. 누가는 수리아의 안디옥 출신이었다. 누가는 자신이 받은 많은 은사를 하나님께 드린 의사이며 사학자이자 바울의 친구였으며 세 번째 복음서인 누가복음과 사도행전의 저자였다. 누가는 바울의 3차에 걸친 여행 대부분을 동행했으며 로마에서의 구금 기간 동안에도 늘 곁에 있었다. 후에 바울이 두 번째 로마 옥에 갇혔을 때에도 함께 있었다(딤후 4:11).

⑥ 여섯 번째로 바울은 "데마가 너희에게 문안하느니라"(골 4:14b)고 데마를 소개하고 있다.

데마(*Δημᾶς*) 역시 바울의 동역자였으며(몬 24절) 바울이 골로새 교회와 빌레몬에게 기억되기를 바라던 인물 중 하나였다. 적어도 이때까지는 그랬다. 하지만 바울이 두 번째 로마 옥에 투옥된 이후 어느 때쯤에 데마는 바울을 떠나 데살로니가에 가 있었다(딤후 4:10).

---

140) William Handriksen, 골로새서, p. 270.

바울이 이들 여섯 사람들의 이름을 각각 거론하고 이들의 문안을 골로새 교회에 전한 것은 우주적인 교회의 속성을 제시하고, 보편 교회의 하나로서 골로새 교회의 정체성을 확인하게 하기 위함이었다. 아울러 바울이 전한 복음의 진보가 여러 동역자들에 의해 널리 확장되고 결실을 맺고 있음을 보여줌으로써 골로새 교회 역시 복음의 동역자로서 복음을 지키는 확고한 신앙 위에 든든히 서 있기를 바라는 마음을 담고 있다.

4) 복음의 진보와 더불어 확장되는 보편의 교회

복음의 진보를 위해 함께 수고하고 있는 두기고와 오네시모 그리고 여섯 명의 동역자들을 소개한 바울은 리쿠스 계곡에 있는 형제들에게도 동일한 사명 의식을 고취하기 위해서 "라오디게아에 있는 형제들과 눔바와 그 여자의 집에 있는 교회에 문안하고 이 편지를 너희에게서 읽은 후에 라오디게아인의 교회에서도 읽게 하고 또 라오디게아로서 오는 편지를 너희도 읽으라"(골 4:15,16)고 요청하고 있다.

라오디게아에 있는 형제들은 라오디게아 교회를 지칭하고 있음이 확실하다. 그렇지만 '눔바의 집에 있는 교회'에 바울이 별도의 안부를 전한 것은 어느 특정한 지역 교회 안에 여러 집에서 모이는 작은 모임들이 있었으며 바울은 그 가운데 하나인 눔바를 지목한 것으로 보인다.

사도 시대와 초대 교회 시대에서 성도들은 개인의 집에서 모였다. 간접적인 정보에 따르면 3세기 중반에 가서야 교회들은 재산을 공유하기 시작했고 공적인 예배의 장소를 갖기 시작했다. 눔바 역시 성도들을 위해 자신의 집을 개방한 인물 중 하나였다. 비록 바울이 눔바를 직접 만나지 않았었다 할지라도 이 문안 인사는 이들 성도들과 관계를 위한 토대 역할을 했음이 분명하다.141) 개인의 집에서 모인 교회들은 모두 보

141) Grant Osborne, 빌립보서, 골로새서, 빌레몬서, p. 342.

편 교회의 한 지체로 존재한다는 의미를 가지고 있었다.

여기에서 우리는 교회의 보편적인 특성에 대해 생각할 필요가 있다. '이 편지를 너희에게서 읽은 후에 라오디게아인의 교회에서도 읽게 하고 또 라오디게아로서 오는 편지를 너희도 읽으라'는 요청에서 이 사실을 재확인하게 된다. 골로새서는 회중들 앞에서 읽혀진 후 서쪽으로 16km 떨어져 있던 라오디게아 교회에도 전달되었음이 분명하다. 당시만 해도 아직 정경으로서 신약이 완성되지 않은 상태였다. 때문에 교회들은 바울(살전 5:27), 베드로(벧전 1:1,2), 야고보(약 1:1)와 중요한 지도자들의 편지들을 회람하고 있었다.

'라오디게아로서 오는 편지'에 대해서는 알려진 바가 없다. 일부 학자들은 이 편지가 라오디게아 교회가 바울에게 보낸 편지일 것이라고 추측하지만 본문은 분명히 바울이 골로새서를 쓸 때 거의 같은 시기에 라오디게아 교회에게도 편지를 썼음을 암시하고 있다. 그러나 바울이 라오디게아 교회에 별도의 서신을 썼는지 확인되지는 않는다. 이에 학자들은 이 서신이 라오디게아 교회의 미지근한 신앙(계 3:14-22)과 관련된 것이며 신약 정경에 포함되지 않았으며 후에 유실되었을 것이라고 추측한다.[142)]

반면에 이 편지는 '에베소서'일 가능성이 높은 것으로 여겨지고 있다. 당시 두기고는 골로새서와 빌레몬서 그리고 에베소서를 전달하고 있었다. 두기고는 로마에서 동쪽으로 여행하여 먼저 에베소에 도착하여 에베소서를 전달하고 라오디게아를 거쳐 골로새로 향했음이 분명하다. 이 에베소서는 일종의 회람용 서신으로 보인다.[143)] 이후 에베소서는 서머나, 버가모, 두아디라, 사데, 빌라델비아, 라오디게아 그리고 골로새 지방으로 순회되었음이 확실하다.

---

142) Donald Guthrie, 신약 서론, p. 524.

143) D. A. Caeson, 신약개론, p. 554.

본문에서 확실하게 알 수 있는 것은 바울은 자신의 서신들에 사도적 권위를 부여하고 있다는 점이다. 그리고 이 서신들은 조심스럽게 보관되었고 이후 신약 정경으로 결집되었다. 이것은 바울의 서신들이 특정한 한 교회나 혹은 여러 교회에 회람용으로 보내졌거나 또는 빌레몬서와 같이 한 개인에게 보내졌다 할지라도 신약 정경으로서 독특한 권위를 가지고 있으며 궁극적으로 그 서신들은 보편적인 교회에게 주어졌다는 점을 확인해 주고 있다.

또 하나 우리가 기억해야 할 것은 신약의 복음서와 서신서들은 수신자들을 명시하든 명시하고 있지 않든 여러 사본들로 기록이 되었다는 점이다. 바울뿐 아니라 다른 신약 저자들도 여러 사본들을 만들어 예루살렘 교회뿐 아니라 여러 지방에 있는 교회들에게도 전달했었다. 이렇게 예루살렘 교회로 모아진 사본들이 후에 신약성경으로 결집되었으며, 이때 예루살렘에 있던 사도들과 장로들에 의해서 이 사본들은 신약 정경으로 취사선택되는 심사 과정을 밟았던 것이다.

끝으로 바울은 아킵보를 가리키면서 "아킵보에게 이르기를 주 안에서 받은 직분을 삼가 이루라고 하라"(골 4:17)고 당부하고 있다. 골로새서의 목회자인 아킵보는 빌레몬서의 공동 수신자이기도 하며 바울에 의해 '함께 병사 된' 자로 불렸다(몬 2절). 아킵보는 에바브라가 없는 동안 교회를 맡아 사역하고 있었던 것으로 보인다. 때문에 거짓 가르침에 대처하는 일에 특별한 격려가 필요했던 것 같다. 혹은 새로이 회심한 오네시모가 빌레몬의 집으로 복귀할 때 그를 받아들이는 일과도 연관되어 있었을 수 있다.144)

무엇보다도 바울은 아킵보가 교회를 하나 되게 유지시키는 책임에 대해 언급하고 있음이 분명하다.145) 골로새 교회는 이땅에 독자적으로

---

144) Grant Osborne, 빌립보서, 골로새서, 빌레몬서, p. 343.

145) Ralph P. Martin, 에베소서, 골로새서, 빌레몬서, p. 186.

존재하는 것이 아니라 보편 교회에 속한 한 지체로 존재해야 한다. 때문에 보편 교회가 고백하는 신앙고백과 함께 받은 복음이 훼손되지 않도록 함으로써 교회의 통일성을 유지하는 일에 보다 깊은 관심을 가져야 한다. 이것은 모든 교회가 힘써 이루어야 할 기본적인 사명이기도 하다.

바울이 마지막 인사말에서 '나의 매인 것을 생각하라'고 한 것도 이 때문이다. 바울이 매인 것은 복음 때문이었으며 복음을 위해 기꺼이 모든 고난도 감수하고 있다. 마찬가지로 사도가 세운 모든 교회들은 항상 이점을 기억하고 복음의 진보와 더불어 복음을 파수하는 일에 총력을 기울여야 한다. 바로 이것이 복음의 진보를 위한 보편적인 교회의 사명이기 때문이다.

2. 복음의 진보와 하나님의 은혜 (골 4:18)

대부분 바울의 서신들은 동역자가 대필한 후 마지막에 바울이 펜을 들어 친필로 문안하는 것으로 되어 있다(고전 16:21; 고후 10:1; 롬 16:22; 갈 6:11; 살후 3:17; 몬 19절). 이 서명은 바울이 썼다고 주장하는 가짜 서신들로부터 보호하고(살후 2:2; 3:17) 사도권을 가진 바울이 말하고자 하는 것을 강조하기 위함이다(갈 6:11).

앞서 바울은 자신이 투옥되어 있는 동안 자기를 위해 계속 기도할 것을 요청했다(골 4:3). '나의 매인 것을 생각하라'는 언급은 바울이 옥중에 있는 동안 이 편지를 썼다는 사실을 골로새 교회 성도들에게 상기시키고 있다. 이와 관련해 바울은 "나 바울은 친필로 문안하노니 내가 매인 것을 생각하라"(골 4:18)는 말로 자신의 수감 소식을 드러냄으로써 자신의 권위가 고난받는 사도로부터 나온다는 점을 재차 강조하고 있다. 이것은 바울이 동정이 아닌 승인과 복종을 성도들에게 기대하고 있음을 보여주고 있다.

바울은 그들을 기억하고 있었으며 그가 매여 있는 동안에도 계속해서 복음 전하기를 멈추지 않았으며 그 복음을 위해 구금이 되었다는 것을 성도들이 기억하기를 원하고 있다. 그리고 바울은 계속해서 복음을 전해야 했다. 왜냐하면 바울의 소명과 사도로서의 권위가 그에게 복음 전파를 멈출 것을 허락하지 않기 때문이다. 바울은 골로새 성도들이 거짓 가르침과 맞닥뜨릴 때 이점을 기억하기를 바라고 있었다.146)

바울은 "은혜가 너희에게 있을지어다"(*Ἡ χάρις μεθ᾽ ὑμῶν. Ἀμήν*, 골 4:18)라는 아주 짧은 축도로 이 서신을 마치고 있다. 이것은 디모데전서에서도 나타난다(딤전 6:21). 그렇다고 짧은 문장이라고 해서 그 의미가 축소되는 것은 아니다. 은혜야말로 그 무엇보다도 크며 가장 기본이 되는 복이기 때문이다. 결코 아무런 가치가 없는 사람들의 마음과 생활을 변화시켜서 영광을 향해 이끄시는 것은 그리스도 안에 있는 하나님의 은혜이다.147)

이런 점에서 바울은 "우리 아버지 하나님으로부터 은혜와 평강이 너희에게 있을지어다"(골 1:2)라고 하면서 '은혜'로 이 서신을 시작했던 것과 같이 골로새 성도들이 하나님의 과분한 호의를 계속 경험하기를 바라는 의미에서 하나님의 '은혜'를 기원하는 기도로 이 서신을 마감하고 있다.

이것은 궁극적으로 하나님의 은혜가 모든 거짓 가르침으로부터 교회를 보호할 것을 보여주고 있다. 이 '은혜'는 골로새 교회뿐 아니라 이 세상 어느 때나 복음의 진보를 위해 존재하는 모든 교회를 존재케 하는 원동력이다.148)

---

146) Grant Osborne, 빌립보서, 골로새서, 빌레몬서, p. 344.

147) William Handriksen, 골로새서, p. 281.

148) Ralph P. Martin, 에베소서, 골로새서, 빌레몬서, p. 186.

마치는 말

골로새 교회는 은밀한 지식을 통해 더 깊은 영적인 생활을 약속했던 거짓 가르침으로부터 위협을 당하고 있었다. 이 거짓 가르침은 그리스도의 인성과 신성을 훼손함으로써 그리스도에 대한 믿음을 무너뜨리려고 했었다. 이에 바울은 골로새 성도들에게 그리스도만이 영적인 생활의 근원이며 성도들의 몸인 교회의 머리이심을 분명히 밝힘으로써 거짓 가르침으로부터 교회가 든든히 서갈 수 있도록 하고 있다.

골로새서의 신학은 바울의 초기 서신들에서 발견되는 것과는 몇 가지 눈에 띄는 차이점들을 보여준다. 만물에 대한 머리로서의 그리스도의 지위와 신성의 충만으로 충만케 되어 있는 그리스도에 대한 명시적인 이해가 훨씬 더 분명하게 제시된다. 그리스도는 이제 우주적 실체로서 인식되고 있는 교회의 머리로 이해되고 있다. 성도들은 구속을 받고 죄 사함을 받아서 하나님과 화해를 이루고 있고 그들의 생명이 그리스도에게 감춰져 있고 아직 나타나지 않았지만 그리스도와 더불어 죽었고 다시 살리심을 받았다.149)

이런 점에서 그리스도는 영의 세계와 육의 세계 모두의 주님(κυριος)이시다. 더 깊은 영적인 생활에 이르는 길은 종교적인 의무나 특별한 지식이나 비밀이나 의식을 통해서 얻어지지 않는다. 오직 주 예수 그리스도와의 분명한 연결을 통해서만 가능하다.

어느 시대나 성도들은 그 시대의 철학을 따라가는 유혹을 받기 쉽다. 그러나 그러한 사고방식은 성도들을 지으신 하나님을 거스를 수도 있게 된다는 사실을 명심해야 한다. 따라서 '사람의 전통과 세상의 초등학문을 따르는 철학과 헛됨 속임수'(골 2:8)에 대한 바울의 지적은 모든 시대의 교회들에게 주는 경고이다.

---

149) I. Howard Marshall, 신약성서신학, p. 463.

아울러 마음을 산만하게 만드는 종교적 관습들, 핵심에서 벗어난 종교적 절기들(골 2:16) 그리고 규칙들을 종교의 본질로 삼는 습관들(골 2:10-21)에 대한 사도의 경고에 귀를 기울여야 한다. 그러한 관습들은 거짓된 겸손을 유발시키며 교회 안에서 유물적인 태도를 조장하기 때문이다(골 2:18). 무엇보다도 머리이신 그리스도와의 관계를 상실하는 것(골 2:19)은 결코 보상받을 수 없다는 사실을 명심해야 한다.150) 이러한 의미를 담아 바울은 골로새서를 이렇게 마감하고 있다.

> "나 바울은 친필로 문안하노니 내가 매인 것을 생각하라 은혜가 너희에게 있을지어다" (골 4:18).

| 기 도 |

"외인에게 대해서는 지혜로 행하여 세월을 아끼라 너희 말을 항상 은혜 가운데서 소금으로 맛을 냄과 같이 하라 그리하면 각 사람에게 마땅히 대답할 것을 알리라" (골 4:5,6)는 말씀처럼 우리로 하여금 보편적인 교회의 사명을 이루어 갈 수 있도록 은혜를 베풀어 주시는 우리의 아버지이신 하나님.

우리가 사도 시대로부터 지금까지 그의 몸인 교회의 머리이신 그리스도로 말미암아 세워진 참된 교회에 속할 수 있게 된 것은 오로지 복음의 진보를 위해 온 생애를 불태우며 살았던 수많은 복음의 선진들의 희생의 결과이며 마침내 우리 또한 그들과 더불어 이 복음의 진보를 위한 군사로 서게 된 것에 대해 감사를 드리옵나이다.

주께서 친히 이 영적 전쟁에서 승리하시고 우리에게 그 길을 가도록 여전히 은혜와 복음의 지혜를 공급해 주시오며, 오늘날까지 그러했던 것처럼 참된 교회는 주께서 다시 오시는 그날까지 이 세상에 우뚝 서 있을 것이옵나이다. 우리가 바로 이러한 역사적 사실의 증인들이며 우리의 후손들 역시 동일한 길을 갈 것이옵나이다.

---

150) D. A. Caeson, 신약개론, p. 601.

주께서 사도들을 통해 우리에게 명령하신 이 거룩하고 복되며 영광스러운 영적 전쟁에 기꺼이 즐거움으로 참여하고 우리의 생애가 끝나는 날까지 어떠한 어려움과 고난이 있을지라도 담대하게 이 길을 갈 수 있도록 이끌어 주시고 은혜 베풀어주시옵기를 소원하옵나이다.

주 예수 그리스도의 이름으로 기도합니다. 아멘.

〈참고문헌〉

박윤선, 바울서신, 서울, 영음사, 1985.
송영찬, 하나님의 나라, 서울, 여수룬, 1995.
Alan Richardson, 신약신학개론, 이한수 역, 고양, 크리스챤다이제스트, 1994.
Chester K. Lehman, 성경신학 II, 김인환 역, 고양, 크리스챤다이제스트, 1994.
D. A. Caeson, 신약개론, 엄성옥 역, 서울, 은성출판사, 2006.
Donald Guthrie, 신약 서론, 김병국, 정광욱 공역, 고양, 크리스챤다이제스트, 1996.
F. F. Bruce, 바울, 박문제 역, 고양, 크리스챤다이제스트, 1992.
James D. G. Dunn, 바울신학, 박문제 역, 고양, 크리스챤다이제스트, 2003.
J. Calvin, 골로새서, 존 칼빈성경주석출판위원회 역, 서울, 성서교재간행사, 1990.
J. Christian Beker, 사도 바울, 장상 역, 서울, 한국신학연구소, 1998.
Grant Osborne, 빌립보서, 골로새서, 빌레몬서, 전광규 역, 서울, 한국성서유니온, 2007.
I. Howard Marshall, 신약성서신학, 박문재, 정용신 역, 고양, 크리스챤다이제스트, 2006.
Max Ansers, 갈라디아서, 에베소서, 빌립보서, 골로새서, 서울, 디모데, 2003.
Ralph P. Martin, 에베소서, 골로새서, 빌레몬서, 김춘기 역, 서울, 한국장로교출판사, 1991.
Ralph P. Martin, 신약의 초석 II, 원광연 역, 고양, 크리스챤다이제스트, 1993.
Robert H. Gundry, 신약개관, 이홍성 역, 서울, 크리스챤서적, 1994.
Robert L. Reymond, 바울의 생애와 신학, 원광연 역, 고양, 그리스챤다이제스트, 2003.
William Handriksen, 골로새서, 신현필 역, 서울, 아가페출판사, 1983.

빌레몬서

〈빌레몬서 서론〉

믿음과 사랑의 증인으로서 교회

빌레몬서 1:20,21

1:20 오 형제여 나로 주 안에서 너로 말미암아 기쁨을 얻게 하고 내 마음
이 그리스도 안에서 평안하게 하라 21 나는 네가 순종할 것을 확신하므로
네게 썼노니 네가 내가 말한 것보다 더 행할 줄을 아노라

바울과 디모데의 이름으로 애정과 호의로 가득 담긴 표현을 사용하여 빌레몬과 그가 속한 가족과 골로새 교회에게 보내진 빌레몬서는 바울 서신들 중에서 가장 짧은 서신이다. 희랍어 원문은 25절에 335개의 단어로 이루어져 있다.

이 서신은 매우 개인적인 것처럼 보이지만 단순히 개인 이상의 분위기를 가지고 있다. 바울은 이 서신을 혼자 쓴 것이 아니라 디모데와 함께 쓰고 있으며(몬 1절), 수신자는 빌레몬뿐 아니라 압비아와 아킵보 및 그들이 속한 골로새 교회 성도들이었다(몬 2절).

무엇보다도 바울은 교회들을 세우고 성도들을 자라게 하기 위해 택함을 받은 사도(행 9:15)라는 점에서 바울의 서신들은 곳곳에 세워져 있는 교회들에게 공식적이고 명령적인 임재(*παρουσία* : presence)의 기능을

수행했다. 비록 바울이 그 교회를 떠나 있다 할지라도 그 편지는 여전히 '사도의 임재' 기능을 수행하고 있었다.151)

이 사실은 우주를 초월하시며(골 1:16,17) 만유의 주이시고 그의 몸인 교회의 머리가 되시며 죽음으로부터 부활하시어 하늘의 영광 가운데 계시는(골 1:18-20) 그리스도 예수께서 바울의 서신과 함께 수신자들에게 친히 임재하신다는 사실을 강조하고 있다. 이런 점에서 빌레몬서는 사적인 성격을 가지고 있지만 교회를 대상으로 하는 공적인 서신으로 보아야 한다.152)

1. 저작 동기와 목적

AD 60-62년 로마에서 구금되어 있었던 2년 동안 바울은 비교적 방문객들을 만나 자유롭게 말씀을 전하고 가르칠 수 있었다(행 28:17-31). 본서의 배경은 이 기간 동안에 젊은 노예 오네시모(*Ὀνησίμῳ* : useful)가 바울로부터 복음을 듣고 그리스도의 제자가 된 것으로부터 시작된다(몬 10절). 오네시모는 주인인 빌레몬(*Φιλήμονι* : kindly)의 재산을 훔쳐 로마로 도망쳤었다. 그러나 오네시모가 어떤 경위로 바울과 접촉하게 되었는가는 분명치 않다.

새롭게 그리스도인이 된 오네시모는 바울의 필요를 따라 섬기는 일에 있어서 유용한 인물이었다. 이런 점에서 오네시모는 어려운 형편에 있던 바울에게 보내진 하나님의 선물이었다. 바울은 오네시모와 함께 있고 싶었지만 로마법에 의해 주인에게 돌려보내야 했다.153)

이에 바울은 법에 따라서 오네시모의 주인인 빌레몬에게 돌려보내기로 했다. 마침 바울은 자신에게서 복음을 듣고 회심한 빌레몬(골 4:9,17)

---

151) Fred B. Craddock, 빌립보서, 김도일 역, 서울, 장로교출판사, 2001, p. 31-32.

152) D. A. Caeson, 신약개론, p. 669.

153) D. A. Caeson, 신약개론, p. 671.

을 잘 알고 있었기 때문에 오네시모를 사랑하는 형제로 다시 맞이해 줄 것을 부탁하는(몬 16절) 세심한 배려의 편지를 쓰게 되었다.

이 서신에서 바울은 빌레몬에게 오네시모를 기쁘게 맞이하고(몬 17절) 용서하며(몬 18,19절) 자유롭게 해 줌으로써 교회 공동체의 회원으로 받아들이고 그를 다시 바울에게 보내달라고 부탁하고 있다. 이러한 바울의 요청은 그리스도께 대한 성도들의 공통된 사랑(몬 9절), 그리고 바울과 빌레몬 사이에 맺어진 특별한 관계(몬 17-19절)에 근거하고 있다.

아울러 바울은 오네시모가 없는 동안에 일어난 손실에 대해 바울이 보상하겠다고 보증했다(몬 19절). 이것은 도망친 노예를 환대하고 편의를 제공하는 사람은 도망간 날 수 만큼에 대한 손실을 노예의 주인에게 책임을 져야 한다는 로마법에 따른 것이었다.154)

그 당시에도 노예가 자유를 획득할 수 있는 여러 가지 방법들이 있었다. 그러나 도망간 노예에게는 혹독한 형벌이 주어졌다. 이런 점에서 도망간 노예를 형제처럼 맞이하고 자유롭게 해 달라는 바울의 요청은 혁명적이었다. 때문에 바울은 빌레몬에게 오네시모의 해방에 대한 요청을 신중하게 함으로써(몬 8,9절) 빌레몬의 자발적인 협조와 동의를 구하고 있다(몬 14절). 그리고 오네시모와 관련된 손실에 대해 바울이 감수할 수 있는 모든 책임도 지겠다고 약속했다. 바울이 빌레몬에게 이처럼 보상을 약속하고 있는 것은 조금도 이상한 일이 아니다(몬 19절).

바울의 입장에서는 복음을 받아들이고 회심하여 그리스도인이 된 오네시모가 로마법에 따라 도망친 노예에게 가해질 이 엄청난 위험에 그대로 내맡길 수 없었다. 때문에 바울은 자신이 할 수 있는 데까지 힘써서 오네시모가 온전히 용서받을 수 있도록 해야만 했다.155)

---

154) Ralph P. Martin, 빌레몬서, 김춘기 역, 서울, 한국장로교출판사, 1991, p. 192.

155) A. C. Hrevey, 빌레몬서, p. 656.

오네시모의 생명을 구하기 위한 이 편지를 바울은 마침 골로새 교회에 보내는 서신과, 에베소 및 그 인근 소아시아 지역에 있는 교회들에게 보내는 회람 서신 곧 에베소서로 알려진 서신과 함께 두기고(*Τυχικὸς* : fortuitous)편으로 발송했다. 두기고는 익히 이름이 알려진 믿음의 형제로서 바울의 사자로서 자신의 사명을 충실하게 수행했다(골 4:7,8; 엡 6:21,22; 딛 3:12; 딤후 4:12; 행 20:4,17). 그리고 오네시모 역시 두기고와 함께 그 여행에 동참하도록 하였다.

2. 저작 연대와 장소

빌레몬서는 바울의 서신들 중에서 옥중서신으로 불리는 편지에 속한다. 옥중서신은 바울의 편지 네 개가 옥중에서 기록되었던 사실에 근거하고 있다(엡 3:1; 4:1; 6:20; 골 4:3,10,18; 빌 1:7,13,14; 몬 9절). 그중에 골로새서와 빌레몬서와 에베소서는 두기고와 오네시모가 한 번의 여행길에서 각 목적지들의 수신자들에게 전달되었다(골 4:7-9; 몬 10-12절; 엡 6:21,22).

두기고는 바울이 빌레몬에게 돌려보낸 오네시모와 함께 골로새로 여행했다(몬 12절). 이 사실은 골로새서, 에베소서, 빌레몬서가 거의 같은 장소와 시기에 기록되었음을 암시하고 있다. 단지 빌립보서는 에바브라디도에 의해 전달되었다는 점에서(빌 2:25-29; 4:18) 저작 시기가 다를 수 있다(이 논제는 〈빌립보서 개요, p.650〉를 참고하라).

골로새서와 빌레몬서의 관계는 두 서신이 서로 다른 시기에 보내졌다는 주장을 거부하고 있다. 두 서신 모두 문안 인사에서 바울과 디모데를 언급하고 있다(골 1:1; 몬 1절). 두 서신 모두 당시 바울과 함께 있었던 아리스다고, 마가, 에바브라, 누가, 데마의 문안 인사를 언급하고 있다(골 4:10-14; 몬 23,24절).

두 서신 모두 수신자 중 하나인 아킵보를 언급하고 있다(골 4:17; 몬 2절). 두 서신 모두 오네시모를 언급하고 있다(골 4:9; 몬 10절). 그리고 이 편지들은 두기고에 의해 전달되었다(골 4:7,8; 몬 12절; 엡 6:21,22, 에베소서 역시 두기고 편으로 전달되었다). 두 서신이 서로 밀접하게 연관되어 있다는 사실은 두 서신들이 같은 시기에 속한 것임을 확실하게 증거해 준다.156)

바울은 이 서신들을 쓸 때 비교적 자유로웠지만 로마에서 구금된 상태로 매여 있었다(골 1:24; 4:3,10,18; 몬 1,9,23절). 바울의 구금 생활 동안에는 오네시모 이외에도 많은 조력자들이 있었다. 누가, 아리스다고, 마가, 에바브라, 두기고, 데마(골 4:10-14; 몬 23,24절) 등이 바울과 함께 있었다.

그리고 디모데는 충성스럽게 끝가지 바울과 함께 있었다. 디모데는 골로새서와 빌레몬서의 문안 인사에 바울의 이름과 함께 나오고 있다. 또한 골로새서를 기록할 당시 유스도라고 하는 예수도 바울과 함께 있었다(골 4:11). 하지만 빌레몬서에는 그의 이름이 나오지 않는다. 이처럼 바울은 자신을 돕고 있는 조력자들을 옥중서신에서 일일이 언급하고 있다.

바울이 비록 로마에서 구금되어 있는 상태에서도 이처럼 많은 조력자들과 함께 있었다는 것은 그곳이 바울에게 있어서는 왕성한 기독교 선교의 중심지였음을 의미한다(골 4:3,4,11). 무엇보다도 바울은 로마에 대해 지대한 관심을 가지고 있었다(행 19:21).

비록 구금되어 있는 신분이라 할지라도 바울은 자신이 로마에 있다는 사실에 대해, 그리고 로마에서 복음이 널리 전파되고 있다는 사실에

156) Donald Guthrie, 신약 서론, 김병국, 정광욱 공역, 고양, 크리스챤다이제스트, 1996, p. 600.

대해 많은 의미를 부여하고 있었음이 분명하다. 이것은 바울이 이처럼 많은 복음 전파의 협력자들을 곁에 두었던 이유를 설명하고 있다.

이상의 내용에서 이 서신들이 로마에서 기록되었다는 전통적 견해에 상반되는 것은 없다. 바울이 누린 어느 정도의 자유는 로마에서의 상황과 조화를 이루고 있지만(행 28:30,31) 가이사랴의 감옥 생활과는 일치되지 않는다.157) 이 서신들이 에베소의 감옥에서 쓰였다면 옥중서신을 쓸 때 누가가 바울과 함께 있었다는 사실을 설명할 수 없다.

누가는 에베소 사역에 함께하지 않았기 때문이다. 반면에 누가는 바울과 함께 로마에 있었음이 확실하다(행 27:1; 28:16). 아리스다고(행 27:2) 역시 함께 있었다.158) 바울은 빌레몬서를 기록할 때 조속한 석방을 예견하고 있었다(몬 22절). 이것은 바울이 로마에서 관대한 처우를 받았다는 점(행 28:30,31)에서도 확인된다.

이상의 자료들은 바울에 의해 골로새서와 빌레몬서 그리고 에베소서가 같은 시기에 로마에서 기록되었음을 증거하고 있다. 특별히 골로새서는 바울이 로마 옥중 생활 동안(AD 60-62년)의 비교적 초기에 기록되었음이 분명하다.

AD 61년 초에 골로새는 지진으로 큰 피해를 입었다. 때문에 바울이 이 소식을 알고서도 아무런 언급을 하지 않는다는 것은 동정심 많은 바울에게 어울리지 않는다. 이 사실은 골로새서와 빌레몬서 및 에베소서가 61년 초 이전에 기록되었음을 시사해 주고 있다.159)

---

157) A. C. Hrevey, 빌레몬서, 풀핏 성경주석 23권, 풀핏주석번역위원회 역, 보문출판사, 1983, p. 656.

158) William Handriksen, 빌레몬서, 신현필 역, 서울, 아가페출판사, 1983, p. 47.

159) D. A. Caeson, 신약개론, p. 593.

3. 빌레몬서의 구조와 내용

빌레몬서 구조는 다음과 같다.

I. 인사말(Salutation)

문안(1-3절) : 빌레몬과 그의 아내 압비아 그리고 아킵보와 빌레몬의 집에 있는 교회에 대한 바울과 디모데의 문안

II. 감사(Thanksgiving)

A. 빌레몬의 믿음에 대한 감사(4-6절) : 빌레몬에 대한 소식은 바울로 하여금 하나님께 대하여 그의 감사를 표현하도록 만들었다. 바울은 빌레몬의 본보기가 다른 사람들의 믿음을 촉진시킬 수 있게 되기를 기도한다.

B. 빌레몬의 사랑에 대한 감사(7절) : 빌레몬은 '모든 성도들'에 대한 덕행에서 특출한 인물이었다. 그리고 이 소식은 바울의 마음속에 커다란 기쁨을 안겨 주었으며 이 서신을 기록하게 되는 동기를 제공하고 있다.

III. 본문(Body of the Letter)

A. 오네시모에 대한 바울의 변명(8-11절) : 바울은 죄수의 몸으로서 사랑을 인하여 빌레몬에게 청을 하면서 오네시모가 바울로 인하여 회심하였으며 비록 전에는 오네시모가 무익한 자였을지라도 이제는 변화되어 유익한 자가 되었음을 변호하고 있다.

B. 빌레몬에 대한 바울의 요청(12-16절) : 바울은 오네시모를 자신의 곁에 두고 싶지만 빌레몬의 동의 없이는 그렇게 할 수 없음을 말하고 이제 오네시모의 배신이 완전히 역전되었으므로 그를 노예가 아닌 형제로 맞이해 줄 것을 요청한다.

C. 오네시모에 대한 바울의 보증(17-20절) : 바울은 빌레몬이 오네시모를 맞아들일 것을 확신하면서 빌레몬이 바울에게 진 복음의 빚을 기억하기를 바란다. 그리고 오네시모로 말미암아 발생한 빚을 바울이 갚아 줄 것이라고 보증하면서 바울의 요청이 수락된다면 크게 기뻐할 것을 밝

히고 있다.

IV. 도덕적이고 윤리적인 가르침(Moral and Ethical Instruction)

빌레몬에 대한 바울의 확신(21절) : 교회의 공통적인 복음에 대한 믿음과 그로부터 발생한 사랑에 근거하여 바울은 빌레몬이 바울의 호소에 적절하게 응답할 것을 확신하고 있다.

VI. 맺는 말(Closing)

A. 바울이 빌레몬을 방문할 때 숙소를 마련해 줄 것에 대한 부탁(22절)

B. 골로새서와 마찬가지로 바울 동료들의 인사말(23,24절)

C. 축도(25절)

서론(1-7절)은 전형적인 인사말로 은혜와 평화를 기원하는 기도로 시작하고 있다(1-3절). 이어 바울의 감사는 수신자인 빌레몬의 모범적인 기독교적 성품인 경건한 삶에 초점을 맞추고 있다(4,5절). 그리고 빌레몬이 적극적으로 자신의 믿음에 동참하게 될 것을 기도하고 있다(6절).

인사말을 마친 바울은 빌레몬이 성도들의 마음을 평안하게 해 주는 인물임을 칭찬하고 있다(7절). 이 칭찬은 이후에 전개될 내용에 대해 바울이 강력하게 호소할 수 있는 근거가 된다. 또한 이 칭찬은 '내 마음이 그리스도 안에서 평안하게 하라'(20절)는 바울의 마지막 호소에 대해 빌레몬이 수용하게 하는 힘으로 작용하고 있다.

본론(8-21절)은 네 부분으로 나뉜다.

① 첫째 부분(8-12절)에서 바울은 이 서신의 중심 주제를 다루고 있다. 바울은 빌레몬에게 자신의 요청을 강요할 수 있지만 빌레몬이 강요를 받지 않고 사랑으로 판단하여 행동하게 되기를 원하고 있음을 밝힌다(8,9절). 그리고 바울은 자신이 복음 안에서 출산한 아들인 오네시모를 위해 빌레몬에게 호소하고 있다(10절).

바울은 오네시모를 '갇힌 중에서 낳은 아들'이라고 묘사하고 있는데 이것은 오네시모가 바울로 말미암아 그리스도께 오게 되었음을 강조하고 있다. 여기에서 바울은 오네시모가 과거에는 자신의 이름에 합당하게 살지 못했지만 이제 회심하여 자신의 이름에 합당하게 행동할 것이라고 소개하고 있다(11절). '오네시모'의 이름은 '유익하다'는 의미를 가지고 있다.

② 둘째 부분(13-16절)에서 바울은 자신이 오네시모를 빌레몬에게 보내는 것과 빌레몬이 오네시모를 자유롭게 해준 후에 다시 바울에게 돌려보내어 자신의 사역에 동참할 수 있도록 허락해 줄 것을 요청하고 있다(13절). 그러나 이것은 바울의 명령이 아니며 빌레몬의 자유에 따른 결정이기를 바라고 있다(14절). 아울러 바울은 빌레몬이 오네시모와 화해할 것을 바라며 실제로 오네시모가 새로운 신분, 즉 노예가 아닌 형제로 대해 주기를 부탁하고 있다(16절).

③ 셋째 부분(17-20절)에서 바울은 빌레몬이 오네시모를 동료 신자로 환영해 줄 것을 당부하면서(17절) 오네시모로 인해 입은 손해를 바울이 갚아주겠다고 약속하고 있다(18,19절). 여기에서 바울은 빌레몬의 회심에 자신이 개입되어 있으며 빌레몬이 바울에게 복음의 빚을 지고 있음을 상기시키고 있다(20절).

④ 넷째 부분(21절)에서 바울은 빌레몬이 자기의 부탁을 들어 줄 것이라는 확신을 표시하고 있다. 여기에서 바울은 빌레몬이 바울의 한 말보다 더 후하게 행할 것을 확신하고 있다.

결론에 이르러 바울은 전형적인 맺는 말(22-25절)로 이 서신을 마치고 있다. 바울은 머지않아 빌레몬을 방문할 계획을 말하고(22절) 동역자들과 친구들이 전하는 안부와 함께(23,24절) 은혜를 기원하는 축도(25절)로 끝을 맺고 있다.

4. 빌레몬서의 주제

이 편지의 주제는 도망친 노예 오네시모를 처벌하고 정죄하는 대신에 자유롭게 해주고 그를 소중한 교회 공동체의 회원으로 받아들여 줄 것을 요청하고 있다(21절). 이러한 요청은 당시 시대적 상황에서 매우 획기적이었다. 당시 로마법은 노예제도를 인정하고 있었다. 로마에서는 인구의 25-35%가 노예였다. 주인은 노예를 자기 재산으로 여겨 잔혹한 형벌을 내릴 수도 있었다. 도둑과 마찬가지로 도망친 노예는 이마에 낙인이 찍히기도 했다.160)

그럼에도 불구하고 바울은 오네시모를 교회의 회원으로 받아들이되 그에게 자유를 주도록 요청하고 있다. 바울이 노예를 옹호했다는 사실은 참으로 혁명적이며 사회관계 속에서 새로운 장을 여는 표시였다.161) 그 밑바탕에는 교회가 고백하는 공통된 믿음이 자리하고 있다. 성도들은 믿음에 합당한 상호 호혜적인 동참을 통해 하나님께서 성도들을 그리스도의 충만함으로 이끄시기 위하여 그들 안에서 이루고자 하시는 모든 선한 일을 실현시키게 된다(골 2:9,10).

그리스도 안에서 이러한 공통의 믿음에 근거해, 즉 십자가에 못 박히셨다가 부활하신 예수 그리스도에 대한 서로의 관계에 의해서 지배되는 상황을 토대로 바울은 빌레몬에게 오네시모 문제를 어떻게 받아들여야 할 것인가를 요청하고 있다. 이로써 오네시모는 더 이상 노예가 아니라 바울과 빌레몬에게 사랑받는 형제로 되돌아오는 영원한 관계를

160) Grant Osborne, 빌레몬서, 전광규 역, 서울, 한국성서유니온, 2007, p. 351.

161) Ralph P. Martin, 빌레몬서, p. 189.

새롭게 시작할 수 있기를 바라고 있다.162)

바울은 이 서신에서 성도들에게 임한 하나님의 긍휼과(12절) 구원을 위하여 바울이 전했던 복음에 빚지고 있는 빌레몬을 강력하게 연결시키고 있다(19절). 바울은 이점을 인식하고 '사랑을 인하여'(9절), '내 마음이 그리스도 안에서 평안하게 하라'(20절), '저를 영접하기를 내게 하듯 하고'(17절)라는 말로 오네시모를 받아들이라고 요청하고 있다.

이러한 바울의 요청은 빌레몬이 바울의 요청 이상으로 행할 것이라는 확신으로 이어진다(21절). 그리고 이 부탁은 후일에 바울이 빌레몬을 방문하겠다는 계획과 함께 바울이 부탁한 것에 빌레몬이 즉각적인 수용을 나타낼 것이라는 희망으로 강화되고 있다(22절).

이상에서 보는 것처럼 빌레몬에 대한 바울의 호소 전체가 복음 및 그 것으로부터 나오는 교제(*κοινωνια*)에 그 근거를 두고 있다는 사실에서 이 서신의 신학적 의미를 확인할 수 있다.163)

5. 하나님의 새로운 질서를 구현하는 교회

교회가 이처럼 단순한 추천 형식의 서신을 보존하기를 원했고, 이 서신을 이후에 거룩한 책으로 간주하여 정경 66권에 포함시켰다는 것은 놀랄 만한 일이 아니다. 하나님은 이 서신을 통해 그의 긍휼과 용서하심을 바라는 아주 비천하고 악한 죄인들을 위로하고 격려하기 위하여 베푸는 그의 풍성하고 거저 주시는 은혜의 증거와 실례를 남기셨다. 이런 점에서 빌레몬서는 교회를 상대로 두 가지 중요한 공헌을 하고 있다.

---

162) I. Howard Marshall, 신약성서신학, 박문재, 정용신 역, 고양, 크리스챤다이제스트, 2006, p. 444.

163) I. Howard Marshall, 신약성서신학, p. 443.

1) 믿음 안에서 일치된 교회

이 서신은 그리스도의 몸으로서 교회가 나타내어야 할 특징인 호혜적인 사랑과 존경을 훌륭하게 묘사하고 있다. 바울은 사도로서 자신의 권위를 행사할 수 있음에도 불구하고 순전히 성도의 한 사람으로서 빌레몬에게 호소하고 있다.

바울은 자신의 필요와 요구 때문이 아니라 이것이 옳은 일이기 때문에 빌레몬이 사랑으로부터 우러나오는 행동을 취하기를 바라고 있다(8절). 모든 결정은 빌레몬에게 달려 있었다. 빌레몬이 사랑으로 행동함에 있어 바울은 이미 이 사랑의 모범을 몸소 보여주고 있다.164)

바울이 언급한 것처럼 오네시모는 바울에게 소중한 사람이었다(12절). 그럼에도 바울이 오네시모를 빌레몬에게 돌려보내는 이유는 법적인 요구보다 앞서 성도들의 관계를 지배하는 호혜적인 사랑과 존경에 의해 이루어진 결정이었다. 그리고 오네시모는 바울의 결정에 따라 주인에게 돌아가 당당하게 판단을 받아야 했다. 이런 점에서 빌레몬서에 등장하는 각각의 인물들은 해결하기 어려운 어떤 일을 행하도록 요청받고 있다.

① 바울은 오네시모의 문제와 동료들을 위하여 스스로 손해를 감수했다. ② 오네시모는 그가 잘못을 저지른 주인에게 돌아가 판단을 받아야 했다. ③ 빌레몬은 오네시모를 용서해 주어야 했다. 이처럼 바울과 빌레몬과 오네시모는 각기 동료 성도들의 이익을 위해 자신의 이익을 희생해야 했다.

그럼으로써 “아무 일에든지 다툼이나 허영으로 하지 말고 오직 겸손한 마음으로 각각 자기보다 남을 낫게 여기고 각각 자기 일을 돌아볼 뿐더러 또한 각각 다른 사람들의 일을 돌아보아 나의 기쁨을 충만케 하

---

164) D. A. Caeson, 신약개론, p. 676.

라"(빌 2:3,4)는 가르침을 몸소 행하신 그리스도 예수의 삶을 바울과 오네시모와 빌레몬 역시 동일하게 실천하고 있음을 확인해야 했다.

2) 사랑 안에서 일치된 교회

이 서신은 노예 제도와 같은 사회적인 문제들에 대한 기독교적인 답변을 제시하지 않는다. 그러나 이 서신은 고대 세계 노예 제도의 이면에 나타난 그리스도인의 도덕성에 대한 독특한 통찰력을 통해 그 접근 방법을 이해하는 데 공헌하고 있다.

바울은 이 서신을 비롯해 다른 서신들에서도 노예 제도를 공격하지 않는다. 심지어 원리적으로도 이 제도를 반대하는 사상을 찾아 볼 수 없다. 바울은 그 당시 존재하고 있는 제도를 그대로 받아들이고 있다. 바울은 빌레몬이 오네시모에 대해 주인으로서의 권리를 주장하는 것을 당연하게 생각하며 그의 위치에 어떤 도전도 가하지 않는다.

하지만 바울은 주인과 노예로서의 관계와 그 성격을 변화시키고 있다. 오네시모는 더 이상 노예로서 돌아가는 것이 아니라 사랑받는 형제로서 돌아가고 있다(16절). 이로써 성도인 주인이 그리스도 안에 있는 형제를 당시 이해되었던 의미 그대로 '소유'한다는 것은 모순임을 분명히 보여주고 있다.165)

비록 당시 사회 질서가 기독교에 의해 변화될 수 없었다 할지라도 교회 안에서 주종 관계의 변화, 즉 같은 복음과 그 믿음 안에서 서로 형제라는 이 사실에 대한 확신은 기독교 신앙이 노예를 소유하는 것과 양립할 수 없음을 분명히 밝히고 있다.

여기에서 바울은 누구나 그들의 주인이신 하늘의 주를 섬기고 있기

---

165) Donald Guthrie, 신약 서론, p. 601.

때문에 성도들은 그리스도와 공평하신 하나님을 섬겨야 하며, 노예나 주인이나 모두 그리스도의 종들이라는 점에서 서로 묶여 있다는 점을 상기시키고 있다.

노예나 주인이나 그리스도의 종이라는 관점은 기독교 신앙 안에서 한 가족 구성원이 되었다는 점에 있어서 노예로 살고 있다는 현실을 상대적으로 약화시키고 있으며(고전 7:20-24) 그 아픔을 상쇄시키고 있다(갈 3:28; 골 3:11).

노예와 그 주인과의 이러한 관계 회복은 오네시모를 '아들'과 '형제'로 부르는 바울의 모범에서 그 극치를 이루고 있다. 이것은 바울의 믿음을 함께 공유한 빌레몬에 의해 이제 재확인되어야 한다.

이런 점에서 본 서신은 노예 제도에 대한 해답을 시도하기보다는 인본주의와 같은 인도적 차원을 넘어 기독교 신앙에 합당한 그리스도 안에서의 경건한 생활을 어떻게 나타내 보일 것인가에 깊은 관심을 가지고 있다.

따라서 이 서신은 '오네시모의 자유'라기 보다는 '빌레몬의 자유'에 그 초점이 모아지고 있다. 그것은 교회의 삶, 즉 그리스도 안에서 삶을 구성하는 새로운 관계의 회로와 상황의 연결망을 구축하는 데 그 목적이 있다.166)

마치는 말 _ 믿음과 사랑의 증인으로서 교회

본 서신을 통해 하나님은 ① 비참한 상태에 있는 사람들을 완전히 버림받은 사람인 것처럼 판단하지 말고, 그들이 구원받을 수 있다는 소망을 가짐으로써 그들의 회심 기회로 삼도록 하셨다. 나아가 ② 누구라도 그처럼 비참한 상태의 사람들을 멸시하지 않도록 교회와 성도들에게

166) Ralph P. Martin, 빌레몬서, p. 197.

교훈하시기 위한 증거로 이 서신을 교회에 남겨 두셨다.167)

이렇게 함으로써 교회는 언제라도 누구든지 하나님의 사랑을 받을 수 있으며 도움을 받되 그들의 생활과 복지가 가능한 한 많이 배려되고 향상된다는 사실을 증거할 수 있게 되었다. 그 결과 하나님의 사랑을 받은 사람들은 자신들이 하나님의 사랑을 증거하는 도구로 사용되었음을 감사하게 되며 순종의 삶을 살 수 있게 되었다. 이것은 그리스도께서 친히 자신의 삶으로써 모범을 보이신 일(빌 2:5-11)과 깊은 관련이 있다.

> "너희 안에 이 마음을 품으라 곧 그리스도 예수의 마음이니 그는 근본 하나님의 본체시나 하나님과 동등 됨을 취할 것으로 여기지 아니하시고 오히려 자기를 비워 종의 형체를 가지사 사람들과 같이 되셨고 사람의 모양으로 나타나사 자기를 낮추시고 죽기까지 복종하셨으니 곧 십자가에 죽으심이라
>
> 이러므로 하나님이 그를 지극히 높여 모든 이름 위에 뛰어난 이름을 주사 하늘에 있는 자들과 땅에 있는 자들과 땅 아래에 있는 자들로 모든 무릎을 예수의 이름에 꿇게 하시고 모든 입으로 예수 그리스도를 주라 시인하여 하나님 아버지께 영광을 돌리게 하셨느니라"(빌 2:5-11).

이 내용을 잘 알고 있는 성도들이라면 그리스도께서 드러내신 모범을 자신의 삶으로 실천하고 있어야 하며, 자기 자신을 향해 이 내용을 확인하고 있어야 할 것을 요청하고 있다. 이때 교회는 이러한 일들이 성도들의 삶에서 실천되고 있다는 사실에 있어서 증인이 되어야 한다.

---

167) Matthew Henry, 빌레몬서, 메튜헨리주석전집 vol 21, 김영배 역, 고양, 크리스

| 기 도 |

믿음의 교제가 우리 가운데 있는 선을 알게 하고 그리스도께 이르도록 역사하시며 이로써 성도들 사이에 있는 사랑과 믿음으로 충만케 하는 은혜를 베풀어 주시는 우리의 아버지이신 하나님.

이제 우리가 빌레몬서를 통해 하나님께서 인류 사회 안에 세우신 거룩한 삶의 도리에 대하여 더욱 더 자세히 알아보고, 또한 하나님께서 이 빌레몬서를 교회에 주신 의미에 대해 보다 더 상세하게 알아가기를 원하옵나이다.

일찍이 우리를 하나님 나라에 속한 거룩한 백성으로 삼으시어 하나님을 예배하는 일에 부르시고, 이를 바탕으로 믿음과 사랑과 소망으로 구현되는 성도의 삶을 통해 온 세상에 복음의 진보를 이루어 가도록 하셨사옵나이다.

이에 우리는 진정한 하나님 나라의 백성으로 살아가는 구체적인 삶의 모습을 통해서 지금도 우리와 한 몸이 되시어 친히 하나님 나라를 이루어 가시는 우리 주 예수 그리스도의 인도하심 가운데 있다는 사실을 역사 속에서 구현하고 증거해 나가야 할 것이옵나이다.

이런 이유에서 우리는 하나님께서 친히 인류 사회에 베풀어 주신 은혜를 교회 중심의 생활을 통해 이루어 갈 수 있도록 지혜를 가득 채워주시옵소서. 그 어떤 이유에서든지 우리 스스로 이 거룩한 하나님 나라의 경영으로부터 이탈하지 않도록 이끌어 주시어 우리에게 모범을 보이신 그리스도 예수를 따르게 은혜를 더하여 주옵소서.

우리 주 예수 그리스도의 이름으로 기도합니다. 아멘.

〈1〉

경건한 삶으로 확인되는 믿음의 일치성

빌레몬서 1:1-7

1:1 그리스도 예수를 위하여 갇힌 자 된 바울과 및 형제 디모데는 우리의
사랑을 받는 자요 동역자인 빌레몬과 2 자매 압비아와 우리와 함께 병사
된 아킵보와 네 집에 있는 교회에 편지하노니 3 하나님 우리 아버지와 주
예수 그리스도로부터 은혜와 평강이 너희에게 있을지어다 4 내가 항상
내 하나님께 감사하고 기도할 때에 너를 말함은 5 주 예수와 및 모든 성
도에 대한 네 사랑과 믿음이 있음을 들음이니 6 이로써 네 믿음의 교제가
우리 가운데 있는 선을 알게 하고 그리스도께 이르도록 역사하느니라
7 형제여 성도들의 마음이 너로 말미암아 평안함을 얻었으니 내가 너의
사랑으로 많은 기쁨과 위로를 받았노라

바울은 "그리스도 예수를 위하여 갇힌 자"(1절)로서 디모데와 함께 이 서신을 쓰고 있다. 이것은 바울이 예수 그리스도의 종으로서 그에게 모든 것을 위탁한다는 의미를 포함하고 있다.

수신인은 빌레몬과 그의 아내로 여겨지는 압비아 그리고 골로새 교회의 지도자인 아킵보이다. 아킵보는 에바브로가 없는 동안 그의 직무

를 대신하고 있었던 것으로 보인다.168) 이들의 이름을 나열하고 있는 것은 이 세 사람이 한 가족의 구성원이었을 가능성이 높다. 이들은 빌레몬의 집에서 모이는 교회에 속해 있었다.

기독교 초기에 어느 한 집에서 모였던 교회의 모습은 일상적인 교회 공동체의 모임 형태였다(골 4:15). 잦은 박해로 인해 당시 교회는 별도의 건물을 가질 수 없었다. 또한 대다수 교회들의 규모가 작았기 때문에 한 집에서 충분히 모일 수 있었다. 교회가 예배처소로 별도의 건물을 세운 것은 3세기가 되어서야 비로소 확인된다.169)

때문에 당시에는 작은 그룹의 성도들이 여러 개인 집에서 정기적으로 모였으며 골로새 교회의 한 그룹은 빌레몬의 집에서, 다른 그룹은 눔바의 집에서 모였다(골 4:15). 개인의 집에서 모인 교회들은 모두 보편 교회의 한 지체로서 존재 의미를 가지고 있었다.

빌레몬은 골로새에 살고 있는 부유한 헬라인 지주였으며 골로새 교회의 중심인물들 중 하나였다. 그는 예수를 주로 믿었으며 동일한 믿음의 형제들을 사랑하였고 경건한 삶을 통해 이에 대한 확실한 증거를 나타내고 있는 인물이었다(7절). 하나님은 빌레몬을 변화시키기 위해 어느 시점에서인가 바울을 사용하셨다.

빌레몬은 바울이 에베소 인근에서 사역하고 있는 동안 골로새 교회를 세운 것으로 보인다. 복음을 받은 빌레몬의 새로운 인생은 그 자신뿐만 아니라 그의 가족들에게도 영향을 미쳤음이 분명하다. 바울은 빌레몬을 '사랑하는 친구' 일 뿐 아니라 복음을 위해 함께 일하는 동역자로 여기고 있었다(1절). 빌레몬과 그의 가족들 그리고 그의 영향을 받은 동료들은 예배를 위해 정규적으로 그의 집에 모였다(2절).

168) A. C. Hrevey, 빌레몬서, p. 670.
169) Grant Osborne, 빌레몬서, p. 360.

골로새 지역에 있는 교회들은 에바브라의 지도 아래 있었다. 에바브라가 로마에 있는 바울을 방문하고 있는 동안 빌레몬의 집에서 모이는 교회는 아킵보가 예배를 인도한 것으로 보인다(골 4:17). 그는 연소했기 때문에 디모데처럼 바울의 격려를 받아야 하는 청년으로 추정된다.170)

바울은 에바브라를 가리켜 '그리스도 예수의 종(δουλος)'으로 표현하고 있는데, 이 표현은 자기 자신(롬 1:1; 갈 1:10; 빌 1:1; 딛 1:1)과 디모데(빌 1:1) 그리고 에바브라에 대해서만 사용하고 있다. 이 말은 '예수께서 값을 주고 사서 주님의 소유가 되었다'는 의미로 온전히 주님께 속해 있으며, 오직 충성을 다하여 기쁜 마음으로 주를 섬기기 위해 선택되었음을 시사하고 있다.

에바브라는 바울이 에베소에서 사역하던 기간(행 19장)에 바울의 지도 아래 리쿠스 계곡(Lycus valley)에 복음을 전파한 사역자로 이 지역에 있는 교회들의 형편을 보고하기 위해 당시 로마에서 구금 생활을 하고 있는 바울을 방문했었다(골 1:7).

바울은 에바브라의 보고를 통해 리쿠스 계곡에 있는 이 지역 교회들이 처한 형편을 소상히 접할 수 있었다. 특별히 이 지역 교회의 목회자로서 에바브라는 골로새 교회에 하나님의 도우심이 있어서 그들이 또한 빗나가지 않고 참된 믿음 가운데 굳게 서도록 주님께서 도우시기를 위해 기도하고 있었다.

빌레몬서의 서론 부분은 문안 인사(1-3절)와 하나님께 드리는 감사(4-7절)로 이루어져 있다. 그리고 이 감사 부분은 '빌레몬의 믿음에 대한 감사'(4-6절)와 '빌레몬의 사랑에 대한 감사'(7절)로 구성되어 있다. ① '빌레몬의 믿음에 대한 감사'(4-6절)에서 바울은 빌레몬에 대한 소식이

170) William Handriksen, 빌레몬서, p. 45.

야 말로 하나님께 감사를 드리게 만들었으며, 빌레몬의 본보기가 다른 형제들의 믿음을 촉진시키는 계기가 될 수 있기를 위해 기도하고 있다. 이어 ② '빌레몬의 사랑에 대한 감사'(7절)에서 바울은 빌레몬이야 말로 '모든 성도들'에 대한 덕행에서 특출한 인물이었고 이것은 바울의 마음속에 커다란 기쁨을 안겨 주었으며 이 서신을 기록하게 되는 직접적인 동기를 제공하였다고 밝히고 있다.

1. 복음 안에서 동질의 믿음을 갖는 교회 공동체 (몬 1-3절)

전형적인 편지의 형식에 따라 바울은 인사말로 이 서신을 시작하고 있다. "그리스도 예수를 위하여 갇힌 자 된 바울과 및 형제 디모데는 우리의 사랑을 받는 자요 동역자인 빌레몬과 및 자매 압비아와 및 우리와 함께 군사된 아킵보와 네 집에 있는 교회에게 편지하노니 하나님 우리 아버지와 주 예수 그리스도로 좇아 은혜와 평강이 너희에게 있을지어다"(몬 1-3절).

대부분의 부유한 지주들과 마찬가지로 빌레몬은 노예들을 소유하고 있었다. 이 서신의 동기가 된 오네시모는 그 노예들 중 하나였다. 오네시모는 빌레몬에게서 도망쳐 로마로 갔고, 거기에서 바울을 만나 그리스도께로 인도함을 받았다(10절). 바울은 오네시모를 신뢰하는 동료로 대했다(골 4:9). 이에 바울은 오네시모에게 자신의 문제를 피해 도망하는 것보다는 주인에게로 돌아가도록 권면했다. 그리고 빌레몬에게는 도망친 노예와 화해할 것을 요청하기 위해 이 편지를 쓰고 있다.

여기에서 바울은 오네시모의 문제와 관련해 그리스도인의 관용을 매우 신중하게 다루고 있으며, 사적인 유익보다는 교회 전체의 유익을 바라보고 있다. 더없이 신분이 천한 사람을 위해 어디에서도 찾아볼 수 없을 정도로 바울은 겸손하고 온건하게 이 서신을 기록하고 있다.

이런 이유로 인해 바울은 이 서신에서 교리를 제시하거나 명령을 내리지 않고 있다. 특별히 바울은 자신을 가리켜 "그리스도 예수를 위하여 갇힌 자"로 소개하고 있는데 바울이 자신을 이렇게 소개하는 곳은 오직 여기뿐이다. 실제로 바울은 그리스도 예수에 대한 좋은 소식(빌 1:13)을 전파하기 위해 로마에서 구금이 된 상태에 있었다.

1) 하나의 복음을 고백하는 동역자들과 빌레몬(몬 1절)

"그리스도 예수를 위하여 갇힌 자 된 바울과 및 형제 디모데"(1절)로 시작되는 본문의 인사말은 다른 서신서들에서 바울이 자신을 그리스도의 사도나 사역자로 소개한 것과 같은 의미를 가진다. 바울은 그리스도를 위하여 갇힌 자가 되었다고 말하고 있는데 이것은 자신이 복음을 위해서 받게 된 고난이 그가 그리스도를 위해 행했던 사명에 대한 상징이었기 때문이다. 바울이 이 사실을 언급하고 있는 것은 자신의 권위를 보강하거나 자신이 무시받을 것을 두려워했기 때문이 아니라 도망친 노예인 오네시모의 일로 인해 빌레몬에게 호의를 구하기 위함이었다.171)

이 목적과 부합하여 바울은 특별히 디모데의 이름을 언급하고 있다. 사도인 바울이 천한 위치의 오네시모를 위해 빌레몬에게 간청하는 것만으로도, 특히 그리스도와 그 복음을 위해 고난을 받고 있는 사도의 부탁만으로도 빌레몬에게는 충분히 존중을 받을 수 있었다. 하지만 바울은 여기에 자신의 아들처럼 특별한 유대 관계를 가지고 있는 디모데의 이름을 첨가하고 있는데(빌 2:22), 이는 불쌍한 회심자인 오네시모를 위해 디모데와 함께 힘을 쓰고 있음을 보여줌으로써 본 서신의 설득력

---

171) J. Calvin, 빌레몬서, 존 칼빈성경주석출판위원회 역, 서울, 성서교재간행사, 1990, p. 621.

을 강화시키고 있다.172)

바울이 수신자인 빌레몬을 가리켜 "우리의 사랑을 받는 자요 동역자인 빌레몬"이라면서 자신의 '동역자'로 부른다는 점과, 사사로이 이런 호칭을 개인에게 부여하지 않는 바울의 성향으로 볼 때 바울이 빌레몬을 얼마나 신뢰하고 있는가를 여실히 알 수 있다.

빌레몬은 바울이 에베소에서 사역하고 있던 기간(행 19:8-22) 중에 신령한 일에서 바울을 열심히 후원했다는 점과, 바울이 소아시아를 떠난 이후에 바울의 복음 전파 사역을 계승해서 수행하고 있었기 때문에 빌레몬이 바울의 동역자가 됨에 있어서 그리고 바울의 다른 동역자들에 비해 조금도 부족함이 없었다.

바울은 자신의 동역자들을 단순한 동료 이상으로 여기고 있었다. 특별히 하나님의 협력자라는 의미로 이 단어를 사용했다.173) 이런 점에서 바울 자신도 그들의 동역자였다(고전 3:9). 빌레몬은 확실히 바울의 동역자로서 손색이 없었다. 이 사실은 "형제여 성도들의 마음이 너로 말미암아 평안함을 얻었으니 내가 너의 사랑으로 많은 기쁨과 위로를 받았노라"(몬 7절)는 말에서 나타나는 바울의 칭찬과, "그리스도 예수 안에서 나와 함께 갇힌 자 에바브라와 또한 나의 동역자 마가, 아리스다고, 데마, 누가가 문안하느니라"(몬 23,24절)는 인사말에서도 확인된다.174)

---

172) Matthew Henry, 빌레몬서, p. 224.

173) William Handriksen, 빌레몬서, p. 286.

174) 바울에게는 몇몇 동역자들이 있었다. 우르바노(롬 16:9), 디모데(롬 16:210, 아볼로(고전 3:9), 디도(고후 8:23), 에바브로디도(빌 2:25), 글레멘드(빌 4:3), 유스도(골 4:11), 마가, 아리스다고, 데마, 누가(몬 23), 아굴라와 브리스길라(롬 16:3), 유오디아와 순두게(빌 4:2). 그밖에 로마서 16장에 언급된 이름을 밝히지 않은 이들을 자신의 동역자로 부르고 있다.

2) 복음 안에서 한 형제인 교회 공동체(몬 2,3절)

바울은 이 인사말에서 "자매 압비아와 및 우리와 함께 군사된 아킵보와 네 집에 있는 교회에게 편지하노니"(2절)라며 압비아와 아킵보 그리고 빌레몬의 집에 있는 교회를 언급함으로써 이들 역시 그리스도를 위해 갇힌 자된 바울과 바울의 동료 디모데와 바울의 동역자들로부터 문안 인사를 받는 각별한 위치에 있음을 보여주고 있다.

압비아를 '자매'라고 부르고 있는 것은 성도로 택하심을 입은 교회의 회원(요이 13절)임을 의미한다. 믿음의 가족에 속한 성도들을 '형제'라 하듯이 압비아 역시 이와 같은 의미에서 주 안에서 '자매'였다.

아킵보는 '우리와 함께 군사된 자'로 불리고 있는데 이 칭호는 에바브로디도에게만 붙여졌었다(빌 2:25). 바울은 이 서신과 함께 보낸 골로새서에서 "아킵보에게 이르기를 주 안에서 받은 직분을 삼가 이루라고 하라"(골 4:17)고 명령을 내리고 있는데 이러한 언급들은 다른 누구라도 이 젊은 형제를 낫게 평가하지 못하도록 하기 위한 바울의 배려였다. 같은 이유로 바울은 아킵보를 가리켜 '동료 군사'임을 의미하는 명예로운 칭호를 부여하고 있다.

아울러 바울은 인사말에 빌레몬의 가정에서 모이는 교회를 빠뜨리지 않고 있다. 그들 역시 "하나님 우리 아버지와 주 예수 그리스도로부터 은혜와 평강이 너희에게 있을지어다"(몬 3절)는 바울의 축복에 참여하고 있다. 이런 점에서 그들 역시 그리스도 안에서 형제와 자매들임이 확인되고 있다.

바울이 인사말에서 빌레몬을 비롯해 압비아와 아킵보 그리고 교회 회원들을 언급하고 있는 이유는 분명하다. 바울은 성령의 감동하심에 의하여 도망친 노예에 대한 문제를 골로새 교회 공동체가 어떻게 해결

해야 하는지를 그들 모두에게 확실하게 보여주기 위함이었다.175)

이점에 있어서 이제 오네시모 문제는 빌레몬 개인의 문제를 떠나 교회 공동체 모두의 관심사가 되었다. 아울러 바울은 이 문제를 해결하는 과정을 통해서 교회 공동체가 빌레몬을 도와서 그들이 고백하고 있는 동질의 믿음, 즉 바울로부터 받은 복음에 근거한 동질의 믿음을 피차 확인하기를 기대하고 있다. 바울은 이 오네시모의 문제에 모든 골로새 교회 성도들이 애정과 관심을 가지고 함께 해결해 내기를 바라고 있다.

바울의 소망은 빌레몬과 오네시모의 애정이 서로를 위해 다 같이 회복되어서 그들이 서로 복음 안에서 화해하는 데 있었다. 이때 오네시모 역시 바울로부터 복음을 받았다는 점에서 그들 모두는 복음 안에서 동질의 믿음을 고백하는 하나의 공동체가 된다. 따라서 골로새 교회 공동체 회원들이 서로 형제로 인식하고 있는 것처럼 오네시모 역시 믿음 안에서 그들의 형제가 되었음을 확인할 수 있어야 했다.

이로써 복음 안에서 바울을 비롯해 그 복음 안에 있는 모든 형제들은 각자의 신분과 직분과 위치에도 불구하고 모두 한 형제임을 확인하여야 한다. 이러한 형제 의식을 통해 골로새 교회 공동체는 이 불쌍한 회심자인 오네시모를 기꺼이 받아들이고 그에게 애정을 베풀 수 있어야 한다.176)

따라서 "하나님 우리 아버지와 주 예수 그리스도로부터 은혜와 평강이 너희에게 있을지어다"(몬 3절)라는 축복은 바울을 비롯해 그들이 복음 안에서 한 형제임을 확인함으로써 더불어 함께 누리는 복으로 이어지게 된다.

같은 의미에서 바울은 본 서신을 마칠 때 역시 "우리 주 예수 그리스도의 은혜가 너희 심령과 함께 있을지어다"(몬 25절)라고 축도를 하고

---

175) William Handriksen, 빌레몬서, p. 287.

176) Matthew Henry, 빌레몬서, p. 226.

있다. 이런 점에서 그들이 바울의 축복과 축도에 참여하는 길은 유일하게 복음의 동질성 안에서 서로가 하나일 때 가능하다는 점을 확인할 수 있다.

3) 하나님의 자녀들에게 약속된 은혜와 평강(몬 3절)

바울은 '하나님 우리 아버지와 주 예수 그리스도'를 은혜와 평강의 원인자로 밝히고 있다. 여기에서 '하나님 우리 아버지'는 하나님의 자녀인 모든 성도들 가운데 있는 가족 관계에 초점이 맞추어져 있다. 따라서 모든 성도들은 하나님을 아버지로 모시는 하나의 가족임을 천명함으로써 바울은 노예인 오네시모와 그 주인인 빌레몬이 성도로서 한 가족 관계이며, 이 서신을 받고 있는 골로새 교회 성도들 역시 하나님의 가족임을 강조하고 있다.177)

그리고 '하나님 우리 아버지'의 자녀들로 하나의 가족을 구성함에 있어 그 자녀들은 '예수 그리스도'를 '주'로 고백하는 동질의 신앙으로 하나가 되어 있어야 한다. 이러한 조건 아래 그리스도 안에서 성도들의 아버지이신 하나님 아버지로부터, 곧 자존하시고 역사하시는 제1위이신 성부로부터 나오는 은혜와 평강이 중보자이시며 하나님과 사람이신 제2위이신 성자 예수 그리스도를 통하여 은혜의 열매들이 나오게 된다. 이때 예수 그리스도를 통하여 성도들은 평화와 모든 선한 것들을 누리게 되는데 이 모든 은혜와 평강은 제3위신 성령을 통해 하나님의 자녀들에게 적용된다.

특별히 바울은 '주'와 '예수'와 '그리스도'라는 세 가지 호칭들을 영광스러운 하나의 칭호인 '주 예수 그리스도'(*Κυρίου Ἰησοῦ Χριστοῦ*)로 결합시킴으로써 바울은 이 분이야말로 하나님 아버지와 함께 '은혜

177) Grant Osborne, 빌레몬서, p. 362.

와 평강이 너희에게 있을지어다'라고 하는 문안 인사에 포함된 복의 근원이시며 실제로 복의 원천임을 나타내고 있다. 이 인사말의 형식은 헬라와 히브리의 인사말을 결합한 것이지만 바울은 이 인사말을 삼위일체 하나님의 복을 전달하는 도구로 사용하고 있다.

헬라인들은 '기쁨이 있기를, 즐거움이 있기를'(*χαιρειν, χαριε, χαριρετε*)이라는 인사말로 문안을 하였다. 히브리인들은 평강(שׁלום)으로 인사말을 사용하였다. 그러나 바울은 '은혜와 평강'(*χαρισ και ειρηνη*)으로 이 인사말을 대체하였다. '은혜와 평강'은 구약에서 사용된 하나님의 '자비(חסד, 인자하심 또는 인애)와 평강(שׁלום)'에 대한 변형으로 주로 기도문에 사용되었다. 이때 '은혜'는 모든 실제적인 복의 근원이며 '평강'은 그 복의 종국적인 결과를 의미한다.178)

'은혜'(*χαρισ*: grace)는 하나님의 인자하심에 근거한 ① 그의 백성에 대한 하나님의 호의(favor)이며, ② 죄의 형벌로부터 그의 백성을 구원하시고 그의 마음에 성령의 폭발적인(dynamic) 변화를 일으키며, ③ 그들을 하나님의 영광에 참여케 하는 것에서 명백하게 나타난다.

이런 점에서 은혜는 하나님편에서 볼 때 주권적이며 무조건적인 반면에, 인간편에서 볼 때 공로 없이 얻는 과분한 선물이다(엡 2:8; 롬 5:2). 따라서 은혜는 받을 만한 가치가 없는 인간에게 주시는 하나님의 사랑과 그의 자녀들의 생활과 마음속에서 역사하시는 과분하신 하나님의 호의를 강조한다.

여기에 평강(*ειρηνη* : peace)을 덧붙이는 것은 당연하다. 왜냐하면 이 평강은 그리스도 예수 안에서 하나님과 화목되었다는 각성을 통해 주어지기 때문이다. 이때 평강은 완전함과 번영과 복, 즉 신령한 복(spiritual welfare)을 의미하며 그리스도 예수께서 이루신 새 창조 사역의 결과로 그의 백성들에게 주어진다. 그 궁극적인 완성은 성도들이 천상

178) F. F. Bruce, 데살로니가전후서, p. 63.

의 나라에서 누리는 것으로 성취된다.

이처럼 '은혜와 평강이 너희에게 있을지어다'라는 바울의 기원은 단순한 문안 인사로 끝나지 않는다. 이 용어들에 사용된 직설법은 전적으로 "여호와는 네게 복을 주시고 너를 지키시기를 원하며 여호와는 그의 얼굴을 네게 비추사 은혜 베푸시기를 원하며 여호와는 그 얼굴을 네게로 향하여 드사 평강 주시기를 원하노라"는 아론의 축복(benediction, 민 6:24-26)에서 보여주고 있는 것처럼 일종의 선포 행위를 동반한다. 아론의 축복으로 말미암아 여호와의 복이 이스라엘 백성에게 실제로 임했던 것처럼 바울의 문안은 하나님의 은혜와 평강이 실제로 성도들에게 임한다는 사실을 선언하는 성격을 가진다.179)

2. 믿음에 근거한 경건한 삶으로써 나타나는 '사랑' (몬 4-7절)

고대 서신들은 인사말에 이어 수신인에 대한 감사를 표시했다. 바울은 이 형식을 빌려 "내가 항상 내 하나님께 감사하고 기도할 때에 너를 말함은"(4절)이라고 하나님께 감사하는 말로써 빌레몬에 대한 사랑을 표현하고 있다. 바울이 하나님께 감사하는 내용은 "주 예수와 및 모든 성도들에 대한 네 사랑과 믿음이 있음을 들음"(*ἀκούων σου τὴν ἀγάπην, καὶ τὴν πίστιν ἣν ἔχεις πρὸς τὸν κύριον Ἰησοῦν καὶ εἰς πάντας τοὺς ἁγίους*, 5절)에 대한 것이었다.

이 구절은 "네가 주 예수를 향한 믿음과, 모든 성도들을 향해 품은 네 사랑을 나는 듣고 있다"(I hear about your faith in the Lord Jesus and your love for all the saints)라고 직역할 수 있다. 이런 종류의 문장은 교차대귀법(chiasmus) 또는 전후 비교법(cross-reference)의 형식으로, 본문은 "주 예수께 향한 믿음과 성도들에게 향한 사랑에 대해 들음"으로 이해

179) William Handriksen, 데살로니가전후서, p. 64.

해야 한다.180)

ἀκούων (나는 듣고 있다) σου (너의)
A τὴν ἀγάπην (사랑) καὶ (과)
B τὴν πίστιν (믿음)을
ἣν ἔχεις πρὸς (that you have toward, ~을 향한)
B′ τὸν κύριον Ἰησοῦν (주 예수께) καὶ (그리고)
A′ εἰς πάντας τοὺς ἁγίους (모든 성도들에게)

일반적으로 감사의 말에서 서신의 주제를 제시하고 있는 바울 서신들의 특성에 비추어 볼 때 본 서신은 “주 예수께 대한 믿음과 성도들에 대한 사랑”이 주제의 표제어로 제시되고 있다. 이러한 표현은 신약 서신들에서 종종 연결되어 나타나는데 이는 그리스도에 대한 믿음이 성도들로 하여금 사랑에 기초한 새로운 공동체 안에 들어가게 하기 때문이다. 하나님의 거룩한 자녀들에 대한 이러한 사랑은 언제든지 그리스도께 똑바로 향한 믿음에 근거하기 마련이다.

사랑의 원천은 그리스도 안에 있는 순수한 믿음에 근거하고 있다. 그리고 이 믿음은 바울이 전한 복음으로부터 주어진 것이다. 이러한 표현을 사용하고 있는 바울의 마음속에는 다른 사람들에게 이미 자신의 사랑을 분명하게 보여주었던 빌레몬이 오네시모에 대해서도 그와 같은 친절을 베풀어주기를 바라고 있음을 암시하고 있다.

1) 빌레몬의 경건한 삶으로 증거되는 믿음(몬 6절)

바울은 빌레몬의 믿음에 대해 하나님께 감사하고 있다. “이로써 네 믿음의 교제가 우리 가운데 있는 선을 알게 하고 그리스도께 이르도록

180) A. C. Hrevey, 빌레몬서, p. 671.

역사하느니라"(6절). 여기에서 바울은 빌레몬의 믿음이 선행으로 그 모습을 드러냄으로써 그의 믿음이야말로 순수한 믿음이며, 이런 점에서 그의 믿음이 참됨을 증거하고 있다는 사실을 강조하고 있다. 곧 참된 믿음은 성실한 행위로 증거된다는 것이다.

이런 의미에서 바울은 '네 믿음의 교제'(ἡ κοινωνία τῆς πίστεώς : the fellowship of your faith)라고 부르고 있다. 이것은 믿음이란 무기력하게 내면에 남아 있지 않고 실제 바깥으로 나타나는 결과를 통해서 그 모습을 사람들에게 보여주는 것이어야 함을 의미한다. 믿음은 마음속에 은밀히 숨어 있지만 선행을 통해서 사람들에게 그 자체를 알리는 속성을 가지고 있기 때문이다.181)

본문에서 '믿음'은 빌레몬이 믿고 있는 내용인 교리와 그리스도께 대한 그의 헌신의 실제적인 표시로 나타나는 경건한 삶을 모두 포함하고 있다. 따라서 '믿음의 교제'(κοινωνία)란 성도들의 믿음을 규정하는 교리에 근거하여 그리스도의 몸인 교회 안에서 함께 나누는 사랑의 모든 실체들을 가리킨다. 기꺼이 기뻐하는 이들과 함께 기뻐하고, 우는 이들과 함께 울면서(롬 12:15) 성도들이 하나의 공동체에 소속되어 있음을 확인해 주는 교제가 곧 '믿음의 교제'이다.

때문에 순수하고 참된 믿음은 그 믿음의 효과를 통해서 스스로 효력이 입증되는 능력을 가지고 있다. 그 결과 신자의 삶은 경건하고 거룩한 생활로 나타나기 마련이다. 이런 점에서 바울은 이 믿음의 교제를 가리켜 '우리 가운데 있는 선한 일'이라고 말하고 있다.

'선한 일'은 하나님께서 그리스도를 통해 성도들을 위해 행하신 일을 가리킨다. 여기에서는 모든 신자의 경우와 마찬가지로 빌레몬의 존재와 소유와 장래의 모습 등 모든 것이 그리스도로 말미암은 것이어야

181) J. Calvin, 빌레몬서, p. 624.

하며, 그 결과 그가 행하는 모든 일들은 그리스도를 영화롭게 하는 것이어야 한다는 의미로 사용되고 있다. 이것은 빌레몬이 오네시모를 위해 행하게 될 선한 일(14절)을 예표하고 있다.

바울은 빌레몬의 믿음이 다른 성도들, 특별히 그의 집에서 모이는 성도들의 교제(*κοινωνία*)에서 나타나고 있는 것처럼 그의 교제 안에 새로운 신자인 오네시모를 기꺼이 받아주는 것으로 나타나기를 기대하고 있다.182)

이러한 바울의 기대는 "이 후로는 종과 같이 대하지 아니하고 종 이상으로 곧 사랑 받는 형제로 둘 자라 내게 특별히 그러하거든 하물며 육신과 주 안에서 상관된 네게랴 그러므로 네가 나를 동역자로 알진대 그를 영접하기를 내게 하듯 하고"(몬 16,17절)에서 구체적으로 제시되고 있다. 이것이 진정한 믿음의 '코이노니아'이기 때문이다.

이렇게 함으로써 바울과 빌레몬과 오네시모는 그리스도께 대한 그들의 믿음으로 그리스도의 몸 안에서 서로 한 지체가 됨을 확인하게 된다. 바울은 이러한 믿음의 교제를 통해 이 편지와 관련된 모든 성도들이 함께 '그리스도께 이르도록 역사하는' 원동력이 될 것이라고 의심하지 않았다. 곧 빌레몬이 고백하는 그 믿음에 근거하고 있는 교제야말로 그들이 모두 그리스도 예수 안에서 한 형제가 되어가는 실질적인 에너지로 작용하고 있는 것이다.

2) 빌레몬의 사랑으로 성취되는 평안함(몬 7절)

바울은 빌레몬의 믿음이 참되다는 사실에 대한 증거로 빌레몬의 사랑을 제시하고 있다. 이에 바울은 "형제여 성도들의 마음이 너로 말미암아 평안함을 얻었으니 내가 너의 사랑으로 많은 기쁨과 위로를 받았

182) Grant Osborne, 빌레몬서, p. 365.

노라"(7절)며 벅찬 감동을 표시하고 있다.

빌레몬의 믿음에서 나오는 사랑의 행위, 즉 '선한 일들'은 그와 함께 있는 모든 고통받는 형제들에게 안도감을 주었으며, 그들이 당하는 모든 고난과 비탄으로부터 마음이 평안함을 얻고 자유롭게 되도록 하여 그들로 하여금 안식, 곧 평안함을 누리게 하였다.

본문에서 사용된 '평안함을 얻었다'(*αναπεπανται*)는 단어는 "수고하고 무거운 짐진 자들아 다 내게로 오라 내가 너희를 쉬게 하리라"(마 11:28)고 예수께서 말씀하셨던 것처럼 예수님께 나오는 자들에게 주어지는 쉼, 안식, 활력, 원기 회복을 의미한다.183) 이런 점에서 빌레몬이 모든 성도들에게 보인 사랑(5절)은 그 사랑을 경험하고 있는 성도들의 마음에 기운을 되찾게 해 주었으며(refreshed) 바울에게는 기쁨과 격려가 되었다.

빌레몬이 성도들에게 그러한 경건과 관대함을 베풀었다는 점이 바울에게 기쁨이 되었다는 사실은 현재 오네시모의 일로 마음이 편치 않은 바울에게도 동일한 기쁨으로 응답될 것이라는 기대를 가지게 하고 있다. 이러한 바울의 심정은 "오 형제여 나로 주 안에서 너로 말미암아 기쁨을 얻게 하고 내 마음이 그리스도 안에서 평안하게 하라"(몬 20절)에서 확인된다.

바울은 빌레몬의 믿음과 그 믿음에 근거한 코이노니아가 성도들의 마음에 원기를 회복시켜준 것처럼 바울에게도 동일하게 평안함을 주게 될 것이라고 의심치 않는다. 이 사실을 확신하고 있다는 점을 나타내기 위해 바울은 7절과 20절에서 빌레몬을 '형제'라고 부르고 있다.

바울은 자신이 전해 준 복음 안에서 빌레몬이 보인 '모든 선한 일'을 통해 자신과 동질의 믿음을 이미 확인하였기 때문에 이후 빌레몬이 노예인 오네시모를 자신의 형제로 받아들이게 될 것에 대해 조금도 의

183) William Handriksen, 빌레몬서, p. 294.

심치 않으며 빌레몬에게 깊은 신뢰를 가질 수 있었다.

마치는 말

바울은 본 서신의 인사말을 통해 무엇보다도 먼저 바울 자신이 그리스도 예수를 위하여 갇힌 자가 되었음을 드러냄으로써 바울 스스로가 그리스도 예수의 종과 같은 위치에 있음을 강조하고 있다(1절). 이와 더불어 형제 디모데와 이 서신을 받고 있는 빌레몬, 압비아, 아킵보를 비롯해 골로새 교회의 모든 형제들 역시 바울과 같이 모두 그리스도 예수의 종으로서 동일한 위치에 있음을 밝히고 있다.

이러한 바울의 선언은 성도들이라면 누구나 할 것 없이 모두 그리스도 예수 안에서 하나님의 자녀이며 신분과 상관없이 오직 한 분 하나님만을 아버지로 부를 수 있는 특권을 누려야 할 당위성을 보여주고 있다. 이제 이러한 위치에서 바울은 "그리스도 예수에 대한 믿음과 모든 성도들에 대한 사랑"(5절)을 구현해 왔던 빌레몬에게 요청하고 있다. 곧 이러한 당위성을 따라 도망간 노예였던 오네시모에게도 여느 성도들과 같이 대해 줄 것을 기대하고 있다.

바울이 이처럼 당시 사회적 관습이나 실정법을 초월하여 빌레몬에게 파격적인 요청을 할 수 있었던 것은 오로지 주 예수 그리스도를 통해 주어진 성부 하나님의 은혜와 평강을 모든 성도들이 함께 누리고 있는 복된 상태를 그들 스스로 증명해 낼 수 있다는 자신감에 근거하고 있다(7절).

이처럼 바울의 복음은 언제나 강력하게 역사하는 실천적인 능력으로 성도들이 살아가기를 독려하고 있다. 그리고 이러한 복음의 능력이야말로 하나님을 아버지로 섬기는 모든 성도의 삶을 통해 실천적인 열매로 일상의 삶에서 드러나야 한다. 이런 일에 있어서 우리는 조금도 인색하거나 비굴하지 않고 우리 스스로의 믿음을 사랑으로 실천하며 살아감으로써 증거해야 할 것이다.

| 기 도 |

"무슨 일을 하든지 마음을 다하여 주께 하듯 하고 사람에게 하듯 하지 말라 이는 기업의 상을 주께 받을 줄 아나니 너희는 주 그리스도를 섬기느니라"(골 3:23,24)는 바울 사도의 가르침처럼 하나의 믿음으로 하나님의 자녀가 될 수 있도록 교회로 불러주시는 우리의 아버지이신 하나님.

이제 우리가 그리스도 예수를 믿는 신실한 믿음 안에서 하나님 아버지를 통해 한 형제가 된 성도들을 위해 예수 그리스도께서 십자가에서 죽으시기까지 자신의 사랑을 보이신 모범을 따라 이땅에서 살아가게 하였사오니 우리는 전적으로 이러한 은혜를 받은 성도들로서 기꺼이 사랑의 길을 가기를 원하옵나이다.

아울러 이 길을 감으로써 우리 모두가 그리스도 예수 안에서 하나님께서 우리를 위해 예비하신 기업을 얻기까지 우리에게 소망을 주셨사온즉, 비록 우리의 믿음이 연약하여 이 놀라운 사랑을 온전하게 실천하지 못하는 일이 없도록 불쌍히 여기시고 우리가 더욱 믿음을 향해 나아갈 수 있도록 은혜를 더하여 주옵소서.

우리 안에서 이러한 사랑의 열매가 날마다 더 풍성하게 나타나고 이로써 우리가 하나님의 자녀인 것을, 그리고 우리가 오로지 하늘에 쌓아둔 살아있는 소망을 향해 흔들리지 않고 서로를 부추기며 나아감으로써 그리스도의 몸인 교회가 온 땅에 널리 세워지는 복을 누리게 하옵소서.

우리 주 예수 그리스도의 이름으로 기도합니다. 아멘.

〈 2 〉

경건한 삶으로 확인되는 사랑의 일치성

빌레몬서 1:8-25

1:8 이러므로 내가 그리스도 안에서 아주 담대하게 네게 마땅한 일로 명
할 수도 있으나 9 도리어 사랑으로써 간구하노라 나이가 많은 나 바울은
지금 또 예수 그리스도를 위하여 갇힌 자 되어 10 갇힌 중에서 낳은 아들
오네시모를 위하여 네게 간구하노라 11 그가 전에는 네게 무익하였으나
이제는 나와 네게 유익하므로 12 네게 그를 돌려 보내노니 그는 내 심복
이라 13 그를 내게 머물러 있게 하여 내 복음을 위하여 갇힌 중에서 네
대신 나를 섬기게 하고자 하나 14 다만 네 승낙이 없이는 내가 아무 것도
하기를 원하지 아니하노니 이는 너의 선한 일이 억지 같이 되지 아니하
고 자의로 되게 하려 함이라 15 아마 그가 잠시 떠나게 된 것은 너로 하
여금 그를 영원히 두게 함이리니 16 이 후로는 종과 같이 대하지 아니하
고 종 이상으로 곧 사랑 받는 형제로 둘 자라 내게 특별히 그러하거든 하
물며 육신과 주 안에서 상관된 네게랴 17 그러므로 네가 나를 동역자로
알진대 그를 영접하기를 내게 하듯 하고 18 그가 만일 네게 불의를 하였
거나 네게 빚진 것이 있으면 그것을 내 앞으로 계산하라 19 나 바울이 친
필로 쓰노니 내가 갚으려니와 네가 이 외에 네 자신이 내게 빚진 것은 내
가 말하지 아니하노라 20 오 형제여 나로 주 안에서 너로 말미암아 기쁨
을 얻게 하고 내 마음이 그리스도 안에서 평안하게 하라 21 나는 네가 순
종할 것을 확신하므로 네게 썼노니 네가 내가 말한 것보다 더 행할 줄을

아노라 22 오직 너는 나를 위하여 숙소를 마련하라 너희 기도로 내가 너희에게 나아갈 수 있기를 바라노라 23 그리스도 예수 안에서 나와 함께 갇힌 자 에바브라와 24 또한 나의 동역자 마가, 아리스다고, 데마, 누가가 문안하느니라 25 우리 주 예수 그리스도의 은혜가 너희 심령과 함께 있을지어다

바울은 구금되어 있는 동안 빌레몬의 노예였던 오네시모에게 복음을 전하고 그를 주께로 인도했다. 이에 바울은 이제 회심하여 성도가 된 도망친 노예 오네시모를 빌레몬이 용서하고, 용서를 넘어 형제로 받아들일 것을 기대하고 있다.

바울은 빌레몬에게서 나타나는 믿음의 순수성에 근거하여, 빌레몬이 골로새 교회 성도들에게 물심양면의 관대함을 통해 경건의 삶을 보이고 있다는 사실을 신뢰하면서 그와 같은 관대함을 가지고 오네시모에게 자비를 베풀어 줄 것을 의심치 않는다. 그리고 다시한번 빌레몬에게 믿음의 순수성이 바울에게 기쁨이 되고 바울의 기운을 북돋게 될 것을 기대하면서 오네시모에 대한 바울의 부탁을 시작하고 있다.

1. 경건한 삶의 모범으로써 바울의 사랑 (몬 8-16절)

1) 믿음 안에서 바울의 아들이 된 오네시모 (몬 8-10절)

바울은 성도들에게 보인 빌레몬의 사랑이 오네시모를 받아들이는 데까지 확장될 것을 바라보고 있다. 그러나 이러한 기대는 당시 로마 시대의 노예 제도 안에서는 감히 상상조차 하기 어려운 획기적인 발상이

었다. 노예의 주인들은 불순종한 노예를 죽일 수 있는 권한을 가지고 있었다. 특별히 도망친 노예라면 더 이상의 이론이 필요치 않았다. 이런 점에서 바울은 빌레몬에게 정중하게 오네시모에 대한 이야기를 꺼내고 있다.

> "이러므로 내가 그리스도 안에서 아주 담대하게 네게 마땅한 일로 명할 수도 있으나 도리어 사랑으로써 간구하노라 나이가 많은 나 바울은 지금 또 예수 그리스도를 위하여 갇힌 자 되어 갇힌 중에서 낳은 아들 오네시모를 위하여 네게 간구하노라"(몬 8-10절).

바울은 빌레몬에게 복음을 전한 사도로서, 그리고 믿음과 행위의 문제에 있어서 교회를 다스리기 위하여 주께서 주신 사명을 수행하는 사도로서 빌레몬에게 오네시모를 자유롭게 해 달라고 명령할 수 있는 권위를 가지고 있었다. 하지만 바울은 오네시모에 대한 자신의 심정을 밝히는 것으로 빌레몬의 믿음과 이제까지 성도들에게 보여주었던 그리스도인의 사랑(5절)에 근거하여 이 문제에 대해 호소하고 있다.

바울은 이점을 강조하기 위해 자신이 연로한 연장자이며, 예수 그리스도를 위해 갇혀있음을 밝히고 있다. 바울은 자신이 명령할 수 있는 권위를 스스로 포기하는 본을 보임으로써 오히려 자신의 요청을 강화시키고 있다. 또한 바울은 그리스도 안에서 자기에게 수여하신 임무 때문이 아니라면 아무 것도 스스로 주장하지 않는다는 점을 보여주고 있다.

사실 개인적인 이권을 떠나 오로지 말씀을 위해 시중들고 봉사할 때 진정한 사도의 권위가 발휘되어야 한다.184) 바울이 자신을 사도로 부르지 않고 '연장자'(elder)로 부르고 있는 이유도 여기에 있다. 이것은 바울이 사도로서가 아니라 빌레몬과 동등한 말씀 사역자이며 동역자임

184) J. Calvin, 빌레몬서, p. 626.

을 강조하기 위함이다.

이제 바울은 그리스도의 종으로서 그의 주인이신 주님을 위하여 봉사하는 가운데 나이 많은 연장자가 되었다. 그의 몸에는 '예수의 흔적'(갈 6:17)이 새겨져 있으며 육체의 가시를 늘 지니고 있었다(고후 12:7). 그리고 마침내 주인이신 그리스도를 위하여 갇힌 자가 되었다. 이처럼 바울은 하나님을 섬기는 일에 기꺼이 자신의 모든 것을 바쳤으며 친히 헌신의 모범을 보였다. 그리고 이 일에 빌레몬 역시 같은 동역자의 길을 가고 있음을 기뻐하고 있다.

비록 바울이 나이 들고 구금되어 있다 할지라도 여전히 바울은 빌레몬의 동역자였다. 이에 바울은 주를 인하여 갇혀 있는 자신을 위해 빌레몬이 호의를 베풀어 줄 것을 당부할 수 있었다. 또한 갇혀 있다 할지라도 바울은 여전히 복음을 전하는 사역에 있어서는 사도였으며, 아울러 복음을 섬기는 사역이 멈춘 것도 아니었다. 그 증거 중 하나가 지금 바울이 자신의 아들이라고 부르고 있는 오네시모였다.

2) 회심을 통해 유익한 인물이 된 오네시모(몬 11-14절)

회심하기 이전 노예의 신분이었던 오네시모는 분명히 빌레몬의 소유였다. 그렇지만 이제 하나님은 바울을 오네시모의 회심을 위한 도구로 사용하셨다. 이처럼 하나님은 갇혀서 고통을 당하는 종들을 높이고 위로하신다. 하나님은 그들의 고난을 통해 그들이 받은 은혜들을 익히고 발전시키게 함으로써 그들에게 유익을 주시는 분이시다. 그 유익을 통해 하나님은 고난당하는 종들을 다른 사람을 위한 영적인 선한 일을 하게 하신다.185)

이 사실은 오네시모가 회심하여 바울의 아들이 된 것이 전적으로 하

---

185) Matthew Henry, 빌레몬서, p. 233.

나님의 은혜에 속한다는 점을 강화시키고 있다. 그런데 바울이 아들이라고 부르고 있는 이 사람은 당시 사회에서 가장 천박한 신분을 가진 노예였다. 그처럼 천한 노예라 할지라도 하나님의 복음 안에서 이제 바울의 어엿한 '아들'이 되었다. 그것은 오로지 복음 안에서 그가 회심을 하게 되어 하나님의 자녀로 인정되었다는 객관적인 근거에 따른 결과였다.

바울은 오네시모를 가리켜 '갇힌 중에서 낳은 아들'(*τοῦ ἐμοῦ τέκνου, ὃν ἐγέννησα ἐν τοῖς δεσμοῖς*)이라고 힘주어 말한다. 이것은 하나님의 은혜로 말미암아 얻은 바울의 아들 오네시모는 옥중에서 복음을 전하여 그리스도의 구원에 이르는 지식을 얻게 인도한 아들임을 강조하고 있다.

바울은 이 사실을 극적으로 밝히고 있다. "그가 전에는 네게 무익하였으나 이제는 나와 네게 유익하므로 네게 그를 돌려 보내노니 그는 내 심복이라"(몬 11,12절). 여기에는 일종의 언어유희가 담겨 있다. 오네시모(*Ὀνησίμῳ*)의 이름에는 '적합한, 도움이 되는'이라는 의미가 담겨 있다.

그런데 그 오네시모는 주인에게 피해를 끼치고 도망친 자로 빌레몬에게 무익한 자였다. 그러나 이제는 유익한 자가 되어 한 사람의 성도로서 새로운 자세로 빌레몬을 위하여 봉사할 것이며, 그리스도를 위하여 빌레몬을 기쁘게 할 것이며, 마찬가지로 지금 바울에게 유익한 사람이 되어 있었다. 의심할 여지없이 오네시모는 갇혀서 고통을 당하고 있는 바울을 위해 그가 할 수 있었던 모든 봉사를 다 하고 있었음이 분명하다.186)

이런 이유에서 바울은 "그를 내게 머물러 있게 하여 내 복음을 위

186) William Handriksen, 빌레몬서, p. 298.

하여 갇힌 중에서 네 대신 나를 섬기게 하고자 하나 다만 네 승낙이 없이는 내가 아무 것도 하기를 원하지 아니하노니 이는 너의 선한 일이 억지 같이 되지 아니하고 자의로 되게 하려 함이라"(몬 13,14절)고 밝히고 있다. 바울은 회심한 오네시모가 더 이상 무익한 사람이 아닌 유익한 사람으로서 바울의 사역에 꼭 필요한 인물이 되었음을 강조하고 있다.

이것은 오네시모가 동역자 바울에게 유익한 형제가 됨으로써 빌레몬에게도 동일한 기쁨이 된다는 사실을 강조하고 있다. 이런 이유에서 바울은 오네시모가 전에는 무익했던 노예였지만 이제는 빌레몬에게 유익한 형제가 되었을 뿐만 아니라, 빌레몬이 바울을 위해 그 오네시모를 되돌려 줌으로써 바울에게 반가운 선물이 될 것을 암시하고 있다. 이렇게 함으로써 바울은 오네시모가 더 이상 노예의 신분이 아닌 자유인으로서 바울의 사역에 동참할 수 있는 길을 열어놓고 있다.

여기에서 바울은 오네시모가 빌레몬을 대신해서 바울을 위해 봉사하고 있음을 강조하고 있다. 이것은 오네시모의 봉사는 곧바로 빌레몬이 바울을 위해 봉사하고 있는 것과 같은 의미를 가지고 있음을 보여준다. 반면에 오네시모에 대한 권리가 빌레몬에게 있기 때문에 바울은 빌레몬의 권리를 침해할 수 없음을 밝히고 있다. 그리고 오네시모가 빌레몬에게 돌아간 후에 빌레몬이 다시 오네시모를 바울에게 되돌려 보내준다면 더 없는 선물로 반갑게 맞이할 것을 덧붙이고 있다.

이렇게 함으로써 바울은 고난가운데 복음을 전하는 사역에 빌레몬이 직접 동역하는 자로서 함께 참여하고 있음을 확인하고 있다. 왜냐하면 복음 때문에 박해를 받는 바울을 돕는다는 것은 성도들 모두의 공통된 책임이기 때문이다.187) 이로써 빌레몬이 바울의 복음 사역에 함께 참여하는 놀라운 은혜를 누리는 것처럼 모든 성도들도 동일한 은혜를 누

187) J. Calvin, 빌레몬서, p. 627.

리게 되는 것이다.

3) 오네시모를 통해 빌레몬이 받게 된 유익(몬 15,16절)

오네시모가 유익한 형제가 되었다는 점을 밝힌 바울은 이제 그 오네시모를 교회 공동체의 한 형제로 받아 줄 것을 빌레몬에게 요청하고 있다. "아마 그가 잠시 떠나게 된 것은 너로 하여금 그를 영원히 두게 함이리니 이 후로는 종과 같이 대하지 아니하고 종 이상으로 곧 사랑 받는 형제로 둘 자라 내게 특별히 그러하거든 하물며 육신과 주 안에서 상관된 네게랴"(몬 15,16절).

여기에서 본 서신의 극적인 반전이 이루어지고 있다. 한때 오네시모가 도망친 일로 가장 큰 피해를 입은 사람은 바로 빌레몬이었다. 그러나 이제 빌레몬은 오네시모가 다시 돌아옴으로써 가장 큰 은혜를 누리는 위치에 서게 되었다. 빌레몬은 오네시모를 잃어버렸지만 그것은 단지 잠시뿐이었다. 그렇지만 이제 빌레몬은 오네시모를 다시 찾았을 뿐 아니라 그를 그리스도 안에서 새로운 형제로 맞이하게 된 것이다.

여기에서 확인되는 것은 오네시모가 돌아감으로써 영생을 공유하고 있는 빌레몬과 영원한 형제의 관계로 들어가게 하는 하나님의 지배적인 힘이다. 그것은 오네시모의 노예 신분이 믿음의 공동체 안에서 그리스도인이라는 한 지체로서 분명한 기초 위에 서 있음으로써 확인된다.[188] 이 과정에서 빌레몬의 '선한 일'이 증명된다는 것은 마치 이 일을 이루신 하나님의 손길을 체험하는 것과 다를 바 없다.

빌레몬은 한 사람의 노예를 잃어 버렸다. 하지만 이제 빌레몬은 누구보다 소중한 그리스도의 지체 중 한 사람의 형제를 얻게 되었다. 뿐만 아니라 다시는 그리스도 안에서 잃어버리지 않는 영원한 결합을 이

188) Ralph P. Martin, 빌레몬서, p. 205.

루게 되었다. 그리스도 안에서 형제로서 다시 맺어진 두 사람의 관계는 이 세상뿐 아니라 저 세상에서도 결단코 단절되는 일이 없기 때문이다.189)

더욱이 지금 빌레몬이 만나게 되는 형제는 바울이 옥중에서 친히 낳은 아들이라 할 정도로 바울에게는 소중한 형제였다(10절). 그리고 바울이 친히 자신의 심복이라고 할 정도로 바울의 신임을 받고 있는 형제였다(12절). 이것은 오네시모가 신분으로서는 비록 빌레몬의 노예였고 빌레몬은 오네시모의 주인이라 할지라도 이제 ① 오네시모는 어엿한 바울의 화신이 되어 있으며 ② 마치 바울의 분신이 친히 빌레몬을 찾아오고 있는 것과 같은 커다란 기쁨을 빌레몬에게 전달하고 있음을 암시하고 있다.

따라서 예전의 무가치하고 비천한 처지의 노예였던 오네시모를 바울은 가장 절친한 친구이자 형제로 부르고 있다는 지극히 겸손한 모범을 통해 하나님께서 자기 백성의 숫자에 넣은 오네시모를 자신의 형제로 여기는 것을 수치로 여길 이유가 없음을 강화시키고 있다. 오히려 빌레몬은 오네시모를 바울보다 훨씬 깊은 형제애로 맞이할 수 있게 되었다.

왜냐하면 오네시모는 바로 빌레몬 자신이 속한 교회 공동체의 형제이며 나아가 자신의 가족이 되었기 때문이다. 노예를 잃은 대신에 식구를 얻었다는 이 사실은 오로지 주 안에서 성령에 따라 이루어진 바로 그 일이었다. 그리고 이제 바울과 빌레몬과 오네시모는 한 복음 안에서 공통의 믿음을 가지는 그리스도의 몸된 지체가 되었다는 사실을 통해 하나님의 숨겨진 섭리를 친히 볼 수 있게 된 것이다.190)

---

189) William Handriksen, 빌레몬서, p. 301.

190) J. Calvin, 빌레몬서, p. 629.

2. 모두에게 모범을 보인 바울의 형제 사랑 (몬 17-20절)

1) 노예가 아닌 새로운 신분으로 바뀐 오네시모 (몬 17,18절)

오네시모를 형제로 받아들이는 일이야말로 복음 안에서 하나인 교회 공동체로서 가장 기쁜 일이 아닐 수 없다. 바울은 이점에서 빌레몬에게와 골로새 교회 형제들에게 더 큰 기쁨을 주기 위해 "그러므로 네가 나를 동역자로 알진대 그를 영접하기를 내게 하듯 하고 그가 만일 네게 불의를 하였거나 네게 빚진 것이 있으면 그것을 내 앞으로 계산하라"(몬 17,18절)고 말하고 있다.

이제 오네시모는 과거의 노예가 아닌 바울의 아들로 또는 바울을 위해 수고하는 동역자가 되었으며, 바울은 자신이 빌레몬의 동역자로서 더불어 누릴 수 있는 모든 특권과 위엄을 도망자 오네시모에게 양도하고 있다. 이로써 오네시모는 노예가 아닌 바울의 대리인과 같은 자격을 가지게 되었을 뿐 아니라 바울이 오네시모를 위해 보증을 섬으로써 오네시모의 신변을 확실하게 보장하고 있다.

본문에서 '동무'(*κοινωνος* : partner)는 '동반자' 또는 '동역자'라는 의미로, 교제나 나눔을 의미하는 코이노니아(*κοινωνια*)와 같은 어근에서 나왔다. 이미 바울과 빌레몬은 믿음의 교제를 나누고 있는 동역자였다(6절). 따라서 바울은 이미 자신을 동무로 맞이한 것처럼 빌레몬이 오네시모를 자신의 동무로 맞이해 줄 것을 의심치 않는다. 이 '동역자'라는 말은 로마의 동업자 협약(societas : Partnership agreement)을 모델로 한 것으로 이제는 서로가 믿음이라는 동맹 협약을 맺은 동료가 되었음을 강조하고 있다.191)

---

191) Ralph P. Martin, 빌레몬서, p. 206.

그렇지만 바울은 오네시모가 과거에 저지른 죄과를 그냥 넘기지 않고 있다. 이에 바울은 오네시모로 인해 발생한 손해에 대해 자신의 이름으로 증서를 작성하고 그 보상에 대한 보증이 될 것을 말하고 있다. 이처럼 빚을 지면 보상을 해야 한다는 사실은 이땅의 성도들이라면 누구나 주님의 구속에 대한 빚을 지고 있다는 사실을 또한 상기시키고 있다.

이것은 용서에 대한 교훈을 말씀하시면서 일만 달란트 빚진 자에 대한 예수님의 이야기(마 18:23-35)를 되돌아보게 한다. 예수님은 "너희가 각각 마음으로부터 형제를 용서하지 아니하면 나의 하늘 아버지께서도 너희에게 이와 같이 하시리라"(마 18:35)고 경고하셨다.

2) 바울의 사랑을 증거하는 표본으로서 오네시모 (몬 19절)

이제 바울은 "나 바울이 친필로 쓰노니 내가 갚으려니와 네가 이 외에 네 자신이 내게 빚진 것은 내가 말하지 아니하노라"(몬 19절)는 말로 빌레몬의 다짐을 받고 있다. 빌레몬은 바울에게 말할 수 없이 큰 복음의 빚을 지고 있다. 그러나 바울은 그 빚에 대해서는 조금도 권리를 요구하지 않는다. 또 그 빚짐과 관련하여 오네시모의 빚을 탕감하자고 주장하지도 않는다. 왜냐하면 복음의 빚은 그 누구의 소유도 아니며 전적으로 하나님께 대한 것이기 때문이다. 이때 그리스도는 성도들을 위하여 기꺼이 더 좋은 언약의 보증이 되어주신다(히 7:22).

그렇다 할지라도 만일 바울이 빌레몬에게 복음의 빚에 대한 권리를 요구한다면 결코 거절할 수 없을 것이다. 왜냐하면 빌레몬은 바울의 복음을 통해 영원한 생명을 얻었기 때문이다. 하지만 바울은 복음의 빚 때문이 아니라 순수한 성도의 사랑, 즉 믿음의 교제로 빌레몬이 오네시모를 형제로 받아들일 것을 말하고 있다. 이 사실은 빌레몬이 짊어지고 있는 복음의 빚에 대해 더 이상 바울이 권리를 요구하지 않는다는 사랑의 증표가 된다.

이점에 있어서 바울은 사도로서 행할 수 있는 최고의 사랑을 빌레몬에게 베풀고 있음을 알 수 있다.192) 이러한 사랑을 익히 알고 있는 빌레몬의 심정은 복음을 받은 성도들이 사도에게 마땅히 보여주어야 하는 사랑에 대한 응답을 묘사하고 있는 "너희가 할 수만 있었더라면 너희의 눈이라도 빼어 나에게 주었으리라"(갈 4:15)는 바울의 말과 조금도 다르지 않았음이 분명하다.

그럼에도 불구하고 바울은 그동안 오네시모에 의해 발생한 빌레몬의 손해에 대해서는 자신이 청산하겠다고 분명히 밝히고 있다. 이렇게 함으로써 오네시모의 모든 빚짐이 해결되었음을 선언하고 있다. 이때 오네시모는 채무를 대신 짊어진 바울의 사랑을 증명하는 증인으로 골로새 교회 공동체 앞에 서 있게 된다. 이런 이유에서 오네시모는 그리스도의 사랑을 증거하는 증인으로 이제 바울에 의해 골로새 교회에 파송을 받고 있는 것과 같다.

바울의 이러한 선언은 그리스도의 속죄(the atonement of Christ) 및 의의 전가(the imputation of Christ's righteousness)를 통해 아무 대가 없이 죄로부터 의롭다고 인정된 '칭의의 교리'(Doctrine of Justification)를 암시하고 있다. 본 서신은 결코 교리에 대해 언급하지 않고 있지만 빌레몬과 바울, 바울과 오네시모, 오네시모와 빌레몬과의 형제 의식은 절대 가치를 지닌 그리스도의 속죄와 의의 전가를 기초로 하고 있는 '이신칭의'(the Righteousness Through Faith in Christ)에 근거해 있음을 보게 된다.

아울러 바울이 비천한 오네시모를 형제로 여기고 있는 모범과 이제 빌레몬이 오네시모를 형제로 맞이하게 하는 이 모든 일들, 즉 선한 일

---

192) Matthew Henry, 빌레몬서, p. 240.

들은 바울이 전한 복음에 대한 믿음을 규명하는 교리에 확실하게 근거하고 있다. 이런 점에서 기독교의 교리와 신자의 삶은 결코 분리되지 않는다. 참된 복음은 성도들의 경건 생활을 위하는 것처럼 참된 믿음은 성도들이 나타내는 경건 생활을 통해 증거된다. 이 증거로써 그가 받은 복음이 참된 하나님의 말씀이라는 사실을 확인하게 된다.

3) 빌레몬에게 거는 바울의 기대 (몬 20절)

오네시모는 바울의 복음으로 인하여 새 생명을 얻게 되었다. 뿐만 아니라 그 복음의 능력에 근거하여 바울이 몸소 보인 경건한 삶의 모습을 따라 예전과 달리 더욱 적극적으로 그리고 겸손하게 주인을 섬길 수 있는 마음을 가질 수 있었다. 바울이 빌레몬에게 보인 겸손의 덕은 충분히 오네시모가 가졌던 과거의 그릇된 행동들과 마음가짐을 새롭게 하는 동기가 되었다.193)

마찬가지로 빌레몬 역시 ① 오네시모를 향한 사도 바울의 겸손, 즉 비천한 노예를 기꺼이 형제로 맞이하는 모범과 ② 동반자로서 자신에 대한 사랑을 표현하는 바울의 깊은 애정을 따라 이제 스스로 오네시모에게 향했던 불쾌감을 벗어버릴 준비가 되어 있어야 한다. 그럼으로써 기꺼이 한 형제로 그리고 한 가족으로 오네시모를 맞이할 수 있게 되는 것이다.

오히려 바울이 "오 형제여 나로 주 안에서 너로 말미암아 기쁨을 얻게 하고 내 마음이 그리스도 안에서 평안하게 하라"(몬 20절)고 말하고 있는 것처럼 빌레몬은 자신이 오네시모를 맞이함으로써 바울에게 기쁨과 평안함을 주기 위해서라도 그렇게 해야만 한다. 확실히 오네시모의 일은 빌레몬의 신앙과 순종의 합당하고 인정받을 만한 열매였다.

---

193) J. Calvin, 빌레몬서, p. 631.

빌레몬은 바울이 믿음 안에서 낳은 자신의 아들이었다. 그럼에도 불구하고 바울은 빌레몬을 형제의 입장에 세워놓고 간청하고 있다. 바울은 불쌍한 노예 오네시모를 위하여 마치 자신을 위하여 어떤 큰 일을 구하기라도 하는 것처럼 간청하고 있다.194) 이것이 바울의 복음이 가지고 있는 속성이다. 이 복음에 근거하여 빌레몬이 교회 공동체 회원들에게 그랬듯이(7절) 이제 바울은 자신이 빌레몬을 통해 기운을 되찾을 차례가 되었음을 밝히고 있다.

3. 빌레몬의 순종으로 확인되는 복음의 진정성 (몬 21,22절)

바울은 사도권의 권리를 주장할 수 있음에도 불구하고 그것을 사용하지 않았다(8절). 그보다는 빌레몬이 자발적으로 판단하고 행동하기를 바라고 있다(14절). 이것은 빌레몬이 바울이 아닌 하나님께 순종하는 모범을 보여주기를 바라는 바울의 심정 때문이다. 이에 바울은 "나는 네가 순종할 것을 확신하므로 네게 썼노니 네가 내가 말한 것보다 더 행할 줄을 아노라"(몬 21절)고 말한다.

여기에서 말하는 '순종'(τῇ ὑπακοῇ)은 복음에 대한 순종으로 그것은 복음에 설명되어 있듯이 하나님의 요구에 대하여 귀를 기울이는 행위를 의미한다(롬 10:16; 빌 2:12; 살후 3:14). 이런 점에서 순종은 바울의 충고를 받아들이거나 그의 요청을 받아들이는 그 이상의 의미를 가진다.195) 결국 빌레몬의 순종은 하나님의 말씀에 대한 응답이며, 바울은 빌레몬이 하나님의 말씀을 따른다는 의미에서 순종하기를 원하고 있다. 이렇게 함으로써 빌레몬의 순종은 하나님의 사자인 바울을 통해 하나님께 향하게 된다.196)

---

194) Matthew Henry, 빌레몬서, p, 241.

195) William Handriksen, 빌레몬서, p. 307.

196) Grant Osborne, 빌레몬서, p. 283.

하나님께 향한 빌레몬의 순종은 오네시모를 교회 공동체의 형제로 맞이하는 정도에서 그치지 않는다. 이런 점에서 순종은 바울이 요청하고 있는 것보다 더 좋은 일을 할 수 있는 동기를 제공한다. 따라서 빌레몬은 오네시모를 위한 더 많은 계획을 세울 수 있을 것이다.

그것은 ① 오네시모를 복음 사역에 이바지하도록 뒷받침을 하거나, ② 이 일을 계기로 자기 소유로 있는 노예들에 대해 복음의 원칙 안에서 새롭게 관계를 설정하거나, ③ 다른 주인들을 설득하여 그들 역시 노예들에게 큰 배려를 행하도록 하는 일을 할 수 있을 것이다. 이것이야말로 경건한 신자의 삶을 통해 증거되는 바울이 전한 복음의 능력이다.

바울은 머지않아 빌레몬이 어떻게 복음에 합당한 경건의 삶을 살고 있는가를 확인하게 될 것이다. 이것은 곧 자신이 로마의 구금 생활에서 석방될 것이라는 기대와 함께 더 간절해지고 있었다. 그동안 바울이 수많은 고난과 박해 가운데서 오롯하게 전했던 그 복음의 결실을 이제 빌레몬을 통해 볼 수 있다는 소망만으로도 바울의 마음은 골로새로 향하고 있음이 분명하다.

또한 한 평생 주를 위해 헌신하고 봉사한 바울에게 하나님께서 바울의 이 갸륵한 심정을 보살필 것이라는 확신을 거부할 이유도 없음이 분명하다. 왜냐하면 골로새 교회의 열매는 바로 바울이 전한 복음의 결정체 중 하나이며, 바울의 복음이 참된 하나님의 말씀이라는 사실을 증거하는 증표(sign)가 되기 때문이다.

이런 이유에서 바울은 확신을 가지고 "오직 너는 나를 위하여 숙소를 마련하라 너희 기도로 내가 너희에게 나아갈 수 있기를 바라노라"(몬 22절)고 빌레몬에게 부탁하고 있다. 바울은 골로새에 가고 싶었고 또한 빌레몬 역시 갇혀 있는 바울이 자유롭게 되어 서로 만날 수 있기를 고대하고 있다. 이런 점에서 바울과 빌레몬은 공통의 소망을 가지고 이제 하나님께 기도하는 일에 서로 협력할 수 있게 되었다.

본문에서 바울은 '너희의 기도로'(*διὰ τῶν προσευχῶν ὑμῶν*) 바울과 빌레몬의 소망이 이루어지게 되기를 당부하고 있다. 이것은 이 기도가 바울과 빌레몬의 기도일 뿐 아니라 압비아와 아킵보의 기도여야 하며, 동시에 골로새 교회 성도들의 기도여야 하기 때문이다.

바울은 골로새 교회 성도들의 기도를 통해 자신이 자유롭게 되는 것으로 만족하지 않는다. 바울은 '내가 너희에게 나아갈 수 있기를 바라노라'고 밝히고 있는데 그것은 위에서 살펴본 것처럼 많은 의미를 함축하고 있는 기도 제목이다.

4. 성도들의 경건 생활을 통해 증거되는 복음(몬 23-25절)

전형적인 바울 서신의 형식에 따라 바울은 자기 동료들의 이름으로 골로새 교회 성도들에게 문안을 하고 있다. "그리스도 예수 안에서 나와 함께 갇힌 자 에바브라와 또한 나의 동역자 마가, 아리스다고, 데마, 누가가 문안하느니라"(몬 23-25절). 이 인사말은 골로새서의 문안 인사(골 4:10-14)에 더욱 구체적으로 나타나 있다.

바울은 "우리 주 예수 그리스도의 은혜가 너희 심령과 함께 있을지어다"(몬 25절)라는 축도로 이 서신을 마치고 있다. 이 축도는 옥중서신인 빌립보서의 축도(빌 4:23)와 비슷하다. 하나님의 공적인 사신으로서 바울은 빌레몬과 압비아와 아킵보 그리고 그들과 함께 하나님을 예배하기 위해 모이는 골로새 성도들을 위해 기름부음을 받으신 주와 구세주이신 주님의 공로에 의하여 성령께서 주시는 과분한 하나님의 은혜를 선포하고 있다.197)

---

197) William Handriksen, 빌레몬서, p. 310.

'주 예수 그리스도의 은혜'(*Ἡ χάρις τοῦ Κυρίου Ἰησοῦ Χριστοῦ*)는 성도들의 심령과 함께 있다. 이는 예수 그리스도의 영이 성도들의 심령에 내주하시기 때문이다(롬 8:9-11). 이 축도는 틀림없이 빌레몬에게 특별한 의미를 가지고 있었음이 분명하다. 하나님의 은혜가 빌레몬 안에서 역사하여 무익한 노예를 용서하고 형제로 영접하며 믿음의 교제 안에 받아들이게 할 것이기 때문이다.

이 화해는 하나님의 은혜를 통해서만 이루어 질 것이 분명하다. 하지만 그 은혜는 다름 아닌 바울이 전한 복음, 특별히 이 서신을 정경 66권의 하나로 남게 한 바울의 복음으로 신자의 경건 생활을 제시하고 있는 '빌레몬서'를 통해 전달되었음이 분명하다.

마치는 말

바울은 앞서 인사말을 통해 바울 자신뿐만 아니라 형제 디모데와 더불어 이 서신을 받고 있는 빌레몬, 압비아, 아킵보를 비롯해 골로새 교회의 모든 형제들 역시모두 그리스도 예수의 종으로서 동일한 위치에 있음을 밝힌 바 있다.

동시에 바울은 성도들이라면 누구나 할 것 없이 모두 그리스도 예수 안에서 하나님의 자녀이며 신분과 상관없이 오직 한 분 하나님만을 아버지로 부를 수 있는 특권을 누리고 있으며 "그리스도 예수에 대한 믿음과 모든 성도들에 대한 사랑"(5절)을 함께 구현하고 있음을 강조한 바 있다.

이것은 모두 바울이 전한 복음으로 말미암아 그들이 함께 누리고 있는 주님의 호혜였으며 이로써 오로지 주 예수 그리스도를 통해 주어진 성부 하나님의 은혜와 평강을 모든 성도들이 함께 누리고 있는 복된 상태를 그들 스스로 증명해 낼 수 있어야 한다는 당위성으로 작용하고 있다(7절).

이런 점에서 바울의 복음은 언제나 강력하게 역사하는 실천적인 능력으로 성도들의 삶을 주장하고 있으며 그 복음 앞에서 누구나 인색하거나 비굴하지 않고 스스로의 믿음을 사랑으로 실천하는 삶으로써 증거해 나가야 할 것이다. 때문에 바울은 이러한 사랑의 실천을 몸소 행함으로써 모든 성도들에게 모범을 보이고 있다. 곧 바울에게 복음의 빚을 진 빌레몬을 동역자로 여김과 같이 빌레몬 역시 오네시모를 종이 아닌 형제로 맞이하는 것으로써 증명이 될 것이다(17절).

바울은 이 서신을 통해 빌레몬이 자신에게 잘못을 저지른 노예를 환대하고 그 죄를 용서해서 그를 그리스도의 형제로 받아들이며, 그들의 상호간의 관계를 형제로 정립하게 하는 구체적인 문제에 직면했을 때 성도들이 '그리스도 안에서 하나다'라는 가르침을 어떻게 현실화시킬 것인가를 명확하게 제시하고 있다.

교회는 여전히 서로 다른 사회 계층들, 서로 다른 소득 수준들, 서로 다른 성별들, 서로 다른 인종들, 서로 다른 이념들과 관련해 바울이 전한 이 복음의 가르침을 모두가 동일한 가르침으로 받아야 한다.198) 이렇게 함으로써 교회와 성도들은 각각의 위치와 상황 아래 믿음과 경건한 삶에 있어서 사도로부터 받은 복음이 결코 다르지 않으며 하나라는 사실을 언제나 서로 확인하고 있어야 한다.

| 기 도 |

빌레몬을 향하여 "주 예수와 및 모든 성도에 대한 네 사랑과 믿음이 있음을 들음이니 이로써 네 믿음의 교제가 우리 가운데 있는 선을 알게 하고 그

198) I. Howard Marshall, 신약성서신학, p. 446.

리스도께 이르도록 역사하느니라"(몬 5,6절)는 바울 사도의 말처럼 성도들에 대한 사랑과 동질의 믿음을 통해 그리스도께 이르도록 은혜를 주시는 우리의 아버지이신 하나님.

하나님께서는 성도들로 하여금 친히 자신의 삶으로써 하나님을 향한 사랑과 믿음의 행실이 서로 그리스도의 몸으로 연합된 형제들에게 베풀어지고 드러냄으로써 우리가 그리스도 예수 안에서 한 형제가 되었음을 확인하게 하셨사옵나이다.

이 일을 역사 속에서 이루시기 위해 성자께서는 친히 성육신을 통하여 하나님의 자리에서 내려와 우리와 형제가 되기를 기뻐하셨습니다. 이러한 성자의 자기 낮춤을 통해 영원한 죄악의 형벌로 멸망할 수밖에 없었던 우리를 속량하심으로써 하나님의 자녀가 될 수 있는 은혜를 누리게 되었음에 감사를 드리옵나이다.

이제 우리가 하나님을 위해 구별된 거룩한 백성이 되었사오니, 사랑과 믿음에 합당한 삶을 살아감으로써 우리의 열매를 통해 이땅에 하나님께서 기뻐하시는 선한 열매가 맺어지게 하시옵고, 이로써 우리 모두는 하나의 동일한 믿음 안에서 서로 하나의 교회를 이루는 지체가 되었음을 온 세상에 드러내는 복을 누리게 하옵소서.

우리 주 예수 그리스도의 이름으로 기도합니다. 아멘.

〈참고문헌〉

박윤선, 바울서신, 서울, 영음사, 1985.

A. C. Hrevey, 빌레몬서, 풀핏 성경주석 23권, 풀핏주석번역위원회 역, 보문출판사, 1983.

Alan Richardson, 신약신학개론, 이한수 역, 고양, 크리스챤다이제스트, 1994.

Chester K. Lehman, 성경신학 II, 김인환 역, 고양, 크리스챤다이제스트, 1994.

D. A. Caeson, 신약개론, 엄성옥 역, 서울, 은성출판사, 2006.

Donald Guthrie, 신약 서론, 김병국, 정광욱 공역, 고양, 크리스챤다이제스트, 1996.

F. F. Bruce, 바울, 박문제 역, 고양, 크리스챤다이제스트, 1992.

Fred B. Craddock, 빌립보서, 김도일 역, 서울, 장로교출판사, 2001.

James D. G. Dunn, 바울신학, 박문제 역, 고양, 크리스챤다이제스트, 2003.

J. Calvin, 빌레몬서, 존 칼빈성경주석출판위원회 역, 서울, 성서교재간행사, 1990.

J. Christian Beker, 사도 바울, 장상 역, 서울, 한국신학연구소, 1998.

Gerald F. Hawthorne, 빌립보서, 채천석 역, 서울, 솔로몬, 1999.

Grant Osborne, 빌레몬서, 전광규 역, 서울, 한국성서유니온, 2007.

I. Howard Marshall, 신약성서신학, 박문재, 정용신 역, 고양, 크리스챤다이제스트, 2006.

Matthew Henry, 빌레몬서, 메튜헨리주석전집 vol 21, 김영배 역, 고양, 크리스챤다이제스트, 2007.

Ralph P. Martin, 빌레몬서, 김춘기 역, 서울, 한국장로교출판사, 1991.

Ralph P. Martin, 신약의 초석 II, 원광연 역, 고양, 크리스챤다이제스트, 1993.

Robert H. Gundry, 신약개관, 이홍성 역, 서울, 크리스챤서적, 1994.

Robert L. Reymond, 바울의 생애와 신학, 원광연 역, 고양, 그리스챤다이제스트, 2003.

Stanley J. Grenz, 조직신학, 신옥수 역, 고양, 크리스챤다이제스트, 2003.

William Handriksen, 빌레몬서, 신현필 역, 서울, 아가페출판사, 1983.

에베소서

〈에베소서 개요〉

1. '바울 생애'에 대한 누가의 평가

누가는 "바울이 온 이태를 자기 셋집에 유하며 자기에게 오는 사람을 다 영접하고 담대히 하나님 나라를 전파하며 주 예수 그리스도께 관한 것을 가르치되 금하는 사람이 없었더라"(행 28:30,31)며 사도행전의 막을 내렸다.

바울이 전파한 '하나님 나라'와 '예수 그리스도께 관한 것'은 '이스라엘의 소망'(행 28:20)이며 동시에 복음 메시지의 핵심 주제(행 28:23)였다. 그렇지만 언제나 그랬듯이 바울의 메시지에는 상반되는 두 가지 반응이 나타났다(행 28:24; 고전 1:18; 고후 2:15,16). 곧 복음을 받아들이는 것과 거부하는 반응이 그것이다.

그러나 복음의 확장은 사람들의 반응을 초월한다. "저희는 또한 들으리라"(행 28:28)는 바울 사도의 선언은 "땅 끝까지"(행 1:8) 확장되는 복음과 진리의 행진을 그 누구도 막을 수 없음을 천명하고 있다. 이것은 부활하신 그리스도의 통치가 성령님의 말씀 사역을 통해 온 천하를 통일시킨다는 사실을 분명히 하고 있다. 이로써 온 세계를 포함하는 보편적 교회(the Catholic Church)가 세워지게 되었다.

여기에서 누가의 주된 관심사를 확인하게 된다. 누가는 교회의 세계적인 확장이 성령님의 권능에 의해 시작되고 진행되고 있음을 사도행전에서 보도하고 있다. 또한 성령께서 교회에 임재하신 것은 부활하신 주님의 승귀(exaltation)에 의한 결과였음을 보여주고 있다(행 2:33; 3:13-16; 5:31,32; 7:55,56,59; 10:40-45; 13:2-4).

이와 관련해 누가는 교회 발전의 결정적인 단계마다 성령님에 대해 강조하고 있다. 이렇게 함으로써 누가는 기독교가 예루살렘으로부터 로마로 전진해 가는 동안 성령님을 통하여 교회 가운데서 행하시는 부활하신 주님이 그 현장에 함께하신다는 사실을 강조하고 있다. 또한 부활하신 주님의 부르심을 받은 핵심 인물들, 즉 스데반, 이방 지역에 복음을 전한 전도자들, 빌립, 고넬료, 바울과 바나바의 활동들을 통해 이 사실을 증거하고 있다.

특별히 누가는 이 일과 관련을 맺고 있는 바울이 예루살렘에서 로마로 가는 것에 깊은 관심을 가지고 있다. 여기에서 바울은 "택함을 받은 도구"(행 9:15)로 등장한다. 부활하신 그리스도의 계획을 무산시키려는 많은 시도들이 있었지만 바울의 로마 여행은 그러한 시도들로 좌절되지 않는다는 사실(행 19:21; 23:11; 27장; 28장)은 그리스도에 대한 증언이 유대교의 중심지로부터 제국의 수도에 이르기까지 퍼져나가고 있음을 보여주고 있다.

이 과정을 통해 누가는 사람들과 자연적인 요인들로부터 생명의 위협을 받고 있는 바울을 끝까지 보존하시는 하나님의 의도를 증거하고 있다. 이를 위해 누가는 예루살렘에서 로마로 복음을 전진하게 하는 하나님의 계획(행 23:11)이 어떻게 성취되고 있는가를 바울의 생애를 통해 생생하게 묘사하고 있다. 이것은 사도로 부름받은 바울이 마침내 당시 온 세상을 대표하는 제국의 수도에서 복음을 전하게 됨으로써 하나님의 계획을 성취하는 것으로 증명된다.

누가는 여기에서 하나님의 말씀이 예루살렘으로부터 로마까지 승리의 행진을 하게 됨으로써 유대교와 길을 달리한 기독교가 세상 나라들과 평화로운 공존을 성취하였음을 증거하고 있다. 이러한 누가의 의도는 하나님의 섭리와 보호가운데 바울을 통하여 땅끝까지 복음 전도가 성취되어 가고 있음을 확인하게 함으로써 데오빌로를 비롯한 모든 독자들로 하여금 역사적 사실에 근거한 믿음을 확인하게 하는 것으로 나타나고 있다.199)

2. 바울 서신의 정경성

일반적으로 교회의 태동을 알리는 오순절로부터 바울과 베드로가 순교한 때(AD 64년 혹은 67년)까지를 사도 시대(apostolic age)라고 일컫는다. 그 이후 변증가들의 시대(약 117-161년), 즉 사도적 교부들(Apostolic Fathers)로 대변되는 1세기와 2세기의 비 정경적 문헌들인 클레멘트 1서, 클레멘트 2서, 디다케, 디오그네투스, 바나바, 이그나티우스, 폴리캅, 헤르마스 등 문헌들의 시대를 속사도 시대(sub-apostolic age)라고 구분한다.

그렇지만 클레멘트 1서라든지 디다케의 기록 연대는 요한계시록 혹은 베드로후서 등과 동일한 시기이거나 더 앞선 시기일 수도 있다. 때문에 이러한 시대적 구분은 정확하다기보다는 하나의 상징적인 구분으로 보아야 한다.200) 그러나 여기에서 분명히 집고 넘어가야 할 것은 AD 70년 예루살렘 성전이 파괴되면서 유대의 제사 제도가 종식되기까지 성전의 기능과 더불어 신구약 성경의 정경화가 이루어졌다는 점이다.

---

199) F. F. Bruce, 바울, p. 95-97.

200) Ralph P. Martin, 신약의 초석 II, 원광연 역, 고양, 크리스챤다이제스트, 1993, p. 21-22.

적어도 예루살렘 교회가 성전이 파괴될 때까지 존속했던 것으로 본다면 신구약 성경 66권의 정경화는 사도 시대에 확정되었다고 보아야 한다. 이런 점에서 예루살렘 성전과 연관된 사도들과 장로들은 진리와 관련하여 옳고 그름을 판단하는 중요한 역할을 했다고 평가되어야 한다.201)

사도(αποστολος)란 교회의 기초를 놓기 위해 그리스도께서 택하신 그리스도의 대리자이다. 사도들에게는 부활하신 주님에 대한 사도적 증거와 복음을 전파하라는 주님의 명령을 성취하기 위한 권위가 위임되었다(행 1:25; 고전 9:2; 롬 1:5; 갈 2:8). 사도들은 이 권위에 근거하여 그리스

---

201) 이광호, 구약신학의 구속사적 이해, 도서출판 깔뱅, 서울, 2006, p. 29-32에서는 성경의 정경화와 사도들의 역할과 관련해 다음과 같이 말하고 있다.

성경 정경에 관한 논의를 할 때 가장 중요한 것은 예루살렘 성전과 관련된 의미이다. 물론 거기에는 성전이 건축되기 전의 성막과 제사장들의 사역이 포함되어 있다. 즉 신구약 성경 66권이 하나님의 말씀이라는 사실을 본질적으로 확증하는 것은 예수님과 성전에 맡겨진 사역이었다. 구약 시대 성전에서 수종드는 제사장들의 사역과 신약 시대 사도들의 사역은 하나님의 계시에 대한 확증을 짓는 매우 중요한 기능을 했다.

성경은 예루살렘 성전을 중심으로 한 구약의 제사장들과 사도성을 띤 신약 시대의 예루살렘 공의회에 의해 확증되어야 했다. 그것은 하나님의 경륜과 은혜에 의한 것이었다. 하나님의 선민인 이스라엘 민족이 맡은 중요한 일 가운데 하나는 하나님으로부터 계시 받은 성경을 확정짓는 일이었다. 신약 성경의 정경성은 예루살렘 성전을 중심으로 한 사도들의 확증에 의한 것임을 깨달아야 한다. 이는 하나님께서 계시하신 말씀인지 아닌지 여부를 예루살렘 공의회가 확증했음을 의미한다. 필자는 AD 70년 예루살렘 성전이 파괴되기 전 신약 성경 27권이 확증되었다고 믿는다. 예루살렘 성전이 파괴되기 전까지 성전의 구속사적 의미가 존속했던 이유가 거기 있었다.

일부 사도들이 성전이 파괴될 때까지 예루살렘에 남아 있으면서 모(母)교회의 역할을 감당했던 중요한 이유 가운데 하나가 정경을 확증하기 위해서였다. 바울이 쓴 편지와 복음서 저자들의 책들 그리고 여러 사도들의 글에 대한 정경성 여부가 성전을 중심으로 한 예루살렘 모(母)교회의 사도들을 중심으로 하는 교회에 맡겨졌다. 사도 시대의 수많은 글들 가운데 하나님의 계시를 받은 정경성 여부를 확증하는 것은 매우 중요한 일이었다.

도의 이름으로 이적을 행하였으며 복음을 선포(*κηρυγμα*)하였으며 교회를 설립했다. 이와 더불어 사도들은 신약성경의 정경화에 직접 참여했으며 성경을 기록하기도 했다.

바울은 이 모든 사도적 자격과 권위와 능력을 갖추었다. 바울의 사도의식은 다메섹 도상에서 예수를 만난 사건에 의해 결정되었으며 사도행전 26장에 나타나는 바울의 회심에 대한 이야기는 이러한 부름과 사도로서의 위임을 더욱 확실하게 증거하고 있다.202)

베드로후서 역시 성경의 권위와 더불어 바울의 사도성을 증거하고 있다. "또 우리 주의 오래 참으심이 구원이 될 줄로 여기라 우리 사랑하는 형제 바울도 그 받은 지혜대로 너희에게 이같이 썼고 또 그 모든 편지에도 이런 일에 관하여 말하였으되 그중에 알기 어려운 것이 더러 있으니 무식한 자들과 굳세지 못한 자들이 다른 성경과 같이 그것도 억지로 풀다가 스스로 멸망에 이르느니라"(벧후 3:15,16)는 베드로 사도의 증언에서 바울 서신들의 정경성과 그의 사도성이 입증되고 있다.

바울 자신은 교회들이 자신의 서신들을 공적인 예배에서 읽을 것을 기대했다(살전 5:2). 그리고 이 서신들은 성령의 안목과 영감을 주장하는 사람에 의해서 기록된 권위 있는 문서(고전 7:40)라는 점을 인정받게 하려는 의도로 교회들 사이에서 돌려가며 읽혀졌다(골 4:16; 고전 14:37). 이 과정을 통해 바울의 서신들은 교회의 정경으로 받아들여졌다.203)

3. 남겨진 바울의 서신들

사도행전 기록 이후 바울의 행적에 대해서는 잘 알려져 있지 않다.

---

202) Robert L. Reymond, 바울의 생애와 신학, p. 82.

203) Ralph P. Martin, 신약의 초석 II, p. 424-425.

단지 바울이 디모데와 디도에게 보낸 서신들을 통해 몇 가지 바울의 행적을 발견할 수 있을 뿐이다. 바울의 행적에 대해서는 클레멘트 1서나 유세비우스의 기록을 통해서 재구성할 수 있다.

사도행전 이후 바울의 행적에 대해 누가가 구태여 침묵하고 있는 이유는 확실하지 않다. 반면에 사도행전 이후의 바울의 행적에 대해서 많은 탐구가 있었다.204) 그러나 그 결과는 결코 낙관적이지 않다. 안타깝게도 초기 로마 기독교 시대에 이미 바울의 가르침은 잊히고 있었다. 단지 '성 바울 성문 밖 성당'에 있는 성령의 검을 든 바울은 '성 베드로 성당'의 앞뜰에서 천국 열쇠를 들고 있는 베드로와 서로 마주보고 서 있는 모습으로만 기억될 뿐이다.205) 이것은 로마 천주교가 성인 숭배 사상으로 변질되었던 것과 결코 무관하지 않다.

바울이 순교하기까지 함께 있었던 것으로 보이는 누가(딤후 4:11)가 바울의 마지막 생애에 대해 침묵하고 있다는 것은 바울이 예수 그리스도의 종이며 부르심을 받아 하나님의 복음을 위하여 택정함을 입은 사도(롬 1:1)로서 여전히 우리 곁에 남아 있기를 바랐기 때문으로 보인다. 결국 로마 옥에서 풀려 나온 이후 바울의 62-67(혹은 68)년까지의 행적은 여전히 숨겨진 채로 남아 있다.

때문에 바울의 행적을 찾는 대신 바울이 남긴 서신서들을 통해 바울 사도가 교회에게 남기고자 했던 메시지를 찾는 것이 오히려 유익할 것으로 여겨진다. 바울의 서신들은 기록된 시기와 관련해 크게 세 부분으로 분류된다.

---

204) Robert L. Reymond, 바울의 생애와 신학, p. 304-360. 그리고 Ralph P. Martin, 신약의 초석 II, p. 445-459와 F. F. Bruce, 바울, p. 471-487에서 바울의 마지막 생애를 자세히 관찰할 수 있다.

205) F. F. Bruce, 바울, p. 487.

1) 사도행전과 관련된 서신들

① 갈라디아서(48/49년) : 제1차 전도 여행이 끝난 후 예루살렘 공의회 직전(행 15장) 혹은 공의회에 참석차 예루살렘으로 향하던 중(행 15:2) 수리아 안디옥 인근의 어느 곳에서 기록되었다.

② 데살로니가전서(50년 말 또는 51년 초) : 제2차 전도 여행 도중 고린도에서 데살로니가전서를 기록했다(고전 1:1). 디모데가 데살로니가로부터 바울에게 돌아왔다는 기록(고전 3:6)은 바울이 고린도에 있을 당시에 디모데가 바울에게 돌아왔다는 사도행전 18장 5절과 일치한다.

③ 데살로니가후서(데살로니가전서를 기록한 몇 주 혹은 몇 개월 후) : 서신의 인사말에 실라가 등장하며(고후 1:1) 18개월 이상 고린도에서 머문 이후 2차 전도 여행이 끝났다는 사실과 연결된다.

④ 히브리서(51/52년경) : 히브리서의 저자로는 바울, 바나바, 누가, 실루아노, 아볼로, 아굴라와 브리스길라, 빌립 등이 거론되고 있지만 바울 저작설이 유력하다. “우리 형제 디모데가 놓인 것을 너희가 알라”(히 13:23)는 저자의 진술과, “이달리야에서 온 자들도 너희에게 문안하느니라”(히 13:24)는 저자의 진술은 사도행전 18장에 나타난 바울의 상황과 일치한다(행 18:1-11).

⑤ 고린도전서(55년 봄경) : 에베소에서 선교 활동을 하던 때 기록되었으며 바울이 마게도냐로 여행할 것을 예상하고 다가올 겨울 동안 고린도 교회 성도들과 함께 머물기를 기대하는 내용(고전 16:5)과 누가의 진술(행 19:21)이 일치한다. 디모데가 고린도 교회를 방문 중이었으며(고전 16:10; 행 19:22) 오순절까지 에베소에 머물 것이라는 계획(고전 16:8; 행 19:22)과 아굴라와 브리스길라가 에베소에 머물고 있다는 기록(고전 16:19; 행 18:19)도 서로 일치한다.

⑥ 고린도후서(55년 말 또는 56년 초) : 바울이 3차 전도 여행 중 마게도냐의 어느 곳(빌립보?)에서 기록했다(고전 1:8; 2:12,13; 7:5; 8:1; 9:2; 12:14;

13:1).

⑦ 로마서(57년 이른 봄) : 3차 전도 여행 중 아가야를 3개월 동안 방문 중(행 20:2,3) 고린도에서 기록했다. 마게도냐와 아가야 성도들이 예루살렘 교회를 위해 연보하는 일을 이미 마쳤다는 기록(롬 15:25,26; 행 20:2,3)이 서로 일치한다.

2) 로마 옥중에서 기록된 서신들(60-62년경)

① 골로새서(60년 혹은 61년 초) : 골로새 교회의 지도자였던 에바브라의 방문을 받고 골로새 교회가 새로운 가르침, 즉 유대 민중 신앙과 브루기아인들의 민중 신앙과 기독교 신앙이 뒤섞인 종교적 혼합주의 철학(골 2:8)으로 혼란을 빚고 있다는 내용에 대한 답변으로 되어 있다.

② 빌레몬서(60년 혹은 61년 초) : 골로새의 유력한 사람 빌레몬의 종 오네시모에 대한 선처를 부탁하기 위해 빌레몬에게 보낸 서간문으로 교회 지체간의 믿음의 일치를 따른 새로운 관계를 제시하고 있다.

③ 에베소서(60년 혹은 61년 초) : 라오디게아 지역의 교회들(에베소는 이 지역에 속해 있다)에게 골로새 교회를 어지럽힌 혼합주의 이단에 대한 경계와 그리스도 안에서 누리는 영적 부요함에 알맞은 신자로서 가져야 할 교회적 삶의 방식을 제시하고 있는 회람 형식의 서신서(골 4:16)이다.206)

④ 빌립보서(62년) : 전통적으로 빌립보서는 로마 옥중에서 기록된 것으로 이야기되고 있다. 빌립보서가 가이샤라 옥중에서 기록된 것이라는 주장도 있지만 두 학설 모두 한 치의 양보도 없다. 최근 연구 결과는 3차 전도 여행을 마치고 예루살렘 방문 때 극단적인 유대인들에 의해 성전에서 죽을 위기를 넘긴 바울이 가이샤라 옥중에 수감된 상태에서

---

206) Robert L. Reymond, 바울의 생애와 신학, p. 296.

자신을 후원하고 있는 빌립보 교회에 대한 감사와 유대화주의자들에 대한 경계 및 박해 가운데서도 믿음을 지킬 것을 제시하고 있다는 내용에 근거하여 가이샤라 저작설에 힘을 실어주고 있지만 로마 저작설의 객관적 증거에 더 많은 힘이 실려 있다.

3) 로마 구금 이후 기록된 서신들(목회서신)

① 디모데전서(62년 또는 63년경) : 마게도냐에 도착한 후부터 두 번째 투옥 이전의 어느 시기에 마게도냐에서 기록했다.

② 디도서(63년경) : 마게도냐에 도착한 후부터 두 번째 투옥 이전의 어느 시기에 마게도냐나 혹은 니고볼리로 향하던 도중에서 기록했다.

③ 디모데후서(64년경 혹은 67년경) : 바울이 순교하기 직전 로마의 감옥에서 기록했다(딤후 1:16,17; 딤후 4:16,17). 바울은 누가와 함께 있었으며 디모데를 보기 위해 겨울이 되어 항해가 불가능하기 전에 로마에 올 것을 당부했다(딤후 1:4; 4:9,21). 그러나 디모데가 제 때에 오지 못할 것을 염려해서 미리 편지를 기록한 후 생을 마감했다.

4) 바울이 남긴 메시지

바울은 마지막 서신, 즉 디모데후서에서 사도의 복음을 순결하고 변함이 없는 상태로 보존할 것을 디모데에게 당부하고 있다. 또한 ① 나날이 거세어지는 거짓 교사들에 대항하여 복음을 수호하고 ② 복음을 신실하게 전하기 위해 사람들을 훈련시키며 ③ 이 일을 위해 고난을 감당할 준비를 갖추라고 당부하고 있다.

디모데후서는 바울의 유언과 같은 성격을 가지며 우리 시대 교회를 향한 공식적인 서신이다. "경건의 모양은 있으나 경건의 능력은 부인하는 자니 이같은 자들에게서 네가 돌아서라"(딤후 3:5)는 바울 사도의 경고에도 불구하고 안타깝게도 우리 시대의 교회는 종교적인 형식주의에 이미 깊이 길들여져 있다.

"주께서 네 심령에 함께 계시기를 바라노니 은혜가 너희와 함께 있을지어다"(딤후 4:22)라는 마지막 축도와 함께 사도 바울은 그의 펜을 놓았다. 그리고 그의 평생에 복음 전하는 일과 글 쓰는 사명을 마무리하였다. 바울은 그로부터 얼마 후에 그리스도를 위하여 자기 목숨을 드렸다. "전제와 같이 내가 벌써 부어지고 나의 떠날 시각이 가까웠도다"(딤후 4:6).

에베소 교회 장로들에게 "나의 달려갈 길과 주 예수께 받은 사명 곧 하나님의 은혜의 복음 증거하는 일을 마치려 함에는 나의 생명을 조금도 귀한 것으로 여기지 아니하노라"(행 20:24)고 말했던 것처럼 바울은 "무엇이든지 내게 유익하던 것을 내가 그리스도를 위하여 다 해로 여길 뿐더러 또한 모든 것을 해로 여김은 내 주 그리스도 예수를 아는 지식이 가장 고상하기 때문이라"(빌 3:7-9)고 하면서 그리스도를 위하여 그 모든 것을 배설물같이 여기며 평생을 살았다.

4. 기독교 역사에서 에베소의 역사적 의의

제3차 전도 여행(AD 52-57년)을 시작한 바울은 갈라디아 지방과 브루기아를 거쳐 갈라디아 남부에 위치한 교회들을 찾았다. 이 지역들은 바울이 1차 전도 여행 동안에 처음 찾은 곳이었으며 2차 전도 여행에서 찾아가려고 했지만 마게도냐로 발길을 옮겨야 했었다. 이에 3차 여행에서 이 지역들의 교회를 찾아가 그들의 믿음을 굳게 세우는 일에 힘을 쏟았다. 바울은 2,400km나 되는 여행을 마친 후에 2차 전도 여행의 마지막 방문지였던 에베소에 도착했다.

1) 바울의 제3차 전도 여행 중심지 에베소

바울의 3차 전도 여행의 중심지였던 에베소는 서아시아 서쪽 해안의 케이스터 강(Cayster River) 하구에 위치한 로마의 속주인 아시아의 수도였다. 바울 시대 인구는 대략 25만 명 정도였으며 2만 4천 명을 수용하는 큰 연극장이 있었다(행 19:30-41). 또한 수많은 목욕탕과 체육 시설과 더불어 경기장 하나가 있었다.

에베소는 무수한 신들과 여신들을 숭배했다. 특히 에베소에서는 도시의 수호 여신인 아르테미스(Artemis Ephesia)를 기리기 위해 해마다 이른 봄과 5월에 두 차례의 중요한 축제를 벌였다. 5월의 축제는 아르테미시온(Artemision)이라 불렀다. 이때는 이오니아의 모든 사람이 참석하는 범 이오니아 게임이 열렸다. 이 게임을 계획하고 그 비용을 담당하는 임무를 맡는 일을 영예로 알았는데 이 사람들에게는 아시아크(Asiarchs : 아시아의 관리)라는 칭호가 주어졌다(행 19:31).

또한 다이아나(Diana : 여신 아르테미스의 헬라 이름) 신전은 고대 세계 7대 불가사의 중 하나로 세계 최대 규모를 자랑했다. 이 신전은 아덴의 아크로폴리스 언덕에 세워진 파르테논 신전보다 4배나 컸다. 이 신전의 내부 신당 속에는 서부 아시아의 재물이 상당 부분 보관되기도 했다. 에베소 사람들이 자신을 가리켜 '큰 아데미(아르테미스)와 하늘로서 내려온 우상 제우스의 전각지기(신전을 관리하는 종사자들)' (행 19:35)로 본 것도 무리가 아니다.

사람들은 봄의 행진 때에나 여행 혹은 전쟁에 나갈 때 조그만 모조품 아르테미스 여신상과 신전 모델을 부적처럼 지니고 다녔다. 때문에 나무나 금 혹은 은으로 조각한 여신상 모델과 신전 모델을 제작, 판매하는 사업이 번창해 있었다(행 19:23-41). 이 모조품들이 지중해 연안에 널리 유포될 정도였기 때문에 '온 아시아와 천하'가 아르테미스 여신을

숭배한다는 에베소 사람들의 말은 과장이 아니었다.[207]

2) 에베소에 임한 성령의 세례

바울이 에베소에서 만난 열두 사람은 아볼로처럼 요한의 세례만을 알고 있었다. 그들은 한때 아볼로가 하나님의 도에 대해서 부족한 지식을 가지고 있었던 기간에 아볼로에게서 가르침을 받았던 것으로 보인다(행 19:1). 바울은 브리스길라와 아굴라 부부가 이전에 아볼로에게서 보았던 부족함이 그들에게 있다는 것을 알게 되었다.

이들 열두 사람들이 '요한의 세례'만을 알고 있었다는 것(행 19:2)은 그들에게서 오순절 성령 세례에 대한 경험이 없었음을 암시한다. 이 제자들은 하나님께서 오순절날 이후 모든 믿는 사람들에게 성령께서 임재하셨다는 사실의 의미를 알지 못하고 있었던 것이다(Robert H. Gundry).[208] 그들이 요한의 세례를 받은 곳이 반드시 에베소라고 제한할 이유가 없다. 당시 세례 요한의 제자들이나 추종자들은 소아시아와 같은 북쪽 지방까지도 요한의 가르침을 전파했을 것이기 때문이다. 때문에 이들은 요한의 가르침과 세례를 유대나 사마리아 또는 그밖에 다른 곳에서도 접할 수 있었다.

바울에게 있어서 오순절 성령 세례는 새로운 시대가 열리는 것으로 그리스도에 대한 완전하고 지성적인 헌신을 표하는 것이었다.[209] 이에 바울은 그들이 '주 예수의 이름으로 받는 세례'(행 19:5)를 받아야 할 필요를 느끼게 되었다. 에베소에 있는 열두 사람들 역시 세례의 본질적인 의미를 몰랐던 것은 아니다. 그들은 양자 삼으심과 중생하게 하시는 성

---

207) Robert L. Reymond, 바울의 생애와 신학, 225-228.

208) Robert H. Gundry, 신약개관, 이홍성 역, 서울, 크리스챤서적, 1994, p. 361.

209) F. F. Bruce, 바울, p. 315.

령의 부르심을 따라 요한의 세례를 받았고 제자가 되어 있었다. 그럼에도 불구하고 그들은 '성령이 계심'(ει πνυμα αγιον εσυιν), 즉 성령의 임재에 담겨 있는 의미를 알지 못하고 있었다.

이것은 그들이 성령의 존재에 대해서 지식이 전혀 없다는 뜻이 아니라 오순절 날 성령이 부어졌다는 의미를 알지 못했음을 가리킨다.[210] 때문에 바울이 그들에게 '너희가 믿을 때에 성령을 받았느냐'(행 19:2)고 물었던 것은 그들에게 성령이 임재했다는 의미를 알고 있는지에 대한 질문이었다.

성령의 임재는 특별한 의미를 가진다. 모든 성도는 인종이나 사회적 지위와 상관없이 한 몸인 그리스도에 속한 지체들로 하나의 언약 공동체인 교회에 속해 있으며, 그 공동체적 존재와 통합의 끈의 원천이자 원리인 성령으로 인하여 하나가 되어 있는 것이다. 따라서 각 지교회에 속한 성도들은 능력을 공급해 주시는 성령께서 그들에게 나누어주신 교회의 직임에 따라 언약 공동체인 교회의 선을 위하여 수행해야 한다. 그러므로 성령께서 각 사람에게 주신 은사는 오로지 교회의 유익을 위한다는 사실을 명심해야 한다. 바울이 "각 사람에게 성령을 나타내심은 유익하게 하려 하심이라"(고전 12:7)고 전제하고 성령의 은사를 언급하고 있는 이유도 여기에 있다.[211]

더불어 각 신자와 성도들의 공동체인 교회에 임재하시는 성령의 일차적인 기능은 그리스도의 몸된 교회 전체가 "그리스도의 장성한 분량이 충만한 데까지"(엡 4:13) 이르도록 하기 위해 자기 백성들 안에서 그리스도의 형상이 이루어지도록 하는 것이다. 이런 점에서 에베소 제자들에게 바울이 성령의 임재를 묻고 있는 것은 그들이 단순하게 세례를

---

210) Robert L. Reymond, 바울의 생애와 신학, p. 230.

211) F. F. Bruce, 바울, p. 228-230.

받았는가 혹은 세례의 의미를 충분히 숙지하고 있는가에 대한 문제가 아니었다.

바울은 그 제자들이 성령의 인침을 받음으로써 그리스도와 한 몸을 이루고 교회의 회원으로서 함께 그리스도의 장성한 분량이 충만한 데까지 이르러야 한다는 의식을 고취시키고자 하였다. 이에 바울이 제자들에게 "요한이 회개의 세례를 베풀며 백성에게 말하되 내 뒤에 오시는 이를 믿으라 하였으니 이는 곧 예수라"(행 19:4)고 가르쳤다. 그후 그들이 예수의 이름으로 세례를 받게 되자 오순절과 같은 성령의 임재를 체험하게 되었다.

에베소의 오순절이라고 할 수 있는 이 사건은 교회사에서 하나의 이정표를 세우는 획기적인 사건이었다. 누가는 성령이 보이는 모습으로 제자들에게 보내신 바 될 것이라고 그리스도께서 약속하셨을 때 성령의 임재를 가리켜 그리스도께서 '세례'라고 칭하셨음을 증거하였다(행 1:5). 마찬가지로 베드로 역시 고넬료의 집에 성령이 임재할 때 "너희는 성령으로 세례를 받으리라"는 주님의 말씀을 기억했다(행 11:16).

이러한 맥락에서 에베소의 제자들에게 성령이 임재하셨다는 사건 역시 오순절 사건의 의미에 미루어 동일한 연속선상에서 이해될 수 있다. 에베소에 임한 성령의 임재, 즉 성령 세례는 예루살렘(행 4:31)과 사마리아(행 8:16)와 고넬료의 집(행 10:45-47)에 임한 성령의 세례, 곧 성령의 임재와 같은 의미를 가진다.

이것은 "오직 성령이 너희에게 임하시면 너희가 권능을 받고 예루살렘과 온 유대와 사마리아와 땅 끝까지 이르러 내 증인이 되리라"(행 1:8)고 하신 주님의 말씀이 지속적으로 성취되고 있음을 보여주고 있다. 이로써 에베소에 설립된 교회 역시 온 유대와 갈릴리와 사마리아 교회와 더불어 그리스도에게 속한 한 몸인 교회의 지체임을 확인할 수 있게 되었다.212) 아울러 이 사건으로 말미암아 에베소 교회는 복음을 땅 끝까지 전파하고 증거하는 전초 기지가 되었다. 이 사실을 사도행전 19장 8-10절에서 확인할 수 있다.

3) 세계 선교의 전초 기지 에베소 교회

바울은 유대인의 회당에서 3개월 동안 힘써 하나님 나라의 복음을 증거했다. 그러나 그 가운데 마음이 굳어 순종치 않은 사람들이 있어서 바울이 증거하는 복음을 비방하는 일이 발생했다(행 19:9). 누가가 여기에서 언급한 '하나님의 나라'는 전혀 새로운 사상이 아니었다. 하나님의 나라는 이미 믿음의 선진들에게 약속되었고 그리스도께서 오심으로써 나타나게 될 그 '새로움'에 대한 내용이기 때문이다. 구약의 선지자들 역시 그 새로운 나라가 메시아의 오심으로써 세워질 것을 말하고 있다.213)

그럼에도 불구하고 어떤 유대인들이 이 하나님 나라에 대한 가르침을 거부하고 비방하였다는 것은 그들이 하나님의 통치를 거역하기 때문이었다. 그들은 공공연하게 하나님의 나라를 적대적으로 대했다. 이에 바울은 그들을 떠나 제자들을 따로 세우기로 결심하게 된다. 그리고 제자들의 모임을 두란노 서원으로 옮겼다.

두란노 서원에서 바울은 오전 11시부터 오후 4시까지 복음을 강론하고 가르쳤다. 이 시간대는 뜨거운 기후로 말미암아 대부분의 사람들이 낮잠을 자고 휴식을 취하는 시간이었다. 그러나 바울은 일하기 좋은 오전과 늦은 오후에는 그를 따르는 제자들과 더불어 생업에 종사하면서 휴식을 취하는 시간대에 따로 모여 복음을 강론하며 2년을 그곳에서

---

212) Robert L. Reymond, 바울의 생애와 신학, p. 231.

213) J. Calvin, 사도행전 II, 존 칼빈성경주석출판위원회 역, 서울, 성서교재간행사, 1990, p. 209.

보냈다.

누가는 이와 관련해 "두 해 동안 이같이 하니 아시아에 사는 자는 유대인이나 헬라인이나 다 주의 말씀을 듣더라"(행 19:10)고 보도하고 있다. 이 사실은 에베소 교회가 땅 끝까지 복음을 증거하는 기지가 되었음을 보여주고 있다. 이로써 초대 교회의 출발을 알리는 예루살렘 교회로부터 최초 복음 전도를 펼쳤던 안디옥 교회에 이어 마침내 에베소 교회가 세계 복음 전도의 기지로 발전되고 있음을 알 수 있다.214)

여기에서 바울은 한 걸음 더 나가기로 결심하였다. 그것은 복음을 들고 로마에까지 가겠다는 계획이었다. 이후 사도행전은 "마게도냐와 아가야를 거쳐 예루살렘에 가기로 작정하여 이르되 내가 거기 갔다가 후에 로마도 보아야 하리라"(행 19:21)고 한 바울의 말처럼 바울이 로마에 이르기까지를 상세하게 보도하고 있다.

이후 누가는 바울이 마게도냐와 아가야를 거쳐 예루살렘에 이르는 여정(행 20,21장)과 바울이 예루살렘에서 고소를 당한 사건의 경과(행 22-26장)에 이어 로마에 이르게 되는 과정(행 27,28장)을 기록하고 있다. 이러한 누가의 기술은 에베소 교회를 기점으로 시작하여 땅 끝까지 복음을 전하고자 하는 바울의 심정을 잘 대변해 주고 있다.

에베소는 '온 아시아와 천하'가 아르테미스 여신과 제우스를 섬기는 중심지였다(행 19:27). 이 사실을 감안한다면 우상 숭배의 중심지였던 에베소가 하나님 나라를 땅 끝까지 확장하는 역사의 중심지로 바뀌었다는 것은 기이한 일이 아닐 수 없다. 바울이 이 사실을 염두에 두었는지는 명확하지 않다. 그러나 이후 전개되는 누가의 기록(행 19:23-41)을 볼 때 바울이 에베소를 기점으로 해서 세계 선교를 위해 로마로 가겠다고 결심한 것은 결코 우연이 아님을 알 수 있다.

---

214) J. Calvin, 사도행전 II, p. 211.

에베소가 우상 숭배가 만연한 종교의 중심지였다면 로마는 당시 세계 정치, 경제, 군사, 문화의 중심지였다. 따라서 바울이 당시 세계에서 최고봉의 위치를 차지하고 있는 로마에 복음을 심어 점령한다는 것은 바야흐로 세계 선교의 완성을 의미하는 것과 같다.

이런 이유에서 바울은 "오직 성령이 너희에게 임하시면 너희가 권능을 받고 예루살렘과 온 유대와 사마리아와 땅 끝까지 이르러 내 증인이 되리라"(행 1:8)고 하신 주님의 지상 명령을 성취하는 사도로서 로마에 가기로 결심한 것으로 보인다. 이 경우 에베소는 로마를 복음으로 정복하기 위한 전진 기지가 되는 셈이다.

4) 거짓 종교와 차별화 된 기독교

누가는 에베소가 세계 복음 전도의 중심지로 부각되었다는 점을 보여주기 위해 두 가지 사건을 상세하게 기록하고 있다. 그것은 하나님께서 바울에게 이적을 행할 수 있는 능력을 주셨다는 것(행 19:11-20)과 유대인들과 헬라인들이 합세하여 바울을 반대하고 반기독교 운동을 벌였음에도 불구하고 그들의 노력이 수포로 돌아갔다는 내용(행 19:23-41)이다.

① 유대교와 구별되는 기독교

바울이 두란노에서 하나님의 나라에 대해 2년 동안 강론함으로써 아시아에 사는 모든 유대인이나 헬라인이 다 주의 말씀을 들었다(행 19:10)는 누가의 보도는 기독교가 유대교와 구별되고 있음을 암시하고 있다. 이전까지 기독교는 유대교의 한 분파정도로 여겨졌지만(행 18:12-16) 두란노 서원에서 행한 바울의 사역으로 말미암아 기독교는 유대교의 분파가 아니라는 사실이 두드러지게 나타나기 시작했다.

그 첫 번째 사건은 바울이 회당에서 3개월 동안 하나님의 나라에 대해 강론함으로써 나타났다. 하나님 나라에 대한 바울의 가르침에 대해 반대하던 몇몇 유대인들로 말미암아 바울은 회당을 떠나 두란노 서원으로 장소를 옮기게 되었다. 이때까지만 해도 기독교가 유대교와 구별된다는 사실이 분명하게 나타나지는 않았다.

그러나 두 번째 사건은 그렇지 않았다. 바울은 두란노 서원에서 말씀을 강론할 뿐만 아니라 희한한 능력을 행하고 있었다(행 19:11). 누가는 이 능력이 하나님께로부터 나왔다고 분명히 밝히고 있다. 바울의 비범한 능력 행함이 바울에게 임한 것은 ① 바울이 그리스도의 사도임을 증명하고 ② 복음에 대한 사람들의 신뢰를 얻으며 ③ 바울의 사역을 확고히 하기 위함이다.215)

"심지어 사람들이 바울의 몸에서 손수건이나 앞치마를 가져다가 병든 사람에게 얹으면 그 병이 떠나고 악귀도 나가더라"(행 19:12)는 누가의 증거는 바울의 능력 행함과 더불어 하나님 나라의 복음이 얼마나 널리 증거되고 있는가를 보여주고 있다. 바울의 소문을 들은 어떤 유대인 마술사가 바울이 증거하는 예수의 이름으로 악귀를 쫓아내는 마술을 행할 정도였다.

그러던 중 유대인 제사장 스게와(Sceva)의 일곱 아들들도 이 일을 행하려 했지만 오히려 악귀가 "예수도 내가 알고 바울도 내가 알거니와 너희는 누구냐"(행 19:15)고 하며 그들을 제압하는 일이 벌어졌다. 이 일로 에베소에 거하는 유대인과 헬라인들이 다 이 일을 알고 두려워하며 '주 예수의 이름'을 높이게 되었다.

그리고 많은 사람들이 믿고 돌아왔으며 마술을 행하던 사람들조차 그들의 책을 불사르게 되었다(행 19:17-19). 당시 에베소는 철학의 중심지였다는 점에서 사람들이 책을 불사르고 복음 안으로 돌아섰다는 것

215) J. Calvin, 사도행전 II, p. 211.

은 유대교와는 다른 기독교의 모습으로 사람들에게 각인되었음을 시사하고 있다.

그 결과에 대해 누가는 "이와 같이 주의 말씀이 힘이 있어 흥왕하여 세력을 얻으니라"(행 19:20)고 기록하고 있다. 동시에 기독교가 널리 확장되고 있음을 보여주고 있다. 이것은 더 이상 기독교가 유대교의 분파가 아님을 분명히 하는 사건이 되었다.

② 세속 종교와 구별되는 기독교

바울의 복음 전도는 복음을 모르는 사람들의 우상 숭배에 커다란 도전으로 작용했다. 그러자 에베소에서 섬기는 아르테미스 여신의 조각상을 만들어 생업을 하던 은장색들은 큰 타격을 입게 되었다.

그중 데메드리오(Demetrius)라고 하는 은장색이 "이 바울이 에베소뿐 아니라 거의 전 아시아를 통하여 수많은 사람을 권유하여 말하되 사람의 손으로 만든 것들은 신이 아니라 하니 이는 그대들도 보고 들은 것이라 우리의 이 영업이 천하여질 위험이 있을 뿐 아니라 큰 여신 아데미의 신전도 무시당하게 되고 온 아시아와 천하가 위하는 그의 위엄도 떨어질까 하노라"(행 19:26,27)고 선동하며 사람들을 모아 바울의 제자인 가이오와 아리스다고를 잡아 연극장으로 끌고 갔다. 이 사건은 마침내 기독교와 이방 종교 사이에 전쟁이 발생한 것과 같다.216)

그러나 에베소의 서기장은 "오늘 아무 까닭도 없는 이 일에 우리가 소요 사건으로 책망 받을 위험이 있고 우리는 이 불법 집회에 관하여 보고할 자료가 없다"(행 19:40)고 하며 그날의 소동을 해산시키고 말았다. 은장색 데메드리오의 농간으로 위기에 처할 수 있었던 바울과 그 일행들은 이로 말미암아 아무런 해를 당하지 않게 되었다.

이 사건은 우상 숭배자들이 고소하고자 했던 기독교가 더 이상 불법

216) J. Calvin, 사도행전 II, p. 223.

종교가 아니며 로마에 해를 끼치지 않음을 간접적으로 인정하는 계기가 되었다. 동시에 세속 종교와 구별되는 기독교로 확실하게 자리를 잡게 되었다.217)

① 예루살렘 교회가 기독교의 출발지였고 ② 수리아의 안디옥 교회가 기독교인의 정체성을 확인하였다면 ③ 에베소 교회는 비로소 역사상 세속 종교와 구별되는 기독교의 위상을 확립하였다. 이로써 바울은 요한의 세례를 성령의 세례로 통합하고 동시에 기독교를 거짓 종교와 차별화함으로써 기독교의 기틀을 분명하게 세울 수 있었다.

5. 에베소서의 내용적 구조

에베소서에서 바울은 다양한 주제들을 제시하고 있지만 우주적이며 보편적인 그리스도의 몸된 교회론을 중심으로 진행하고 있다. 다음과 같이 본서의 내용적 구조를 정리할 수 있다.

I. 인사말(Salutation)
  수신인과 인사말(1:1,2)

II. 감사(Thanksgiving)
  A. 영원과 시간 속에 나타난 하나님의 목적에 대한 감사 찬송(1:3-14)
    1) 성부 하나님의 주권적 선택과 그 영광(1:3-6)
    2) 성자 하나님의 구속 역사와 그 영광(1:7-12)
    3) 성령 하나님의 인침과 그 영광(1:13,14)
  B. 교회를 위한 중보기도(1:15-23)
    1) 삼위일체 하나님에 대한 감사기도(1:15,16)
    2) 교회를 위한 중보기도(1:17-19)
    3) 삼위일체 하나님의 능력을 찬양하는 고백의 기도(1:20-23)

217) Ralph P. Martin, 신약의 초석 II, p. 193.

III. 본문(Body of the Letter)
  A. 교회의 과거, 현재, 미래(2:1-10)
    1) 그리스도 밖에 있는 인간(2:1-3)
    2) 그리스도 안에 있는 인간(2:4-6)
    3) 그리스도인이 된다는 의미(2:7-10)
  B. 그리스도의 재창조와 보편적인 교회의 통일성(2:11-22)
    1) 그리스도가 오기 전과 후의 성도들의 상황(2:11-13)
    2) 그리스도 안에서 한 몸 된 보편적인 교회(2:14-18)
    3) 사도들의 터 위에 세워진 교회의 통일성(2:19-22)
  C. 바울의 사도직과 교회를 위한 기도(3:1-21)
    1) 하나님의 은혜와 사도적 사역에 대한 이해(3:1-7)
    2) 교회의 목적과 바울의 사도직 수행에 대한 이해(3:8-13)
    3) 교회의 사명 수행을 위한 기도(3:14-21)

IV. 도덕적이고 윤리적인 가르침(Moral and Ethical Instruction)
  A. 새로운 질서 속에 있는 교회의 삶(4:1-4:24)
    1) 교회의 하나됨과 교회의 부르심(4:1-16)
    2) 옛 사람이 아닌 새 사람으로서의 삶(4:17-24)
  B. 새로운 질서 속에 있는 성도들의 삶(4:25-6:20)
    1) 새 질서 안에서의 윤리(4:25-5:2)
    2) 빛의 자녀로서의 삶에 대한 진술(5:3-14)
  C. 성령 충만한 그리스도인의 삶에 대한 진술(5:15-6:9)
    1) 선한 일을 행하기 위한 지혜(엡 5:15-18)
    2) 성령의 충만을 받는다는 의미(엡 5:18-20)
    3) 우주적 통일을 목표로 하는 혼인제도(엡 5:21-33)
    4) 가족 제도 안에 담아둔 하나님의 약속(엡 6:1-4)
    5) 사회 제도 안에 담아둔 하나님의 약속(엡 6:5-9)

V. 맺는 말(Closing)
  A. 교회의 사명으로서 영적 전투와 승리(6:10-20)

1) 교회가 가져야 할 사명 의식(엡 6:10,11)
2) 종말의 긴장 가운데 있는 교회(엡 6:12-17)
3) 교회의 사명으로서 복음의 파수(엡 6:18-20)

B. 사도적 축도(6:21-24)

〈에베소서 서론〉

바울의 복음과 교회의 사명

에베소서 2:8-10

2:8 너희는 그 은혜에 의하여 믿음으로 말미암아 구원을 받았으니 이것은
너희에게서 난 것이 아니요 하나님의 선물이라 9 행위에서 난 것이 아니
니 이는 누구든지 자랑하지 못하게 함이라 10 우리는 그가 만드신 바라
그리스도 예수 안에서 선한 일을 위하여 지으심을 받은 자니 이 일은 하
나님이 전에 예비하사 우리로 그 가운데서 행하게 하려 하심이니라

AD 60년 2월 말경 마침내 바울은 로마에 입성했다. 바울은 2-3년 동안(60-62년) 가택연금 상태에 있었다. 바울의 상소에 관한 심문이 늦어진 이유는 바울을 소송한 자들이 예루살렘으로부터 당도하지 못했거나 아니면 로마 법정에서 다룰 다른 소송건들이 산적해 있었기 때문이었을 것이지만 정확한 이유는 알려지지 않았다.218)

218) Robert L. Reymond, 바울의 생애와 신학, 원광연 역, 고양, 그리스챤다이제스트, 2003, p. 285.

1. 에베소서의 역사적 배경

에베소서를 가리켜 '바울 사상의 정수'라고 할 정도로 에베소서는 바울 서신들의 주요 주제들을 요약하고 있으며 복음 전도의 사도로서 바울 사역에 내포된 우주적 의미들을 제시하고 있다.219) 또한 에베소서가 바울의 로마 사역 말기(AD 62년)에 기록되었다는 점에서 자신의 사역과 사상을 최종적으로 정리한 '바울 사상의 극치'(the crown of Paulinism)라고 할 수 있다.220)

1) 에베소서의 주제

에베소서는 창조와 구원에 있어서 그리스도의 우주적 역할에 대한 교훈과, 그리스도와 교회의 연합에 대한 지대한 영향을 주고 있다. 특히 이 서신은 교회 예배의 주체인 주님이 온 우주를 지배하며 그 안에서 온 세상과 존재하는 모든 질서를 통치한다는 사상을 담고 있다.

이런 점에서 본 서신은 '그리스도의 몸인 교회'(The church of the body of Chris)를 그 중심 사상으로 제시하고 있다. 이 주제 아래 ① 그리스도 안에 있는 하나님의 목적 ② 그리스도 안에 있는 하나님의 충만성 ③ 그의 몸인 교회 안에 있는 그리스도의 충만성(엡 1:22,23)을 전개시키고 있다.

동시에 이 서신은 인간 개인이나 사회 속에서 인간의 삶을 여전히 억압하고 있는 악의 실체를 규명하고 세상의 모든 것을 지배하는 그리스도의 우주적 승리를 제시하고 있다. 이런 점에서 악의 힘에 의하여 교회가 고난받고 있지만 그 악에 대해 교회가 저항하고 극복해야 할 이유

---

219) F. F. Bruce, 바울, p. 453.

220) Ralph P. Martin, 신약의 초석 II, p. 335.

를 밝히고 있다.221)

이처럼 악을 제압해야 할 상황을 전제하고 있는 이 서신은 그리스도와 연합된 교회로 인도하시는 하나님의 은혜를 찬송하면서 이 교회에서 구약 경륜에 속한 이스라엘의 후손들을 비롯하여 신약 경륜에 속한 모든 열방의 택함받은 성도들이 그리스도의 몸인 교회로서 어떻게 우주적인 사회, 즉 그리스도를 주로 고백하는 보편적인 교회로 발전되는가에 깊은 관심을 표명하고 있다.

이와 관련해 바울의 신학적 사상을 규정하는 '이신칭의'(the Righteousness Through Faith in Christ)는 에베소서의 사상적 배경으로 작용하고 있다. 비록 갈라디아서와 로마서처럼 믿음으로 말미암아 의롭게 된다는 교리가 에베소서에서 중심적인 역할을 하고 있지 않지만, 이 서신의 논증 밑바탕에는 이신칭의 교리가 굳건하게 새겨져 있다. 이 사실은 "너희는 그 은혜에 의하여 믿음으로 말미암아 구원을 받았으니 이것은 너희에게서 난 것이 아니요 하나님의 선물이라 행위에서 난 것이 아니니 이는 누구든지 자랑하지 못하게 함이라"(엡 2:8,9)는 선언에서 명확하게 나타난다.

이 선언은 구원의 종말론적 완성을 기대하면서 동시에 현재적 완성을 강조한다. 이 사상은 "그런즉 자랑할 데가 어디냐 있을 수가 없느니라 무슨 법으로냐 행위로냐 아니라 오직 믿음의 법으로니라"(롬 3:27)는 말씀과, "너희는 하나님으로부터 나서 그리스도 예수 안에(*ἐν Χριστῷ Ἰησοῦ*) 있고 예수는 하나님으로부터 나와서 우리에게 지혜와 의로움과 거룩함과 구원함이 되셨으니 기록된 바 자랑하는 자는 주 안에서 자랑하라 함과 같게 하려 함이라"(고전 1:30,31)는 말씀에 나타난 바울의 사상과 정확하게 일치한다.222)

---

221) Ralph P. Martin, 에베소서, 골로새서, 빌레몬서, 김춘기 역, 서울, 한국장로교출판사, 1991. p. 27.

222) F. F. Bruce, 바울, p. 457.

여기에서 바울은 교회에게 초월적 지위가 주어졌음을 강조하고 있다. 교회는 지금 이 시대에 영화롭게 된 주께서 올라가 계시는 하늘의 삶에 참여하고 있기 때문이다(엡 1:22; 2:6; 5:27). 이런 점에서 에베소서는 "나는 하나의 거룩하고 보편적인 사도적 교회를 믿는다"고 고백하는 고전적 교회관과 유사하다. 이것은 성도들이 ① 현 세상 속에서 교회의 삶에 대한 초시간적이고 이상적인 상태에 있으며, ② 동시에 경험적인 삶을 살고 있으며, ③ 억압받는 위험에 직면해 있다는 '이미 – 아직 아닌(already, not yet)' 이라는 긴장 아래 있음을 보여주고 있다.

2) 저자와 저작 년대

전통적으로 에베소서는 바울의 옥중서신(AD 60–62년)으로 분류되었다. 에베소서는 고린도후서와 골로새서와 동일한 서두를 가지고 있으며 저자 자신이 하나님의 뜻으로 그리스도 예수의 사도가 된 사실을 밝히고 있다는 점에서 이 사실을 확인하고 있다. 또한 '은혜와 평강'을 함께 묶어서 문안하는 바울의 독특한 문체를 그대로 보이고 있다는 점과(엡 1:2) 다른 서신들처럼 '나, 바울은'이라는 저자의 이름이 에베소서 중간에 되풀이되어 나오고 있다는 점에서도 확인된다.

아울러 저자는 개인적으로 수신자들의 믿음과 모든 성도들을 향한 그들의 사랑에 대해서 감사하고 있으며(엡 1:15,16) 자신은 '예수 그리스도의 일로 갇힌 자'로 묘사하고(엡 3:1; 4:1) 자신이 당하고 있는 여러 가지 환난에 대해 낙심하지 말라고 권하고 있다(엡 3:7).

이어 저자는 세상 사람들의 무지와 방탕에 대처하여 수신자들로 하여금 새로운 삶과 사고방식이 현재 필요함을 역설하면서(엡 4:17,18) 그리스도의 비밀을 해석해 주고 있다(엡 5:32). 저자는 자신이 쇠사슬에 매인 사신(ambassador)이 되었으나 복음을 전할 수 있는 담대함을 위해 기도를 요청하면서(엡 6:19,20) 개인적인 인사로 끝을 맺고 있다. 이러한 내

용들은 본서가 바울의 저작임을 입증해 주고 있다.[223]

하지만 에베소서가 바울 시대보다 더 후대의 것으로 여겨질 만한 내용, 즉 교회가 스스로 하나의 제도적 기관으로서 의식해 가는 진전된 교리들을 포함하고 있다는 점에서 바울의 저작이라기보다는 그를 추종하는 어떤 제자가 본서를 작성했다는 이론이 제기되었다.

몇몇 학자들(W. G. Kummel, H. Merklein, R. Schnackenburg 등)은 에베소서에 종말론적 강조, 바울의 사도직에 대한 숭배, 그리스도의 몸으로서 교회에 대한 가르침에 형이상학적 의미가 주어지는 등 아주 잘 짜인 목회론과, 그리스도인의 윤리면에서 도덕화시키는 경향이 나타난다는 점을 들어 익명의 바울 제자의 저작설을 주장했다.[224] 이와 관련해 에베소서가 골로새서의 복사판처럼 그 내용이 유사하다는 점도 이 가설에 힘을 실어주는 데 일조를 하고 있다. 이러한 가설에 따를 경우 에베소서는 최소한 AD 70년 예루살렘 성전 파괴 이후에 저작되었음을 시사한다.

그러나 에베소서는 골로새서뿐 아니라 고린도전서나 로마서의 주제들과도 많은 부분에서 일치를 이루고 있다. 무엇보다도 예루살렘 성전의 파괴와 관련된 내용을 전혀 언급하고 있지 않다는 점에서 이 가설은 약점을 보이고 있다. 만일 저자가 성전 파괴 이후에 이 서신을 기록했다면 이 사건이 자신의 요점을 위한 훌륭한 상징적인 예표가 되었을 것이다. 하지만 이에 대한 언급이 없다는 것은 에베소서가 AD 70년 이후에 기록되었다는 견해를 반박하고 있는 셈이다.[225]

---

223) Donald Guthrie, 신약 서론, 김병국, 정광욱 공역, 고양, 크리스찬다이제스트, 1996, p. 453.

224) Ralph P. Martin, 에베소서, 더 자세한 내용은 Martin의 서론을 참고하라.

225) Donald Guthrie, 신약 서론, p. 474.

골로새서와 에베소서는 내용이 서로 놀라울 만큼 유사하고 또한 둘 다 두기고의 손으로 전달되었다(골 4:7-10; 엡 6:21,22). 이것은 이 두 편지가 거의 같은 시기에 같은 장소에서 기록되었음을 시사하고 있다. 또한 바울이 이 편지들을 쓴 구금 기간에 누가는 바울과 함께 있었음이 분명한데(골 4:14; 몬 24절) 이것은 이 편지의 저작 장소가 로마임을 입증한다.

3) 저작 동기 및 수신자

이 서신서들을 기록하게 된 동기는 바울이 로마에 구금되어 있는 동안 골로새에서 온 에바브라가 바울을 방문함으로써 시작된다(골 1:7; 4:12). 에바브라는 바울이 3차 전도 여행 동안 에베소를 기점으로 현저한 성과를 이룩한 아시아에서 사역을 할 때 바울의 지도를 받아 골로새 교회를 세운 인물이었다. 그는 골로새 교회가 당면한 기독교의 메시지와 흡사하면서도 실제로는 교회를 해치고 있는 새로운 가르침에 대해 바울에게 보고했다.

참 복음에 대항하는 이 거짓 가르침은 유대인의 민중 신앙과 브루기아 지방의 민중 신앙 그리고 기독교의 기초적인 가르침이 뒤섞인 종교적 혼합주의(골 2:8)였다. 이 거짓 가르침의 특징은 다음과 같다(골로새서 서론 〈p.58〉 참고).

① 그것은 신지론적(theosophic)이었다. 그들은 심오한 지식(γνῶσις), 하나님께로부터 오는 지혜 또는 일종의 비술(occult)을 소유하고 있다면서 그것을 다른 사람들에게 줄 수 있는 능력을 가지고 있다고 주장했다(골 1:9,28; 2:3,8,23; 3:16; 4:5).

② 그것은 의식적(ritualistic)이었다. 그들은 할례를 강조하고(골 2:11; 3:11) 음식법과 절기의 준수를 강조했다(골 2:16,17).

③ 그것은 금욕적(ascetic)이었다. 그들은 금욕할 내용들을 제시하고 (골 2:21) 육체를 아주 심하게 다루었다(골 2:23).

④ 그것은 마술적(magic)이었다. 그들은 '왕권들이나 주권들이나 통치자들이나 권세들'(thrones, powers, rulers, authorities, 골 1:16; 2:10,15)과 세상의 초등 학문(*ταστοιχεια*, 하나님의 신탁의 초보 원리, 골 2:8,20)과 천사들(*θρησκεια των αγγελων*, 골 2:18)을 숭배해야 한다고 주장했다.

이러한 거짓 가르침을 전파하는 자들은 이 혼합주의적인 사상이 그리스도의 복음을 대치(supplant)하는 것이 아니라 그 복음을 보충함(supplement)으로써 골로새 성도들을 기독교의 초보 단계를 넘어서 충만하고 완전한 단계로 이끌어 준다고 주장했다.

바울은 이들의 주장에 대해 ① 예수 그리스도의 유일하고도 최종적인 초월성과 그의 속죄 사역의 충족성에 의문을 제기한다고 판단하고, ② 참 복음이 가르치는 우주적인 그리스도의 주되심과 그 풍성함과 놀라운 위대함을 제시하면서 실현된 종말론을 통해 이 거짓 가르침을 반박하였다.[226)]

바울은 이 내용을 골로새서와 함께 소아시아에 있는 교회들을 견고하게 하기 위해 특별히 작성한 회람용 편지(골 4:16)에 기록하여 두기고 편에 전달하도록 했다. 바울은 이 회람용 편지를 통해 아시아 지방에 있는 교회들이 골로새 교회에 침투한 그런 혼합주의 사상에 현혹되지 않도록 경계시키고자 하였다.

'라오디게아로서 오는 편지'(골 4:16)라고 바울이 언급한 이 회람 서신이 바로 지금 우리가 보고 있는 에베소서로 알려진 편지이다. 이 에베소서는 수신자가 명시되어 있지 않았다.[227)] 또한 헬라어 파피루스

---

226) Robert L. Reymond, 바울의 생애와 신학, p. 290-291.

227) D. A. Caeson, 신약개론, 엄성옥 역, 서울, 은성출판사, 2006. p. 554.

P46(AD 200년대)을 비롯해 주요 사본들에도 수신자가 명시되어 있지 않다. 이런 점들은 에베소서가 회람을 위한 서신이었음을 간접적으로 보여준다. 바울로부터 이 회람 서신을 전해 받은 두기고는 골로새로 가는 도중에 가장 먼저 도착한 에베소에 이 회람 서신을 전달하였음이 확실하다(엡 6:21).

이후 이 회람 서신은 서머나, 버가모, 두아디라, 사데, 빌라델비아, 라오디게아를 거쳐 골로새 지방으로 순회되었을 것으로 보인다. 당시 에베소는 로마, 고린도, 안디옥, 알렉산드리아와 함께 로마제국의 5대 주요 도시 중 하나였으며 소아시아의 상업과 정치, 종교의 중심지였다. 당시 에베소는 이 소아시아 지역에서 가장 유력한 도시였기에 이 편지에 '에베소에'(ἐν Ἐφέσῳ, 엡 1:1)라는 문구가 첨부되었을 가능성이 높다.228)

2. 에베소서의 내용과 개요

1) 에베소서의 내용

골로새서와 에베소서는 비슷한 내용으로 구성되어 있다. 일반적으로 골로새서는 '교회의 머리이신 그리스도에 대한 편지'라 하고 에베소서는 '그리스도의 몸인 교회에 대한 편지'라 부른다는 점에서도 이점을 알 수 있다.229) 하지만 골로새 교회에 보낸 편지와 회람용으로 작성된 에베소서의 내용은 서로 다른 상황을 강조하고 있다.

이에 앞서 바울은 3차 전도 여행을 마치고 예루살렘으로 가는 도중인 밀레도에서 에베소 교회 장로들을 초청하여 그들에게 맡겨진 교회를 잘 돌보도록 당부한 바 있다.

---

228) Bruce B. Barton, 에베소서, 전광규 역, 서울, 성서유니온, 2001. p. 16-17.

229) Robert L. Reymond, 바울의 생애와 신학, p. 299.

> "여러분은 자기를 위하여 또는 온 양 떼를 위하여 삼가라 성령이 그들 가운데 여러분을 감독자로 삼고 하나님이 자기 피로 사신 교회를 보살피게 하셨느니라 내가 떠난 후에 사나운 이리가 여러분에게 들어와서 그 양 떼를 아끼지 아니하며 또한 여러분 중에서도 제자들을 끌어 자기를 따르게 하려고 어그러진 말을 하는 사람들이 일어날 줄을 내가 아노라 그러므로 여러분이 일깨어 내가 삼 년이나 밤낮 쉬지 않고 눈물로 각 사람을 훈계하던 것을 기억하라"(행 20:28-31).

그로부터 4-5년 정도의 시간이 지난 후 바울이 경계시켰던 그 일들이 소아시아 지역 교회들을 위협하고 있었다.

골로새서는 바울이 경고한 거짓 가르침이 하나의 위협이 되고 있는 상황에서 하늘의 차원과 성도들의 하늘에 대한 관심과 관련하여 그리스도의 초월성(the supremacy of Christ)을 강조하고 있다. 그리고 하늘과 땅을 대조시키는 구조를 통해 윤리적 권면을 함으로써 거짓 가르침에 대응하는 구체적 상황에 초점을 맞추고 있다.

에베소서는 골로새서의 우주론적 기독론(the Cosmological Christology)을 취하면서도 독자들에게 성도로서 그들의 정체성을 상기시키고 교회에 대해 보다 일반적인 강조에 초점을 두고 있다. 교회의 성도들은 언약의 자손인 이스라엘의 후손들을 비롯해 복음을 받아들인 모든 사람들로 구성된 새 인류의 일원이며, 몸된 그리스도의 지체이고, 그리스도의 충만이며, 새 성전이고, 성숙한 성도들이며, 또한 그리스도의 신부임을 강조한다.

이런 점에서 에베소서는 윤리적 권면에 있어서 하늘과 땅의 대조에 대한 관심보다는 그리스도 안에 있는 성도들과 그리스도 바깥에 있는 사람들 사이의 대조를 보여주며 교회와 교회를 둘러싸고 있는 세상과의 대조를 강조하고 있다.230)

230) Andrew T. Lincoln, 에베소서, 배용덕 역, 서울, 솔로몬, 2006. p. 75.

특별히 에베소서에는 그리스도의 몸인 보편적 교회에 대한 바울의 사상이 잘 나타나 있다. 바울은 교회를 가리켜 '하나님의 기업(엡 1:11), 그리스도의 몸, 그의 충만(엡 1:22,23), 하나님의 작품(엡 2:10), 하나의 새 사람(엡 2:15), 하나님의 권속(엡 2:19), 하나님의 거하실 처소(엡 2:21,22), 복음을 받아들인 성도들의 연합체(엡 3:6), 하나님의 지혜를 나타내기 위한 하나님의 도구(엡 3:10), 그리스도의 장성한 분량이 충만한 몸(엡 4:12,13), 온전히 성장한 완전한 사람(엡 4:13), 그리스도의 신부(엡 5:23-32), 하나님 사랑의 대상(엡 5:25), 몸된 그리스도의 지체(엡 5:30), 사탄에 대항하여 싸우는 하나님의 전사(엡 6:11-18)' 등으로 묘사하고 있다.

바울은 교회가 ① 다양한 기능을 가진 하나의 실재(entity)이며 삼위일체 하나님을 섬기며 사람들 가운데 일치의 길을 제시하고 하나님의 대적인 사탄에게 대항하는 것으로 말한다. 또한 ② 개인으로나 지역적인 집단으로서나 성도들은 하나님의 영원하신 목적, 즉 성도들을 자녀로 삼았다는 사실을 위해 존재해야 하는 고귀한 소명과 특권을 가졌기 때문에 그보다 못한 것에 만족하지 않아야 한다고 말한다.

무엇보다도 교회는 ③ 언약의 자녀로 하나님의 부름을 받은 성도들 모두가 공동 상속자와 지체이며 함께 약속에 참예하는 존재로 그리스도의 몸 안에서 동일하고 동등한 신분을 가졌다는 점을 강조하고 있다. 바울은 이것을 가리켜 '그리스도 안에 담긴 비밀'이라고 밝히고 이 사실을 널리 알리기 위해 이 서신을 기록하고 있다(엡 3:1-9)고 말한다.[231)]

이상을 종합하면 에베소서에서는 죄인들의 무가치함에도 불구하고 구원을 이루시는 하나님의 탁월한 위치를 강조한다. 또한 그리스도의 위대하심과 하나님께서 그의 위대한 목적을 성취하시는 데 있어서 그의 몸된 교회가 중요한 위치를 차지하고 있음을 알 수 있다.

---

231) Bruce B. Barton, 에베소서, 전광규 역, 서울, 성서유니온, 2001. p. 21.

2) 교회론 중심의 에베소서

에베소서는 이 세상을 위한 하나님의 사랑과 그 계획을 진행하시는 하나님의 전능성에 근거하여 그리스도의 부활에 참여하는 성도들은 인간을 노리개로 취급하는 우주적인 악한 세력들의 냉혹한 지배로부터 벗어났음을 강조한다.

그리고 성도들은 감각적이고 타락한 모든 세상의 가치로부터 벗어나 고상한 삶의 차원으로 승화되며 이러한 삶은 회심, 즉 세례의 경험으로부터 시작됨을 밝히고 있다. 이렇게 창조된 교회는 새롭게 하시는 하나님의 목적을 선언하는 역사적 증인이다.

옛 경륜 속에서는 모든 인류를 위해 선택받은 제사장 나라로서 이스라엘이 그 중심에 있었다(출 19:4-6). 이때는 제사장 나라인 이스라엘과 그렇지 않은 열방들로 구별되어 있었다. 하지만 그리스도가 오신 이후에는 새로운 경륜이 시작되면서 제사장 나라의 필요성이 사라지고 오로지 언약의 자손으로 하나님의 부르심을 받은 성도들로 구성된 하나의 공동체가 형성되었다(엡 2:15).

이 새로운 존재는 '하나님의 교회'(고전 10:32)이며, 그들은 그리스도를 통하여 모두가 하나님과 화목하게 되었다. 때문에 이 교회는 모든 사람, 이제는 유대인도 아니며 이방인도 아닌 죄에 빠진 사람들을 위한 하나님의 궁극적인 계획이 담긴 '제3의 민족 공동체'라 정의할 수 있다.232)

3. 신학적 성향이 강한 에베소서의 특징

에베소서는 바울의 다른 서신서들과 달리 구체적인 상황을 염두에

232) Bruce B. Barton, 에베소서, p. 37.

두고 있지 않다는 점에서 독특하다. 에베소서의 자매 서신이라 할 수 있는 골로새서는 기독교 신앙을 위협하는 특별한 상황에서 그 수신자들이 대처하도록 돕고 있다. 반면에 에베소서는 언약의 자손으로 부름 받은 성도들로 구성된 교회와 관련하여 기독교적인 구원의 성격과 그것으로부터 흘러나오는 새로운 삶의 성격을 교회론적인 관점에서 설명하는 데 그 역점을 두고 있다.

1) 에베소서의 신학적 성향

골로새서는 전체적으로 논쟁적이며 그 어조에 있어서 변증적이라 할 수 있다. 반면에 에베소서의 문체는 발전된 바울의 신학적 사상을 많이 담고 있다. 그 결과 에베소서는 신약성서의 문서들 중에서 가장 강력한 신학적 성격을 가지게 되었다.[233] 에베소서를 가리켜 '바울 신학의 정수'라고 하는 이유도 여기에 있다.

다른 서신서들과 달리 구체적인 수신자를 염두에 두고 있지 않다는 점도 에베소서의 특징이라 할 수 있다. 때문에 본 서신의 저작 동기와 목적은 독자들의 상황보다는 저자의 상황으로부터 기인된다고 보아야 한다. 이 서신이 명상적인 분위기를 띠고 있는 것 역시 어떤 특별한 상황과 관련된 긴장이 나타나지 않는다는 점에서 연관성을 찾을 수 있다. 이 서신에서 바울은 그리스도와 교회를 깊이 생각하고 있으며 영광스러운 '승귀의 기독론'(the Christology of exaltation)을 근거로 그리스도 안에서 성도들이 누리는 특권을 강조하고 있다.[234]

---

233) I. Howard Marshall, 신약성서신학, 박문재, 정용신 역, 고양, 크리스챤다이제스트, 2006, p. 465.

234) Donald Guthrie, 신약 서론, p. 485.

2) '베라카'에 나타난 에베소서의 주제들

에베소서가 어떤 상황에 대한 답변이라기보다는 신학적 서술이라는 점은 본문의 내용적 구조에서도 확인된다. 바울 자신 외에 아무런 이름도 등장하지 않는 문안 인사 후에(1:1,2) 하나의 긴 문장으로 기록된 베라카(ברכה 〈berakah〉 : "You shall be a blessing" : 하나님께 드리는 찬송의 문학적 형태)가 등장한다(1:3-14). 이 문장은 지금까지 발견된 고대 헬라어 문장 가운데 가장 긴 문장이다. 이 문장에서 바울은 자신이 이 서신에서 전개하고자 하는 주제들을 소개하고 있다.235)

'베라카'는 하나님을 그리스도의 아버지로 말하면서 하나님께 찬송을 드리는 글(고후 1:3; 벧전 1:3; 롬 15:6; 골 1:3)이며 여기에서는 하나님께서 행하신 여러 가지 일들이 모두 그의 대리자(agent)인 그리스도와 연결되어 있다.

에베소서 1장의 베라카는 세 부분으로 된 구조를 가지고 있으며 각각의 구조는 "그의 은혜의 영광을 찬송하게 하려는 것이라"(엡 1:6), "우리로 그의 영광의 찬송이 되게 하려 하심이라"(엡 1:12), "그의 영광을 찬송하게 하려 하심이라"(엡 1:14)는 후렴구로 구분된다.

여기에서 바울은 교회에 대한 삼위일체 하나님의 계획을 간략하게 요약하고 있다. ① 성부 하나님은 성도들을 거룩하게 하시려고 선택하셨으며(4절) 그들을 아들로 삼으시고(5절) 하나님께 오는 것을 용납하시며(6절) 하나님의 뜻을 알게 하신다(8,9절). 그리고 하나님은 ② 성자이신 그리스도 안에서 만유를 통일되게 하심에 성도들을 참여하게 하시며(10절) 하나님의 기업(inheritance)이 되게 하시며(11절) 영광이 되게 하신다(12절). 이때 성자 하나님은 성도들을 구속하시며(7절) 모든 피조물의 머

---

235) Bruce B. Barton, 에베소서, p. 34.

리가 되신다(10절). 그리고 ③ 성령 하나님은 성도들의 인침(sealed, 13절)과 영원한 기업의 보증(the guarantee)이 되신다(14절).

이로써 바울은 삼위일체에 따른 형식으로 하나님을 찬양하면서 하나님의 활동에 대한 세 가지 형태를 보여주고 있다. 그것은 ① 사랑으로 그의 백성을 선택하신 성부 하나님(3-5절)과 ② 자신의 대속적 죽음으로 구속자가 되시며 교회를 택하신 성자이신 그리스도(7절)와 ③ 그리스도의 사역이 그의 백성에게 적용되어 그것으로 인간 경험 속에서 삼위일체 하나님의 영원한 목적을 실현하시는 성령(13,14절)으로 제시된다. 이것은 훗날에 삼위일체에 대한 신앙고백의 신조로 확립되었다.236)

에베소서에 기록된 베라카의 주제는 앞선 "찬송하리로다 하나님 곧 우리 주 예수 그리스도의 아버지께서 그리스도 안에서 하늘에 속한 모든 신령한 복을 우리에게 주시되"(엡 1:3)라는 말에서 이미 제시되었다. 이 구절은 상반절인 "찬송하리로다 하나님 그리고 우리 주 예수 그리스도의 아버지"와 세 개의 엔(εν, -안에) 구문, 즉 ① '모든 신령한 복을' ② '하늘에 속한' ③ '그리스도 안에서'로 구성된 하반절로 나누어진다. 그리고 하반절에 등장하는 이 내용들은 나머지 찬양에서 보다 깊이 다루어지고 있다.

바울은 먼저 '찬송하리로다'(Εὐλογητὸς: Blessed be)라고 말함으로써 찬양을 하나님께 드리고 있다. '찬송하리로다'(Εὐλογητὸς)는 말은 인간이 하나님을 찬송할 때만 사용되는 특별한 단어이다(막 14:61; 눅 1:68; 롬 1:25; 9:5; 고후 1:3; 11:31; 벧전 1:3). 하나님만이 홀로 찬송과 경배를 받으시며 성도들은 하나님의 은혜를 감사하고 인정함으로써 하나님을 찬송하며 경외를 나타내게 된다.237)

---

236) Ralph P. Martin, 에베소서, p. 45.

237) Bruce B. Barton, 에베소서, p. 44.

하나님께서 찬양을 받으시기에 합당한 이유는 하나님께서 성도들에게 복을 주셨기 때문이다. 하나님께서는 성도들이 그리스도의 구속과 부활의 유익을 얻도록 하셨으며 성도들을 대신한 그리스도의 십자가 죽음을 통해 성도들에게 복을 주셨다. 이 복을 가리켜 바울은 '모든 신령한 복'이라고 제시하고 있다.

①'모든 신령한 복으로'(ἐν πάσῃ εὐλογίᾳ πνευματικῇ)는 그리스도 안에서 하나님의 구원 행동을 구성하고 있으며 신적인 복의 충만함을 '신령한' 것으로 묘사하고 있다. 이것은 이 '복'이 한 인간의 내적이고 감추어진 삶에 속한 것이 아니라 성령과 밀접한 관계가 있음을 지시한다. 여기에서 '신령한'이라는 단어는 성령의 임재와 일하심의 결과를 의미한다.

이 베라카의 마지막 두 구절(13,14절)에서 말하는 것처럼 '기업의 복'을 지금 성도들이 차지하고 있는 것은 그들이 성령 안에 참여함으로써 발생됨을 보여주고 있다. 그리고 이 '신령한'은 이 복이 땅에 속한 것이 아니며 하늘의 세계와 밀접한 관계가 있음을 암시하고 있다.238)

② 바울은 신령한 복을 주시는 영역이 이땅이 아닌 하늘의 영역임을 나타내기 위해 '하늘에 속한'(ἐν τοῖς ἐπουρανίοις) 것이라고 밝히고 있다. 이 '하늘'은 하나님께서 창조하신 땅과 같은 장소적 의미를 가지며 언제나 하나님의 구원 계획과 관련되어 있다. 하늘은 땅과 마찬가지로 종말의 때에 심판을 받아 없어질 곳이다(사 51:6; 학 2:6). 하지만 묵시적 의미에서 하늘의 영역은 오는 세대의 관점에서 새롭게 이해된다. 하늘은 하나님께서 그리스도를 죽은 자 가운데서 일으켜서 자신의 우편에 앉히심으로써 새로운 시대가 열리는 상징적인 장소이다.

때문에 성도들이 하나님으로부터 받은 구원의 복은 성도들로 하여금

---

238) Andrew T. Lincoln, 에베소서, p. 169.

하늘의 영역과 연결시키는 고리와 같은 역할을 한다. 이 복은 본래 하늘의 영역에 있지만 미래를 위해 창고에 쌓아놓은 보물이 아니라 지금 성도들에게 주어지고 있다. 하나님은 이 복을 성도들에게 주시기 위해 그리스도 안에서 구원을 이루셨다. 그 결과 지금 성도들이 누리고 있는 복은 장차 누리게 될 하늘의 실재를 이땅에서 경험하고 있는 것과 같다. 더불어 이러한 경험은 오는 세대의 신령한 복과 밀접한 관계를 가지게 한다.

이에 대해 바울은 그리스도의 죽음과 부활에 의해 이미 승리한 싸움의 결과로 말미암아 영적인 복이 성도들에게 약속되고 주어진 영역으로 하늘을 제시하고 있다. 이렇게 함으로써 바울은 성도들의 복이 하늘로부터 온다는 사실과 그곳에는 지금 그리스도께서 살아 계시며 그리스도께서는 모든 영적인 복들의 근원인 성령의 은사를 성도들에게 주시고 있음을 밝히고 있다(엡 4:8).

③ 바울은 성도들이 하늘로부터 이 신령한 복을 받게 된 것은 그들이 성자이신 '그리스도 안에'(*ἐν Χριστῷ*) 있기 때문이라는 사실을 강조하고 있다. 성도들이 '그리스도 안에' 있다는 것은 그들이 그리스도와 연합되어 있음을 의미한다. 성도들은 그리스도와의 연합을 통해서 ① 창세 전의 선택(4,5절, 과거)과 ② 그리스도의 피로 말미암은 구원(7-12절, 현재)과 ③ 하나님의 아들로서 인침과 유업의 상속자가 되는(13,14절, 미래) 신령한 복을 받는다.239)

그리스도와의 연합은 성도들이 그리스도의 중보를 통해서 뿐 아니라 그들의 대표로 높이 올리우신 그리스도, 즉 스스로 하늘의 영역에 계신 그리스도와 연합되었기 때문에 하늘의 영역에 있는 복을 경험한다는 사실에서 보다 더 분명하게 나타난다. 나아가서 이 사실은 하나님께서 창세 전에 그리스도의 중보로 말미암아 성도들이 선택되었다기보다는

---

239) William Handriksen, 에베소서, 신성종 역, 서울, 아가페출판사, 1983, p. 86.

그들이 창세 전에 선재하신 그리스도에게 연합되었기 때문에 하나님에 의해 선택되었음을 강조하고 있다. 이러한 '그리스도 안에서'라는 바울의 해석은 바울 신학의 핵심을 차지하고 있다.

이 '베라카'를 통해 바울은 역사 안에서 하나님께서 나타내신 궁극적인 목적을 제시하고 있다. 그 목적은 피조물의 진정한 주인이며 인간과 우주 역사의 완성이신 그리스도 안에서 모든 것을 통일시키는 데 있다. 그리고 이 통일은 하나님 안에서 살아가는 참된 삶(the real life in God)의 실체이자 하나님의 나라를 예표하는 '교회'로 이땅에서 구현된다.240) 이때 그리스도는 모든 피조물이 나아가야 하는 궁극적인 목적이며 모든 피조물의 삶을 주관하는 주인으로 찬양을 받으시게 된다.

이러한 하나님의 계획은 하나의 신비로서 비밀이며 어떤 사람들에게는 거침돌이 된다. 하지만 이러한 바울의 사상은 이미 밝혀진 성경의 핵심 내용이다. 따라서 성도들은 그리스도 안에 있는 교회의 회원으로서 가장 고귀한 도덕적 기준을 받아들이고 그들의 부르심과 택하심을 굳건케 하는 도덕적 책임을 통해 하나님 앞에서 거룩하고 흠이 없게 하려고 택함을 받았다는 사실에 깊은 관심을 가져야 한다.

| 기 도 |

창세 전부터 그리스도와 연합되어 영원한 하나님 나라의 백성으로 선택하시고, 그 나라의 풍성한 은혜를 누릴 수 있도록 불러서 하나님의 자녀라는 명예를 누리도록 이끌어 주시는 우리의 아버지이신 하나님.

이 복된 부름에 따라 무엇보다도 먼저 성자이신 그리스도를 통하여 지혜와 계시의 영을 주시어 하나님을 아는 지식으로 충만케 해 주시는 은혜에 감사를 드리옵나이다.

---

240) Ralph P. Martin, 신약의 초석 II, p. 355.

이로써 우리는 이 어두움의 세상 가운데서도 마음의 눈을 밝힘으로써 하나님께서 우리를 불러주시는 그 부름의 소망과 교회가 누리는 기업의 풍성함과 우리를 마침내 구원에 이르게 하는 지극히 크신 삼위일체 하나님의 능력을 알게 됨이 얼마나 복된 일인지요.

이제 우리는 바울 사도를 통해 주신 에베소서의 가르침을 따라 이 복된 영광의 풍성함을 누리고자 말씀을 연구하고 공부하고자 하오니, 어둡던 우리의 눈을 밝히사 부지런히 계시의 깊은 뜻을 깨닫고, 주께서 우리에게 주시려고 예비하신 하늘의 소망을 향해 힘차게 달려갈 수 있도록 은혜를 더하여 주옵소서.

우리 주 예수 그리스도의 이름으로 기도합니다. 아멘.

〈1〉

새로운 존재로 창조함을 받은 교회

에베소서 1:1,2

1:1 하나님의 뜻으로 말미암아 그리스도 예수의 사도 된 바울은 에베소에
있는 성도들과 그리스도 예수 안에 있는 신실한 자들에게 편지하노니
2 하나님 우리 아버지와 주 예수 그리스도로부터 은혜와 평강이 너희에
게 있을지어다

바울은 많은 서신들을 기록했다. 이것은 바울의 사역이 가지는 성격과 관련된다. 바울은 중요한 도시의 중심에 교회를 세우는 일에 자신의 사역을 집중했다. 사도행전이 보도하고 있는 것처럼 바울은 에베소에서 약 2년, 고린도에서 약 18개월을 머문 것을 제외하고는 대부분 지역에서 3개월 이상을 머물지 않았다.

때문에 바울은 자신이 세운 교회들에게 자신의 부재중임에도 불구하고 그들과 함께하고 있으며 교회들이 지속적으로 바울의 지도 아래 있다는 사실을 확인하기 위해 편지를 쓰게 되었다. 이런 점에서 바울의 편지는 교회들에게 공식적이고 명령적인 임재(presence)의 기능을 수행했고 비록 바울이 그 교회를 방문 중이라 할지라도 그 편지는 여전히

'사도의 임재' 기능을 수행하고 있었다.241)

바울은 이 편지들이 교회가 드리는 공식적인 예배를 드리기 위해 모여 있는 동안에 읽혀질 것을 기대했다. 이런 점에서 바울의 서신들에는 신앙고백, 찬양, 영광송, 찬송, 기도 그리고 사도적 축도들로 가득 차 있다. 사도의 서신들은 보는 것이 아닌 듣는 것에 의해 회중에게 전달되었고 바울의 편지를 소리내어 읽는다는 것(살전 5:27)은 그 편지의 내용이 그것을 들음으로써 이해하고 회상할 수 있는 적합한 내용이었음을 의미한다.

이 사실은 바울의 서신들이 시간을 초월하는 성격을 갖고 있었든지 간에 그 교회의 환경, 특징 그리고 강점과 문제점들을 잘 나타내 주고 있다. 심지어 에베소서 같이 특정한 교회가 아닌 회람 성격이 강한 서신들이라 할지라도 역시 당시 교회의 성격을 잘 나타내 주고 있다. 이런 점에서 바울은 설교자로서 그리고 교사로서 그가 행했던 노력은 수신자들의 고유한 언어로 복음을 듣도록 하는 것에 기울어져 있었으며 성도들이 구체적인 복음의 방법으로 평생을 살도록 하는 데 초점을 맞추고 있다.242)

이런 이유에서 바울 서신들에 대해 많은 관심을 기울이는 것은 바울의 신학 이해와 더불어 중요한 일이다. 특별히 특히 에베소서를 가리켜 '바울 사상의 정수'라고 할 정도로 에베소서는 바울 서신들의 주요 주제들을 요약하고 있으며 이방인 사도로서 바울 사역에 내포된 우주적 의미들을 제시하고 있다.243)

---

241) Fred B. Craddock, 빌립보서, 김도일 역, 서울, 장로교출판사, 2001, p. 31-32.

242) Fred B. Craddock, 빌립보서, p. 35.

243) F. F. Bruce, 바울, 박문제 역, 고양, 크리스챤다이제스트, 1992, p. 453.

또한 에베소서는 바울의 로마 사역 말기(AD 62년)에 기록되었다는 점에서 자신의 사역과 사상을 최종적으로 정리한 '바울 사상의 극치'(the crown of Paulinism)라고 할 수 있다.244) 이런 점에서 에베소서는 바울의 발전된 교회관 정립과 긴밀한 관련이 있으며 바울이 이해하고 있는 교회관에 대한 지대한 관심을 가져야 할 것을 요청하고 있다.

1. 바울의 사도권에 대한 이해 (엡 1:1)

에베소서는 고대 헬라 세계에서 사용되는 편지 형식을 보이고 있다. 바울은 자신을 "하나님 뜻으로 말미암아 그리스도 예수의 사도된 바울"(*Παῦλοσ, ἀπόστολος Ἰησοῦ Χριστοῦ διὰ θελήματος Θεοῦ, τοῖς ἁγίοις τοῖς τὖσιν ἐν Ἐφέσω, καὶ πιστοῖς ἐν Χριστῷ Ἰησοῦ*, 엡 1:1)이라고 소개한다.

바울은 자신의 사도권을 직접 주장할 이유가 없었던 데살로니가 교회나 빌립보 교회나 빌레몬에게 편지할 때와 문안 인사 및 저자의 이름과 수신자에 대한 언급 없이 시작된 히브리서를 제외하고 고린도전·후서와 에베소서와 골로새서를 비롯한 나머지 모든 서신의 시작 부분에서나 마지막 부분에서 자신의 사도적 권위를 주장한다.

자신의 사도권에 대한 바울의 이해는 "내가 자유인이 아니냐 사도가 아니냐 예수 우리 주를 보지 못하였느냐 주 안에서 행한 나의 일이 너희가 아니냐 다른 사람들에게는 내가 사도가 아닐지라도 너희에게는 사도이니 나의 사도됨을 주 안에서 인친 것이 너희라"(고전 9:1,2)고 하는 바울의 자서전적인 고백에 잘 나타나 있다.

이처럼 "하나님의 뜻으로 말미암아 그리스도 예수의 사도된 바울"(엡 1:1)이라고 자신을 소개하고 있는 것은 땅 끝까지 복음을 전파하기

---

244) Ralph P. Martin, 신약의 초석 II, 원광연 역, 고양, 크리스챤다이제스트, p. 335.

위한 사역을 완성하기 위해 바울을 선택하신 부활의 주님으로부터 위임된 바울의 소명과 사도권을 강조하기 위함이다. 이와 관련된 내용이 본서 3장 1-9절에서 다시 언급되고 있다.

> "이러므로 그리스도 예수의 일로 너희 이방인을 위하여 갇힌 자 된 나 바울이 말하거니와 너희를 위하여 내게 주신 하나님의 그 은혜의 경륜을 너희가 들었을 터이라 곧 계시로 내게 비밀을 알게 하신 것은 내가 먼저 간단히 기록함과 같으니 그것을 읽으면 내가 그리스도의 비밀을 깨달은 것을 너희가 알 수 있으리라
> 이제 그의 거룩한 사도들과 선지자들에게 성령으로 나타내신 것 같이 다른 세대에서는 사람의 아들들에게 알리지 아니하셨으니 이는 이방인들이 복음으로 말미암아 그리스도 예수 안에서 함께 상속자가 되고 함께 지체가 되고 함께 약속에 참여하는 자가 됨이라 이 복음을 위하여 그의 능력이 역사하시는 대로 내게 주신 하나님의 은혜의 선물을 따라 내가 일꾼이 되었노라
> 모든 성도 중에 지극히 작은 자보다 더 작은 나에게 이 은혜를 주신 것은 측량할 수 없는 그리스도의 풍성함을 이방인에게 전하게 하시고 영원부터 만물을 창조하신 하나님 속에 감추어졌던 비밀의 경륜이 어떠한 것을 드러내게 하려 하심이라"(엡 3:1-9).

여기에서도 바울은 자신의 사도권이 철저하게 "측량할 수 없는 그리스도의 풍성함을 이방인에게 전하게 하시고 영원부터 만물을 창조하신 하나님 속에 감추어졌던 비밀의 경륜"(엡 3:8,9)을 명확하게 드러내어 온 세상에 증거하기 위함이라고 밝히고 있다.

이러한 바울의 사도권은 우리 주 예수께서 승천하시면서 "오직 성령이 너희에게 임하시면 너희가 권능을 받고 예루살렘과 온 유대와 사마리아와 땅 끝까지 이르러 내 증인이 되리라"(행 1:8)고 말씀하신 것처럼 땅 끝까지 복음을 전파하기 위한 것으로, 이것은 바울이 세상을 떠

난 후에도 그가 전한 복음이 땅 끝까지 계속 전파되어야 한다는 근거가 된다.245)

그러므로 바울 이후부터 교회는 사도들로부터 전해진 복음 외에 다른 것으로 이 복음을 대체할 수 없다. 사도들로부터 교회에 전수된 복음은 우리 주께서 "하늘과 땅의 모든 권세를 내게 주셨으니 그러므로 너희는 가서 모든 민족을 제자로 삼아 아버지와 아들과 성령의 이름으로 세례를 베풀고 내가 너희에게 분부한 모든 것을 가르쳐 지키게 하라 볼지어다 내가 세상 끝날까지 너희와 항상 함께 있으리라"(마 28:18-20)고 말씀하신 대로 교회를 향해 명령하신 대위임령의 말씀인 "내가 너희에게 분부한 모든 것"(everything I have commanded you)에 관한 내용이기 때문이다.

우리 주님께서 말씀하신 "내가 너희에게 분부한 모든 것을 가르쳐 지키게 하라"는 대위임령을 받들어 일찍이 교회는 구약 39권과 신약 27권을 정경으로 받았으며 웨스트민스터 신앙고백서(1647년)를 시작하는 제1장 1절에서 다음과 같이 이 성경의 권위에 대해 고백한 바 있다.

> "본성의 빛(the light of nature)과 창조의 섭리 사역 가운데 하나님의 선하심과 지혜와 능력이 분명하게 나타나 있어서, 아무도 하나님을 모른다고 핑계할 수 없다(롬 2:14,15; 1:19,20; 시 19:1-3; 롬 1:32; 2:1). 그러나 그러한 것들은 하나님과 그의 뜻을 아는 지식을 주는 데 있어서 불충분하다(고전 1:21; 2:13,14).
>
> 그래서 주님은 여러 시대에, 그리고 여러 가지 방식으로 자신을 계시하시고(히 1:1), 자기의 교회에 자신의 뜻을 선포하시기를 기뻐하셨으며, 그 후에는 진리를 더 잘 보존하고 전파하기 위해서, 그리고 육신의 부패와 사탄과 세상의 악에 대비하여 교회를 더욱 견고하게 하며 위로하시기

---

245) Bruce B. Barton, 에베소서, p. 42.

> 위해서 바로 그 진리를 온전히 기록해 두시는 것을 기뻐하셨다(잠 22:19-21; 눅 1:3,4; 롬 15:4; 마 4:4,7,10; 사 8:19,20).
>
> 이같은 이유로 성경이 절대적으로 필요하게 되었다(딤후 3:15; 벧후 1:19). 그리하여 하나님께서 자기 백성에게 자신의 뜻을 직접 계시해 주시던 과거의 방식들은 이제 중단되었다(히 1:1,2).

이러한 성경의 권위에 관한 공교회의 고백은 사도시대로부터 교회에 주어진 정경만을 유일한 교회의 표준으로 삼아야 한다고 승인하고 있으며 웨스트민스터 신앙고백서 제1장 6절에서는 오로지 성경만이 교회에서 유일한 권위의 근거라고 선언하고 있다.

> "하나님 자신의 영광과, 인간의 구원, 신앙과 생활에 필요한 모든 것에 관하여 하나님이 가지고 계시는 모든 계획은 성경에 분명하게 기록되어 있거나, 아니면 선하고 적절한 추론에 의하여(필연적인 결론에 의해) 성경에서 연역될 수가 있다. 그러므로 이 성경에다 성령의 새로운 계시에 의해서든지 혹은 인간들의 전통에 의해서든지 아무 것도 어느 때를 막론하고 더 첨가할 수 없다(딤후 3:15-17; 갈 1:8,9; 살후 2:2)."

2. 새 창조의 사역을 위한 사도 바울 (엡 1:1)

바울은 로마 시민인 아버지와 유대인 어머니 사이에서 태어났다. 바울은 유대인들의 전통에 따라 베냐민 지파에 속한 유대인이었으며 엄격한 바리새인으로 양육을 받았다(빌 3:5). 길리기아의 다소에서 성장한 바울은 예루살렘의 가말리엘(Gamaliel) 문하에서 가르침을 받았다(행 22:3).

태어날 때부터 로마 시민권을 가진 바울은 복음을 전파함에 있어 이러한 신분이 종종 유익하게 작용하기도 했다(행 22:27–29). 하나님께서는 이처럼 다양한 배경을 가진 한 사람의 유익한 종 바울을 불러내셨으며 그의 성장 과정의 모든 경험들이 복음 전파에 유용하게 사용되도록 하셨다.

사도들은 하나님의 대리인이며 그리스도 예수의 권위 아래 있는 사절(使節)이다. 사도들은 교회를 세우고 감독하며 필요할 때에는 징계할 권위를 가지고 있었다. 바울은 자신이 이 사도권을 직접 구한 것은 아니지만 "내 이름을 이방인과 임금들과 이스라엘 자손들에게 전하기 위하여 택한 나의 그릇이라"(행 9:15)고 하신 주님으로부터 사도권을 위임받았다. 이에 바울은 자신을 가리켜 하나님의 뜻으로 말미암아 사도가 되었음을 진실하게 말할 수 있었다. 이때 하나님께서는 교회를 시작하게 하신 것과 동일한 '뜻'을 가지고 바울을 사도로 선택하셨다.

이러한 하나님의 경륜과 관련해 바울은 "그 기쁘신 뜻대로 우리를 예정하사 예수 그리스도로 말미암아 자기의 아들들이 되게 하셨으니 이는 그가 사랑하시는 자 안에서 우리에게 거저 주시는 바 그의 은혜의 영광을 찬송하게 하려는 것이라"(엡 1:5,6)고 명확하게 서술하고 있다. 여기에서 바울은 이땅에 교회가 설립되고 세워진 것은 전적으로 하나님 은혜의 영광을 찬송하게 하는 데 그 목적이 있음을 분명하게 밝히고 있다.

이처럼 교회 설립의 목적은 마침내 "그 뜻의 비밀을 우리에게 알리신 것이요 그의 기뻐하심을 따라 그리스도 안에서 때가 찬 경륜을 위하여 예정하신 것이니 하늘에 있는 것이나 땅에 있는 것이 다 그리스도 안에서 통일되게 하려 하심이라"(엡 1:9,10)는 바울의 선언처럼 만물이 그리스도 안에서 통일을 이루는 것으로 완성될 것이다. 이런 점에서 교회는 종말론적 소망을 가진 지상의 유일한 기구이며, 바울 자신은 이 교회의 설립을 위한 사도로서 자신의 사명 의식을 각성하고 있었다.

사도로서 바울은 이러한 원대한 사명 의식을 가지고 "그리스도께서 하나님 곧 우리 아버지의 뜻을 따라 이 악한 세대에서 우리를 건지시려고 우리 죄를 대속하기 위하여 자기 몸을 주셨으니 영광이 그에게 세세토록 있을지어다 아멘"(갈 1:4,5)이라고 감사의 찬송을 드린 바 있다. 이것이 곧 '복음 전파'와 그에 따른 '교회의 설립'에 대한 바울의 이해였다.

교회의 시작과 함께 사도로 부름을 받은 바울은 자신의 복음 전파를 구속사에서 새로운 장을 여는 것과 같은 것으로 이해하고 있었다. 그것은 새 언약과 새 창조의 토대를 놓는 일이었다. 동시에 이것은 사람을 새로 지으시는 하나님의 새 창조이기도 하다.

바울이 갈라디아서에서 "할례나 무할례가 아무 것도 아니로되 오직 새로 지으심을 받는 것만이 중요하니라"(갈 6:15)고 선포하는 이유도 이와 같다. 이 내용은 그리스도 예수 안에서(ἐν Χριστῷ Ἰησοῦ) 택함을 받은 사람들은 누구나 새로운 이스라엘로 부름을 받은 교회의 회원이 된다고 강조하는 바울의 교회론 이해에서 가장 기본적인 원리가 되었다(롬 9–11장).

그리스도는 선재하신 하나님의 아들이며(고후 1:19; 8:9), 하나님의 형상이며(고후 4:4), 주님이시며(고후 4:5), 모든 이들을 심판하시는 분이며(고후 5:10), 모든 사람을 위한 대속물이자 대표로서 죽으신 죄 없는 분으로 하나님은 그를 통해 세상을 자신과 화목시키셨다(고후 5:14–21). 여기에 그리스도의 죽음에 대한 포괄적인 바울의 설명이 나타나 있다.246) 바울은 이것을 하나님의 새 창조로 설명하고 있다.

또한 새 창조의 사역으로서 이 복음은 "그런즉 누구든지 그리스도 안에 있으면 새로운 피조물이라 이전 것은 지나갔으니 보라 새것이 되

---

246) Paul Barnett, 고린도후서 강해, p. 18.

었도다"(고후 5:17)라는 선언에서 지적하고 있는 것처럼 바울은 자신이 수행하고 있는 복음의 화해 사역(고후 5:11-6:13) 역시 '하나님의 새 창조'로 이해하고 있다.247) 한때 하나님과 원수였던 사람들이 예수 그리스도를 통해 하나님과 화목하게 되었다는 내용의 복음 사역자인 바울을 가리켜 새 창조의 사역자라고 하는 것은 조금도 이상한 일이 아니다.

3. 새로운 존재로 부름받은 교회 (엡 1:1,2)

바울이 수신자들을 가리켜 "〈에베소에 있는〉 성도들과 그리스도 예수 안에 신실한 자들"(엡 1:1)이라고 부르는 것은 이스라엘의 혈통을 이은 유대인 출신의 그리스도인들을 '성도들'(saints)로, 이방 민족들에서 부름을 받아 회심한 그리스도인들을 '형제들'(brothers)로 호칭하는 로마서 15장 25-31절의 전례를 따르고 있다.

하지만 이 두 명칭은 결국 교회 안에서 하나로 통합되었기 때문에 구약 경륜에 속한 이스라엘과 연관하여 하나님의 거룩한 백성(출 19:5,6; 레 19:1,2; 신 7:6; 14:2)이며, 동시에 신약 경륜에 따른 메시아적 구원을 믿고 있는 모든 '신실한 자들'(the faithful)을 '형제들'이라고 호칭한다는 점에서 결국 이 용어들은 '그리스도인'(Christians, 행 11:26)을 가리키는 단어가 되었다.

이들을 향해 '그리스도 예수 안에'(*ἐν Χριστῷ Ἰησοῦ*) 있다고 묘사하고 있는 것은 하나님의 새 창조로 말미암아 새롭게 태어난 성도들이 새로운 사회에 참여하고 있는 그들이 살고 있는 존재 영역을 지시하고 있다(고후 5:17). 성도들은 더 이상 이 세상에 속하지 않고 그리스도에게 속한 '그리스도인'이 된 것이다. 이 '그리스도인'이라는 명칭이 얼마나

---

247) Nicholas T. Wright, 하나님의 아들의 부활, 박문재 역, 고양, 크리스챤다이제스트, 2005, p. 488.

영광스러운가에 대해서 바울은 빌립보서 3장 17-21절에서 이렇게 명확하게 묘사하고 있다.

> "형제들아 너희는 함께 나를 본받으라 그리고 너희가 우리를 본받은 것처럼 그와 같이 행하는 자들을 눈여겨 보라 내가 여러 번 너희에게 말하였거니와 이제도 눈물을 흘리며 말하노니 여러 사람들이 그리스도의 십자가의 원수로 행하느니라 그들의 마침은 멸망이요 그들의 신은 배요 그 영광은 그들의 부끄러움에 있고 땅의 일을 생각하는 자라 그러나 우리의 시민권은 하늘에 있는지라 거기로부터 구원하는 자 곧 주 예수 그리스도를 기다리노니 그는 만물을 자기에게 복종하게 하실 수 있는 자의 역사로 우리의 낮은 몸을 자기 영광의 몸의 형체와 같이 변하게 하시리라"(빌 3:17-21).

이처럼 '그리스도인'이라는 이름에 담겨 있는 명예는 이 세상 그 어느 곳에서 누구나 쉽게 얻을 수 있는 것이 아니다. 이 명예는 오로지 창세 전부터 '그리스도 예수 안에' 연합되어 있는 선택된 성도들만 누릴 수 있는 특권이다.

바울에게 있어서 '그리스도 예수 안에'라는 이 용어는 "이는 이방인들이 복음으로 말미암아 그리스도 예수 안에서 함께 상속자가 되고 함께 지체가 되고 함께 약속에 참여하는 자가 됨이라"(엡 3:6)에서 신중하게 다루는 주제이기도 하다. 특별히 이 '그리스도 예수 안에'라는 말은 우주 만물이 창조되기 이전부터 선재하시는 그리스도와 연합된 것에서 비롯되는 '그리스도와의 연합'의 관계를 강조하며(골 1:2) 바울의 서신서들에서 매우 중요하게 언급되는 핵심적인 용어이다.

바울은 이와 동일한 의미로 '그 안에서'(엡 1:11,13; 3:12; 4:21,30) 또는 '사랑하시는 자 안에서'(엡 1:6) 그리고 '주 안에서'(엡 2:21; 4:1,17; 5:8; 6:1,10,21)라는 용어들을 사용하고 있다. 사실 이 서신을 받는 수신자들이 '성도들' 또는 '신실한 자들'(믿는 자들)로 부름을 받을 수 있었던 것도 그들이 창세 전에 이미 있었던 그리스도와의 연합에 의해서만 가능하다. 왜냐하면 그리스도와의 연합 안에서 그들은 '모든 신령한 복'(*ἐν πάσῃ εὐλογίᾳ πνευματικῇ*, 엡 1:3)을 받았기 때문이다.

이 신령한 복은 ① 성부 하나님에 의한 창세 전의 선택(엡 1:4-6), ② 성자 그리스도에 의한 죄로부터의 속죄(엡 1:7-12), ③ 성령에 의한 하나님의 아들로서의 인침과 유업의 상속(엡 1:13,14)을 의미한다.

여기에서 바울은 그리스도와의 관계를 통해 이 서신의 수신자들에게 하나님께서 그들을 거룩한 백성인 성도들로 선택하셨다는 의미뿐 아니라 그들이 그에 합당한 믿음의 응답을 하고 있다는 사실을 강조하고 있다. 또한 이 일에 있어서 성도들은 여전히 하나님의 은혜로운 주권에 빚을 지고 있음(엡 2:8)을 바울은 밝히고 있다.248)

바울이 이 거룩한 무리들을 가리켜 "하나님 우리 아버지와 주 예수 그리스도로 좇아 은혜와 평강이 너희에게 있을지어다"(엡 1:2)라고 축복하고 있는 것은 부활하신 그리스도 예수께서 제자들을 향해 '너희에게 평강이 있을지어다'(눅 24:36; 요 20:19,21,26)라고 하신 말씀을 통해 보다 더 그 의미를 확인할 수 있다.

예수께서 '너희에게 평강이 있을지어다'(*Εἰρήνη ὑμῖν* : Peace be to you)는 이 말씀을 통해 예수님은 자신을 재창조하시는 분으로 밝히 드러내셨다. 이 사실을 사도 요한은 자세하게 기록해서 우리에게 증거하고 있다.

> "예수께서 또 이르시되 너희에게 평강이 있을지어다 아버지께서 나를 보내신 것 같이 나도 너희를 보내노라 이 말씀을 하시고 그들을 향하사 숨을 내쉬며 이르시되 성령을 받으라 너희가 누구의 죄든지 사하면 사하여

---

248) Andrew T. Lincoln, 에베소서, p. 146.

질 것이요 누구의 죄든지 그대로 두면 그대로 있으리라 하시니라"(요 20:21-23).

요한이 증거하고 있는 본문에서 보는 것처럼 예수께서 제자들에게 숨을 내쉬며(he breathed on them) "성령을 받으라"(Receive the Holy Spirit)고 말씀하신 행위는 최초 하나님께서 흙(땅의 원소들)으로 사람을 창조하시고 "생기를 그 코에 불어넣으시니(breathed into his nostrils the breath of life) 사람이 생령이 되니라(the man became a living being)"(창 2:7)라는 사건을 그대로 반복하고 있다.

이처럼 부활하신 예수께서 제자들을 향해 '너희에게 평강이 있을지어다'라고 말씀하시는 이 장면은 창조주 하나님의 입김이 부활하신 그리스도를 통해 제자들에게 임하는 새 창조의 행위로 연결되었다. 이 재창조 행위는 "너희가 누구의 죄든지 사하면 사하여질 것이요 누구의 죄든지 그대로 두면 그대로 있으리라"(요 20:23)는 예수님의 말씀과 같이 죄 사함과 직접적인 연관을 가지고 있다.

마찬가지로 바울이 성도들을 향해 "하나님 우리 아버지와 주 예수 그리스도로 좇아 은혜와 평강이 너희에게 있을지어다"(엡 1:2)라고 축복하고 있는 것은 그리스도의 재창조 사역(고후 5:17)을 통해 죄 사함을 받은 성도들이 새로운 존재가 되었다는 사실을 확인하도록 하기 위함이다. 이 사실은 '은혜'(*χάρις*)와 '평강'(*εἰρήνη*)에 담긴 의미에서 더욱 분명하게 밝혀진다.

여기에서 바울은 '하나님 우리 아버지'(*θεοῦ πατρὸς ἡμῶν*)와 '주 예수 그리스도'(*κυρίου Ἰησοῦ Χριστοῦ*)로부터 은혜와 평강이 주어지고 있음을 분명히 밝히고 있다. 이 구절을 통해 교회는 "하나님은 우리의 아버지이시며, 예수 그리스도는 우리의 주님이시다"라는 신앙을 고백하게 된다.

'하나님은 우리의 아버지이시다' 라는 고백은 "우리 아버지 하나님으로부터 은혜와 평강이 너희에게 있을지어다"(골 1:2)라는 골로새서 인사말에서도 확인된다. 그 하나님을 가리켜 바울은 "하나님 곧 우리 주 예수 그리스도의 아버지"(골 1:3)라고 명확하게 밝힌 바 있다. 골로새서에서 바울이 말한 것처럼 하나님은 오로지 자기 아들 가운데서만 자신을 나타내셨을 뿐이며, 이 방법만이 성도들이 하나님께 이르기를 바랄 때 문을 열어주는 유일한 열쇠가 된다.249)

이 고백에 더하여 바울은 '예수 그리스도는 우리의 주이시다' 라는 신앙고백을 더함으로써 성도들이 하나님에게 이르는 유일한 길은 '주 예수 그리스도' (the Lord Jesus Christ) 외에 다른 길이 없음을 명확하게 선을 긋고 있다. 이로써 성도들은 '예수 그리스도는 우리의 주이시다' 라는 신앙고백의 터전 위에 있을 때 비로써 '하나님은 우리의 아버지이시다' (θεοῦ πατρὸς ἡμῶν)라는 신앙고백의 정당성을 주장할 수 있게 되었다. 이러한 신앙고백은 전적으로 우리의 아버지이신 하나님이시며, 우리의 주이신 예수 그리스도로부터 주어지는 은혜와 평강에 그 근거를 두고 있다.

'은혜' (χάρις)는 하나님의 목적에서 벗어난 피조물을 회복하고 속량하는 하나님의 구속 방법을 가리킨다. 곧 "너희가 누구의 죄든지 사하면 사하여질 것이요 누구의 죄든지 그대로 두면 그대로 있으리라"(요 20:23)는 우리 주님의 말씀이 성취되는 결정적인 결과가 은혜인 것이다. 그 결과 창조자의 계획과 하나 되어 나타나는 새로운 질서의 조화나 완전함을 달성하게 되는데 이것이 '평강' (שלום)이다. 이런 이유에서 하나님의 '은혜' 는 평강의 근원이며 '평강' 은 그 은혜로부터 나오는 그리스도께서 주시는 영적인 복이다.

따라서 '평강' (εἰρήνη)은 속죄함을 받아 하나님과 화목된 신자의 영

249) J. Calvin, 골로새서, p. 537.

혼 속에 담긴 하나님의 은혜이다. 이 평강은 십자가의 보혈로 말미암은 화해에 대한 증거이며, 그리스도께서 자기희생으로 말미암아 교회에 주시는 위대한 복(요 14:27)이다. 그리고 이 복은 주님이시며 구세주이시며 그리스도이신 성자의 선포로 말미암아 모든 믿는 자들, 곧 "오직 예수 그리스도를 믿음으로 말미암는 줄 알므로 우리도 그리스도 예수를 믿나니"(갈 2:16)라고 밝힌 '이신칭의'의 믿음을 가진 '신실한 자들'에게 주어진다.250)

마치는 말

바울은 새 창조의 사역자로서 자신의 복음 전파를 통해 '은혜와 평강'의 실체인 교회가 세워진 것에 대해 자부심을 가지고 있었다. 고린도 교회 성도들을 향하여 "너희는 우리로 말미암아 나타난 그리스도의 편지니 이는 먹으로 쓴 것이 아니요 오직 살아 계신 하나님의 영으로 쓴 것이며 또 돌판에 쓴 것이 아니요 오직 육의 마음판에 쓴 것이라"(고후 3:3)고 하는 이유도 여기에 있다.

바울은 성도들이야말로 하나님께서 자신을 사도로 인치셨음을 증거하는 '그리스도의 편지'(the epistle of Christ), 즉 '그리스도의 추천서'라고 자랑스러워하고 있다. 이처럼 바울이 성도들을 향해 복을 기원하고 있는 것은 그들이 바로 바울에게 위임된 새 창조 사역의 열매이며, 동시에 그들로 말미암아 바울이 하나님의 사도임을 증명하는 그리스도의 인침(seal)이기 때문이다.

이런 점에서 바울이 신실한 믿음을 가지고 있는 성도들을 향해 "하나님 우리 아버지와 주 예수 그리스도로부터 은혜와 평강이 너희에게 있을지어다"(엡 1:2)라고 선포하고 있다는 것은 이 서신을 받고 있는 모든 시대의 성도들이야말로 바울이 새 시대의 교회를 세우는 사도로서

---

250) William Handriksen, 에베소서, p. 86.

자신의 사명을 온전히 수행했다는 사실을 그들이 누리고 있는 은혜와 평강으로써 증거하고 있는 것과 같은 의미를 가진다.

따라서 이 서신을 읽고 있는 우리는 바울 사도가 "하나님 우리 아버지와 주 예수 그리스도로부터 은혜와 평강이 너희에게 있을지어다"(엡 1:2)라고 그렇게도 갈망했던 은혜와 평강의 실질적인 수혜자이며 동시에 바울의 사도권을 증명하는 열매들이기도 하다.

| 기 도 |

창세 전에 그리스도 안에서 우리를 택하사 우리로 사랑 안에서 그 앞에 거룩하고 흠이 없게 하시려고 그 기쁘신 뜻대로 우리를 예정하사 예수 그리스도로 말미암아 자기의 아들들이 되게 하신 우리의 아버지이신 하나님.

이 복된 자리에 우리가 있게 된 것은 우리에게서 그 어떤 공로나 의로움이 있어서가 아니라 온전히 창세 전부터 우리가 그리스도와 연합되었다는 사실에 근거하고 있으며, 동시에 하나님께서 우리를 자녀로 삼으시기를 기뻐하셨기 때문이며, 친히 독생자이신 예수 그리스도를 통하여 우리의 죄악들을 속량해 주심으로써 되어진 일임에 대해 무한 감사를 드리옵나이다.

이 복된 자들을 위하여 주께서는 때를 따라 사도들을 부르시고, 그 사도들을 통하여 교회를 세우시며, 그 교회를 통하여 죄악을 다스리는 권세를 행하게 하시고, 마침내 죄로 말미암아 마땅히 죽었던 우리를 그리스도의 몸인 교회에 접붙여 주심에 또한 감사의 찬송을 올리옵나이다.

이 복된 자리에 우리를 불러주시고 오늘도 하나님의 자녀들에게 신령한 말씀으로 충만케 해 주시오니 이제 우리는 온 몸과 마음을 다하여 삼위일체 하나님께 경배와 찬송을 드리오며, 이 복된 자리가 세세 무궁토록 성 삼위 하나님의 이름으로 모일 수 있도록 은혜를 베풀어 주옵소서.

믿음의 선진들에게 그리 하셨던 것처럼 우리와 우리 자녀들과 우리 후손들에게도 동일한 은혜를 베풀어 주옵소서.

우리 주 예수 그리스도의 이름으로 기도합니다. 아멘.

〈 2 〉

성부 하나님의 주권적인 선택과 그 영광

에베소서 1:3-6

1:3 찬송하리로다 하나님 곧 우리 주 예수 그리스도의 아버지께서 그리스
도 안에서 하늘에 속한 모든 신령한 복을 우리에게 주시되 4 곧 창세 전
에 그리스도 안에서 우리를 택하사 우리로 사랑 안에서 그 앞에 거룩하
고 흠이 없게 하시려고 5 그 기쁘신 뜻대로 우리를 예정하사 예수 그리스
도로 말미암아 자기의 아들들이 되게 하셨으니 6 이는 그가 사랑하시는
자 안에서 우리에게 거저 주시는 바 그의 은혜의 영광을 찬송하게 하려
는 것이라

바울은 앞선 인사말을 통해서 자신을 가리켜 "하나님의 뜻으로 말미암아 그리스도 예수의 사도 된 바울"(엡 1:1)이라고 말한다. 그리고 이 사도적 사명을 가리켜서 "측량할 수 없는 그리스도의 풍성함을 이방인에게 전하게 하시고 영원부터 만물을 창조하신 하나님 속에 감추어졌던 비밀의 경륜이 어떠한 것을 드러내게 하려 하심이라"(엡 3:8,9)고 이해하고 있었다. 이런 점에서 바울의 사도적 사명은 하나님의 새 창조를 수행하기 위해 교회를 세우는 것임을 알 수 있다.

이러한 사도직에 대한 이해를 바탕으로 바울은 교회의 성도들을 향해 "하나님 우리 아버지와 주 예수 그리스도로부터 은혜와 평강이 너희에게 있을지어다"(엡 1:2)라고 축복을 기원하고 있다. 이러한 바울의 축복은 새롭게 창조함을 받은 교회가 누리고 있는 '은혜'(χάρις)와 '평강'(εἰρήνη)이야 말로 이땅에서 뿐만 아니라 장차 올 세상에서도 누릴 수 있는 가장 큰 복이라는 사실을 강조하고 있다.

바울이 복을 기원하고 있는 이 '은혜와 평강'은 "오직 예수 그리스도를 믿음으로 말미암는 줄 알므로 우리도 그리스도 예수를 믿나니"(갈 2:16)라고 밝힌 '이신칭의'의 믿음을 가진 '신실한 자들'에게 주어진 것이다. 그들은 공통으로 '하나님은 우리의 아버지이시다'(θεοῦ πατρὸς ἡμῶν)는 신앙고백과 더불어 '예수 그리스도는 우리의 주님이시다'(κυρίου Ἰησοῦ Χριστοῦ)는 신앙고백을 표명하는 교회로 이땅에 존재하게 된다.

이런 점에서 교회야말로 우리 주 예수께서 "내가 너희에게 분부한 모든 것"(everything I have commanded you)을 "가르쳐 지키게 하라"(teaching them to obey, 마 28:20)고 하신 말씀에 순종한 사도들의 터 위에 세워진 유일한 구원의 기관이다.

동시에 "너희는 가서 모든 민족을 제자로 삼아 아버지와 아들과 성령의 이름으로 세례를 베풀라"(Therefore go and make disciples of all nations, baptizing them in the name of the Father and of the Son and of the Holy Spirit, 마 28:19)는 말씀처럼 이 구원은 죄 사함과 긴밀한 관련이 있는 것으로 교회는 하나님의 새 창조를 완성하는 유일한 결정체라고 할 수 있다.

이처럼 하나님의 새 창조와 관련해 본 서신을 시작함에 있어 먼저 바울은 "찬송하리로다"(엡 1:3)라는 삼위일체 하나님에 대한 찬송과 더불어 선택과 구속과 인침을 행하신 성부, 성자, 성령께 드리는 찬양으로부터 시작하고 있다(엡 1:13,14). 이러한 찬송을 가리켜 '베라카'(ברכה 〈berakah〉: "You shall be a blessing")라고 하는데 이러한 찬송은 고린도후서 1장 3-11절이나 베드로전서 1장 3-9절에서도 나타난다.

단지 다른 점이 있다면 고린도후서나 베드로전서의 찬양은 개인적인 관심의 서술 속에 포함되어 있고 구체적인 상황 속에 있는 독자들을 수신자로 삼고 있는 반면에 에베소서에서는 객관적이며 구체적인 수신자들의 정황을 언급하지 않고 있다는 점이다.251) 그 차이점은 에베소서의 수신자들이 특정되어 있지 않다는 이유 외에 다른 것은 없다.

에베소서의 베라카는 크게 세 부분으로 다음과 같이 나누어지고 있다.

① 성부 하나님의 주권적 선택과 그 영광(1:3-6) : 하나님 아버지께서 교회의 회원인 성도들에게 모든 신령한 복을 주시되 창세 전에 그리스도 안에서 택하셨고 사랑 안에서 예정하셨음을 찬송하고 있다.

② 성자 하나님의 구속 역사와 그 영광(1:7-12) : 아버지께서 주신 모든 복은 그의 사랑하시는 자, 즉 하늘 보좌에 앉아계신 '그리스도' 안에서 성도들에게 임하였음을 찬송하고 있다.

③ 성령 하나님의 인침과 그 영광(1:13,14) : 이 복들은 성령의 인침을 통해 성도들을 양자 삼으셨으며 약속된 성령을 통해 하나님의 기업이 되었음을 찬송하고 있다.

성부, 성자, 성령을 찬양하고 있는 '베라카'의 내용 중에서 먼저 성부 하나님께 드려지는 찬송의 내용인 '성부 하나님의 주권적인 선택과 그 영광'(엡 1:3-6)에 대해 살펴보고자 한다.

---

251) Ralph P. Martin, 에베소서, p. 44.

1. '그리스도 예수 안에서'(ἐν Χριστῷ Ἰησοῦ) 이루어진 선택 (엡 1:3)

하나님께서 자신을 위하여 한 백성을 선택하셨다는 내용은 구약성경에서도 매우 익숙한 개념이었다. 특별히 하나의 민족 단위로 하나님의 백성을 삼으신 출애굽 사건에서 이러한 개념이 가장 명백하게 제시되었다. 하나님께서는 출애굽한 이스라엘 민족을 향하여 이스라엘을 자신의 소유로 삼으시겠다고 선포하셨다(출 19:4-6).

> "내가 애굽 사람에게 어떻게 행하였음과 내가 어떻게 독수리 날개로 너희를 업어 내게로 인도하였음을 너희가 보았느니라 세계가 다 내게 속하였나니 너희가 내 말을 잘 듣고 내 언약을 지키면 너희는 모든 민족 중에서 내 소유가 되겠고 너희가 내게 대하여 제사장 나라가 되며 거룩한 백성이 되리라"(출 19:4-6).

훗날 출애굽한 제1세대 이스라엘 백성들이 광야에서 모두 죽고 광야에서 태어난 제2세대 이스라엘 백성들을 향해서도 하나님은 이 사실을 명확하게 선포하셨다.

> "너는 여호와 네 하나님의 성민이라 네 하나님 여호와께서 지상 만민 중에서 너를 자기 기업의 백성으로 택하셨나니 여호와께서 너희를 기뻐하시고 너희를 택하심은 너희가 다른 민족보다 수효가 많기 때문이 아니니라 너희는 오히려 모든 민족 중에 가장 적으니라 여호와께서 다만 너희를 사랑하심으로 말미암아, 또는 너희의 조상들에게 하신 맹세를 지키려 하심으로 말미암아 자기의 권능의 손으로 너희를 인도하여 내시되 너희를 그 종 되었던 집에서 애굽 왕 바로의 손에서 속량하셨나니 그런즉 너는 알라 오직 네 하나님 여호와는 하나님이시요 신실하신 하나님이시라 그를 사랑하고 그의 계명을 지키는 자에게는 천 대까지 그의 언약을 이행하시며 인애를 베푸시되 그를 미워하는 자에게는 당장에 보응하여 멸

> 하시나니 여호와는 자기를 미워하는 자에게 지체하지 아니하시고 당장에 그에게 보응하시느니라 그런즉 너는 오늘 내가 네게 명하는 명령과 규례와 법도를 지켜 행할지니라"(신 7:6-11).

이렇게 광야에서 출생하여 새롭게 이스라엘 민족을 이룬 제2세대 이스라엘 백성을 향해서도 하나님은 출애굽한 제1세대 이스라엘 백성에게 선포하셨던 동일한 말씀을 선언하신다. 그리고 이 말씀을 한 문장으로 축약해서 모세는 "너는 네 하나님 여호와의 성민이라 여호와께서 지상 만민 중에서 너를 택하여 자기 기업의 백성으로 삼으셨느니라"(신 14:2)고 선포하고 있다.

여기에서 확실하게 나타나는 특성이 있다. 곧 하나님께서는 이스라엘을 자기 백성으로 선택하셨다는 사실을 세상 모든 만민들에게도 동일하게 선포하신다는 사실이다. 이처럼 하나님께서 제1세대 이스라엘뿐 아니라 출애굽 경험이 없는 제2세대 이스라엘을 향해서도 그들을 자기 백성으로 선택하셨다고 온 세상에 공포하시는 것은 이미 당시로부터 500여 년 전에 아브라함에게 약속하신 언약을 그 기초로 하고 있다.

하나님은 일찍이 아브라함에게 "너는 너의 고향과 친척과 아버지의 집을 떠나 내가 네게 보여 줄 땅으로 가라 내가 너로 큰 민족을 이루고 네게 복을 주어 네 이름을 창대하게 하리니 너는 복이 될지라 너를 축복하는 자에게는 내가 복을 내리고 너를 저주하는 자에게는 내가 저주하리니 땅의 모든 족속이 너로 말미암아 복을 얻을 것이라"(창 12:1-3) 약속하셨다.

바울 역시 이러한 역사적 사실에 근거하여 하나님께서 아브라함을 선택하신 것은 이스라엘을 통해 열방이 복을 받도록 하기 위함이며 이를 통해 모든 백성이 하나님을 섬기기 위함이었음을 강조한 바 있다(갈

3:14,29).

이러한 관점에서 이제 바울은 "하나님 곧 우리 주 예수 그리스도의 아버지께서 그리스도 안에서 하늘에 속한 모든 신령한 복을 우리에게 주시되"(엡 1:3)라는 찬송을 통해 교회와 관련해 새로운 요소를 추가하고 있다. '그리스도 예수 안에서'(*ἐν Χριστῷ Ἰησοῦ*) 창세 전에 교회가 선택되었다는 사실이 그것이다.

하나님께서 교회를 자신의 백성이 되도록 예정하신 것은 그리스도 안에서 그리고 '그리스도로 말미암아'(through Jesus Christ) 이루어졌다. 실제로 바울은 갈라디아서 3장에서 그리스도를 가리켜 이스라엘을 선택하신 하나님의 목적을 성취하는 분으로 소개한 바 있다.

바울의 주장에 따르면 그리스도는 아브라함의 후손이며(갈 3:16), 그리스도 안에서 아브라함의 복이 온 땅의 모든 사람들에게 펼쳐지게 되었고(갈 3:14), 그들 역시 그리스도의 자손이기 때문에 아브라함의 자손이 된다(갈 3:29)는 것이다. 이와 같은 신학적 사상은 창세 전에 교회의 성도들이 그리스도 안에서 선택받았으며 그들이 그리스도에게 연합되었다는 의미와 연결된다.252)

여기에서 바울은 창세 전에 '그리스도 예수 안에서' 이루어진 선택은 역사적 우연성이나 혹은 인간의 필요에 의해서가 아니라 오로지 하나님의 주권적인 은혜로 말미암아 발생했음을 강조하고 있다. 또한 이것은 그리스도의 선재성을 증거하기도 한다. 따라서 그리스도 안에서 교회가 선택되었다는 것은 그리스도의 선재 개념과 연결된다. 이와 관련해 바울은 골로새서에서 이 사실을 다음과 같이 증거하고 있다.

> "그는 보이지 아니하는 하나님의 형상이시요 모든 피조물보다 먼저 나신 이시니 만물이 그에게서 창조되되 하늘과 땅에서 보이는 것들과 보이지

---

252) Andrew T. Lincoln, 에베소서, 배용덕 역, 서울, 솔로몬, 2006.p. 174.

않는 것들과 혹은 왕권들이나 주권들이나 통치자들이나 권세들이나 만물이 다 그로 말미암고 그를 위하여 창조되었고 또한 그가 만물보다 먼저 계시고 만물이 그 안에 함께 섰느니라"(골 1:15-17).

그러므로 교회의 기초이시며 교회 구원의 처음부터 마지막까지의 원인이 되시고 따라서 그 선택의 기초가 되시는 이는 오로지 그리스도 한 분뿐이시다. 이때 그리스도는 창세 전부터 역사 속에서 선택된 성도들의 대표자시며 보증이 되신다. 비록 성도들은 본질적으로 무가치한 존재였지만 '그리스도 예수 안에서' 하나님으로부터 의롭다고 인정을 받았던 것이다.

그렇다면 "역사 속에서 출생한 성도들은 어떻게 의롭다고 인정을 받을 수 있는가?" 하는 문제가 제기된다. 이에 대해 바울은 그리스도께서 그 성도들을 대신하여 자신의 삶을 통해 율법의 모든 요구를 완전히 성취하시겠다고 이미 창세 전에 성부 하나님과 협약(시 40:7,8; 갈 3:13)을 맺으셨기 때문이라고 밝히고 있다.253) 이것은 그리스도의 능동적 순종(the Active Obedience of Christ)에 담겨 있는 의미를 보다 명확하게 보여주고 있다(히 4:15, 웨민 8:4).254)

---

253) William Handriksen, 에베소서, 신성종 역, 서울, 아가페출판사, 1983. p. 93.

254) 웨스트민스터 신앙고백 제8장 중보자 그리스도 제4절 "이 직분을 주 예수께서는 아주 기꺼이 맡으셨으며(시 40:7,8; 히 10:5-10; 요 10:18; 빌 2:8), 이 직분을 이행하기 위하여 그는 율법 아래 태어나셨고(갈 4:4), 율법을 온전히 성취하셨으며(마 3:15; 5:17), 자신의 영혼이 가장 극심한 고뇌들을 직접 겪으셨으며(마 26:37, 38; 눅 22:44; 마 27:46), 그의 몸으로는 가장 아픈 고통들을 당하셨고(마 26:27), 십자가에 못 박혀 죽으시고(빌 2:8), 장사되어 사망의 권세 아래 있었으나 결코 썩지 않으셨다(행 2:23, 24, 27; 행 13:37; 롬 6:9). 사흘 만에 그는 죽은 자 가운데서 다시 살아 나셨으되(고전 15:3-5), 그가 고통 당하셨던 바로 그 몸을 가지고(요 20:25, 27) 또한 하늘에 오르셨으며, 거기서 그의 아버지의 우편에 앉으셔서(막 16:19) 간구하시고(롬 8:34; 히 9:24; 7:25) 세상 끝날에 사람들과 천사들을 심판하기 위하여 다시 오실 것이다(롬 14:9, 10; 행 1:11; 10:42; 마 13:40-42; 유 6; 벧후 2:4)."

2. 성부 하나님의 주권적 선택의 목적 (엡 1:4-6)

위에서 성부 하나님의 주권적 선택은 성자이신 그리스도 안에서 이루어졌으며 창세 전, 즉 영원 전부터 이루어졌음을 밝힌 바울은 "곧 창세 전에 그리스도 안에서 우리를 택하사 우리로 그 앞에 거룩하고 흠이 없게 하시려고"(엡 1:4)라는 찬송을 통해 하나님께서 성도들을 선택하신 목적을 제시하고 있다. 그것은 '우리로 거룩하고 흠이 없도록' 하기 위함이다.

하나님 앞에서 거룩하고 흠이 없다는 것은 선택받은 성도들이 하나님의 속성을 반영하도록 하나님을 위해 구별되었음을 의미한다. 이와 관련해 바울은 로마서에서 상세하게 기술한 바 있다.

> "우리가 알거니와 하나님을 사랑하는 자 곧 그의 뜻대로 부르심을 입은 자들에게는 모든 것이 합력하여 선을 이루느니라 하나님이 미리 아신 자들을 또한 그 아들의 형상을 본받게 하기 위하여 미리 정하셨으니 이는 그로 많은 형제 중에서 맏아들이 되게 하려 하심이니라 또 미리 정하신 그들을 또한 부르시고 부르신 그들을 또한 의롭다 하시고 의롭다 하신 그들을 또한 영화롭게 하셨느니라"(롬 8:28-30).

일반적으로 예정론(Predestination)으로 알려진 이 구절은 칼빈에 의하여 인간에 대한 하나님의 선택과 유기라고 하는 '이중예정론'으로 체계화 되었다. 예정론은 인간의 구원이 인간의 행위로써 되는 것이 아니라, 스스로 구원할 능력이 없는 인간을 하나님께서 선택함으로써 이루어진다는 것에 방점을 두고 있다. 반면에 웨스트민스터 신앙고백서에서는 이와 관련해 보다 더 심도 있는 이해를 요구하고 있다.

웨스트민스터 신앙고백서 제3장, 하나님의 영원한 작정 제3절에서는 "하나님의 결정(작정)에 따라 하나님은 그의 영광을 나타내시기 위해서 어떤 사람과 천사들은 영원한 생명에 이르도록 예정되고(딤전 5:21; 마 25:41), 다른 이들은 영원한 사망에 이르도록 예정되어 있다(롬 9:22,23; 엡 1:5,6; 잠 16:4)"고 밝히고 있다. 여기에서 보는 대로 칼빈이 정의한 것처럼 하나님의 선택과 유기라고 하는 이중예정론의 사상이 잘 나타나 있다.

하지만 좀 더 자세히 살펴보면 예정론은 단순히 인간의 구원의 여부를 떠나 보다 더 큰 하나님의 목적을 보여주고 있다. 이와 관련해 웨스트민스터 신앙고백서 제3장, 하나님의 영원한 작정 제5절에서 보다 구체적으로 예정론의 목적을 밝혀주고 있다.

> "하나님께서는, 생명에 이르도록 예정되어 있는 사람들을 창세 전에 자신의 영원하고 변함없는 목적과 그리고 그 뜻의 은밀한 계획과 선하시고 기쁘신 뜻을 따라서 오직 그의 거저 주시는 값없는 은혜와 사랑에 근거하여 그리스도 안에서 선택하시어 영원한 영광에 이르게 하셨으며(엡 1:4,9,11; 롬 8:30; 딤후 1:9; 살전 5:9), 그리고 모두 그의 영광스런 은혜를 찬송케 하셨다(엡 1:6,12; 전 3:14)."

여기에서 밝히고 있는 것처럼 예정론의 중심 사상은 "하나님의 영광스런 은혜를 찬송케 하셨다"(엡 1:6,12; 전 3:14)에 그 방점을 두고 있다는 점이다. 이러한 정신이 가장 잘 담겨 있는 표준문서가 바로 웨스트민스터 신앙고백서 대요리문답과 소요리문답이다. 대요리문답과 소요리문답은 각각 이렇게 시작하고 있다.

> 대요리문답 제1문 : 사람의 첫째 되는 가장 중요하고 고귀한 목적은 무엇입니까? (What is the chief and highest end of man?)
>
> 답 : 사람의 첫째 되며 가장 중요하고 고귀한 목적은 하나님께 영화롭게 하는 것과 그분을 영원히 마음을 다하여 즐거워하는 것입니다 (Man's chief

and highest end is to glorify God, and fully to enjoy him forever).

소요리문답 제1문 : 사람의 첫째 되는 목적이 무엇인가요?

답 : 사람의 첫째 되는 목적은 하나님께 영화롭게 하는 것과 영원토록 그를 즐거워하는 것입니다.

이처럼 성도들은 새로운 생활과 새로운 목적과 영원히 그분과 함께 살게 될 미래를 위해 하나님에 의해 선택되었기 때문에 예전과 다른 삶의 형태와 목적을 가지게 된다. 이때 새로운 신분으로 부름받은 성도들의 삶이 어떠해야 하는가를 보여주는 제도가 구약의 제사 제도에 잘 나타나 있다.

구약 제사 제도의 원형은 첫 사람 아담과 하와가 하나님의 말씀을 불순종하는 죄를 범하여 영원한 죽음에 이르게 된 것(창 2:16,17)과 긴밀한 관련이 있다. 이때 하나님은 죄로 말미암아 죽음에 이르게 된 아담과 하와를 영원한 생명에 이르게 하시겠다고 언약을 맺으셨다.

그 언약이 바로 "내가 너로 여자와 원수가 되게 하고 네 후손도 여자의 후손과 원수가 되게 하리니 여자의 후손은 네 머리를 상하게 할 것이요 너는 그의 발꿈치를 상하게 할 것이니라"(창 3:15)는 말씀에서 나타난 것처럼 '여자의 그 후손'의 피흘림에 대한 것이었다. 이 피흘림을 상징적으로 보여준 사건이 "여호와 하나님이 아담과 그의 아내를 위하여 가죽옷을 지어 입히시니라"(창 3:21)에서 보여준 하나님의 행위였다.

하나님은 '여자의 그 후손'의 피흘림을 통하여 인류를 죄로부터 구속하여 영원한 생명으로 이끄시겠다는 자신의 의지를 짐승의 피흘림의 결과로 얻은 가죽옷에 담아서 아담과 하와에게 입혀주시는 행위로 밝히 보여주셨다. 아담과 하와가 가죽옷을 입었다는 것은 그들의 죽음을 짐승이 대신하고 그들에게는 새 생명이 약속되었다는 사실을 상징하고 있다는 점에서 일종의 정결예식을 보여주고 있다. 곧 아담과 하와가 피흘림의 가죽옷을 입었다는 것은 그들 스스로가 이제 하나님께 바쳐진 정결한 제물과 동일한 의미를 가지고 있음을 상징하고 있는 것이다.

여기에서 명확하게 나타나는 것처럼 짐승의 피흘림을 통해 얻어진 가죽으로 아담과 하와에게 가죽옷을 지어 입히신 하나님의 행위 속에서 제사의 원형이 무엇인가를 잘 보여주고 있다. 이러한 피흘림과 관련된 언약 사상의 의미를 재확인한 것이 노아 홍수 이후에 노아가 재단을 쌓고 하나님께 제사를 드린 사건이었다. 이때는 아직 제사 제도가 주어지지 않았었다. 당시 노아가 하나님께 드린 제물에 대해서 성경은 다음과 같이 기록하고 있다.

> "노아가 여호와께 제단을 쌓고 모든 정결한 짐승과 모든 정결한 새 중에서 제물을 취하여 번제로 제단에 드렸더니" (창 8:20).

여기에서 보는 것처럼 노아가 하나님께 정결한 제물로써 제사를 드렸다는 행위는 하나님께서 아담과 하와를 위해 가죽옷을 지어 입히셨던 사건을 그 모티프로 하고 있다. 이로써 노아와 그 자녀들은 정결한 제물들을 제사로 드림으로써 자기 자신들 스스로가 하나님께 드려진 정결한 제물이 되었음을 상징하였던 것이다.

그리고 이 제사 제도는 출애굽 사건 이후에 하나님의 백성으로 선택된 이스라엘을 제사장 나라로 구별하신 이후에(출 19:4-6) 율례와 법도로 제정되었다(출 20-23장). 이때 모세는 하나님과 이스라엘 백성들 사이에 율례와 법도에 따른 언약을 체결하면서 피뿌림으로 정결예식을 준행한 내용을 출애굽기 24장 6-10절에서 읽을 수 있다.

> "모세가 여호와의 모든 말씀을 기록하고 이른 아침에 일어나 산 아래에

> 제단을 쌓고 이스라엘 열두 지파대로 열두 기둥을 세우고 이스라엘 자손의 청년들을 보내어 여호와께 소로 번제와 화목제를 드리게 하고 모세가 피를 가지고 반은 여러 양푼에 담고 반은 제단에 뿌리고 언약서를 가져다가 백성에게 낭독하여 듣게 하니 그들이 이르되 여호와의 모든 말씀을 우리가 준행하리이다 모세가 그 피를 가지고 백성에게 뿌리며 이르되 이는 여호와께서 이 모든 말씀에 대하여 너희와 세우신 언약의 피니라 모세와 아론과 나답과 아비후와 이스라엘 장로 칠십 인이 올라가서 이스라엘의 하나님을 보니 그의 발 아래에는 청옥을 편 듯하고 하늘 같이 청명하더라" (출 24:6-10).

이 연약 체결식에서 두드러지게 나타나고 있는 것은 이스라엘 백성들 자신이 하나님께 드려지는 정결한 제물로 바쳐졌음을 상징하고 있다는 사실이다. 하나님께 드리는 제사의 제물에게는 결함이나 흠이 없어야 하는 것처럼 하나님의 백성으로 구별된 성도들 역시 '하나님의 흠 없는 자녀로 세상에서 빛으로 나타남'과 같아야 한다(빌 2:15).

여기에서 분명하게 알아야 할 것은 이스라엘 백성들이 먼저 정결한 제물로 하나님께 바쳐진 후에야 비로소 그들이 온 세상 백성들을 향한 제사장 나라로서의 자기들의 존재 의식과 더불어 이스라엘에게 주어진 사명을 올바로 수행할 수 있다는 것이다. 이것이 제사 제도에 담겨 있는 의미이다.

이러한 제사 제도의 의미를 담고 있는 온전한 제사의 제물로서 하나님께 드려진 제사는 예수 그리스도에게서 성취되었다. 바울은 예수 그리스도께서 십자가에서 죽으심을 제사 제도의 완성으로 이해하고 그 의미를 이렇게 말하고 있다.

> "너희 안에 이 마음을 품으라 곧 그리스도 예수의 마음이니 그는 근본 하나님의 본체시나 하나님과 동등 됨을 취할 것으로 여기지 아니하시고 오

> 히려 자기를 비워 종의 형체를 가지사 사람들과 같이 되셨고 사람의 모양으로 나타나사 자기를 낮추시고 죽기까지 복종하셨으니 곧 십자가에 죽으심이라"(빌 2:5-8).

죄가 없으신 우리 주님은 우리를 대신하여 자기 자신을 정결한 희생 제물로 하나님께 드리셨다. 이로써 "내가 너로 여자와 원수가 되게 하고 네 후손도 여자의 후손과 원수가 되게 하리니 여자의 후손은 네 머리를 상하게 할 것이요 너는 그의 발꿈치를 상하게 할 것이니라"(창 3:15)고 말씀하신 하나님의 언약이 성취되었다.

이처럼 그리스도는 성도들로 하여금 살아 계신 하나님을 섬기게 하기 위하여 흠 없는 자기를 하나님께 드리셨다고 히브리서에서 밝히고 있다(히 9:14). 이로써 예수 그리스도는 출애굽한 이스라엘 백성에게 주어진 제사장 나라로서 수행해야 하는 민족적인 사명(출 19:4-6)도 성취하셨다.

그 결과 이제 하나님의 선택을 받은 성도들은 하나님 앞에서 거룩하고 흠이 없는 새 시대의 경륜을 성취하기 위한 새 이스라엘로 선택을 받게 되었다. 이것은 성도들이 하나님의 임재 앞에 설 수 있다는 커다란 특권을 얻게 되었음을 의미한다.255) 동시에 이 사실은 비로소 그리스도의 몸인 교회에 속한 성도들이 제2의 제사장 나라의 백성으로 이 땅에 존재하며 자신들에게 주어진 사명을 수행할 수 있게 되었다고 베드로 사도는 강조하고 있다.

> "그러나 너희는 택하신 족속이요 왕 같은 제사장들이요 거룩한 나라요 그의 소유가 된 백성이니 이는 너희를 어두운 데서 불러 내어 그의 기이한 빛에 들어가게 하신 이의 아름다운 덕을 선포하게 하려 하심이라"(벧전 2:9).

---

255) Bruce B. Barton, 에베소서, p. 53.

이처럼 바울은 창세 전에 그리스도 안에서 우리를 택하신 것은 우리로 하여금 하나님 앞에서 거룩하고 흠이 없게 하기 위함이라고 명확하게 밝히고 있다(엡 1:4). 이러한 하나님의 주권적인 선택을 통해서 우리는 하나님의 사랑을 받는 대상이 된 것이다.

때문에 본문의 4절에 있는 '사랑 안에서'(ἐν ἀγάπῃ)라는 구절은 4절보다는 5절에 붙여서 읽는 것이 문맥의 흐름을 보다 정확하게 이끌어준다. 즉 4-5절을 읽을 때 "곧 창세 전에 그리스도 안에서 우리를 택하사 우리로 그 앞에 거룩하고 흠이 없게 하시려고 사랑 안에서 그 기쁘신 뜻대로 우리를 예정하사 예수 그리스도로 말미암아 자기의 아들들이 되게 하셨으니"(엡 1:4,5)라고 읽을 때 보다 그 의미가 분명해진다.

이러한 관점에서 본다면 성부 하나님께서 창세 전에 그리스도 안에서 우리를 택하심으로써 거룩하고 흠이 없게 하신 것은 ① 하나님의 주권적인 선택의 '사랑 안에서' 그 기쁘신 뜻대로 우리를 예정하신 일이며(5절), ② 이제 예수 그리스도로 말미암아 우리가 하나님의 아들이 되게 하셨으며(5절), ③ 그 결과 하나님의 주권적 선택을 받은 은혜의 영광을 우리가 성부 하나님께 찬송하도록 하기 위함이다(6절)는 사실이 보다 명확하게 드러나게 된다.

이렇게 볼 때 성도들로 하여금 하나님과 함께 영광스러운 미래를 누리도록 하나님께서 그들을 예정하셨다는 점에서 성부 하나님의 선택은 성도들을 향한 가장 큰 사랑의 행위가 된다. 이때 사랑은 성도들이 추구할 거룩한 삶의 근거인 동시에 목적이 된다.

그 목적과 관련하여 바울은 "이는 그가 사랑하시는 자 안에서 우리에게 거저 주시는 바 그의 은혜의 영광을 찬송하게 하려는 것이라"(엡 1:6)고 이 단락의 결론을 짓고 있다. 여기에서 바울은 4절과 마찬가지로 하나님께서 예정하신 목적이 성도들로 하여금 하나님과 관계를 가지며 그분의 영광을 찬송하게 하려는 데 있음을 강조하고 있다.

이처럼 구원은 하나님의 목적과 주권에 그 뿌리를 두고 있다. 세상이 창조되기 전에 하나님은 성도들을 거룩한 백성인 교회로 부르시기로 예정하셨고, 그들을 또한 하나님의 자녀들로 삼기로 작정하셨다.

성도들은 '그리스도로 말미암아'(through Jesus Christ) 하나님의 자녀가 되기로 되어 있었지만, 하나님께서 성도들을 선택하신 것은 '그리스도 예수 안에서'(in Christ Jesus) 이루어진 일이었다. 따라서 성도들은 자신들에게 주어진 은혜로 인하여 성부 하나님을 찬송해야 하는 이유와 목적을 가지게 된다.256)

| 기 도 |

오랜 인류의 역사를 통하여 말씀하신 바 언약을 역사 속에서 성취하심으로써 역사를 주관하심을 보여주시는 우리의 아버지이신 하나님. 하나님은 천지의 대주재이시며, 하늘과 땅을 친히 통치하시며, 세상의 권세까지도 친히 주관하시는 분이시옵나이다.

그 옛날 우리 육신의 조상 아담에게 언약하신 내용을 따라 아브라함을 불러내셨으며, 아담과 맺은 언약을 성취하실 것이라는 아브라함의 믿음을 기뻐하시어 모든 열방 백성들 중에서도 그리스도 안에서 선택을 받은 자들이 아브라함의 믿음을 본받아 하나님으로부터 의롭다함을 얻게 해 주심에 대하여 영광과 찬송을 올리옵나이다.

이러한 하나님의 경륜 가운데에서 우리 또한 사도들이 전해준 복음을 듣게 하시고, 동일한 원리에 따라 우리도 믿음의 조상 아브라함의 후손으로 부르시어 마침내 하나님 나라의 백성으로 살아가게 해 주셨사옵나이다.

무엇보다도 이 모든 일에 있어서 절대적인 주권을 행사하시며 아드님이신 그리스도 안에서 연합되어 있는 우리를 하나님 나라의 백성으로 선택하신 성부 하나님께 우리의 몸과 마음과 뜻을 다하여 찬양을 올리옵나이다.

256) I. Howard Marshall, 신약성서신학, p. 467.

이제 구약시대에 하나님의 백성으로 구별된 이스라엘이 제사장 나라가 되어 모든 열방들에게 하나님께서 행하신 구원의 방도를 친히 증거하였던 것처럼, 교회로 부름을 받은 우리 역시 동일한 역사적 사명을 인식하고 세상 속에서 살고 있는 모든 사람들에게 구원의 방도를 나타내어 증거하는 삶을 살 수 있도록 이끌어 주시옵소서.

우리 주 예수 그리스도의 이름으로 기도합니다. 아멘.

〈3〉

성자 하나님의 구속 역사와 그 영광

에베소서 1:7-12

1:7 우리는 그리스도 안에서 그의 은혜의 풍성함을 따라 그의 피로 말미
암아 속량 곧 죄 사함을 받았느니라 8 이는 그가 모든 지혜와 총명을 우리
에게 넘치게 하사 9 그 뜻의 비밀을 우리에게 알리신 것이요 그의 기뻐하
심을 따라 그리스도 안에서 때가 찬 경륜을 위하여 예정하신 것이니 10 하
늘에 있는 것이나 땅에 있는 것이 다 그리스도 안에서 통일되게 하려 하
심이라 11 모든 일을 그의 뜻의 결정대로 일하시는 이의 계획을 따라 우
리가 예정을 입어 그 안에서 기업이 되었으니 12 이는 우리가 그리스도
안에서 전부터 바라던 그의 영광의 찬송이 되게 하려 하심이라

'하나님은 우리의 아버지이시다'(*θεοῦ πατρὸς ἡμῶν*)라는 신앙고백과 '예수 그리스도는 우리의 주님이시다'(*κυρίου Ἰησοῦ Χριστοῦ*)라는 신앙고백을 표명하는 교회는 어느 시대나 어느 민족이나 동일한 믿음을 가지고 있어야 한다.

이 믿음의 근거는 "사람이 의롭게 되는 것은 율법의 행위로 말미암음이 아니요 오직 예수 그리스도를 믿음으로 말미암는 줄 알므로 우리

도 그리스도 예수를 믿나니 이는 우리가 율법의 행위로써가 아니고 그리스도를 믿음으로써 의롭다 함을 얻으려 함이라 율법의 행위로써는 의롭다 함을 얻을 육체가 없느니라"(갈 2:16)는 '이신칭의'를 그 기반으로 가지고 있다.

따라서 교회는 "너희는 가서 모든 민족을 제자로 삼아 아버지와 아들과 성령의 이름으로 세례를 베풀라"(Therefore go and make disciples of all nations, baptizing them in the name of the Father and of the Son and of the Holy Spirit, 마 28:19)는 교회의 머리이신 그리스도 예수의 지상 명령을 수행함으로써 모든 민족 누구에게나 죄로부터의 구속을 위한 복음을 선포해야 한다는 역사적인 사명을 가지고 있다.

신약의 성도들은 바로 이 지상 명령을 수행하기 위해 선택되었음을 늘 마음에 새기고 있어야 한다. 그리고 이들을 향해 "하나님 우리 아버지와 주 예수 그리스도로부터 은혜와 평강이 너희에게 있을지어다"(엡 1:2)라고 바울이 축복을 하고 있는 것도 그들이 창세 전부터 그리스도 안에서 선택받았다는 사실에 근거하고 있다.

무엇보다도 성도들이 성부 하나님의 선택을 받게 된 것은 성자이신 그리스도께서 성취하신 '모든 신령한 복'(*ἐν πάσῃ εὐλογίᾳ πνευματικῇ*, 엡 1:3)에 따른 것이다. 여기에서 바울은 선택의 근거가 되는 '모든 신령한 복'에 대해 구체적으로 설명하고 있다. 그것은 그리스도의 '구속'과 '죄 사함'을 통해 보다 분명하게 제시된다.

앞서 성부 하나님의 주권적인 선택과 그 영광(엡 1:3-6)을 통해서 살펴본 것처럼 그리스도의 구속과 죄 사함은 만물을 창조하신 하나님 속에 감추어졌던 비밀의 경륜이 그리스도를 통해 역사 속에서 성취되었으며, 바울은 이 신약시대의 경륜을 가리켜 하나님의 새 창조 행위로 이해했었다(고후 5:17).

따라서 그리스도의 구속과 죄 사함이야말로 모든 신령한 복이 성부 하나님에 의해 그의 자녀들에게 부어진 사랑의 결정체인 것이다. 이에 바울은 "사랑 안에서 그 기쁘신 뜻대로 우리를 예정하사 예수 그리스도로 말미암아 자기의 아들들이 되게 하셨으니"(엡 1:4,5)라고 명확하게 밝히고 있다.

이러한 신학적 해석을 바탕으로 바울은 이제 '베라카'(ברכה 〈berakah〉 : You shall be a blessing, 엡 1:3-14)의 두 번째 주재인 '성자 하나님의 구속 역사와 그 영광'으로 우리의 관심을 이끌고 있다.

1. 복음의 핵심으로서 십자가 사건 (엡 1:7,8)

'구속'(redemption)의 개념은 애굽의 통치 아래 있던 이스라엘 민족이 해방된 출애굽 사건(신 15:15)과 바벨론 포로에서의 해방을 언급한 제2의 출애굽 사건(사 43:3; 52:3)을 연상케 한다. 그리고 마침내 새로운 출애굽 사건은 그리스도의 피에 의해 십자가에서 성취되었다.

바울 사도는 시편 40편에 있는 그리스도의 속죄를 예언한 노래를 가져다가 이 사실을 명확하게 증거하고 있다. 다윗은 그리스도의 속죄를 바라보며 이렇게 노래하고 있다.

> "주께서 내 귀를 통하여 내게 들려 주시기를 제사와 예물을 기뻐하지 아니하시며 번제와 속죄제를 요구하지 아니하신다 하신지라 그 때에 내가 말하기를 내가 왔나이다 나를 가리켜 기록한 것이 두루마리 책에 있나이다 나의 하나님이여 내가 주의 뜻 행하기를 즐기오니 주의 법이 나의 심중에 있나이다 하였나이다"(시 40:6-8).

이 시편에서 '주'는 성부 하나님을 가리키며, '나'는 성자이신 그리스도를 가리키고 있다. 바울은 이처럼 다윗이 노래한 성부 하나님과 성자 하나님 사이에 맺어진 영원한 협약을 바탕으로 히브리서에서 출애굽 사건이 그리스도의 피에 의해 십자가에서 성취되었음을 다음과 같이 증거하고 있다.

> "그러므로 주께서 세상에 임하실 때에 이르시되 '하나님이 제사와 예물을 원하지 아니하시고 오직 나를 위하여 한 몸을 예비하셨도다 번제와 속죄제는 기뻐하지 아니하시나니 이에 내가 말하기를 하나님이여 보시옵소서 두루마리 책에 나를 가리켜 기록된 것과 같이 하나님의 뜻을 행하러 왔나이다(시 40:6-8)' 하셨느니라 위에 말씀하시기를 주께서는 제사와 예물과 번제와 속죄제는 원하지도 아니하고 기뻐하지도 아니하신다 하셨고 (이는 다 율법을 따라 드리는 것이라) 그 후에 말씀하시기를 보시옵소서 내가 하나님의 뜻을 행하러 왔나이다 하셨으니 그 첫째 것을 폐하심은 둘째 것을 세우려 하심이라 이 뜻을 따라 예수 그리스도의 몸을 단번에 드리심으로 말미암아 우리가 거룩함을 얻었노라" (히 10:5-10).

바울이 여기에서 증거하고 있는 것처럼 이 십자가 사건은 성부 하나님의 뜻에 기꺼이 순종한 그리스도의 구속 행위였다. 이것은 앞서 언급한 것처럼 자신의 삶을 통해 율법의 모든 요구를 완전히 성취하신 '그리스도의 능동적 순종' (the Active Obedience of Christ)에 이은 것으로 그리스도의 십자가 사건은 '그리스도의 수동적 순종' (the Passive Obedience of Christ)에 대한 이해를 돋보이게 한다.

그리스도와 연합된 성도들은 '그리스도의 능동적 순종과 수동적 순종' (the Active and Passive Obedience of Christ)을 통해 그리스도께서 성취하신 구속에 참여하게 됨으로써 결국 그리스도의 은혜를 받을 수 있게 되었다. 그 은혜는 곧 죄 사함이며 과거의 짐으로부터 벗어남으로써 새 삶이 시작된다는 약속과 함께 주어졌다.

이에 바울은 "우리는 그리스도 안에서 그의 은혜의 풍성함을 따라 그의 피로 말미암아 속량 곧 죄 사함을 받았느니라"(엡 1:7)라고 말한다.

바로 이 십자가 사건의 역사적 사실은 바울이 전파한 '복음'의 핵심이었다.

성도들은 복음으로부터, 즉 "이는 그가 모든 지혜와 총명을 우리에게 넘치게 하사"(엡 1:8)라는 말씀에서 보는 것처럼 '모든 지혜와 총명으로부터'(*ἐν πάσῃ σοφίᾳ καὶ φρονήσει*, 8절) 하나님을 알고 하나님께 응답할 수 있는 신령한 은사를 받게 된다.257)

여기에서 바울은 복음 전파로 말미암아 하나님의 지혜가 성도들에게까지 흘러넘치게 된다는 사실을 밝히고 있다. 왜냐하면 복음 전파로 말미암아 성도들은 그리스도와 교통하게 되고 그리스도를 통하여 하나님께 나아가며 하나님의 자녀가 되는 '양자(養子)의 은혜'를 누리기 때문이다.

바울은 복음을 가리켜 '모든 지혜와 총명'이라고 찬사를 붙이고 있다. 이것은 복음과 상반된 모든 거짓 교훈들의 무가치함을 드러내기 위함이다. 거짓 교사들은 바울이 전파한 복음보다 더 숭고한 어떤 것을 가르치는 것처럼 위장함으로써 교묘하게 성도들의 환심을 사고 있었기 때문이다.

이 떠돌이 환상가들인 거짓 교사들은 성도들의 믿음을 무너뜨리기 위해 가능한 한 바울이 전파한 복음을 헐뜯고 있었던 것이다. 이에 바울은 성도들이 복음 안에서 참된 위로를 얻도록 하기 위해 복음의 권위를 높이고 있다.258)

'지혜와 총명'(*σοφίᾳ καὶ φρονήσει*)이라는 어휘는 두 개의 명사나 형

---

257) Ralph P. Martin, 에베소서, p. 49.

258) J. Calvin, 에베소서, 존 칼빈성경주석출판위원회 역, 서울, 성서교재간행사, 1990, p. 266.

용사를 연결하여 하나의 뜻을 강조하는 이사일의(二詞一意)라는 문학적 용법 중 하나이며 여기에서는 복음의 특성을 강조하고 있다. 지혜(σοφίᾳ)는 하나님의 관점에서 인생을 보는 능력을 말한다(잠 9:10). 총명(φρονήσει)은 주어진 상황에서 바른 행동을 취하는 분별력 또는 통찰력을 말한다.

따라서 지혜와 총명은 성도들이 하나님의 뜻을 알도록 하기 위해 주어진 것으로, 하나님의 뜻을 바르게 알기 위해서는 하나님으로부터 오는 지혜와 총명이 절대적으로 필요함을 강조한다.

또한 '모든'(πάσῃ)이라는 말은 '이것으로 충분하다' 또는 '이것으로 완전하다'는 의미로 그리스도의 복음만이 하나님의 뜻을 바르게 아는 유일한 진리임을 강조하고 있다. 이것이 바로 하나님께서 인류에게 제시한 유일한 '의로움'(Righteousness)이다는 사실을 바울은 갈라디아서에서 강조한 바 있다.

> "사람이 의롭게 되는 것은 율법의 행위로 말미암음이 아니요 오직 예수 그리스도를 믿음으로 말미암는 줄 알므로 우리도 그리스도 예수를 믿나니 이는 우리가 율법의 행위로써가 아니고 그리스도를 믿음으로써 의롭다 함을 얻으려 함이라 율법의 행위로써는 의롭다 함을 얻을 육체가 없느니라"(갈 2:16).

바울은 골로새 교인들에게 그들의 공동체에 침투하고 있는 거짓 가르침을 가리켜 "이런 것들은 자의적 숭배와 겸손과 몸을 괴롭게 하는 데는 지혜 있는 모양이나 오직 육체 따르는 것을 금하는 데는 조금도 유익이 없느니라"(골 2:23)고 하면서 거짓 가르침을 '지혜 있는 모양' 곧 그러한 행위들이 마치 지혜를 나타내는 것처럼 위장하고 있다고 지적한 것과는 대조적으로 여기에서는 지혜와 지식의 모든 보화가 그리스도 안에 있음을 상기시키고 있다.

이 '지혜와 총명'은 거짓 교사들이 주장하는 것처럼 인간의 노력이나 신비적인 주술 혹은 금욕적인 엄격한 실천을 통해 얻어지는 것이 아니다. 바울은 여기에서 '지혜와 총명'은 오로지 하나님의 은혜를 통해서만 얻어진다는 사실을 강조하고 있다.

2. 교회를 위한 복음 (엡 1:9,10)

그리스도의 복음은 예수께서 십자가에서 죽으시기 이전에는 명백하게 알려지거나 이해되지 못했다. 이에 바울은 "그 뜻의 비밀을 우리에게 알리신 것이요"(엡 1:9a)라고 명백하게 밝히고 있다.

하나님께서 이 감추어진 비밀을 '알리신 것'은 그리스도를 믿는 성도들의 믿음, 즉 그들이 구약의 경륜에 속한 옛 이스라엘이든 또는 신약의 경륜에 속한 새 이스라엘이든(롬 11장) 오로지 믿음을 통해서 그들과의 교제를 회복시키심으로써 영원토록 하나님과 함께 있게 하시려는 계획에 속하기 때문이다. 이 사실을 가리켜 바울은 '그 기뻐하심을 따라 예정하신 것'(*τοῦ θελήματος αὐτοῦ, κατὰ τὴν εὐδοκίαν αὐτοῦ*, 9절)이라고 밝힌다.

이 예정을 가리켜 '비밀'(*μυστήριον*, 8절)이라고 한 것은 선택된 자들에게만 때를 따라 복음의 내용을 계시하시기 때문이다. 바울에게 있어서 이 '비밀'은 예전에는 감추어져 있었지만 지금은 성도들에게 알려진, 즉 계시된 '복음'을 말한다. 이 계시된 복음은 다름 아닌 그리스도의 결정적인 행동인 '십자가 사건'이다. 이처럼 이제는 분명하게 밝혀진 '비밀'은 바울이 전파한 복음으로 그리스도에 대한 것이었으며 이미 성도들에게 충분히 밝혀진 계시이다.

"이 비밀은 만세와 만대로부터 감추어졌던 것인데 이제는 그의 성도들에게 나타났고 하나님이 그들로 하여금 이 비밀의 영광이 이방인 가운데 얼마나 풍성한지를 알게 하려 하심이라 이 비밀은 너희 안에 계신 그리스도시니 곧 영광의 소망이니라"(골 1:26,27).

여기에서 바울이 천지 만물을 그리스도 안에서 통일하시려는 하나님의 계획을 가리켜 '비밀'이라고 한 이유도 여기에 있다. 자기 백성에게 영광스러운 특권을 주시고자 한 것은 처음부터 하나님의 '계획'이었다. 이 계획을 '비밀'이라고 한 것은 하나님의 계획과 약속으로 말미암은 결과의 확실성을 강조하기 위함이다. 하나님께서 성도들을 선택하신 것처럼(4절) 구원의 비밀을 계시하신 것 역시 하나님의 기쁘심을 따라 이루어진 역사적인 사실이다.259)

이에 바울은 "그의 기뻐하심을 따라 그리스도 안에서 때가 찬 경륜을 위하여 예정하신 것이니 하늘에 있는 것이나 땅에 있는 것이 다 그리스도 안에서 통일되게 하려 하심이라"(*γνωρίσας ἡμῖν τὸ μυστήριον τοῦ θελήματος αὐτοῦ, κατὰ τὴν εὐδοκίαν αὐτοῦ, ἣν προέθετο ἐν αὐτῷ εἰς οἰκονομίαν τοῦ πληρώματος τῶν καιρῶν, ἀνακεφαλαιώσασθαι τὰ πάντα ἐν τῷ χριστῷ, τὰ ἐπι τοῖς οὐρανοῖς καὶ τὰ ἐπὶ τῆς γῆς*, 엡 1:9b-10)고 밝히고 있다. 바울은 이 비밀과 관련된 3가지 사실을 말하고 있다.

a) '그의 뜻의 비밀'(*τὸ μυστήριον τοῦ θελήματος αὐτοῦ*)은 그 범위가 온 우주를 포함하고 있다.

b) '그의 뜻의 비밀'은 '때'(*καιρὸς* : 하나님께 속한 마지막 때)가 찬 경륜에 따라 작동하도록 되어 있다.

c) '그의 뜻의 비밀'은 그리스도 예수 안에서 모든 것들이 하나로 모아짐(*ἀνακεφαλαιώσασθαι τὰ πάντα ἐν τῷ χριστῷ*)을 그 목적으로 하고 있다.

---

259) Bruce B. Barton, 에베소서, p. 65.

3. 모든 피조물들을 통일하시는 그리스도 (엡 1:10)

'때가 차매 하나님은 그 아들을 보내사' (갈 4:4) 마침내 이 세상에 성육신하신 그리스도께서는 하나님의 예정에 따른 계획에 맞추어 모든 것을 이루어 가신다. 이것을 가리켜 경륜(*οικονομια*)이라고 한다. 이 경륜에 따라 "아버지께서는 모든 충만으로 예수 안에 거하게 하시고 그의 십자가의 피로 화평을 이루사 만물 곧 땅에 있는 것들이나 하늘에 있는 것들이 그로 말미암아 자기와 화목케 되기를 기뻐"(골 1:19,20)하신다.

하지만 아직 성취해야 할 또 다른 '때'(*καιρὸς*)가 남아 있다. 구속은 성도들이 예수 그리스도를 영접하는 것으로 끝나지 않는다. 하나님께서는 영광의 나라에서 성도들이 누리게 될 영광스러운 미래를 약속하셨기 때문이다(계 21,22장). 그때에 하나님은 하늘에 있는 것이나 땅에 있는 것들이 그리스도의 구속을 통해 하나님과 화목하게 됨으로써 '모두 다 그리스도 안에서 통일되게' (10절) 하시려고 계획하셨다.

그리스도께서는 이땅에 인간으로 오셔서 하나님의 구속 계획을 성취하심으로써 마침내 영적이고 물질적인 모든 피조물들을 그리스도의 다스림 아래에 두셨다. 그리고 하나님께서 예정하신 그때에 죄로 말미암아 속박되었던 사람들뿐 아니라 죄로 말미암아 타락한 모든 피조물들을 하나님께서 창조하신 완전한 상태로 회복시키신다. 이것을 가리켜 두 번째 창조, 또는 새 창조라고 말한다.

그런데 이 ① 두 번째 창조는 단순히 첫 번째 창조를 완전한 상태로 회복시키는 것이 그 목적이 아니라, ② 첫 번째 창조에서는 아담의 불순종으로 인하여 부패할 수도 있었지만 두 번째 창조에서는 그리스도의 구속으로 말미암아 다시는 부패할 수 없도록 회복되었다는 점에서 현저한 차이가 있다.

‘다 그리스도 안에서 통일되게 하려 하심이라’(엡 1:10)는 구절의 해석은 난해하다. ‘통일되게 하다’(ἀνακεφαλαιώσασθαι / ἀνακεφαλαιόω)는 말의 어원은 논쟁에서 나오는 여러 가지 갈래를 결국에는 한 묶음으로 모아 ‘요약하다’(to sum up)에서 나왔다. 그 결과 완전한 전체로 나타나게 된다는 의미를 가진다. 이 단어는 “네 이웃을 네 자신과 같이 사랑하라 하신 그 말씀 가운데 다 들었느니라”(롬 13:9)에서는 ‘다 들어 있다’(ἀνακεφαλαιώσασθαι)는 의미로 사용된다.

따라서 ‘다 그리스도 안에서 통일되게 하려 하심이라’는 말은 모든 우주가 응집의 원칙(the principle of cohesion)에 의하여 그리스도 안에서 결집된다는 의미를 가진다. 이때 그리스도는 모든 피조물의 궁극적인 목적, 즉 오메가 포인트(the Omega Point)가 되시며 모든 피조물을 주관하는 주인으로 찬양을 받으신다.260)

여기에서 바울은 두 가지 사실을 강조하고 있다. 하나는 ① 어떤 적대적인 세력도 그리스도 안에 있는 하나님의 목적을 좌절시킬 수 없다는 사실이다. 다른 하나는 ② 이 하나님의 목적이 계시됨으로써 만물이 통일된 때는 미래적 종말 사건이 아니라(not yet) 실현된 종말론적 사건이다(already)는 점이다.

이처럼 바울은 하나님의 비밀과 관련해 미래가 아닌 현재적 실재라는 사실을 지적하고 있다. 즉 ‘그리스도 안에서 통일되게 하는 것’은 이미 발생한 사건이다(already). 그 결정체가 바로 그리스도의 몸인 교회이다. 따라서 교회에 속한 성도들은 하나님께서 때의 완성을 다스리시는 현재라고 하는 절정의 시기에 살아가고 있는 것이다. 그리고 그 때의 완성은 마침내 그리스도의 최종적인 승귀(exaltation : 엡 1:22,23; 4:10)에서 그 절정을 이루게 된다(not yet).

---

260) Ralph P. Martin, 에베소서, p. 49.

또한 성도들이 이미 그리스도의 승귀에 따른 실현된 영광의 자리에 실재적으로 참여하고 있다는 것은 그리스도께서 만물을 통일하시는 궁극적인 목적이야 말로 바로 지금 이땅에서 현재 존재하고 있는 교회를 위한 것임을 암시하고 있다.

이 사실은 우리가 장차 영광 가운데 임재하실 영광의 주이신 재림주를 기다리는 소망이며 동시에 우리가 살고 있는 이 자리야말로 영광의 주께서 친히 그의 몸인 교회를 통해서 언제나 우리와 함께하고 있다는 점에서 우리 또한 그리스도의 영광을 친히 이땅에서 누리고 있음을 강조하고 있다.

우리가 그리스도의 영광에 참여하고 있다는 결정적인 증거가 바로 지금 이 시간이다. 곧 성부와 성자와 성령의 영광을 찬송하고 있는 이 예배야말로 그리스도의 십자가와 구속 그리고 그에 따른 영광이 구현되고 있다는 실체이다.

4. 교회의 존재 목적 (엡 1:11,12)

비록 성도들은 '이미 – 아직 아닌'(already – not yet)의 긴장 가운데 살고 있다 할지라도 이미 유대인들과 이방인들이 교회 안에서 연합된 것처럼 온 세상의 모든 족속들과 온 우주의 모든 만물들이 이미 우주적인 통일, 곧 하나님과의 화해를 상징하는 '그리스도 안에서 통일되게 하는 것'이 실제적으로 성취되었음을 분명하게 밝히고 있다.

이로써 바울은 그리스도 안에 초점을 맞추는 하나님의 목적이 역사와 우주를 포함하고 있다는 사실을 강조하고 있다. 또한 이 사실을 선포하는 바울의 복음이야말로 하나님께서 인류에게 주시는 메시지이며, 그 복음의 핵심과 기독교 종말론은 서로 본질적으로 연속성을 가지고 있음을 보여주고 있다.[261]

---

261) Andrew T. Lincoln, 에베소서, p. 194.

이에 대해 바울은 "모든 일을 그의 뜻의 결정대로 일하시는 이의 계획을 따라 우리가 예정을 입어 그 안에서 기업이 되었으니 이는 우리가 그리스도 안에서 전부터 바라던 그의 영광의 찬송이 되게 하려 하심이라"(엡 1:11,12)고 찬송하고 있다.

이제 성도들은 만물이 통일된 그리스도의 몸인 교회 안에서 우주적인 그리스도와 명확하게 관련성을 가지고 있다. 이러한 그리스도 안에 있게 됨으로써 성도들에게는 하나님의 선택에 따른 은혜와 평강이 주어졌으며, 교회의 공적인 예배를 통해서 그 은혜와 평강을 누리는 복에 실질적으로 참여하고 있다.

본문의 '기업이 되다'(*ἐκληρώθημεν*)는 단어는 본래 '제비뽑기로 결정되다, 제비뽑기로 선택되다'는 말로 구약에서 가나안 땅에 들어간 이스라엘 백성들에게 각자 주어진 기업을 얻기 위해서 제비를 뽑아 그 땅을 나누었던 사건을 연상케 한다(민 26:55,56).

이 행위의 결과를 가리켜 하나님의 기업 또는 하나님의 분깃으로 지칭되었다(신 9:29). 이와 같은 역사적 배경 가운데 '그 안에서 기업이 되었으니'라는 말은 '우리가 하나님의 기업으로 선택되었다'는 말이며 동시에 '하나님 자신에 의해 그 자신의 몫으로 할당되었다'는 의미를 가진다.

여기에서 바울은 성도들이 그리스도 안에서 그들의 운명이 정해진 것은 하나님의 주권적 목적의 한 부분임을 강조하고 있다. 특히 창세 전부터 있었던 하나님의 '목적'(*πρόθεσιν*)과 '예정'(*προορισθέντες*)을 반복함으로써 그 마음의 원대로 역사하시는 하나님의 절대적인 주권이 선언되고 있다.

이것은 하나님께서 목적하시는 것이 무엇이든 분명히 성취되기 때문이다. 이러한 하나님의 목적과 예정, 즉 종말론적인 결정의 목적은 6절에서도 밝힌 것처럼 '성도들이 그의 영광의 찬송'(엡 1:12)이 되게 하려는 데 있다.

과거에 하나님께서 이스라엘을 선택하신 목적도 이와 같다. 또한 하나님이 자신의 이름과 영광을 위해 행동하시는 목적은 구약적 사고의 핵심이었다고 이사야는 다음과 같이 증거하고 있다(사 43:7,21; 48:9–11).

> "내 이름으로 불려지는 모든 자 곧 내가 내 영광을 위하여 창조한 자를 오게 하라 그를 내가 지었고 그를 내가 만들었느니라 ... 이 백성은 내가 나를 위하여 지었나니 나를 찬송하게 하려 함이니라"(사 43:7,21).
>
> "내 이름을 위하여 내가 노하기를 더디 할 것이며 내 영광을 위하여 내가 참고 너를 멸절하지 아니하리라 보라 내가 너를 연단하였으나 은처럼 하지 아니하고 너를 고난의 풀무 불에서 택하였노라 나는 나를 위하며 나를 위하여 이를 이룰 것이라 어찌 내 이름을 욕되게 하리요 내 영광을 다른 자에게 주지 아니하리라"(사 48:9-11).

바울은 과거에 이스라엘을 선택하신 이러한 목적이 이제는 교회의 존재 목적과 사명으로 바뀌었음을 밝히고 있다. 하나님이 그분의 목적을 이루시는 것은 그분 자신의 영광을 위함이다. 나아가 그 믿음의 공동체인 교회는 이땅에서 종말까지 존속하며 예배라고 하는 구체적인 형태를 통하여 하나님의 영광을 찬송한다. 이 찬송은 단순히 예배 의식이 아니라 교회가 존재하는 목적이다.262)

이것은 궁극적으로는 미래에 성취될 것이지만 동시에 지금 교회의 예배를 통해 성취되어야 한다. 왜냐하면 하나님의 영광을 찬송하는 것이 성도들의 존재 목적이기 때문이다. 동시에 이 찬송을 통해 성도들은 그리스도 안에서 이미 하나님의 영광에 참여하고 있으며 그 영광을 또한

---

262) Andrew T. Lincoln, 에베소서, p. 196.

바라보는 존재가 된다. 이런 점에서 그리스도는 성도들에게 있어 하나님의 영광에 직접 참여하게 될 것을 바라보는 유일한 '소망'이 되신다.

그래서 바울은 고린도 교회에 보내는 편지에서 "만일 그리스도 안에서 우리가 바라는 것이 다만 이 세상의 삶뿐이면 모든 사람 가운데 우리가 더욱 불쌍한 자이리라"(고전 15:19)고 말하면서 우리가 바라보아야 할 곳은 그리스도의 통치가 이루어지고 있는 이 세상의 삶뿐만 아니라 부활의 첫 열매가 되시는 그리스도(고전 15:20)께서 지금 우리와 함께하신다는 사실을 더욱 확고하게 붙잡고 있어야 할 것을 강조한 바 있다.

이런 점에서 지금 우리가 교회로 모이고 삼위일체 하나님을 찬송하며 경배하고 있는 이 시간은 실제적으로 만왕의 왕이신 그리스도의 통치가 구현되고 있는 역사적인 그 현장이며, 동시에 이 예배가 하늘 궁정에서 드려지고 있다는 사실을 통해서 우리가 있어야 할 궁극적인 자리가 이땅이 아닌 하늘임을 늘 인식하고 있어야 한다.

교회는 바로 이러한 내용을 복음으로 가지고 있으며, 그 복음은 어떤 이들이 말하고 있는 허황된 이론이거나 혹은 언제 이루어질지도 모르는 막연한 종교적 감성을 충족시키기 위한 것이 아님을 알아야 한다.

우리가 지금 참여하고 있는 이 예배야말로 삶의 실체이며 동시에 하늘의 떡과 포도주를 함께 나누어 먹고 마시는 그 현장이라는 사실을 실천적으로 경험하고 있어야 한다. 이것이 그리스도의 몸인 교회가 지금 이 시간, 이곳에 존재하고 있는 목적이어야 한다.

| 기 도 |

친히 역사를 통하여 주의 언약과 증거를 지키는 자에게 인자와 진리로 보여주시는 우리의 아버지이신 하나님.

하나님은 온유한 자에게 정의로 지도하시며 주의 교훈을 베풀어주시며 주의 약속을 따라 주의 자녀들을 기억하시고 선하심으로 함께하시오니 찬송과 영광을 올리옵나이다.

일찍이 천지가 창조되기도 전에, 하늘과 땅이 존재하기 전에, 태양과 달과 별들이 광명을 비추기 전에 성부 하나님께서는 성자이신 그리스도 안에 있는 주의 자녀들을 택하셨으며 성자께서는 저들을 구속하시고자 친히 십자가를 통하여 저들의 죄악을 속량하시기로 작정하셨나이다.

이 놀라운 일이 우리의 공로나 열심으로 이루어진 것이 아니며 오로지 성부와 성자와 성령 하나님의 경륜 가운데 이루셨사온즉, 우리는 그저 이 영광스러운 복된 자리에 부름받았다는 사실에 대해 감사하지 않을 수 없나이다.

이제 우리가 성 삼위일체 하나님의 목적과 예정 가운데 하늘의 기업을 받은 성도들로 구별되었고, 그의 몸인 교회의 머리이신 그리스도 안에서 하늘의 소망을 향해 나아가게 하시오니 그 은혜를 누림에 있어 온 마음으로 찬양을 올리옵나이다.

우리를 교회로 부르시고 그리스도 안에서 한 몸을 이루게 하셨사오니, 그리스도의 몸된 교회의 회원으로서 우리의 명예를 서로 드높이며 복된 그리스도의 몸인 교회를 이땅에서 반듯하게 세워나가는 은혜를 누리게 하시옵소서.

우리 주 예수 그리스도의 이름으로 기도합니다. 아멘.

〈 4 〉

성령 하나님의 인침과 그 영광

에베소서 1:13-14

1:13 그 안에서 너희도 진리의 말씀 곧 너희의 구원의 복음을 듣고 그 안
에서 또한 믿어 약속의 성령으로 인침을 받았으니 14 이는 우리 기업의
보증이 되사 그 얻으신 것을 속량하시고 그의 영광을 찬송하게 하려 하
심이라

에베소서의 베라카(ברכה〈berakah〉 : You shall be a blessing, 엡 1:3-14)를 통해서 바울은 그리스도 안에 있는 삼위일체 하나님의 예정과 구속, 영광스러운 은혜를 찬양하고 있다.

이 베라카는 세 부분으로 된 구조를 가지고 있으며 각각의 주제는 "그의 은혜의 영광을 찬송하게 하려는 것이라"(엡 1:6), "우리로 그의 영광의 찬송이 되게 하려 하심이라"(엡 1:12), "그의 영광을 찬송하게 하려 하심이라"(엡 1:14)는 후렴구로 구분된다. 이 베라카는 삼위일체 하나님께 드리는 영광으로 다음과 같이 구성되어 있다.

① 하나님 아버지께서 교회의 회원인 성도들에게 모든 신령한 복을

주시되 창세 전에 그리스도 안에서 택하셨고 사랑 안에서 예정하셨음을 찬양한다(1:3-6).

② 아버지께서 주신 모든 복은 그의 사랑하시는 자, 즉 하늘 보좌에 앉아계신 '그리스도' 안에서 성도들에게 임하였음을 찬양한다(1:7-12).

③ 이 복들은 성령의 인침을 통해 성도들을 양자 삼으셨으며 약속된 성령을 통해 하나님의 기업이 되었음을 찬양하고 있다(1:13,14).

이 찬양을 통해 바울은 ① 하나님의 주권적 선택(1:3-6) ② 그리스도의 피를 통한 구속의 섭리 속에 나타나는 하나님의 지혜(1:7-12) ③ 성령으로 말미암아 성도들에게 예정된 기업의 보증(1:13,14)이라는 신학적 주제를 제시하고 있다. 이 주제들은 에베소서 신학의 큰 틀을 이루고 있다.

첫 번째 주제는 "성부 하나님의 주권적인 선택과 그 영광"(엡 1:3-6)에 대한 것으로 그리스도의 구속과 죄 사함은 만물을 창조하신 하나님 속에 감추어졌던 비밀의 경륜이 그리스도를 통해 역사 속에서 성취되었으며, 바울은 이 신약시대의 경륜을 가리켜 하나님의 새 창조 행위로 이해했다(고후 5:17).

두 번째 주제는 "성자 하나님의 구속 역사와 그 영광"(엡 1:7-12)에 대한 것으로 그리스도와 연합된 성도들은 '그리스도의 능동적 순종과 수동적 순종'(the Active and Passive Obedience of Christ)을 통해 그리스도께서 성취하신 구속에 참여하게 됨으로써 결국 그리스도의 은혜를 받을 수 있게 되었다. 그 은혜는 곧 죄 사함이며 과거의 짐으로부터 벗어남으로써 새 삶이 시작된다는 약속과 함께 주어졌음을 밝히고 있다.

성도들에게는 예전과 다른 전혀 새로운 삶이 시작된다는 약속에 따라 그리스도께서 성도들의 소망이 되는 이유는 그리스도께서 높이 올리신 것처럼 그리스도와 연합한 성도들 역시 높이 올리게 될 것이라고 약속하셨기 때문이다(골 1:18-23). 이 약속은 그리스도께서 행하신 십자가의 복음으로 증거되었다. 바울은 이 십자가의 복음을 가리켜 '그리스도의 새 창조'라고 정의한 바 있다.

"그런즉 누구든지 그리스도 안에 있으면 새로운 피조물이라 이전 것은 지나갔으니 보라 새것이 되었도다"(고후 5:17)고 한 것처럼 할례를 받아야 했던 옛 질서가 아닌 그리스도의 복음을 믿는 믿음, 즉 이신칭의로 구원에 이르는 새로운 질서의 세계가 열렸기 때문이다(갈 2:16).

이 새 질서의 세계에서 구원은 전적으로 그리스도로 말미암은 하나님의 은혜로운 주권과 행위로 인하여 성도들에게 주어진다. 이것은 사람들에 의해서 행해진 어떤 행위에도 의존하지 않으며 하나님의 주권적인 행위임을 의미한다.

이러한 의미에서 바울은 "그 안에서 너희도 진리의 말씀 곧 너희의 구원의 복음을 듣고 그 안에서 또한 믿어 약속의 성령으로 인치심을 받았으니 이는 우리 기업의 보증이 되사 그 얻으신 것을 속량하시고 그의 영광을 찬송하게 하려 하심이라"(엡 1:13,14)고 말한다. 이 말씀을 통해 바울은 이제 세 번째 주제인 "성령 하나님의 인침과 그 영광"(엡 1:13,14)에 대한 내용으로 우리의 관심을 이끌고 있다.

1. 그리스도의 복음과 성령의 인침 (엡 1:13)

먼저 우리는 "그 안에서 너희도 진리의 말씀 곧 너희의 구원의 복음을 듣고 그 안에서 또한 믿어 약속의 성령으로 인침을 받았으니"(엡 1:13)라는 말씀을 통해 우리에게 주어진 '복음의 성격'을 보다 정확하게 인식할 필요가 있다.

앞서 두 가지 주제, 곧 "성부 하나님의 주권적인 선택과 그 영광"(엡 1:3-6) 그리고 "성자 하나님의 구속 역사와 그 영광"(엡 1:7-12)을 통해서 이미 살펴본 것처럼 하나님은 사람들이 구원을 얻기 위한 조건으로 그 어떤 것도 요구하지 않으신다. 심지어 하나님은 유대인들이 그처럼 목숨을 걸고 지키려고 했던 율법의 요구 조건들을 행하는 것조차 성도들에게 요구하지 않으신다.

이와 관련해 웨스트민스터 신앙고백서 제11장 칭의, 제1항에서 아래와 같이 명확하게 선언하고 있다.

> "하나님께서는 유효하게 부르신 자들을 또한 값 없이 의롭다고 칭하신다(롬 8:30; 3:24). 이 칭의(稱義)는 의를 그들에게 주입해 줌으로써가 아니라, 그들의 죄들을 용서해 주시고 그들의 인격을 의로운 것으로 간주하여 용납해 주심으로써 되는 것이다.
> 또한 그들 안에서 이루어진 어떤 것이나, 또는 그들에 의해서 되어진 어떤 것 때문이 아니라 오직 그리스도 때문이며, 믿음 자체 혹은 믿는 행위 또는 어떤 다른 복음적인 순종을 그들의 의로 돌림으로써가 아니라 그리스도의 순종과 속량을 그들에게 돌림으로써(롬 4:5-8; 고후 5:19,21; 롬 3:22,24,25,27,28; 딛 3:5,7; 엡 1:7; 렘 23:6; 고전 1:30,31; 롬 5:17-19), 부르심을 입은 그들은 그리스도와 그의 의를 믿음으로 받아들이고 의존할 때 의롭다 함을 받는 것이다. 그 믿음은 그들 자신에게서 나온 것이 아니고, 그것은 하나님이 주시는 선물이다(행 10:44; 갈 2:16; 빌 3:9; 행 13:38,39; 엡 2:7,8)."

이처럼 성도들이 받은 구원은 영원에 속한 것으로, 다시 말하면 삼위일체 하나님의 경륜에 속한 것으로 순전히 하나님의 은혜와 긍휼에 근거하고 있다. 그리고 이것이 가능한 것은 오로지 그리스도의 능동적 순종과 수동적 순종 때문이다.

이러한 내용을 담고 있는 복음을 가리켜 바울은 '진리의 말씀'(*τὸν λόγον τῆς ἀληθείας* : the word of truth)이라고 부른다. 왜냐하면 복음만이 구원을 가져다주며 거짓 없는 확실한 진리일 뿐 아니라 엄격히 말해서

그밖에 다른 진리가 없기 때문이다.263)

바울이 복음을 가리켜 '진리의 말씀'(τὸν λόγον τῆς ἀληθείας)이라고 부르고 있는 것은 사도적 복음 사역을 통해 하나님께서 성도들을 진리에 이르게 하는 것으로, 또한 진리를 그 내용으로 가지는 것을 강조하기 위함이다. 따라서 사도들이 전해준 진리의 말씀인 복음을 통하지 않고서는 그 누구도 구원에 이를 수 없다.

이 사실은 "진리의 말씀 곧 너희의 구원의 복음을 듣고"라고 바울이 말한 것처럼 성도들이 구원을 이룸에 있어 무엇보다도 사도들이 전해준 진리의 말씀을 '먼저 들어야 한다'는 사실을 염두에 두고 있음을 의미한다.

이와 관련해 바울은 "누구든지 주의 이름을 부르는 자는 구원을 받으리라 그런즉 그들이 믿지 아니하는 이를 어찌 부르리요 듣지도 못한 이를 어찌 믿으리요 전파하는 자가 없이 어찌 들으리요 보내심을 받지 아니하였으면 어찌 전파하리요"(롬 10:13-15)라고 말하고서 "그러므로 믿음은 들음에서 나며 들음은 그리스도의 말씀으로 말미암았느니라"(롬 10:17)고 명확하게 선언한 바 있다.

이와 동일한 맥락에서 복음 선포와 그 복음을 들은 사람들이 죄 사함의 세례를 받았던 사건에 대하여 누가는 오순절 성령 세례의 의미를 밝히고 있는 사도행전 2장에서 자세하게 보도하고 있다(행 2:14-41). 누가가 보도하고 있는 이 내용은 사도들이 전한 복음의 내용이 무엇이며 그리고 그 복음을 들은 사람들의 반응이 어떠한 것인지에 대해 상세하게 묘사되어 있다.

> "베드로가 열한 사도와 함께 서서 소리를 높여 이르되 유대인들과 예루살렘에 사는 모든 사람들아 이 일을 너희로 알게 할 것이니 내 말에 귀를 기

263) J. Calvin, 에베소서, p. 269.

울이라.
때가 제 삼 시니 너희 생각과 같이 이 사람들이 취한 것이 아니라 이는 곧 선지자 요엘을 통하여 말씀하신 것이니 일렀으되 하나님이 말씀하시기를 '말세에 내가 내 영을 모든 육체에 부어 주리니 너희의 자녀들은 예언할 것이요 너희의 젊은이들은 환상을 보고 너희의 늙은이들은 꿈을 꾸리라 그 때에 내가 내 영을 내 남종과 여종들에게 부어 주리니 그들이 예언할 것이요 또 내가 위로 하늘에서는 기사를 아래로 땅에서는 징조를 베풀리니 곧 피와 불과 연기로다 주의 크고 영화로운 날이 이르기 전에 해가 변하여 어두워지고 달이 변하여 피가 되리라 누구든지 주의 이름을 부르는 자는 구원을 받으리라' 하였느니라.
이스라엘 사람들아 이 말을 들으라 너희도 아는 바와 같이 하나님께서 나사렛 예수로 큰 권능과 기사와 표적을 너희 가운데서 베푸사 너희 앞에서 그를 증언하셨느니라 그가 하나님께서 정하신 뜻과 미리 아신 대로 내준 바 되었거늘 너희가 법 없는 자들의 손을 빌려 못 박아 죽였으나 하나님께서 그를 사망의 고통에서 풀어 살리셨으니 이는 그가 사망에 매여 있을 수 없었음이라.
다윗이 그를 가리켜 이르되 '내가 항상 내 앞에 계신 주를 뵈었음이여 나로 요동하지 않게 하기 위하여 그가 내 우편에 계시도다 그러므로 내 마음이 기뻐하였고 내 혀도 즐거워하였으며 육체도 희망에 거하리니 이는 내 영혼을 음부에 버리지 아니하시며 주의 거룩한 자로 썩음을 당하지 않게 하실 것임이로다 주께서 생명의 길을 내게 보이셨으니 주 앞에서 내게 기쁨이 충만하게 하시리로다' 하였으므로 형제들아 내가 조상 다윗에 대하여 담대히 말할 수 있노니 다윗이 죽어 장사되어 그 묘가 오늘까지 우리 중에 있도다.
그는 선지자라 하나님이 이미 맹세하사 그 자손 중에서 한 사람을 그 위에 앉게 하리라 하심을 알고 미리 본 고로 그리스도의 부활을 말하되 '그가 음부에 버림이 되지 않고 그의 육신이 썩음을 당하지 아니하시리라' 하더니 이 예수를 하나님이 살리신지라 우리가 다 이 일에 증인이로다 하나님이 오른손으로 예수를 높이시매 그가 약속하신 성령을 아버지께 받아서 너희가 보고 듣는 이것을 부어 주셨느니라.

> 다윗은 하늘에 올라가지 못하였으나 친히 말하여 이르되 '주께서 내 주에게 말씀하시기를 내가 네 원수로 네 발등상이 되게 하기까지 너는 내 우편에 앉아 있으라 하셨도다' 하였으니 그런즉 이스라엘 온 집은 확실히 알지니 너희가 십자가에 못 박은 이 예수를 하나님이 주와 그리스도가 되게 하셨느니라 하니라.
> 그들이 이 말을 듣고 마음에 찔려 베드로와 다른 사도들에게 물어 이르되 형제들아 우리가 어찌할꼬 하거늘 베드로가 이르되 너희가 회개하여 각각 예수 그리스도의 이름으로 세례를 받고 죄 사함을 받으라 그리하면 성령의 선물을 받으리니 이 약속은 너희와 너희 자녀와 모든 먼 데 사람 곧 주 우리 하나님이 얼마든지 부르시는 자들에게 하신 것이라 하고 또 여러 말로 확증하며 권하여 이르되 너희가 이 패역한 세대에서 구원을 받으라 하니 그 말을 받은 사람들은 세례를 받으매 이 날에 신도의 수가 삼천이나 더하더라"(행 2:14-41).

이런 점에서 사도적 복음은 ① 영적인 죽음으로부터, ② 하나님의 진노로부터, ③ 악한 세력들의 속박으로부터, ④ 죄와 육체로부터 구원받는 것에 직접적인 능력을 발휘한다.

바울은 이러한 사도적 복음, 곧 '진리의 말씀'을 가리켜 '너희의 구원의 복음'(*τὸ εὐαγγέλιον τῆς σωτηρίας ὑμῶν*)이라고 밝힌다. 이것은 마치 바울이 전파하는 사도적 복음을 듣는 사람들의 구원에 이 복음이 직접적인 영향을 미치고 있음을 보여주고 있다.

그렇다고 사도적 복음 그 자체가 어떤 사람을 구원하는 능력이 있음을 의미하는 것은 아니다. 사람들은 사도적 복음을 들음으로써 비로소 그리스도에 대한 참 믿음이 그 안에서 발생하며, 이때 복음은 '모든 믿는 자들의 구원을 위한 하나님의 능력'(*δύναμις γὰρ Θεοῦ ἐστιν εἰς σωτηρίαν παντὶ τῷ πιστεύοντι*)이 되기 때문이다(롬 1:16).

이 과정에서 역사하시는 분이 성령이시다. 이 사실을 기리기 위해 바울은 "그 안에서 너희도 진리의 말씀 곧 너희의 구원의 복음을 듣고 그 안에서 또한 믿어 약속의 성령으로 인침을 받았느니라"(엡 1:13)고 말하고 있다. 즉 사도적 복음이 선포될 때 그 복음을 듣고 그리스도를 믿는 믿음이 발생하는 것은 전적으로 성령께서 행하시는 인침의 결과이다.

2. 성령의 인침과 그 결과 (엡 1:13)

'인침을 받았다'(ἐσφραγίσθητε: you were sealed)는 말은 도장을 찍은 것과 같은 의미를 가진다. 인침은 어떤 서류의 진실성을 보증하는 표이며(에 3:12) 그 사람의 진실성을 보증하는 표로 사용되었다(고전 9:2). 또한 인침은 소유권의 표(아 8:6)를 알리고 타인의 간섭이나 해를 받지 않도록 보호하기 위해 사용되었다(마 27:66). 바울은 이 인침의 의미를 '진리의 말씀' 곧 구원의 복음을 듣는 이들의 마음속에서 그들이 하나님의 자녀인 것을 증거하시는 성령의 역사에 적용하고 있다.

이 성령의 역사는 ① 그리스도의 복음을 듣고 믿음으로 받아들이게 함으로써 그들로 하여금 하나님의 후사가 되었다는 인침이며(롬 8:14,15) ② 외부 세력의 어떤 간섭이나 해를 받지 않음으로써 모든 것이 합력하여 선을 이루게 된다는 의미의 인침이다(롬 8:28).

이러한 성령의 인침은 사람들이 선택받은 자의 표적들을 찾는 탐색의 결과로 얻어지는 것이 아니다. 성령의 인침은 오로지 그리스도 안에서 계시된 삼위일체 하나님께 대한 믿음, 즉 오로지 '사랑으로 역사하는 믿음'(갈 5:6)의 결과이다.264) 이로써 구약의 할례는 성령의 인침, 곧 죄 사함의 세례로 성취된다.

구약에서 할례가 그랬듯이 성령께서는 하나님의 사랑에 대한 인식으로 그의 성도들에게 확신시키시고(롬 5:5) 하나님께서 자녀로 삼으셨다

264) William Handriksen, 에베소서, p. 111.

는 사실을 확신시키신다(롬 8:15,16). 성령의 인침은 그리스도 안에서 선택하신 하나님의 사랑으로 인하여 단번에 이루어진 일로 성도들로 하여금 하나님의 자녀로 영원한 세계에서뿐 아니라 지금도 하나님의 풍성하심과 선하심을 누리고 있음을 계속해서 확신시키신다.

이런 이유에서 바울은 성령의 인침과 관련해 성령을 가리켜 '약속의 성령'(*τῷ Πνεύματι τῆς ἐπαγγελίας*, 엡 1:13)으로 부른다. 이것은 성도들에게 주어진 하나님의 약속이 성령을 통해서 성취된다는 의미를 가진다. 이 '약속의 성령'은 ① 구약에서 약속한 성령(사 32:15; 44:3; 욜 2:28)과 ② 그의 제자들에게 성령을 보내시겠다는 예수님의 약속(요 14:16,17,25,26; 15:26; 16:7-15; 행 1:4,5)을 염두에 두고 있다. 이러한 성령에 관한 약속은 죄 사함과 새로운 질서, 곧 새 창조(고후 5:17)와 관련되어 주어졌다.

이처럼 성령에 대한 약속에 따라 오순절에 성령께서는 예수님의 약속을 믿고 성전에서 하나님을 경배하면서 기다리고 있는 모든 제자들 위에 임하셨다(행 2장). 그때 제자들은 "볼지어다 내가 내 아버지께서 약속하신 것을 너희에게 보내리니 너희는 위로부터 능력으로 입혀질 때까지 이 성에 머물라 하시니라"(눅 24:49)는 예수님의 말씀을 따라 "그들이 [그에게 경배하고] 큰 기쁨으로 예루살렘에 돌아가 늘 성전에서 하나님을 찬송하니라"(눅 24:52,53)는 누가의 증언처럼 그들은 늘 성전에 머물러 있으면서 하나님을 경배하고 있었다.

그에 앞서 성도들은 그리스도를 영접할 때 이미 성령으로 인침을 받았다. 이것은 그들에게 구원을 확증하는 인침이었다(행 8:14-17; 10:44-48). 그리고 성령께서 성도들의 삶 속에서 이루신 변화는 그들의 삶 속에 하나님께서 임재하시며 그 삶을 하나님이 소유하고 계신다는 사실을 보여주는 확실한 표시이다(갈 5:22,23).

이와는 달리 오순절 날에 성령께서 임재하신 사건은 '성령의 오심' (The coming of the Holy Spirit, 행 1:8)에 대한 예언의 성취로써 그 의미를 가진다. 그 결과 이땅에는 성령으로 말미암아 인침을 받은 새 질서의 시대인 교회의 시대가 활짝 열리게 된 것이다.

3. 구속의 완성과 성령의 역사 (엡 1:14)

1) 그리스도의 구속과 성령의 역사하심

성도들의 구속을 위한 그리스도의 능동적 순종과 수동적 순종이 최종적으로 성취된 자리가 곧 십자가 사건이다. 그리고 이 십자가 사건을 구원의 능력으로 성도들에게 믿음을 일으키시는 분은 바로 성령이시다. 이로써 성도들에게서는 예수 그리스도를 믿는 믿음으로 그리스도 예수를 믿는 믿음에 이르게 되며 이로써 하나님으로부터 의롭다함을 받게 되었다(갈 2:16). 이것을 가리켜 '그리스도의 의의 전가' (the imputation of Christ's righteousness)라고 말한다.

이로써 성령으로 말미암아 죄의 속박과 좌절과 공포에 잡혀있던 사람들이 십자가의 능력을 덧입게 되며 새로운 세계로 옮겨지게 된다. 따라서 ① 십자가에 못 박힌 그리스도를 선포하는 중에 그리고 그 선포와 더불어 성령께서 임하시게 되고, ② 성령께서는 그 복음을 듣는 이들을 회심시키며 하나님의 자녀로 인치신다. 이로써 ③ 성령은 개인의 삶에 변화를 가져오며 믿음과 협력의 교회 공동체를 이루도록 역사하심으로써 성령은 교회 가운데 활력을 일으키는 실체가 되신다.265)

이런 의미에서 갈라디아서에서 바울은 "내가 너희에게서 다만 이것

265) Chrales B. Cousar, 갈라디아서, 천방욱 역, 서울 한국장로교출판사, 2004. p. 103.

을 알려 하노니 너희가 성령을 받은 것이 율법의 행위로냐 혹은 듣고 믿음으로냐"(갈 3:2)라고 묻고 있다. 여기에서도 분명히 복음을 듣고 믿은 그 믿음으로 말미암아 그들이 성령의 세례를 받았음을 명확하게 밝히고 있다.

십자가에 못 박힌 그리스도를 전파할 때 그 복음을 들음과 함께 성도들에게 구원의 믿음을 주시는 분은 성령이시다. 거기에는 특별한 예배의식이나 종교적 관습이 요구되지 않는다. 심지어 할례나 세례를 받는 것도 요구되지도 않는다. 또한 성령의 임재에 대한 외적인 증표들이라고 사람들이 말하는 방언이나 입신이나 인파테이션(Impartation : 신사도 운동과 그와 유사한 단체에서 안수를 통하여 성령과 그 은사, 능력을 전이시킬 수 있다고 하는 행위)과 같은 현상을 경험할 이유도 없다. 그러므로 구원을 주시는 하나님의 은혜를 받기 위해 사람들이 행할 수 있는 일은 아무것도 없다.

이와 관련해 웨스트민스터 신앙고백서 제14장 구원에 이르는 신앙, 제1항에서 보다 자세하게 확인할 수 있다.

> "믿음의 은사로 말미암아 선택자들은 믿어 그들의 영혼이 구원을 받을 수 있게 되는데(히 10:39), 그 믿음의 은사는 그들의 심령 안에서 역사하는 그리스도의 영(즉 성령)의 역사이며(고후 4:13; 엡 1:17-19; 2:8), 통상적으로 (성령은) 말씀의 증거에 의하여 역사한다(롬 10:14,17). 또한 '말씀' (설교)과 '성례 집행' 과 '기도' 에 의하여(이것을 은혜의 수단) 믿음의 은혜는 증가되고 강화된다(벧전 2:2; 행 20:32; 롬 4:11; 눅 17:5; 롬 1:16,17)."

웨스터민스터 신앙고백서에서도 분명히 밝히고 있는 것처럼 우리에게 믿음을 일으키시는 분은 오직 성령 한 분뿐이시며, 그 성령께서는 오로지 말씀 곧 복음의 증거를 듣는 과정을 통해서만 역사하신다. 아울러 성령께서는 말씀설교와 성례의 집행과 기도만을 은혜의 수단으로 사용하시어 성도들의 믿음이 더욱 장성하도록 이끌어 주신다. 이처럼 그리스도께서 행하신 구속을 성도들에게 실제적인 효력이 나타나게 하시는 분은 성령이시다.

2) 약속의 성취와 성령의 역사하심

나아가 우리에게 믿음을 발생하고 보존하며 성장케 하시는 성령의 역사는 이미 하나님의 경륜 안에서 약속된 복을 통해서 역사하신다. 따라서 우리에게 주어진 그리스도의 구속의 효력이 우리에게 구원의 결과를 가져오게 되는 이 놀라운 복은 수 천 년 전에 하나님께서 약속하신 말씀의 성취로써 이루어지는 것이다. 이 약속은 이미 우리가 태어나기도 전에 주어졌다.

"이는 그리스도 예수 안에서 아브라함의 복이 이방인에게 미치게 하고 또 우리로 하여금 믿음으로 말미암아 '성령의 약속'을 받게 하려 함이니라"(갈 3:14)는 말씀에서 바울이 밝힌 것처럼 성령은 아브라함에게 주어진 약속(창 12:1–3)을 성취하시는 분이시다.

하나님은 갈대아 우르에서 아브라함이 그 어떤 일을 행함으로써 하나님을 기쁘시게 하기도 전에 하나님은 스스로 자기 자신을 가리켜 아브라함을 향하여 언약의 말씀을 베풀어 주셨다. 다시 말하면 아브라함에게 있어서 그 어떤 공로를 찾기 이전에 하나님은 언약의 말씀을 주신 것이다. 모세는 이 상황을 다음과 같이 기록해서 우리에게 증거하고 있다.

> "여호와께서 아브람에게 이르시되 너는 너의 고향과 친척과 아버지의 집을 떠나 내가 네게 보여 줄 땅으로 가라 내가 너로 큰 민족을 이루고 네게 복을 주어 네 이름을 창대하게 하리니 너는 복이 될지라 너를 축복하는 자에게는 내가 복을 내리고 너를 저주하는 자에게는 내가 저주하리니 땅

의 모든 족속이 너로 말미암아 복을 얻을 것이라 하신지라" (창 12:1-3).

아브라함에게 주어진 약속은 약 2천 년이 지나서 오순절날 성령께서 오심으로써 성취되었다(행 2:17). 이처럼 성도들이 구원을 얻기 위해 한 일은 아무 것도 없다. 구속사가 증거하고 있는 것처럼 성도들에게 주어진 구원은 전적으로 성령께서 친히 약속을 성취하심으로써만 가능하기 때문이다.

3) 성령의 인침과 그 결과

따라서 성도들을 자녀로 삼으시겠다는 아브라함에게 주어진 약속을 친히 성취하신 성령께서는 또한 장차 성도들이 이루게 될 궁극적인 구원의 완성을 위한 보증이 되신다. 즉 현재 성도들이 받은 성령의 인침은 장차 받을 구원의 완성을 위한 보증금 또는 계약금과 같은 의미를 가진다. 이런 점에서 성령은 전적으로 성령에 의해 결정되는 존재 양식으로 오게 되는 모든 시대의 구원받은 자들에 대한 첫 번째 지불금이며 보증이기도 하다.

바울은 성령의 보증은 성도들이 장차 입게 될 부활의 몸을 위함이라고 밝힌 바 있다(고전 15:44). 성령의 인침은 오는 시대의 능력, 즉 부활의 능력을 미리 경험하게 하는 일종의 약조물(창 38:17-20)이다. 동시에 성령의 인침은 아직 오지 않은 모든 시대의 완전한 구원을 알리는 시작이며 보증이다.266)

높이 올리심을 받은 그리스도는 이미 부활의 영광을 받으셨다. 그리스도와 함께 연합된 교회 역시 그 영광에 참여하고 있다. 하지만 이땅에서 교회는 여전히 갈등에 직면해 있다. 그러나 여호와의 선민인 이스

---

266) Andrew T. Lincoln, 에베소서, p. 202.

라엘을 가리켜 "여호와의 분깃은 자기 백성이라 야곱은 그 택하신 기업이로다"(신 32:9)라고 하신 것처럼 성령께서 교회의 보증이 되시기 때문에 이땅의 교회는 하나님의 궁극적인 분깃이며 기업이다.267)

따라서 바울은 성령의 인침을 가리켜 '자신의 소유물에 대한 하나님의 구속을 보증하는 것'(엡 1:14)이라고 밝히고 있다. 곧 성령은 "값 주고 사신 그 소유를 구속(속량)하기까지 우리 기업의 보증이 되신다"(*ὅς ἐστιν ἀρραβὼν τῆς κληρονομίας ἡμῶν, εἰς ἀπολύτρωσιν τῆς περιποιήσεω*, 개역개정은 "우리 기업의 보증이 되사 그 얻으신 것을 속량하신다"라고 번역하고 있다. 엡 1:14)고 명쾌하게 선언하고 있다. 여기에서 바울은 하나님의 소유가 된 성도들에 대한 성령의 인침에 담긴 의미를 더욱 부각시키고 있다.

성령의 인침은 하나님께서 교회를 자신의 소유로 삼으신다는 일종의 보증이 된다. 이때 성령의 인침은 하나님께서 지불하시는 일종의 계약금과 같은 의미를 가진다. 이미 하나님께서 계약금을 지불하신 것처럼 성령의 인침은 성도들을 향한 하나님의 완전한 구속을 보증하고 있다. 이런 점에서 성령은 하나님께서 그의 백성을 온전히 구속하실 때까지 그들이 장차 받게 될 유업 중에서 처음으로 그들에게 주어진 하나님의 선물이다(I. Howard Marshall).268)

마치는 말

하나님에 의한 최종적 구속은 이미 하나님의 기업으로 구별된 성도들을 충만하고도 완전한 소유로 취하셨음을 의미한다. 이처럼 자신의 백성을 자신의 분깃으로 취하여 구속을 완성시키신다는 점에서 하나님의 영광이 찬송되어야 한다(고전 6:19,20). 또한 하나님의 목적을 성취하실 것이라는 전망은 이제 그 구속을 받은 모든 교회로 하여금 찬송으로

---

267) Ralph P. Martin, 에베소서, p. 52.

268) I. Howard Marshall, 신약성서신학, p. 468.

응답할 것을 요구하고 있다. 이에 성령의 인침을 받은 교회는 기꺼이 “그의 영광을 찬송하게 하려 하심이라”(엡 1:14)는 합당한 요구에 응해야 한다.

성도들이 그리스도의 순종에 따른 구속에 의해 하나님의 소유가 되었다는 사상은 바울 신학의 보편적 교리에 속한다. 그래서 바울은 “우리가 살아도 주를 위하여 살고 죽어도 주를 위하여 죽나니 그러므로 사나 죽으나 우리가 주의 것이로다”(롬 14:8)고 명확하게 고백하고 있다. 이러한 바울의 사상은 삶과 죽음에 있어서 성도들에게 유일한 위로가 된다는 사실을 하이델베르크 교리문답 제1문답에서 다음과 같이 자세하게 밝히고 있다.

> 하이델베르크 교리문답 제1문 : 살아서나 죽어서나 당신의 유일한 위로는 무엇입니까?
>
> 답 : 살아서나 죽어서나 나는 나의 것이 아니요 몸도 영혼도 나의 신실한 구주 예수 그리스도의 것입니다. 그리스도께서는 그의 보혈로 나의 모든 죗값을 완전히 치르고 나를 마귀의 모든 권세에서 해방하셨습니다. 또한 하늘에 계신 나의 아버지의 뜻이 아니면 머리털 하나도 땅에 떨어지지 않도록 나를 보호하시며 참으로 모든 것이 합력하여 나의 구원을 이루도록 하십니다. 그러하므로 그의 성령으로 그분은 나에게 영생을 확신시켜 주시고 이제부터는 마음을 다하여 즐거이 그리고 신속히 그를 위해 살도록 하십니다.

그렇다면 이제 우리가 이땅에서 살아가야 할 이유도 분명하다. 하이델베르크 교리문답이 강조하고 있는 것처럼 이제부터는 우리의 마음을 다하여 즐거이 그리고 신속히 하나님을 위해 살아야 한다. 바로 그러한 성도들이 살아가는 삶의 결정체가 그리스도의 몸된 교회의 이름으로 모이는 공적 예배 시간이다.

이 예배야 말로 “살아서나 죽어서나 나는 나의 것이 아니요 몸도 영혼도 나의 실신한 구주 예수 그리스도의 것입니다”라는 신앙고백의 유일한 표상이며, "그리스도의 보혈로 나의 모든 죗값을 완전히 치르고 마귀의 모든 권세에서 해방되었다"는 그 증표이며, 성부 하나님의 전적인 보호와 은혜로 말미암아 구원을 이루어가고 있는 바로 그 현장이다.

이런 점에서 "이는 우리 기업의 보증이 되사 그 얻으신 것을 속량하시고 그의 영광을 찬송하게 하려 하심이라"(엡 1:14)는 말씀으로 우리를 이 자리에서 합당한 찬송을 성부와 성자와 성령께 올려드리도록 우리를 독려하고 있는 바울의 초청에 우리는 전심으로 마음을 다하여 응답해야 하는 것이다.

| 기 도 |

만군의 주 여호와, 우리의 주이시며 그리스도 예수의 아버지이신 하나님.

일찍이 하나님은 그 누구의 권위나 권세를 필요치 않으시기에 친히 자신의 이름을 가리켜 믿음의 조상 아브라함에게 "내가 너로 큰 민족을 이루고 네게 복을 주어 네 이름을 창대하게 하리니 너는 복이 될지라"(창 12:2)고 약속하시고, 마침내 때를 따라 성자이신 예수 그리스도를 통해 만세전에 하나님께서 택정하신 백성들을 부르시어 자녀로 삼으시고 성령으로 인침으로써 자신의 기업으로 구별하셨나이다.

하나님께서 이처럼 인류의 역사 속에서 구원의 경륜을 이루어가시기 위해 선지자들과 사도들을 통해 친히 말씀하시고, 주의 자녀들로 하여금 그 말씀을 듣게 하시오며, 성령의 감화를 통해 그 말씀에 따른 믿음을 주시어 이제는 누구든 그 말씀을 듣고 믿음을 가지게 함으로써 복된 하나님의 영광을 찬송하게 하셨나이다.

이처럼 삼위일체 하나님께서 행하신 경륜에 따라 마침내 우리에게도 구원의 비밀을 활짝 열어주시고, 참된 교회의 회원으로 부르시어 이 복된 자리에 나아오게 해 주심에 대하여 무한한 감사와 영광을 올리옵나이다.

살아서나 죽어서나 우리는 우리의 것이 아니요 몸도 영혼도 우리의 신실한 구주 예수 그리스도의 것이며, 우리가 교회로 부름을 받은 것 또한 그리스도 예수와 연합되어 한 몸을 이루고 이로써 그리스도의 몸인 교회의 회원이 되도록 성령께서 인쳐주셨사온즉, 우리가 살든지 죽든지 오로지 그리스도에게 붙잡혀 있다는 사실을 마음에 새기고 우리가 추구하고 있는 인생의 목적이 아닌 교회의 회원으로서 우리의 본분으로 주어진 삼위일체 하나님을 찬송하는 일에 온 마음을 다 쏟아붓기를 앙망하나이다.

매 주일 우리가 교회로 모여 드리는 경배와 예배와 찬송을 받으시오며 즐거워하옵소서.

우리 주 예수 그리스도의 이름으로 기도합니다. 아멘.

〈5〉

하나님의 능력 안에 있는 교회

에베소서 1:15-23

1:15 이로 말미암아 주 예수 안에서 너희 믿음과 모든 성도를 향한 사랑을
나도 듣고 16 내가 기도할 때에 기억하며 너희로 말미암아 감사하기를 그
치지 아니하고 17 우리 주 예수 그리스도의 하나님, 영광의 아버지께서
지혜와 계시의 영을 너희에게 주사 하나님을 알게 하시고 18 너희 마음의
눈을 밝히사 그의 부르심의 소망이 무엇이며 성도 안에서 그 기업의 영
광의 풍성함이 무엇이며 19 그의 힘의 위력으로 역사하심을 따라 믿는 우
리에게 베푸신 능력의 지극히 크심이 어떠한 것을 너희로 알게 하시기를
구하노라 20 그의 능력이 그리스도 안에서 역사하사 죽은 자들 가운데서
다시 살리시고 하늘에서 자기의 오른편에 앉히사 21 모든 통치와 권세와
능력과 주권과 이 세상뿐 아니라 오는 세상에 일컫는 모든 이름 위에 뛰
어나게 하시고 22 또 만물을 그의 발 아래에 복종하게 하시고 그를 만물
위에 교회의 머리로 삼으셨느니라 23 교회는 그의 몸이니 만물 안에서
만물을 충만하게 하시는 이의 충만함이니라

삼위일체 하나님의 예정과 경륜을 찬양한 베라카(berakah, 엡 1:3-14)에서 바울은 ① 성부 하나님의 선택과 ② 성자이신 그리스도의 구속과 ③ 성령 하나님의 인침을 각각 찬양하였다(엡 1:3-14).

이 '베라카'를 통해 바울은 시, 공간이라고 하는 역사를 통해 하나님께서 친히 경영하시는 경륜의 성격과 그 경륜의 궁극적인 목적을 제시하고 있다. 그것은 곧 피조물의 진정한 주인이며 인간과 우주 역사의 최종적인 완성을 이루실 그리스도 안에서 모든 것을 통일시키는 데 있다.

그리고 이 통일은 하나님 안에서 살아가는 참된 삶(real life in God)의 실체이자 하나님의 나라를 예표하는 '교회'로 현재 이땅에서 구현된다.269) 이때 그리스도는 모든 피조물이 나아가야 하는 궁극적인 목적이며 모든 피조물의 삶을 주관하는 주인으로 찬양을 받으시게 된다.

이러한 하나님의 계획은 하나의 신비로써 구약의 경륜 속에서는 비밀로 감추어져 있었으며, 어떤 사람들에게는 그들이 구원에 이르게 되는 데 있어서 거침돌이 되었다. 반면에 신약의 경륜 속에서는 이 하나님의 계획은 누구에게나 확실하게 밝혀진 복음으로 사도들에 의해 전파되었다.

이로써 새로운 시대, 곧 새로운 창조의 시대가 시작되었다. 이 새로운 시대는 오순절 성령 강림으로 시작되었으며 바야흐로 교회의 시대가 열리게 된 것이다. 이러한 바울의 사상은 이미 밝혀진 성경의 핵심 내용이었다.

따라서 성도들은 새로운 창조의 시대를 맞아 그리스도 안에 있는 교회의 회원으로서 가장 고귀한 도덕적 기준을 받아들이고 그들의 부르심과 택하심을 굳건하게 하는 도덕적 책임을 통해 하나님 앞에서 거룩하고 흠이 없게 하려고 택함을 받았다는 사실에 깊은 관심을 가져야

---

269) Ralph P. Martin, 신약의 초석 II, p. 355.

한다.

베라카에 이어서 바울은 ① 삼위일체 하나님에 대한 감사(15,16절)와, ② 교회를 위한 중보기도(17-19절), 그리고 ③ 삼위일체 하나님의 능력을 찬양하는 내용(20-23절)의 기도를 하나님께 드리고 있다.

이 기도문 역시 베라카처럼 기다란 하나의 문장(189 단어)으로 되어 있다. 여기에서 바울은 그리스도의 부활과 승귀에서 나타나는 하나님의 능력을 찬양하면서 하나님의 경륜 안에 있는 교회의 역할을 강조하고 있다.

1. 교회에 임한 하나님의 지혜 (엡 1:15-19)

골로새서에서 바울은 기도문(골 1:9-12)을 통해 그리스도의 몸된 교회에 속한 골로새 교회 성도들이 새로운 질서의 세계 안에서 가치 있는 삶을 살기 위해 다음과 같은 내용의 기도를 하였다.

① 골로새 교회가 '모든 지혜와 총명으로 하나님의 뜻을 아는 것으로 충만해지기를'(*ἵνα πληρωθῆτε τὴν ἐπίγνωσιν τοῦ θελήματος αὐτοῦ ἐν πάσῃ σοφίᾳ καὶ συνέσει πνευματικῇ*) 위해서(골 1:9),

② 골로새 성도들이 지속적으로 성장하며 장성한 만큼 주께 합당한 삶을 살아가도록 '하나님을 아는 것에서 자라나기를'(*αὐξανόμενοι τῇ ἐπιγνώσει τοῦ Θεοῦ*) 위하여(골 1:10),

③ 골로새 성도들이 하나님의 영광스러운 권능에서 나오는 능력으로 강하게 되어서 모든 견딤과 오래 참음으로 하나님께서 기뻐하시기까지 인내할 수 있기를 위하여(골 1:11),

④ 기쁨으로 인내하며 성도들이 하나님의 기업을 얻었음을 알게 되기를 위해(골 1:12) 기도한 바 있다.

이러한 기도의 내용들은 골로새서의 주제들이기도 하다.

마찬가지로 바울은 에베소서의 기도문에서 '믿음'과 '사랑'을 그 특징으로 하는 성도들의 삶을 제시하면서(엡 1:15) 하나님께서 그의 백성을 위해 모든 것을 공급해 주신다는 사실과 하나님이 그들을 위해 베푸시는 능력이 얼마나 큰 것인가를 알게 하는 '지혜'를 갖도록 소망하고 있다(골 1:19). 이 기도의 내용은 에베소서의 주된 주제와 연결되어 있다.

바울은 자신이 전한 복음으로 세워진 교회들이 다양한 방식으로 전파되고 있는 거짓 교리들로 말미암아 이탈되지 않고 그들의 지식이 '지혜와 계시의 영'(*πνεῦμα σοφίας καὶ ἀποκαλύψεως*)으로 충만하여짐으로써 이미 그들이 들었던 복음을 충분히 깨닫고 성장하기를 기대하고 있다.

이에 바울은 첫 번째 간구에서 "우리 주 예수 그리스도의 하나님, 영광의 아버지께서 지혜와 계시의 영을 너희에게 주사 하나님을 알게 하시고 너희 마음의 눈을 밝히사 그의 부르심의 소망이 무엇이며 성도 안에서 그 기업의 영광의 풍성함이 무엇이며 그의 힘의 위력으로 역사하심을 따라 믿는 우리에게 베푸신 능력의 지극히 크심이 어떠한 것을 너희로 알게 하시기를 구하노라"(엡 1:17-19)고 기도하고 있다.

앞서 베라카에서 바울은 "우리는 그리스도 안에서 그의 은혜의 풍성함을 따라 그의 피로 말미암아 속량 곧 죄 사함을 받았느니라 이는 그가 모든 지혜와 총명을 우리에게 넘치게 하사 그 뜻의 비밀을 우리에게 알리신 것이요"(엡 1:7-9a)라고 밝힌 바 있다.

이처럼 하나님은 모든 지혜와 총명을 은혜로 성도들에게 공급해 주시는 복을 주셨다. 이 표현은 이미 성도들의 것이 된 지혜와 총명을 성령에 의해 계속 전달되도록 요청하는 가운데 본문의 기도문에서는 '지혜와 계시의 영'(*πνεῦμα σοφίας καὶ ἀποκαλύψεως*)으로 다시 언급되고 있다.

특별히 '지혜의 영'(*πνεῦμα σοφίας*)은 아론의 옷을 만드는 사람들(출

28:3), 장인 브살렐(출 31:3; 35:31), 여호수아(신 34:9, 지혜의 신), 그리고 하나님의 메시아(사 11:2)에게 주어진 영감에서처럼 종종 실천적인 지식들과 관련된다. 또한 옳은 행위를 선택할 수 있는 능력이나 그리스도 안에서 하나님이 행하신 일과 그 일이 성도들에게 가져오는 유익을 이해하는 것과 관련이 있다. 그리고 '계시의 영'(πνεῦμα ἀποκαλύψεως)은 하나님이 그리스도 안에서 행하신 일들의 비밀에 대한 다양한 측면과 관련이 있다.270)

이런 점에서 '지혜와 계시의 영'은 모든 성도들이 하나님의 비밀이 드러난 것을 이해하도록 해주며 또한 그들이 어떻게 그 빛 안에서 살아갈 것인지를 조명하는 성령으로 말미암아 하나님에 의해 계속해서 주어지는 은혜를 가리키고 있다.

아담의 원죄 이후 모든 인류는 전적 부패 가운데 빠져 있다. 이와 관련해 웨스트민스터 신앙고백서 제6장 '인간의 타락, 죄, 형벌' 제4항에서는 "이 근본적인 부패로 말미암아 우리는 선을 행하고자 하는 마음을 전혀 가질 수 없고, 행할 능력도 없고, 선한 것이 그 속에 없으며(롬 5:6; 8:7; 7:8; 골 1:21), 전적으로 악을 행하는 성향만이 있으므로(창 6:5; 8:21; 롬 3:10-12) 여기에서 모든 실제적인 범죄들이 나오게 되었다(약 1:14,15; 엡 2:2,3; 마 15:19)"고 밝히고 있다.

이러한 전적 부패 가운데 있는 인간의 마음과 지식은 성령에 의해 가르침을 받기 전까지는 어리석고 무식할 따름이다. 따라서 '지혜와 계시의 영'은 하나님을 아는 것을 통하여 새롭게 자라고 성장하는 일에 직접적인 역할을 한다. 이런 점에서 그리스도 안에 있는 계시야말로 진정한 지식이며 지혜이다.

여기에서 바울은 성도들이 지혜와 계시를 통해 복음 안에서 계속해서 성장해 나가기를 바라고 있다. 이렇게 함으로써 성도들이 복음의 뜻

270) Andrew T. Lincoln, 에베소서, p. 228.

을 깊이 깨닫고, 그들의 생애를 위한 하나님의 뜻에 대하여 보다 분명한 통찰력을 가지게 되며, 마침내 인생에 있어서 최고의 존재 목표인 삼위일체 하나님의 영광을 성취할 수 있기를 기대하고 있다. 이것이 바로 인생의 본분이다.

2. 교회와 함께 하시는 하나님의 능력 (엡 1:18,19)

하나님에 대한 진정한 지식은 믿음과 사랑의 삶에 근거하고 있으며 이것은 성령에 의해 발생된다. 그 결과 성도들은 마음의 눈이 밝아지게 된다. 이에 바울은 지혜와 계시의 영을 받아 하나님을 알게 된 성도들을 위하여 "너희 마음의 눈을 밝히사 그의 부르심의 소망이 무엇이며 성도 안에서 그 기업의 영광의 풍성함이 무엇이며 그의 힘의 위력으로 역사하심을 따라 믿는 우리에게 베푸신 능력의 지극히 크심이 어떠한 것을 너희로 알게 하시기를 구하노라"(엡 1:18,19)고 기도하고 있다.

이러한 바울의 간구는 자신이 다메섹에 가는 도중에 경험했던 그리스도의 조명(照明)을 통해 회심했던 사건을 기억하게 한다. 바울은 아직 지혜와 계시의 영을 통해서 하나님을 바르게 알지 못했던 시절에는 자신이 습득한 유대교에 심취해 있었다.

바울이 자신을 가리켜 "나는 유대인으로 길리기아 다소에서 났고 이 성에서 자라 가말리엘의 문하에서 우리 조상들의 율법의 엄한 교훈을 받았고 오늘 너희 모든 사람처럼 하나님께 대하여 열심이 있는 자라"(행 22:3)고 할 정도로 하나님을 향하여 모든 종교적 열정을 바칠 정도였었다. 심지어 그리스도의 가르침을 따르는 사람들을 죽이기까지도 했었다.

이러한 상태를 가리켜 바울은 "만일 우리의 복음이 가리었으면 망하는 자들에게 가리어진 것이라 그 중에 이 세상의 신이 믿지 아니하는 자들의 마음을 혼미하게 하여 그리스도의 영광의 복음의 광채가 비치지 못하게 함이니 그리스도는 하나님의 형상이니라”(고후 4:3,4)고 지적한 바 있다.

이 상태는 곧 복음을 믿지 않는 자들의 마음을 세상의 신이 혼미케 한 것으로, 그리스도의 영광의 복음의 광채가 비치지 않았다는 것은 어둠에 갇혀 있는 것이며 동시에 영원한 죽음을 향하여 치닫고 있는 멸망의 길에 서 있음을 가리킨다.

바울 역시 그 멸망의 길에서 죽음을 향하여 치닫고 있는 상황에서 뜻하지 않게 하늘로부터 큰 빛의 비추임을 받았었다(행 9:3). 이 날에 있었던 일에 대해 바울은 “다메섹에 가까이 갔을 때에 오정쯤 되어 홀연히 하늘로부터 큰 빛이 나를 둘러 비치매”(행 22:6)라고 증언한 바 있다. 이 날을 기점으로 바울은 새롭게 지음을 받았다.

이처럼 하늘로부터 온 큰 빛의 비추임의 경험을 바탕으로 바울은 복음을 듣고 받아들이는 것을 가리켜 “어두운 데에 빛이 비치라 말씀하셨던 그 하나님께서 예수 그리스도의 얼굴에 있는 하나님의 영광을 아는 빛을 우리 마음에 비추셨느니라”(고후 4:6)고 강조하고 있다.

하나님이 처음 창조하실 때 빛이 없던 세상에 빛을 주셨듯이(창 1:1–5) 하나님은 재창조된 성도들에게 성령의 지혜와 계시로써 빛을 주신다. 이 밝히 비추는 빛을 통해 성도들은 세 가지 진리를 알게 된다. 즉 ① 그의 부르심의 소망(18절)과 ② 성도 안에서 그 기업의 풍성한 영광(18절)과 ③ 능력의 지극히 크심(19절)이 그것이다.

첫째, 성도들은 하나님께서 과거에 행하신 일, 즉 하나님의 선택으로 인해 현재 이 세상에서 누리는 복뿐만 아니라(19절) 미래의 기업을 기대하게 된다. 그리고 이것에 대해 성령을 통해 확신을 갖는다(14절). 성도들은 미래에 이루어질 이 소망을 하나님께서 이루실 것을 확신한다.

둘째, 마지막 날에 하나님께서는 자기의 소중한 기업인 그 백성들을 하나님 자신과 영원토록 함께 있게 하심으로써 그들에게 유업을 얻게 하실 것이다.

셋째, 성도들이 하나님의 약속에 대한 확실성과 진리를 굳게 잡을 수 있는 이유는 그 약속이 하나님의 크신 능력(δυνάμεως)에 기초하고 있기 때문이다.

이 내용을 설명하면서 바울은 하나님께서 성도들에게 베푸시는 '능력'에 대해 다양한 용어로 서술하고 있다. 능력(δυνάμεως)은 가능성이나 잠재력을 의미한다. 역사하심(ἐνέργειαν)은 효력이나 활동적인 힘을 의미한다. 강력(κράτους)은 저항을 이겨내는 힘을 의미한다. 힘(ἰσχύος)은 인간의 육체나 근육의 힘 또는 하나님 안에서 타고난 생명력을 의미한다. 이러한 하나님의 능력을 통해 성도들은 하나님께서 그들의 편에 계셔서 그들이 장애물들을 만날 때마다 도우실 준비가 되어 있음을 확신하게 된다.

하나님의 능력은 정체되어 있거나 혹은 어떤 상황에서는 사용할 수 없는 것이 결코 아니다. 하나님의 능력은 성도들을 위해 항상 활발하게 역사하고 있다. 그리고 하나님은 항상 성도들을 위하여 악의 세력과 대항하여 싸우시는 분이다. 그 어떤 인간의 힘이나 악한 세상의 가공된 힘으로도 하나님의 힘을 막거나 변경시킬 수 없다. 이처럼 강력한 하나님의 능력이 연약한 인간을 강한 성도로 변화시켜서 그들을 사랑하시는 하나님께 모든 영광을 드리도록 할 수 있게 하는 것이다.271)

이처럼 성도들은 복음을 듣고 '지혜와 계시의 영'으로 말미암아 하나님을 바르게 알아가며 성장하게 됨으로써 하나님의 강력한 능력으로 실질적인 은혜를 누리고 있다. 그리고 하나님의 능력을 일상의 삶에서

---

271) Bruce B. Barton, 에베소서, p. 83.

체험하는 성도들이 그리스도와 연합하여 교회로 모여 하나님께 모든 영광을 드리는 현장이 바로 공적 교회의 예배 시간이다.

이때 예배에 참석한 성도들은 각자 자신들이 하나님의 능력으로 살아왔다는 사실을 고백하는 위치에 서 있게 된다. 따라서 교회의 예배야말로 이땅에서 살고 있는 성도들이 '지혜와 계시의 영'이신 성령의 조명을 받고 있다는 사실을 고백하고 증거하는 현장이며, 동시에 이러한 하나님의 능력을 친히 몸으로 체험하고 있는 역사적인 사건이기도 하다. 이런 점에서 교회는 이땅에서 하나님의 능력을 행사하는 유일한 기관이라고 할 수 있다.

3. 하나님의 능력을 행사하는 교회 (엡 1:20-23)

교회를 통해 나타나는 하나님의 능력은 무엇보다도 먼저 하나님께서 예수 그리스도를 모든 능력 위에 뛰어난 권세의 자리로 높이신 것에서 증명되었다. 이 내용은 우리가 이미 골로새서를 통해서 확인한 바 있다.

> "그가 우리를 흑암의 권세에서 건져내사 그의 사랑의 아들의 나라로 옮기셨으니 그 아들 안에서 우리가 속량 곧 죄 사함을 얻었도다 그는 보이지 아니하는 하나님의 형상이시요 모든 피조물보다 먼저 나신 이시니 만물이 그에게서 창조되되 하늘과 땅에서 보이는 것들과 보이지 않는 것들과 혹은 왕권들이나 주권들이나 통치자들이나 권세들이나 만물이 다 그로 말미암고 그를 위하여 창조되었고 또한 그가 만물보다 먼저 계시고 만물이 그 안에 함께 섰느니라"(골 1:13-17).

이와 관련해 바울은 오늘 기도문에서 "그의 능력이 그리스도 안에서 역사하사 죽은 자들 가운데서 다시 살리시고 하늘에서 자기의 오른편에 앉히사 모든 통치와 권세와 능력과 주권과 이 세상뿐 아니라 오는 세상에 일컫는 모든 이름 위에 뛰어나게 하시고 또 만물을 그의 발 아래에 복종하게 하시고 그를 만물 위에 교회의 머리로 삼으셨느니라"(엡 1:20-22)고 찬송하고 있다.

이 찬송은 과거 – 현재 – 미래로 이어지는 역사의 큰 특성을 담고 있다.

곧 ① 하나님의 능력은 그리스도를 죽은 자들 가운데서 다시 살리신 역사적 사실을 통해 확실하게 증거되었다. 이것은 이미 성취된 과거의 역사적인 사실을 보여주고 있다.

그리고 ② 하나님의 능력은 부활하신 그리스도를 하나님의 우편에 앉게 하시고 모든 정사와 권세와 능력과 주관하는 자들을 다스리게 하시는 역사적인 사실로 지금도 나타나고 있다. 이것은 지금도 진행되고 있는 현재의 역사적인 사실을 보여주고 있다.

나아가 ③ 하나님의 능력은 그리스도를 이 세상과 오는 세상에서 모든 이름들 위에서 가장 뛰어나게 하시며 마침내 만물을 그 발 아래에 복종하시게 하심으로써 더욱 확고하게 드러나게 될 것이다. 이것은 장차 이루어질 미래의 역사적인 사실을 보여주고 있다.

이 내용들은 우리 인류가 살아가고 있는 시간과 공간으로 이어지는 역사가 가지고 있는 가장 큰 특성이다. 이를 가리켜 바울은 한 마디로 "크도다 경건의 비밀이여, 그렇지 않다 하는 이 없도다 그는 육신으로 나타난 바 되시고 영으로 의롭다 하심을 받으시고 천사들에게 보이시고 만국에서 전파되시고 세상에서 믿은 바 되시고 영광 가운데서 올려지셨느니라"(딤전 3:16)고 정의하고 있다.

이처럼 과거와 현재와 미래를 통해서 나타나게 될 하나님의 능력으로 인해 발현되는 역사적인 사실들 안에서 명확하게 증거되는 하나님의 영광을 온 세상에서 확실하게 행사할 수 있는 유일한 기관이 바로 교회이다. 이 교회는 곧 그리스도의 몸이며, 이런 이유에서 하나님은 그리스도를 교회의 머리로 삼으셨다.

우리가 알고 있듯이 '머리'라는 말은 '처음' 또는 '으뜸'이라는 의미를 가지고 있다. 이 단어가 그리스도와 관련해서 사용될 때는 기원, 권세, 생명의 근원이라는 의미를 가진다. 그리스도는 태초에 우주 만물들이 존재하게 하는 원인이시며(골 1:16) 또한 십자가에서 죽음을 이기심으로써 천사의 권세나 마귀의 권세 등 온 우주의 권세들을 다스리는 머리의 위치에 계신다는 사실을 증명하셨다(골 2:10).

따라서 사람들이 가장 두려워했던 모든 악한 권세들을 제압하시고 승리를 거두셨으므로(골 2:15) 그리스도는 부활을 기점으로 새로운 시대에 만물의 으뜸으로서 자신의 지위를 누리신다(골 1:18).

이런 의미에서 바울은 그리스도에 대하여 초월적인 의미를 더하여 골로새서에서 독특한 바울의 기독론(the Christology of Paul, 골 1:15-20)을 전개시킨 바 있다. 이 바울의 기독론은 '우주론적 기독론'(the Cosmological Christology)과 '구원론적 기독론'(the Soteriological Christology)으로 다음과 같이 설명된다.

① '우주론적 기독론'에 따르면 그리스도는 다른 모든 피조물 및 창조 자체보다도 먼저 계신 분이시다. 사실상 만물은 그리스도에 의해 창조되었을 뿐만 아니라 그리스도를 위해 창조되었다. 그리스도는 우주의 중심이시며 모든 정사와 권세 및 모든 세력들, 다시 말해 그리스도의 권위 아래에 있는 모든 피조물들을 다스리신다.

또한 그리스도는 하나님의 형상이시며 하나님의 모든 충만을 소유하신 분이시다. 이러한 진술들은 그리스도께서 하나님과 동등됨을 나타내기에 충분하다. 나아가 그리스도는 교회의 머리로 묘사되고 있는데 이때 교회는 그리스도의 몸으로 불리게 된다.

② '구원론적 기독론'은 그리스도의 구속 사역에 대한 내용을 담고 있다. 여기에서 그리스도의 구속 사역은 십자가 안에서 그리스도께서 그의 모든 대적들을 물리치셨다는 바울의 증거를 통해 확인되고 있다.

> "너희가 세례로 그리스도와 함께 장사되고 또 죽은 자들 가운데서 그를 일으키신 하나님의 역사를 믿음으로 말미암아 그 안에서 함께 일으키심을 받았느니라 또 범죄와 육체의 무할례로 죽었던 너희를 하나님이 그와 함께 살리시고 우리의 모든 죄를 사하시고 우리를 거스르고 불리하게 하는 법조문으로 쓴 증서를 지우시고 제하여 버리사 십자가에 못 박으시고 통치자들과 권세들을 무력화하여 드러내어 구경거리로 삼으시고 십자가로 그들을 이기셨느니라"(골 2:12-15).

이러한 내용을 담은 바울의 기독론에 따르면 그리스도는 창조에 있어서 우주적인 동인(動因)이시며(골 1:15-17) 동시에 하나님 자신과 그의 피조 세계와의 조화를 회복시키는 화해자이시다(골 1:18-20). 때문에 하나님과 그리스도 사이에 그리고 그리스도와 교회 사이에는 그 어떤 세력도 끼어들 틈새가 전혀 없다.

나아가 그리스도 안에는 신성의 충만함의 총체(the fullness of fullness)가 거하고 있으며 이는 하나님의 기쁨이 된다(골 1:19). 이로써 교회는 그리스도 안에서 생명의 충만함을 누리게 된다(골 2:9,10). 따라서 그리스도는 교회의 구원과 안전을 보장해주는 유일한 분이시다.272)

이러한 내용에 따를 때 교회는 ① 과거, 현재, 미래에 걸쳐서 유일하게 하나님의 능력을 드러낼 뿐만 아니라 ② 그 능력에 참여함으로써 실질적으로 그 능력의 첫 번째 수혜자가 되었으며 ③ 마침내 그리스도를 통해서 하나님과 화목하게 하시는 구속의 완성을 위해 쓰임 받음으로써 만물을 그리스도 안에서 통일시키기 위해 존재하는 지상의 유일한

---

272) Ralph P. Martin, 신약의 초석 II, p. 322.

기관이 되었음을 의미한다.

이처럼 그리스도는 교회를 위해 만물 위의 머리가 되셨기 때문에 그리스도의 권세와 능력은 지금 교회를 위해 행사되고 있다. 그리스도와 교회는 머리와 몸으로 서로 연결되어 있기 때문이다. 이런 점에서 "교회는 그의 몸이니 만물 안에서 만물을 충만하게 하시는 이의 충만함이니라"(*ἥτις ἐστὶν τὸ σῶμα αὐτοῦ, τὸ πλήρωματοῦ τὰ πάντα ἐν πᾶσιν πληρουμένου*, 엡 1:23)고 바울은 찬양하고 있다. 이 주제는 에베소서 4장 7-16절에서 다시 언급된다.

마치는 말

하나님의 능력으로 만유를 충만하게 하시는 그리스도께서는 자신의 몸된 교회의 머리로 온전히 임재하고 계시기 때문에 교회는 그 어떤 적대 세력도 이길 수 있는 능력을 가지고 있다. 비록 교회는 이 세상에서 하나님과 교회에 대해 이질적이고 온갖 적대 세력들을 상대하고 있다 할지라도 하나님께서 그리스도에게 주신 능력으로 마침내 승리할 것이라는 확신을 가지게 된다.273)

바울은 여기에서 교회를 새로운 차원으로 바라본다. 즉 교회는 그리스도가 교회에게 맡긴 과업을 수행하는 몸과 같으며 각 지체는 봉사의 도구로 지체의 역할을 한다는 점이다. 이와 관련해 웨스트민스터 신앙고백 제26장 '성도의 교통' 제1항에서는 이렇게 고백하고 있다.

> "머리되시는 예수 그리스도에게 성령과 믿음으로 말미암아 연합되어 있는 모든 성도들은 그의 은혜와 고난과 죽음과 부활과 영광 안에서 그와 교제를 갖는다(요일 1:3; 엡 3:16-19; 요 1:16; 엡 2:5,6; 빌 3:10; 롬 6:5,6; 딤후 2:12). 그리고 성도들은 사랑 안에서 서로 연합되어 있는 까닭에, 각

---

273) I. Howard Marshall, 신약성서신학, p. 469.

> 자가 받은 은사와 은혜 안에서 교통한다(엡 4:15,16; 고전 12:7; 3:21-23; 골 2:19). 또한 피차 덕을 세워 사람에게 안팎으로 유익되게 하는 의무들을 공적으로나 사적으로 행해야 하는 것이다(살전 5:11,14; 롬 1:11,12, 14; 요일 3:16-18; 갈 6:10)."

이처럼 전통적인 공교회의 고백에서도 밝힌 것처럼 교회는 머리이신 그리스도를 완전케 하는 존재라는 점에서 새로운 지위가 주어졌다. 즉 그리스도께서 교회를 충만케 하심으로써 그리스도는 '만물 안에서 만물을 충만케 하시는 분'(the fullness of Him who fills all in all)이시다.[274] 이에 근거하여 교회는 만유를 통일하시는 그리스도의 권세를 이 지상에서 수행하는 유일한 구원의 기관이다.

우리가 매 주일에 전통적인 공교회의 지체로서, 다시 말하면 보편의 교회에 속한 지체로서 같은 시간과 공간이라고 하는 역사 속에서 한 자리에 모여 그리스도와 연합되어 있음을 확인한다는 것은 "교회는 그의 몸이니 만물 안에서 만물을 충만하게 하시는 이의 충만함이니라"(엡 1:23)는 사실을 확인하고 실증하는 유일한 자리인 것이다. 이와 관련해 웨스트민스터 신앙고백 제26장 '성도의 교통', 제2항에서는 이렇게 고백하고 있다.

> 공적으로 성도라고 고백하는 사람들은 ① 하나님을 예배하는 일과, ② 그들 상호간에 덕을 세우는 데 도움이 되는 다른 신령한 봉사를 하는 일과, ③ 또한 그들의 각각의 능력과 필요에 따라 물질로 서로 도와주는 일에 있어서 거룩한 교제와 교통을 유지해야 한다(히 10:24,25; 행 2:42,46; 사 2:3; 고전 11:20). 이같은 성도들의 교통은 하나님께서 기회를 주시는 대로 어디에서나 주 예수의 이름을 부르는 모든 사람들에게 베풀어져야 하는 것이다(행 2:44,45; 요일 3:17; 고후 8:9; 행 11:29,30).

274) Ralph P. Martin, 에베소서, p. 57.

이러한 성도들의 교통하는 모습이 바로 "교회는 그의 몸이니 만물 안에서 만물을 충만하게 하시는 이의 충만함이니라"(엡 1:23)는 사실을 확인하고 실증하는 성도들이 살아가는 삶이다. 그리고 이러한 삶이 바로 하나님의 영광을 성취하는 성도들의 모습이기도 하다. 이에 우리는 바울 사도가 자신의 생애를 마감할 즈음에 교회들에게 유언처럼 남겨주신 말씀을 가슴에 깊게 새겨두어야 할 것이다.

> "또 약속하신 이는 미쁘시니 우리가 믿는 도리의 소망을 움직이지 말며 굳게 잡고 서로 돌아보아 사랑과 선행을 격려하며 모이기를 폐하는 어떤 사람들의 습관과 같이 하지 말고 오직 권하여 그 날이 가까움을 볼수록 더욱 그리하자"(히 10:23-25).

| 기 도 |

지금도 지혜와 계시의 영으로 말미암아 하나님에 대한 지식이 날마다 성장하여서 온전하게 하나님을 알고 섬기며 찬송할 수 있도록 은혜를 주시는 우리 주 예수 그리스도의 아버지이신 하나님.

성부께서는 모든 통치와 권세와 능력과 주권과 이 세상뿐 아니라 오는 세상에 일컫는 모든 이름 위에 성자이신 그리스도를 뛰어나게 하시고, 또 만물들을 그리스도의 발 아래 복종하게 하셨사오며, 그리스도를 만물 위에 교회의 머리로 세워주셨사옵나이다.

이로써 그리스도의 몸된 교회는 우주적인 통치자이신 그리스도 예수의 통치를 온 세상에 구현하는 기관으로 구별되었고, 이 세상에서 뿐만 아니라 새로운 세상에서도 그리스도께서 누리시는 영광에 참여하는 명예를 누리게 하셨사옵나이다.

우리가 이처럼 존귀한 자리에 부름을 받았다는 사실만으로도 얼마나 감사한 일인지 알 수 없사옵나이다. 이에 우리는 온 마음을 다하여 이러한 은혜를 베풀어주시는 하나님께 영광의 찬송을 드리오며, 세세 영영토록 우리의 주이심을 고백하나이다.

이제 우리는 영광의 주이신 그리스도의 명예를 드높이고 그에 합당한 성도들로 살아감에 있어서 세상의 온갖 어두움의 세력들을 기어이 극복하게 하시옵고, 그리스도의 피로 사신 이 교회를 세워나가기 위하여 우리가 서로 마음과 마음을 합하여 당당하게 나아갈 수 있도록 이끌어 주옵소서.

우리 주 예수 그리스도의 이름으로 기도합니다. 아멘.

〈6〉

하나님의 선한 일과 새롭게 지음받은 교회

에베소서 2:1-10

2:1 그는 허물과 죄로 죽었던 너희를 살리셨도다 2 그 때에 너희는 그 가
운데서 행하여 이 세상 풍조를 따르고 공중의 권세 잡은 자를 따랐으니
곧 지금 불순종의 아들들 가운데서 역사하는 영이라 3 전에는 우리도 다
그 가운데서 우리 육체의 욕심을 따라 지내며 육체와 마음의 원하는 것
을 하여 다른 이들과 같이 본질상 진노의 자녀이었더니 4 긍휼이 풍성하
신 하나님이 우리를 사랑하신 그 큰 사랑을 인하여 5 허물로 죽은 우리를
그리스도와 함께 살리셨고 (너희는 은혜로 구원을 받은 것이라) 6 또 함
께 일으키사 그리스도 예수 안에서 함께 하늘에 앉히시니 7 이는 그리스
도 예수 안에서 우리에게 자비하심으로써 그 은혜의 지극히 풍성함을 오
는 여러 세대에 나타내려 하심이라 8 너희는 그 은혜에 의하여 믿음으로
말미암아 구원을 받았으니 이것은 너희에게서 난 것이 아니요 하나님의
선물이라 9 행위에서 난 것이 아니니 이는 누구든지 자랑하지 못하게 함
이라 10 우리는 그가 만드신 바라 그리스도 예수 안에서 선한 일을 위하
여 지으심을 받은 자니 이 일은 하나님이 전에 예비하사 우리로 그 가운
데서 행하게 하려 하심이니라

성부 하나님의 선택과 성자 예수님의 구속 그리고 성령 안에서 인침의 확실성에 대하여 삼위일체 하나님을 찬송(베라카, 엡 1:3-14)한 바울은 성도들이 부름받은 소망과 그들을 기다리고 있는 하늘에 있는 기업, 그리고 이 소망을 실현시키고 이 기업이 성도들의 영원한 소유가 되게 하는 하나님의 능력에 대한 감사의 기도(엡 1:15-23)를 하였다. 이 기도를 통해 바울은 영광의 아버지께서 그의 아들을 죽음에서 일으키시고 하늘에 있는 그의 우편에 앉혔을 때 그 능력은 이미 증명되었다고 밝힌다.

그리고 유례없이 긴 베라카와 기도문을 통해 바울은 하나님의 능력으로 높이 올리우신 그리스도 안에서 모든 신령한 복이 하늘로부터 성도들에게 임한다고 강조한다. 이것은 그리스도를 떠나서 사람들은 비참한 절망 상태에 빠져 있을 수밖에 없으며 오로지 그리스도 안에서만 풍성함을 누릴 수 있음을 보여준다. 이런 점에서 그리스도는 교회의 영원한 기초가 되신다.275)

바울이 고린도전서에서 "이 닦아 둔 것 외에 능히 다른 터를 닦아 둘 자가 없으니 이 터는 곧 예수 그리스도라"(고전 3:11)고 한 것처럼 그리스도는 교회의 완전한 구원의 근거가 되신다. 사실 성도들이 신령한 복을 받을 수 있는 것 역시 그들이 그리스도와 연합되어 있기 때문이다.

에베소서 1장에서 그의 아들을 살리심으로 그를 죽음의 권세에서 만물을 지배하는 권위의 자리로 옮기신 하나님의 위대한 능력을 찬양한 바울은 2장에서 영적으로 죽은 자들에게 생기를 주어 그리스도 안에서 새로운 존재로 세움받은 교회에 대해 자세하게 신학적인 주제들을 전개하고 있다.

에베소서 1장이 하나님의 구원 역사와 그것이 성도들의 삶에 영향을 미치는 것에 대한 신학적인 묘사라고 한다면, 2장은 독자들의 과거를

275) William Handriksen, 에베소서, p. 131.

상기시키고 하나님의 구원을 경험한 거룩한 무리로서 그들이 누리고 있는 현재의 특권을 강조하고 있다. 이러한 구조를 통해 바울은 그리스도 예수 안에서 구원을 베푸시는 하나님의 행위와 능력이 성도들에게 어떻게 작용하는가를 보여주고 있다.

바울은 전반부(엡 2:1-10)에서 죽음과 죄 그리고 악한 세력들과 육체에 속박된 과거의 상태와 대조적으로 그리스도와 관계를 가짐으로써 ① 하나님의 자비, ② 새로운 생명, ③ 하늘의 영역들을 경험하는 현재의 복된 상태를 묘사하고 있다.

이어 후반부(엡 2:11-22)에서도 이스라엘 나라 밖에 있었던 사람들의 과거 상태와 대조적으로 ① 하나의 복음을 고백하는 성도들로 구성된 하나님의 새로운 백성, 즉 ② 교회에 속하고 그리스도 안에서 하나님께서 행하신 화평의 '일'로 말미암아 새롭게 지음받은 그들의 현재 상태를 묘사함으로써 하나님의 은혜를 극대화하고 있다.276)

먼저 바울은 ① 그리스도 밖에서 살았던 인간의 형편을 밝히고(1-3절), ② 하나님의 주권적인 은혜의 행위로 인간의 삶에 커다란 변화가 일어나게 된 것을 선언하고 있다(4-7절). 여기에서 그리스도의 오심으로 말미암아 시작된 이 변화는 전적으로 '긍휼이 풍성하신 하나님'에 의해 주도되었음을 제시한다. 이어 ③ 교회는 하나님의 은혜에 의해서만 존재한다는 사실을 밝히고 있다(8-10절).

이것은 바울의 이신칭의(the Righteousness Through Faith in Christ) 사상에 대한 신학적 변증이기도 하다. 이렇게 함으로써 바울은 교회의 영원한 기초가 되시는 그리스도 안에서 언약의 자녀로 하나님의 부름을 받은 모든 사람들에게 구원의 문이 개방됨으로써 교회의 보편적 영역 또는 그 범위가 확장되었음을 주장한다.

---

276) Andrew T. Lincoln, 에베소서, p. 271.

이어 바울은 복음을 받아들인 성도들이 교회의 회원이 됨으로써 그들로 하여금 하나의 성전으로 지어지고 한 몸을 이루게 되었다는 사실을 밝히고 있다(11-18절). 이로써 옛 경륜에 속했던 '유대인과 이방인 사이의 벽'이 허물어졌으며, 교회는 친히 모퉁이 돌이 되시는 예수 그리스도 안에서 하나의 통일체를 이루게 된다는 점을 제시하고 있다(19-22절).

1. 에베소서 2장 1 - 10절의 구조 이해

앞서 1장 말미에서 "그의 능력이 그리스도 안에서 역사하사 죽은 자들 가운데서 다시 살리시고 하늘에서 자기의 오른편에 앉히사 모든 통치와 권세와 능력과 주권과 이 세상뿐 아니라 오는 세상에 일컫는 모든 이름 위에 뛰어나게 하시고 또 만물을 그의 발 아래에 복종하게 하시고 그를 만물 위에 교회의 머리로 삼으셨느니라"(엡 1:20-22)는 기도문을 통해 그리스도는 교회의 영원한 기초이며 유기적 통일과 성장의 원동력임을 강조한 바울은 이제 2장 1-10절에서 성도들의 과거와 현재의 상태를 극적으로 묘사하고 있다.

헬라어 성경에서 1-7절은 다음과 같이 한 문장으로 되어 있다.

> "또한 너희는 허물과 죄로 죽었었거늘 그때 너희는 이 세상 풍조를 따라, 곧 지금 불순종의 아들들 가운데서 역사하는 영인 공중의 권세 잡은 자를 따라 행하였더니 우리도 다 그 가운데서 우리 육체의 욕심을 따라 행하며 육체와 마음의 원하는 것을 하여 다른 이들과 같이 본질상 진노의 자녀이었더니 긍휼이 풍성하신 하나님이 우리를 사랑하신 그 큰 사랑으로 허물로 죽었던 우리를 그리스도와 함께 살리셨고 (너희는 은혜로 구원을 받은 것이라) 함께 일으키셨고 그리스도 예수 안에서 하늘에 함께 앉히셨으니 이는 그리스도 예수 안에서 우리를 향한 선하신 그의 넘치는 은혜의 풍성함을 오는 여러 세대에 나타내려 하심이라"(엡 2:1-7).

이 문장의 주어는 '긍휼이 풍성한 하나님'(*ὁ δὲ Θεὸς πλούσιος ὢν ἐν ἐλέει*, 4절)이며 '함께 살리셨고'(*συνεζωοποίησεν*, 5절) '함께 일으키셨고'(*συνήγειρεν*, 6절) '함께 앉히셨으니'(*συνεκάθισεν*, 6절)라는 세 개의 주동사를 가진다. 그리고 이 동사들의 목적어는 '너희' 또는 '우리'라고 하는 성도들을 가리키고 있다.277)

이 장문은 1–3절의 파격적인 구문과 4–7절의 주된 구문이 서로 대조되는 진술로 구성된다. 이때 1–3절은 성도들의 과거 상태 그리고 실제로는 죄 아래에 있는 모든 인류의 상태를 묘사하고 있다. 반면에 4–7절은 하나님의 자비와 은혜로 말미암아 그리스도 예수 안에서 성도들에게서 일어난 변화를 묘사하고 있다.

이어 8–10절은 하나님에 의해 성취된 구원의 본질을 요약하고 있다. 조금 더 넓게 1–10절의 문장의 구조를 살펴보면 아래와 같다.

A. 죄 아래 있었던 상태에 대한 묘사(1-3절)
"너희의 허물과 죄로 죽었던 너희, 그때 너희가 그 가운데서 행하였더니"(1,2절)

B. 죄로부터 구원 받은 사실에 대한 묘사(4-7절)
"너희가 은혜로 구원을 받은 것이라"(5절)

C. 성도들을 구원하신 하나님의 목적(8-10절)
"우리는 그가 만드신 바라 그리스도 예수 안에서 선한 일을 위하여 지으심을 받은 자니 이 일은 하나님이 전에 예비하사 우리로 그 가운데서 행하게 하려 하심이니라"(*Αὐτοῦ γάρ ἐσμεν ποίημα, κτισθέντες ἐν Χριστῷ, Ἰησοῦ ἐπὶ ἔργοις ἀγαθοῖσ, οἷς πορητοίμασεν ὁ θεόσ, ἵνα ἐν αὐτοῖς περιπατήσωμεν*. 10절)

이러한 문장의 구조에서 보는 것처럼 죄 아래 있었던 상태에서 '행하였더니'(*περιεπατήσατε* : you walked, 2절)와 성도들을 구원하신 하나님

277) Bruce B. Barton, 에베소서, p. 91.

의 목적 안에서 '행하게 하려'(περιπατήσωμεν : we should work)라는 단어를 통해 죄 아래 있었던 과거의 상태와 성도들을 구원하신 하나님의 목적이 구현되고 있는 현재의 상태가 서로 극적인 대조를 이루고 있음을 알 수 있다.

2. 죄의 죽음 아래 있는 인류 (엡 2:1-3)

앞서 기도문(엡 1:15-23)에서 바울은 하나님께서 그리스도 안에서 행하신 일과 관련해 하나님의 능력이 그리스도의 부활과 승귀에서 절정을 이루었음을 감사했다. 그리고 이 단락에서는 그 하나님의 능력은 회심한 성도들이 직접 경험하고 있는 것과 동일한 능력임을 강조하고 있다. 이점을 부각시키기 위해 바울은 성도들의 옛 상태를 가리켜 "(또한) 너희의 허물과 죄로 죽었던 너희"(엡 2:1)라고 단도직입적으로 지적하고 있다(본문의 역본들에서 '살리셨도다'라는 동사는 5절에서 취한 것이다).

여기에서 '또한'(και, 개역개정에서는 생략됨)이라는 접속사는 하나의 긴 문장인 1-7절의 내용이 바로 앞 문단에서 "교회는 그의 몸이니 만물 안에서 만물을 충만하게 하시는 이의 충만함이니라"(엡 1:23)라는 결론을 가져온 앞선 단락의 기도문(엡 1:15-23) 전체에 대한 연결어로서 그 기능을 하고 있다.

그리스도인이 되기 이전에 성도들은 자신들의 허물과 죄로 죽은 자였다. 이 죽음에 대한 묘사는 그리스도의 죽음과 부활이 역사의 전환점이었다는 점에서 이해되어야 함을 전제로 하고 있다. 그리스도의 부활이 오는 세대에 생명을 가져왔다면 아직 부활의 삶에 참여하기 이전의 각 사람의 상태는 죽음으로 간주되어야 하기 때문이다.

죄의 삯으로써 모든 사람에게 오며, 최종적인 형태로서 육체의 죽음과 하나님의 생명으로부터 배제된 심판을 포함하는 그 죽음, 곧 사망(롬

6:23)은 이 생애에서도 부분적으로 경험된다. 이것을 가리켜 '죽음에 대한 실현된 종말론적 개념'이라고 한다.278) 이미 구약에서도 질병, 죄, 소외, 포로, 혹은 원수의 통치 아래 놓인 각 사람의 삶은 '스올의 삶'이나 혹은 '죽음의 영역'으로 여겨졌었다(시 13:1-3; 호 13:14; 욘 2:6).

바울은 이 죽음의 상태에 대해 "그때 너희는 이 세상 풍조를 따라, 곧 지금 불순종의 아들들 가운데서 역사하는 영인 공중의 권세 잡은 자를 따라 행하였더니"(개역개정에서는 "그 때에 너희가 그 가운데서 행하여 이 세상 풍속을 좇고 공중의 권세 잡은 자를 따랐으니 곧 지금 불순종의 아들들 가운데서 역사하는 영이라"고 번역함, 엡 2:2)라고 밝히고 있다.

바울 신학에 있어서 죄와 죽음은 아주 밀접하게 연관되어 있다(롬 8:10; 고전 15:56). 이 상태는 사람들로 하여금 세상 풍조, 즉 이 세상의 세대에 속하게 하여 세계를 지배하고 있는 해악한 종교나 미신의 희생물로 전락시킨다. 이 상태에서 사람들은 '공중의 권세 잡은 자'(*τὸν ἄρχοντα τῆς ἐξουσίας τοῦ ἀέρος*, 엡 2:2)인 '그 악한 자'(*ὁ πονηρὸς*, 요일 5:18)로 불리는 사탄의 지배를 받고 있다(요일 5:19).

당시 헬라 세계의 우주관에서는 행성간의 공간 특히 지구와 달 사이의 공간은 땅에 사는 모든 사람들에게 나쁜 영향을 주는 악마의 끊임없는 활동 공간으로 여겨지고 있었다.279) 바울은 이러한 헬라 우주관을 도입하여 하나님으로부터 인간을 소외시키기 위해 하나님께 대한 순종을 거부하고 하나님의 복음을 대적하도록 일하고 있는 사탄의 정체를 밝히고 있다.

이 사탄은 '불순종의 아들들 가운데서 역사하는 영'이다(고후 11:13-15). 이 영의 지배를 받는 사람들은 하나님의 은혜로운 뜻에 불순종함으

---

278) Andrew T. Lincoln, 에베소서, p. 281.

279) Ralph P. Martin, 에베소서, p. 58.

로써 도덕적 타락이라고 하는 결과를 낳는다.

그 결과에 대해 "전에는 우리도 다 그 가운데서 우리 육체의 욕심을 따라 지내며 육체와 마음의 원하는 것을 하여 다른 이들과 같이 본질상 진노의 자녀이었더니"(엡 2:3)라고 바울은 밝히고 있다.

그들의 뒤틀린 육체와 마음이 원하는 대로 사람의 본성이나 이성의 이끌림에 따라 살고 있는 삶의 열매는 "육체의 일은 분명하니 곧 음행과 더러운 것과 호색과 우상 숭배와 주술과 원수 맺는 것과 분쟁과 시기와 분냄과 당 짓는 것과 분열함과 이단과 투기와 술 취함과 방탕함과 또 그와 같은 것들이라"(갈 5:19-21a)고 지적한 목록에서 확인된다(롬 1:18-32). 이 상태가 바로 공중의 권세를 잡고 있는 '그 악한 자'(ὁ πονηρὸς, 요일 5:18)의 지배 아래 있다는 표시이다.

이런 악덕을 행하는 사람들이 하나님의 유업을 받지 못하는 이유는 그들이 그리스도 밖에서 사는 사람들이라는 사실을 이것들이 증거하기 때문이다(엡 4:17-19). 때문에 바울은 이처럼 도덕적 타락에 빠져 있는 사람들을 가리켜 '본질상 진노의 자녀들'이라고 말한다. 이 말은 그들이 하나님의 심판에서 유죄 선고를 받았다는 의미이다. 그리스도와 연합되어 있지 않아서 그리스도와 단절되어 있는 사람들은 누구나 태어나기 전부터, 즉 모태로부터 하나님의 심판을 받은 상태에 있는 것이다.280)

3. 하나님의 은혜와 그 풍성함을 증거하는 교회 (엡 2:4-7)

죄에 사로잡히고 사탄의 힘에 억눌려 스스로 구원할 능력도 없고 소망도 없는 인간의 상태를 제시한 바울은 인간의 생각으로는 전혀 이해할 수 없는 크고 사랑이 풍성한 하나님의 우주적인 계획을 밝히고 있

280) J. Calvin, 에베소서, p. 284.

다. 그 앞에서 인류가 할 수 있는 일은 오로지 겸손하게 하나님의 계획을 받아들이는 것뿐이다.

하나님께서는 죄악된 인간을 죽음으로 끝나게 될 무익하고 소망 없는 삶 가운데에 버려두지 않으시고 그들의 구속을 위한 행동을 취하셨다. 바울은 하나님께서 긍휼에 풍성하시기 때문에 인간을 위해 행동하셨다고 말한다. 여기에서 바울은 1–7절 문장의 주어를 제시하고 있다. "(그러나) 긍휼이 풍성하신 하나님이"(*ὁ δὲ Θεὸς πλούσιος ὢν ἐν ἐλέει*, 엡 2:4)라는 이 문장의 주어는 앞서 인간의 상태를 고발하고 있는 내용(1–3절)을 전적으로 부정함으로써 상대적으로 놀랍고도 영광스러운 하나님의 모습을 드러내고 있다.

소망이 없는 어둠과 자포자기(自暴自棄)한 인간의 상태는 하나님의 사랑과 은혜를 보다 더 밝게 해 주는 배경 역할을 하고 있다. 하나님의 특성은 본질적으로 사랑이다(엡 1:4). "하나님은 긍휼이 풍성한 분이다"는 이 말은 하나님의 진노, 즉 심판을 상쇄시키는 약속의 말씀으로 언약의 백성들에게 주어졌다.

이런 관점에서 시편 기자는 오래 전에 "여호와는 은혜로우시며 긍휼이 많으시며 노하기를 더디 하시며 인자하심이 크시도다"(시 145:8)고 노래했고, 하박국 선지자는 "여호와여 내가 주께 대한 소문을 듣고 놀랐나이다 여호와여 주는 주의 일을 이 수년 내에 부흥하게 하옵소서 이 수년 내에 나타내시옵소서 진노 중에라도 긍휼을 잊지 마옵소서"(합 3:2)라며 하나님의 긍휼만이 하나님의 노여움을 풀 수 있는 유일한 길임을 천명한 바 있다.

성도들이 파멸에 이르게 되도록 내버려두지 않는 하나님의 애정 어린 이 관심은 두 가지 행동으로 나타난다. ① 하나님은 죄 아래 죽어 있는 하나님의 자녀들을 살리실 뿐 아니라 ② 하나님과의 분리에서 오는 소외로 야기되는 죄악의 노예 상태에 매여 있는 하나님 나라의 백성들을 살리신다.

바울은 이 극적인 변화를 가리켜 "긍휼이 풍성하신 하나님이 우리를 사랑하신 그 큰 사랑을 인하여 허물로 죽은 우리를 그리스도와 함께 살리셨고 – 너희는 은혜로 구원을 받은 것이라 – 또 함께 일으키사 그리스도 예수 안에서 함께 하늘에 앉히시니"(엡 2:4–6)라는 말로 표시하고 있다.

본문 5절에서 '너희는 은혜로 구원을 받은 것이라'는 구절이 갑자기 등장해서 전체 문장의 흐름을 끊고 마치 삽입된 구절처럼 독립된 문장으로 나타난다. 이러한 표현 방식은 이 기다란 문장을 읽는 사람들로 하여금 순간 긴박한 긴장감을 유발시키는 역할을 하고 있다. 그리고 이 갑작스런 구절은 8절에서 "너희는 그 은혜에 의하여 믿음으로 말미암아 구원을 받았으니"라고 다시 등장함으로써 우리의 관심을 유도하고 있다.

이러한 문맥의 흐름은 하나님의 긍휼과 사랑을 받은 성도들에게 1–3절의 상황으로부터 극적인 변화가 나타났음을 강조하고 있다. '구원을 얻었다'(σεσῳσμένοι)는 단어는 완료 수동태 분사로서 이 단어가 완료형으로 사용된 경우는 흔하지 않다.

일반적으로 이 단어가 구원과 관련되어 사용될 경우에는 미래 시제로 나타나거나 미완료 시제로 나타난다. 유일하게 우리 주님께서 각각 개인을 향하여 "네 믿음이 너를 구원하였다"(막 5:34; 10:52; 눅 7:50; 17:19)라고 말씀하실 때 과거 시제로 사용하셨다.281)

바울이 '구원을 얻었다'는 과거 완료 시제를 여기에서 성도들의 구원과 관련하여 사용하고 있다는 것은 하나님이 이미 은혜로 성도들에

281) 막 5:34, "예수께서 이르시되 딸아 네 믿음이 너를 구원하였으니 평안히 가라 네 병에서 놓여 건강할지어다"; 막 10:52, "예수께서 이르시되 가라 네 믿음이 너를 구원하였느니라 하시니 그가 곧 보게 되어 예수를 길에서 따르니라"; 눅 7:50, "예수께서 여자에게 이르시되 네 믿음이 너를 구원하였으니 평안히 가라 하시니라"; 눅 17:19, "그에게 이르시되 일어나 가라 네 믿음이 너를 구원하였느니라 하시더라."

게 복을 주셨다고 찬송하는 베라카(엡 1:3-14)에 근거하고 있다. 그리고 이 구원하심으로 말미암아 하나님이 성도들을 ① 그리스도와 함께 살리셨고, ② 그리스도 예수 안에서 함께 일으키셨고, ③ 하늘에 함께 앉히셨다는 행동의 근거로 작용하고 있다.282)

하나님께서 '허물로 죽은 우리를 그리스도 예수와 함께 살리셨다'는 결과는 '또 함께 일으키셨고 그리스도 예수 안에서 함께 하늘에 앉히셨으니'라는 하나님의 행동으로 연결된다.

이 내용은 "그의 능력이 그리스도 안에서 역사하사 죽은 자들 가운데서 다시 살리시고 하늘에서 자기의 오른편에 앉히사 모든 통치와 권세와 능력과 주권과 이 세상뿐 아니라 오는 세상에 일컫는 모든 이름 위에 뛰어나게 하시고"(엡 1:20,21)에서 말하고 있는 '그리스도에 대한 하나님의 행동'이 이제 직접 성도들에게도 그대로 적용되고 있음을 보여주고 있다.

하나님에 의해서 그리스도와 성도들은 모두 죽은 자들 가운데서 일으킴을 받았으며, 그리스도와 성도들은 모두 하늘의 영역에 앉아 있다. 이 극적인 변화가 전적으로 그리스도의 부활에 근거하고 있는 것처럼 바울은 성도들의 회심을 그리스도의 부활과 같은 의미의 사건으로 여기고 있다.

이것은 그리스도의 일으키심을 받은 그 죽음이 육체적인 죽음이었던 것처럼 성도들은 그들의 죄악된 행동으로 특징지어지는 육체의 죽음으로부터 일으키심을 받았다는 사실을 강조하고 있다.

이렇게 함으로써 바울은 ① 성도들이 이미 죽은 존재임을 수긍하고 받아들이게 하고 ② 하나님의 진노를 받아 죽었던 존재들을 살리셔서 하나님께서 그들을 새로운 '천상의' 실존으로 이끄셨으며 ③ 이로써

282) Andrew T. Lincoln, 에베소서, p. 301.

이제 그리스도와 함께 하늘에 있는 성도들은 하나님에 대해 살아있는 존재가 되었다는 사실을 강조하고 있다.283) 이로써 지상의 교회들은 하나님의 완성된 구원에 대해 보다 명확하게 이해할 수 있게 된다.

여기에서 바울은 한걸음 더 전진하여 이 세상의 속성인 악의 영역으로부터 교회를 천상에 있는 그리스도의 현존으로 끌어올리는 하나님께서 행하신 행위의 목적을 제시하고 있다. "이는 그리스도 예수 안에서 우리에게 자비하심으로써 그 은혜의 지극히 풍성함을 오는 여러 세대에 나타내려 하심이라"(엡 2:7).

이 구절은 "모든 통치와 권세와 능력과 주권과 이 세상뿐 아니라 오는 세상에 일컫는 모든 이름 위에 뛰어나게 하시고"(엡 1:21)라고 밝힌 그리스도의 승귀가 구체적으로 성도들에게 구현되는 것과 관련된다. 바울은 지금 현재 그리스도의 높이 올리우심이 하나님의 은혜를 통해 그의 백성들에게도 그대로 구현되고 있음을 보여주고 있다.

여기에 '오는 여러 세대에서'(*ἐν τοῖς αἰῶσιν τοῖς ἐπερχομένοις*, in the ages that coming)라는 구절은 그리스도와 함께 일으키심을 받고 하늘에 앉히심을 받은 교회가 새로운 질서의 세계에 속하는 '그리스도의 부활과 높이 올리우심의 사건'에 포함되는 것처럼 이제 교회는 ① 새로운 변화를 받은 그 순간부터 종말에 이르기까지 그리고 ② 종말 이후의 영원한 세계에서도 계속해서 하나님의 자비하심과 은혜의 풍성함을 증거하는 실재(reality : 實在)가 되었음을 강화시키고 있다.

이 과정에서 교회는 하나님의 은혜로운 모든 행동의 결과로 오고 오는 모든 세대, 즉 전 역사에서 하나님의 긍휼과 은혜를 경험하게 된다. 이러한 신적 경험은 교회가 그 적대 세력들, 즉 이 세대의 신(神)과 그 신의 지배를 받고 있는 불의한 세력들에 대적하는 일에서 보다 분명하게 증거된다(요일 2:13,14).

4. 하나님의 선한 일을 위해 존재하는 교회 (엡 2:8-10)

교회가 하나님의 긍휼과 은혜의 풍성함을 증거하는 실재(reality)라는 사실은 ① 구원이 전적으로 그리스도로 말미암은 하나님의 은혜로운 주권과 행위로 인한 것이며 ② 구원받은 자들에 의해서 행해진 그 어떤 행위에도 의존하지 않음을 의미한다. 하나님의 구원은 오직 은혜일 뿐이며 결코 구원받기 위한 행위의 보상이거나 대가가 아니다.284)

이에 바울은 "너희는 그 은혜에 의하여 믿음으로 말미암아 구원을 받았으니 이것은 너희에게서 난 것이 아니요 하나님의 선물이라 행위에서 난 것이 아니니 이는 누구든지 자랑하지 못하게 함이라"(엡 2:8,9)고 선언하고 있다. 이 선언은 1-7절에서 전개된 내용의 결론과 같은 의미를 가진다.

'그 은혜'(*τῇ γὰρ χάριτί*)는 7절에서 언급한 "그리스도 예수 안에서 우리를 향한 선하신 그의 넘치는 은혜"라고 묘사하고 있는 바로 그 '은혜'임을 강조하고 있으며, 5절에서 강조하고 있는 '너희가 은혜로 구원을 얻은 것이라'에 이어 8절에서는 '믿음으로 말미암아'(*διὰ πίστεως*)를 첨가함으로써 "너희가 그 은혜에 의하여 믿음으로 말미암아 구원을 받았으니"라고 명확하게 규명하고 있다.

이 선언은 기독교 역사에서 한 획을 긋는 바울의 '이신칭의' 신학사상의 완결편이다. 종교 개혁자들의 기치인 '오직 은혜로'(sola gratia), '오직 믿음으로'(sola fide)라는 이 표어는 바울 사상을 가장 정확하게 묘사하고 있다. 그 누구도 자신의 구원에 대하여 어떤 공헌도 주장할 수 없다. '오직 은혜로'와 '오직 믿음으로'라는 말은 인간의 공로를 암시하는 그 어떤 것도 용납하지 않으며 이 둘은 결코 분리되지 않는다.

하나님께서 행하신 은혜의 행위만이 구원의 근거가 된다. 그리고 믿

---

284) J. Calvin, 에베소서, p. 288.

음은 그 은혜에 의해 효과를 가져오는 수단이다. 그러나 이 믿음은 결코 자랑이나 공적이 될 수 없다. 왜냐하면 이 믿음은 칭의와 관련해 자신을 의롭게 하려는 그 어떠한 시도도 포기하는 것을 의미하며, 또한 하나님이 그리스도 안에서 행하신 일을 기꺼이 받아들이게 하는 것으로 하나님께 열려 있어야 하기 때문이다. 이 내용은 종교개혁사상에서 그리스도의 의의 전가(the imputation of Christ's righteousness) 교리로 정립되었다(웨스터민스터 신앙고백 11:4).[285)]

믿음은 인간의 행위이지만 그것은 특별한 종류의 행위이며 구원이 작용되도록 허락하는 하나님의 은혜이다. 동시에 이미 그리스도 안에서 하나님에 의해 성취된 일을 받아들이는 것이다.[286)] 이런 점에서 바울은 구원을 가리켜 '이것은 너희에게서 난 것이 아니요 하나님의 선물(*Θεοῦ τὸ δῶρον*)이라'(엡 2:8b)고 말한다(웨스터민스터 신앙고백 11:1).[287)]

여기에서 하나님의 선물은 "행위에서 난 것이 아니니 이는 누구든지 자랑하지 못하게 함이라"(엡 2:9)에 의해 강조되고 있다. 여기에서 '행위'(*ἔργον*)는 '은혜'(*χάρις*)와 대조된다. 이 행위는 일반적으로 하나님

---

285) 웨스트민스터 신앙고백 제11장 칭의, 제4절, 하나님께서는, 영원 전부터 택함받은 모든 사람들을 의롭다 하시려고 작정하셨다(갈 3:8; 벧전 1:2, 19, 20; 롬 8:30). 그래서 그리스도께서는 때가 차매 그들의 죄를 위하여 죽으시고 그들을 의롭다 하심을 위하여 다시 살아나셨다(갈 4:4; 딤전 2:6; 롬 4:25). 그렇지만, 그들이 의롭다 함을 받는 것은 성령께서 때를 따라 실제로 그리스도를 그들에게 적용시키실 때에 비로소 가능하다(골 1:21, 22; 갈 2:16; 딛 3:4-7).

286) Andrew T. Lincoln, 에베소서, p. 311.

287) 웨스트민스터 신앙고백 제11장 칭의, 제1절, "하나님께서는 유효하게 부르신 자들을 또한 값 없이 의롭다고 칭하신다(롬 8:30; 3:24). 이 칭의(稱義)는 의를 그들에게 주입해 줌으로써가 아니라, 그들의 죄들을 용서해 주시고 그들의 인격을 의로운 것으로 간주하여 용납해 주심으로써 되는 것이다. 또한 그들 안에서 이루어진 어떤 것이나, 또는 그들에 의해서 되어진 어떤 것 때문이 아니라, 오직 그리스도 때문이며, 믿음 자체나 믿는 행위나 또는 어떤 다른 복음적인 순종을 그들의 의로 돌림으로써가 아니라, 그리스도의 순종

의 인정을 받으려는 인간의 모든 노력을 가리킨다. 이 행위를 구원에서 철저하게 배제하고 있는 이유는 구원을 받은 성도들로 하여금 그 어떤 자랑도 용납하지 않도록 하기 위함이다.

이에 바울은 "우리는 그가 만드신 바라(*Αὐτοῦ γάρ ἐσμεν ποίημα*) 그리스도 예수 안에서 선한 일을 위하여 지으심을 받은 자니 이 일은 하나님이 전에 예비하사 우리로 그 가운데서 행하게 하려 하심이니라"(엡 2:10)라고 최종적인 결론에 이르고 있다. 이것은 구원이 인간적 기원이나 인간의 행위에 의한 것이 아니라 전적으로 하나님의 선물이라는 사실을 강조하고 있다.

구원을 받은 성도들이 그리스도 안에서 선한 일을 위해 지음받은 존재라고 한다면 그들의 선한 행위가 그들에게 구원을 받는 원인이 될 수 없다. 구원이 하나님께 속하였다는 것은 그 구원이 인간의 행위와 아무런 관계가 없음을 의미한다.288)

구원받은 성도들이 선한 일을 행하는 것은 그들이 구원받은 결과이며, 성도들은 하나님께서 그들에게 거룩하고 흠 없는 백성이 살아야 할 새로운 삶의 일부로써 선을 행하도록 계획해 놓으신 것을 행하는 것일 뿐이다. 이런 점에서 성도들은 그리스도 예수 안에서 선한 일을 위하여 지으심을 받은 하나님의 작품(God's workmanship)이다.

과 속량을 그들에게 돌림으로써(롬 4:5-8; 고후 5:19, 21; 롬 3:22, 24, 25, 27, 28; 딛 3:5, 7; 엡 1:7; 렘 23:6; 고전 1:30, 31; 롬 5:17-19), 부르심을 입은 그들은 그리스도와 그의 의를 믿음으로 받아들이고 의존할 때 의롭다 함을 받는 것이다. 그 믿음은 그들 자신에게서 나온 것이 아니고, 그것은 하나님이 주시는 선물이다(행 10:44; 갈 2:16; 빌 3:9; 행 13:38, 39; 엡 2:7, 8)." 제2절, "이같이 그리스도와 그의 의를 받아들이고 의존함에 있어서 믿음은 칭의의 유일한 방편이다(요 1:12; 빌 3:28; 5:1). 그렇지만 믿음은 의롭다 함을 받은 사람 안에서 단독으로 있는 것이 아니라, 언제나 모든 다른 구원의 은사들을 수반하고 있는 것이며, 그것은 죽은 믿음이 아니라, 사랑으로 역사하는 믿음이다(약 2:17, 22, 26; 갈 5:6)."

288) J. Calvin, 에베소서, p. 292.

여기에서 바울은 하나님이 그리스도를 통하여 시작하신 구원을 새 창조로 이해하고 있음이 분명하다(갈 6:15; 고후 5:17). 하나님께서 성도들을 그리스도와 함께 살리셨고 그리스도 함께 일으키셨고 또한 그들을 높이 올리셨다는 하나님의 행동은 세상의 역사 안에서 성도들에게 새로운 시작을 제공하고 있다. 그것은 타락 이전의 상태를 회복한다는 그 이상의 의미를 갖는다.

성도들은 그리스도 안에서 선한 일을 위하여 하나님의 손에 의해 지음을 받았다. 이것은 창조 전부터 있었던 하나님의 예정이며 인 치시는 하나님의 영을 주신 하나님의 영원한 작정이다(엡 4:30). 그리스도 안에서 만물을 통일시키는 것을 포함하는 가장 넓은 의미를 가지고 있는 새 창조(엡 1:9,10)는 이미 역사 안에서 성도들에 의해 하나의 행동으로 시작되었다. 그리하여 선한 일은 하나님과 인간 사이의 새로운 관계에 대한 목적이 된다. 이것은 성도들이 하나님 한 분에게만 영광을 돌리기 위해 순종하는 삶을 살도록 지음을 받은 존재임을 강조한다.289)

이 사상은 하나님이 창세 전에 성도들을 선택하여 '그들로 하여금 사랑 안에서 그 앞에 거룩하고 흠이 없게 하시려고 했다' (엡 1:4)는 말씀에 의해 더욱 강화된다. 하나님께서 미리 그분의 주권적 목적으로 선한 일을 준비하셨다는 것은 성도들의 선한 행위조차 그들 자신의 결심으로 얻어질 수 있는 것이 아니라 오로지 신적인 은혜에 근거하고 있기 때문이다.

따라서 성도들이 교회 생활 안에서 그들의 역할을 다하도록 하는 것도 하나님의 은혜에 속한다. 또한 이 세상에서 선한 삶을 살아가기 위한 모든 자원까지도 하나님의 은혜이다. 바울이 '우리는 그가 만드신 바라' (For we are God's workmanship)고 한 이유도 여기에 있다. 우리의 모든 선한 행위는 곧 하나님의 작품(God's workmanship)에 속해 있기 때

289) Andrew T. Lincoln, 에베소서, p. 316.

문이다. 이런 의미에서 구원과 새 창조라는 하나님의 '일'은 우리의 죄악을 벗어버리고 선한 일을 행할 수 있게 한다.

우리는 자신의 노력이나, 지적인 선택이나, 개인적인 성품이나, 섬김의 행위들을 통해서가 아니라 우리에게는 분에 넘치는 하나님의 호의를 통해서 성도로 부르심을 받았다.

우리는 단순히 우리 자신의 유익을 위해 구원을 받은 것이 아니다. 그리스도를 섬기고 교회를 세우기 위해 구원을 받았으며(엡 4:12) 그 안에서 비로소 소위 믿음과 행함 사이의 갈등을 해소할 수 있다. 행위는 구원을 낳지 않지만 구원받은 자의 증거(약 1:22; 2:14-26)이기 때문이다.290)

| 기 도 |

죄와 허물로 죽었던 우리를 그리스도 예수와 함께 살리셨고 함께 일으키사 그리스도 예수와 함께 하늘에 앉히신 우리 주 예수 그리스도의 아버지이신 하나님. 이 모든 놀라운 일들이 오로지 우리를 사랑하시는 성부 하나님의 은혜로 말미암은 것으로 인하여 감사와 찬송을 올리옵나이다.

우리가 이 사실을 알고 깨닫기 전까지 우리는 공중의 권세를 잡은 자를 따라 살며 하나님께 순종하지 않았으며, 오히려 육체를 따라 살아감으로써 하나님의 진노 아래에 있었던 사실을 고백하오며, 이렇게 새로운 존재로 다시 태어나는 은혜가 순전히 하나님의 선물임을 감사하나이다.

이제 우리는 율법을 완성하신 그리스도 예수의 능동적인 순종과 십자가에서 죽으시기까지 고난을 당하신 수동적인 순종으로 말미암아 우리에게 전가된 그리스도의 의를 덧입었다는 사실 안에서, 우리에게 주어진 하나님의 선물마저도 순전히 그리스도로 말미암았음을 감사하나이다.

---

290) Bruce B. Barton, 에베소서, p. 110.

또한 우리가 그리스도의 몸된 교회의 회원으로서 우리가 존재하고 있는 자리가 하나님께서 친히 자리하고 계시는 하늘에 속해 있다는 사실과, 또한 우리는 오로지 그리스도 예수 안에서 하나님께서 기뻐하시는 선한 일을 위해 새롭게 지음을 받았다는 사실을 각성해야 할 것이옵나이다.

이처럼 우리의 존재 가치에 대하여 일깨워주시고, 이처럼 하나님의 자녀라고 하는 최고의 명예를 누리게 하셨나이다. 따라서 우리의 삶 자체가 이제는 온전히 하나님께 산제사로 드려져야 할 것이옵나이다. 이러한 영광을 누리고자 우리를 교회로 부르셨사오니 이 복된 교회의 회원답게 우리에게 주어진 역사적인 사명으로서 왕 같은 제사장 나라의 백성으로 살아갈 수 있도록 은혜를 베풀어 주옵소서.

우리 주 예수 그리스도의 이름으로 기도합니다. 아멘.

487

〈7〉

그리스도의 터 위에 세워진 우주적인 교회

에베소서 2:11-22

2:11 그러므로 생각하라 너희는 그 때에 육체로는 이방인이요 손으로 육
체에 행한 할례를 받은 무리라 칭하는 자들로부터 할례를 받지 않은 무
리라 칭함을 받는 자들이라 12 그 때에 너희는 그리스도 밖에 있었고 이
스라엘 나라 밖의 사람이라 약속의 언약들에 대하여는 외인이요 세상에
서 소망이 없고 하나님도 없는 자이더니 13 이제는 전에 멀리 있던 너희
가 그리스도 예수 안에서 그리스도의 피로 가까워졌느니라 14 그는 우리
의 화평이신지라 둘로 하나를 만드사 원수 된 것 곧 중간에 막힌 담을 자
기 육체로 허시고 15 법조문으로 된 계명의 율법을 폐하셨으니 이는 이
둘로 자기 안에서 한 새 사람을 지어 화평하게 하시고 16 또 십자가로 이
둘을 한 몸으로 하나님과 화목하게 하려 하심이라 원수 된 것을 십자가
로 소멸하시고 17 또 오셔서 먼 데 있는 너희에게 평안을 전하시고 가까
운 데 있는 자들에게 평안을 전하셨으니 18 이는 그로 말미암아 우리 둘
이 한 성령 안에서 아버지께 나아감을 얻게 하려 하심이라 19 그러므로
이제부터 너희는 외인도 아니요 나그네도 아니요 오직 성도들과 동일한
시민이요 하나님의 권속이라 20 너희는 사도들과 선지자들의 터 위에 세
우심을 입은 자라 그리스도 예수께서 친히 모퉁잇돌이 되셨느니라 21 그
의 안에서 건물마다 서로 연결하여 주 안에서 성전이 되어 가고 22 너희

도 성령 안에서 하나님이 거하실 처소가 되기 위하여 그리스도 예수 안에서 함께 지어져 가느니라

앞 단락(엡 2:1-10)에서 바울은 하나님께서 성도들을 영적인 죽음으로부터 그리스도 안에 있는 새로운 생명으로 일으키는 일을 행하신 극적인 변화를 상기시켜주고 있다. 이 변화의 핵심에는 그의 아들을 죽음에서 일으키시고 하늘에 있는 그의 우편에 앉히신 하나님이 자리하고 계신다. 이 하나님께서 아들에게 행하셨던 능력을 이제 성도들에게 행하심으로써 성도들은 새로운 피조물이 되었다.

바울은 이러한 하나님의 새 창조 행위에 대해 "긍휼이 풍성하신 하나님이 우리를 사랑하신 그 큰 사랑으로 허물로 죽었던 우리를 그리스도와 함께 살리셨고 (너희는 은혜로 구원을 받은 것이라) 함께 일으키셨고 그리스도 예수 안에서 하늘에 함께 앉히셨으니 이는 그리스도 예수 안에서 우리를 향한 선하신 그의 넘치는 은혜의 풍성함을 오는 여러 세대에 나타내려 하심이라"(엡 2:4-7)고 밝히 말하고 있다.

이로써 그리스도의 몸된 교회로 부름을 받은 성도들은 철저하게 "그 은혜의 지극히 풍성함을 오는 여러 세대에 나타내려 하심이라"(엡 4:7)는 하나님의 존귀하신 부르심에 따라서 그리스도의 몸인 교회의 명예를 위해 이땅에 존재하게 되었다. 이에 근거하여 성도들은 예전에 죄악 가운데 빠져서 세상의 권세 잡은 자의 앞잡이로 살았던 삶과는 전혀 다른 새로운 삶을 향해 날마다 나아가야 한다.

이것을 가리켜 바울은 '우리는 그의 만드신 바라'(*αὐτοῦ γάρ ἐσμεν ποίημα*, 10절)고 말한다. 이것은 '너희의 허물과 죄로 죽었던 너희'(1절)

와 극적인 신분의 변화와 함께 이미 죽음으로 결정되었지만 이제는 새롭게 창조되었다는 사실을 강화시키고 있다.

이어 바울은 엡 2장 11-22절에서 새롭게 창조된 성도들에게 나타난 변화의 내용에 대해 다시 언급하고 있다. 과거 이스라엘의 신분과 관련하여 박탈된 상태에 있던 교회 밖의 사람들이 처했던 이전의 지위가 이제는 하나님과의 관계 안에서 교회 안으로 들어오게 됨으로써 누리게 되는 특권과 함께 그분의 백성이 되었다는 역전된 상태를 극적으로 전개시키고 있다.

여기에서 바울은 교회의 회원이 되기 이전의 과거(그때에 / 11, 12절)와 교회 안에 들어와 있는 현재(이제는 / 13절; 더 이상 아니다 / 19절)를 극적으로 서로 대조시키고 있다.[291]

먼저 ① 11-13절에서 바울은 교회 밖에서 살던 사람들의 상태를 과거 하나님의 백성이었던 이스라엘 및 하나님으로부터 소외되었던 모습을 비교하고 있다. 이어 ② 14-18절에서는 우주적 화평을 가져온 분이신 그리스도를 찬양하면서 그리스도가 화해의 사역을 통해 교회 밖에 있었던 사람들을 교회 안으로 들어오게 하셨음을 밝힌다. 그리고 ③ 19-22절은 과거 하나님의 영광을 구현했던 성전의 개념을 교회로 확장시키고 있다. 이제 교회는 하나님께서 친히 임재하시는 하나님의 처소가 되었다.

한때 교회 밖에 있던 성도들은 과거 이스라엘 밖에 있던 사람들처럼 이스라엘의 특권에서 소외되어 있었다. 그때에는 약속의 언약들에 대하여서도 외인들로 여겨졌으며, 세상에서 소망도 없고 하나님도 없는 상태였으며, 선민 이스라엘(출 19:4-6)로부터 멀리 떨어져 있었다(엡 2:12,13).

---

291) Andrew T. Lincoln, 에베소서, p. 384.

하지만 지금은 언약의 자손으로 하나님의 부름을 받은 성도들이며 교회 안에서는 동일한 시민이며 더 이상 외인도 아니며 손도 아니다. 성도들은 이제 하나님의 권속이 되었으며 선민 이스라엘과 하나가 되었다(엡 2:19). 성도들에게 있어 과거는 그리스도가 없는 시간이었으나 변화된 현재는 그리스도 예수 안에서, 즉 성도들과 그리스도와 연합의 관계로 인하여 새로운 존재가 되었다.

이 단락에서 바울은 그리스도를 과거 두 적대자였던 '유대인과 이방인의 벽'을 허물고 그들 사이에 평화를 이루셨으며 그들을 교회라는 한 몸 안에서 화목케 하신 분으로 묘사한다. 동시에 바울은 그리스도는 십자가에서 그의 죽음으로 말미암아 두 집단을 하나님께 화목시키셨음을 강조한다.

이것은 율법의 지배를 받던 옛 질서를 종식시키고 그 자리에 새로운 창조, 즉 그리스도 안에 포함된 하나의 공동체인 새 존재로서 한 몸인 새 사람으로 묘사되는 교회를 창조하는 재 창조 사역으로 정의한다. 이로써 바울은 우주적인 화평을 이루신 그리스도를 이 단락의 핵심 위치에 두고 있다.

1. 하나님의 특권으로부터 소외되었던 인류 (엡 2:11-13)

그리스도께서 오시기 전에는 이방인과 유대인들은 서로 멀리 떨어져 있었다. 유대인들은 이방인들이 하나님께서 구원하시는 범위의 바깥에 있는 것으로 여겼으며, 상대적으로 이방인들은 선민사상에 젖어 있는 유대인들의 주장에 분개하고 적개심에 불타고 있었다. 그러나 그리스도께서는 유대인들과 이방인들 모두의 죄성을 드러내셨고 그들 모두에게 구원을 베푸셨다. 그리스도만이 유대인과 이방인의 벽을 허물고 모든 성도들을 하나님과 화목하게 하며 한 몸으로 연합시키셨다.

마찬가지로 그리스도께서 오시기 전에 인류는 마치 이방인들이 이스라엘 밖에 있었던 것처럼 하나님의 특권으로부터 소외되어 있었다. 하지만 이제 그리스도께서는 그를 믿는 믿음을 통하여 개개인을 살리심으로써 죄와 죽음에서 그들을 해방하셨다(1-10절).

이로써 그리스도는 이방인들 사이에서 그리고 유대인들 사이에서 그리스도를 믿는 자들, 곧 하나님께서 이미 선택한 백성들이 된 성도들을 '교회'라고 하는 하나의 몸으로 연합시키셨다. 그리고 하나님은 이들을 그리스도와 함께 '하늘'에 올리셨다.

바울이 힘주어 "우리가 허물로 죽었을 때조차도 그리스도 예수와 함께 살리셨고 - 너희가 은혜로 구원을 얻은 것이라 - 또 함께 일으키셨고 그리스도 예수 안에서 함께 하늘에 앉히셨으니"(엡 2:5,6)라고 강조했던 것처럼 교회는 과거 옛 이스라엘처럼 땅 위의 존재가 아니라 이제는 천상의 존재로 승귀되는 특권을 누리고 있다.

여기에서 바울은 성도들에게 그들이 과거 그리스도가 없던 때의 비참한 상태를 상기시킨다. "그러므로 생각하라 너희는 그 때에 육체로 이방인이요 손으로 육체에 행한 할례당이라 칭하는 자들에게 무할례당이라 칭함을 받는 자들이라"(엡 2:11). 이것은 한때 성도들이 그리스도나 구원의 소망이나 교회와 하나님 나라와는 아무런 상관이 없었던 사실을 기억하게 한다. 동시에 그러나 이제 그리스도에게 접붙인 바 되었으므로 하나님과 화해되었음을 감사하게 만든다.292)

그때만 하더라도 이스라엘로 부름받은 유대인들은 하나님이 선택하신 민족으로서 특권을 소유하고 하나님께서 주신 언약을 가지고 있었다(신 7:6). 하나님께서 주신 언약의 표시 가운데 하나가 할례였다.

이 할례는 하나님의 백성을 애굽이나 가나안 사람들과 구별하는 표

---

292) J. Calvin, 에베소서, p. 293.

시였으며, 마음을 정결하게 하고 자신을 하나님께 드리며 옛 생활을 잘라버리고 새 사람으로 사는 믿음의 증표였다. 그럼에도 불구하고 지금 성도들에게는 예전에 유대인들이 가지고 있었던 할례라는 증표조차도 없었다. 이것은 그들이 철저하게 하나님으로부터 소외되어 있었음을 가리키고 있다.

이에 바울은 "그 때에 너희는 그리스도 밖에 있었고 이스라엘 나라 밖의 사람이라 약속의 언약들에 대하여 외인이요 세상에서 소망이 없고 하나님도 없는 자이더니"(엡 2:12)라고 지적하고 있다. 그들에게는 메시아에 대한 아무런 지식이나 약속이나 기대도 없었다. 따라서 하나님의 백성이 되게 하는 모든 구별된 특권들로부터 제외되었고 하나님의 백성에게 약속된 복이나 분깃조차 없었다. 무엇보다도 그들에게는 하나님이 없었다. 사실 하나님의 백성에게 주어진 최고의 분깃은 "나는 너의 방패요 너의 지극히 큰 상급이니라"(창 15:1)고 말씀하신 하나님 자신이었다.

그러나 이제 하나님 나라의 백성을 상징했던 이스라엘에게 주어진 이 모든 특권들과 더불어 최고의 상급으로 약속된 하나님 자신까지도 이제는 교회 안에 들어 와 있는 성도들의 몫과 기업이 되었다. 이 놀라운 변화는 그리스도께서 십자가에서 흘리신 피로써 가능하게 되었다. "이제는 전에 멀리 있던 너희가 그리스도 예수 안에서 그리스도의 피로 가까워졌느니라"(엡 2:13)는 바울의 선언은 마치 오순절 성령 강림의 결과를 연상케 한다.

베드로는 오순절 날 백성들에게 "너희가 회개하여 각각 예수 그리스도의 이름으로 세례를 받고 죄 사함을 얻으라 그리하면 성령을 선물로 받으리니 이 약속은 너희와 너희 자녀와 모든 먼 데 사람 곧 주 우리 하나님이 얼마든지 부르시는 자들에게 하신 것이라"(행 2:38,39)고 선포했다.

십자가에서 피 흘려 죽으시고 죽음으로부터 부활하신 그리스도 예수 안에 있는 믿음으로 말미암아 복음을 선포 받은 모든 사람들은 비로소 하나님께 가까이 나가게 되었다.293) 여기에서 그리스도의 피는 '너희의 허물과 죄로 죽었던 너희'(1절)를 하나님의 작품(God's workmanship, 엡 2:10)으로 변화시키는 재창조의 사역을 위한 의미를 가진다.

2. 우주적 화평을 가져온 그리스도 (엡 2:14-18)

과거 이스라엘에게 주어진 모든 특권들과 최고의 상급으로 약속되었던 하나님은 이제 하나님의 부름을 받아 그리스도의 피로 말미암아 교회 안에 들어옴으로써 언약의 자손이 된 성도들의 몫과 기업이 되셨다(엡 1:11,14,18). 이런 점에서 교회는 과거 이스라엘을 대신하는 새로운 공동체로 조성되었다. 하지만 이러한 급격한 변화는 유대인들과 이방인들 모두에게 위험을 가져다 줄 수 있는 요소가 되기도 했다.

왜냐하면 ① 유대인들에게 있어 바울의 복음은 할례받지 않은 이방인들이 약속된 하나님의 언약 안에 들어 올 수 없다는 유대인들의 오랜 전통을 무너뜨리는 것과 같기 때문이다. 반면에 ② 이방인들에게 있어 바울의 복음은 그들이 받은 구원이 유대인들과 다르다는 점에서, 곧 유대인들의 오랜 역사와 전통과 상관없이 유대인들과 독립적인 것이기에 유대인들과 다른 공동체라고 오해할 수 있기 때문이다.294)

때문에 바울은 이 두 가지 문제점들을 원만하게 해결해야 할 필요가 있었다. 이에 바울은 ① 유대인과 이방인 사이의 대립은 이제 극복되어 둘 사이에는 화평을 이루게 되었으며, ② 유대인이나 이방인이나 서로

---

293) William Handriksen, 에베소서, p. 166.

294) I. Howard Marshall, 신약성서신학, p. 471.

그들의 민족적 정체성이나 특권이나 상태를 벗어 버리고 그리스도의 몸이라는 새로운 민족을 형성하게 되었음을 밝힘으로써 ③ 교회는 유대인도 이방인도 아닌 제3의 민족이라는 의식을 고취시키고 있다.

먼저 바울은 유대인과 이방인들이 교회 안에서 화평을 이루게 된 것은 화평이신 그리스도께서 율법의 규율과 규제들을 제거하셨기 때문이라고 밝힌다. "그는 우리의 화평이신지라 둘로 하나를 만드사 원수 된 것 곧 중간에 막힌 담을 자기 육체로 허시고 법조문으로 된 계명의 율법을 폐하셨으니 이는 이 둘로 자기 안에서 한 새 사람을 지어 화평하게 하시고 또 십자가로 이 둘을 한 몸으로 하나님과 화목하게 하려 하심이라"(엡 2:14-16).

'중간에 막힌 담'은 분명히 성전에서 이방인들의 접근을 방지하기 위해 설치된 담을 상징하지만 실제로 여기에서는 유대인들과 이방인들을 갈라놓았던 율법이라는 장벽, 즉 할례로 상징되는 모세의 율법을 가리키고 있다. 이 율법은 이방인과 유대인을 분리시키고 갈등을 일으키게 하였던 원인이었다.

하지만 그것보다 더 심각한 갈등이 두 민족 사이에 엄연히 존재하고 있었다. 그것은 오랜 시간 동안 발전된 두 민족 사이의 고질화된 적대감이었다.295) 이 두 민족 간의 화평은 그들 사이를 가로막고 있는 담이 허물어져야만 이루어질 수 있었다.

이처럼 두 민족 간의 적대감이 극에 차 있을 때 그리스도가 오심으로써 법조문에 속한 계명의 율법을 십자가의 피로 폐하심으로써 더 이상 유대인과 이방인을 갈라놓았던 담이 없어지게 되었다. 이제 유대인일지라도 하나님과 화목하는 유일한 길은 율법이 아닌 그리스도의 피였다. 그리고 이방인들 역시 그리스도의 피로 말미암아 하나님과 화목하

---

295) William Handriksen, 에베소서, p. 168.

는 길이 열리게 되었다.

이로써 더 이상 율법은 구원에 이르는 길이 아니었다(갈 3:21). 그 결과 유대인들과 이방인들은 더 이상 할례로 상징되는 율법을 사이에 두고 원수처럼 적대감을 가질 이유가 없게 되었다. 이것은 갈라디아서의 주된 관심사이기도 하다.

보다 더 분명한 것은 그리스도가 오시기 전까지 율법을 가지고 있었던 유대인들이나 율법이 없는 이방인들에게나 그들 모두에게는 해결할 수 없는 죄의 문제 때문에 근본적으로 화평이 없었다는 사실이다. '그는 우리의 화평이신지라'(*αὐτὸς γάρ ἐστιν ἡ εἰρήνη ἡμῶν*)는 말은 그리스도는 ① 화평을 이루시는 분이며 ② 화평을 가져오시는 분임과 동시에 ③ 자신이 몸소 화평이시라는 점을 강조하고 있다.

구약에서 화평(שלום: 평강)의 개념은 전쟁이 없거나 적대감의 중지 그 이상을 포함한다. 이 단어는 적극적인 행복과 구원을 지칭하며 종종 하나님의 선물로 그리고 종말적 기대의 주된 요소로 간주된다. 본문에서 '화평'은 이방인들과 유대인들의 사이의 소외(12,13절)와 적대감(15절)을 극복하는 하나님의 관계적 개념을 가지고 있다.296)

그러나 바울의 보다 더 근본적인 관심은 하나님과의 화평이다. '또 십자가로 이 둘을 한 몸으로 하나님과 화목하게 하려 하심이라'(*καὶ ἀποκαταλλάξῃ τοὺς ἀμφοτέρους ἐν ἑνὶ σώματι τῷ Θεῷ διὰ τοῦ σταυροῦ*)는 바울의 선포는 죄 문제를 해결할 수 없었던 유대인들과 이방인들이 각자 빠지기 쉬운 위험한 함정들로부터 근본적인 해결을 가져오게 하는 유일한 해답이다.

이로써 ① 유대인들은 더 이상 이방인들에게 할례를 요구할 수 없게 되었다. 그리고 ② 이방인들은 유대인들과 다른 방법으로 구원을 얻었

296) Andrew T. Lincoln, 에베소서, p. 354.

으며 교회의 회원이 되었다고 주장할 수 없게 되었다. 이미 밝혀 말한 것처럼 율법을 가지고 있었든 혹은 율법으로부터 소외 되었었든 이제는 오직 그리스도의 피로써만 구원을 얻게 되었기 때문이다.

바울은 갈라디아서에서도 유대인들뿐 아니라 이방인들 모두 죄의 문제로 말미암아 하나님과 불화의 관계에 있었음을 지적한 바 있다. 당시 두 민족은 서로간에 적대적이었을 뿐만 아니라 그들 모두 하나님과의 관계에 대해서도 적대 관계에 있었던 것이다.

그러나 이제 “때가 차매 하나님이 그 아들을 보내사 여자에게서 나게 하시고 율법 아래에 나게 하신 것은 율법 아래에 있는 자들을 속량하시고 우리로 아들의 명분을 얻게 하려 하심이라 너희가 아들이므로 하나님이 그 아들의 영을 우리 마음 가운데 보내사 아빠 아버지라 부르게 하셨느니라 그러므로 네가 이 후로는 종이 아니요 아들이니 아들이면 하나님으로 말미암아 유업을 받을 자니라”(갈 4:4-7)는 말씀과 같이 그리스도께서 오심으로써 이 두 민족 사이의 관계뿐 아니라 하나님과의 관계까지도 화목을 이루게 하셨다(갈 4:4-11).

여기에서 작용하고 있는 힘은 “아버지께서는 모든 충만으로 예수 안에 거하게 하시고 그의 십자가의 피로 화평을 이루사 만물 곧 땅에 있는 것들이나 하늘에 있는 것들이 그로 말미암아 자기와 화목하게 되기를 기뻐하심이라”(골 1:19,20)고 밝힌 것처럼 바로 그리스도의 죽음, 곧 ‘십자가의 피’(*διὰ τοῦ αἵματος τοῦ σταυροῦ αὐτοῦ*)임이 확실하다.

그리스도의 십자가는 더 이상 유대인들과 이방인들을 구별하지 않고 하나님과 화목을 이루게 하는 유일한 길이다. 그리스도는 자신의 피로 우주적인 화평(שׁלום)을 성취하셨다. 그 결과에 대해 바울은 “원수 된 것을 십자가로 소멸하시고 또 오셔서 먼 데 있는 너희에게 평안을 전하고 가까운 데 있는 자들에게 평안을 전하셨으니 이는 저로 말미암아 우리 둘이 한 성령 안에서 아버지께 나아감을 얻게 하려 하심이라"(엡 2:16-18)고 선언한다.

'먼데 있는 자'와 '가까이 있는 자'에 대한 개념은 원래 포로로 잡혀간 이스라엘과 그 땅에 남아 있는 사람들을 구별하기 위한 표현 방식이었다(사 57:19). 이 개념은 후에 죄로 말미암아 하나님과 의인들로부터 이탈한 사람들을 가리키거나 때로는 회개한 죄인들 또는 의인들을 가리키는 말로 발전되었다.

여기에서 바울은 이 개념을 확대하여 그리스도의 화목케 하시는 사역에 비추어 "먼 데 있는 자에게든지 가까운 데 있는 자에게든지 평강이 있을지어다 평강이 있을지어다 내가 그를 고치리라 하셨느니라"(사 57:19)는 하나님의 선포를 적용하고 있다. 즉 그리스도 안에 들어와 있는 유대인이든 이방인이든 평강 위에 평강이 있을 것이며, 하나님께서 그들을 치유하실 것이라고 적용하고 있다.

이러한 바울의 선언은 우주적인 화해를 위하여 장애물을 깨뜨리는 하나님의 행위를 강조하고 있다. 그리스도의 죽음은 사람들을 하나님께로 인도하는 동시에 민족들간에 서로 적대하던 담까지 허물어 버렸다. 이것은 로마 황제 아우구스투스(Augustus)가 즉위한 이래 호언장담하던 세계의 평화와 안정이라는 로마 사회가 그렇게 갈망하던 평화의 길이 마침내 그리스도 안에서 성취되었음을 암시하는 이중적 의미를 담고 있다.297)

나아가 바울은 그리스도께서 성취하신 놀라운 우주적인 평화는 정치적, 군사적, 사회적인 제도나 방법이 아닌 오직 하나, 즉 교회 안에서 모두가 하나 되게 하시는 성령으로 서로 하나됨으로써 가능하다는 점을 강조하고 있다. 이 사상은 "우리가 유대인이나 헬라인이나 종이나 자유

297) Ralph P. Martin, 에베소서, p. 71.

자나 다 한 성령으로 세례를 받아 한 몸이 되었고 또 다 한 성령을 마시게 하셨느니라"(고전 12:13)에서 확인된다. 이로써 유대인이나 이방인이나 누구든지 하나님께 자유롭게 나아갈 수 있는 길이 열리게 되었다.

바로 이처럼 이제는 ① 더 이상 유대인이 자랑하는 그들의 혈통이나 전통이나 율례와 법도를 초월하고 ② 동시에 이방인이 예전에는 하나님의 부르심으로부터 멀리 떨어져 있었던 역사적 사실조차도 불문하고 ③ 오로지 그리스도 예수 안에서 한 성령을 받음으로써 하나님과 화목을 이루게 된 새로운 공동체, 곧 성령의 인침을 받은 제3의 민족으로 부름받은 교회의 시대가 활짝 열리게 된 것이다.

3. 그리스도의 터 위에 세워진 교회 (엡 2:19-22)

교회 안에서 성령의 하나 되게 하심으로 누구나 하나님께 나아간다는 바울의 선언은 그들이 더 이상 죄로 말미암아 죽었던 존재이거나 하나님의 특권으로부터 철저하게 소외되었던 존재가 아니라 하나님의 기업이며 하나님의 권속임을 증거하고 있다. 이에 바울은 "그러므로 이제부터 너희가 외인도 아니요 손도 아니요 오직 성도들과 동일한 시민이요 하나님의 권속이라"(엡 2:19)고 선언하고 있다. 여기에서 성도들을 하나 되게 하는 터전으로서 교회는 그리스도께서 모퉁이 돌이 되시며, 사도들과 선지자들의 터 위에 서 있는 하나님의 언약 공동체이다.

이러한 개념은 언약의 자손으로 하나님의 부름을 받은 성도들이라면 누구나 교회 안에서 함께 주의 만찬에 참여하는 기독교 공동체의 구체적이고 생생한 경험들과 관련된다. 교회가 하나님의 가족이라는 개념은 교회가 그리스도의 몸이라는 신학적 배경을 가지고 있다(엡 1:23; 4:16).

이런 점에서 바울은 교회를 가리켜 "너희는 사도들과 선지자들의 터 위에 세우심을 입은 자라 그리스도 예수께서 친히 모퉁이 돌이 되셨느니라 그의 안에서 건물마다 서로 연결하여 주 안에서 성전이 되어 가고 너희도 성령 안에서 하나님의 거하실 처소가 되기 위하여 예수 안에서 함께 지어져 가느니라"(엡 2:20-22)고 밝히고 있다.

고대 건축술에서 '주춧돌'(cornerstone)은 전체 건물의 기초를 정하는 가장 중요한 요소였다. 이런 점에서 교회는 단 하나의 터 위에 세워진다고 말할 수 있다. 그 터는 사도들과 선지자들에 의해 전파된 '그리스도'이다. 하나님은 그 교회에 거처하시기를 원하신다. 특별히 '하나님의 거하실 처소'는 성전의 지성소를 가리킨다.298) 그렇다면 교회는 이 세상에서 지성소와 같은 지위에 서 있음을 알 수 있다.

이때 교회는 살아 있는 하나님의 영을 받은 성도들로 구성된 영적인 몸이다. 이를 가리켜 바울은 "너희는 너희가 하나님의 성전인 것과 하나님의 성령이 너희 안에 계시는 것을 알지 못하느냐"(고전 3:16)고 확고하게 밝혀 말하고 있다. 이런 점에서 바울은 교회를 가리켜 그리스도의 몸인 '성전'이라고 부른다.

이 성전은 성령 안에서 지속적으로 발전하는 유기적 생명체이다. 이것은 최초에 아담이 하나님으로부터 선물로 받은 에덴동산이 무한으로 확장될 수 있는 유기적인 특성을 잘 반영하고 있다. 이로써 바울은 사도들이 전파한 복음의 터 위에 그리스도의 몸이며 성령께서 임재해 계시는 성전으로서의 교회가 범세계적으로 확장된다는 사실을 강조하고 있다.299)

이러한 성전에 대한 이해는 하나님께서 아브라함과 맺은 언약 안에서도 암시적으로 나타나 있다. "내가 너로 큰 민족을 이루고 네게 복을 주어 네 이름을 창대하게 하리니 너는 복이 될지라"(창 12:2)는 약속에서

298) F. F. Bruce, 바울, p. 465.

299) William Handriksen, 에베소서, p. 174.

도 복의 근원으로서 아브라함의 이름이 창대하게 된다는 것은 처음부터 약속하신 복의 개념이 누구 한 사람이나 한 가문에게만 속하지 않으며, 또는 어느 한 지역에 국한되거나 어느 한 나라에게만 주어지는 것이 아니라 전 세계 모든 민족에게 약속되었으며 우주적인 개념을 담고 있음을 알 수 있다.

아브라함에게 약속하신 우주적인 복의 개념은 훗날 출애굽한 이스라엘 백성들이 건설한 성막의 지성소를 통해서 더욱 구체적으로 구현되었다. 이 성막은 어느 한 장소에 머물러 고정되어 있는 건축물이 아니었다. 이 성막은 하나님께서 그의 백성들을 만나서 복을 베풀어 주시는 시은소(施恩所: Mercy Seat)로서 이땅에 세워진 것이다. 이 시은소 개념은 파괴된 예루살렘 성전이 회복되어 새롭게 건설될 것이라는 에스겔 선지자를 통해서 보다 명확하게 계시되었다.

"내가 그들과 화평의 언약을 세워서 영원한 언약이 되게 하고 또 그들을 견고하고 번성하게 하며 내 성소를 그 가운데에 세워서 영원히 이르게 하리니 내 처소가 그들 가운데에 있을 것이며 나는 그들의 하나님이 되고 그들은 내 백성이 되리라"(겔 37:26,27)는 말씀처럼 새롭게 지어질 성소는 제사장 나라로서 새 이스라엘의 회복과 더불어 열국에게 하나님의 복이 주어지는 '시은소'가 될 것이다(겔 47:1-12). 이 시은소에서부터 한 물줄기가 시작이 되어 온 세상을 풍요롭게 하는 모습은 에덴동산의 회복을 상징하는 모습이기도 하다.

특별히 "강 좌우 가에는 각종 먹을 과실나무가 자라서 그 잎이 시들지 아니하며 열매가 끊이지 아니하고 달마다 새 열매를 맺으리니 그 물이 성소를 통하여 나옴이라 그 열매는 먹을 만하고 그 잎사귀는 약 재료가 되리라"(겔 47:12)는 예언은 요한계시록에서 묘사하고 있는 새 하늘과 새 땅의 모티프이기도 하다.

에스겔의 이 예언은 "또 그가 수정 같이 맑은 생명수의 강을 내게 보이니 하나님과 및 어린 양의 보좌로부터 나와서 길 가운데로 흐르더라 강 좌우에 생명나무가 있어 열두 가지 열매를 맺되 달마다 그 열매를 맺고 그 나무 잎사귀들은 만국을 치료하기 위하여 있더라"(계 22:1,2)에서 성취되는 걸로 나타나고 있다.

바울은 이러한 성소의 개념을 가져다가 이제 그리스도의 몸인 교회에 적용하고 있다. 이러한 바울의 교회관은 그때나 지금이나 매우 획기적인 신학적인 견해가 아닐 수 없다. 일반적으로 성전이라고 할 때는 어느 특정한 장소에 자리잡고 있는 건축물을 가리킨다. 이 세상에 있는 모든 종교의 성전들이 가지고 있는 개념이 그러하다. 그러나 바울은 성전을 유기적인 생명체로 말하고 있다. 이는 교회를 가리켜 '그리스도의 몸'으로, 그리고 그리스도를 '교회의 머리'로 부르는 것에서 그 정점을 이루고 있다.

최초 에덴동산은 하나님의 임재하시는 지성소와 같은 위치에 있었다. 에덴동산을 지성소와 같은 의미로 볼 수 있는 것은 그 동산에 로고스이신 그리스도를 상징하는 생명나무가 자리하고 있다는 사실에서도 확인할 수 있다. 이 로고스이신 그리스도를 상징하는 생명나무가 훗날에 성막에서는 하나님의 법궤로 지성소에 자리하고 있는 것에서도 확인할 수 있다.

하나님의 거처가 되는 그 지성소인 에덴동산을 하나님은 아담과 하와에게 선물로 주시고 아담과 하와로 하여금 하나님과 교제할 수 있도록 은혜를 베풀어 주셨다. 하나님은 아담과 하와를 자신의 유일한 벗으로 삼으셨던 것이다. 이때 아담과 하와에게는 왕과 제사장과 선지자로서의 직분이 주어졌다.

이러한 역사적인 사실을 염두에 두고 이제 바울은 그리스도의 몸인 교회를 가리켜 "너희도 성령 안에서 하나님이 거하실 처소가 되기 위하여 그리스도 예수 안에서 함께 지어져 가느니라"(엡 2:22)고 함으로써 교회에게 최상의 영예로운 지위를 부여하고 있는 것이다.

그렇다면 이제 그리스도의 터 위에 세워져 있는 교회에 대한 바울의 신학적 이해에 대해 우리도 충분히 그 개념을 정립할 수 있을 것이다. 이러한 개념을 종합적으로 가지고 있을 때 비로소 우리가 교회의 회원이 되었다는 사실이 얼마나 명예로운 일인지를 실감하게 될 것이다. 곧 하나님의 살아있는 성전에 속한 교회의 회원인 성도들에게는 아담과 하와에게 주어졌던 왕과 제사장과 선지자로서의 직분이 주어져 있기 때문이다.

이러한 개념을 함축하여 베드로 사도는 "너희는 택하신 족속이요 왕 같은 제사장들이요 거룩한 나라요 그의 소유가 된 백성이니 이는 너희를 어두운 데서 불러 내어 그의 기이한 빛에 들어가게 하신 이의 아름다운 덕을 선포하게 하려 하심이라"(벧전 2:9)고 밝혀 말하고 있다.

이러한 개념을 기초로 "오직 너희는 그리스도의 복음에 합당하게 생활하라 이는 내가 너희에게 가 보나 떠나 있으나 너희가 한마음으로 서서 한 뜻으로 복음의 신앙을 위하여 협력하는 것과 무슨 일에든지 대적하는 자들 때문에 두려워하지 아니하는 이 일을 듣고자 함이라 이것이 그들에게는 멸망의 증거요 너희에게는 구원의 증거니 이는 하나님께로부터 난 것이라"(빌 1:27,28)고 당부하고 있는 바울의 요청에 우리는 기꺼이 응답해야 할 것이다.

| 기 도 |

성부 하나님께서 미리 예비하신 가운데 성자이신 그리스도 예수 안에서 선한 일을 위해 지음을 받은 하나님의 작품으로 우리를 만드신 우리 주 예수 그리스도의 아버지이신 하나님.

이 세상에 그 누가 이 복된 자리로 부를 수 있으며, 그 부르심에 합당한 삶을 살 수 있도록 지혜와 총명을 주는 자가 어디에 있으리이까. 이런 일은 세상의 지혜와 총명이 있는 자들이라 할지라도 감히 상상조차 할 수 없는 것임을 고백하나이다. 이 일은 오로지 성부와 성자와 성령께서 친히 작정하시는 가운데서 이루어지게 하시오니 감사와 찬송을 올리옵나이다.

이제 우리는 그리스도 예수께서 행하신 십자가의 은혜로 말미암아 하나님의 선한 일을 위해 새롭게 지음받은 교회의 회원으로 부름을 받았은 즉 온 땅에서 죄로 인해 버림을 받았던 사람들에게 복음을 듣고 믿게 함으로써 주께서 미리 작정하신 것처럼 우주적인 화평을 위해 우리의 삶을 살아갈 수 있는 은혜를 베풀어 주옵소서.

이러한 시대적 사명을 각성하지 아니 하고서는 기독교는 그저 세상에서 유행하는 하나의 종교로 전락될 뿐이며, 오로지 이생에서 누리고자 하는 인생의 복락과 유익을 추구하는 저급한 삶을 살 수밖에 없을 것이옵나이다.

하오니 주여, 그리스도 예수가 친히 모퉁이 돌이 되어 사도들이 전한 복음의 터전 위에 교회를 세워 나가는 일과, 그 복음으로 말미암지 않고서는 우주적인 화평을 얻을 수 없다는 사실을 명확하게 드러내고, 이로써 우리 교회가 성령 안에서 하나님이 거하실 처소가 되기 위하여 그리스도 예수 안에서 함께 지어져 가는 일에 모든 마음을 쏟아 붓기를 원하나이다.

이러한 영예를 누리고자 우리를 왕으로 제사장으로 선지자로 살게 하셨사오니 우리에게 주어진 이 복된 삶을 살아감으로써 새 하늘과 새 땅에서 누리는 그 기쁨을 날마다 우리의 삶 속에서도 누리게 하옵소서.

우리 주 예수 그리스도의 이름으로 기도합니다. 아멘.

〈8〉

그리스도의 새 창조와 사도직의 성격

에베소서 3:1-7

3:1 이러므로 그리스도 예수의 일로 너희 이방인을 위하여 갇힌 자 된 나
바울이 말하거니와 2 너희를 위하여 내게 주신 하나님의 그 은혜의 경륜
을 너희가 들었을 터이라 3 곧 계시로 내게 비밀을 알게 하신 것은 내가
먼저 간단히 기록함과 같으니 4 그것을 읽으면 내가 그리스도의 비밀을
깨달은 것을 너희가 알 수 있으리라 5 이제 그의 거룩한 사도들과 선지자
들에게 성령으로 나타내신 것 같이 다른 세대에서는 사람의 아들들에게
알리지 아니하셨으니 6 이는 이방인들이 복음으로 말미암아 그리스도 예
수 안에서 함께 상속자가 되고 함께 지체가 되고 함께 약속에 참여하는
자가 됨이라 7 이 복음을 위하여 그의 능력이 역사하시는 대로 내게 주신
하나님의 은혜의 선물을 따라 내가 일꾼이 되었노라

바울 당시의 유대인들은 '손으로 육체에 행한 할례(*περιτομη*〈패리토매〉)를 받은 무리들'(엡 2:11)이었다. 바울은 이들을 가리켜 마음의 할례

를 받지 않은 '손할례당'(*κατατομη*〈카타토매〉, 빌 3:2)이라고 불렀다. 이들은 하나님과의 관계에서는 아무 상관없이 오로지 '육신의 혈통을 따라 이스라엘'이 되었던 유대인들이었다.

그런데 이 유대인들은 예루살렘 성전과 곳곳에 흩어져 있는 지방의 회당들에만 존재하는 것이 아니었다. 그들은 세상 어디에나 흩어져 살고 있는 하나의 민족이었다. 때문에 그 전체 인구가 외형적으로 드러나지 않은 비가시적인 형태를 취하고 있었다. 이런 이유에서 어느 특정한 지역에 있는 회당은 사실상 전 세계에 흩어져 살고 있는 비가시적인 '이스라엘의 회중'이 가시적인 형태로 드러난 회중의 모임이었다.

유대인으로 태어난 바울은 이 사실을 잘 알고 있었다. 그리고 이와 동일한 원리를 새 이스라엘, 즉 교회에 적용시키고 있다. 그리스도와 한 몸을 이루고 있는 교회는 전 세계 어느 곳이든 존재하고 있었다. 그리고 그들은 가시적으로 드러나지는 않지만 하나의 새로운 민족이었다. 이들은 유대인도 아니고 이방인도 아닌 제3의 민족이었다. 때문에 바울은 그리스도와 연합되어 한 몸을 이룬 성도들의 하나됨, 곧 우주적이며 보편적인 교회의 통일성과 하나됨에 깊은 관심을 가지고 있었다.

바울은 이 그리스도의 몸인 교회에 자신이 전파한 복음으로 말미암아 새로운 공동체 안으로 들어온 성도들뿐 아니라, 기존에 있었던 예루살렘 교회를 비롯해 유대와 사마리아와 시리아에 있는 성도들도 그리스도와 연합된 한 몸인 교회, 즉 하나의 통일된 교회로 인식하고 있었다. 바울이 바쁜 선교 일정 중에서도 빈곤 가운데 빠져 있는 예루살렘 교회 성도들을 위해 세계 곳곳에 있는 교회들로부터 구제 연보를 모금하는 일에 온 힘을 기울였던 이유도 여기에 있었다(행 19:23-41; 롬 15:25-28).

1. 보편적인 교회의 속성에 대한 이해 (엡 2:1-22)

바울에 의하면 모든 성도들은 성부와 성자와 성령의 이름으로 세례를 받음으로써 각 지역의 모임인 가시적인 지역 교회에 속하게 되었다. 뿐만 아니라 성도들은 하늘에 계시는 '그리스도 예수와 연합' 되어 있었다. 그리스도와 연합하여 세례를 받음으로써 그리스도로 옷 입은 성도들은 모두 필연적으로 그리스도 안에서 한 몸이 되어 영적인 실체의 일부를 구성했다(롬 12:5). 또한 성도들은 한 성령으로 세례를 받아 그리스도의 몸으로 연합되어 있기 때문에 그리스도의 몸을 이루는 한 지체들이 된 것이다(엡 2:5,6).

모든 성도들은 그들이 로마, 고린도, 에베소, 안디옥, 예루살렘 등 어디에 있든지 세례를 통하여 그리스도와 연합하여 한 몸이 되었으며, 그리스도와 함께 죽고 그리스도의 부활에 참여함으로써 함께 일으키심을 받았다. 그 결과 온 세상에 있는 성도들은 그리스도의 부활 생명에 참여함으로써 하나의 기독교적인 교제(*κοινονια*)를 이루게 되었다.300) 이것은 '그리스도 예수 안에서' (*ἐν Χριστῷ Ἰησοῦ*)라고 바울이 강조하고 있는 하나의 보편적인 교회관의 근거이기도 하다.

이처럼 불가시적인 보편 교회는 '하나님의 백성' (벧전 2:10)이며, '그리스도의 몸' (고전 10:16; 12:27; 엡 4:2)이며, 그리고 '성령의 전' (고전 6:19)으로 표시된다. 그리고 이 교회는 그리스도 안에서 하나이며(교회의 통일성) 세상과 구별되어 있으며(교회의 거룩성) 어디에서도 존재하는 보편적인(교회의 보편성) 속성을 가지고 있다(엡 2:14-18). 이 교회는 사도들이 전한 복음인 그리스도께서 십자가의 구속을 통해 이루신 하나님과의 화평, 곧 샬롬(שׁלום)에 의한 기독론 위에 세워져 있다.

이에 대해 바울은 "그러므로 이제부터 너희는 외인도 아니요 나그네

300) F. F. Bruce, 바울, p. 463.

도 아니요 오직 성도들과 동일한 시민이요 하나님의 권속이라 너희는 사도들과 선지자들의 터 위에 세우심을 입은 자라 그리스도 예수께서 친히 모퉁잇돌이 되셨느니라 그의 안에서 건물마다 서로 연결하여 주 안에서 성전이 되어 가고 너희도 성령 안에서 하나님이 거하실 처소가 되기 위하여 그리스도 예수 안에서 함께 지어져 가느니라"(엡 2:19-22)고 강조한 바 있다.

이런 점에서 교회는 옛 경륜에 속한 이스라엘과 성전을 대신하며, 유대인과 이방인으로 분리되었던 옛 질서의 세계를 바꾸어 놓은 새로운 질서의 세계이기도 하다. 교회는 새 사람들로 구성되는데 이는 인류의 대표이신 그리스도 예수 안에 포함된 새 인류이다. 이들이 바로 머리이신 그리스도 예수의 몸을 구성한다.

그리스도의 몸인 이 교회는 ① 민족간의 적대감이 극복된 영역이며, 서로간에 화평이 이루어진 영역이다. 또한 ② 화평이 그 열매를 맺는 영역이며, 세상을 위한 통일성의 가시적인 표지이다. 나아가 이 교회는 ③ 모든 만물을 통일하시는 그리스도 예수의 구속을 구현하는 영역이다.

따라서 교회는 ① 적대적인 민족들 사이의 화해가 이루어진 현장이며, ② 인간과 하나님 사이의 화해가 이루어진 평강의 기구이며, ③ 하늘과 땅 사이의 모든 피조물들의 조화가 회복되는 실체이다. 무엇보다도 교회는 ④ 하늘에 계시는 아버지께 나아가는 유일한 특권을 누리는 실존적 존재이다.

새로운 질서의 시대에 하나님의 성전으로 불리어짐으로써 하나님의 임재에 초점이 맞추어진 이러한 교회관은 더 이상 겉으로 드러나는 가시적인 예루살렘 성전과 같은 건물을 추구하지 않는다. 이 교회는 그리스도 예수의 몸으로 일컬어지는 살아 있는 유기적 공동체이며 불가시적이기 때문이다.

다시 말한다면, 교회는 이미 하나님이 임재하시고 거주하시는 처소이며 동시에 아직 완전히 장성하지 않은 유기적 생명체이다. "너희도 성령 안에서 하나님이 거하실 처소가 되기 위하여 그리스도 예수 안에서 함께 지어져 가느니라"(엡 2:22)는 말씀과 같이 이 교회에서 ① 성도들은 그리스도와 함께 하늘의 복을 누리는 관계를 가지며 ② 성령 안에서 성도들 사이의 관계를 통하여 더욱더 하나님을 위한 성소로 지어져 간다. 이런 점에서 교회는 하나님을 위해 구별된 거룩성과 동시에 유기적인 성장에 의해 특징지어져야 한다.301)

이 교회 안에서 성도들이 얻은 새로운 특권적인 지위는 모든 것을 그리스도에게 빚지고 있음을 의미한다. 그리스도는 ① 성도들이 하나님께 나아가게 하는 것을 가능하게 하셨으며, ② 새로운 성전의 으뜸 돌이 되시며, ③ 그 안에서 모든 성도들이 서로 연결되어 맞추어지고 성장하게 하는 분이시다.

그리스도는 사도들과 선지자들의 터 위에 이 교회를 세우셨다(엡 2:20). 사도들과 선지자들은 하나님이 그리스도 예수 안에서 행하신 일들의 비밀(마 13:11; 눅 8:10; 요 17:3) 302) 에 대한 해석과 선포를 통해 화평(שׁלום)의 복음을 전파함으로써 그리스도 예수께서 자신의 몸인 교회를 세우시는 일에 봉사하고 참여한다.

---

301) Andrew T. Lincoln, 에베소서, p. 388.

302) "대답하여 이르시되 천국의 비밀을 아는 것이 너희에게는 허락되었으나 그들에게는 아니되었나니"(마 13:11), "이르시되 하나님 나라의 비밀을 아는 것이 너희에게는 허락되었으나 다른 사람에게는 비유로 하나니 이는 그들로 보아도 보지 못하고 들어도 깨닫지 못하게 하려 함이라"(눅 8:10), "영생은 곧 유일하신 참 하나님과 그가 보내신 자 예수 그리스도를 아는 것이니이다"(요 17:3).

성도들이 사도와 선지자들의 터 위에 세워진 교회라는 이 개념은 그들이 누리고 있는 모든 특권들이 사도와 선지자들의 복음 선포로부터 시작되었음을 의미한다(엡 3:5). 이점에 있어 바울은 자신을 그리스도의 대리인(agent)으로 이해하고 있다. 이것은 바울 복음의 근거가 전적으로 그리스도로부터 기원하고 있음을 강조하고 있다.

무엇보다도 교회를 세우고 자라게 하는 사도직에 대한 바울의 이해는 그의 사도적 복음 선포에 의해 세워진 교회를 통하여 하나님의 구원계획이 효과적으로 세상에 널리 펼쳐지게 된다는 것과 맞물려 있다.

이런 점에서 바울은 에베소서 3장에서 ① 사도직의 소명에 대한 해설(1-7절)과 ② 사도직의 수행에 대한 이해(8-13절)를 바탕으로 ③ 온 땅에 펼쳐질 기독 공동체인 교회를 통해서 하늘과 땅이라는 모든 세계를 품는다는 우주적인 교회관을 제시하고(14-19절) ④ 교회 안에 영원히 존재하게 될 그리스도의 영광을 찬양하고 있다(20,21절).

2. 하나님의 은혜와 사도적 사역에 대한 이해 (엡 3:1)

에베소서 2장에서 바울은 성도들의 상황에서 무한한 변화가 일어나게 된 것은 그들이 하나님의 성전을 구성하는 일부로 부름을 받았다는 특권과 더불어, 거룩한 공동체로 성장함으로써 하나님의 부르심에 따라 살아가야 할 책임을 위한 것이라고 밝혔다(엡 2:1-10).

또한 바울은 그리스도의 죽으심이 갖는 창조적인 원동력으로 말미암아 가시적인 건물인 예루살렘 성전을 대신하여 불가시적이며 영적인 성전에 참여한 성도들에게 화해의 사역에 동참할 것을 제시하였다(엡 2:11-22). 이러한 맥락에 이어서 이제 바울은 사도적 복음으로 말미암아 교회가 설립되었음 3장에서 강조하고 있다.

바울은 교회가 하나님의 목적을 수행하는 능력을 발휘함에 있어 먼저 사도적 복음이 전파되었음을 제시한다. 바울은 자신을 가리켜 "이러므로 그리스도 예수의 일로 너희 이방을 위하여 갇힌 자 된 나 바울"(엡 3:1)이라고 재차 강조한다. 이것은 사도적 복음 사역이 세상 모든 백성들을 위한 것이며, 이를 위하여 바울은 '이방을 위해 그리스도 예수에게 매여 있음'(the prisoner of Jesus Christ for you Gentiles)을 분명히 보여주고 있다.

앞서 바울은 자신의 복음을 듣게 된 모든 사람들을 향하여 "그러므로 이제부터 너희는 외인도 아니요 나그네도 아니요 오직 성도들과 동일한 시민이요 하나님의 권속이라 너희는 사도들과 선지자들의 터 위에 세우심을 입은 자라 그리스도 예수께서 친히 모퉁잇돌이 되셨느니라 그의 안에서 건물마다 서로 연결하여 주 안에서 성전이 되어 가고 너희도 성령 안에서 하나님이 거하실 처소가 되기 위하여 그리스도 예수 안에서 함께 지어져 가느니라"(엡 2:19-22)고 밝힌 바 있다.

이처럼 그리스도의 사도인 바울은 바로 이 일을 위해 그리스도 예수에게 매여 있음을 분명하게 인식하고 있었다. 이 말은 비록 바울의 입으로 선포된 복음일지라도 그 복음은 전적으로 그리스도로부터 주어졌음을, 그리고 그 복음을 전하는 일에 있어 바울은 아무런 권한이 없으며 오직 그리스도에게 매여 있음을 보다 확실하게 보여주고 있다.

이에 근거하여 바울은 ① 2-7절에서 성도들이 하나님의 백성, 즉 교회에 참여하는 비밀에 초점을 맞춤으로써 하나님의 은혜(엡 2:11-22)와 연결시키고, ② 8-13절에서 그 비밀과 우주를 위한 하나님의 경륜 안에서 교회의 역할과 연결시킴으로써 앞서 "그 뜻의 비밀을 우리에게 알리신 것이요 그의 기뻐하심을 따라 그리스도 안에서 때가 찬 경륜을 위하여 예정하신 것이니 하늘에 있는 것이나 땅에 있는 것이 다 그리스도 안에서 통일되게 하려 하심이라"(엡 1:9,10)고 언급한 우주의 회복과 통일을 위한 하나님의 목적을 상기시키고 있다. 그리고 ③ 14-21절에서 이 교회가 하나님의 목적을 수행하기 위하여 교회의 능력을 발휘하라는 사도의 기도로 이어지고 있다.

3. 하나님의 경륜과 사도직에 대한 바울의 이해 (엡 3:2-4)

골로새서 1장 23-29절과 병행 관계를 이루고 있는 이 첫 번째 단락(2-7절)에서는 바울이 고난 가운데서도 기꺼이 복음을 전파하고 있는 목적을 밝히고 있다. 2-7절과 8-12절은 각각 한 문장으로 되어 있어 해석에 어려움이 있다. 이 첫 번째 문장에서 바울은 사도들과 선지자들에게 성령으로 나타내신 복음을 통해 성도들이 예수 안에서 하나님의 후사가 되는 일에 있어 일꾼으로 부름받은 바울 자신의 사도권에 대해 어떻게 이해하고 있는가를 잘 보여주고 있다.

바울의 복음은 이미 모든 교회들에게 널리 전파되었다. "(만일) 너희를 위하여 내게 주신 하나님의 그 은혜의 경륜을 너희가 들었을 터이라"(엡 3:2)는 진술은 바울이 전한 복음의 근거를 밝히고 있다. '만일'(ει γε, 개역개정은 생략)로 시작되는 본문은 바울의 사도적 사역에 대해 수신자들이 알고 있음을 확신하고 있다는 가정을 전제하기 위함이다. 이러한 용법은 앞선 주장의 배후에 놓여있는 가정을 명백하게 하는 진술을 강조하기 위함이다.303)

여기에서 바울은 성도들이 자신을 통해 들었던 '하나님의 그 은혜의 경륜'(τὴν οἰκονομίαν τῆς χάριτος τοῦ Θεοῦ), 즉 언약의 자손으로 하나님의 부름을 받은 성도들이 하나님의 교회 안으로 들어오게 하신 은혜야말로(엡 2:1-10) 하나님께서 성도들을 위해 자신에게 은혜로 주신 사도직과 관련되어 있음을 강조하고 있다.

---

303) Andrew T. Lincoln, 에베소서, p. 406.

때문에 바울은 '하나님의 그 은혜의 경륜'이야말로 바로 '너희를 위하여 내게 주신 것'(*τῆς δοθείσης μοι εἰς ὑμᾶς*), 직역하자면 '너희를 향하여 내게 주신 것'(which is given me to you-ward)이라고 말한다.

바울은 하나님의 은혜로 자신이 사도직을 수행하고 있지만(갈 1:15; 고전 3:10; 롬 1:5) 그 은혜는 결국 '너희를 위하여', 즉 성도들을 향해 주어졌다는 점을 잘 알고 있었다. 그리고 바울이 전파한 복음의 핵심은 '하나님의 그 은혜의 경륜'에 대한 것이었다(엡 1:3-14).

나아가 이 경륜에 대한 것은 신실하신 하나님께서 구속의 역사를 통해 밝히신 계시의 내용에 담겨 있다. 이런 이유에서 바울은 "곧 계시로 내게 비밀을 알게 하신 것은 내가 이미 대강 기록함과 같으니 이것을 읽으면 그리스도의 비밀을 내가 깨달은 것을 너희가 알 수 있으리라"(엡 3:3,4)고 말하고 있다.

여기에서 바울은 세 가지 중요한 사실을 보여주고 있다. 곧 ① 이 '계시'(*ἀποκάλυψις* : revelation : 默示)는 하나님으로부터 왔으며, ② 이 계시를 받은 바울이 전파한 복음을 통해 민족적 혹은 종교적인 장벽이 극복되었으며(엡 2:14-18), ③ 마침내 모든 민족들이 복음 안에서 하나가 되어 한 몸을 이루는 교회 안에 들어오게 되었다는 점이다. 이 사실을 가리켜 바울은 '그리스도의 비밀'(*τῷ μυστηρίῳ τοῦ Χριστοῦ*) 혹은 '그리스도에 대한 비밀' 곧 '그리스도의 신비'(엡 1:9)라고 말한다.304)

이 비밀은 ① 교회에 내주하시는 그리스도, 곧 성도들 안에 임재하신 그리스도로서 성도들에게는 영광의 소망이며(골 1:27) ② 모든 피조물을 그리스도 안에서 통일하시려는 하나님의 계획에 속한 것이다(엡 1:9). ③ 나아가 이 비밀에는 일차적으로 유대인들과 이방인들이 그리스도 안에서 한 민족으로 연합되었다는 사실도 포함된다(엡 3:6).

---

304) Ralph P. Martin, 에베소서, p. 76.

이 사상은 그리스도가 오시기 전까지 율법을 가지고 있던 유대인들이나 율법으로부터 소외되었던 이방 민족들에게는 하나님과의 화평이 없었지만, 이제는 그리스도의 십자가로 말미암아 율법을 가지고 있든지 혹은 율법으로부터 소외되어 있든지 간에 비로소 그들이 하나님과 화목하게 되었다는 내용(엡 2:14-16)을 강조하고 있다.

이 비밀은 안타깝게도 그리스도께서 오시기 전까지는 일종의 모형, 예를 들면 에덴동산의 생명나무나 노아의 방주, 또는 불기둥이나 구름기둥, 성막이나 성전과 같은 가시적인 형태로 보여졌다. 혹은 아담이나 노아나 아브라함이나 모세나 다윗과 같은 인물들을 통해 예표적으로만 알려져 왔을 뿐이다. 그러나 이 놀라운 은혜, 곧 예전에는 감추어져 있었지만 그리스도에 관한 이 비밀이 지금은 사도적인 복음 전파를 통해 확실하게 밝혀지게 되었다.

하나님은 이 비밀을 사도인 바울에게 보여 알리셨고, 이 계시된 비밀을 온 땅에 선포하게 하셨다. 바울은 이 '그리스도의 비밀'(*τῷ μυστηρίῳ τοῦ Χριστοῦ*), 즉 '그리스도의 십자가로 모든 민족이 하나님과 화평을 이루게 되었다'는 소식을 전파했다. 이것이 바울이 전파한 복음의 핵심 내용이다.

이러한 바울의 복음 전파를 통하여 하나님은 예수 그리스도가 과거 이스라엘에게 약속된 메시아이시며 동시에 열방 민족들의 빛이라는 점을 모든 민족들이 듣고 알게 하셨다. 이 사실에 대해 바울은 '내가 이미 대강 기록함과 같으니'(3절)라고 말한다. 이것은 지금까지 바울이 기록한 앞선 내용(엡 1,2장) 전체를 가리키고 있다.305)

그리고 앞서 기록한 내용, 즉 "그것을 읽으면 내가 그리스도의 비밀을 깨달은 것을 너희가 알 수 있으리라"(엡 3:4)고 밝히고 있다. 이것은

305) Bruce B. Barton, 에베소서, p. 130.

바울로부터 복음을 들은 성도들이야말로 그 복음의 내용이 참으로 하나님으로부터 온 것이며, 오랫동안 비밀에 감춰여 왔던 그 복음을 성도들이 깨닫게 되는 그 자체가 '바울의 사도성'을 증명하는 일이라는 사실을 강조하고 있다.

결국 사도라 한다면 자신이 전한 복음으로 말미암아 하나님의 경륜 안에서 ① 성도들은 이 세상과 구별되었고, ② 그리스도의 몸인 교회의 회원으로 거룩하게 되었다는 사실을 깨닫게 하는 사실을 통하여 자신의 사도성을 입증해야 한다. 이 말은 어느 누구든지 심지어 이 글을 쓰고 있는 바울마저도 자신이 전한 복음의 열매로 자신의 사도성을 입증해야 하며, 그렇지 않다면 그가 전한 복음은 거짓 복음이며 그는 거짓 선지자에 불과하다는 점을 경계시키고 있다.

4. 그리스도의 비밀을 전파하는 사도직에 대한 이해 (엡 3:5,6)

성도들은 바울이 기록한 앞선 내용들을 통해 비밀의 실체에 대하여 이제는 밝히 알게 되었다. 곧 그리스도 자신이 이 비밀의 실체이며, 그리스도는 자신의 모든 영광 가운데서 하나의 몸된 교회를 이루게 된 모든 언약의 자손들 곧 하나님의 부름을 받은 성도들에게 그의 성령을 통하여 내주하심으로써 성도들을 풍요롭게 하신다.

> "이 비밀은 만세와 만대로부터 감추어졌던 것인데 이제는 그의 성도들에게 나타났고 하나님이 그들로 하여금 이 비밀의 영광이 이방인 가운데 얼마나 풍성한지를 알게 하려 하심이라 이 비밀은 너희 안에 계신 그리스도시니 곧 영광의 소망이니라"(골 1:26,27).

바울은 자신이 깨달은 이 비밀을 성도들도 충분히 깨닫게 되리하고 조금도 의심치 않았다. 왜냐하면 이 비밀, 즉 이 은혜로운 복음의 내용은 성령께서 사도들과 선지자들에게 친히 드러내셨듯이 성도들에게도 충분히 나타내어 알게 하시기 때문이다.

이에 바울은 “이제 그의 거룩한 사도들과 선지자들에게 성령으로 나타내신 것같이 다른 세대에서는 사람의 아들들에게 알게 하지 아니하셨으니 이는 이방인들이 복음으로 말미암아 그리스도 예수 안에서 함께 후사가 되고 함께 지체가 되고 함께 약속에 참예하는 자가 됨이라”(엡 3:5,6)고 자신의 확신을 표시하고 있다.

이 비밀은 ‘다른 세대’(*ἑτέραις γενεαῖς*), 즉 ‘다른 때’(행 14:16, ‘지나간 때’)에는 사람들의 아들들에게 알려지지 않은 비밀이었다. 하지만 이제 그 비밀은 각 사람에게 은사를 주시는 성령에 의해 사도들과 선지자들에게 계시되었다.

여기에서 ‘다른 때’는 ‘사람들의 아들들’(*υἱοῖς τῶν ἀνθρώπων* : 이 용어는 일반적으로 ‘사람들’에 대한 히브리적 표현이다)에게 비밀이 감추어진 기간이었다. 반면에 이와 대조적으로 지금은 사도들과 선지자들에게 이 비밀이 알려진 때이다.

지나간 때에 하나님은 이 비밀을 선지자들에게 다양한 방식으로 예언하도록 하셨다(창 12:3; 22:18; 26:4; 28:14; 시 72편; 87편; 사 11:10; 49:6; 54:1–3; 60:1–3; 호 1:10; 암 9:11,12; 말 1:11).

하지만 과거 선지자들은 메시아의 오심과 성령의 강림과 관련하여 과거의 신정(theocracy : 神政) 체제가 무너지고 그 대신 언약 안에 있었던 이스라엘 민족과 언약 밖에 있었던 열방 민족들이 이제는 완전히 통일된 위치에 놓여 새로운 하나님 나라 곧 하나의 유기체인 교회로 세워진다는 사실에 대해서는 완전하게 드러내어 밝히지는 못했다.

베드로 사도가 “이 구원에 대하여는 너희에게 임할 은혜를 예언하던 선지자들이 연구하고 부지런히 살펴서 자기 속에 계신 그리스도의 영이 그 받으실 고난과 후에 받으실 영광을 미리 증언하여 누구를 또는 어떠한 때를 지시하시는지 상고하니라 이 섬긴 바가 자기를 위한 것이 아니요 너희를 위한 것임이 계시로 알게 되었으니 이것은 하늘로부터 보내신 성령을 힘입어 복음을 전하는 자들로 이제 너희에게 알린 것이요 천사들도 살펴보기를 원하는 것이니라 그러므로 너희 마음의 허리를 동이고 근신하여 예수 그리스도께서 나타나실 때에 너희에게 가져다주실 은혜를 온전히 바랄지어다"(벧전 1:10-13)라고 밝힌 것처럼 구약시대의 선지자들은 그들이 부지런히 살펴 깨달은 이 예언의 성취와 그 의미에 대해서는 충분히 그리고 완전히 드러낼 수는 없었다.

왜냐하면 그들이 드러낸 그리스도에 대한 내용들은 그들의 시대가 아닌 새로운 시대에 성취될 내용들이기 때문이다. 반면에 새 시대에 부름받은 복음 전하는 자들, 곧 사도들은 예전에 선지자들이 부지런히 연구하여 살펴서 예언한 내용들이 성취된 시대에 살게 됨으로써 이 사실을 분명하게 밝힐 수 있었다.306)

이로써 이제 바울의 복음을 듣게 된 성도들은 완벽하게 밝히 드러난 복음의 내용을 성령의 나타내심을 통하여 충분히 알게 된 것이다. 이런 점에서 사도들은 그리스도의 비밀을 전파하는 일에 봉사하게 된 것이며, 사도들의 봉사를 통해 성도들은 예전에 비밀에 속했던 그리스도에 관한 복음을 이제는 충분히 알 수 있게 된 것이다.

5. 그리스도의 새 창조와 사도직에 대한 이해 (엡 3:7)

새 시대에는 하나님이 자신의 목적, 곧 예전에는 비밀로 감추어두었

---

306) William Handriksen, 에베소서, p. 194.

던 복음을 드러내시기 위해 특별한 집단인 사도들과 선지자들을 선택하셨다. 이 사도들과 선지자들은 명백하게 밝혀진 계시를 통해 교회를 세우는 교회의 터이다(엡 2:20).

특별히 바울은 사도들을 가리켜 '거룩한 사도들'(τοῖς ἁγίοις ἀποστόλοις, 엡 3:5)이라고 지칭하고 있는데 이것은 사도들만이 직접 하나님의 계시를 받았다는 점을 강조하기 위함이다. 이런 점에서 새 창조의 시대를 열고 있는 사도들은 계시의 기구로서 구별되어 있는 것이다. 물론 초대 교회 시대의 선지자들 역시 계시를 드러내는 일을 하였지만 이것은 성령의 은사 범주에 속한 것으로 보아야 한다는 점에서 사도들과 구별된다.307)

하지만 지금 바울이 언급하고 있는 비밀과 관련된 내용 중 이방인과 유대인의 하나됨은 사실 바울에게 주어진 특별한 사명이었다. 바울은 이러한 자신의 사도적 소명이 어머니의 태에서부터 시작되었다고 강조하고 있다(갈 1:15,16). 예루살렘의 사도들 역시 바울이 이러한 사역을 위한 사도였음을 인정했다(갈 2:8). 이런 점에서 바울의 사도직은 다른 사도들과 구별된다. 무엇보다 바울은 자신이 이러한 사역을 위해 선택된 사도가 되었음을 기뻐했다.

바울은 자신의 사역을 단순히 이방인에게 복음의 비밀을 전하는 것으로만 여기지 않았다. 바울은 자신의 사도직을 그리스도의 새 창조를 위한 봉사로 여기고 있음에서 이 사실을 알 수 있다(고후 5:17-20). 바울의 관심은 어떻게든지 이방인과 유대인들의 벽을 허물고 그 둘이 하나가 될 뿐만 아니라 자신의 사역을 통해 모든 민족이 그리스도 안에서 하나님과 화목하게 되기를 원했다.

바울은 과거에 율법으로 말미암아 분리되었던 유대인과 이방인이 완전한 화합을 이루고, 이제는 복음을 받은 모든 성도들이 하나의 새로운

---

307) Andrew T. Lincoln, 에베소서, p. 414.

유기체로 그리스도 예수와 연합함으로써 새로운 피조물로 그리고 새로운 인간성으로 거듭나기 위해 모든 노력을 기울였다(엡 2:15). 따라서 자신이 수행하고 있는 이 복음의 화해 사역을 '하나님의 새 창조'로 바울이 이해하고 있다는 것은 조금도 이상한 일이 아니다.308)

바울은 이 사실에 대해 "이 복음을 위하여 그의 능력이 역사하시는 대로 내게 주신 하나님의 은혜의 선물을 따라 내가 일꾼이 되었노라"(엡 3:7)고 기꺼이 밝히고 있다. 바울에게 있어서 자신의 사도직은 그리스도의 복음을 전하는 것이며, 이것은 곧 하나님의 경륜에 속한 새 창조의 완성을 위한 직분으로 이해하고 있었다.

그리고 이러한 바울의 사도직에 대한 이해는 이제 교회의 존재 의미와 관련하여 이해되어야 한다. 곧 ① 교회의 복음 전파야말로 하나님의 경륜에 속한 새 창조의 완성을 향한 위대한 교회의 사명으로 우리에게 주어져 있다. 또한 ② 교회는 이러한 명예스러운 사명 의식을 갖고서 역사의 주역으로 굳건하게 남아 있어야 한다.

바로 이러한 교회의 역사적인 사명 의식의 최종적인 열매는 성도들이 매주일 모여 하나님께 경배하는 교회의 공적 예배이다. 이 공적 예배에 근거하여 성도들은 교회의 역사적인 사명을 수행하는 자세로 한 주간의 삶을 살아가야 한다. 이것이 곧 성도들의 '모든 삶의 기저에는 하나님 나라를 구현하고 실제로 자기의 삶을 통해 그 문화를 건설해 나가야 한다는 사명 의식'인 것이다.309)

이러할 때 성도들은 하나님께서 행하시는 새 창조의 완성을 향한 삶의 행보를 이어가게 되며 역사의 주인공으로 살아가게 된다. 이러한 삶의 모습을 가리켜 '하나님의 나라와 그의 의를 구하는 삶'이라고 한다

---

308) Nicholas T. Wright, 하나님의 아들의 부활, p. 488.

309) 송영찬, 산상수훈연구, 교회와 성경, 서울, 2020년, pp. 754.

(마 6:33). 이와 관련해 우리 주님은 산상수훈에서 이렇게 말씀하신다.

> "그러므로 염려하여 이르기를 무엇을 먹을까 무엇을 마실까 무엇을 입을까 하지 말라 이는 다 이방인들이 구하는 것이라 너희 하늘 아버지께서 이 모든 것이 너희에게 있어야 할 줄을 아시느니라 그런즉 너희는 먼저 그의 나라와 그의 의를 구하라 그리하면 이 모든 것을 너희에게 더하시리라 그러므로 내일 일을 위하여 염려하지 말라 내일 일은 내일이 염려할 것이요 한 날의 괴로움은 그 날로 족하니라"(마 6:31-34).

| 기 도 |

사도들이 전해준 복음으로 말미암아 그리스도 예수 안에서 함께 상속자가 되고 함께 지체가 되고 함께 약속에 참여하게 되는 길을 밝히 열어주신(엡 3:6) 우리 주 예수 그리스도의 아버지이신 하나님.

주께서는 오랫동안 감추어 두셨던 이 놀라운 복음의 비밀을 사도들에게 성령으로 나타내시어 하나님의 그 은혜의 경륜에 대하여 눈으로 본 것처럼 확고하게 보여 주시오니 참으로 감사를 드리옵나이다.

우리가 받은 복음은 그 옛날 선지자들이 부지런히 연구하여 예언한 것으로 천사들도 흠모할 만한 것이며, 온 세상이 무너지고 없어진다 할지라도 영원히 변하지 않으며, 성부와 성자와 성령께서 창세 전에 이미 구원의 협약을 통하여 세우신 것으로 어느 시대나 조금도 바뀌지도 아니하고, 누구에게든 차별이 없이 전하여지는 생명의 길이 아닐 수 없나이다.

따라서 이 복음을 들은 우리가 하나님의 말씀에 계시된 그의 뜻을 깨닫고 그 말씀에 순종함으로써 우리가 받은 유효한 부르심에 대한 확신을 가지게 하며, 우리가 하나님의 영원한 선택을 확신하도록 이끌어 주심을 고백하나이다(웨스터민스터 신앙고백서 3:8).

이로 말미암아 복음을 성실하게 순종하는 성도들로 하여금 하나님께 찬송과 경의와 찬양을 드릴 수 있게 해 주며(엡 1:6; 롬 11:33), 또한 이로써 겸손과 근면과 풍성한 위로를 내려 주실 것을 믿사옵나이다(롬 11:5,6,20; 벧후 1:10; 롬 8:33; 눅 10:20).

우리가 이 놀라운 주님의 불가항력적인 구속과 그 은혜를 받은 성도들의 무리에 속하였다는 사실에 있어서 조금도 부끄러움이 없도록 주께서 세우신 사도들을 통하여 밝혀주신 복음의 도리를 부지런히 배우고 익혀서 하나님 나라의 백성답게 살아가도록 날마다 인도하여 주옵소서.

우리 주 예수 그리스도의 이름으로 기도합니다. 아멘.

521

〈9〉

교회의 존재 목적과 바울의 사도직 수행

에베소서 3:8-13

3:8 모든 성도 중에 지극히 작은 자보다 더 작은 나에게 이 은혜를 주신
것은 측량할 수 없는 그리스도의 풍성함을 이방인에게 전하게 하시고 9
영원부터 만물을 창조하신 하나님 속에 감추어졌던 비밀의 경륜이 어떠
한 것을 드러내게 하려 하심이라 10 이는 이제 교회로 말미암아 하늘에
있는 통치자들과 권세들에게 하나님의 각종 지혜를 알게 하려 하심이니
11 곧 영원부터 우리 주 그리스도 예수 안에서 예정하신 뜻대로 하신 것
이라 12 우리가 그 안에서 그를 믿음으로 말미암아 담대함과 확신을 가
지고 하나님께 나아감을 얻느니라 13 그러므로 너희에게 구하노니 너희를
위한 나의 여러 환난에 대하여 낙심하지 말라 이는 너희의 영광이니라

바울은 자신에게 주어진 계시이자 사역의 중심이었던 하나님의 비밀과 관련된 사도직에 대한 해설을 통하여 계시의 기구인 사도직이야말로 유일한 교회의 기초가 됨을 밝혔다(엡 3:1-7). 특별히 하나님께서 사

도들을 통하여 이루신 일에 대해 바울은 명확하게 제시하고 있다.

> "이제 그의 거룩한 사도들과 선지자들에게 성령으로 나타내신 것 같이 다른 세대에서는 사람의 아들들에게 알리지 아니하셨으니 이는 이방인들이 복음으로 말미암아 그리스도 예수 안에서 함께 상속자가 되고 함께 지체가 되고 함께 약속에 참여하는 자가 됨이라 이 복음을 위하여 그의 능력이 역사하시는 대로 내게 주신 하나님의 은혜의 선물을 따라 내가 일꾼이 되었노라" (엡 3:5-7).

무엇보다도 바울은 자신의 사도직이 땅 끝까지 이르러 모든 사람들에게 하나님의 은혜를 전달하는 도구라는 사실을 마음에 새기고 있다. 이 직분은 하나님이 바울에게 주신 은혜의 선물이며 하나님의 능력에 속한 은사였다.310)

앞서 바울은 ① 2-7절에서 성도들이 하나님의 백성, 즉 교회에 참여하는 비밀에 초점을 맞춤으로써 하나님의 은혜(엡 2:11-22)와 연결시키고 ② 8-13절에서 그 비밀과 우주를 위한 하나님의 경륜 안에서 교회의 역할과 연결시킴으로써 앞서 "그 뜻의 비밀을 우리에게 알리신 것이요 그의 기뻐하심을 따라 그리스도 안에서 때가 찬 경륜을 위하여 예정하신 것이니 하늘에 있는 것이나 땅에 있는 것이 다 그리스도 안에서 통일되게 하려 하심이라"(엡 1:9,10)고 언급한 우주의 회복과 통일을 위한 하나님의 목적을 상기시키고 있다.

이로써 바울은 우리에게 계시의 기구로 부름받은 바울의 사도직을 통해 복음을 들은 모든 성도들이 하나 된 우주적인 교회와, 그 교회의 설립과 동시에 세상 속에서 교회의 역할에 대한 관심으로 논제를 옮기고 있다. 이것은 교회를 통해 역사의 현장에서 자신의 뜻을 이루어 가

---

310) J. Calvin, 에베소서, p. 313.

시는 하나님의 목적과 연결된다.

1. 하나님의 경륜과 하나님의 주권 (엡 3:8,9)

하나님은 자신의 목적을 이루어 가시는 방편으로 사도들을 세우셨다. 이와 관련해 사도로 부름받은 바울은 "모든 성도 중에 지극히 작은 자보다 더 작은 나에게 이 은혜를 주신 것은 측량할 수 없는 그리스도의 풍성함을 이방인에게 전하게 하시고 영원부터 만물을 창조하신 하나님 속에 감추어졌던 비밀의 경륜이 어떠한 것을 드러내게 하려 하심이라"(엡 3:8,9)고 말한다. 이것은 하나님께서 자신의 목적을 이루어 가시는 능력에 대한 위대하심을 찬양함으로써 돋보이게 하고 상대적으로 이 목적을 이루기 위한 바울 자신의 부족함과 연약성을 고백하기 위함이다.

바울은 자신을 가리켜 '모든 성도 중에 지극히 작은 자보다 더 작은 나에게'(*ἐμοὶ τῷ ἐλαχιστοτέρῳ πάντων ἁγίων*)라고 고백하고 있다. 이전에 바울은 교회를 핍박하는 자였지만 이제는 그가 공격했던 교회를 섬기는 종이 되었다. 그리고 '측량할 수 없는 그리스도의 풍성함'(*τὸ ἀνεξιχνίαστον πλοῦος τοῦ Χριστοῦ*)을 전파하는 사도가 되었다.

이 은혜로운 직분은 한때 숨겨져 있었으나 지금은 밝게 드러난 하나님의 구속 계획, 즉 영원부터 만물을 창조하신 하나님 속에 감춰였던 비밀의 경륜을 따라 모든 사람들에게 복음을 전파하기 위해 바울에게 주어졌다. 바울이 전파한 이 복음을 통해 사람들이 믿고 구원에 이르는 것은 하나님께 속한 것으로 이는 사람이 알 수 없는 하늘의 신비에 속한다(엡 1:9,17). 여기에서 바울이 하나님을 가리켜 '만물을 창조하신 하나님'(엡 3:9)으로 호칭하고 있다는 사실은 매우 의미심장하다. 이 구절이 하나님의 주권을 강조하기 때문이다.

우리가 웨스트민스터 신앙고백서 제2장 2절에서 고백하는 것처럼 하나님만이 모든 존재들의 유일한 근원이시며 만물이 그에게서 나오고 그로 말미암으며 그에게로 돌아간다(롬 11:36). 하나님은 절대적인 주권을 가지고 모든 존재들을 다스리시되 자신의 기뻐하시는 뜻대로 하시며 그것들을 위해 일하신다(단 4:25,35; 딤전 6:15; 계 4:11). 하나님 앞에서는 만물이 가려지지 않고 그대로 드러나며 나타난다(히 4:13).

따라서 하나님의 지식은 무한하시고 무오하시며 피조물에 전혀 의존하지 않으신다(시 147:5; 롬 11:33,34). 하나님에게는 우연이란 것이 없으며 불확실한 것도 전혀 없다(행 15:18; 겔 11:5). 하나님은 자신의 모든 계획이나 모든 행사 그리고 모든 명령에 있어서 지극히 거룩하시다(시 145:17). 하나님은 천사들과 인간들과 기타 모든 피조물들로부터 하나님이 요구하시는 기쁜 예배와 봉사 및 순종을 받으시는 것이 마땅하다(계 5:12-14).

그렇다면 하나님의 구속 경륜 역시 하나님의 주권적 행사이며, 이로 인하여 죄인이었던 성도들이 그리스도의 십자가로 말미암아 구속을 받음으로써 새로운 피조물이 되었다는 점에서 이 일은 하나님의 창조 행위와 같은 차원으로 이해되어야 한다. 또한 그처럼 오랫동안 열방 민족들에게 그 비밀을 숨기시고 이제 와서 인종이나 국적에 상관없이 밝히 드러내시는 이유조차 하나님의 주권에 속한 결정이 된다.311) 이 모든 일들이 하늘의 신비에 속한 것으로 전적으로 하나님의 주권을 강조하고 있다.

2. 하나님의 경륜을 증거하는 교회 (엡 3:10)

이러한 신학적 해석에 근거하여 바울은 하나님의 주권적 행위로 말미암아 교회가 세워졌다는 사실에 더 깊은 관심을 가지고 있다. '은혜'

311) William Handriksen, 에베소서, p. 198.

는 복음을 전파하고 드러내기 위해 바울에게 주어졌다. 그리고 복음 전파와 그 비밀을 드러내는 목적은 하나님의 지혜가 널리 알려지는 데 있었다.

여기에서 바울은 교회의 존재 의미에 대해 새로운 가치를 부여하고 있다. 바울은 복음을 듣고 믿음으로써 하나님의 새로운 피조물이 된 교회들이야말로 이제 이 복음을 증언하고 동시에 모든 민족에게 그 복음을 전하기 위해 부름받았다는 사실에 관심을 가져야 함을 강조하고 있다.312)

이러한 바울의 교회에 대한 이해는 사실 전혀 새로운 것은 아니었다. 이미 구약에서 제사장 나라로 부름받은 이스라엘 공동체에게 주어진 기본적인 사명이었기 때문이다(출 19:4-6). 마찬가지로 이러한 제사장적인 사명은 이제 제2의 이스라엘로 부름받은 교회에게로 자연스럽게 전승되었다(벧전 2:9).

이에 바울은 "이는 이제 교회로 말미암아 하늘에 있는 통치자들과 권세들에게 하나님의 각종 지혜를 알게 하려 하심이니"(엡 3:10)라고 말하고 있다. 바로 앞에서 바울은 이 비밀이 바울 자신(3절) 및 사도들과 선지자들에게(5절) 알려졌으며 또한 바울에 의해 열방 모든 민족들에게 선포되었다고 밝힌 바 있다.

그리고 하나님의 비밀에 속한 이 지혜는 지상에 있는 모든 사람뿐 아니라 '이제 하늘에 있는 통치자들과 권세들'(*νῦν ταῖς ἀρχαῖς καὶ ταῖς ἐξουσίαις ἐν τοῖς ἐπουρανίοις*)에게까지 전파되고 있다. 이런 이유에서 바울은 교회야말로 하나님의 놀라우신 지혜를 하늘에 있는 영적인 존재들의 세계에까지 드러내게 하는 존재임을 강조하고 있다.

통치자들과 권세들이 하늘에 있다는 사상은 1세기 세계관에 근거하

---

312) Ralph P. Martin, 신약의 초석 II, p. 78.

고 있다. 당시 사람들은 하늘에 있는 천사들과 영적인 존재들의 지배를 받고 있는 것으로 여기고 있었다. '통치자들'(rulers)과 '권세들'(authorities)로 불리는 이들 영적인 세력들은 사람들에게 소위 운명을 지배하는 실질적인 세력들이라고 여겨졌었다.

바울은 이러한 헬라 문화를 바탕으로 운명이나 혹은 점성술과 같은 두려운 징표 같은 것으로 사람들의 삶을 지배해 왔던 악한 영적 실체들로부터 이제는 교회가 자유로워졌으며, 오히려 교회가 이 땅에 세워지게 된 것은 이 사악한 영적 세력들에게 하나님의 경륜을 드러내는 것이라고 밝히고 있다. 이것은 사악한 영적 존재들이 사람들의 운명을 지배하던 시대가 끝이 났고 이제는 하나님의 영원한 경륜에 따라 세워진 교회에 의해 그 영적 존재들이 종속되어 있다는 선언과 같다.

교회는 하나님의 능력이 자리하고 있는 새로운 성전이다. 본문에서 '이제'(νῦν)라고 하는 이 특별한 때는 구속사에서 하나님의 신비로운 계획이 마침내 영적 존재들에게까지 알려지는 때가 되었음을 지시하고 있다. 사실 교회는 하나님이 그분의 지혜를 공중의 통치자들과 권세들에게 알리는 유일한 기구이다.

따라서 언약의 자손으로 하나님의 부름을 받은 모든 성도들로 구성된 하나의 교회가 이 땅에 세워졌다는 것은 하나님의 지혜가 하늘에 있는 통치자들과 권세들에게 나타나고 그 비밀이 알려지는 것과 같은 의미를 가진다.313)

그것이 선한 영인 천사로 불리든 혹은 악한 영인 마귀로 불리든 하늘에 있는 이 영적 존재들이 하나님의 지혜를 알기 위해서는 오로지 교회를 통해서만 가능하다. 왜냐하면 교회는 하나님의 지혜가 가지는 무한한 다양함과 경이로운 지혜를 가지고 있기 때문이다. 이와 관련해 바울

---

313) Andrew T. Lincoln, 에베소서, p. 426.

은 고린도 교회에 보낸 첫 번째 편지에서 다음과 같이 선언한 바 있다.

> "십자가의 도가 멸망하는 자들에게는 미련한 것이요 구원을 받는 우리에게는 하나님의 능력이라 기록된 바 내가 지혜 있는 자들의 지혜를 멸하고 총명한 자들의 총명을 폐하리라 하였으니 지혜 있는 자가 어디 있느냐 선비가 어디 있느냐 이 세대에 변론가가 어디 있느냐 하나님께서 이 세상의 지혜를 미련하게 하신 것이 아니냐 하나님의 지혜에 있어서는 이 세상이 자기 지혜로 하나님을 알지 못하므로 하나님께서 전도의 미련한 것으로 믿는 자들을 구원하시기를 기뻐하셨도다 유대인은 표적을 구하고 헬라인은 지혜를 찾으나 우리는 십자가에 못 박힌 그리스도를 전하니 유대인에게는 거리끼는 것이요 이방인에게는 미련한 것이로되 오직 부르심을 받은 자들에게는 유대인이나 헬라인이나 그리스도는 하나님의 능력이요 하나님의 지혜니라 하나님의 어리석음이 사람보다 지혜롭고 하나님의 약하심이 사람보다 강하니라"(고전 1:18-25).

이러한 바울의 증언에서 보는 것처럼 교회는 유대인과 이방인들의 벽이 무너지고 과거에 서로 반목하던 두 종족간에 서로 화목하게 되었다는 증표이다. 그리고 유대인들에게는 거리끼는 걸림돌이었으며 이방인들에게는 미련한 것으로 여겨졌던 그 십자가로 말미암아 이제는 종족에 상관없이 하나님과 화목되었다는 증표이기도 하다. 이것이야말로 하나님의 각종 지혜 가운데서 가장 찬란하게 빛나는 지혜이다.

이런 점에서 교회는 우주를 통일하시는 그리스도의 실질적인 현존과 통치의 중재자로서 특별한 역할을 하게 된다. 이것은 교회만이 "그리스도의 몸이며 만물 안에서 만물을 충만하게 하시는 이의 충만"(which is His body, the fullness of Him who fills all in all)이라는 사실에 근거한다(엡 1:23). 이로써 에덴동산에서 하나님께서 인류에게 주셨던 말씀 곧 "하나님이 그들에게 복을 주시며 하나님이 그들에게 이르시되 생육하고 번성하여 땅에 충만하라, 땅을 정복하라, 바다의 물고기와 하늘의 새와 땅에 움직이는 모든 생물을 다스리라 하시니라”(창 1:28)는 말씀의 궁극적인 성취이며 동시에 하나님께서 인류에게 주신 '복'의 최종적인 완성을 이루게 된다.

3. 하나님의 경륜에 대한 바울의 확신 (엡 3:11,12)

교회로 말미암아 하나님의 찬란한 지혜가 온 땅에 있는 사람들과 하늘에 있는 영적 존재들에게까지 알려지게 되었다는 사실은 영원 전부터 그리스도 안에서 예정된 내용이었다. “곧 영원부터 우리 주 그리스도 예수 안에서 예정하신 뜻대로 하신 것이라”(엡 3:11)고 밝히 말하고 있는 이유도 여기에 있다. 이것은 하나님의 계획이 결코 바뀌지 않는다는 사실을 보여주고 있다.

언약의 자손으로 하나님의 부름을 받은 성도들을 하나의 통일된 몸인 교회로 묶으시는 하나님의 계획은 영원의 세계에 속한 일이다. 이것은 하나님의 구원 계획과 교회의 비밀 그리고 창조의 모든 영역에 걸친 하나님의 지혜가 창세 이전부터 계획된 영원한 것임을 의미한다. 이러한 하나님의 계획은 아담이 죄를 범했을 때 응급조치로 발생한 것이 아니었다.

하나님은 통일된 교회를 구속하시기 위해 영원 전부터 그들의 죄를 덮을 희생 제물을 준비하셨다. 그리스도께서는 역사 속에서 십자가의 죽음을 통해 자신을 희생 제물로 드림으로써 교회를 구속하셨다. 이로써 그리스도 예수 안에서 창세 전에 계획된 하나님의 목적이 성취되었다.314) 이것이 곧 “너희는 하나님으로부터 나서 그리스도 예수 안에 있고 예수는 하나님으로부터 나와서 우리에게 지혜와 의로움과 거룩함과 구원함이 되셨으니 기록된 바 자랑하는 자는 주 안에서 자랑하라 함

---

314) Bruce B. Barton, 에베소서, p. 138.

과 같게 하려 함이라"(고전 1:30)고 명확하게 밝히고 있는 하나님의 '의로움'(righteousness)이다.

여기에서 바울이 하나님의 계획을 영원에 속한 것으로 말하고 있는 것은 그 계획의 목적 또한 영원하다는 점을 암시하기 위함이다. 즉 하나님의 목적은 모든 시간을 초월하며 영원에 속한 내용이라는 사실을 강조하고 있다. 따라서 하나님의 계획과 목적은 시간의 흐름 속에서 결코 변질되거나 바뀌지 않는다. 왜냐하면 이것들은 모두 영원에 속한 것으로 불변하기 때문이다. 이것이 바로 예정론(the doctrine of predestination)에 담겨 있는 중요한 사상이다.

이처럼 영원한 하나님의 계획과 목적의 결정체가 '교회'라는 사실은 교회가 역사상 우연히 발생한 것이 아님을 의미한다. 따라서 "우리가 그 안에서 그를 믿음으로 말미암아 담대함과 하나님께 당당히 나아감을 얻느니라"(*ἐν ᾧ ἔχομεν τὴν παρρησίαν καὶ τὴν προσαγωγὴν ἐν πεποιθήσει διὰ τῆς πίστεως αὐτοῦ*, 엡 3:12)는 바울의 선언은 영원한 하나님의 계획과 목적에 속한 일임을 강조한다.

이 영원한 계획과 목적에 따라 이제 성도들은 그리스도의 구원 사역에 근거하여 어떤 두려움이나 부끄러움이 없으며 숨길 만한 것을 전혀 가지고 있지 않기 때문에 아무런 거침없이 담대하게 하나님께 나아갈 수 있다.

본문에서 '담대함'(*παρρησίαν*)과 '나아감'(*προσαγωγὴν*)은 하나의 의미를 강조하기 위한 이사일의(二詞一意) 용법이다. '담대함'이라는 말은 그 누구 앞에서도 아무런 두려움 없이 말한다는 의미를 가지고 있다. '나아감'이라는 단어는 왕의 존전에 나아가 공식적으로 알현하는 것을 의미한다(히 4:16; 19:19-22).

이처럼 성도들이 담대하게 하나님께 나아갈 수 있는 이유는 그리스도 안에서 그리고 그리스도를 통해 하나님께서 가져오신 새 창조의 세계, 즉 새로운 상황에 근거한다. 이는 성도들이 그리스도를 믿음으로 말미암아 하나님께 의롭다함을 인정받았기 때문이다(롬 5:2). 심지어 성도들을 고발하는 정사들과 권세들의 적대적인 위협 앞에서도 더 이상 아무런 방해를 받지 않고 성도들은 당당하고 담대하게 하나님 앞에 나갈 수 있다. 이런 이유로 성도들은 그리스도 예수 안에서 자신들을 향한 하나님의 은혜로우신 영원한 계획과 목적에 대한 확신을 가지게 된다.315)

이 확신은 열방 민족들이 교회 안에서 하나의 공동체로 하나님의 부르심을 이미 받았으며(already), 이로 말미암아 하나님의 지혜를 알게 하는 교회의 숭고한 목표를 아직 온전하게 이룬 것은 아니지만(not yet) 하나님의 영원한 예정 안에서 완성으로 실현될 것에 대한 소망을 가지게 한다. 이 소망은 종말론적 소망이지만(not yet) 동시에 그리스도 안에서 이미 실현된 소망이라는 점에서(already) 확신의 근거가 된다.

4. 교회의 영광을 위한 사도의 고난 (엡 3:13)

바울은 이 소망을 위해 기꺼이 고난을 감수했다. 사실 바울은 땅 끝까지 모든 열방 민족들을 향한 복음 사역을 옹호했기 때문에 예루살렘에서 유대인들에게 곤혹을 치르게 되었고 이로써 로마 관원에 의해 매인 바 되었다(행 21:27-36). 그리고 이 일로 말미암아 지금은 로마에 구금되어 있었다.

따라서 세상 열방 민족들에게 복음을 전파한 이 일로 말미암아 바울이 구금되었다는 것은 결국 오랫동안 문이 닫혀 있던 모든 민족들에게 새 언약을 성취하기 위한 새로운 민족 공동체인 새 이스라엘의 문이 열리고 더 이상 유대인과 이방인들을 차별하는 벽이 무너졌음을 상징하

315) Andrew T. Lincoln, 에베소서, p. 431.

는 것과 같은 의미를 가진다.

이런 이유에서 바울은 자신의 고난을 가리켜 '교회의 영광'이라고 자신 있게 말할 수 있었다. 왜냐하면 이방 지역에 교회가 세워졌다는 사실 그 자체가 교회의 영광일 뿐 아니라 하나님의 영광이기 때문이다. 이에 바울은 "그러므로 너희에게 구하노니 너희를 위한 나의 여러 환난에 대하여 낙심치 말라 이는 너희의 영광이니라"(엡 3:13)고 말하고 있다.

본문은 "그러므로 너희를 위한 나의 여러 환난에 대하여 너희가 낙심치 않기를 구하노니, 나의 환난은 오히려 너희의 영광이니라"(Wherefore I desire that ye faint not at my tribulations for you, which is your glory. KJV)고 번역되어야 한다. 여기에서 바울은 자신이 당한 '많은 환난들'(ταῖς θλίψεσίν)은 성도들에게 장차 주어질 영광을 위한 것이라고 말하고 있다.

이 말은 "우리가 잠시 받는 환난의 경한 것이 지극히 크고 영원한 영광의 중한 것을 우리에게 이루게 함이니 우리가 주목하는 것은 보이는 것이 아니요 보이지 않는 것이니 보이는 것은 잠깐이요 보이지 않는 것은 영원함이라"(고후 4:17,18)는 말에서도 바울이 밝힌 것처럼 우리가 당하는 환난은 지극히 크고 영원한 영광에 비하면 아주 가벼운 것에 지나지 않는다.

이때 영광이 나무의 열매라고 한다면 환난은 그 나무를 있게 하는 씨앗과 같은 의미를 가진다. 그래서 바울은 "다만 이뿐 아니라 우리가 환난 중에도 즐거워하나니 이는 환난은 인내를, 인내는 연단을, 연단은 소망을 이루는 줄 앎이로다"(롬 5:3,4)라고 강조한 바 있다.

아울러 바울은 자신의 환난이 씨앗이 되어서 성도들에게 영광을 가져오게 될 것에 대하여 기뻐하며 기꺼이 그 어떤 환난도 당할 각오를 다짐하고 있었다. 이러한 바울의 다짐은 "우리가 사방으로 우겨쌈을 당하여도 싸이지 아니하며 답답한 일을 당하여도 낙심하지 아니하며 박해를 받아도 버린 바 되지 아니하며 거꾸러뜨림을 당하여도 망하지 아니하고 우리가 항상 예수의 죽음을 몸에 짊어짐은 예수의 생명이 또한 우리 몸에 나타나게 하려 함이라 우리 살아 있는 자가 항상 예수를 위하여 죽음에 넘겨짐은 예수의 생명이 또한 우리 죽을 육체에 나타나게 하려 함이라 그런즉 사망은 우리 안에서 역사하고 생명은 너희 안에서 역사하느니라"(고후 4:8-12)에서도 확인된다.

이처럼 바울은 자신이 당하는 환난은 사망과 같은 고통을 자기에게 가져다주었지만 그리스도께서 십자가에서 죽으심으로써 우리에게 새 생명을 가져다주신 것처럼 이제 성도들에게 생명을 가져다주는 것으로 이해하고 있다. 바울은 여기에서 자신이 성도들에게 새 생명을 주기 위해서 출산의 고통을 당하는 어머니와 같은 역할을 감당하는 것으로 묘사하고 있다.

바울이 비록 열방 민족들에게 복음을 전한 일로 투옥되었지만 이것은 열방 민족들이 복음을 듣고 회심하는 일, 즉 영원한 하나님의 계획과 목적에 따라 되어진 일이다. 이런 점에서 바울의 환난은 이땅에 교회를 세우는 기초가 되었다. 그 결과 이땅에 세워진 교회로 말미암아 하나님의 영광이 '하늘에 있는 정사와 권세들'(엡 3:10)까지도 알게 되었다.

결국 바울이 당한 고난은 수치스러운 일이 아니었다. 오히려 교회는 바울의 고난과 그가 고난을 당한 사실을 자랑해야 한다. 왜냐하면 바울의 고난은 열방의 민족들이 위대한 구원의 복을 얻게 하기 위한 그의 사도적 사역의 증표이기 때문이다. 이런 점에서 '너희 이방을 위하여 갇힌 자 된 나 바울'(1절)과 '너희를 위한 나의 여러 환난'(13절)으로 이 단락을 둘러싸고 있는 것은 결코 우연이 아니다.

여기에서 바울이 이 고난을 가리켜 '너희를 위한 환난이며 이는 너희의 영광이다'라고 말한 것에서 바울은 자신의 환난을 통해 성도들에게 그리스도의 고난으로 이루어진 구속의 완성을 가져다줌에 있어서 자신이 중보의 역할을 감당하고 있음을 강조하고 있다. 이로써 성도들은 바울이 당하는 고난을 통해 하나님의 영광에 참여하는 기쁨을 누릴 수 있게 된 것이다.316)

환난에 대한 이러한 바울의 이해는 그리스도의 십자가와 부활을 그 근거로 삼고 있음이 분명하다. 이것은 "우리가 항상 예수의 죽음을 몸에 짊어짐은 예수의 생명이 또한 우리 몸에 나타나게 하려 함이라 우리 살아 있는 자가 항상 예수를 위하여 죽음에 넘겨짐은 예수의 생명이 또한 우리 죽을 육체에 나타나게 하려 함이라 그런즉 사망은 우리 안에서 역사하고 생명은 너희 안에서 역사하느니라"(고후 4:10-12)에서도 확인된다.

이처럼 바울은 환난을 가리켜 '죽기로 되어 있고 장차 죽어 없어질 현재의 인간, 즉 질그릇 같은 인간이라도 현재에 있어서 부활하신 예수가 이미 가지고 있고(already) 그의 백성이 언젠가는 함께 누리게 될(not yet) 생명으로 충만하게 될 부활의 표징'으로 해석하였다.

이런 점에서 바울의 환난은 그 자체가 예수의 복음을 전하는 도구이며 그 결과 예수의 죽음은 그의 몸에 새겨지게 되지만, 사도와 교회 사이에서 맞교환의 원칙에 따라 그가 고난을 받게 될 때 교회는 생명을 경험하게 되는 것으로 승화된다.317)

바울이 "그런즉 사망은 우리 안에서 역사하고 생명은 너희 안에서

---

316) Andrew T. Lincoln, 에베소서, p. 435.

317) Nicholas T. Wright, 하나님의 아들의 부활, p. 573.

하느니라"(고후 4:12)고 말한 것처럼 고난받는 복음 사역자들 위에 교회가 서 있음을 에베소서에서도 재확인하고 있다. 많은 환난을 겪으면서도 바울의 복음 전파를 성공으로 이끄는 과정에서 나타난 하나님의 능력은 결국 바울 자신이 아니라 바울이 전파한 복음의 대상인 성도들인 '교회'의 영광을 위함이었다.

이 사실은 우리에게 매우 강력한 메시지로 다가오고 있다. 왜냐하면 우리는 그토록 바울 사도가 열망하고 있는 그 영광을 실제로 누리고 있기 때문이다. 과연 우리에게 이러한 감동이 있는지, 있다면 그 감동을 어떻게 누리고 드러낼 수 있는지 깊이 생각해 보아야 할 것이다. 그 첫 번째 사건이 바로 지금 우리가 하나님 앞에서 영광으로 가득한 예배에 참여하고 있는 이 현장이다.

과거 이스라엘 백성들이 1년에 세 차례씩 예루살렘으로 올라가면서 멀리서 성전을 바라보았을 때 가장 먼저 그들이 만나게 된 것은 성전 위에 떠 있는 불기둥과 구름기둥이었다. 그들은 성전 위에 떠 있는 쉐키나를 보면서 그곳에 하나님께서 친히 자리하고 계시고 그 거룩한 곳으로 자신들을 부르셨다는 사실을 직접 눈으로 보고 감동을 누릴 수 있었다.

이 모습은 새 하늘과 새 땅에서도 우리가 친히 경험하게 될 기이한 장면을 예표하고 있다. 요한은 계시록에서 "하나님의 영광과 능력으로 말미암아 성전에 연기가 가득 차매 일곱 천사의 일곱 재앙이 마치기까지는 성전에 능히 들어갈 자가 없더라"(계 15:8)고 기록하고 있다.

성전에 연기가 가득 차 있어서 누구도 감히 성전에 들어갈 수 없을 정도로 영광스러운 모습은 그 옛날 이스라엘 백성들이 예루살렘 성전을 볼 때마다 느꼈던 그 감동의 최절정을 묘사해 주고 있다. 우리 또한 그 날에 가장 극적인 그 장면을 바라보면서 감동을 누리게 될 것이다.

마찬가지로 오늘날 우리가 한 주간을 시작하는 주일 첫날에 교회의 공예배에 참석하기 위해 모일 때 가장 먼저 보아야 할 것은 우리가 하나님의 부르심을 받았다는 그 사실을 통해 감동을 누려야 한다. 하나님께서 이 한 주간동안 우리와 늘 함께해 주신다는 약속의 증표로 지금 우리를 이 자리에 부르셨기 때문이다.

이것이 바로 지금 이땅에서 교회로 모인 우리가 누리는 첫 번째 영광이다. 우리가 이러한 영광에 참여하고 있을 때 "그런즉 너희가 먹든지 마시든지 무엇을 하든지 다 하나님의 영광을 위하여 하라"(고전 10:31)는 바울 사도의 요청에 기꺼이 응답할 수 있으며, 오늘부터 시작되는 이 한 주간에도 우리의 삶은 철저하게 하나님의 영광에 그 초점에 맞추어 질 것이다.

또한 그렇게 살고자 애쓰는 우리를 다음 주일에도 또 다시 이 자리에 부르셔서 하나님의 영광을 친히 눈으로 확인하고 그 감동을 누리게 하는 은혜를 더하여 주실 것이다. 그리고 마침내 이 감격스러운 모습은 우리가 새 하늘과 새 땅에서 다시 누리게 될 것이라는 사실을 예표해 주고 있음을 늘 마음에 담아두어야 한다.

| 기 도 |

사도들을 계시의 기관으로 삼으시고 친히 그리스도께서 고난 가운데서 성취하신 구원의 복음을 전하게 하심으로써 우리에게 생명을 선물로 주신 우리 주 예수 그리스도의 아버지이신 하나님.

주께서 계시의 기관으로 삼으신 사도들은 복음을 전하기 위해 수많은 환난을 겪음으로써 그리스도의 고난을 몸소 자신들의 몸에 새기게 하시고, 대신에 우리에게는 부활하신 그리스도의 영광을 누리게 하여 주심에 감사를 드리옵나이다.

사도들이 전해준 복음이 아니었다면 우리에게 생명의 길이 열리지 않았을 것이며, 이땅에 영광스러운 그리스도의 몸된 교회도 세워지지 않았을 것이옵니다. 오로지 사도들이 전해준 복음만이 이 교회가 세워지는 근간이 되었을 뿐 아니라, 복음을 받은 교회를 통하여 어둠 가운데 있는 온 세상에 구원의 빛을 밝게 비추고 하늘에 있는 영들에게까지도 하나님의 영광을 밝히 증거하게 되었나이다.

이제 이후로는 그 누구도 이 복음 외에 다른 것으로는 구속의 은혜를 누릴 수 없다는 사실을 온 세상에 선포하였고, 이 놀라운 소식은 하늘에 있는 영적인 존재들마저도 듣고서 이처럼 기이한 일을 행하신 하나님께 영광을 돌리나이다.

또한 우리 역시 매 주일 예배를 통하여 하나님의 영광에 친히 참여하고 그 영광을 누리게 하여 주시오니 감사를 올리옵나이다. 우리가 이 복된 자리에 근거하여 이 세상에서 살아가는 동안 참된 그리스도의 몸된 교회의 영광을 온 세상에 온전하게 나타내는 제사장 나라의 백성답게 살아가기를 간절히 소원하옵나이다.

사도들의 몸에 새긴 환난의 흔적들이 우리에게는 생명의 증표가 되는 것처럼, 우리 또한 어떤 고난을 당한다 할지라도 그 고난의 흔적이 다른 사람들에게 생명에 이르게 하는 표징이 되게 하시옵고, 이땅에 생명의 복음을 널리 전파하는 일에 참여하는 기쁨을 함께 누리게 하옵소서.

우리 주 예수 그리스도의 이름으로 기도합니다. 아멘.

〈 10 〉

하나님의 영광으로 충만한 교회

에베소서 3:14-21

3:14 이러므로 내가 하늘과 땅에 있는 각 족속에게 15 이름을 주신 아버지
앞에 무릎을 꿇고 비노니 16 그의 영광의 풍성함을 따라 그의 성령으로
말미암아 너희 속사람을 능력으로 강건하게 하시오며 17 믿음으로 말미암
아 그리스도께서 너희 마음에 계시게 하시옵고 너희가 사랑 가운데서 뿌
리가 박히고 터가 굳어져서 18 능히 모든 성도와 함께 지식에 넘치는 그
리스도의 사랑을 알고 19 그 너비와 길이와 높이와 깊이가 어떠함을 깨달
아 하나님의 모든 충만하신 것으로 너희에게 충만하게 하시기를 구하노
라 20 우리 가운데서 역사하시는 능력대로 우리가 구하거나 생각하는 모
든 것에 더 넘치도록 능히 하실 이에게 21 교회 안에서와 그리스도 예수
안에서 영광이 대대로 영원무궁하기를 원하노라 아멘

교회로 말미암아 비밀을 드러내시는 하나님의 영원한 목적은 실제로 "곧 영원부터 우리 주 그리스도 예수 안에서 예정하신 뜻대로 하신 것이라"(엡 3:11)는 바울의 선언에서 확인한 것처럼 '우리 주 그리스도 예

수 안에서'(ἐν τῷ Χριστῷ Ἰησοῦ τῷ Κυρίῳ ἡμῶν) 이미 성취되었다.

바울은 이 성취된 비밀에 따라 자신은 갇힌 자로서 그리스도에게 복종하고 있으며(1절), 그가 전파한 복음은 '측량할 수 없는 그리스도의 풍성함'(8절)이었다. 바울은 이전까지 감추어졌던 그리스도의 비밀에 관한 복음이 모든 민족들에게 활짝 열렸음을 알리는 사역자였다.

이러한 바울의 복음 선포로 말미암아 온 세상에 교회가 세워지게 되었고, 우주 안에서 교회는 고유한 존재의 목적에 따라 온 세상에 복음을 전파하는 사명을 수행할 수 있게 되었다. 따라서 바울의 사도직을 통하여 성도들에게 중재되어 온 것은 교회가 ① 그리스도의 은혜를 누릴 뿐 아니라(2절), ② 이제는 온 우주에 펼쳐질 그리스도의 영광에 직접 참여하는 것(13절)이기도 하다.318)

1. 새 창조의 결정체인 교회 (엡 3:14,15)

바울은 자신의 복음 전파로 말미암아 세워진 교회들이 그리스도의 은혜와 영광으로 풍성해지기를 고대하며 그 교회를 위하여 중보 기도를 하고 있다(엡 3장 14-19절은 한 문장이다). 14-19절의 기다란 한 문장으로 된 중보 기도문은 바울의 세 가지 청원들을 보여주고 있다. 이 세 가지 청원은 각각 희랍어 '히나'(ἵνα : ... 하기 위하여)로 시작되는 세 개의 구절들로 다음과 같은 내용들로 되어 있다.

> *Τούτου χάριν κάμπτω τὰ γόνατά μου πρὸς τὸν παρέρα τοῦ Κυρίου ἡμῶν Ἰησοῦ Χριστοῦ, ἐξ οὗ πᾶσα πατριὰ ἐν οὐρανοῖς καὶ ἐπὶ γῆς ὀνομάζεται*
>
> 이로 인하여 내가 우리 주 예수 그리스도의 아버지께 무릎을 꿇고 기도하나니, 아버지께로부터 하늘이나 땅에 있는 모든 족속들이 이름을 받았은즉

---

318) Andrew T. Lincoln, 에베소서, p. 438.

① *ἵνα δῷη ὑμὶν κατὰ τὸν πλοῦτοον τῆς δόξης αὐτοῦ δυνάμει κραταιωθῆναι διὰ τοῦ πνεύματος αὐτοῦ εἰς τὸν ἔσω ἄνθρωπον κατοικῆσαι τὸν Χριστὸν διὰ τῆς πίστεως ἐν ταῖς καρδίαις ὑμῶν*

아버지께서 그의 영광의 풍성하심을 따라 그의 성령을 통하여 너희 속사람 안에서 능력으로 너희를 강건하게 하기 위하여 믿음으로 말미암아 그리스도가 너희 마음속에 거하게 하옵시고

② *ἐν ἀγάπῃ ἐρριζωμένοι καὶ τεθεμελιωμένοι ἵνα ἐξισχύσητε κατα λαβέσθαι σὺν πᾶσιν τοῖς ἁγίοις τί τὸ πλάτος καὶ βάθος καὶ ὕψος γνῶναί τε τὴν ὑπερβάλλουσαν τῆς γνώσεως ἀγάπην τοῦ Χριστοῦ*

너희가 사랑 안에 뿌리를 내리고 터를 닦아 모든 성도들과 함께 그의 사랑의 너비와 길이와 높이와 깊이가 얼마인가를 깨달을 수 있게 하기 위하여 지식을 초월한 그리스도의 사랑을 알게 하옵시고,

③ *ἵνα πληρωθῆτε εἰς πᾶν τὸ πλήρωμα τοῦ θεοῦ*

너희가 충만하게 하기 위하여 하나님의 모든 충만으로 하옵시기를 (구하노라).

바울이 이처럼 기도할 수 있는 것은 성도들과 하나님 사이의 중재자로 부름을 받은 바울에게 하나님 앞에 담대하게 나아갈 수 있도록 하나님께서 은혜와 사랑을 베풀어 주셨기 때문이다. 그리고 이 풍성한 은혜로 말미암아 온 세상 열방 민족들이 하나님과 화목하게 되었고, 그들이 서로 화평을 이루어 한 몸인 교회로 부름을 받은 것에서 그 절정을 이루었다.

이에 바울은 "이러하므로 내가 하늘과 땅에 있는 각 족속에게 이름을 주신 아버지 앞에 무릎을 꿇고 비노니"(엡 3:14,15)라고 밝히면서 중보의 기도를 드리고 있다. 여기에서 '이러하므로' 혹은 '이로 인하여' (*Τούτου χάριν*: For this reason)는 1절에서 "이러므로 그리스도 예수의

일로 너희 이방인을 위하여 갇힌 자 된 나 바울이 말하거니와"에서 본 것처럼 유대인과 이방인의 연합에 대해 언급하고 있는 '새롭게 창조된 성도들에게 나타난 변화의 내용'(엡 2:11-22), 즉 '그리스도의 터 위에 세워진 우주적인 교회'를 되짚어 주고 있다.

바울은 유대인과 이방인들에게 주어진 복, 즉 새롭게 계시된 '비밀'을 함께 누리게 되는 특권이 '하나 되게 하는 성령'과 '교회 안에 임재하시는 그리스도'에 의해 더욱 강화되기를 위하여 중보 기도를 하고 있다.319)

바울이 하나님을 '하늘과 땅에 있는 각 족속에게 이름을 주신 아버지'라고 호칭한 것은 실로 기독교 역사에서 괄목할 만한 발견이 아닐 수 없다. '하늘과 땅에 있는 각 족속'(*πᾶσα πατριὰ ἐν οὐρανοῖς καὶ ἐπὶ γῆς*)은 하늘에 있는 존재나 땅에 있는 존재들이 모두 하나님을 아버지로 모시는 한 가족이라는 사실을 강조하고 있다.

그리스도의 몸에 속한 성도들이라면 하늘에서나 땅에서나 그리고 천사들 중에서나 사람들 중에서나 오직 한 가족만이 있다고 생각해야 한다. 왜냐하면 그리스도의 몸에 속하지 않는다는 것은, 곧 그리스도 밖에서는 그리스도와 분리되어 있다는 사실 외에는 아무것도 없기 때문이다. 우리는 여기에서 오직 그리스도만이 성도들의 통일을 이루는 띠가 되신다는 사실을 확인할 수 있다.320)

이 구절과 관련된 주석을 히브리서에서 찾는 것은 결코 어려운 일이 아니다. "너희가 이른 곳은 시온산과, 살아계신 하나님의 도성인 하늘의 예루살렘과, 천만 천사와, 하늘에 기록한 장자들의 총회와, 교회와, 만민의 심판자이신 하나님과 및 온전케 된 의인의 영들"(히 12:22,23)이

---

319) Ralph P. Martin, 에베소서, p. 80.

320) J. Calvin, 에베소서, p. 320.

라고 바울이 밝혀 말하고 있는 것처럼 하늘과 땅에 있는 모든 족속은 곧 한 분이신 아버지 아래에 있는 한 가족을 가리킨다. 그들을 가리켜 '아버지의 족속'이라고 하는 이 이름 속에서 그들의 존재, 본질, 특성을 발견할 수 있다.

이런 이유에서 본문의 하나님은 "하늘과 땅에 있는 한 족속, 그 아버지의 족속에게 이름을 주시는 아버지"이시다. 이 아버지의 속성에 대해 우리 주님은 "너희가 악할지라도 좋은 것을 자식에게 줄 줄 알거든 하물며 너희 천부께서 구하는 자에게 성령을 주시지 않겠느냐"(눅 11:13; 마 7:11 참조)고 말씀하신 바 있다. 바울이 하나님을 가리켜 '아버지'(*Πατήρ*)라고 호칭한 것 역시 우리 주님께서 '아바, 아버지'(*Ἀββᾶ ὁ Πατήρ*, 막 14:36. 참고, 롬 8:15; 갈 4:6)라 부르신 것과 같은 의미를 가진다.

바울이 하나님을 가리켜 '하늘과 땅에 있는 모든 족속들의 아버지'로 찬양하는 것은 하나님의 부성을 창조와 우주의 문맥 안에 두기 위함이다. 모든 것의 창조주이시며 모든 것의 우주적인 아버지라는 이 개념은 '만물을 창조하신 하나님'(엡 3:9)과 '하나님도 하나이시니 곧 만유의 아버지시라'(엡 4:6)에서도 재확인된다.

천상천하에 있는 모든 족속들의 아버지이신 하나님은 또한 동일하게 예수 그리스도의 아버지이신 하나님이시다. 이것은 바울이 골로새서에서 우주적인 문맥 안에서 기독론과 교회론을 말하고 있는 것처럼(골 1:3-23) 하나님의 부성 또한 우주적임을 강조하기 위함이다.321)

이렇게 함으로써 바울은 하나님이 성도들 모두의 창조주요 주이시며 아버지이시기 때문에 이제 하나님께서 우주의 모든 집단에게까지 미치는 영향력의 범위 곧 하늘이나 땅에 있는 모든 만물들에게까지 하나님의 통치가 미치고 있다는 사실을 상기시키고 있다. 이것은 그 어떤 적대 세력일지라도 창조주이신 하나님의 주권 아래 있으며, 교회는 하늘

---

321) Andrew T. Lincoln, 에베소서, p. 451.

에 있는 정사와 권세들에게 하나님을 증거함에 있어 결코 위축될 이유가 없음을 보여주고 있다(행 4:24-30).

따라서 비록 이땅에 한시적으로 존재하고 있는 교회라 할지라도 아버지의 권세를 가지고 있기에 그 어떤 세력들 앞에서도 당당해야 하며, 비록 이 일로 말미암아 지금 교회가 당하고 있는 고난과 고통이라 할지라도 아버지이신 하나님께서 능히 교회를 보존하시고 성장하게 하시며 마침내 승리의 면류관을 얻기까지 이끌어 주실 것이라는 믿음을 포기하지 않아야 한다.

왜냐하면 "우리가 알거니와 하나님을 사랑하는 자 곧 그의 뜻대로 부르심을 입은 자들에게는 모든 것이 합력하여 선을 이루느니라"(롬 8:28)는 말씀처럼 하나님의 뜻 안에 있는 교회가 가는 길에 있어서는 모든 일들이 하나님께서 기뻐하시는 뜻대로 이루어지기 때문이다.

2. 높이 되신 그리스도와 한 몸인 교회 (엡 3:16-19)

이 기도문에서 바울은 세 가지 내용을 중심으로 교회를 위한 중보 기도를 하고 있다. 이 세 가지 청원은 희랍어 '히나'(*ἵνα* : ... 하기 위하여)로 각각 시작되는 세 구절로 되어 있다.

① "아버지께서 그의 영광의 풍성하심을 따라 그의 성령을 통하여 너희 속사람 안에서 능력으로 너희를 강건하게 하기 위하여 믿음으로 말미암아 그리스도가 너희 마음속에 거하게 하옵시고"(엡 3:16,17a).

이 구절을 개역개정은 "그 영광의 풍성을 따라 그의 성령으로 말미암아 너희 속 사람을 능력으로 강건하게 하시오며 믿음으로 말미암아 그리스도께서 너희 마음에 계시게 하옵시고"라고 번역하고 있다.

하나님의 영광은 교회 안에서 그리스도와 성령의 임재로 나타나는 하나님의 충만함으로 구체적인 실체가 된다(엡 1:23; 2:22; 3:17). 이 하나님의 영광은 그리스도를 아버지의 능력으로 말미암아 죽은 자 가운데서 살리시는 데서 가장 확실하게 표현되었다(골 1:27). 이 아버지의 능력은 성도들에게서도 동일하게 나타나는데 왜냐하면 이 능력은 성령에 의해 성도들에게 중재되기 때문이다.

성령은 성도들을 인 치시는 분이시며 오는 세대의 완전한 구원의 보증이시며(엡 1:13,14) 하나님이 교회 안에 임재하시는 수단이시다(엡 2:22). 따라서 성도들은 성령으로 말미암아 강건하게 되는 새로운 존재로 거듭나게 된다. 이것은 마치 그리스도를 죽은 자 가운데서 살리시는 것에서 하나님의 영광이 절정에 이른 것처럼 죄로부터 죽은 성도들을 다시 살리시는 것에서 하나님의 영광이 절정에 이르고 있음을 보여주고 있다. 이런 점에서 교회는 하나님의 영광을 구현하는 실체가 된다.

따라서 교회가 성령의 풍성함을 누리면 누리게 될수록 그리스도께서 성도들의 삶을 규정하는 특성을 가지게 된다. 왜냐하면 성도들의 현재적 경험 안에서 그리스도와 성령 사이에 아무런 차이가 없기 때문이다. 이에 바울은 그리스도의 지속적인 임재가 '너희 마음에'(*ἐν ταῖς καρδίαις ὑμῶν*) 경험되어야 할 것을 요구하고 있다.

'마음'은 인격의 중심이며 전인의 사고, 감정 및 의지의 자리이다. 이때 믿음은 그리스도께서 성도들의 마음속에서 구원을 소유하고 하나님께 나아가게 하는 원동력이 된다. 그렇다고 해서 그리스도께서 성도들의 인격 중심에 살아 계신다는 개념이 성도들의 개별적인 인격이 흡수되거나 혹은 신자로서 살아가야 할 책임으로부터 면제되어 있음을 의미하지는 않는다.

오히려 이 표현은 성도들이 그리스도 예수 안에 있는 것처럼 그리스도 역시 성도들 안에 있는 존재로 묘사하기 위함이다(갈 2:20). 믿음의 실체인 그리스도와 함께한다는 것은 그 믿음을 떠나서는 성도들의 존재 자체도 불가능한 일이다.322) 여기에서 바울은 충만한 '성령의 임재와 그리스도에게 속한 믿음'만이 교회가 하나님의 영광을 온전하게 구현하는 유일한 원동력임을 밝히고 있다.

② "너희가 사랑 안에 뿌리를 내리고 터를 닦아 모든 성도들과 함께 그의 사랑의 너비와 길이와 깊이와 높이가 얼마인가를 깨달을 수 있게 하기 위하여 지식을 초월한 그리스도의 사랑을 알게 하옵시고"(엡 3:17b-19a).

이 구절을 개역개정은 "너희가 사랑 가운데서 뿌리가 박히고 터가 굳어져서 능히 모든 성도와 함께 지식에 넘치는 그리스도의 사랑을 알아 그 넓이와 길이와 높이와 깊이가 어떠함을 깨닫게 하옵시고"라고 번역하고 있다.

그리스도의 내주와 성령의 강건케 하시는 능력은 성도들로 하여금 지식에 넘치는 그리스도의 사랑을 깨닫게 한다. 이 '깨닫는다'(*καταλαβέσθαι* : to comprehend)는 말은 그리스도에 의해 내주하시는 성령으로 말미암아 강건해지고 사랑 가운데서 뿌리가 박히고 터가 굳어지는 것에서 비롯되는 성도들에게서 나타나는 속성을 가리키고 있다.

여기에서 '뿌리가 박히고 터가 굳어져서'(*ἐρριζωμένοι καὶ τεθεμελιωμένοι*)라는 비유는 마치 큰 나무가 땅 속에 깊숙이 뿌리를 내리고 있는 것처럼 그리고 큰 건축물이 단단한 기초 위에 세워져 있는 것처럼 그리스도의 사랑에 대한 성도들의 지식이 확고해졌음을 지시하고 있다.

---

322) J. Calvin, 에베소서, p. 323.

이 사랑은 그리스도 안에서 구체화되고 성령에 의해 중재되는 하나님의 사랑이며, 새로운 창조물로 지음받은 성도들로 하여금 다른 사람들을 사랑하도록 움직이는 능력이다. 이때 '사랑'은 성도들이 뿌리가 내리고 자라는 토양이며 그 위에 그들이 새로운 성전으로 세워지는 기초가 된다.323)

그러나 이 깨달음은 어느 정점에서 중단되는 것이 아니고 지속적이어야 한다. '깨닫다'는 말은 어떤 목표에 도달하려고 노력하고 거기에 매달린다는 의미를 가진다는 점에서 이 사실을 알 수 있다. 성도들은 그리스도의 내재와 성령께서 주시는 강건함을 원동력으로 교회의 지체된 성도들과 함께 깨닫고 성장해야 한다.

앞서 바울이 유대인과 이방인들이 하나의 성전으로 지어지고 한 몸을 이룸으로써 살아 있는 성전이 되었다고 한 것처럼(엡 1:11-18) 이 살아 있는 교회는 계속해서 깨달아 가고 장성하는 것을 그 특성으로 가지고 있다.

교회들이 장성해야 할 최종 목표는 '그리스도의 사랑'이다. 하지만 그리스도의 사랑은 이미 지식의 한계를 벗어난 초월적 실재이기 때문에 무한성과 불가해성을 가지고 있다. 따라서 '지식에 넘치는 그리스도의 사랑을 알아'(*γνῶναί τε τὴν ὑπερβάλλουσαν τῆς γνώσεως ἀγάπην τοῦ Χριστοῦ*)라는 이 문장은 자체 모순을 가지고 있으며 동시에 끊임없이 알아가야 한다는 역설을 보여주고 있다.

그리스도의 사랑은 너무나 심오하여 결코 그 깊이를 알 수 없으며 또한 너무나 광대하여 그 범위가 결코 인간의 생각으로는 감지되지 않는다. 그럼에도 불구하고 그리스도의 사랑이 나타난 신적인 개입, 즉 하나님의 계시된 비밀을 통해 끊임없이 그 사랑을 알아가야 한다. 이런 점에서 바울은 '그 넓이와 길이와 높이와 깊이가 어떠함을 깨닫게 하

323) Andrew T. Lincoln, 에베소서, p. 456.

옵시고' 라고 말한다.

이 용어는 하늘의 예루살렘을 측량하는 행위를 묘사하는 내용과 연결되어 있다(겔 48:16; 계 21:16). 비록 성경에서는 입방체로 되어 있는 하늘 예루살렘에 대한 구체적인 언급을 하지 않음으로써 그 범위와 양과 부피가 무한대를 상징하고 있는 것처럼 그리스도의 사랑을 하늘 예루살렘으로 비유하고 있다. 이러한 수사법은 결코 인간으로서는 그리스도의 사랑을 알 수 없지만 무한한 그리스도의 사랑을 깨달아 알게 하는데 가장 적절한 표현이다.

바울에게 있어 '하나님의 사랑' 과 '그리스도의 사랑' 은 동전의 양면과 같다(롬 8:35,38). 그리고 이 사랑은 절대적이고 완전하고 영원하며 포괄적이다. 앞서 바울은 이 사랑의 목적에 대해 "긍휼에 풍성하신 하나님이 우리를 사랑하신 그 큰 사랑을 인하여 허물로 죽은 우리를 그리스도 예수와 함께 살리셨고 (너희가 은혜로 구원을 얻은 것이라) 또 함께 일으키사 그리스도 예수 안에서 함께 하늘에 앉히시니 이는 그리스도 예수 안에서 우리에게 자비하심으로써 그 은혜의 지극히 풍성함을 오는 여러 세대에 나타내려 하심이니라"(엡 2:4-7)라고 밝힌 바 있다.

따라서 교회는 이 큰 사랑을 깨달아 아는 것으로부터 비로소 교회를 세우신 하나님의 뜻을 구현해 나갈 수 있다. 이렇게 함으로써 교회는 그리스도의 사랑을 깨달아 아는 것, 곧 그리스도에 의해 아시는 바 되고 또한 그의 사랑에 의해 지배받고 있다는 것을 의미한다는 사실을 오고 오는 모든 세대의 교회들에게 증거하기 위해 교회가 세워졌음을 알고 있어야 한다.

③ "너희가 충만하게 하기 위하여 하나님의 모든 충만으로 하옵시기를 (구하노라)"(엡 3:19b).

이 구절을 개역개정은 "하나님의 모든 충만하신 것으로 너희에게 충만하게 하시기를 구하노라"고 번역하고 있다.

교회가 절대적이고 완전하고 영원하며 전 포괄적인 그리스도의 사랑을 알아 가는 것은 교회가 모든 면에서 만물을 충만케 하시는 그리스도의 충만이라는 사실을 전제하고 있다(엡 1:23). 이를 근거로 바울은 교회의 숭고한 또 다른 목적을 제시한다. 곧 교회는 하나님의 충만의 단계에까지 충만함을 입기 위해 장성해 가야 한다는 것이다.

이것은 이미 그리스도 예수 안에서 충만해진 교회가(엡 1:23; 골 2:10) 어떻게 여전히 충만해야 하며 충만에 도달하게 되는가(엡 4:13; 5:18) 하는 새로운 과제를 보여주고 있다. 이 과제는 원리상 충만한 교회의 경험 속에서 순차적으로 그 사실을 인식하는 것으로 발전하는 과정을 표현하고 있다. 이미 신성으로 모든 충만함을 갖춘 교회는 그리스도 예수 안에 거함으로써 그 충만함을 계속 유지할 수 있다. 또한 교회는 그리스도 안에서 충만해진 것으로 나타난다. 그리고 계속해서 하나님의 충만함을 입게 된다.

하나님의 충만은 그리스도의 현존과 능력, 그분의 삶과 통치, 그분의 창조에 내재하는 것으로 가장 잘 설명된다. 그리고 이 충만은 그리스도로 말미암아 교회에 중재되었다. 따라서 교회는 그리스도께서 내주하심으로써 지속적인 충만의 상태에 있으며 궁극적으로 하나님의 충만을 입는 존재가 된다. 이것은 교회가 하나님에 의해 충만해짐을 의미한다.324)

성도들이 성령으로 말미암아 속사람이 강건해지는 것처럼, 그들이 믿음으로 말미암아 그리스도를 그들의 마음속에 계시게 하는 것처럼, 그리고 그들이 그리스도의 사랑을 더 많이 알아감으로써 사람의 모든 영역에서 하나님으로 말미암아 충만해지는 과정에서 하나님의 영광이

---

324) Andrew T. Lincoln, 에베소서, p. 467.

구현된다. 이것이 그지없는 그리스도의 사랑이 가져다주는 결과임에는 의심할 나위가 없다.

이와 관련해 바울은 "우리가 다 수건을 벗은 얼굴로 거울을 보는 것 같이 주의 영광을 보매 저와 같은 형상으로 화하여 영광으로 영광에 이르니 곧 주의 영으로 말미암음이니라"(고후 3:18)라고 밝혀 말한 바 있다. 왜냐하면 그리스도의 구속으로 말미암아 성도들은 아담이 잃어버린 하나님의 영광을 회복하였기 때문이다(롬 3:23,24). 따라서 성도들은 가리지 않은 얼굴로 그리스도의 영광을 보면서 그의 형상을 닮아가야 한다. 이처럼 교회는 그리스도의 형상을 온전히 본받는 것에서 그 절정인 하나님의 영광으로 충만한 상태에 이르게 된다.

3. 하나님의 영광으로 충만한 교회 (엡 3:20,21)

성도들이 그리스도를 닮아감으로써 하나님의 충만을 입는 일은 영원 전에 하나님께서 그리스도 안에 있는 성도들을 구원하시고자 계획하실 때 이미 성취된 것과 다를 바 없다(엡 1:3-14).

이 하나님의 계획과 목적은 영원의 개념 속에서 하나이며 이미 성취되었다. 단지 역사의 현장에서 이 하나님의 계획과 목적은 이미 - 아직 아닌(already - not yet) 상태로 보이게 될 뿐이다. 때문에 바울은 종말론적 완성을 바라보며 성도들 안에서 역사하시는 하나님의 능력이야말로 초월적 요소를 가지고 있다는 점을 강조하고 이에 대한 소망을 제시하고 있다.

> "우리 가운데서 역사하시는 능력대로 우리의 온갖 구하는 것이나 생각하는 것에 더 넘치도록 능히 하실 이에게 교회 안에서와 그리스도 예수 안에서 영광이 대대로 영원 무궁하기를 원하노라 아멘"(엡 3:20,21).

이 영광송은 성도들이 구하거나 생각하는 모든 것을 넘어서서 행하시는 하나님을 찬양하고 있다. 그 하나님은 "우리 가운데서 역사하시는 능력대로 우리의 온갖 구하는 것이나 생각하는 것에 더 넘치도록 능히 하실" 바로 그 하나님이시다. 그리고 이 하나님의 능력은 바로 현 시대에 존재하고 있는 교회 안에서 역사하고 있음을 찬양하고 있다.

교회가 하나님의 임재와 통치의 영역인 것처럼 교회는 하나님의 영광이 인정되는 영역이다. 사실 하나님의 영광은 그리스도 안에서 가장 완벽하게 나타난다. 이런 점에서 교회는 그리스도와 연합되었기 때문에 하나님의 영광을 발현하는 가장 이상적인 영역이 된다. 따라서 하나님의 영광은 그리스도의 몸이며 그리스도의 현재적 활동의 주된 영역인 교회 안에서 그리고 그리스도 예수 자신 안에서 하나님의 충만한 영광으로 나타나게 된다.

이런 점에서 "교회 안에서와 그리스도 예수 안에서 (하나님의) 영광이 대대로 영원 무궁하기를 원하노라 아멘"(*αὐτῷ ἡ δόξα ἐν τῇ ἐκκλησίᾳ καὶ ἐν Χριστῷ Ἰησοῦ εἰς πάσας τὰς γενεὰς τοῦ αἰῶνος τῶν αἰώνων. ἀμήν.*)이라는 바울의 찬송은 교회의 존재 의미와 가치를 최대로 밝혀주고 있다.

이 영광송은 ① 그리스도로 말미암아 교회의 구원을 위해 역사 안에서 일어난 일은 하나님 자신의 영광을 위한 것이며, 또한 ② 그리스도 예수 안에서 영원토록 하나님의 영광이 구현되어야 하는 존재로서 교회의 궁극적인 존재 이유를 밝히고 있다.

교회는 이땅에 있다가 없어지는 존재가 아니다. 왜냐하면 지금 참여하고 있는 이 예배를 통하여 교회가 그리스도 예수 안에서 누리고 있는 이 영광은 장차 새 하늘과 새 땅에서 하나님의 충만한 영광을 누리기 위한 예표적 증거이며, 그 날에 가서 가장 충만한 하나님의 영광으로 완성되어야 하기 때문이다.

| 기 도 |

그리스도 예수를 바르게 아는 지식으로써 우리를 향한 하나님의 사랑이 얼마나 넓고 넓은지, 그리고 얼마나 높고 깊은지를 깨달아 하나님의 충만하신 것으로 우리를 충만케 하시기를 기뻐하시는 우리 주 예수 그리스도의 아버지이신 하나님.

우리를 향한 하나님의 사랑은 가히 측량할 수 없사옵나이다. 그러한 우리를 불쌍히 여기시고 성령의 능력으로 말미암아 그리스도 예수를 알 수 있도록 길을 열어 주시오니 참으로 감사를 드리옵나이다.

하나님은 이미 오래전에 선지자들과 사도들을 통해 전해준 복음으로 그 내용을 신구약 성경 66권 안에 풍부하게 담아 놓으셨으며, 이 신구약 성경을 전수받은 교회를 통하여 매 주일마다 선포되는 말씀 설교를 통하여 우리에게 전하여지게 하셨나이다.

이로써 이제는 누구든지 교회가 선포하는 이 말씀 설교를 통하여 복음의 내용인 그리스도 예수를 아는 지식을 얻게 하신 것은 참으로 하나님께서 주의 자녀들을 향하신 사랑의 표시이옵나이다. 또한, 성령의 능력으로 복음을 듣고 깨닫게 하시되 오로지 교회를 통하여 참된 말씀을 선포하게 하시오니 이 또한 하나님의 지혜에 속한 것으로 이 세상이 끝나는 날까지 계속되어야 할 것이옵나이다.

이처럼 선지자들과 사도들이 교회에 전해 준 복음이 흠 없이 보존되어서, 온 땅에 이 복음이 전파되는 곳마다 하나님의 사랑이 널리 펼쳐지게 하옵소서. 이를 통하여 날마다 새 생명이 태어나고, 어둡고 험악한 이 세상 곳곳에 그리스도 예수의 밝은 빛이 비춰지게 하옵소서.

우리 주 예수 그리스도의 이름으로 기도하옵나이다. 아멘.

551

〈 11 〉

교회의 통일성과 다양성

에베소서 4:1-16

4:1 그러므로 주 안에서 갇힌 내가 너희를 권하노니 너희가 부르심을 받
은 일에 합당하게 행하여 2 모든 겸손과 온유로 하고 오래 참음으로 사랑
가운데서 서로 용납하고 3 평안의 매는 줄로 성령이 하나 되게 하신 것을
힘써 지키라 4 몸이 하나요 성령도 한 분이시니 이와 같이 너희가 부르심
의 한 소망 안에서 부르심을 받았느니라 5 주도 한 분이시요 믿음도 하나
요 세례도 하나요 6 하나님도 한 분이시니 곧 만유의 아버지시라 만유 위
에 계시고 만유를 통일하시고 만유 가운데 계시도다 7 우리 각 사람에게
그리스도의 선물의 분량대로 은혜를 주셨나니 8 그러므로 이르기를 그가
위로 올라가실 때에 사로잡혔던 자들을 사로잡으시고 사람들에게 선물을
주셨다 하였도다 9 올라가셨다 하였은즉 땅 아래 낮은 곳으로 내리셨던
것이 아니면 무엇이냐 10 내리셨던 그가 곧 모든 하늘 위에 오르신 자니
이는 만물을 충만하게 하려 하심이라 11 그가 어떤 사람은 사도로, 어떤
사람은 선지자로, 어떤 사람은 복음 전하는 자로, 어떤 사람은 목사와 교
사로 삼으셨으니 12 이는 성도를 온전하게 하여 봉사의 일을 하게 하며
그리스도의 몸을 세우려 하심이라 13 우리가 다 하나님의 아들을 믿는 것
과 아는 일에 하나가 되어 온전한 사람을 이루어 그리스도의 장성한 분
량이 충만한 데까지 이르리니 14 이는 우리가 이제부터 어린 아이가 되지

아니하여 사람의 속임수와 간사한 유혹에 빠져 온갖 교훈의 풍조에 밀려
요동하지 않게 하려 함이라 15 오직 사랑 안에서 참된 것을 하여 범사에
그에게까지 자랄지라 그는 머리니 곧 그리스도라 16 그에게서 온 몸이 각
마디를 통하여 도움을 받음으로 연결되고 결합되어 각 지체의 분량대로
역사하여 그 몸을 자라게 하며 사랑 안에서 스스로 세우느니라

에베소서를 전개하고 있는 바울의 논조는 조금도 흐트러짐 없이 논리적으로 진행되고 있다. 에베소서는 하나님께서 영원 전부터 예정하신 그리스도의 교회를 중심으로 전반부인 교리편(1-3장)과 후반부인 성도들의 삶에 대한 가르침(4-6장)으로 전개되고 있다. 그동안 살펴본 교리편의 대략은 다음과 같다.

1장에서 바울은 '베라카'(ברכה 〈berakah〉 : "You shall be a blessing")를 통해 영광 받으실 삼위일체 하나님을 찬송하면서, 세상이 창조되기 전에 하나님은 성자이신 그리스도 안에서 거룩한 백성을 선택하셨고 그들을 자신의 자녀 삼기로 예정하셨음을 찬송한다.

이어 이 하나님의 계획은 그리스도의 십자가를 통해 성취됨으로써 그리스도 안에서 만유가 하나 되게 하는 교회의 탄생을 가져오게 하였음을 찬양한다. 이때 교회는 '만물 안에서 만물을 충만케 하시는 그리스도의 충만함'(엡 1:23)이기에 교회는 자신을 공격하는 어떤 적대적인 세력도 이길 수 있는 능력을 가지게 되었음을 밝힌다.

2장에서 바울은 성도들의 구원이야말로 전적으로 그리스도로 말미암은 하나님의 은혜로운 주권과 행위로 이루어졌음을 강조하고, 구원

받은 자들에게는 하나님께서 그들에게 거룩하고 흠 없는 백성으로 살아야 할 새로운 삶을 행하도록 계획하셨기에 이를 성도들이 행하여야 할 것을 강조한다.

이를 위해 그리스도는 자신의 죽음으로써 유대인과 이방인들 사이의 담을 허물고 그 둘이 하나가 되어 하나님 앞에 나갈 수 있는 새로운 민족이 되었음을 제시한다.325) 이것을 가리켜 바울은 하나님의 새 창조로 설명한다.

3장에서 바울은 유대인과 이방인들을 하나님의 새로운 백성으로 삼기 위해 사도로서 자신이 세워졌으며 자신은 모든 환난을 극복하고 이 명예로운 사역을 수행했음을 밝힌다. 그리고 바울의 복음 전파는 오랫동안 비밀에 쌓였던 하나님의 계획을 밝히고 교회를 세우는 것이며, 이 교회는 하나님의 지혜를 우주에 알리는 존재가 되었음을 밝히고 있다.

이런 점에서 교회는 ① 하나님의 지혜를 선포하는 것과 ② 더욱 그리스도의 사랑에 대해 알아가는 일을 통하여 '하나님의 모든 충만하신 것'(엡 3:19)으로 충만하여짐으로써 그리스도의 영광을 영원히 구현해 내는 기관이다. 바울은 바로 이 내용을 교회가 이루어 가기를 위해 기도하는 것으로 에베소서의 전반부를 마치고 있다.326)

이 전반부 교리편에서 바울은 성도가 죽음에서 생명으로 옮겨졌으며 유대인이나 이방인들이 이제는 하나의 교회가 되었다는 사실을 찬양의 근거로 제시하고 있다. 나아가 바울은 머리이신 그리스도를 따르는 한 백성이 되게 하는 하나님의 영원한 계획(엡 1:10)이나 비밀(엡 3:4-6)은 비록 창세 전에 세워진 것이지만 바울의 복음 전파로 말미암아 교회가 세

---

325) I. Howard Marshall, 신약성서신학, p. 472.

326) William Handriksen, 에베소서, p. 222.

워짐으로써 성취되었기 때문에 이 교회는 하나님의 영광을 위해 존재해야 한다는 사실을 강조하고 있다.

감사와 찬양이 가득한 전반부에서는 교리적인 내용을 다루면서 교회를 천상에 속한 존재로 높이고 있다. 여기에서 바울은 이 교회를 일상적인 삶과 매일의 경험이 있는 삶의 현장으로 이끌고 있다.

전반부가 '그의 교회 안에 있는 그리스도'(Christ in His church)를 핵심 주제로 하고 있다면, 후반부는 '그리스도 안에 있는 교회'(the church in Christ), 즉 사회와 관계하는 그리스도의 교회라는 보완적 주제로 눈을 돌리고 있다.327)

"주 안에서 갇힌 나"(엡 4:1)로 시작하는 ① 4장 1-16절은 교회론에 대한 신학적 측면(엡 1-3장)과 세상 안에서 교회의 삶을 지배하는 원칙들의 적용을 다루는 내용(엡 4-6장)의 분수령을 이루고 있다. 여기에서 바울은 이 특별한 주제를 말하기 전에 교회가 사회와 직면했을 때 바울이 바라는 교회상을 요약하여 제시하고 있다.

이어 ② 4장 17-24절에서 하나님의 부르심을 받은 교회는 옛 질서에 속하지 않고 그리스도께서 세우신 새 질서에 속했음을 밝히고 이후 6장까지 주제별로 구체적으로 새로운 질서 가운데 있는 교회의 삶을 조명하고 있다.

이런 점에서 에베소서 4장 1-16절은 후반부 전체를 이끌고 있는 서론과 같은 역할을 하고 있다. 여기에서 바울은 ① 그들의 부르심에 합당하게 행하라는 것과 성령의 하나 되게 하신 것을 지키라는 말로 시작한다(1-3절). 이 권면은 ② 믿음의 하나 되게 하는 실제(a reality)로 이어지고 있다(4-6절). 이어 바울은 ③ 그리스도께서 교회의 각 개별 회원에게 은혜를 나누어주시는 다양성을 제시하는데 이 다양한 은사들은 몸

327) Ralph P. Martin, 에베소서, p. 82.

전체를 세워 성숙하게 하기 위함이라고 밝히고 있다(7-16절).

1. 새 성전으로 부르심 받은 목적 (엡 4:1-3)

에베소서 3장에서 바울은 교회란 ① 하나님의 지혜를 선포하는 존재이며 ② 더욱 그리스도의 사랑에 대해 알아 감으로써 '하나님의 충만'에까지 자라가는 유기적 존재로서 그리스도의 영광을 위해 존재한다는 점을 밝힌 바 있다. 이와 관련해 바울은 "그러므로 주 안에서 갇힌 내가 너희를 권하노니 너희가 부르심을 입은 부름에 합당하게"(엡 4:1) 행할 것을 권면하고 있다.

여기에서 '부르심'(ἐκλήθητε : you were called)은 성도들을 위해 계획하신 하나님의 예정을 효과 있게 하며, 하나님의 아들과 교제케 하는데 있어서 유효하게 작용하는 하나님의 활동을 묘사한다. 때문에 이 단어는 하나님이 의도하시는 그 목표로 성도들을 인도하심에 있어서 하나님의 주권을 강조한다.

이런 점에서 하나님의 '부르심을 입은 부름에 합당하게 행하라'(ἀξίως περιπατῆσαι τῆς κλήσεως ἧς ἐκλήθητε)는 권면은 하나님의 은혜로우신 주권은 인간의 지속적인 반응을 요구하고 있으며, 또한 그의 부르심은 높은 특권과 함께 책임을 요구하고 있음을 전제하고 있다.

이러한 전제 아래 성도들은 ① 구원의 모든 복으로 죽은 자들 가운데서 그리스도를 살리신 하나님의 능력을 경험하는 것으로, 그리고 ② 그들을 사망에서 생명으로 옮기며 하늘의 영역에서 그리스도의 통치에 참여하는 것에로 부름을 받은 존재들이다.

그들은 과거에 하나님의 경륜 안에서 부름을 받았던 유대인들과 과거에 하나님의 경륜 밖에 있었던 이방인들이 서로 하나가 되어 구성된 새로운 인류인 새 성전, 즉 교회라는 새로운 질서의 세계에서 한 몸으로 부름을 받았다(골 3:15). 따라서 성도들은 우주적 통일을 위한 하나님의 목적을 성취하는 일부가 되도록 부름을 받은 존재이다.328)

본문에서 '합당하게'(ἀξίως : worthy)라는 말은 저울 위에서 균형을 이룬 모습을 가리킨다. 따라서 성도들은 그들의 부름에 '균형을 맞추어 조화롭게' 살아야 한다. 이것은 그리스도의 희생이 성도들로 하여금 삶의 모든 영역에서 새로운 변화를 가져오게 한 것처럼 이제 성도들은 그분의 영광을 위해 살도록 그 요구에 대하여 균형 있게 반응할 것을 요구한다.

다시 말하면 부르심의 분량에 맞추어 반응하는 행위에 있어서 더하거나 모자람이 없는 상태를 가리켜 '합당하게' 행하는 것이라고 말하고 있다. 이에 바울은 이 부름에 합당하게 사는 사람의 특징으로 "모든 겸손과 온유로 하고 오래 참음으로 사랑 가운데서 서로 용납하라"(엡 4:2)고 제시하고 있다.

'모든 겸손과 온유와 오래 참음으로 사랑 가운데 서로 용납하라'(μετὰ πάσης ταπεινοφροσύνης καὶ πρᾳότητος, μετὰ μακροθυμίας, ἀνεχόμενοι ἀλλήλων ἐν ἀγάπῃ)는 말에 등장하는 단어들은 새 시대의 새로운 질서 안에서 성도들이 살아가는 외형적 표지들이다. 이러한 성도들의 품성은 성령의 열매로 나타나며(갈 5:22,23) 이 열매들은 새 시대의 성령에 의해 공급되는 새로운 능력으로 말미암은 열매이다. 이러한 성도들의 품성은 전적으로 성령에 의존해 있어야 한다.

따라서 "평안의 매는 줄로 성령의 하나 되게 하신 것을 힘써 지키라"(엡 4:3)는 권면은 '성령의 하나 되게 하신 것'(τὴν ἑνότητα τοῦ Πνεύματος)이 가시적으로 명확하게 증거되어야 할 것을 분명히 하고 있다.

---

328) Andrew T. Lincoln, 에베소서, p. 498.

그리스도는 죄인들과 하나님과의 화목을 가져오셨으며, 또한 유대인들과 이방인들 사이의 화목을 가져오시는 평안의 화신이시다(엡 2:14-18). 그러므로 이제 성도들은 그러한 하나됨을 보존하기 위해 그리스도의 몸인 새로운 언약 공동체인 교회 안에서 평안과 화목의 행위자가 되어야 한다. 이렇게 평안을 행하는 것을 가리켜 바울은 성령의 열매로 표현하였다.

성도들이 복음으로 말미암아 이루어지는 평안과 화목의 상황으로 부름을 받은 것처럼 이제 자신들의 삶 안에서 평안과 화목을 이루는 것은 당연하다. 이렇게 함으로써 '성령의 하나 되게 하신 것'을 지속적으로 유지할 수 있기 때문이다.329)

2. 한 성령 안에서 부름받은 교회 (엡 4:4-6)

'성령의 하나 되게 하신 것'을 힘써 유지해야 하는 이유는 그리스도께서 이 하나됨을 위해 십자가를 지셨기 때문이다. 인종적 배경, 사회적 지위, 성별 등 나눌 수 있는 외형적 요소들이 많이 있다 할지라도 성도들은 한 성령을 통하여 하나의 몸, 즉 하나의 교회에 속해 있어야 한다(엡 1:13,14; 2:11-22; 3:6).

'그리스도의 몸인 교회 안에서'(in the church, the body of Christ) 성도들의 하나됨은 한 성령이 그들 안에 내주하심으로 발생한다. 성령께서는 모든 성도들 안에서 살아 계시며 그들의 참된 하나됨을 교회에 허락하신다(엡 2:18). 성령을 통하여 모든 성도들은 하나의 우주적인 몸인 교회에 연합된다. 모든 세대의 모든 성도들은 이미 하나의 머리이신 그리스도와 연결되었다.

이에 바울은 "몸이 하나이요 성령이 하나이니 이와 같이 너희가 부르심의 한 소망 안에서 부르심을 입었느니라"(엡 4:4)고 말한다. 성령의

329) Andrew T. Lincoln, 에베소서, p. 502.

부르심은 성도들에게 소망, 즉 반드시 이루어지는 하나님의 약속에 기반을 둔 소망을 가져다주었다. 그 소망은 하나님의 은혜로운 보상으로 성도들에게 주어지는 하나님의 기업이다. 따라서 내주하시고 거룩케 하시는 성령이 성도들에게 부여해 준 열매들(갈 5:22,23)은 성도들이 맺은 첫 열매들이며(롬 8:23) 미래에 다가올 하나님의 기업을 미리 맛보게 하는 맛보기이다.330)

한때 그들은 그리스도 밖에 있었으며 실제적인 소망이 없었다. 이제 그들은 그리스도 안에서 소망을 가졌고 또한 그 부르심이 하나님의 부르심과 하나님의 주권에 근거하고 있기 때문에 확실한 소망을 가지게 되었다.

따라서 "그 뜻의 비밀을 우리에게 알리셨으니 곧 그 기쁘심을 따라 그리스도 안에서 때가 찬 경륜을 위하여 예정하신 것이니 하늘에 있는 것이나 땅에 있는 것이 다 그리스도 안에서 통일되게 하려 하심이라"(엡 1:9,10)는 말에서 바울이 밝혔던 종말론적 교회의 완성은 지금 현존하고 있는 교회 안에서 성취되고 있어야 한다. 왜냐하면 하나님이 그리스도 안에서 제공하시는 구원의 목적이 우주적 통일성을 상기시키기 때문이다.331)

이런 점에서 "주도 하나이요 믿음도 하나이요 세례도 하나이요"(*εἶς Κύριος, μία πίστις, ἓν βάπτισμα* : one Lord, one faith, one baptism, 엡 4:5)라는 구절은 교회의 하나됨에 대한 일종의 신앙고백과 같다.

여기에서 '주'(*Κύριος*)는 구약에서 '아도나이'로 불렀던 여호와 하나님을 가리키며 이제는 예수 그리스도의 부활에 근거하여 높이 올리우신 그리스도 예수를 '주'로 고백하는 초대교회의 신앙고백이 담긴

---

330) William Handriksen, 에베소서, p. 231.

331) Andrew T. Lincoln, 에베소서, p. 504.

호칭이다(고전 8:6; 12:3; 롬 10:9; 15:8,9; 빌 2:9-11). 이 호칭에는 그리스도께서 그분의 주권적 통치로 만물을 채우시며(엡 1:23; 4:10) 머리로서 교회의 주인이심에 대한 고백이 담겨 있다.

이 고백에 근거하여 예수 그리스도를 주님으로 믿으며, 십자가에서 죽으시고 부활하신 것을 확신할 때 성도들은 이 하나의 '믿음'(*πίστις*)으로 다른 모든 성도들과 연합된다. 이 믿음만이 유일한 구원의 길이다(요 14:6). 이 믿음의 행위는 '세례'(*βάπτισμα*)라는 행위를 통해 표명된다. 세례는 성도들이 교회에 속하게 되었음을 상징한다. 과거 할례가 이스라엘 민족임을 상징했듯이 세례는 새로운 질서, 새로운 언약에 입문했음을 상징한다. 그리고 이 세례를 통해 한 분 주님에 대한 그들의 믿음을 공개적으로 시인하게 되며, 세례를 통한 믿음의 표명으로 성도들은 하나로 연합된다.332)

바울은 4-6절을 서로 병행을 이루게 함으로써 교회는 하나님께서 이루실 우주적 통일을 위해 존재한다는 사실을 극대화하고 있다.

a 몸이 하나요 성령도 한 분이시니
　b 이와 같이 너희가 부르심의 한 소망 안에서 부르심을 받았느니라
　　c 주도 한 분이시요 믿음도 하나요 세례도 하나요
　a′ 하나님도 한 분이시니 곧 만유의 아버지시라
b′ 만유 위에 계시고 만유를 통일하시고 만유 가운데 계시도다

① 하나인 몸(교회)과 하나인 주님(교회의 머리), ② 하나인 성령과 하나인 믿음, ③ 하나인 소망과 하나인 세례는 결국 "하나님도 하나이시니 곧 만유의 아버지시라 만유 위에 계시고 만유를 통일하시고 만유 가운데 계시도다"(엡 4:6)는 바울의 찬양으로 귀결된다.

---

332) Bruce B. Barton, 에베소서, p. 159.

'하나님도 하나이시니'(εἷς θεὸς : one God)라는 선언은 "들으라 이스라엘아 우리 하나님 여호와는 오직 하나인 여호와시니"(신 6:4)로 알려진 '쉐마'(שמע : 들으라)의 기독교적 변형이다. 그리고 하나님이 '만유 위에 계신다'(ὁ ἐπὶ πάντων : who is over all)는 말은 만유 위에 존재하시는 오직 한 분만을 강조하는 것으로 이것은 하나님의 속성 중에서 최상의 초월성을 강조한다.

또한 '만유를 통일하시고 만유 가운데'(διὰ πάντων, καὶ ἐν πᾶσιν : through all and in all)라는 표현은 하나님의 충만한 내재성을 확실하게 보여주고 있다. 하나님에 대한 이 찬송은 "그러나 우리에게는 한 하나님 곧 아버지가 계시니 만물이 그에게서 났고 우리도 그를 위하며 또한 한 주 예수 그리스도께서 계시니 만물이 그로 말미암고 우리도 그로 말미암았느니라"(고전 8:6)는 말씀에 근거해 있다.

이처럼 교회에 의해 찬송되는 하나님은 그분의 세상 전체에 걸쳐 역사하시는 보편적인 아버지이시다. 보편적인 한 분 하나님에 대한 이같은 신앙고백은 교회가 중보자로서 세상을 향해 이 하나님의 은혜를 전파하기 위해 계속 존재해야 한다는 당위성을 제공한다(출 19:4-6). 나아가 한 분 하나님에 대한 절정의 찬송은 결국 교회의 통일성을 위한 가장 심오한 근거를 제공한다. 따라서 교회가 통일성을 유지하거나 나타내지 못할 때 근본적으로 한 분 하나님에 대한 믿음의 진실성까지 손상되고 말 것이다.333)

3. 다양한 직분을 교회에 주신 그리스도 (엡 4:7-10)

성도로 부르심을 받았다는 사실은 ① 하나님의 영광에 이르게 하시

333) Andrew T. Lincoln, 에베소서, p. 506.

는 하나님께 합당하게 행하기 위함이며 ② 하나됨으로 정의되는 교회를 통해 만유를 통일하시는 하나님의 계획을 구현하기 위함이다. 그러나 이 하나됨은 교회가 어떤 비활성적인 정적 물체처럼 획일적인 구조물이라는 의미는 아니다. 교회는 생명의 고동(beating)이 있으며 그리스도께서 주신 은사들을 사용함으로써 인격적인 발전과 성장하는 살아있는 유기체이기 때문이다.334)

살아 있는 유기적 생명체로서 교회가 꾸준히 장성해 나감으로써 "우리가 다 하나님의 아들을 믿는 것과 아는 일에 하나가 되어 온전한 사람을 이루어 그리스도의 장성한 분량이 충만한 데까지"(엡 4:13) 이르러야 한다. 이 목적을 이루어 가기 위해 우리 주님께서는 몸된 교회의 지체들에게 적절한 은혜를 주신다. 이와 관련해 바울은 "우리 각 사람에게 그리스도의 선물의 분량대로 은혜를 주셨나니 그러므로 이르기를 그가 위로 올라가실 때에 사로잡힌 자를 사로잡고 사람들에게 선물을 주셨다 하였도다"(엡 4:7,8)고 말한다.

교회가 하나의 통일된 몸이기는 하지만 그 각각의 지체에게는 전체의 유익과 성장을 위해 사용될 수 있는 특별한 능력이 있다. 이 공동체를 세우는 데 있어서 모든 사람이 중요하다. 이 능력과 관련해 본문에서 '은혜'(*χάρις*)라고 하는 것은 그들이 하나님에 의해 부름받았다는 특권을 강조하기 위함이다(엡 3:2,7,8).

지혜로우신 하나님은 각각의 성도들에게 그리스도의 정하신 분량대로 선물, 즉 은사(*δωρεᾶς* : gift)를 받게 하셨다.335) 각 사람에게 그리스도의 선물의 분량대로 은사를 주셨다는 표현은 마치 전쟁에서 승리한 장수가 전리품을 군사들에게 배분하는 모습과 유사하다.

---

334) Ralph P. Martin, 에베소서, p. 83.

335) Bruce B. Barton, 에베소서, p. 162.

바울은 "주께서 높은 곳으로 오르시며 사로잡은 자를 끌고 선물을 인간에게서 또는 패역자 중에서 받으시니 여호와 하나님이 저희와 함께 거하려 하심이로다"(시 68:18)는 다윗의 시편을 인용하여 다윗의 후손인 그리스도께서 원수들을 멸망시키고 높이 올리우신 승천과 연결시키고 있다.

'사로잡혔던 자들을 사로잡으시고'(ἠχμαλώτευσεν αἰχμαλωσίαν : he led captivity captive)라는 표현은 패배한 포로들의 행렬을 이끌고 개선식을 하는 모습을 연상시킨다. 시편에서 '정복자이신 하나님께서 전리품을 배분한다'는 표현은 그 전리품을 전쟁에 참여한 전사들에게 관습에 따라 선물로 배분하는 모습을 묘사하고 있다. 바울은 이 의미를 확장해 지상의 전쟁에서 승리한 그리스도께서 원수를 정복하고 그 전리품을 자기 백성들에게 분배하시는 것으로 해석하여 적용하고 있다.

여기에서 '그리스도의 선물'(τῆς δωρεᾶς τοῦ Χριστοῦ, 엡 4:7)은 "이는 그를 믿는 자의 받을 성령을 가리켜 말씀하신 것이라"(요 7:39)고 하신 말씀 속에서 보이신 것처럼 이미 주님께서 약속하신 성령을 가리키고 있음이 분명하다.

'주셨다'(ἔδωκεν)라는 부정과거 시제는 특정한 때, 즉 선물이 주어졌을 때를 지시하는 것으로 보아, 여기에서 바울이 말하고 있는 '그리스도의 선물'은 승천하신 주님이 그의 성령을 선물로 교회에게 주신 오순절 사건을 의미한다. 그리스도 예수께서 주신 최상의 선물은 바로 성령이시다.336)

바울은 성령을 선물로 주신 그리스도와 관련하여 "올라가셨다 하였은즉 땅 아랫 곳으로 내리셨던 것이 아니면 무엇이냐 내리셨던 그가 곧 모든 하늘 위에 오르신 자니 이는 만물을 충만케 하려 하심이니라"(엡

---

336) Ralph P. Martin, 에베소서, p. 86.

4:9,10)라고 해설하고 있다. 이 말씀을 좀 더 구체적으로 표현하면 "(그리스도 예수께서 하늘로) 올라가셨다 하였은즉 땅 아랫 곳으로 (성령을 선물로써) 내리셨던 것이 아니면 무엇이냐. (오순절에 성령을 선물로 교회에게) 내리셨던 그가 곧 모든 하늘 위에 오르신 자니 이는 만물을 충만케 하려 하심이니라"로 바꾸어 말할 수 있다.

부활하여 승천하신 그리스도께서 성령을 선물로 이땅에 있는 교회에게 내려 보내 주셨다는 것은 높이 올리우신 주님과 성령이 같은 분임을 극적으로 묘사한다. 이런 점에서 성령 안에 현존하는 그리스도(the present Christ in the Sprit)께서는 교회의 사역에 필요한 자신의 영(靈)뿐만 아니라, 그리스도께서 교회에게 주시는 선물인 성령의 '은사'(*καρισμα*)까지도 주시는 분이시다.337)

4. 교회 직분자들을 세우신 목적 (엡 4:11-16)

그리스도 예수께서는 승귀하심으로써 우주적인 '주'(*Κύριος*)가 되셨으며 다시 성령으로 교회에 임재하심으로써 그 영광을 친히 교회와 온 우주에 나타내신다. 이렇게 함으로써 그리스도는 몸된 교회를 통하여 만물을 충만케 하시려는 목적을 이루신다. 이것은 곧 "교회는 그의 몸이니 만물 안에서 만물을 충만케 하시는 자의 충만이니라"(엡 1:23)는 바울의 선언과 일치한다.

따라서 교회에게 주어진 각각의 직분들은 만물을 충만케 하시는 자의 충만을 위해 봉사하는 직임을 가진다. "그가 혹은 사도로, 혹은 선지자로, 혹은 복음 전하는 자로, 혹은 목사와 교사로 주셨으니 이는 성도를 온전케 하며 봉사의 일을 하게 하며 그리스도의 몸을 세우려 하심이라"(엡 4:11,12)는 바울의 말처럼 교회의 직분은 성도를 온전케 하며 봉

---

337) Ralph P. Martin, 에베소서, p. 87.

사의 일을 하게 함으로써 그리스도의 몸을 세워 만물 안에서 만물을 충만케 하는 일에 봉사하게 된다.

교회는 우주를 위한 하나님의 목적들을 성취하는 하나님의 기관(the instrument of God)이다. 따라서 성도들은 자신들이 우주적 역할을 지니고 있으며 또한 그리스도 안에서 우주의 궁극적인 통일성에 대한 하나의 징표가 되는 교회의 일부로 여겨야 한다.

하나님에 의해 만물을 초월하시는 주로서 교회에 주어지신 '그리스도'는 이 우주적 과업을 위해 교회를 완전하게 갖추고자 '성령'으로 자신을 교회에 주셨다. 그리고 그 임재의 결정체가 바로 교회의 직분자들(the officers of the Church)이다. 따라서 교회의 직분자들은 그리스도의 몸을 세우는 데 있어서 교회의 통일성과 성숙을 위해 봉사하는 중요한 직분이라는 사실을 인식해야 한다.338)

이에 바울은 "우리가 다 하나님의 아들을 믿는 것과 아는 일에 하나가 되어 온전한 사람을 이루어 그리스도의 장성한 분량이 충만한 데까지 이르리니 이는 우리가 이제부터 어린아이가 되지 아니하여 사람의 궤술과 간사한 유혹에 빠져 모든 교훈의 풍조에 밀려 요동치 않게 하려 함이라"(엡 4:13,14)고 경계하고 있다.

교회의 직분자들은 '사람의 궤술과 간사한 유혹에 빠져 모든 교훈의 풍조에 밀려' 교회가 요동하는 일을 방지해야 한다. 그것은 하나님의 아들을 믿는 것과 아는 일에 하나가 됨으로써만 가능하다.

교회의 직분자들은 권력을 행사하는 권위적 인물들이 아니다. 그 직분은 교회에 주신 그리스도의 선물이기 때문이다(11절). 따라서 그들은 그리스도의 감독 아래 있어야 하며 스스로 몸으로부터 분리되어 있거

338) Andrew T. Lincoln, 에베소서, p. 524.

나 몸을 지배하는 것이 아니라 몸의 일부분이라는 점을 주의해야 한다.

이런 이유에서 바울은 "오직 사랑 안에서 참된 것을 하여 범사에 그에게까지 자랄지라 그는 머리니 곧 그리스도라 그에게서 온 몸이 각 마디를 통하여 도움을 입음으로 연락하고 상합하여 각 지체의 분량대로 역사하여 그 몸을 자라게 하며 사랑 안에서 스스로 세우느니라"(엡 4:15,16)고 권면하고 있다.

교회의 직분은 개개인 성도들을 완성의 상태에 이르게 하며, 또한 그리스도의 몸 전체를 세우는 일에 봉사함으로써 교회가 만물을 충만케 하시는 그리스도의 충만에 이르는 목적에 도달하기까지 수행해야 하는 섬김의 일이다.

그 섬김의 목표는 ① 교회가 한 믿음 안에서 그리고 그리스도에 대한 지식에서 통일을 이루게 하며, ② 온전한 교회가 되게 하는 것으로써 개인이 아닌 전체가 장성한 상태에 도달하게 하며, ③ 그리스도의 현존, 즉 임재와 통치를 드러내는 성숙한 분량의 교회로 장성하게 하려는 데 있다.

이러한 바울의 기대는 이어서 전개되는 에베소서 4장 17절부터 6장 20절에 자세하게 담겨져 있으며, 이것은 오고 오는 모든 세대의 교회 안에서 성도들의 삶을 통해 이루어지기를 바라고 있다.

| 기 도 |

우리 각 사람에게 그리스도의 선물의 분량대로 은혜를 주시고 성도들로 하여금 온전하게 하여 봉사의 일을 하게 하시며 그리스도의 몸인 교회를 세워나가시기를 기뻐하시는 우리 주 예수 그리스도의 아버지이신 하나님.

이처럼 그리스도의 몸인 교회를 온전하게 세우기 위해 우리를 부르시고 그에 따른 은사를 주시며, 무엇보다도 하나님의 아들을 믿는 믿음과 그리스도를 아는 지식으로 서로 하나가 되게 하시오니 감사를 드리옵나이다.

우리가 이땅에서 참된 교회의 지체로 살아갈 수 있는 것은 오로지 우리를 택하시어 그리스도의 장성한 분량에 이르게 하심으로써 마침내 만유를 그리스도 안에서 통일하시고자 하시는 하나님의 거룩한 뜻을 이루어 가기 위함이옵나이다.

이처럼 복된 일에 우리가 그리스도의 몸인 교회의 회원으로 살아간다는 것이 얼마나 자랑스럽고 또한 보람된 일임을 알고, 우리가 이땅에서 살아가는 동안 어떠한 고난과 고통이 있다 할지라도 묵묵히 이 길을 끝까지 달려갈 수 있도록 은혜로 인도하여 주옵소서.

우리는 심히 미약한 존재들이지만 하나님께서 세우신 우주적인 경륜에 우리의 삶이 잇대어 있다는 사실을 늘 마음에 새기고, 그리스도와 연합하여 살아간다는 자부심으로 만유의 통일을 이루는 그날을 소망하며 나아가게 하옵소서.

우리 주 예수 그리스도의 이름으로 기도합니다. 아멘.

〈 12 〉

새로운 질서 가운데 있는 교회와 그 삶의 윤리

에베소서 4:17-32

4:17 그러므로 내가 이것을 말하며 주 안에서 증언하노니 이제부터 너희
는 이방인이 그 마음의 허망한 것으로 행함 같이 행하지 말라 18 그들의
총명이 어두워지고 그들 가운데 있는 무지함과 그들의 마음이 굳어짐으
로 말미암아 하나님의 생명에서 떠나 있도다 19 그들이 감각 없는 자가
되어 자신을 방탕에 방임하여 모든 더러운 것을 욕심으로 행하되 20 오
직 너희는 그리스도를 그같이 배우지 아니하였느니라 21 진리가 예수 안
에 있는 것 같이 너희가 참으로 그에게서 듣고 또한 그 안에서 가르침을
받았을진대 22 너희는 유혹의 욕심을 따라 썩어져 가는 구습을 따르는 옛
사람을 벗어 버리고 23 오직 너희의 심령이 새롭게 되어 24 하나님을 따
라 의와 진리의 거룩함으로 지으심을 받은 새 사람을 입으라 25 그런즉
거짓을 버리고 각각 그 이웃과 더불어 참된 것을 말하라 이는 우리가 서
로 지체가 됨이라 26 분을 내어도 죄를 짓지 말며 해가 지도록 분을 품지
말고 27 마귀에게 틈을 주지 말라 28 도둑질하는 자는 다시 도둑질하지
말고 돌이켜 가난한 자에게 구제할 수 있도록 자기 손으로 수고하여 선
한 일을 하라 29 무릇 더러운 말은 너희 입 밖에도 내지 말고 오직 덕을
세우는 데 소용되는 대로 선한 말을 하여 듣는 자들에게 은혜를 끼치게
하라 30 하나님의 성령을 근심하게 하지 말라 그 안에서 너희가 구원의

날까지 인침을 받았느니라 31 너희는 모든 악독과 노함과 분냄과 떠드는
것과 비방하는 것을 모든 악의와 함께 버리고 서로 친절하게 하며 불쌍
히 여기며 32 서로 용서하기를 하나님이 그리스도 안에서 너희를 용서하
심과 같이 하라

교회에 대한, 그리고 세상 속에서 교회의 부르심에 대한 바울의 비전은 결코 불가능한 이상으로 여겨서는 안 된다. 바울은 교회가 그 통일성을 입증하고, 사랑 안에서 진리를 선포하며, 그리스도 안에서 온전함에 도달할 수 있도록 필요한 자원들이 그리스도로부터 성도들에게 은사로 주어졌음을 앞 단락(엡 4:1–16)에서 밝힌 바 있다.

이제 교회는 하나님의 생명에서 떠나 있었던 옛 질서의 세계가 아닌(18절) 새로운 피조물로 간주되는 새 사람으로 구성된 새로운 존재인 교회로서(23,24절) 하나님의 부르심에 적합하게 반응해야 한다. 더 이상 옛 질서 가운데서 유대인과 이방인으로 나누어지거나 구별되어 적대시 하였던 관계가 아닌 그리스도 안에서 새로운 하나의 민족으로 구성된 새로운 질서에 합당한 의식을 가져야 한다.

이에 바울은 교회의 부르심은 세상으로부터 구별하여 거룩하게 하기 위한 것으로(24절) 그들에게 이미 진리가 주어졌음을 이 단락에서 확신시키고 있다(22절).

1. 옛 사람을 벗고 새 사람은 입은 성도들 (엡 4:17-21)

앞서 바울이 강조했듯이 한때는 불분명했거나 부분적으로 알려졌던 하나님의 구속 계획은 성육신하신 예수 그리스도께서 이루신 메시아적

사역의 성취를 통해서 새로운 시대가 열렸음을 명확하게 밝힌 바 있다(엡 3:4,5, 9,10).

이러한 내용은 "나의 복음과 예수 그리스도를 전파함은 영세 전부터 감춰었다가 이제는 나타내신 바 되었으며 영원하신 하나님의 명을 좇아 선지자들의 글로 말미암아 모든 민족으로 믿어 순종케 하시려고 알게 하신 바 그 비밀의 계시를 좇아 된 것이니 이 복음으로 너희를 능히 견고케 하실 지혜로우신 하나님께 예수 그리스도로 말미암아 영광이 세세무궁토록 있을지어다 아멘"(롬 16:25-27)이라는 바울의 선언을 통해서 보다 확실하게 나타나고 있다.

그 결과 성도들은 그리스도의 오심으로 알려지게 된 새 시대의 요청에 응함으로써 빛 가운데 살도록 초청되었다. 이 초청은 임무를 수반하는 선물 곧 은사라는 점에서 독특하다. 이처럼 밝혀진 비밀의 계시가 초청의 형식으로 인간에게 적용될 때 에베소서 2장 1-9절에서 보는 것처럼 '그때 너희는 저랬으나 지금은 이렇다'고 하는 '그때/지금'으로 차별되는 옛 존재와 새 존재로 구분된다.339)

> "그는 허물과 죄로 죽었던 너희를 살리셨도다 그 때에 너희는 그 가운데서 행하여 이 세상 풍조를 따르고 공중의 권세 잡은 자를 따랐으니 곧 지금 불순종의 아들들 가운데서 역사하는 영이라
> 전에는 우리도 다 그 가운데서 우리 육체의 욕심을 따라 지내며 육체와 마음의 원하는 것을 하여 다른 이들과 같이 본질상 진노의 자녀이었더니
> 긍휼이 풍성하신 하나님이 우리를 사랑하신 그 큰 사랑을 인하여 허물로 죽은 우리를 그리스도와 함께 살리셨고 (너희는 은혜로 구원을 받은 것이라) 또 함께 일으키사 그리스도 예수 안에서 함께 하늘에 앉히시니 이는 그리스도 예수 안에서 우리에게 자비하심으로써 그 은혜의 지극히 풍성함을 오는 여러 세대에 나타내려 하심이라
> 너희는 그 은혜에 의하여 믿음으로 말미암아 구원을 받았으니 이것은 너

339) Ralph P. Martin, 에베소서, p. 94.

희에게서 난 것이 아니요 하나님의 선물이라 행위에서 난 것이 아니니 이는 누구든지 자랑하지 못하게 함이라"(엡 2:1-9).

앞서 그리스도가 교회를 위하여 이미 모든 것을 다 이루었다는 공개적인 바울의 선언에서 밝힌 것처럼 이제 성도들은 그들을 보호하는 그리스도의 은총을 받도록 소명을 받게 되었다. 이로써 성도들은 그리스도와 새로운 관계성을 가지게 되며 '그 때 / 지금'이라는 구분처럼 옛 본질로부터 벗어나 새 본질을 받아들인다는 점에서 옛 사람을 벗어버리고(22절) 새 사람을 입는 것으로 묘사된다(24절).

이런 점에서 "그러므로 내가 이것을 말하며 주 안에서 증거하노니 이제부터는 이방인이 그 마음의 허망한 것으로 행함같이 너희는 행하지 말라 저희 총명이 어두워지고 저희 가운데 있는 무지함과 저희 마음이 굳어짐으로 말미암아 하나님의 생명에서 떠나 있도다 저희가 감각 없는 자 되어 자신을 방탕에 방임하여 모든 더러운 것을 욕심으로 행하되"(엡 4:17-19)라는 말씀은 옛 본질의 삶이 무엇인가를 분명히 밝히고 있다. 이러한 옛 삶은 '하나님의 생명'으로부터 단절된 삶이었다.

그러나 이제 진리이신 그리스도 예수로 말미암아 밝은 계시가 밝혀졌고 새 시대가 시작되었다. 이것은 마치 옛 시대에는 모세의 얼굴이 수건으로 가려져 하나님의 영광을 감추어야 했지만 "오직 너희는 그리스도를 그같이 배우지 아니하였느니라 진리가 예수 안에 있는 것 같이 너희가 참으로 그에게서 듣고 또한 그 안에서 가르침을 받았을진대"(엡 4:20,21)라는 말씀처럼 이제는 그리스도의 광채로 하나님의 영광이 드러나는 새 시대가 열렸음을 기억하게 한다. 따라서 이제는 옛 사람을 벗어버리고 새 사람을 입을 수 있게 되었다.

옛 사람을 벗는 행위와 새 사람을 입는 행위는 동시적이다. 이것을 가리켜 중생 혹은 거듭남이라고 하는데, 옛 사람을 벗어버리는 것은

"주 예수 그리스도로 옷 입고"(롬 13:14)와 나란히 연결된다. 동시에 그리스도로 옷 입는 것은 그리스도와 연합하여 세례를 받는 것과 동일시된다. 실제로 바울은 성도들에게 있어서 옛 사람은 그리스도와 함께 십자가에 못 박혀 죽은 것으로 말하는데(롬 6:6) 이것은 새 사람을 입는다는 '세례'를 상징한다.340)

2. 새 사람을 입는다는 의미 (엡 3:22-24)

"너희는 유혹의 욕심을 따라 썩어져 가는 구습을 좇는 옛 사람을 벗어버리고 오직 심령으로 새롭게 되어 하나님을 따라 의와 진리의 거룩함으로 지으심을 받은 새 사람을 입으라"(엡 4:22-24)는 바울의 권면은 옛 사람을 대표하는 '아담'과 새 사람을 대표하는 '그리스도'를 극명하게 대조시킴으로써 그 절정을 이루고 있다.

이것은 분명히 옛 창조와 새 창조의 대비이다. 옛 창조의 대표인 아담이 본래 받았던 하나님의 형상이 불순종의 죄로 인해 오염되고 부패했다는 사실은 그리스도의 새 창조를 통해 그 형상이 새로 지음을 받아야 한다는 것을 의미한다.

옛 질서는 아담 안에 존재한다. 반면에 새 질서는 새롭게 된 인간성의 사회, 즉 재창조된 사회로 상징되는 '그리스도 예수 안'에 있다. 이와 같은 전이가 만들어지는 전환점은 성도들이 세례를 받을 때 나타난다. 이것은 성령의 인침이라는 관점에서 ① 벗고 / 입고 ② 어둠 / 빛 ③ 죽음 / 생명이라는 대비로 표현된다.341)

'새 사람을 입는다'는 것은 그리스도 예수 안에 존재함(being in Christ Jesus)을 의미하며 새로운 가능성을 부여한다. 이때 부활한 주님

---

340) Andrew T. Lincoln, 에베소서, p. 572.

341) Ralph P. Martin, 에베소서, p. 96.

은 그의 백성을 자신이 성취한 십자가의 승리라는 은혜와 더불어 그리스도 자신이 교회의 머리이시기에 하나님의 새 백성은 그에게 복종해야 하는 의무를 그 안에서 연합시킴으로써 그의 백성으로 한 몸이 되게 하는 분이시다.

한때 죄로 인해 죽었고(엡 2:1) 불행히도 하나님으로부터 소외되었던(엡 4:18) 성도들은 이제 용서함을 받아 옛사람을 벗어버리고 새 사람으로 부활하여(엡 2:4-10) 그리스도와 같은 본질을 갖게 됨으로써(24절) 하나님과 함께 지금 여기에서 살고 있다.

따라서 교회가 그리스도 예수 안에 존재한다는 것은 교회가 궁극적으로 천상의 높은 위치에 존재하고 있음을 의미하지만, 동시에 "올라가셨다 하였은즉 땅 아래 낮은 곳으로 내리셨던 것이 아니면 무엇이냐"(엡 4:9)는 바울의 지적처럼 오순절날 성령께서 교회에 강림하심과 더불어 성도들은 이 땅에 현존하는 교회의 형태로 나타나는 행동 방식을 수반하게 되어 있다.

이런 점에서 그리스도와 함께 있는 교회는 그리스도께서 선물로 주시는 성령의 은사를 통해 그리스도의 품성을 드러내어야 한다. 이것이 살아 있는 교회의 특성이기 때문이다.

이미 살펴본 것처럼 성도들이 옛 사람을 벗어버리고 새 사람을 입었다는 것은 하나님을 따라 의와 진리의 거룩함으로 지으심을 받은 새로운 피조물이 되었음을 의미한다(24절). 따라서 새 사람은 성령의 보호아래 의와 진리의 거룩함이라는 특성을 지니게 된다.

그리고 하나님과 올바른 교제의 관계를 회복하게 되면, 그 교제는 올바른 행동을 낳고 죄에 대한 혐오감을 일으키며 하나님에 대한 섬김에 헌신하게 만든다. 이러한 자질들은 사람들이 임의로 꾸며낼 수 있는 것이 아니며, 이러한 삶은 죄와 타락으로 특징지어지는 옛 생활 방식과

전적으로 반대되는 것을 의미한다.342)

3. 새 질서 위에 세워진 교회의 윤리 의식 (엡 4:25-32)

17-24절에서 옛 사람에게 속한 삶의 방식과 새 사람에게 속한 삶의 방식 사이의 구별에 대해 기초적인 이론을 펼친 바울은 이제부터 새 사람의 삶의 방식에 대한 구체적인 내용들을 전개시키고 있다.

새로운 질서 가운데 있는 교회는 하나님께서 그들을 부르신 목적에 합당한 윤리관을 가진다. 이런 점에서 바울은 4장 25절-5장 2절에 걸쳐 새 질서 안에서 교회의 품성과 관련된 윤리 의식을 제시하고 있다.

이에 첫 번째 단락(25-32절)에서 바울은 바람직하지 않는 부정적 측면들, 즉 거짓말(25절)과 분냄(26,27절)과 도적질(28절)과 더러운 말(29절) 등을 제시하고 이것들은 옛 사람을 대표하는 품성들로 성도들이 벗어버려야 한다고 권면하고 있다. 이어서, 새 사람이 된 성도들이라면 '친절'(*χρηστοί*)과 '불쌍히 여김'(*εὔσπλαγχνοι*)과 '용서함'(*χαριζόμενοι*)을 그 품성으로 드러내야 할 것을 요청하고 있다(32절).

1) 성도들이 버려야 할 옛 성품들 (엡 4:25-30)

① 거짓말(*ψεῦδος* : falsehood) / "그런즉 거짓을 버리고 각각 그 이웃으로 더불어 참된 것을 말하라 이는 우리가 서로 지체가 됨이니라"(엡 4:25)는 바울의 지적은 성도들이 새 사람으로 한 몸의 지체가 되었다는 사실이야말로 만유를 충만케 하시는 이의 충만을 간직한 교회의 지체가 되었음을 상기시킨다. 바울은 바로 앞에서 "오직 심령으로 새롭게 되어 하나님을 따라 의와 진리의 거룩함으로 지으심을 받은 새 사람을 입으라"(엡 4:23,24)고 말한 바 있다.

---

342) Bruce B. Barton, 에베소서, p. 184.

의와 진리의 거룩함으로 새 사람을 입었다는 것은 '거짓'을 버렸다는 것과 같다. 이미 성도들은 진리를 받아들였을 때 거짓을 단호하게 배척한 것이며 따라서 진리를 위해 사는 존재가 되었다. 이런 점에서 바울은 "너희가 부르심을 입은 부름에 합당하게 행하라"(엡 4:1)고 권면했던 것처럼 성도들이 다시는 거짓의 세계로 돌아가지 않고 진리와 더불어 살아가는 존재임을 밝히고 있다.343)

이 구절은 "너희가 행할 일은 이러하니라 너희는 각기 이웃으로 더불어 진실을 말하며 너희 성문에서 진실하고 화평한 재판을 베풀고 심중에 서로 해하기를 도모하지 말며 거짓 맹세를 좋아하지 말라 이 모든 일은 나의 미워하는 것임이니라 나 여호와의 말이니라"(슥 8:16,17)고 한 스가랴의 가르침을 계승하고 있다.

서로 그리스도의 몸된 지체인 성도들의 말과 행동이 그 몸을 파괴하는 행위가 바로 거짓말이다. 거짓말은 갈등을 조장하고 신뢰를 무너뜨림으로써 연합을 붕괴시킨다. 거짓말은 관계를 깨뜨리고 교회 안에서 분란을 일으키고 서로의 관계를 분리시킨다. 반면에 참된 것, 즉 진실은 이해의 문을 열어 놓는다. 따라서 바울은 한 몸된 지체의 연합을 유지하기 위해 성도들이 서로에 대해 온전하게 진실해야 할 것을 권면하고 있다.

② 분냄(ὀργίζεσθε : be angry) / 벗어버려야 할 옛 사람의 또 다른 기질은 분노로 특징되는 생활 방식이다. "분을 내어도 죄를 짓지 말며 해가 지도록 분을 품지 말고 마귀로 틈을 타지 못하게 하라"(엡 4:26,27). 이 구절은 "너희는 떨며 범죄치 말지어다 자리에 누워 심중에 말하고 잠잠할지어다"(시 4:4)는 말씀을 기억하게 한다. 이것은 분을 느끼지 말아야 한다는 의미가 아니다. 하나님에 대한 모독이나 사람들의 잘못 앞에

343) William Handriksen, 에베소서, p. 272.

서 분을 품지 않을 수 없다.

하지만 분을 낸다는 것은 이미 마음에 동요를 받았음을 의미한다. 심적 동요가 과도할 때에는 무절제한 상태에 빠지게 된다. 그 결과 자기 자신과 자신의 죄에게 향해야 할 분노가 형제들에게 향하게 된다. 이런 이유에서 분을 내더라도 그것이 죄로 이어져서는 안 된다. 무엇보다도 형제들을 향한 분노가 그들의 과오를 넘어 인격에까지 이어진다는 것은 자신의 심적 동요를 형제에게까지 전가시키는 것과 같다. 자칫하면 죄를 미워하는 것이 사람까지도 미워하게 되는 결과를 가져오기 때문이다.

이런 점에서 바울은 해가 지도록 분을 품지 말라고 권면한다. 적어도 해가 지기 전까지는 자신의 화평을 되찾고 형제와 더불어 화해하도록 해야 한다.344) 이 말은 일몰 때까지는 하나님과 다른 사람에 대한 잘못을 시정해야 할 것을 가르친다. 유대인들에게 '일몰'은 하루가 끝나고 새로운 날이 시작하는 시점을 의미한다.

특히 분노에 빠지는 것은 마귀에게 자유로운 기회를 제공하는 것과 같다. '마귀로 틈을 타지 못하게 하라'는 말은 '마귀에게 결코 자리를 내어주지 말라'(Neither give place to the devil, 엡 4:27 KJV)는 의미이다. 이것은 마치 분노하는 사람들 주변에는 마귀들이 그 자리에 파고들기 위해 때를 엿보고 있는 것과 같음을 경계시키고 있다.345)

마귀는 성도들의 분노가 서로에 대한 불평과 원한 그리고 그리스도를 통하여 주어지는 죄에 대한 하나님의 용서를 꺼려하는 감정으로 바뀌는 순간을 포착하기 위해 빈틈을 노리고 있다. 때문에 성도들 사이에서는 마귀가 설자리조차도 찾을 수 없도록 해야 한다. 마귀가 사악한 목적을 얻기 위해 성도들의 분냄을 이용할 조금의 틈도 보여서는 안 된

---

344) J. Calvin, 에베소서, p. 356.

345) William Handriksen, 에베소서, p. 274.

다. 이것은 성도들이 성령으로 지어져 가는 성전인 그리스도의 몸이라는 사실에 근거하고 있다.

③ 도적질(*κλέπτων*: stealing) / 한때는 구습에 따르는 옛 사람이었지만 이제는 새로운 통치와 새로운 본질에 속한 성도라면 당연히 옛 생활 방식을 벗어버리고 새 생활의 방식인 선한 일로 돌아서야 한다. "도적질하는 자는 다시 도적질하지 말고 돌이켜 빈궁한 자에게 구제할 것이 있기 위하여 제 손으로 수고하여 선한 일을 하라"(엡 4:28)는 바울의 권면은 새로운 질서 가운데 속한 성도들의 삶에 대한 기치를 드높이고 있다.

성도들은 이제 단순히 생계를 해결할 목적으로 사는 것이 아니다. 생계가 목적이었을 때에는 남의 것을 훔쳐서라도 살아야 한다는 이유를 명분으로 내세울 수도 있다. 이것은 가인이 아벨을 살인할 때 가졌던 마음과 다를 바 없다. 오로지 자신의 목적만을 정당화하기 위해 타인의 생명을 취할 목적으로 정상적인 방법이 아닌 비정상적인 방법으로 아벨의 생명을 훔쳤던 것이다. 타인의 재산을 훔치는 것 역시 그 재산이 상징하고 있는 그 사람의 시간과 노력을 탈취한 것과 다를 바 없다.

그러나 새 질서 가운데 사는 성도들은 자신이 새로운 공동체에 속해 있으며 그 안에서 자신의 본분을 다해야 한다. 새 사람이 된 성도로서 자신의 본분을 다 한다는 사실과 관련해 칼빈은 제네바교회 교리문답(1542년)에서 명확하게 선을 그어서 말하고 있다.

> 제1문 : 인간의 삶에서 제일 된 목적이 무엇입니까?
> 답 : 하나님을 아는 것입니다.346)
> 제2문 : 무슨 이유에서 당신은 그렇게 말합니까?

---

346) "영생은 곧 유일하신 참 하나님과 그의 보내신 자 예수 그리스도를 아는 것이니이다"(요 17:3). "일의 결국을 다 들었으니 하나님을 경외하고 그 명령을 지킬지어다 이것이 사람의 본분이니라"(전 12:13).

답 : 하나님은 우리 가운데서 영광을 받으시기 위하여 우리를 지으시고 세상에 살게 하셨기 때문입니다. 또 하나님은 우리 삶의 근원이시기 때문에 우리가 하나님의 영광을 위해 삶을 살아가는 것은 당연한 일입니다.347)

성도들은 자신의 지위를 지킬 뿐만 아니라 다른 회원들이 자신을 부양하기 위해 수고하지 않도록 해야 한다. 오히려 스스로 더 많이 일해서 혹 공동체 안에 빈궁한 형제들이 있다면 그들을 향해 구제의 손길을 펴야 한다. 이것은 교회 공동체의 특성을 보다 명확하게 드러내는 모습으로 서로 연합하여 그리스도의 몸인 거룩한 성전으로 지어져 가는 일에 있어서 불필요한 소모가 없도록 하기 위함이다. 이처럼 옛 삶의 방식을 새로운 삶의 방식으로 바꾸는 것은 성도들의 품성이 새로 지음 받았음을 나타내는 증거가 된다.

④ 더러운 말(*λόγος σαπρὸς* : unwholesome word) / 말씀 사역자들뿐 아니라 교회의 모든 지체는 교회를 세우는 일을 그들의 목적으로 삼아야 한다(엡 4:12,16). 선한 말은 시와 찬송과 신령한 노래들로 서로 화답하는 것뿐만 아니라 각자의 형제자매들 사이에 신뢰를 형성하고 그들이 일을 할 때 격려하고 또한 선한 뜻을 일으키는 말을 포함한다. 때문에 바울은 "무릇 더러운 말은 너희 입 밖에도 내지 말고 오직 덕을 세우는 데 소용되는 대로 선한 말을 하여 듣는 자들에게 은혜를 끼치게 하라"(엡 4:29)고 권면한다.

당시 대다수 성도들은 오랜 이방 생활과 종교에 물들어 살아가고 있

347) "이는 만물이 주에게서 나오고 주로 말미암고 주에게로 돌아감이라 영광이 그에게 세세에 있으리로다 아멘"(롬 11:36). "우리가 그를 힘입어 살며 기동하며 있느니라 너희 시인 중에도 어떤 사람들의 말과 같이 우리가 그의 소생이라 하니"(행 17:28). "그런즉 너희가 먹든지 마시든지 무엇을 하든지 다 하나님의 영광을 위하여 하라"(고전 10:31).

던 중에 하나님의 교회로 부름을 받았다. 하지만 그들의 일상 언어와 생활 관습이 교회에 속한 삶으로 그렇게 빨리 변화된 것은 아니었다. '더러운 말'은 그들이 이방 종교와 생활 속에서 다른 사람들과 주고받은 부도덕한 말이나 불경한 말들로 이것들이 교회 생활에 아무런 대책 없이 난입하게 될 경우 그 해악도 적지 않았다.348)

특히 개종하기 이전에 일삼았던 외설, 독설적 언어, 악의적인 소문(이것은 오늘날 가짜 뉴스와 같은 종류이다) 등은 공동체적 삶을 깨뜨리는 해악을 가져왔다. 여기에서 '덕을 세운다는 것'(πρὸς οἰκοδομὴν : for edification)은 개인의 도덕적 함양을 고취하는 것에만 그 목적이 있는 것이 아니다. 그 목적은 전적으로 그리스도의 몸된 교회를 세우는 데 두어야 하기 때문이다(엡 4:12). 때문에 선한 말을 통해 듣는 형제들에게 영적인 유익을 끼치도록 해야 한다. 본문의 '선한 말'은 앞 절의 "자기 손으로 수고하여 선한 일을 하라"(엡 4:28)에서 언급하고 있는 '선한 일'과 병행을 이룬다는 점에서 좀 더 그 의미를 정확하게 유추할 수 있다.

따라서 "하나님의 성령을 근심하게 하지 말라 그 안에서 너희가 구속의 날까지 인침을 받았느니라"(엡 4:30)는 바울의 권면은 성도들의 옛 관습에 젖은 언행으로부터 벗어나야 할 것을 강력하게 요구하고 있다. 이 권면은 "그들이 반역하여 주의 성신을 근심케 하였으므로 그가 돌이켜 그들의 대적이 되사 친히 그들을 치셨더니"(사 63:10)에서 취했다. 바울은 믿음의 공동체 안에서 자신의 형제들에 대해 더러운 말을 사용하는 것은 교회 공동체를 하나 되게 하시는 성령을 근심하게 하는 일임을 지적하고 있다.349)

여기에서 '인침을 받다'(ἐσφραγίσθητε : you were sealed)라는 단어는 교회에서 행한 세례를 지시하고 있다. 성도들은 자신들이 교회에서 받

348) William Handriksen, 에베소서, p. 277.

349) Andrew T. Lincoln, 에베소서, p. 608.

은 세례와 관련이 있는 성령의 인침을 받음으로써 그들을 소유하시는 분의 거룩한 품성으로 도장이 찍힌 사람들이다. 이것은 하나님께서 성도들에 대한 최종적이고 완전한 소유권을 지니고 있다는 보증이다(엡 1:14).

성도들에게 있어서 현재의 구속 경험은 세례로부터 시작되는 죄 사함으로 나타나지만 미래의 경험은 그들의 몸을 구속하는 부활 사건으로 그 절정을 이루게 된다(롬 8:23). 따라서 성령은 몸의 구속을 소망하는, 즉 몸의 부활을 소망하는 성도들의 미래를 보증하시는 분이시다. 이에 바울은 성도들이 성령을 근심하게 해서는 안 된다는 사실을 강조하고 있다.

2) 새 사람이 나타내어야 할 성품들(엡 4:31,32)

바울은 성도들을 가리켜 '의와 진리의 거룩함으로 지으심을 받은 새 사람'(24절)이라 지적하고 거짓말(25절), 분냄(26,27절), 도적질(28절), 더러운 말(29절) 등과 같은 옛 성품을 벗어버려야 할 것을 권면했다. 이어 바울은 새 사람으로 발휘해야 할 성품들에 대한 새로운 기준으로 용서와 사랑을 제시한다. "너희는 모든 악독과 노함과 분냄과 떠드는 것과 비방하는 것을 모든 악의와 함께 버리고 서로 친절하게 하며 불쌍히 여기며 서로 용서하기를 하나님이 그리스도 안에서 너희를 용서하심과 같이 하라"(엡 4:31,32).

'모든 악독과 노함과 분냄과 떠드는 것과 훼방하는 것'(*πᾶσα πικρία καὶ θυμὸς καὶ ὀργὴ καὶ κραυγὴ καὶ βλασφημία* : all bitterness, anger and wrath, shouting and slander)들은 '모든 악의'(*πάσῃ κακίᾳ* : all malice)에 포함되는 다섯 가지 속성들이다.

곧 악독, 노함, 분냄, 떠드는 것, 비방하는 것 등은 사람들 안에 있는 '악의'가 보다 구체적인 형태들을 갖는 것으로, 다른 사람들을 모욕하고 비방함으로써 자신의 이웃들에게 해를 끼치는 어떤 태도나 행동을 포함한다. 바울은 이런 것들은 새 사람이 된 성도들이 벗어버려야 하는 것이라고 지적한다. 대신에 '친절'(χρηστοί, kind)과 '불쌍히 여김' (εὔσπλαγχνοι)과 '용서함'(χαριζόμενοι)을 입어야 할 것을 요구하고 있다.

'친절'은 하나님의 속성이며 다른 사람들의 필요와 관심사에 대한 고려가 포함된다. '불쌍히 여김'과 '용서' 역시 친절의 다른 형태의 표현이다. 용서는 '은혜를 베풀다'는 의미로 보다 일반적인 성격을 가진다. 성도들이 이웃들에게 은혜를 베풀어야 하는 이유는 하나님께서 성도들에게 그렇게 하셨기 때문이다. 바울은 하나님의 용서를 성도들이 취해야 할 행동을 위한 원형으로 그리스도 혹은 하나님의 구원 행동을 보여주기 위한 하나의 근거로 제시하고 있다.

하나님께서 성도들을 위해 그리스도 안에서 행하신 일은 성도들 자신의 행동을 위한 규범과 근거를 모두 제공하고 있다. 하나님이 그들을 용서하시는 것은 그들의 상호적 용서를 위한 모범이다. 이때 성도들을 용서하신 분은 그리스도이시며, 성도들의 관계 속에서 행해져야 할 용서를 가져오시는 분은 그리스도 안에 계시는 하나님이시다.350) 여기에서 바울은 성도들이 하나님의 성품을 모방하고 그 실제를 발휘하는 것으로부터 진정한 새 사람으로서 품성을 나타낸다는 사실을 강조하고 있다.

| 기 도 |

사람들의 총명이 어두워지고 진리에 있어 무지함과 마음의 굳어짐으로 인해 하나님의 생명으로부터 떠나서 방탕과 욕심으로 살았던 자들을 부르

350) Andrew T. Lincoln, 에베소서, p. 611.

시어 하나님을 따라 의와 진리의 거룩함으로 지으심을 받아 새 사람을 입게 하시는 우리 주 예수 그리스도의 아버지이신 하나님.

여전히 세상은 그 악한 자인 사탄의 품 안에서 온갖 악한 일들과 불의와 불공평을 일삼으며 사람들에게 참된 진리를 배척하고 오로지 자신들의 영악한 이익만을 추구하며 살려고 발버둥치고 있는 모습을 보옵나이다.

아무리 학문이 발전하고 새로운 문명의 이기들이 발달한다 할지라도 죄악 속에서 살아가는 사람들의 본 모습은 하나도 달라지지 아니하고 오히려 갈수록 살아가는 방식에 있어서 더욱 악랄해지는 것이 현실일 수밖에 없다는 그 자체가 이미 하나님의 심판 아래에 있음을 고백하나이다.

주여, 우리를 불쌍히 여기시고 우리가 처한 삶의 현장에서 우리는 온전히 그리스도 예수와 연합하여 한 몸을 이룬 교회에 속하였음을 마음에 단단하게 고정시키고, 세상이 제공하는 삶의 방식이 아닌 하늘로부터 오는 삶의 방식을 따라 살아가도록 은혜를 베풀어 주옵소서.

“그런즉 너희는 먼저 그의 나라와 그의 의를 구하라 그리하면 이 모든 것을 너희에게 더하시리라 그러므로 내일 일을 위하여 염려하지 말라 내일 일은 내일이 염려할 것이요 한 날의 괴로움은 그 날로 족하니라”(마 6:33,34)고 말씀하신 약속을 따라 하나님 나라의 백성으로 담대하게 살아가게 하옵소서.

우리 주 예수 그리스도의 이름으로 기도합니다. 아멘.

〈 13 〉

새로운 존재로 지음받은 교회의 속성들

에베소서 5:1-21

5:1 그러므로 사랑을 받는 자녀 같이 너희는 하나님을 본받는 자가 되고
2 그리스도께서 너희를 사랑하신 것 같이 너희도 사랑 가운데서 행하라
그는 우리를 위하여 자신을 버리사 향기로운 제물과 희생제물로 하나님
께 드리셨느니라 3 음행과 온갖 더러운 것과 탐욕은 너희 중에서 그 이름
조차도 부르지 말라 이는 성도에게 마땅한 바니라 4 누추함과 어리석은
말이나 희롱의 말이 마땅치 아니하니 오히려 감사하는 말을 하라 5 너희
도 정녕 이것을 알거니와 음행하는 자나 더러운 자나 탐하는 자 곧 우상
숭배자는 다 그리스도와 하나님의 나라에서 기업을 얻지 못하리니 6 누
구든지 헛된 말로 너희를 속이지 못하게 하라 이로 말미암아 하나님의
진노가 불순종의 아들들에게 임하나니 7 그러므로 그들과 함께 하는 자가
되지 말라 8 너희가 전에는 어둠이더니 이제는 주 안에서 빛이라 빛의 자
녀들처럼 행하라 9 빛의 열매는 모든 착함과 의로움과 진실함에 있느니
라 10 주를 기쁘시게 할 것이 무엇인가 시험하여 보라 11 너희는 열매 없
는 어둠의 일에 참여하지 말고 도리어 책망하라 12 그들이 은밀히 행하는
것들은 말하기도 부끄러운 것들이라 13 그러나 책망을 받는 모든 것은 빛
으로 말미암아 드러나나니 드러나는 것마다 빛이니라 14 그러므로 이르시
기를 잠자는 자여 깨어서 죽은 자들 가운데서 일어나라 그리스도께서 너

에게 비추이시리라 하셨느니라 15 그런즉 너희가 어떻게 행할지를 자세히
주의하여 지혜 없는 자 같이 하지 말고 오직 지혜 있는 자 같이 하여
16 세월을 아끼라 때가 악하니라 17 그러므로 어리석은 자가 되지 말고
오직 주의 뜻이 무엇인가 이해하라 18 술 취하지 말라 이는 방탕한 것이
니 오직 성령으로 충만함을 받으라 19 시와 찬송과 신령한 노래들로 서로
화답하며 너희의 마음으로 주께 노래하며 찬송하며 20 범사에 우리 주
예수 그리스도의 이름으로 항상 아버지 하나님께 감사하며 21 그리스도를
경외함으로 피차 복종하라

지금까지 바울은 교회가 하나님의 새 창조로 말미암아 탄생했음을 밝히고 이제부터는 하나님께서 성도들에게 주신 구원에 합당하게 사는 것의 중요성을 강조하고 있다. 무엇보다도 이방 생활의 습관과 종교 생활로부터 벗어나 새로운 질서에 속한 성도로서 새로운 삶의 기준을 가져야 할 것에 대해 깊은 관심을 표명하고 있다. 이것은 교회가 새로운 존재이기 때문이다.

따라서 성도들은 옛 사람의 품성을 벗어버리고 새 사람의 품성으로 갈아입은 새로운 존재다운 모습을 나타내야 한다. 그 모습이 바로 하나님께서 우리 성도들에게 친히 베풀어 주시는 용서와 사랑을 모범으로 삼아 우리의 삶 속에서 실행해 감으로써 드러나는 구별된 삶이다(엡 4:17-5:2).

계속해서 5장에서도 바울은 '새로운 질서 가운데 있는 교회의 높은 윤리관'을 제시하고 있다. 특별히 ① 빛의 자녀가 된 성도들이 구현해야 할 삶의 구체적인 모습들(3-14절)과 ② 성령의 인도를 받는 신자의 삶

에 대한 구체적인 진술(15-33절)을 통해 이방 사회와 구별된 교회의 거룩성을 구현하도록 독려하고 있다. 이 교회의 거룩성은 성도들이 살아가는 삶의 현장에서 자신들이 갖춘 높은 윤리관에 기초하고 있어야 한다는 점에서 기독교가 타 종교와 차별화됨을 알 수 있다.

1. 사랑으로 대표되는 교회의 속성 (엡 5:1-7)

하나님께서 그리스도 안에서 용서하신 것처럼 성도들이 서로 용서하는 것은 하나님을 본받는 행동이다. 이처럼 성도들은 하나님의 행동이 그들의 삶의 형태가 되도록 만들어야 한다. 이에 바울은 "그러므로 사랑을 입은 자녀같이 너희는 하나님을 본받는 자가 되라"(엡 5:1)고 권면한다. 이처럼 성도들이 하나님의 사랑을 모방함으로써 사랑이 구현되는 그곳에 하나님의 임재를 경험하게 되는 것이다.

성도들은 하나님의 가족으로 입양되었기 때문에(엡 1:5) 각자 자기 자신이 하나님의 가족을 닮아있다는 사실을 보여주어야 한다. 하나님의 사랑을 입은 자녀가 자신을 사랑하는 아버지를 닮고 싶어 하지 않는다는 것은 모순이다. 바울이 그들을 하나님의 사랑을 입은 자녀로 묘사하고 있는 것도 그들이 하나님을 본받아야 하는 요구가 그 사랑 위에 기초해 있음을 밝히기 위함이다.

하나님을 본받는다는 것은 인자와 용서를 보여주는 것으로 나타나기 마련이다. 이것은 새롭게 맺어진 하나님과의 관계가 성도들이 하나님을 본받는 것을 필요로 하고 있으며, 아울러 그러한 관계는 하나님이 그리스도 안에서 행하신 구원의 행동에 기초되어 있음을 보여준다. 이에 바울은 "그리스도께서 너희를 사랑하신 것같이 너희도 사랑 가운데서 행하라 그는 우리를 위하여 자신을 버리사 향기로운 제물과 생축(희생제물)으로 하나님께 드리셨느니라"(엡 5:2)고 밝히고 있다.

여기에서 바울은 하나님의 '용서'의 행위에 의해, 그리고 그리스도 안에서 하나님의 행위의 본질적인 특징인 그분의 '사랑'에 의해 성도들이 하나님을 본받아야 한다는 당위성을 제시하고 있다. 이때 그리스도의 사랑, 즉 자신을 철저하게 낮추시고 버리신 그리스도는 성도들이 하나님을 본받는 동기로 작용한다.

이로써 성도들이 "너희도 사랑 가운데서 행하라" 곧 '사랑 안에서 살아야 한다'는 명령은 그리스도의 측량할 수 없는 자기를 내어주심에 근거하고 있음을 알 수 있다. 결국 성도들이 사랑 안에서 행하는 것은 그들이 하나님을 본받는 삶의 방식이 된다. 그리고 사랑으로 대변되는 자기희생은 무엇보다도 교회 공동체 안에서 조화를 촉진시키는 특성이기도 하다.351) 이것은 바울이 기독교 공동체의 유익을 염두에 두고 있음을 반영하고 있다.

이러한 삶의 원리를 가리켜 바울은 '사랑 가운데 행하라'(περιπατεῖτε ἐν ἀγάπῃ : walk in love)고 규정하고 있다. 이 말은 '사랑의 삶을 살라'(live a life of love)는 의미로 다른 모든 권면을 대신하고 있다. 이 사랑이 하나님을 본받는 것으로부터 시작되어야 한다는 것은 기독교의 윤리적 사고가 하나님 중심적이어야 함을 의미한다.

그러므로 성도들이 하나님을 본받는 것은 결국 그리스도의 희생적 사랑 안에서 그리스도를 본받는 것과 같다. 이런 점에서 바울은 교회의 성도들과 현격하게 다른 삶을 살아가고 있는 외인들을 극적으로 비교함으로써 '하나님을 본받는 사람'의 성품과 관련해 "음행과 온갖 더러운 것과 탐욕은 너희 중에서 그 이름이라도 부르지 말라 이는 성도의 마땅한 바니라 누추함과 어리석은 말이나 희롱의 말이 마땅치 아니하니 돌이켜 감사하는 말을 하라"(엡 5:3,4)고 제시하고 있다.

그 당시에 이교도들의 우상 숭배는 성적인 타락과 밀접하게 관련되

351) Andrew T. Lincoln, 에베소서, p. 615.

어 있었다. 때문에 성적 타락은 주로 이교도들의 특성으로 분류되었다. 여기에서 바울은 성적 타락뿐 아니라 이와 관련된 불결함과 탐욕까지도 언급하고 있는데, 이것은 이교도들에게 있어서 가장 현저하게 나타나는 부패하고 부도덕한 현상들이었다. 이런 현상들을 예로 들어서 바울은 교회가 철두철미하게 이교도들의 관습으로부터 분리되어야 할 것을 요구하고 있다.352)

이것을 가리켜 '이는 성도의 마땅한 바니라'(*καθὼς πρέπει ἁγίοις* : as is proper for saints)고 하는 바울의 지적은 성도들의 위치가 어디에 있는가를 정확하게 알고 있어야 할 것을 밝히고 있다. '성도들'(*ἁγίοις*)이라는 말은 하나님께서 자기의 소유로 택하신 구별된 백성을 일컫는 단어이다(출 19:4-6). 따라서 성도들은 하나님을 위해 구별되었으며 성령의 능력에 의해서 하나님께 드려진 존재들이다.

나아가 바울은 언어생활에서조차 이교도들과 구별될 것을 요구하고 있다. "누추함과 어리석은 말이나 희롱의 말이 마땅치 아니하니 오히려 감사하는 말을 하라"(엡 5:4)는 권면을 통해서 바울은 성도들에게 '누추함과 어리석은 말이나 희롱의 말'까지도 구별해 내기를 요구하고 있다.

'누추함'(*αἰσχρότης* : filthiness)이란 경건한 사람의 절제와 더불어, 더 이상 함께할 수 없거나 어울리지 않는 모든 것을 포함시킨다. '어리석은 말'(*μωρολογία* : foolish talking)은 적당하지 않고 목적이 없으며 열매 없는 대화 또는 무지에서 나오는 모든 불경건한 대화를 의미한다. 그리고 '희롱하는 말'(*εὐτραπελία* : jesting, crude joking)이란 마치 겉으로는 재치 있는 것처럼 보이지만 그 안에는 타인을 비꼬거나 인격을 비하시키는 악의가 담겨 있는 것을 가리킨다.353) 이런 것들은 모두 이교

352) William Handriksen, 에베소서, p. 288.

353) J. Calvin, 에베소서, p. 363.

도들의 생활 습관에 그 배경을 두고 있다. 반면에 성도들은 이러한 습관들로부터 자신을 분리해 내어야 한다.

오히려 성도들은 하나님의 선택된 백성으로서 언어의 본질적인 특성을 발휘해야 한다. 그것이 바로 '감사하는 말'이다. 이교도들의 관습에 젖어 있는 부도덕으로 특징되는 행위들이나 언어들은 순전히 자기 중심적인 특성을 갖는다. 하지만 '감사'(*εὐχαριστία* : thanksgiving)는 창조주의 그의 선하심에 대한 인식을 구체적으로 나타낸다는 점에서 극명한 차이가 발견된다.

여기에는 인간이 추구하는 궁극적인 대상이 하나님인가 아니면 육적인 만족과 같은 인간의 욕망인가에 대한 근본적인 문제가 담겨 있다. 결국 창조주이며 생명의 구속자이시며 만물의 궁극적인 근원이신 하나님에 대한 믿음의 본질은 '감사'로 이어지게 된다. 그리고 이 감사는 그리스도 안에서 하나님의 은혜를 경험한 성도들에게 있어서 적절한 응답이다.

때문에 바울은 "너희도 이것을 정녕히 알거니와 음행하는 자나 더러운 자나 탐하는 자 곧 우상 숭배자는 다 그리스도와 하나님 나라에서 기업을 얻지 못하리니 누구든지 헛된 말로 너희를 속이지 못하게 하라 이를 인하여 하나님의 진노가 불순종의 아들들에게 임하나니 그러므로 저희와 함께 참예하는 자 되지 말라"(엡 5:5-7)고 경계하고 있다. 성적 부패와 같이 탐욕적인 이교도들을 우상 숭배자와 같은 부류로 간주하는 이유는 창조주 하나님을 삶의 중심으로 인식하지 않고 하나님 대신에 자기 자신의 욕망을 채우기 위한 사고방식을 제일로 여기기 때문이다.

이런 행위들은 그 특성상 '불순종의 아들들'(*τοὺς υἱοὺς τῆς ἀπειθείας* : the sons of disobedience)이 행하는 행동이며, 이런 사람들은 그

리스도와 하나님의 통치를 받지 못하는 사람들이라는 점에서 이들은 하나님 나라에 전적으로 적대적인 영역에 속한 존재들이다.354)

2. 빛으로 대표되는 교회의 속성 (엡 5:8-14)

성도들은 새로운 존재 목적을 위해 부르심을 받았다는 사실을 항상 명심해야 한다. "너희가 전에는 어두움이더니 이제는 주 안에서 빛이라 빛의 자녀들처럼 행하라"(엡 5:8)는 바울의 권면은 이 사실을 강조하고 있다. '전에는(ποτε) – 이제는(νῦν)'이라는 대조적 구성의 결합과 '어두움'(σκότος)과 '빛'(φῶς)이라는 상징은 성례전에 따른 세례와 관련된 권면이 그 안에 포함되어 있음을 암시한다. 이것은 성도들에게 그들의 회심을 상기시킬 뿐 아니라, 그들이 회심과 그리스도의 몸인 교회로의 입문을 통해 그들에게서 발생한 변화의 속성을 부각시키고 있다.

'빛'은 하나님의 생명과 하나님으로부터 오는 구원을 상징한다. 반면에 '어두움'은 죽음, 스올, 하나님의 심판을 상징한다. 이런 점에서 빛과 어두움은 하나님과의 관계에서 인생의 두 갈래 길을 묘사한다. 바울은 이 극단적인 대조를 통해 어두움은 무지와 부도덕을, 빛은 진리와 지식 그리고 거룩을 상징하는 것으로 적용한다. 따라서 빛과 어두움은 상존할 수 없으며, 빛의 자녀와 불순종의 자녀는 그리스도와의 관계에서 전혀 다른 영역임을 분명히 하고 있다.

'...의 자녀들처럼'(ὡς τέκνα ...)이라는 말은 어떤 특성을 부여받은 사람들을 나타내는 히브리어 용법의 관용구이다. 하나님의 자녀들인 그리스도인들을 가리켜 '빛의 자녀들처럼'(ὡς τέκνα φωτὸ)이라고 하는 것은 그들이 빛이신 하나님(요 1:5)의 특성을 부여받았기 때문이다. 성도들은 하나님의 거룩과 진리의 빛을 나타내는 자녀들로서 단순히

---

354) Andrew T. Lincoln, 에베소서, p. 635.

빛에 의해 둘러싸인 것이 아니라 그 빛과 동일시된다. 따라서 성도들은 자연스럽게 빛의 열매를 가지게 된다.355)

"빛의 열매는 모든 착함과 의로움과 진실함에 있느니라"(엡 5:9). 이때 빛은 열매를 맺는 능력으로 간주된다. 이 빛의 열매는 성령의 열매(갈 5:22)와 동등하며 의의 열매(빌 1:11)와 같다. 이 열매는 육체의 열매(갈 5:19)와 '열매 없는 어두움의 일'(11절)과 대조된다.

바울이 빛의 속성으로서 제시하고 있는 '모든 착함과 의로움과 진실함'(*πάσῃ ἀγαθωσύνῃ καὶ δικαιοσύνῃ καὶ ἀληθεία*)은 성도들이 그리스도 예수 안에서 선한 일을 위하여 지으심을 받았으며(엡 2:10), 하나님과의 관계에서 그리고 사람들과의 관계에서 선을 행하는 의로움(엡 4:24)과, 참된 것을 말하는 진실함(엡 4:25)을 포함한다. 이 덕목은 그리스도인의 삶을 대표한다는 상징성을 가진다.

때문에 바울은 빛의 자녀들이라면 빛의 열매를 맺음으로써 하나님을 기쁘시게 하는지 판단할 것을 요구한다. "주께 기쁘시게 할 것이 무엇인가 시험하여 보라"(엡 5:10). 여기에서 '시험하다'(*δοκιμαζω*)는 말은 여러 상황에서 윤리적으로 옳은 행동의 과정을 찾아낸다는 의미이며, 원석으로부터 금을 정련해 내는 용어에서 나왔다.

특별히 성령께서 하시는 일 중 하나가 시험하는 일인데 이것은 주어진 각각의 상황에서 올바른 윤리적 판단을 형성하는 능력을 의미한다. 하나님을 기쁘시게 하는 것은 빛의 자녀로서 살아가는 책임 있는 자유를 행사함으로써 성도들의 삶의 목적과 동기가 된다.

빛의 자녀로 산다는 것은 빛의 열매를 맺는 것뿐만 아니라 빛과 어두움이 양립할 수 없는 것처럼 열매 없는 어두움의 일, 즉 공허하고 방향

355) Bruce B. Barton, 에베소서, p. 202.

도 없으며 무익한 음행과 온갖 더러운 것과 탐욕을 거부한다. 이러한 악한 일에 대해 바울은 적극적으로 대처할 것을 요구한다. "너희는 열매 없는 어두움의 일에 참예하지 말고 도리어 책망하라 저희의 은밀히 행하는 것들은 말하기도 부끄러움이라"(엡 5:11,12).

성도들에게 있어 거룩함과 죄 사이의 중립 영역은 없다. 빛의 영역에 속하거나 아니면 어두움의 영역에 속하는 일이거나 그 둘 중 하나이다. 따라서 빛의 아버지께 충성을 다하는 신자는 헛되고 열매가 없는 전적으로 절망적인 어두움의 일에 참여해서는 안 된다. 오히려 열매 없는 어두움의 일을 책망함으로써 빛의 자녀로서 그 거룩한 속성을 적극적으로 발휘해야 한다.

'책망하다'(*ελεγχειν*)는 말은 '유죄를 증명하다' 또는 '징계하다' 또는 '드러내다'는 의미이다. 성도들은 빛의 자녀로 살아가는 모습을 통해 악한 행위들과 질적으로 다른 삶을 보여줌으로써 성령께서 죄에 대해 책망하시는 불신 세계(요 16:8)의 유죄를 증거하게 된다.

'착함과 의로움과 진실함'에 근거한 성도들의 삶(9절)에 의하여 빛 가운데 행하는 일과 어두움 가운데 행하는 일 사이에 얼마나 큰 차이가 있는가를 드러내는 일이야말로 불순종의 아들들(6,7절)을 책망하는 것과 같다. 이렇게 함으로써 마치 어두움에 빛을 비춤으로써 그 안에 숨겨진 것들이 나타나는 것처럼 빛의 자녀로서 행하는 일들을 통해 불순종의 아들들이 행한 은밀한 일들을 밝히 드러내게 된다.356)

이때 빛은 소극적으로는 악을 드러내는 일을 하지만 결정적으로는 선을 밝게 비춤으로써 사람들을 어두움 가운데서 빛 가운데로 이끌어주는 역할을 하게 된다. 빛의 자녀들이 그들의 삶을 통해서 불순종의 아들들이 행하는 어두움의 행위들을 드러낸다는 것은 궁극적으로 불순

---

356) William Handriksen, 에베소서, p. 296.

종의 아들들을 그 어두움의 영역으로부터 빛의 영역으로 전향시키는 효과를 가져 온다. 이것은 "너희가 전에는 어두움이더니 이제는 주 안에서 빛이라 빛의 자녀들처럼 행하라"(엡 5:8)는 말씀처럼 이미 성도들 자신에게서 나타난 경험으로 증명된다.

빛을 비춘다는 것은 어두움을 빛으로 변하게 한다는 가능성을 전제하고 있다. 이런 점에서 "그러나 책망을 받는 모든 것이 빛으로 나타나나니 나타나지는 것마다 빛이니라"(엡 5:13)는 바울의 말은 불순종의 아들들로 하여금 자신의 죄와 불행이 얼마나 비참한가를 깨닫게 함으로써 절망적인 인생의 근본적인 변화를 필요로 한다는 사실을 깨닫게 한다는 것을 가리키고 있다. 이것이 빛이 가지고 있는 창조적인 속성이다.

이 빛의 창조적 속성에 대해 바울은 "그러므로 이르시기를 잠자는 자여 깨어서 죽은 자들 가운데서 일어나라 그리스도께서 네게 비취시리라 하셨느니라"(엡 5:14)고 말한다. 이 구절은 이사야가 여호와의 종에 의해 이루어질 시온의 회복을 예언했던 "주의 죽은 자들은 살아나고 그들의 시체들은 일어나리이다"(사 26:19), 그리고 "일어나라 빛을 발하라 이는 네 빛이 이르렀고 여호와의 영광이 네 위에 임하였음이니라"(사 60:1)고 선포한 내용을 기억하게 한다.

'그러므로 이르시기를'(*διὸ λίγει*)이라는 이 문구는 신적 기원과 권위를 강조하며, 동시에 이 단락의 핵심 주제인 "너희가 전에는 어두움이더니 이제는 주 안에서 빛이라 빛의 자녀들처럼 행하라"(엡 5:8)는 구절과 연관된다. 따라서 '잠자는 자여 깨어서 죽은 자들 가운데서 일어나라'(*Ἔγειρε, ὁ καθεύδων, καὶ ἀνάστα ἐκ τῶν νεκρῶν*)는 구절은 8절과 마찬가지로 세례 의식과 직접적 관계를 가지게 된다.

여기에서 '잠자다'(*καθεύδω*)는 말은 어두움과 죽음의 상태를 상징한다. 죽음으로부터 일으킴을 받는다는 것은 세례의 본질적 의미이다. 죽음이라는 이미지를 죄에 빠져 있는 인간의 상태로 이해하는 바울의 관점에서 볼 때(롬 5:12,14,17,21; 6:23) 세례를 받을 때 성도들에게는 빛의 능력과 새로운 지위로 변화가 일어났음을 강조한다.

이때 세례는 영적인 죽음의 잠에서부터 신적인 부르심에 반응하는 생명의 빛으로의 방향성을 나타낸다. 그리고 신적인 주권과 인간의 노력은 모두 회심과 관련된다. 이로써 성도들은 강력한 빛의 비추임에 따라 옛 삶이라는 잠과 죽음으로부터 돌아서는 응답을 하게 되었고, 이는 그 힘에 따라 살아가는 새로운 존재인 빛의 자녀로서 지속적인 삶을 살아야 한다는 결단을 가지게 한다.

이러한 의지적인 결단은 그들 자신의 정체성에 관한 보다 분명한 의식을 제공하는 기능을 하게 된다. 바울은 성도들로 하여금 교회는 어두움과 반대되는, 그리고 양립할 수 없는 빛과 어두움 같이 그 사회의 가치들과 근본적으로 반대되는 가치관에 따라 살아야 할 것을 요구한다.

성도들은 주변의 어두움에 의해 오염되고 부패하기보다는 오히려 영향력을 미쳐야 하는 횃불과 같은 존재이다.357) 이로써 교회는 부활하신 그리스도를 빛을 비추는 광원으로 가지고 있음을 자신들의 삶으로써 증거해야 한다. 이 내용은 "우리의 씨름은 혈과 육을 상대하는 것이 아니요 통치자들과 권세들과 이 어둠의 세상 주관자들과 하늘에 있는 악의 영들을 상대함이라"(엡 6:12)고 언급하고 있는 말씀을 통해 성도들이 어두움의 세상 주관자들과 전투하는 장면에서 다시 확인된다.

3. 지혜로 대표되는 교회의 속성 (엡 5:15-21)

새로운 질서 가운데서 살아가는 교회의 커다란 속성으로 ① 사랑을

---

357) Andrew T. Lincoln, 에베소서, p. 650.

입은 자녀같이 하나님을 본받는 자가 되어야 할 것(1절)과 ② 빛의 자녀로 행할 것(8절)을 제시한 바울은 성도들에게 ③ 지혜롭게 행할 것을 요구하고 있다(15-20절). 먼저 바울은 주변의 비기독교적 상황을 의식하면서 무엇보다도 지혜가 필요함을 강조한다. "그런즉 너희가 어떻게 행할 것을 자세히 주의하여 지혜 없는 자같이 말고 오직 지혜 있는 자같이 하여 세월을 아끼라 때가 악하니라"(엡 5:15,16).

지혜는 하나님을 아는 것과 하나님을 거스르는 모든 것으로부터 떠나는 명철로부터 시작한다(욥 28:28). 지혜는 하나님을 믿는 경건한 성도들이 삶을 바르게 대면할 수 있게 해 주며 삶의 어려운 문제들을 이해할 수 있게 하고 이런 문제들을 극복할 수 있게 해 주는 세계관이다. 특별히 복음을 모르던 세상에서 개종한 성도들에게 있어서 일상의 삶으로부터 지혜를 실천한다는 것은 구별된 윤리적인 활동이나 선택을 수반하게 된다.358)

이런 점에서 바울은 '세월을 아끼라'(*ἐξαγοραζόμενοι τὸν καιρόν*)고 말한다. 이 말은 상업적 용어로 물건을 파는데 이용할 수 있는 모든 기회를 잡으라는 의미이다. 즉 하나님의 값비싼 상품을 맡은 기회를 지닌 청지기처럼 기회를 아껴야 한다는 것이다. 여기에서 '세월'이란 성도들의 삶과 행동에서 복음의 능력과 그 영광을 나타내고, 악한 일을 책망하며 선한 일을 장려하고 행하며, 자신을 위한 구원의 확신을 더욱 공고히 하며 친교를 두텁게 하고, 그리스도를 위해 이웃을 얻으며 하나님을 영광되게 할 수 있는 기회를 의미한다.

'현재'라는 때는 여전히 공중의 권세 잡은 자의 지배 아래 있으며(엡 2:2) 아울러 이 악한 세대의 일부이기도 하다(갈 1:4). 그러므로 성도들은 이미 지배적으로 악한 주변의 윤리적인 분위기 속에서 그들이 누리고

358) Ralph P. Martin, 에베소서, p. 105.

있는 '오는 세대의 삶' 즉 종말론적 소망을 가지고 살아야 한다. 한편 현재는 성도들이 그들 주위에 있는 악을 거스르기 위해 선한 일을 해야 하는 때이기도 하다(엡 2:10). 악의 한 가운데서 선한 일을 하기 위해 세월을 아끼는 것은 어두운 세상 가운데서 빛으로 살아가는 것과 같은 의미를 가진다.

그러므로 성도들은 지혜로운 삶의 방법을 찾아야 한다. 그 방법은 그들이 하나님의 뜻에 따라 하나님과 교제하며 사는 것이며(딤후 2:7) 반면에 하나님과의 교제를 중단하고 하나님의 뜻을 거부하는 것은 결코 지혜로운 삶이 아니다. 이런 이유에서 바울은 "그러므로 어리석은 자가 되지 말고 오직 주의 뜻이 무엇인가 이해하라"(엡 5:17)고 한다. 이것은 자기 이해(self-understanding)에 대한 부름이다. 17절은 15절과 병행을 이룬다는 점에서 그 의미가 보다 정확하게 나타난다.

a 지혜 없는 자 같이 하지 말고
b 오직 지혜 있는 자 같이 하여(15절)
c 세월을 아끼라 때가 악하니라(16절)
a′ 어리석은 자가 되지 말고
b′ 오직 주의 뜻이 무엇인가 이해하라(17절)

어리석은 자란 지혜 없는 자이며 반면에 지혜 있는 자는 주의 뜻을 이해하는 자이다. 빛의 자녀들이 주를 기쁘시게 하는 것이 무엇인가를 배우는 것처럼(10절) 지혜로운 자들은 주의 뜻이 무엇인가를 이해하여야 한다(골 1:9). 성도들에게 지혜롭게 살아가는 것은 그들이 주님의 인도하심에 의존하는 실제적인 인식이다. 여기에서 말하는 '주의 뜻' 은 15,16절에서 이미 밝힌 것처럼 성도들이 살아가는 때의 본질을 인식하고 선한 일을 위해 주어진 이 기회를 최대한 이용하는 것을 의미한다.359)

359) Andrew T. Lincoln, 에베소서, p. 661.

이와 반대되는 삶이 방탕이다. 때문에 바울은 "술 취하지 말라 이는 방탕한 것이니 오직 성령의 충만을 받으라"(엡 5:18)고 한다. 술 취하는 것은 당시 사회적 연회에서 흥청거리며 혼음을 일삼는 이방 종교의 문화를 가리키고 있다. 이 상태에 이르러서는 자기 통제를 상실하는 것을 의미한다. 이런 점에서 바울은 어두움 가운데서 살았던 삶과 빛 가운데서의 삶을 대조시켰던 것처럼(8절) 일부러 술취함을 성령 충만과 대조시키고 있다.

'성령의 충만을 받으라'(πληροῦσθε ἐν Πνεύματι: be filled with the Spirit)는 이 말은 현재 시제로서 성령으로 계속 채워지고 있음을 의미한다. 술취함이 일시적이라면 성령 충만은 지속적이며 항구적이다. 또한 술취함은 감출 수 없는 것처럼 성령의 충만함 역시 감출 수 없으며 사람의 행동으로 명백하게 드러나게 된다.

마찬가지로 성령의 임재로 충만하다는 것을 성도들의 말과 행동에서 의심할 여지없이 보여 줄 수 있도록 성도들의 삶은 전적으로 성령의 지배 아래 있어야 한다.360) 여기에서 바울은 성도들에게 성령으로 충만해야 할 필요성을 제안하고 있는 것이 아니다. 이미 성령으로 충만해 있기 때문에 그 상태를 계속 유지하라고 말한다. 왜냐하면 이것은 성령의 임재를 통해서 하나님의 통치가 지속적으로 우리 안에서 이루어지기 때문이다.

우리는 이미 성령으로 인침을 받았으며(엡 1:13; 4:30), 성령을 근심케 해서는 안 된다는 권면(엡 4:30)을 받은 성도들이라면 이제는 성령께서 그들의 삶 속에서 그들이 의식하는 가장 충만한 지배를 하시도록 해야 한다. 또한 지속적으로 성도들이 지혜롭게 행하여 그리스도의 뜻을 이해하도록 해주시는 분에게 그리고 그들의 예배와 감사에 활력을 주시는 분에게 자신들의 마음을 여는 것은 당연한 귀결이다.

---

360) Bruce B. Barton, 에베소서, p. 209.

여기에서 바울은 성도들이 단번에 성령의 임재로 충만해지는 것이 아니라 하나님과 동행함으로써 계속해서 성령의 충만한 임재를 경험하게 된다는 사실을 강조하고 있다. 이처럼 지속적인 성령의 충만함을 경험하고 있는 성도들이 나타내는 삶을 가리켜 바울은 "시와 찬송과 신령한 노래들로 서로 화답하며 너희의 마음으로 주께 노래하며 찬송하며 범사에 우리 주 예수 그리스도의 이름으로 항상 아버지 하나님께 감사하며 그리스도를 경외함으로 피차 복종하라"(엡 5:19-21)고 밝히고 있다.

성도들의 삶을 특징짓는 것으로 기쁨에 넘치는 찬송은 포도주를 많이 마시는 것에서 비롯되는 것이 아니라 그들이 성령의 지배 아래에 지속적으로 마음이 열려 있는 상태에서 나온다. 이러한 성령 충만한 삶은 ① 그들이 성령께서 감화를 주시는 모든 형태의 시와 찬송과 노래를 통하여 서로 화답하고 덕을 세움으로써, ② 그들이 마음에서 그리스도를 찬송함으로써, 또한 ③ 그들이 그리스도의 이름으로 하나님이 그들에게 베풀어주신 모든 복에 대해 하나님께 감사하는 교회의 공적인 예배를 통해 분명하게 나타나게 된다.

앞서 '지혜 있는 자같이 하여 세월을 아끼라'(16절) 그리고 '오직 주의 뜻이 무엇인가 이해하라'(17절)는 바울의 권면에서 지혜와 이해를 산출하시는 분이 바로 성령이신 것처럼, 교회의 공적인 예배를 불러일으키며 충만하게 하시는 분도 성령이시다. 때문에 성도들이 부르는 바로 그 노래는 신령한 노래가 되는데 이것은 성도들이 계속해서 성령의 충만한 상태에 있다는 사실을 의미한다.

성령으로 충만해지는 것은 단순히 개인의 신비적인 경험이 아니라 교회 공동체의 예배와 관계들을 포함한다는 점에서 성령의 충만은 오직 공동체 안에서 적절하게 경험되고 증거되어야 함을 의미한다. 이것은 그리스도를 경외함으로 피차 복종하는 것이며 동시에 예배하는 기

독교 공동체인 교회의 특성을 드러내는 정체성이기도 하다.361)

| 기 도 |

심판과 죽음과 영원한 형벌 가운데 있어도 마땅한 우리를 용서하시고 사랑하시어 구원과 생명과 영원한 기업을 약속해주시는 우리 주 예수 그리스도의 아버지이신 하나님.

하나님의 용서와 사랑을 알기 전까지 우리의 삶은 우상 숭배자들과 마찬가지로 음행과 온갖 더러운 것과 탐욕에 빠져서 살아야만 했으며, 그러한 인생이 얼마나 비참하고 추하고 어리석은지조차도 알지 못했던 불쌍한 존재들이었음을 고백하나이다.

이제 우리는 하나님의 용서와 사랑을 친히 몸에 새기었은즉, 더 이상 우리 자신을 위하여 살지 아니하고 오로지 아버지이신 하나님의 자녀답게 거룩한 성품을 드러내어야 할 것이옵나이다.

우리는 서로 용서와 사랑을 실천하고, 빛의 자녀로서 착함과 의로움과 진실의 열매를 맺으며, 성령의 충만함 가운데서 올곧은 예배를 행함으로써 시와 찬송과 신령한 노래로 서로 화답하며, 범사에 하나님 아버지께 감사하는 삶을 살아갈 수 있도록 인도하여 주옵소서.

우리가 살아가는 삶의 현장에서 하나님의 임재를 경험하고, 그리스도 예수의 권세를 따라 빛 가운데서 행하고, 성령의 충만함 속에서 그리스도만을 경외함으로써 우리가 어디에 있든지 그곳에 하나님의 나라가 임하게 하옵소서.

우리 주 예수 그리스도의 이름으로 기도합니다. 아멘.

361) Andrew T. Lincoln, 에베소서, p. 669.

〈14〉

우주적 통일을 목표로 하는 혼인제도

에베소서 5:22-33

5:22 아내들이여 자기 남편에게 복종하기를 주께 하듯 하라 23 이는 남편
이 아내의 머리 됨이 그리스도께서 교회의 머리 됨과 같음이니 그가 바
로 몸의 구주시니라 24 그러므로 교회가 그리스도에게 하듯 아내들도 범
사에 자기 남편에게 복종할지니라 25 남편들아 아내 사랑하기를 그리스
도께서 교회를 사랑하시고 그 교회를 위하여 자신을 주심 같이 하라 26
이는 곧 물로 씻어 말씀으로 깨끗하게 하사 거룩하게 하시고 27 자기 앞
에 영광스러운 교회로 세우사 티나 주름 잡힌 것이나 이런 것들이 없이
거룩하고 흠이 없게 하려 하심이라 28 이와 같이 남편들도 자기 아내 사
랑하기를 자기 자신과 같이 할지니 자기 아내를 사랑하는 자는 자기를
사랑하는 것이라 29 누구든지 언제나 자기 육체를 미워하지 않고 오직
양육하여 보호하기를 그리스도께서 교회에게 함과 같이 하나니 30 우리
는 그 몸의 지체임이라 31 그러므로 사람이 부모를 떠나 그의 아내와 합
하여 그 둘이 한 육체가 될지니 32 이 비밀이 크도다 나는 그리스도와 교
회에 대하여 말하노라 33 그러나 너희도 각각 자기의 아내 사랑하기를
자신 같이 하고 아내도 자기 남편을 존경하라

"이러므로 남자가 부모를 떠나 그 아내와 연합하여 둘이 한 몸을 이룰지로다"(창 2:24)는 말씀에 담겨 있는 혼인제도에 대한 이해는 이후 전개되는 인류의 역사가 가지고 있는 성격을 규명하는 키워드(key word) 중 하나이다. 특별히 아가서는 이런 점에서 혼인제도에 담겨 있는 본질적인 의미를 규명해주고 있다.

이와 관련해 신약에서, 특히 바울 사도가 혼인제도를 교회의 본질적 존재 의미와 연결시키고 있다는 점은 우리 시대의 교회가 마땅히 그 사실을 인지하고 혼인제도와 교회의 존재가 결코 분리되어서는 안 된다는 점을 각성해야 한다.

여기에서는 에베소서를 중심으로 바울 사도가 말하고 있는 교회에 대한 근본적인 이해를 바탕으로 그 안에서 혼인제도가 교회를 세워나가는 중요한 원리가 된다는 사실을 살펴보고자 한다.

1. 새로운 존재로서 교회에 대한 바울의 이해

에베소서는 ① 우주론적 기독론에 근거한 교회론에 근거하여 ② 유대인과 이방인들로 구성된 새 인류의 일원이며 몸된 그리스도의 지체로서 교회가 지향해야 할 삶의 실재적인 면을 강조하고 있다. 에베소서 1-3장의 교리편에 이어 에베소서 4-6장에서 제시된 교회의 윤리에 대한 권면에서도 이 사실을 확인할 수 있다.

바울은 하나님께서 창세 전부터 교회를 선택하셨음을 강조한다(엡 1:4,11). '구원은 신자들이 얻은 것이 아니라 하나님께서 계획하셨다'는 이 진리는 하나님의 뜻과 기쁨(엡 1:5)이며 하나님의 계획(엡 1:11)과 연결되어 있는 예정에 속한 것으로 표현하고 있다. 하나님은 이 계획을 이루시기 위해 ① 그리스도 안에서 성도들을 양자로 삼으시고(엡 1:5), ② 그리스도의 보혈을 통해 구속하시며(엡 1:7), ③ 성령으로 보증의 인을 치시는데(엡 1:13) 이것은 구원이 하나님의 은혜로부터 주어짐을 분명히 하고 있다.

바울의 우주적인 기독론은 그리스도의 구속 사역이 초월적이라는 점에서 더 분명하게 나타난다. 그리스도는 교회 안에서 유대인과 이방인들의 오랜 적대감을 깨뜨리고 화목하게 하시는 분이시다(엡 2:11-22). 특별히 '우리의 화평'(엡 2:14)이신 그리스도는 하나님과 인류 사이의 화목뿐만 아니라, 이를 초월하여 "하늘에 있는 것이나 땅에 있는 것이 다 그리스도 안에서 통일되게 하는 것"(엡 1:10)을 성취하시는 분이시다. 이때 교회는 하늘에 있는 정사와 권세들에게까지 하나님의 각종 지혜를 나타내는 초월적 위치의 존재(엡 3:10)가 된다.

이러한 바울의 교회관은 그리스도께서 모퉁이 돌이 되시며 성령 안에서 하나님의 거하실 처소(엡 2:20-22)라고 하는 것에서 그 절정을 이룬다. 이때 성도들은 하나님의 권속이며 하늘에 속한 존귀한 신분을 갖는다(엡 3:14,15). 이 교회는 유대인과 이방인들이 한 몸의 지체가 되는 비밀을 가진 존재이며, 이것은 교회가 힘써 유지해야 할 교회의 통일성이기도 하다(엡 4:3).

교회의 통일성은 성령도 하나요 주도 하나요 아버지 하나님도 한 분이시며, 한 몸과 한 소망과 한 세례에서 재확인된다(엡 4:4-6). 동시에 교회 안에는 주께서 주시는 다양한 은사들이 있어 교회를 세워나가는 일에 봉사하게 한다(엡 4:11-16).

이처럼 교회가 하나님의 새 창조로 말미암아 탄생했음을 밝힌 바울은 하나님께서 신자들에게 주신 구원에 합당하게 사는 것의 중요성을 강조한다. 무엇보다도 이방 생활의 관습과 종교로부터 벗어나 새로운 질서에 속한 성도로서 새로운 삶의 기준을 가져야 할 것에 대해 깊은 관심을 표명하고 있는데 이것은 교회가 초월적인 새로운 존재이기 때문이다. 따라서 성도들은 옛 사람의 품성을 벗어버리고 새 사람의 품성으로 갈아입은 새로운 존재다운 모습을 나타내야 한다. 그 모습이 바로 용서와 사랑이다(엡 4:17–5:2).

이러한 배경 아래에서 에베소서는 '하나의 연합된 교회를 세우신 하나님의 은혜'(The grace of God in establishing one united church)를 핵심적 주제로 가지고 있다.362) 이 주제 아래 바울은 ① 유대인과 이방인들이 교회 안에서 비로소 그들의 진정한 위치를 발견하였으며(엡 2:11–22) ② 그리스도의 몸과 다를 바 없는 이 보편적 사회의 연합에 깊은 관심을 표명하고 있다(엡 4:3,4). 이런 이유에서 바울은 그리스도께서 십자가에서 이룬 화해의 사역을 통해서 하나님이 창조하신 '한 새 사람'(엡 2:15)으로서 교회의 존재를 새롭게 평가하고 있다.

2. 신비한 연합체로서 교회에 대한 바울의 이해

그리스도는 기꺼이 십자가를 지심으로써 죄인인 사람을 하나님과 관계를 맺게 하는 일을 성취하심으로써 유대인과 이방인을 한 형제인 하나님의 가족이 되게 하셨다. 이처럼 인종과 문화와 사회적 신분의 장벽이 전혀 없는 하나님의 가족이 존재하게 되었다는 것은 바울에게는 매우 경이로운 일이었으며 이것을 가리켜 '하나님의 비밀'(엡 3:9)이라고 말한다.

영원 전부터 작정된 '하나님의 비밀'은 그 예정의 영원성이 시사하는 것처럼 이미 영원 안에서 성취되었다. 이 영원한 작정의 성취 아래 때가 차매(엡 1:9) 이땅에 교회가 설립되었다. 여기에서 바울은 교회를 그리스도와 한 몸을 이루는 실체로 이해하고 있다. 이것은 바울의 이전 서신서들에서 볼 수 있는 교회관을 한층 더 높은 단계로 발전시키고 있다.

362) Ralph P. Martin, 신약의 초석 II, p. 349.

앞서 바울의 다른 서신서들에서 말하고 있는 그리스도의 몸인 교회관(고전 12장; 롬 12:4,5)보다 더 발전된 에베소서의 교회관은 머리이신 그리스도와 몸인 교회가 서로 분간이 되지 않을 정도로 연합되어 있으며 서로 의존한다는 점을 강조하고 있다(엡 1:22,23; 4:1,2; 5:30).

특별히 그리스도와 성도들 사이의 신비한 연합은 교회에 일종의 초월적 지위를 부여하게 만들었다. 천상에 계신 높이 올리우신 그리스도와 연합한 교회는 하나님 앞에 존재하는 신적 지위를 가지게 되었다(엡 2:6). 이로써 교회는 높이 올리우신 그리스도께서 누리고 있는 천상의 삶을 지금 이땅에서 공유하고 있으며(엡 1:22; 2:6; 5:27) 이것으로부터 교회는 무시간적이며 이상적인 삶의 실제를 소유하게 된다. 따라서 교회는 그리스도를 믿기 이전의 도덕적 표준을 거부하고 그들이 그리스도 예수 안에서 얻은 새 생명의 일부로써 이미 받아들인 새 사람의 윤리관을 근거로 현재의 행실을 결정하고 통제하게 된다.

'옛 사람을 벗어버리고 새 사람을 입으라'(엡 4:22-24)는 이 새로운 가치관은 도덕적 무감각의 상태에서 각성시키는 하나의 극적인 부름이며, 동시에 거룩한 삶에 비추어 생활하라는 부름이다. 이 부름은 성도들이 세례를 받고 거듭 태어났음을 상징하는 것으로 응답된다(엡 4:30). "그러므로 사랑을 입은 자녀같이 너희는 하나님을 본받는 자가 되고 그리스도께서 너희를 사랑하신 것같이 너희도 사랑 가운데서 행하라"(엡 5:1,2)는 바울의 권면은 하나님의 부르심에 합당한 성도들의 삶에서 가장 기본 요소가 곧 '사랑'이라는 사실을 분명히 하고 있다.

세례의 경험(엡 5:26)은 거룩한 새 삶의 시작을 의미하며, 그 안에서 모두가 하나의 소망을 가지는 공동체가 되었음을 의미한다. 그 소망은 "몸이 하나이요 성령이 하나이니 이와 같이 너희가 부르심의 한 소망 안에서 부르심을 입었느니라 주도 하나이요 믿음도 하나이요 세례도 하나이요 하나님도 하나이시니 곧 만유의 아버지시라 만유 위에 계시고 만유를 통일하시고 만유 가운데 계시도다"(엡 4:4-6)라는 선언과 같이 '그리스도를 통해 우주적인 통일을 이루시는 하나님의 목적'(God's purpose for universal unification through Christ)을 성취하는 일이다.

이런 점에서 교회는 역사 속에서 하나님의 새롭게 하시는 목적의 증인이다. 교회는 언약의 자손으로 하나님의 부름을 받은 유대인과 그 언약으로부터 소외되었던 이방인들을 하나로 만듦으로써 이제 두 인류는 하나의 새로운 사회 곧 '새 사람의 창조' 속에서 조화를 이루게 된다. 그리고 이 두 민족의 화해와 조화를 성취한 교회는 그리스도로 말미암아 하나님과 화목하여 새로운 방식으로 연합함으로써 마침내 만유를 통일하시는 하나님의 목적을 성취하는 도구가 된다.363) 따라서 새로운 사회로 구성된 교회는 옛 방식이 아닌 새로운 삶의 방식을 가지게 되는데 그것은 하나님의 우주적인 통일을 성취하기 위함이다.

이처럼 "하늘에 있는 것이나 땅에 있는 것이 다 그리스도 안에서 통일되게 하려 하심이라"(엡 1:10)는 대원칙 안에 살고 있는 성도들에게 바울은 옛 사람의 품성을 벗어버리고 새 사람의 품성으로 갈아입은 새로운 존재로 살아야 할 몇 가지 원칙을 제시하고 있다. 그 새로운 원칙은 '의와 진리의 거룩함으로 지으심을 받은 새 사람'(엡 4:24)에게서 나타나는 품성으로 ①'사랑'으로 대표되는 교회의 통일성(4:25-5:2) ②'빛'으로 대표되는 교회의 거룩성(5:3-14) ③'지혜'로 대표되는 교회의 충만성(5:15-20)으로 나타나게 된다.

① 사랑으로 통일을 이룬 공동체로서, ② 어두움과 구별되는 빛의 공동체로서, ③ 그리스도의 지혜로 충만한 공동체로서 교회는 역사라고 하는 시공간 안에서 그 실체를 보여줌으로써 교회가 이땅에 세워져 있

363) Ralph P. Martin, 신약의 초석 II, p. 354.

다는 증거를 제시해야 한다. 새 인간, 즉 빛의 자녀들은 세상에서 도피함으로써가 아니라 세상 속에서 그리고 인생이라고 하는 삶의 통상적인 구조인 남편과 아내, 부모와 자녀, 상전과 종의 관계 안에서 서로 책임 있는 삶을 살아감으로써 공개적이면서도 완전한 그리스도의 충만을 나타내어야 한다.364)

이러한 맥락에서 바울은 남편과 아내의 혼인 관계를 통해 그리스도와 교회의 연합에 담겨 있는 신학적 의미를 설명하고 이 혼인제도야말로 만유를 통일하시는 하나님의 목적을 위한 비밀임을 밝히고 있다(엡 5:22-33).

3. 우주적 통일을 목표로 하는 혼인제도 (엡 5:22-33)

신자들이 지혜롭고 성령 충만한 삶을 지속적으로 유지하기 위해서는 그들이 속한 삶의 모든 정황에서 세상의 규범들과 구별되어 있어야 한다. 이것은 세상의 특징인 죄악된 행실을 행하는 자들은 하나님 나라에서 있을 곳이 없기 때문이다. 따라서 신자들은 전에 그들이 살았던 어둠에 근거한 성품이 아닌 빛에 합당한 삶을 살아야 한다. 이런 이유에서 에베소서 5장 21절 – 6장 9절의 단락에 나오는 가정생활에 대한 규범과 6장 10-20절에서 악의 권세들에 대한 신자들의 대처 방안은 지혜롭고 성령 충만한 신자들이 살아가는 새로운 모습의 삶이 가져온 결과라는 사실을 알 수 있다.

신자들이 이 세상에서 살아가는 지혜로운 삶은 성령으로부터 시작된다. 신자들은 성령의 충만함 속에서 ① 서로 덕을 세우고, ② 예배에 참여하고, ③ 항상 감사하는 교회 공동체의 삶을 살아가게 된다(엡 5:19,20). 여기에 바울은 ④ 서로 복종하는 삶의 모습을 추가하고 있다. "그리스도를 경외함으로 피차 복종하라"(엡 5:21)는 이 원칙은 부부간의

---

364) Andrew T. Lincoln, 에베소서, p. 133.

관계(엡 5:22-33)와 부모와 자녀간의 관계(엡 6:1-4) 그리고 상전과 종과의 관계(엡 6:5-9)를 지혜롭고 성령 충만한 삶으로 유지시켜 가는 원동력이다.

이 구절은 '오직 성령의 충만을 받으라'(엡 5:18)에 의존되어 있으며 성령으로 충만해 있다면 교회 공동체를 구성하고 있는 회원들은 상호 복종으로 나타나야 함을 지시하고 있다. 동시에 이 상호 복종은 여전히 신자들은 모든 겸손과 온유로 하고 오래 참음으로 사랑 안에서 서로 용납해야 한다(엡 4:2)는 좀 더 포괄적인 권면에 포함되어 있다.

1) 그리스도를 경외함과 상호 복종의 정신

바울은 에베소서 4장에서 '새로운 질서 속에 있는 교회의 삶'에 대한 논증을 전개할 때 이 부분을 명확하게 제시한 바 있다. 바울은 "너희가 부르심을 입은 부름에 합당하게 행하여 모든 겸손과 온유로 하고 오래 참음으로 사랑 가운데서 서로 용납하고 평안의 매는 줄로 성령의 하나 되게 하신 것을 힘써 지키라"(엡 4:1-3)고 권면하면서 성령을 근심케 하는 것은 공동체적 삶을 분열시키는 신자들의 말과 행위임을 지적한 바 있다(엡 4:30).

여기에서도 서로 복종하라고 강력하게 호소하는 것 역시 교회 공동체적 삶을 위한 것으로 기독론적 동기를 제시함으로써 강화시키고 있다. 신자들에게 상호 복종하라는 모든 요구는 '그리스도를 경외하는 것'(엡 5:21)을 그 동기로 가지고 있는데 이것은 그리스도의 주권과 그의 압도적인 사랑을 경외하는 삶을 말한다.

상호 복종과 섬김은 전적으로 그리스도의 삶에 근거하고 있다. 신자들이 이기심을 버리고 자기 자신의 권리를 주장하지 않고 다른 사람들을 존중하는 특성을 가지는 것은 그리스도께서 자신의 권리를 주장하여 하나님과 동등성을 주장하지 않고 오히려 자신을 낮추어 종이 되셨다는 그리스도의 품성을 가지기 때문이다. 따라서 교회 공동체 안에서 신자들 사이에 나타나는 상호 복종은 각자가 다른 사람의 뜻에 자신을 맡기는 것으로 이것은 그리스도를 경외하는 차원에서 행해지게 된다.

'경외'(the fear)란 공포나 두려움을 넘어 '숭배와 의무'라고 하는 보다 진지한 의미를 포함하는 것으로 구약에서는 여호와를 경외하는 것은 창조주에 대한 피조물의 적절한 태도로 하나님의 뜻에 순종하는 것에 이르게 한다. 옛 이스라엘 공동체가 언약 안에서 지혜로운 삶을 살아가기 위한 지배적인 원칙이 여호와를 경외하는 것에 있었던 것처럼 이제 새로운 공동체 내에서 지혜로운 삶(엡 5:15)과 신자들 사이의 관계에 대한 중요한 동기 부여 역시 그리스도를 경외하는 것이어야 한다. 이것은 ① 그리스도의 압도적인 사랑과 그분의 능력에 대해 경외함으로써 그분을 바라보는 것이며, 또한 ② 그분의 주권적인 주장과 의로우신 심판에 비추어 살아가는 태도이다.

따라서 신자들의 상호 복종은 그리스도에 대한 경외심으로부터 시작되며 이어 전개되는 부부, 부모와 자식, 상전과 종의 관계 역시 그리스도께 경외를 표현하는 것의 연속선상에서 상호 복종도 표현되어야 한다. 특히 교회는 다양한 집단들로 구성되어 있으며, 서로 매여 있으며, 서로 책임을 분담하는 속성을 가진다. 그 대표적인 집단으로 바울은 남편과 아내, 부모와 자녀, 상전과 종의 집단으로 구분하며 각기 독특한 의무들을 부과하고 있다

이들 관계에서 복종은 아내들, 자녀들 그리고 종들에게 요구되며, 이들이 도덕적 행위자들로 언급되고 있으며, 이들은 각기 남편과 부모들 그리고 상전들에 대해 종속적 관계 아래 있음을 주목해야 한다. 그리고 이들이 각기 종속 관계에 있는 이들에게 복종하는 것은 그들의 권위의

문제가 아니라 그들에게 복종하지 않는 것은 그리스도께 순종할 수 없다는 것을 의미한다.

2) 그리스도의 임재를 상징하는 혼인제도의 정신

바울이 혼인제도에 근거하여 부부 관계를 먼저 언급하는 것은 가정이야말로 교회를 이루는 최소 단위이기 때문이다. 부부 관계에 있어서 "아내들이여 자기 남편에게 복종하기를 주께 하듯 하라"(엡 5:22)는 바울의 권면은 남편에 대한 아내의 복종이 그리스도께 대한 자신의 복종을 입증할 수 있는 방편임을 강조한다.

'주께 하듯 하라'는 말은 주님께 합당하게 행한다는 의미로 아내가 남편에게 복종할 것을 요구한다. 그렇다고 이것은 남편이 아내의 '주'라는 뜻은 아니다. 그리스도인의 혼인은 상호 복종을 포함하기 때문이다. 이와 관련해 바울은 "이는 남편이 아내의 머리 됨이 그리스도께서 교회의 머리 됨과 같음이니 그가 친히 몸의 구주시니라"(엡 5:23)라고 명확하게 선을 긋고 있다.

머리는 일반적으로 지도자, 통치자 혹은 권위자를 상징한다. 하지만 진정한 리더십은 섬김과 희생이 포함된다. 그리스도께서 교회의 머리이신 것처럼 남편은 아내의 머리가 되는 것은 그리스도께서 교회를 위하여 자기의 생명을 내어놓으신 것처럼 남편 역시 아내를 위해 희생과 섬김을 통한 리더십을 발휘해야 한다. 그렇다면 "그러므로 교회가 그리스도에게 하듯 아내들도 범사에 자기 남편에게 복종할지니라"(엡 5:24)는 말씀과 같이 아내가 남편에게 복종하는 것은 교회가 그리스도에게 복종하는 것과 같이 당연하다. 사실 부부가 모두 그리스도와 강력한 관계를 맺고 있다면 그리고 부부가 서로 상대방의 행복에 관심을 기울이고 있다면 복종은 더 이상 문제가 되지 않는다.

마찬가지로 "남편들아 아내 사랑하기를 그리스도께서 교회를 사랑하시고 위하여 자신을 주심같이 하라"(엡 5:25)는 남편에 대한 권고에서도 역시 그리스도께서 교회를 사랑하신 사실에 근거하고 있다. 여기에서 바울은 두 가지 사실을 들어 설명하고 있다.

첫째, 교회를 위한 그리스도의 희생적인 죽음의 목적은 교회를 거룩하게 하기 위함이다. 교회를 그리스도의 정결한 신부라고 묘사하는 이유도 여기에 있다(고후 11:2). 그리스도께서 그의 신부, 즉 교회를 사랑하신 것은 자기 앞에 교회를 영광스럽고 도덕적으로 완전하게 세우기 위한 것으로 "이는 곧 물로 씻어 말씀으로 깨끗하게 하사 거룩하게 하시고"(엡 5:26)라는 말씀처럼 물로 씻는 것으로 묘사된다. 물로 씻는다는 이미지는 신부가 신랑을 위해 단장하는 것을 의미하지만 여기에서는 신자들의 세례 경험을 포함하고 있다.

이와 관련해 바울은 "자기 앞에 영광스러운 교회로 세우사 티나 주름 잡힌 것이나 이런 것들이 없이 거룩하고 흠이 없게 하려 하심이라"(엡 5:27)고 말함으로써 신자들이 하나님의 거룩의 영역으로 옮겨간 것은 세례와 말씀, 즉 복음의 정결케 하는 능력으로써 발생하게 된다는 사실을 보다 명확하게 설명하고 있다. 그리고 이러한 일들이 가능하게 된 것은 전적으로 그리스도께서 교회를 위하여 아낌없이 사랑을 하시고 있다는 사실에 근거하고 있다.

이로써 "이와 같이 남편들도 자기 아내 사랑하기를 자기 자신과 같이 할지니 자기 아내를 사랑하는 자는 자기를 사랑하는 것이라"(엡 5:28)는 말씀과 같이 남편이 아내를 사랑하는 그 행위를 통해서 그리스도께서 교회를 사랑하시고 있다는 사실을 증거하여야 한다.

둘째, 교회를 위한 그리스도의 희생적인 죽음의 목적은 교회를 장성케 하기 위함이다. 그 아내를 사랑하는 남편은 자기 몸을 사랑하는 것으로 이것은 자기 자신의 모든 필요를 돌보는 것처럼 그 아내의 필요를 돌아보아야 한다. 이에 바울은 "누구든지 언제나 자기 육체를 미워하지 않고 오직 양육하여 보호하기를 그리스도께서 교회에게 함과 같이 하나니 우리는 그 몸의 지체임이라"(엡 5:29,30)고 명확하게 선을 긋고 있다. 그리스도께서 자신의 사랑을 교회의 성장을 위해 제공하시는 것처럼 아내 역시 남편에 의해 양육되고 보호받아야 한다.

무엇보다도 혼인제도는 하나님께서 그리스도 안에서 계시하신 것으로 그리스도와 교회 사이의 연합이라는 심오한 비밀을 포함한다는 점에서 특별한 의미를 가진다. 교회가 그리스도의 몸이라는 이 신비가 혼인 관계 안에서 재확인된다는 것은 남편이 아내를 위해 희생하고 섬기는 사랑을 통해 그리고 아내가 남편에게 복종하는 모습을 통해 그리스도와 교회가 한 몸인 것을 드러내기 위한 신적 작정이라는 독특한 의미를 가지게 된다.

그 결과 아내가 남편에게 복종하고 남편이 아내를 사랑하는 그 행위들은 그들에게 그리스도 예수께서 함께하고 있다는 사실을 그 근거로 하고 있으며, 동시에 그들은 이러한 행위를 통해서 그리스도 예수의 임재를 서로 확인하게 되는 것이다.

3) 혼인제도 안에 담긴 우주적인 통일 정신

"이러므로 남자가 부모를 떠나 그 아내와 연합하여 둘이 한 몸을 이룰지로다"(창 2:24)고 하신 하나님의 말씀은 결국 그리스도와 교회의 연합을 위한 하나님의 영원한 계획이며 그리스도를 통해 교회가 세워짐으로써 마침내 성취되었다. 바울은 그리스도와 교회 사이의 연합을 남편과 아내의 관계에 대한 원형으로 제시하면서 혼인제도가 모든 인류와 우주의 통일을 위한 하나님의 계획임을 밝히고 있다. 바울이 그리스도와 교회의 연합을 심오한 비밀이라고 하는 이유도 여기에 있다.

바울은 그리스도 안에서 우주적 통일에 대해(엡 1:9,10) 그리고 한 몸인 교회 안에서 유대인과 이방인의 통일에 대해(엡 3:3-6) 언급하면서 이것을 가리켜 "영원부터 만물을 창조하신 하나님 속에 감취었던 비밀의 경륜"(엡 3:9)라고 한 바 있다. 따라서 이제 신자들은 그리스도 안에서 통일을 이루어야 할 뿐 아니라, 교회로서 그들과 그리스도의 관계도 통일을 이루어야 한다.

이런 이유에서 바울 사도는 "그러므로 사람이 부모를 떠나 그의 아내와 합하여 그 둘이 한 육체가 될지니 이 비밀이 크도다 나는 그리스도와 교회에 대하여 말하노라 그러나 너희도 각각 자기의 아내 사랑하기를 자신 같이 하고 아내도 자기 남편을 존경하라"(엡 5:31-33)고 말하고 있다.

그리스도와 교회 사이의 관계가 혼인제도의 원형을 구성하는 것처럼 남편이 그의 아내를 제 몸처럼 사랑하고 아내가 그 남편을 경외하는 것 역시 그 둘이 한 몸이기 때문이다. 이런 점에서 교회의 통일성이 우주의 통일을 목표로 하는 하나님의 목적을 이루는 하나의 증표인 것처럼 혼인의 연합은 곧 하나님의 우주적 목적을 반영하는 독특한 의미를 가지게 된다. 이때 혼인제도 안에서 이루어지는 남편의 아내에 대한 사랑과 아내의 남편에 대한 복종은 교회의 통일과 더불어 우주적인 통일을 이루기 위한 가장 기본적인 요소이다.

| 기 도 |

우리를 영광스러운 교회로 세우시기 위하여 거룩하고 흠이 없게 하시려고 물과 피로 씻기심으로써 그 교회를 위하여 친히 자신의 생명까지도 내어주시기를 기뻐하신 우리 주 예수 그리스도의 아버지이신 하나님.

이러한 그리스도의 사랑과 희생의 모범을 이제는 교회가 친히 몸소 행하도록 하기 위하여 혼인의 정신에 담아 두시고, 혼인의 정신 아래에서 피차 복종하며 사랑하게 하신 그 은혜에 감사를 드리옵나이다.

무엇보다도 그리스도께서는 유일한 교회의 머리이시며 유일한 교회의 구주이심을 고백하나이다. 이러한 신앙고백은 혼인을 통해 세워진 가정 안에서 서로가 복종하고 사랑하는 것으로써 구현되어야 할 것이며, 이로써 서로가 그리스도의 희생과 사랑을 행함으로써 그리스도의 임재를 드러내어야 할 것이옵나이다.

또한 그리스도께서는 만유의 주이시며 만물을 충만케 하시는 유일한 하나님의 아드님이심을 고백하나이다. 이러한 믿음의 고백 또한 서로 복종하고 사랑하는 가정을 이룸으로써 만유의 주이시며 만물을 충만케 하시는 이의 충만을 성취함으로써 우주의 통일을 이루게 하여야 할 것이옵나이다.

우리가 속한 가정이 이러한 드높은 혼인의 정신을 바탕으로 하고 있다는 사실을 이 시간에도 마음에 새기고 이러한 정신을 따라 그리스도의 몸된 교회 안에서도 서로 복종하고 사랑하는 질서를 따라 살아가게 하옵소서. 이로써 그리스도의 사랑과 성령의 충만을 누리는 교회의 모습을 온 세상에 널리 드러내기를 간절히 소원하옵나이다.

우리 주 예수 그리스도의 이름으로 기도합니다. 아멘.

〈 15 〉

교회가 추구할 새로운 공동체로서의 질서들

에베소서 6:1-9

6:1 자녀들아 주 안에서 너희 부모에게 순종하라 이것이 옳으니라 2 네 아
버지와 어머니를 공경하라 이것은 약속이 있는 첫 계명이니 3 이로써 네
가 잘되고 땅에서 장수하리라 4 또 아비들아 너희 자녀를 노엽게 하지 말
고 오직 주의 교훈과 훈계로 양육하라 5 종들아 두려워하고 떨며 성실한
마음으로 육체의 상전에게 순종하기를 그리스도께 하듯 하라 6 눈가림만
하여 사람을 기쁘게 하는 자처럼 하지 말고 그리스도의 종들처럼 마음으
로 하나님의 뜻을 행하고 7 기쁜 마음으로 섬기기를 주께 하듯 하고 사람
들에게 하듯 하지 말라 8 이는 각 사람이 무슨 선을 행하든지 종이나 자
유인이나 주께로부터 그대로 받을 줄을 앎이라 9 상전들아 너희도 그들
에게 이와 같이 하고 위협을 그치라 이는 그들과 너희의 상전이 하늘에
계시고 그에게는 사람을 외모로 취하는 일이 없는 줄 너희가 앎이라

'하나의 연합된 교회를 세우신 하나님의 은혜'(The grace of God in establishing one united church)를 핵심적 주제 365)로 가지고 있는 에베소서의 특성에 따라 바울은 교회를 향하여 "시와 찬송과 신령한 노래들로 서로 화답하며 너희의 마음으로 주께 노래하며 찬송하며 범사에 우리 주 예수 그리스도의 이름으로 항상 아버지 하나님께 감사하며 그리스도를 경외함으로 피차 복종하라"(엡 5:19-21)는 말로 권면하면서 교회의 예전적 예배와 성도들의 일상적인 삶이 동일한 하나의 원칙 아래에 있음을 강조한 바 있다.

곧 범사에 우리 주 예수 그리스도의 이름으로 항상 아버지 하나님께 감사하는 것으로 표현되는 교회의 공적인 예배는 그리스도를 경외함으로 성도들 사이에서 서로 복종하는 삶으로 증명되어야 한다는 것이다. 이러한 대원칙 아래에서 바울은 먼저 남편과 아내의 혼인관계를 통해 그리스도와 교회의 연합에 담겨 있는 신학적 의미를 설명하고 있다(엡 5:21-33).

이러한 혼인제도의 정신이야말로 만유를 통일하시는 하나님의 목적을 위한 비밀이었음을 밝힌 바울은 이제 6장에 와서 혼인제도에 근거한 가족으로서의 부모와 자녀들의 관계(엡 6:1-4), 그리고 그 가족들로 구성되어 있는 사회로서의 상전과 종의 관계(엡 6:5-9)에 대해서 구체적인 삶의 질서를 제시하고 있다.

이어서 바울은 그러한 사회들을 바탕으로 존재하고 있는 교회와 그 교회를 둘러싸고 있는 악한 권세들과의 관계를 제시하고 교회가 그 악한 권세들을 어떻게 상대할 것인가를 권면하고 있다(엡 6:10-20).

이 모든 과정에서 성도들의 삶의 원칙은 그리스도를 경외함으로부터 시작되어야 한다. 이처럼 새로운 공동체인 교회가 이땅에서 추구해야 할 새로운 삶의 질서들을 제시하는 것으로 에베소서를 마치면서 사도

---

365) Ralph P. Martin, 신약의 초석 II, p. 349.

적 축도(엡 6:21-24)로 대단원의 막을 내리고 있다.

1. 가족 제도 안에 담아둔 하나님의 약속 (엡 6:1-4)

그리스도와 교회가 이루는 신비한 연합이라는 신학적 원리를 부부 단위의 혼인제도에 담으신 하나님께서는 부부 단위의 확장된 가족 개념에서도 동일한 원칙을 요구하신다. “자녀들아 너희 부모를 주 안에서 순종하라 이것이 옳으니라”(엡 6:1)는 바울의 권면은 “자녀들아 모든 일에 부모에게 순종하라 이는 주 안에서 기쁘게 하는 것이니라”(골 3:20)는 골로새서의 권면과 마찬가지로 ‘주 안에서’라는 단서에 의해 강제되고 있다.

‘주 안에서’(*ἐν Κυρίῳ*)라는 기독론적 동기는 아내들에게 ‘주께 하듯 하라’(*ὡς τῷ Κυρίῳ*, 엡 5:22)와 종들에게 ‘그리스도께 하듯 하여’(*ὡς τῷ Χριστῷ*, 5절) 등에 사용된 기독론적 동기와 같다. 이 기독론적 동기 부여가 요청하는 ‘이것이 옳으니라’는 호소는 “그러므로 사랑을 입은 자녀같이 너희는 하나님을 본받는 자가 되라”(엡 5:1)에서 이미 제시하고 있는 ‘사랑의 원리’라고 하는 보다 큰 원칙에 의해 규정되고 있다. 이 원칙은 ‘의와 진리의 거룩함 안에서 하나님에 의해 지으심을 받은 새 사람’(*τὸν καινὸν ἄνθρωπον, τὸν κατὰ θεὸν κτισθέντα ἐν δικαιοσύνῃ καὶ ὁσιότητι τῆς ἀληθείας*, 엡 4:24)에게 적용된다는 점에서 이것은 교회의 회원으로서 그리스도께 드리는 복종의 연속선상에서 이해되어야 한다.

때문에 이 순종에 대한 명령은 신적 기원을 가진다는 점에서 의롭고 선한 법칙이 된다. 바울은 이점을 더 적극적으로 제시하기 위해 “네 부모를 공경하라 그리하면 너의 하나님 나 여호와가 네게 준 땅에서 네 생명이 길리라 자녀들아 너희 부모를 주 안에서 순종하라 이것이 옳으니라”(엡 6:2,3)고 밝히고 있다.

여기에서 바울은 혼인제도 안에는 “이러므로 남자가 부모를 떠나 그 아내와 연합하여 둘이 한 몸을 이룰지로다”(창 2:24)라고 하는 ‘하나님의 비밀’이 담겨 있는 것처럼, 부모와 자녀 관계 안에는 “네 부모를 공경하라 그리하면 너의 하나님 나 여호와가 네게 준 땅에서 네 생명이 길리라”(출 20:12)고 하신 하나님의 약속이 담겨 있다는 점을 부각시키고 있다.

1) 제5계명의 위치 (엡 6:1)

십계명은 인류 사회의 보편적인 규범의 원칙으로 크게 세 가지를 전제하고 있다.

첫 번째 원칙은 제1-4계명에서 말하고 있는 것처럼 하나님과의 정당한 관계를 유지함과 관련된다. 하나님은 인류의 창조자이시지만 동시에 언약의 제정자로서 자신을 계시하신 분이다. 즉 하나님은 절대자로서 자신을 보이시기보다는 피조물인 인간과 인격적인 교제를 기뻐하며 인류를 인격적 대상자로 여기는 분이다.

따라서 인간은 언약의 대상자로서 자신의 위치를 확인하고 하나님 앞에서 인생의 본분을 좇아 자신의 삶을 경영해 나가야 한다. 그러기 위해 인간은 자신이 속한 사회의 한 일원으로서 그 사회가 추구하는 방향이 하나님께서 역사를 경영하시는 섭리와 일치할 수 있도록 각자 자신의 인생을 경영해 나가야 한다.

두 번째 원칙은 제5계명에서 보여주고 있는 바와 같이 수직적인 인간관계로써 효(孝), 즉 윤리적인 도덕에 그 기초를 두고 있다. 이것은 여호와 하나님의 언약이 한 개인을 상대로 하지 않고 인류 사회가 계속 발전해 나감으로써 완성되어야 하기 때문에 주어졌다.

따라서 인류는 부모로부터 하나님의 언약을 상속받은 언약의 계승자로서 자신의 위치를 확인하고, 자신이 속한 인류 사회가 추구하는 방향이 하나님의 경영과 일치할 수 있도록 관찰하고 개척해 나가야 한다. 또한 하나님의 언약은 단절되지 않고 후대 사회로 계승되어야 하며 점차 고차원적인 형태로 발전되어야 한다. 때문에 언약의 원형을 보존하되 오염되거나 변질되지 않도록 언약을 보존하여 그 내용이 훨씬 전진되고 풍부한 상태로 다음 세대에게 전수되어야 한다.

세 번째 원칙은 제6-10계명에서 볼 수 있는 것처럼 수평적인 인간관계 아래 하나님의 언약이 넓고 풍부하게 확장되어야 한다는 것에 그 기초를 두고 있다. 하나님의 언약은 소수의 집단에 의해 그 명분이 확인되고 명맥이 유지되는 편협한 규범으로 인류에게 주어진 것이 아니다. 하나님의 언약은 모든 인류 사회를 통해 하나님의 통치가 구현되어야 할 것과 그곳에 거룩한 문화가 세워짐으로써 장차 완전한 하나님의 나라가 건설되어야 할 것을 그 목적으로 하고 있다.

따라서 하나님의 언약이 크고 넓게 확장되기 위해 수평적인 인간관계를 유지함에 있어 ① 사람의 생존권을 보장하는 일과 ② 혼인의 제도를 유지하고 ③ 타인의 인권을 존중하는 것은 기본적인 원칙에 해당된다. 이러한 차원에서 수평적인 인간관계는 하나님 앞에서 동등한 위치에서 서로의 존재 가치를 확인하게 되고 나아가 협력하고 동조하는 체제를 갖추게 됨으로써 거룩한 문화를 건설하게 된다.366)

2) 언약의 중보자인 '부모'의 위치(엡 6:1,2)

'부모를 공경하라'는 말은 일반적으로 천륜에 근거한 부모자식간의 규범으로 주어진 계명이라기보다는 언약의 대상자로서 자신의 위치 확

366) 송영찬, 시내산언약과 십계명, 도서출판 깔뱅, 서울, 2006. p. 251.

인과, 언약의 계승자로서 각자의 사명을 포용하고 확장하는 일에서 요구하는 기본적인 삶의 원칙으로 주어진 것임을 알 수 있다. 그러므로 제5계명에서는 일반적인 효의 요구에 대한 규범으로써 부모를 존경하는 것 이상으로 언약의 대상자로서 그리고 언약의 전달자로서 부모를 존경해야 할 것을 요구하고 있다.

언약을 전달한다는 것은 하나님과 자녀 사이에서 부모가 중보자의 역할을 하는 일이기도 하다. 아직 하나님에 대하여 바른 지식을 가지지 못한 상태의 자녀를 성장시켜서 언약에 참여하게 하는 일이야말로 하나님과 자녀 사이에 중보자로 서 있는 부모의 역할이 얼마나 중요한 것인지 아무리 강조해도 지나치지 않다. 이렇게 함으로써 자녀는 부모를 통해 하나님 앞에 서 있는 언약의 당사자로서 자신의 위치를 확인하게 된다.

이것은 자신의 존재론적(ontology) 위치를 확인하는 중요한 근거가 될 뿐만 아니라 역사 앞에서 자신이 나아가야 할 길에 대한 엄숙한 요구가 어떤 것인가를 확인하는 시금석(試金石)이 되는 원칙이다. 최소한 하나님의 나라가 경영되는 차원에서 언약을 계승하고 후대에 전달한다는 역사적인 위치를 차지하고 있다는 점에서 자신의 존재 가치를 인식해야 하기 때문이다.

나아가 언약에 근거한 사회를 건설하고 문화를 발전시켜야 한다는 역사적인 요구에 부응하기 위해 자신의 존재 가치를 확인하고 인생을 경영한다는 차원에서 부모를 공경하는 것이 진정한 효도라는 사상은 하나님 나라의 문화가 얼마나 높은 사회를 목표로 하고 있는가를 보여주고 있다. 이러한 점에서 제5계명은 일반적인 효의 개념보다 훨씬 고차원적인 정신 상태를 요구하고 있다.367) 이러한 고급의 문화를 바탕으로 이땅에 하나님의 나라를 구현해 나가는 것이 바로

367) 송영찬, 시내산언약과 십계명, p. 252.

교회인 것이다.

3) 부모 공경 속에 담아둔 하나님의 약속(엡 6:1-3)

부모를 공경한다는 것은 하나님의 나라를 연장하고 확장해 나감에 있어 수직적인 위치에 서 있다는 사실을 서로 확인하고 있음을 의미한다. 이것은 하나님의 나라가 일정한 목적을 두고 직선적으로 진행하며 발전해 나간다는 커다란 속성을 표시하는 중요한 요소이기도 하다. 따라서 부모와 자식 간의 관계는 하나님 나라의 진행과 발전이라는 점에서 생명의 연장선상에 놓여 있다.

하나님의 나라가 계속해서 전진하고 있다는 것은 이미 형성된 틀 안에 담겨지는 것이 아니라 항상 새로운 틀로 후손들에게 전수되어 확장되어 나가야 함을 의미한다. 이로써 하나님의 나라는 유한한 인간의 수명에서 벗어나 새롭고 무한한 상태로 확장되어 나가는 실존적 존재이다.

때문에 부모로부터 하나님 나라의 사상을 전수하여 자녀에게 확장된다는 것은 유한한 인간의 생존 기간을 연장하여 무한한 하나님의 나라를 간직할 수 있는 기틀이 된다. 이것은 하나님의 나라가 단절되지 않고 끊임없이 진전해 나간다는 사실을 보여주고 있다. 이로써 부모를 공경한다는 그 자체가 하나님 나라의 진행과 발전을 위해 합력하는 연결고리가 되고 있다. 이러한 의미에서 하나님은 “네 부모를 공경하라 그리하면 너의 하나님 나 여호와가 네게 준 땅에서 네 생명이 길리라”(출 20:12)고 약속해 주셨다.

이 약속에는 산업의 기본이 되는 땅을 기업으로 주시는 것과 그 약속의 땅에서 오래 살 것이라는 두 가지의 복을 담고 있다. 물론 시내산 언약에 참여하고 있는 이스라엘 백성에게 있어서 약속의 땅은 가나안을 의미하고 있다. 그러나 실제로 그들은 아직 그 땅을 소유하고 있었던 것은 아니다. 출애굽한 이스라엘 백성은 장차 가나안에 진군하여 그 땅의 거민들을 몰아내고 그곳을 차지해야 한다.

하나님은 제5계명을 말씀하시면서 '너의 하나님 나 여호와가 네게 준 땅'이라고 말씀하신다. 마치 이스라엘 백성이 가나안 땅을 이미 소유하고 있는 것처럼 말씀하고 계신다. 이것은 이스라엘 백성이 언약의 계승자로서 부모를 공경함으로써 이미 약속의 땅을 기업으로 받는 복에 참여하고 있음을 상징한다.

이 사상은 40년이 지난 후 모세가 제2세대 이스라엘 백성에게 제5계명을 재해석하여 선포하는 신명기에서도 잘 나타나고 있다. "너는 너의 하나님 여호와의 명한 대로 네 부모를 공경하라 그리하면 너의 하나님 여호와가 네게 준 땅에서 네가 생명이 길고 복을 누리리라"(신 5:16).

모세는 하나님께서 제1세대 이스라엘에게 제5계명을 명령하신 사실을 굳이 들추어내며 부모를 공경해야 할 것을 말하고 있다. 여기에서 모세는 부모를 공경하는 것과 약속의 땅을 기업으로 얻어 그곳에서 장수할 것이라는 하나님의 약속을 재차 확인하고 있다. 따라서 이스라엘 백성이 부모를 공경하는 것은 약속의 땅을 기업으로 받고 있다는 하나의 표징이며, 이 사실을 역사의 현장인 실천적인 삶의 형태로써 나타내어야 한다.

바울은 이 사실을 강조하기 위해 "자녀들아 너희 부모를 주 안에서 순종하라 이것이 옳으니라 네 아버지와 어머니를 공경하라 이것이 약속 있는 첫 계명이니 이는 네가 잘 되고 땅에서 장수하리라"(엡 6:1-3)고 재해석하고 있다. 즉 이스라엘 백성에게는 아직 약속의 땅을 받지 못한 상태에서 여호와께서 주신 땅에서 오래 살 것이라는 복을 주셨음을 강조하기 위해 이 말을 '약속 있는 첫 계명'이라고 해석했다.

4) '약속 있는 첫 계명'에 대한 이해(엡 6:1–4)

신약의 성도들에게 있어서 가나안 땅은 여호와께서 준 땅이 아니다. 때문에 바울은 '약속의 땅'이라는 말 대신에 '약속 있는 첫 계명'이라는 말로 바꾸어 신약의 성도들에게는 하나님께서 이스라엘 백성에게 약속의 땅을 기업으로 주신 의미를 기억하여 장차 영원히 여호와께서 주실 기업에 참여되어 있다는 복된 사실을 마음껏 누리도록 돕고 있다. 따라서 '약속 있는 첫 계명'(*ἐντολὴ πρώτη ἐν ἐπαγγελίᾳ*)은 구약의 성도들에게는 가나안 땅을 기업으로 받는 것이지만, 신약의 성도들에게는 영원한 하나님 나라를 기업으로 받는 것을 의미하고 있다.368)

여기에서 '첫 계명'(*ἐντολὴ πρώτη*)이라는 말에서 '첫'(*πρώτη*)이라는 단어를 첫째(the first)라는 의미로 해석할 수 있다. 이런 의미라 한다면 '부모를 공경하라'는 제5계명은 가나안 땅을 기업으로 누리게 될 것에 대해 하나님께서 약속해 주신 첫 번째 계명이라는 말로 해석될 수 있다. 그렇지만 '첫'(*πρώτη*)이라는 단어는 그 외에도 '유일한' 또는 '가장 중요한' 또는 '가장 큰'이라는 의미도 가지고 있다. 때문에 제5계명은 하나님께서 그의 백성에게 약속을 보여주신 유일한 계명, 가장 중요한 계명 또는 가장 큰 계명이라고 해도 과언이 아니다.369)

이처럼 부모를 공경하는 일은 하나님 나라의 기업을 얻고 누리는 것과 긴밀한 관계가 있음을 바울은 강조하고 있다. 때문에 에베소서 6장에서 바울은 제5계명을 재해석하면서 부모를 순종하고 공경하는 것이 하나님의 나라를 기업으로 받고 누림에 있어 그 사실을 확증하는 유일하고 중요한 사실임을 강조하고 있다. 이 사실은 자녀들이 부모를 주안에서 공경하는 그 자체가 바로 하나님 나라를 기업으로 받았다는 증

---

368) Andrew T. Lincoln, 에베소서, p. 754.

369) William Handriksen, 에베소서, p. 331.

표가 된다는 사실을 강조하고 있다.

이와 동일한 의미에서 바울은 부모에게도 자녀에 대한 동일한 의무가 있음을 강조하기 위해 "또 아비들아 너희 자녀를 노엽게 하지 말고 오직 주의 교양과 훈계로 양육하라"(엡 6:4)라고 요구하고 있다. 따라서 하나님의 나라를 기업으로 받은 부모들이라면 의당히 자신의 자녀들이 동일한 하나님 나라의 기업에 참여하기 위하여 주의 교양과 훈계로써 자녀들을 양육해야 한다.

2. 사회 제도 안에 담아둔 하나님의 약속 (엡 6:5-9)

부부 관계의 혼인제도, 부모와 자녀 관계의 가족 제도에 이어 바울은 가족의 확장 단계인 사회에서 가장 기초적인 상전과 종의 관계를 가리켜 "종들아 두려워하고 떨며 성실한 마음으로 육체의 상전에게 순종하기를 그리스도께 하듯 하라"(엡 6:5)고 제시함으로써 하나님 나라의 통치가 구체적으로 구현되는 원칙들을 제시하고 있다. 이 역시 지혜롭고 성령 충만한 삶에 대한 교훈(엡 5:15-20)의 일부이며 성령으로 충만하게 되는 것의 결과인 상호 복종(엡 5:21)의 구체적인 실례이다.370)

1) 히브리 노예제도에 나타난 공평의 정신 (엡 6:5)

고대 사회에서 남종이나 여종이라고 하는 노예들은 일반적으로 주인의 소유물에 불과하며 주인의 재산 중 하나로 여겨졌다. 그러나 시내산 언약에서 노예는 결코 주인의 소유가 될 수 없다는 점을 안식년 제도를 통해서 명확하게 제시해 놓고 있다.

"네 동족 히브리 남자나 히브리 여자가 네게 팔렸다 하자 만일 여섯 해 동

---

370) Andrew T. Lincoln, 에베소서, p. 762.

> 안 너를 섬겼거든 일곱째 해에 너는 그를 놓아 자유롭게 할 것이요 그를 놓아 자유하게 할 때에는 빈손으로 가게 하지 말고 네 양 무리 중에서와 타작 마당에서와 포도주 틀에서 그에게 후히 줄지니 곧 네 하나님 여호와께서 네게 복을 주신 대로 그에게 줄지니라 너는 애굽 땅에서 종 되었던 것과 네 하나님 여호와께서 너를 속량하셨음을 기억하라 그것으로 말미암아 내가 오늘 이같이 네게 명령하노라" (신 15:12-15).

비록 사회 제도나 자신의 불합리한 문제로 인하여 히브리인이 동족에게 팔려 종이 되었다 할지라도 7년 후에는 자유를 보장함으로써 그의 인격을 회복시켜야 한다는 것은 하나님 나라에서 혹시 발생할 수 있는 부조리나 혹은 부정적인 형태로부터 그것을 회복시켜서 공의롭고 긍정적으로 질서를 되돌려 놓기 위함이다. 또한 이 제도는 사람이 다른 사람을 소유할 수 없다는 사실을 분명하게 규정함으로써 결코 사람이 다른 사람의 권리를 지배할 수 없음을 보여주고 있다.

이렇게 함으로써 하나님 나라의 공동체에 속한 모든 백성은 평등하며 모두가 하나라는 공동체 의식을 가지게 된다. 삶의 권리가 이처럼 그 사회의 최하층을 형성하는 노예들에게까지 보장된다는 것은 하나님의 나라에서 모든 사람이 누리는 삶의 권리가 얼마나 철저하게 보장되어 있는가를 보여주는 단적인 예이다.

이것은 나아가 누구라도 자유롭게 하나님을 섬길 수 있다는 사실을 보여준다. 하나님은 그의 백성이 타인의 규제와 결속에 의해 하나님을 섬기는 일을 거부하신다. 하나님은 누구든지 자신의 의지에 따라 주어진 율례와 법도를 따라 살아갈 수 있도록 모든 사람의 생존을 보장해 주신다는 사실이 여기에 잘 나타나 있다.

만일 히브리인 종이 주인을 떠나지 않고 독립을 원치 않을 경우에는 귀를 뚫어 영원히 주인의 종으로 남고자 할 때라 할지라도 주인은 그를 노예로 대접하지 않고 가족의 한 사람으로 대하게 한 점 역시 이러한 안식의 정신에 따른 것이다(신 15:16-18). 또한 여종의 경우라 할지라도 딸과 같이 대하게 한 것 역시 궁극적으로 모든 백성이 최종적으로 하나님 나라에서 영원한 안식을 누리게 된다는 사상에 기초해 있는 것이다. 따라서 모든 하나님 나라의 백성은 약속의 땅에서 자유롭게 살아갈 권리를 가지는 것이며 이것은 장차 영원한 하나님 나라에서의 삶의 정형이기도 하다.

하나님 나라에서는 이처럼 안식이 보장되어 있다. 따라서 안식을 해치는 행위는 어떤 경우든지 그 나라의 정체성을 해치는 결과를 낳게 되기 때문에 이러한 행위를 철저하게 규제하고 있다(출 21:12-36). 사람을 살인하는 행위 역시 그 사람이 누려야 할 안식을 빼앗는 행위이다. 그리고 사람을 유괴하는 행위 역시 마찬가지이다. 임신한 여인을 때려 낙태케 한 행위나 타인의 신체를 상해한 행위 역시 같은 맥락에서 다루고 있는데 이 역시 당사자로부터 안식을 빼앗는 행위로 규정된다.

이러한 행위들은 당사자 자신뿐만 아니라 그가 속한 가족과 사회가 정당하게 누릴 안식을 제한하거나 삶의 질서를 깨뜨리는 행위이다. 따라서 안식이 보장되어 있는 하나님의 나라에서는 어떤 이유에서든 정당하게 누릴 안식을 저해하는 행위에 대해선 그에 따른 규제와 형벌이 주어진다. 그렇게 함으로써 공동체의 질서와 평안과 안식을 유지하도록 하셨다.

특히 하나님 나라에서의 안식은 의와 공평에 의해 유지되어야 한다. 따라서 하나님 나라의 백성은 누구든지 똑같은 삶의 권리를 누려야 한다. 자기 자신뿐만 아니라 하나님의 나라를 구성하는 모든 사람은 자기 자신과 같은 권리를 가지고 있음을 인정해야 한다. 이것이 공평의 원리이다.

이 공평의 원리가 "눈에는 눈, 이에는 이"(출 21:24)라는 말씀에 담겨 있다. 모든 사람이 공평한 삶의 권리를 누리는 것과 마찬가지로 공정한 처벌을 받아야 하는 것도 당연한 법칙이다. 이것은 세상 법률에서 규정하고 있는 형벌과 다른 원칙 위에 서 있는 하나님 나라의 '의'와 '공평'에 해당한다.

2) 바울에게서 확장된 공평의 정신(엡 6:5-9)

바울에게 있어서 종과 그들의 상전에 대한 구별은 어디까지나 그들의 신분과 관련되어 있다. 하지만 이들은 모두 동일한 하늘의 아버지를 모시는 형제들이라는 점에서 그들 모두에게 공의를 공평하게 베푸시는 동일한 하늘의 주인이 계신다는 사실을 제시하고 있다. 하나님은 종과 상전이라 해서 결코 차별하지 않고 그들을 똑같이 대우하는 분이시다. 이것은 신분의 고하가 그 사람의 유죄 또는 무죄 판결에 중요한 요소로 작용하던 당시 로마의 사법제도와 커다란 차이가 있다.371)

이러한 신적 공평성의 원칙에 대한 바울의 개념은 신명기 언약에서 언급하고 있는 안식년 제도와 관련한 히브리 노예들에 대한 규례(신 15:12,13)에 근거하고 있음이 확실하다. 인간은 모두가 하나님의 뜻을 전심으로 거리낌 없이 행함으로써 그분을 기쁘시게 하고자 하는 그리스도의 종이라는 점에 근거하여 바울은 종들에게 그리스도에 대한 궁극적인 충성의 관점에서 자신들의 의무를 수행할 것을 지시하고 있다.

이에 바울은 "종들아 두려워하고 떨며 성실한 마음으로 육체의 상전에게 순종하기를 그리스도께 하듯 하라 눈가림만 하여 사람을 기쁘게 하는 자처럼 하지 말고 그리스도의 종들처럼 마음으로 하나님의 뜻을 행하고 기쁜 마음으로 섬기기를 주께 하듯 하고 사람들에게 하듯 하지 말라"(엡 6:5-7)고 권면하고 있다.

---

371) I. Howard Marshall, 신약성서신학, p. 477.

종들은 열정적으로 그리고 그들이 궁극적으로 인간 상전들이 아닌 한 분이신 주님을 유일한 상전으로 섬기고 있다는 사실을 드러내는 방식으로 자기 상전을 섬겨야 한다. 동시에 종들은 상전이 제공하는 칭찬이나 물질적인 이익 심지어 언젠가 해방을 받게 될 것이라는 기대 때문에서가 아니라 마지막 심판 때에 그들의 섬김을 갚아 주실 하늘의 상전이신 하나님께서 자신들의 선한 행실에 대하여 보상해 주실 것에 근거해 상전을 섬겨야 한다. 미래의 심판과 그 보상에 비추어 볼 때 종이나 자유자나 모두 동일한 발판 위에 서 있기 때문이다.

이와 관련하여 바울은 "이는 각 사람이 무슨 선을 행하든지 종이나 자유하는 자나 주에게 그대로 받을 줄을 앎이니라"(엡 6:8)고 밝히고 있다. 이 개념은 상전들에 대한 권면인 9절에서도 동일하게 작용한다. 종들과 마찬가지로 상전들의 태도와 행동도 종들과 함께 섬기는 하늘의 주님과의 관계에 의해 결정되어야 한다. 때문에 상전은 종들을 위협하여 다루거나 천하게 대하거나 혹은 겁을 주고자 하는 어떤 시도도 도모해서는 안 된다. 왜냐하면 상전들은 종의 상전과 자기 자신의 상전이 모두 하늘에 계시는 하나님이시기 때문이다.

이 두 집단, 즉 상전이나 하인이나 그들은 하늘의 상전이신 그리스도 앞에서 모두 동일한 종들로서 동일한 책임을 지고 있음을 알아야 한다. 나아가 그들은 모두 하늘의 상전은 공평하신 분이시며 그분의 눈으로 보실 때 상전들이 누리고 있는 보다 높은 사회적 지위가 자신들에게 아무런 이익을 주지 않으며 종들과 비교해서 어떤 특별한 대우를 받고 있다고 기대해서는 안 된다. "상전들아 너희도 저희에게 이와 같이 하고 공갈을 그치라 이는 저희와 너희의 상전이 하늘에 계시고 그에게는 외모로 사람을 취하는 일이 없는 줄 너희가 앎이니라"(엡 6:9).

종이나 상전이나 "그리스도께 하듯 하여"(5절), "그리스도의 종들처럼"(6절), "주께 하듯 하고"(7절), "주에게"(8절), "저희와 너희의 상전(그리스도)"(9절) 그리고 "그에게는 외모로 사람을 취하심이 없는 줄 알라"(9절)는 기독론적 강조는 각 사람의 궁극적인 충성이 진정한 주 혹은 상전으로서의 그리스도에 대한 것임을 분명히 하고 있다.

사람은 누구나 자신이 속한 사회의 일원으로 살기 마련이다. 이때 우리가 다른 사람과 서로 연관이 된다는 것은 그 기회야말로 우리가 그리스도를 섬기기 위한 기회가 되는 것이다. 이런 점에서 누구나 신분에 상관없이 언제나 그리스도의 주되심과, 종말에 이르러 심판 때에 그리스도께서 각 사람들이 행하는 선행을 갚아 주시는 분, 곧 우리의 주인이심을 인식하고 있어야 한다.372)

이런 의식을 가지고 있다면 그 어떤 억울하고 불합리하고 도무지 받아들일 수 없는 상황에 부딪힌다 할지라도 우리의 주인이신 그리스도께서 친히 우리에게 모범을 보이셨던 사실을 돌아봄으로써, 우리는 주인이신 그리스도를 위해 기꺼이 그 모든 일들을 감당하는 마음으로 살아내야 할 것이다.

| 기 도 |

'의와 진리의 거룩함 안에서 하나님에 의해 지으심을 받은 새 사람' (엡 4:24)으로 우리를 부르시고, 음행과 온갖 더러운 것과 탐욕에 찌들었던 옛 질서에 속한 생활을 벗어버리고 "그리스도께서 너희를 사랑하신 것 같이 너희도 사랑 가운데서 행하라" (엡 5:2)는 새로운 질서 가운데서 살기를 즐거워하시는 주 예수 그리스도의 아버지이신 하나님.

이처럼 고귀한 새로운 질서 안에서 우리는 혼인의 정신에 따라 그리스도께 하듯 서로 복종하고 사랑함으로써 복된 가정을 이루고, 하나님의 나라를 기업으로 받은 부모로서 마땅히 자녀들에게 주의 교양과 훈계로 양육하여

372) Andrew T. Lincoln, 에베소서, p. 785.

우리의 자녀들 또한 하나님 나라의 기업을 받은 구별된 백성으로 살게 하고, 이러한 정신에 따라 세상의 관습과 구별된 사회를 이룸으로써 하늘에 있는 유일한 상전이신 그리스도를 위해 살아가도록 인도하여 주심에 감사를 드리옵나이다.

이러한 혼인제도와 가정제도와 사회제도의 밑바탕에 그리스도께서 친히 모범을 보이신 사랑과 희생의 정신이 담겨 있을 때에, 진정으로 이땅에 존재하고 있는 교회를 통하여 이 세상을 구성하고 있는 모든 사람들이 동일한 하늘의 아버지를 모시는 형제들이라는 사실을 깨닫고, 그들 모두에게 공의를 공평하게 베푸시는 하나님 앞에 순종하는 복된 세상을 이루어나가게 될 것이옵나이다.

이처럼 놀랍고도 드높은 윤리를 실천하는 교회의 지체로서 우리가 서로를 사랑하고 서로에게 봉사함으로써 우리가 살고 있는 삶의 현장에서 그리스도의 사랑을 실천하고 드러내어 서로가 풍성한 그리스도의 사랑을 나누며, 그리스도께서 우리와 늘 함께하시고 있다는 놀라운 복을 누리게 하옵소서.

우리 주 예수 그리스도의 이름으로 기도합니다. 아멘.

〈16〉

종말을 바라보는 교회의 역사 의식과 사명

에베소서 6:10-24

6:10 끝으로 너희가 주 안에서와 그 힘의 능력으로 강건하여지고 11 마귀
의 간계를 능히 대적하기 위하여 하나님의 전신 갑주를 입으라 12 우리의
씨름은 혈과 육을 상대하는 것이 아니요 통치자들과 권세들과 이 어둠의
세상 주관자들과 하늘에 있는 악의 영들을 상대함이라 13 그러므로 하나
님의 전신 갑주를 취하라 이는 악한 날에 너희가 능히 대적하고 모든 일
을 행한 후에 서기 위함이라 14 그런즉 서서 진리로 너희 허리 띠를 띠고
의의 호심경을 붙이고 15 평안의 복음이 준비한 것으로 신을 신고 16 모
든 것 위에 믿음의 방패를 가지고 이로써 능히 악한 자의 모든 불화살을
소멸하고 17 구원의 투구와 성령의 검 곧 하나님의 말씀을 가지라 18 모
든 기도와 간구를 하되 항상 성령 안에서 기도하고 이를 위하여 깨어 구
하기를 항상 힘쓰며 여러 성도를 위하여 구하라 19 또 나를 위하여 구할
것은 내게 말씀을 주사 나로 입을 열어 복음의 비밀을 담대히 알리게 하
옵소서 할 것이니 20 이 일을 위하여 내가 쇠사슬에 매인 사신이 된 것은
나로 이 일에 당연히 할 말을 담대히 하게 하려 하심이라 21 나의 사정
곧 내가 무엇을 하는지 너희에게도 알리려 하노니 사랑을 받은 형제요
주 안에서 진실한 일꾼인 두기고가 모든 일을 너희에게 알리리라 22 우리
사정을 알리고 또 너희 마음을 위로하기 위하여 내가 특별히 그를 너희
에게 보내었노라 23 아버지 하나님과 주 예수 그리스도께로부터 평안과
믿음을 겸한 사랑이 형제들에게 있을지어다 24 우리 주 예수 그리스도를
변함없이 사랑하는 모든 자에게 은혜가 있을지어다

〈에베소서의 요약〉

에베소서를 시작하면서 바울 사도는 ① 성부 하나님의 선택과 ② 성자 예수님의 구속 그리고 ③ 성령 안에서 인침과 관련하여 삼위일체 하나님을 찬송했다(엡 1:3-14). 이어서 하나님으로부터 거룩한 백성인 성도들로 부르신 소망과 성도들을 기다리고 있는 기업, 그리고 이 소망을 실현하고 이 기업이 성도들의 영원한 소유가 되게 하시는 하나님의 능력에 대한 감사의 기도를 하였다(엡 1:15-23).

이 기도를 통해 바울은 영광의 아버지께서 그의 아들을 죽음에서 일으키시고 하늘에 있는 그의 우편에 앉히셨을 때 그 능력은 이미 증명되었다고 밝힌다. 그리고 이처럼 유례없이 긴 찬양과 기도문을 통해 바울은 하나님의 능력으로 높이 올리우신 그리스도 안에서 모든 신령한 복이 하늘로부터 성도들에게 임한다고 강조한다.

이러한 찬양과 기도를 통해 그리스도를 떠나서 사람들은 비참한 절망 상태에 빠져 있을 수밖에 없으며, 오로지 그리스도 안에서만 성도들에게 약속된 복음의 풍요를 누릴 수 있음을 보여준다. 사실 성도들이 신령한 복을 받을 수 있는 것은 그들이 그리스도와 연합되어 있기 때문이다. 바울이 고린도전서에서 "이 닦아 둔 것 외에 능히 다른 터를 닦아 둘 자가 없으니 이 터는 곧 예수 그리스도라"(고전 3:11)고 한 것처럼 그리스도는 교회의 완전한 구원의 근거가 되신다. 이런 점에서 그리스도는 교회의 영원한 기초이시다.373)

이러한 관점에서 우리는 교회에 대한 바울의 이해를 보게 된다.

그 당시 '육체를 따라 이스라엘'(엡 2:11)인 유대인들은 지방의 회당

373) William Hendriksen, 에베소서, 131.

들에만 존재하는 것이 아니었다. 유대인들은 이 세상 어디에나 있었다. 특정 지역에 있는 회당은 '온 이스라엘의 회중'이 지역적으로 드러난 것에 불과했다. 바울은 이 사실을 잘 알고 있었다. 그리고 이와 같은 현상을 새 이스라엘, 즉 교회에 적용하고 있다.

바울은 성도들의 하나됨, 곧 유대인 교회와 이방인 교회, 그리고 나아가서 전 세계에 흩어져 있는 모든 교회의 하나됨에 깊은 관심이 있었다(엡 3:6). 바울은 이 교회에 예루살렘 교회뿐 아니라 자신이 전파한 복음으로 성도들이 된 모든 곳에 흩어져 있는 교회들을 포함했다. 바울이 바쁜 선교 일정 중에서도 예루살렘 교회를 위해 소아시아와 마게도냐와 아가야 지방에 있는 교회들로부터 연보를 모금한 일에 최선을 다했던 이유도 여기에 있었다.

바울에 의하면 모든 성도는 세례를 받음으로써 지역의 모임인 교회에 연합되었을 뿐 아니라 동시에 '그리스도와 연합'되었다(엡 3:20,21). 그리스도와 연합하여 세례를 받음으로써 그리스도로 옷 입은 성도들은 필연적으로 하나의 영적인 실체인 그리스도의 몸인 교회의 일부를 구성했다. 성도들은 한 성령으로 세례를 받아 그리스도의 몸으로 합해짐으로써 그리스도의 몸을 이루는 지체들이 되었다.

성도들은 그들이 로마, 고린도, 빌립보, 에베소, 안디옥, 예루살렘 등 어디에 있든지 세례를 통하여 그리스도와 한 몸이 되었으며 그리스도와 함께 죽었고, 그리스도의 부활을 본받아 그리스도와 함께 일으키심을 받았다. 신자들은 그리스도의 부활 생명에 참여함으로써 하나의 기독교 공동체 안에서 교제를 이룰 수밖에 없었다.374) 이것은 '그리스도 안에서' 하나인 보편적인 교회관의 근거이다.

이 교회는 하나님의 백성이며 그리스도의 몸 그리고 성령의 전으로

---

374) F. F. Bruce, 바울, 463.

표시된다. 그리고 이 교회는 하나이며 거룩하며 보편적이며, 동시에 사도적인 성격을 가지고 있다(엡 2:14-18). 이 교회는 그리스도의 화목에 의한 기독론(엡 2:19-22) 위에 세워져 있다. 이런 점에서 교회는 옛 경륜에 속했던 이스라엘 백성과 성전을 대신하게 되었다.

그 결과 유대인들과 이방인으로 분리했던 옛 질서의 세계를 바꾸어 그들을 하나의 민족으로 연합시키는 새로운 질서의 세계를 만들었다. 이것을 바울은 새 창조로 이해했다(고후 5:17). 이처럼 교회는 새 창조에 속한 새로운 피조물인 새 사람들로 형성되는데, 이 교회는 인류의 대표이신 그리스도 안에 연합된 새로운 민족이 되었다. 이 새로운 민족은 그리스도의 몸을 구성한다.

바울에 의하면, 교회는 그리스도 안에서 유기적인 한 몸을 이룸으로써 그 안에서 서로간의 적대감이 극복된 영역이며 화목이 이루어진 자리이다. 또한, 화평이 그 열매를 맺는 영역이며 세상을 위한 통일성의 가시적인 표지를 보여주는 실체이다. 교회는 적대적인 사람들 사이의 화해가 이루어진 자리이며 동시에 인간과 하나님 사이의 화해가 이루어진 새 하늘과 새 땅이다. 교회는 하늘과 땅 사이의 조화가 회복되는 자리이며, 무엇보다 하나님 앞에 부름을 받아 하나님께 나아가는 특권을 누리는 새로운 성전이다. 이것은 처음 에덴동산에서 인류가 누려야 했던 바로 그 모습을 지금 이 지상의 교회에서 누리고 있음을 보여주고 있다.

하나님의 임재에 초점이 맞추어진 이 교회관은 더 문자적인 예루살렘 성전이 아니라 살아 있는 유기적 공동체이다. "너희는 사도들과 선지자들의 터 위에 세우심을 입은 자라 그리스도 예수께서 친히 모퉁잇돌이 되셨느니라 그의 안에서 건물마다 서로 연결하여 주 안에서 성전이 되어 가고 너희도 성령 안에서 하나님이 거하실 처소가 되기 위하여 그리스도 예수 안에서 함께 지어져 가느니라"(엡 2:20-22)고 바울이 밝힌 것처럼 교회는 이미 하나님이 거하시는 성전이며 동시에 아직 완전히 장성하지 않은 생명체이다.

이 교회에서 성도들은 그리스도와 누리는 관계 그리고 성도들 사이의 관계를 통하여 더욱더 하나님을 위한 성소로 지어져 간다. 이런 점에서 교회는 성장과 거룩에 의해 특징지어져야 한다.375) 이것은 기독교만이 가지고 있는 '성화'의 개념이다.

이러한 내용은 교회 안에서 성도들이 얻은 새로운 특권적 지위는 모든 것을 그리스도에게 빚지고 있음을 강조하고 있다. 그리스도는 성도들이 하나님께 나아가게 하는 것을 가능하게 하셨으며, 새로운 성전의 으뜸 돌이 되시며, 그 안에서 모든 성도들이 서로 맞추어지고 성장하게 하시는 분이시다.

그리스도는 사도들과 선지자들의 터 위에 이 교회를 세우셨다. 사도들과 선지자들은 하나님께서 그리스도 안에서 행하신 일들의 의미에 대한 선포와 해석을 통해 평안의 복음을 선포함으로써 그리스도께서 교회를 세우는 일에 참여한다.

성도들이 사도와 선지자들의 터 위에 세워진 교회라는 개념은 그들이 누리고 있는 모든 특권이 사도와 선지자들의 복음 선포로부터 시작되었음을 의미한다. 이점에 있어 바울은 자신을 그리스도의 대리자로 이해하고 있다. 무엇보다도 교회를 세우고 자라게 하는 사도직에 대한 바울의 이해는 그의 사도적 복음 선포에 의해 세워진 교회를 통하여 하나님의 구원 계획이 효과적으로 세상에 넓게 펼쳐지게 된다는 것과 맞물려 있다.

이제 우리는 교회를 통해 우주적인 통일을 이루시려는 하나님의 계

375) Andrew T. Lincoln, 에베소서, 388.

획을 보게 된다.

앞에서 살핀 것처럼 에베소서는 '하나의 연합된 교회를 이루신 하나님의 은혜'를 핵심적 주제로 가지고 있다.376) 이 주제 아래 바울은 ① 온 세상의 인류가 교회 안에서 비로소 그들의 진정한 위치를 발견한다는 사실(엡 2:11-22)과, ② 그리스도의 몸과 다를 바 없는 이 보편적 사회의 연합에 깊은 관심을 표명하고 있다(엡 4:3,4). 이런 이유에서 바울은 그리스도께서 십자가에서 이룬 화해의 역사를 통해서 하나님이 창조하신 '한 새 사람'(one new man, 엡 2:15)으로서 교회의 존재를 새롭게 평가하고 있다.

그리스도는 기꺼이 십자가를 지심으로써 죄인인 사람을 하나님과 관계를 맺게 하는 일을 성취하심으로써 모든 인류를 한 형제로 하나님의 권속이 되게 하셨다. 이처럼 그리스도의 십자가로 인하여 인종과 문화와 사회적 신분의 장벽이 없는 하나님의 가족이 탄생하였다는 것은 바울에게 경이로운 일이었으며 이것을 가리켜 바울은 '하나님의 비밀'(엡 3:9)이라고 부른다.

영원 전부터 작정된 이 '하나님의 비밀'은 그 작정의 영원성이 시사하는 것처럼 이미 영원 안에서 성취되었다. 이 영원한 작정의 성취 아래 때가 차매(엡 1:9) 이땅에 교회가 설립되었다. 여기에서 바울은 교회를 그리스도와 한 몸을 이루는 실체로 이해하고 있는데, 이것은 이전에 있었던 바울의 교회관을 한층 높은 단계로 승화시키고 있다. 이러한 교회관은 바울의 다른 서신서들에서 말하고 있는 그리스도의 몸인 교회관(롬 12:4,5; 고전 12장)보다도 한층 더 발전되어 나타나고 있다. 곧 머리이신 그리스도와 몸인 교회가 도저히 분간되지 않을 정도로 연합되어 있으며 서로 의존하고 있다는 점에 있어서 관심을 끌게 한다(엡 1:22,23; 4:1,2; 5:30).

---

376) Ralph Martin, 신약의 초석 II, 349.

특별히 부활하신 그리스도께서 성도들과 맺으신 신비한 연합은 교회에 일종의 초월적 지위를 부여하게 했다. 천상에 계신 높이 올리우신 그리스도와 연합한 교회는 하나님 앞에 존재하게 된다는 신적 위상을 가지게 되었다(엡 2:6). 교회는 높이 올리우신 그리스도가 하늘에서 누리고 있는 삶을 지금도 공유하고 있으며(엡 1:22; 2:6; 5:27) 이것으로부터 교회는 무시간적이며 이상적인 삶의 실제를 소유하게 되었다. 따라서 교회는 그리스도를 믿기 이전의 도덕적 표준을 거부하고 그들이 그리스도 안에서 얻은 새 생명의 일부로서 이미 받아들인 새 사람의 윤리를 근거로 현재의 행실을 결정하고 통제하게 된다.

'옛 사람을 벗어버리고 새 사람을 입으라'(엡 4:22-24)는 이 새로운 가치관은 도덕적 무감각의 상태에서 각성시키는 하나의 극적인 부름이며, 동시에 거룩한 삶에 비추어 생활하라는 부름이다. 이 부름은 성도들이 세례를 받고 거듭 태어났음을 상징하는 성령의 인침에 근거하고 있는 교회의 제의(liturgy), 곧 성찬식과 예배의 예식에 참여하는 것으로 응답된다(엡 4:30). 이러한 의미를 담고 있는 성찬식과 예배 예식은 실제적인 성도들의 삶으로 나타나게 된다.

이와 관련해 바울은 "그러므로 사랑을 입은 자녀같이 너희는 하나님을 본받는 자가 되고 그리스도께서 너희를 사랑하신 것같이 너희도 사랑 가운데서 행하라"(엡 5:1,2)고 권면하고 있는 것처럼 하나님의 부름을 받아서 성찬식과 예배에 참여하고 있는 성도들의 합당한 삶의 기본 요소가 '사랑'으로 완성된다는 점을 분명히 하고 있다.

나아가 세례의 경험(엡 5:26)은 거룩한 새 삶의 시작을 의미하며, 그 안에서 모두가 하나의 소망을 가지는 공동체가 되었음을 의미한다. 그 소망은 "몸이 하나이요 성령이 하나이니 이와 같이 너희가 부르심의 한 소망 안에서 부르심을 입었느니라 주도 하나이요 믿음도 하나이요 세례도 하나이요 하나님도 하나이시니 곧 만유의 아버지시라 만유 위에 계시고 만유를 통일하시고 만유 가운데 계시도다"(엡 4:4-6)는 바울의 선언과 같이 그리스도를 통해 우주적인 통일을 이루시는 하나님의 목적을 성취하는 일이다.

이런 점에서 교회는 하나님께서 새롭게 하시려는 목적에 대한 역사적 증인이다. 교회는 모든 인류를 하나로 만듦으로써 이제 하나의 새로운 사회 곧 한 새 사람의 창조 속에서 조화를 이루게 된다. 그리고 이 모든 인류의 화해와 조화를 성취한 교회는 그리스도로 말미암아 하나님과 화목하여 새로운 방식으로 연합하여 마침내 만유를 통일하시는 하나님의 목적을 성취하는 도구가 된다.377) 따라서 새로운 사회로 구성된 교회는 옛 방식이 아닌 새로운 삶의 방식을 가지게 되는데 그 목적은 하나님의 우주적 통일을 성취하기 위함이다.

"하늘에 있는 것이나 땅에 있는 것이 다 그리스도 안에서 통일되게 하려 하심이라"(엡 1:10)라는 대원칙 안에 살고 있는 성도들에게 바울은 옛 사람의 품성을 벗어버리고 새 사람의 품성으로 갈아입은 새로운 존재로 살아야 할 몇 가지 원칙을 제시한 바 있다. 그 새로운 원칙은 '의와 진리의 거룩함으로 지으심을 받은 새 사람'(엡 4:24)에게서 나타나는 새로운 품성으로 ① 사랑으로 대표되는 교회의 통일성(4:25-5:2) ② 빛으로 대표되는 교회의 거룩성(5:3-14) ③ 지혜로 대표되는 교회의 충만성(5:15-20)으로 나타나게 된다.

사랑으로 통일을 이룬 공동체로서, 어두움과 구별되는 빛의 공동체로서, 그리고 그리스도의 지혜로 충만한 공동체로서 교회는 이 세상에서 자신이 존재한다는 사실을 증거하고 드러내야 한다. 새 인간, 즉 빛의 자녀들은 세상에서 도피함으로써가 아니라 세상 속에서 그리고 사람들이 살아가고 있는 삶의 통상적인 구조인 남편과 아내로서(엡 5:22-33), 부모와 자녀로서(엡 6:1-4), 상전과 종으로서(엡 6:5-9) 구성되는 서로

377) Ibid., 354.

의 관계 안에서 책임 있는 삶을 살아감으로써 공개적이면서도 완전한 그리스도의 충만을 나타내야 한다.378)

이처럼 혼인제도, 가족제도 그리고 상전과 종과의 관계 등 기초적인 사회제도를 통해 성도들은 그들의 일상생활에서 그리스도의 '주되심'을 상기시킨 바울은 이제 에베소서의 결론으로 성도들이 그리스도 안에서 그들의 구원에 합당한 생활(엡 4:1)을 위해 하나님에 의해 행해져 온 모든 것을 보존하고 적절하게 드러내기 위한 우주적인 영적 전쟁에 대한 권면으로 전개하고 있다.

1. 복음을 파수해야 할 사명을 가진 교회 (엡 6:10-20)

바울은 영적 세력들과의 전투에서 능히 대적하고 서기 위해 ① 하나님의 전신 갑주를 입어야 할 필요성과(10-13절), ② 그 전신 갑주에 대한 상세한 묘사(14-17절), ③ 그리고 모든 성도를 위한 특히 사도의 담대한 비밀 선포를 위한 중보 기도를 포함하여 끊임없는 기도와 함께, 성도들이 깨어 있어야 할 필요성을 강조하고 있다(18-20절).

이 내용은 에베소서 4장 1절에서 "그러므로 주 안에서 갇힌 내가 너희를 권하노니 너희가 부르심을 받은 일에 합당하게 행하라"(엡 4:1)고 시작된 권면의 결론이며, 동시에 에베소서 전체의 결론이기도 하다. 나아가 바울은 성도들에게 자신의 삶을 바꾼 복음을 위해 기꺼이 감옥에 매이게 된 사도의 위치를 재확인시키면서 클라이맥스에 이르고 있다.

1) 교회가 가져야 할 사명 의식 (엡 6:10,11)

교회는 이미(already) 그리스도와 함께 부활하여 천상으로 승귀한 존

---

378) Andrew T. Lincoln, 에베소서, 133.

재이다(엡 1:22-25; 2:6; 3:10). 그리스도 예수 안에서 교회는 최상의 능력을 지니고 있으며 그 실질을 누리고 있다. 하지만 아직(but not yet) 교회는 그 실체가 이땅에 존재하고 있다는 점에서 한시적인 위치에 서 있다.

궁극적인 교회의 승리가 보장되었음에도 교회는 아직 이 지상에서 과도기적인 전투를 수행해야 하는 '거룩한 사명'을 수행해야 한다. 이런 점에서 교회는 악한 세력들의 실체이자 사탄을 그 우두머리로 하는 악한 전사들인 타락한 천사들과 그들의 분신인 통치자와 권세들과 싸워야 한다(엡 3:10; 벧전 5:8).

먼저 바울은 교회가 용기와 확고한 결심과 거룩함을 행사하기 위해 사용할 수 있는 능력의 근원을 제시함으로써 이 단락의 주제를 밝히고 있다. "종말로 너희가 주 안에서와 그 힘의 능력으로 강건하여지고 마귀의 궤계를 능히 대적하기 위하여 하나님의 전신 갑주를 입으라"(엡 6:10,11). 교회가 행사하는 능력의 위치는 '주 안에서'(*ἐν Κυρίῳ*)가 된다. 그리고 그 능력의 근원 역시 '주의 능력'이 된다.

'종말로'(*τοῦ λοιποῦ*)라는 단어는 대개 시간적인 의미가 있으며 미래나 임박한 위기를 암시하는 것처럼 보이게 하는 긴장감을 담고 있다. 그러나 교회가 능력을 행사하는 일은 이미 일어나고 있으며, 그것이 능력을 행사해야 할 정도로 훨씬 강력한 전투가 될 수 있다는 가능성을 암시하고 있다. 따라서 더욱 강건해야 할 필요성은 가까운 미래가 아닌 현재임을 시사하고 있다.379)

"너희가 ... 강건하여지고"(*ἐνδυναμοῦσθε* : be empowered)라는 말은 교회가 획득해야 하는 힘이 아니라 하나님으로부터 말미암는 힘을 가리킨다. '강건하여지다'라는 말은 교회 공동체에 계속 능력이 부여되고 있음을 묘사하고 있다. 하나님의 힘과 그 힘의 능력은 하나님의 백성이

379) Andrew T. Lincoln, 에베소서, p. 808.

사용할 수 있는 하나님 나라에서 누리는 복들 가운데 하나이다. 앞서 바울은 서두에서 이점을 분명히 밝힌 바 있다. "그의 힘의 강력으로 역사하심을 따라 믿는 우리에게 베푸신 능력의 지극히 크심이 어떤 것을 너희로 알게 하시기를 구하노라"(엡 1:19).

'하나님의 전신 갑주를 입는다'(*ἐνδύσασθε τὴν πανοπλίαν τοῦ Θεοῦ*)는 말은 옛 사람을 벗고 새 사람을 입는 것과 기능적으로 동일하다(엡 4:24). 이런 점에서 전신 갑주를 입는다는 것은 새 사람을 입는다는 개념을 확장하고 있다. 전신 갑주는 중무장한 보병이 공격과 방어를 위해 완전히 무장한 것을 묘사한다(눅 11:22). 전신 갑주는 그 장식의 화려함보다는 그것이 제공하는 완전한 보호에 그 목적이 있다.

특별히 '하나님의 것'(*τοῦ Θεοῦ*)이라고 할 때 이 속격은 그 갑주가 하나님에 의해 제공되고 있음을 암시하지만, 여기에서는 하나님 자신이 무장하고 있는 전사로 묘사하고 있는 구약의 개념들을 도입하고 있음을 확인할 수 있다.

> "여호와께서 용사같이 나가시며 전사같이 분발하여 외쳐 크게 부르시며 그 대적을 크게 치시리로다"(사 42:13).
>
> "여호와여 주께서 말을 타시며 구원의 병거를 모시오니 강들을 분히 여기심이니이까 강들을 노여워하심이니이까 바다를 향하여 성내심이니이까 주께서 활을 꺼내시고 화살을 바로 쏘셨나이다 (셀라) 주께서 강들로 땅을 쪼개셨나이다"(합 3:8,9).
>
> "여호와여 나와 다투는 자와 다투시고 나와 싸우는 자와 싸우소서 방패와 손 방패를 잡으시고 일어나 나를 도우소서 창을 빼사 나를 쫓는 자의 길을 막으시고 또 내 영혼에게 나는 네 구원이라 이르소서"(시 35:1-3).

이러한 내용에서 확인할 수 있는 것처럼 전신 갑주를 입으신 하나님께서 모든 적대세력을 다 무너뜨리시는 것처럼, 지금 이 시대의 성도들도 하나님께서 입으신 전신 갑주를 입게 됨으로써 하나님께서 행하신 강력한 권능을 행사할 수 있다는 사실을 강조하고 있다. 그리고 이러한 표현을 통해 바울은 성도들이 이땅에서 치러야 할 전투의 성격과 오직 하나님의 능력에 의해서만 보호를 받을 수 있음을 재차 강조해 주고 있다(고후 10:4).

2) 종말의 긴장 가운데 있는 교회 (엡 6:12-17)

하나님의 전신 갑주를 입은 성도들은 가만히 그 자리에 무의미하게 서 있거나, 혹은 적에게 굴복하여 항복하는 것이 아니라 적과 싸워 이기는 군사로 묘사된다. 그 결정적 승리는 그리스도 안에서 하나님에 의해 이미 이루어졌다. 따라서 성도들은 싸워 이기는 것이 아니라 이미 승리한 전투에서 얻어진 승리를 확고히 하기 위해서 남아 있는 적의 잔당들을 토벌하고 제거함으로써 승리하신 그리스도의 영역을 유지하고 보존하는 사명을 가지고 있다.

이전에 성도들은 한때 원수들에게 속박된 상태에 있었었다(엡 2:2,3). 그러나 이제는 그리스도로 말미암아 그러한 권세자들의 압제로부터 해방되었고 마침내 그리스도를 통하여 승리가 확정되었다. 이와 관련해 바울은 "우리의 씨름은 혈과 육을 상대하는 것이 아니요 통치자들과 권세들과 이 어둠의 세상 주관자들과 하늘에 있는 악의 영들을 상대함이라 그러므로 하나님의 전신 갑주를 취하라 이는 악한 날에 너희가 능히 대적하고 모든 일을 행한 후에 서기 위함이라"(엡 6:12,13)고 밝히고 있다.

성도들에게는 여전히 종말론적 긴장이 남아 있는데, 결정적 승리를 안겨 줄 전쟁은 끝났지만, 적으로부터 얻은 승리를 지키기 위해서 지속적인 잔당들의 공격에 대처해야 할 위치에 있다. 따라서 바울은 이미 획득한 승리 위에 서서, 그 승리를 계속 유지함으로써 전투의 최종적 결과를 확신하는 '능력'을 교회가 행사하고 있음을 강조하고 있다.[380] 특히 "모든 일을 행한 후에 서기 위함이라"는 말씀은 그리스도께서 재림 이후 마지막 날에 우리 성도들이 하나님 앞에 서게 되는 그 날을 바라보게 한다.

"그런즉 서서 진리로 너희 허리띠를 띠고 의의 흉배를 붙이고 평안의 복음의 예비한 것으로 신을 신고 모든 것 위에 믿음의 방패를 가지고 이로써 능히 악한 자의 모든 화전을 소멸하고 구원의 투구와 성령의 검 곧 하나님의 말씀을 가지라"(엡 6:14-17)고 묘사하고 있는 전신 갑주는 몸의 어느 부분도 무장되지 않은 곳이 없음을 보여주고 있다.

하나님께서 입으셨던 전신 갑주를 입고 적과 대적하는 성도들의 방어는 확실하고 완전하다. 이런 점에서 이 갑주의 목록들은 전투 준비와 임무를 수행함에 있어 모든 준비가 완료되었음을 강조하고 있다.

이 병사들은 갑주를 단단히 조임으로써 무장이 완료되었음을 상징하는 띠를 두르고 있는데 흉갑(사 59:17)과 전투화(사 52:7) 그리고 적들의 불화살을 효과적으로 막을 수 있는 큰 사각형 모양의 방패와, 갑주의 균형을 맞추기 위한 투구와 검으로 무장되어 있다. 거기에 기도와 간구라고 하는 특별한 권능을 소유하고 있는 것이 이 군사의 특성이다.

3) 교회의 사명으로서 복음의 파수(엡 6:18-20)

이미 바울 서신에서 나타나는 것처럼 무장과 관련된 이 항목들의 사상은 "모든 기도와 간구를 하되 항상 성령 안에서 기도하고 이를 위하여 깨어 구하기를 항상 힘쓰며 여러 성도를 위하여 구하라"(엡 6:18)는 말에서 강조하고 있듯이 기도하게 하는 성령과 연관된다. '모든 기도와 간구'(*πάσης προσευχῆς καὶ δεήσεως*)라는 말은 새 언약으로 하나님

---

380) Andrew T. Lincoln, 에베소서, p. 810.

의 백성이 된 모든 성도들(엡 1:1,18; 3:6–8)과 연관되어 있다. 성도들에게 있어 기도에 관한 관심은 항상 필요한 것이지만 특히 인내와 깨어 있음이 절실히 요구되는 지속적인 전투 상황에서는 더욱 그러하다.381)

이런 점에서 바울은 "또 나를 위하여 구할 것은 내게 말씀을 주사 나로 입을 벌려 복음의 비밀을 담대히 알리게 하옵소서 할 것이니 이 일을 위하여 내가 쇠사슬에 매인 사신이 된 것은 나로 이 일에 당연히 할 말을 담대히 하게 하려 하심이니라"(엡 6:19,20)고 밝히고 있다.

이것은 성도들로 하여금 사도인 바울에게 주어진 복음의 비밀을 전하는 사도적 사명에 직접 연결되어 있다는 교회 공동체적 삶을 제시하기 위함이다. 바울에 의해 시작되었고 성도들에 의해 지속되고 있는 동일한 사도적 사역이 진리들에 대한 무관심이나 무시함으로 인해 시들어 퇴보하지 않기 위해서는 교회의 기도가 절대로 필요하다.

사실 그리스도의 십자가로 말미암아 모든 인류가 한 몸으로 하나가 되었다고 선포하는 복음의 신비(엡 3:4–6; 5:32)는 벌써 교회의 안팎에서 적지 않은 도전을 받고 있었다. 따라서 바울 자신이 로마의 구금 생활에서 보여주었던 담대함으로 이 도전을 방어해야 했으며, 지속해서 교회가 이 일에 함께 기도해야 함을 강조하고 있다.382) 이로써 성도들은 기도를 통하여 바울의 복음 전파 사역에 함께 참여하게 되는 것이 된다. 이처럼 종말론적 긴장 가운데 있는 교회는 바울이 전한 복음의 비밀을 파수해야 한다는 역사적 사명 의식을 함께 가지고 있어야 한다.

2. 종말을 맞은 교회의 역사 의식과 사명 (엡 6:21-24)

에베소서의 신학은 하나님과 그의 백성을 겨냥한 영적 세력들의 우

381) Ralph P. Martin, 에베소서, p. 118.

382) Ralph P. Martin, 에베소서, p. 119.

주적인 범위와, 성도들에게 사용할 수 있게 되어 있는 하나님과 그리스도의 우월한 능력에 대한 지극한 강조에 의해 지배되고 있다. 동시에 죄와 그리스도 안에서의 구속 및 생명의 성격에 대한 전통적인 이해도 자세하게 언급되고 있다. 또한 하나님의 뜻과 그의 사랑을 아는 지식에 대한 강조도 뒤따른다.

이렇게 죄 사함과 성도들을 다시 살려서 성령의 능력으로 새로운 삶을 살게 하였다는 관점으로 그리스도의 사역을 이해하고, 하늘에 계신 그리스도께서 우리와 함께 계셔서 하나님의 능력을 최고로 발휘하게 하심으로써 하나님에게 적대적인 세력들을 이기게 될 것을 확신하고 있다.

이 모든 일은 그리스도의 승리로 귀결되며 "하늘에 있는 것이나 땅에 있는 것이 다 그리스도 안에서 통일되게 하려 하심이라"(엡 1:10)는 궁극적인 하나님의 목적이 성취될 것을 소망하게 한다. 이때 교회는 "만물 안에서 만물을 충만케 하시는 자의 충만"(엡 1:23)이라는 영광으로 가득하게 된다.

이러한 바울의 교회관은 궁극적인 승리의 영광을 누리는 교회가 이 땅이라고 하는 현장의 긴장 가운데에서 바울이 전파한 복음, 즉 하나님의 비밀을 끝까지 파수할 것을 사명으로 제시하고 있다. 이것은 오늘날 교회들이 복음의 순결을 파수하기 위해 기꺼이 고난도 함께 받겠다는 자기희생의 정신을 고취해야 할 것을 요구한다.383)

바울이 "나의 사정 곧 내가 무엇을 하는지 너희에게도 알게 하려 하노니 사랑을 받은 형제요 주 안에서 진실한 일꾼인 두기고가 모든 일을 너희에게 알게 하리라 우리 사정을 알게 하고 또 너희 마음을 위로하게 하기 위하여 내가 특별히 저를 너희에게 보내었노라"(엡 6:21,22)고 하며 두기고 편으로 이 서신을 에베소를 비롯한 주변의 아시아 교회들에게

383) 송영찬, 교회와 사명, 도서출판 깔뱅, 서울, 2007. p. 336.

보낸 목적도 여기에 있다.

두기고(*Τυχικὸς* : fortuitous, 행 20:4; 골 4:7; 딤후 4:12; 딛 3:12)는 바울의 생애 후반부에 바울과 함께했던 형제였다. 바울은 두기고를 가리켜 '사랑을 받은 형제요 주 안에서 진실한 일꾼'이라고 할 정도로 두기고를 신뢰했다. 이 서신뿐 아니라 골로새서와 빌레몬서 역시 두기고 편으로 전달되었다.384) 여기에서 바울이 언급하고 있는 '우리의 사정'은 언제나 죽음의 위협을 당하고 있는 가운데서도 죽음을 두려워하지 않고 담대하게 복음을 전파하고 있는 바울의 사도적 사명 수행에 관한 내용임이 확실하다.385)

바울은 구금되어 있다는 이유로 복음을 전파하는 사명을 결코 소홀히 하지 않았다. 이에 대해 누가는 "바울이 온 이태를 자기 셋집에 유하며 자기에게 오는 사람을 다 영접하고 담대히 하나님 나라를 전파하며 주 예수 그리스도께 관한 것을 가르치되 금하는 사람이 없었더라"(행 28:30,31)고 증언하고 있다. 바울이 고난받는 것뿐 아니라 죽음도 불사하며 전했던 복음은 바로 교회를 충만케 하시는 이의 영광을 위함이었다.

바울이 성도들을 향하여 계시된 하나님의 비밀로 말미암아 유대인과 이방인이 한 몸이 되었다는 사실을 밝히고 그들을 향하여 형제라고 부르면서 "아버지 하나님과 주 예수 그리스도에게로부터 평안과 믿음을 겸한 사랑이 형제들에게 있을지어다"(엡 6:23)라고 선언하는 이유도 여기에 있다. 이제 인류 사이에 있었던 모든 장벽은 그리스도 안에서 허물어졌고, 교회를 충만케 하시는 이의 영광 안에서 모든 인류는 하나로 연합되었으며 그들은 교회의 몸이신 그리스도와 연합된 형제들

---

384) Bruce B. Barton, 에베소서, p. 259.

385) J. Calvin, 에베소서, p. 398.

이 되었다.

따라서 복음 안에서 한 형제 된 성도들은 바울이 그토록 열망하고 있는 교회의 충만함을 위하여 하나의 공통된 역사적 사명 의식을 짊어져야 한다. 그것은 바울이 전파한 순전한 복음을 순결하게 파수하는 사명이다. 이로써 교회는 종말의 긴장 가운데서도 높이 올리우신 그리스도의 몸으로써 지속적인 승리의 보루로 이땅에 남아 있게 된다. 바울은 이 교회를 향하여 "우리 주 예수 그리스도를 변함없이 사랑하는 모든 자에게 은혜가 있을지어다"(엡 6:24)라고 선언함으로써 에베소서의 대단원의 막을 내리고 있다.

성도들은 하나님과 그리스도로부터 평안과 사랑과 믿음과 은혜 그리고 영원한 구원에 참여하는 복을 받았다. 성도들은 하나님의 부르심에 대한 그리고 그리스도에 대한 응답을 비롯해 성령의 인침을 통해 이미 자신들에게 필요한 모든 것을 하나님으로부터 공급받고 있다. 이것은 구원의 특권을 상기시키면서 동시에 세상에서 구별된 삶을 살아가도록 그들을 부르신 목적을 지속적으로 성취해 나가게 하는 원동력이다.

무엇보다도 성도들은 그리스도의 부활과 높이 올리우심에 참여하는 특권을 받았으며, 이 놀라운 특권은 교회를 통해서 오고 오는 모든 세대의 교회들에도 전달되어야 한다. 이 소망은 교회의 하나됨을 유지하고 교회의 성장에 참여하며 아울러 사회에서 새 사람의 삶을 살 것을 독려한다. 이것이 바울이 우리에게 바라고 있는 '부르심을 받은 일에 합당하게 행하는 것'이다(엡 4:1).

그리고 이러한 삶이 포함할 악한 권세들과의 전투를 위해 교회는 충분히 무장되었고, 무엇보다도 하나님의 모든 풍성한 은혜와 영광으로 지속적인 위로를 받고 있다. 따라서 이제 교회가 추구할 길은 단 하나의 길로 정해졌다. 종말의 때까지 교회가 바울로부터 받은 이 복음을 순결하게 보존하고 길이 전파하는 사명이 그것이다.

"우리 주 예수 그리스도를 변함없이 사랑하는 모든 자에게 은혜가 있을지어다"(엡 6:24)라는 바울의 선언은 지금도 바울이 교회들에게 준 복음의 내용을 온전하게 간직하고 있는 모든 성도에게 여전히 유효하다. 이것이 바로 변함없이(*ἐν ἀφθαρσίᾳ* : incorruptible) 종말의 때까지 교회가 바울로부터 받은 이 복음을 순결하게 보존하고 길이 전파하는 사명을 수행함으로써 우리 주 그리스도 예수를 사랑하는 성도들이 수행해야 할 역사적인 사명이다.

| 기 도 |

마귀의 간계를 능히 대적하기 위하여 하나님의 전신 갑주를 입고 최후 승리의 그 날에 우리의 대장 그리스도 예수와 함께 의로우시고 공의로우신 하나님 앞에서 영원한 생명을 상급으로 받을 수 있도록(엡 6:11-13) 모든 능력과 은혜와 돌보심을 아끼지 않으시는 우리 주 예수 그리스도의 아버지이신 하나님.

우리가 이 세상에서 살고 있는 것은 '혈과 육' 으로 표시되는 사람들의 욕구와 욕심과 욕정을 얻고자 함이 아니며, 오로지 진리와 의와 평안의 복음과 믿음을 지켜내기 위함이며, 이로써 우리는 성령의 검인 말씀을 올바르게 깨닫고, 사도들이 교회에 주신 말씀을 오염되지 않게 보존하여서 이땅에 계속하여 교회가 세워지고 유지되어, 이 교회를 통해 만유가 그리스도 안에서 통일을 이루기 위함이옵나이다.

이러한 시대적인 사명을 수행함에 있어 우리는 하나님으로부터 이미 그에 필요한 모든 능력을 받았사오며, 종말의 때까지 의로운 하나님 나라의 군사로서 마땅히 우리의 모든 역량을 드러내어야 할 것이옵나이다. 이로써 우리가 보존하고 있는 이 순전한 복음이 온 땅에 펼쳐질 것이오며, 오고 오는 모든 세대를 통해서 하나님의 부르심을 받은 성도들에게 참된 위로가 되며, 어느 때든지 기꺼이 그리스도의 군사로서 전신 갑주를 입고 복음을 방해하고 훼손하려는 악한 세력들과 싸우게 될 것이옵나이다.

이러한 사명 의식을 가지고 주 앞에 나아오는 성도들에게 "두려워하지 말라 나는 네 방패요 너의 지극히 큰 상급이니라"(창 15:1)라고 약속하시고 친히 자신을 상급으로 주셨사오니 우리는 이 약속을 믿고 믿음의 선배들을 가리켜 "이런 사람은 세상이 감당하지 못하느니라"(히 11:38)고 말씀한 것처럼 기꺼이 우리 또한 이 놀랍고도 영예로운 길을 함께 가도록 이끌어 주옵소서.

예전에 시인이 "내 평생에 선하심과 인자하심이 반드시 나를 따르리니 내가 여호와의 집에 영원히 살리로다"(시 23:6)라고 고백한 이 말씀이 우리의 고백이 되기를 앙망하나이다.

무엇보다도 바울 사도가 우리에게 증거한 대로 서로를 사랑하고 서로 봉사하여 우리가 살고 있는 삶의 현장에서 그리스도의 풍성한 사랑을 드러냄으로써 그리스도께서 우리에게 임재하심을 날마다 기쁨으로 누리는 복을 주옵소서.

우리 주 예수 그리스도의 이름으로 기도합니다. 아멘.

〈참고도서〉

송영찬, 교회와 사명, 도서출판 깔뱅, 서울, 2007.
송영찬, 시내산언약과 십계명, 도서출판 깔뱅, 서울, 2006.
이광호, 구약신학의 구속사적 이해, 도서출판 깔뱅, 서울, 2006.
조병수, 신약총론, 합동신학대학원출판부, 수원, 2006.
Alan Richardson, 신약신학개론, 이한수 역, 고양, 크리스챤다이제스트, 1994.
Albert Barnes, 고린도전서, 최종태 역, 서울, 크리스챤서적, 1993.
Albert Barnes, 고린도후서, 최종태 역, 서울, 크리스챤서적, 1993.
Andrew T. Lincoln, 에베소서, 배용덕 역, 서울, 솔로몬, 2006.
Bruce B. Barton, 에베소서, 전광규 역, 서울, 성서유니온, 2001.
Chester K. Lehman, 성경신학 II, 김인환 역, 고양, 크리스챤다이제스트, 1994.
D. A. Caeson, 신약개론, 엄성옥 역, 서울, 은성출판사, 2006.
David Prior, 고린도전서 강해, 정옥배 역, 서울, IVP, 1985.
Donald Guthrie, 신약 서론, 김병국, 정광욱 공역, 고양, 크리스챤다이제스트, 1996.
`F. F. Bruce, 바울, 박문제 역, 고양, 크리스챤다이제스트, 1992.
James D. G. Dunn, 바울신학, 박문제 역, 고양, 크리스챤다이제스트, 2003.
J. Calvin, 에베소서, 존 칼빈성경주석출판위원회 역, 서울, 성서교재간행사, 1990.
J. Christian Beker, 사도 바울, 장상 역, 서울, 한국신학연구소, 1998.
G. Campbell Morgan, 고린도 전서 강해, 김원주 역, 서울, 아가페 출판사, 1983.
I. Howard Marshall, 신약성서신학, 박문재, 정용신 역, 고양, 크리스챤다이제스트, 2006.
Leonhard, Goppelt, 신약신학 I, II, 박문재 역, 서울, 크리스챤다이제스트, 2003.
Nicholas T. Wright, 하나님의 아들의 부활, 박문재 역, 고양, 크리스챤다이제스트, 2005.
O. Palmaer Robertson, 하나님의 이스라엘, 오광만 역, 서울, CLC, 2003.
Paul Barnett, 고린도후서 강해, 정옥배 역, 서울, IVP, 2002.
Ralph P. Martin, 에베소서, 골로새서, 빌레몬서, 김춘기 역, 서울, 한국장로교출판사, 1991.
Ralph P. Martin, 신약의 초석 II, 원광연 역, 고양, 크리스챤다이제스트, 1993.
Robert H. Gundry, 신약개관, 이홍성 역, 서울, 크리스챤서적, 1994.

Robert L. Reymond, 바울의 생애와 신학, 원광연 역, 고양, 그리스찬다이제스트, 2003.

Stanley J. Grenz, 조직신학, 신옥수 역, 고양, 크리스챤다이제스트, 2003.

William Baird, 고린도전 · 후서, 안효선 역, 서울, 에스라서원, 1999.

William Handriksen, 에베소서, 신성종 역, 서울, 아가페출판사, 1983.

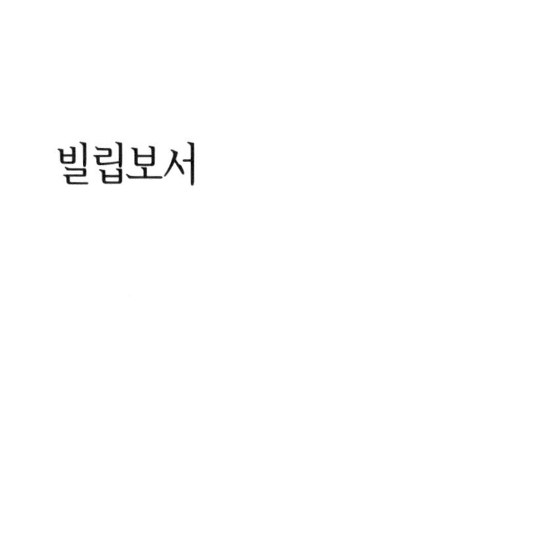

빌립보서

〈빌립보서 개요〉

바울 서신들의 저작 연대와 그 수신자들에 대해 관심을 기울이는 것은 바울의 신학 이해와 더불어 중요한 일이다. 특별히 신학적 논점들이 되고 있는 갈라디아서는 그 기록 연대와 아울러 바울의 '이신칭의'(the Righteousness Through Faith in Christ) 사상이 언제 정립되었는가 하는 문제와 함께 이후 기록된 모든 신약성경들의 신학적 기초가 되고 있다는 사실과 긴밀한 관계가 있다.386)

또한 에베소서의 저자가 바울인가 아니면 바울을 추종하는 후대의 이름 없는 저작자인가 하는 문제는 바울에게서 발견되는 교회관의 정립과 긴밀한 관련이 있다. 이처럼 바울 서신들의 저작 연대는 바울의 신학적 전개 과정을 규명하거나 혹은 각각의 서신서들 사이의 유기적인 관련성을 연구하는 중요한 요소가 될 수 있다.

마찬가지로 빌립보서의 저작 연대와 수신자들에 대한 논점은 바울의 대적자들을 규명하는 것과 더불어 로마의 구금 생활을 마친 바울의 후기 생애와 신학을 이해하는 중요한 단서가 된다. 무엇보다도 이러한 논점들은 본문의 상황과 그에 따른 바울의 사상을 이해하는 데 있어서 결정적 역할을 한다는 점에서 매우 중요한 위치를 차지하고 있다.387) 이런 점에서 서신서들의 저자와 저작 연대 그리고 수신자들에 대한 정보

---

386) 이재복, 갈라디아서연구, 서울, 칼빈아카데미, 2011, pp. 26-27.

387) Gerald F. Hawthorne, 빌립보서, 채천석 역, 서울, 솔로몬, 1999, p. 54.

를 파악한다는 것은 서신서들의 내용을 이해하는 중요한 기초 작업이라 할 수 있다.

1. 빌립보서에 대한 신학적 논제들

1) 빌립보서의 저자에 대한 견해들

바울이 빌립보서의 저자(빌 1:1)라는 점에 대해서는 거의 도전을 받지 않았다. 저자는 자서전적인 사실(빌 3:5,6), 자신의 현재 상황(빌 1:12,13), 친구들과 동역자들의 이름(빌 2:19-24)을 밝히고 있다. 그리고 저자가 데살로니가에 있을 때에도 빌립보 교회가 저자에게 보낸 선물들을 언급하고 있는데(빌 4:15,16) 이 내용들은 자연스럽게 사도행전이나 기타 바울 서신에서 발견할 수 있는 바울의 행적(행 17:1-9; 고후 8:1-15 참고)과 정확하게 일치하고 있다.388)

최초로 바울의 저작설을 부인한 에반슨(Edward Evanson, 1731-1805) 이래 바우어(F. C. Baur, 1792-1860)와 그의 튀빙겐 학파에서 바울 저작설에 의문을 제기했다. 바우어는 갈라디아서, 고린도후서 그리고 로마서를 제외한 나머지 바울 서신들에 대해서도 바울의 저작설을 부인했다. 빌립보서의 바울 저작설을 부인한 바우어의 몇 가지 이유들은 다음과 같다.

① "감독들과 집사들"(*ἐπισκόποις καὶ διακόνοις*)에 대한 언급(빌 1:1)은 바울 후기의 교회 정치 무대에 속한다 : 사도행전(행 6:1-6; 11:30; 14:23; 20:27,28)과 데살로니가전서(살전 5:12,13)에서 보는 것처럼 빌립보서 이전에 감독들과 집사 직분이 있었다는 점에서 이 주장은 설득력이 없다. 뿐만 아니라 이 용어는 감독들과 집사들이라는 교회의 직분을 가리키

388) Gerald F. Hawthorne, 빌립보서, p. 30.

기보다는 '섬기는 지도자들' 이라는 의미의 관용어처럼 사용한 것으로 보아야 한다.

② 본서는 바울이 기록한 진본이 아니며 바울의 진본을 모방한 글로 가득 차 있다 : 바울이 로마서 등 여러 서신서들을 기록했다면 본 서신에서 바울의 서신서들과 비슷한 내용을 언급하고 있다는 것은 조금도 이상한 일이 아니다.

③ 본서는 영지주의(Gnosticism)의 흔적을 보여준다. 특별히 2장 5–8절에서 저자는 아이온(ὁ αἰών : aeons : 영적인 세력들)의 최종 단계인 소피아(Sophia : 지혜)를 생각하며 충만에서 공허로 떨어지는 절대자를 그리고 있다 : 본문에 대한 바우어의 특이한 해석은 본문의 문맥과 일치하지 않는다(고후 8:9 참고).

④ 본서는 유오디아와 순두게(빌 4:2)로 각각 대표되는 유대인 기독교파와 이방인 기독교파를 화해시키려는 바울 후기의 작품이다 : 본문은 이들이 빌립보 교회의 회원이며 그들 중 누구도 반 바울적인 파당의 지도자임을 말하지 않는다. 오히려 이들은 바울과 함께 일한 동역자들이었다.389)

바우어의 주장은 설득력을 잃었지만 홀스타인(Karl Christian Johann Holstein)에 의해 빌립보서의 칭의 교리는 바울의 것이 아니라는 주장이 제기되었다. 홀스타인은 바울의 법정적이며 전가된 '의' 에 대한 교리가 빌립보서에서는 주입된 '의' 로 교체되었다고 주장했다(빌 3:9–11). 그러나 빌립보서는 분명히 전가된 '의' 에 대해서 말하고 있다(빌 3:9).

"내가 가진 의는 율법에서 난 것이 아니요 오직 그리스도를 믿음으로 말미암은 것이니 곧 믿음으로 하나님께로서 난 의라"(빌 3:9)에서 전가된 '의' 사상은 로마서 3장 21–24절과 디도서 3장 4–8절에서도 동일하게 발견된다. 단지 제한을 받지 아니하는 목적으로 말미암아 빌립

389) William Handriksen, 빌립보서, 서춘웅 역, 서울, 아가페출판사, 1983. p. 44.

보서는 주관적인 '의'(빌 3:10,11)와 이 전가된 '의'가 연합되어 나타나고 있을 뿐이다. 따라서 홀스타인의 주장은 설득력이 없다.

그밖에 몰튼(A. Q. Morton)과 맥레만(J. McLeman)은 바울의 다른 서신서들과 빌립보서에서 사용된 특정한 용어의 사용 빈도 수 등을 비교하면서 빌립보서의 바울 저작설을 부인했지만 오히려 그들의 연구 방법은 혹독한 비판을 면치 못했다. 대다수 학자들은 바울의 저작설을 인정하고 있다.

2) 빌립보서의 통일성에 대한 견해들

대다수 학자들은 바울의 저작설을 인정하고 있지만 본서가 단일한 서신인지 아니면 몇 개의 서신이 편집된 것인지에 대한 단일성 문제에 대해서는 의견을 달리하고 있다.

① 빌립보서 3장 2절-4장 3절의 삽입설

빌립보서가 합성된 서신이라는 주장은 17세기에 콜랑(Collange)에 의해 처음 제기되었으며 점차 이에 동조하는 지지자들이 늘고 있다. 그들은 빌립보 교회를 열렬히 사모하는 바울이 최소한 두 개 이상의 편지를 빌립보 교회에 보냈을 것이며(빌 3:1) 그 가운데 본서만 제외하고 모두 유실되었다는 것은 납득하기 어렵다고 주장한다. 또한 폴리캅(Polycarp)의 증언에 따라 바울이 빌립보 교회에 보낸 또 다른 서신들이 있음을 근거로 빌립보서는 두 개 혹은 그 이상의 서신들이 후대에 편집된 것이라고 주장했다.390)

특히 이 서신의 끝을 알리는 3장 1절 이후에 갑자기 변화된 어조로 3장 2절 이하의 내용들이 등장하고 있는 반면에 3장 1절의 인사말은 4장 4절 이하의 온화한 애정과 조화를 이루고 있다는 점에서 바울이 빌립

---

390) Gerald F. Hawthorne, 빌립보서, p. 35.

보 교회에 보낸 다른 서신의 내용, 즉 3장 2절부터 4장 3절까지가 삽입되었다고 주장했다. 삽입의 범위에 대한 다양한 이론도 제시되었지만 바울이 두 편 이상의 서신서를 빌립보에 보냈다는 것은 조금도 이상한 일이 아니다. 그렇다고 해서 다른 서신의 단편들이 본서에 삽입되었다고 주장하는 근거가 될 수 없다.391)

② 빌립보서 4장 10-20절의 삽입설

빌립보서가 편집된 것이라는 두 번째 견해는 바울이 빌립보 교회로부터 받은 선물에 대한 감사의 내용(빌 4:10-20)이 본 서신에 삽입된 내용이라고 주장한다. 이 견해는 바울이 에바브로디도를 언급한 때(빌 2:25) 얼마든지 감사의 내용을 함께 언급할 수 있었음에도 그렇게 하지 않았다는 것은 이 부분이 빌립보서의 다른 부분보다 먼저 기록된 별도의 편지였기 때문이라고 주장한다. 그렇지만 바울이 언급하고 있는 감사의 내용은 1장 3절과 5절에서도 발견된다는 점에서 감사의 내용이 후반부에 다시 등장한다는 것은 조금도 이상한 일이 아니다.392)

③ 빌립보서 2장 6-11절의 삽입설

특히 2장 6-11절에 등장하는 '그리스도의 찬송시'가 본 서신의 다른 부분과는 독립적으로 기록되었다는 주장이 제기되었다. 이 찬양은 바울 당시에 존재하던 기독교적 찬양시를 바울이 인용하였거나 아니면 후대에 첨가된 것이라고 주장되었다. 하지만 이 찬양은 본문의 문맥과 완벽하게 조화를 이루고 있기 때문에 바울이 빌립보서를 저술할 때 이 부분도 함께 기록했다는 점에 대해서 의심할 아무런 여지가 없다.

---

391) Donald Guthrie, 신약 서론, 김병국, 정광욱 공역, 고양, 크리스챤다이제스트, 1996, p. 503-506. 이 주제에 대한 자세한 내용은 Gerald F. Hawthorne, 빌립보서, p. 32-37을 참고하라.

392) Ralph P. Martin, 신약의 초석 II, 원광연 역, 고양, 크리스챤다이제스트, 1993, p. 310.

이 찬송시는 그리스도의 위대하심과 성도들의 구원을 위하여 자신을 낮추심에 대한 분명한 메시지를 담고 있다. 그리스도는 하나님의 본체이시지만 구원을 이루기 위해 가장 낮은 자리를 취하여 십자가에서 죽으셨다. 낮아지신 그리스도는 하나님에 의해 가장 높은 곳으로 오르셨으며, 모든 피조물들의 무릎을 그에게 꿇게 하셨으며, 이제 모든 입으로 그리스도를 주로 고백하는 날만 남아 있다. 아울러 그리스도께서 무죄가 입증되셨듯이 그 백성들도 무죄로 입증될 것이다(빌 2:12,13). 이 찬송시의 기독론적 고백은 초기 교회의 신앙고백을 그대로 담고 있다.

일부 학자들은 이 찬송시의 교리적 가르침이 바울 이전의 기독론에 근거하고 있다고 보거나, 혹은 이교의 영웅 찬양시들의 영향을 받은 것으로 보거나, 혹은 신적 영웅들을 찬양하는 기독교 이전의 이교적 관습과 유사한 방법으로 그리스도께 대한 찬양을 시적 형태로 표현한 것이라고 주장하면서 이 부분은 바울의 후대에 제자들에 의해 삽입된 것이라고 보았다.

그러나 이 찬송시가 후대에 삽입되었다는 사본상의 증거가 전혀 없다는 점에서 그들의 주장은 설득력이 없다. 또한 선재하신 그리스도, 지상의 그리스도 및 높이 올리우신 그리스도에 대한 묘사가 이교의 영웅 찬양시들을 모방했다는 가설도 사변적인 생각일 뿐 설득력을 가지고 있지 못하다.393)

3) 기록 장소와 시기에 대한 견해들

빌립보서의 신학적 이슈는 저작자 및 통일성에 이어 기록 장소와 시기에 이르러 그 절정에 달하고 있다. 전통적으로 빌립보서는 바울의 로마 옥중 기간(AD 60-62년)에 기록된 것으로 알려져 있지만 가이사랴, 에베소, 고린도, 빌립보 등지에서 기록되었다는 주장들이 강하게 등장했

---

393) Donald Guthrie, 신약 서론, p. 506-507.

다. 그 이론들을 뒷받침할 증거들도 결코 무시할 수 없는 상당한 근거를 가지고 있다는 점에서 논란이 계속되고 있다.394)

집필 장소와 시기에 대한 여러 이론들과 근거를 검증하기 위해서는 최소한 반드시 고려해야 할 다음 몇 가지 사항들을 점검해야 한다.

① 바울은 빌립보서를 쓴 시기에 감옥에 있었다(빌 1:7,13,17).
② 바울은 그의 죽음(1:19,20; 2:17) 또는 석방(1:25; 2:24)으로 끝나게 될 재판을 앞두고 있었다.
③ 바울은 관원들(*το πραιτωριν*, 1:13)과 가이사의 집에 속해 있던 사람들(4:22)이 있는 곳에서 옥중 생활을 하였다.
④ 디모데가 바울과 함께 있었다(1:1; 2:19-23).
⑤ 바울이 빌립보 성도들에게 이 서신을 쓸 당시 그의 주변에 광범위한 복음 전파의 노력이 이루어지고 있었다(1:14-17).
⑥ 바울은 자신이 석방되면 빌립보 교회를 방문할 계획을 가지고 있었다(2:24).395)

이상의 조건들과 함께 누군가가 빌립보 교회와 빌립보서를 바울이 기록한 곳 사이에 몇 차례의 여행이 있었다는 사실을 감안해야 한다. 이 일은 모두 바울이 투옥 기간에 이루어져야 하는데 그 정황을 정리하면 다음과 같다.

① 바울이 구금되어 옥에 갇혀있다는 소식이 누군가에 의해 빌립보에 전해졌다.

394) 가이사랴 가설, 에베소 가설, 고린도 가설 및 빌립보 가설 등에 대한 자세한 내용은 Donald Guthrie, 신약 서론, 494-502와 Gerald F. Hawthorne, 빌립보서, p. 44-54에 언급되어 있다. Donald Guthrie는 로마 저작설을 Gerald F. Hawthorne는 가이사랴 저작설을 각각 지지한다. 반면에 William Handriksen은 4권의 옥중 서신과의 관계를 통해 로마 저작설을 강하게 지지하고 있다(William Handriksen, 빌립보서, p. 31-43).

395) Gerald F. Hawthorne, 빌립보서, p. 44.

② 빌립보 성도들은 곤경에 빠진 바울을 돕기 위해 선물과 에바브로디도를 파송했다.
③ 에바브로디도가 병에 걸렸다는 소식이 빌립보 성도들에게 전해졌다.
④ 빌립보 성도들이 에바브로디도를 크게 걱정한다는 소문이 바울에게 전해졌다(2:25-30).
⑤ 이러한 상황에서 바울은 디모데를 빌립보 성도들에게 보내 자신이 빌립보에 가기 전에 그들이 디모데를 통해 용기를 얻기를 희망하고 있다는 것과, 에바브로디도를 빌립보로 보냄으로써 빌립보 교회의 걱정을 덜어주겠다는 의도에서 본 서신을 기록하고 있다(2:19,24).

이상에서 살펴본 것처럼 빌립보서 안에서 발견되는 저작 조건들과 빌립보서를 기록하게 된 저작 정황들을 염두에 두고 빌립보서의 저작 장소와 연대를 추정해야 한다.

2. 빌립보서 저작 장소에 대한 이견들

1) 고린도 가설

바울이 고린도에서(AD 50년 경) 빌립보서를 기록했다는 가설은 1731년 오데르(G. L. Oder)에 의해 처음 제기되었다. 그러나 당시 그의 이론은 그다지 지지를 얻지 못했다. 최근에 덕스(Dockx)에 의해 옹호되고 있으며 그들의 논지는 다음과 같다.

① 고린도에는 총독이 있었으며(행 18:12) 시위대와 '가이사의 집' 도 있었다는 것은 빌립보서의 상황과 일치한다(빌 1:13; 4:22). 또한 고린도는 빌립보와 상당히 가까운 거리에 있어서 빌립보서에서 암시된 빈번한 왕래 여행이 쉽게 설명된다. 외견상 바울은 야고보에게서 온 유대인들과 논쟁을 하기 전에 빌립보 교인들에게 편지를 썼다. 빌립보서는 바울이 에베소에서 기

록한 고린도전서보다 먼저 기록되었다.

② 빌립보 교인들은 바울에게 정기적으로 선물을 보내고자 했으나 바울이 데살로니가에서 급히 베뢰아를 거쳐 아테네로 갔고 고린도에서 그 겨울을 났기 때문에 선물을 전달할 수 없었다(빌 4:10). 겨울이라는 상황이 정상적인 여행을 가능할 때까지 기다리게 만들었기 때문이다.

해빙이 되자 빌립보 교인들은 바울을 돕기 위해 가급적 빨리 바울에게 갔기 때문에 에바브로디도와 그 일행들의 빠른 도착은 고린도에 대한 도착으로 보아야 한다. 고린도후서에는 에바브로디도가 바울에게 보내는 빌립보 교인들의 선물을 가지고 도착했으며 이에 대해 바울이 감사하는 말을 갖고 되돌아갔다는 내용이 암시되어 있다(고후 11:9).

③ 바울은 고린도에서 극심한 반대와 심각한 위험에 직면했을 때 환상을 통해서 하나님의 격려와 안전의 약속을 받았다(행 18:10). 이에 위로를 받은 바울은 석방을 확신할 수 있었고 속히 빌립보 교회를 방문할 수 있을 것으로 생각했다(빌 1:25).

이상의 고린도 가설은 상당히 사변적이며 당시 바울의 가장 친한 친구들인 아굴라와 브리스길라에 대해 빌립보서가 전혀 언급하지 않고 있다는 사실(행 18:12,18)과 바울이 고린도에서 투옥되었다는 사실이 어느 곳에서도 언급되지 않는다는 점에서 고린도 가설은 설득력이 없다.396)

2) 가이사랴 가설

이 견해는 1799년 예나의 파울루스(H. E. G. Paulus of Jena)에 의해 제기되었다. 이 가설은 몇 가지 그럴 듯한 점이 있기는 하지만 난점도 가지고 있다. 근래에 와서 가이사랴 가설은 학자들의 폭넓은 지지를 받고 있으며 로빈슨(Robinson)에 의해 옹호되고 있다. 그들의 주요 논지는 다

396) Gerald F. Hawthorne, 빌립보서, p. 48-50.

음과 같다.

① 누가는 바울이 가이사랴에서 헤롯의 관청에 투옥되었음을 밝히고 있다(행 23:35, AD 57-59년). 이곳은 로마 총독의 관저와 로마 수비대의 본부로 사용되었으며 바울이 언급한 '시위대 안과 기타 모든 사람들' (빌 1:13)과 부합된다. 바울이 투옥되었다는 사실은 총독에게도 알려졌으며(행 24:24-26) 가이사랴에서 관청에 배치된 군사들도 이 소식을 알고 있었다는 것은 빌립보서 4장 22절과 조화를 이룬다.

② 바울은 가이사랴에 적어도 2년 이상 투옥되어 있었으며(행 24:27) 이것은 빌립보에서 가이사랴까지 수차례 서신이 전달될 수 있는 충분한 기간이었다. 로마 총독 벨릭스는 백부장에게 바울을 감금하되 어느 정도의 자유를 주었고 바울의 친구들이 시중드는 것을 막지 말라고 하였는데(행 24:23) 이것은 빌립보서 2장 25-30절과 4장 10-20절의 언급과 일치한다.

③ 빌립보서 1장 17절은 바울이 이미 심리를 받았으며 대적자와 자신의 복음 전파에 대한 변론이 있었음을 암시하고 있다. 바울은 로마 총독 벨릭스 앞에서 자신을 변론했으나(행 23:20,21) 2년 동안 구금된 상태로 남아 있어야 했다. 반면에 누가는 바울이 로마에서 어떤 정부 관리 앞에서도 변론했다는 암시를 하지 않는다(행 28:16-31).

④ 바울이 빌립보서를 기록할 당시 자신이 머지않아 감옥에서 석방될 것이며(빌 1:24-26) 곧 그의 서방 여행길에 빌립보 교회를 방문하게 될 것을 확신하고 있다(빌 2:24). 이것은 사도행전의 서반아 여행에 대한 언급(행 19:21; 23:11)과 일치한다.

⑤ 빌립보서 3장 2-6절에 나와 있는 바울의 극심한 비판은 아마도 유대인들에 대한 것으로 보인다. 바울이 빌립보서 3장에서 유대인들에 대해 가혹하게 비판하고 공격한 것은 바울이 예루살렘과 가이사랴에서 당한 유대인들의 광적이고 무자비한 반대와 일치한다(행 21:37-26:32).

⑥ 빌립보서에 예루살렘 교회를 위한 연금 모금과 관련된 내용이 없다는 것과 바울이 빌립보에서 성도들이 보낸 개인적인 선물을 기꺼이 받고 있다는 사실은 이 시기가 모금이 완료된 시점이라는 사실을 뒷받침해 주고 있다.

⑦ 특별히 바울은 가이사랴에서 지속적인 생명의 위협을 받고 있었다. 단

> 지 바울이 살아 있을 수 있었던 것은 그가 옥중에 있었기 때문이었다. 만일 유대인들이 성전에 이방인을 데리고 바울이 들어갔다는 사실만 입증할 수 있었다면 비록 바울이 로마 시민권을 가지고 있을지라도 유대법에 따라 사형에 처해질 수 있었다.
>
> 그럼에도 불구하고 바울은 자신의 무죄를 확신하고 있었으며 석방되어 교회들을 굳건히 하기 위한 복음 전파 사역을 계속 할 수 있으리라고 확신했다. 그러나 벨릭스의 후임으로 온 총독 베스도가 바울을 유대인들에게 넘기려하자 부득이 바울은 로마 황제에게 상소할 수밖에 없었으며 바울은 부득이 서반아 전도 계획을 취소하게 되었다.397)

이상의 가이사랴 저작설의 약점은 유대인들이 바울에게 보여준 적개심과 손할례당에 대한 바울의 비판(빌 3:2-16)을 연관시키고 있다는 점이다. 빌립보서 3장은 분명히 유대인들을 반대하고 비판하고 있다고 하지만 이것이 가이사랴 저작설을 지지하는 근거로 보기에는 빈약한 점이 있다.

아울러 가이사랴에는 전도자 빌립과 그의 유명한 네 딸들이 있었음에도 바울이 이들에 대해 전혀 언급하고 있지 않다. 바울은 예루살렘에서 구금되기 직전에 가이사랴에서 빌립의 환대를 받을 정도로 빌립과 깊은 교제의 관계를 맺고 있었음이 분명하다(행 21:8). 물론 이러한 정황이 가이사랴 저작설을 부인하는 근거가 되지는 않는다.

또한 바울은 가이사랴에 있을 때까지도 로마 방문을 열망하고 있었다. 그러나 빌립보서에는 로마를 방문하겠다는 바울의 열망이 전혀 나타나지 않는다. 반면에 바울은 빌립보를 다시 방문하기를 기대하고 있다(빌 2:24,25). 이 또한 가이사랴 저작설을 반대할 근거는 아니다. 하지만 이상의 내용들을 감안한다면 바울이 빌립보서를 작성할 때 가이사랴가 아닌 로마였을 가능성에 더 힘을 실어주고 있다.

---

397) Gerald F. Hawthorne, 빌립보서, p. 50-54.

3) 에베소 가설

1900년에 리스코(H. Lisco)는 바울이 에베소에 있는 동안(AD 52-55년)에 빌립보서를 기록했다는 의견을 제기했다. 이 에베소 가설은 상당한 설득력이 있어 학자들의 주목을 받게 되었다. 이 주장의 주요 내용은 다음과 같다.

> ① 빌립보 교회는 처음부터 바울을 후원해 오고 있었다. 그렇다면 빌립보서 4장 10절에서 언급하고 있는 선물은 바울이 로마 옥중에 있던 때라면 10년이라는 긴 공백 기간이 지난 후에 보낸 것이 된다. 하지만 빌립보 교회가 바울에게 보낸 선물은 그렇게 오랜 공백 기간을 필요로 하지 않는다. 이 선물은 바울이 에베소 사역의 어려움이 정점에 달했을 무렵 전달된 것으로 보아야 한다.
>
> ② 사도행전은 바울이 에베소를 떠난 직후 마게도냐를 방문했다고 기록하고 있다(행 20:1). 실제로 디모데의 빌립보 방문에 대한 언급(빌 2:19)은 마게도냐에 디모데와 에라스도를 보냈던 사도행전의 기록과 일치한다(행 19:22). 그리고 이 사실은 디모데가 고린도를 방문할 것이라는 고린도전서의 지지를 받는다(고전 4:17; 16:10).
>
> ③ 시위대의 파견단이 한동안 에베소에 주둔했다는 증거들이 비석문들에서 발견되었다는 것은 에베소에 '가이사의 집'이 있었음을 입증해 준다. 이것은 빌립보서 1장 13절의 언급과 조화를 이룬다. '가이사 집'에 속한 성도들(빌 4:22)은 에베소에 있는 한 무리의 기독교인 시민을 가리킨다.
>
> ④ 빌립보서에서 누가에 대한 언급이 없다는 것은 누가가 바울과 함께 있지 않았음을 시사한다. 이것은 바울의 에베소 사역 기간과 일치한다. 무엇보다도 에베소는 빌립보와 가까운 거리에 있기 때문에 빌립보서에서 언급하고 있는 몇 차례 여행에 대한 확실한 증거가 된다.[398]

그러나 에베소 가설은 바울이 에베소 사역을 하고 있는 동안 가장 관

---

398) Donald Guthrie, 신약 서론, p. 498-502.

심을 쏟고 있었던 예루살렘 교회를 위한 연보 모금에 대해 전혀 언급하지 않고 있다는 점에서 약점을 나타내고 있다. 바울이 빌립보 교회의 선물에 대해서는 감사를 표하고 있는 반면에(빌 2:26; 4:10-20) 예루살렘 교회를 위한 연보에 대해 언급하지 않을 이유가 없다.

또한 디모데를 언급하면서도 바울이 에베소에 있는 동안에 가장 친한 친구들인 아굴라와 브리스길라가 함께 있다는 사실을 언급하지 않는 것도 이상한 일이다(행 18:2,18,24-26; 고전 16:19). 그리고 바울이 빌립보서를 기록하고 있던 도시의 교회는 바울을 지지하는 사람들과 반대하는 사람들로 나뉘어 있었다(빌 1:15-17). 하지만 바울의 통제 아래 있던 에베소 교회가 분열되어 있었던 흔적은 찾을 수 없다.399)

가장 결정적인 근거는 바울이 디모데를 빌립보에 보내겠다는 계획과 관련된 것으로(빌 2:19) 바울이 에베소에서 그처럼 오래 투옥되지 않았을 것이며, 그 투옥은 사도행전 19장 21절과 23절 사이에 있었다는 점에서 빌립보서 2장 19절과 사도행전 19장 22절을 동일시하는 것에는 많은 어려움이 있다.400)

4) 로마 집필설

전통적으로 빌립보서는 로마에서 기록된 것으로 주장되었다. 그 주장의 주된 내용은 다음과 같다.

① 로마에서 바울은 자택에 연금되어 있는 상태였고 그 기간은 적어도 2년 이상이었다(행 28:30). 거기에는 바울을 지키는 군인들이 있었으나(행 28:16) 바울은 자유롭게 편지를 보냈고 자신을 만나러 오거나 선물을 가져온 교회의 지도자들과 그밖의 사람들을 영접할 수 있었다(행

399) Gerald F. Hawthorne, 빌립보서, p. 48.

400) Donald Guthrie, 신약 서론, p. 500.

28:17,30). 바울은 그곳에서 자유롭게 복음을 전파했고 그 기회를 언제라도 이용함으로써 로마에서의 복음 전파가 바울의 주도 아래 성공적으로 이루어졌다(행 28:31).

반면에 바울은 더 이상 상급 법원에 상소할 수 없었다. 바울은 가이사 앞에서 재판을 받고 석방 혹은 사형이 확정될 상황에 처해 있었다. 그리고 시위대(빌 1:13) 및 '가이사 집 사람 중 몇'(빌 4:22)이라는 본서의 언급을 볼 때 이곳이 로마일 가능성은 의심의 여지가 없다. 또한 로마에는 바울과 그의 가르침에 대해 분란을 일으킬 정도로 다양하게 구성된 큰 교회(빌 1:14-17)가 있었다. 이런 점에서 빌립보서가 쓰인 곳이 로마라는 전통적 견해는 빌립보서의 기록에 대한 기본적 사실들과 대부분 부합되기 때문에 여전히 많은 지지를 받고 있다.401)

② 로마 저작설에 대한 반대 의견 중 가장 강력한 것은 빌립보와 본서에서 언급하고 있는 두 차례의 여행기간이 빌립보와 로마 사이를 여행하는 데 소요되는 상당한 시간이라는 점을 고려해야 한다는 점이다. 하지만 두 차례의 여행 후에 본 서신이 씌어졌으며 로마에 도착한 이후 에바브로디도가 다시 빌립보로 돌아간다는 사실을 가정해 볼 때 그 기간은 1년 이상을 요하지 않는다. 빌립보에서 로마까지의 최단 거리 여행길은 대략 한 달가량 소요되었기 때문에 이것은 그다지 문제가 되지 않는다.402)

또 하나 사형 선고를 받을지 모른다고 하면서도 디모데를 보내 빌립보 교회를 위로하고자 한다(빌 2:19)는 바울의 계획은 바울이 서반아로 가고자 했던 처음 계획(롬 15:22,23)과 부합하지 않는다는 점에서 로마 저작설에 대해 의문을 제기한다. 바울은 가이사랴에서 가이사에게 상소할 때만 하더라도 자신의 이전 활동 무대를 뒤로하고 서반아 전도 여

401) Gerald F. Hawthorne, 빌립보서, p. 45

402) Donald Guthrie, 신약 서론, p. 497.

행을 기대하고 있었다.

하지만 바울이 로마에 있는 동안 동방 교회들로부터 어려운 소식을 들었다면 4-5년이 지난 로마 연금 생활 이후에 바울의 계획을 바꾸었다는 것은 불가능하지 않다. 때문에 바울이 석방 후에 빌립보를 방문하겠다는 계획은 전혀 이상하지 않다.403)

③ 무엇보다도 빌립보서는 다른 옥중 서신인 골로새서, 빌레몬서 그리고 에베소서와 거의 같은 시기에 기록되었다는 점을 중시할 필요가 있다. 이 서신들은 거의 같은 시기에 기록되었으며 골로새서, 빌레몬서 그리고 에베소서는 두기고에 의해 각각 수신처에 전달되었다.404) 단지 빌립보서는 디모데와 에바브로디도의 귀환 길에 전달되었다(빌 2:25-29; 4:18).

로마서와 빌립보서 사이에는 최소한 4년의 시간적 차이가 있어야 한다. 반면에 빌립보서와 다른 옥중 서신 사이에는 시간적 간격이 많아야 1년 이상일 수 없다(빌 2:23,24와 몬 22절 비교). 이 짧은 기간에 온 교회가 위협을 받았던 이단의 성격에 어떤 큰 변화가 있었다거나 또는 사도의 생각이 점차적으로 발전된 새로운 사상적 체계를 기대한다는 것은 쉽지 않다.

빌립보서와 골로새서 및 빌레몬서 사이에 그리고 빌립보서와 에베소서 사이에 놓여있는 강조점이 아무리 서로 차이가 난다고 할지라도 그 이유는 주로 당시의 상황과 각 서신의 수신자들에 대한 바울의 관심이 다르다는 점에서 그 원인을 찾아야 한다.

---

403) Ralph P. Martin, 신약의 초석 II, p. 307.

404) 골로새서와 빌레몬서의 관계는 두 서신이 서로 다른 시기에 보내졌다는 주장을 거부하고 있다. 두 서신 모두 문안 인사에서 바울과 디모데를 언급하고 있으며(골 1:1; 몬 1), 두 서신 모두 당시 바울과 함께 있었던 아리스다고, 마가, 에바브라, 누가, 데마의 문안 인사를 언급하고 있다(골 4:10-14; 몬 23, 24).

④ 누가와 아리스다고는 바울이 로마로 가는 위험한 여행길에서 언제나 바울과 동반했다(행 27:2). 그리고 바울이 골로새서(골 4:10,14)와 빌레몬서(23절)를 작성할 때까지 바울과 함께 있었다. 하지만 그들은 빌립보서를 기록할 당시에는 바울과 함께 있지 않았다.

아마 바울의 로마 도착과 빌립보서의 발송 사이에는 어느 정도 시간이 경과하였을 것으로 보인다(빌 2:25-30; 4:10,18). 이 네 편의 옥중서신 중에 어떤 서신이 가장 나중에 기록되었는지 밝히기란 쉽지 않지만 단지 하나를 택하라 한다면 빌립보서가 가장 나중에 기록된 것으로 보인다.405)

3. 빌립보 교회의 역사적 위치

AD 50년 이른 봄에 제2차 전도 여행을 떠난 바울 일행은 성령의 인도를 받아 헬라 문화의 중심지인 마게도냐 지방과 아가야 지방으로 향하게 되었다. 특히 마게도냐 지방의 첫 번째 도성인 빌립보에 이른 바울 일행은 지금까지 접해 왔던 소아시아 지방과는 달리 복음 전파가 매우 어렵다는 사실에 직면하였다(행 16:13). 그렇지만 성령께서는 미리 복음을 들을 만한 사람을 예비해 두시어 옷감 장사인 루디아를 만나게 하셨다. 바울 일행은 루디아의 집을 근거로 마게도냐에서 복음을 전하게 되는 교두보를 확보할 수 있었다.

성령께서 친히 함께하시고 미리 예비해 주심으로 복음 전도가 이루어진다는 사실을 확인한 바울은 귀신들린 여자 점쟁이로부터 괴롭힘을 당하다가 그녀에게서 귀신을 쫓아내는 이적을 행했다. 이 일로 옥에 갇히기는 했지만 오히려 성령의 크신 역사를 체험하게 되었다. 그것은 간수가 회개하고 그리스도를 영접할 뿐 아니라 그의 가족들까지도 복음을 받아들이는 놀라운 일이 발생한 것이다. 이 사건을 기반으로 빌립보

---

405) William Handriksen, 빌립보서, p. 42.

에 교회가 세워지게 되었다(행 16:40).

① 예루살렘 공의회 결정과 확장되는 이방 선교

AD 49/50년 역사적인 예루살렘 공의회의 결정에 따라 이방인들이라 할지라도 할례를 받지 않고 누구나 교회의 회원이 될 수 있는 길이 열리게 되었다(행 15:6-11). 다만 우상의 제물과 피와 목매어 죽인 것과 음행을 멀리함으로써 당시의 사회적 부패 악에서 구별된 성도로서 살도록 하였다(행 15:28,29). 이 결정은 이방인들 교회들과 유대인들 교회가 그리스도의 복음 안에서 하나를 이루며 오직 그리스도의 은혜로 구원에 이른다는 가장 기본적인 법칙만을 따라 교회가 세워짐을 확인케 하는 중대한 결정이었다.

예루살렘 공회의 결정을 세상 곳곳에 세워져 있는 교회들에게 전하여 그 교회들이 든든히 서 가도록 하기 위해 바울은 제2차 전도 여행을 떠나게 된다. 예루살렘 공의회의 결정이 성령의 크신 은혜의 결실로 나타나게 되는 것은 당연한 결과였다. 그 규례대로 이방인들 교회에 바울이 전하자 "이에 여러 교회가 믿음이 굳어지고 수가 날마다 더하니라"(행 16:5)라는 누가의 기록은 공의회의 결정이 하나님의 나라를 확장시키는 데 있어서 지대한 역할을 하고 있음을 단적으로 보여주고 있다.

바울은 제1차 전도 여행 도중에 세웠던 교회를 먼저 돌아보기 위하여 안디옥에서 육로를 따라 북쪽으로 방향을 잡은 후 길리기아를 거쳐 루스드라에 이르게 된다. 이곳 루스드라는 바울이 1차 전도 여행 중 앉은뱅이를 고쳐줌으로써 그곳 사람들을 놀라게 한 곳이다(행 14:8-18). 당시 루스드라 교회는 그리스도의 복음을 충분히 깨닫지 못했으나 어느새 성도들로부터 칭찬을 받는 청년 디모데가 있을 만큼 복음으로 다져진 교회로 성장해 있었다. 그래서 바울은 이 청년 디모데를 동역자로 삼고 계속해서 복음 전도 여행을 추진하기로 하였다.

② 새 역사의 여명을 알리는 마게도냐의 부름

한편 성령께서는 전혀 사람들이 생각지도 못할 새로운 계획을 진행시키고 계셨다. 이 계획은 바울의 전도 여행 여정에 커다란 변화를 가져왔다. 당시 바울은 1차 전도 여행기간에 세웠던 교회들을 돌아보고 소아시아 전역에 복음을 전하려는 계획을 가지고 있었다. 그리고 지금까지 여행을 통해 소아시아 교회들에게 커다란 유익과 소망을 심어 주기로 했다. 이처럼 바울은 아시아도에 있는 교회들을 돌아보며 열심을 다하여 복음을 전했다.

그러나 성령께서는 바울의 계획을 막으셨다(행 16:6). 바울은 잠시 행로를 바꾸어 흑해 연안에 있는 비두니아로 복음을 전하고자 하여 무시아까지 올라갔지만 여전히 성령께서 복음 전파를 허락하지 않으셨다(행 16:7). 이에 바울은 잠시 복음 전도 사역을 중단하고 소아시아의 서쪽 끝인 드로아에 이르게 되었다. 드로아는 흑해와 지중해를 연결하는 해협을 끼고 유럽을 마주보는 곳이다.

그곳에서 바울은 밤중에 환상을 보게 되었다. 마게도냐 사람이 나타나 "우리를 도우라"(행 16:9)고 바울을 요청하는 환상이었다. 이 환상을 본 바울은 비로소 성령께서 마게도냐 사람들에게 복음을 전하라고 부르신 줄 알고 마게도냐를 향해 떠나 빌립보에 도착했다(행 16:12). 빌립보는 유럽과 아시아를 잇는 유럽의 관문이다. 성령께서는 아시아도라든지 비두니아와 본도 지방에 복음을 전하고자 하는 바울의 계획을 막으시고 즉시 유럽으로 발길을 인도하셨다.

당시 로마는 정치적, 경제적으로 큰 세력을 얻어 하나의 거대한 제국을 건설하고 있었다. 그러나 문화만은 마게도냐 중심의 헬라 문화를 따라 갈 수 없었다. 그래서 문화의 중요한 동반자인 언어는 그 당시 세계에서 희랍어가 통용되고 있었다. 비록 로마가 모든 국가들을 정복하여 하나의 통일 국가를 건설하였으나 실질적으로는 헬라 정신문화의 지배를 받고 있었다.

헬라 정신문화의 중심지인 마게도냐에 성령께서 바울을 보내시는 이유는 자명하다. 성령께서는 바울에게 헬레니즘에 대한 정면 도전을 명령하셨다. 이제부터 복음으로 인본주의(humanism)를 깨뜨리는 거대한 싸움이 시작된 것이다. 이처럼 중대한 의미가 있었기 때문에 성령께서는 바울이 더 이상 아시아에서 지체하지 아니하고 즉각 인본주의의 본산지이자 유럽의 관문인 빌립보로 인도하셨다. 이런 점에서 빌립보에 입성한 바울의 발걸음은 바울의 유럽 복음화를 위한 첫 걸음으로 길이 역사에 기록될 것이다.406)

③ 유럽의 첫 관문 빌립보에 심겨진 복음

바울은 드로아에서 배를 타고 사모드라게 섬을 지나 네압볼리에 도착한 후 빌립보에 이르게 된다. 빌립보는 마게도냐 지방에서 상당히 큰 도시였다(행 16:12). 또한 아시아와 유럽을 잇는 주요 교역 중심지였으며 비아 에그나티아(Via Egnatia)라는 군사도로가 지나가고 있어서 무역이 활발한 곳이었다. 빌립보는 로마에서 특별한 예우를 받는 로마의 콜로니아(colonia)였다.

빌립보가 로마의 특별 도시가 된 배경에는 옥타비아누스가 있었다. BC 42년 카이사르 시저(Gaius Julius Caesar, BC 100년 7월 12일 – BC 44년 3월 15일)의 죽음과 관련된 부루터스(Brutus)와 카시우스(Cassius)를 상대로 안토니우스(Antony)와 옥타비아누스(Octavian) 군대가 빌립보에서 격돌했다. 이 전쟁에서 안토니우스와 옥타비아누스가 승리하자 안토니우스는 빌립보에 자신의 해체된 병사들을 머물게 한 후 빌립보에 많은 특혜를 베풀었다.407)

406) 김홍전, 사무엘 시대 II, 서울, 성약출판사, 2006, p. 229.
407) William Handriksen, 빌립보서, 11-12.

이후 BC 31년 안토니우스와 클레오파트라를 악티움(Actium) 해전에서 물리친 옥타비아누스는 BC 29년 자신을 카이사르 아구스도(Caesar Augustus)라고 명명한 후 로마의 유일한 황제로 즉위했다. 옥타비아누스는 안토니우스의 재산을 처분하면서 빌립보를 재건하여 군사 기지를 세운 뒤 로마 군인들을 배치했고 그곳을 거류지로 만들어 이우스 이탈리쿰(ius italicum : 이탈리아의 친구)이라는 자격을 부여했다.

이우스 이탈리쿰은 로마 제국 안에서 로마 시민과 같은 법적인 자격을 가지는 자치 도시이며 로마의 속국으로서 얻을 수 있는 가장 큰 명예이자 특권이었다. 빌립보 시민들은 자신들이 로마의 시민임을 자랑했으며, 재산을 취득하고 양도할 특권과 함께 지방 총독의 간섭을 받지 않는 자치 도시로서 민사 소송권도 갖고 있었다. 또한 인두세와 토지세를 감면받았다. 빌립보는 로마의 복사판이었다.408)

빌립보는 우상 숭배가 아주 심한 곳이었다. 헬라의 아테네(Athena) 여신, 로마의 주피터(Jupiter)와 마르스(Mars), 황제 숭배, 이집트의 이시스(Isis), 세라피스(Serapis), 하포크라테스(Harpocrates) 등을 섬기는 도시였다.409)

빌립보가 위치하는 트라키아 반도의 토착 신들은 애굽, 시리아 그리고 그밖의 여러 지역에서 전래된 신들은 물론이고 로마 제국의 제의적이며 고전적인 그리스-라틴 신들과 공존하고 있었다.

이처럼 빌립보는 종교적으로도 반신국적 성향을 가지고 있었다. 따라서 빌립보는 사실상 복음을 전하기에는 힘든 곳이었다. 이곳에는 유대인들도 많지 않아서 회당도 없었다. 안식일에 바울은 기도할 만한 장소를 찾아 나서야만 했다(행 16:13).

---

408) Gerald F. Hawthorne, 빌립보서, p. 39.

409) Robert L. Reymond, 바울의 생애와 신학, p. 198-199.

이미 우상 숭배에 만연된 빌립보 시내에서는 더 이상 복음을 전할 수조차 없을 정도였기 때문에 바울은 성 밖으로 나가게 되었다. 마침 그 곳에 강이 있었고 강가에 있는 여자들 몇 명에게 복음을 전하게 되었다. 그러자 뜻밖에도 하나님을 경외하는 루디아라는 여인을 만나게 된다. 그녀는 아시아도의 두아디라성 사람으로 옷감 장사였다. 그녀가 바울의 말을 들을 때 주께서 마음을 열게 하심으로 복음을 받고 온 가족이 세례를 받게 되었다. 그리고 바울에게 자기 집에서 유하도록 청함으로써 바울은 루디아의 집에 거하게 되었다(행 16:14,15).

'루디아'는 두아디라 지방의 루디아 출신으로 '루디아'는 그녀의 본명이 아닐 가능성이 높다. 이 '루디아'는 이미 유대인들과 접촉이 있어서 하나님을 알고 경외하고 있었다(행 16:14). 루디아는 유대교에 익숙해 있었지만 아직 모세의 율법을 지킬 의무가 없는 이방인 개종자(a proselyte of the gate)로 유대교 신앙을 가지고 있었다. 그렇지만 루디아는 유대교로부터 영혼의 평안에 대해 완전한 만족을 얻은 것은 아니었다.410)

때문에 바울이 전한 복음을 듣고 새롭게 깨닫는 바가 있어서 루디아는 세례를 받고 그리스도인이 되었다. 결과적으로 루디아의 집에 속한 사람들도 세례를 받게 되었다. 바울은 루디아의 간청을 받아들여 함께 지내면서 복음을 가르치게 되었다. 이로써 빌립보 교회가 세워지게 되었으며 빌립보 교회는 바울이 마게도냐에 세운 최초의 교회가 되었다.

바울이 빌립보에 머물고 있는 동안 점을 쳐서 그 주인에게 크게 이익을 주는 귀신들린 여자 노예가 있었다. 누가는 이 여자가 '피도네스'(pythoness), 즉 피돈(파이돈)의 영(spirit of Python)을 가졌다고 묘사하고 있다(행 16:16). 파이돈(Python)은 아폴로의 화살에 맞아 죽은 뱀의 이름인데 귀신에 홀린 사람들은 파이돈의 신이 그 안에 가득한 자들이며 신

---

410) William Handriksen, 빌립보서, p. 16.

들린 여자들(Phoebades)은 아폴로(Phoebi)에게 경의를 표한다는 전설이 있었다.411) 점하는 귀신에 들린 이 여자는 미래를 예언하는 능력을 가지고 있다고 알려져 있어서 이교의 미신을 숭배하는 사람들은 그녀의 예언을 듣기 위해 즐겨 돈을 지불하고 있었다.

이 여자가 바울의 일행이 지날 때마다 소리를 지르며 "이 사람들이 지극히 높은 하나님의 종으로 구원의 길을 너희에게 전하는 자라"(행 16:17)고 하면서 여러 날을 괴롭히고 있었다. 이렇게 여러 날을 따라다니자 바울은 심히 괴로워하다가 그 귀신에게 이르되 "예수 그리스도의 이름으로 내가 네게 명하노니 그에게서 나오라"(행 16:18)고 명하자 즉시 귀신이 나가는 이적이 나타났다.

귀신들린 여자에게 있어서 주권적 권위를 행사하는 주체는 귀신이었다. 단지 그 여자의 몸은 귀신이 거처하는 하나의 도구에 불과했다. 그러므로 귀신들린 여자가 "이 사람들은 지극히 높은 하나님의 종으로 구원의 길을 너희에게 전하는 자라"(행 16:17)고 하는 말은 정상적인 발언이 아니었다. 비록 귀신이 하나님을 두려워하고 하나님의 종들을 알아본다 할지라도 참으로 경배한 것은 아니기 때문이다. 귀신들이 하나님 앞에서 떨며 두려워하는 것은 그 앞에서 견디어 낼 수 없음을 알기 때문이지만 귀신들이 참으로 하나님을 정당하게 인정한다든지 경배하는 것은 아니다.

언뜻 듣기에는 귀신들린 여자가 바울을 돕고 복음에 협력하는 듯이 보이지만 그 속에는 전혀 다른 사단의 계략이 숨겨져 있다. 유일한 하나님의 구원을 가져다주는 복음을 하나의 종교적인 주장과 다를 것이 없는 도(道)인 것처럼 전락시킴으로써 유일신 하나님의 복음을 선포하는 바울의 전도를 무의미하게 만들고자 하는 속셈이 그 속에 숨겨져 있었다. 더군다나 그 여자가 여러 날 동안 바울을 따라다니며 그랬다는

411) J. Calvin, 사도행전 II, p. 112.

것은 결코 그녀의 진심에서 우러나온 소리가 아니라 사단의 사주를 받은 마귀의 종으로서 자기가 하고 있는 말의 뜻이 무엇인지도 모르고 하는 조롱에 불과했다.412)

이적은 어디까지나 사람의 필요에 의해서가 아니라 하나님의 주권적인 은혜에 따라 나타나야 한다. 이적은 창조주이신 하나님께서 그의 사랑하는 피조물에게 그만한 당위성이 있어서 베풀어주시는 초자연적인 능력이기 때문이다. 예수께서는 이적을 행하실 때 자기의 백성을 불쌍히 여기시고 신적인 권위를 가지고 병을 고친다든지 이적을 나타내셨다. 그리고 무엇보다도 그들의 영혼을 위하여 복음에 접촉케 하고 하나님의 은혜의 나라에 참여하도록 인도해주셨다.

그렇다고 해서 언제까지나 이적만이 하나님께서 그의 백성을 사랑하시는 표적은 될 수 없다. 오히려 하나님의 백성이라면 하나님께서 세우신 일반법칙 곧 자연법칙에 따라 살면서 하나님의 인도를 받으며 하나님과의 관계를 유지하는 것이 기본적인 삶의 원칙이다. 이적이 개입한다는 것 자체가 정상적인 삶의 규모에서 벗어나 있음을 의미하기 때문이다. 그래서 정상적인 성도라면 이적을 바라기보다는 자신의 일상생활 속에서 늘 하나님과 동행하기를 바라는 것이 훨씬 복된 삶이다.

더욱이 지금 바울이 당면한 귀신들린 여자는 하나님의 나라를 대적하는 사단의 종이다. 그녀가 하나님의 나라를 위해 쓰임을 받는다든지 부름받은 위치에 있는 것이 아니다. 그런 사람에게 신적인 권능을 베풀어 이적을 행하여 귀신을 쫓아낸다는 것이 과연 얼마나 유익이 있을 지에 대해서 바울은 전혀 기대를 하지 않았을 것이다. 설령 귀신을 쫓아낸다 하더라도 하나님의 나라에 아무런 도움이 될 수 없기 때문이다.

412) J. Calvin, 사도행전 II, p. 115.

④ 인본주의 발상지에 임한 성령의 역사

바울은 충분한 이유를 가지고 귀신을 추방하는 이적을 나타내었다. 단순히 자신의 권능을 드러내고 그 일을 통하여 복음이나 전해보겠다는 얄팍한 마음으로 능력을 나타내지 않았다. 그러나 세상은 그처럼 명백하게 밝은 빛이 비추었어도 깨닫지 못할 정도로 어둠에 갇혀 있었다. 귀신이 예수 그리스도의 이름으로 쫓겨나가는 사실을 보면서도 별 반응이 없을 정도로 영적으로 무디어 있었다. 오히려 그녀의 주인들은 더 이상 자기들의 이익을 기대할 수 없게 되었음을 알고는 바울과 실라를 잡아 로마 관원들에게 고소하였다.

한 인간의 인격이 귀신에 사로잡혔다가 회복되어 정상인으로 돌아왔다면 무엇보다도 기뻐하는 것이 인본주의의 핵심일 것이다. 인간의 가치를 최대한으로 인정하고 개발시키는 것이 누구보다도 헬라 사람들이 지향하는 최선의 궁극적인 목표라고 해도 과언이 아니다. 그러한 헬라 문화의 발상지이고 인본주의의 중심지인 이곳에서 귀신들린 사람을 자기들의 이권을 탐닉하기 위한 도구로 사용해 왔다는 것은 인본주의가 부르짖는 인간의 가치가 얼마나 유치하고 왜곡되어 있는가를 보여주는 단적인 예이다.

사람들은 자기들의 이권이 타인으로 인하여 침해를 받게 되면 죽기를 다해 덤비는 일차원적인 동물적 욕구를 가지고 있다. 단지 그러한 저차원적인 신분에 빠져 있으면서 어떻게든지 고상해 보이려고 인본주의를 부르짖고 정의라든지 평등이라는 낱말로 위장을 하고 있을 뿐이다. 귀신들린 여자의 주인들이 자기들의 이익을 그처럼 소중히 여겼다면 상대적으로 귀신들린 여자의 존엄성뿐만 아니라 바울의 인격도 소중히 여길 줄 알아야 했다.

더군다나 그들이 관원에게 고소한 내용은 불법으로 귀신들린 여자를 이용한 자기들의 정당치 못함에 대해서는 사실대로 고하지 않았다. 오히려 “이 사람들이 유대인인데 우리 성을 심히 요란케 하여 로마 사람인 우리가 받지도 못하고 행치도 못할 풍속을 전한다”(행 16:20,21)고 바울과 실라만을 힐난하였다.[413] 사실 그들은 로마 식민지의 식민(植民)으로서 자기들의 이권이 침해되자 마치 그들이 로마를 위하는 시민인 것처럼 위장하고 있었다.

그리고 그들은 자기들의 온당치 못함을 인하여 정당한 절차를 밟아 재판을 받을 경우 오히려 예상한 효과를 얻을 수 없을 것이라고 판단하고 무리들을 매수하여 재판이 정상적으로 진행되지 못하도록 비열한 방법까지 동원하였다. 그리고 그들의 사주를 받은 무리들이 일어나 바울을 송사하자 재판관들은 자초지종을 알아보지도 않고 바울과 실라의 옷을 찢어 벗기고 매를 친 후에 착고를 채워 깊은 감옥에 가두고 말았다(행 16:22-24).

결국 인본주의가 지향하는 인간의 가치가 그것을 추종하는 사람들에 의해 이처럼 형편없이 떨어지고 정의와 평등이 산산이 무너지고 말았다는 것은 인본주의에 더 이상 소망이 없음을 단적으로 보여주는 모습이 아닐 수 없다. 그럼에도 불구하고 오늘날에도 여전히 그러한 허위에 찬 모순을 유토피아라는 허상으로 위장하여 사람들을 미혹하고 있는 인본주의가 기승을 부리는 것은 사람들이 그러한 악행을 즐기려 하는 못된 본성을 은근히 부추기고 있기 때문이다. 사람들은 그 맛에 길들여져 있어서 고상한 휴머니즘이라는 명분 아래 서로를 적당히 눈감아 주고 마침내 서로를 멸망시키는 악행을 조장하고 있는 것이다. 이것이 인본주의가 가지고 있는 독소이다.

---

413) 로마인들은 종교에 있어서 유대인을 제외하고 모든 민족들과 친근성을 갖고 있었다. 왜냐하면 로마인들은 헬라에서나 아시아에서 그리고 우상과 미신이 성행하고 있는 어느 곳에서든 그들의 신성한 의식을 행사할 수 있었기 때문이다. 오로지 로마인들은 자기들 세계에서 유일하게 유대인들의 종교만을 미워하고 있었다. J. Calvin, 사도행전 II, p. 118.

그러나 하나님의 백성이 그처럼 거대한 인본주의의 위협 앞에 빠져 있을 때 성령께서는 그 올무에서 그의 백성들을 이끌어내시고 만다. 그 방법은 참으로 기이하여서 사람들의 상상으로는 형용하지도 못할 만큼 엄청난 일이다. 먼저 성령께서는 바울과 실라에게 가장 온화하고 벅찬 기쁨을 주셨다. 온몸에 매를 맞아 통증이 엄습해오는 축축한 감옥 속에서 오히려 바울과 실라는 성령의 위로를 받고 기쁨이 충만하였다.414)

확고한 믿음과 사명이 있는 바울과 실라이기에 핍박을 인하여 좌절하지 않고 하나님께 찬송을 드릴 수 있었다(행 16:25). 그런데 귀신들린 여자에게서 귀신을 쫓아내었던 바울의 이적보다 더 큰 기적이 일어났다. 갑자기 큰 지진이 나서 감옥의 터가 움직이고 문이 열리며 착고가 다 풀어지고 말았다. 이로써 정당치 못한 재판에 대하여 성령께서 보상을 해주셨다(행 16:26).

그 결과 옥에 갇힌 죄수들이 모두 도망할 수 있게 되었다. 그러자 간수가 죄인들이 도망간 것으로 알고 자결을 하려 했다. 간수는 빌립보 시민이라는 자존심과 로마 군인으로서 죄수가 탈옥할 경우 직무 태만으로 큰 형벌을 감수해야 한다는 사실을 알고 있었다. 때문에 수모를 겪고 명예를 잃게 되는 것보다는 차라리 군인답게 스스로 목숨을 끊는 길을 택하기로 한 것이다.415) 그러나 바울과 실라가 그를 극구 만류하였다. 이 일로 인하여 간수는 바울을 통해 죽음 직전에서 새 생명을 얻었고 영원한 생명에로의 초대를 받는 은혜를 받게 되었다(행 16:33,34). 그처럼 복음 전하기가 어려운 빌립보에서 이렇게 놀라운 방법을 통하여 성령께서는 신실한 한 가정을 부르셨다.

---

414) 비록 바울과 실리가 정당한 재판 절차 없이 심하게 매를 맞고 옥에 갇혔지만 큰 지진과 함께 옥문이 열린 기적이 일어남으로써 옥의 간수가 회심하고 온 가족이 복음을 받아 세례를 받은 기쁨을 생각할 때 그들이 당한 매질과 착고는 충분한 가치가 있었다. F. F. Bruce, 사도행전 주석(하), p. 109.

415) Ralph P. Martin, 신약의 초석 II, p. 303.

이튿날 관원들은 바울이 로마의 시민임을 알고 두려워하며 정중하게 대접하기 시작했다(행 16:37,38). 바울이 구태여 로마의 시민임을 밝힌 이유는 자기의 억울함을 호소하자는 것에 그 목적이 있지 않았다. 자기의 신분을 밝힘으로써 로마의 관원들이 바울 일행과 새롭게 예수를 받아들인 성도들을 로마의 관원들이 함부로 대하지 못하게 하려는데 그 목적이 있었다. 그리고 이처럼 당당한 바울을 보고 어떠한 일이 닥치더라도 성령께서 인도하신다는 사실을 성도들이 직접 보고 확신을 갖도록 하였다.

이 사건은 기독교의 복음 전파와 관련해 몇 가지 의미가 있음을 암시하고 있다. 아직까지 이방인들은 기독교와 유대교를 구분하지 못하고 있었다. 때문에 유대인들에 대한 적대 감정은 쉽게 기독교인들에게로 이전되었다. 바울은 매질을 피하기 위해 자신이 로마 시민이라는 사실을 밝힐 수 있었다. 그러나 바울은 로마 시민권을 가지고 있는 유대인으로서 자신이 유대인이라는 인종적인 이유를 앞세워 로마 시민으로서의 권리를 주장하기를 원치 않았다. 바울은 로마 시민이기 이전에 자신을 하나님 나라에 속한 새로운 시민권을 가진 기독교인이라는 사실을 더 자랑스럽게 여기고 있었던 것이다.

바울은 육체적 고통을 벗어나기 위해 로마 시민임을 밝히지는 않았지만 기독교가 로마 정부의 비난을 피하도록 하기 위해서 자신이 로마의 시민권자라는 사실을 밝혔다. 바울은 기독교가 로마 정부로부터 불이익을 당하거나 복음이 방해받지 않도록 하기 위해 자신의 신분을 밝혔던 것이다.[416]

이에 루디아의 집에 모인 몇몇의 성도들은 큰 위로를 받고 더욱 든든한 신앙을 가지게 되었다. 이러한 일련의 사건을 통하여 성령께서는 복

---

416) Gerald F. Hawthorne, 빌립보서, p. 42.

음의 불모지인 마게도냐에서 역사적으로 유명한 빌립보 교회를 세우셨다.417) 사람의 방법으로가 아닌 성령의 능력으로 빌립보에 교회가 세워지게 된 것이다.

4. 빌립보서 내용에 따른 내형적 구조와 개요

바울이 전개한 빌립보서의 내용에 따른 내형적 구조를 정리하면 다음과 같다.

I. 서론 : 인사말과 감사(1:1-11)
  1. 문안 인사(1:1,2)
  2. 감사(1:3-8)
  3. 기도(1:9-11)

II. 본론 : 교회의 영적 진보를 위한 권면(1:12-4:9)
  A. 바울의 상황과 복음의 진보(1:12-26)
    〈"전파되는 것은 그리스도니 이로써 내가 기뻐하고 또한 기뻐하리라" (1:18)〉

  B. 복음에 합당한 삶에 대한 권면(1:27-3:1a)
    1. 고난 가운데서도 굳건한 교회(1:27-30)
    2. 고난 가운데서도 하나 된 교회(2:1-3:1a)
      ① 겸손과 사랑으로 뜻을 합하여 하나가 되라(2:1-4)
      ② 그리스도의 모범(2:5-11)
      ③ 바울의 모범(2:12-16).
      ④ 디모데와 에바브로디도의 모범(2:17-30).
        〈"종말로 나의 형제들아 주 안에서 기뻐하라" (3:1a)〉

---

417) 빌립보 교회는 후일 바울의 전도 여행을 지속할 수 있도록 수차례의 연보를 하였다(빌 4:10). F. F. Bruce, 사도행전 주석(하), p. 112.

C. 거짓 가르침에 대한 경계(3:1b-21)

① 할례와 인간적 성취의 자만에 대한 경계(3:1b-11)

② 현세의 완전함을 주장하는 자들에 대한 경계(3:12-16)

③ 잘못된 가르침을 본받는 것에 대한 경계(빌 3:17-21)

④ 교회의 화해와 하나됨에 대한 권면(4:1-3)

〈"주 안에서 항상 기뻐하라 내가 다시 말하노니 기뻐하라" (빌 4:4)〉

3. 고난 가운데서도 기쁨을 누리는 교회(4:5-7)

4. 고난 가운데서도 평강을 누리는 교회(4:8,9)

III. 결론 : 빌립보 교회에 대한 감사와 사도적 축도(4:10-23)

빌립보 교회의 관대함에 대한 감사(4:10-20)

사도적 축도(4:21-23).

이상의 내용적 구조에 따른 빌립보서의 개요는 다음과 같다.

I. 인사말(Salutation)

문안(1:1,2) : 빌립보 교회와 교회의 직분자들에 대한 바울의 문안

II. 감사(Thanksgiving)

A. 감사(1:3-8) : 바울의 복음 사역에 빌립보 교회가 참여하고 있으며 빌립보 교회를 향한 자신의 깊은 애정을 감사로 표시하고 있다.

B. 기도(1:9-11) : 빌립보 교회의 선물을 통해 드러난 그들의 사랑과 지식이 더욱 풍성해질 것을 위해 기도하고 있다.

III. 본문(Body of the Letter)

A. 바울의 현재 상황(1:12-26)

이 편지를 작성하게 된 신학적, 교회론적, 실천적인 내용을 밝히고 바울이 투옥된 결과 복음이 널리 전파되고 있으며 석방되어 빌립보 교회를 방문할 계획을 밝히고 있다.

B. 복음에 합당한 교회의 삶(1:27-2:16)

1) 교회의 외적 요소들에 대한 교회의 자세(1:27-30) : 성령의 하나 되심 안에서 그리스도의 복음을 위한 투쟁에 굳게 서서 한 마음으로 참여할 것을 권고하고 같은 사랑을 가지고 뜻을 합하여 한 마음을 품을 것을 권하고 있다.

2) 교회의 내적 요소들에 대한 성도들의 자세(2:1-16) : 교회가 하나 되기 위해서는 자신을 낮추신 그리스도의 모범을 따라 성도들은 자기를 낮추는 겸손의 규범에 따를 것을 권하고 또한 성도들은 세상에서 빛으로 나타나기 위해 하나님께 순종하는 자녀임을 밝히고 자신의 구원을 이룸으로써 그리스도의 날에 바울이 그들을 자랑할 수 있도록 성결할 것을 권하고 있다.

C. 빌립보 교회를 향한 바울의 계획(2:17-30)

1) 디모데를 빌립보에 보내고자 하는 계획(2:17-23) : 바울에 대한 디모데의 신실함을 밝히고 디모데를 통해 빌립보 교회가 위로 받게 되기를 바라는 심정을 밝힌다.

2) 바울의 빌립보 교회 방문 계획(2:24)

3) 에바브로디도를 다시 빌립보에 보내고자 하는 계획(2:25-30) : 바울을 돌보기 위해 자신의 목숨을 돌아보지 않은 에바브로디도를 빌립보 교회가 영접해 줄 것과 에바브로디도 편에 본 서신을 보낼 것에 대한 계획을 알리고 있다.

D. 거짓 가르침에 대한 경계(3:1-21)

1) 할례와 인간적 성취의 자만에 대한 경계(3:1a-11) : 육체의 할례는 손할례에 불과하며 성도들만이 진정으로 할례를 받은 백성임을 강조하고 있다.

2) 현세의 완전함을 주장하는 자들에 대한 경계(3:12-16) : 바울은 육체적으로 모든 특권을 누렸지만 유대교를 스스로 포기하고 그것들을 배설물로 여기며 오로지 그리스도를 더 잘 아는 것과 그리스도를 향해 전진을 계속하고 있음을 밝히고 있다.

3) 잘못된 가르침을 본받는 것에 대한 경계(3:17-21) : 그들은 땅의 일을 생각하지만 그리스도의 재림을 기다리는 성도들은 그의 영광의

몸을 입을 것을 소망할 것과 자신의 시민권이 하늘에 있기에 참된 천국 시민으로 살 것을 권면하고 있다.

4) 교회 내 분쟁에 대한 경계(4:1-3) : 교회의 모범이 되는 지도자들의 분열을 지적하고 그들에게 바울과 함께 복음의 멍에를 질 것을 당부한다.

Ⅳ. 도덕적이고 윤리적인 가르침(Moral and Ethical Instruction)

A. 주의 강림에 대한 소망을 가질 것에 대한 권고(4:4-7)

B. 평화를 누리기 위한 참됨과 경건과 의를 추구할 것에 대한 권고(4:8,9)

Ⅴ. 빌립보 교회의 관대함에 대한 감사(Thanksgiving)

A. 바울에 대한 빌립보 성도들의 염려에 대한 감사(4:10)

B. 어떠한 처지에서도 자족함에 대한 바울의 변론(4:11-13)

C. 빌립보 교회의 선물에 대한 감사(4:14-18)

D. 하나님께서 빌립보 교회의 필요를 공급해 주시기를 바라는 바울의 소망(4:19,20)

Ⅵ. 맺는 말(Closing)

문안과 사도적 축도(4:21-23)

681

〈빌립보서 서론〉

높이 올리우신 그리스도의 교회가 누리는 기쁨

빌립보서 4:4-9

4:4 주 안에서 항상 기뻐하라 내가 다시 말하노니 기뻐하라 5 너희 관용
을 모든 사람에게 알게 하라 주께서 가까우시니라 6 아무 것도 염려하지
말고 다만 모든 일에 기도와 간구로, 너희 구할 것을 감사함으로 하나님
께 아뢰라 7 그리하면 모든 지각에 뛰어난 하나님의 평강이 그리스도 예
수 안에서 너희 마음과 생각을 지키시리라 8 끝으로 형제들아 무엇에든
지 참되며 무엇에든지 경건하며 무엇에든지 옳으며 무엇에든지 정결하
며 무엇에든지 사랑 받을 만하며 무엇에든지 칭찬 받을 만하며 무슨 덕
이 있든지 무슨 기림이 있든지 이것들을 생각하라 9 너희는 내게 배우고
받고 듣고 본 바를 행하라 그리하면 평강의 하나님이 너희와 함께 계시
리라

AD 50년 이른 봄에 제2차 전도 여행을 떠난 바울 일행은 성령의 인도를 받아 헬라 문화의 중심지인 마게도냐 지방과 아가야 지방으로 향하게 되었다. 특히 마게도냐 지방의 첫 성인 빌립보에 이른 바울 일행은 지금까지 접해 왔던 소아시아 지방과는 달리 복음 전파가 매우 어렵

다는 사실에 직면하였다(행 16:13). 그렇지만 성령께서는 미리 복음을 들을 만한 사람을 예비해 두시어 옷감 장사인 루디아를 만나게 하셨다. 바울 일행은 루디아의 집을 근거로 마게도냐에서 복음을 전하게 되는 교두보를 확보할 수 있었다.

성령께서 친히 함께하시고 예비해 주심으로 복음 전도가 이루어진다는 사실을 확인한 바울은 귀신들린 여자 점쟁이로부터 괴롭힘을 당하다가 그녀에게서 귀신을 쫓아내는 이적을 행했다. 이 일로 옥에 갇히기는 했지만, 오히려 성령의 크신 역사를 체험하게 되었다. 그것은 간수가 회개하고 그리스도를 영접할 뿐 아니라 그의 가족들까지도 복음을 받아들이는 놀라운 일이 발생한 것이다. 이 사건을 기반으로 빌립보에 교회가 세워지게 되었다(행 16:40).

빌립보서는 바울과 빌립보 교회 사이에 맺어진 긴밀한 유대 관계로 인하여 다른 서신들처럼 자신의 사도성을 강조할 이유가 없었다. 이런 점에서 본서는 하나님과 사도와 빌립보에 있는 성도들 사이에 맺어진 영광스러운 교제의 복된 연합 위에 든든히 서 있었다. 빌립보서가 기본적으로 바울과 복음 전파라는 공통의 사명을 공유하는 성도들로 여기고 애정을 갖고 있는 빌립보 성도들(빌 1:5) 사이의 우정 또는 교제를 표현하고 있는 것도 이 때문이다.

1. 빌립보서 저작 동기와 목적

AD 59년 시리아에 있는 가이사랴 빌립보에서 로마 황제에게 상소한 바울의 재판은 바울이 로마에서 2년을 보낼 즈음에 심리에 들어갔을 가능성이 높다. 이렇게 로마에서 재판을 기다리던 2년 동안 바울은 '복음의 비밀을 담대히 알릴' 수 있도록 동역자들에게 요청한 바 있다(골 4:3,4; 엡 6:19). 이 사실을 통해 우리는 바울이 로마 옥중에 구금되어 있는 동안 '그리스도의 비밀'을 널리 알리기 위해 힘써 노력하고 있었음을 확인할 수 있다.418) 이것은 "바울이 온 이태를 자기 셋집에 유하며 자기에게 오는 사람을 다 영접하고 담대히 하나님 나라를 전파하며 주 예수 그리스도께 관한 것을 가르치되 금하는 사람이 없었더라"(행 28:30,31)는 누가의 증언에서도 확인된다.

옥중에 있는 동안 바울은 빌립보 교회의 지도자인 에바브로디도의 방문을 받게 되었다. 이 방문은 빌립보 교회가 바울의 옥중 생활을 돕기 위해 에바브로디도를 파송함으로써 이루어졌다(빌 2:25). 빌립보 교회의 파송을 받은 에바브로디도는 빌립보 교회가 바울에게 보낸 흐뭇한 선물을 가져왔다.

빌립보에서 로마까지의 육로 여행은 대략 한 달 정도가 소요되었다. 빌립보에서 아드리아 해에 있는 두라키움까지는 에그나티아 도로(Egnatian Way)가 있었고, 브룬디시움(Brundisium)에서 아드리아 해를 건넌 후 로마로 가는 아피안 도로(Appian Way)가 발달되어 있었다. 에바브로디도는 어떤 경로를 택했는지 확실하지는 않지만419) 잘 발달된 육로와 더불어 필요에 따라 선편을 이용했을 것으로 보인다.

에바브로디도가 가져온 선물은 바울에게 의미심장한 선물이었다. 무엇보다도 바울의 동역자요 조력자인 에바브로디도가 바울을 찾아왔다는 점에서 더없는 기쁨을 누릴 수 있었다. 에바브로디도는 빌립보 교회의 형편을 바울에게 보고했다. 그러나 로마에 도착한 에바브로디도는 얼마 되지 않아 치명적인 병으로 고생을 하게 되었다(빌 2:27). 이 소식은 누군가에 의해 빌립보 교회에 전해졌다.

이 소식을 접한 빌립보 교회는 에바브로디도를 염려하게 되었고 빌

---

418) F. F. Bruce, 바울, p. 471.

419) William Handriksen, 빌립보서, p. 26.

립보 교회가 에바브로디도를 염려하고 있다는 소식은 다시 에바브로디도에게 전해졌다. 빌립보 교회가 자신 때문에 염려한다는 소식은 에바브로디도에게 마음에 근심을 가져다주었다. 이 사실을 알게 된 바울은 에바브로디도를 빌립보 교회로 돌려보내기로 결심하게 되었다(빌 2:25).

이미 에바브로디도를 통해 빌립보 교회가 처한 형편을 알고 있는 바울은 에바브로디도가 빌립보로 돌아가는 길에 자신이 처한 옥중 생활의 상황을 알리고 빌립보 교회가 바울을 위해 보낸 선물에 대한 감사와 더불어 빌립보 교회가 더 든든하게 서가기 위한 바울의 목회적 소망을 담은 서신을 보내기로 했다.420)

바울은 이 서신에서 "저가 그리스도의 일을 위하여 죽기에 이르러도 자기 목숨을 돌아보지 아니한 것은 나를 섬기는 너희의 일에 부족함을 채우려 함이니라"(빌 2:30)고 에바브로디도가 로마에서 오래 지체하게 된 이유를 밝히고 있다. 이것은 에바브로디도에 대한 빌립보 교회의 염려를 완화시키기 위함이다.

또한 빌립보 교회 안에서 야기된 일종의 불화에 대해 부드럽게 책망하면서 주 안에서 한 마음을 가지라고 권면하고 있다(빌 2:2-4,14). 바울은 빌립보 성도들에게 그리스도의 복음에 합당하게 자신들의 시민권을 행사하라고 권하며(빌 1:27-30) 서로 생각과 목적에서 하나가 될 것을 당부한다(빌 2:14-16).

더불어 바울은 빌립보 교회를 혼란에 빠뜨리는 모종의 유대주의자들에 대한 경계에 깊은 관심을 보이고 있다(빌 3:1-3). 이들은 일종의 완전주의 그룹(a perfectionist group)으로 이미 영적으로 완성되었다고 주장하면서 십자가의 원수인 쾌락주의를 교회 안에 들여오려고 하였다(빌 3:4-16).

---

420) Ralph P. Martin, 신약의 초석 II, p. 304.

이에 바울은 그리스도의 모범을 따를 것과 주 안에서 완전함(빌 3:12-16)과 거룩함(빌 3:17-20)과 견고함(빌 4:1)과 오직 주 안에서 기뻐하며 신뢰하기를 힘쓸 것(빌 4:1-7)을 권하고 빌립보 교회에 하나님의 평강이 함께 할 것(빌 4:8,9)을 소망하며 이 서신을 마치고 있다.421)

2. 로마에 있는 바울의 반대자들에 대한 바울의 태도

바울은 빌립보에 서신을 보내면서 바울 주위에 '투기와 분쟁으로 그리스도를 전파하며'(빌 1:15) 바울에게 괴로움을 더하게 하려는(빌 1:17) 일단의 무리가 있었음을 밝히고 있다. 이 무리는 교회의 공식적인 회원들인 것으로 보인다. 바울은 이 무리의 정체를 정확하게 밝히고 있지 않지만, 이 서신을 받는 수신자들은 직, 간접적으로 이 무리의 정체를 알고 있었음을 전제하고 있다.

바울이 이들을 가리켜 '형제들'이라고 불렀고 그들이 하나님의 말씀을 말하고 그리스도를 전파한다는 것(빌 1:14-17)을 볼 때, 그들은 명실상부한 기독교인들임을 암시하고 있다. 당시 어떤 이들은 자기를 바울의 친구요 동반자로 여기고 좋은 의미에서 복음을 전파했지만 어떤 이들은 불순한 동기를 가지고 그리스도를 전파하고 있었다. 이들이 복음을 전파하고 있는 그 이면에는 바울에 대한 시기심, 경쟁심, 이기적 당파심이 숨겨져 있었다.422)

이처럼 불순한 동기를 가지고 그리스도를 전파하는 것은 마치 바울의 상처를 소금으로 문지르는 것처럼 옥에 갇혀 있어 제약된 형편에 있는 바울에게 좌절감을 심어주기 위함으로 보인다. 실제로 그들은 바울에게 고통을 가중시키기 위해 더 열심히 복음을 전파하고 있었다(빌

421) William Handriksen, 빌립보서, p. 29.

422) F. F. Bruce, 바울, 박문제 역, 고양, 크리스챤다이제스트, 1992, p. 418.

1:15-17). 바울을 반대하는 무리의 정체를 확실하게 규명할 수 없지만, 그들로부터 바울이 어떤 생명의 위협까지 받은 것은 아니었다.

그들이 무슨 동기를 가지고 있든지 간에 바울은 그들의 행위로 말미암아 그리스도가 전파되고 있다는 점에 대해 긍정적으로 받아들이고 있었다. 바울은 오히려 훌륭한 동기이든 하찮은 동기로 복음을 전파하든 중요한 것은 그리스도께서 전파된다는 사실을 바라보고 있다. "외모로 하나 참으로 하나 무슨 방도로 하든지 전파되는 것은 그리스도니 이로써 내가 기뻐하고 또한 기뻐하리라"(빌 1:18).

이들에 대해 바울이 그리스도의 온유와 관용을 보이고 있는 것은 이 바울의 반대자들이 전파한 복음의 내용에 어떤 결함이나 왜곡을 찾을 수 없었기 때문이었다. 그렇다면 이 바울의 반대자들은 유대인도 아니었으며 예루살렘에 근거를 두고 있는 유대화주의자들과는 다른 무리임을 알 수 있다. 여기에서 언급하고 있는 바울의 반대자들은 로마를 중심으로 활동하고 있는 일단의 복음 전도자들일 가능성이 높다. 단지 그들은 바울에 대한 비호의적인 태도를 가지고 복음을 전파하고 있었던 것이다.

그 때문에 이들의 행위와 태도들에 대한 바울의 평가는 결코 긍정적일 수 없었다. 바울은 이들을 가리켜 "저들은 나의 매임에 괴로움을 더하게 할 줄로 생각하여 순전치 못하게 다툼으로 그리스도를 전파하느니라"(빌 1:17)고 평가하고 있다. 이러한 바울의 평가는 수년 전에 바울의 선교 지역이었던 갈라디아를 침범하여 거기서 성도들에게 '다른 복음'을 가르쳤던 유대화주의자들에게 퍼부었던 저주와는 현격한 차이를 보이고 있다.423) 이런 점에서 로마에 있는 바울의 반대자들과 3장에 등장하는 빌립보 교회에 위험을 가져다주는 빌립보 지역의 거짓 교사들과는 관련이 없음을 알 수 있다.

---

423) F. F. Bruce, 바울, p. 418.

일부 학자들은 1장에 등장하는 바울의 반대자들과 3장의 대적자들이 같은 집단일 것으로 추정한다. 그러나 1장 28절의 반대자들과 3장의 거짓 교사들은 서로 다른 집단임이 분명하다. 문제는 3장에 등장하는 빌립보의 거짓 교사들의 정체가 분명치 않다는 점이다. 또한 이 거짓 교사들과 달리 빌립보 교회에 일단의 분리주의자들이 있었던 것으로 보이며 이들 상호간의 관계도 확실치 않다.

이와 관련해 골로새 교회에 등장하는 이단들의 정체를 살펴볼 필요가 있다. 왜냐하면 소아시아의 골로새에서 온 에바브라가 바울에게 보고한 골로새 교회의 문제들과, 마게도냐의 빌립보에서 온 에바브로디도가 바울에게 보고한 빌립보 교회의 문제들이 교회 내부 사정에 있어 서로 다른 점이 있을지라도 외부로부터 온 거짓 선생들에 대한 문제를 비슷한 관점에서 다루고 있기 때문이다.

3. 바울 서신에 나타난 거짓 교사들

소아시아에 있는 골로새와 마게도냐에 있는 빌립보가 위치상으로는 떨어져 있다 할지라도 이 무렵 교회들은 참 복음에 대항하는 거짓 교사들의 도전을 받고 있었음이 분명하다. 이와 관련해 바울은 골로새서 외에도 일종의 회람 성격을 가진 에베소서를 보내 서아시아 교회들을 독려하고 있음에 주목할 필요가 있다. 이와 더불어 바울 서신서들에 나타나고 있는 거짓 교사들의 정체를 돌이켜 볼 필요가 있다. 그 내용을 보면 아래와 같다.

1) 갈라디아서(AD 48/49년)에 나타난 유대화주의자들

열방 민족들에게 복음이 전파되기 전까지 교회는 그다지 신학적 논쟁을 필요로 하지 않았다. 그러나 널리 이방인들에게 복음이 전파되면서부터 신학적 문제가 발생하게 되었다. 그 첫 번째 문제가 열방 민족의 회심자들에게 할례와 율법의 규례들을 어떻게 적용할 것인가 하는 문제였다.

특별히 갈라디아서에 나타난 다른 복음을 전하는 자들(갈 1:7)은 이방인 기독교인들을 자기들편으로 만들어서 할례의 증표를 받아들이도록 하기 위해 경쟁적으로 전도 정책을 펼치고 있었다(갈 5:2-12). 이로 보아 이들의 정체를 예루살렘 교회를 근거로 활동하면서 열방 민족 출신의 성도들에게 할례와 절기를 지키라고 주장하는 일단의 유대화주의자들로 추측할 수 있다.

이와 관련해 바울은 할례를 주장하는 그들의 가르침을 '다른 복음'이라고 규정하고, 성도들은 '이신칭의'에 근거한 복음으로 구원을 받는다는 사실을 정확하게 규명해야 했다. 이와 비슷한 일이 수리아의 안디옥 교회에서도 발생했었는데 바울은 이 '다른 복음'의 일로 말미암아 예루살렘 공의회에 참석하던 중이었다.

예루살렘 공의회에서는 할례와 율법의 규례를 준수해야 한다는 주장을 펼치는 '다른 복음'과 관련해 이방인 회심자들에게 할례를 시행하지 않도록 결정하였다. 하지만 이들 유대화주의자들은 가나안 지방에서 번창하고 있는 유대인 열심당들(Jewish Zealots)로부터 교회에 가해질 박해를 미연에 방지하겠다는 일념을 가지고 이방인 성도들에게 할례를 받아야 한다고 주장했었다.[424]

2) 고린도전 · 후서(AD 55-56년)에 나타난 거짓 교사들

갈라디아에 나타난 '다른 복음'을 전하는 유대화주의자들과 비슷한 정체를 가진 일단의 무리들이 고린도 교회에서도 발견된다. 소위 자신

424) Ralph P. Martin, 신약의 초석 II, p. 236.

들은 그리스도에게 속했다고 주장하는 이 무리들은 바울이나 베드로나 아볼로가 전파한 것과는 다른 예수, 다른 성령, 다른 복음을 전하고 있었다(고후 11:4,5 참고). 이들에 대한 바울의 묘사에는 그들이 히브리인이요 이스라엘 사람이요 아브라함의 자손이요 그리스도의 일꾼이라고 하는 자들로(고후 11:22,23; 갈 2:4와 행 15:1,5 참고) 외부로부터 고린도 교회로 들어온 거짓 교사들이었다(고후 3:1).

이 거짓 교사들은 유대화주의자들과는 달리 할례를 강력하게 주장하지는 않았지만, 상당히 강압적인 권위를 부리면서도(고후 11:19,20) 바울처럼 그리스도를 위하여 고난을 겪거나 열심히 복음 사역을 위해 수고하지 않았다(고후 11:23). 바울은 이들을 가리켜 그들이 자칭 그리스도의 일꾼들이라고 하지만 그들은 거짓 사도들이며 속이는 일꾼들이며 그리스도의 사도로 가장하는 자들이며 사탄의 일꾼들이라고 혹평했다(고후 11:13,15,26). 한마디로 이들은 그리스도의 이름을 앞세우면서 자신들의 이득을 추구하는 거짓 교사들이었다.

그들이 주장한 바에 따르면 그들은 예수 그리스도로부터 특별한 지식(*γνωσις*, 고전 3:18-20; 8:1-3,10,11; 13:9)을 받았으며 그 이전의 모든 계시의 권위, 즉 구약과 사도들의 권위로부터 해방되었다는 것이다. 따라서 이들에게는 이전의 모든 표준들과 모든 도덕적 의무 사항들이 폐기되었고 모든 금기 사항들이 무의미하게 되었다는 것이다. 그들은 모든 것이 '내게 가하다'(고전 6:12; 10:23)고 하는 자랑스러운 논리를 주장했다. 이 거짓 교사들은 그리스도인의 삶을 고난과 실패에서 완전히 벗어난 것으로 이해하는 일종의 승리주의적 관념에 빠져 있었다. 이 무리들이 반율법주의 자세를 취하게 되면서 고린도 교회에서 행하던 주의 성찬은 일종의 축제와 주연의 자리로 바뀌고 말았다.

그들은 '새로운 지식'을 자랑하면서 성령의 은사들을 앞세우며 자신들을 높이는 데 현혹되어 있었다(고전 12-14장). 더 심각한 것은 육체를 무시하고 육체의 부활도 거부했다(고전 15장). 그들은 장차 성도가 하나님 나라에서 수행하게 될 왕 노릇을 이미 행하고 있었다(고전 4:8). 그 정도로 자신의 권위를 세운 그들은 바울의 사도권에 대해서도 의문을 피력하고 바울 사도의 권위를 부인하기에 이르렀다.425)

반면에 소수이기는 하지만 극단적인 자유를 부르짖는 사람들에 대한 반작용으로 고린도 교회에는 금욕주의자들도 등장했다. 이들은 결혼을 피하고 엄격한 금욕을 행하는 것이 가장 지혜로운 처신이라고 여기고 있었다. 그들 중 일부 사람들은 우상에게 제물로 드려진 고기가 자기 앞에 나올 때는 주의 깊게 조사하고 의심이 있을 때는 먹지 않을 정도로 소극적으로 대처하기도 했다.

3) 골로새서(AD 60-62년)에 나타난 이단들

당시 골로새 교회는 유대인의 민중 신앙과 브루기아 지방의 토착 신앙 그리고 기독교의 기초적인 가르침이 뒤섞인 종교적 혼합주의의 위협을 받고 있었다(골 2:8)는 점에서 지금까지 나타난 유대화주의자들이나 거짓 교사들과는 다른 양상을 보이고 있다. 이 혼합적인 가르침을 정리하면 다음과 같다.

① 자기들만이 신지론적(theosophic)인 지식을 가지고 있으며 이것은 하나님에게서 오는 신비한 지혜 또는 일종의 비술(occult)로 이것을 다른 사람들에게 줄 수 있는 능력을 가졌다고 주장했다(골 1:9,28; 2:3,8,23; 3:16; 4:5).

② 그들의 가르침에는 의식적(ritualistic)인 성격도 포함되어 있었는데 할례를 강조하고 음식법과 특별한 절기 준수를 강조하였다(골 2:11,16,17; 3:11).

---

425) Robert L. Reymond, 바울의 생애와 신학, p. 245.

③ 또한 금욕적(ascetic) 성격도 포함되어 있었으며 지나치게 금욕을 강조하고 육체를 천하게 여기고 있었다(골 2:21,23).

④ 그리고 마술적(magic) 성격을 가지고 있었으며 천상의 신들에게 의식적(ritualistic) 행위와 금욕을 통해 그것들의 능력과 접촉하는 것으로 여기고 있었다(골 1:16; 2:10,15; 4:3,9). 이처럼 골로새 교회에 나타난 거짓 가르침은 다양한 특성을 가지고 있었다는 점에서 기독교 역사상 등장하는 최초의 혼합주의 성격을 가진 이단이라 할 수 있다.

거짓 가르침을 전파하는 이 혼합주의 사상을 전파하는 자들은 자신들의 주장이 그리스도의 복음을 대치하는 것이 아니라 그리스도의 복음을 보충함으로써 골로새 성도들을 기독교의 초보 단계를 넘어서 충만하고 완전한 단계로 이끌어 준다고 주장했다.

바울은 이들의 주장에 대해 예수 그리스도의 유일하고도 최종적인 위대성과 그 속죄 사역의 충족성에 대해 의문을 제기하는 것이라고 지적하고, 참 복음이 가르치는 우주적 그리스도의 주되심과 그 풍성함과 놀라운 위대함을 제시하면서 실현된 종말론을 통해 이 거짓 가르침을 반박하였다.426)

4. 빌립보서(AD 62년)에 나타난 거짓 교사들

빌립보 교회 역시 비슷한 문제로 신학적 위협을 당하고 있었다. 바울은 이들의 정체를 명확하게 밝히고 있지 않지만 수신자들이 이미 이들의 정체를 알고 있는 것으로 전제하고 있다.

골로새서와 달리 빌립보서에서 바울은 의도적으로 이 거짓 교사들의 정체를 부각시키지 않고 있는데 이것은 바울이 그들의 존재 자체를 부

---

426) Robert L. Reymond, 바울의 생애와 신학, p. 290-291.

인하기 위함은 아니다. 오히려 바울은 그들의 존재가 빌립보 교회에 위험스러움을 의식하고 있다(빌 3:2). 단지 바울은 빌립보 교회가 이들의 거짓 가르침에 크게 유혹되고 있지 않다는 점을 염두에 두었던 것으로 보인다.

이 거짓 가르침은 유대적 율법주의(빌 3:2,6-8)와 완전주의(빌 3:12-16) 그리고 일종의 자유방임주의(빌 3:18,19)를 주장하고 있다는 점에서 그들의 주장이 골로새 교회의 이단과 유사한 면을 가지고 있음을 알 수 있다. 이 거짓 가르침을 주장하는 무리들이 여럿으로 각기 다른 주장을 한 것인지는 확실하지 않지만 혼합된 하나의 집단이었을 가능성이 높다.

빌립보서에 등장하는 이 거짓 가르침은 유대교의 우수성을 신봉하는 유대 민족주의자들이었던 것으로 보인다. 이들이 자신들의 민족적 신분을 나타내는 표지로서 할례를 주장했던 이유는 민족적 지위를 재확인하려는 정치적 갈등에서 그 원인을 찾을 수 있다. 이들은 할례를 받아들임으로써 진정한 이스라엘이 된다고 주장했다. 이 주장의 이면에는 완전주의라는 거짓 주장이 도사리고 있었다. 또한 장차 올 파루시아(*παρουσία*)에 대한 소망을 부인함으로써 도덕적 책임을 소홀히 하는 자유방임주의로 흐르고 있었다.

이 거짓 가르침은 그리스도인이 고난과 역경과 손실이 전혀 없는 삶을 살 수 있다고 주장했는데 그리스도인은 이미 영적인 사람으로 그리스도와 함께 부활하여 이땅에서 천상의 삶을 살게 될 것이라고 믿고 있었다. 반면에 바울은 오히려 그리스도인들에게 고난이 있음을 강조하고 있다. 성도들에게 고난이 온다면 그 고난은 하나님의 선하신 목적을 위해 성도들에게 허락된 것이다. 바울이 옥에 갇힌 것 역시 바울이 거짓 사도이기 때문에 고난을 받는 것이 아니라 진정한 사도임을 보여주기 위해 하나님이 주신 표적이었다.

성도들이 누리는 최종적 완전이란 미래에 얻을 소망이며 끈질긴 노력이 소요되는 달리기 경주와 같이 성도들은 미래의 소망을 향해 달려가야 한다(빌 3:12-15). 때문에 바울은 현재의 완전성을 신랄하게 부인하면서 동시에 장차 올 파루시아를 강조하고 있다(빌 3:20,21). 이 파루시아에 대한 소망은 새 생명에로의 부활이 그 보증이 됨과 동시에 이 세상의 삶에 대한 윤리적 관심을 요한다.

바울은 성도들의 삶이 그리스도의 주되심을 기반으로 개인적, 사회적 관계를 이루어 가는 것에 있다고 보았다(빌 2:1-4). 이에 바울은 고난과 희생적인 순종의 길을 따라 그리스도의 주되심 앞으로 나아가고 있듯이 성도들 역시 바울처럼 고난과 희생적인 순종의 삶을 살아야 할 것을 권면하고 있다.

하지만 거짓 가르침을 전파하는 이들이 기독교와 어떤 관계가 있는지 확실치 않다는 점에서 이들의 정체가 유대화주의자들처럼 유대인 출신의 기독교인들인지 아니면 유대교에 속한 유대인들인지 확인할 수 없다.

이 가운데 완전주의(빌 3:12-16)를 경계시키고 있는 바울의 가르침은 빌립보 교회 안에 있는 형제들을 상대로 하고 있다는 점에서 앞서 지적한 유대적 율법주의(빌 3:2,6-8)와 이후에 지적하고 있는 자유방임주의(빌 3:18,19)를 주장하는 무리들과는 구분되어야 한다.

이 완전주의 사상은 빌립보 교회 형제들 가운데 일부가 바울의 '이신칭의'에 대한 오해로 말미암아 자신들은 이미 완전에 도달했기 때문에 더 이상 도덕적 노력을 하지 않아도 된다고 오해했던 것으로 바울은 이들의 잘못된 생각들을 풀어주기 위해 이 문제를 거론하고 있다.

반면에 유대적 율법주의자들은 할례를 받고 율법을 따름으로써 의와 완전을 얻을 수 있다고 주장함으로써(빌 3:2,6-8) 하나님께서 주시는 은

총의 가시적이고 감각적인 징표들이 미래의 보이지 않는 세계에서가 아니라 현세에서 제공해 주는 것처럼 사람들을 미혹했다. 때문에 빌립보 성도들에게는 고난과 도덕적 책임을 강조하는 바울보다 이들의 주장이 더 매혹적으로 보였음이 분명하다. 따라서 그들의 가르침을 받아들일 경우 사람들은 완전주의와 자유방임주의로 흐를 가능성이 높았다.

이런 이유에서 바울은 그들의 메시지를 반박하면서 성도들의 시민권(πολιτευμα 〈폴리튜마〉)을 강조하고 있다(빌 3:20,21). 여기에서 '시민권'이라는 단어는 민족적으로 다른 사람들에 의해 둘러싸여 살면서 다소 독립적으로 존재하는 일단의 사람들을 지칭한다.

바울은 자치적으로 자기들의 법에 따라 살 수 있도록 허락된 예루살렘 외의 다른 지역에 있는 유대인들의 자치 구역(πολιτευματα〈폴리튜마타〉)과 비교하기 위해 바울이 이 시민권(πολιτευμα)이라는 단어를 사용하고 있는 것으로 보인다. 그렇다면 그들의 정체는 자치권을 행사할 수 있는 유대교인들 혹은 이교에서 개종한 유대교인들일 가능성이 높다.427)

5. 빌립보서의 주제

빌립보 교회 성도들은 기도(빌 1:19)와 헌금(빌 4:10-20)을 통해 바울을 도왔다. 바울은 이들을 격려할 목적으로 구금된 자신의 상황에 대한 소식을 전하고(빌 1:12-26) 디모데와 에바브로디도를 통해 그들과 지속적인 관계가 유지될 것을 바라고 있다(빌 2:19-30). 동시에 신앙을 포기하게 만들고자 하는 외부의 도전에 저항할 수 있도록 빌립보 교회를 권면하고 있는 목회적 권면(빌 1:27-2:18; 4:2-9)을 하고 있다.

이것은 유대교의 의식과 율법적인 관습들이 영적인 완전 또는 성숙

427) Gerald F. Hawthorne, 빌립보서, p. 58-59.

으로 가는 길이라고 주장하였던 일단의 무리들에 의해 빌립보 교회가 위협을 당하고 있었기 때문이다(빌 3:2-4:3). 이런 이유에서 빌립보서는 바울의 심오한 신학을 목회적인 목적을 위하여 사용하고 있는 전형적인 모습을 보여주고 있다.428)

빌립보 교회는 신앙의 시련뿐만 아니라 가난으로부터 오는 고난도 받고 있었다(고후 8:1,2). 거기에 유력한 지도자들의 경쟁심까지 더해져 삼중고에 처해 있었다. 바울 역시 무죄 석방을 확신하면서도 사형 선고가 내려질지 모른다는 갈림길에 있었다(빌 1:19-26). 이런 상황 가운데서도 바울은 빌립보서를 통해 그리스도를 믿고 오로지 그리스도 중심으로 생각하고 사는 사람의 영혼이 어떻게 위기 속에서도 평화와 기쁨을 누릴 수 있는가를 모범적으로 보여주고 있다.429)

빌립보서에서는 무엇보다도 기쁨이 충만한 그리스도 예수의 종 바울, 기쁨이 충만한 바울을 발견하게 된다(빌 1:1,3,4). 또한 겸손히 십자가를 진 바울(빌 2:3,5,7,17)과 굽힐 줄 모르는 이상주의자 바울(빌 3:12-14)을 발견하게 된다. 동시에 바울이 사랑하는 빌립보 성도들과 관련된 바울 자신의 형편에 대해서도 관심이 집중되어 있다.

이런 상황들은 빌립보서의 주제를 형성하고 있는데 빌립보서는 사도의 마음속에 있는 영적 은사와 덕성의 다양함에 의해 반영된 '하나님의 성령'을 가장 온전하게 나타내고 있다.430) 비록 빌립보서는 성령의 역사에 대해 직접 묘사하고 있지 않지만, 바울의 모든 목회적 관심은 성령께서 교회를 보전하고 세워 가시고 있음을 분명하게 보여주고 있다.

---

428) I. Howard Marshall, 신약성서신학, 박문재, 정용신 역, 고양, 크리스챤다이제스트, 2006, p. 420.

429) 김세윤, 빌립보서 강해, 서울, 두란노, 2006, p. 19.

430) William Handriksen, 빌립보서, 서춘웅 역, 서울, 아가페출판사, 1983, p. 52.

이처럼 빌립보서는 복음 선포를 위해 살아가는 바울 자신의 삶과, 바울과 빌립보 교회 사이에 맺어진 사랑의 관계를 통해 높이 올리우신 그리스도의 교회로서 그리고 천국 시민권을 가진 교회의 성도들이 부활의 소망을 가지면서 이땅에서 살아가야 할 삶의 정형이 무엇인가를 보여주고 있다.

① 먼저 바울은 성도들이 살아야 할 선한 삶을 제시하고 있다. 즉 의의 열매로 가득 찬 이 선한 삶은 예수 그리스도 때문에 가능하다고 밝히고 있다(빌 1:11; 2:5-11). ② 이어 바울은 성도들이 살아야 할 순종의 삶을 제시하고 있다. 그리스도는 십자가 위에서 죽으셨다(빌 2:8). 바울은 이 그리스도의 죽음을 성도들이 따라야 할 모범이며 그리스도 자신이 보이신 순종의 모범이라고 말한다(빌 2:12).

이러한 삶의 정형을 통해 그리스도 안에 포함된 성도들은 하나님 앞에서 의롭다고 인정을 받게 되는데, 이 '의'는 율법을 지킨 것에 대한 보상이 아니라 그리스도 안에 있는 믿음으로부터 온 것이다(빌 3:9). 그리스도는 모든 성도들로 하여금 하나님과 올바른 관계를 맺게 하는 데 있어 충분하다.431) 하나님과의 관계에서 성도들에게는 그리스도 외에 다른 것이 요구되지 않기 때문이다.

지금 하늘에 계신 그리스도는 지상의 성도들을 구원하시고 또한 그들의 육신을 부활하신 그리스도 자신의 모습처럼 변형시키기 위해 다시 오실 것이다(빌 3:21). 그날은 멀리 있지 않고 가까이에 있다(빌 4:6). 따라서 성도들은 이 부활의 소망을 바라보며 이땅에서 그리스도께서 보이신 모범을 따라 기꺼이 고난을 감수하되 그리스도 안에서, 그리스도를 통해 화평을 주시는 평강의 하나님에게 순종하는 삶을 살아야 한다(빌 4:9). 왜냐하면 이땅에 살고 있는 우리는 높이 올리우신 그리스도의 몸인 교회이기 때문이다.

---

431) Gerald F. Hawthorne, 빌립보서, p. 64.

| 기 도 |

살아서나 죽어서나 우리에게 유일한 위로가 되시며, 그리스도 안에 속함으로써 보배로운 피로 모든 죗값을 치러주시고 마귀의 권세로부터 자유롭게 하시고, 하늘에 계신 아버지의 뜻이 없이는 머리털 하나도 땅에 떨어지지 않게 하시는 방법으로 우리를 보호하시고, 성령으로 영원한 생명을 보증하시어 전심으로 그리스도를 위하여 살게 하시는 우리 주 예수 그리스도의 아버지이신 하나님.

에덴동산으로부터 지금까지 어느 시대나 사탄은 교회를 무너뜨리려고 온갖 간계를 부리고 있으며, 할 수만 있다면 믿는 무리를 유혹하여 거짓 복음에 빠뜨리려고 하는 것을 보옵나이다.

뿐만 아니라 스스로 진리를 찾으려 하고, 스스로 경건을 추구하려 하고, 스스로 자신의 옳음을 자랑하려고 하고, 스스로 자신이 깨끗한 것처럼 위장하고, 스스로 사람다운 덕을 세움으로써 자기의 영광을 추구하려 하는 것이 인간들의 본성임을 또한 보옵나이다.

우리에게는 유일한 믿음의 대상이시며, 유일한 생명의 주이시며, 유일한 대제사장이 되시는 그리스도께서 우리를 부르시고 친히 한 몸인 교회를 이루시어 하늘의 소망을 바라보며 이땅에서 살게 하시나이다.

이제 우리의 참된 위로가 되시는 주께서 장차 세상을 심판하시기 위해 하늘로부터 오시는 그날까지 우리는 온전히 사도가 전해 준 복음을 따라 살아야 할 것이오며, 이 복음이 오염되거나 변질하지 않게 잘 보존하여서 오고 오는 모든 세대가 이 복음으로써 우리가 누리는 이 기쁨과 위로를 누릴 수 있도록 이끌어 주옵소서.

우리가 빌립보서를 통하여 높이 올리우신 그리스도의 교회가 누리는 기쁨에 대하여 함께 공부할 때, 밝은 지혜로써 이 복음의 도리를 잘 듣고 깨닫게 하옵소서. 이 복음 안에서 날마다 우리의 능력이신 그리스도의 임재를 누리게 하옵소서.

우리 주 예수 그리스도의 이름으로 기도합니다. 아멘.

〈1〉

그리스도의 교회가 누리는 은혜와 평강

빌립보서 1:1,2

1:1 그리스도 예수의 종 바울과 디모데는 그리스도 예수 안에서 빌립보에 사는 모든 성도와 또한 감독들과 집사들에게 편지하노니 2 하나님 우리 아버지와 주 예수 그리스도로부터 은혜와 평강이 너희에게 있을지어다

바울의 서신들은 주로 교회의 문제를 바로잡고 거짓 교훈을 대적하며 규모 없이 살고 있는 행실을 고쳐야 할 필요성 때문에 기록되었다. 그러나 빌립보서는 다른 서신들과는 다르게 바울이 기뻐하는 교회이면서 무엇보다도 늘 마음의 빚을 지고 있었던 빌립보 교회로 보낸 편지라는 점에서 다른 서신들과 구별된다.

바울은 빌립보에 좀 더 오랫동안 머물고 싶었지만, 부득이하게 이제 막 시작된 교회와 개종한 지 얼마 되지 않은 성도들을 남겨두고 급하게 빌립보를 떠나야 했던 기억으로 인해 늘 마음의 빚을 느끼고 있었다. 그런데도 특별히 자신과 자신의 복음 사역을 도와준 빌립보 교회에 늘 감사하는 마음을 지니고 있었다. 무엇보다도 바울은 복음을 듣고 이방 종교로부터 개종한 성도들이 믿음 안에서 성장하고 있다는 점

에서 빌립보 교회를 자랑스러워하고 있었으며 이에 대해 기쁨을 나타내고 있다.432)

다른 서신들처럼 이 서신에서도 거짓 교훈을 상대로 하는 교리적인 내용을 담고 있기는 하지만, 이 서신의 주된 내용은 '높이 올리우신 그리스도의 교회'로서 이땅에 현저하게 성도들의 삶으로 나타나는 세 가지의 모습에 집중되어 있다. 그것은 곧 완전함(빌 3:13-16)과 거룩함(빌 3:17-21)과 견고함(빌 4:1)에 대한 것으로 바울은 빌립보 성도들의 삶을 통해 이 세 가지 성도들의 덕목이 잘 나타나기를 바라는 마음으로 가득차 있다.

이것은 당시 빌립보 교회를 혼란에 빠뜨리는 모종의 유대주의자들을 경계시키고(빌 3:1-3), 그들이 주장하고 있는 완전주의, 즉 그들은 이미 영적으로 완성되었다고 주장하면서 십자가의 원수인 쾌락주의를 교회 안에 들여오려고 하는 것(빌 3:4-16)에 대항하여 성도들이 추구해야 할 아름다운 신앙생활의 덕목을 바르게 보여주기 위함이었다.

따라서 이 서신은 "내가 기도하노라 너희 사랑을 지식과 모든 총명으로 점점 더 풍성하게 하사 너희로 지극히 선한 것을 분별하며 또 진실하여 허물없이 그리스도의 날까지 이르고 예수 그리스도로 말미암아 의의 열매가 가득하여 하나님의 영광과 찬송이 되기를 원하노라"(빌 1:9-11)에서 밝히고 있는 것처럼, 빌립보 교회가 하나님의 속성인 '사랑'과 '지식'과 '의'에 있어서 날마다 성장하고, 비록 어려움에 직면해 있다 할지라도 바울과 함께 하나님을 위한 사역에 동참하고 있는 가운데 바울과 빌립보 교회가 함께 누리고 있는 하나님의 은혜에 대한 연대 의식이 강하게 나타나고 있다.433) 이러한 빌립보서의 특성은 바울

---

432) D. A. Caeson, 신약개론, 엄성옥 역, 서울, 은성출판사, 2006. p. 581.

433) I. Howard Marshall, 신약성서신학, p. 421.

이 빌립보 성도들에게 보내는 서신의 인사말에서도 잘 나타나고 있다.

1. 그리스도와 교회를 위해 봉사하는 사도 (빌 1:1)

바울이 빌립보서를 시작하면서 "그리스도 예수의 종들인(원문은 복수형인 *δοῦλοι*) 바울과 디모데는 그리스도 예수 안에서 빌립보에 사는 모든 성도들(원문은 *ἁγίοις*로 복수)과 또는 감독들과 집사들에게 편지하노니 하나님 우리 아버지와 주 예수 그리스도에게로서 은혜와 평강이 너희에게 있을지어다"(빌 1:1,2)라고 한 이 인사말은 다른 서신들과 구별된다.

일반적으로 바울은 자신을 소개하면서 "하나님의 뜻으로 말미암아 그리스도 예수의 사도 된 바울"(엡 1:1)이라고 소개한다. 바울은 자신의 사도적 권위를 내세울 필요가 없었던 데살로니가 교회나 빌립보 교회나 빌레몬에게 편지할 때를 제외하고 고린도전·후서와 에베소서와 골로새서를 비롯한 나머지 모든 서신의 시작 부분에서나 마지막 부분에서 자신의 사도적 권위를 주장한다.

이것은 땅 끝까지 복음을 전파하라는 사명(행 1:8; 9:15)을 완성하라고 명령하신 부활의 주님(고전 9:1)으로부터 받은 소명과 사도권을 강조하기 위함이다. 바울은 온 땅에 복음을 전파하기 위한 사도이며 이것은 바울이 죽고 난 후에도 그의 선교가 계속되어야 한다는 근거가 된다.434)

그러나 본서에서는 자신의 사도성을 전혀 강조하지 않고 있다. 이것은 바울과 빌립보 교회 성도들 사이에 사도성에 대한 점검이 필요하지 않았기 때문이다. 대신에 바울은 자신을 '그리스도 예수의 종'이라고 함으로써 기꺼이 자신을 빌립보 교회를 위해 수고하는 '종'과 같은 위치에 두고 있다.

---

434) Bruce B. Barton, 에베소서, p. 42.

이것은 2장에서 언급하고 있는 것처럼, 그리스도 자신이 종의 형체를 입고 자신을 낮추심으로써 교회를 세우셨듯이(빌 2:7) 바울 역시 자신을 낮춤으로써 교회를 세우는 일에 쓰임받고 있음을 보여주고 있다. 바울은 빌립보 교회가 이 사실을 충분히 이해하고 있으며 자신을 사도로 인정하고 있음을 의심하지 않는다. 이렇게 함으로써 바울은 빌립보 교회와 각별한 연대 의식을 가지고 있음을 밝히고 있다.

특이하게도 이 인사말에서 바울은 '그리스도 예수의 종들'(*δοῦλοι Χριστοῦ Ἰησοῦ*)로 자신과 디모데를 동격으로 소개하고 있다. 다른 서신들에서 바울은 오직 자신을 그리스도 예수의 종, 혹은 사도, 또는 갇힌 자라고 부름으로써 다른 동역자들과 구별하고 있다. 혹 바울이 동역자들을 부를 때에는 '형제'라고 불렀을 뿐이다(고전 1:1; 고후 1:1; 갈 1:2; 골 1:1; 몬 1절). 이런 점에서 볼 때 디모데를 자신과 동격으로 부른다는 것은 파격적인 변화가 아닐 수 없다.

다른 곳에서 바울이 디모데를 자신과 동격으로 여긴 예는 없다. 비록 디모데가 바울의 믿음을 본받아서 성장한 아들이었으며(고전 4:17), 복음 안에서 가까운 동료였으며(고후 1:19), 믿을 만한 바울의 사자(빌 2:19)였다 할지라도 언제나 바울은 그들에게서 디모데와 자신을 구별하였다. 다른 서신들에서 공동 발신자들의 이름을 열거할 때에도 여기에서처럼 공동 발신자를 자신과 동격으로 부르지는 않았다(고전 1:1; 살전 1:1; 살후 1:1).

다른 서신들에서는 사도로서 자신의 독특성을 주의 깊게 그리고 빈틈없이 고수하면서도 여기에서 만큼은 자신의 독특성을 디모데와 공유하고자 하는 바울의 의도가 담겨 있음이 분명하다. 이 관점의 핵심은 바울이 자신과 디모데를 그리스도의 '종(들)'이라고 보는 데 있다.

당시 '종'은 노예를 의미하며 굴욕, 아첨, 철저한 순종 등의 부정적 개념을 가진 단어였다. 노예는 다른 사람의 의지에 전적으로 종속되었으며 개인적인 선택권도 인정되지 않았다. 때문에 바울은 당시 문화적 관습에 따라 '종'을 이해하고 있었음이 분명하다.

바울은 자신과 디모데를 그리스도 예수에게 묶여 있으며 그리스도 예수의 소유가 되었고 자신들의 권리는 전혀 없이 전적으로 주인만을 섬겨야 하는 종으로 보았다. 그렇다면 바울이 자신과 디모데를 가리켜 종으로 불렀다는 것은 그들이 교회 안에서 우월성 또는 열등성의 관계가 아니라 그리스도 앞에서 그들은 종과 같은 위치에 있으며 이점에서 서로 동등하다는 의미를 여기에 담고 있음이 분명하다.435)

교회의 일꾼이라면 누구나 그리스도의 종으로 서로 동등하다는 이 사상은 바울이 이 서신 전체에서 강조하고 있는 주요 관심사라는 점에서 이를 확인할 수 있다. 바울은 매우 기독교적인 개념, 즉 위대한 사람은 그리스도의 종이 되어야 하며 지극히 중요한 사람은 모든 사람의 종이 되어야 한다는 사실을 이 서신에서 강조하고 있다.

이러한 관점은 "너희 중에는 그렇지 않을지니 너희 중에 누구든지 크고자 하는 자는 너희를 섬기는 자가 되고 너희 중에 누구든지 으뜸이 되고자 하는 자는 모든 사람의 종이 되어야 하리라"(막 10:43,44)고 말씀하신 그리스도의 가르침이기도 하다.

2. 성도들을 위해 봉사하는 교회 지도자들 (빌 1:1)

'누구나 그리스도 예수의 종으로 서로 동등하다'라는 이 바울의 사상은 '그리스도 예수 안에서'(ἐν Χριστῷ Ἰησοῦ) 모든 성도들과 또는 교회의 지도자들에게도 확장되어 적용된다. 여기에서 '감독들과 집사들'(ἐπισκόποις καὶ διακόνοις)로 불리는 지도자들 역시 '성도들'(ἁγίοις) 안

435) Gerald F. Hawthorne, 빌립보서, p. 72.

에 포함된다.

하지만 바울 서신 어디에서도 '감독들과 집사들' 이란 용어의 용례를 찾을 수 없다는 점에서 이 용어가 관심의 대상이 된다. 이 용어는 사도, 선지자, 교사, 복음 전도자(고전 12:28; 엡 4:11)와 같은 교회의 직분을 가리키는 것으로도 보아야 할 것인지, 아니면 교회의 지도자를 가리키는 관용적인 용어로 '섬기는 지도자들' 이라고 바울이 호칭하고 있는 것으로 볼 수 있기 때문이다.

'감독들과 집사들' 이란 이 용어는 다음과 같이 두 가지로 해석할 수 있다. 하나는, '에피스코포이스 카이 디아코노이스' (ἐπισκόποις καὶ διακόνοις)라는 표현이 복수형이라는 것은 이 특별한 집단이 한 사람의 감독과 한 사람의 집사가 아닌 '감독들과 집사들' 이라는 복수 체제의 지도자 집단으로 볼 수 있다. 그렇다면 빌립보 교회 안에 적어도 두 사람 이상의 감독들과 두 사람 이상의 집사들이 봉사하고 있다는 의미가 된다. 하지만 신약성경에서는 이렇게 사용된 용례가 없다는 점에서 이 용어를 직분으로 이해하는 데 어려움이 있다.

반면에 ①'다스리는 자들' 이라는 의미를 지니는 '에피스코포이스' (ἐπισκόποις)라는 이 단어가 바울과 그 동역자들에 의해 권위가 위임되었으며, 명확하게 교회 안에서 규정된 의무를 지고 교회의 봉사를 위해 세움을 받은 '지도자들' 을 가리키고, ② 디아코노이스(διακόνοις)가 봉사자나 섬기는 자의 의미를 가지고 있으며 ③'에피스코포이스 카이 디아코노이스' (ἐπισκόποις καὶ διακόνοις)라는 이 용어가 이사일의(二事一意 : hendiadys), 즉 두 단어로 하나의 뜻을 나타내기 위한 것으로 본다면 '지도자들이면서 섬기는 자들' 이라는 의미로 쓰이게 된다. 즉 '섬기는 지도자들' 혹은 '봉사하는 지도자들' 이라고 번역될 수 있다.

여기에서 바울은 이 용어를 '감독(들)' 이나 '집사(들)' 와 같은 교회의 직분자들을 가리키기보다는 일종의 섬기는 지도자들이라는 의미의 관용어처럼 사용한 것으로 해석하는 것이 자연스럽다. 이것은 바울이 교회의 지도자를 가리켜 모든 성도들을 위해 봉사하는 '지도자들이면서 섬기는 자들'(ἐπισκόποις καὶ διακόνοις)이라는 관용적 표현을 사용함으로써 그들이 가지고 있는 권위에는 책임을 동반하고 있으며, 그들은 성도들을 섬기기 위해(롬 1:1; 막 10:45; 요 13:3-7; 빌 2:5-11) 존재한다는 사실을 강조하기 위함이다.436)

이것은 앞서 바울 사도가 자신을 '그리스도 예수의 종'이라고 표현하면서 아들과 같은 디모데를 자신과 동등한 위치에 두고 있는 것과 비교함으로써 그 의미가 더욱더 선명하게 드러나게 된다. 즉, 바울과 디모데는 오로지 그리스도를 섬기기 위해 부름을 받았고, 그 일에 있어서 바울과 디모데는 모든 성도들에게 하나의 본이 됨에 있어서 의심의 여지가 없었다. 따라서 '그리스도 예수 안에 있는 모든 성도들'은 그가 누구이든 간에 바울과 디모데가 그리스도께 순종하고 있는 모범을 따라야 한다는 위치에 있다는 사실을 강화시키고 있다.

마찬가지로 그와 같은 성도들의 범주 안에 포함되어 있는 '지도자들'(ἐπισκόποις)이라면 동시에 그들은 모든 성도들을 '섬기는 자들'(διακόνοις)로서 바울과 디모데의 모범을 따라야 한다는 당위성을 강조하고 있다는 것은 조금도 이상한 일이 아니다.

이러한 의도를 가지고 바울 사도는 이 지도자들을 수신자로 명시하고 그들에게 문안 인사를 하고 있다. 이것은 교회의 일치에 최우선의 책임과 의무를 지는 지도자들이 서로 다투고 있음을 염두에 둔 것으로 보인다. 이 지도자 그룹은 두 여성 지도자들인 '유오디아'와 '순두게'를 중심으로 서로 대치되어 있었던 것으로 보이는데(빌 4:2), 이것은 어떤 이유에서든 교회의 일치와 화평을 깨뜨리는 일이었다.

---

436) Gerald F. Hawthorne, 빌립보서, p. 81.

그 때문에 바울 사도가 교회의 섬기는 일을 위해 세움받은 지도자들을 특별히 언급함으로써 그들이 교회의 일치와 화평을 위해 봉사하도록 하는 권면에 대해 교회의 지도자들이 보다 더 바울의 말에 귀를 기울이도록 하기 위함인 것으로 볼 수 있다.437)

3. 그리스도께 순종하는 성도들 (빌 1:1)

빌립보 교인들은 그들 자신의 공로를 통해서가 아니라 그들이 '그리스도 예수 안에'(*ἐν Χριστῷ Ἰησοῦ*) 있기 때문에 '성도들'(*ἁγίοις*)로 불린다. '성도들' 이라는 용어는 하나님의 백성으로 구별되어 언약 안에 묶여 있는 백성이라고 선포하시는 하나님의 행위에 의해 선택된 백성에게 적용된다(출 19:6; 신 7:6).

구약에서 이 용어는 다른 민족과 구별된 이스라엘 백성(출 19:6; 레 20:26; 신 7:6; 단 7:22; 암 3:2)을 지시한다. 시내산에서 하나님 앞에 있는 이스라엘의 총회로 모인 그들을 가리켜 성도들이라고 했던 것처럼 이제 이 개념은 교회의 총회로 모인 신약의 성도들에게 적용되었다. 그러나 그들이 신약에서 '성도들' 로 불리게 된 것은 전적으로 그들이 그리스도 예수와 연합되어 있기 때문이다. 이와 관련해 웨스터민스터 대요리문답 66번에서는 이렇게 정의하고 있다.

> 66. 하나님의 택함을 받은 사람들이 그리스도와 더불어 누리는 연합은 무엇입니까?
>
> 답 : 하나님의 택함을 받은 사람들이 그리스도와 더불어 누리는 연합은 하나님의 은혜의 역사입니다(엡 1:22; 2:6-8). 그 연합을 통하여 그들은 그리스도에게 영적이고 신비적이면서도 실제적이며 분리될 수 없도록 '그들의 머리요 남편이신 그리스도' 에게 결합됩니다(고전 6:17; 요 10:28; 엡 5:23,30).

---

437) 김세윤, 빌립보서 강해, p. 27.

하나님께서는 그들을 유효하게 부르실 때에 그 일을 행하십니다(벧전 5:10; 고전 1:9).

이 연합의 개념은 그리스도를 시간과 공간의 제약을 넘어 무소부재하신 분이라는 사실을 인식할 때에만 정확하게 이해된다. 그리스도는 시간과 공간 속에서 사셨던 분이다. 그러나 바울에게 있어서 부활한 그리스도를 가리켜 "그러므로 너희가 그리스도와 함께 다시 살리심을 받았으면 위의 것을 찾으라 거기는 그리스도께서 하나님 우편에 앉아 계시느니라"(골 3:1)고 말한 것처럼 승천하셔서 하늘에 계신 그리스도 예수는 역사적, 인간적 존재 그 이상의 분이셨다.438)

따라서 성도들이 그리스도와 연합되어 있다는 그 사실로 인하여 그들의 신분은 더 이상 이 세상에서 비교되는 가치판단의 기준에 의해서 결정되는 것이 아니다. 성도들, 곧 '그리스도 예수 안에서 빌립보에 사는 모든 성도들'은 그들의 위치가 비록 빌립보라고 하는 시간과 공간의 제한된 상황 속에 있다 할지라도 그들은 이미 하나님의 우편에 자리하고 계신 그리스도 예수와 연합되어 있다.

이런 점에서 성도들은 높이 올리우신 그리스도와 한 몸이 되었으며, 동시에 성도들은 결코 그리스도와 분리될 수 없다. 아울러 성도들은 과거 제사장 나라였던 이스라엘에게 주어졌던 제사장으로서의 신분(출 19:4-6)을 지금 이땅에서 수행하고 있다는 점에서 매우 독특하고 명예로운 위치에 있는 것이다(벧전 2:9).

바울에게 있어서 '그리스도 예수 안에'(*ἐν Χριστῷ Ἰησοῦ*)의 개념은 아담과 그리스도의 관계 속에서 정립되었다. 첫 사람 아담이 한 개인이었으면서도 그의 자손을 통해 인류 전체를 구현하고 그 인류를 대표하는 위치에 있었던 것처럼 바울에게 있어 그리스도는 두 번째 아담으로

---

438) Gerald F. Hawthorne, 빌립보서, p. 76.

새로운 인류의 시조가 되신다(롬 5:12-21; 고전 15:22,45-49). 바울은 옛 창조의 대표인 아담이 하나님의 말씀을 순종하지 않음으로써 본래 받았던 하나님의 형상을 잃었기 때문에 그리스도 예수의 새 창조를 통해 인류는 그 형상을 새롭게 지음받아야 하는 것으로 이해했다(고후 5:17).

이런 이유에서 바울에게 있어서 그리스도는 새 창조의 세계를 펼치신 분이시다. 죄로 인해 한때 죽었고(엡 2:1) 불행히도 하나님으로부터 버림받았던(엡 4:18) 성도들은 이제 그리스도 안에서 새 사람으로 창조되었다(엡 2:4-10). 이때 부활하신 주님은 그의 백성을 그의 십자가의 승리라는 공로와 그 공로를 값없이 성도들에게 주시는 은혜와, 그리고 그 은혜로 새롭게 지음받은 하나님의 백성을 그리스도 안에 결합시킴으로써 그들을 그리스도 자신과 한 몸이 되게 하는 분이시다. 이때 그리스도는 모든 성도들의 머리가 되신다. 때문에 성도들은 머리이신 그리스도에게 순종해야 하는 의무를 가지고 있다.

성도들을 가리켜 그리스도 안에 있는 새로운 피조물(갈 5:17)이라고 하는 이유가 여기에 있으며, 이제 성도들은 그리스도 안에 있는 존재(being in Christ)가 되었다. 이와 같은 전이가 만들어지는 전환점은 교회의 세례를 통해 확인된다. 따라서 그리스도 안에 존재한다는 것은 성령의 인침이라는 관점에서 죽음을 벗고 새 생명을 입었다는 의미로 표현된다.439)

따라서 '그리스도 안에 있는 모든 성도들'(*τοῖς ἁγίοις ἐν Χριστῷ Ἰησοῦ*, 1절)이라는 개념은 그리스도의 은혜로 새 생명을 입게 됨으로써 그리스도 안에서 통합된 '하나님의 백성'으로 성령의 인침을 받은 존재라는 의미로 쓰이게 된다. 동시에 이들은 하나님의 아름다운 덕을 선포하도록 성별된 새로운 세대의 이스라엘(벧전 2:9)로 불린다.440)

---

439) Ralph P. Martin, 에베소서, p. 96.

440) William Handriksen, 빌립보서, p. 63.

바울이 그리스도의 종과 같이 그리스도를 위해 봉사했듯이 성도들은 하나님을 위해 봉사하기 위해 구별된 존재이다. 이때 '성도들'이라는 용어는 하나님과 특별한 관계에 있는 백성(출 19:4-6), 즉 '하나님의 백성'을 지칭하는 전문적인 용어로 사용된다.

4. 성도들이 누리는 은혜와 평강의 성격 (빌 1:2)

바울이 하나님과 특별한 관계에 있는 하나님의 백성인 성도들에게 "하나님 우리 아버지와 주 예수 그리스도에게로서 은혜와 평강이 너희에게 있을지어다"(빌 1:2)라고 기원하고 있는 것은 사도로서 누릴 수 있는 최고의 영광이었다. 바울이 기원하고 있는 이 '은혜와 평강'(*χάρις καὶ εἰρήνη*)은 가장 바울적인 용어 중 하나이며, 신약의 성도들에게는 거의 바울의 이름만큼이나 익숙해져 있다.

'은혜'(*χάρις*)는 전적으로 하나님의 활동과 연관되어 있다. 하나님은 인간의 행위 공로를 고려하지 않으시고 전적으로 자신의 주권적 활동을 통해 자유롭게 은혜를 베풀어주신다. 이것은 하나님의 언약 성취와 긴밀한 관련이 있다. 그 성취된 언약의 효과인 십자가의 피를 통해 비로소 인간은 하나님과 화해에 대한 확신을 하게 됨으로써 가장 깊고 넓고 높은 수준의 평화를 누리게 된다. 이것이 평강(שלום)이다.

여기에 사용되고 있는 '은혜와 평강'(*χάρις καὶ εἰρήνη*)이라는 용어 역시 두 단어로 하나의 뜻을 나타내기 위한 관용어(hendiadys)이다. 즉 은혜의 결과로 주어지는 것이 평강이며, 이때 평강은 이미 주어진 은혜의 결과이다. 그리고 이 평강은 맨 처음 에덴동산에서 확인되는 것처럼 하나님께서 아담에게 주신 은혜였으며, 아담이 상실한 그 평강을 그리스도께서 이루신 십자가의 공효에 의해 다시 우리에게 주시는 은혜의 결과이다.

이런 점에서 '은혜와 평강'은 에덴동산의 회복을 상징한다는 또 다른 의미를 가지게 된다. 요한 사도는 계시록 마지막을 장식하면서 '은혜와 평강'의 완성된 모습을 이렇게 묘사하고 있다.

> "또 그가 수정같이 맑은 생명수의 강을 내게 보이니 하나님과 및 어린 양의 보좌로부터 나와서 길 가운데로 흐르더라 강 좌우에 생명나무가 있어 열두 가지 열매를 맺되 달마다 그 열매를 맺고 그 나무 잎사귀들은 만국을 치료하기 위하여 있더라 다시 저주가 없으며 하나님과 그 어린 양의 보좌가 그 가운데에 있으리니 그의 종들이 그를 섬기며 그의 얼굴을 볼 터이요 그의 이름도 그들의 이마에 있으리라 다시 밤이 없겠고 등불과 햇빛이 쓸 데 없으니 이는 주 하나님이 그들에게 비치심이라 그들이 세세토록 왕 노릇 하리로다"(계 22:1-5).

이로써 아담이 잃어버렸던 왕권이 회복되고, 그 왕권은 다름 아닌 세세 영원토록 하나님과 더불어 성도들이 하나님의 빛나는 얼굴 앞에서 완전한 교제의 상태로 들어서는 것으로 그 절정을 이루게 된다. 따라서 '은혜와 평강'(χάρις καὶ εἰρήνη)은 미래에 대한 구약의 꿈이 성취되었음을 의미하며(사 11:1-9) 이것은 기독교의 모든 핵심적이고 본질적인 개념이다.441)

이 은혜와 평강은 우주를 창조하시고 이렛날에 안식을 취하신 하나님의 궁극적인 목적이며, 에덴동산에서 이미 분명하게 아담을 통해 보여주신 것처럼 하나님께서 모든 선한 것의 궁극적인 근원임을 밝히고 있다. 이 사실을 우리가 분명하게 이해하고 있다면 이제부터는 세상에서 통용되는 것처럼 철학과 종교가 주장하는 어떠한 운명이나 힘일지라도, 그리고 당시 일단의 유대주의자들이 주장하는 완전주의가 가져다 준다는 쾌락일지라도 더 이상 성도들에게는 작용할 수 없으며 아무런 의미조차 가지지 못한다.

---

441) William Handriksen, 빌립보서, p. 66.

여기에서 바울은 그리스도가 하나님과 함께 '은혜와 평강'을 주시는 공통의 근원이시며, 아버지 하나님과 동등하다는 사실을 강조하기 위해 예수 그리스도와 하나님을 연결하는 접속사(*και*)를 사용하고 있다. "하나님 우리 아버지와 주 예수 그리스도에게로서"(*ἀπὸ Θεοῦ πατρὸς ἡμῶν καὶ κυρίου Ἰησοῦ Χριστοῦ*)라는 문장은 "우리의 아버지이시고 그리고(*και*) 주 예수 그리스도의 아버지이신 하나님으로부터"라는 개념을 담고 있다.

이 개념은 "우리 주 예수 그리스도의 아버지이신 하나님"(*τὸν Θεὸν καὶ Πατέρατοῦ Κυρίου ἡμῶν Ἰησοῦ Χριστοῦ*, 롬 15:6; 고후 1:3; 11:31; 엡 1:3; 골 1:3)이라고 부르는 데서도 확인된다. 예수 그리스도와 아버지 하나님을 이처럼 나란히 놓음으로써 동격으로 묘사하는 것은 유일신론 사상에 젖어있었던 당시 유대인들에게는 파격적인 표현이다. 30년 전만 해도 바울은 바로 그 유대인 중 하나였었다. 하지만 이제 바울은 주 예수 그리스도야말로 아버지 하나님처럼 '은혜와 평강'의 근원이 되심을 명확하게 밝히고 있다.

이러한 바울의 이해는 이미 삼위일체 하나님의 구원 협약의 내용을 담고 있는 에베소서의 '베라카'(엡 1:3-14)에서 성부와 성자와 성령을 찬송하고 있는 신학적 근거로 명확하게 제시된 바 있다. 후에 신학자들은 바울이 이해한 이러한 신론을 바탕으로 삼위일체에 관한 정의를 분명히 하게 되었다.

삼위일체와 관련해 "성부는 본질로부터 분리된 인격체만을 의미하지 않고 그의 본질로부터 성자의 인격을 낳으셨다. 따라서 성부와 성자는 그 본질에서 '동일본질'이 되신다. 성부와 성자의 성령을 '내심'도 어떤 능력이나 에너지를 내심이 아니라 인격을 '내심'이며, 그렇게 성부와 성자와 성령은 구별되는 인격과 동일본질을 지닌다"고 정의할 수 있다.442)

442) https://www.facebook.com/DoyouknowLewis/posts/2687082034943561

나아가 이러한 삼위일체의 정의에 근거하여 볼 때 우리가 그리스도의 몸인 교회로서 그리스도와 연합되었다는 점에서, 성도들은 이땅에서 신적 본질을 발현하는 새로운 유일한 인격체로 살아가야 한다는 당위성을 재확인하게 된다. 왜냐하면 하나님으로부터 그리고 우리 주 예수 그리스도로부터 오는 은혜와 평강은 곧 우리를 향한 삼위일체 하나님의 인격적인 성품을 부어주심이기 때문이다.

이러한 새로운 성품의 인격체인 성도들을 가리켜 바울은 "너희는 유혹의 욕심을 따라 썩어져 가는 구습을 따르는 옛사람을 벗어 버리고 오직 너희의 심령이 새롭게 되어 하나님을 따라 의와 진리의 거룩함으로 지으심을 받은 새 사람을 입으라"(엡 4:22-24)고 말한다.

때문에 성도들을 가리켜 '이제 그리스도 안에서 새 사람으로 창조되었다'라고 할 때 이 성도들은 은혜와 평강의 실체로 이땅에 존재하고 있다는 점이 강조되어야 한다. 그리고 이 은혜와 평강의 구현은 그것이 곧 성부 하나님과 성자 그리스도의 인격적 성품이 성도들을 통해 구현되고 있다는 점에서 성도들은 실제로 성부 하나님과 성자이신 그리스도의 임재를 나타내는 위치에 서 있다는 사실을 우리의 삶 속에서 서로 확인하게 된다.

이럴 때 우리의 아버지이신 하나님과 우리의 주이신 예수 그리스도로부터 우리에게 부어지는 은혜와 평강은 장차 우리가 새 하늘과 새 땅에서 누리고 있을 은혜와 평강을 미리 맛보고 누리는 보증금(guaranty)과 같은 의미를 가지게 된다. 이런 점에서 이 시대의 성도들은 은혜와 평강으로 그 특성을 발현하여야 하며, 이러한 인격적 품성을 통해 매일의 일상에서 새 하늘과 새 땅의 삶을 누리고 있는 것이며, 이러한 성도들의 인격적 품성을 발휘함으로써 하나님 나라의 고유한 속성을 이땅에 구현해 나가는 존재들이다.

우리 주님께서 "화평하게 하는 자는 복이 있나니 그들이 하나님의 아들이라 일컬음을 받을 것임이요”(마 5:9)라고 말씀하신 것처럼, 하나님을 우리의 아버지라고 부를 수 있는 우리야말로 진정 “하나님 우리 아버지와 주 예수 그리스도로부터 은혜와 평강이 너희에게 있을지어다”(빌 1:2)라고 하는 바울의 기대를 안고 살아가는 이 시대 하나님의 자녀들이다.

| 기 도 |

오랫동안 선지자들과 사도들을 통해 구원의 약속을 기록하여 보존하시고 역사 속에서 친히 그 약속을 성취하시되, 우리로 하여금 진리와 구원의 약속을 받고 믿음으로써 우리 안에 은혜의 증거들을 보여주시며, 성령으로 이를 보증하여 주시는(웨스터민스터 신앙고백서 18장 2절) 우리 주 예수 그리스도의 아버지이신 하나님.

그리스도께서 이루신 공로 안에서 우리는 그리스도와 한 몸이 되는 은혜를 받았사오며, 성령을 통하여 구속의 인침을 받아 하나님의 자녀로 구별되었고, 처음에 하나님께서 에덴동산에 아담을 심으셨듯이 우리를 새 하늘과 새 땅에 심어주시오니 감사를 드리나이다.

복 있는 사람을 가리켜 “시냇가에 심은 나무가 철을 따라 열매를 맺으며 그 잎사귀가 마르지 아니함 같으니 그가 하는 모든 일이 다 형통하리로다”(시 1:3)라고 시인이 노래한 것처럼, 우리는 오직 여호와의 말씀을 즐거워하고 그 말씀을 주야로 묵상하는 가운데, 바람에 나는 겨와 같이 흔들리지 아니하고 우리를 지으신 하나님의 뜻을 따라 의인들의 회중으로 이땅에서 담대하게 살아가는 지혜를 누리게 하옵소서.

이로써 높이 올리우신 그리스도의 교회가 누리는 기쁨 안에서 날마다 은혜와 평강을 우리의 삶으로 드러내고, 하나님과 그리스도의 임재를 상징하는 그리스도의 몸 된 교회의 회중답게 온전한 예배를 드림으로써 하나님을 사랑하는 것과, 그리스도께서 친히 우리를 구속하심으로 하나님의 사랑을 드러내셨듯이 우리도 또한 우리의 이웃을 내 몸과 같이 사랑함으로써 온 땅에 복음의 기쁜 소식을 전하고 누리게 하옵소서. 은혜와 평강을 주시는 하나님의 나라가 이땅에 임하게 하옵소서.

우리 주 예수 그리스도의 이름으로 기도합니다. 아멘.

〈2〉

복음을 위한 바울의 투쟁에 동참한 빌립보 교회

빌립보서 1:3-11

1:3 내가 너희를 생각할 때마다 나의 하나님께 감사하며 4 간구할 때마다
너희 무리를 위하여 기쁨으로 항상 간구함은 5 너희가 첫날부터 이제까
지 복음을 위한 일에 참여하고 있기 때문이라 6 너희 안에서 착한 일을
시작하신 이가 그리스도 예수의 날까지 이루실 줄을 우리는 확신하노라
7 내가 너희 무리를 위하여 이와 같이 생각하는 것이 마땅하니 이는 너희
가 내 마음에 있음이며 나의 매임과 복음을 변명함과 확정함에 너희가
다 나와 함께 은혜에 참여한 자가 됨이라 8 내가 예수 그리스도의 심장으
로 너희 무리를 얼마나 사모하는지 하나님이 내 증인이시니라 9 내가 기
도하노라 너희 사랑을 지식과 모든 총명으로 점점 더 풍성하게 하사
10 너희로 지극히 선한 것을 분별하며 또 진실하여 허물 없이 그리스도의
날까지 이르고 11 예수 그리스도로 말미암아 의의 열매가 가득하여 하나
님의 영광과 찬송이 되기를 원하노라

일반적으로 바울 시대의 서신들은 ① 인사말, ② 수신자의 호감을 사기 위한 감사의 말과 서신의 목적을 밝히는 서론, ③ 본론의 서술,

④ 특별한 간청 및 요청, ⑤ 간결한 결론 등으로 진행되었다. 바울의 서신들 역시 이러한 구조를 따르고 있는 것은 바울이 고대의 수사학적 배열 및 논법과 표현의 방식을 도입하고 있음을 보여준다. 이러한 형식을 가지고 바울은 인사말에 이어 본론에 들어가기 전에 감사의 표시와 함께 본론에서 다루게 될 신학적 주제들을 1장 3-11절에서 제시하고 있다.443)

여기에서 바울은 빌립보 교회로 말미암아 자신이 ① 얼마나 하나님께 감사하고 있으며(3-6절) ② 얼마나 그들을 사모하고 있으며(7,8절) ③ 얼마나 그들을 위해 기도하고 있는가(9-11절)를 밝히고 있다. 이 감사와 기도를 통해 바울은 이 서신의 본론에서 다루게 될 주요 주제들인 감사, 사랑, 기쁨, 교제(*κοινονια*)의 중요성, 그리스도 안에서의 성장, 그리스도의 날, 온전한 삶, 바울의 구금 등에 대한 전반적인 내용을 서로 연결시켜 주고 있다.

이 단락(빌 1:3-11)의 내용은 ① 지난 날들을 돌아보며 바울과 빌립보 교회와 맺어진 관계에 대한 감사(과거), ② 이로 인하여 지금 빌립보 교회를 향한 바울의 애정과 사랑(현재), ③ 장차 빌립보 교회 성도들에게 주어질 의의 열매로 말미암아 나타나게 될 하나님의 영광(미래) 등을 제시하고 있다. 이 모든 것은 바울의 기쁨(4절)을 반영하고 있다는 점에서 이 서신의 밑바탕에는 '기쁨'이 자리하고 있음을 보여준다.444)

바울은 머지않아 있게 될 판결에서 자유로운 몸으로 석방이 될지, 아니면 유죄 선고가 내리게 될지 모르는 상황에 있었다. 자유로운 몸으로 석방이 된다는 것은 바울이 로마 제국 어디에서든 저항을 당하지 않고 복음을 전할 수 있는 계기가 될 것이다. 반면에 유죄로 확정된다면 복음 전도에 상당한 어려움이 야기될 수도 있을 것이다.

---

443) 김세윤, 빌립보서 강해, p. 28.

444) Fred B. Craddock, 빌립보서, p. 50.

하지만 바울은 이러한 위기 상황에서도 조금도 위축되지 않고 충만한 기쁨을 누리고 있었다. 이 기쁨은 '모든 지각에 뛰어난 하나님의 평강'(빌 4:7)에 근거하고 있다. 사실 바울은 자신이 전한 복음으로 인하여 로마 제국에 아무런 위해를 가하지 않았다는 점에서 자유롭게 될 것이며, 그리고 머지않아 빌립보 교회 성도들을 만나서 복음 전도의 확장을 위해 함께 의논할 수 있을 것이라는 기대를 품고 있었다(빌 2:24).

1. 바울의 복음 선포에 참여한 빌립보 교회 (빌 1:3-6)

일반적으로 헬라 문화의 서신서들에서는 인사말(Greetings)에 이어 감사(Thanksgiving)를 표현하였는데, 그 이유는 수신자들과의 관계를 점검하고 그들에게 호감을 사기 위함이었다. 하지만 본 서신에서 바울은 이 감사의 내용을 수신자들이 아닌 하나님께 표현하고 있다. 바울은 지금까지 자신이 지내 온 일들과 빌립보 교회가 복음을 위해 그리고 바울을 위해 사랑과 호의를 베푼 일들을 회상하며 기쁨에 가득 차 있다.

바울은 자신이 누리는 기쁨을 표현하기 위해 "내가 너희를 생각할 때마다 나의 하나님께 감사하며"(빌 1:3)라고 말하고 있는데, '나의 하나님께 감사한다'(*Εὐχαριστῶ τῷ Θεῷ*)라고 하는 인격적이고도 친근감 넘치는 형태는 로마서 1장 8절과 고린도전서 1장 4절 그리고 빌레몬서 4절에서도 찾을 수 있다.445)

바울은 빌립보 교회를 생각할 때마다 하나님께 감사할 이유가 있었다. 바울은 "간구할 때마다 너희 무리를 위하여 기쁨으로 항상 간구함은"(빌 1:4)이라고 밝힘으로써 하나님께 감사할 수 있는 그 자체만으로

---

445) "먼저 내가 예수 그리스도로 말미암아 너희 모든 사람에 관하여 내 하나님께 감사함은 너희 믿음이 온 세상에 전파됨이로다"(롬 1:8); "그리스도 예수 안에서 너희에게 주신 하나님의 은혜로 말미암아 내가 너희를 위하여 항상 하나님께 감사하노니"(고전 1:4); "내가 항상 내 하나님께 감사하고 기도할 때에 너를 말함은"(골 1:4).

도, 그리고 빌립보 교회를 위해 하나님께 간구하는 그 자체만으로도 바울에게는 기쁨의 직접적인 원인으로 작용하고 있음을 강조하고 있다.

바울은 이렇게 자신이 기쁨으로 하나님께 간구할 수 있었던 이유를 두 가지로 제시하고 있다. 하나는 "너희가 첫날부터 이제까지 복음을 위한 일에 참여하고 있기 때문이라"(빌 1:5)고 밝히고 있다. 다른 하나는 "너희 속에 착한 일을 시작하신 이가 그리스도 예수의 날까지 이루실 줄을 우리가 확신하노라"(빌 1:6)는 말에서 찾을 수 있다.

이를 통해 바울은 복음의 사역에 호의적인 참여를 보여준 빌립보 교회의 인내(5절)를 통해 빌립보 교회가 하나님의 보호를 받는 대상이라는 사실을 확신케 해 주었기 때문에(6절) 이로 인하여 하나님께 감사하고(3절) 기쁨으로 간구하고 있음(4절)을 보여주고 있다.446)

1) 바울의 복음 위에 서 있는 빌립보 교회

바울이 기쁨으로 하나님께 간구할 수 있었던 첫 번째 이유는 빌립보 교회 성도들이 바울로부터 복음을 들었던 첫날부터 지금까지 그들은 바울이 전한 복음으로 피차 교제를 나누고 있었기에 가능했다. 이것은 바울과 빌립보 성도들이 동일한 복음을 함께 가지고 있음을 보여준다. 그리고 그 동일한 복음을 위한 일에 있어서 빌립보 교회는 기꺼이 바울과 같은 마음으로 함께 하기를 주저하지 않았다.

바울에 의해 마게도냐에 최초로 세워진 빌립보 교회는 처음부터 믿음으로 복음을 받았으며 그때 이후로 지금까지 바울의 복음 사역을 힘써 후원하고 있었다. 그 대표적인 모범이 에바브로디도를 통해 찾을 수 있었다(빌 2:25; 4:13,18). 에바브로디도는 그리스도의 일을 위해서 자신의 목숨을 돌보지 않을 정도로 바울을 위해 헌신했는데 이 모습이 바로

446) William Handriksen, 빌립보서, p. 69.

빌립보 교회와 바울과의 관계를 상징하고 있다.

이런 이유 때문에 바울은 기도할 때마다 빌립보 교회와 성도들을 위해 기쁨으로 항상 간구할 수 있었다(빌 1:4). 곧 ① 빌립보 교회에 대한 바울의 소망에 그들이 귀를 기울이고 있으며(빌 2:2) ② 생명이 위태한 상태에서 에바브로디도가 회복되었으며(빌 2:28,29) ③ 빌립보 교회가 계속 주 안에서 견고하게 서 가고 있으리라는 기대감(빌 4:1) 등은 모두 바울을 기쁘고 즐겁게 하는 원인이 되었다.

뿐만 아니라 바울은 ④ 빌립보 교회와 나누고 있는 복음 안에서의 교제에 대해 기쁨을 누리고 있었다(5절). 이 교제(*κοινονια*)는 바울과 빌립보 교회가 동일한 믿음을 공유함으로써 시작되었으며, 바울이 복음 전파에 필요했던 수고와 고난에 빌립보 교회가 모든 가능한 방법과 전심전력으로 그리고 적극적으로 참여함으로써 이루어진 교제였다. 빌립보 교회는 복음 선포에 있어서 바울 사도의 동역자였다.447)

2) 복음의 진보가 가져올 새 창조의 완성

바울이 기쁨으로 하나님께 간구할 수 있었던 두 번째 이유는 빌립보 교회 성도들이 보여주고 있는 복음의 진보가 그리스도의 날, 곧 종말에 이르기까지 끊임없이 진행되고 마침내 영원한 안식에 이르게 될 것에 대한 소망 때문이었다.

바울의 표현에 따르면 빌립보 교회는 바울의 복음을 충분히 그리고 정확하게 이해하고 있었다. 이 복음은 ① 끊임없이 전해지는 예수 그리스도에 관한 좋은 소식이었으며(빌 1:15,27) ② 변증되어 왔고 변증될 수 있었던 가르침이었으며(빌 1:7,16) ③ 널리 전파되고 믿는 사람들의 말과 행동에 의해 촉진되며 확장되고 있는 메시지였다(빌 1:12,27; 2:22).

---

447) Gerald F. Hawthorne, 빌립보서, p. 95.

이러한 복음에 관한 이해를 바탕으로 빌립보 교회 성도들은 ‘첫날부터 지금까지’(ἀπὸ τῆς πρώτης ἡμέρας ἄχρι τοῦ νῦν) 복음과 그 복음을 전해 준 바울에 대해 변함없는 충성을 보였다. 바울은 할 수만 있다면 어느 특정한 교회로부터 후원을 받으려 하지 않았다(고전 9:15-18). 하지만 빌립보 교회는 바울을 설득해서 지속적으로 바울을 후원할 정도로 서로간에 애정과 신임을 두텁게 쌓고 있었다. 이러한 빌립보 교회에 대한 바울의 애정과 신임은 “너희 속에 착한 일을 시작하신 이가 그리스도 예수의 날까지 이루실 줄을 우리가 확신하노라”(빌 1:6)는 말에서 그 절정을 보이고 있다.

여기에서 착한 일(ἔργον ἀγαθὸν : good work)이란 복음 안에서 바울의 동역자였고 복음을 선포하기 위해 자신들의 재산을 바울과 나누는 나눔의 교제(κοινονια)를 통해 빌립보 성도들의 삶 속에서 역사하시는 하나님의 구원 및 중생의 활동을 가리키고 있다. 바울은 이 ‘선한 일’을 하나님께서 시작하시고 빌립보 성도들을 통해 완성시키시는 하나님의 창조 활동으로 이해하고 있다.

처음 창조에서 하나님은 자신의 말씀을 통해 6일 동안의 창조 이후 이레째 날에 안식을 누리심으로써 자신의 선한 일(ἔργον ἀγαθὸν)을 성취하셨다. 마찬가지로 이제 새로운 창조를 통해 하나님께서는 빌립보 교회의 성도들을 통하여 이 선한 일, 즉 빌립보 성도들 안에서 복음을 진보시키는 일을 성취하신다.448) 이것은 마치 6일 동안 있었던 하나님의 창조 활동과 같은 의미를 가진다.

그리고 바울은 빌립보 교회에 의해 수행되고 있는 이 선한 일이 그리스도 예수의 날에 완성될 것을 바라보고 있다. 이것은 이레째 날에 하나님께서 안식을 누리심과 같이 새 하늘 새 땅에서 성도들 역시 하나님

448) J. Calvin, 빌립보서, 존 칼빈성경주석출판위원회 역, 서울, 성서교재간행사, 1990, p. 473-474.

의 안식에 참여하게 될 것을 암시하고 있다.

이러한 소망을 가지고 있기 때문에 바울은 역사의 마지막 사건인 그리스도의 재림의 날이 올 때까지 빌립보 교회가 복음 전파를 위해 계속 헌신할 것을 의심치 않는다. 그 날에 빌립보 교회도 심판을 받게 될 것이지만 바울은 조금도 두려워하지 않는다. 왜냐하면 그들의 일(ἔργον)은 하나님께서 행하신 선한 것(ἀγαθὸν, 빌 2:16; 4:1)이라고 인정받게 될 것이라고 확신하기 때문이다.

하나님의 일이 선하다는 것은 하나님의 속성인 인자하심(חסד〈헤세드〉)과 관계된다. 하나님의 일은 하나님께서 시작하신 것을 반드시 완성에 이르게 하신다는 하나님의 본성을 보여준다(사 48:12,13; 44:6). 때문에 하나님께서 빌립보 교회를 복음 안에서 믿음으로 부르셨다면 그 공동체의 구성원들로 하여금 믿음의 바람직한 목표에 이르게 함으로써 그 결과를 얻게 하신다(고전 1:8,9; 고후 1:8; 살전 5:24; 살후 3:3). 이것이 하나님의 신실하심이다.

하나님의 선한 일(good work)을 행하는 바울과 빌립보 성도들을 하나님께서는 완전하게 하시고, 끝마치게 하시고, 성취하게 하시고, 그리스도 예수의 날까지 완성하게 하신다는 사실을 의심치 않는다.449) 이로써 하나님의 신실하심이 증명된다. 이것은 완전주의를 주장하면서 쾌락을 추구하는 거짓 교사들의 가르침과 전적으로 구별된다. 이러한 바울의 사상은 예정론의 기초적인 사상이며 이 예정론에 근거한 성도의 견인(perseverance)은 성도들에게 구원의 확신과 안도를 주고 있다.

본문에서 하나님은 빌립보 성도들의 믿음과 선행의 유발자이심을 언급하고 있다. 이것은 하나님이 그들의 구원을 완성하시는 분이기 때문에 핍박 가운데서 흔들릴지도 모를 빌립보 성도들의 믿음에 확신을 주

---

449) Fred B. Craddock, 빌립보서, p. 53.

고 그들의 구원이 완성될 것이라는 사실을 뒷받침하고 있다.450)

2. 복음을 위한 싸움에 참여한 빌립보 교회 (빌 1:7,8)

하나님의 은혜를 확실하게 깨닫기 위해서는 참된 경건의 표식(sign)을 가진 하나님의 자녀 됨을 인식해야 한다. 이것은 앞서 "하나님 우리 아버지와 주 예수 그리스도로부터 은혜와 평강이 너희에게 있을지어다"(빌 1:2)라는 바울의 인사말에서 이미 예고된 내용이다. 그들이 하늘로부터 주어지는 '은혜와 평강'을 누림으로써 드러나게 되는 이 표식은 양자(養子)의 영이신 성령께서 자신을 드러냄으로써 나타난다. 이 양자의 표는 성례전에서 확인하는 성령의 인침으로 증거된다.

때문에 바울은 빌립보 성도들이 자신과 함께 은혜의 참여자가 되었음을 의심치 않는다. 그들은 복음을 옹호하고 복음 안에서 바울과 함께 묶인 바 되었기 때문이다.451) 이에 바울은 "내가 너희 무리를 위하여 이와 같이 생각하는 것이 마땅하니 이는 너희가 내 마음에 있음이며 나의 매임과 복음을 변명함과 확정함에 너희가 다 나와 함께 은혜에 참예한 자가 됨이라"(빌 1:7)고 말한다.

바울에게 있어 '은혜'는 언제나 '은혜와 평강'(*χάρις καὶ εἰρήνη*)을 대신하는 말이며 자신의 복음 사역에 따른 결과와 연관된다(롬 1:5,6). 바울은 전적으로 하나님의 은혜로 그리스도의 복음을 전하는 사도로 부르심을 받았다. 무엇보다도 바울의 은혜는 그 자신의 사역이 그리스도의 고난에 직접 참여하는 것으로 나타나고 있다. 이것은 갈라디아서에서 집중적으로 다루어진 주제이다.452)

---

450) 김세윤, 빌립보서 강해, p. 33.

451) J. Calvin, 빌립보서, p. 475.

452) 이재복, 갈라디아서 연구, 서울, 칼빈아카데미, pp. 25-31.

마찬가지로 빌립보 성도들은 바울과 하나님의 은혜에 직접 참여하고 있었다. 바울이 매임을 당하고 투옥된 것은 오로지 복음을 변증하고 확정함을 위함이었다. 예루살렘 성전에서 유대인들에 의해 폭동이 일어나 붙잡힌 결정적 원인도 복음 때문이었다(행 22:1-21). 빌립보 성도들은 그러한 바울을 위해 기도해 오고 있었다. 뿐만 아니라 바울이 당하는 고난에 참여하고자 선물을 보내고 교회의 대표를 파송했다.

이것은 빌립보 교회가 직접 바울과 동일한 싸움을 싸우고 있음을 증거한다(빌 1:29,30). 교회의 대표인 에바브로디도는 바울의 투쟁에 참여하고 조력하는 일에 너무 열중한 나머지 큰 병이 들 정도였는데(빌 2:27) 이것은 곧 빌립보 교회가 바울의 투쟁에 함께 참여하고 있다는 결정적 증거였다.453) 때문에 바울은 빌립보 성도들과 함께 자신이 옥에 갇혀 있다 할지라도 복음을 변명하고 확장하는 일에 언제나 최선을 다했다.

비록 자신의 개인적인 목적을 위해 재판에서 변호할 수 있었지만 오히려 바울은 그 재판의 자리에서 부활하신 그리스도 예수에 관한 복음을 선포함에 있어서 사도로 부르신 하나님의 은혜를 충분히 나타내었다. 바울은 언제나 복음의 옹호자로 행동함으로써 그 일에 함께 참여하고 있는 빌립보 교회의 자존감을 높이고 있었다. 바울은 빌립보 교회의 기대에 부응하여 훌륭하게 복음을 변증했으며 이제 최후 판결을 기다리고 있는 중이었다(빌 1:19; 2:24).

이점에 있어서 바울은 조금도 거리낌이 없었다. 이와 관련해 바울은 담대하게 "내가 예수 그리스도의 심장으로 너희 무리를 얼마나 사모하는지 하나님이 내 증인이시니라"(*Μάρτυς γάρ μού ἐστιν ὁ Θεός*, 빌 1:8)고 말한다. 이처럼 극단적인 표현까지도 아끼지 않는 이유는 혹 빌립보

453) William Handriksen, 빌립보서, p. 77.

교회 내부에 자신의 권위나 그들을 향한 자신의 사랑을 신뢰하지 않는 사람들이 있다 할지라도 그들 모두가 바울의 애정 속에 담겨 있음을 하나님 앞에서 맹세하고 있음을 보여주기 위함이다.

그 시대의 문화 속에서 엄숙한 맹세는 모든 분쟁의 결말이었다. 그리스도께서 그들을 사랑하듯이 바울 또한 그들을 사랑하고 있다. 그리고 그리스도께서는 바울을 통해 그들을 사랑하시고 있다는 사실을 여기에서 명백히 밝히고 있다.454)

3. 빌립보 교회를 위한 바울의 기도 (빌 1:9-11)

빌립보 성도들은 이미 풍성한 사랑을 간직하고 있었다. 때문에 그들은 환난과 가난 가운데서도 바울을 위해 그리고 예루살렘 성도들을 위해 너그럽게 연보에 동참했다.

반면에 언제부터인가 그들 내부에서도 몇몇 지도자들을 중심으로 서로 잘 해보겠다고 하는 일종의 경쟁심 현상이 일어나고 있었다. 바울은 이 사실을 염두에 두고 빌립보 성도들의 사랑이 점점 더 풍성해지기를 위해 기도하고 있다. 이 사랑은 그리스도인의 삶에서 핵심적인 요소로서 제한되지 않는 사랑이다. 즉 성령에 의해 그들의 마음속에 넘쳐나는 하나님의 사랑을 위해 기도하고 있다.

1) 지식과 총명으로 풍성해지는 사랑 (빌 1:9)

하나님의 특성이 사랑이듯이 바울은 빌립보 성도들의 특성으로 그들이 '사랑'(ἀγάπη)으로 충만해 있기를 위해 기도하고 있다. 그들이 이미 지니고 있는 사랑을 부단히 증가시키고 계속 풍성하게 만든다면 그들은 친절한 행동으로 넘치게 될 것이며, 서로에 대한 경쟁심으로 말미암

454) Gerald F. Hawthorne, 빌립보서, p. 103.

아 나타나고 있는 그릇된 태도와 행동도 사라질 것이며, 빌립보 교회 안에 발생할 수 있는 그밖에 어떤 문제들도 해결될 것이 분명하다(빌 2:3,4; 4:2,3).

이런 이유에서 바울은 "내가 기도하노라 너희 사랑을 지식과 모든 총명으로 점점 더 풍성하게 하사"(빌 1:9)라고 기도하고 있다. '지식'(ἐπιγνώσει)은 복음의 진리에 대한 이해나 세상에 대한 올바른 평가 또는 윤리에 대한 지식 등을 의미한다. 총명(αἰσθήσει)은 실제적인 지혜 또는 통찰력으로 상대의 열등감이나 상처감 등을 고려하는 분별력 등을 포함한다.

사랑이 지식적으로 나타나지 않으면 남을 유익하게 하지 못하고 오히려 해롭게 한다. 또한 사랑을 표현함에 있어 상대방을 이해하지 않을 때에는 오히려 오해를 불러일으킬 수 있다. 때문에 바울은 빌립보 성도들이 서로에 대해 사랑이 더욱 증가하기를 바라면서 동시에 복음과 기독교 진리에 대한 올바른 지식과 상황을 섬세히 고려하여 적절히 표현하는 지혜와 총명(통찰력, 분별력)을 동반하게 되기를 위해 기도하고 있다.455)

이렇게 함으로써 바울은 새 시대의 주인공들인 성도들이 사랑으로 풍성하여 그것을 쌓아 둘 여지가 없으며, 그러한 사랑이 성도들의 특성이 되고 항상 증가해서 서로와 모두를 향해 계속 솟아나고 흘러넘치게 될 것을 소망하고 있다.

바울이 여기에서 '점점 더'(μᾶλλον καὶ μᾶλλον : more and more)라고 묘사하고 있는 것은 빌립보 성도들이 아직 '완전'에 이르지 못했다는 사실(빌 3:12-15)을 암시한다. 이것은 동시에 누구든 교회 안에서 완전하다고 자랑할 수 없음을 명백히 하고 있다. 이러한 사랑의 결여는 어떤 이유로든 교회 공동체 안에 문제를 야기할 수 있기 때문에 바울은 성도

455) 김세윤, 빌립보서 강해, p. 48.

들이 지식과 총명으로 가득한 사랑이 더욱 풍성해지기를 바라고 있다.

2) '의의 열매'를 주시는 신실하신 하나님(빌 1:10,11)

참된 지식(ἐπιγνώσει)은 궁극적으로 하나님의 계시이며 그것은 교회의 교사들에 의해 전달된다. 따라서 사랑을 지배하는 지식은 바울과 같은 하나님의 사역자들이 부단히 그리고 신중하게 하나님의 진리를 전할 때 그 복음을 듣고 반응함으로써 얻어진다.

총명(αἰσθήσει)은 하나님의 선물로 주어지지만 여기에는 그릇된 것과 비교하여 올바른 것을 지각하고 그것을 바라는 능력이라는 점에서 경험을 통해서 쌓아갈 수 있고 개발할 수 있음을 암시하고 있다. 이것은 그리스도인이 진리를 바탕으로 확고하고도 줄기차게 도덕적 훈련을 쌓을 때 나타나는 결과이다.456)

빌립보 성도들이 온전한 지식과 예리한 분별력을 갖춘 완전한 사랑을 갖기 위해 바울이 기도하는 목적은 그들이 두 가지 이유에서 통제 가운데 사랑의 진보를 나타내어야 하기 때문이다. 그것은 ① 가능한 한 최선의 선택을 하는 방법을 아는 것이며 ② 그들 자신이 가능한 한 진실한 상태를 유지하는 데 있다.

사실 최선을 선택할 수 있는 분별력으로 악한 것이나 덜 중요한 것을 판단할 때 비로소 순전하고 흠 없는 성도가 될 수 있다. 바울이 "너희로 지극히 선한 것을 분별하며 또 진실하여 허물없이 그리스도의 날까지 이르고"(빌 1:10)라고 기도하는 이유도 여기에 있다.

분별하다(δοκιμαζω)라는 말은 금속을 시험하거나 동전의 위조 여부를 검사하는 것과 같이 '시험하다, 조사하다, 입증하다'라는 의미를 가진

---

456) Gerald F. Hawthorne, 빌립보서, p. 107.

다. 그러나 어떤 것이 참으로 우수하고 실제로 적용할 만한 가치가 있는지를 확실하게 결정하기 위해서는 많은 통찰과 지각이 요구된다. 때문에 바울에게 있어서 지식과 분별력으로 다듬어진 사랑이야말로 지극히 중요한 것에 대한 인식을 갖는 것을 의미한다. 이렇게 함으로써 진실하고 허물없는 성도들이 될 수 있다.

진실하다(ειλικινειν)는 말은 얼룩이 있는가를 확인하기 위해 밝은 햇빛에 옷감을 비춰본다는 말인데 이것은 '혼합되지 않은, 섞이지 않은' 것과 같은 의미로 순수함이나 깨끗함 또는 도덕적으로 순결함이라는 개념을 가진다(벧후 3:1; 고전 5:8).

'허물이 없다'(απροσκοποι)는 말은 다른 사람들로 하여금 넘어지게 만드는 것을 길에 놓지 않도록 조심한다는 말이며, 이것은 다른 사람을 실족하지 않게 한다는 의미를 가진다.

여기에서 바울은 빌립보 성도들이 성실하고 정직하고 마음이 깨끗하여서 하나님과 다른 사람 앞에 정직한 삶을 살기를 원하며, 그들이 공동체 안에 있는 성도들이나 교회 밖에 있는 사람들을 실족시키지 않게 되기를 바라고 있다.457) 왜냐하면 성도들의 삶의 질과 타인을 향한 행동의 성격은 마지막 심판을 위한 준비로 중요하기 때문이다.

바울은 빌립보 성도들이 지식과 분별력으로 다듬어진 사랑 안에서 진실하고 허물없는 성도들로 그리스도의 날까지 이르기를 소망한다. 때문에 바울은 그들을 위해 "예수 그리스도로 말미암아 의의 열매가 가득하여 하나님의 영광과 찬송이 되게 하시기를 구하노라"(빌 1:11)고 간구하고 있다. 이것은 그들이 순결하고 허물없는 사람이 되기 위해서는 의의 열매로 가득 차 있어야 하기 때문이다.

'의의 열매'(καρπὸν δικαιοσύνης)는 성령의 열매와 같은 것으로(갈

457) Gerald F. Hawthorne, 빌립보서, p. 109.

5:22,23) 하나님과 성도들 사이에 올바른 관계를 가짐으로써 산출된다. 따라서 하나님의 도움 없이 자신의 노력만으로 이 열매를 맺을 수 없다. 의의 열매는 "나는 포도나무요 너희는 가지라 그가 내 안에, 내가 그 안에 거하면 사람이 열매를 많이 맺나니 나를 떠나서는 너희가 아무것도 할 수 없음이라"(요 15:5)는 말씀처럼 예수 그리스도를 떠나서는 결코 맺을 수 없다.

그리스도께서는 율법 아래 나시고 율법 아래 순종하심으로써 율법의 의를 나타내셨을 뿐 아니라 율법의 의를 온전히 이루신 능동적 순종과, 수난 당하시고 죽기까지 자신이 지신 십자가의 희생 제사로써 성도들을 위한 속죄와 구속을 성취하시고 하나님의 의를 온전히 이루신 수동적 순종을 통하여 성도들에게 그 의로 옷을 입히심으로써 새로운 신분을 부여해 주셨다.

그 결과 성도들에게는 새로운 상태가 주어졌으며, 성도들은 성령의 능력에 의해서 이제 의의 열매를 맺을 수 있고 더 풍성하게 수확할 수 있게 되었다.458) 이 의의 열매들은 하나님의 이름을 드높일 것이며 이를 통하여 하나님의 영광이 나타나고 영원한 찬양이 될 것이다.

이와 관련해 "우리는 그의 만드신 바라 그리스도 예수 안에서 선한 일을 위하여 지으심을 받은 자니 이 일은 하나님이 전에 예비하사 우리로 그 가운데서 행하게 하려 하심이니라"(엡 2:10)고 바울은 말한다.

이처럼 바울의 모든 신학적, 교회론적, 윤리적 논의들은 종말론적 예정과 관련이 있다. 하나님께서 일을 시작하셨기에 종말도 하나님께서 가져오시기 때문이다. 이런 점에서 성도들은 자만이나 스스로 뛰어남을 자랑할 수 없다. 왜냐하면 의의 열매를 가져오는 삶은 예수 그리스도를 통해 하나님께로부터 온 의로운 선물이며 그 성취이기 때문이다. 그리고 이러한 성도들의 삶은 자기 자신을 찬양의 행위로써 지속적으

---

458) William Handriksen, 빌립보서, p. 83.

로 하나님께 드리는 향기로운 예물이어야 한다.459)

오늘 우리가 이 복된 예배의 자리에 참여하고 있는 것 또한 하나님의 새 창조가 우리 안에서 이루어지고 있음을 증거하고 있다. 이것은 바울 사도가 앞서 빌립보 교회 성도들에게 기대했던 것처럼 그들이 바울의 가르침을 순종했던 사랑의 행위이다. 동시에 예수 그리스도를 통해 하나님으로부터 온 의의 열매를 우리의 삶을 통해 성실하게 맺고 있다는 증표이기도 하다.

〈바울은 1장 3-11절의 감사와 기도에서 ① 빌립보 교회 성도들이 연보를 통해 바울의 사도적 사역에 동참한 일, ② 바울의 감옥 생활과 당면한 재판이 전개되고 있는 상황, ③ 빌립보 교회 안에서 나타나고 있는 일종의 경쟁심을 극복하는 사랑의 증진, ④ 그리스도를 통해 얻는 의에 대해 언급하고 있다. 이러한 내용들은 이후 전개될 빌립보서의 주제들을 예고하고 있다.〉

| 기 도 |

모든 지식과 총명으로 더욱 더 사랑을 풍성하게 하시며, 지극히 선한 것을 분별하고 진실하고 허물없이 그리스도의 날까지 이르게 하시며, 예수 그리스도로 말미암아 의의 열매가 가득하여서 하나님의 영광과 찬송이 되기를 기뻐하시는(빌 1:9-11) 우리 주 예수 그리스도의 아버지이신 하나님.

하나님께서 말씀으로 6일 동안 천지 창조를 완성하시고 이레째 날에 안식을 누리셨듯이, 지금도 하나님은 말씀을 통하여 성도들을 통하여 새 창조 일을 완성하심으로써 마지막 날에 그리스도와 한 몸을 이룬 모든 주의 자녀들이 하나님께서 예비하신 영원한 안식에 들어가게 하시오니 참으로 감사를 드리나이다.

459) Fred B. Craddock, 빌립보서, p. 58.

이 놀라운 일을 완성함에 있어서 지금도 사도들을 통해 주신 기록된 말씀을 받은 교회를 사용하시되, 무엇보다도 말씀 선포와 성례를 통해 하나님의 은혜를 드러나게 하시오며, 창조 이래로 종말의 날까지 그리스도 예수께서 친히 성부 하나님께 순종하시는 모범을 보였듯이 그리스도 예수와 한 몸인 우리 또한 하나님께 순종하는 삶을 살아가게 하옵소서.

빌립보 교회 성도들이 이 복된 복음의 전파를 위해 온갖 어려운 형편 속에서도 기꺼이 바울 사도의 동역자로서 함께 참여했듯이, 우리 또한 같은 믿음을 가지고 하나님께서 행하시는 새 창조일에 기쁨으로 참여할 수 있도록 인도하여 주옵소서.

우리 주 예수 그리스도의 이름으로 기도합니다. 아멘.

〈3〉

복음의 진보를 위해 존재하는 교회

빌립보서 1:12-30

1:12 형제들아 내가 당한 일이 도리어 복음 전파에 진전이 된 줄을 너희가
알기를 원하노라 13 이러므로 나의 매임이 그리스도 안에서 모든 시위대
안과 그 밖의 모든 사람에게 나타났으니 14 형제 중 다수가 나의 매임으
로 말미암아 주 안에서 신뢰함으로 겁 없이 하나님의 말씀을 더욱 담대
히 전하게 되었느니라 15 어떤 이들은 투기와 분쟁으로, 어떤 이들은 착
한 뜻으로 그리스도를 전파하나니 16 이들은 내가 복음을 변증하기 위하
여 세우심을 받은 줄 알고 사랑으로 하나 17 그들은 나의 매임에 괴로움
을 더하게 할 줄로 생각하여 순수하지 못하게 다툼으로 그리스도를 전파
하느니라 18 그러면 무엇이냐 겉치레로 하나 참으로 하나 무슨 방도로 하
든지 전파되는 것은 그리스도니 이로써 나는 기뻐하고 또한 기뻐하리라
19 이것이 너희의 간구와 예수 그리스도의 성령의 도우심으로 나를 구원
에 이르게 할 줄 아는 고로 20 나의 간절한 기대와 소망을 따라 아무 일
에든지 부끄러워하지 아니하고 지금도 전과 같이 온전히 담대하여 살든
지 죽든지 내 몸에서 그리스도가 존귀하게 되게 하려 하나니 21 이는 내
게 사는 것이 그리스도니 죽는 것도 유익함이라 22 그러나 만일 육신으로
사는 이것이 내 일의 열매일진대 무엇을 택해야 할는지 나는 알지 못하
노라 23 내가 그 둘 사이에 끼었으니 차라리 세상을 떠나서 그리스도와

함께 있는 것이 훨씬 더 좋은 일이라 그렇게 하고 싶으나 24 내가 육신으
로 있는 것이 너희를 위하여 더 유익하리라 25 내가 살 것과 너희 믿음의
진보와 기쁨을 위하여 너희 무리와 함께 거할 이것을 확실히 아노니
26 내가 다시 너희와 같이 있음으로 그리스도 예수 안에서 너희 자랑이
나로 말미암아 풍성하게 하려 함이라 27 오직 너희는 그리스도의 복음에
합당하게 생활하라 이는 내가 너희에게 가 보나 떠나 있으나 너희가 한
마음으로 서서 한 뜻으로 복음의 신앙을 위하여 협력하는 것과 28 무슨
일에든지 대적하는 자들 때문에 두려워하지 아니하는 이 일을 듣고자 함
이라 이것이 그들에게는 멸망의 증거요 너희에게는 구원의 증거니 이는
하나님께로부터 난 것이라
그리스도를 위하여 너희에게 은혜를 주신 것은 다만 그를 믿을 뿐 아니
라 또한 그를 위하여 고난도 받게 하려 하심이라 너희에게도 그와 같은
싸움이 있으니 너희가 내 안에서 본 바요 이제도 내 안에서 듣는 바니라

바울이 감옥에서 빌립보서 본문을 전개하면서 재판을 기다리고 있는 자신의 상황을 첫 번째 주제로 언급하고 있는 이유는 바울을 염려하고 있는 빌립보 성도들로 하여금 위로와 확신을 주기 위함으로 보인다. 바울은 여기에서 자신의 구금이 복음과 교회 그리고 바울 자신에게 어떤 영향을 주었는가를 소상히 밝히고 있다.

비록 바울은 자신이 감옥에 매여 있다 할지라도 복음은 결코 매일 수 없으며, 자신이 매여 있는 로마에서 오히려 복음의 진보가 크게 나타나고 있는 상황을 보여줌으로써 빌립보에서도 지속적인 복음의 진보가 나타나기를 기대하고 있다.

1. 계속되는 복음의 진보 (빌 1:12-14)

그동안 바울은 예루살렘에서 로마 군대에 의해 가이사랴로 옮겨진 후 그곳에서 2년이 넘도록 옥에 구금되어 있다가, 로마에 와서 또 다시 2년 가까이 감금 생활을 하고 있었다. 이처럼 자유롭지 못한 바울의 상황을 알고 있는 빌립보 성도들에게는 그것이 커다란 염려가 되어 있었다. 그 가운데 일부는 바울이 선포한 주 예수 그리스도가 로마의 신으로 숭배되고 있는 가이사보다 약한 것이 아닌가 하는 패배의식을 가질 수도 있었다.

때문에 바울은 ① 진정한 만유의 주이시며 그리스도 예수의 사도인 자신이 이 세상의 주(主)로 자처하는 로마 황제의 병사들에 의해 비록 자신의 육체가 구금되어 있다 할지라도 그것은 패배가 아니며 오히려 승리를 위한 것임을 먼저 알리고 있다. 또한 ② 자신이 매여 있는 상태가 됨으로써 복음 선포가 불가능할 것이라고 여기고 있는 몇몇 빌립보 성도들에게 오히려 자신의 매임이 복음의 진보를 가져왔음을 밝히고 있다.

"형제들아 나의 당한 일이 도리어 복음의 진보가 된 줄을 너희가 알기를 원하노라"(빌 1:12). 여기에서 바울은 빌립보 성도들을 '형제들'(ἀδελφοί)이라고 부르고 있는데 이것은 예수 그리스도에 대한 믿음과 하나님의 뜻을 행함에 있어 서로 밀접하게 애정으로 연결된 가족임을 의미한다. 심지어 바울은 그릇된 동기로 그리스도를 전하는 이들에 대해서도 '형제들' 이라고 부르고 있는데(빌 1:14,15) 비록 그 동기에 대해서는 유감스럽다 할지라도 그들을 거부하지 않았음을 분명히 보여주고 있다.

바울이 당한 '일' 곧 로마에 구금되어 있는 일이 혹시라도 복음의 진보에 손상을 가져다 줄지 모른다는 우려와 더불어 빌립보 교회 성도들로 하여금 바울의 신변에 대하여 염려하게 만들었을 것이다. 하지만 그러한 소문과는 달리 실제로는 다른 때보다 그 이상으로 복음이 널리 퍼져 나가고 있었다. 바울의 고난과 매임이 복음의 대의명분에 손상을 입히기보다는 실제적으로는 도움을 가져다주었고, 복음의 침체를 가져오기보다는 오히려 복음의 진보를 이루고 있었던 것이다.

여기에서 '진보'(προκοπὴν : advancement)라는 단어는 공병대가 길을 개척함으로써 원활하게 군대가 전진하는 것을 묘사하는 말로, 바울은 자신의 매임이 오히려 복음의 진보를 일으키는 결과를 가져왔음을 확신하고 있다. 바울은 매여 있었으나 하나님의 말씀은 매여 있을 수 없었다. 바울은 비록 구금된 상태로 로마에 들어왔으나 그것은 실제로 복음이 로마에 진군한 것과 같았다.460) 이와 관련해 바울은 다음과 같이 논증하고 있다.

① 첫째, 바울은 자신이 정치적인 죄를 저질러서 구금된 것이 아니라 '예수를 주요 그리스도라'고 증거하기 위해 구금되었다고 말한다. 이에 바울은 "이러므로 나의 매임이 그리스도 안에서 온 시위대 안과 기타 모든 사람에게 나타났으니"(빌 1:13)라고 밝히고 있다. 무엇보다도 바울은 자신을 둘러싸고 있는 불신자들이 어떻게 복음 안에서 변화되고 있는가를 그 증거로 말하고 있다.

불신자들은 '바울이 참으로 하나님의 사람이었다면 이러한 고통과 굴욕적인 고난은 처음부터 일어나지 않았을 것이다'라고 하면서 운명론적으로 판단할 수 있었다. 이것은 바울이 하나님의 사도로 알려져 있다 할지라도 불신자들로 하여금 하나님이 아닌 로마의 가이사에 의해 바울의 운명이 결정될 것이라는 오해를 가져올 수 있었다. 이 문제는 빌립보 성도들에게도 영향을 미치고 있었다. 만일 복음 선포 때문에 바울이 구금이 되었다면 자신들도 바울과 같은 운명에 처해질 수 있기 때

---

460) William Handriksen, 빌립보서, p. 92.

문이다.461)

사실 바울이 4년 전에 예루살렘에서 구금되어 가이사랴의 감옥에 수감되었을 때에 많은 사람들은 바울의 복음 사역도 끝난 것이라고 쉽게 생각할 수 있었을 것이다. 그리고 바울의 수감 기간이 계속 연장되고 있었기 때문에 그러한 생각은 더욱 확고해졌을 것이다. 하지만 가이사랴에서 바울의 수감 생활은 로마의 군인들뿐 아니라 군대 장교들, 백부장과 천부장들, 그리고 로마 총독인 벨릭스와 베스도를 비롯해 헤롯 아그립바 왕과 그 아내 등 소위 로마 상류층에게까지 복음을 전하는 기회를 가져다주었다.

이러한 현상은 로마에서도 동일하게 나타났다. 이미 바울은 로마의 최고 권위를 자랑하는 가이사의 법정에 상소를 한 상태였다. 이것은 바울이 로마의 최고 통치자 앞에서 복음을 전하는 기회가 될 것이다. 그리고 그 자리에서 바울은 자신이 예수를 주요 그리스도라고 선포한 일에 대해 증언할 준비가 되어 있었다.

오히려 바울이 매여 있게 됨으로써 기독교는 더 많은 사람들에게 주목을 받게 되었다. 처음에는 바울의 말에 귀를 기울이지 않던 간수들의 입을 통해 그들의 가족들과 시위대와 가이사의 집에 있는 사람들에게까지 복음이 전파되었다(빌 4:22). 이러한 일들은 로마 시민들에게 화제가 될 정도였다.462)

바울의 복음에 대한 설명을 들었던 병사들 가운데 여럿은 예수 그리스도를 주로 고백하였다. 가이사에게 충성을 맹세한 시위대의 병사들이 이제는 진정한 주이신 그리스도 예수에게 충성을 맹세하고 있다는 사실은 바울의 구금이 더 이상 복음 선포 사역에 치명적인 사건이 아니

461) Fred B. Craddock, 빌립보서, p. 63.

462) William Handriksen, 빌립보서, p. 94.

며 오히려 활성화시켜 주는 수단이 되었음을 증명해 주고 있었다.

② 둘째, 바울의 고난은 복음의 진보를 한층 앞당기는 이차적인 결과를 낳았다. 바울의 동료 대다수가 바울의 구금으로 인해 주님에 대한 믿음을 얻거나 주님으로부터 용기를 부여받았고 이로써 전보다 더 담대하게 복음을 전하게 되었기 때문이다. 이에 대해 바울은 "형제 중 다수가 나의 매임을 인하여 주 안에서 신뢰하므로 겁 없이 하나님의 말씀을 더욱 담대히 말하게 되었느니라"(빌 1:14)고 밝히고 있다.

여기에서 '하나님의 말씀'(*τὸν λόγον τοῦ Θεοῦ*)은 당시 세상의 모든 미움이 집중되고 있는 기독교의 가르침 전체를 가리킨다. 헬라인뿐 아니라 유대인까지도 모든 수단을 이용하여 복음을 선포하는 사역자들을 위협하고 복음을 무력화시키려고 하였다. AD 46-57년, 10여 년 동안에 바울의 3차례에 걸친 전도 여행에서 이 사실이 확인되었을 뿐 아니라 바울 자신이 바로 그 '하나님의 말씀' 때문에 고난을 받고 구금되어 있는 산 증인이었다.

뿐만 아니라 로마에 있는 성도들도 오히려 담대히 복음을 선포하고 있었다. 그들은 진정한 주 예수 그리스도의 사도가 가이사의 옥에 매여 있는 것을 보고 예수 그리스도의 만유의 주되심에 대하여 회의에 빠지거나 두려움에 빠져서 지하로 숨은 것이 아니었다. 오히려 주 예수 그리스도에 대한 믿음이 더 확고해졌고, 이에 더욱 더 열심을 가지고 복음을 전파하고 나섰다.

바울이 이 사실을 빌립보 교회에 보고하는 이유는 분명하다. 빌립보 성도들 역시 패배주의에 빠지거나 주 예수 그리스도의 주권에 대하여 회의에 빠지지 않고 도리어 믿음에 굳건히 서서 복음을 담대하게 선포하기를 바라고 있기 때문이다.463) 이와 같은 자신감과 용기를 주시는

---

463) 김세윤, 빌립보서 강해, p. 53.

분은 그리스도이시며, 자신들의 지도자가 매이게 된 일을 통해 실제로는 교회를 강하게 하시는 분은 성령이시다.

사실 로마 병정들이 예수님을 체포했을 때 그의 제자들이 주님을 버리고 도망쳤던 초기와는 너무도 많이 달라져 있었다(막 14:50). 이제 교회는 성령에 의해 기적적인 태도의 변화를 경험할 수 있게 되었다. 주님이 계시는 곳에는 고통이 전혀 없어야 한다는 생각으로부터 벗어나 고난과 고통이 있는 곳마다 주님이 그들과 함께하신다는 경이적인 변화가 나타나고 있었다. 이것이 바로 복음의 진보가 가져다주는 결실이었다.

2. 투기와 분쟁 속에서도 전파되는 그리스도 (빌 1:15-18)

이어서 바울은 복음의 진보가 투기와 분쟁까지도 초월하고 있음을 빌립보 교회에 보고하고 있다. 이미 오래 전부터 로마에는 교회가 세워져 있었다. 바울이 로마에 이르게 되자 로마 교회 성도들 중 일부가 두 부류로 갈라지게 되었다. 한 부류는 바울의 매임에 대해 같은 동지 의식을 가지고 있었다. 다른 한 부류는 그와는 달리 바울에 대해 투기와 분쟁의 마음을 가지고 있었다(빌 1:1–17).

전자와 같이 바울을 향해 착한 마음과 사랑을 가지고 있는 사람들은 사도 바울이 하나님으로부터 '복음에 대해 충분한 변증을 하라'는 명령을 받았음을 알고 자신들의 열정적인 전도로 말미암아 바울이 더 빨리 그리고 좀 더 자주 복음을 변호하기 위해 법정에 서게 된다면 그것이 선한 결과를 낳을 것이라는 기대를 가지고 있었다.

따라서 이들은 담대하고 열심히 복음을 증거했다. 이로써 그들은 바울에게 복음을 변호할 수 있는 공개 토론의 기회가 주어지기를 바라고 있었다. 이런 점에서 이 사람들은 이해와 협력의 정신으로 바울과 함께

일하고 있는 것으로 바울에 의해 평가되었다.464)

반면에 다른 한 부류는 당시 로마 정부가 기독교를 아직 합법적인 종교로 인정하지 않고 있다는 정치적인 배경을 이용하여 활동이 자유스럽지 않은 바울에게 정치적인 압박을 더 가중시키기 위한 방법으로 복음을 전하고 있었다. 이들은 복음을 전함에 있어서 로마 정부의 기독교에 대한 관심을 부정적으로 보이게 하기 위해서 예수를 주와 그리스도라고 더 열심히 전파했다.

이들은 로마 당국이 이 복음 전파를 로마의 신들에 대항하는 비합법적인 종교로 판단하게 만들고, 예수 그리스도만 주라고 전파하는 기독교를 가이사와 로마 제국에 대한 정치적인 반역 행위로 판단하게 하려는 빌미를 제공하려는 것에 그 목적을 두고 있었다.465)

하지만 바울에게 있어 이러한 현상까지도 오히려 복음의 진보로 이해되었다. 이에 대해 바울은 "그러면 무엇이뇨 외모로 하나 참으로 하나 무슨 방도로 하든지 전파되는 것은 그리스도니 이로써 내가 기뻐하고"(빌 1:18)라고 말한다. 바울이 이렇게 자신에 대해 투기하며 경쟁하는 마음을 가지고 있는 사람들이 복음을 전파하는 것에 대해 기뻐하고 관용하는 자세를 가질 수 있었던 것은 복음 선포 행위를 그리스도 중심으로 생각하고 있음을 보여준다.

이처럼 자기 중심적이 아니고 그리스도 중심적인 바울의 사상은 "나의 간절한 기대와 소망을 따라 아무 일에든지 부끄러워하지 아니하고 지금도 전과 같이 온전히 담대하여 살든지 죽든지 내 몸에서 그리스도가 존귀하게 되게 하려 하나니 이는 내게 사는 것이 그리스도니 죽는 것도 유익함이라"(빌 1:20,21)는 그의 말에서도 확인된다.

---

464) Gerald F. Hawthorne, 빌립보서, p. 122.

465) 김세윤, 빌립보서 강해, p. 54.

바울이 이러한 일까지 빌립보 교회에 보고하는 이유는 분명하다. 이러한 일은 비록 바울에게만 나타나는 것이 아니기 때문이다. 동시에 아무리 그리스도를 전파한다고 하며 그 명분에는 아무런 문제가 없다 할지라도 그 안에 담겨 있는 복음 전파의 동기가 악하다는 것은 결코 바람직하지 않음을 강조하기 위함이다.

순수하지 못한 동기는 결코 바울을 기쁘게 하지는 못했다. 단지 바울이 기뻐하는 것은 그들의 불순한 동기에도 불구하고 복음이 전파되고 있다는 그 사실이었다. 이것은 빌립보 교회 안에 있는 경쟁심으로 말미암은 내분의 위기와 관련해 바울이 이를 염두에 두고 있는 것으로 보인다. 빌립보 교회를 섬기는 지도자들이 외형적으로는 교회를 세우고 위하는 것처럼 보인다 할지라도 그들의 내면에 혹시라도 다른 지도자들에 대한 투기와 경쟁심을 가지고 있다면 결코 용납될 일이 아니기 때문이다.

3. 복음의 진보를 위해 존재하는 빌립보 교회 (빌 1:19-26)

앞에서 그리스도가 전파되고 있기 때문에 기뻐한다(빌 1:18)고 한 바울은 또 다른 이유 때문에 "또한 기뻐하리라"(빌 1:18)고 말하고 있는데, 그것은 빌립보 성도들의 간구와 성령의 도우심으로 자신이 로마의 옥에서 석방될 것이라는 확신을 가지고 있었기 때문이다.

바울은 다가오는 재판을 기다리고 있는 중이지만 "이것이 너희의 간구와 예수 그리스도의 성령의 도우심으로 나를 구원에 이르게 할 줄 아는 고로"(빌 1:19) 역시 기뻐하고 있다고 말하고 있다. 이 말은 "사곡한 자는 그의 앞에 이르지 못하나니 이것이 나의 구원이 되리라"(욥 13:16)는 욥의 말을 인용한 것으로 바울은 욥의 경험을 통해 자신의 상황을 이해하고 해석하였음이 분명하다. 욥이 자신의 곤경에서 구원을 받아 자신의 정당성을 입증했듯이 바울 역시 자신의 곤경에서 구원을 받아

자신의 정당성을 입증해 보여줄 것이라고 확신하고 있었다.466)

바울은 상황이 자신에게 유리하게 전개될 것이며(19절), 자신은 수치를 당하지 않을 것이고, 그리스도께서 이 일로 영광을 받으실 것이라고 확신하고 있다(20절). 바울의 확신은 빌립보 교회 성도들의 간절한 청원과, 그리스도께서 공급해 주시는 성령의 도움에 근거하고 있다. 그리고 항상 바울이 그랬던 것처럼 어떤 상황에서도 부끄러워하지 않고 담대히 복음을 선포하였으며, 살든지 죽든지 자신의 존재를 통해 그리스도의 이름을 높이려는 간절한 기대와 희망을 가지고 있었다.

바울은 다가올 재판에서 담대하게 그리스도를 만유의 주로 고백할 것이며, 그리스도께서는 바울을 저버리지 않고 자신에게 성령의 도움으로 변호하게 하심으로써 무죄로 석방될 것을 의심치 않았다. 이것은 그리스도께서 약속하신 "사람이 너희를 회당과 정사 잡은 이와 권세 있는 이 앞에 끌고 가거든 어떻게 무엇으로 대답하며 무엇으로 말할 것을 염려치 말라 마땅히 할 말을 성령이 곧 그 때에 너희에게 가르치시리라"(눅 12:11,12)는 예수님의 약속에 근거하고 있다.

때문에 바울은 "나의 간절한 기대와 소망을 따라 아무 일에든지 부끄럽지 아니하고 오직 전과 같이 이제도 온전히 담대하여 살든지 죽든지 내 몸에서 그리스도가 존귀히 되게 하려 하나니 이는 내게 사는 것이 그리스도니 죽는 것도 유익함이니라"(빌 1:20,21)고 담대히 말하고 있다. 바울은 자기 중심적인 사도가 아니었다. 바울은 명백히 그리스도 중심적인 사도였다.467)

그럼에도 불구하고 이 재판의 결과는 최악의 경우 바울에게 사형이 집행될 수도 있었다. 하지만 바울에게 있어 죽음은 더 이상 두려운 대

---

466) Gerald F. Hawthorne, 빌립보서, p. 125.

467) William Handriksen, 빌립보서, p. 103.

상이 아니었다. 이미 바울의 삶은 오직 그리스도 예수만을 위한 삶이었다.

바울이 행하는 모든 것, 즉 신뢰하고 사랑하고 소망하고 순종하고 전도하는 것 등은 그리스도에 의해 고취되었고 그리스도를 위해 행해진다는 의미에서 바울 자신의 삶은 그리스도로 채워져 있었고 그리스도께 몰두해 있었다. 그래서 바울은 "이는 내게 사는 것이 그리스도이시다"(Ἐμοὶ γὰρ τὸ ζῆν Χριστὸς, 빌 1:21)고 말하고 있다.

또한 그의 삶이 그리스도께 몰두해 있고, 완전히 그리스도께 헌신하고 있고, 그리스도의 뜻을 행하는 데 전념하고 있기 때문에 "(내게) 죽는 것도 유익함이라"(빌 1:21)고 말할 수 있었다. 이것은 바울이 죽어서도 그리스도와 함께하고 있을 것이라는 확신을 보여준다.

그리스도 예수는 곧 생명 그 자체이시기 때문에 죽음에 의해서 결코 그 생명이 파괴되지 않는다. 오히려 그 생명은 죽음을 통해 커지고 풍요로워진다.468) 따라서 바울에게 있어서는 사는 것이나 죽는 것이나 모두 그리스도 중심적이다.

바울에게 있어 삶과 죽음은 더 이상 족쇄가 아니었다. 최후의 적인 죽음조차도 바울에게는 정복되었으며 길들여졌고, 만일 필요하다면 죽음조차도 바울을 위해 봉사하게 되어 있었다. 오히려 바울은 "내가 그 둘 사이에 끼었으니 차라리 세상을 떠나서 그리스도와 함께 있는 것이 훨씬 더 좋은 일이라"(빌 1:23)고 말할 정도로 자신이 죽어서 그리스도와 함께 있는 것을 더 소망하고 있었다. 만일 바울에게 이 영광된 죽음과 삶 사이에서 선택하라고 한다면 기꺼이 죽음을 선택했음이 확실하다.

그러나 바울은 "그러나 만일 육신으로 사는 이것이 내 일의 열매일

---

468) Gerald F. Hawthorne, 빌립보서, p. 135.

진대 무엇을 택해야 할는지 나는 알지 못하노라"(빌 1:22)라고 신중하게 말하고 있는 것처럼 기꺼이 죽음 대신에 삶을 선택하고 있다. 그 이유는 오직 하나다. 자기 자신을 위한다면 기꺼이 죽음을 선택하겠지만 빌립보 교회의 성도들을 위해서라면 그 죽음조차도 포기하겠다는 것이 바울이었다(24절). 이런 점에서 바울에게는 죽음조차 선택할 수 있는 기회가 없었다. 그의 순교는 아직 사치품에 불과했다. 왜냐하면 바울은 자신에게 주어진 숙명적인 소명을 수행하기 위해 아직도 해야 할 사명이 남아 있었기 때문이다.

이에 바울은 자신이 석방되어 빌립보 교회로 귀환하게 될 것이며, 그가 옥중에서 복음의 진보를 경험한 것처럼 그의 놓임도 복음의 진보를 위함이 될 것이라고 확신하고 있다(25절). 이때 빌립보 성도들에게 바울의 귀환은 그리스도의 또 다른 현현(parousia)과 같은 의미를 가지고 있다. 곧 그리스도의 사도로서 바울이 빌립보 교회로 가게 된다면, 그것은 곧 그리스도 예수의 임재(parousia)와 같은 의미를 가지게 되는 것이다.

바울의 석방은 기독교의 복음 전파가 로마의 종교 정책을 파괴하지 않으며, 예수는 주와 그리스도라는 복음의 내용 역시 로마의 정치 체제를 위협하는 요소가 아님을 증명한다는 의미를 가진다. 뿐만 아니라 석방된 바울이 빌립보 교회로 귀환한다는 것은 바울을 위해 간구하고 있는 성도들에게 큰 기쁨을 가져다 줄 것이 확실하다. 무엇보다도 바울의 귀환(parousia)이야말로 빌립보 성도들로 하여금 그리스도의 임재를 맛보게 하는 기쁨이 될 것이 분명하다.469)

이와 같은 확신 가운데 바울은 "내가 살 것과 너희 믿음의 진보와 기쁨을 위하여 너희 무리와 함께 거할 이것을 확실히 아노니 내가 다시 너희와 같이 있음으로 그리스도 예수 안에서 너희 자랑이 나를 인하여

469) Fred B. Craddock, 빌립보서, p. 72.

풍성하게 하려 함이라"(빌 1:25,26)는 말로써 빌립보 성도들을 위로하고 있다.

4. 복음을 위해 함께 투쟁하는 교회 (빌 1:27-30)

인사말(1:1,2)과 감사의 글(1:3-11)에 이어 첫 번째 주제인 자신의 현재 상황(1:12-26)을 밝힌 바울은 본 서신의 두 번째 주제인 교회의 하나됨을 위한 교훈을 전개하고 있다. 이것은 빌립보 교회 안에 있는 일종의 경쟁심에 따른 내분을 염두에 두고 이를 극복하기 위한 권면이다. 그래서 먼저 바울은 교회가 복음을 위해 투쟁해야 하는 한 몸인 공동체임을 밝히고 있다.

앞서 바울은 삶과 죽음에 대한 긴박한 내용을 제시하면서 이 둘 사이에서 망설이는 긴장을 풀고 이제 전적으로 그리스도 중심의 삶을 지향할 것을 제시한 바 있다(빌 1:22-24). 이에 바울은 빌립보 성도들에게 "오직 너희는 그리스도 복음에 합당하게 생활하라"(빌 1:27a)고 자신의 소망을 밝힌다. 그리고 그리스도의 복음에 합당하게 산다는 것에 대하여 30절까지 거침없이 이야기를 전개하고 있다.

빌립보서 1장 27-30절은 '생활하라'(πολιτεύεσθε)라는 하나의 동사만을 가진 단문으로 되어 있는데 이것은 이 한 문장을 단숨에 읽도록 유도하고 있다.

> "오직 너희는 그리스도의 복음에 합당하게 '생활하라' 이는 내가 너희를 가 보나 떠나 있으나 너희가 일심으로 서서 한 뜻으로 복음의 신앙을 위하여 협력하는 것과 아무 일에든지 대적하는 자를 인하여 두려워하지 아니하는 이 일을 듣고자 함이라 이것이 저희에게는 멸망의 빙거요 너희에게는 구원의 빙거니 이는 하나님께로부터 난 것이니라 그리스도를 위하

여 너희에게 은혜를 주신 것은 다만 그를 믿을 뿐 아니라 또한 그를 위하여 고난도 받게 하심이라 너희에게도 같은 싸움이 있으니 너희가 내 안에서 본 바요 이제도 내 안에서 듣는 바니라"(빌 1:27-30).

여기 등장하는 굳건히 서다, 투쟁, 싸움, 고난을 받다 등의 용어들은 마치 전투에 임하는 지휘관이 휘하의 군사들을 상대로 훌륭하게 싸웠다는 보고를 기대하고 있는 심정을 묘사하고 있다.

여기에서 바울은 '생활하라'(πολιτεύεσθε : to live as a citizen : 시민으로 살다)라는 동사로 자신의 소망을 담아내고 있다. 이 단어가 자유 국가의 시민으로서 '시민의 의무를 다한다'는 의미를 가지고 있다는 점에서 3장 20절에서는 시민권(πολιτευμα)이라는 단어로도 사용된다. 따라서 '오직 그리스도의 복음에 합당하게 생활하라'(μόνον ἀξίως ὁ εὐαγγέλιον ὁ Χριστός πολιτεύομαι)는 말은 '성도들은 그리스도의 복음에 합당하게 삶으로써 하나님 나라의 시민답게 살아야 한다'는 의미를 가진다.470)

헬라 세계에서 도시 중심의 국가(πολις, Police)는 단지 시민들이 사는 장소만이 아니었다. 오히려 시민들로 하여금 인간적인 모든 선 가운데 '최고선'(supreme good)에 이르게 할 목적으로 이루어진 일종의 협동체였다. 이런 국가 체제 안에서 시민들은 고립 상태가 아니라 상호 협력하는 가운데 자신의 재능을 기르고 잠재력을 자각했다. 이러한 협력 정신이 국가의 존재를 지지하고 있었으며, 그 안에서 자신의 능력을 함양하고 국가를 위해 헌신하게 만들었다.

개인은 혼자 또는 자기 자신을 위해서가 아니라 국가라고 하는 공동체 안에서 그리고 국가라고 하는 공동체의 이익을 위해 자기의 능력을 극대화했으며, 이러한 상호 관계와 상호 의존은 '폴리스'(Police)의 개념에 들어 있는 중요한 사상이었다. 그러므로 '시민으로 사는 것'

---

470) 김세윤, 빌립보서 강해, p. 68.

(πολιτεύεσθε)은 헬라인들에게 권리와 특권이었으며 동시에 의무와 책임을 의미하기도 했다.

한편 유대인들에게 '폴리스'의 개념은 '큰 왕의 성'(시 48:2; 마 5:32)을 초점으로 하고 있었다. 본래 예루살렘은 규모가 한정된 이상적인 성이었다. 그러나 이 성의 개념이 확대되어 예루살렘은 이스라엘 공동체의 모든 구성원뿐 아니라 세계의 열방이 궁극적으로 참여하는 영적인 교제이며(시 87편) 궁극적으로 온 세상 사람들이 하나님께 경배하는 예배의 중심지로 발전되었다(사 66:20; 암 9:11,12; 슥 14:8-11). 이것이 '시온이즘'(ציונות, Zionism)으로 정착되었다.

바울은 이 두 개념 즉 헬라 정신의 폴리스 개념과 히브리 정신의 성전 국가 개념을 가지고 신약시대의 교회 공동체의 회원으로 성도들이 살아가는 삶을 묘사하고 있다. 이로써 신약의 성도들은 그리스도를 구주로 선포하는 복음을 통해 하늘에 있는 예루살렘 성의 시민이 되고(히 12:22,23; 계 21:2,3) 영적인 친교의 파트너가 되며 새로운 공동체인 교회의 구성원이 되는 것이다(빌 3:20; 엡 2:19).

그러므로 복음에 합당하게 산다는 것은 이 새로운 '폴리스'의 선량한 시민으로 사는 것이다. 이것은 하늘에 속한 시민권의 법도인 의, 평화, 믿음, 소망, 사랑, 상호 관계, 상호 의존, 선행, 봉사, 살아 계신 하나님에 대한 예배 등을 행한다는 의미를 가진다.471)

여기에서 바울은 빌립보 성도들이 천국의 시민이며 새로운 공동체의 협력자들이라는 사실을 자연스럽게 확인하기를 바라고 있다. 이런 점에서 바울은 빌립보 성도들이 한 마음으로 굳건히 서서 한 뜻을 가지고 그리스도인으로서 투쟁할 것과, 이렇게 연합 전선을 이루는 것이 승리를 위한 최선의 전략이라는 점을 상기시켜 주고 있다.

---

471) Gerald F. Hawthorne, 빌립보서, p. 150.

바울은 빌립보 교회가 당면한 문제들에 대해 '복음의 신앙을 위하여 협력하는 것'(27절)과 '무슨 일에든지 대적하는 자들 때문에 두려워하지 아니하는 이 일'(28절)에 있어서 함께 투쟁해야 할 것을 요청하고 있다. 따라서 빌립보 성도들은 연합되고 확고하고 일관된 신앙의 삶, 즉 그리스도의 복음에 합당하게 생활하는 삶을 살아야 한다. 이 삶을 위해 고난까지도 함께 감수해야 한다.

이에 바울은 "너희에게도 그와 같은 싸움이 있으니 너희가 내 안에서 본 바요 이제도 내 안에서 듣는 바니라"(빌 1:30)는 말로 선언을 함으로써 자기 자신이 그렇게 살아왔던 것처럼 빌립보 성도들 역시 그리스도의 복음에 합당하게 생활하기 위해 고난과 핍박을 당한다 할지라도 바울과 함께 이 길을 가는 일에 직접 참여할 것을 권면하고 있다.

바울의 삶에서 확인되는 것처럼 복음의 진보를 위한 싸움에는 고난이 따르기 마련이다. 오히려 고난을 회피하려고 한다면 그것은 하늘에 속한 시민으로서 그리스도 예수를 위한 믿음의 싸움을 회피하는 것과 다를 바 없음을 마음에 담아 두어야 한다.[472)]

| 기 도 |

일찍이 사도들을 통해 성경 66권을 계시의 말씀으로 교회에게 주시고, 그 계시의 말씀이 설교자를 통하여 바르게 선포되어 귀로 듣게 하시고 또한 성만찬을 통하여 먹고 마시게 하심으로써 모든 믿는 자들에게 믿음의 진보와 그로 인해 기쁨을 누리게 하시는 우리 주 예수 그리스도의 아버지 이신 하나님.

오로지 사도들을 통해 주어진 성경을 따라 복음의 순수한 교리를 선포하는 일과, 그리스도에 의해 세워진 성례를 순수하게 이행하는 일과, 교회의

472) Fred B. Craddock, 빌립보서, p. 81.

가르침으로 인해 죄를 징벌(권징)하는 일을 참된 교회의 표지로 삼고서 옛부터 지금까지 그리고 앞으로도 이땅에 참된 교회를 세워가게 하시오니 감사를 드리나이다.

이제 이러한 복된 길을 감에 있어서 "오직 너희는 그리스도의 복음에 합당하게 생활하라"(빌 1:27)고 우리에게 권면하시는 것처럼 우리가 이 참된 교회 안에서 복음의 진보를 위해 사도들이 살았던 삶을 따라 어떠한 고난조차도 기쁨으로 여기고 우리가 모두 한 마음을 가지고 끝까지 이 복음에 합당한 삶을 살아갈 수 있도록 인도하여 주옵소서.

이와 관련하여 복음에 합당하게 살아가는 삶을 빌립보 교회 성도들에게 구원의 증거로 보여주셨던 것처럼, 우리 또한 이러한 삶의 자태를 바르게 듣고 알아서 복음의 진보를 위한 행보를 계속해서 이어가는 은혜를 누리게 하옵소서.

우리 주 예수 그리스도의 이름으로 기도합니다. 아멘.

〈4〉

겸손과 자기희생적 사랑으로 하나인 교회

빌립보서 2:1-4

2:1 그러므로 그리스도 안에 무슨 권면이나 사랑의 무슨 위로나 성령의
무슨 교제나 긍휼이나 자비가 있거든 2 마음을 같이하여 같은 사랑을 가
지고 뜻을 합하며 한마음을 품어 3 아무 일에든지 다툼이나 허영으로 하
지 말고 오직 겸손한 마음으로 각각 자기보다 남을 낫게 여기고 4 각각
자기 일을 돌볼 뿐더러 또한 각각 다른 사람들의 일을 돌보아 나의 기쁨
을 충만하게 하라

사도의 서신들은 교회를 상대로 보내졌을 때 그 편지는 사도의 임재(presence)를 상징하고 있었다.473) 또한 어느 시대 어느 교회에서든 사도들의 서신들이 교회 앞에서 읽혀질 때에 그 편지는 공식적인 문서가 되었고, 그리스도 예수의 권위를 행사하는 사도의 임재(the Apostolic Parousia)를 상징하고 있었다. 이처럼 바울의 서신들 역시 그리스도 예수의 사도적 권위에 근거해 있으며, 사도를 그들에게 보내신 그리스도 예수의 임재를 상징하는 성격을 담고 있었다.

473) Fred B. Craddock, 빌립보서, p. 32.

빌립보서 역시 그리스도 예수께서 보내신 사도의 임재를 상징하는 함축적인 내용으로 가득 담겨 있다. 바울은 빌립보 교회가 시작할 때 그 자신이 그들과 함께 있었음을 회상한다(빌 1:3-11). 비록 지금 바울은 빌립보 교회를 떠나 있지만 자신의 상황에 대해 자세하게 보고하면서(빌 1:12-26) 빌립보 교회가 복음 안에서 살기를 소망하고 있다(빌 1:27-2:16). 바울은 다시 그들을 방문할 것을 소망하면서 자신을 대신하여 디모데와 에바브로디도를 그들에게 보내고 있다(빌 2:17-30).

바울은 이 서신을 통해 ① 빌립보 교회가 거짓 가르침으로부터 충분히 자신들을 지켜낼 것을 확신하고 있으며 ② 교회 내에서 감지되고 있는 분열의 증세도 종식되기를 바라고 있다(빌 3:1-4:9). 그리고 ③ 빌립보 교회가 처음부터 지금까지 바울과 함께 복음의 사역에 참여하고 있으며 앞으로도 그렇게 될 것을 소망하고 있다(빌 4:10-20). 이때 이 서신은 바울이 빌립보 교회와 '함께 있음'을 상징하는 사도의 대리적 성격을 가짐으로써 사도의 임재를 상징하게 된다.

당시 빌립보는 제2의 로마라고 할 정도로 다양한 특권들을 누리고 있는 헬라 도시였다. 이 도시의 시민들 역시 로마의 식민 도시(식민시, colonia)의 시민으로서 로마의 시민권(*πολιτευμα*)을 가지고 있다는 자부심으로 가득했다. 때문에 로마의 지배를 받고 있는 주변의 다른 도시들과 달리 빌립보는 로마의 높은 문화를 건설해야 한다는 의식으로 가득했었다. 바울은 이처럼 로마의 시민 의식을 가지고 있는 빌립보의 특성을 가져와 교회를 설명하는 그림 언어로 사용하고 있다.

곧 교회는 세상 속에 있지만 세상에 속하지 않으며, 오히려 세상 속에 자리잡고 있는 하나님의 식민 도시(colonia)로서 성도들은 하늘의 시민권(*πολιτευμα*)을 가지고 있으며(빌 3:20), 하나님 나라의 문화를 높이 세우기 위한 시민 의식을 가지고 살아야 한다(*πολιτεύεσθε*)고 강조하고 있다(빌 1:27).

따라서 성도들은 세상의 도덕이나 윤리 대신 하나님 나라의 법과 윤리에 따라 살아야 하며, 교회 공동체적 삶을 통해 하나님 나라의 문화를 나타내야 하는 위치에 서 있음을 알게 된다. 이에 바울은 빌립보 성도들에게 하나님 나라의 시민으로서 하나님 나라의 헌법인 복음에 합당한 교회 공동체적인 삶을 살아갈 것을 권면하고 있다.474)

1장의 인사말과 감사(빌 1:1-11)에서 바울의 복음 사역에 빌립보 교회가 참여하고 있으며 자신의 현재 상황 속에서도 지속적인 복음의 진보가 진행되고 있음을 밝힌 바울은, 빌립보 교회가 복음을 위해 바울과 함께 계속해서 투쟁에 동참할 것을 바라며(빌 1:12-26), 복음 안에서 살아가는 교회의 구체적인 모습들을 제시하고 있다(빌 1:27-2:16).

앞서 바울은 ① 복음에 합당한 삶으로 교회의 외형적 요소들로서, '복음의 신앙을 위하여 협력하는 것'(1:27)과 '무슨 일에든지 대적하는 자들 때문에 두려워하지 아니하는 것'(1:28)과 '복음의 진보를 위한 싸움에는 언제나 고난이 따른다는 것'(1:29)에 대한 삶의 자세(빌 1:27-30)를 제시한 바 있다.

이어서 바울은 ② 복음에 합당한 삶으로써 교회의 내형적 요소들에 대한 삶의 자세(2:1-16)를 제시하기 위하여 그 모델로 겸손의 모범을 보이신 그리스도의 삶과 그리스도를 높이 들어 올리신 하나님의 권능(2:5-11)에 대한 내용들을 전개시키고 있다.

특별히 2장 5-11절에는 성도들이 구현해야 할 겸손한 삶으로 그리스도를 최상의 모델로 그린 '종'의 이미지가 묘사되고 있다. 이어 바울은 그리스도의 모범을 따르는 교회 공동체의 삶의 자세(빌 2:12-16)를 제시함으로써 복음에 합당한 삶의 내용들이 무엇인가를 밝히고 있다.

빌립보 교회 방문을 소망했던 바울은(빌 1:16) 이 단락을 마치면서 그

---

474) 김세윤, 빌립보서 강해, p. 69.

리스도의 오심(Parousia)을 소망하고 있는데(빌 2:16) 이것은 빌립보 교회가 바울의 복음으로 견고해져서 마지막 날에 주님으로부터 칭찬을 받게 될 것에 대한 바울의 소망을 강조하기 위함이다.

이어 2장 17절부터 앞서 언급했던 빌립보 교회의 방문(빌 1:16)과 관련된 자전적인 이야기를 계속하면서 디모데와 에바브로디도를 먼저 빌립보 교회로 보내는 것과 자신의 방문 계획을 다시 알리고 있다(빌 2:17-30).

이러한 빌립보서 2장의 흐름 가운데 앞서 살펴본 "오직 너희는 그리스도 복음에 합당하게 생활하라"(빌 1:27a)고 하는 권면의 내용을 마음에 간직하며 바울이 오늘날 우리 시대의 교회에게 무엇을 바라고 있는지를 알고 마음에 새겨야 한다.

1. 굳건한 믿음으로 하나인 교회 (빌 1:27-30)

빌립보 교회 성도들은 그들이 속한 사회에서 자신의 존재를 감출 수 없다. 어떤 점에서 빌립보 교회 성도들은 그들이 사는 도시의 한 일원으로 빌립보라는 도시 안에서 서로 부딪히는 삶의 형태를 살고 있기 때문이다. 이런 이유에서 빌립보 교회 성도들은 삶의 정황으로부터 적지 않은 도전을 받고 있었으며, 때로는 외부로부터 교회 정체성에 대한 도전으로 말미암아 일종의 고난 가운데 있어야 했다.

이러한 상황들은 자칫 성도들로 하여금 신앙을 포기하게 하는 요소로 작용할 수도 있었으며 반면에 그들의 신앙을 더 확고하게 만드는 요소로도 작용할 수 있었다. 이와 같은 상황에서 교회의 자존감을 회복하고 오히려 하나님 나라의 특성을 발휘하는 방법은 교회로서 확고한 정체성을 가질 필요가 있었다.

바울은 이점을 누구보다 잘 알고 있었다. 왜냐하면 복음의 사역자로서 바울은 언제나 외적 요소들의 도전을 받았던 경험이 축적되어 있었기 때문이다. 이와 같은 요소들에 대한 바울의 대답은 오히려 성도들이 복음으로 훈련받고 가치 있게 삶으로써 사회 모든 구성 요소들을 변화시키는 것이었다.

때문에 바울은 마치 전쟁에 참여하는 군사들이 일사불란하게 한 몸과 한 뜻으로 완전한 팀을 이루듯이 교회 역시 연합되고 확고하며 일관된 신앙의 삶, 즉 그리스도의 복음으로 살아가는 삶을 추구해야 할 것을 빌립보 교회에게 권면하고 있다.475)

그 첫 번째 권면으로 바울은 빌립보 교회가 복음에 합당하게 공동체적 삶을 살아감으로써 한마음으로 뭉쳐 교회를 핍박하는 대적자들이 다가와도 겁먹지 말고 굳건히 맞서 투쟁해야 함을 1장 후반부에서 제시한 바 있다.

> "오직 너희는 그리스도의 복음에 합당하게 생활하라 이는 내가 너희에게 가 보나 떠나 있으나 너희가 한마음으로 서서 한 뜻으로 복음의 신앙을 위하여 협력하는 것과 무슨 일에든지 대적하는 자들 때문에 두려워하지 아니하는 이 일을 듣고자 함이라 이것이 그들에게는 멸망의 증거요 너희에게는 구원의 증거니 이는 하나님께로부터 난 것이라 그리스도를 위하여 너희에게 은혜를 주신 것은 다만 그를 믿을 뿐 아니라 또한 그를 위하여 고난도 받게 하려 하심이라 너희에게도 그와 같은 싸움이 있으니 너희가 내 안에서 본 바요 이제도 내 안에서 듣는 바니라"(빌 1:27-30).

이러한 권면은 먼저 성도들이 살고 있는 이 세상의 나라에서나, 궁극적으로 성도들이 들어가게 될 하늘나라에서도 선량한 시민 의식을 갖고 사는 것(*πολιτεύεσθε*)이며 단결하여 하나가 되는 것을 가리키고 있다.

또한 교회가 가장 확실히 믿는 것들로 인해 생긴 믿음의 보전을 위해

---

475) Fred B. Craddock, 빌립보서, p. 81.

함께 싸워야 하는데, 대적자들에게는 그것이 박해와 죽음만을 가져다 주는 무모한 것처럼 보인다 할지라도 그것은 성도들에게 구원을 가져다주는 충성임을 인식해야 한다. 이 충성은 하나님께서 성도들의 믿음에 응답하여 성도들이 바라는 목적지까지 인도해 주실 것을 믿는 그 '믿음' 으로부터 나온다.

'오직 그리스도의 복음에 합당하게 생활하라' (*μόνον ἀξίως ὁ εὐαγγέλιον ὁ Χριστός πολιτεύομαι*)는 말은 복음에 합당하게 산다는 것을 가리킨다. 이 말은 그리스도를 믿을 때 그리스도로 인하여 받는 고난이 하나님께서 그들에게 주시는 은혜로운 은사이고, 성도들은 그 은사에 대해 감사하는 것을 포함하고 있다.

바울과 성도들은 고난당하신 그리스도와 더불어 고난당하는 공동체를 이루고 있으며, 이로써 그들은 바울과 함께 그리스도의 고난에 기꺼이 동참하게 될 것을 충분히 예상하고 믿음의 싸움을 지속해 나가야 한다.476)

이것이 바로 천국 시민으로서 복음에 합당하게 살아가는 삶의 자세이며, 이를 위하여 성도들은 ① 복음의 신앙을 위해 서로 협력하고 (1:27), ② 무슨 일에든지 대적하는 자들 때문에 두려워하지 아니하며 (1:28), ③ 복음의 진보를 위한 싸움에는 언제나 고난이 따른다는 사실을 기꺼이 감당하는 삶을 살아야 한다(1:29).

2. 겸손과 자기희생적 사랑으로 하나인 교회 (빌 2:1-4)

그리스도의 복음에 합당하게 교회 공동체의 삶을 살아가는 시민 의식은 한 마음으로 일치단결하여 믿음에 굳게 서서 교회의 대적자들에게 대항하는 것이라고 설명한 바울은, 이어서 "오직 너희는 그리스도

476) Gerald F. Hawthorne, 빌립보서, p. 160.

복음에 합당하게 생활하라"(빌 1:27a)에 따른 두 번째 권면으로 겸손과 자기희생적 사랑으로 하나된 공동체를 이루는 것이야말로 복음에 합당하게 사는 삶(πολιτεύεσθε)이라고 하면서 다음과 같은 요소들을 그 근거로 제시하고 있다.

> "그러므로 그리스도 안에 무슨 권면이나 사랑의 무슨 위로나 성령의 무슨 교제나 긍휼이나 자비가 있거든 마음을 같이하여 같은 사랑을 가지고 뜻을 합하며 한마음을 품어 아무 일에든지 다툼이나 허영으로 하지 말고 오직 겸손한 마음으로 각각 자기보다 남을 낫게 여기고 각각 자기 일을 돌볼뿐더러 또한 각각 다른 사람들의 일을 돌보아 나의 기쁨을 충만하게 하라" (빌 2:1-4).

2장 1-4절은 한 문장으로 '나의 기쁨을 충만케 하라' (πληρώσατέ μου τὴν χαρὰν, 원문은 2절에, 개역개정은 4절에 번역하고 있다)가 이 문장의 주절을 이루고 있다. 이 단락의 새번역 성경은 아래와 같다.

> (1절) 그러므로 그리스도 안에서 여러분에게 무슨 격려나, 사랑의 무슨 위로나, 성령의 무슨 교제나, 무슨 동정심(긍휼)과 자비가 있거든,
> (2절) 여러분은 같은 생각을 품고, 같은 사랑을 가지고, 뜻을 합하여 한 마음이 되어서 내 기쁨이 넘치게 해 주십시오.
> (3절) 무슨 일을 하든지 경쟁심이나 허영으로 하지 말고, 겸손한 마음으로 하고, 자기보다 서로 남을 낫게 여기십시오.
> (4절) 또한 여러분은 자기 일만 돌보지 말고, 서로 다른 사람들의 일도 돌보아 주십시오.

이 단락에 사용된 용어들은 이미 1장에서 바울이 사용한 중요 단어들인 기쁨, 친교, 사랑, 교제(파트너십), 애정, 연합, 마음의 자세(1:4,5,8,13,27) 등과 같은 단어들로 짜여 있다. 이것은 바울이 그러한 것처럼 빌

립보 성도들도 그러한 단어들이 자신들의 것이 될 만큼 기독교인으로서 이미 충분하게 경험하고 있음을 강조하기 위함이다.477)

1) 복음에 합당하게 살아야 하는 삶의 근거

먼저 바울은 "그러므로 그리스도 안에 무슨 권면이나 사랑에 무슨 위로나 성령의 무슨 교제나 긍휼이나 자비가 있거든"(빌 2:1)이라는 말로 이 단락을 시작하면서 빌립보 교회가 복음에 합당하게 살아야 하는 삶의 근거로 하나님께로부터 받은 은혜들을 제시하고 있다.

각각 에이(*ει*)로 시작하는 짧은 네 개의 절들로 구성된 이 문장은 조건적이 아니라 "...이 있기 때문에"와 같은 긍정적 의미를 강조한다.

① *εἴ τις οὖν παράκλησις ἐν Χριστῷ*
(If there be therefore any consolation in Christ),
② *εἴ τις παραμύθιον ἀγάπης*
(if any comfort of love),
③ *εἴ τις κοινωνία πνεύμαατος*
(if any fellowship of the Spirit),
④ *εἴ τις σπλάγχνα καὶ οἰκτιρμοί*
(if any bowels and mercies)

여기에서 바울이 제시하고 있는 것처럼 빌립보 교회는 이미 충분한 은혜를 받은 상태였음을 상기시키면서 바울은 그들이 복음에 합당하게 살아야 할 네 가지 이유를 다음과 같이 보여주고 있다.

① 빌립보 교회는 바울이 하나님의 말씀에 입각해서 성령의 능력으로 그리스도 안에서 성도들에게 보여준 권면으로 인해 이미 굳건한 신

477) Fred B. Craddock, 빌립보서, p. 84.

앙을 지니고 있었다. 바울은 이것을 가리켜 그리스도 안에서의 권면(*παράκλησις*: 격려, 위로)이라고 한다.

② 빌립보 교회는 바울로부터 받은 사랑으로 그들이 겪은 많은 고난에 대한 위로를 받고 있었다. 바울은 이것을 가리켜 '사랑의 위로'(*παραμύθιον*)라고 한다.

③ 빌립보 교회와 바울은 깊은 교제의 관계를 유지하고 있었다(빌 1:5,7). 이 관계는 성령에 의해 발생된 천국 시민들로 구성된 공동체를 형성하고 있었다. 따라서 빌립보 교회는 성령 안에 속한 공동체로서 상호간에 교제를 누리고 있었다. 이것을 가리켜 바울은 '성령의 교제'(*κοινωνία Πνεύματος*)라고 한다.

④ 빌립보 교회는 하나님으로부터 받은 '긍휼과 자비'(*σπλάγχνα καὶ οἰκτιρμοί*)로 가득 차 있었다. 이에 대해 바울은 빌립보 성도들에 대한 하나님의 따뜻한 애정과 온유함의 대상임을 의심치 않았으며, 빌립보 성도들 역시 이 사실을 충분히 수긍하고 있음을 확인하고 있다.

이처럼 바울은 빌립보 교회가 누리고 있는 그리스도 안에서의 권면, 사랑의 위로, 성령의 교제, 하나님의 긍휼과 자비를 상기시키면서 빌립보 교회가 이와 같은 하나님의 충만한 은혜를 누리고 있기 때문에 복음에 합당한 삶을 구현함으로써 '나의 기쁨을 충만케 하라'고 권면하고 있다.

2) 한마음을 품고 서로 사랑하여 온전한 한 덩어리가 되라

이어 바울은 2장 1절에서 언급한 조건들을 갖춘 성도들로서 바울의 기쁨을 완성하기 위한 구체적인 행동 지침을 제시하고 있다. 사실 여기에서 언급하고 있는 바울을 기쁘게 하는 것은 바울을 사도로 그들에게 보내신 그리스도를 기쁨으로 가득하게 하는 일이기도 하다. 그것은 빌립보 성도들이 "① 마음을 같이 하여 ② 같은 사랑을 가지고 ③ 뜻을 합하며 ④ 한 마음을 품어"(2:2) 서로 하나가 되는 것이다.

이와 관련해 바울은 다음과 같이 권면하고 있다.

① 그리스도 안에서 형제와 자매로 서로 충실함으로써 지성과 감성의 화합이 추구되는 총체적인 화합으로 '같은 생각을 갖는 것'(τὸ αὐτὸ φρονῆτε, 개역개정은 '마음을 같이 하여').

② 교회 공동체 안에 흘러넘쳐야 하고 교회를 위한 그리스도의 '헌신적인 사랑을 서로 베푸는 것'(τὴν αὐτὴν ἀγάπην ἔχοντες, 개역개정은 '같은 사랑을 가지고').

③ 성도들이 한뜻이 되어 애정과 갈망과 열정과 화합 가운데서 함께 살겠다는 마음으로 '한 뜻이 되는 것'(σύνψυχοι, 개역개정은 '뜻을 합하여').

④ 서로간에 화합을 갈망하는 심정으로 '한 마음이 되는 것'(τὸ ἓν φρονοῦντες, 개역개정은 '한 마음을 품어').

이 네 가지의 내용은 한마음을 품고 서로 사랑하여 온전한 한 덩어리가 되라는 것을 강조하기 위한 수사법이다. 여기에서 바울이 강조하고 있는 '하나됨'(the unity)은 교회의 영적인 성장과 복음의 진보와 적대자들에 대한 성도들의 승리에 필수적인 요소들이다.478)

3) 복음에 합당하게 살아야 하는 삶의 방법

이와 관련해 바울은 "아무 일에든지 다툼이나 허영으로 하지 말고 오직 겸손한 마음으로 각각 자기보다 남을 낫게 여기고 각각 자기 일을 돌볼 뿐더러 또한 각각 다른 사람들의 일을 돌보라"(빌 2:3,4)고 하면서 빌립보 교회가 하나됨을 이루어 자신에게 기쁨을 선사하기 위해 성도

478) Gerald F. Hawthorne, 빌립보서, p. 169.

들이 하지 말아야 할 세 가지 내용들을 제시하고 있다.

① '다툼'(*ἐριθείαν* : self-interest) : 이기심에 근거한 분파주의에 따라 행동하지 않아야 한다. 이것은 당파심의 근거가 된다.

② '허영심'(*κενοδοξίαν* : vain conceit) : 자기 자신을 실제보다 높게 생각하는 과대망상이나 그렇게 보이려고 하는 헛된 생각에 따라 행동하지 않아야 한다. 이것은 공동체의 화합을 깨뜨린다.

③ '남보다 자신을 높이는 것'(*τῇ ταπεινοφροσύνῃ ἀλλήλους ἡγούμενοι ὑπερέχοντας ἑαυτῶν* : to consider oneself as more important than others)은 자신의 이익, 장점, 주장 등으로 공동체의 하나됨을 무너뜨리는 요소가 된다. 때문에 겸손한 마음을 가지고 남들을 자신보다 더 낫게 여겨야 한다. 타인의 이익을 생각해 주고, 타인의 관점을 인정하고, 타인의 주장에도 귀를 기울여야 한다.479)

이러한 삶의 방법은 최종적으로 "각각 자기 일을 돌볼 뿐더러 또한 각각 다른 사람들의 일도 돌보라"(*μὴ τὰ ἑαυτῶν ἕκαστοι σκοποῦντες, ἀλλὰ καὶ τὰ ἑτέρων ἕκαστοι*, 빌 2:4)는 삶으로 나타나기 마련이다. 이렇게 바울이 제시하고 있는 삶의 방식은 결국 바울을 기쁨으로 가득 차게 만들어 줄 것이라고 의심치 않았다.

빌립보 교회의 문제는 고린도 교회와 달랐다. 영적으로 고무된 모습을 과대평가하고 자랑으로 여겼던 고린도 교회와 달리, 빌립보 교회는 교회 안에서 모종의 경쟁심을 유발하는 집단을 만들고 그 안에서 각각 자기 자신이나 각자의 집단을 위한 이익에 관심을 보이고 있었다.

이런 점에서 바울은 교회의 하나됨과 화합을 강조하고 있다. 이렇게 교회가 하나가 되고 서로 화합하는 것이 지금 바울에게 가장 기쁜 선물이다. 때문에 바울은 '오직 겸손한 마음으로 각각 자기보다 남을 낫게

---

479) 김세윤, 빌립보서 강해, p. 76.

여기라'(τῇ ταπεινοφροσύνῃ ἀλλήλους ἡγούμενοι ὑπερέχοντας ἑαυτῶν, in humility consider others as more important than yourselves, 3절)고 적극적으로 격려하고 있다. 왜냐하면 '겸손'(ταπεινοφροσύνη)이야말로 기독교 공동체의 화합을 보장하기 때문이다. 결국 이 본문은 한 마디로 '겸손'(humility)으로 요약되고 있다.

바울은 자신을 가리켜 '사도 중에 지극히 작은 자'(고전 15:9)라 불렀다. 그리고 '모든 성도 중에 지극히 작은 자보다 더 작은 자'(엡 3:8)라 하였고 '죄인 중에 괴수'(딤전 1:15)라고 불렀다. 바울이 재판의 판결을 앞두고 있으면서도 기쁨을 가질 수 있었던 것 역시 하나님 앞에서 자신을 죄인으로 볼 줄 알고 하나님의 구원하시는 은혜가 무엇인가를 아는 겸손 때문이었다. 이것은 그리스도께서 친히 짊어지신 십자가를 통해 구원을 받은 성도들만이 누리는 진정한 겸손이 가져다주는 능력이기도 하다.480)

무엇보다 바울은 이 겸손을 그리스도 예수의 모범으로부터 가져왔다는 점에서 겸손의 개념을 새롭게 해석하고 있다. 예수 그리스도는 하나님의 형상으로 충만하게 존재하시는 분이시다(골 2:9). 그럼에도 불구하고 겸손하게 자신을 버림으로써 영광을 얻으신 그리스도의 모범과 관련하여 빌립보서 2장 5-11절에서 그리스도에게 초점을 모으는 것은 당연한 바울의 기독론적 윤리관이라 할 수 있다.

| 기 도 |

그리스도의 몸된 교회의 지체로 부름받은 성도들이 한마음으로 서서 한 뜻으로 복음의 신앙을 위하여 협력하고, 무슨 일에든지 대적하는 자들 때문

480) William Handriksen, 빌립보서, p. 134.

에 두려워하지 않으며, 다만 그리스도를 믿을 뿐 아니라 또한 그를 위하여 고난도 받는 일을 기꺼이 감수함으로써 선한 싸움에 즐겁게 나서기를(빌 1:27-30) 바라시는 우리 주 예수 그리스도의 아버지이신 하나님.

아담이 범죄한 그 이후부터 하나님께서 인류에게 바라시는 공평과 공의를 바탕으로 하나님 나라를 건설하기를 바라시는 것보다는 사람들은 오로지 자신의 유익만을 추구하고 그 이권을 위해서는 타인의 생명마저도 무참하게 짓밟아 버리는 패역을 저지르고 있는 것을 보옵나이다.

심지어 이러한 악한 행실들을 그리스도의 몸인 교회 안에까지 끌고 들어와서 서로 합력하여 바른 교회를 세우려 하지도 않으며, 복음의 대적들을 향하여 담대히 나서지도 않으며, 믿음을 지켜내기 위해 고난당하는 것조차 회피하는 사람들이 오히려 교회의 조직을 장악하고 자기 멋대로 권세를 휘두르며 오로지 자신의 잇속만 챙기고 있는 현실을 불쌍히 여겨주옵소서.

우리는 그리스도의 가르침과 사랑의 위로와 성령의 교제를 통하여 참으로 감당할 수 없을 만큼 큰 하나님의 긍휼과 자비를 받았음을 명심하고 악한 행실로부터 교회를 더욱 단단하게 지켜내기 위해 뜻을 합하며 겸손과 서로 격려하는 모범을 따라 살아가게 하옵소서.

우리 주 예수 그리스도의 이름으로 기도합니다. 아멘.

〈5〉

그리스도의 낮아지심에 나타난 기독론

빌립보서 2:5-8

2:5 너희 안에 이 마음을 품으라 곧 그리스도 예수의 마음이니 6 그는 근
본 하나님의 본체시나 하나님과 동등됨을 취할 것으로 여기지 아니하시
고 7 오히려 자기를 비워 종의 형체를 가지사 사람들과 같이 되셨고 8 사
람의 모양으로 나타나사 자기를 낮추시고 죽기까지 복종하셨으니 곧 십
자가에 죽으심이라

앞서 바울은 그리스도의 복음에 합당한 생활의 첫 번째 권면(빌 1:27-30)으로 굳건한 믿음으로 성도들이 하나가 되어서 그리스도를 믿을 때 그리스도로 인하여 받는 고난이 하나님께서 그들에게 주시는 은혜로운 은사라고 밝혔다. 그리고 그 은사에 대해 감사하는 마음을 가짐으로써 바울과 성도들은 고난을 당하신 그리스도와 더불어 고난당하는 공동체를 이루고 있다고 강조했다. 이로써 빌립보 교회 성도들은 바울과 함께 그리스도의 고난에 기꺼이 동참하는 것으로 믿음의 싸움을 계속해 나가야 한다고 격려하고 있다.

이어서 바울은 그리스도의 복음에 합당한 생활의 두 번째 권면(빌 2:1-4)에서 겸손과 자기희생적 사랑으로 하나인 교회를 세워나가야 할

것을 권면하고 있다. "마음을 같이하여 같은 사랑을 가지고 뜻을 합하며 한마음을 품어 아무 일에든지 다툼이나 허영으로 하지 말고 오직 겸손한 마음으로 각각 자기보다 남을 낫게 여기고 각각 자기 일을 돌볼뿐더러 또한 각각 다른 사람들의 일을 돌보라"(빌 2:2-4)는 권면을 통해서 앞에서 제시한 '믿음'에 이어서 성도들의 덕으로 '겸손'을 요청하였다.

바울이 '오직 겸손한 마음으로 각각 자기보다 남을 낫게 여기라'(in humility consider others as more important than yourselves, 3절)고 강조하고 있는 것은 겸손이야 말로 교회가 하나가 되고 서로 화합하는 원동력이기 때문이다. 이러한 흐름 가운데서 이제 바울은 그리스도의 겸손을 그 모범으로 성도들에게 보여주고 있다.

칼빈은 그의 주석에서 2장 5-11절을 요약하여 두 부분으로 나누고(6-8절과 9-11절) 각각의 근거를 제시하고 있다. 칼빈에 따르면, 바울은 본문을 통해 빌립보 성도들에게 겸손의 내용과 관련하여 그리스도의 모범을 예로 제시하면서 구체적인 내용을 전달하고 있다. 먼저 바울은 겸손이야말로 "오직 너희는 그리스도의 복음에 합당하게 생활하라"(빌 1:27)고 말한 것처럼 성도들에게 가장 기본적인 생활의 규범이기 때문에 그리스도를 본받으라고 권면하고, 그 다음으로 이것이 참된 영광을 얻는 길임을 밝히고 있다.481)

"너희 안에 이 마음을 품으라 곧 그리스도 예수의 마음이니"(빌 2:5)로 시작되는 그리스도의 모범에 대한 빌립보서 2장 6-11절의 찬송시는 히브리서 2장 5-9절과 더불어 바울 서신에서 매우 중요한 기독론을 보여주고 있다.

---

481) J. Calvin, 빌립보서, p. 495.

> "하나님이 우리가 말하는 바 장차 올 세상을 천사들에게 복종하게 하심이 아니니라 그러나 누구인가가 어디에서 증언하여 이르되 사람이 무엇이기에 주께서 그를 생각하시며 인자가 무엇이기에 주께서 그를 돌보시나이까 그를 잠시 동안 천사보다 못하게 하시며 영광과 존귀로 관을 씌우시며 만물을 그 발 아래에 복종하게 하셨느니라 하였으니 만물로 그에게 복종하게 하셨은즉 복종하지 않은 것이 하나도 없어야 하겠으나 지금 우리가 만물이 아직 그에게 복종하고 있는 것을 보지 못하고 오직 우리가 천사들보다 잠시 동안 못하게 하심을 입은 자 곧 죽음의 고난 받으심으로 말미암아 영광과 존귀로 관을 쓰신 예수를 보니 이를 행하심은 하나님의 은혜로 말미암아 모든 사람을 위하여 죽음을 맛보려 하심이라"(히 2:5-9).

히브리서의 찬송시는 "사람이 무엇이기에 주께서 그를 생각하시며 인자가 무엇이기에 주께서 그를 돌보시나이까 그를 하나님보다 조금 못하게 하시고 영화와 존귀로 관을 씌우셨나이다"(시 8:4,5)는 시편을 직접 인용하면서, 하나님께서 그리스도를 도우셔서 아담의 첫 범죄의 결과로 모든 사람이 겪을 수밖에 없는 죽음을 겪으셨으며, 그리스도의 죽음이 모든 믿는 자에게 구원과 영광의 머릿돌(행 4:11; 벧전 2:7)이 되게 하셨다는 점에서 그리스도의 낮아지심의 목적은 만물을 다스리는 지배자의 자리에 앉는 구원자가 되기 위한 과정이라는 사실을 명확하게 밝히고 있다.482)

빌립보서에 나오는 찬송시가 바울 이전에 이미 초대 기독교회 안에서 널리 알려져 있었다는 일부 학자들의 주장은 그리 설득력이 없다. 어떤 이는 이 찬송시가 그리스도의 생애 중 하나의 특별한 사건, 즉 예수가 제자들의 발을 씻기신 사건(요 13:3–17)에 대한 바울의 깊은 명상의 결과로 보았다.483)

---

482) 노승수, 샤로수교회 히브리서강해 03 설교문, p. 13-14

483) Gerald F. Hawthorne, 빌립보서, p. 183.

반면에 이 찬송시에서 찾아볼 수 있는 그리스도의 낮아지심으로 나타나고 있는 기독론에 대한 바울의 이해는 예수님이 부활하신 후 바울에게 준 직접적인 계시로부터 이해된 것이 분명하다(갈 1:1,12).

바울은 "사람들에게서 난 것도 아니요 사람으로 말미암은 것도 아니요 오직 예수 그리스도와 그를 죽은 자 가운데서 살리신 하나님 아버지로 말미암아 사도 된 바울"(갈 1:1)이라고 자신이 누구인가를 밝히고, "형제들아 내가 너희에게 알게 하노니 내가 전한 복음은 사람의 뜻을 따라 된 것이 아니니라 이는 내가 사람에게서 받은 것도 아니요 배운 것도 아니요 오직 예수 그리스도의 계시로 말미암은 것이라"(갈 1:11,12)며, 자신이 전한 복음의 근거는 오직 예수 그리스도의 계시임을 확고하게 증언하고 있다.

바울은 이 찬송시에서 ① 그리스도의 선재하심(6절), ② 이땅에서 그리스도의 사역(7,8절), ③ 승천하신 그리스도의 영광(9-11절)을 찬양하고 있다.

1. 그리스도의 선재하심에 대하여 (빌 2:6)

그리스도의 선재하심은 천지가 창조되기 이전에 그리스도께서는 하나님과 함께 계셨다는 것으로 신약의 주된 가르침 중 하나이다(요 1:1,2; 히 1:1-4; 골 1:15; 고후 8:9). 그리스도의 선재는 "성부, 성자, 성령 모두가 단일하고 유일한 참된 하나님으로서 하나님의 한 실체 안에 자신들의 고유성들에 의해서 실재적으로 구별"(proprietatibus suis realiter) 되시며, "성부와 성자와 성령은 분리할 수 없으며, 분리되지 않은 채 역사하신다"(pater et filius et spiritus sanctus sicut inseparabiles sunt, ita inseparabiliter operentur)는 어거스틴의 전통적인 삼위일체 신앙으로 증거된다.

따라서 그리스도의 초월성과 그리스도의 선재하심은 초대 교회가 참된 인간이시면서 십자가에 달리셨던 나사렛 예수를 통해 시공과 역사를 초월하는 현실을 체험하는 신앙의 경험이라는 점에서 기독론의 핵심을 이룬다.484)

바울은 이 찬송을 시작하면서 예수께서 하나님의 형상을 갖고 계시기 때문에 그 높은 지위를 고수해야 할 목표로 여긴 것이 아니라 오히려 섬기는 자가 되기 위해 내려놓아야 할 대상으로 여기셨음을 밝히고 있다. "그는 근본 하나님의 본체시나 하나님과 동등됨을 취할 것으로 여기지 아니하시고"(ὃς ἐν μορφῇ θεοῦ ὑπάρχων, οὐχ ἁρπαγμὸν ἡγήσατο τὸ εἶναι ἴσα θεῷ, 빌 2:6)에서 강조되고 있는 것은 그리스도의 겸손이다.

1) 하나님의 형상이신 그리스도

바울은 역사적 예수를 성육신하시기 이전에 존재했던 예수와 연결시키고 또한 동일한 존재로 확인하고 있다. '그는 근본 하나님의 본체시나'라는 말은 '그리스도께서는 하나님의 형상으로(ἐν μορφῇ θεοῦ) 존재하셨다'는 의미이다. 즉 그리스도는 하나님의 또 다른 형상이 아니라 마치 하나님의 형상이 그리스도의 존재 영역인 것처럼 또는 그리스도가 입은 의복인 것처럼(눅 7:25) 그리스도가 하나님의 형상 안에 계셨음을 묘사하고 있다.

형상(μορφη, 개역개정은 '본체, 형체')이라는 단어는 주로 감각으로 인식할 수 있는 것을 가리키지만, 이 단어가 하나님께 적용될 때는 전혀 다른 의미를 가진다. 왜냐하면 하나님은 보이지 않는 분이시며(골 1:15; 딤전 1:17), 인간의 감각으로 인식된 적도 없고 인식될 수 없기 때문이다. 따라서 이 '형상'(μορφη)이라는 단어는 하나님께서 존재하시는 실상

484) Fred B. Craddock, 빌립보서, p. 91.

이며, 우리의 이해력으로나 눈으로는 파악될 수 없음을 전제해야 한다. 이때 '하나님의 형상'은 하나님의 본질적인 성질과 성격으로 이해된다.

그러므로 그리스도께서 하나님의 형상 안에 존재하셨다는 말은 그분이 자신의 인성 밖에서는 '하나님의 형상'으로 존재하는 방법, 즉 하나님께 속한 모든 특성과 자질을 지니는 것 외에는 다른 존재 방법이 없었음을 의미한다. 이로써 바울은 부활하신 예수님을 통해 받은 계시를 근거하여 '그리스도는 하나님의 본성을 지니신 분'이라고 말함으로써 '그리스도는 하나님이시다'는 사실을 확증하고 있다.

이로써 바울은 부활하여 살아 계신 그리스도 예수와의 인격적인 만남으로 인해 바울이 할 수 있는 최선의 방법으로 그리스도 예수의 신성을 증언하고 있다.485) 이 증언은 다음에 나오는 '하나님과 동등됨'에 의해 재확인되고 있다.

2) 신성으로 충만하신 그리스도

이 구절에서 핵심적인 단어는 '그는 하나님과 동등됨을 취할 것(ἁρπαγμὸν)으로 여기지 않으셨다'에 들어 있는 '취할 것'으로 번역된 '하르파그몬'(ἁρπαγμὸν)이라는 단어이다. 이 단어는 '탈취하다'는 의미를 가지고 있지만 신약에서는 이곳에서만 사용되었다. 이 단어의 해석 여하에 따라 ① 아담 기독론(롬 5:12-21; 고전 15:20-22,45-49), ② 역사적 기독론, ③ 신적 기독론 등으로 이해된다.

① 첫 번째 해석 방법은 이 단어를 '아직 소유하지 못했지만 하나님과 동등됨을 취하는 것으로 이해하는 것으로 아담 기독론의 배경이 된

485) Gerald F. Hawthorne, 빌립보서, p. 193.

다. 아담 기독론 입장에서 볼 때 이 구절은 '그리스도는 하나님의 형상이었지만 하나님과 동등됨을 탈취할 것으로 여기지 않았다'로 번역된다.

이 경우 그리스도 예수는 하나님의 형상이어서 하나님과 동등됨을 손만 내밀면 취할 수 있는 위치에 있었지만 그렇게 하지 않았다는 의미를 가지게 된다. 이 해석은 그리스도를 제2의 아담, 즉 종말의 아담으로 보고 첫 아담과 모형론적 대조를 이루는 것으로 이해한다.

첫 사람 아담은 하나님의 형상으로 지음받았으나(창 1:26-28) 그 위상에 만족하지 않고 하나님과 완전한 동등함을 탈취하려고 과일을 취했다(창 3:5). 하지만 아담은 하나님과 같이 된 것이 아니라 오히려 하나님의 형상의 위치에서 떨어져 사탄과 피조물 그리고 죄와 죽음의 종이 되었다.

반면에 그리스도는 오는 세상의 아담으로 오셔서 아담과 달리 하나님과 동등됨을 취하려 하지 않고 자신을 비워 인간의 위치로 내려와 죽음의 세력에 대한 인간의 노예적 실존에 참여하였으며 스스로 낮추어 십자가 위에서 죽을 때까지 하나님께 순종하셨다.

그 결과 그리스도의 자기를 낮춤과 순종은 결국 하나님으로부터 높이심을 받아 하나님의 이름인 '주'(*κυριος*)와 '만유를 다스리는 하나님의 주권'을 가지게 됨으로써 하나님과 동등해지는 결과를 가져왔다는 주장이다.486)

이러한 해석 방법은 선재 상태의 그리스도가 하나님의 형상이었음에도 불구하고 하나님과 온전한 동등함을 갖지 못한 존재, 즉 하나님보다 낮은 존재였을 것이라는 암시를 주고 있다는 점에서 존재론적 삼위일체 관점을 약화시킨다는 약점을 가지고 있다.

---

486) James D. G. Dunn, 바울신학, p. 410-411.

② 두 번째 해석 방법에서는 이 단어를 이미 '취해 얻은 것'으로 이해한다. 이 경우 선재한 그리스도는 하나님의 형상이어서 하나님과 완전히 동등하신 분이었지만 그 하나님과 완전히 동등함을 누릴 수 있는 일종의 노획물(booty)로 여기지 않고 스스로 비워 종의 형체를 취하신 것으로 이해한다.

이 견해는 그리스도께서 하나님과 동등한 지위를 차지하고 계셨으며 그렇기 때문에 그가 선택을 해야 한다면 자기의 신분을 극대화하기 위한 목적으로 이용하는 분으로 암시하고 있다.487) 이러한 해석은 본문의 의도와 일치하지 않는다.

③ 세 번째 해석은 이 단어를 움켜쥐는 행위, 취득하는 것으로 이해한다. 이 경우 본문은 "그가 하나님의 형상으로 계셨기 때문에 그는 하나님과 동등함을 받는 것이 아니라 주는 것으로 여기셨다"로 번역된다. 이때 하나님의 참된 본성은 이기적으로 움켜잡는 것이 아니라 아낌없이 주는 것으로 나타난다.

이 해석은 "오히려 자기를 비워 종의 형체를 가져 사람들과 같이 되었고"(*ἀλλ' ἑαυτὸν ἐκένωσεν, μορφὴν δούλου λαβών, ἐν ὁμοιώματι ἀνθρώπων γενόμενος*, 빌 2:7)와 잘 연결된다. 이러한 해석은 그리스도께서는 본성 자체로는 하나님이셨지만 그 본성을 취득하는 것으로 여기지 않고 자신에 대한 모든 이기적인 생각을 버리고 남을 풍부하게 하기 위해 자기의 완전함, 즉 충만함을 넘쳐흐르게 한다는 의미가 확실해진다.

이 해석은 성육신이 삼위일체 하나님의 본질의 문제가 아니라, 삼위일체 하나님의 의논과 의지와 예정과 뜻의 관점에서 진술해 왔던 전통적인 교의학적 해석과도 조화를 이루고 있다.

---

487) Gerald F. Hawthorne, 빌립보서, p. 194.

2. 이땅에서 그리스도의 사역에 대하여 (빌 2:7)

위에서 본 것처럼 신성의 본질은 자신의 충만함(*πληρομα*)에서 스스로 내어 주는 데 있다. 이것이야말로 신적 사랑(*αγαπη*)이다. 그 결과로 신성의 존재이신 그리스도께서 인간과 같이 되어 시간과 공간의 제약 속으로 들어오시어 인간의 가난한 처지에 참여하심으로 나타나게 되었다. 여기에서 바울은 그리스도께서 우리의 운명에 동참하셨다는 사실과 그것을 위해 스스로를 비우셨음을 강조하고 있다.488) 이때 '오히려 자기를 비우셨다'(*ἀλλ' ἑαυτὸν ἐκένωσεν*, 빌 2:7a)는 의미는 다음에 이어지는 세 개의 분사구로 설명된다.

첫째, 그리스도는 종의 형상(개역개정은 형체)을 입으셨다(*μορφὴν δούλου λαβών*, 빌 2:7b).

이 형상(*μορφη*)은 그리스도께서 종의 외모를 가지고 있다거나 종으로 가장하셨다는 말이 아니라 "그는 근본 하나님의 본체시나 하나님과 동등됨을 취할 것으로 여기지 아니하시고"(빌 2:6)와 같이 종의 본질적이며 특징적인 속성을 받아들이셨음을 의미한다. 이것은 모든 인류를 섬기는 위치에 자신을 갖다 놓는다는 명백한 목적 때문에 자신의 권리나 특권을 버리고 또한 남보다 유리한 점이 전혀 없는 사람으로서 그렇게 하셨음을 강조하고 있다.

둘째, 사람들과 같이 되셨다(*ἐν ὁμοιώματι ἀνθρώπων γενόμενος*, 빌 2:7c).

이것은 '하나님의 형상으로 항상 계셨다'는 빌립보서 2장 6절과 날카로운 대조를 보이며 그리스도가 사람의 모습으로 존재하게 되었음을 묘사한다. 여기에서 '같이 되었고'(*γενόμενος* : being made)라는 단어는

488) 김세윤, 빌립보서 강해, p. 89.

① 신이 인간의 몸을 입고 왔다는 가현설(假現說 : Docetism)이 말하는 것처럼 그리스도께서 단지 사람으로 보였다는 것을 의미하지도 않으며, ② 그리스도는 하나님으로부터 온 이후로 하나님과의 은밀한 관계를 유지하고 있다거나 그만큼 사람들과는 거리가 먼 신비스러운 모습을 가지고 있는 초월자(超越者)라는 의미도 아니다.

오히려 이 말은 "우리에게 있는 대제사장은 우리의 연약함을 동정하지 못하실 이가 아니요 모든 일에 우리와 똑같이 시험을 받으신 이로되 죄는 없으시니라"(히 4:15)는 표현처럼 그리스도께서는 모든 점에서 사람들과 같음을 강조하고 있다.

셋째, 사람의 모양으로 나타나셨다(σχήματι εὑρεθεὶς ὡς ἄνθρωπος, 빌 2:8a).

여기에서 모양(σκημα)은 형상의 또 다른 말로 감각으로 인식할 수 있는 외적인 형태나 구조를 의미한다. 따라서 이 단어는 본질적이며 영구적인 것이 아닌 표면적이고 가변적인 의미를 함의한다. 이 단어는 성육신하신 그리스도가 외모로만이 아니라 생각과 느낌에서까지 진정한 사람이 되셨음을 강조하고 있다.

이상의 세 가지 표현들은 그리스도가 성부이신 하나님보다 못하게 되었다는 것이 아니라 하나님보다 더 낮아지게 되었음에 초점을 모으고 있다. 그리고 그리스도의 낮아짐은 창세 전에 예정하신 하나님의 뜻을 이루심으로써 그 뜻을 친히 나타내신 계시적인 사건으로 더 큰 의미를 가지게 된다(엡 1:3-14).

지금까지 살펴본 것처럼 하나님이셨던 분이 완전하게 인간이 될 수 있다는 이 신비는 설명이 불가능하다. 즉 그리스도가 인간으로 육체적이고 정신적이고 사회적이고 영적인 성장을 할 수 있는(눅 2:52) 가능성을 지닌 순수한 인간이 될 수 있다는 것은 신비 그 자체이다.

이처럼 신적이면서도 인간적이며, 하나님이면서 동시에 사람일 수 있다는 것은 분명히 역설이다. 하지만 바울은 이 역설을 통해 그리스도의 신성과 인성에 대해서 더 이상 어떤 의문도 용납하지 않는다. 왜냐하면 그리스도의 성육신은 하나님의 뜻을 드러내는 계시적 사건이기 때문이다.

3. 겸손과 헌신의 모범이신 그리스도에 대하여 (빌 2:8)

앞서 바울은 "아무 일에든지 다툼이나 허영으로 하지 말고 오직 겸손한 마음으로 각각 자기보다 남을 낫게 여기고 각각 자기 일을 돌볼뿐더러 또한 각각 다른 사람들의 일을 돌보아 나의 기쁨을 충만하게 하라"(빌 2:3,4)는 권면에서 빌립보 성도들에게 서로 사랑하는 가운데서 행하는 겸손과 헌신적인 봉사를 통해 하나 된 공동체를 이루는 것이 복음에 합당한 삶이라고 강조한 바 있다.

이 주제는 "너희 중에는 그렇지 아니하니 너희 중에 누구든지 크고자 하는 자는 너희를 섬기는 자가 되고 너희 중에 누구든지 으뜸이 되고자 하는 자는 모든 사람의 종이 되어야 하리라"(막 10:43,44)는 예수님의 가르침에 근거하고 있다.

이 예수님의 가르침은 "사람의 모양으로 나타나셨으매 자기를 낮추시고 죽기까지 복종하셨으니 곧 십자가에 죽으심이라"(빌 2:8)는 바울의 찬송에서 그 극치를 이루고 있다. '낮추셨다'(ἐταπείνωσεν)는 말은 어떤 큰 업적을 이루려 애쓰지 않았다는 의미이다.

빌립보 성도들 중 일부는 이러한 자리에 서 있지 않고 있었다(빌 2:3). 다툼과 허영과 남보다 나를 높이 보이려고 하는 사람들과 달리 그리스도는 명예와 권리와 신용을 얻기 위한 싸움이 있는 곳에 서지 않으셨다. 대신 그리스도의 전 생애는 자기부인(Self-denial)과 자기헌신(Self-devotion)과 자기희생(Self-sacrifice)으로 특징지어진다.489)

바울은 이 '낮추셨다'는 단어를 더 자세히 설명하기 위해 그리스도께서 죽기까지 복종하셨다고 강조하고 있다. 그리스도는 스스로를 낮추시되 죽기까지 하나님께 순종하셨다. 그 극치가 바로 십자가에 못 박힌 죽음이다. 웨스트민스터 신앙고백서 제8장 중보자 그리스도, 제4항은 이렇게 고백하고 있다.

> "이 직분을 주 예수께서는 아주 기꺼이 맡으셨으며(시 40:7,8; 히 10:5-10; 요 10:18; 빌 2:8), 이 직분을 이행하기 위하여, 그는 율법 아래 태어나셨고(갈 4:4), 율법을 온전히 성취하셨으며(마 3:15; 5:17), 자신의 영혼이 가장 극심한 고뇌들을 직접 겪으셨으며(마 26:37,38; 눅 22:44; 마 27:46), 그의 몸으로는 가장 아픈 고통들을 당하셨고(마 26:27), 십자가에 못 박혀 죽으시고(빌 2:8), 장사되어 사망의 권세 아래 있었으나 결코 썩지 않으셨다(행 2:23,24,27; 13:37; 롬 6:9).

여기에서 바울은 예수 그리스도의 십자가 죽음에 초점을 맞춘 '십자가 신학'(theologia crucis)과 일치시킨다. 이것은 그리스도의 죽음이 대속의 죽음이었기 때문이다. 그러나 여기에서 바울은 이 십자가의 죽음을 그리스도의 낮아짐의 극치, 곧 하나님으로부터 분리된 인간의 가장 처참한 상황까지 낮아짐을 강조하기 위해 등장시키고 있다.

그리스도께서 십자가의 죽음을 받아들이신 것은 "믿음의 주요 또 온전하게 하시는 이인 예수를 바라보자 그는 그 앞에 있는 기쁨을 위하여 십자가를 참으사 부끄러움을 개의치 아니하시더니 하나님 보좌 우편에 앉으셨느니라"(히 12:2)는 말씀처럼 하나님과 사람에 대한 궁극적인 긍정의 대답이었고 사람들에게 헌신적으로 봉사하는 것으로 나타난 하나님에 대한 그리스도의 순종의 행위(the Obedience of Christ)였다.

---

489) Gerald F. Hawthorne, 빌립보서, p. 200.

그렇지만 그리스도의 죽음은 다른 사람들이 그랬던 것처럼 자연적인 죽음이 아니었다. 곧 십자가 위에서의 죽음이었는데 이 죽음이야말로 예수님에게 있어서는 가장 처참한 죽음이었다. 심지어 이 죽음은 하나님으로부터 저주를 받은 죽음이었다(신 21:22,23; 고전 1:23; 갈 3:13; 히 12:2). 하나님의 형상으로 계셨고 하나님과 동등했던 분이 자기를 비우고 자기를 낮추고 자기를 범죄자의 죽음에 맡긴 죽음이었다.

여기에서 바울은 빌립보 성도들도 그리스도의 모범을 따를 것을 요구하고 있다. 그리스도께서 죽기까지, 십자가에서 죽기까지 복종하셨다면 성도들 역시 하나님의 명령에 복종해야 한다. 그 복종은 성도들의 생활 가운데서 주님의 정신, 곧 하나가 되고 겸손하여지며 서로 돌아보는 정신을 발휘하는 것으로 나타나야 한다. 그것이 하나님을 기쁘시게 하는 일이기 때문이다.490)

그리고 이처럼 하나님을 기쁘시게 하는 일은 자연스럽게 "마음을 같이하여 같은 사랑을 가지고 뜻을 합하며 한마음을 품어 아무 일에든지 다툼이나 허영으로 하지 말고 오직 겸손한 마음으로 각각 자기보다 남을 낫게 여기라"(빌 2:2,3)는 삶의 모습으로 나타나기 마련이다.

이 모습이야말로 하늘의 시민권을 가진 천국 시민들이 '오직 그리스도의 복음에 합당하게 생활하라'(*μόνον ἀξίως ὁ εὐαγγέλιον ὁ Χριστός πολιτεύομαι*)는 바울의 권면을 따라 살아감으로써 온 세상에 펼쳐지는 그리스도를 믿는 믿음의 '덕'(德)이라 할 수 있다.

| 기 도 |

자신의 영원한 작정 안에서 독생자이신 예수를 사람 사이의 유일한 중보자로 세우시고(사 42:1; 벧전 1:19,20; 요 3:16; 딤전 2:5), 원죄와 자범죄로 인

490) William Handriksen, 빌립보서, p. 149.

하여 영원히 하나님으로부터 단절된 죄인들이 그 독생자로 말미암아 정한 때에 구속함을 받고 부르심을 받고 의롭다 함을 받고 성화되고 영화롭게 되기를(딤전 2:6; 사 55:4,5; 고전 1:30) 기뻐하시는 우리 주 예수 그리스도의 아버지이신 하나님.

하나님의 기쁘신 뜻을 따라 성자께서는 성부와 동일한 실체를 가지고 있으며 성부와 동등하신 참되시고 영원하신 하나님이시지만 인성을 취하시어(요 1:1,14, 요일 5:20; 빌 2:6; 갈 4:4) 인성에 속하는 모든 본질적인 속성과 일반적인 연약성을 기꺼이 지니시기를 기뻐하시고(히 2:14,16,17; 4:15), 자신에게 주어진 중보자의 직분을 이행하기 위해 율법을 완전히 만족시키셨으며(마 3:15; 5:17), 영혼으로는 가장 극심한 고통을 직접 참고 견디셨으며(마 26:37,38; 눅 22:44), 몸으로는 가장 아픈 고통들을 감내하셨나이다.

이로써 완전한 순종과 자기 자신을 단 한 번에 하나님께 바친 제물로 성부의 공의를 만족시키심으로써(롬 3:25,26; 5:19; 히 9:14-16; 10:14; 엡 5:2) 성부께서 자신에게 주신 모든 사람을 위해 화해뿐만 아니라 하늘나라의 영원한 기업을 얻으셨음에(단 9:24,26; 골 1:19,20; 엡 1:11,14; 요 17:2; 히 9:12,15) 감사를 드리나이다.

이러한 그리스도의 겸손을 통하여 우리는 하나님의 긍휼과 자비를 누리게 되었사오며, 당연히 그리스도께서 모범을 보이신 것처럼 우리 또한 하나님께 순종하는 삶을 살아야 할 것이옵나이다. 이것이 그리스도의 복음에 합당한 생활임을 깨닫고 더욱 더 하나님의 자녀다운 모습으로 살아가게 하옵소서.

우리 주 예수 그리스도의 이름으로 기도합니다. 아멘.

〈6〉

그리스도의 높아지심에 나타난 기독론

빌립보서 2:9-11

2:9 이러므로 하나님이 그를 지극히 높여 모든 이름 위에 뛰어난 이름을
주사 10 하늘에 있는 자들과 땅에 있는 자들과 땅 아래에 있는 자들로 모
든 무릎을 예수의 이름에 꿇게 하시고 11 모든 입으로 예수 그리스도를
주라 시인하여 하나님 아버지께 영광을 돌리게 하셨느니라

그리스도의 찬송시(빌 2:6-11)의 첫 번째 부분에서(6-8절) 바울은 하나님의 형상을 지닌 그리스도께서는 자신의 특권을 버리고 사람의 형체를 입고서 하나님의 종으로 이 땅에 와서 치욕스러운 죽음으로 죽기까지 하나님의 뜻에 순종하셨음을 강조하고 있다. 이러한 하나님의 뜻에 대한 그리스도의 순종에는 두 가지 관점에서 생각할 필요가 있다.

첫째는, 그리스도의 능동적 순종으로, 그리스도께서 지상에서 사시는 동안 율법의 요구를 충족시키시려고 적극적으로 행하셨던 모든 일들이 여기에 해당한다.491) 예수께서도 "내가 율법이나 선지자를 폐하

491) Klaas Stam, 만유의 그리스도, 송동섭 역, 전주, 자유개혁교회 레포르만다, 2017. p. 109.

러 온 줄로 생각하지 말라 폐하러 온 것이 아니요 완전하게 하려 함이라"(마 5:17)고 말씀하셨다.

바울 사도는 이와 관련하여 "율법이 육신으로 말미암아 연약하여 할 수 없는 그것을 하나님은 하시나니 곧 죄로 말미암아 자기 아들을 죄 있는 육신의 모양으로 보내어 육신에 죄를 정하사 육신을 따르지 않고 그 영을 따라 행하는 우리에게 율법의 요구가 이루어지게 하려 하심이니라"(롬 8:3,4)고 밝히고 있다.

둘째는, 그리스도의 수동적 순종으로, 그리스도의 모든 고난 가운데서 그리고 그 결과 십자가에 죽으심으로 율법의 형벌, 즉 영원한 죽음과 육체적인 죽음을 감당하신 일들이 여기에 해당한다.492)

이 사실과 관련하여 베드로 사도는 "그는 죄를 범하지 아니하시고 그 입에 거짓도 없으시며 욕을 당하시되 맞대어 욕하지 아니하시고 고난을 당하시되 위협하지 아니하시고 오직 공의로 심판하시는 이에게 부탁하시며 친히 나무에 달려 그 몸으로 우리 죄를 담당하셨으니 이는 우리로 죄에 대하여 죽고 의에 대하여 살게 하려 하심이라 그가 채찍에 맞음으로 너희는 나음을 얻었나니 너희가 전에는 양과 같이 길을 잃었더니 이제는 너희 영혼의 목자와 감독 되신 이에게 돌아왔느니라"(벧전 2:22-25)고 증언하고 있다.

이러한 그리스도의 능동적 순종과 수동적 순종과 관련해 웨스트민스터 신앙고백서 제8장 "중보자 그리스도"를 눈여겨보아야 한다. 먼저 제1항에서는 "하나님께서는 자신의 영원하신 작정 안에서 자신의 독생자이신 주 예수를 하나님과 사람 사이의 중보자(사 42:1; 벧전 1:19,20; 요 3:16; 딤전 2:5)로 삼으셨다"고 고백하면서, 중보자이신 그리스도의 오심과 관련해 이 일이 만세 전에 있었던 성부와 성자와 성령의 협의로부터

---

492) Ibid.

시작되었음을 보여주고 있다(엡 1:4-13).

① 그리스도의 능동적 순종

이어 제4항에서는 "이 직분을 주 예수께서는 아주 기꺼이 떠맡으셨다(시 40:7,8; 히 10:5-10; 요 10:18; 빌 2:8). 이 직분을 이행하기 위해 그리스도께서는 율법 밑에서 인간이 되셨고(갈 4:4), 율법을 완전히 만족시키셨다(마 3:15)"고 고백한다. 이러한 그리스도의 능동적 순종으로 말미암아 율법을 주신 하나님의 깊으신 의지가 만세 전에 있었던 하나님의 작정으로부터 시작되었음을 증거하고 있다.

다시 말하면 아담의 범죄 이후로 아무도 사망의 그늘 아래에서 벗어날 수 없음에도 불구하고 사람들에게 율법을 주신 것은, 율법에 대한 그리스도의 능동적 순종으로써만 오로지 율법의 모든 요구를 만족시킬 수 있다는 사실을 통해서, 이 율법이야말로 중보자로 오실 메시아이신 예수 그리스도를 바라보게 하기 위해 역사 속에 주어졌음을 명확하게 보여주고 있다. 그래서 바울은 율법을 가리켜 그리스도에게로 이끌어 주는 몽학선생이라고 밝히고 있다(갈 3:24,25).

이 말은 우리로서는 그 누구도 율법을 온전하게 지킬 수 없지만 오직 그리스도만이 율법은 온전히 지켜 율법을 완전케 하심으로써 그리스도 예수 안에 있는 우리도 그 율법을 완전케 하신 그리스도의 공로로 말미암아 하나님으로부터 의롭다함을 인정받을 수 있는 유일한 길임을 명확하게 밝혀주고 있다.

② 그리스도의 수동적 순종

그리고 제5항에서 "주 예수는 자신의 완전한 순종과 영원하신 성령으로 말미암아 자기 자신을 단 한 번에 하나님께 바친 제물로 성부의 공의를 만족시키셨으며, 성부께서 자기에게 주신 모든 사람을 위해 화해뿐만 아니라 하늘나라의 영원한 기업을 획득하셨다"고 선언하고 있다.

이러한 그리스도의 수동적 순종으로 말미암아, “예수는 우리가 범죄한 것 때문에 내줌이 되고 또한 우리를 의롭다 하시기 위하여 살아나셨느니라”(롬 4:25)고 바울 사도가 선언한 것처럼, 하나님의 공의에 대한 만족을 이루심으로써, 그 공로를 하나님께서 우리에게 전가시켜 주실 수 있는 근거를 마련해 주셨던 것이다. 이로써 공의로우신 하나님은 그리스도의 완전한 순종을 바탕으로 우리의 죄를 용서해 주시고 우리를 의롭다고 선언하시는 것이다.

이것이 바로 “우리가 아직 죄인 되었을 때에 그리스도께서 우리를 위하여 죽으심으로 하나님께서 우리에 대한 자기의 사랑을 확증하셨느니라”(롬 5:8)는 말씀처럼 사망 가운데 빠져 있던 우리를 향한 하나님의 사랑이다. 그리고 우리를 향한 이 놀라운 하나님의 사랑을 기록된 계시로 주신 복음 안에 담아놓으셨다.

그런데도 불구하고 어떤 사람들은 이러한 그리스도의 능동적 순종과 수동적 순종에 대해서 오해를 하고 그리스도의 능동적 순종을 부정하려는 사람들이 있다. 그들은 십자가에서 행하신 그리스도의 사역만이 구속의 가치가 있으며, 십자가의 죽음만이 공덕을 삼을 만한 가치가 있다고 주장한다. 그리고 우리 자신도 그리스도의 십자가의 충만한 유익을 받기 위해서는 율법의 요구를 충족시켜야 한다고 주장하고 있다.

이러한 주장은 심지어 모세도, 아브라함도, 다윗조차도 율법 앞에서 완전할 수 없었던 것을 지금 우리에게도 율법의 요구를 충족시켜야 한다고 우리에게 요구하고 있는 것이다. 이런 거짓 주장들은 그리스도께서 율법을 완전케 하신 구속의 효력을 무력하게 만들고, 또 다시 성도들에게 율법의 굴레를 덧씌워서 율법의 속박을 받게 만들 뿐이다.

나아가 이런 주장은 웨스터민스터 신앙고백서 제8장 제8항의 “그리스도께서는 하나님의 택함 받은 사람들을 위해 구속을 획득하셨는데,

그 모든 택자에게 동일한 구속을 확실하고도 효과적으로 적용하시고 전달하신다(요 6:37,39; 10:15,16)"는 기독교 신앙을 부정하는 것과 다를 바 없다.

그러나 우리 주님은 "수고하고 무거운 짐 진 자들아 다 내게로 오라 내가 너희를 쉬게 하리라"(마 11:28)고 말씀하심으로써 복음 아래에 있는 우리에게 율법으로부터의 자유를 선언하셨다.

그래서 웨스터민스터 신앙고백서 제20장 "그리스도인의 자유와 양심의 자유" 제1항에서 "그리스도께서 복음 아래 있는 신자들을 위해 획득하신 자유는, 죄책과 하나님의 정죄하시는 진노와 도덕법의 저주에서 해방이며(딛 2:14; 살전 1:10; 갈 3:13), 현재의 이 악한 세상과 사탄의 속박과 죄의 지배에서 건짐 받음이며(갈 1:4; 골 1:13; 행 26:18; 롬 6:14), 그리고 해로운 고통과 사망의 쏘는 것과 죽음의 승리와 영원한 파멸에서 건짐 받음이다(롬 8:28; 시 119:71; 고전 15:54-57; 롬 8:1). 더 나아가 그 자유는 하나님에게 자유롭게 나아감과(롬 5:1,2), 노예적인 두려움에서가 아닌 어린아이와 같은 사랑과 자발적인 마음에서 하나님에게 복종함이다(롬 8:14,15; 요일 4:18)"라고 명확하게 선언하고 있다. 이것이 복음을 받고 믿음으로 순종하고자 하는 신자들의 신앙고백이다.

지금까지 살펴본 것처럼 그리스도의 낮아지심에 나타난 기독론(빌 2:5-8)을 통해 "그러므로 우리에게 큰 대제사장이 계시니 승천하신 이 곧 하나님의 아들 예수시라 우리가 믿는 도리를 굳게 잡을지어다"(히 4:14)는 말씀처럼, 우리는 그리스도의 복음을 받은 성도로서 그 복음에 합당한 삶을 자연스럽게 살아가게 하는 것이다.

본문에 나오는 그리스도 찬송시의 두 번째 부분(빌 2:9-11)에서 바울은 하나님께서 중보자이신 그리스도 예수를 가장 높은 지위로 들어 올리셔서 하나님 자신과 동등하게 하시고, 모든 피조물로 하여금 그리스도를 주(κυριος)로 인정하게 하셨음에 초점을 맞추고 있다.

이 내용은 “땅의 모든 끝이여 내게로 돌이켜 구원을 받으라 나는 하나님이라 다른 이가 없느니라 내가 나를 두고 맹세하기를 내 입에서 공의로운 말이 나갔은즉 돌아오지 아니하나니 내게 모든 무릎이 꿇겠고 모든 혀가 맹세하리라 하였노라”(사 45:22,23)는 이사야의 예언을 반영하고 있으며, 이로써 하나님께서는 그리스도에 대한 모든 피조물의 충성이야말로 하나님께서 기뻐하시는 뜻임을 보이셨다.493)

1. 지극히 높임을 받은 그리스도 (빌 2:9)

“이러므로 하나님이 그를 지극히 높여 모든 이름 위에 뛰어난 이름을 주사”(빌 2:9)라는 바울의 선언은 예수께서 제자들의 발을 씻겨주신 예수님의 예언적 행위(요 13:3-17)를 기억하게 한다. 이와 관련해 요한은 “저녁 먹는 중 예수는 아버지께서 모든 것을 자기 손에 맡기신 것과 또 자기가 하나님께로부터 오셨다가 하나님께로 돌아가실 것을 아시고”(요 13:3)라고 기록함으로써 예수님이 자기 자신을 종과 같은 가장 낮은 위치로 낮추신 것이야말로 마침내 예수님 자신이 하나님이심을 온 세상에 명확하게 밝히시기 위한 예언적 행위임을 암시하고 있다.

‘이러므로’(διὸ : therefore)로 시작되는 이 놀라운 증명은 그리스도의 높아지심이 자기희생에 대한 보답이거나 또는 그리스도가 행한 어떤 공로에 대한 은혜로운 선물이 아님을 강조하고 있다. 바울은 여기에서 오직 그리스도의 겸손으로 인한 자연적 또는 논리적 결과로 하나님께서 그리스도를 지극히 높이셨으며 모든 이름 위에 뛰어난 이름을 주셨음을 말하고 있다. 즉 여기에서 바울은 자기 자신을 낮추는 것이 자기를 높이기 위한 방법이라는 것을 증명하자는 것이 아니다.

---

493) I. Howard Marshall, 신약성서신학, p. 425.

그리스도께서는 자신이 지상에서 행하신 모든 예언적인 행위와 그의 부활하심을 통하여 인간인 예수가 하나님의 아들로 받아들여졌다거나 혹은 높여졌다는 것에 그 초점을 맞추신 것이 아니다. 오히려 그러한 자신의 사역을 통하여 그리스도께서는 자신이 참 하나님이심을 분명하게 드러나게 하셨다. 이런 이유에서 예수님의 낮아지심은 그 자체가 계시적 사건이었다. 그리스도의 낮아지심은 하나님께서 자기 자신을 친히 사람들이 알아보고 이해할 수 있도록 하기 위한 계시적 방법이기도 하다.

이와 관련해 예수님께서 자신이 하나님이시라는 사실을 잘 보여주고 있는 말씀 중 하나가 "누구든지 제 목숨을 구원코자 하면 잃을 것이요 누구든지 나를 위하여 제 목숨을 잃으면 찾으리라 사람이 만일 온 천하를 얻고도 제 목숨을 잃으면 무엇이 유익하리요 사람이 무엇을 주고 제 목숨을 바꾸겠느냐"(마 16:25,26)라고 하신 말씀이다.

이런 말씀을 하실 수 있는 분은 오직 하나님 한 분뿐이시다. 생명을 빼앗기도 하고 주실 수 있는 분은 하나님뿐이시다. 이런 말씀의 의미를 잘 이해하고 있는 바울은 여기에서 예수께서 말씀하신 '잃으면, 얻으리라'는 개념을 그대로 자신에게로 가져와 사용하고 있다. "내가 그를 위하여 모든 것을 잃어버리고 배설물로 여김은 그리스도를 얻고"(빌 3:8)에서 똑같이 사용하고 있다. 이러한 의미를 담고 있는 내용을 우리가 좀 더 관심을 가지고 알아야 할 필요가 있다.

> "그러나 무엇이든지 내게 유익하던 것을 내가 그리스도를 위하여 다 해로 여길뿐더러 또한 모든 것을 해로 여김은 내 주 그리스도 예수를 아는 지식이 가장 고상하기 때문이라 내가 그를 위하여 모든 것을 잃어버리고 배설물로 여김은 그리스도를 얻고 그 안에서 발견되려 함이니 내가 가진 의는 율법에서 난 것이 아니요 오직 그리스도를 믿음으로 말미암은 것이

> 니 곧 믿음으로 하나님께로부터 난 의라 내가 그리스도와 그 부활의 권능과 그 고난에 참여함을 알고자 하여 그의 죽으심을 본받아 어떻게 해서든지 죽은 자 가운데서 부활에 이르려 하노니 내가 이미 얻었다 함도 아니요 온전히 이루었다 함도 아니라 오직 내가 그리스도 예수께 잡힌 바 된 그것을 잡으려고 달려가노라"(빌 3:7-12).

이러한 바울의 고백을 볼 때 '그리스도 찬송시'의 주제가 다른 곳이 아닌 복음의 전승에 근거하고 있음을 잘 보여주고 있다. 즉 예수 자신의 말씀과 행동 자체가 이 찬송시의 특징인 '낮아지고 높아지심'이라는 주제의 근거가 된다. 따라서 이 찬송시 후반부의 주제인 그리스도의 높아지심은 이미 예수의 예언적 행위, 즉 "누구든지 자기를 높이는 자는 낮아지고 누구든지 자기를 낮추는 자는 높아지리라"(마 23:12; 눅 14:11; 18:14)는 말씀 속에서 충분히 예견된다.

그렇지만 후반부의 높아지심은 전반부의 낮아지심과 같이 단계적으로 나타나지 않는다는 점에서 우리의 관심을 기울여야 한다. 단계적인 낮아지심과 달리 그리스도의 높아지심은 하나님께서 단 한 번의 극적인 행동으로 그리스도를 가장 낮은 곳에서 가장 높은 곳으로 단번에 끌어올리신 것으로 묘사하고 있다.

이로써 하나님의 율법 아래에서 정죄받으신 그리스도는 이 형벌을 그 율법에 대한 의로운 관계로 바꾸어 놓으셨다. 바울 사도가 "우리 주 예수 그리스도의 은혜를 너희가 알거니와 부요하신 이로서 너희를 위하여 가난하게 되심은 그의 가난함으로 말미암아 너희를 부요하게 하려 하심이라"(고후 8:9)고 말한 것처럼, 우리를 위해 가난하셨던 그리스도는 다시 부요하게 되셨다. 또한 배척당하신 그가 이제 영접을 받으셨다(계 12:5,10).

자신의 죽음과 부활과 승천으로 말미암아 그리스도는 모든 원수들을 물리치고 이제 왕으로서 그의 손에 우주의 통치권과 그의 교회를 다스리시는 권세를 쥐고 계신다(엡 1:22,23). 이로써 그리스도는 자신이 하나님이심을 친히 증거하셨다. 또한 선지자로서 그리스도는 그의 영을 통하여 그의 교회를 모든 진리 가운데로 인도하신다.

그리고 멜기세덱의 반차를 따른 제사장으로서 그리스도는 자신이 이루어 놓으신 구속 사역에 기초하여 "그러므로 자기를 힘입어 하나님께 나아가는 자들을 온전히 구원하실 수 있으니 이는 그가 항상 살아 계셔서 그들을 위하여 간구하심이라"(히 7:25)는 히브리서의 말씀과 같이 자기를 힘입어 하나님께 나아가는 자들을 위하여 항상 살아서 간구하신다.

이처럼 그리스도에게 최상의 존귀가 돌려진 것은 중보자의 인격에 대해서였으나 승귀, 곧 높아지심 그 자체 역시 그리스도의 인성에 대한 것이었다. 왜냐하면 그의 신성에 있어서는 비하와 승귀가 있을 수 없기 때문이다.494)

바울은 이 극적인 장면을 위해 '최고로 높이다'(ὑπερύψωσεν : 개역개정은 '지극히 높여')라는 복합어를 사용하고 있다. 이 동사의 주요 개념은 그리스도께서 성육신 이전보다 더 위대한 분이 되었다는 것이 아니라, 자기를 그토록 낮추셨던 그리스도가 성부 하나님에 의해 최상의 것, 즉 사실상 만물 위에 있는 최상의 지위에 올리어졌음을 강조하고 있다.

이 단어는 구약에서 여호와를 가리켜 모든 신 위에 계시는 가장 높으신 분, 즉 '지존자'(the Most High : 시 97:9)로 묘사될 때 사용되었다.495) 이로써 그리스도는 모든 피조물들의 경배를 받으시는 하나님이심이 더욱 분명해졌다.

494) William Handriksen, 빌립보서, p. 151.

495) Gerald F. Hawthorne, 빌립보서, p. 203.

2. 모든 피조물의 경배를 받으시는 그리스도 (빌 2:10,11)

그러므로 "하늘에 있는 자들과 땅에 있는 자들과 땅 아래 있는 자들로 모든 무릎을 예수의 이름에 꿇게 하시고"(빌 2:10)라는 바울의 묘사는 전적으로 하나님의 독점적 권위가 이제 그리스도의 이름인 '주'와 더불어 자신을 낮추신 그리스도에게 성취되었음을 강조하고 있다.

이로써 '예수의 이름'은 이제 나사렛 예수가 아닌 '주 예수 그리스도'(*ΚΥΡΙΟΣ ΙΗΣΟΥΣ ΧΡΙΣΤΟΣ*)로 불려야 한다(빌 2:11, 개역개정은 "모든 입으로 예수 그리스도를 주라 시인하여"라고 번역하고 있는데 이보다는 "모든 입으로 '주 예수 그리스도'라 시인하여"라고 번역해야 한다).

왜냐하면 자기를 비웠고, 자기를 낮추었고, 공간과 시간 속에서 인간이 되었고, 종이 되었고, 십자가에 못 박혔고, 죄인의 죽음을 당했고, 사람들이 그토록 학대했던 이 나사렛 예수를 하나님께서 그리스도로 삼으시고 '주'로 높이 들어 올리셨기 때문이다. 이제 예수의 이름은 모든 이름 위에 뛰어난 이름이 되었으며, 하나님을 가리키는 이름인 '주'라는 칭호를 부여받았다.496)

그 결과 '주 예수 그리스도'(*ΚΥΡΙΟΣ ΙΗΣΟΥΣ ΧΡΙΣΤΟΣ*)라는 이름은 모든 피조물들에게 경배의 대상이 되었다. 하늘에 있는 자들과 땅에 있는 자들과 땅 아래 있는 자들은 모두 그 이름 앞에 무릎을 꿇어야 한다. 무릎을 꿇는다는 것은 주 예수 그리스도의 이름이 경배의 대상임을 분명히 하고 있다.

이것이 하나님께서 그리스도를 높이 올리신 첫 번째 목적이다. 그래서 하나님은 우주의 모든 피조물들이 '주 예수 그리스도'를 경배하면서 그들의 혀로 '주 예수 그리스도'라고 고백하며 부르게 하셨다.

---

496) Gerald F. Hawthorne, 빌립보서, p. 205.

이에 바울은 "모든 입으로 주 예수 그리스도(*ΚΥΡΙΟΣ ΙΗΣΟΥΣ ΧΡΙΣΤΟΣ*)라 시인하여 하나님 아버지께 영광을 돌리게 하셨느니라"(빌 2:11)고 선언하고 있다. 그리스도는 여호와 하나님과 같이 지존자(the Most High)의 지위에 오르셨는데 이것은 그리스도가 본래 하나님이셨음을 증명한다. 바울은 이 사실을 '모든 이름 위에 뛰어난 이름'(*ἐχαρίσατο αὐτῷ τὸ ὄνομα τὸ ὑπὲρ πᾶν ὄνομα*)이라고 밝힌다. 그 이름은 바로 여호와께 대하여 적용되었던 '주'(*κυριος* : 구약의 '여호와')라는 이름이다.

그리스도에게 주어진 이 이름은 "내가 나를 두고 맹세하기를 나의 입에서 의로운 말이 나갔은즉 돌아오지 아니하나니 내게 모든 무릎이 꿇겠고 모든 혀가 맹약하리라 하였노라"(사 45:23)는 예언의 성취이다. 그리고 이 이름은 하나님의 독점적인 권위를 강조하는 "나는 하나님이라 다른 이가 없음이니라"(사 45:22)는 말씀으로부터 나왔다.

여기에서 바울은 승귀하신 예수를 가리켜 '주 예수 그리스도'라고 고백하고 있다. 이 세 단어로 표시되는 장엄하면서도 완전한 명칭으로서 '예수의 이름'은 지상 모든 교회가 예수께 드리는 최고의 신앙고백이다.

이 고백, 즉 '주 예수 그리스도'(*ΚΥΡΙΟΣ ΙΗΣΟΥΣ ΧΡΙΣΤΟΣ*)라는 고백 속에는 겸손한 '종' 예수께서 존귀와 영광으로 관을 쓰셨으며, 위대한 승리자로서 지금 그의 승리를 축하를 받고 계시며, 또한 실제로 그의 백성들의 유익을 위하여 모든 만물을 통치하고 계신다는 사실에 대한 명백한 신앙고백이 담겨 있다.497)

3. 하나님과 피조물의 화목을 이루신 그리스도 (빌 2:11)

하나님께서 그리스도를 높이심으로써 하나님 자신의 이름인 '주'

---

497) William Handriksen, 빌립보서, p. 154.

(κυριος)를 공유하게 해주신 그 행위는 하늘이나 땅이나 땅 아래 있는 모든 피조물들이 자신을 내세우지 않고 남에게 겸손하게 봉사는 길을 택한 분에게 자발적으로 그리고 즐겁게 충성의 선서를 함으로써 궁극적으로 하나님 자신과 화목하기 위함이었다(엡 1:10). 이러한 하나님의 목적은 분명히 선한 일이며 모든 피조물을 이롭게 한다.

아울러 그리스도 예수께서 하나님 자신의 이름인 '주'(κυριος)라는 이름을 지니게 됨으로써 그리스도 예수께서는 어떤 식으로든 하나님의 자리에 대신 들어서지 않고 하나님과 경쟁하지 않으신다는 점이다. 그리스도 예수의 권위는 하나님께서 그를 높여 주셨고, 하나님이 그를 보좌에 앉히셨으며, 하나님이 그에게 최고의 칭호를 붙여 주셨고, 하나님이 피조물로 하여금 그를 경배하고 그에게 순종하도록 하심으로써 증거된다.

하나님 아버지만이 궁극적인 권위와 주권을 가지고 계신다. 현재에 있어서나 미래에 있어서나 그리스도 예수의 높아지심은 "만물을 그에게 복종하게 하실 때에는 아들 자신도 그 때에 만물을 자기에게 복종하게 하신 이에게 복종하게 되리니 이는 하나님이 만유의 주로서 만유 안에 계시려 하심이라"(고전 15:28)고 바울이 선언한 것처럼 하나님께서 그리스도 예수를 '모든 것 중의 모든 것'(all in all)이 되셔야 함을 그 목표로 정하신 하나님의 주권에 속한다.

우리 주님께서는 자신의 십자가의 죽음을 예표하고 있는 최후의 만찬 자리에서 가룟 유다가 예수님을 팔기 위해서 그 자리를 떠난 후에 자신의 십자가의 죽음을 가리켜 "지금 인자가 영광을 받았고 하나님도 인자로 말미암아 영광을 받으셨도다 만일 하나님이 그로 말미암아 영광을 받으셨으면 하나님도 자기로 말미암아 그에게 영광을 주시리니 곧 주시리라"(요 13:31,32)고 말씀하시면서 자신의 죽음을 통해 하나님께서 영광을 받으실 것이며, 이로 인하여 성부 하나님께서 자신에게도 그 영광을 주실 것이라고 말씀하셨다. 이로써 언제 그리고 누가 "주 예수 그리스도"라고 고백하더라도 그것으로 인하여 하나님께서는 영광을 받으신다. 하나님께서 그렇게 되도록 작정하셨기 때문이다.

그러므로 하나님의 영광이라는 그 범위 안에서 그리스도가 '주'가 되시며 그것은 하나님의 영광을 드러내는 일이다. 하나님의 참된 영광은 아버지라는 사실에 있으며 무엇보다도 그리스도의 아버지이시지만 그리스도를 통해서 모든 피조물의 아버지가 되신다는 사실에 있다.498)

마치는 말

지금까지 살펴 본 것처럼 바울은 성자를 "하나님의 본체를 따라서"(secundum formam dei : the form of God, 빌 2:6)와 "종의 형체를 따라서"(secundu formam servi : the form of a servant, 빌 2:7)로 각각 설명하고 있다.

하나님의 본체로서(secundum formam dei) 성자는 피조물이 아니시기에 성부와 동등하시고(요 1:3; 5:26; 10:30; 17:10; 요일 5:20), 종의 형체로서(secundu formam servi) 성자는 자신을 비워 종의 형체를 가졌기에 성부보다 작으실 뿐 아니라(요 14:18) 자신보다도 작으며 성령보다 작으시다(갈 4:4; 요 6:38,39; 7:16; 마 26:38,39; 빌 2:8)는 삼위일체론적 사실을 증명하고 있다.

나아가 바울은 이 찬송시를 통해 하나님이신 그리스도께서 성도들을 위해 높이 계신다는 점을 부각시키고 있다. 하나님께서 그리스도를 높이심으로써 하나님 자신의 이름인 '주'(*κυριος*)를 공유하게 해주셨다. 그리고 하늘이나 땅이나 땅 아래 있는 모든 피조물들이 자신을 내세우지 않고 남에게 겸손하게 봉사는 길을 택한 분에게 자발적으로 그리고 즐겁게 충성의 선서를 함으로써 궁극적으로 하나님 자신과 화목할 수

---

498) Gerald F. Hawthorne, 빌립보서, p. 209.

있는 길을 열어 주셨다(엡 1:10).

이처럼 그리스도는 성부 하나님께 순종하셨고 다른 사람들이 아니라 성부 하나님을 섬겼으며, 그의 높아지심은 성도들에게 그리스도를 순종해야 할 토대를 구성한다는 점에서 성도들에게 자기의 이기적인 욕망을 부인하고 그 대신에 그리스도께 순종할 것을 촉구하고 있다. 이것은 하나님의 뜻이다.

이에 바울은 "그러므로 이르기를 그가 위로 올라가실 때에 사로잡혔던 자들을 사로잡으시고 사람들에게 선물을 주셨다 하였도다 올라가셨다 하였은즉 땅 아래 낮은 곳으로 내리셨던 것이 아니면 무엇이냐 내리셨던 그가 곧 모든 하늘 위에 오르신 자니 이는 만물을 충만하게 하려 하심이라"(엡 4:8,9)라고 명쾌하게 선언하고 있다. 칼빈의 제네바교회 교리문답 제77문답에서는 이렇게 설명하고 있다.

> 문: '하늘에 오르심' (승천)은 우리에게 어떤 유익을 줍니까?
>
> 답: 두 가지 유익이 있습니다. 첫째로, 예수 그리스도께서는 우리를 위해 이땅으로 내려오셨던 것처럼 우리를 위해 다시금 하늘로 올라가셨습니다. 이를 통해서 그분은 우리가 그곳에 들어갈 수 있도록 허락해 주셨고, 또한 과거 우리의 죄 때문에 닫혀있던 하늘 문이 이제는 우리에게 열려져 있다는 사실을 가르쳐 주는 보증이 됩니다. 둘째로, 그리스도께서는 우리의 중보자와 변호자가 되시기 위해 그곳에서 아버지의 얼굴 앞으로 나아가십니다.

여기에서 우리는 라오디게아 교회를 향해 우리 주님께서 충고하신 말씀을 기억해야 한다. 우리 주님은 라오디게아 교회를 향해 "내가 네 행위를 아노니 네가 차지도 아니하고 뜨겁지도 아니하도다 네가 차든지 뜨겁든지 하기를 원하노라 네가 이같이 미지근하여 뜨겁지도 아니하고 차지도 아니하니 내 입에서 너를 토하여 버리리라"(계 3:15,16)라고 경고하신 후에, "볼지어다 내가 문 밖에 서서 두드리노니 누구든지 내

음성을 듣고 문을 열면 내가 그에게로 들어가 그와 더불어 먹고 그는 나와 더불어 먹으리라 이기는 그에게는 내가 내 보좌에 함께 앉게 하여 주기를 내가 이기고 아버지 보좌에 함께 앉은 것과 같이 하리라”(계 3:20,21)라고 약속해 주셨다.

이러한 우리 주님의 약속과 마찬가지로 빌립보서 2장 5-11절에 기록된 ‘그리스도의 찬송시’를 통해 바울은 성도들에게 겸손과 자기희생적인 사랑으로 말미암아 언약 공동체인 교회의 하나됨을 이루어 나가는 것이야말로 앞서 “오직 너희는 그리스도의 복음에 합당하게 생활하라”(빌 1:27)는 바울의 요청에 따르는 길이 된다는 사실을 확실하게 보여주고 있다.

| 기 도 |

죽음을 이기고 부활하여 하늘에 오르사 가장 존귀한 분이심을 온 세상에 드러내시고, 기꺼이 만물 위에 교회의 머리가 되시며(엡 1:20-22; 빌 2:9; 고전 15:27) 친히 다스리는 우리 주 예수 그리스도의 아버지이신 하나님.

모든 피조물이 그 앞에 무릎 꿇고 ‘주 예수 그리스도’라 시인하고 고백하게 하시오니 참으로 하나님의 경륜은 지혜롭고 경이롭기만 하나이다.

이제 우리 주께서 승천하심으로 아담 이후 닫힌 하늘의 문을 열어 주셨사오며, 친히 그리스도께서 우리의 중보자로서 하늘 성소에 계시면서 하나님과의 화목의 길을 회복시킴으로써 우리는 하나님의 보좌에 가까이 갈 길을 얻었나이다(히 7:25; 9:11,12; 롬 8:34).

또한 승천하신 그리스도께서 하늘 성소에서 성령을 보내주셔서 우리를 성결하게 하시고 각종 은사를 주셔서 성도의 삶을 살게 하시며, 종국적으로 ‘자신의 몸인 교회 세우심을 완성케 하심에 감사를 드리나이다(Inst., 2.16.16).

우리 또한 성령의 조명 아래 그리고 그리스도 예수 안에서 겸손과 자기희생적인 사랑으로 말미암아 언약 공동체인 교회의 하나됨을 이루어 나가는 일에 늘 마음을 쏟기를 원하옵나이다. 이로써 그리스도의 복음에 합당한 생활을 통해 더욱 더 하나님의 자녀다운 모습으로 살아가게 하옵소서.

우리 주 예수 그리스도의 이름으로 기도합니다. 아멘.

〈7〉

그리스도의 모범을 따르는 교회에게 주어진 약속

빌립보서 2:12-16

2:12 그러므로 나의 사랑하는 자들아 너희가 나 있을 때뿐 아니라 더욱
지금 나 없을 때에도 항상 복종하여 두렵고 떨림으로 너희 구원을 이루
라 13 너희 안에서 행하시는 이는 하나님이시니 자기의 기쁘신 뜻을 위하
여 너희에게 소원을 두고 행하게 하시나니 14 모든 일을 원망과 시비가
없이 하라 15 이는 너희가 흠이 없고 순전하여 어그러지고 거스르는 세대
가운데서 하나님의 흠 없는 자녀로 세상에서 그들 가운데 빛들로 나타내
며 16 생명의 말씀을 밝혀 나의 달음질이 헛되지 아니하고 수고도 헛되
지 아니함으로 그리스도의 날에 내가 자랑할 것이 있게 하려 함이라

빌립보서 2장 12-16절은 1장 27절부터 시작된 ‘복음에 합당한 삶’(빌 1:27-2:16)이 무엇인가를 주제로 전개된 빌립보 교회를 향한 권면을 마무리 짓는 결론이다. 앞서 그리스도의 낮아지심과 높이 되심(빌 2:5-11)을 통해 겸손의 모범을 보이신 그리스도와, 그 그리스도를 하나님께

서 찬란히 빛나는 영광의 자리로 올리셨음을 제시한 바울은, 빌립보 교회가 복음에 합당한 교회의 삶으로써 그리스도의 낮아지심과 높아지심의 모범을 따라 살 것을 권면한 바 있다.

바울은 복음에 합당한 교회의 삶에 관한 권면을 시작할 때 "오직 너희는 그리스도 복음에 합당하게 생활하라"(빌 1:27)고 제시하고, "이는 내가 너희를 가 보나 떠나 있으나 ① 너희가 일심으로 서서 한 뜻으로 복음의 신앙을 위하여 협력하는 것(1:27)과 ② 아무 일에든지 대적하는 자를 인하여 두려워하지 아니하는 이 일을 듣고자 함이라"(1:28)고 밝힘으로써 이 권면의 주제를 보여준 바 있다. 이러한 빌립보서의 흐름을 좀 더 넓은 관점에서 보면 다음과 같다.

〈 복음에 합당한 교회의 삶(1:27-2:16) 〉

① 교회의 외적 요소들에 대한 교회의 자세(1:27-30) : 성령의 하나됨 안에서 그리스도의 복음을 위한 투쟁에 굳게 서서 한 마음으로 참여할 것을 권고하고 같은 사랑을 가지고 뜻을 합하여 한 마음을 품을 것을 권하고 있다.

② 교회의 내적 요소들에 대한 성도들의 자세(2:1-16) : 교회가 하나 되기 위해서는 그리스도의 모범을 따라 자신을 낮추는 겸손의 규범에 따를 것을 권하고, 성도들은 세상에서 빛으로 나타나기 위해 하나님께 순종하는 자녀임을 밝힌 후, 이어서 그리스도의 날에 바울이 그들을 자랑할 수 있도록 종말론적 구원의 완성을 향해 나아갈 것을 권하고 있다.

이러한 흐름 가운데 바울은 "그러므로 나의 사랑하는 자들아 너희가 나 있을 때 뿐 아니라 더욱 지금 나 없을 때에도 항상 복종하여 두렵고 떨림으로 너희 구원을 이루라"(빌 2:12)고 요청함으로써 그리스도의 복음에 합당하게 생활하는 성도들의 삶에 대한 권면의 결론으로 이끌고 있다.

1. 복음에 복종하는 교회 (빌 2:13)

바울은 자신이 언제나 빌립보 교회와 함께하고 있음을 전제하고 있다. 바울이 빌립보 교회에서 그들과 함께 있을 때나, 지금처럼 빌립보를 떠나 있는 부재중이거나 바울의 사도적 존재는 항상 빌립보 교회와 함께 있었다. 이것은 바울의 부재중에도 사도적 임재(the Apostolic Parousia)를 통해서 빌립보 교회가 두려움과 떨림으로 하나님의 임재하심(presence)을 날마다 경험하도록 하기 위함이다.499)

이러한 바울의 심정은 '코람 데오'(Coram Deo)라는 말로 대신할 수 있을 것이다. 라틴어 coram은 '앞에서'(in the presence of)라는 의미로 하나님의 임재의 성격이 강하게 나타나고 있다는 점에서 빌립보 교회 성도들은 바울이 그들과 함께 있든지 없든지 그들은 언제나 '하나님 앞에'(before God) 있다는 점에서 두렵고 떨리는 자세로 바울의 요청에 귀를 기울여야 하는 것이다.

바울은 빌립보 교회를 느슨하게 놓아주기보다는 언제나 하나님 앞에서(Coram Deo) 살고 있다는 사실을 강조함으로써 그들이 하나님께 강력하게 매여 있음을 각성시키며, 오히려 자신의 부재로 인해 성도들의 삶과 서로의 관계에서 더 많은 충성과 순종을 실천하기를 기대하고 있다.

바울과 빌립보 교회의 뗄 수 없는 관계(inseparable bond)를 통해 바울은 빌립보 성도들과 동역자의 관계를 이루고 있었다. 따라서 바울이 부재중일지라도 그리스도를 위해 고난받는 바울의 삶은 그들에게 소중한 영향을 주며 승리의 기쁨을 맛볼 수 있는 경험이 될 것이라고 의심치 않았다. 이것은 그리스도께서 고난을 받으심으로써 교회의 모범이 되셨던 것처럼(빌 2:6-11), 사도 바울이 복음을 위해 고난을 받는 것 역시

499) Fred B. Craddock, 빌립보서, p. 96.

빌립보 교회 성도들에게 모범이 되었음을 상기시키고 있다.

이에 근거하여 바울은 "그러므로 나의 사랑하는 자들아 너희가 나 있을 때뿐 아니라 더욱 지금 나 없을 때에도 항상 복종하여 두렵고 떨림으로 너희 구원을 이루라"(빌 2:12)고 강력하게 촉구하면서, 이 구원과 관련해 "너희 안에서 행하시는 이는 하나님이시니 자기의 기쁘신 뜻을 위하여 너희로 소원을 두고 행하게 하심이라"(빌 2:13)고 독려하고 있다. 이 구절은 하나님께서 "내가 그들에게 한 마음과 한 도를 주어 자기들과 자기 후손의 복을 위하여 항상 나를 경외하게 하리라"(렘 32:39)고 하신 말씀에 근거하고 있다.

예레미야 선지자는 멸망을 앞에 두고 있는 유다 백성들이 하나님께서 그들을 구원하시겠다고 선포하는 선지자들까지 배척하고 있는 상황에서 '예루살렘의 구원에 대한 하나님의 선언'(렘 32:36-44)을 선포하게 되었다. 당시 유다 백성들은 도무지 하나님께 대한 신뢰를 보이지 않고 있었다. 그저 자신들이 추구하는 종교적인 숭배의 대상인 바알이나 다른 우상들과 같은 신들 중 하나로 여호와 하나님을 상대할 정도였다.

때문에 하나님께서 유다 백성들을 향해 칼과 기근과 염병으로 인하여 바벨론 왕의 손에 붙이시겠다고 선지자들을 통해 경고하셨음에도 불구하고 유다 백성들은 이러한 하나님의 경고조차 전혀 받아들이지 않고 있었다. 심지어 하나님께서 바벨론의 포로로 흩어진 자들을 다시 예루살렘으로 불러올리시겠다는 약속(렘 31:8,9)조차도 귀담아 듣지 않았다.

이러한 유다 백성들을 향해 하나님은 예레미야를 통해 "그러므로 이스라엘의 하나님 나 여호와가 너희의 말하는 바 칼과 기근과 염병으로 인하여 바벨론 왕의 손에 붙인 바 되었다 하는 이 성에 대하여 이같이 말하노라”(렘 32:36)며 그들을 책망하셨다.

그런데도 당시 유다 사람들은 이제 ‘칼과 기근과 염병으로 인하여 바벨론 왕의 손에 붙인 바’ 되었으므로 더 이상 구원의 소망을 찾을 수 없게 되었다고 오히려 하나님을 향해 불만을 토해내고 있었다. 이것은 자신들의 책임을 하나님께 전가하는 적반하장과 같은 행위로 하나님께 대한 반역이며, 동시에 그들이 얼마나 불신앙으로 가득 차 있는 상태인지를 보여주는 모습이기도 하다.

하나님은 그들에게 회개하고 돌아서야 할 것이라고 수없이 권고하셨음에도 불구하고 그들이 회개하지 않았기 때문에 바벨론 왕의 손에 그들을 붙이시기로 하신 것이다. 그렇다 할지라도 그 심판으로 끝나는 것이 아니었다. 하나님은 그들을 정화하는 기간이 끝나게 되면 다시 그들을 가나안으로 불러들이실 것이라고 약속해 주셨던 것이다.

“여호와께서 예루살렘을 세우시며 이스라엘의 흩어진 자를 모으시며”(시 147:2)라는 시인이 노래한 것처럼 하나님은 자기 백성들이 땅 끝까지 흩어진다 할지라도 기꺼이 불러 모으시는 분이시다. 하나님은 이미 오래전 모세를 통해서 이스라엘 백성들에게 “너의 쫓겨간 자들이 하늘 가에 있을지라도 네 하나님 여호와께서 거기서 너를 모으실 것이며 거기서부터 너를 이끄실 것이라”(신 30:4)고 말씀하신 바 있다. 세상의 끝까지 흩어질지라도 그들을 불러 모으시는 것은 하나님께 결코 어려운 일이 아니다(렘 32:27).

이와 관련해 하나님은 “내가 노와 분과 큰 분노로 그들을 쫓아 보내었던 모든 지방에서 그들을 모아내어 이 곳으로 다시 인도하여 안전히 거하게 할 것이라”(렘 32:37)고 말씀하셨다. 여기에서 ‘노와 분과 큰 분노’로 그들을 쫓아내셨다고 말씀하고 있는 것은 문학적 표현인 점층법으로, 하나님께서 그처럼 분노를 나타내실 정도로 그들이 큰 죄악을 끊임없이 저질렀음을 강조하기 위함이다. 이처럼 하나님은 멸망을 받아 마땅할 그들에게 언제나 최선을 다해서 자신의 신실함과 인애를 보이셨으며 결코 그들을 버리지 않으셨다.

그러나 그들은 하나님께서 분을 내시고, 또 분노하시고, 마침내 큰 분노를 내실 날이 오기를 기대하고 있는 것처럼, 아니면 마치 하나님께서는 너무도 선한 분이시기에 절대 분노를 내실 분은 아니라고 하는듯이 하나님 앞에서 오만하게 모든 악행과 패역을 계속하여 저지를 정도로 강퍅해 있었다.

때문에 하나님은 부득이 그들을 길들이기 위해 바벨론 왕의 멍에를 짊어지도록 하셨다. 그러고 나서 하나님은 자신이 흩으셨던 그들을 다시 불러 모으실 것이라고 약속하신다. 이것은 전적으로 하나님에 의해 진행될 것이다. 왜냐하면 아브라함과 맺으신 언약을 하나님 스스로 이행하시는 분이기 때문이다(렘 31:8-10).

그리고 그들이 안전하게 거하게 될 것이라는 약속을 통해 장차 하나님은 그들을 은혜로 다스릴 왕도 세워주실 것이라고 약속하셨다. 그 왕의 이름은 이미 예고된 것처럼 '여호와 우리의 의'(יהוה צדקנו, 아도나이 치드키누)라고 불리게 될 것이다(렘 23:6). 이 새로운 왕의 이름이 유다의 마지막 왕 시드기야(צדקיהו, 치드키야후)의 이름이 가지는 의미와 동일하다는 것은 일종의 언어유희 형태로 나타나고는 있지만, 새롭게 건설될 왕국은 '공평과 공의'로 통치되는 나라임을 암시하고 있다.

이처럼 공평과 공의로 다스리는 새 왕이 통치하는 나라는 언약의 완성으로 구현될 것이다. 성경에서 언약의 완성과 관련된 공식 문구는 언제나 "너희가 내 말을 잘 듣고 내 언약을 지키면 너희는 열국 중에서 내 소유가 되겠고 너희가 내게 대하여 제사장 나라가 되며 거룩한 백성이 되리라"(출 19:5,6)는 약속의 성취로 묘사된다. 이러한 의미에서 하나님은 "그들은 내 백성이 되겠고 나는 그들의 하나님이 될 것이라"(렘 32:38)고 말씀하신다.

당시 하나님은 이스라엘 백성들을 향해 언약 관계를 위한 필수 조건으로 '너희가 내 말을 잘 듣고 내 언약을 지키면' 이라는 단서를 요구하셨다. 그러나 그들이 행한 언약의 파기로 말미암아(렘 32:32) "나 여호와가 말하노라 보라 날이 이르리니 내가 이스라엘 집과 유다 집에 새 언약을 세우리라"(렘 31:31)고 하셨던 것처럼 하나님은 새로운 방식의 언약을 체결하시겠다고 말씀하셨다.

그 새로운 방식은 "내가 여호와인 줄 아는 마음을 그들에게 주어서 그들로 전심으로 내게 돌아오게 하리니 그들은 내 백성이 되겠고 나는 그들의 하나님이 되리라"(렘 24:7)고 약속하셨던 것처럼, "내가 나의 법을 그들의 속에 두며 그 마음에 기록하여 나는 그들의 하나님이 되고 그들은 내 백성이 될 것이라"(렘 31:33)고 말씀하신 대로 성취하실 것이다.

이처럼 그들이 정화의 기간을 마치고 하나님께서 그들의 안전을 위해 의로운 왕을 세우실 때 비로소 새 언약에 따른 언약의 완성이 구현될 것이라는 의미에서 하나님께서 "그들은 내 백성이 되겠고 나는 그들의 하나님이 될 것이라"(렘 32:38)고 친히 약속해 주셨다.

이때는 과거와 같이 그 백성들의 회개와 순종을 언약 관계를 위한 필수 조건으로 요구하지 않게 될 것이다. 왜냐하면 이때부터는 언약 관계가 전적으로 하나님의 주도 아래 유지되기 때문이다. 이런 점에서 새 언약은 '영영한 언약'(ברית עולם)이 될 것이다.

이와 관련해 하나님은 "내가 그들에게 한 마음과 한 도를 주어 자기들과 자기 후손의 복을 위하여 항상 나를 경외하게 하고 내가 그들에게 복을 주기 위하여 그들을 떠나지 아니하리라 하는 영영한 언약을 그들에게 세우고 나를 경외함을 그들의 마음에 두어 나를 떠나지 않게 하리라"(렘 32:39,40)고 말씀하셨다.

일반적으로 마음은 이성으로 생각하고 뜻을 정하고 결단하는 능력을 가진 육체의 자리로 이해된다. 이런 점에서 하나님은 자기 백성들로 하여금 자신의 삶에서 하나님의 부르심을 실현할 수 있도록 은혜를 베풀어주셔야 한다(삼상 10:9; 왕상 3:9,12; 10:24). 이러한 것을 가리켜 성경은 마음에 할례를 행하는 것(신 30:6), 한 마음을 주시는 것(렘 24:7), 마음에 법을 기록하는 것(렘 31:33), 돌 같은 마음을 부드러운 마음으로 바꾸시는 것(겔 36:26) 등으로 묘사하고 있다. 이렇게 함으로써 하나님은 자기 백성들이 하나님을 사랑하고 경외하고 인식하고 순종하게 하신다.

이런 이유에서 "내가 그들에게 한 마음과 한 도를 주어 자기들과 자기 후손의 복을 위하여 항상 나를 경외하게 하리라"(렘 32:39)는 말씀 중 '한 마음'(לב אחד)과 '한 도'(דרך אחד)는 하나님의 길을 살아가는 구체적인 지침(렘 7:5-7; 26:4,5)과 동의어라고 할 수 있다. 물론 여기에서 말하고 있는 '한 마음'(לב אחד)과 '한 도'(דרך אחד)는 다름 아닌 '그리스도'를 가리키는 말이기도 하다.

이 지침에 따라 하나님의 백성들은 하나님을 경외하며 그 결과 자신의 삶과 생각을 유일하신 하나님에 대한 존경과 두려움에 근거한 경배와 사랑의 균형을 이루게 한다. 따라서 '한 마음과 한 도'는 성육신하신 그리스도로 표현되는 하나님의 임재에 따르는 복된 삶(렘 7:5-7; 신 5:29; 6:24)을 백성들에게 가져다주는 하나님의 선물이다.

이러한 예레미야의 예언을 따라 바울은 빌립보 교회를 향해 "너희 안에서 행하시는 이는 하나님이시니 자기의 기쁘신 뜻을 위하여 너희로 소원을 두고 행하게 하심이라"(빌 2:13)고 강력하게 그들을 하나님의 임재에 따르는 복된 삶으로 붙잡아 두고 있는 것이다. 따라서 지금 빌립보 교회 성도들이 두렵고 떨림으로 구원을 이루어 가는 것은 예레미야를 통해 약속한 '한 마음'(לב אחד)과 '한 도'(דרך אחד)로 표현되는 그리스도의 복음을 따라서 살아가는 실천적 모습이 되는 것이다.

빌립보서 2장 12-13절은 한 문장이며 '그러므로'(ὥστε)를 통해 1장 27-30절의 단락과 연결시켜 주고 있다. 특별히 그리스도의 찬송시(빌 2:6-11)에 예시된 그리스도의 모범과 연결시켜 주고 있다. 따라서 '그러므로'는 그리스도께서 하나님 앞에서 철저히 순종하셨다는 사실에 비추어(빌 2:8) 빌립보 교회 역시 그리스도의 복음에 철저하게 순종해야 한다(빌 2:12)는 당위성을 강조하고 있다.

그 결과 빌립보 교회가 보여주어야 할 순종의 모습이야말로 하나님께서 그들 마음속에 심어주신 복음의 능력, 곧 '한 마음'(לב אחד)과 '한 도'(דרך אחד)가 그들 가운데서 역사하는 하나님의 선물로 주어졌으며, 지금 그들이 누리고 있는 구원은 하나님께서 과거 유다 백성을 향해 약속하신 그 말씀의 성취로 주어졌다는 사실을 강조하고 있다. 이것이 곧 빌립보 교회 성도들을 향한 하나님의 기쁘신 뜻이기도 하다.

더불어 바울은 빌립보 교회를 향하여 그들이 항상 그리스도의 복음에 순종해왔음을 상기시켜주고 있다. 바울은 복음에 담겨 있는 하나님의 요구를 맨 처음 전달했을 때 그들이 보여주었던 태도를 기억하고 있다(행 16:14,32,33). 마찬가지로 빌립보 교회는 지금도 바울의 사도적인 명령을 계속해서 따르고 있음을 의심치 않는다.

사도에 대한 그들의 순종은 ① 선포된 하나님의 말씀인 복음을 듣는 것과 ② 그 말씀을 따르는 것으로 나타난다(살후 1:8,9 참고). 그러므로 바울은 빌립보 교회가 전에도 그리스도의 복음에 순종했던 것처럼 지금도 계속 순종할 것을 바라면서 '너희 구원을 이루라'고 권하고 있다.500)

---

500) Gerald F. Hawthorne, 빌립보서, p. 214.

2. '너희 구원을 이루라' 는 말의 의미 (빌 2:12-16)

'너희 (자신의) 구원을 이루라' (*τὴν ἑαυτῶν σωτηρίαν κατεργάζεσθε* : work out your salvation with fear and trembling, 빌 2:12)는 말은 1장 27절부터 전개된 교회가 추구하는 '복음에 합당한 삶' 과 연결된다.

여기에서 구원(*σοτηρια*)은 개인 영혼의 구원에 대한 것이 아니다. 사도가 한 이 말은 빌립보 교회 공동체가 궁핍과 핍박 가운데 있으면서도 서로 경쟁심에 따른 일종의 내분 현상까지 나타나고 있는 상황에서, 이를 극복하기 위해 복음에 합당하게 살아감으로써 ① 교회의 외적 요소들에 대항하고 ② 그리스도를 본받아 겸손과 사랑으로 교회 공동체의 일치와 화합을 이루는 것을 의미한다.501)

이것은 '너희 자신' 과 '구원을 이루라' 는 동사가 모두 복수형으로 한 개인에게 속한 문제가 아니라 하나의 공동체로서 공동으로 행동하고 공동으로 노력하라는 말 속에서 확인된다.

여기에서 '이루다' (*κατεργάζεσθε* : continue working out)는 단어는 '성취하다, 도달하다, 초래하다' 는 뜻으로 계속 진행되고 있는 행동을 지시한다. 이것은 빌립보 교회가 교회의 안녕을 이룰 때까지 계속해서 힘쓰며 나태하지 말아야 할 것을 암시하고 있다. 이와 관련해 바울은 두 가지로 보충 설명을 하고 있다.

> ① '나 있을 때 뿐 아니라 더욱 지금 나 없을 때에도' 계속 이루어 나가기를 기대한다. - 이 말은 내가 다시 너희들에게 갈 것을 생각해서 그렇게 할 뿐 아니라, 지금 내가 너희들 옆에 없는 동안에도 교회 공동체 안에서 영적인 건강을 이루는 데 더욱 힘을 쓰라는 권면을 강화시키고 있다.
>
> ② '두려움과 떨림' (*φόβου καὶ τρόμου*)으로 이루어 나가기를 기대한다. - 이 말은 '경외와 존경' 의 의미를 가지고 있지만, 여기에서는 하나의 관용구

---

501) 김세윤, 빌립보서 강해, p. 101.

> 로 공동체 안에서 상호간의 존경과 경외의 태도를 가리키는 말로 사용된다. 이것은 그리스도의 모범에 따라 하나님의 뜻에 복종하거나 자기를 낮추는 태도와 잘 어울린다.
>
> 따라서 '두려움과 떨림' 으로 구원을 이루라는 말은 교회 공동체 안에서 영적인 건강을 이룸에 있어 서로 순종하고 힘쓰라는 의미를 가진다. 예수의 삶에서와 마찬가지로 교회의 삶에서도 하나님 아버지의 뜻에 대한 복종이 행동의 가장 강력한 동기가 되기 때문이다.502)

그러나 빌립보 교회가 힘써 이루어야 할 이 영적 목표는 그들 자신에게만 맡겨진 것이 아니었다. 왜냐하면 하나님께서 빌립보 성도들 가운데 역사하셔서 그들로 하여금 하나님이 기뻐하시는 것, 즉 교회의 일치와 화합을 통해 이루는 영적 건강을 이루어 드리고자 하는 의지(will)를 발동시키시고, 이것을 이룰 수 있는 능력(energy)을 주시기 때문이다.

따라서 빌립보 교회가 자신들의 구원을 이루어 가는 것은 그들이 무슨 일을 해서가 아니라 하나님께서 일하심으로써 가능해진다. 이러한 권면이야말로 빌립보 교회로 하여금 지속적으로 교회의 구원을 이루어 가게 하는 동기를 부여해 준다.

이제 빌립보 교회는 하나님께서 그들 안에서 역사하고 있다는 사실을 자신들의 삶을 통해 나타내어야 한다. 성도들의 외적인 삶은 내적인 하나님의 감화에 의해서 인도하심을 받고 능력을 얻게 되기 때문이다. 따라서 복음에 합당한 실천적인 삶은 ① 이기적인 욕망들에서 벗어나서 완전하게 되는 것과, ② 죄과(罪過)로부터 자유를 향해 나아가는 삶이 된다.503) 이러한 삶을 이루어 나감에 있어 바울은 "모든 일을 원망과 시비가 없이 하라"(2:14)고 덧붙이고 있다.

이 단락, 곧 2장 14-16절은 모세의 고별 설교(신 31:24-32:3)를 모델로

---

502) Gerald F. Hawthorne, 빌립보서, p. 217.

503) I. Howard Marshall, 신약성서신학, p. 427.

삼고 있다는 점을 감안할 때 '원망과 시비'(γογγυσμῶν καὶ διαλογισμῶν : grumbling or disputing)는 출애굽한 이스라엘 백성들이 끊임없이 습관처럼 하나님을 향해 보였던 불신의 태도를 연상시키고 있다(출 15-17장; 민 14-17장; 고전 10:10).

하지만 여기에서 바울은 모세의 고별 설교에서 부정적인 면은 취하지 않고 오히려 긍정적인 면으로 바꾸어 말하고 있다는 점에서 빌립보 성도들이 서로 '원망과 시비'에 빠져 있음을 말하고 있지는 않다. 오히려 과거 이스라엘 백성들이 보였던 습관적인 '원망과 시비'로부터 빌립보 교회 성도들이 벗어나 있어야 할 것을 제시하고 있다. '원망과 시비'는 교회 공동체를 와해시키는 요소들이다.

아마 빌립보 교회는 거짓 선생들에 의해 크지는 않지만 어떤 영향을 받고 있었던 것처럼 보인다(빌 3:2). 그 결과 공동체에 분열을 일으킬 수 있는 무익한 논쟁들로 인해, 성도들 사이에 상호간 불평과 무익한 논쟁으로 말미암아 하나됨의 화합과 연합에 문제가 발생할 수 있기에 바울은 단호하게 교회 내 분열을 조장시키는 모든 행위를 제거할 것을 요구하고 있는 것이다.504) 이처럼 바울이 빌립보 교회를 향해 권면하는 것은 그들의 성장을 위함이다.

때문에 바울은 다툼과 허영(3절), 원망과 시비(14절)와 같은 교회의 하나됨을 깨뜨리는 요소들을 제거할 것을 강하게 명령하고 있다. "이는 너희가 흠이 없고 순전하여 어그러지고 거스르는 세대 가운데서 하나님의 흠 없는 자녀로 세상에서 그들 가운데 빛들로 나타내며 생명의 말씀을 밝혀 나의 달음질도 헛되지 아니하고 수고도 헛되지 아니함으로 그리스도의 날에 나로 자랑할 것이 있게 하려 함이라"(빌 2:15,16).

여기에서 '흠이 없고 순전하여'(ἄμεμπτοι καὶ ἀκέραιοι)라는 말은 사

504) Gerald F. Hawthorne, 빌립보서, p. 219.

람에게나 하나님에게서 비난이나 야단을 맞을 것이 없을 정도로 흠이 발견되지 않는다는 사실을 강조하고 있다. 이러한 변화는 하나님의 요구에 대한 인간 의지의 겸손하고도 적극적인 응답이 있을 때 가능하다. 더불어 하나님께서 이러한 것들을 요구하신다는 것은 하나님이 베푸시는 은총의 창조적인 힘과 결합되어 있다는 사실을 명심해야 한다(12,13절).

3. 흠 없고 순전한 교회 (빌 2:16)

바울은 빌립보 교회에 대한 자신의 열망을 더 완전하게 표현하기 위해 그들을 향해 '하나님의 흠 없는 자녀들'(*τέκνα Θεοῦ ἄμωμα*, 15절)로서 하나님께 드려지기에 적합하게 될 것을 제시한다. 하나님의 자녀들이란 하나님의 본성을 나누어 가진 자녀들이라는 의미이며, 흠이 없다는 것은 완전한 희생 제물만이 하나님께 드려질 만한 가치가 있음을 지시하고 있다(히 9:14; 벧전 1:19).

성도들이 살고 있는 세상은 '어그러지고 거스르는 세대'(*γενεᾶς σκολιᾶς καὶ διεστραμμένης*)이다. 이 표현은 '모세의 노래'(The song of Moses) 중 "그들이 여호와를 향하여 악을 행하니 하나님의 자녀가 아니요 흠이 있고 삐뚤어진 세대로다"(신 32:5)에서 나왔다. 바울은 이스라엘 백성이 하나님의 자녀들이라고 불리면서도 흠이 있는 자녀들이며 하나님을 저버린 사악한 종류들이었음을 상기시킨다.

때문에 빌립보 교회는 이 사실을 기억하고 하나님의 자녀들로서 비난을 받는 것이 아니라 나무랄 데 없는 새 이스라엘로서 특권을 누려야 할 것에 대하여 권면하고 있다. 동시에 하나님 앞에서 겸손하지 않음으로써 과거 이스라엘의 특권을 빼앗긴 자들은 세상의 비뚤어지고 타락한 무리 속에 섞여 들어갔음을 경고하고 있다.505)

---

505) William Handriksen, 빌립보서, p. 165.

교회는 어그러지고 거스르는 모든 것, 즉 예수 안에서 진리와 조화를 이룰 수 없는 모든 것들로부터 구별되어야 한다. 마치 빛들이 세상의 어두움을 몰아내듯이 성도들은 영적이며 도덕적인 빛으로 어두움을 물리쳐야 한다. 바울은 그리스도의 날에 그러한 목표가 이루어졌음을 봄으로써 그의 복음 사역이 옳았음을 입증받음과 동시에 그로 인하여 크게 기뻐할 수 있기를 소망하고 있다.

바울은 자신에 대한 자서전적인 보고를 마치면서 "내가 다시 너희와 같이 있음으로 그리스도 예수 안에서 너희 자랑이 나를 인하여 풍성하게 하려 함이라"(빌 1:26)고 말한 바 있다. 여기에서 바울은 자신의 귀환, 즉 사도적 임재(Parousia)를 예고하면서 자신의 고난받는 삶이 빌립보 교회의 자랑이 될 것이라고 약속했었다.

마찬가지로 빌립보 교회를 향해 복음에 합당하게 생활하라는 권면을 마치면서 바울 사도가 "생명의 말씀을 밝혀 나의 달음질도 헛되지 아니하고 수고도 헛되지 아니함으로 그리스도의 날에 나로 자랑할 것이 있게 하려 함이라"(빌 2:16)고 진술함으로써, 최후 심판의 날에 우리의 주님이시며 왕이신 그리스도 앞에서 빌립보 교회 성도들을 자랑하게 될 것이라고 조금도 의심치 않고 있다.

이러한 바울의 기대는 빌립보 교회 성도들에게 장차 있게 될 종말론적인 그리스도의 임재(Parousia)를 상기시키면서, 그 날에 빌립보 교회를 그리스도 앞에서 자랑할 수 있을 것이라는 확신을 보여준다.506)

때문에 바울은 다음 단락(빌 2:17-3:1a)에서 보는 것처럼 기꺼이 빌립보 교회 성도들과 더불어 "끝으로 나의 형제들아 주 안에서 기뻐하라"(빌 3:1a)고 담대하게 말할 수 있는 근거로 작용하고 있다. 그리고 빌립보 교회를 향해 "나의 형제들아 주 안에서 기뻐하라"고 바울이 담대하게

506) Fred B. Craddock, 빌립보서, p. 78.

선언하고 있는 이 종말론적인 약속은 지금 우리에게도 동일하게 주어지고 있다.

| 기 도 |

"내가 그들에게 한 마음과 한 도를 주어 자기들과 자기 후손의 복을 위하여 항상 나를 경외하게 하고 내가 그들에게 복을 주기 위하여 그들을 떠나지 아니하리라 하는 영영한 언약을 그들에게 세우고 나를 경외함을 그들의 마음에 두어 나를 떠나지 않게 하리라"(렘 32:39,40)고 친히 하신 말씀을 역사 속에서 성취하시는 우리 주 예수 그리스도의 아버지이신 하나님.

참으로 이 패역한 세상은 노아 홍수 시대의 사람들이 그랬던 것처럼 하나님을 향해 '어그러지고 거스르는 세대'의 특성을 갈수록 더 드러내고 있사오며, 아브라함 시대에서나 볼 수 있었던 소돔과 고모라와 같은 패역이 더욱 더 기승을 부리고 있는 것을 보옵나이다.

그러할지라도 하나님께서는 자기의 기쁘신 뜻을 위하여 선택한 교회와 주의 자녀들을 부르시고, 그리스도의 복음 안에서 서로 협력하고 뜻을 모아서 마침내 세상 종말과 심판의 날에 이르기까지 성도들로 하여금 그리스도의 복음에 합당한 생활을 할 수 있도록 은혜를 주시니 감사를 드리나이다.

"너희는 이 세대를 본받지 말고 오직 마음을 새롭게 함으로 변화를 받아 하나님의 선하시고 기뻐하시고 온전하신 뜻이 무엇인지 분별하도록 하라"(롬 12:2)는 바울 사도의 권고를 따라 우리가 이 험난한 세대 가운데 살고 있다 할지라도 오로지 그리스도의 복음을 바탕으로 우리를 하나님이 기뻐하시는 산 제사로 드리는 일에 더욱 더 마음을 모으고, 그 복음에 합당한 삶을 살아갈 수 있도록 은혜를 주옵소서.

우리 주 예수 그리스도의 이름으로 기도합니다. 아멘.

805

〈 8 〉

빌립보 교회를 위한 바울의 계획

빌립보서 2:17 - 3:1a

2:17 만일 너희 믿음의 제물과 섬김 위에 내가 나를 전제로 드릴지라도 나
는 기뻐하고 너희 무리와 함께 기뻐하리니 18 이와 같이 너희도 기뻐하고
나와 함께 기뻐하라 19 내가 디모데를 속히 너희에게 보내기를 주 안에서
바람은 너희의 사정을 앎으로 안위를 받으려 함이니 20 이는 뜻을 같이
하여 너희 사정을 진실히 생각할 자가 이밖에 내게 없음이라 21 그들이
다 자기 일을 구하고 그리스도 예수의 일을 구하지 아니하되 22 디모데의
연단을 너희가 아나니 자식이 아버지에게 함같이 나와 함께 복음을 위하
여 수고하였느니라 23 그러므로 내가 내 일이 어떻게 될지를 보아서 곧
이 사람을 보내기를 바라고 24 나도 속히 가게 될 것을 주 안에서 확신하
노라 25 그러나 에바브로디도를 너희에게 보내는 것이 필요한 줄로 생각
하노니 그는 나의 형제요 함께 수고하고 함께 군사 된 자요 너희 사자로
내가 쓸 것을 돕는 자라 26 그가 너희 무리를 간절히 사모하고 자기가 병
든 것을 너희가 들은 줄을 알고 심히 근심한지라 27 그가 병들어 죽게 되
었으나 하나님이 그를 긍휼히 여기셨고 그뿐 아니라 또 나를 긍휼히 여
기사 내 근심 위에 근심을 면하게 하셨느니라 28 그러므로 내가 더욱 급
히 그를 보낸 것은 너희로 그를 다시 보고 기뻐하게 하며 내 근심도 덜려
함이니라 29 이러므로 너희가 주 안에서 모든 기쁨으로 그를 영접하고
또 이와 같은 자들을 존귀히 여기라 30 그가 그리스도의 일을 위하여 죽

기에 이르러도 자기 목숨을 돌보지 아니한 것은 나를 섬기는 너희의 일에 부족함을 채우려 함이니라 3:1a 끝으로 나의 형제들아 주 안에서 기뻐하라

빌립보서 2장의 주제는 '그리스도의 모범을 따르는 교회'라 할 수 있으며, 전체의 흐름을 보면 다음과 같다.

A. 겸손과 사랑으로 하나 된 교회(빌 2:1-4)
  1. 굳건한 믿음으로 하나인 교회(빌 1:27-30)
  2. 겸손과 사랑으로 하나인 교회(빌 2:1-4)
B. 겸손과 사랑의 모범이신 그리스도(빌 2:5-11)
  1. 그리스도의 낮아지심에 나타난 기독론(빌 2:6-8)
  2. 그리스도의 높아지심에 나타난 기독론(빌 2:9-11)
C. 그리스도의 모범을 따르는 교회 공동체(빌 2:12-16)
  1. 복음에 복종하는 교회(빌 2:12)
  2. '너희 구원을 이루라'는 말의 의미(빌 2:12-16)
  3. 흠 없고 순전한 교회(빌 2:16)
D. 빌립보 교회를 위한 바울의 계획(빌 2:17-3:1a)
  1. 빌립보 교회의 헌신에 대한 바울의 이해(빌 2:17,18)
  2. 바울과 함께 그리스도를 봉사한 디모데(빌 2:19-24)
  3. 그리스도의 모범을 실천한 에바브로디도(빌 2:25-30)

바울은 빌립보 교회가 복음을 위해 바울과 함께 계속해서 투쟁에 동참할 것을 바라면서(빌 1:12-26), 복음 안에서 살아가는 교회의 구체적인 모습들을 두 가지로 제시한 바 있다(빌 1:27-2:16).

첫째는, 복음에 합당한 삶으로서 교회의 외형적 요소와 관련된 것으로, ① 복음의 신앙을 위하여 협력하는 것(1:27)과 ② 무슨 일에든지 대적하는 자들 때문에 두려워하지 아니하는 것(1:28)과 ③ 복음의 진보를 위한 싸움에는 언제나 고난이 따른다는 것(1:29)에 대한 삶의 자세에 대한 것이다(1:27-30).

둘째는, 복음에 합당한 삶으로써 교회의 내형적 요소와 관련된 것으로, ① 겸손과 자기희생적인 사랑으로 하나인 교회(2:1-4)를 제시하고, 그 모델로 ② 겸손의 모범을 보이신 그리스도의 삶(2:5-8)과 ③ 그리스도를 높이 들어 올리신 하나님의 권능(2:9-11)에 대한 내용을 제시하였다.

이러한 권고의 내용에 근거하여 그리스도의 모범을 따르는 교회 공동체의 삶으로써 바울은 빌립보 교회를 향하여 ① 먼저 복음에 복종할 것(2:12)과, ② 두려움과 떨림으로 구원을 이룰 것(2:13-15)과, ③ 흠 없고 순전한 교회를 이룰 것(2:16)을 제시함으로써, 빌립보 교회 성도들로 하여금 그리스도의 복음에 합당한 삶에 관한 내용을 따라 살아가기를 기대하고 있다.

이어서 바울은 자신의 자전적인 이야기와 더불어 디모데와 에바브로디도에 대한 상황을 빌립보 교회에 보고하고 있다(빌 2:17-3:1a). 이 보고 내용은 바울의 상황을 보고한 자전적 이야기(1:12-26)와 병행을 이루고 있으며, "종말로 나의 형제들아 주 안에서 기뻐하라"(빌 3:1a)는 말로 마치고 있다.

1. 빌립보 교회의 헌신에 대한 바울의 이해 (빌 2:17,18)

자기를 십자가의 죽음에 내어 주신 그리스도를 본받아 자기희생적 사고와 삶으로써 교회 공동체의 안녕을 도모하라고 권면(빌 2:1-16)한 바울은 빌립보 교회의 온전한 믿음의 삶을 위해서 이제 자신도 기꺼이 자기의 희생의 삶에서 모범이 될 것이라는 의지를 밝히고 있다. 바울은 자신의 각오와 관련해 "만일 너희 믿음의 제물과 봉사(섬김) 위에 내가 나를 관제로 드릴지라도 나는 기뻐하고 너희 무리와 함께 기뻐하리니" (빌 2:17)라고 표현하고 있다.

제물과 봉사(섬김)는 성전의 제사 용어로서 제물을 바치며 드리는 구약시대의 '희생 제사'를 가리킨다. 그러나 예수 그리스도께서 십자가에서 자신의 몸을 종말론적 제물로 드림으로써 성전의 모든 제사 기능을 완성하셨으므로 신약시대에 와서는 짐승을 제물로 바치면서 하나님을 예배하는 일은 하지 않게 되었다(히 9:11-14,24-26).

여기에서 바울은 이 제사 제도를 비유로 들어 그림 언어로 사용하면서 성도들이 합법적이고도 하나님께서 열납하실만 한 희생 제사를 계속 드려야 한다고 설명하고 있다.507) 바울은 성도들의 믿음에 입각한 삶과 하나님을 섬기는 것을 제사로 비유하고 있다(롬 12:1; 15:16). 이런 점에서 빌립보 교회가 가난한 중에도 바울에게 보낸 선물을 하나님에 대한 신앙에서 우러나온 '희생 제사'로 부르는 것은 놀라운 일이 아니다.

바울은 말년에 사도로서 자신의 사역에 대해서 제사 용어를 사용해 '내가 나를 관제로 드릴지라도'라고 말한다(딤후 4:6). 이때 '관제'는 하나님을 찬양하기 위해 제물 위나 제단의 밑 부분에 포도주를 쏟아 붓는 것을 말한다(왕하 16:13; 렘 7:18; 호 9:4). 고대의 제사에서는 이방인이나 유대인 모두 제사의 마지막 순서로 관제를 사용하였으며, 그것을 통해 제사를 완성했다. 이런 점에서 관제를 가리켜 죽음을 수반하는 봉헌이라는 의미로 사용하기도 한다(딤후 4:6).

---

507) 김세윤, 빌립보서 강해, p. 106.

그러나 본문에서 바울이 자신의 사역을 '관제'로 비유하고 있는 것은 자기 죽음을 염두에 두었다기보다는 사도로서 자신의 희생과 고난을 생생하게 묘사하기 위한 것으로 사용하고 있다.

앞에서 현재 로마에서의 재판 상황이 자신에게 유리하게 전개되고 있으며(빌 1:19), 수치를 당하지 않고 이 일로 그리스도께서 영광을 받을 것을 확신하고 있다(빌 1:20)고 바울이 말한 사실을 비추어 볼 때, 여기에서 바울이 언급하고 있는 '관제'를 가리켜 바울의 순교를 상징한다고 해석할 이유는 없다.

특히 "관제와 같이 벌써 내가 부음이 되고 나의 떠날 기약이 가까웠도다"(딤후 4:6)라는 바울의 말은 이미 죽음을 예견한 상황에서 쓴 것으로 '관제'가 자신의 순교를 염두에 두고 있는 것과 확실하게 비교되고 있다.

여기에서 바울이 '내가 나를 관제로 드릴지라도'라고 말하고 있는 것은 바울이 바로 뒤에서 약속하고 있는 것처럼 바울 자신이 머지않아 빌립보 교회를 방문하게 될 것이며, 바울의 귀환은 그동안 바울을 향한 빌립보 교회의 헌신에 대한 합당한 보상이 될 것이라는 점(빌 2:24)에서 바울은 로마에서의 자신의 사역에 전력을 기울이고 있으며, 그 일에 빌립보 교회 성도들도 함께 참여하고 있다는 사실을 강조하기 위함이라는 사실을 알 수 있다.

따라서 본문의 관제는 복음을 위해, 교회 전체를 위해, 특별히 빌립보 교회를 위해서 바울이 희생하고 고난을 겪는 것이 빌립보 성도들이 바울을 위해 섬기는 것, 곧 그들이 하나님께 드리는 모든 희생 제물 위에 인(seal)을 치는 것과 같은 의미로 이해할 수 있다.

이것은 관제가 하나님께 드리는 제사를 완전하게 만들어 주는 것과 같이, 빌립보 성도들이 사도인 자신에게 보낸 희생적 선물 위에 그의 사도적 고난과 희생을 추가함으로써 하나님께 드리는 온전한 제사가

된다는 의미가 있다.508)

확실히 바울은 빌립보 성도들의 희생적 섬김과 사도로서 자신의 삶을 하나님께 드리는 제사인 '예배'로 이해하고 있음이 분명하다. 이때 빌립보 성도들은 자신들의 믿음으로 희생적인 선물을 하나님의 제단에 드리는 제사장들로 묘사된다. 그리고 사도로서 바울의 희생과 고난은 빌립보 교회 성도들의 희생 제물 위에 부어지는 헌주(獻奏)와 같다. 그리고 이 헌주, 즉 관제는 성도들이 믿음을 드리는 일에 대한 완성 또는 절정의 표지가 된다.

이렇게 함으로써 빌립보 성도들과 바울은 그리스도의 복음에 합당한 자신들의 삶을 통해 하나님께 온전한 예배를 드리게 되는 것이다. 때문에 이 온전한 예배로 말미암아 바울과 빌립보 성도들은 서로 기뻐하고 즐거워할 충분한 이유를 찾게 된다.

이러한 의미를 담아서 바울은 빌립보 교회 성도들을 향해 "이와 같이 너희도 기뻐하고 나와 함께 기뻐하라"(빌 2:18)고 격려하고 있다. 바울은 자신의 희생과 고난을 통해 자기 자신을 하나님께 드리는 관제가 된 것을 기뻐하는 것과 마찬가지로, 그들도 복음을 옹호하고 증거하는 일에 함께 참여함으로써 하나님께 드리는 그들의 제사를 완전케 한다는 사실로 말미암아 함께 기뻐하기를 기대하고 있다.

2. 바울과 함께 그리스도를 봉사한 디모데 (빌 2:19-24)

빌립보 교회와 바울의 관계, 즉 하나님께 드리는 예배에서 희생 제물과 관제로 온전케 함으로써 그리스도의 복음 사역에 함께 참여하고 있음을 확인한 바울은 이제 관점을 바꾸어 디모데와 에바브로디도에게 이야기의 초점을 맞추고 있다.

---

508) Gerald F. Hawthorne, 빌립보서, p. 227.

오히려 여기에서 바울은 이 이야기를 통해 자신보다는 빌립보 교회가 디모데와 에바브로디도에게 더 많은 관심을 갖게 되기를 바라고 있다. 이 사실은 지금까지 전개된 이야기의 흐름이 디모데와 에바브로디도에게 모이고 있다는 점에서 확인된다.

바울은 그리스도 찬송시(빌 2:6-11)에서 복음에 합당한 삶의 모습으로 그리스도의 종으로서 감당해야 할 역할을 강조한 바 있다. 이어 다른 사람들을 위해 부어지는 관제로서 바울 자신의 삶을 모범으로 제시하고 있다(빌 2:17,18). 그리고 자기 일보다는 빌립보 교회에 더 큰 관심을 가지고 있는 디모데의 모범을 여기에서 소개하고 있다(빌 2:19-22). 이러한 일련의 흐름은 이 글을 쓰는 목적이 디모데에 관한 계획을 빌립보 교회에 알리기 위함에 있는 것처럼 보이게 한다.

이로써 바울은 성도들의 사명은 섬김을 받는 것이 아니라 섬기기 위함이라는 교훈을 디모데를 통해 제시하고 뒤이어 빌립보 성도들이 익히 알고 있는 에바브로디도의 희생적 봉사를 제시함으로써(빌 2:25-30) 그리스도의 찬송시에서 노래하고 있는 주제를 재확인하고 있다.

바울이 디모데를 빌립보 교회에 보내는 목적은 "나도 너희 사정을 앎으로 안위를 받으려 함이니"(빌 2:19)에 나타나 있다. 이 말은 바울의 형편이 걱정되어 빌립보 교회가 에바브로디도를 자신에게 보낸 것을 염두에 두고, 바울도 역시 빌립보 교회의 사정이 염려되어 디모데를 그들에게 보낸다는 심정을 담고 있다.

바울은 에바브로디도 편으로 이 서신을 보냄으로써 빌립보 교회가 위로를 받고 기뻐하기를 기대하고 있다(빌 1:12-16). 그리고 빌립보 교회가 위로를 받고 기쁨을 누리는 것처럼, 디모데가 빌립보에 가서 좋은 소식을 전해옴으로써 바울 또한 위로와 기쁨을 누리기를 바라고 있다. 이것은 빌립보 교회가 모두가 바라고 있는 그리스도의 몸된 교회를 이루어 그리스도의 날, 곧 주께서 다시 오시는 날에 사도인 자신의 수고가 헛되지 않고 모두에게 자랑이 될 수 있기를 바란다(빌 2:16)는 바울의 열망을 다시 한번 확인하고 있다.509)

무엇보다 바울이 디모데를 빌립보 교회에 보내고자 하는 이유는 디모데가 빌립보 성도들의 사정에 대하여 진심으로 염려하고 있기 때문이다. 이에 바울은 "이는 뜻을 같이 하여 너희 사정을 진실히 생각할 자가 이 밖에 내게 없음이라"(빌 2:20)고 말하고 있다.

여기에서 바울은 디모데를 가리켜 바울 자신과 같은 혼을 가지고 있는(*Οὐδένα γὰρ ἔχω ἰσόψυχον* : For I have no one else of kindred spirit) 단 한 사람이라는 사실을 강조함으로써, 디모데야말로 바울의 마음을 가장 잘 알고 있음을 묘사하고 있다. 이것은 디모데가 사도 바울의 권위를 이어받은 유일한 대리인이라는 사실을 보여준다.

이미 디모데는 빌립보 교회가 알고 있는 것처럼 충분히 지도자로서 모든 역량과 자질을 갖추고 있었다. 어쩌면 바울과 같은 반열에 이미 서 있다고 해도 과언이 아닐 정도로 디모데는 바울을 충실하게 계승하고 있었다. 이 사실은 "그리스도 예수의 종 바울과 디모데는 그리스도 예수 안에서 빌립보에 사는 모든 성도와 또는 감독들과 집사들에게 편지하노니"(빌 1:1)에서 이미 확인된 바 있다.

여기에 바울은 "디모데의 연단을 너희가 아나니 자식이 아버지에게 함같이 나와 함께 복음을 위하여 수고하였느니라"(빌 2:22)고 덧붙임으로써 디모데를 자신과 함께 그리스도를 위해 봉사하는 동등한 권위를 가지고 있음을 밝히고 있다. 이런 점에서 지금 바울이 디모데를 빌립보 교회에 보내는 것은 사도인 자신의 임재를 상징하고 있음을 알 수 있다.

509) 김세윤, 빌립보서 강해, p. 110.

바울에게는 머지않아 있을 재판과 관련하여 처리할 산적한 일들이 남아 있었다. 때문에 바울은 "그러므로 내가 내 일이 어떻게 될지를 보아서 곧 이 사람을 보내기를 바라고 나도 속히 가게 될 것을 주 안에서 확신하노라"(빌 2:23,24)고 말하고 있다.

바울은 자신의 사정을 돌아보는 대로 즉시 디모데를 빌립보 교회에 보내게 될 것이며, 자신도 속히 빌립보 교회를 방문하게 될 것이라고 알리고 있다. 하지만 이 모든 계획을 진행함에 있어 바울은 '주 안에서' 이루어지기를 소망하고 있다.

'주 안에서'(ἐν κυρίῳ)라는 말은 '주 예수의 주권 영역' 또는 '주 예수의 통치 영역'을 함의하는 바울적인 용어이다. 예수를 주로 고백하는 성도들은 주께서 사탄을 이기고 죽음을 깨뜨린 능력에 의존하며, 온 우주를 통치하는 주의 권세에 순종한다는 의미에서 바울은 주로 이 말을 사용한다.

반면에 바울이 즐겨 사용하고 있는 '그리스도 예수 안에서'(ἐν Χριστῷ Ἰησοῦ)라는 말은, 믿음으로 그리스도와 연합하여 또는 그리스도 안에 내포되어 그리스도의 죽음과 부활에 동참함으로써 죽음과 부활의 능력에 참여한다는 의미로 사용된다.

따라서 바울이 '주 안에서' 속히 빌립보 교회를 방문하게 되리라고 말하는 이유는 바울과 관련된 모든 계획이 주님의 주권적인 통치 안에서 이루어질 것에 대한 소망을 보여주고 있다.

3. 그리스도의 모범을 실천한 에바브로디도 (빌 2:25-30)

바울을 대신하여 디모데를 빌립보 교회로 보낼 것이며, 자신도 곧 있을 재판에서 자유롭게 풀려나 빌립보 교회를 방문하겠다는 계획을 밝힌 바울은 이어서 빌립보 교회가 궁금해 하고 있는 에바브로디도에 관하여 자신의 계획을 밝히고 있다.

> “그러나 에바브로디도를 너희에게 보내는 것이 필요한 줄로 생각하노니 그는 나의 형제요 함께 수고하고 함께 군사 된 자요 너희 사자로 내가 쓸 것을 돕는 자라”(빌 2:25).

빌립보 교회는 바울에게 필요한 선물을 보내기 위해(엡 4:18) 그리고 앞으로 필요할지 모르는 지속적인 도움을 제공하기 위해서 에바브로디도를 교회의 사절로 바울에게 파송했었다. 그런데 로마에 도착한 에바브로디도는 바울을 돕는 일을 하다가 큰 병이 들고 말았다.

이 소식은 빌립보 교회에 알려지게 되었고 이로 인해 빌립보 교회는 에바브로디도의 건강에 대해 염려를 하게 되었다. 이러한 상황을 알게 된 바울은 에바브로디도의 건강 상태를 자세하게 빌립보 교회에 알림으로써 빌립보 교회를 안심시켜야 했다.

이런 이유로 바울은 “그가 너희 무리를 간절히 사모하고 자기가 병든 것을 너희가 들은 줄을 알고 심히 근심한지라 그가 병들어 죽게 되었으나 하나님이 그를 긍휼히 여기셨고 그뿐 아니라 또 나를 긍휼히 여기사 내 근심 위에 근심을 면하게 하셨느니라”(빌 2:26,27)며 자세하게 에바브로디도의 상황을 보고하고 있다.

에바브로디도는 하나님의 은혜로 극적인 치유를 받았다. 이로써 하나님은 에바브로디도를 바울에게 보낸 빌립보 교회와 바울의 근심을 풀어 주셨다. 이에 바울은 에바브로디도의 건강을 염려하고 있는 빌립보 교회를 생각하고, 자신에게 꼭 필요한 에바브로디도이지만 급하게 다시 빌립보로 그를 보내야겠다고 결심하기에 이르렀다. 그리고 바울은 그의 귀향길에 이 서신을 전달하기 위해 빌립보서를 집필했다.

하지만 예정보다 일찍 에바브로디도를 빌립보 교회로 돌려보낸다는 것은 또 다른 문제를 일으킬 가능성이 있었다. 왜냐하면 빌립보 교회는 바울의 옥중 생활을 돕기 위해 에바브로디도를 로마로 보냈기 때문이다. 이에 바울은 몸이 병들기까지 자신을 위해 희생한 에바브로디도에 대해 빌립보 교회가 오해하지 않기를 바라면서 중요한 결단을 내려야 했다.

이러한 바울의 심정은 "그러므로 내가 더욱 급히 그를 보낸 것은 너희로 그를 다시 보고 기뻐하게 하며 내 근심도 덜려 함이니라"(빌 2:28)는 말 속에 담겨 있다. 에바브로디도가 죽을 병에 걸렸음에도 불구하고 하나님께서 낫게 해 주셨다는 사실은, 무엇보다도 먼저 바울이 말한 것처럼, 여러 가지 어려운 형편 가운데서도 바울을 위한 빌립보 성도들의 희생적 섬김이야말로 그리스도의 복음에 합당한 자신들의 삶을 통해 하나님께 온전한 제사, 곧 예배를 드렸다는 결정적인 증거가 되었다. 다시 말하면 에바브로디도는 빌립보 교회가 바울을 위해 하나님께 드린 희생 제물과 같은 의미라고 바울은 이해하고 있었다.

그러나 이제 바울의 복음 사역을 위해 아낌없이 희생하기를 택한 빌립보 교회 성도들을 위해 하나님께서 죽을 병에 걸린 에바브로디도를 치유하시고 그들에게 되돌려 주심으로써 빌립보 교회에 큰 기쁨과 선물을 주신 것이다. 이것은 마치 아브라함이 아들 이삭을 하나님께 제물로 바치려고 할 때, 오히려 하나님께서는 제물로 죽었던 이삭을 다시 살리시어 아브라함의 품에 선물로 주신 것과 같은 의미를 담고 있다.

이러한 마음에서 바울은 에바브로디도를 빌립보 교회에 돌려줌으로써 그들의 희생이 에바브로디도가 죽을 병에서 다시 살아나는 기쁨을 누리는 계기가 되었음을 강조하고 있다.

나아가 예상보다 빠르게 에바브로디도를 빌립보로 다시 보내게 된 것에는 또 다른 바울의 목회적 관심 때문이었다. 이에 바울은 "이러므로 너희가 주 안에서 모든 기쁨으로 그를 영접하고 또 이와 같은 자들을 존귀히 여기라 그가 그리스도의 일을 위하여 죽기에 이르러도 자기 목숨을 돌보지 아니한 것은 나를 섬기는 너희의 일에 부족함을 채우려 함이니라”(빌 2:29,30)고 말하고 있다.

에바브로디도는 바울과의 관계에서 형제이며 동역자이며 함께 군사 된 일꾼이었다. 그리고 빌립보 교회와의 관계에서는 그들의 사자이며 사역자였다. 그는 적대적인 환경에서 물러서지 않았고 바울을 위한 자신의 사역을 위해 생명의 위협까지도 무릅썼다. 참으로 에바브로디도는 바울을 향한 빌립보 교회의 섬김을 힘써서 다 감당한 봉사자였다.

이런 점에서 바울은 에바브로디도가 그리스도의 찬송시에 나타난 그리스도의 ‘자기희생’의 정신을 따라 철저하게 자기 자신을 희생한 인물이었음을 적극적으로 밝히고 있다(30절). 이것은 앞서 “너희 안에 이 마음을 품으라 곧 그리스도 예수의 마음이니”(빌 2:5)라고 말한 것처럼 에바브로디도가 바로 그와 같은 인물임을 강조하기 위함이다. 이로써 바울은 빌립보 교회 안에서 나타나고 있는 분열의 징조를 봉합하고 성도들을 서로 화합시키기 위한 임무를 에바브로디도에게 맡길 수 있었다.

〈이 단락에서 우리가 눈여겨보아야 할 내용을 보면 다음과 같다.〉

a 빌립보 교회 성도들이 바울의 사역을 위해 봉사할 에바브로디도를 파송함
b 에바브로디도는 빌립보 성도들을 대신해 바울을 위해 최선을 다해 봉사함
c 에바브로디도가 큰 병에 걸려 죽을 위기에 빠짐
d 하나님께서 바울의 사역을 위해 에바브로디도를 병에서 낫게 해 주심
c′ 빌립보 교회가 해결해야 할 여러 가지 문제에 봉착해 있음
b′ 에바브로디도는 바울을 대신해 빌립보 교회 성도들을 봉사할 사역자
a′ 바울은 빌립보 교회 성도들을 위해 에바브로디도를 빌립보로 보냄

이러한 구문의 흐름을 통해서 우리가 볼 수 있는 것은 하나님께서 에

바브로디도의 병을 낫게 하신 것처럼, 이제 하나님께서 빌립보 교회 성도들이 당면한 문제도 에바브라디도의 지도 아래 원만하게 해결해 주실 것이라는 바울의 확신이 담겨 있음을 확인할 수 있다.

4. 주안에서 함께 누리는 기쁨 (빌 3:1a)

이상에서 보는 것처럼 ① 바울은 자신과 함께 그리스도를 위해 봉사하는 동등한 권위를 가지고 있는 디모데를 바울 대신에 보내겠다는 계획과, ② 빌립보 교회의 당면한 문제의 해결과 화합을 위해 가장 적합한 지도자인 에바브로디도를 빌립보 교회에 보내겠다는 계획을 밝히고 빌립보 교회가 바울의 의도를 충분히 알고 받아들일 것을 의심치 않았다.

이에 바울은 "종말로 나의 형제들아 주 안에서 기뻐하라"(*Τὸλοιπόν, ἀδελφοί μου, χαίρετε ἐν κυρίῳ*, 빌 3:1a)는 말로 이 단락을 마치면서 빌립보 교회가 바울의 기쁨에 함께 참여하게 되기를 바라고 있다. 이 구절은 지금까지 바울이 이야기한 내용에 대한 최종 결론이다.510)

앞서 본 것처럼 '주 안에서'(*ἐν κυρίῳ*)라는 말은 '주 예수의 주권 영역' 또는 '주 예수의 통치 영역'을 함의하고 있으며, 온 우주를 통치하는 주의 권세에 순종한다는 의미로 사용된다.

이런 점에서 "나의 형제들아 주 안에서 기뻐하라"는 말은 ① 어려움 가운데서도 바울을 위해 헌신한 빌립보 교회와, ② 바울이 빌립보 교회로 디모데와 에바브로디도를 보내는 계획과, ③ 디모데와 에바브로디도의 사역을 통해서 빌립보 교회에 기쁨이 가득하게 될 것인데, 이것은 전적으로 '주 안에서' 다시 말하면, 온 우주를 통치하시는 주님의 권세 아래에서 주어지는 하나님의 위로가 될 것이며, 이러한 위로야말로 이 서신을 받는 빌립보 교회 성도들과 에바드로디도와 디모데와 바울

---

510) J. Calvin, 빌립보서, p. 521.

자신에게 커다란 기쁨이 될 것이라는 바울의 열망이 담겨 있다.

아울러 2천 년 전에 바울의 가슴을 뜨겁게 달구었던 그 열망은 지금도 바울의 서신을 통해서 어떠한 어려움 가운데서도 '그리스도의 복음에 합당하게' 생활하기를 위해 애쓰고 노력하고 있는 이땅의 모든 성도들에게도 빌립보 교회가 누렸던 하늘의 위로와 기쁨에 기꺼이 동참하기를 초청하고 있다.

| 기 도 |

우리가 흠이 없고 순전하여서 어그러지고 거스르는 세대 가운데 흠 없는 자녀로 세상에서 그들 가운데 빛들로 나타내기를(빌 2:15) 기뻐하시며, 이를 위해 친히 우리 가운데서 자신의 기쁘신 뜻을 행하시는 우리 주 예수 그리스도의 아버지이신 하나님.

이 아름다운 일을 우리 안에 이루어 가시기 위해 우리에게 선지자들과 사도들을 보내시어 하나님의 말씀을 듣고 일깨우게 하시오니 감사와 영광을 올리옵나이다.

우리 믿음의 선배들인 빌립보 교회 성도들은 사회적으로 또한 경제적으로 여러 가지 어렵고 곤란한 상황에 있었음에도 기꺼이 바울 사도의 복음 사역에 참여하기 위해 모든 힘을 다 쏟았던 사실을 살펴보았나이다.

빌립보 교회 성도들의 이러한 헌신과 봉사를 가리켜 바울 사도는 '믿음의 제물과 섬김' (빌 2:17)이라고 여겼고, 여기에 더하여 바울은 이 믿음의 제물과 섬김을 완성하기 위해 자신을 전제로 부어드림으로써 하나님을 향한 아름다운 제물이 되기를 즐거워했음을 보옵나이다.

이러한 모든 일이 '그리스도의 복음에 합당한 생활' (빌 1:27)을 살아가고자 하는 성도들의 모습이며, 이로써 하나님께서는 우리 안에 하나님의 기쁘신 뜻을 이루어 가심으로써 "이 모든 날 마지막에는 아들을 통하여 우리에게 말씀하셨으니 이 아들을 만유의 상속자로 세우시고 또 그로 말미암아 모든 세계를 지으셨느니라" (히 1:2)는 말씀을 친히 이루어 가심에 감사를 드리나이다.

우리 또한 이 복된 자리에 초청을 받아 한마음으로 참여하게 하셨사오니, 빌립보 교회 성도들과 같이 동일한 복음으로 '주 안에서' 살아감으로써 그리스도의 복음에 합당한 생활속에 함께 기뻐할 수 있는 믿음과 용기를 더하여 주옵소서.

우리 주 예수 그리스도의 이름으로 기도합니다. 아멘.

〈9〉

할례의 인간적 성취와 그 만족에 대한 경계

빌립보서 3:1b-3

3:1b 너희에게 같은 말을 쓰는 것이 내게는 수고로움이 없고 너희에게는 안전하니라 2 개들을 삼가고 행악하는 자들을 삼가고 손할례당을 삼가라 3 하나님의 성령으로 봉사하며 그리스도 예수로 자랑하고 육체를 신뢰하지 아니하는 우리가 곧 할례당이라

빌립보서가 옥중에서 기록된 서신이라는 정황을 생각한다면, 이 서신이 기록될 때 바울은 평안한 상태에서 기록하기보다는 주변 상황이 원만하지 않았음을 짐작할 수 있다. 또한 앉은자리에서 단번에 쓴 것이 아니라 며칠의 간격(또는 그 이상의 시간)을 가지고, 깊은 생각을 거듭하면서 기록했을 수 있다는 점에서 문장의 흐름과 감정의 흐름이 늘 같지 않았을 것이라고 미루어 짐작할 수 있다.

바울을 둘러싼 이러한 외적 요소들은 빌립보서의 흐름에서도 어느 정도 내용에 있어서 기복의 변화를 가져다줄 수 있는 요인들이었을 것이다. 바울이 빌립보 교회를 향하여 핍박과 고난 가운데서도 '일치와 화평과 기쁨의 공동체'를 이루어 가라고 권면을 하던 중(빌 1:27-3:1a)에

이에 대한 좀 더 자세한 설명을 잠시 보류하고, 빌립보 교회에 들어온 거짓 가르침의 주장을 반박하고 있다는 것(빌 3:1b–4:9)도 이러한 외적 요소들이 작용했음을 엿볼 수 있다.511)

이러한 빌립보서의 특성을 생각하면서 빌립보서 전체의 흐름을 먼저 살펴볼 필요가 있다. 빌립보서는 크게 전반부와 후반부로 구분할 수 있다. 전반부에서는 인사말과 빌립보 교회를 위한 권면(빌 1:1–3:1a)으로 일단락되고, 이어 후반부인 거짓 가르침에 대한 경계와 윤리적 가르침(빌 3:1b–4:9)으로 이어지고 있다.

먼저 전반부의 내용을 살펴보면 다음과 같다.

빌립보서는 일상적인 문안 인사로 시작된다(1:1,2). 그리고 빌립보 교회로 인하여 하나님께 드리는 감사(1:3–8)와 빌립보 교회를 위한 바울의 기도(1:9–11)로 이어진다.

바울은 이 감사와 기도를 통해서 ① 빌립보 교회가 바울의 복음 사역에 동참하고 있는 것에 대해 하나님께 감사하며, 빌립보 교회의 지속적인 영적 진보와 복음 사역에 동참을 격려하고 있다. 그리고 ② 빌립보 교회가 바울의 복음 사역을 위해 기도하며, 헌금으로 후원하며, 에바브로디도를 통해 바울을 돕는 일들을 통해서 바울은 빌립보 교회가 당면한 외적인 어려움 가운데서도 하나님을 위한 그들의 헌신을 통해 그들이 하나님의 돌보심을 받는 은혜를 경험하고 있음을 밝히고 있다.

하나님께 대한 감사와 빌립보 교회를 위한 기도에 이어, 바울은 자신의 현재 상황을 빌립보 교회에 보고하면서(빌 1:12–26) 비록 빌립보 교회가 고난을 받는다고 할지라도 어려움 속에서도 그리스도인답게 살아갈 것을 당부하고 있다.

---

511) 김세윤, 빌립보서 강해, p. 17.

바울은 자신이 감옥에 갇혀 있음에도 불구하고 지속적인 복음의 진보가 이루어지고 있으며, 비록 어떤 이들이 바울에게 고난이 가중되기 위한 경쟁심에서 복음을 전하고 있다 할지라도 그리스도의 복음이 전파되고 있다는 사실에 대해 기쁨을 표하고 있다. 아울러 빌립보 교회 성도들의 기도에 대한 응답으로 자신이 곧 석방될 것이라는 기대를 밝히고 있다.

바울은 자신의 복음 사역이 힘들고 고통스러운 일들을 동반한다고 할지라도 계속해서 복음 사역을 위해 봉사할 준비가 되어 있다고 말한다. 이어 바울은 그리스도와 함께하는 복음의 진보를 바라보면서 심지어 죽음의 위협조차도 기꺼이 극복해 낼 것이라고 자신의 의지를 표명하고 있다. 그리고 이땅에 사는 성도들은 실제로 고난을 받기 위해 부름을 받았다는 사실을 상기시키면서, 빌립보 교회가 어떤 어려움 가운데 있을지라도 굳건히 서 있기를 당부하고 있다(빌 1:27-30).

이러한 내용을 바탕으로 바울은 빌립보 교회가 굳건히 서 있기 위해 ① 공통의 목표를 가지고 ② 자신의 이기적인 허영심을 버리고 ③ 하나가 되어 서로의 필요를 위해 피차 배려할 것을 제시하고 있다(2:1-4). 교회의 삶은 서로에 대한 사랑으로 특징되는 것처럼 형제 사랑과 공통의 목표 안에서 서로 연결되어 있기 때문이다.

이에 바울은 그리스도의 낮아지심과 높아지심이라는 모범(2:5-11)을 빌립보 교회에 보여줌으로써 교회가 하나 된다는 의미는 서로를 섬기는 것으로 나타나야 한다는 사실을 강조하고 있다.

바울은 그의 위대한 그리스도의 찬송시(빌 2:5-11)를 통해 근본 하나님의 본체이시나 사람이 되어 십자가에서 죽으신 그리스도를 본받고, 빌립보 성도들에게 겸손의 모범을 따라 살기를 요청하고 있다. 그리고 스스로 낮아지신 그리스도를 하나님께서 지극히 높이신 것처럼, 자기 자신을 낮춘 성도들 또한 하나님께서 그리스도처럼 그들을 높이실 것이라고 밝히고 있다.

여기에서 바울은 종이 다른 사람을 위하는 것처럼 성도들 역시 그리스도에게 순종해야 하는 종의 위치에 있음을 강조하고 있다. 이런 점에서 성도들은 자기 부인과 순종이 예수 그리스도의 자기 부인과 순종에 근거해 있어야 한다는 사실을 가슴에 새겨두어야 한다. 성도들은 순종하도록 부르심을 받았으며, “항상 복종하여 두렵고 떨림으로 너희 구원을 이루라”(2:12)는 말씀에 따라 복음에 대한 자신들의 순종을 통해 구원을 이루어 내도록 부름을 받았기 때문이다(빌 2:12-18).

이때 하나님은 성도들 안에 역사하셔서 그들의 삶을 통해 이기적인 욕망에서 벗어나게 하시며, 이를 통해 교회를 온전하게 세우게 하신다. 여기에서 성령의 역사가 명백하게 묘사되고 있지는 않지만, 바울은 이 모든 일의 배후에 성령께서 역사하심을 전제하고 있음이 분명하다.

이에 바울은 그리스도의 복음에 합당한 교회의 온전한 삶의 목표가 이루어짐으로써 그리스도의 날에, 곧 예수께서 재림하시는 그 날에, 자신의 복음 사역이 성공적으로 이루어지게 될 것을 기대하면서 이로 인하여 기쁨이 될 것을 의심하지 않는다. 바울은 이 기쁨을 위해 스스로 자신을 관제와 같이 빌립보 교회 성도들의 헌신적인 삶 위에 더하게 될 것이라고 다짐하고 있다.

이처럼 그리스도의 복음에 합당한 삶으로써 빌립보 교회가 굳건하게 서게 될 것과, 서로 하나가 될 것에 대한 권면을 마친 바울은, 빌립보 교회와 바울 그리고 바울의 동역자인 디모데와 에바브로디도가 모두 한뜻을 가지고 복음의 진보를 위해 서로 협력하기를 독려하고 있다(빌 2:19-30).

여기에서 바울은 자신의 대리인으로 디모데를 추천하고, 디모데야말로 빌립보 교회를 가장 많이 염려하는 일꾼임을 알리고 있다. 그리고 자신이 석방되어 빌립보 교회를 곧 방문하게 될 것이라는 확신을 보여줌으로써 자신에 대한 빌립보 교회 성도들의 염려를 덜어주고 있다.

이어 에바브로디도와 관련된 하나님의 놀라운 섭리와 선하심에 대해 강조하고 에바브로디도가 열심으로 바울을 돌보는 일로 인해 죽을 병에 들었으나 다시 회복되었음을 알리고 있다. 이러한 디모데와 에바브로디도의 헌신적 희생은 그리스도와 바울과 빌립보 교회에 대한 전적인 헌신과 봉사의 모범이 되었음을 밝히고 있다.

여기에서 바울은 잠시 이야기의 초점을 바꾸어 최근 교회의 연합과 화해를 헤치려고 하는 거짓 가르침에 대한 경계로 시선을 바꾸고 있다. 후반부에 들어서면서 빌립보서는 다소 과격한 문체로 기록되고 있으며, 여기에서는 거짓 가르침에 대한 경계와 윤리적 가르침(빌 3:1b-4:9)을 다루고 있다.

지금까지 보았던 문체의 흐름과 달리 다소 격하게 표현된 이 후반부 내용은, 급격한 바울의 감정 변화로 말미암아 마치 다른 서신이 삽입된 것처럼 당황스럽게 하고 있다. 이에 대해 학자들은 두 개 이상의 단편들이 3장과 4장에 삽입되었다고 함으로써 빌립보서의 통일성에 대하여 이의를 제기하였다.

그러나 골로새서와 에베소서에서도 나타나고 있는 것처럼, 당시 교회를 신학적으로 흔들고 있는 일단의 거짓 가르침들에 대해 빌립보서에서 다소 과격한 언사로 다루고 있다는 것은 조금도 이상한 일이 아니다.

"종말로 나의 형제들아 주 안에서 기뻐하라"(빌 3:1a)는 말로 전반부의 이야기를 마무리한 바울은 이제 새로운 주제인 거짓 가르침에 대한 빌립보 교회의 대처 방안에 대하여 4가지 권면을 전개하고 있다.

이 내용은 ① 할례와 인간적 성취의 자만에 대한 경계(3:1b-11), ② 현세의 완전함을 주장하는 자들에 대한 경계(3:12–16), ③ 잘못된 가르침을 본받는 것에 대한 경계(3:17–21)에 이어서 지금까지 논의한 내용에 대한 결론으로 ④ 교회 안에서 발생한 분열에 대해 경계함으로써(4:1–3) 권면을 마치고 있다.

이러한 권면을 마친 바울은 앞서 "종말로 나의 형제들아 주 안에서 기뻐하라"(빌 3:1a)는 말로 복음에 합당하게 살아가는 삶에 대한 주제(빌 1:27)를 마쳤던 것처럼 이제 "주 안에서 항상 기뻐하라 내가 다시 말하노니 기뻐하라"(빌 4:4)고 재차 강조하면서 본래의 주제로 다시 시선을 돌리고 있다.

그리스도의 복음에 합당하게 살아가는 삶의 주제로 복귀한 바울은 ① 주의 강림에 대한 소망을 가질 것(4:5)과 ② 평강을 누리기 위한 경건과 의를 추구할 것(4:6–8)을 빌립보 교회에 제시하고, "너희는 내게 배우고 받고 듣고 본 바를 행하라 그리하면 평강의 하나님이 너희와 함께 계시리라"(4:9)는 말로 '복음에 합당하게 살아가는 삶에 대한 주제'를 마치고 있다.

이러한 흐름 가운데서 바울은 거짓 가르침에 대한 4가지 경계의 내용을 제시하고 있다. 먼저 '할례와 인간적 성취의 자만에 대한 경계'(빌 3:1b–11)의 내용을 살펴보고자 한다.

1. 할례를 주장하는 거짓 가르침의 정체 (빌 3:1b-2)

'하나님의 백성이 되려면 할례를 받고 율법을 지켜야 한다'고 함으로써 신학적 혼란을 주고 있다는 거짓 가르침에 대한 소식을 바울이 언제 확인했는지는 확실치 않다. 이미 ① 빌립보서를 기록하기 이전에 에바브로디도 편에 들었는지, 혹은 ② 다른 누군가에 의해 그 소식을 듣게 되었는지, 아니면 ③ 이 서신을 기록하고 있던 중에 누군가가 빌립보 교회 소식을 전해줌으로써 알게 되었는지는 분명치 않다.

바울이 디모데를 자신의 대리인으로 빌립보 교회에 파송하고 자신도 곧 빌립보 교회를 방문할 것과 에바브로디도를 빌립보 교회로 보내겠다고 하면서(빌 2:19,20) 빌립보 교회의 일치와 화합을 주된 주제로 이야기하던 중, 이야기를 잠시 중단하고 갑자기 거짓 가르침에 대해 엄하게 경계하고 있는 것으로 보아 바울은 이 서신을 기록하고 있던 중에 빌립보 교회에 대한 소식을 들었을 가능성이 크다.

하지만 이 확인되지 않은 정체불명의 거짓 가르침에 대해 비교적 바울이 소상하게 그 내용을 알고 있었던 것은 분명하다. 이들의 정체가 유대주의자들인지 아니면 디아스포라 유대교인들인지 또는 이방인들이 개종한 유대교도들인지 정확하지 않다. 하지만 이들의 가르침은 분명히 복음에 대한 빌립보 성도들의 굳건함을 훼손하려고 한 것이 분명하다.

단지 바울이 이들의 정체를 분명히 밝히지 않는 것으로 보아 바울은 빌립보 교회가 이들의 정체를 이미 알고 있었으며, 상대적으로 빌립보 교회가 이 거짓 가르침에 대해 크게 요동하지 않고 있다는 점을 염두에 두고 있는 것으로 보인다.

이러한 사실은 바울이 빌립보 교회를 향해 이 거짓 가르침을 전하는 자들의 정체를 파악하고 그들의 파괴적인 믿음과 관습에 대하여 신중한 주의를 기울이고 연구할 것을 요청하고 있다는 점에서 확인된다.

바울은 이 거짓 가르침의 반기독교적 내용이 불평과 불화와 헛된 교만을 불러일으킨다고 할지라도 하나님께서 주시는 은혜의 값없는 선물들을 이미 받은 빌립보 교회가 충분히 이들의 가르침을 거부하고 복음 안에서 굳건하게 서 있음을 의심치 않는다. 이에 바울은 "너희에게 같은 말을 쓰는 것이 내게는 수고로움이 없고 너희에게는 안전하니라”(빌 3:1b)라고 양해를 구하면서 “개들을 삼가고 행악하는 자들을 삼가고 손할례당을 삼가라”(빌 3:2)고 단호하게 말하고 있다.

바울은 이들의 정체를 ‘개들, 행악하는 자들, 손할례당’이라고 부른다. 이들을 가리켜 ‘개들’이라고 하는 것은 이들의 가르침이 거룩한 공동체인 교회를 잘못된 가르침으로 더럽히는 개들로 여겨졌기 때문이다. 이것은 이들의 정체가 유대교와 모종의 관련이 있음을 암시한다.

왜냐하면 유대인들은 이방인들을 경멸적으로 ‘개’라고 부르는 관습을 가지고 있었는데, 바울은 유대교와 관련된 거짓 가르침을 교회에 전파하는 이들을 ‘개’라고 칭함으로써 상대적으로 유대교의 오만함을 경계하기 위함으로 보인다.

사실 유대교인들은 율법을 지키는 것을 자랑으로 삼았다. 그리고 그들의 우월감은 하나님의 율법이 요구하는 일들(*εργα*)을 철저하게 수행했다는 사실에 근거하고 있다(롬 3:20). 그들은 자신들을 가리켜 ‘칼로이 에르가타이’(*καλοι εργαται* : ‘선한 일꾼들’), 즉 ‘율법의 고귀한 준수자들’이라고 여겼다. 하지만 바울은 그들을 가리켜 ‘카쿠스 에르가타스’(*κακους εργατας* : ‘행악하는 자들’)라고 부른다.

여기에는 모종의 언어유희가 등장하는데 바울이 그들을 행악하는 자들이라고 부르는 것은 그들이 도덕적으로 잘못된 행위를 하거나 악의를 갖고 행동하기 때문이 아니었다. 오히려 그들이 생명처럼 여기는 행위, 즉 율법을 지키는 일들(*εργα*)에 의존하여서 자신들을 ‘선한 일꾼들’이라고 여기고 있다는 것은 자신들뿐 아니라 다른 사람들에게도 해를 가져다주기 때문이다.

왜냐하면 그들이 강조하고 있는 것처럼 자신들이 율법을 지키고 있다는 행위에 의존하고 있다는 것은 결국 외형적으로 드러나는 율법을 지키는 행위에 자기 존재의 가치를 부여하게 됨으로써 정작 하나님에 대한 믿음의 필요성을 약하게 만드는 결과를 초래하기 때문이다.

이렇게 된다면 하나님만이 오직 참된 생명과 선의 원천이라는 복음을 거부하는 패역한 행위와 다를 바 없다.512) 왜냐하면 아무도 율법 앞에서 온전할 수 없음에도 불구하고 그들은 스스로 율법을 온전히 지키고 있다고 자랑하고 있기 때문이다. 이것은 그 누구도 율법의 행위로써 하나님 앞에 의로워질 수 없으며, 그리스도에 대한 신앙으로만 의로워질 수 있다는 복음(갈 2:16)과 전면 대치된다.

당시 유대교 회당에서는 상당히 이방인들의 개종에 많은 힘을 기울이는 운동이 있었던 것으로 보인다. 이미 주님께서 "화 있을진저 외식하는 서기관들과 바리새인들이여 너희는 교인 하나를 얻기 위하여 바다와 육지를 두루 다니다가 생기면 너희보다 배나 더 지옥 자식이 되게 하는도다"(마 23:15)라고 언급하신 것처럼 유대교는 자신들의 세력을 확장하는 데 많은 힘을 기울이고 있었다.

이 운동은 점차 이방 세상에 널리 퍼져 있는 교회들을 상대로 확장되었으며, 어떻게 해서든 그리스도인들을 개종시켜서 유대교 안으로 끌어들이려는 운동으로 발전되었을 가능성이 크다.513) 그리고 바울이 첫 번째 복음전도 여행(AD 46-48년)을 떠났던 그때부터 빌립보서를 작성하고 있는 지금까지(AD 60-62년) 줄곧 유대주의자들과 유대주의에 물든 유대인들은 교회가 있는 곳마다 찾아다니면서 유대적 전통을 강요하고 있었다.

이러한 사실을 잘 알고 있는 바울은 단호하게 "개들을 삼가고 행악하는 자들을 삼가고 손할례당을 삼가라"(빌 3:2)고 경계하고, 어떤 방식으로든 어떤 이유로든 자기 스스로 율법의 규례를 온전히 지켜야 하고

512) Gerald F. Hawthorne, 빌립보서, p. 257.

513) Fred B. Craddock, 빌립보서, p. 119.

그것을 다른 사람들에게도 요구하는 자들의 주장을 철저하게 멀리할 것을 강조하고 있다.

2. 진정한 할례의 의미 (빌 3:3)

유대인들은 원래 할례를 자신들과 하나님 사이에 존재하는 언약 관계의 상징으로 이해하고 있었다. 그러나 언제부터인가 그 상징적 성격을 망각하고 할례 그 자체가 하나님 앞에서 올바로 설 수 있게 만들어 주는 필수적인 외적인 의식이라고 여기게 되었다.

그러나 바울에게 있어 한때 할례에 의해 상징되었던 언약 관계는 이제 그리스도 예수 안에서, 즉 그리스도 예수의 죽음과 부활에 의해 완전하게 실현된 것으로 더 이상 외적인 의식이 요구되지 않는다. 왜냐하면 "대저 표면적 유대인이 유대인이 아니요 표면적 육신의 할례가 할례가 아니라 오직 이면적 유대인이 유대인이며 할례는 마음에 할지니 신령에 있고 의문에 있지 아니한 것이라"(롬 2:28,29)는 바울의 주장처럼 할례는 더 이상 구원을 얻기 위한 수단이 아니기 때문이다.

이런 이유에서 바울은 할례(*περιτομη* : 페리토매)를 주장하는 이들을 가리켜 손할례당(*καατομη* : 카타토매)이라고 부른다. 여기에는 언어유희가 담겨 있다. 할례는 마음에 하는 것임에도 불구하고 유대인들은 몸에 새기는 행위로 여긴다는 점에서 그들을 가리켜 손할례당, 즉 스스로를 거세하다, 혹은 '살점을 떼어 내다'는 의미를 가지고 있는 '카타토매'(*καατομη*)라고 부른 것이다.514)

이 단어는 마치 갈멜산에서 엘리야와 대결하던 바알의 제사장들이 하늘에서 불이 내려오지 않자 "이에 저희가 큰 소리로 부르고 그 규례를 따라 피가 흐르기까지 칼과 창으로 그 몸을 상하게 하더라"(왕상

---

514) 김세윤, 빌립보서 강해, p. 119.

18:28)는 기록과 같이 자기 몸에 상처를 내고 자기 몸의 일부를 잘라내는 행위를 연상케 한다.

만일 누군가가 이런 식의 할례를 받는다면 그에게는 결코 복음의 은혜를 기대할 수 없게 될 뿐이다. 이것에 대해 "보라 나 바울은 너희에게 말하노니 너희가 만일 할례를 받으면 그리스도께서 너희에게 아무 유익이 없으리라"(갈 5:2)고 밝힌 바 있다.

이에 바울은 "하나님의 성령으로 봉사하며 그리스도 예수로 자랑하고 육체를 신뢰하지 아니하는 우리가 곧 할례당이라"(빌 3:3)고 강조한다. 바울은 ① 하나님의 영으로 예배하며 ② 그리스도 예수를 자랑하며 ③ 육체를 신뢰하지 않는 성도들만이 진정한 마음의 할례당(περιτομη) 이라고 제시한다.

1) 하나님의 영으로 드리는 예배

'하나님의 성령으로 봉사하며(λατρεύοντες)'라는 말에서 '봉사하다'(λατρευειν)는 말은 보상을 기대하지 않고 봉사한다는 의미이다. 구약에서는 여호와의 택한 백성 이스라엘이 여호와께 드리는 예배 또는 제사를 가리키는 말로 사용된다(출 23:25; 신 6:12; 10:12; 수 22:27; 롬 9:4).

이와 관련해 진정 마음으로부터 하나님을 사랑하고 예배드리는(λατρευειν, 신 10:12) 특권이 이제는 새로운 이스라엘로 부름을 받은 성도들인 '교회'에게로 이전되었다. 오로지 이신칭의에 의해 구원을 받은 교회만이 하나님의 성령으로 봉사할 수 있게 되었기 때문이다. 반면에 유대인들은 내면적인 마음으로 하나님께 드리는 영적 예배로부터 떠나 외면적인 의식의 종교로 전락해 버리고 말았다.

이제 교회의 성도들은 성령과 진리 안에서 하나님께 예배한다(요

4:23,24). 이것은 하나님에 대한 예배를 포함한 모든 행동이 어떤 외적인 형식이나 의식에 의해 지배되는 것이 아니라 교회 안에서 역사하시는 하나님의 영에 의해 지배되고 있음을 의미한다.

예언자들에 의해 약속되었으며(겔 36:25-27) 언약 공동체인 교회에 거주하시는 성령님은 하나님의 백성들에게 생명과 능력과 사랑을 베풀어 주시기 때문에 비로소 성도들은 성령을 힘입어 참되고 받으실 만한 예배를 마음으로부터 드릴 수 있게 된다(요 4:23,24; 롬 12:1; 벧전 2:5).

이것은 하나님의 영이 인간의 깊은 본성 속에 인도자로 활동하심으로써 사람의 삶을 변화시키고, 그 결과 사랑과 봉사의 삶을 촉진하며 다른 사람들을 위한 삶을 살게 만들어 주시는 것으로 나타난다. 이러한 삶이야말로 하나님께서 받으실 만한 유일한 봉사(*λατρευειν*), 즉 예배이다.515)

때문에 바울은 로마서에서 이신칭의로 말미암은 구원에 대해 논증하고(롬 1-8장), 이제 유대인과 이방인의 벽이 허물어진 새 이스라엘 공동체인 교회의 시대가 열렸음을 확증한 후(롬 9-11장) 그들을 향해 "그러므로 형제들아 내가 하나님의 모든 자비하심으로 너희를 권하노니 너희 몸을 하나님이 기뻐하시는 거룩한 산 제물로 드리라 이는 너희가 드릴 영적 예배니라(*τὴν λογικὴν λατρείαν*)"(롬 12:1)고 선포했던 것이다.

2) 그리스도 예수에 대한 자랑

'그리스도 예수로 자랑하고(*καυχώμενοι*)' (빌 3:3)에서 '자랑한다'(*καυχασθαι*)는 말은 '기뻐하다, 의기양양하다, 신뢰하다, 자랑으로 여기다' 는 뜻을 가진다. 이제 성령으로 말미암아 영적 예배를 드리게 된 성도들은 자기 자신이나 자신의 성취 또는 개인적인 성향 때문이 아니라 바로 그리스도 예수 안에서 승리하며 기쁘고 자랑스러워하게 되었다.

---

515) Gerald F. Hawthorne, 빌립보서, p. 260.

그러므로 성도들의 믿음은 외적인 의식이나 율법의 유산이나 민족적 특권에 대한 헛된 것들을 신뢰하지 않는다. 성도들에게 있어서 자랑의 근거, 자랑의 이유, 충만하고 즐거운 신뢰는 오직 그리스도 안에서 하나님에 대한 믿음에 근거할 따름이다. 왜냐하면 하나님은 오직 그리스도 예수를 통해 모든 사람에게 은총과 자비를 주시는 분이시기 때문이다(갈 6:14).

따라서 성도들은 하나님의 은총을 받기 위해 스스로 행한 일을 자랑하지 않고 하나님께서 그리스도 예수를 통해 성도들을 위해 이미 행하신 일로 말미암아 오직 그리스도 예수만을 자랑한다. 이처럼 율법의 지식과 의식적, 도덕적인 '의'를 포기할 때 비로소 성도들은 그리스도의 은혜를 자랑하게 된다.

"자랑하는 자는 이것으로 자랑할지니 곧 명철하여 나를 아는 것과 나 여호와는 인애와 공평과 정직을 땅에 행하는 자인줄 깨닫는 것이라 나는 이 일을 기뻐하노라 여호와의 말이니라"(렘 9:24)고 한 예레미야 선지자의 선언처럼 구속의 유일한 기초인 그리스도의 십자가를 통해 죄인들을 구속하신 하나님의 지혜를 깨닫는 것이야말로 성도들에게는 가장 합당하게 자랑할 근거가 될 뿐이다.516)

3) 진정한 할례의 의미

"육체를 신뢰하지 아니하는 우리"는 '육신(σαρξ)을 신뢰하지 않는 사람들'이라고 번역된다. '육신'(flesh)은 몸(σομα, body)과 함께 인간의 외형을 지칭하는 단어이지만 바울은 이 두 단어에 신학적 의미를 부여하고 구분해 사용한다.

---

516) William Handriksen, 빌립보서, p. 203.

바울은 주로 '몸'(σομα)을 피조물로서 피조 세계 전체와의 연대성 속에 제한성을 가지고 있는 인간을 지칭할 때 사용한다. 이런 점에서 '몸'은 죄와 죽음의 세력에 노출되어 있으나 하나님께 산제사로 바쳐질 수 있으며(롬 12:1) 종말에 부활하여 그리스도의 영광스러운 영적인 몸과 같은 형태로 변화된다(빌 3:20,21; 고전 15:42-44).

그러나 이 '몸'을 가진 인간이 피조물로서의 제한성을 망각하고 자신의 내재 자원으로 그리고 자신의 뜻을 좇아 자신의 구원이나 안녕, 행복을 확보하려고 할 때 바울은 이 몸을 가리켜 '육신'(σαρξ)이라고 구별한다. 따라서 바울에게 있어 '몸'(σομα)은 인간의 피조물성을 뜻하면서 도덕적으로는 중립적 개념을 가졌지만, '육신'(σαρξ)은 자신을 신뢰하며 하나님과 이웃에게 자기를 주장하는 존재로 드러나며, 그 성향은 도덕적으로 부정적인 개념을 함의하고 있는 것으로 판단한다.

따라서 바울이 '육신'을 신뢰한다고 말하는 것은 성령의 힘주심과 인도하심을 거역하는 것이며 율법을 지켜 의인이 되고자 하는 인간의 자기 주장을 가리켜 지적하기 위함이다. 반면에 '육신'을 신뢰하지 않는다는 것은 성령의 힘주심과 인도하심을 따라 살아감으로써 율법이 요구하는 의를 따라 성령의 열매(갈 5:22,23)를 맺어가는 삶을 가리킨다.

그러므로 '육신'을 의지하지 않고 성령을 따라 하나님을 예배하고 섬기며, 자기 육신을 자랑하지 않고 그리스도 예수를 자랑하는 성도들만이 진정한 하나님의 언약 백성, 즉 아브라함의 자손(갈 3:29)이라는 의미에서 바울은 성도들을 손할례당(καατομη)이 아닌 진정한 '할례당'(περιτομη)이라고 부르고 있다.517)

이로써 바울은 스스로 율법을 온전하게 행함으로써 하나님으로부터 의롭다고 인정을 받겠다는 자들의 행위와 주장을 단호하게 배격하고, 이들을 가리켜 '육신'(σαρξ)에 속한 자들이라고 밝히고, 이들은 오로지

517) 김세윤, 빌립보서 강해, p. 121-122.

자신의 뜻을 좇아 자신의 구원이나 안녕, 행복을 확보하려는 행위주의 자들이라고 일축한다.

반면에 바울은 빌립보 교회 성도들에게 하나님의 성령으로 봉사하며, 그리스도 예수로 자랑하고, 육체를 신뢰하지 않는 성도들만이 믿음의 조상인 아브라함의 자손이며 하나님의 언약 백성이라는 사실을 명확하게 제시하고 있다.

| 기 도 |

그리스도의 낮아지심과 높아지심을 통해 우리에게 은혜를 주시어 오직 그리스도만을 믿어 의에 이르게 하시는 우리 주 예수 그리스도의 아버지이신 하나님.

이 놀라운 일을 친히 우리 가운데서 이루시기 위하여 율법 아래에서 온전히 하나님께 복종함으로써 율법의 의를 이루신 그리스도의 능동적 순종과, 자기 자신을 우리의 죄를 대속하기 위해 하나님께 제물로 드리기 위해 십자가에서 고난을 당하신 그리스도의 수동적 순종으로 하나님의 의를 이루신 공로를 하나님께서 우리에게 전가시켜 주심으로 친히 하나님의 양자가 되게 하심에 감사를 드리나이다.

우리에게는 이처럼 명확한 구원의 증거가 있사오니, 여전히 죄의 관성에 빠져서 육신의 욕망을 채우려고 자신의 행위와 공로를 추구하는 어리석은 자들의 헛된 주장에 미혹되지 않으며, 오로지 하나님의 성령으로 하나님을 예배하며, 오로지 우리의 주이신 그리스도 예수만을 자랑하게 하옵소서.

뿐만 아니라 이 복된 은혜의 자리는 전적으로 고난을 회피하지 않으신 그리스도 예수께서 친히 이루신 것처럼, 우리 또한 그리스도 예수와 연합하여 어떤 고난의 자리라 할지라도 기꺼이 믿음의 도리를 따라감으로써 그리스도의 복음에 합당한 삶을 살게 하옵소서.

우리 주 예수 그리스도의 이름으로 기도합니다. 아멘.

〈 10 〉

성도들이 갖추어야 할 '그리스도를 아는 지식' (1)

율법의 규례 아래 있었던 '의'에 대한 바울의 이해(빌 3:4-6)

빌립보서 3:4-11

3:4 그러나 나도 육체를 신뢰할 만하니 만일 누구든지 다른 이가 육체를
신뢰할 것이 있는 줄로 생각하면 나는 더욱 그러하리니 5 내가 팔 일 만
에 할례를 받고 이스라엘의 족속이요 베냐민의 지파요 히브리인 중의 히
브리인이요 율법으로는 바리새인이요 6 열심으로는 교회를 핍박하고 율
법의 의로는 흠이 없는 자로라 7 그러나 무엇이든지 내게 유익하던 것을
내가 그리스도를 위하여 다 해로 여길 뿐더러 8 또한 모든 것을 해로 여
김은 내 주 그리스도 예수를 아는 지식이 가장 고상함을 인함이라 내가
그를 위하여 모든 것을 잃어버리고 배설물로 여김은 그리스도를 얻고
9 그 안에서 발견되려 함이니 내가 가진 의는 율법에서 난 것이 아니요
오직 그리스도를 믿음으로 말미암은 것이니 곧 믿음으로 하나님께로서
난 의라 10 내가 그리스도와 그 부활의 권능과 그 고난에 참예함을 알려
하여 그의 죽으심을 본받아 11 어찌하든지 죽은 자 가운데서 부활에 이르
려 하노니

앞서 바울은 자신의 복음 사역이 힘들고 고통스러운 일들을 동반한다고 할지라도 계속해서 복음 사역을 위해 봉사할 준비가 되어 있으며, 그리스도와 함께 하는 복음의 진보를 바라보면서 심지어 죽음의 위협조차도 기꺼이 그것들을 극복할 것이라고 자신의 의지를 표명한 바 있다(빌 1:20,21).

그리고 이땅에 사는 성도들이라면 실제로 고난을 받기 위해 부름을 받았다는 사실을 상기시키면서, 이 서신을 받고 있는 빌립보 교회 성도들이 어떤 어려움 가운데 있다 할지라도 그리스도의 복음에 합당한 생활(빌 1:27)을 위해 이땅에서 굳건히 서 있기를 당부하고 있다(빌 1:27-30).

바울은 빌립보 교회가 굳건히 서 있기 위해서는 ① 복음에 합당한 생활이라고 하는 공통의 목표를 가지고 ② 자신의 이기적인 허영심을 버리고 ③ 하나가 되어 서로의 필요를 위해 피차 배려할 것을 제시하고(빌 2:1-4), 그리스도의 복음에 합당한 교회의 생활은 서로에 대한 사랑으로 특징되는 것처럼 형제 사랑과 공통의 목표 안에서 서로 연결되어 있음을 강조하였다.

바울은 그의 위대한 그리스도의 찬송시(빌 2:5-11)를 통해 그리스도의 낮아지심과 높아지심을 빌립보 교회에 보여줌으로써 교회가 하나 된다는 의미는 서로를 섬기는 것으로 나타나야 한다는 사실을 보여주었다.

그리스도의 찬송시에서 바울은 근본 하나님의 본체이시나 사람이 되어 십자가에서 죽으신 그리스도를 본받고 성도들에게 겸손의 모범을 따라 살기를 요청하면서, 스스로 낮아지신 그리스도를 하나님께서 지극히 높이신 것처럼, 자기 자신을 낮춘 성도들을 하나님께서 그리스도처럼 높이실 것이라고 약속하였다.

여기에서 바울은 종이 다른 사람을 위하는 것처럼 성도들 역시 그리스도에게 순종해야 하는 종의 위치에 있음을 강조하고 있는데, 이것은 성도들의 자기 부인과 순종은 예수 그리스도의 자기 부인과 순종에 근거해 있다는 사실을 제시하고 있다. 성도들은 순종하도록 부르심을 받았으며, "항상 복종하여 두렵고 떨림으로 너희 구원을 이루라"(빌 2:12)는 말씀에 따라 복음에 대한 자신들의 순종을 통해 서로 돌봄으로써 교회의 구원을 이루어 내도록 부름받았다는 사실을 강조하고 있다(빌 2:12-18).

이처럼 바울은 그리스도의 복음에 합당한 교회의 온전한 삶의 목표를 이룸으로써 그리스도의 날에, 곧 예수께서 재림하시는 그 종말의 날에, 바울의 복음 사역도 성공적으로 이루어지게 될 것을 기대하면서, 이로 인하여 기쁨이 될 것을 의심하지 않는다. 바울은 이 기쁨을 위해 빌립보 교회 성도들의 헌신적인 삶 위에 스스로 자신을 관제와 같이 더함으로써 하나님께 온전한 예배를 드리게 될 것이라고 다짐하고 있다(빌 2:17).

여기에서 바울은 잠시 이야기의 초점을 바꾸어 최근 교회의 연합과 화해를 헤치려고 하는 거짓 가르침에 대한 경계로 시선을 바꾸면서 거짓 가르침에 대한 경계와 윤리적 가르침(빌 3:1b-4:9)을 다루고 있다. 바울은 새로운 주제인 거짓 가르침에 대한 교회의 대처 방안에 대하여 4가지 권면을 전개하고 있다.

① 할례와 인간적 성취의 자만에 대한 경계(3:1b-11), ② 현세의 완전함을 주장하는 자들에 대한 경계(3:12-16), ③ 잘못된 가르침을 본받는 것에 대한 경계(3:17-21)에 이어서 ④ 교회 안에서 발생한 분열에 대해 경계(4:1-3)하는 내용으로 권면을 전개시키고 있다.

우리는 그동안 할례와 인간적 성취의 자만에 대한 경계(빌 3:1b-11)를 살펴보았다.

바울은 하나님의 율법이 요구하는 일들(*εργα*)을 철저하게 수행했다고 하면서 스스로 우월감에 빠져 있는 유대인들이 스스로를 가리켜 선한 일꾼들(καλοι εργαται : 칼로이 에르가타이), 즉 '율법의 고귀한 준수자들' 이라고 주장한 것에 대하여 그들을 가리켜 '행악하는 자들' (κακους εργατας : 카쿠스 에르가타스)이라고 반박하고 있다(빌 3:1,2).

그리고 "대저 표면적 유대인이 유대인이 아니요 표면적 육신의 할례가 할례가 아니라 오직 이면적 유대인이 유대인이며 할례는 마음에 할지니 신령에 있고 의문에 있지 아니한 것이라"(롬 2:28,29)는 바울의 주장처럼 한때 할례에 의해 상징되었던 언약 관계는 이제 그리스도 예수 안에서, 즉 그리스도 예수의 삶과 죽음과 부활에 의해 완전하게 성취되었으므로 더 이상 외형적인 의식이 요구되지 않는다는 점을 명확하게 보여주었다(빌 3:3).

바울은 "하나님의 성령으로 봉사하며 그리스도 예수로 자랑하고 육체를 신뢰하지 아니하는 우리가 곧 할례당이라"(빌 3:3) 강조하면서 ① 하나님의 영으로 예배하며 ② 그리스도 예수를 자랑하며 ③ 육체를 신뢰하지 않는 성도들만이 진정한 마음의 할례당(περιτομη)이라고 제시한다.

이제 신약 교회의 성도들은 성령과 진리 안에서 하나님께 예배해야 한다(요 4:23,24). 이것은 하나님께 드리는 예배를 포함한 모든 제의적 요소들이 어떤 외적인 형식이나 의식에 의해 지배되는 것이 아니라 교회 안에서 역사하시는 하나님의 영이신 성령에 의해 지배되고 있음을 강조한다.

하나님의 영이신 성령께서 인간의 깊은 본성 속에 인도자로 활동하심으로써 사람의 삶을 변화시키고, 그 결과 사랑과 봉사의 삶을 촉진하며, 다른 사람들을 위한 삶을 살게 만들어 주시는 것으로 나타나는데 이러한 삶이야말로 하나님께서 받을 만하신 유일한 봉사(λατρευειν), 즉 예배가 되는 것이다.518)

---

518) Gerald F. Hawthorne, 빌립보서, p. 260.

이처럼 하나님께 합당한 예배를 드리는 성도들은 외형적인 의식이나 율법의 유산이나 민족적 특권에 대한 헛된 것들을 더 이상 신뢰하거나 자랑하지 않는다. 오직 그리스도 안에서 하나님에 대한 믿음에 근거하여 ① 하나님으로부터 은총을 받기 위해서 자신이 행한 일을 자랑하지 않으며, ② 하나님께서 그리스도 예수를 통하여 성도들을 위해 이미 행하신 일로 말미암아 오직 그리스도 예수만을 자랑하게 된다. 왜냐하면 하나님은 그리스도 예수를 통해 모든 사람에게 은총과 자비를 주시는 분이시기 때문이다(갈 6:14).

바울은 스스로 율법을 온전하게 행함으로써 하나님으로부터 의롭다고 인정을 받겠다는 유대주의자들의 행위와 주장을 단호하게 배격하고, 이들을 가리켜 죄의 지배를 받는 '육신'(σαρξ)에 속한 자들이라고 지적하면서, 이들은 오로지 자신의 뜻을 좇아 자신의 구원이나 안녕과 행복을 확보하려는 행위주의자들이라고 일축한다(빌 3:4).

이상에서 살펴본 것처럼 하나님 앞에서 참된 '의', 즉 죄 문제를 해결해 주는 하나님과의 올바른 관계를 가져다주는 원천은 그리스도이시다. 때문에 바울은 사람들이 그들 자신의 '의'를 가지고서는 결코 하나님의 '의'에 도달하지 못하므로 새로운 신분이 필요하다는 사실을 잘 알고 있었다. 바울은 '의'에 도달하는 새로운 길은 유대주의자들의 주장처럼 율법과 그 규례의 지시에 따라 사는 것이 아니라 하나님께서 우리를 위해 행하신 일을 받아들이는 믿음을 통해서 얻는 것으로 대체되었음을 강조할 필요가 있었다.519)

바울은 성령을 통하지 않고서는 하나님을 예배할 수 없고, 예수 외에는 아무 것도 자랑할 것이 없으며, 인간적 특권이나 업적에 의지해서는 하나님의 은혜를 결코 얻을 수 없다는 점을 빌립보 성도들에게 구체적으로 설명하기 위해서 자신의 과거 모습을 그 예로 제시하고 있다. 여

519) I. Howard Marshall, 신약성서신학, p. 429.

기에서 바울은 현세에서 자신의 완전함을 추구하려는 자들의 주장을 반박하고 그리스도를 아는 지식만이 하나님의 의를 이루는 유일한 길(빌 3:12-16)이라는 주제로 이야기를 전개하고 있다.

1. 유대인으로서 바울 출생의 탁월성 (빌 3:4,5)

이 목적을 수행하기 위해 바울은 먼저 할례를 주장하는 자들 중에서 가장 훌륭한 자들과 자신을 동등한 위치에 올려놓고 있다.

"그러나 나도 육체를 신뢰할 만하니 만일 누구든지 다른 이가 육체를 신뢰할 것이 있는 줄로 생각하면 나는 더욱 그러하리니"(빌 3:4)라는 바울의 말은 구원을 받을 수 있는 공로가 전적으로 육신적인 조건의 우월성에 있다고 하는 자들의 주장을 반박하기 위함이다.

이미 바울은 이땅에 살아계셨던 그리스도와의 만남을 통해서 자기가 유산으로 물려받았거나 혹은 인간적인 업적의 결과로 얻게 된 그 어떤 것도 생명의 수단이 될 수 없으며, 그것들이 하나님 앞에서 의의 근거가 될 수 없다는 사실을 알고 있었다.

오직 그리스도의 죽음과 부활이 지니는 구속적 의미만이 자신을 비롯해 모든 성도들을 위해 '의'에 이르게 할 수 있다. 때문에 바울은 역설적으로 자신은 그 누구보다도 육적인 우월성을 가지고 있음을 구체적으로 밝히고 있다.

바울은 "내가 팔 일 만에 할례를 받고 이스라엘의 족속이요 베냐민의 지파요 히브리인 중의 히브리인이요"(빌 3:5)라고 함으로써 자신이 출생할 때부터 우월한 위치에 있음을 주장하고 있다.

'내가 팔 일 만에 할례를 받고'라는 말은 '할례로 말할 것 같으면 생후 팔 일 만에 받은 자'라는 의미이다. 율법을 엄격하게 준수해서 정확하게 팔 일 만에 할례를 받았다는 것은 참된 유대인, 즉 타고난 유대인이라는 사실을 입증하는 최상의 징표였다. 이것은 또한 유대교로 개종해 성인이 되어 할례를 받은 이방인 유대교도들에 대한 도발적 발언이기도 하다. 그들이 비록 할례를 받았다 할지라도 근본적으로 난 지 팔 일 만에 할례받은 바울 앞에서 그들은 결코 할례를 자랑할 수 없기 때문이다.

'이스라엘의 족속'(ἐκ γένους Ἰσραήλ)이라는 말은 하나님과 언약적 관계를 맺고 있는 민족으로서 언약 백성을 가리키는 거룩한 이름이었다. '이스라엘'이라는 이름은 세상의 모든 민족들 위에 특별히 하나님의 통치 아래에 있는 민족, 즉 하나님의 선택을 받은 언약 백성이라는 영광스러운 역사를 상기시켜 준다.

또한 이 이름은 지속적인 성격을 지니고 있기에 헬레니즘 시대의 유대인들에게 있어서 자신이 이스라엘 민족이라는 사실만으로도 최고로 영광스러운 명예로 여겨졌었다. 이것은 바울이 개종이 아닌 출생에 의해 하나님의 택한 백성이 되었으며, 이스라엘 민족의 모든 특권과 명예를 소유하고 있다는 사실을 강조하기 위함이다.520)

'베냐민의 지파'라는 말은 이스라엘의 열두 아들 가운데 야곱의 총애를 받은 라헬에게서 출생한 두 아들 중 하나로서 영광스럽게도 다른 열한 아들과는 달리 유일하게 약속의 땅 가나안에서 출생했다(창 35:9-19)는 점을 강조한 것이다. 이점에 있어서 다른 지파 사람들은 결코 우월함을 주장할 수 없었다. 또한 합법적인 최초의 이스라엘 왕은 바로 베냐민 지파의 사울 왕이었다. 그리고 아이러니하게도 그 왕의 이름인 '사울'은 바로 바울 자신의 이름이기도 했다.

520) Gerald F. Hawthorne, 빌립보서, p. 268.

무엇보다도 영예스러운 일은 베냐민 지파의 지경 안에 예루살렘 성과 성전이 있었다는 것이다. 그리고 베냐민 지파는 예루살렘 성과 성전을 위해 충성을 다했다(왕상 12:21). 사실 베냐민 지파는 이스라엘 역사 이후, 즉 포로기 이후에 이스라엘의 재건에 있어서 가장 많은 공헌을 했다는 점에서도 타 지파의 자랑을 일축한다. 후기 이스라엘 역사에서 가장 큰 절기였던 부림절을 기념하는 위대한 민족의 해방을 가져다준 모르드개 역시 베냐민 지파 사람이었다(에 2:5).

이처럼 베냐민 지파는 힘과 용기와 순수성과 충성심에 있어서 이스라엘 가운데서도 자랑스러워할 만한 지파였다.

'히브리인 중의 히브리인'(*Ἑβραῖος ἐξ Ἑβραίων*)이라는 말은 최초에 아브라함에게 붙여진 영광스러운 이름이 히브리인이었다는 점에서 그들은 언제나 아브라함의 후손임을 자랑했다(창 14:13). 이것은 그들의 몸에 이방인의 피가 흐르지 않는다는 것을 가리키며 동시에 헬라파 유대인들(Hellenists)과 구별해서 사용되는 용어이기도 하다.

헬라파 유대인들은 혈통으로는 유대인이었지만 헬라어를 모국어로 사용하였다. 반면에 히브리인들(Hebraios)은 히브리어를 모국어로 사용하는 유대인을 가리킨다. 바울이 이점을 강조하고 있다는 것은 자신이 헬라문화에 의해 더럽혀지지 않은 순수한 유대인임을 자랑하기 위함이다.521)

2. 유대인으로서 바울 생애의 탁월성 (빌 3:6)

유대교의 관점에서 자신의 출생이 가져다준 우월성을 열거한 바울은 이어 자신의 삶 속에서 나타난 개인적 성취를 통해 자신의 우월성을 재차 강조하고 있다. 이에 바울은 "율법으로는 바리새인이요 열심으로는

---

521) 김세윤, 빌립보서 강해, p. 123-124.

교회를 핍박하고 율법의 의로는 흠이 없는 자로라"(빌 3:6)며 자신의 우월성을 드러내고 있다.

'율법으로는 바리새인이다'는 말은 '유대 율법으로 말하자면 나는 바리새인이었다'는 말로 율법을 수호하고 그 율법을 준수하는 삶에 있어서는 다른 유대 종파들과 비교할 수 없을 정도로 가장 엄격한 종파였음을 강조하고 있다. 바리새파(Φαρισαῖος)는 이스라엘 민족이 하나님의 거룩한 백성으로서 제사장들의 왕국이어야 한다는 이상(출 19:5,6)을 성취하려는 성결 운동에 근거한 역사적인 뿌리를 가지고 있었다. 이 성결 운동으로부터 바리새파라는 명칭이 유래했다.

사도행전에 따르면 바울은 바리새인이었고(행 23:6) 위대한 바리새파인 가말리엘의 제자였다(행 5:34; 22:3). 바울은 자신을 가리켜 "내가 우리 종교의 가장 엄한 파를 좇아 바리새인의 생활을 하였다"(행 26:5)고 밝힌 바 있다. 바울은 스스로 바리새주의자가 되기를 선택했으며, 율법 준수자들 가운데서도 가장 열성적인 자가 되려고 노력했었다(갈 1:14). 바울에게 있어 '바리새인'이라는 말은 하나님에 의해 주어진 율법의 규정에 따르는 의무를 이행함에 있어서 최고의 성실성과 진실성을 상징하는 영예로운 칭호였다.522)

'열심으로는 교회를 핍박하고'라는 말은 '열성에 따른 교회의 박해자'라는 말로 이것은 바울이 율법을 지키는 것만으로는 만족하지 않고 바리새인으로서 자기의 열성을 가지고 교회를 박해했음을 의미한다.

구약에서 하나님의 참된 종은 ① 하나님에 대한 열성과 ② 언약적 공동체에 대한 열성과 ③ 율법에 대한 열성으로 특징지어졌다(민 25:1-18; 시 106:30,31; 왕상 19:10,14). 그 대표적인 인물이 비느하스였다.

하나님의 영광과 이스라엘의 순결에 열성을 보인 비느하스는 출애굽

522) Gerald F. Hawthorne, 빌립보서, p. 271.

당시 가나안으로 들어가던 이스라엘 사람들이 모압 여자들과 음행을 하고 우상 숭배에 빠지자 미디안 여인과 동침한 이스라엘 사람들을 창으로 찔러 죽였다. 그의 열성(ζηλος, 개역개정에는 '질투심')이 우상 숭배와 성적 타락으로 빠진 이스라엘 백성의 죄를 속죄하고 하나님의 진노를 거두는 결과를 가져오게 하였다(민 25:1-18).

이러한 전통에 따라 BC 163년에 제사장 마타티아스와 그의 아들들인 마카비 형제들이 유대교를 말살하려는 시리아의 통치에 반란을 일으켰으며, 예수님 당시에도 이러한 열성분자들이 로마의 통치에 대항하여 하나님의 영광과 이스라엘의 자유를 위해 투쟁하고 있었다. 이들을 가리켜 열심당(zealots)이라고 하는 것은 비느하스의 열성을 본받는다는 전통에 따른 것으로 이 명분 아래에서는 폭력까지도 정당화되었다.523)

바울은 비느하스의 전통에 따라 예수의 추종자들인 교회가 하나님의 영광을 범하고 이스라엘의 순결을 해친다고 판단하여 교회를 박해했었다. 이런 점에서 바울은 바리새인들 중에서도 가장 열성적인 바리새인이었음을 강조하고 있다.

여기에서 바울이 사용하고 있는 교회(εκκλησια)라는 단어는 구약에서는 언약을 체결하기 위해 시내산에 모인 이스라엘 백성의 총회를 지칭하는 단어였다(신 9:10). 이후 하나님의 언약 백성인 이스라엘 총회(왕상 17:14; 대상 13:2; 미 2:5; 욜 2:16)를 상징하는 단어로 사용되었다.

결국 바울은 자신이 비느하스의 전통을 가진 바리새인으로 거룩한 옛 공동체인 이스라엘 회중(εκκλησια)의 순수성을 보존하기 위해 하나님의 선택된 백성이자 진정한 상속자이며 후사인 새 이스라엘인 교회(εκκλησια)를 박해했다.

---

523) 김세윤, 빌립보서 강해, p. 125.

이처럼 율법에 대한 바리새적 헌신과 유대교를 위한 교회에 대한 전투적인 열성은 바울을 유대교적 관점에서 보았을 때 온전한 의인으로 만들었다. 이러한 자신을 가리켜 바울은 '율법의 의로는 흠이 없는 자였다' 고 주장한다.

여기에서 바울은 '의' (δικαιοσυνη)를 하나님께서 요구하시는 조건이라고 생각되는 외면적 규례에 대한 준수라는 의미로 사용하고 있다.524) 바울이 율법의 규례를 완벽하게 준수하려고 노력했기 때문에 그 자신마저도 자신을 비난할 수 없었다는 점에서 자기에게는 허물이 없다고 주장할 수 있었다.

바울은 살아 계신 그리스도를 만나기 전까지 자신을 허물없는 의인으로 인정하며 살았다. 그것이 곧 바울이 이해하고 있었던 '의' 에 대한 개념이었다. 그러나 곧 이어서 바울은 이 '의' 란 오직 그리스도를 믿음으로 말미암은 그 믿음으로 하나님께로부터 오는 것이라고 밝히고 있다(빌 3:9).

3. 율법의 규례 아래 있었던 '의' 에 대한 바울의 이해

이상에서 우리는 회심하기 전에 율법의 규례 아래에 있던 하나님의 '의' 에 대해서 바울이 어떻게 이해하고 있었는지 알 수 있다. 바울은 유대인들이 자랑하는 율법의 규례들은 더 이상 하나님의 의와 상관이 없다는 점을 분명히 하고 있다.

이미 바울은 율법의 규례를 이행함에 있어서는 타의 추종을 불허할 정도로 완벽한 위치에 서 있었으며, 율법의 규례에 있어서 바울 자신조차도 흠을 잡을 수 없을 정도로 완전할 정도였다. 결국 율법의 규례 아래에서 바울은 완벽한 '의' 를 행하고 있었다고 자부할 수 있었다.

---

524) Gerald F. Hawthorne, 빌립보서, p. 272.

그러나 이제 복음이라고 하는 새로운 시대가 열렸다. 바울은 그의 첫 번째 서신인 갈라디아서(AD 49/50년)에서 이 사실을 명확하게 선언한 바 있다.

> "때가 차매 하나님이 그 아들을 보내사 여자에게서 나게 하시고 율법 아래에 나게 하신 것은 율법 아래에 있는 자들을 속량하시고 우리로 아들의 명분을 얻게 하려 하심이라 너희가 아들이므로 하나님이 그 아들의 영을 우리 마음 가운데 보내사 아빠 아버지라 부르게 하셨느니라 그러므로 네가 이 후로는 종이 아니요 아들이니 아들이면 하나님으로 말미암아 유업을 받을 자니라" (갈 4:4-7).

예수 그리스도께서 오심으로써 율법 아래 있던 시대가 지나고 새로운 시대가 열렸다는 바울의 선언은 더 이상 사람들이 율법의 규례에 얽매여 있지 않음을 확실하게 밝히고 있다. 이에 대해 바울은 이렇게 선언하고 있다.

> "그리스도께서 우리를 자유롭게 하려고 자유를 주셨으니 그러므로 굳건하게 서서 다시는 종의 멍에를 메지 말라 보라 나 바울은 너희에게 말하노니 너희가 만일 할례를 받으면 그리스도께서 너희에게 아무 유익이 없으리라 내가 할례를 받는 각 사람에게 다시 증언하노니 그는 율법 전체를 행할 의무를 가진 자라 율법 안에서 의롭다 함을 얻으려 하는 너희는 그리스도에게서 끊어지고 은혜에서 떨어진 자로다 우리가 성령으로 믿음을 따라 의의 소망을 기다리노니 그리스도 예수 안에서는 할례나 무할례나 효력이 없으되 사랑으로써 역사하는 믿음뿐이니라" (갈 5:1-6).

우리는 이러한 바울 사도의 이해를 우리 선조들이 신앙의 표준으로 고백한 웨스트민스터 신앙고백서에서 재확인할 수 있다.

> "율법 아래에서는 약속들, 예언들, 제물들, 할례, 유월절 양 그리고 유대 백성들에게 전해진 다른 모형들과 의식들에 의하여 하나님의 언약이 집행되었다. 그리고 이런 모형들은 하나님의 의를 이루는 도구로서 의미를 가지고 있었다. 곧 이 모든 모형들은 장차 오실 그리스도를 예표(豫表)하고 있으며(히 8-10장; 롬 4:11; 골 2:11,12; 고전 5:7), 그 당시에는 약속된 메시야(고전 10:1-4; 히 11:13; 요 8:56)를 믿는 믿음으로 택자들을 교훈하며 세우는 데 있어서 성령의 사역으로 말미암아 충분하였고 효과적이었다" (WCF 제7장 하나님의 언약. 5항).

그 약속된 메시야로 말미암아 율법 아래에 있었던 그들은 완전한 죄사함과 영원한 구원을 얻었다(갈 3:7-9,14). 이런 점에서 구약시대에 있어서는 율법의 제도 아래에 있는 모든 모형들은 하나님의 의를 이룸에 있어서 충분하고 효과적이었다. 그러나 웨스트민스터 신앙고백서 제7장 6항에서 분명하게 밝히고 있는 것처럼, 율법 아래에 있었던 모든 제의와 의식들은 이제 더 이상 모든 효력을 상실하였고 대신에 말씀 선포와 세례와 주의 만찬으로 대체되었다.

> "복음 하에서, 실체이신 그리스도께서(골 2:17) 나타나시게 되자, 이 언약은 말씀 선포와 세례와 주의 만찬인 성례 의식으로 집행되었다(마 28:19, 20; 고전 11:23-25). 이 의식들은 수적으로는 몇 안 되어 단조롭고, 그리고 외적인 화려함도 없이 집행되지만, 그것들을 통해서 그 언약이 모든 민족들(마 28:19; 엡 2:15-19), 곧 유대인들과 이방인들에게 더욱 충분하고, 확실하고, 영적인 효과를 가지고 제시되고 있다(히 12:22-27; 렘 31:33,34)" (WCF 7:6).

복음 시대 곧 신약과 함께 시작된 교회 시대에서 율법 아래에 있는 규례는 더 이상 하나님의 의를 이루는 방법이 아니다. 이에 바울은 "너희가 만일 성령의 인도하시는 바가 되면 율법 아래에 있지 아니하리라"(갈 5:18)고 단호하게 선언하고 있다. 이제 성령과 함께 시작된 교회의 시대에서 하나님의 의를 이루는 방법은 예수 그리스도의 완전한 순종과 십자가의 속량을 믿음으로 받아들이는 고백뿐이다. 웨스트민스터 신앙고백서 제11장 '칭의' 1항에서는 다음과 같이 고백하고 있다.

> "하나님은 그리스도의 완전한 순종과 십자가의 속량을 믿음으로 받아들이는 성도들에게 돌리시는데(롬 4:5-8; 고후 5:19, 21; 롬 3:22, 24, 25, 27, 28; 딛 3:5, 7; 엡1:7; 렘 23:6; 고전 1:30, 31; 롬 5:17-19), 이때 하나님의 부르심을 입은 성도들은 그리스도와 그의 의를 믿음으로 받아들이고 의존할 때 의롭다 함을 받는다. 그리고 그 믿음은 그들 자신에게서 나온 것이 아니고, 그것은 하나님이 주시는 선물이다(행 10:44; 갈 2:16; 빌 3:9; 행 13:38,39; 엡 2:7,8)" (WCF 11:1).

바울은 하나님의 경륜에 따른 구속 역사에 대한 폭넓은 이해를 바탕으로 오직 믿음으로 말미암는 의, 곧 이신칭의(the Righteousness through Faith in Christ, 갈 2:16)에 근거하여 새로운 교회 시대의 서막을 활짝 열었던 것이다.

| 기 도 |

자기 자신의 지식과 지혜를 자랑하는 자들을 철저하게 낮추시어 부끄럽게 하시며, 오직 하나님께서 행하신 선한 일을 따라 예수 그리스도의 완전한 순종과 십자가의 구속만을 믿음으로 받아들이는 자들에게 의롭다고 인정하시는 우리 주 예수 그리스도의 아버지이신 하나님.

사람들은 어떤 이유를 대서라도 하나님 앞에서 자신의 공로를 높여 하나님께 인정을 받으려고 하는 무모한 일을 행하면서, 심지어 그러한 행위나 공로를 다른 사람들에게까지 요구함으로써 도무지 벗어날 수 없는 올무를 덧씌우며, 자기 자신도 이를 수 없는 완전함에 도달하려고 무모한 삶을 살아가는 것을 보옵나이다.

"하나님의 성령으로 봉사하며 그리스도 예수로 자랑하고 육체를 신뢰하지 아니하는 우리가 곧 할례파라" (빌 3:3)고 선언한 바울처럼 우리는 전적으로 성령의 인도를 받아야 할 존재이며, 온전한 순종과 십자가의 속량으로 우리를 하나님 앞에 의롭게 하신 그리스도만을 자랑하며, 우리 자신을 낮추고 오로지 그리스도 예수를 아는 지식을 따라 살아가게 하옵소서.

"사람이 의롭게 되는 것은 율법의 행위로 말미암음이 아니요 오직 예수 그리스도를 믿음으로 말미암는 줄 알므로 우리도 그리스도 예수를 믿나니 이는 우리가 율법의 행위로써가 아니고 그리스도를 믿음으로써 의롭다 함을 얻으려 함이라 율법의 행위로써는 의롭다 함을 얻을 육체가 없느니라" (갈 2:16)는 말씀을 따라 율법에 대하여는 우리가 죽고 대신에 하나님에 대하여는 우리가 새 생명을 얻는 이 복된 길을 누리게 하옵소서.

우리 주 예수 그리스도의 이름으로 기도합니다. 아멘.

〈 11 〉

성도들이 갖추어야 할 '그리스도를 아는 지식' (2)

'그리스도 안'에 있는 '의'에 대한 바울의 이해(빌 3:7-11)

빌립보서 3:4-11

3:4 그러나 나도 육체를 신뢰할 만하니 만일 누구든지 다른 이가 육체를
신뢰할 것이 있는 줄로 생각하면 나는 더욱 그러하리니 5 내가 팔 일 만
에 할례를 받고 이스라엘의 족속이요 베냐민의 지파요 히브리인 중의 히
브리인이요 율법으로는 바리새인이요 열심으로는 교회를 핍박하고 율법
의 의로는 흠이 없는 자로라 그러나 무엇이든지 내게 유익하던 것을 내
가 그리스도를 위하여 다 해로 여길뿐더러 또한 모든 것을 해로 여김은
내 주 그리스도 예수를 아는 지식이 가장 고상함을 인함이라 내가 그를
위하여 모든 것을 잃어버리고 배설물로 여김은 그리스도를 얻고 그 안에
서 발견되려 함이니 내가 가진 의는 율법에서 난 것이 아니요 오직 그리
스도를 믿음으로 말미암은 것이니 곧 믿음으로 하나님께로서 난 의라 내
가 그리스도와 그 부활의 권능과 그 고난에 참예함을 알려하여 그의 죽
으심을 본받아 어찌하든지 죽은 자 가운데서 부활에 이르려 하노니

그동안 우리는 율법의 규례 아래 있었던 '의'에 대한 바울의 이해(빌 3:4-6)에 대해서 살펴본 바 있다. 여기에서 '모세의 율법이 규정하고 있는 형식과 예식을 지킴으로써 온전한 의인이 되라'고 선동하는 자들에게 대항하여 바울은 '나 자신의 삶이야말로 유대 율법에 비추어 훨씬 자랑스럽고 온전한 의를 구현한 삶이었다'고 주장하면서, 예전에 자신이 가지고 있었던 '의'에 대한 인식에 있어 커다란 변화가 발생하게 된 자신의 회심 사건을 제시하여 그들의 주장을 무색하게 만들었다. 그러한 관점에서 이제 바울은 "그러나 무엇이든지 내게 유익하던 것을 내가 그리스도를 위하여 다 해로 여길 뿐더러"(빌 3:7)라고 단정적으로 말하고 있다.

이러한 바울의 말은 앞서 언급한 ① 유대인으로서 바울 출생의 탁월성(3:4,5)과 ② 유대인으로서 바울 생애의 탁월성(3:6)을 통해 주장했던 자신의 자랑이 이제는 아무 쓸모가 없다는 급박한 논리의 전환점을 보여주고 있다. 바울은 자신이 누리고 있었던 모든 좋은 것, 즉 선천적으로 부모로부터 물려받은 여건들과 자신이 노력함으로 얻게 된 조건들로 인해 자기 자랑과 신뢰감을 갖게 만들었던 그 모든 유익(*κερδος*)이 오히려 해(*ζημια*)가 되었다고 말한다.

여기에서 '여기다'(*ηγεισθαι*)는 말은 깊이 '생각하다, 숙고하다'는 의미를 가지고 있는데, 신중하게 문제를 판단하고 숙고한 후에 비로소 최종적인 결정에 도달했음을 강조하고 있다. 바울이 심사숙고한 내용은 '그리스도에 대한 사실' 때문이었다. 바울은 다메섹으로 가는 길에서 부활하신 예수를 만났을 때 자신이 지금까지 갈망해 왔고 자신이 섬겨 왔던 메시아가 바로 그분이었음을 깨달았다(행 9:3-7). 부활하신 그리스도 예수와의 만남은 바울에게 있어서 그동안 가장 가치 있다고 여겼던 그 모든 유익들이 오히려 그리스도 예수를 아는 일에 해가 되었음을 알게 만들었다.

이와 관련해 '무엇이든지 내게 유익하던 것을 다 해로 여긴다' 는 말은 자신이 그렇게 자랑으로 생각해 왔던 유대인으로서, 그리고 열성이 깊은 바리새인으로서 가지고 있던 유익들이 그리스도께 나아감에 있어 오히려 방해물이 되었음을 의미하고 있다.525) 이것은 마치 "사람이 만일 온 천하를 얻고도 제 목숨을 잃으면 무엇이 유익하리요"(마 16:26)라고 예수께서 말씀하신 것처럼 온 천하를 얻는 일이 정작 생명을 얻는 일에 있어서는 가장 큰 방해 요소였음을 깨닫는 것과 같다. 여기에서 '잃음과 얻음' 은 서로 반작용하고 있는 역설적인 모습으로 묘사되고 있다.

본문에 사용된 '유익' (κερδος, gain)과 '해' (ζημια, loss)는 일상적으로 자산과 부채로 각각 표시하는 용어로 사용되는데, 이것은 이익과 손실을 보여주는 대차대조표의 계정과 같다. 바울은 자신의 뛰어난 혈통과 업적들이 과거에는 큰 '이익' 을 얻는 자산으로 여기고 있었다. 그러나 그러한 유익은 정작 예수 그리스도를 잃어버리는 커다란 '손실' (ζημια)을 가져오는 결정적인 요인이었다.

바울은 지금보다 더 좋은 어떤 유익을 발견했기 때문에 이전의 이익을 포기하고 있는 것이 아니다. 그것들은 이미 처음부터 커다란 손해를 가져오는 손실이었기 때문에 과감하게 그것들을 포기하고 있는 것이다. 자신에게 이익을 가져다줄 것으로 여겼던 유대인으로서의 혈통과 업적들은 사실 자기 자신을 파멸로 이끌고 있었기 때문이다.

이점에 대해서 바울은 전율을 느끼고 있다. 왜냐하면 자기가 자랑했던 것들은 아무리 진지한 노력을 기울인다 할지라도 자신의 노력에 의해서는 도저히 성취할 수 없는 하나님의 의에 대한 필요성을 깨우치게 할 수 없기 때문이다. 따라서 이제 자신이 소중히 여겼던 것을 잃어버림(ζημια, loss)은 오히려 그리스도 안에서 소중한 생명을 얻는 일(κερδος,

---

525) J. Calvin, 빌립보서, p. 527.

gain)이 되었다. 그리스도 때문에 바울의 생애에 있어서 커다란 가치 전도가 발생하게 된 것이다.

1. 궁극적 가치로서 '그리스도를 아는 지식' (빌 3:7,8)

바울은 7절부터 11절까지 이어지는 길고도 복잡한 문장을 통해 그리스도에 대한 사실 때문에 그의 유익들이 해가 되었다는 주제에 대해 자세하게 설명하고 있다. 여기에서 바울은 통상적으로 '유익들'로 여기는 특권, 가문, 종교적 유산, 안락, 사회적 지위, 부, 권력, 권세 등을 막대한 손실로 보고 있다. 그 이유에 대해 "또한 모든 것을 해로 여김은 내 주 그리스도 예수를 아는 지식이 가장 고상함을 인함이라"(빌 3:8a)고 밝히고 있다.

이 문장에서 '지식'은 '가장 고상함'(*το υπερεχον*, 궁극적 가치)과 동격으로, 소유격인 '내 주'(*του κυριου μου*, 나의 주님의)와 '그리스도 예수의'(*Χριστοῦ Ἰησοῦ*) 문구로 수식을 받고 있다. 따라서 이 문장은 '나의 주님을 아는 지식, 곧 그리스도 예수를 아는 지식이 궁극적인 가치이기 때문에' 모든 것을 해로 여긴다는 의미가 된다.

이 말은 다른 모든 가치들은 이제 보잘 것 없는 것들로 보이게 만드는데, 그것은 '내 주'(*του κυριου μου*, 바울의 글 중에서 이 친근한 표현은 이곳이 유일하다)이신 그리스도 예수를 아는 지식, 곧 유일하게 궁극적인 가치를 가지고 있는 그 지식 때문에 다른 모든 것들은 더이상 보잘 것이 없다는 사실을 강조하고 있다.

여기에서 '지식'(*γνωσεως*)은 당시 헬라인들의 세계에서는 일반적으로 영원한 생명을 얻기 위한 신에 대한 신비한 지식, 혹은 인간의 운명과 관련된 신과의 교통이나 황홀경으로 인해 얻어지는 신의 신탁을 지칭하는 단어로 사용되며, 때로는 고차원적인 '구원에 이르는 지식'을 가리킨다.

바울은 이 '지식'(γνωσεως)이라는 단어를 구약의 개념인 ① 하나님께서 '선택과 은혜를 통해 그의 백성들을 아시는 것'(출 33:12,17; 암 3:2)과 ② 그의 백성들이 '사랑과 순종을 통해 하나님과 그의 계시를 아는 것'(렘 31:34; 호 6:3)으로부터 시작해 ③ 충성과 회개와 사랑과 섬김을 통해 하나님의 말씀(계시)에 대해 긍정적인 반응을 보이는 개념으로 확장해 사용하고 있다.526)

바울에게 있어 '그리스도 예수를 아는 지식'은 그리스도의 진리에 대한 지적인 이해 그 이상을 의미하며, 이것은 그리스도 예수를 '내 주'(του κυριου μου)로 고백하는 전인격적인 복종을 동반하는 체험적인 지식이었다. 때문에 여기에서 바울은 ① 그리스도를 자기 삶의 주님으로 삼고, ② 그에게 충성과 사랑과 순종으로 응답하고, ③ 마음을 다해 그를 섬기는 것만이 궁극적인 가치가 있는 것이라고 고백하고 있다.

하지만 그리스도 예수를 자신의 주로 고백하고 받아들이기 위해 바울이 치러야 할 대가가 있었다. 그것은 그리스도 때문에 자기가 가지고 있었던 모든 것을 '해'(ζημια, loss)로 여길 뿐만 아니라, 실제로 모든 것의 해를 자신이 직접 감당해야 했다. 바울은 실제로 유대교 당국에 의해 자신의 모든 이익을 박탈당하는 수모를 겪어야 했다.

그럼에도 불구하고 바울은 여기에서 "내가 그를(나의 주이신 그리스도 예수를) 위하여 모든 것을 잃어버리고"(빌 3:8b)라고 말하고 있는데, 이것은 자신이 자발적으로 유대교 내에서 누렸던 높은 지위와 특권을 스스로 포기했음을 의미한다. 왜냐하면 그리스도 예수를 만난 바울에게 있어서 그것들은 한갓 '배설물'에 지나지 않기 때문이다.

'배설물'(σκυβαλον)이라는 단어는 개들에게 던져지는 것 또는 썩은

---

526) Gerald F. Hawthorne, 빌립보서, p. 277.

음식과 같은 오물이나 식사 후에 남은 찌꺼기, 불결한 물건, 쓰레기, 용변 등등을 표현하는 데 사용되었다. 바울은 이전의 유익들을 스스로 포기할 뿐만 아니라, 그것들을 배설물같이 고약한 냄새를 풍기는 것으로 보았다. 이것은 바울이 그 유익들을 마지못해 포기한 것이 아니라, 자발적으로 포기하게 된 이유가 무엇인지를 밝히고 있다. 왜냐하면 그것들은 하나님 앞에서 볼 때 구역질나는 배설물이기 때문이다.527)

바울이 해(*ζημια*)를 배설물(*σκυβαλα*)로 여기는 것(*ηγουμαι*)은 그가 포기한 유익들에 대해 현재 느끼고 있는 철저한 혐오감을 묘사하기 위함이다. 이것은 더 이상 아무런 유익도 얻을 수 없는 무가치하고 혐오스러운 것들을 바울 스스로 단호하게 외면하게 되었음을 강조하고 있다.

2. 그리스도의 모범과 바울이 보여준 모범 (빌 3:8-10)

바울이 자신의 유익들을 배설물로 여기게 된 것에는 ① 그리스도를 얻으려는 것(8절), ② 그리스도 안에서 발견되려는 것(9절), ③ 그리스도를 아는 것(10절)에 그 동기가 있다. 여기에서 바울은 자신의 유익들이 쓸모없다거나 배설물이라거나 본질적으로 자기 삶의 방식이 무가치하다고 말하는 게 아니다. 이미 바울에게 있어서 그런 것은 더 이상 관심의 대상이 아니었다. 바울이 여기에서 묘사하고자 하는 것은 예수 그리스도를 얻고자 하는, 예수 그리스도 안에 속하고자 하는, 그리스도를 알고자 하는 자신의 열망을 강조해서 드러내기 위함이다.

① 바울은 그리스도를 얻기 위해 자신의 유익들을 배설물로 여기고 있다.

'그리스도를 얻고'라는 말은 '내가 그리스도를 얻기 위해서'라는 말로 앞서 언급하고 있는 유익(*κερδος*)과 해(*ζημια*)로 묘사된 손익 계산

---

527) J. Calvin, 빌립보서, p. 529.

서와 대차대조표라는 비유를 생각하게 한다.

여기에 일종의 언어유희가 등장하는데 바울은 '그리스도 자신'이라는 참된 유익을 얻기 위해(κερδησω) 자신의 유익들(κερδη, κερδος의 복수형)을 포기했다. 이것은 "사람이 만일 온 천하를 얻고도 제 목숨을 잃으면 무엇이 유익하리요"(마 16:26)라는 말씀을 다시 기억하게 한다.

바울은 그리스도를 얻기 위해 필요하지도 않고 거추장스럽기 때문에 배설물들을 버리고 있는 것이 아니다. 바울에게는 예전에 엄청나게 가치 있었던 것을 지금 아낌없이 내던지고 있다. 이것은 그리스도의 찬송시(빌 2:6-11)에 나타난 것처럼 더 나은 어떤 것을 위해 포기한 것이 아니라, 순종의 섬김을 위해 하나님과의 동등됨에 대한 모든 권리를 포기하신 그리스도의 모범을 바울 자신도 따르고 있음을 보여준다.528)

또한 '내가 그리스도를 얻기 위해서'라는 말은 '내가 그리스도를 완전히 얻었다'는 것 그 이상의 것을 암시하고 있다. 왜냐하면 이 말은 바울이 그리스도를 얻었다는 의미와 함께 그리스도는 여전히 얻어져야 하는 대상이 되기 때문이다. 바울에게 있어서 그리스도의 주 되심에 대한 체험은 본질적으로 그리스도의 주 되심에 대한 종말론적 이해를 요구하고 있다.

이미 바울에게 알려진 그리스도는(already) 궁극적으로 '그리스도야말로 유일한 주가 되신다'는 사실이 널리 선포되고 알려지게 됨으로써 마침내 바울에게는 가장 고상한(το υπερεχον) 지식(γνωσις)을 가지게 된다는 미래적 의미가 포함되어 있다(not yet). 이런 의도를 가지고 바울은 "그 안에서 발견되려 함이니 내가 가진 의는 율법에서 난 것이 아니요 오직 그리스도를 믿음으로 말미암은 것이니 곧 믿음으로 하나님께로서 난 의라"(빌 3:9)고 말하고 있다.

---

528) Fred B. Craddock, 빌립보서, p. 121.

② 바울은 '그리스도 안에서' 발견되기 위해 자신의 유익들을 배설물로 여기고 있다.

'그 안에서 발견되려 함이니' 에서 '발견되다' (ευρεθω)는 말은 "참으로 우리가 여기 있어 탄식하며 하늘로부터 오는 우리 처소로 덧입기를 간절히 사모하노라 이렇게 입음은 우리가 벗은 자들로 발견되지 않으려 함이라"(고후 5:2,3)에서 바울이 말하고 있는 것처럼, 죽음 이후의 세계에서 나타나게 될 현상을 강조하고 있다. 곧 '발견되다' 는 이 말은 온 땅의 심판주이신 하나님 앞에 서야만 하는 장차 올 심판 날과 연결되어 있다.

그러므로 '내가 그리스도를 얻기 위해서' 그리고(και) '그 안에서 발견되려 함이니' 라는 말은 바울의 회심과 살아 계신 그리스도와의 만남에서 비롯된 체험의 결과이며(already), 혼자서 하나님 앞에 서기를 두려워하고 오직 '그리스도 안에서' (εν Χριστω) 자신이 하나님께 발견되기를 강력하게 바라는 심정이 담겨 있다(not yet).

이때 바울은 자신이 그리스도 안(εν Χριστω)에 있기 때문에 그리스도와 그리스도의 지극히 큰 공로를 제시하면서 심판주이신 하나님 앞에 서게 될 것을 의심치 않는다. 따라서 바울이 하나님 앞에서 내세울 것은 자신의 '의' 가 아니다. 바울은 자기에게는 하나님께 내세울 '의' 가 없으며, 자신의 공로로는 하나님으로부터 칭찬받을 수 없음을 고백하고 있다. 이에 바울은 '내가 가진 의는 율법에서 난 것이 아니요 오직 그리스도를 믿음으로 말미암은 것이니 곧 믿음으로 하나님께로서 난 의라' 고 강조하고 있다.

의(δικαιοσυνη : righteousness)란 법정적 용어이다. 법정에서 재판관은 두 당사자에게 한 사람에게는 의롭다고 인정하고, 다른 한 사람에게는 의롭지 않으므로 유죄라고 판결을 내려야 한다. 여기에서 유의할 것은 이 판결이 반드시 당사자의 도덕적 성품에 의존하지 않는다는 점이다.

재판관은 개인의 도덕적 품성이 아닌 판결해야 할 사건의 속성에 따라 한 사람에게는 유리하게 판결하고 다른 사람에게는 불리하게 판결을 내려야 한다.

이 용어가 종교적인 문맥에서 사용될 때 '사람이 무엇을 해야 하나님께 의롭다고 인정을 받는가?' 하는 문제의 답변으로 유대인들은 모세의 율법에 복종해야 한다고 주장하고 있었다. 그러나 바울은 이 문제에 대해 사람이 아무리 선을 행해도 결코 하나님으로부터 의롭다고 인정받을 수 없다고 주장한다.

이러한 '의' 에 대한 해석은 바울의 다메섹 체험에 근거하고 있다. 이것은 칭의의 체험이 그리스도 예수를 아는 것이라는 기본적인 체험과 분리될 수 없음을 분명히 보여주고 있다. 그리고 이 다메섹 체험은 놀랍게도 바울 자신이 그리스도 예수를 찾은 것이 아니며 그리스도 예수께서 바울을 찾아오심으로 얻어진 것이다.

바울은 여기에서 유대인들에게는 이러한 깨우침이 없기에 그리스도를 통해 나타난 '하나님의 의' 를 믿어 덧입기를 거부하고 오히려 율법의 형식을 지킴으로써 '자신들의 의' 를 앞세우려는 열성을 추구한다고 지적하면서, 그러한 열성을 가리켜 '지식을 갖추지 못한 열성' (무식한, 어리석은 열성, 롬 10:1-4)이라고 개탄한 바 있다.529)

> "형제들아 내 마음에 원하는 바와 하나님께 구하는 바는 이스라엘을 위함이니 곧 그들로 구원을 받게 함이라 내가 증언하노니 그들이 하나님께 열심이 있으나 올바른 지식을 따른 것이 아니니라 하나님의 의를 모르고 자기 의를 세우려고 힘써 하나님의 의에 복종하지 아니하였느니라 그리스도는 모든 믿는 자에게 의를 이루기 위하여 율법의 마침이 되시니라" (롬 10:1-4).

529) 김세윤, 빌립보서 강해, p. 128.

이와 관련해 주목해야 할 것이 있는데, 하나님은 선행을 요구하시는 것이 아니라 믿음을 요구하신다(창 15:6)는 사실이 그것이다. 이 '믿음'은 하나님의 은총을 얻는 또 다른 대안이 아니다. 여기에서 '믿음'은 '공로'와 반대되는 것으로 자기 자신은 하나님으로부터 의롭다고 인정받을 수 없으며, 오직 용서와 긍휼 그리고 은혜와 사랑을 주시겠다는 하나님의 제의를 받아들이겠다는 순종과 고백이다.

이러한 우리를 향한 하나님의 너그러운 제의는 ① 예수 그리스도께서 율법을 온전하게 이루시는 능동적인 순종을 통해서, 그리고 ② 예수 그리스도께서 십자가에서 이루신 대속의 죽음인 수동적인 순종을 통해서 주어진 것이다. 이로써 하나님과 올바른 관계, 즉 화목을 이룰 수 있는 조건인 참된 '의'는 오직 그리스도 예수에 대한 믿음을 통해 얻어질 뿐이다. 이 '의'를 가리켜 바울은 '믿음에 근거한 하나님의 의'라고 밝히고 있다. 여기에 바울의 '이신칭의' 교리가 요약되어 있다.

모든 사람은 하나님과 소원한 관계에 있다. 하나님과 올바른 관계를 자신의 노력으로 재정립할 수 있는 사람은 아무도 없다. 즉 전적으로 부패한 인간이 율법에서 난 '의'로 자신의 공로를 얻는 것은 불가능하다. 또한 하나님과의 관계 회복은 전적으로 하나님께 주도권이 있다. 참된 '의'의 원천은 하나님 자신의 구속 행위이기 때문이다. 하나님은 그리스도의 삶과 죽음과 부활을 통해 이 주도권을 가지셨다(엡 1:5,6).

그러므로 하나님과 올바른 관계는 그리스도 예수에 대한 믿음에 의해, 즉 그리스도 예수를 신뢰하고 그에게 복종함으로써 성립된다. 그리스도 예수에 대한 '믿음'은 그리스도 예수 안에서 발견되는 것으로 그리스도 예수와 일체가 되어 있기에, 그리스도 예수의 인격이 지니고 있는 모든 것과 그리스도 예수께서 행하신 모든 것이 그리스도 예수를 믿는 사람에게 전가되는 상태를 의미한다.530)

---

530) Gerald F. Hawthorne, 빌립보서, p. 284.

'그리스도 안에서'(εν Χριστω)라는 말은 '그리스도를 아는 지식' 뿐 아니라 '그리스도를 체험하는 것'을 전제하고 있다. 때문에 바울은 최종적으로 "내가 그리스도와 그 부활의 권능과 그 고난에 참예함을 알려하여 그의 죽으심을 본받아 어찌하든지 죽은 자 가운데서 부활에 이르려 하노라"(빌 3:10,11)고 말하고 있다.

③ 바울은 '그리스도를 아는 것'을 위해 자신의 유익들을 배설물로 여기고 있다.

개역개정의 "내가 그리스도와 그 부활의 권능과 그 고난에 참예함을 알려 하여 그의 죽으심을 본받아 어찌하든지 죽은 자 가운데서 부활에 이르려 하노라"(빌 3:10,11)는 말은 "내가 그리스도를 아는 것, 곧 그의 부활의 권능을 통해 그리스도를 아는 것과 그의 고난에 참예함으로써 그리스도를 아는 것으로 그의 죽으심을 본받아 어찌하든지 죽은 자들의 부활에 이르려 하노라"고 번역된다.

따라서 본문의 '알려하여'라는 말은 문자적으로 '그를 아는 것'(του γνωναι αυτον), 즉 '그리스도를 아는 것'으로 일종의 진행의 과정을 통해 어떤 지식이 점증적으로 쌓여진 결과를 의미하고 있다. 이런 점에서 본문의 '그리스도를 아는 것'이란 ① 그리스도를 알게 된 그 시점에서부터 자신의 지식에 위기가 발생하였으며, ② 그 안에 지혜와 지식의 모든 보화가 감추어져 있는(2:3) 그리스도의 중요성 때문에 그리스도를 알기 시작하는 그 자체가 이 세상의 다른 어떤 것보다 더 중요하다는 사실을 강조하고 있다.531)

여기에서 강조되고 있는 것은 '그리스도를 얻는 것'(빌 2:8)과 '그리스도 안에서 발견되는 것'(빌 2:9)에 이어 '그리스도를 아는 것'(빌 2:10)을 성취하는 데 있어 방해되는 모든 것을 기꺼이 배설물로 여기는 바울

---

531) Gerald F. Hawthorne, 빌립보서, p. 285.

의 열정이 점차 고조되면서, 결정적으로 '그리스도를 아는 것' 이야말로 그의 삶 속에서 지향하고 있는 궁극적인 목표가 된다는 점으로 점차 강화되고 있다. 이와 관련해 바울은 이미 "내 주 그리스도 예수를 아는 지식이 가장 고상함을 인함이라"(빌 3:8)고 밝힌 바 있다.

'아는 것' (*του γνωναι*)을 비롯해 '알다' (*γινωσκω*)에서 파생된 동의어들은 이해와 체험과 친교 그리고 부부 관계 등의 개념이 내포되어 있다는 점에서 바울은 단지 그리스도에 대한 지식을 이론적으로만 아는 것이 아니라, 삶을 변화시키고 계속해서 진행되어 가는 특별한 친교를 열어 주는 그리스도와의 만남을 염두에 두고 있음을 알 수 있다. 이 사실은 바울이 부활하신 그리스도의 권능과 그의 고난에 참여하고자 하는 열망에서 확인된다.

3. 그리스도의 권능과 그의 고난에 참여하는 신자의 삶 (빌 3:11)

첫째, 바울은 그리스도를 아는 것에 있어 '그의 부활의 권능' 을 통해 알고자 한다.

바울은 그리스도를 역사적인 사실로 아는 것(이것을 '역사 신앙' 이라고 한다)만으로 만족하지 않고 그의 삶 속에 항상 살아 있는 부활하신 주로서 알고 싶어 한다. 그리고 바울이 알고자 하는 '능력' 은 그리스도와 분리될 수 있는 것이 아니라 부활하신 그리스도가 부여받은 능력이다. 바울은 그리스도를 그의 부활로 말미암아 발휘되는 능력을 체험함으로써 알기를 바라고 있다.

여기에서 바울은 부활하신 그리스도께서는 성령을 통하여 자신의 부활하심으로 말미암아 바울을 의롭게 하신다는 사실을 확신하고 있다(롬 4:25; 8:1,16; 고전 15:17). 그의 성령을 보내셔서 부활의 권능을 체험하게 하시는 분은 바로 부활하신 그리스도 예수이시다. 때문에 하늘에 계신 그리스도 예수의 생명이 언제나 바울에게는 새로운 생명의 원천이다(요 14:19).

이것은 성도들에게 임하는 성화의 권능이다.532) 바울은 이 성화를 '새로운 삶'으로 이해한다. 그리고 이 새로운 삶은 교회 안에 임재하신 성령의 통치를 받고 살아가는 삶을 말한다. 바울은 죽음으로부터 부활시켜 하나님 안에 있는 생명에 이르게 하기 위해 그리스도 예수께서는 성령을 보내시어 자신 안에서 창조적으로 활동하고 계심을 의심치 않는다.

둘째, 바울은 그리스도를 아는 것에 있어 '그리스도의 고난에 참예함'을 통해 알고자 한다.

본문의 '참예함'(κοινωνιαν)은 앞선 단어 '권능'(δυναμιν)과 동일한 정관사를 공유하고 있다는 점에서 부활한 그리스도의 권능과 그의 고난에 참예함은 독립적인 두 가지 체험이 아니라 동일한 체험의 서로 다른 측면임을 보여주고 있다.533)

따라서 그리스도를 그의 부활의 능력을 통해 아는 것이 그리스도와 함께 부활하는 것이라는 의미로 해석되는 되는 것처럼(롬 6:4), 그리스도의 고난에 참예함으로써 아는 것 역시 그리스도와 함께 죽었다는 의미로 해석되는 내적 체험이기도 하다(롬 6:8; 갈 2:19,20).

이것은 자신을 위해 고난을 당하고 죽으셨던 그리스도를 앎으로써 오직 그리스도 안에서 새로운 생명으로 부활하기 위해 바울도 그리스도 안에서 고난을 받고 죽어야 한다는 사실을 강조하고 있다. 이 사실은 뒤에 등장하는 '그의 죽으심을 본받음'이라는 분사 구문에 의해 확인된다. 이 '본받음'(συμμορφιζομενος)이라는 단어는 신약에서는 유일하게 나오는 단어이다.

---

532) William Handriksen, 빌립보서, p. 224.

533) Gerald F. Hawthorne, 빌립보서, p. 286.

'그의 죽으심을 본받아(*συμμορφιζόμενος τῷ θανάτῳ αὐτοῦ*)'라는 말은 "만일 우리가 그의 죽으심을 본받아(*ομοιωματι*) 연합한 자가 되었으면 또한 그의 부활을 본받아 연합한 자가 되리라"(롬 8:5)는 말과, "만일 우리가 그리스도와 함께 죽었으면 또한 그와 함께 살 줄을 믿노니"(롬 6:8)라는 말씀을 통해 이해된다.

이 말은 그리스도께서 육체적으로 고난을 받고 죽으셨던 것처럼 바울도 육체적으로 고난을 받고 죽으려 한다는 말이 아니다. 이 말은 바울 자신과 모든 신자들이 그리스도 안에 들어가 그리스도와 연합하여 죽음과 부활을 비롯한 그리스도의 생애의 모든 사건을 그리스도와 함께 나눈다는 의미이다.

이런 의미에서 바울은 과거의 사실인 그리스도와 함께 죽었으며, 그 죽음을 기꺼이 자신의 죽음으로 삼아 그 죽음이 현재 가지고 있는 의미에 따라 살아간다는 뜻에서 '그의 죽으심을 본받음(*συμμορφιζομενος*)'이라고 말하고 있다. 이러한 바울의 신학적 이해는 "이와 같이 너희도 너희 자신을 죄에 대하여는 죽은 자요 그리스도 예수 안에서 하나님을 대하여는 산 자로 여길지어다"(롬 6:11)라는 말에서도 발견되고 있다.

그러므로 고난과 죽음을 당하신 그리스도와의 신비한 연합은 그리스도에 대한 믿음으로 말미암아 체험할 수 있는 육체적 고통에 의해 더욱 강화된다. 즉 믿음 안에서 당하는 성도들의 고난은 바로 그리스도의 죽으심을 본받는 것으로 이해된다.

이러한 해석에 근거하여 바울은 "우리가 항상 예수 죽인 것을 몸에 짊어짐은 예수의 생명도 우리 몸에 나타나게 하려 함이라 우리 산 자가 항상 예수를 위하여 죽음에 넘기움은 예수의 생명이 또한 우리 죽을 육체에 나타나게 하려 함이니라"(고후 4:10,11)고 고백한 바 있다.

결국 그리스도를 아는 것은 그의 메시아적 행위인 죽음과 부활을 아는 것이며(과거), 우리의 삶 속에서 이러한 죽음과 부활의 능력을 현재적 실재(實在)로 체험하는 것이며(현재), 이것의 궁극적 완성인 미래에 있을 부활에 동참하는 것(미래)을 의미한다.

이러한 내용을 가지고 바울은 장차 있게 될 부활, 즉 종말론적 부활을 강력하게 소망하고 있다. "어찌하든지 죽은 자 가운데서 부활에 이르려 하노라"(빌 3:11)는 결론이 그것이다. 이 말은 "만일 내가 (부활을) 얻었다면 (그 부활은) 죽은 자들로부터 부활하는 것이라"는 의미로, 장차 있게 될 육신의 부활을 소망하고 있다. 이 주제, 즉 육신의 부활에 대해서는 빌립보서 3장 20-21절에서 구체적으로 다시 제시된다.

여기에서 바울은 언젠가는 죽을 수밖에 없는 우리의 '몸'(*σομα*)을 그리스도께서 변화시켜 자신의 '영광의 몸'으로 만드실 것이며, 성도들의 구원은 영혼만 남은 구원이 아니라 부활하신 영광의 몸을 가지신 그리스도처럼 새롭게 변화된 완전한 인격체의 몸으로 부활하게 될 것이라고 약속하고 있다.

| 기 도 |

영원한 생명을 우리에게 주시기를 기뻐하시는 우리 주 예수 그리스도의 아버지이신 하나님.

이 세상에서 얻을 수 있고 누릴 수 있는 것들로는 도저히 하나님의 의에 이를 수 없으며, 오히려 그러한 명예와 특권마저도 배설물로 여기고, 우리를 구원하시기 위해 율법 아래에서 하나님의 의를 위해 순종하셨으며, 우리의 죄를 속량하시기 위해 자신을 제물로 십자가에 바치신 그리스도 예수를 알고 믿음으로 받아들일 때, 비로소 하나님으로부터 의롭다 인정을 받고 새로운 피조물로 살게 하셨음을 감사드리나이다.

무엇보다도 우리 주께서 "내가 곧 길이요 진리요 생명이니 나로 말미암지 않고는 아버지께로 올 자가 없느니라"(요 14:6)고 말씀하신 것처럼, 구약시대나 신약시대나 오직 예수 그리스도로 말미암아 하나님께 이르게 하시는 유일한 원칙을 따라, 우리를 그리스도 안에서 그리스도와 연합하여 한 몸을 이루게 하시는 교회로 불러주심을 감사하나이다.

이제 우리는 바울 사도가 "내가 그를 위하여 모든 것을 잃어버리고 배설물로 여김은 그리스도를 얻고 그 안에서 발견되려 함이니 내가 가진 의는 율법에서 난 것이 아니요 오직 그리스도를 믿음으로 말미암은 것이니 곧 믿음으로 하나님께로부터 난 의라"(빌 3:8b-9)고 말한 것과 같이, 오직 그리스도를 믿음으로써 하나님께로부터 난 의를 우리가 얻고 누리고 있다는 사실을 담대하게 믿음으로 고백하며 살게 하옵소서.

이러한 믿음을 근거로 우리 또한 바울과 같이 그리스도의 부활의 권능과 그 고난에 기꺼이 참여하는 삶을 살아감으로써 그리스도의 복음에 합당한 성도들이 되게 하옵소서.

우리 주 예수 그리스도의 이름으로 기도합니다. 아멘.

〈 12 〉

현세의 완전함을 주장하는 이들에 대한 경계

빌립보서 3:12-21

3:12 내가 이미 얻었다 함도 아니요 온전히 이루었다 함도 아니라 오직
내가 그리스도 예수께 잡힌 바 된 그것을 잡으려고 좇아가노라 13 형제들
아 나는 아직 내가 잡은 줄로 여기지 아니하고 오직 한 일 즉 뒤에 있는
것은 잊어버리고 앞에 있는 것을 잡으려고 14 푯대를 향하여 그리스도 예
수 안에서 하나님이 위에서 부르신 부름의 상을 위하여 좇아가노라 15 그
러므로 누구든지 우리 온전히 이룬 자들은 이렇게 생각할지니 만일 무슨
일에 너희가 달리 생각하면 하나님이 이것도 너희에게 나타내시리라
16 오직 우리가 어디까지 이르렀든지 그대로 행할 것이라 17 형제들아 너
희는 함께 나를 본받으라 또 우리로 본을 삼은 것같이 그대로 행하는 자
들을 보이라 18 내가 여러 번 너희에게 말하였거니와 이제도 눈물을 흘리
며 말하노니 여러 사람들이 그리스도 십자가의 원수로 행하느니라 19 저
희의 마침은 멸망이요 저희의 신은 배요 그 영광은 저희의 부끄러움에
있고 땅의 일을 생각하는 자라 20 오직 우리의 시민권은 하늘에 있는지
라 거기로서 구원하는 자 곧 주 예수 그리스도를 기다리노니 21 그가 만
물을 자기에게 복종케 하실 수 있는 자의 역사로 우리의 낮은 몸을 자기
영광의 몸의 형체와 같이 변케 하시리라

바울은 '그리스도를 아는 것'을 가리켜 자신의 가장 큰 소망이라고 말했다(10절). 이것은 모든 성도들에게도 가치 있는 목표임에 틀림없다. 그러나 '그리스도를 아는 것'은 그리스도를 알기 시작하면서부터 완전하게 알아 가기 위한 성장의 과정이 필요한 일이다.

반면에 그리스도에 대한 완전한 지식을 이미 획득했다고 여기는 일부 사람들이 빌립보 교회 안에 있었다. 이에 바울은 그들의 잘못된 생각을 바로잡을 필요가 있었다. 바울이 이들을 가리켜 '형제들'이라고 칭하고 있다는 점에서(13절) 그들이 잘못된 생각을 가지게 된 배경을 유추할 수 있다.

① 하나는 앞서 언급한 유대인 교사들이 할례를 받고 율법에 충실한 사람은 완전에 도달할 수 있다고 주장한 것으로 보아, 이들 형제들이 유대인 교사들의 영향을 받았을 가능성이 있다(2,3절). ② 다른 하나는 바울의 '이신칭의' 교리를 익히 들어 알고 있는 형제들이 자기들은 이미 하나님으로부터 의롭다함을 얻었기 때문에 더 이상 도덕적 책임을 가질 필요가 없다고 오해할 수 있었다(9절).

전자는 철저한 율법주의에 빠질 수 있으며, 반면에 후자는 반 율법주의에 빠지게 될 가능성이 야기될 수 있었다. 복음 앞에서 이러한 현상은 지금도 여전히 나타나고 있다. 이에 바울은 매우 온화한 목소리로 이 형제들을 감화시키기 위해 조심스럽게 이 문제를 언급하고 있다. 이것은 형제들의 마음을 돌이켜 바울과 함께 그리스도를 아는 지식에 있어서 온전함에 도달하도록 하기 위함이다.

1. 이미-아직(already - not yet)에 대한 오해들 (빌 3:12)

바울은 먼저 그리스도를 아는 지식에 있어서 완전히 파악한 것이 아님을 분명히 밝히고 있다. "내가 이미 얻었다 함도 아니요 온전히 이루었다 함도 아니라 오직 내가 그리스도 예수께 잡힌 바 된 그것을 잡으려고 좇아가노라"(빌 3:12). 이 문장은 '나는 ... 이라고 말하는 것이 아니다' (ουχ οτι)는 강력한 부정으로 시작하고 있다.

'내가 이미 얻었다 함도 아니요' (οὐχ ὅτι ἤδη ἔλαβον)라는 말은 '나는 이미 얻었다고 말하고 있는 것이 아니다' 라는 의미이다. 동시에 '온전히 이루었다 함도 아니라' (οὐχ ὅτι ἤδη τετελείωμαι)는 말 역시 '나는 이미 온전히 이루었다고 말하고 있는 것이 아니다' 라는 강력한 부정의 의미를 지니고 있다.

여기에서 '얻었다' (ελαβον)와 '완전하다' (τετελείωμαι)는 단어들은 '이해하다, 붙잡다' 라는 말로 지적으로나 영적으로 이해한다는 뜻을 가지고 있다. 그런데 이 문장에서 이들 단어들의 목적어가 없다는 점에서 이 문장은 이해하기가 어렵다. 그렇지만 이 단어들의 개념이 '무엇을 아는 것' 에 초점이 맞추어져 있다는 점에서 이 단어들의 목적어는 앞서 바울이 언급한 바 있는 '그리스도를 아는 것' , 즉 그리스도와 그의 인격에 대한 완전한 의미를 아는 것을 염두에 두고 있음이 확실하다.534)

따라서 '내가 이미 얻었다 함도 아니요 온전히 이루었다 함도 아니라' (Not that I have already obtained it or have already become perfect)는 말은 그리스도와 관련된 과거의 체험들, 즉 ① 그리스도를 얻는 것, 그리스도 안에서 발견되는 것, 그리스도를 아는 것(8-11절)은 순식간에 성취되는 것이 아니며 ② 그리스도의 이해 불가능한 위대성을 안다는 것은 평생에 걸친 탐구를 필요로 한다는 사실을 암시하고 있다.

여기에서 바울은 그리스도에 대한 자신의 지식이 부분적이기 때문에 이 부분적인 지식이 완전한 지식(고전 13:9,10)에게 그 자리를 양보할 미

534) Gerald F. Hawthorne, 빌립보서, p. 297.

래의 어떤 날, 즉 종말의 날을 기다려야 한다는 사실을 강조하고 있다. 그리스도에 대해 알아야 할 것이 너무 많아서 그리스도에 대한 지식은 부활이 이루어지기 전까지는 결코 완전해질 수 없기 때문이다.

그래서 바울은 그리스도를 완전히 이해할 수 있게 될 것인지를 알아보기 위해 마치 상을 받으려고 달리는 경주자처럼 '좇아가서'(διωκω) 가능하면(ει) '잡으려 한다'(κατελαβω)고 말하고 있다. 여기에서 '가능하다면'이라는 표현을 덧붙인 것은 이미 구원의 완성에 도달했다고 믿거나 구원의 완성을 보장받았다고 자만하는 형제들을 염두에 두고 있음을 알 수 있다.535)

바울이 이처럼 전력으로 좇아가서 잡으려 하는(κατελαβω : I may lay hold) 것은 그가 이미 그리스도에 의해 붙잡혔기(κατελημφθην : I was laid hold of) 때문이다. 여기에 언어유희가 등장한다. 바울은 그리스도께 붙잡혔기 때문에 그리스도를 붙잡으려고 그리스도를 힘써 좇아가고 있다.

따라서 '그리스도 예수께 잡힌 바 된 그것'은 그리스도께서 바울을 강한 손으로 붙잡아서 새로운 삶의 방향으로 인도했던 그 사실, 즉 다메섹 도상에서 바울이 체험한 그리스도와의 만남을 가리키고 있다(고전 15:8-10). 바울은 그리스도를 만남으로써 옛 자아가 죽고 새로운 자아로 태어났다. 이것을 가리켜 바울은 그리스도의 새 창조의 결과로 나타난 '새로운 피조물'이라고 한다(고후 5:17). 이로써 바울의 인생은 완전히 다른 삶으로 전환되었다.

2. 그리스도를 온전히 안다는 말의 의미 (빌 3:13-16)

새로운 피조물로 그리스도께 붙잡힌 바 된(κατελημφθην) 바울은 과거

---

535) 김세윤, 빌립보서 강해, p. 135.

에 연연하지 않고 하나님이 위에서 부르신 부름의 상을 위해 좇아가고 (κατελαβω) 있다고 말한다. “형제들아 나는 아직 다 잡은 줄로 여기지 아니하고 오직 한 일 즉 뒤에 있는 것은 잊어버리고 앞에 있는 것을 잡으려고 푯대를 향하여 그리스도 예수 안에서 하나님이 위에서 부르신 부름의 상을 위하여 좇아가노라”(빌 3:13,14).

이 모습은 마치 출발선을 떠난 육상 선수가 뒤를 돌아보지 않고 푯대, 즉 결승점을 향해 전력 질주하는 모습을 연상케 한다. 이 ‘푯대’는 육상 경기장의 결승점에 서 있는 기둥을 가리키며, 이 문단의 주제인 ‘그리스도 예수에 대한 충분하고도 완전한 지식’을 가리키고 있다.

헬라 육상 경기는 고급 관리들에 의해 주관되었는데 경기가 끝날 때마다 승리자의 이름과 그의 아버지의 이름 그리고 그의 고향의 이름을 공포하게 했다. 이때 호명된 승리자는 고급 관리들 앞에 나와서 그들로부터 종려나무 가지를 수여받았다. 바울이 ‘위에서 부르신 부름’이라고 묘사하고 있는 것도 이러한 관례를 따른 것으로 보인다.

바울은 하나님께서 주관하시는 경주에서 우승함으로써 마침내 자신의 이름이 불리고 하나님으로부터 승리의 월계관을 받는다. 이때 바울이 받는 ‘상’은 ‘그리스도 안에서 발견되는 것’이다. 바울이 받는 상은 바로 부활하신 그리스도이시다.536)

다메섹 도상에서 있었던 그리스도와의 만남이 이 경주의 출발점이었으며, 이후 그가 획득하려고 노력했던 상은 바로 그리스도를 충분하고 완전하게 아는 것으로 이것이 그가 도달해야 할 결승점이었다.

이제 바울은 이 논제에 대한 결론을 내리고 있다. “그러므로 누구든지 우리 온전히 이룬 자들은 이렇게 생각할지니 만일 무슨 일에 너희가 달리 생각하면 하나님이 이것도 너희에게 나타내시리라”(빌 3:15).

---

536) Gerald F. Hawthorne, 빌립보서, p. 303.

이 온화한 권면에서 바울은 ‘너희가 ... 을 해야만 한다’고 하지 않고 ‘우리가 ... 을 해야만 한다’고 말한다. 즉 누구든지 완전에 도달했다고 생각하는 우리라면 과거의 출발점을 뒤돌아보지 않고 앞에 있는 푯대, 곧 ‘그리스도를 아는 온전한 지식’을 향해 계속 전진해야 한다는 것이다.

그런데 그 푯대는 바로 생의 끝에 있다는 사실을 알아야 한다. 바로 그 위치에 바울 자신도 포함되어 있다. 이것은 빌립보 교회 형제들 몇몇이 이미 완전에 도달했기 때문에 도덕적 노력을 더 이상 하지 않아도 된다고 잘못 여기고 있음을 지적하기 위함이다.

분명히 바울은 “내가 이미 얻었다 함도 아니요 온전히 이루었다 함도 아니라”(빌 3:12)고 밝힌 바 있다. 따라서 ‘우리 온전히 이룬 자들’이라는 말은 역설적인 의미를 가지고 있다. 결코 온전히 이룰 수 없음에도 불구하고 자신이 온전하다고 생각한다면, 참된 그리스도를 아는 지식에 더욱 온전히 도달해야 한다는 의미를 가진다.

그런데 그리스도를 온전히 아는 지식에 있어서 일부는 바울과 다른 견해를 가질 수 있었다. 때문에 바울은 완전에 관한 진리가 무엇인가를 하나님께서 너희에게 나타내 알게 해 주실 것이라고 밝히고 있다.

본문에서 ‘나타내시리라’(*αποκαλυψει*)는 말은 계시해 주신다는 말로, 여기에서는 신적 진리에 대한 계시는 사도들을 통해서만 전달된다는 그런 말이 아니라, “이는 그가 모든 지혜와 총명으로 우리에게 넘치게”(엡 1:8) 하신다는 말씀처럼, 하나님에 의해 ‘마음의 눈’이 열려지는 것을 의미한다.

그러므로 각 사람은 그리스도를 아는 경주에서 어느 지점에 도달했든지 간에, 그 지점에서 뒷걸음치지 말고 그 노선을 계속 따라감으로써 마침내 푯대, 즉 최종 결승점인 그리스도를 온전히 아는 지식에까지 도

달해야 하는 것이다.537)

그러기 위해 바울은 "오직 우리가 어디까지 이르렀든지 그대로 행할 것이라"(빌 3:16)고 권하고 있다. 이 말은 하나님이야말로 각 사람의 마음을 깨우쳐주시고, 또 그들에게 진리를 계시해 줄 수 있는 유일한 분이시기 때문에, 각각의 사람이 견해와 진리에 대한 이해 정도에 차이가 있다 할지라도, 성도들은 상호 협력하고 화합함으로써 누군가 다른 사람의 발자국을 따라가듯이 일치를 이루어 일사불란하게 미래를 향해 함께 전진해 나가야 한다고 권면하고 있다.

3. 거짓 가르침을 본받는 것에 대한 경계 (빌 3:17-21)

우리 중 스스로 온전함에 이르렀다고 생각하는 사람들이 있다면 ① 자신들이 진정으로 온전함에 이르렀음을, 즉 성숙한 모습을 나타내어야 할 것과, ② 구원의 종말론적 완성을 위해 모든 성도들이 앞서 가는 지도자를 따라 일사불란하게 그리스도의 완전한 지식을 향해 계속해서 전진할 것을 권면하면서, 바울은 여기에서 앞서가는 지도자의 모범을 따를 것을 재차 강조하고 있다.

1) 성도들의 모범으로서 '바울'

"형제들아 너희는 함께 나를 본받으라 또 우리로 본을 삼은 것같이 그대로 행하는 자들을 보이라"(빌 3:17)는 바울의 권면은 거짓 가르침을 주장하는 교사들을 염두에 두고 있음이 분명하다. 바울은 이 거짓 교사들을 가리켜 "개들을 삼가고 행악하는 자들을 삼가고 손할례당을 삼가라"(빌 3:2)고 가혹한 말로 경계를 하였다.

바울은 앞서 빌립보 성도들의 눈앞에서 삶 전체를 하나님께 순종하

---

537) 김세윤, 빌립보서 강해, p. 143.

고 다른 사람들에게 봉사하는 데 바친 그리스도의 겸손과 자기 희생을 제시하였다(빌 2:3-8). 그리고 바울 자신은 그리스도의 모범을 따를 것을 강력하게 보여주고 있다(빌 3:12-16).

여기에서 바울은 뛰어난 유대인이었던 자신도(5,6절) 그리스도의 지극한 부요하심을 보았기 때문에 자신이 자랑했던 그 모든 것들을 배설물로 여기고, 하나님과 올바른 관계를 정립하기 위해 율법의 준수나 할례 의식에 대한 신뢰를 기꺼이 포기했음을 밝힌 바 있다(9절).

따라서 ① 외적인 의식들이 은혜의 수단이 될 수 있다는 주장(8,9절)과 ② 지금 완전한 상태에 도달할 수 있다는 주장(12-16절)은 결코 성경이 가르치는 내용이 아니다. 때문에 바울은 인간들의 업적에만 신뢰를 두는 것에서 떠날 것을 지적하면서 '너희는 함께 나를 본받으라' (*Συνμιμηταί μου γίνεσθε*)고 말하고 있다.

이 말은 '너희들 모두 다 함께 나를 본받으라'는 의미로 빌립보 성도들이 모두, 즉 그리스도인의 단체 생활과 함께 화합하는 가운데서 바울을 본받기를 바라고 있다.

그러나 이 말은 바울이 가졌던 특권이나 훌륭한 장점들을 빌립보 성도들이 본받으라는 의미가 아니다. 이 말은 이미 그러한 것들을 배설물로 여기고 자기를 부인하고, 자기를 희생하며, 다른 사람들을 위해 기꺼이 고난을 받으려 하고, 그리스도를 위해 모든 것을 버리며, 완전함을 위해 열심히 전진하는 바울의 모범을 따를 것을 요구하고 있다.

하지만 바울은 자기가 늘 빌립보 교회 형제들과 함께 있을 수 없다는 점을 감안하고, 빌립보 성도들과 가까이 있는 디모데나 에바브로디도처럼 늘 바울의 가르침에 따라 사는 모범적인 지도자들을 주시하라고 덧붙이고 있다.[538] 이것은 빌립보 성도들이 이교 사회 출신들로서 복

538) 김세윤, 빌립보서 강해, p. 144.

음의 진리가 그들의 삶 속에서 확실하게 증거되고 측정되어야 하기 때문이다.

2) 땅 위의 것을 추구하는 십자가의 원수들

형제들에게 자신을 본받거나 바울을 따르는 모범적인 지도자들을 본받으라고 한 이유는 사도의 가르침과 다르게 거짓 진리를 가르치는 사람들이 많았기 때문이다. 바울은 이들을 가리켜 '그리스도 십자가의 원수'라고 하는데 왜냐하면 "저희의 마침은 멸망이요 저희의 신은 배요 그 영광은 저희의 부끄러움에 있고 땅의 일을 생각하는 자들"(빌 3:19)이기 때문이다. 이들은 앞서 언급한 손할례당을 가리키는 유대인 교사들임이 분명하다.

"내가 여러 번 너희에게 말하였거니와 이제도 눈물을 흘리며 말하노니 여러 사람들이 그리스도 십자가의 원수로 행하느니라"(빌 3:18)는 말에서 볼 수 있는 것처럼 바울은 그의 유대인 형제들, 즉 이스라엘 후손들이 구원을 받을 수 있다면 자신은 저주를 받아도 좋다는 소망을 피력함으로써 동족들 때문에 깊은 슬픔과 마음의 고통을 토로한 바 있다(롬 9:1-5).

바울은 이들을 위해 지금도 눈물을 흘리고 있다. 여기에서 '눈물을 흘린다'(κλαιων)는 말은 탄식하고 흐느낀다는 의미로 유대인들의 완고함에 대한 바울의 심정을 보여주고 있다. 이미 바울은 여러 번에 걸쳐, 특히 예루살렘에서 유대인들이 복음을 선포하는 자신을 박해하고 얼마나 격렬하게 반대하였는가를 경험한 바 있다(행 23:1-3,12-15).

이런 점에서 그들을 가리켜 "저희의 마침은 멸망이요 저희의 신은 배요 그 영광은 저희의 부끄러움에 있고 땅의 일을 생각하는 자들"(빌

3:19)이라고 꼭집어 밝히고 있다. 그들은 단지 '십자가의 원수들', 즉 '십자가의 바로 그 원수들' 일 뿐이다. 이것은 유대인들이 십자가의 죽음, 즉 죄인들이 하나님께 용서를 받도록 하기 위해 메시아가 죽으셔야만 했다는 십자가의 복음을 꺼리고 반대했음을 가리킨다(고전 1:23).

때문에 그들의 마침은 멸망일 수밖에 없다. 이 멸망은 특별히 악인들에 대한 형벌로서 영원한 멸망을 지시한다(마 7:13; 벧후 3:7; 계 17:8,11). 이 말은 "그 마지막이 사망임이니라"(롬 6:21)와 같은 의미를 가진다. 이것은 그리스도 밖에 있는 생명이 썩어짐과 멸망으로 향하는 상태를 가리키고 있다(갈 6:8; 롬 9:22).

바울은 이들을 가리켜 '저희의 신은 배요 그 영광은 저희의 부끄러움에 있다' 고 묘사한다. 이 구절은 '그들은 자신들의 배(위장)와 그들의 부끄러움에 대한 자랑을 그들의 신으로 삼았다' 로 번역된다. 여기에서 배는 음식을 먹는 정결의 법을, 부끄러움은 헬라 문화에서 부끄럽게 여겼던 할례를 각각 상징하고 있다.

따라서 이 구절은 유대인들이 음식에 대한 정결법과 할례 의식을 그들의 신으로 삼았다는 의미가 된다. 왜냐하면 음식 규례에 대해 세밀하게 준수하는 일에만 골몰하고 할례를 너무나 중요하게 여긴 나머지 그것의 올바른 시행에만 사로잡혀 그들은 보다 고귀한 복음을 거부하고 하나님을 격식에 따라 숭배되는 거짓 신으로 대체했기 때문이다.

하지만 바울에게 있어 음식 규례나 할례와 같은 것들은 무가치한 것으로써 그들이 멸망에 이를 때에 이것들은 그 어떤 도움도 주지 못하는 땅 위의 것들에 불과했다. "그러므로 너희가 그리스도와 함께 다시 살리심을 받았으면 위의 것을 찾으라 거기는 그리스도께서 하나님 우편에 앉아 계시느니라"(골 3:1)는 말씀처럼 그리스도의 구원만이 초월의 생명을 주기 때문이다. 안타깝게도 유대인들은 하늘의 것들을 외면하고 대신 음식 규례나 할례와 같은 땅위의 문제들에만 집중하고 있

었다.539)

3) 하늘을 소망하는 성도들이 받을 영광

성도들은 땅 위의 일이 아닌 하늘의 일을 바라보아야 한다. "왜냐하면(개역개정은 '오직') 우리의 시민권은 하늘에 있기 때문이다"(빌 3:20a). 여기에서 '왜냐하면'(γαρ)은 3절에서 '우리가 곧 할례당이라' 이라고 한 말과 연결된다. 이것은 상대적으로 땅 위의 문제들에만 집중하고 있는 유대교 교사들의 거짓 가르침이 '손할례' 에 불과함을 강조한다.

본문의 '시민권'(πολιτευμα)은 빌립보가 로마와 같은 지위를 가진 도시로 빌립보 시민들은 로마의 시민과 같은 모든 특권을 가졌다는 점에서 빌립보 성도들에게는 아주 낯익은 단어이다. 이 단어는 '복음에 합당하게 생활하라'(πολιτευεσθε, 빌 1:27)고 한 말과 같이 '시민 의식을 가지고 살라' 는 의미를 가지고 있다.

동시에 이 단어는 예루살렘을 본거지로 하고 있는 이방 지역의 유대인 거류지(πολιτευματα : communities)를 암시함으로써 영구적인 자격이 부여되지 못한 채 시간적, 공간적으로 제한되어 있는 유대인들과 달리, 성도들은 하늘을 본거지로 하고 있는 하늘의 시민들로 이땅에 살고 있으나 영원한 하늘의 도성에 속해 있음을 강조하고 있다.

따라서 빌립보 시민들이 로마에 속한 특별한 권리를 가지고 있는 것처럼, 이방 지역의 유대인들이 예루살렘 도성의 권세를 가지고 있는 것과는 달리 성도들은 하늘 도성에 속한 영생의 권리와 특권을 가진 존재임을 부각시키고 있다.540)

---

539) 김세윤, 빌립보서 강해, p. 147.

540) Fred B. Craddock, 빌립보서, p. 135.

성도들의 시민권이 하늘에 있다는 사실은 '거기로서 구원하는 자 곧 주 예수 그리스도를' 기다리고 있다는 점에서 확실하게 증명되고 있다. 빌립보와 같이 로마의 식민시(colony)에 사는 시민들은 자신들이 외부의 적들에게 노출되었을 때 로마 군대의 보호와 구원을 보장받고 있었다. 이때 로마 황제는 그들에게 구세주(σωτηρ)였다. 이점을 잘 알고 있는 바울은 주 예수 그리스도를 하늘로부터 오는 '구세주'(σωτηρ)라고 부르고 있다.

이땅에서 하늘 도성의 식민시에 사는 성도들은 '의롭다 함'을 받았으나 아직 완전한 '구원'을 받은 것은 아니다. 성도들은 분명히 그렇게 될 것이지만 하나님의 능력으로 '구원을 얻고 있는 과정'이라고 말할 수 있다(고전 1:18). 이런 점에서 구원은 그리스도의 재림 때까지는 완성되지 않는 하나의 과정이다. 때문에 바울은 구세주이신 그리스도를 가리켜 "그가 만물을 자기에게 복종케 하실 수 있는 자의 역사로 우리의 낮은 몸을 자기 영광의 몸의 형체와 같이 변케 하시리라"(빌 3:21)고 설명하고 있다.

구세주께서는 우리의 낮은 몸(문자적으로는 '우리의 비천한 몸') 위에 구원을 실행하시는 분이시다. '몸'(σωμα)은 언젠가는 죽을 수밖에 없다는 인간의 특징을 담고 있다. 하지만 구세주께서 하늘로부터 오실 때에는 성도들의 비천한 몸을 변화시켜 자신의 '영광의 몸'으로 만드신다.

이것은, 성도들의 구원이야말로 영혼만 남은 구원이 아니라, 부활하신 영광의 몸을 가지신 그리스도처럼 새로운 의지적 또는 역동적인 힘을 가진 몸, 즉 변화된 사람들로서 완전한 인격체를 보전하고 있는 상태로의 구원(살전 5:23)이라는 사실을 강조하고 있다.541)

이때 구원받은 성도들이 입게 되는 부활의 몸은 영광과 권능이 불멸

---

541) Gerald F. Hawthorne, 빌립보서, p. 331.

하는 영원한 형체이다(고전 15:42,43,53). 이것은 바울이 다메섹 도상에서 만난 영광스러운 주님의 몸을 염두에 두고 있음이 분명하다. 그리고 그리스도만이 구세주로서 이 일을 하실 수 있는 유일한 분이시다.

이 사실은, 이미 바울이 "이러므로 하나님이 그를 지극히 높여 모든 이름 위에 뛰어난 이름을 주사 하늘에 있는 자들과 땅에 있는 자들과 땅 아래에 있는 자들로 모든 무릎을 예수의 이름에 꿇게 하시고 모든 입으로 예수 그리스도를 주라 시인하여 하나님 아버지께 영광을 돌리게 하셨느니라"(빌 2:9-11)라고 밝힌 바 있다.

하나님께서는 오직 유일하게 그리스도만을 자신의 우편에 높여 만유를 다스리는 주권까지 위임해 주셨다. 이러한 약속이 곧 그리스도의 십자가의 원수로 사는 사람들과 달리 십자가의 복음에 합당하게 살아가는(빌 1:27), 즉 그리스도의 죽으심과 같은 모습이 되기까지(빌 3:10) 자기 희생적 사랑으로 살아가는 성도들에게 약속된 영광이다.

| 기 도 |

자비로우시며 우리에게 은혜 주시기를 기뻐하시는 우리 주 예수 그리스도의 아버지이신 하나님.

하나님께서 주의 성령과 말씀으로 말미암아 하나님과 하나님의 아들을 알도록 우리를 인도하시고, 하나님의 말씀이 우리에게 선포되게 하심에 감사를 올리옵나이다.

우리는 그리스도 예수를 영접한 만큼, 그리스도 안에서 살게 하시사, 우리가 가르침 받은 그대로, 그리스도 안에 뿌리를 바로 내리고 세워지고, 터가 굳어져서, 믿음으로 강건하게 하시며, 감사가 넘치게 하옵소서.

우리는 바울 사도가 "형제들아 나는 아직 내가 잡은 줄로 여기지 아니하고 오직 한 일 즉 뒤에 있는 것은 잊어버리고 앞에 있는 것을 잡으려고 푯대를 향하여 그리스도 예수 안에서 하나님이 위에서 부르신 부름의 상을 위하여 달려가노라"(빌 3:13,14)고 힘써 외쳤던 말씀을 기억하나이다.

우리 또한 바울 사도와 함께 부질없는 이땅에서 누릴 유익과 이익을 더 이상 바라보지 아니하고, 하나님께서 약속하신 하늘의 상급을 향해 온전히 그리스도 예수 안에서 끝까지 믿음의 경주를 다 할 수 있도록 인도하여 주옵소서.

우리는 본래 하나님의 자녀로 지음을 받았고, 하나님 나라의 시민권을 가지고 있다는 이 놀라운 사실을 다시 한번 가슴에 새기고, 하나님의 자녀답게, 그리고 하나님 나라의 백성다운 존귀와 명예를 따라 살게 하옵소서.

우리 주 예수 그리스도의 이름으로 기도합니다. 아멘.

〈 13 〉

교회의 화합과 하나됨에 대한 바울의 이해

빌립보서 4:1-3

4:1 그러므로 나의 사랑하고 사모하는 형제들, 나의 기쁨이요 면류관인 사
랑하는 자들아 이와 같이 주 안에 서라 2 내가 유오디아를 권하고 순두게
를 권하노니 주 안에서 같은 마음을 품으라 3 또 참으로 나와 멍에를 같
이한 자 네게 구하노니 복음에 나와 함께 힘쓰던 저 부녀들을 돕고 또한
글레멘드와 그 위에 나의 동역자들을 도우라 그 이름들이 생명책에 있느
니라

빌립보서는 바울 사도가 자신의 무죄 석방을 확신하면서도 사형 선고가 내려질지 모른다는 갈림길에서 작성되었다(빌 1:19-26). 당시 ① 빌립보 교회는 유대교의 의례적인 예식과 율법적인 관습들이야말로 영적인 완전 또는 성숙으로 나아가는 길이라고 권장하였던 일단의 무리들에게 위협을 당하고 있었다(빌 3:2-4:3). 또한 ② 빌립보 교회는 신앙의 시련뿐만 아니라 가난으로부터 오는 고난도 받고 있었다(고후 8:1,2). 거기에 더하여 ③ 빌립보 교회 안에서는 심각할 정도는 아니지만 불미스런 내분의 조짐까지 나타나고 있었다(빌 4:2,3).

이처럼 삼중고의 어려움 가운데 있는 빌립보 교회를 향해 바울은 그리스도를 믿고 오로지 그리스도를 중심으로 살아가는 성도들이 만나게 되는 삶의 위기 속에서도 어떻게 기쁨과 평강을 누려야 하는가를 잘 보여주고 있다. 이런 이유 때문에 빌립보서를 가리켜 바울의 심오한 목회적 신학이라고 평가하는 것은 조금도 이상한 일이 아니다.[542]

"내가 기뻐하고 또한 기뻐하리라"(1:18), "주 안에서 기뻐하라"(3:1a), "내가 다시 말하노니 기뻐하라"(4:4), "내가 주 안에서 크게 기뻐함은"(4:10) 등과 같은 일련의 표현들이 교회가 만나는 고난과 연결되어 등장한다는 것은 결코 우연이 아니다.

바울은 빌립보서의 핵심적 위치에 '그리스도의 낮아지심과 높이 올리우심'(빌 2:5-11)을 중심으로 두면서 그 앞과 뒤에 성도들이 살아야 할 복음에 합당한 삶이 무엇인가를 제시하고 있다. 즉 ① 고난 가운데서도 굳건한 교회(1:27-30), ② 고난 가운데서도 하나 된 교회(2:1-3:1a), ③ 고난 가운데서도 기쁨을 누리는 교회(4:5-7), ④ 고난 가운데서도 평강을 누리는 교회(4:8,9)에 대한 내용이 그것이다.

〈빌립보서 본론 _ 교회의 영적 진보를 위한 권면(1:12-4:9)의 구조〉

1. 바울의 상황과 복음의 진보(1:12-26)
   "전파되는 것은 그리스도니 이로써 내가 기뻐하고 또한 기뻐하리라" (1:18)

2. 복음에 합당한 삶에 대한 권면(1:27-3:1a)
   A. 고난 가운데서도 굳건한 교회(1:27-30)
   B. 고난 가운데서도 하나 된 교회(2:1-3:1a)

542) I. Howard Marshall, 신약성서신학, p. 420.

① 겸손과 사랑으로 뜻을 합하여 하나가 되라(2:1-4)
② 그리스도의 모범(2:5-11)
③ 바울의 모범(2:12-16).
④ 디모데와 에바브로디도의 모범(2:17-30).
〈"종말로 나의 형제들아 주 안에서 기뻐하라"(3:1a)〉

3. 거짓 가르침에 대한 경계(3:1b-21)
① 례와 인간적 성취의 자만에 대한 경계(3:1b-11)
② 현세의 완전함을 주장하는 자들에 대한 경계(3:12-16)
③ 잘못된 가르침을 본받는 것에 대한 경계(빌 3:17-21)
④ 교회의 화해와 하나됨에 대한 권면(4:1-3)
〈"주 안에서 항상 기뻐하라 내가 다시 말하노니 기뻐하라"(빌 4:4)〉

C. 고난 가운데서도 기쁨을 누리는 교회(4:5-7)
D. 고난 가운데서도 평강을 누리는 교회(4:8,9)

바울이 이처럼 강력하게 '기뻐하라'고 하면서 고난 가운데서도 복음에 합당하게 살아야 할 것을 강조할 수 있었던 원동력은 교회와 연합되어 하나가 되신 '그리스도의 낮아지심과 높아지심', 즉 그리스도의 비하와 승귀에 근거한 기독론에 근거하고 있다.

바울에게 있어 교회는 그리스도의 낮아지심과 같이 이땅에서는 고난을 받는 존재이다. 그러나 그 고난은 "하늘에 있는 자들과 땅에 있는 자들과 땅 아래 있는 자들로 모든 무릎을 예수의 이름에 꿇게"(빌 2:10) 하시는 하나님에 의해 그리스도의 높아지심과 같이 성도들 역시 그 자리에 함께 올리어졌다는 증표였다.

따라서 "오직 너희는 그리스도 복음에 합당하게 생활하라"(빌 1:27)는 바울의 권면은 성도들의 삶이 이 세상에서 사는 동안 자연스럽게 고난을 동반하고 있지만, 그 고난은 하늘나라의 시민인 성도들에게 주어진다는 점에서 오히려 그 고난으로 인해 빌립보 성도들이 더욱 든든히 서가고, 사랑 안에서 희생과 봉사로 서로 하나가 되며, 서로 기뻐하고 그 안에서 평강을 누리는 것으로 나아가게 한다.

이런 점에서 바울이 성도들을 향해 그들이 현재 당하고 있는 고난 속에서 하나님에 의해 그 고난으로부터 건짐을 받고, 하나님에 의해 성도들의 삶이 지지를 받고 있으며, 이러한 은혜는 전적으로 예수 그리스도의 성령(빌 1:19)에 의해 주어진 도우심에 근거하고 있음을 강조하고 있다.

왜냐하면 성도들이 하나님으로부터 받은 은혜를 계속해서 보존하기 위해 부활하시고 높이 올리우신 그리스도 예수께서 성령을 보내셨기 때문이다(행 2:33). 이것을 가리켜 바울은 '예수 그리스도의 성령의 도우심'(빌 1:19)이라고 하는데 여기에서 예수 그리스도와 성령이 얼마나 밀접하게 연합되어 있는가를 잘 보여주고 있다.543)

우리 주께서는 "사람이 너희를 회당과 정사 잡은 이와 권세 있는 이 앞에 끌고 가거든 어떻게 무엇으로 대답하며 무엇으로 말할 것을 염려치 말라 마땅히 할 말을 성령이 곧 그 때에 너희에게 가르치시리라 하시니라"(눅 12:11,12)고 약속하신 바 있다.

곧 성도들이 복음을 위해서 어떠한 고난 가운데 있다 할지라도 언제나 성령께서 그들과 함께하신다는 것은, 마치 성령께서 그리스도를 위해 봉사하는 것처럼 그리스도와 연합하여 한 몸이 된 성도들을 위해 성령께서도 함께 그 자리에서 성도들의 유익을 위해 일하신다는 사실을 잘 보여주고 있다.

그리스도와 성령과의 연합을 비롯해 그리스도와 하나님과의 연합, 그리스도와 교회와의 연합은 전적으로 성도들이 '복음의 합당한 삶'

543) I. Howard Marshall, 신약성서신학, p. 437.

(빌 1:27)을 통해 교회를 굳건히 세우고 서로 하나가 되며 그 안에서 기뻐하고 평강을 누림으로써 그리스도의 완전에까지 자라가기 위한 하나님의 은혜와 긴밀한 관련이 있다.

결국 교회는 성령에 의해 발생된 천국 시민들의 공동체로서(빌 3:20) 함께 하나님의 구원에 참여하기 위해 부르심을 받았다는 사실에 감사함으로써 "모든 입으로 예수 그리스도를 주라 시인하여 하나님 아버지께 영광을 돌리게 하셨느니라"(빌 2:11)는 말씀을 궁극적으로 성취하는 유일한 기관이다.

1. '주 안에'(εν κυριω) 있는 교회(빌 4:1)

빌립보서 3장에서 바울은 유대교도들로 보이는 자들의 거짓 가르침에 대해 빌립보 교회가 어떻게 이들의 가르침에 대해 대처할 것인가를 자세하게 제시하였다. 이 권면에서 바울은 다음과 같은 내용을 다룬 바 있다.

① 육체의 할례는 손할례에 불과하며 성도들만이 진정으로 할례를 받은 백성임을 강조했다(3:1a-11).
② 자신은 육체적으로 모든 특권을 누렸지만 유대교를 스스로 포기하고 그것들을 배설물로 여기며 오로지 그리스도를 더 잘 아는 것과 그리스도를 향해 전진을 계속하고 있음을 밝히고 있다(3:12-16).
③ 그리스도의 재림을 기다리는 성도들은 그의 영광의 몸을 입게 될 것을 소망할 것과 자신의 시민권이 하늘에 있음을 인식하고 참된 천국 시민으로 살 것을 권면하고 있다(3:17-21).

이러한 권면의 내용을 통해 바울은 ① 십자가의 원수로 행하면서 교회를 고난에 빠뜨리는 자들에게는 오직 파멸만이 기다리고 있을 뿐이며 ② 십자가의 복음에 합당하게 행하는 성도들은 자신을 십자가에서 죽기까지 하나님께 순종하여 자신을 내어주신 그리스도를 본받아 구원의 완성에 이르게 될 것이며, ③ 바울 역시 하늘로부터 재림하시는 예수 그리스도의 영광스러운 형체로 변화될 것을 소망하고 ④ 그 날에 비로소 구원의 완성에 이르게 될 것을 제시했다.

이로써 바울은 성도들로 하여금 비록 고난 가운데 있을지라도 자신들의 시민권은 땅에 있지 않고 하늘에 있으며 그리스도의 재림 때에 그들의 몸이 그리스도의 영광스러운 몸의 형체로 변화되고 영광스러운 유업이 그들을 기다리고 있음을 상기시킨다.

이러한 흐름 가운데 바울은 "그러므로 나의 사랑하고 사모하는 형제들, 나의 기쁨이요 면류관인 사랑하는 자들아 이와 같이 주 안에 서라"(빌 4:1)고 격려하면서 이땅의 신자들이라면 언제나 부활에 대한 확신을 가지고 있어야 할 것을 권면하고 있다.544)

'이와 같이 주 안에 서라'고 하는 바울의 격려는 빌립보서 4장 2–9절에서 그 내용을 자세히 언급한 후 "너희는 내게 배우고 받고 듣고 본 바를 행하라"(빌 4:9)는 말로 마무리하고 있다.

빌립보서는 바울의 다른 서신들과 달리 매우 개인적인 서신의 성격을 가지고 있다. 때문에 다른 서신들처럼 이론적인 면과 실천적인 면, 교훈적인 것과 개인적인 것 사이의 대조가 현저하게 나타나지는 않는다. 하지만 바울이 교회들에게 서신서들을 보낼 때에는 비록 그 내용에 있어 상당히 개인적인 주제를 선택한다 할지라도 이 서신들은 기독교 공동체에 주어진다는 점에서 모든 교회에 주어지는 공적 서신이라는 특성을 가지게 된다.

나아가 특별한 교훈을 담고 있는 개별적인 내용이라 할지라도 바울

544) William Handriksen, 빌립보서, p. 253.

은 항상 그들이 교회의 일부라는 인식을 가지고 있었으며, 그들 뒤에는 언제나 교회가 있음을 전제하고 있다. 따라서 개인을 향한 특별한 교훈이라 할지라도 그것은 전체 교회에게 주어지는 바울의 명령이며 교회는 그 명령의 수행자가 되어야 한다.545)

2. 바울의 기쁨과 명예인 빌립보 교회 (빌 4:2)

바울은 성도들을 향해 '나의 사랑하고 사모하는 형제들, 나의 기쁨이요 면류관인 사랑하는 자'(빌 4:1)들이라고 부름으로써 바울이 그들에 대해 얼마나 많은 기대를 하고 있는가를 보여주고 있다.

무엇보다 바울은 성도들을 가리켜 자신의 '면류관'(*στεφανος*)이라고 부르고 있는데, 이것은 앞서 언급한 경주의 최후 승리자에게 주어지는 월계관을 가리키고 있다. 바울은 자신을 가리켜 "푯대를 향하여 그리스도 예수 안에서 하나님이 위에서 부르신 부름의 상을 위하여 좇아가노라"(빌 3:14)는 경주자로 묘사한 바 있다.

바울은 빌립보 교회 성도들을 향해 그들을 자신의 '면류관'이라고 함으로써 빌립보 교회의 성도들이 바울 자신에게는 큰 기쁨을 가져다주는 원인이며, 다른 한편으로는 그들이 바울에게 위대한 명예를 안겨다주는 근거라는 사실을 밝힘으로써 성도들에게 동일한 기쁨을 안겨주고 있다.

사실 빌립보 성도들은 바울의 자랑이었으며 기쁨과 명예를 가져다준 바울의 면류관이었다.546) 마찬가지로 바울은 데살로니가 성도들을 가리켜 "너희는 우리의 영광이요 기쁨이니라"(살전 2:20)고 하였고, 고린도 성도들을 향해서는 "너희는 우리의 편지(추천장)라"(고후 3:2)고 하

545) Gerald F. Hawthorne, 빌립보서, p. 337.

546) Gerald F. Hawthorne, 빌립보서, p. 339.

였다. 그만큼 바울에게 있어서 성도들은 사랑과 기쁨의 대상이었다.

이처럼 자신의 자랑이요 기쁨인 성도들을 향하여 바울은 '주 안에 서라' 고 정중하게 부탁하고 있다. '주 안에'(*εν κυριω*)라는 말은 부활하신 예수께서 하나님 우편에 높이 올리우심을 받아 만유를 통치하는 권세를 가지고 계신 주 예수 그리스도의 주권(빌 2:9-11) 안에 성도들이 있음을 강조하고 있다.

예수 그리스도는 성도들을 악한 길로 사주하는 사탄의 세력을 꺾고 만유를 다스리시며 마침내 성도들에게 구원을 가져다주시는 분이시다. 때문에 성도들은 주되신 그리스도의 주권 안에서 굳건하게 서 있을 수 있게 되었다.547)

여기에서 '서 있다'(*στηκετε*)라는 말은 '적의 위협 앞에서도 초소를 포기하지 않고 사수하기 위해 지키는 병사' 를 묘사하는 군사 용어이다. 이 모습은 에베소서에서 하나님의 전신 갑주를 입은 성도들이 굳게 서서 자신의 위치를 지키고 적에게 굴복하지 않고 그 적과 싸워 이기는 군사로 묘사되었다(엡 6:10-17).

이미 십자가를 지신 그리스도 안에서 하나님의 의해 결정적 승리는 이루어졌기 때문에 이제 성도들은 이미 얻은 그 승리를 보존하고 유지하는 군사들과 같다(엡 6:10,11). 이것은 출발선을 떠난 경주자들이 마지막 결승점에 도달할 때까지 경주로를 이탈하지 않고 끝까지 경주하는 모습처럼, 복음 안에서 구원의 완성에 도달할 때까지 복음을 이탈하지 않고 복음에 합당한 삶(빌 1:27)을 추구하는 모든 성도들을 격려하기 위함이다.

이에 바울은 분열의 조짐을 보이는 빌립보 교회가 먼저 하나가 되어야 할 것을 호소하고 있다. "내가 유오디아를 권하고 순두게를 권하노

547) 김세윤, 빌립보서 강해, p. 157.

니 주 안에서 같은 마음을 품으라"(빌 4:2).

신자들 사이의 단결은 복음에 합당한 삶을 살기 위한 가장 기본적인 요소이다. 바울은 이 부분에서 최대의 예의를 갖추어 '내가 유오디아에게 권합니다. 그리고 순두게에게 권합니다. 주 안에서 같은 마음을 품으십시오'라고 각각 개인의 이름을 부르고 권면함으로써 그들이 자신에 대한 바울의 인격적인 권고를 받아들이게 하고 있다.

이 권고는 바울이 앞서 빌립보 교회를 향해 "그러므로 그리스도 안에 무슨 권면이나 사랑에 무슨 위로나 성령의 무슨 교제나 긍휼이나 자비가 있거든 마음을 같이 하여 같은 사랑을 가지고, 뜻을 합하며 한 마음을 품어 아무 일에든지 다툼이나 허영으로 하지 말고, 오직 겸손한 마음으로 각각 자기보다 남을 낫게 여기고, 각각 자기 일을 돌아볼 뿐더러 또한 각각 다른 사람들의 일을 돌아보아 나의 기쁨을 충만케 하라"(빌 2:1-4)고 권고한 내용을 압축하고 있다.

빌립보 교회에 나타난 분열 조짐의 중심에 유오디아와 순두게가 있다는 것은 빌립보 교회의 창설에 이 두 여성들이 주목할 만한 역할을 했다는 점을 감안할 때, 이들의 가정을 중심으로 별도의 회중들이 모였을 가능성을 보여주고 있다(행 16:14,40; 17:4,12). 이 모임은 교회가 조직적으로 모이기 이전에 일시적으로 가정을 중심으로 모이고 있었던 과도기적인 교회의 모습이기도 하다.

이러한 배경으로 볼 때 이 두 사람은 빌립보 교회의 가장 활동적인 일꾼에 속하는 중요한 위치에 있었던 것으로 보인다. 이들을 가리켜 바울이 '복음에 나와 함께 힘쓰던 저 부녀들'(빌 4:3)이라고 한 것을 보아 이 두 사람은 바울이 복음을 전파할 때 힘을 합하여 도왔을 뿐만 아니라, 그로 인하여 야기된 고난에도 함께 동참할 정도로 바울과 친밀한 관계를 유지하고 있었던 것으로 보인다.

때문에 바울은 이 두 사람을 중심으로 모이는 회중들에 의해 보다 큰 빌립보 교회 공동체의 하나됨을 깨뜨릴 수 있다는 가능성을 염두에 두고, 마치 얼굴과 얼굴을 대하듯이 '같은 마음을 가지라' 고 권고하고 있다. 이들에게 '주 안에서 같은 마음을 품으라' 고 한 것은 그들이 서로 각기 다른 생각을 가지고 있었음을 암시하고 있다.

같은 마음을 품으라는 것은 화해나 합의 그 이상의 의미가 있는데, 공통된 정신을 소유하고 있다는 개념뿐만 아니라 서로를 향한 동일한 감정과 태도, 즉 인생의 총체적인 목표이자 교회로 부름받은 그 목표를 향해 뜻을 같이한다는 개념을 포함하고 있다. 이것은 '너희가 일심으로 서서 한 뜻으로 복음의 신앙을 위하여 협력하는 것' (빌 1:27)과 같은 의미를 가진다.548)

3. 교회가 하나됨을 위해 함께 협력해야 하는 이유 (빌 4:3)

바울은 유오디아와 순두게가 그들 자신의 힘으로 서로 합의에 도달하게 되기를 기다리기보다는 빌립보 교회가 이들의 합의를 위해 함께 협력할 것을 요청하고 있다. "또 참으로 나와 멍에를 같이한 자 네게 구하노니 복음에 나와 함께 힘쓰던 저 부녀들을 돕고 또한 글레멘드와 그 외에 나의 동역자들을 도우라 그 이름들이 생명책에 있느니라"(빌 4:3).

이 구절은 새번역 성경이 보다 쉽게 번역되어 있다. "그렇습니다. 나의 진정한 동지여, 그대에게도 부탁합니다. 이 여인들을 도와주십시오. 이 여인들은 글레멘드와 그밖의 나의 동역자들과 더불어, 복음을 전하는 일에 나와 함께 애쓴 사람들입니다. 그들의 이름은 생명책에 기록되어 있습니다."

---

548) Gerald F. Hawthorne, 빌립보서, p. 340.

여기에서 '나와 멍에를 같이한 자'로 일컬어지는 인물이 누구인가는 확실치 않다. 여러 가지 추측들이 있지만 바울이 빌립보 교회 전체를 자신의 사도적 사역을 위해 함께 짐을 지고 있는 한 단위, 즉 하나의 인격체로 보고 그들 전체를 대상으로 이렇게 말하는 것으로 보는 것이 가장 합당한 대답으로 보인다.549)

바울이 빌립보 교회를 가리켜 자기와 함께 멍에를 같이 지고 있는 것처럼 묘사하고 있다는 것은 그 멍에의 한쪽에 자신이 있고 다른 쪽에 교회가 있음을 강조하기 위함이다.

이런 점에서 바울은 빌립보 교회를 자신의 동역자로 여기고 있음을 알 수 있다. 바울은 빌립보 교회가 자신과 함께 교회 공동체의 단결을 위해 노력함으로써 두 사람 사이에서 발생한 분열의 조짐을 효과적으로 해결할 수 있을 것이라 확신하고 있다.

때문에 빌립보 교회는 힘을 합하여 이 두 사람의 합의를 위해 도와주어야 한다. '돕다'(συλλαμβανειν)라는 말은 필요한 도움을 제공하기 위해 어떤 사람과 함께 결합한다는 의미를 가지고 있다. 이 두 사람이 바울과 함께 같은 편에 서서 복음을 위해 함께 싸웠던 인물이라는 점에서 빌립보 교회가 더욱 그들의 합의를 위해 힘써 노력해 줄 것을 바라고 있다. 여기에서 바울이 사용한 '간구하다'(ερωτω)는 말은 바울의 절박한 심정을 잘 보여주고 있다.

바울은 이 두 사람, 즉 유오디아와 순두게가 서로 의견을 달리하기 때문에 이로 인하여 교회를 파괴한 것이 아니며, 각자 자기편에 서서 자기 팀으로부터 존경받는 구성원들과 함께 일한 것에 대해 존경을 표하지만, 빌립보 교회라고 하는 보다 큰 교회 공동체를 위해 이 두 사람이 한마음을 품는 일에 교회 전체가 협력해야 할 것을 간절히 요구하고

---

549) Gerald F. Hawthorne, 빌립보서, p. 341.

있다.550)

왜냐하면 이 두 사람은 글레멘드와 그밖에 바울의 동역자들과 더불어 복음 전파를 위해 함께 같은 싸움을 싸웠기 때문이다(개역개정의 '또한 글레멘드와 그 외에 나의 동역자들을 도우라' 고 한 번역은 정확한 의미를 전달하지 못하고 있다).

바울은 유오디아와 순두게 그리고 글레멘드와 더불어 그밖에 이름을 밝히지 않는 바울의 동역자들이 빌립보 교회에 있다는 것만으로도 충분히 기쁨과 영예를 누리는 것으로 여기고 있었음이 확실하다. 비록 그들의 이름을 모두 열거하고 있지는 않지만 하나님은 그들 모두의 이름을 생명책에 기록해 두셨다는 사실로 인해 바울은 그들 모두를 자신의 '면류관' 으로 여기고 있다.

빌립보와 같은 도시에는 시민들의 이름을 모두 기록해 놓은 인명부가 있었던 것처럼 하늘에도 하나님께서 생명을 약속한 성도들의 이름을 기록해 놓은 인명부가 있다. 성도들의 이름이 '생명책 안에'(*εν βιβλω ζωης*) 기록되어 있다는 것은 "오직 우리의 시민권은 하늘에 있는지라"(빌 3:20)와 같은 맥락의 의미를 가진다. '생명책' 은 구약에서 하나님의 언약 백성들의 명부(출 32:32; 시 69:28; 139:16)를 지칭하는 표현이다.551)

바울이 교회에서 공개적으로 읽혀질 서신에서 유오디아와 순두게의 이름을 언급하고 있다는 것은 그만큼 두 사람을 비롯해 빌립보 교회가 서로 협력하여 두 사람 사이의 합의를 끌어낼 수 있을 정도로 충분히 성숙해 있음을 염두에 두었을 것이다.

또한 빌립보 교회를 향해 이 두 사람의 합의를 이루는 일에 친히 참

550) Fred B. Craddock, 빌립보서, p. 137.

551) J. Calvin, 빌립보서, p. 544.

여할 것을 요청하고 있다는 점에서도 이를 확인할 수 있다. 나아가 바울의 모든 동역자들의 이름이 생명책에 기록되었다는 사실로 인하여 이 서신이 교회에서 공개적으로 읽혀질 때 이 두 사람과 빌립보 성도들은 서로 하나가 되었음이 분명하다.

| 기 도 |

그리스도의 복음에 합당하게 생활할 수 있도록 은혜를 주시는 우리 주 예수 그리스도의 아버지이신 하나님.

무엇보다도 우리에게 한마음으로 서서 한 뜻으로 복음의 신앙을 위하여 협력하게 하시며, 복음을 따라 살고 있는 우리를 대적하는 자들을 두려워하지 않게 은혜를 주심에 감사를 드리나이다.

"그리스도를 위하여 너희에게 은혜를 주신 것은 다만 그를 믿을 뿐 아니라 또한 그를 위하여 고난도 받게 하려 하심이라"(빌 1:29)는 바울 사도의 권면을 따라 우리가 그리스도의 복음에 합당한 삶을 살아가고자 할 때에, 성령께서 늘 보살펴 주시겠다는 약속을 믿고 우리를 향한 다양한 반대가 있을지라도 극복하며 담대하게 이기고 나아갈 수 있도록 인도하여 주옵소서.

특별히 그리스도의 몸된 교회의 하나됨을 위하여 기꺼이 서로 마음을 합하게 하시옵고, 하늘나라의 시민으로서 의와, 평화와, 믿음과, 소망과, 사랑과, 선행과, 봉사와, 살아 계신 하나님께 드리는 예배에 있어서 더욱 더 우리 모두 하나가 되게 하옵소서.

우리 주 예수 그리스도의 이름으로 기도합니다. 아멘.

893

〈 14 〉

고난 가운데서도 교회가 누릴 기쁨과 평강

빌립보서 4:4-9

4:4 주 안에서 항상 기뻐하라 내가 다시 말하노니 기뻐하라 5 너희 관용
을 모든 사람에게 알게 하라 주께서 가까우시니라 6 아무 것도 염려하지
말고 오직 모든 일에 기도와 간구로 너희 구할 것을 감사함으로 하나님
께 아뢰라 7 그리하면 모든 지각에 뛰어난 하나님의 평강이 그리스도 예
수 안에서 너희 마음과 생각을 지키시리라 8 종말로 형제들아 무엇에든
지 참되며 무엇에든지 경건하며 무엇에든지 옳으며 무엇에든지 정결하며
무엇에든지 사랑할 만하며 무엇에든지 칭찬할 만하며 무슨 덕이 있든지
무슨 기림이 있든지 이것들을 생각하라 9 너희는 내게 배우고 받고 듣고
본 바를 행하라 그리하면 평강의 하나님이 너희와 함께 계시리라

빌립보서의 내형적 구조를 따를 때 "오직 너희는 그리스도 복음에 합당하게 생활하라"(빌 1:27a)는 바울의 권면은 다음과 같이 4가지로 압축된다.

① 고난 가운데서도 굳건한 교회를 이루는 것(1:27-30).

② 고난 가운데서도 하나 된 교회를 이루는 것(2:1-3:1a).
③ 고난 가운데서도 기쁨을 누리는 교회를 이루는 것(4:5-7).
④ 고난 가운데서도 평강을 누리는 교회를 이루는 것(4:8,9).

특별히 바울은 빌립보서를 통해 교회의 일치와 화합을 위해 많은 관심을 쏟고 있는데, 이는 거짓 가르침에 대한 경계와 더불어 빌립보 교회 안에서 발생한 분열의 조짐에 대해 많은 관심을 보이고 있다는 점(3:1b-4:3)에서 이를 확인할 수 있다.

이어서 바울은 다시 복음에 합당한 삶에 대한 주제로 돌아가 빌립보 교회가 고난 가운데서도 기쁨을 누리는 교회를 이룰 것을 바라고 있다.

일반적으로 '기뻐하라'(*χαιρειν*)는 단어가 작별 인사로 사용되었다는 점에서 4-7절을 빌립보서의 끝맺는 말로 볼 수 있다. 또는 5b-7절의 내용은 다른 서신들에서도 발견되는 것처럼 바울이 자주 축도를 하고 있기 때문에 일종의 축도로 여겨지기도 한다.

그러나 본문의 내용상 흐름으로 볼 때 4-7절은 작별 인사라기보다는 교회의 외적, 내적 요인들로 인해 고난을 겪고 있는 빌립보 교회를 위한 바울의 기쁨에로의 초대로 보아야 한다. 4-7절이 4개의 명령어로 구성된 하나의 완벽한 구조를 이루고 있다는 점에서 이를 확인할 수 있다.

1. 기도의 특권을 가진 교회 (빌 4:4-6)

'주 안에서 기뻐하라'(4절), '너희 관용을 모든 사람에게 알게 하라'(5절), '아무 것도 염려하지 말라'(6절), '기도와 간구로 너희 구할 것을 감사함으로 하나님께 아뢰라'(6절)는 4개의 명령문 중앙에 바울은 의도적으로 '주께서 가까우시니라'(5절)는 일종의 신앙고백을 삽입하고 있다. 그리고 이 모든 일이 '그리스도 예수 안에서' "하나님의 평강이 너희 마음과 생각을 지키시리라"(7절)고 못을 박고 있다. 이를 표를 보면 다음과 같다.

a 주 안에서 항상 기뻐하라 내가 다시 말하노니 기뻐하라(4절)
　b 너희 관용을 모든 사람에게 알게 하라(5절)
　　c 주께서 가까우시니라(5절)
　d 아무 것도 염려하지 말라(6절)
e 오직 모든 일에 기도와 간구로 너희 구할 것을 감사함으로 하나님께 아뢰라(6절)

'주께서 가까우시니라'(5절)는 이 신앙고백은 전후에 등장하는 명령어들의 의미를 규명하는 핵심적 역할을 하고 있으며 그 명령을 실천으로 옮기게 하는 근거를 제공하고 있다.552) 아울러 4-6절은 마치 나비의 몸통을 중심으로 두 개의 날개가 양쪽에 있는 것처럼, '주께서 가까우시니라'를 중심으로 각각 두 가지의 명령어를 양쪽 날개로 가지고 있다는 점에서도 이를 확인할 수 있다.

1) '주 안에서 항상 기뻐하라 내가 다시 말하노니 기뻐하라'(빌 4:4)는 첫 번째 명령어에 등장하는 '주 안에서'(*εν κυριω*)라는 말은 '기뻐하라'는 명령의 근거이며 동시에 이유가 된다.

바울은 자기 자신과 빌립보 성도들에게 고난을 가져다주는 사탄의 세력을 꺾고 이기신 그리스도의 주권과 그 영역 안에서 그리스도의 권능과 사랑의 덕을 입고 있다는 점에 대해 '기뻐하라'고 말하고 있다.

---

552) 김세윤, 빌립보서 강해, p. 167.

사탄의 세력들이 외적인 고난과 경제적 가난과 내분을 일으키며 압박해 온다고 할지라도 십자가에서의 죽음과 부활을 통해 사탄을 근본적으로 이기신 그리스도께서 역사를 주관하시는 만유의 주이시기 때문에 모든 것이 결국 그리스도의 선한 뜻대로 이루어지기에 기뻐할 근거가 된다. 그래서 바울은 '모든 경우' 또는 '어떤 경우'(*παντοτε*, 개역개정은 '항상')라 할지라도 '기뻐하라'고 강력하게 말한다.

2) '너희 관용을 모든 사람에게 알게 하라'(빌 4:5a)는 두 번째 명령어는 성도들이 이땅에서 살아가는 삶의 특징을 보여주는 대표적인 모습을 보여준다.

'관용'(*το επιεικες*, 관대함)은 손해를 당해도 쉽게 동요하지 않고 역경을 당해도 쉽게 넘어지지 않으며 계속해서 정서적인 안정을 유지한다는 의미를 가진다.553) 때문에 바울은 그 특성으로 인해 빌립보 교회 성도들 모두에 의해 관용이 나타나야 하고 인정되어야 한다고 강조한다. 바울은 이 단어를 '나 바울은 이제 그리스도의 온유와 관용으로 친히 너희를 권하고'(고후 10:1)에서 사용하고 있는데 관용은 곧 그리스도의 인격적 특징이다.

3) '아무 것도 염려하지 말라'(빌 4:6a)라는 세 번째 명령어는 '걱정하는 모든 것을 예외 없이 중단하라'고 직역할 수 있다.

'염려하다'(*μεριμναν*)는 말은 '관심을 두고 있다'는 의미로 여기에서는 자신이 통제할 수 없는 것들에 대한 부당한 걱정이라는 부정적 의미로 쓰이고 있다. 실제로 바울은 옥에 갇혀 있으며 빌립보 교회는 박해의 위협과 고난을 받고 있었다(빌 1:28). 때문에 바울과 빌립보 교회의 염려는 결코 허구적인 불안이 아니었다.

그럼에도 불구하고 바울은 자기 자신과 빌립보 성도들이 당하는 불

---

553) J. Calvin, 빌립보서, p. 546.

안이나 괴로움이 아무리 크고 무겁다고 할지라도 하나님께서는 그것들보다 훨씬 더 크시다는 사실을 알았기 때문에 걱정하는 모든 것들을 '예외 없이' 중단하라고 말하고 있다.554) 왜냐하면 성도들은 '기도와 간구'로 자신이 구할 것을 하나님께 아뢸 수 있기 때문이다.

4) '오직 모든 일에 기도와 간구로 너희 구할 것을 감사함으로 하나님께 아뢰라'(빌 4:6b)는 네 번째 명령어는 "네 짐을 여호와께 맡겨 버리라 너를 붙드시고 의인의 요동함을 영영히 허락지 아니하시리로다"(시 55:22)는 시편의 내용과 같은 의미를 가진다.

성도들이 하나님께 기도할 수 있는 것은 ① 하나님이 계신다는 것과, ② 성도들이 짊어진 그 어떤 짐보다 하나님이 더 위대하시다는 것과, ③ 하나님을 찾는 이들에게 상주시는 분임을 믿기 때문이다. 바울은 이 점을 강조하기 위해 세 개의 동의어, 즉 기도(*προσευχη*), 간구(*δεησις*), 구할 것(*αιτηματα*)을 거듭 중복하여 등장시킴으로써 강조하고 있다.

하나님께 '아뢴다'(*γνχριζεσθω*)는 말은 마치 하나님께서 알아야 할 필요가 있는 것처럼 정보를 알려주는 것을 의미한다. 이때 하나님은 성도들의 관심사를 듣고, 알고, 이해하고, 관심을 두고, 응답해 주시는 분이시다.

무엇보다도 이 문장에서 강조하고 있는 것은 '감사함으로'(*μετα ευζαριστιας*) 아뢴다는 점이다. 하나님께 향한 감사는 지금 성도들이 처한 상황 속에서 하나님은 능력이 크시다는 사실로 인해 찬양하면서 시작되기 때문이다. 이때 성도들은 하나님께서 행하시는 일을 통해 하나님의 영광을 친히 경험하면서 자신들을 자극하고 있는 고난을 하나님 앞에 펼쳐놓게 된다.555)

554) Gerald F. Hawthorne, 빌립보서, p. 347.

555) Gerald F. Hawthorne, 빌립보서, p. 347.

5) 이 모든 것의 중심에 등장하는 '주께서 가까우시니라'(ο κυριος εγγυς, 빌 4:5b)는 신앙고백이 자리하고 있다.

'가깝다'(εγγυς〈엥구스〉)는 말은 시간과 공간을 모두 포함하는 개념이다. 이런 점에서 '주께서 가까우시니라'는 말은 두 가지의 의미를 가진다. 즉 ① 하나님의 때, 곧 심판이 가까웠다는 시간적인 개념과 ② 하나님께서 자기 백성들을 도우시기 위해 가까이 계신다는 공간적인 개념을 가진다.556)

① 하나님의 때, 곧 심판이 가까웠다는 사실은 고난의 시간이 머지않았으며 하나님의 상을 받을 시간이 가까이 있음을 강조하고 있다. 동시에 이 하나님의 때는 구약에서 자주 사용하는 '구원의 날'과 같은 의미로 우리가 구원을 받을 시간이 가까이 왔다는 점을 강조하면서, 그만큼 우리의 간절함을 더해주고 있다.

② 하나님께서 성도들과 가까이 계신다는 공간 개념은 "여호와께서는 자기에게 간구하는 모든 자 곧 진실하게 간구하는 모든 자에게 가까이 하시는도다"(시 145:18)는 말씀처럼 하나님은 언제든지 성도들을 돕는 분이심을 강조하고 있다.

이런 이유에서 성도들은 기뻐하며, 관대하며, 염려하지 않으며, 하나님께 아뢸 수 있게 된다.

2. 교회가 누리는 기쁨의 속성 (빌 4:7)

이제 바울은 성도들이 기뻐하며, 관대하며, 염려하지 않으며, 하나님께 아뢰게 됨으로써 성취될 모든 것의 결과가 무엇인지를 보여주고 있다. 그것은 바로 '하나님의 평강'이다.

---

556) J. Calvin, 빌립보서, p. 546.

> "그리하면 모든 지각에 뛰어난 하나님의 평강이 그리스도 예수 안에서 너희 마음과 생각을 지키시리라"(빌 4:7).

'하나님의 평강'(η ειρηνη του Θεου)이라는 말은 신약에서 유일하게 여기에서만 등장한다. 일반적으로 '평강'이라는 말은 '하나님으로부터 오는 평강' 또는 '하나님과의 화목에서 오는 평강'을 의미한다. 하지만 여기에서는 이런 일반적인 의미로 사용하지 않는 독특한 용법이다.

이 문장에서 '하나님의 평강'은 하나님 자신의 영원한 평강, 하나님 자신이 지니고 있는 평강, 하나님의 본성 자체의 특징으로서의 평강을 의미한다. 이런 의미를 가진 평강이 감사하고 신뢰하는 성도들에게 기꺼이 주어질 것이라고 바울은 약속하고 있다.557)

이 '평강'을 가리켜 바울은 '모든 지각에 뛰어난 것'으로 묘사하고 있다. 이것은 '하나님의 평강'이야말로 인간의 어떤 계획보다 뛰어난 결과를 가져오며, 안전을 위한 인간의 어떤 계획보다 월등하며, 어떤 지적인 노력이나 추리력보다도 효과적으로 불안을 제거한다는 의미를 가지고 있다.

이로써 빌립보 교회가 당면한 고난이나 분열의 위기를 극복하기 위해 그들이 사용하고 있는 이성적인 모든 이해를 뛰어넘는 하나님의 평강으로 인하여 그 모든 것들이 정복되고 '하나님의 평강'이 그들에게 임하게 될 것을 약속하고 있다.

이것은 빌립보 교회가 기도와 감사를 통해 그들이 당면한 염려를 대신함으로써 하나님의 평강에 참여해야 할 이유를 보여준다. 이때 '하나님의 평강'은 그들의 마음과 정신을 지켜주는 파수꾼과 같다.

---

557) Gerald F. Hawthorne, 빌립보서, p. 348.

여기에서 '지키시리라'(φρουρηειν)는 말은 어떤 도시를 적의 공격으로부터 보호하기 위해 보초를 선다는 의미를 가지고 있는 군사적인 용어이다. 이처럼 하나님의 평강은 군인들의 수비대처럼 성도들의 감정과 생각을 지켜줌으로써 염려와 두려움의 공격으로부터 그들을 보호하는 든든한 요새와 같다.

성도들의 감정과 생각에 대한 파수꾼으로서 활동하는 '하나님의 평강'은 '그리스도 예수 안에'(εν Χριστω Ιησου) 있는 성도들을 위해 준비되어 있다. 이 사실은 그리스도와 연합된 성도들이 그리스도의 권위와 뜻에 순종할 때 그들은 '하나님의 평강' 가운데 있는 보호의 대상이 되었음을 강조하고 있다. 그리고 이 확신은 그리스도의 죽음과 부활이라는 역사적 사실에 근거하고 있는 하나님의 구속적 사랑의 위대한 역사를 통해 주어진다.

바울의 이러한 일련의 가르침들은 빌립보 교회로 하여금 그들이 비록 현실의 고난과 염려를 가지고 있다 할지라도 기뻐해야 할 충분한 이유를 제공해 주고 있다.

3. 평강의 실체로 나타나는 교회 (빌 4:8)

교회가 누려야 할 기쁨의 성격(빌 4:4-7)을 밝힌 바울은 복음에 합당한 삶(빌 1:27)에 대한 네 번째 가르침으로 교회가 누리는 평강의 성격을 밝히고 있다. 그런데 여기에서 바울이 복음에 합당한 삶으로써 교회가 누리는 평강의 성격과 관련해 매우 높은 도덕적 수준을 요구하고 있다는 점에서 독자들을 당황하게 만들고 있다.

그럼에도 불구하고 '하나님의 평강'이 교회가 누리는 기쁨의 이유라는 점에 비추어 볼 때, ① 이 평강은 교회의 특성으로 세상 사람들에게 나타내 보여야 하며, ② 그 결과 세상 사람들로 하여금 평강의 실체로서 교회를 인식하고 인정하게 만들어야 한다. 왜냐하면 교회가 누리는 평강은 온 땅에 궁극적으로 구현되어야 할 하나님의 평강이기 때문이다.

이로써 "예수 그리스도로 말미암아 의의 열매가 가득하여 하나님의 영광과 찬송이 되게 하시기를 구하노라"(빌 1:11)고 하는 빌립보 교회를 위한 바울의 기도가 성취되기 때문이다.

본문의 빌립보서 4장 8,9절은 한 문장으로 두 개의 주동사에 의해 복음에 합당한 삶을 요약해 주고 있다. "종말로 형제들아 무엇에든지 참되며 무엇에든지 경건하며 무엇에든지 옳으며 무엇에든지 정결하며 무엇에든지 사랑할 만하며 무엇에든지 칭찬할 만하며 무슨 덕이 있든지 무슨 기림이 있든지 이것들을 생각하라(λογιζσθε) 너희는 내게 배우고 받고 듣고 본 바를 행하라(πρασσετε) 그리하면 평강의 하나님이 너희와 함께 계시리라"(빌 4:8,9).

여기에서 바울은 복음에 합당한 삶에 대해 '생각하라'와 '행하라'는 두 개의 주동사를 사용하여 무엇을 생각하고 어떻게 행할 것인가와 관련해 고도의 수사학적 방식으로 묘사하고 있다.

'생각하라'(λογιζσθε)는 동사의 목적어로 등장하는 두 개의 명사는 '덕'(αρετη)과 '기림'(επαινος : 영광)으로, 이 두 단어는 '도덕적 탁월함이나 선함' 그리고 '사람들로 받는 칭송'을 지시하고 있다.

여기에서 '덕'으로 번역된 '아레테'(αρετη)는 스토아 철학에서 인간의 최고선, 즉 인간이 자신을 헌신해야 할 유일한 목적을 지시한다. 또한 '기림'으로 번역된 '에파이노스'(επαινος)는 사람들의 칭송을 받을 만한 가치를 의미한다. 이 두 단어들은 세상 사람들에게 있어서 그들이 존재하는 데 있어서 가장 큰 의미와 가치를 부여했던 가치관으로, 예전에 빌립보 성도들이 회심하기 전에 살았던 삶의 가치관이 무엇이었는가를 회고하게 만든다.

바울이 이 단어들을 등장시키는 것은 성도들이 예전에 최상의 의미와 가치를 부여했던 그 덕목들, 곧 '덕'과 '기림'은 지금도 여전히 세상 사람들에 의해 평가의 기준이 되고 있음을 인식시키고 있다. 왜냐하면 이것들, 즉 '덕'과 '기림'은 세상 사람들에게 있어서 여전히 성도들이 살아가는 교회의 삶을 판단하는 기준이 되기 때문이다.

일반적으로 세상 사람들이 부여하는 의미 있는 삶 그리고 가치 있는 삶의 기준은 '무엇이든지 참된 것, 무엇이든지 경건한 것, 무엇이든지 의로운 것, 무엇이든지 정결한 것, 무엇이든지 사랑스러운 것, 무엇이든지 칭찬할 만한 것' 등이다.558)

바울은 이 목록들을 가리켜 거기에 '최고선과 최상의 영광이 담겨있다'고 덧붙이고 성도들이 이 미덕들에 대해 깊이 생각할 것을 요구하고 있다. 그렇다면 지금 바울 사도가 빌립보 교회 성도들을 향해 "종말로 형제들아 무엇에든지 참되며 무엇에든지 경건하며 무엇에든지 옳으며 무엇에든지 정결하며 무엇에든지 사랑할 만하며 무엇에든지 칭찬할 만하며 무슨 덕이 있든지 무슨 기림이 있든지 이것들을 생각하라"(빌 4:9)고 한 말을, 다른 말로 하면 이렇게 의역할 수 있다.

> "여러분에게 자랑할 만한 참된 것이 있습니까? 여러분에게 자랑할 만한 경건한 것이 있습니까? 여러분에게 자랑할 만한 옳은 것이 있습니까? 여러분에게 자랑할 만한 사랑이 있습니까? 여러분에게 자랑할 만한 칭찬이 있습니까? 이런 것들은 세상 사람들도 자랑하는 덕이며, 세상 사람들도 추구하는 영광이 아닐까요? 이런 것을 어찌 최고선으로 삼고, 이런 것으로 어찌 영광을 삼을 수 있을까요? 한번 깊이 생각해 보십시오."

---

558) 김세윤, 빌립보서 강해, p. 171-172.

4. 교회가 누리는 평강의 속성 (빌 4:9)

바울이 '이것들을 생각하라' 고 한 것은 이러한 미덕들에 대해 기독교적 관점에서 비판하거나 아니면 이러한 미덕들에 대해 성도들로 하여금 반성을 촉구하기 위함이 아니다. 오히려 바울은 이 미덕들을 신중하게 고려하고 평가함으로써 궁극적인 선한 행위를 '행하기' 위해 생각하라고 요청하고 있다.

따라서 '이것들을 생각하라' 는 말은 이어서 등장하는 9절에 의해 잠정적인 성격을 가지게 된다. 8절에서 언급되고 있는 이 덕목들은 비록 자연적인 도덕성이 탁월하다 할지라도 9절에 의해 제한을 받아야 한다는 점을 강조하고 있다.

그러므로 '너희는 내게 배우고 받고 듣고 본 바를 행하라(πρασσετε)' 는 말은 세상 사람들이 추구하는 최상의 자연적 미덕들을 제한하면서 이제 새로운 관점으로 성도들이 행하는 것이야말로 교회를 위해 더욱 중요하다는 사실을 제시하고 있다.

빌립보 교회가 행할 것으로 바울은 4가지의 새로운 덕목을 제시하고 있다. 곧 ① 배우고, ② 받고, ③ 듣고, ④ 본 것이라고 말하고 있다. 이런 고도한 수사법을 사용하여 바울이 제시하고 있는 4가지, 즉 ① 배우고, ② 받고, ③ 듣고, ④ 본 것 안에는 8절에서 언급하고 있는 세상 사람들이 중요하게 여기는 미덕들 위에 서 있음을 암시하고 있다. 이에 바울은 자연 상태에서 얻어진 세속적 기준이 아닌 바울에 의해 재평가 됨으로써 새롭게 해석된 미덕들을 제시하고 있다.

① 첫째로 빌립보 교회는 바울에게서 배운 것을 행하여야 한다.

배우다(εμαθετε)는 말은 충성스럽게 고수하고, 확고하게 지키며, 그들의 삶이 배운 것들에 의해 지배되고 변화 받아야 할 것을 요구한다.

빌립보 교회는 일반적인 가르침에 따라 사는 것이 아니라 바울이 직접 가르쳤고, 빌립보 교회가 바울에게 배웠던 특별한 내용들을 행하여야 한다.

② 두 번째로 빌립보 교회는 바울에게서 받은 것을 행하여야 한다.

받는다(*παρελαβετε*)는 말은 조금도 훼손하지 않고 다른 사람들에게 전달해 줄 목적으로 전승을 받아들인다는 전문적인 용어이다. 바울은 이 단어를 사용함으로써 자신이 그리스도로부터 받은 계시와 다른 사람들에 의해 주의 깊게 전달된 신앙고백의 내용들(고전 15:1-5)이 빌립보 교회에 전승되었음을 보여주고 있다.

이로써 바울과 빌립보 교회는 전승의 사슬 속에 들어 있는 하나의 연결고리를 이루고 있다. 따라서 빌립보 교회는 바울에게서 받은 것을 믿고 그것에 따라 행동할 뿐 아니라 그 전승을 다른 사람들에게 주의 깊게 전달해야 할 의무를 가지게 된다.

③ 세 번째로 빌립보 교회는 바울에게서 들은 것을 행하여야 한다.

여기에서 듣는다(*ηκουσατε*)는 말은 바울의 설교나 가르침 혹은 바울에게서 들은 이야기들보다는 바울 자신을 특징지어 주는 내용들로서 바울의 사람됨, 바울이 하는 일, 시련과 고난 가운데서 바울이 겪은 일 등에 대해 그들이 들은 것을 의미한다.559) 이것은 다음에 등장하는 '내 안에서 본 것' 에서 확인된다.

④ 네 번째로 빌립보 교회는 바울에게서 본 것(*ειδετε εν εμοι*)을 행하여야 한다.

이 말을 직역하면 '너희가 내게서 본 것' 으로 바울은 자신의 가르침을 배우고 받고 들었던 성도들이 그것들을 어떻게 삶 가운데서 나타낼

559) Gerald F. Hawthorne, 빌립보서, p. 356.

수 있는가에 대해 자신이 친히 모범을 보임으로써 성도들이 이해할 수 있게 하였음을 강조하고 있다.

바울은 자신이 전파한 말씀과 삶의 모습이 언제나 밀접한 관련성을 가지고 있음을 중요시하였다. 이처럼 누군가에게 그리스도인이 되라고 말하는 사람들은 그들에게 그리스도인이 된다는 것이 무엇을 의미하는가를 보여주어야 한다. 이런 점에서 바울은 기독교 복음의 진리가 행동과 분리된 고상한 말로만 표현되어서는 안 되며, 항상 교사의 삶 속에서 그 내용들이 표현되어야 한다는 확신을 가지고 친히 모범적인 삶을 살아왔던 것이다.

이렇게 함으로써, 즉 바울에게서 ① 배운 것과 ② 받은 것과 ③ 들은 것과 ④ 본 것들을 통해 성도들이 올바르게 생각하고 실천한다면, 그들이 당면한 두려움과 걱정과 불안과 같은 자신들의 마음을 괴롭혔던 것들이 제거될 것이라고 바울은 명확하게 제시하고 있다. 이와 관련해 바울은 "그리하면 평강의 하나님이 너희와 함께 계시리라"(빌 4:9)고 결론을 내리고 있다.

앞서 바울은 빌립보서 4장 4-7절에서 하나님의 평강이 교회가 누리는 기쁨의 원인이라고 밝히고 "그리하면 모든 지각에 뛰어난 하나님의 평강이 그리스도 예수 안에서 너희 마음과 생각을 지키시리라"고 말한 바 있다. 그리고 여기 9절에서는 그 평강을 주시는 하나님, 그리고 '그 자신이 평강이신 하나님' 께서 성도들과 함께하신다고 말함으로써 7절에 비해 훨씬 진전된 내용을 보여주고 있다.560)

여기에서 성도들은 하나님의 평강이 함께 있다는 사실만으로도 충분히 고난 가운데서도 교회가 즐거워해야 할 이유를 찾을 수 있다. 그러나 무엇보다도 '평강의 근원이신 하나님 자신이 교회와 함께하신다'

---

560) 김세윤, 빌립보서 강해, p. 176.

는 이 사실이야말로 진정 고난 가운데서도 교회가 평강을 누리게 되는 진정한 위로가 될 것이다.

| 기 도 |

은혜의 때에 응답하시고 도우시며, 진실하게 간구하는 모든 자에게 가까이 하시는 우리 주 예수 그리스도의 아버지이신 하나님.

우리가 감당하기 어려운 어떤 고난과 어려움에 처해 있을지라도 그리스도 예수 안에서 우리를 지켜주시고, 친히 하나님 자신의 평강으로 우리를 돌보아 주시오니 감사를 드리나이다.

세상 사람들은 자신이 추구하는 덕목으로 만족하고, 그러한 위치에 도달하는 것을 인생의 목표로 삼거나 칭송을 할지라도, 그것이 하나님께서 인생을 이 세상에 내신 고귀한 목적에 이르게 할 수 없다는 사실을 고백하나이다.

우리는 사도들이 전해 준 복음을 따라 배운 것과 받은 것과 들은 것과 본 것들을 올바르게 생각하고 행함으로써 우리에게 당면한 두려움과 걱정과 불안과 같은 염려들을 극복하는 삶을 살게 하옵소서. 이러한 삶이 곧 그리스도의 복음에 합당하게 살아가는 모습이며, 이로써 우리의 관용을 세상 사람들에게 밝히 드러내어 증거하게 하옵소서.

무엇보다도 평강이신 하나님께서 언제나 우리와 함께하시며, 어디서든지 은혜의 손길을 펼치심을 믿고, 담대하게 우리에게 주어진 복음의 가르침을 따라 살게 하옵소서.

우리 주 예수 그리스도의 이름으로 기도합니다. 아멘.

907

〈 15 〉

빌립보 교회에 대한 바울의 기쁨과 사도적 축도

빌립보서 4:10-23

4:10 내가 주 안에서 크게 기뻐함은 너희가 나를 생각하던 것이 이제 다
시 싹이 남이니 너희가 또한 이를 위하여 생각은 하였으나 기회가 없었
느니라 11 내가 궁핍하므로 말하는 것이 아니니라 어떠한 형편에든지 나
는 자족하기를 배웠노니 12 나는 비천에 처할 줄도 알고 풍부에 처할 줄
도 알아 모든 일 곧 배부름과 배고픔과 풍부와 궁핍에도 처할 줄 아는 일
체의 비결을 배웠노라 13 내게 능력 주시는 자 안에서 내가 모든 것을 할
수 있느니라 14 그러나 너희가 내 괴로움에 함께 참여하였으니 잘하였도
다 15 빌립보 사람들아 너희도 알거니와 복음의 시초에 내가 마게도냐를
떠날 때에 주고 받는 내 일에 참여한 교회가 너희 외에 아무도 없었느니
라 16 데살로니가에 있을 때에도 너희가 한 번뿐 아니라 두 번이나 나의
쓸 것을 보내었도다 17 내가 선물을 구함이 아니요 오직 너희에게 유익하
도록 풍성한 열매를 구함이라 18 내게는 모든 것이 있고 또 풍부한지라
에바브로디도 편에 너희가 준 것을 받으므로 내가 풍족하니 이는 받으실
만한 향기로운 제물이요 하나님을 기쁘시게 한 것이라 19 나의 하나님이
그리스도 예수 안에서 영광 가운데 그 풍성한 대로 너희 모든 쓸 것을 채
우시리라 20 하나님 곧 우리 아버지께 세세 무궁하도록 영광을 돌릴지어
다 아멘 21 그리스도 예수 안에 있는 성도에게 각각 문안하라 나와 함께
있는 형제들이 너희에게 문안하고 22 모든 성도들이 너희에게 문안하되

특히 가이사의 집 사람들 중 몇이니라 23 주 예수 그리스도의 은혜가 너희 심령에 있을지어다

제3차 전도여행을 마친 바울은 AD 57년 5월경 예루살렘에 이르러 이방 지역 교회들이 예루살렘 교회를 위해 모금한 연보를 전달했다. 그 후 바울은 예루살렘 성전에서 발생한 유대인들의 폭동으로 인해 가이사랴에서 2년간 구금된 상태로 머물러 있어야 했다. 가이샤라에서 구금된 동안 바울의 석방과 관련해 해결될 기미가 없자 바울은 로마 황제에게 직접 상소하게 되었다.

이 일로 인해 바울은 AD 59년 9월경 로마로 이송되었다. 가이사랴의 구금 상태에서 바울이 풀려날 줄로 기대하고 있었던 빌립보 교회는 로마로 이송된 바울의 구금 생활을 돕기 위해 후원금을 모아 에바브로디도를 파송했었다.

바울은 빌립보서 4장 10-20절에 이르러 비로소 빌립보 교회가 에바브로디도편으로 보내온 선물에 대한 감사를 표하고 있다. 여기에서 바울은 빌립보 교회가 보내준 선물을 자신에 대한 관심의 표현으로 여기고 있다고 밝히고 있다.

바울은 자신에게 힘을 불어넣어 주시는 그리스도를 힘입고 살아감에 있어서 자신의 풍요나 궁핍은 문제가 되지 않는다는 사실을 밝히고, 더 이상의 선물을 보내지 말 것을 정중하게 요청하고 있다. 바울은 빌립보 교회가 더 어려운 형편에 놓여 있는 예루살렘 교회 성도들을 위해 힘써 연보를 모을 수 있도록 자신을 위한 후원을 중지해 줄 것을 요청한 것으로 보인다.

대신에 바울은 빌립보 교회의 선물을 하나님께서 기쁘시게 받으시기에 합당한 아름다운 향기와 제물에 비유함으로써 그들의 선물에 대해 감사를 표하며, 이 선물에 담겨 있는 의미를 밝히고 있다.

1. 빌립보 교회와 바울이 나눈 교제(κοινονια)의 성격 (빌 4:10-14)

바울은 자신의 복음 사역에 빌립보 교회가 물질로 협력한 일들에 대해 "내가 주 안에서 크게 기뻐함은 너희가 나를 생각하던 것이 이제 다시 싹이 남이니 너희가 또한 이를 위하여 생각은 하였으나 기회가 없었느니라"(빌 4:10)고 말하면서 빌립보 교회 성도들의 선한 마음과 그것을 실행할 수 있도록 경로를 마련해 주신 주님으로 인해 크게 기뻐하고 있다.

이 서신의 핵심적 용어인 기쁨(εχαρην)으로 감사를 대신하고 있는 이유는 이 기쁨의 직접적인 원인이 빌립보 교회가 보낸 선물에 있지 않고 '주 안에' 있다고 말함으로써, 그 기쁨이 그리스도와의 연합으로부터 솟아나오는 것임을 강조하기 위함이다.

바울의 기쁨은 궁극적으로 주님에게서 오는 것이었다. 반면에 빌립보 성도들의 선물은 이 기쁨을 가져오게 하기 위한 동기를 주었음이 분명하다. 그 직접적인 동기는 바울을 향한 빌립보 성도들의 배려와 바울을 돌보아주려고 하는 그들의 결심이었다.

바울은 빌립보 교회의 형편에 대해서 잘 알고 있었다. "환난의 많은 시련 가운데서 저희 넘치는 기쁨과 극한 가난이 저희로 풍성한 연보를 넘치도록 하게 하였느니라"(고후 8:2)는 말에서 알 수 있는 것처럼 사실 빌립보 교회는 많은 시련과 심각한 가난 가운데서 시달리고 있었다.

빌립보 지역은 전통적으로 이방신 숭배가 강한 곳이었으며(행 16:21)

특히 유대인들의 텃세가 심한 곳이었다(행 17:5). 그리고 주변에 있는 아가야나 아시아 지방에 비해 경제적으로 열악한 곳이었다(고후 8장 참고).

그럼에도 불구하고 빌립보 교회는 자신들이 겪고 있는 시련 가운데서도 바울의 선교 사역을 돕는 일에 적극적으로 참여하고 있었다. 이 일로 말미암아 바울은 고린도 교회 성도들로부터 바울이 돈을 밝힌다는 오해를 받기도 했었다(고후 11:7-9). 이런 상황에서도 빌립보 교회는 그들이 사용할 수 있는 모든 방편과 수단을 동원하여 바울의 안녕을 촉진하는 일에 깊은 관심을 보이고 있었다.561)

이런 점에서 바울은 빌립보 교회가 보낸 선물을 받았을 때 자신이 극심한 빈곤에 처한 형편 때문이 아니라, 그들의 관대함 속에서 바울을 향한 희생적인 사랑이라는 기독교적 행위를 보았기에 기뻐하고 있음을 밝히고 있다.

사실 바울은 물질로부터 더 이상 궁핍을 당한다고 여기지 않고 있었다. 이것은 바울에게 많은 재물이 있어서가 아니었다. 그것은 어떤 상황에서도 자족한다는 의미였다. "내가 궁핍하므로 말하는 것이 아니니라 어떠한 형편에든지 나는 자족하기를 배웠노니"(빌 4:11)라고 표현하고 있는 것처럼 바울은 물질로부터 자족하는 비결을 배웠기 때문이다.

이와 관련해 바울은 "나는 비천에 처할 줄도 알고 풍부에 처할 줄도 알아 모든 일 곧 배부름과 배고픔과 풍부와 궁핍에도 처할 줄 아는 일체의 비결을 배웠노라 내게 능력 주시는 자 안에서 내가 모든 것을 할 수 있느니라"(빌 4:12,13)고 말한다.

이 말은 바울이 절대적으로 모든 것을 다 할 수 있다는 의미가 아니다. 바울이 말한 것처럼 '내게 능력 주시는 자 안에' 있기 때문에 궁핍한 처지에서도 대처할 수 있었고, 풍족한 상황에서도 적절히 처신할 수

561) Gerald F. Hawthorne, 빌립보서, p. 367.

있었다는 의미이다.

바울은 스스로 자신을 연단함으로써 자족을 배운 것이 아니라, 자신에게 힘주시는 하나님의 은혜에 힘입어 자족하는 방법을 찾을 수 있었다. 그리고 이 모든 자족의 비결은 다름 아닌 자신의 사도적 소명에 속한 일들과 관련되어 있었다.562)

그렇다고 해서 빌립보 교회가 보낸 선물이 바울에게 무가치하다는 의미는 아니었다. 오히려 바울은 그들의 선물에 대해 고상하고 아름다운 행위였음을 칭찬하고 있다. 이에 대해 "그러나 너희가 내 괴로움에 함께 참예하였으니 잘하였도다"(빌 4:14)라고 힘주어 강조하고 있다.

바울의 괴로움을 자신들의 괴로움으로 여기고 선물을 보냄으로써 관대함을 보인 빌립보 교회 성도들은 분명 바울의 괴로움을 함께 나누는 바울의 동역자들이었다.

2. 빌립보 교회의 후원에 대한 바울의 이해 (빌 4:15-19)

바울은 자비량을 원칙으로 삼아 복음 사역을 하였다(살전 2:5-9; 고전 9:14-18). 바울의 자비량 원칙은 당시 삶의 지혜나 성공적인 삶의 방식을 가르쳐 준다고 강론하면서 모금 행각을 벌이고 있었던 순례자들, 즉 거짓 교사들과 차별을 두기 위함이었다.

만일 바울이 구원의 복음을 선포한다고 하면서 여기저기에서 모금했다면 바울 역시 떠돌이 거짓 교사들과 다를 바 없었을 것이다. 또한 바울이 전하는 복음 또한 그러한 뜨내기 거짓 교사들이 주장하는 허망한 내용 중 하나로 오해를 받았을 것이다. 이런 이유에서 바울은 복음의 진보를 위해 모금을 하지 않음으로써 복음의 은혜로운 특성을 돋보이게 하였다.

---

562) J. Calvin, 빌립보서, p. 552.

그런데도 불구하고 유독 바울은 빌립보 교회만을 자비량 선교 정책에서 예외로 하였다. 그리고 "빌립보 사람들아 너희도 알거니와 복음의 시초에 내가 마게도냐를 떠날 때에 주고받는 내 일에 참예한 교회가 너희 외에 아무도 없었느니라"(빌 4:15)고 하면서 그들의 후원이 바울의 복음 사역에 확고한 밑받침이 되었다고 밝히고 있다.

여기에서 바울이 마게도냐에서 복음 사역을 하게 된 것을 가리켜 '복음의 시초'라고 말한 것은 아시아에서 마게도냐로 건너와 복음 사역을 시작할 때 빌립보 교회가 처음 시작되었음을 상기시키고 있다. 이처럼 바울이 마게도냐에서 세운 첫 번째 빌립보 교회는 바울의 복음 사역 과정에서 커다란 분수령이 되었다.

그리고 이후에 "데살로니가에 있을 때에도 너희가 한 번뿐 아니라 두 번이나 나의 쓸 것을 보내었도다"(빌 4:16)라고 밝힌 것처럼, 빌립보 교회는 바울이 복음 사역을 행함에 있어서 데살로니가에서 괴로움을 당한다는 소식을 듣고 바울을 후원하였다. 이처럼 빌립보 교회는 마게도냐 지방에서 복음이 지속적으로 전파되는 일을 힘써 도왔던 것이다.563)

나아가 빌립보 교회의 후원에 대해 바울은 또 다른 의미를 부여하고 있다. 이와 관련해 바울은 "내가 선물을 구함이 아니요 오직 너희에게 유익하도록 과실이 번성하기를 구함이라"(빌 4:17)고 정의하고 있다. 여기에서 바울은 빌립보 교회를 자신의 동업자로 묘사하고 있다.

바울은 빌립보 교회의 후원을 일종의 신용대부로 묘사함으로써 그들의 선물은 바울에게 영적 투자를 하는 것이며, 그들에게 더 많은 배당금을 가져다 줄 투자로 비유하고 있다.

바울은 빌립보 교회의 후원을 받지 않고서도 자신의 복음 사역을 수

---

563) William Handriksen, 빌립보서, p. 279.

행할 수 있었으며 그렇게 하는 것을 더 좋아했다. 그럼에도 빌립보 교회의 후원을 받아들인 것은 그들의 관대하고 자비로운 태도가 그들의 삶에 더 많은 유익을 가져다 줄 것이라고 확신하고 있었기 때문이었다.

이러한 바울의 이해는 "이것이 곧 적게 심는 자는 적게 거두고 많이 심는 자는 많이 거둔다 하는 말이로다"(고후 9:6)에서도 확인된다. 때문에 바울은 빌립보 교회의 관대함과 자비로움을 기꺼이 받아들일 수 있었다.564)

이런 점에서 빌립보 교회의 후원은 바울에게 각별한 의미를 가지고 있었다. 그들의 후원을 가리켜 바울이 하나님께 드리는 제물과 향기로 묘사하고 있다는 것에서도 이를 확인할 수 있다. "이는 받으실 만한 향기로운 제물이요 하나님을 기쁘시게 한 것이라"(빌 4:18).

구약에서 하나님은 그의 백성들이 드리는 제물의 향기를 즐기는 분으로 묘사되고 있다(창 8:21). '향기'는 하나님께 드려지는 제물이 기쁘게 받아들여지도록 반드시 지니고 있어야 할 특성이기도 하다.

무엇보다도 하나님께서 가장 기쁘게 받으시는 제물은 "하나님의 구하시는 제사는 상한 심령이라 하나님이여 상하고 통회하는 마음을 주께서 멸시치 아니하시리이다"(시 51:17)는 말씀처럼 '깨어져서 겸손해진 영혼'이다. 따라서 빌립보 성도들이 큰 희생을 치르면서 바울에게 준 도움은(고후 8:1,2) 하나님께서 기쁘게 받으시기에 합당한 제물이었음이 확실하다.

여기에서 바울은 사랑의 실천이란 단순히 사람들 사이에서 행해지는 것으로 끝나지 않으며 그것이 바로 하나님께 드려져야 할 영적이고도 거룩한 예배(히 13:16)라는 사실을 보여주고 있다.565)

---

564) Gerald F. Hawthorne, 빌립보서, p. 382.

565) J. Calvin, 빌립보서, p. 554.

사도로서 바울의 활동과 그 사역을 뒷받침하는 빌립보 교회의 후원은 하나의 단위로서 하나님께 드리는 영적 예배와 같은 의미를 가진다(롬 12:1,2). 그들이 드리는 영적 예배를 흠향하실 것인가를 판단하시는 분은 하나님이시다. 이에 바울은 빌립보 교회의 후원을 하나님께서 기꺼이 받아주실 것을 의심치 않는다.

그렇지만 빌립보 교회의 후원은 여유와 부요가 아닌 고난과 가난 가운데에서 이루어진 것으로 자신들의 희생적 사랑 그 자체였다. 바울에게 있어 그들의 희생은 참으로 가치 있는 일이었지만 반면에 그들이 가난 가운데 살고 있다는 것은 바울의 마음을 무겁게 하였다.

이에 바울은 "나의 하나님이 그리스도 예수 안에서 영광 가운데 그 풍성한 대로 너희 모든 쓸 것을 채우시리라"(빌 4:19)는 말로써 빌립보 교회를 위한 자신의 소망을 피력하고 있다. 이러한 바울의 소망은 그들에게 더 많은 배당금이 주어질 것이라는 약속(17절)에 근거하고 있다. 바울은 하나님께서 영광스러운 방법으로 그들의 필요를 채워주실 것을 의심치 않고 있다.

3. 빌립보 교회에 주어진 하나님의 풍성하심 (빌 4:20)

빌립보 성도들의 필요를 채워주시는 하나님의 능력은 하나님의 부요하심으로부터 나온다. 뿐만 아니라 하나님의 부요하심을 한층 더 풍성하게 만들면서 나타나게 된다. 왜냐하면 하나님의 부요하심은 무한하기 때문에 인간의 필요를 충족시켜줌으로써 고갈되는 일은 있을 수 없기 때문이다.

따라서 바울이 빌립보 성도들의 필요를 채워주기 위해 하나님께 간청할 때 아무리 많은 것을 요구해도 결코 지나친 것이 아니었다. 하나님은 오직 그리스도를 인하여 그리고 오직 그리스도 안에서 자신의 부

요하심을 나타내시면서 성도들의 모든 필요를 채워주시는 분이기 때문이다.566)

이런 이유에서 바울은 영광스러운 방법으로 친히 자기 백성들의 필요를 채워주시는 하나님께 영광과 찬양을 올리고 있다. 그리고 이 영광과 찬양을 드림에 있어 자기 자신과 그의 모든 회심자들을 하나로 보고 '하나님 곧 우리 아버지께' 찬양을 드리고 있다.

> "하나님 곧 우리 아버지께 세세 무궁토록 영광을 돌릴지어다 아멘"(빌 4:20).

이처럼 하나님께 찬양을 드림에 있어 바울은 하나님께 아직 존재하지 않는 어떤 특성을 부여하고 있는 것이 아니라 이미 하나님께서 지니고 계신 속성을 적극적으로 시인하거나 찬양하고 있다. 따라서 '하나님께 영광을 돌린다'는 말은 하나님만이 그 영광의 근원이시며 목표이심을 의미한다. 이 영광은 하나님의 절대적 속성에 속하기 때문이다. 이렇게 함으로써 바울은 하나님을 장엄하고 위대하신 분으로 묘사하고 있다.

여기에서 바울이 하나님을 '우리 아버지'(*πατρι ημων*)라고 호칭함으로써 그처럼 장엄하고 위대하신 하나님이 바로 '우리 아버지'이심을 상기시켜 주고 있다. '우리 아버지'는 예수께서 친히 가르쳐주신 하나님에 대한 성호이다(마 6:9; 눅 11:2).

이 찬양을 '아멘'(*αμην*)으로 화답하는 것은 찬양에서 언급하고 있는 모든 것에 대한 자의적이고 기쁨에 찬 확증을 나타낸다. 이 말은 하나님께 찬양을 드리는 모든 성도들이 그 찬양의 내용에 대해 긍정함과 동

---

566) Gerald F. Hawthorne, 빌립보서, p. 386.

시에 하나님께서 예수 그리스도 안에서 행하신 모든 약속에 대한 시인과 수용을 의미한다.

4. 빌립보 교회를 향한 바울의 문안과 축도 (빌 4:21-23)

빌립보 교회는 바울이 세웠거나 바울과 연관이 있었던 다른 어떤 교회보다도 바울에게 관심을 쏟았으며 도움을 아끼지 않았다(빌 4:15). 이것은 그들이 바울에 대하여 지니고 있던 깊은 애정을 반영하고 있다.

확실히 빌립보 교회와 바울 사이에는 특별한 애정과 관심이 오고 가고 있었다. 빌립보서 첫머리에 나오는 인사말에 어떤 한 개인의 이름이 특정하게 언급되지 않고 있는 이유도 여기에 있다.567) 이 사실은 바울의 마지막 문안의 인사말에서 보다 분명하게 나타나고 있다.

1) 그리스도 안에서 한 몸인 성도들 (빌 4:21a)

"그리스도 예수 안에 있는 성도에게 각각 문안하라"(빌 4:21a)는 문안 인사말은 분명히 다른 서신서들에서 볼 수 없는 특이한 형태를 가지고 있다. 이 서신은 빌립보 교회의 지도자들과 성도들에게 보내지고 있다(빌 1:1). 하지만 바울은 서신을 마치면서 서두와 같이 빌립보 교회 전체를 대상으로 하지 않고 자신의 안부를 각각 모든 성도에게 전해줄 것을 부탁하고 있다.

'성도에게 각각 문안하라'(*ασπασασθε παντα αγιον*)는 말은 '너희는(2인칭 복수) 성도(단수) 모두에게 각각 나의 안부를 전하라'는 의미이다. 여기에서 바울의 안부를 각각의 모든 성도에게 전하는 이들이 누구인가 관심을 가지게 된다.

---

567) Gerald F. Hawthorne, 빌립보서, p. 394.

본서의 수신자가 빌립보 교회의 모든 성도들로 밝혀져 있기는 하지만 이 서신은 분명 에바브로디도를 통해 빌립보 성도들 전체에 전달되기 전에 먼저 교회의 지도자들에게 전달되었다. 그후에 이 지도자들에 의해 모든 회중에게 이 서신이 낭독되었을 것이다.

이 서신에서 바울은 자신의 안부를 각각의 성도에게 전달하도록 요청하면서 의도적으로 단수형을 사용하고 있다. 이것은 바울이 성도들 모두에게 동등하게 안부를 전하고자 하는 자신의 의도를 충분히 보여주기 위함이다. 따라서 지도자들은 바울의 안부를 각각의 성도에게 전해주어야 했다.

사도는 고난과 가난과 분열의 조짐으로 고통을 당하고 있는 각 성도에게 어느 편에도 치우치지 않고 자신의 애정과 안부를 전하고 있다. 이것이 일반적인 서신의 관습과 달리 마지막 인사말에서 특정한 사람들의 이름을 언급하지 않고 있는 이유이다.

특별히 바울은 그들 각자가 그리스도 예수 안에(*εν Χριστω Ιησου*) 있음을 강조하고 있는데 이 역시 동일한 이유를 지지하고 있다. 이것은 성도 각 사람이 한 분 그리스도 예수 안에 있다는 점에서 빌립보 교회 성도들은 한 몸으로 연합되어 있음을 분명히 보여주기 위함이다.

2) 그리스도 안에서 한 몸인 교회들 (빌 4:21b-22)

바울은 그리스도 안에서 하나의 공동체를 이루고 있는 각각의 성도에게 문안함에 있어 "나와 함께 있는 형제들이 너희에게 문안하고 모든 성도들이 너희에게 문안하고 특별히 가이사집 사람 중 몇이니라"(빌 4:21b-22)고 그 범위를 확대시키고 있다.

바울은 빌립보 성도들에게 각각 문안함에 있어 개인의 자격이 아닌 동료들과 로마에 있는 모든 성도들과 더불어 인사를 하고 있다. 이 인사말은 가장 고상한 형태의 참된 교회의 연합을 강조하고 있다.

그리스도 안에서 모든 신자들의 연합과 하나됨은 언제나 바울의 주된 관심사였다.568) 특별히 이 문안 인사에서 '가이사집 사람 중 몇'(οι εκ της Καισαρος οικιας)을 포함시키고 있다는 것은 각별한 의미를 가진다.

일반적으로 '가이사집 사람들'(οικια Καισαρος)이라는 말은 로마 황제의 혈육이나 친척에 대한 표현이 아니라 로마 정부의 높은 관원들로부터 황제에게 고용된 가장 비천한 노예들에 이르기까지 모두를 가리키는 호칭이었다. 따라서 '가이사집 사람들'은 로마 군대가 주둔하고 있는 모든 곳에 폭넓게 분포되어 있었다. 그러나 바울이 언급하고 있는 '가이사집 사람 중 몇'은 바울이 구금되어 있는 로마에 있는 사람들로 한정될 가능성이 높다.

바울은 "나의 매임이 그리스도 안에서 온 시위대 안과 기타 모든 사람에게 나타났으니"(빌 1:13)라고 서신의 첫머리에서 밝힌 바 있다. 이 내용은 자신이 감옥에서 생활을 하게 됨으로써 오히려 '복음의 진보'(빌 1:12)를 가져 온 것과 관련이 있다.

여기에서 바울은 자신이 정치적인 죄를 저질러서 죄수가 된 것이 아니며 '예수를 주요 그리스도라'고 증거한 사실 때문에 죄수가 되었다는 사실이 온 시위대 사람들에게 밝혀졌음을 언급하고 있다. 이러한 정황을 염두에 둘 때 '가이사집 사람 중 몇'이 빌립보 교회 성도들에게 문안을 하고 있다는 것은 빌립보 성도들에게는 매우 특별한 의미를 부여하게 된다.

① 이 사실은 바울의 갇힘으로 인해 복음의 진보는 멈추지 않는다는 사실을 확인해 주고 있다. 이때 '가이사집 사람 중 몇'은 복음의 진보

---

568) William Handriksen, 빌립보서, p. 285.

를 확인해 주는 열매와 같은 의미를 가진다.

바울이 이 사실을 여기에 언급하고 있는 것은 빌립보 교회의 후원과 관련되기 때문이다. "오직 너희에게 유익하도록 과실이 번성하기를 구함이라"(빌 4:17)에서 소망하고 있는 것처럼 바울은 '가이사집 사람 중 몇'을 빌립보 교회의 후원이 맺은 결실로 돌리고 있다. 이 결실은 빌립보 교회가 바울의 복음 사역에 투자한 것에 대한 특별한 '배당금'과 같은 의미를 가진다.

② 이 사실은 복음의 진보로 말미암아 만유의 주 되신 그리스도의 통치가 온 땅에 확장될 것을 확인해 주고 있다. 가이사의 시위대에 복음이 선포되었다는 것(빌 1:13)과 '가이사집 사람 중 몇'이 복음을 받아들였다는 것은 가이사에게 충성을 서약하고 그의 일을 직접 받드는 이들에게도 복음이 전파되었음을 가리킨다.

그들이 예수를 '주'로 고백하고 그에게 무릎을 꿇게 되었다는 것은 무력으로 굴종시켜서 온 세상의 '주'가 되려는 로마 황제의 권위가 십자가에서 자기희생으로 만유의 주가 되신 예수 그리스도로 대치될 날이 멀지 않았음을 예표하고 있다.569)

이상에서 보는 것처럼 '가이사집 사람 중 몇'에는 빌립보 교회의 관대한 후원에 대한 결실, 그리스도 예수의 통치 확장 등의 의미가 담겨 있다. 바울은 이점을 염두에 두고 바울과 그와 함께 복음 사역에 참여한 형제들과 로마의 성도들 그리고 '가이사집 사람 중 몇'이 빌립보 교회에 문안을 하고 있음을 보여줌으로써 만유의 주가 되시는 그리스도 안에서 모든 성도들이 연합하여 그리스도와 한 몸인 하나의 교회에 속해 있는 사실을 강조하고 있다.

---

569) 김세윤, 빌립보서 강해, p. 189.

3) 높이 올리우신 그리스도의 교회가 누리는 은혜(빌 4:23)

“하나님 우리 아버지와 주 예수 그리스도에게로서 은혜와 평강이 너희에게 있을지어다”(빌 1:2)라는 축도로 시작된 빌립보서는 동일한 의미를 가진 “주 예수 그리스도의 은혜가 너희 심령에 있을지어다”(빌 4:23)라는 축도로 마치고 있다.

바울은 예수 그리스도의 은혜가 ‘너희의 심령에’ 있기를 기원하고 있다. 여기에서 ‘심령’(πνευματος, 영)은 일반적으로 한 인간 전체, 즉 전인(全人)을 가리킨다. 그리고 바울 서신에서 ‘너희의 심령’(του πνευματος υμων)은 보다 일반적인 표현인 ‘너희와 함께’(μεθ υμων)라는 용어와 동일한 자리에 사용되고 있다(갈 6:18; 몬 25절; 딤후 4:22).

이러한 용법은 ‘너희의 심령’이 ‘너희와 함께’라는 표현과 동일한 의미로 사용되고 있음을 보여준다. 따라서 ‘주 예수 그리스도의 은혜가 너희 심령에 있을지어다’라는 말은 ‘주 예수 그리스도의 은혜가 너희와 함께 있을지어다’라는 축도와 같은 의미를 가지고 있다.570)

바울 서신에서는 몇몇 예외를 제외하고(골 1:2; 살전 1:1) 대부분 ‘은혜’(χαρις)를 ‘우리 아버지 하나님과 주 예수 그리스도의 은혜’로 묘사한다. 그리고 서신의 마지막 축도에서는 이 은혜를 ‘주 예수 그리스도의 은혜’로 묘사하고 있다(목회서신에서는 ‘은혜가 너희 무리에게 있을지어다’라는 축약형으로 나타난다).

이것은 바울이 그리스도를 완전한 권위를 지니고 있으면서 신적인 역할을 수행하시는 권한을 가지신 분으로 인식하고 있음을 보여주고 있다. 절대적인 겸손과 순종을 보이신 그리스도를 가리켜 바울은 다음과 같이 찬양을 하였다.

---

570) Gerald F. Hawthorne, 빌립보서, p. 398.

"이러므로 하나님이 그를 지극히 높여 모든 이름 위에 뛰어난 이름을 주사 하늘에 있는 자들과 땅에 있는 자들과 땅 아래 있는 자들로 모든 무릎을 예수의 이름에 꿇게 하시고 모든 입으로 예수 그리스도를 주라 시인하여 하나님 아버지께 영광을 돌리게 하셨느니라"(빌 2:9-11).

바울의 찬양처럼 그리스도는 은혜의 근원이며 값없는 구원적 사랑인 은혜(χαρις)의 원천이시다.

여기에서 하나님의 공식적인 대리자인 사도 바울은 기름부음 받으신 구주 안에서 하나님이 거저 주시는 바 성령이 가져다주시는 그리스도의 공로에 기초한 은혜를 하나님의 영으로 함께 모인 빌립보 교회 성도들 위에 선포하고 있다.

이 서신을 "그리스도 예수의 종 바울과 디모데는 그리스도 예수 안에서 빌립보에 사는 모든 성도와 또는 감독들과 집사들에게 편지하노니 하나님 우리 아버지와 주 예수 그리스도에게로서 은혜와 평강이 너희에게 있을지어다"(빌 1:1,2)라고 시작한 바울의 기원처럼, 바울이 선포한 이 은혜의 복음은 하나님과 그의 자녀 사이의 접촉점이 되어 모든 지각에 뛰어나신 하나님의 평강(빌 4:9)으로 가득 채우게 될 것이다.571)

이처럼 그리스도는 그의 교회에 은혜를 값없이 주시는 분이시며, 은혜를 받을 자격이 없는 인류가 하나님의 자비하심과 사랑과 은혜를 알게 되는 유일한 길이 되신다.

"내가 곧 길이요 진리요 생명이니 나로 말미암지 않고는 아버지께로 올 자가 없느니라"(요 14:6).

이땅의 성도들은 그리스도를 '교회의 주'로 고백해야 한다. 왜냐하

571) William Handriksen, 빌립보서, p. 287.

면 성도들로 구성된 하나의 언약 공동체인 이 거룩한 교회는 '높이 올리우신 그리스도의 교회' 이기 때문이다.

| 기 도 |

오직 그리스도를 인하여 그리고 오직 그리스도 안에서 자신의 부요함을 나타내시면서 성도들의 모든 필요를 채워주시는 우리 주 예수 그리스도의 아버지이신 하나님.

우리가 복음으로 말미암아 아무리 어렵고 힘들고 감당할 수 없는 처지에 있다 할지라도 우리를 홀로 내버려 두지 않으시고, 언제나 우리 주변에 우리를 돕는 손길을 미리 준비하시며 그들의 손길을 통해 하나님의 부요함을 베풀어 주시니 감사를 드리나이다.

우리는 만유의 주이신 그리스도의 몸인 교회에 속해 있으며, 이로 인하여 세상이 우리를 겁박할지라도, 우리와 늘 함께하는 동역자들과 더불어 그 어떤 상황에서도 기꺼이 감당할 수 있게 하시나이다. 이로써 전 역사의 흐름 속에서 오로지 높이올리우신 그리스도만을 바라보며 하나님의 나라를 굳건히 세워가게 하시나이다.

옥중서신을 통해 배운 것처럼 사도들이 전해 준 복음을 굳게 붙들고 하나님께서 주시는 평강을 마음에 담고 담대하게 이 세상을 이기며 살게 하옵소서.

우리 주 예수 그리스도의 이름으로 기도합니다. 아멘.

〈참고문헌〉

김세윤, 빌립보서 강해, 서울, 두란노, 2006.

이광호, 개혁조직신학, 서울, 칼빈아카데미, 2012.

이광호, 바울의 생애와 바울서신, 도서출판 깔뱅, 2007.

이광호, 신약신학의 구속사적 이해, 도서출판 깔뱅, 2006.

이재복, 갈라디아서연구, 서울, 칼빈아카데미, 2011.

Alan Richardson, 신약신학개론, 이한수 역, 고양, 크리스챤다이제스트, 1994.

Chester K. Lehman, 성경신학 II, 김인환 역, 고양, 크리스챤다이제스트, 1994.

D. A. Caeson, 신약개론, 엄성옥 역, 서울, 은성출판사, 2006.

Donald Guthrie, 신약 서론, 김병국, 정광욱 공역, 고양, 크리스챤다이제스트, 1996.

F. F. Bruce, 바울, 박문제 역, 고양, 크리스챤다이제스트, 1992.

Fred B. Craddock, 빌립보서, 김도일 역, 서울, 장로교출판사, 2001.

James D. G. Dunn, 바울신학, 박문제 역, 고양, 크리스챤다이제스트, 2003.

J. Calvin, 빌립보서, 존 칼빈성경주석출판위원회 역, 서울, 성서교재간행사, 1990.

J. Christian Beker, 사도 바울, 장상 역, 서울, 한국신학연구소, 1998.

Gerald F. Hawthorne, 빌립보서, 채천석 역, 서울, 솔로몬, 1999.

I. Howard Marshall, 신약성서신학, 박문재, 정용신 역, 고양, 크리스챤다이제스트, 2006.

Ralph P. Martin, 신약의 초석 II, 원광연 역, 고양, 크리스챤다이제스트, 1993.

Robert H. Gundry, 신약개관, 이홍성 역, 서울, 크리스챤서적, 1994.

Robert L. Reymond, 바울의 생애와 신학, 원광연 역, 고양, 그리스챤다이제스트, 2003.

William Handriksen, 빌립보서, 서춘웅 역, 서울, 아가페출판사, 1983.

성구색인

〈구 약〉

창1:1-5 ... 459
창1:3-5 ... 125
창1:26,27 ... 217
창1:26-28 ... 766
창1:27 ... 124
창1:28 ... 25,528
창2:7 ... 401
창2:15-17 ... 210
창2:16,17 ... 20,180,250,414
창2:17 ... 243
창2:18 ... 250
창2:21-23 ... 250
창2:23 ... 249
창2:24 ... 251,599,609,615
창3:2,3 ... 180
창3:4 ... 243
창3:4,5 ... 211
창3:5 ... 766
창3:6,7 ... 210
창3:9-13 ... 217
창3:15 ... 21,414,417
창3:17 ... 181
창3:21 ... 414
창4:17 ... 23
창4:23,24 ... 21
창4:8 ... 21
창4:9 ... 21
창6:5;8:21 ... 457
창7:11,12,21-24 ... 26
창8:20 ... 415
창8:21 ... 913
창9:1-7 ... 26
창11:1-9 ... 26
창12:1-3 ... 26,409,447,448
창12:2 ... 451,499
창12:3;22:18;26:4;28:14 ... 515
창14:13 ... 842
창15:1 ... 492,645
창15:6 ... 859
창17:9-14 ... 164
창31:14 ... 115
창35:9-19 ... 841
창38:17-20 ... 448

출3:12 ... 227
출7:4 ... 201,208
출7:8-12:36 ... 201
출12:40-42 ... 202,208
출15-17장 ... 801
출19:4 ... 26
출19:4-6 ... 26,29,32,88,107, 113,226,273,382,408, 415,417,489,525,560, 586,706,708
출19:5,6 ... 26,84,398,795,843
출19:6 ... 705
출20-23장 ... 415
출20-24장 ... 27
출20:12 ... 253,615,618
출21:12-36 ... 623
출21:24 ... 624
출23:25 ... 830
출24:6-10 ... 416
출28:3 ... 457
출29:37 ... 130
출30:29 ... 130
출31:3;35:31 ... 457
출32:32 ... 891
출33:12,17 ... 854

레11:1-23 ... 182
레11:44,45 ... 182
레19:1,2 ... 398
레20:26 ... 705

민6:24-26 ... 322
민14-17장 ... 801
민18:20 ... 115
민25:1-18 ... 843,844
민26:55,56 ... 432

신5:16 ... 619
신5:29;6:24 ... 797
신6:4 ... 560
신6:12;10:12 ... 830
신7:6 ... 491,705
신7:6-11 ... 409
신7:6;14:2 ... 398
신9:10 ... 844
신9:29 ... 432
신10:12 ... 830
신10:16 ... 164
신14:2 ... 409
신15:12-15 ... 622
신15:15 ... 423
신15:16-18 ... 623
신18:15 ... 28
신18:18 ... 28
신18:19 ... 28
신18:20 ... 28
신18:22 ... 28

신21:22,23 ... 772
신30:4 ... 794
신30:6 ... 797
신31:24-32:3 ... 800
신32:5 ... 802
신32:9 ... 449
신34:9 ... 457

수13:16 ... 115
수22:27 ... 830

삼상10:9 ... 797

왕상3:6 ... 112
왕상3:9 ... 111
왕상3:9,12;10:24 ... 797
왕상3:12 ... 112
왕상12:21 ... 842
왕상17:14 ... 844
왕상18:21 ... 28
왕상18:28 ... 830
왕상19:10,14 ... 843

왕하16:13 ... 808
왕하18:36,37 ... 29

대상13:2 ... 844

에2:5 ... 842
에3:12 ... 443

욥13:16 ... 738
욥28:12-28 ... 111
욥28:28 ... 593

시1:3 ... 712
시4:4 ... 574
시8:4,5 ... 762
시13:1-3 ... 475
시23:6 ... 645
시35:1-3 ... 638
시40:6-8 ... 423,424
시40:7,8 ... 411
시48:2 ... 744
시51:17 ... 913
시55:22 ... 897
시68:18 ... 562
시69:28;139:16 ... 891
시72,87편 ... 515
시85:10 ... 147
시87편 ... 744
시97:9 ... 782
시106:30,31 ... 843
시110:1 ... 198
시145:8 ... 477
시145:17 ... 524
시145:18 ... 898
시147:2 ... 794
시147:5 ... 524

잠9:10 ... 426
잠16:4 ... 413

전3:14 ... 413

아8:6 ... 443

사5:1 ... 228
사9:6 ... 234
사11:2 ... 457
사11:10;49:6;54:1-3;60:1-3 ... 515
사26:19 ... 591
사29:13 ... 184
사32:15;44:3 ... 444
사42:1 ... 30,772
사42:13 ... 638
사43:3;52:3 ... 423
사43:7,21;48:9-11 ... 433
사45:22 ... 784
사45:22,23 ... 779
사45:23 ... 784
사48:12,13;44:6 ... 720
사51:6 ... 386
사52:7 ... 640
사55:4,5 ... 773
사57:19 ... 497
사59:17 ... 640
사63:10 ... 578
사66:20 ... 744

렘1:3 ... 283
렘4:4 ... 164
렘7:18 ... 808
렘7:5-7 ... 797
렘7:5-7;26:4,5 ... 797
렘9:24 ... 832
렘22:16 ... 110
렘23:6 ... 795
렘24:7 ... 796,797
렘31:8,9 ... 793
렘31:8-10 ... 795
렘31:31 ... 796
렘31:33 ... 796,797
렘31:34 ... 854
렘32:27 ... 794
렘32:32 ... 796
렘32:36-44 ... 793
렘32:36 ... 794
렘32:37 ... 794
렘32:38 ... 796
렘32:39 ... 793,797
렘32:39,40 ... 797,804

겔11:5 ... 524
겔36:25-27 ... 831
겔36:26 ... 797
겔37:26,27 ... 500
겔44:7 ... 164
겔47:1-12 ... 500
겔47:12 ... 500
겔48:16 ... 546

단4:25,35 ... 524
단7:22 ... 705
단9:24,26 ... 773

호1:10 ... 515
호2:23 ... 228
호6:3 ... 854
호9:4 ... 808
호13:14 ... 475

욜2:16 ... 844
욜2:28 ... 444

암3:2 ... 705,854
암9:11,12 ... 515,744

욘2:3,4 ... 29
욘2:6 ... 475

미2:5 ... 844

합3:2 ... 477
합3:8,9 ... 638

학2:6 ... 386

슥8:16,17 ... 574
슥14:8-11 ... 744

말1:11 ... 515

〈신 약〉

마3:15;5:17 ... 773
마5:7-9 ... 229
마5:9 ... 712
마5:10 ... 230
마5:11,12 ... 230
마5:17 ... 775
마5:32 ... 744
마6:9 ... 915
마6:20 ... 96
마6:20,21 ... 197
마6:31-34 ... 519
마6:33 ... 519
마6:33,34 ... 581
마7:11 ... 541
마7:13 ... 875
마9:2;14:27 ... 95
마11:28 ... 326,778
마12:18 ... 30
마12:38 ... 30
마12:39 ... 30
마12:49 ... 31
마13:11 ... 508
마13:44-46 ... 271
마15:17 ... 183
마15:19 ... 457
마16:1-4 ... 30
마16:17 ... 172
마16:25,26 ... 780
마16:26 ... 852,856
마18:23-35 ... 338
마18:35 ... 338
마23:12 ... 781
마23:15 ... 828
마25:41 ... 413
마26:37,38 ... 773
마26:38,39 ... 786
마26:39,42 ... 91
마27:66 ... 443
마28:18-20 ... 394
마28:19 ... 406,422
마28:20 ... 406

막5:36;6:50;8:23;11:11 ... 95
막5:34;10:52 ... 478
막10:43,44 ... 702,770
막10:45 ... 704
막14:36 ... 541
막14:50 ... 736
막14:61 ... 385

눅1:1,2 ... 269
눅1:68 ... 385
눅2:47 ... 111
눅2:52 ... 769
눅7:25 ... 764
눅7:50;17:19 ... 478
눅8:10 ... 508
눅9:23 ... 230
눅10:20 ... 520
눅11:2 ... 915

눅11:13 ... 541
눅11:22 ... 638
눅12:11,12 ... 739,883
눅14:11;18:14 ... 781
눅22:44 ... 773
눅22:53 ... 30
눅22:69 ... 198
눅24:36 ... 400
눅24:49 ... 444
눅24:52,53 ... 444

요1:1,2 ... 763
요1:1-3 ... 125
요1:1,14 ... 773
요1:3;5:26;10:30;17:10 ... 786
요1:5 ... 588
요3:16 ... 772
요3:16-18 ... 95
요4:23,24 ... 831,838
요6:38,39;7:16 ... 786
요7:39 ... 562
요8:23 ... 197
요8:23,24 ... 197
요8:44 ... 243
요10:30;14:9 ... 91,111
요12:40 ... 30
요13:3 ... 779
요13:3-7 ... 704
요13:3-17 ... 762,779
요13:31,32 ... 785
요13:34,35 ... 94
요14:1-3 ... 97
요14:6 ... 559,864,921
요14:6,7 ... 91
요14:16,17,25,26;
15:26;16:7-15 ... 444
요14:18 ... 786
요14:19 ... 862
요14:27 ... 86,403
요15:5 ... 174,727
요16:8 ... 590
요17:2 ... 773
요17:3 ... 508
요20:19,21,26 ... 400
요20:21-23 ... 401
요20:23 ... 401,402

행1:4,5 ... 444
행1:5 ... 363
행1:8 ... 350,363,366,393,445
행1:8;9:15 ... 700
행1:25 ... 353
행2장 ... 444
행2:10 ... 41
행2:14-41 ... 440,442
행2:17 ... 448
행2:33 ... 883
행2:33;3:13-16;5:31,32;
7:55,56,59; 10:40-45;13:2-4 ... 351
행2:38,39 ... 492
행4:11 ... 762
행4:11,12 ... 196
행4:24-30 ... 542
행4:31 ... 363
행5:34;22:3 ... 843
행6:1-6;11:30;14:23;20:27,28 ... 651
행8:14-17;10:44-48 ... 444
행8:16 ... 363
행9장 ... 80
행9:3 ... 459
행9:3-7 ... 851
행9:3-9 ... 118
행9:4 ... 52
행9:15 ... 81,132,296,351,396
행10:15 ... 183
행10:36-38 ... 113
행10:45-47 ... 363
행11:16 ... 363
행11:26 ... 398
행11:28-30;12:25 ... 59
행13:47-49 ... 100
행13:48 ... 101
행14:1 ... 100
행14:8-18 ... 666
행14:16 ... 515
행15장 ... 356
행15:1,5 ... 689
행15:2 ... 356
행15:6-11 ... 666
행15:18 ... 524
행15:28,29 ... 666
행15:36-41 ... 282
행16:5 ... 666
행16:6 ... 667
행16:6;18:23 ... 60
행16:7 ... 667
행16:9 ... 667
행16:12 ... 667,668
행16:13 ... 665,669,682
행16:14 ... 670
행16:14,15 ... 670
행16:14,32,33 ... 798
행16:14,40;17:4,12 ... 888
행16:16 ... 670
행16:17 ... 671
행16:18 ... 671
행16:20,21 ... 674
행16:21 ... 909
행16:22-24 ... 674
행16:23-40 ... 51
행16:25 ... 675
행16:26 ... 675

행16:33,34 ... 675
행16:37,38 ... 676
행16:40 ... 53,666,682
행17:1-9 ... 651
행17:5 ... 910
행18,19장 ... 59
행18:1-11 ... 356
행18:2,18,24-26 ... 662
행18:5 ... 356
행18:12-16 ... 366
행18:12,18 ... 658
행18:19 ... 356
행19장 ... 284,314
행19:1 ... 361
행19:1-20:1 ... 60
행19:2 ... 361,362
행19:4 ... 363
행19:10 ... 41,60,145,365,366
행19:11 ... 367
행19:11-20 ... 366
행19:12 ... 367
행19:15 ... 367
행19:17-19 ... 367
행19:20 ... 368
행19:21 ... 60,300,356,365
행19:21-23 ... 662
행19:21;23:11;27장;28장 ... 351
행19:22 ... 356,662
행19:23-41 ... 360,365,366,505
행19:26,27 ... 368
행19:27 ... 365
행19:29 ... 282
행19:30-41 ... 360
행19:31 ... 360
행19:35 ... 360
행19:5 ... 361
행19:8-10 ... 364
행19:8-22 ... 317
행19:9 ... 364
행19:40 ... 368
행20,21장 ... 365
행20:2,3 ... 357
행20:4 ... 279,282,643
행20:4,17 ... 299
행20:6 ... 53
행20:24 ... 359
행20:28-31 ... 380
행21:8 ... 54,660
행21:27-36 ... 530
행21:33-23:30 ... 51
행22-26장 ... 365
행22:1-21 ... 722
행22:3 ... 395,458
행22:6 ... 459
행22:27-29 ... 395
행23:1-3,12-15 ... 874
행23:6 ... 843
행23:11 ... 351
행23:35-29:32 ... 51
행26:5 ... 843
행27,28장 ... 365
행27:1 ... 53
행27:1;28:16 ... 301
행27:2 ... 54,282,301,665
행28:16 ... 662
행28:16-31 ... 51
행28:17,30 ... 663
행28:17-31 ... 297
행28:20 ... 350
행28:23 ... 350
행28:24 ... 350
행28:28 ... 350
행28:30 ... 662
행28:30,31 ... 268,301,350,643,683
행28:31 ... 283,663

롬1:1 ... 284,314,355,704
롬1:16 ... 132,442
롬1:18-32 ... 476
롬1:18,24,26,28 ... 215
롬1:21-23 ... 213
롬1:25;9:5 ... 385
롬1:5,6 ... 721
롬1:5 ... 353,512
롬1:8 ... 716
롬2:28,29 ... 829
롬2:28,29 ... 838
롬3:10-12 ... 457
롬3:19-26 ... 148
롬3:20 ... 827
롬3:21-24 ... 652
롬3:23,24 ... 548
롬3:23 ... 219
롬3:25,26;5:19 ... 773
롬3:27 ... 374
롬4:25 ... 777
롬4:25;8:1,16 ... 861
롬5:12-21 ... 707
롬5:12-21 ... 765
롬5:12,14,17,21;6:23 ... 592
롬5:2 ... 321
롬5:2 ... 530
롬5:3,4 ... 531
롬5:5 ... 443
롬5:6;8:7;7:8 ... 457
롬5:8 ... 777
롬5:8;12:13;16:27 ... 147
롬6:11 ... 863
롬6:21 ... 875

롬6:23 ... 475
롬6:4 ... 862
롬6:6 ... 571
롬6:8 ... 862
롬6:8 ... 863
롬8:3,4 ... 775
롬8:5 ... 863
롬8:9-11 ... 344
롬8:10 ... 475
롬8:13 ... 209
롬8:13,14 ... 209
롬8:14,15 ... 443
롬8:15 ... 85,541
롬8:15,16 ... 444
롬8:18 ... 97
롬8:23 ... 558,579
롬8:25 ... 114
롬8:28 ... 443,542
롬8:28-30 ... 412
롬8:29 ... 127
롬8:33 ... 130,520
롬8:34 ... 788
롬8:35,38 ... 546
롬9-11장 ... 397,831
롬9-12장 ... 85
롬9:1-5 ... 874
롬9:4 ... 830
롬9:5 ... 49
롬9:19-22 ... 69
롬9:22 ... 875
롬9:22,23 ... 413
롬9:25,26 ... 228
롬10:1-4 ... 858
롬10:9;15:8,9 ... 559
롬10:12 ... 219
롬10:13-15 ... 440
롬10:16 ... 341
롬10:17 ... 33,440
롬11장 ... 427
롬11:5,6,20 ... 520
롬11:25,26 ... 148,228
롬11:33 ... 519
롬11:33,34 ... 524
롬11:36 ... 524
롬12:1 ... 244,831
롬12:1,2 ... 247,.266,914
롬12:1;15:16 ... 808
롬12:2 ... 804
롬12:4,5 ... 633
롬12:5 ... 51,70,506
롬12:15 ... 324
롬13:9 ... 430
롬13:14 ... 571
롬14:8 ... 450
롬14:17 ... 182,183
롬15:5 ... 114
롬15:6 ... 91,111,384,710
롬15:22,23 ... 663
롬15:25,26 ... 357
롬15:25-28 ... 505
롬15:25-31 ... 398
롬15:30 ... 102,109
롬16:17-20 ... 45
롬16:22 ... 289
롬16:25-27 ... 569

고전1:1 ... 356,701
고전1:4 ... 716
고전1:8,9 ... 720
고전1:8;2:12,13;7:5;8:1;9:2;
12:14;13:1 ... 356
고전1:18 ... 142,350,877
고전1:18-25 ... 527
고전1:21 ... 143
고전1:21-25 ... 147
고전1:22-24 ... 143
고전1:23 ... 133,772,875
고전1:24 ... 69
고전1:30 ... 529,773
고전1:30,31 ... 374
고전2:6-10 ... 69
고전3:6 ... 356
고전3:9 ... 317
고전3:10 ... 512
고전3:11 ... 470,629
고전3:16 ... 499
고전3:18-20;8:1-3,10,11;13:9
... 689
고전4:8 ... 690
고전4:17 ... 701
고전5:8 ... 726
고전6:12;10:23 ... 689
고전6:13 ... 182
고전6:19 ... 506
고전6:19,20 ... 449
고전7:20-24 ... 309
고전7:40 ... 354
고전8:6 ... 49,69,560
고전8:6;12:3 ... 559
고전9:1 ... 700
고전9:1,2 ... 392
고전9:2 ... 353,443
고전9:14-18 ... 911
고전9:15-18 ... 719
고전10:10 ... 801
고전10:16,17 ... 84
고전10:16;12:27 ... 506
고전10:31 ... 535
고전10:32 ... 382
고전12장 ... 633
고전12-14장 ... 689
고전12:7 ... 362
고전12:12 ... 52

고전12:12-31 ... 174
고전12:13 ... 165,498
고전12:27 ... 51,69
고전12:28 ... 703
고전13:9,10 ... 868
고전13:13 ... 93
고전14:37 ... 354
고전15장 ... 690
고전15:1,2 ... 98
고전15:1-5 ... 904
고전15:3,4 ... 98
고전15:8-10 ... 869
고전15:9 ... 758
고전15:10 ... 135
고전15:17 ... 861
고전15:19 ... 434
고전15:20 ... 434
고전15:20-22,45-49 ... 765
고전15:20-28 ... 200
고전15:22,45-49 ... 707
고전15:25,26 ... 200
고전15:27 ... 788
고전15:28 ... 785
고전15:32 ... 51
고전15:42-44 ... 833
고전15:42,43,53 ... 878
고전15:44 ... 448
고전15:56 ... 475
고전16:5 ... 356
고전16:8 ... 356
고전16:10 ... 356
고전16:19 ... 356,.662
고전16:21 ... 289

고후1:1 ... 80,81,356,701
고후1:19 ... 701
고후1:19;8:9 ... 397
고후1:21,22;5:5 ... 96
고후1:3 ... 384
고후1:3,4 ... 92
고후1:3-11 ... 407
고후1:3;11:31 ... 385,710
고후1:6 ... 131
고후1:8 ... 720
고후1:8-10 ... 53
고후1:8-11 ... 51
고후2:15,16 ... 350
고후3:1 ... 689
고후3:2 ... 886
고후3:3 ... 403
고후3:5 ... 117
고후3:18 ... 548
고후4:3,4 ... 459
고후4:4 ... 49,124,397
고후4:5 ... 397
고후4:6 ... 459
고후4:8-12 ... 532
고후4:10,11 ... 863
고후4:10-12 ... 533
고후4:12 ... 534
고후4:17,18 ... 531
고후5:2,3 ... 857
고후5:10 ... 397
고후5:11-6:13 ... 398
고후5:14-21 ... 397
고후5:15-17 ... 218
고후5:17 ... 24,225,398,401, 422, 437,438,444,484, 631,707,869,398
고후5:17-20 ... 517
고후8장 ... 910
고후8:1,2 ... 695,880,913
고후8:1-15 ... 651
고후8:2 ... 909
고후8:9 ... 652,763,781
고후9:6 ... 913
고후10:1 ... 289,896
고후10:4 ... 639
고후11:2 ... 608
고후11:13-15 ... 475
고후11:13,15,26 ... 689
고후11:19,20 ... 689
고후11:22,23 ... 689
고후11:23 ... 689
고후11:7-9 ... 910
고후12:7 ... 332

갈1:1 ... 763
갈1:1,12 ... 763
갈1:2 ... 701
갈1:4 ... 593
갈1:4,5 ... 397
갈1:7 ... 688
갈1:10 ... 284,314
갈1:11,12 ... 763
갈1:14 ... 843
갈1:15 ... 512
갈1:15,16 ... 517
갈2:4 ... 689
갈2:8 ... 353,517
갈2:10 ... 59
갈2:16 ... 94,179,403,406,422, 426,438,445,828,848,849
갈2:19,20 ... 178,862
갈2:20 ... 179,544
갈3:2 ... 446
갈3:7-9,14 ... 847
갈3:10 ... 166
갈3:13 ... 411,772
갈3:14 ... 410,447
갈3:14,29 ... 410

갈3:16 ... 410
갈3:21 ... 495
갈3:24,25 ... 776
갈3:28 ... 251,309
갈3:29 ... 410,833
갈4:4 ... 773,786
갈4:4-7 ... 496,846
갈4:4-10 ... 429
갈4:4-11 ... 496
갈4:6 ... 85,541
갈4:15 ... 339
갈5:1-6 ... 846
갈5:2 ... 830
갈5:2-12 ... 688
갈5:6 ... 443
갈5:16 ... 210
갈5:17 ... 210,707
갈5:18 ... 848
갈5:19 ... 589
갈5:19,20 ... 210
갈5:19-21 ... 476
갈5:22 ... 102,109,114,589
갈5:22,23 ... 229,444,556,558,727,833
갈5:24 ... 211
갈6:8 ... 875
갈6:11 ... 289
갈6:14 ... 832,839
갈6:15 ... 397,484
갈6:17 ... 332
갈6:18 ... 920

엡1,2장 ... 513
엡1-3장 ... 554
엡1:1,18;3:6-8 ... 641
엡1:1 ... 80,81,379,392,392, 398, 405,700
엡1:3-14 ... 76,78,90,104, 116,267,423,436, 454,470,479,512, 548,629,710,769
엡1:3-17 ... 236
엡1:3-6 ... 407,422,437,438
엡1:3 ... 91,111,385,400, 406,410,422,710
엡1:4-13 ... 776
엡1:4-6 ... 228,400
엡1:4,11 ... 599
엡1:4,5 ... 225,418,423
엡1:4 ... 412,418,477,484
엡1:5,6 ... 396,413,859
엡1:5 ... 584,599
엡1:6,12 ... 413
엡1:6 ... 384,399,418,436,519
엡1:7-12 ... 400,437,438
엡1:7-9 ... 456
엡1:7 ... 424,599
엡1:8 ... 425,871
엡1:9,10 ... 396,484,510, 522,558,610
엡1:9,17 ... 523
엡1:9 ... 218,427,428, 512,601,633
엡1:10 ... 430,553,600,603, 635,642,787
엡1:11 ... 70,381,599
엡1:11-18 ... 545
엡1:11,12 ... 432
엡1:11,13;3:12;4:21,30 ... 399
엡1:11,14 ... 773
엡1:11,14,18 ... 493
엡1:12 ... 384,433,436
엡1:13,14 ... 85,96,400, 407,438,543
엡1:13,14;2:11-22;3:6 ... 557
엡1:13 ... 87,438,443,444,599
엡1:13;4:30 ... 595
엡1:14 ... 384,436,449, 450,451,579
엡1:15-23 ... 470,474,474,629
엡1:15,16 ... 375
엡1:15 ... 456
엡1:17-19 ... 456
엡1:18,19 ... 458
엡1:19,20,21;3:7,16,20; 6:10 ... 258
엡1:2 ... 375,400,401, 403,404,406,422
엡1:20,21 ... 479
엡1:20-22 ... 462,472,788
엡1:21 ... 480
엡1:22-25;2:6;3:10 ... 637
엡1:22,23 ... 70,373,381,782
엡1:22,23;4:1,2;5:30 ... 602,633
엡1:22,23;4:10 ... 430
엡1:22;2:6;5:27 ... 375,602,634
엡1:23 ... 465,466,467, 474,527,547,547, 552,563,642
엡1:23;2:22;3:17 ... 543
엡1:23;4:10 ... 559
엡1:23;4:16 ... 498
엡2:1-10 ... 86,471,488, 509,511
엡2:1-7 ... 472
엡2:1-9 ... 570
엡2:1 ... 474,572,707
엡2:2,3 ... 457,639
엡2:2 ... 30,475,593
엡2:3 ... 476
엡2:4-10 ... 572,707
엡2:4-6 ... 478

엡2:4-7 ... 488,546
엡2:4 ... 477
엡2:5,6 ... 491,506
엡2:6,7 ... 199
엡2:6 ... 602,634
엡2:7 ... 480
엡2:8,9 ... 374,481
엡2:8 ... 321,400,482
엡2:9 ... 482
엡2:10 ... 70, 114,381,483, 493,589,594,727
엡2:11-18 ... 147
엡2:11-22 ... 471,.489,509, 510,522,540,600,601,633
엡2:11 ... 491,504,629
엡2:12,13 ... 115,489
엡2:12 ... 492
엡2:13 ... 117,492
엡2:14-16 ... 494,513
엡2:14-18 ... 506,512,557,631
엡2:14 ... 600
엡2:15 ... 70,381,382, 518,601,633
엡2:16-18 ... 497
엡2:18 ... 557
엡2:19-22 ... 507,510,631
엡2:19 ... 70,381,490, 498,744
엡2:20-22 ... 499,600,632
엡2:20 ... 508,517
엡2:21,22 ... 70,381
엡2:21;4:1,17;5:8; 6:1,10,21 ... 399
엡2:22 ... 502,508,543
엡3:1-7 ... 521
엡3:1-9 ... 381,393
엡3:1 ... 510
엡3:1;4:1 ... 375
엡3:1;4:1;6:20 ... 50,299
엡3:2 ... 511
엡3:2,7,8 ... 561
엡3:3,4 ... 512
엡3:3-6 ... 610
엡3:4-6 ... 553
엡3:4-6;5:32 ... 641
엡3:4,5,9,10 ... 569
엡3:4 ... 513
엡3:5 ... 509,517
엡3:5,6 ... 515
엡3:5-7 ... 522
엡3:6 ... 70,381,399, 512,519,630
엡3:7 ... 375,518
엡3:8 ... 758
엡3:8,9 ... 393,405,523
엡3:9 ... 79,523,541, 601,610,633
엡3:10 ... 70,381,525, 532,600,637
엡3:11 ... 528,537
엡3:12 ... 529
엡3:13 ... 531
엡3:14,15 ... 539,600
엡3:14-19 ... 538
엡3:16 ... 132
엡3:16,17 ... 102,109,542
엡3:17-19 ... 544
엡3:19 ... 546,553
엡3:20,21 ... 548,630
엡4:1 ... 554,555,574, 636,644
엡4:1-3 ... 605
엡4:1-16 ... 568
엡4:2 ... 246,506,556
엡4:3 ... 556,600
엡4:3,4 ... 601,633
엡4:4 ... 557
엡4:4-6 ... 600,603,635
엡4:5 ... 558
엡4:6 ... 541,559
엡4:7 ... 488,562
엡4:7,8 ... 561
엡4:7-16 ... 465
엡4:8 ... 387
엡4:8,9 ... 787
엡4:9 ... 572
엡4:9,10 ... 563
엡4:11 ... 703
엡4:11,12 ... 563
엡4:11-16 ... 600
엡4:12 ... 272,485,578
엡4:12,13 ... 70,381
엡4:12,16 ... 577
엡4:13 ... 70,233,362, 381,561
엡4:13,14 ... 176,564
엡4:13-24 ... 175
엡4:13;5:18 ... 547
엡4:15,16 ... 565
엡4:17,18 ... 375
엡4:17-19 ... 476,570
엡4:17-5:2 ... 583,601
엡4:18 ... 572,707,814
엡4:20,21 ... 570
엡4:21-24 ... 176,571,602, 634,711
엡4:23,24 ... 573
엡4:24 ... 589,603,614, 626,635,638
엡4:25 ... 573,589
엡4:26,27 ... 574
엡4:27 ... 575

엡4:28 ... 576,578
엡4:29 ... 271,272,577
엡4:30 ... 114,484,578, 595,602,605,634
엡4:31,32 ... 579
엡5:1 ... 584,614
엡5:1,2 ... 602,634
엡5:2 ... 584,626,773
엡5:3,4 ... 585
엡5:4 ... 586
엡5:5-7 ... 587
엡5:8 ... 588,591,591
엡5:9 ... 589
엡5:10 ... 589
엡5:11,12 ... 590
엡5:13 ... 591
엡5:14 ... 591
엡5:15 ... 606
엡5:15,16 ... 593
엡5:15-20 ... 621
엡5:16 ... 271
엡5:17 ... 594
엡5:18 ... 595,605
엡5:19,20 ... 246,604
엡5:19-21 ... 596,613
엡5:21-33 ... 613
엡5:21-6:9 ... 245
엡5:21 ... 246,604,605,621
엡5:22 ... 607
엡5:22-24 ... 252
엡5:22-33 ... 246,604,605,635
엡5:22-6:9 ... 245
엡5:23 ... 607
엡5:23-32 ... 70,381
엡5:24 ... 607
엡5:25 ... 70,381,608
엡5:25-27 ... 252
엡5:26 ... 602,608,634
엡5:27 ... 608
엡5:28 ... 608
엡5:29,30 ... 609
엡5:30 ... 70,381
엡5:31-33 ... 610
엡5:32 ... 375
엡6:1 ... 614
엡6:1-3 ... 253,619
엡6:1-4 ... 246,605,613,635
엡6:2,3 ... 614
엡6:4 ... 253,621
엡6:5 ... 255,.621
엡6:5-7 ... 624
엡6:5-8 ... 254
엡6:5-9 ... 246,605,613,635
엡6:8 ... 624
엡6:9 ... 255,624
엡6:10,11 ... 637,887
엡6:10-13 ... 150
엡6:10-17 ... 887
엡6:10-20 ... 245,613
엡6:11 ... 150
엡6:11-13 ... 645
엡6:11-18 ... 70,381
엡6:12 ... 592
엡6:12,13 ... 639
엡6:14-17 ... 640
엡6:18 ... 640
엡6:18-20 ... 267
엡6:19 ... 268,269,274,682
엡6:19,20 ... 375,641
엡6:21 ... 379
엡6:21-24 ... 614
엡6:21,22 ... 50,66,280, 299,300,377,642
엡6:23 ... 643
엡6:24 ... 644,645

빌1:1 ... 284,314,651,812,916
빌1:1,2 ... 700,921
빌1:1,3,4 ... 695
빌1:1-11 ... 749
빌1:1-17 ... 736
빌1:3 ... 716
빌1:3-11 ... 715,748
빌1:4 ... 716,718
빌1:5 ... 682,717
빌1:6 ... 717,719
빌1:7 ... 721
빌1:7,8 ... 94
빌1:7,13,14 ... 50,299
빌1:7,16 ... 718
빌1:8 ... 722
빌1:9 ... 724
빌1:9-11 ... 699,728
빌1:10 ... 725
빌1:11 ... 589,726,901
빌1:11;2:5-11 ... 696
빌1:12 ... 268,280,732,918
빌1:12,13 ... 651
빌1:12-16 ... 811
빌1:12-26 ... 694,748,749, 806,821
빌1:12,27;2:22 ... 718
빌1:13 ... 663,733,918,919
빌1:14 ... 735
빌1:14,15 ... 732
빌1:14-17 ... 663,685
빌1:15 ... 685
빌1:15-17 ... 662,686
빌1:15,27 ... 718
빌1:16 ... 749,750
빌1:17 ... 685,686

빌1:18 ... 686,737,738
빌1:19 ... 694,738,809,883
빌1:19-26 ... 695,880
빌1:19;2:24 ... 722
빌1:2 ... 708,721,920
빌1:20 ... 809
빌1:20,21 ... 737,739,836
빌1:21 ... 740
빌1:22 ... 741
빌1:22-24 ... 742
빌1:23 ... 740
빌1:25,26 ... 742
빌1:26 ... 803
빌1:27 ... 112,742,746,748, 750,753,761,788,791,818, 825,836,876,878,882,884, 887,889,893,900
빌1:27,28 ... 502
빌1:27-30 ... 684,743,749, 751,759,822,836
빌1:27-2:16 ... 748,749,790, 806
빌1:27-2:18;4:2-9 ... 694
빌1:27-3:1 ... 820
빌1:28 ... 896
빌1:29 ... 892
빌1:29,30 ... 722
빌1:30 ... 745
빌2:1 ... 754
빌2:1-4 ... 693,753,760,888
빌2:1-16 ... 807
빌2:2 ... 718
빌2:2,3 ... 772
빌2:2-4 ... 761
빌2:2-4,14 ... 684
빌2:3 ... 770
빌2:3,4 ... 308,756,770
빌2:3,4;4:2,3 ... 724
빌2:3,5,7,17 ... 695
빌2:3-8 ... 873
빌2:4 ... 757
빌2:5 ... 761
빌2:5-8 ... 94,417,778
빌2:5-11 ... 92,310,704, 788,790,822,836,881
빌2:6 ... 764,768,773,786
빌2:6,7 ... 124
빌2:6-11 ... 761,792,798,856
빌2:7 ... 701,767,768,786
빌2:8 ... 696,769,770, 786,798,860
빌2:9 ... 779,788,860
빌2:9-11 ... 559,778,878, 887,921
빌2:10 ... 783,860,882
빌2:11 ... 783,784,884
빌2:12 ... 341,696,791, 793,798,799,837
빌2:12,13 ... 655
빌2:12-16 ... 749
빌2:12-18 ... 823,837
빌2:13 ... 793,797
빌2:14-16 ... 684
빌2:15 ... 416,818
빌2:15,16 ... 801
빌2:16 ... 750,803,812
빌2:16;4:1 ... 720
빌2:17 ... 808,818,837
빌2:17,18 ... 811
빌2:17-30 ... 748,750
빌2:17-3:1 ... 803,807
빌2:18 ... 810
빌2:19 ... 662,663,701,811
빌2:19,20 ... 826
빌2:19-22 ... 811
빌2:19-24 ... 651
빌2:19-30 ... 694,823
빌2:20 ... 812
빌2:22 ... 316,812
빌2:23,24 ... 664,813
빌2:24 ... 716,809
빌2:24,25 ... 660
빌2:25 ... 318,654,683, 684,814
빌2:25;4:13,18 ... 717
빌2:25-29;4:18 ... 50,299,664
빌2:25-30 ... 811
빌2:25-30;4:10,18 ... 665
빌2:26,27 ... 814
빌2:26;4:10-20 ... 662
빌2:27 ... 683,722
빌2:28 ... 815
빌2:28,29 ... 718
빌2:29,30 ... 816
빌2:30 ... 684
빌3:1 ... 653,803,807, 817,824,825,827
빌3:1,2 ... 838
빌3:1-3 ... 684,699
빌3:1-11 ... 825,837
빌3:1-4:9 ... 748,821,824,837
빌3:2 ... 505,692,801, 827,828,872
빌3:2,6-8 ... 692,693,693
빌3:2,18,19 ... 45
빌3:2-16 ... 660
빌3:2-4:3 ... 695,880
빌3:3 ... 830,831,838,849
빌3:4 ... 839,840
빌3:4-6 ... 80,851
빌3:4-16 ... 684,699

빌3:5 ... 395,840
빌3:5,6 ... 651
빌3:6 ... 843
빌3:7 ... 851
빌3:7,8 ... 81
빌3:7-9 ... 359
빌3:7-12 ... 781
빌3:8 ... 780,853,854,861
빌3:8-9 ... 865
빌3:9 ... 652,696,845,856
빌3:9-11 ... 652
빌3:10 ... 878
빌3:10,11 ... 653,860,860
빌3:11 ... 864
빌3:12 ... 868,871
빌3:12-14 ... 695
빌3:12-15 ... 724
빌3:12-16 ... 685,692,693, 840,873
빌3:13,14 ... 870,879
빌3:13-16 ... 699
빌3:14 ... 886
빌3:15 ... 870
빌3:16 ... 872
빌3:17 ... 872
빌3:17-20 ... 685
빌3:17-21 ... 399,699
빌3:18 ... 874
빌3:18,19 ... 692,693
빌3:18-21 ... 97,201
빌3:19 ... 874,875
빌3:20 ... 97,112,744, 748,876,884
빌3:20,21 ... 864,197,693, 694,833
빌3:21 ... 696,877
빌4:1 ... 685,699,885,886
빌4:1-7 ... 685
빌4:2 ... 652,704,888
빌4:2,3 ... 880
빌4:3 ... 888,889
빌4:4 ... 825,895
빌4:4-7 ... 900,905
빌4:5 ... 896,898
빌4:6 ... 696,896,897
빌4:7 ... 86,716,899
빌4:8,9 ... 34,86,170,685,901
빌4:9 ... 885,902,905,921
빌4:10 ... 909
빌4:10-20 ... 654,694,748,908
빌4:11 ... 910
빌4:11-13 ... 115
빌4:12,13 ... 910
빌4:14 ... 911
빌4:15 ... 912,916
빌4:15,16 ... 651
빌4:16 ... 912
빌4:17 ... 912,919
빌4:18 ... 913
빌4:19 ... 914
빌4:20 ... 915
빌4:21 ... 916
빌4:21-22 ... 917
빌4:22 ... 663,734
빌4:23 ... 343,920
골1:1,2 ... 79,90,106,119, 135,152
골1:1 ... 50,83,299,701
골1:2 ... 290,399,402,920
골1:3 ... 91,92,103,108,111, 277,384,402,710
골1:3-5 ... 273
골1:3-6 ... 140
골1:3-8 ... 108,119,135, 152,281
골1:3-14 ... 91
골1:3-23 ... 541
골1:4 ... 70,94,103,108
골1:4-5 ... 93,277
골1:5 ... 98,103,119,135,152
골1:5,27 ... 119
골1:6 ... 61,100,103,109, 156,274,277,279
골1:7 ... 60,70,93, 102,284,314
골1:7;4:12 ... 41,377
골1:7,8 ... 101,140
골1:7;4:12,13 ... 65
골1:9 ... 110,115,120,455,594
골1:9,10 ... 151
골1:9-12 ... 186,455
골1:9-14 ... 110,119,136, 140,152
골1:9,28 ... 270
골1:9,28;2:3,8,23; 3:16;4:5 ... 63,377,690
골1:9;2:1-5 ... 60
골1:10 ... 120,455
골1:10,11 ... 112,115
골1:11 ... 455
골1:11,12 ... 151
골1:11,29 ... 258
골1:12 ... 96,115,119,120,455
골1:13 ... 64,283
골1:13,14 ... 117,218,270
골1:13-17 ... 461
골1:13-18;2:8,9 ... 65
골1:13-23 ... 146,186
골1:13-2:7 ... 99
골1:14 ... 118,120

골1:15 ... 124,161,176, 763,764
골1:15-17 ... 66,140,411,464
골1:15-20 ... 52,66,67,123, 136,140,152,206, 236,259,463
골1:15-23 ... 117
골1:16 ... 68,177,463
골1:16,17 ... 126,174,297
골1:16;2:10,15 ... 63,378
골1:16;2:10,15;4:3,9 ... 691
골1:18 ... 52,68,69,76,84,107, 126,127,136,143,152, 177,202,226,233,463
골1:18-20 ... 66,140,297,464
골1:18-23 ... 438
골1:18;2:10,19 ... 75
골1:19 ... 67,127,456,464
골1:19,20 ... 429,496,773
골1:19;2:9,10 ... 265
골1:20,22 ... 76
골1:20 ... 127,128,137, 147,177
골1:21 ... 457
골1:21,22 ... 129
골1:21-23 ... 141
골1:21,23;3:5-11 ... 65
골1:23 ... 72,130,136
골1:23-29 ... 511
골1:24 ... 131
골1:24-2:5 ... 186
골1:24-29 ... 141
골1:24;4:3,10,18 ... 300
골1:25 ... 131
골1:25-28 ... 137,153
골1:26 ... 269,274
골1:26,27 ... 79,132,193, 428,514
골1:26;2:2 ... 218,267
골1:27 ... 78,96,142,143, 149,224,512,543
골1:27,28 ... 207
골1:28 ... 134,143
골1:28,29 ... 142,207
골1:28;2:3 ... 285
골1:29 ... 135,137,143,153
골2장 ... 65
골2:1,2 ... 145
골2:1-5 ... 142,146
골2:2 ... 146,151,156,269,274
골2:2,3 ... 99,153
골2:3 ... 147,148,153,169, 261,270
골2:3,9 ... 124
골2:4 ... 149,177
골2:4,5 ... 151
골2:4,8,16 ... 61
골2:5 ... 150,153,169
골2:5-7 ... 61
골2:6 ... 156
골2:6,7 ... 169
골2:6-23 ... 142,146,186,203
골2:7 ... 157,160
골2:8 ... 63,72,158,291,357, 377,690
골2:8-10 ... 169
골2:8,16,18,20 ... 259
골2:8-19 ... 172
골2:8,20 ... 44,63,378
골2:8,22 ... 70
골2:8-23 ... 99
골2:9 ... 261,758
골2:9,10 ... 67,160,186,193, 203,241,305,464
골2:10 ... 68,69,71,192,215, 223,238,255,262,463,547
골2:10-21 ... 292
골2:11 ... 162,171,194,203, 216,220
골2:11-13 ... 211
골2:11-13;3:9-12 ... 71
골2:11,15 ... 218
골2:11-15 ... 186,203
골2:11,16,17;3:11 ... 690
골2:11-19 ... 170
골2:11;3:11 ... 63,377
골2:12 ... 164,199,207
골2:12,13,20 ... 218
골2:12-15 ... 464
골2:12;3:1,3 ... 64
골2:13 ... 165,262
골2:13-23 ... 207
골2:14 ... 67,71,262
골2:15 ... 68,262,463
골2:16 ... 292
골2:16,17 ... 63,167,186, 203,377
골2:17 ... 71
골2:18 ... 63,72,292,378
골2:18-19 ... 167,186
골2:18,23 ... 72
골2:19 ... 52,170,174,175, 182,200,202,292
골2:20-23 ... 187
골2:20 ... 178,193,198, 241,262
골2:21,23 ... 691
골2:21 ... 63,179,378
골2:22 ... 182,184
골2:22,23 ... 198
골2:23 ... 42,63,72,73,184, 198,378,426
골3:1 ... 76,193,194,204,208, 220,240,262,706,875

골3:1,2 ... 203,220
골3:1,3 ... 218
골3:1-4:6 ... 187,203
골3:2 ... 197,198,208
골3:3 ... 76
골3:3,4 ... 199,204
골3:3-11 ... 223
골3:4 ... 208,220
골3:5 ... 209,216,224
골3:5-11 ... 241
골3:5-4:6 ... 202
골3:6 ... 214
골3:7 ... 221
골3:7,8 ... 215,238
골3:8,9 ... 224
골3:9 ... 242,262
골3:9,10 ... 164,217,241
골3:10 ... 194,204,221,222, 238,241,243,256,263
골3:10,11 ... 269
골3:11 ... 219,221,224,241, 246,261,262,263,266,309
골3:12 ... 238,262
골3:12-14 ... 225,247,263
골3:12-14;3:22-4:1 ... 65
골3:12-17 ... 221,241
골3:13 ... 231,244
골3:14 ... 232,245
골3:15 ... 71,233,234,235,238, 241,242,244,245,247, 249,255,256,263,556,
골3:16 ... 235,270
골3:16,17... 234,236,239,242, 244,256,263,266,273
골3:17 ... 262,263,274
골3:17,23 ... 71
골3:18 ... 248,249
골3:18,20,22,23 ... 263
골3:18-4:1 ... 244,245,247,273
골3:18-4:6 ... 234
골3:19 ... 248,249
골3:19-4:1 ... 263
골3:20 ... 225,249,252,614
골3:21 ... 249,252
골3:22 ... 249,253
골3:23 ... 254
골3:23,24 ... 328
골3:23-25 ... 248,249
골3:25 ... 254
골4:1 ... 253,255
골4:2 ... 265
골4:2-6 ... 245
골4:3 ... 289
골4:3,4 ... 267,682
골4:3,4,11 ... 54,300
골4:3,10,18 ... 50,299
골4:5 ... 269
골4:5,6 ... 278,292
골4:6 ... 271
골4:7 ... 643
골4:7,8 ... 50,279,299,300
골4:7-9 ... 66,299
골4:7-10 ... 377
골4:9 ... 50,280,300,315
골4:9,17 ... 297
골4:10-14 ... 50,53,299, 300,343
골4:10,11 ... 281
골4:10,14 ... 665
골4:10 ... 54,281,282
골4:11 ... 53,283,300
골4:12-14 ... 281
골4:12-17 ... 145
골4:12,13 ... 60,284
골4:14 ... 53,285,377
골4:15,16 ... 286
골4:15 ... 61,313
골4:16 ... 354,357,378
골4:17 ... 50,60,61,288, 300,314,318
골4:18 ... 50,289,290,292

살전1:1 ... 701,920
살전1:3 ... 114
살전1:4 ... 228
살전2:5-9 ... 911
살전2:20 ... 886
살전5:2 ... 354
살전5:12,13 ... 651
살전5:23 ... 877
살전5:24 ... 720
살전5:27 ... 33,287,391

살후1:1 ... 701
살후1:8,9 ... 798
살후2:2;3:17 ... 289
살후3:3 ... 720
살후3:14 ... 341
살후3:17 ... 289
살후4:13 ... 228

딤전1:15 ... 758
딤전1:17 ... 764
딤전1:17;6:16 ... 124
딤전2:5 ... 772
딤전2:6 ... 773
딤전2:8-15;6:1,2 ... 245
딤전3:16 ... 49,462
딤전5:21 ... 413
딤전6:15 ... 524
딤전6:21 ... 290

딤후1:4;4:9,21 ... 358
딤후1:16,17 ... 358
딤후2:7 ... 594
딤후2:13 ... 49
딤후3:5 ... 358
딤후3:16,17 ... 235
딤후4:2 ... 34
딤후4:2,8 ... 114
딤후4:6 ... 359,808,809
딤후4:10 ... 285
딤후4:11 ... 282,285,355
딤후4:12 ... 299,643
딤후4:16,17 ... 358
딤후4:22 ... 359,920

딛1:1 ... 284,314
딛2:1-10 ... 245
딛3:12 ... 299,643
딛3:4-8 ... 652

몬1절 ... 50,296,299,701
몬1-3절 ... 315
몬1,2절 ... 145
몬1,9,23절 ... 300
몬2절 ... 50,61,288,296,300
몬3절 ... 318,319
몬4절 ... 716
몬5,6절 ... 346
몬7절 ... 317
몬8,9절 ... 298
몬8-10절 ... 331
몬8-22 ... 280
몬9절 ... 50,298,299
몬10절 ... 50,297,300
몬10-12절 ... 299
몬11,12절 ... 333
몬12절 ... 50,299,300
몬13,14절 ... 334
몬14절 ... 298
몬15,16절 ... 335
몬16절 ... 298
몬16,17절 ... 325
몬17절 ... 298
몬17,18절 ... 337
몬17-19절 ... 298
몬18,19절 ... 298
몬19절 ... 289,298,338
몬19,23절 ... 60
몬20절 ... 326,340
몬21절 ... 341
몬22절 ... 301,342,664
몬23절 ... 61
몬23-25절 ... 343
몬23,24절 ... 50,53,299, 300,317
몬24절 ... 53,282,285,377
몬25절 ... 319,343,920

히1:1-4 ... 763
히1:2 ... 224,818
히2:5-9 ... 761,762
히2:14,16,17;4:15 ... 773
히4:14 ... 778
히4:15 ... 411,769
히4:16;19:19-22 ... 529
히6:12 ... 114
히7:22 ... 338
히7:25 ... 782
히7:25;9:11,12 ... 788
히9:11-14,24-26 ... 808
히9:11-22 ... 119
히9:12,15 ... 773
히9:14 ... 417,802
히9:14-16;10:14 ... 773
히9:26,28 ... 119
히10:23-25 ... 467
히10:5-10 ... 424
히11:38 ... 645
히12:2 ... 771,772
히12:22,23 ... 540,744
히13:16 ... 913
히13:23 ... 356
히13:24 ... 356

약1:1 ... 287
약1:14,15 ... 457
약1:22;2:14-26 ... 485
약4:4 ... 31

벧전1:1,2 ... 287
벧전1:1,2;3:1;5:13 ... 282
벧전1:3 ... 91,95,103,109, 111,384,385
벧전1:3,4 ... 95
벧전1:3-9 ... 407
벧전1:4 ... 97
벧전1:10-13 ... 516
벧전1:19,20 ... 772
벧전1:19 ... 802
벧전2:5 ... 831
벧전2:7 ... 762
벧전2:9 ... 228,417,502, 525,706,707
벧전2:10 ... 506
벧전2:13-3:7 ... 245
벧전2:22-25 ... 775
벧전3:15,16 ... 272
벧전5:8 ... 637
벧전5:13 ... 282

벧후1:10 ... 520

벧후3:1 ... 726
벧후3:7 ... 875
벧후3:15,16 ... 354

요일1:3 ... 34
요일2:13,14 ... 480
요일2:22,23 ... 147
요일3:3,4 ... 96
요일4:7-11 ... 94
요일5:18 ... 475,476
요일5:19 ... 31,475
요일5:20 ... 773,786

요이13절 ... 318

계12:5,10 ... 781
계15:8 ... 534
계17:8,11 ... 875
계20:7-10 ... 129
계21,22장 ... 429
계21:2,3 ... 744
계21:16 ... 546
계22:1,2 ... 501
계22:1-5 ... 709
계3:14-22 ... 287
계3:15,16 ... 787
계3:20,21 ... 788
계4:11 ... 524
계5:12-14 ... 524
계6:17 ... 215